2024

날로 먹는 행정법 핵심기출 OX

https://hmstory.kr

수험생 여러분,

공무원 시험에 도전장을 낸 여러분은
이미 큰 용기를 갖고 있는 빛나는 별입니다.

비록 수험생활은 고되고 외로운 길이지만,
여러분들이 목표를 위해 인생을 걸고
도전하는 값진 경험이 될 것입니다.

여러분들이 도전하는 이 길에,
여러분들보다 먼저 무수한 시행착오를 겪었던 저희가
그 노하우를 전달해 드리고자 합니다.

가장 효율적인 공부방법인
시스템 공부법을 믿고 따라와 주신다면
우리는 반드시 합격할 것입니다.

합격의 영광을 누리게 될 그 날까지 함께 하겠습니다.

김민재 김명주 드림

CONTENTS

OX 문제 풀이

01 행정법 통론

02 행정작용법

03 행정절차법

04 행정상 의무이행 확보수단

05 행정상의 손해전보

06 행정쟁송

사례형 문제풀이

이 책의 특징

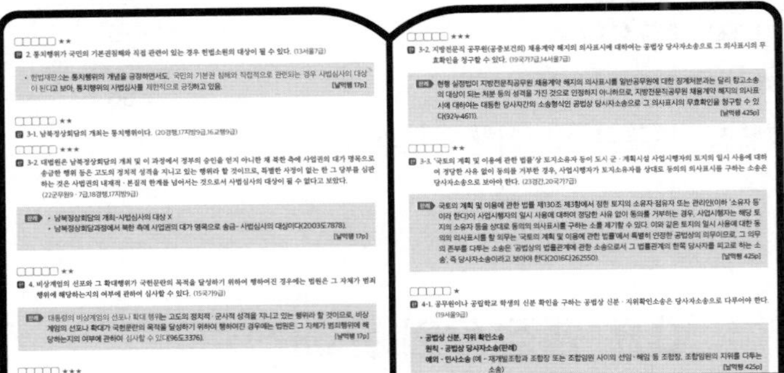

□□□□□ ★★

2. 통치행위가 국민의 기본권침해와 직접 관련이 있는 경우 헌법소원의 대상이 될 수 있다. (13서울7급)

- 헌법재판소는 통치행위의 개념을 긍정하면서도, 국민의 기본권 침해와 직접적으로 관련되는 경우 사법심사의 대상이 된다고 보아, 통치행위의 사법심사를 제한적으로 긍정하고 있음. [남억행 17p]

□□□□□ ★★

3-1. 남북정상회담의 개최는 통치행위이다. (20경행,17지방9급,16교행9급)

□□□□□ ★★★

3-2. 대법원은 남북정상회담의 개최 및 이 과정에서 정부의 승인을 얻지 아니한 채 북한 측에 사업권의 대가 명목으로 송금한 행위 등은 고도의 정치적 성격을 지니고 있는 행위라 할 것이므로, 특별한 사정이 없는 한 그 당부를 심판하는 것은 사법권의 내재적·본질적 한계를 넘어서는 것으로서 사법심사의 대상이 될 수 없다고 보았다. (22군무원9·7급,18경행,17지방9급)

- 남북정상회담의 개최-사법심사의 대상 X
- 남북정상회담과정에서 북한 측에 사업권의 대가 명목으로 송금- 사법심사의 대상이다(2003도7878). [남억행 17p]

□□□□□ ★★

4. 비상계엄의 선포와 그 확대행위가 국헌문란의 목적을 달성하기 위하여 행하여진 경우에는 법원은 그 자체가 범죄행위에 해당하는지의 여부에 관하여 심사할 수 있다. (15국가9급)

대통령의 비상계엄의 선포나 확대 행위는 고도의 정치적·군사적 성격을 지니고 있는 행위라 할 것이므로, 비상계엄의 선포나 확대가 국헌문란의 목적을 달성하기 위하여 행하여진 경우에는 법원은 그 자체가 범죄행위에 해당하는지의 여부에 관하여 심사할 수 있다(96도3376). [남억행 17p]

□□□□□ ★★★

□□□□□ ★★★

3-2. 지방전문직 공무원(공중보건의) 채용계약 해지의 의사표시에 대하여는 공법상 당사자소송으로 그 의사표시의 무효확인을 청구할 수 있다. (19국가7급,14서울7급)

현행 실정법이 지방전문직공무원 채용계약 해지의 의사표시를 일반공무원에 대한 징계처분과는 달리 항고소송의 대상이 되는 처분 등의 성격을 가진 것으로 인정하지 아니하므로, 지방전문직공무원 채용계약 해지의 의사표시에 대하여는 대등한 당사자간의 소송형식인 공법상 당사자소송으로 그 의사표시의 무효확인을 청구할 수 있다(92누4611). [남억행 425p]

□□□□□ ★★

3-3. '국토의 계획 및 이용에 관한 법률'상 토지소유자 등이 도시·군·계획시설 사업시행자의 토지의 일시 사용에 대하여 정당한 사유 없이 동의를 거부한 경우, 사업시행자가 토지소유자를 상대로 동의의 의사표시를 구하는 소송은 당사자소송으로 보아야 한다. (23경간,20국가7급)

국토의 계획 및 이용에 관한 법률 제130조 제3항에서 정한 토지의 소유자·점유자 또는 관리인(이하 '소유자 등'이라 한다)이 사업시행자의 일시 사용에 대하여 정당한 사유 없이 동의를 거부하는 경우, 사업시행자는 해당 토지의 소유자 등을 상대로 동의의 의사표시를 구하는 소를 제기할 수 있다. 이와 같은 토지의 일시 사용에 대한 동의의 의사표시를 할 의무는 '국토의 계획 및 이용에 관한 법률'에서 특별히 인정한 공법상의 의무이므로, 그 의무의 존부를 다투는 소송은 '공법상의 법률관계에 관한 소송'으로서 그 법률관계의 한쪽 당사자를 피고로 하는 소송', 즉 당사자소송이라고 보아야 한다(2016다262550). [남억행 425p]

□□□□□ ★

4-1. 공무원이나 공립학교 학생의 신분 확인을 구하는 공법상 신분·지위확인소송은 당사자소송으로 다투어야 한다. (19서울9급)

- 공법상 신분, 지위 확인소송
  원칙 - 공법상 당사자소송(판례)
  예외 - 민사소송 (예 - 재개발조합과 조합장 또는 조합임원 사이의 선임·해임 등 조합장, 조합임원의 지위를 다투는 소송) [남억행 425p]

01 OX 지문 및 사례형 지문 분리를 통한 효율적인 공부 가능

기출문제를 공부할 때에는 단순히 답만 찾는 것이 아니라, 각각의 지문 모두를 정확히 아는 것이 중요합니다. 이에 따라 **기출 문제 지문들을 OX지문으로 구성**하여 수험생들이 모든 지문을 완벽하게 이해하고 넘어갈 수 있도록 하였습니다. 사례형 문제의 경우, 문제와 각 지문들 간의 연관성이 중요하기에 문제를 그대로 실어, 시험장에서 사례형 문제에 당황하지 않고 문제를 푸는 능력을 향상하게 하였습니다.

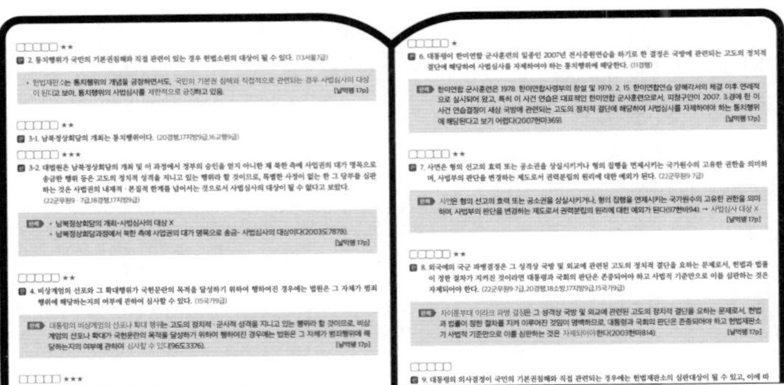

□□□□□ ★★

2. 통치행위가 국민의 기본권침해와 직접 관련이 있는 경우 헌법소원의 대상이 될 수 있다. (13서울7급)

- 헌법재판소는 통치행위의 개념을 긍정하면서도, 국민의 기본권 침해와 직접적으로 관련되는 경우 사법심사의 대상이 된다고 보아, 통치행위의 사법심사를 제한적으로 긍정하고 있음. [남억행 17p]

□□□□□ ★★

3-1. 남북정상회담의 개최는 통치행위이다. (20경행,17지방9급,16교행9급)

□□□□□ ★★★

3-2. 대법원은 남북정상회담의 개최 및 이 과정에서 정부의 승인을 얻지 아니한 채 북한 측에 사업권의 대가 명목으로 송금한 행위 등은 고도의 정치적 성격을 지니고 있는 행위라 할 것이므로, 특별한 사정이 없는 한 그 당부를 심판하는 것은 사법권의 내재적·본질적 한계를 넘어서는 것으로서 사법심사의 대상이 될 수 없다고 보았다. (22군무원9·7급,18경행,17지방9급)

- 남북정상회담의 개최-사법심사의 대상 X
- 남북정상회담과정에서 북한 측에 사업권의 대가 명목으로 송금- 사법심사의 대상이다(2003도7878). [남억행 17p]

□□□□□ ★★

4. 비상계엄의 선포와 그 확대행위가 국헌문란의 목적을 달성하기 위하여 행하여진 경우에는 법원은 그 자체가 범죄행위에 해당하는지의 여부에 관하여 심사할 수 있다. (15국가9급)

대통령의 비상계엄의 선포나 확대 행위는 고도의 정치적·군사적 성격을 지니고 있는 행위라 할 것이므로, 비상계엄의 선포나 확대가 국헌문란의 목적을 달성하기 위하여 행하여진 경우에는 법원은 그 자체가 범죄행위에 해당하는지의 여부에 관하여 심사할 수 있다(96도3376). [남억행 17p]

□□□□□ ★★★

□□□□□ ★

6. 대통령이 한미연합 군사훈련의 일종인 2007년 전시증원연습을 하기로 한 결정은 국방에 관련되는 고도의 정치적 결단에 해당하여 사법심사를 자제하여야 하는 통치행위에 해당한다. (11경행)

한미연합 군사훈련은 1978. 한미연합사령부의 창설 및 1979. 2. 15. 한미연합연습 양해각서의 체결 이후 연례적으로 실시되어 왔고, 특히 이 사건 연습은 대표적인 한미연합 군사훈련으로서, 피청구인이 2007. 3.경에 한 이 사건 연습결정이 새삼 국방에 관련되는 고도의 정치적 결단에 해당하여 사법심사를 자제하여야 하는 통치행위에 해당된다고 보기 어렵다(2007헌마369). [남억행 17p]

□□□□□ ★★

7. 사면은 형의 선고의 효력 또는 공소권을 상실시키거나 형의 집행을 면제시키는 국가원수의 고유한 권한을 의미하며, 사법부의 판단을 변경하는 제도로서 권력분립의 원리에 대한 예외가 된다. (22군무원9·7급)

사면은 형의 선고의 효력 또는 공소권을 상실시키거나, 형의 집행을 면제시키는 국가원수의 고유한 권한을 의미하며, 사법부의 판단을 변경하는 제도로서 권력분립의 원리에 대한 예외가 된다(97헌바94). → 사법심사 대상 X [남억행 17p]

□□□□□ ★★

8. 외국에의 국군 파병결정은 그 성격상 국방 및 외교에 관련된 고도의 정치적 결단을 요하는 문제로서, 헌법과 법률이 정한 절차가 지켜진 것이라면 대통령과 국회의 판단은 존중되어야 하고 사법적 기준만으로 이를 심판하는 것은 자제되어야 한다. (22군무원9·7급,20경행,18소방,17지방9급,15국가9급)

자이툰부대 이라크 파병 결정은 그 성격상 국방 및 외교에 관련된 고도의 정치적 결단을 요하는 문제로서, 헌법과 법률이 정한 절차를 지켜 이루어진 것임이 명백하므로, 대통령과 국회의 판단은 존중되어야 하고 헌법재판소가 사법적 기준만으로 이를 심판하는 것은 자제되어야 한다(2003헌마814). [남억행 17p]

□□□□□

9. 대통령의 의사결정이 국민의 기본권침해와 직접 관련되는 경우에는 헌법재판소의 심판대상이 될 수 있고, 이에 따

02 중요 빈출 지문 위주로 10개년 기출 지문 완벽 정리

중요 빈출 지문 위주로 기출 문제를 정리하여, **이 한 권 만으로 회독수를 높여 합격이 가능**하게 교재를 구성하였습니다.

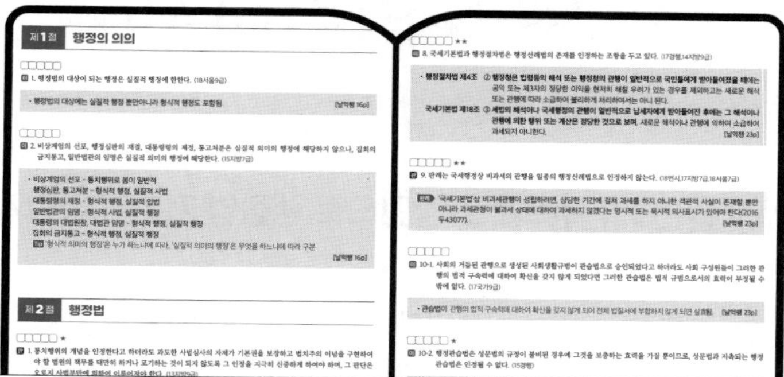

03 해설에 주요 개념 요약 정리 및 판례 정리

해설에 지문과 관련된 개념을 요약 정리하였을 뿐만 아니라, **판례 및 해설에 중요 부분을 표시**하여 **가독성 및 회독 수를 높이게** 구성하였고, **해설 끝에 기본서 페이지까지 수록**하여 **수험생들이 공부 시간을 조금이라도 더 효율적으로 사용**할 수 있게 하였습니다.

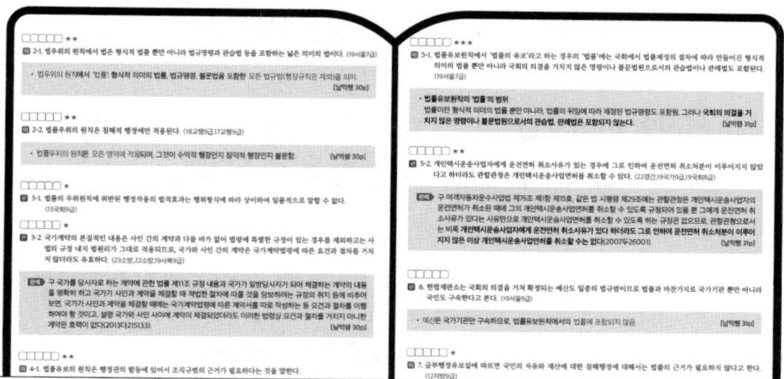

04 별표 표시로 기출문제 중요도 선별

빈출 지문들 중에서도 **출제 가능성이 높은 지문들을 별표를 통해 한 번 더 분류함**으로써 **더욱 더 효율적인 수험준비**를 할 수 있도록 구성하였습니다.

쉿! 나만 알고 싶은 합격 비법!

더 적은 시간으로, 더 많이 보고,
더 빨리 합격하자!

[가장 짧은 기본강의] 37강만으로 행정법 기본기 다지기!

A 강사 강의수 90강
B 강사 강의수 60강
C 강사 강의수 57강

민재쌤 날먹행 강의수 단 37강

[가장 짧은 기본서] 450p로 행정법 마스터!

A 강사 기본서 약 1,300p
B 강사 기본서 약 1,000p
C 강사 기본서 약 1,200p

민재쌤 날먹행 기본서 단 450p

민재쌤 커리만 따라오면, 남들보다 더 빨리 기출문제 반복할 수 있고,
회독수를 무한대로 늘릴 수 있습니다.

2023년 국가 · 지방직 9급 적중률 95% 이상 달성!

민재쌤 OX 기출문제집만 반복해도
충분히 합격할 수 있습니다.

합격을 위한 지름길,
민재쌤과 함께 해 보실까요?

O X 문제 풀이

01

행정법통론

01 행정

제 1 절 행정의 의의

□□□□□

이 1. 행정법의 대상이 되는 행정은 실질적 행정에 한한다. (18서울9급)

• 행정법의 대상에는 실질적 행정 뿐만아니라 형식적 행정도 포함됨. [날먹행 16p]

□□□□□

이 2. 비상계엄의 선포, 행정심판의 재결, 대통령령의 제정, 통고처분은 실질적 의미의 행정에 해당하지 않으나, 집회의 금지통고, 일반법관의 임명은 실질적 의미의 행정에 해당한다. (15지방7급)

• 비상계엄의 선포 - 통치행위로 봄이 일반적
행정심판, 통고처분 - 형식적 행정, 실질적 사법
대통령령의 제정 - 형식적 행정, 실질적 입법
일반법관의 임명 - 형식적 사법, 실질적 행정
대통령의 대법원장, 대법관 임명 - 형식적 행정, 실질적 행정
집회의 금지통고 - 형식적 행정, 실질적 행정
Tip '형식적 의미의 행정'은 누가 하느냐에 따라, '실질적 의미의 행정'은 무엇을 하느냐에 따라 구분
[날먹행 16p]

제 2 절 행정법

□□□□□ ★

판 1. 통치행위의 개념을 인정한다고 하더라도 과도한 사법심사의 자제가 기본권을 보장하고 법치주의 이념을 구현하여야 할 법원의 책무를 태만히 하거나 포기하는 것이 되지 않도록 그 인정을 지극히 신중하게 하여야 하며, 그 판단은 오로지 사법부만에 의하여 이루어져야 한다. (13지방9급)

• 통치행위가 사법심사의 대상이 되는지 여부에 대하여 학설의 대립이 있으나,
대법원은 내재적 한계설 또는 사법자제설을 근거로 통치행위가 사법심사의 대상이 된다고 함. [날먹행 17p]

OX 정답

1절 1. X 2. O / 2절 1. O

□□□□□ ★★

판 2. 통치행위가 국민의 기본권침해와 직접 관련이 있는 경우 헌법소원의 대상이 될 수 있다. (13서울7급)

- 헌법재판소는 통치행위의 개념을 긍정하면서도, 국민의 기본권 침해와 직접적으로 관련되는 경우 사법심사의 대상이 된다고 보아, 통치행위의 사법심사를 제한적으로 긍정하고 있음. **[날먹행 17p]**

□□□□□ ★★

판 3-1. 남북정상회담의 개최는 통치행위이다. (20경행,17지방9급,16교행9급)

□□□□□ ★★★

판 3-2. 대법원은 남북정상회담의 개최 및 이 과정에서 정부의 승인을 얻지 아니한 채 북한 측에 사업권의 대가 명목으로 송금한 행위 등은 고도의 정치적 성격을 지니고 있는 행위라 할 것이므로, 특별한 사정이 없는 한 그 당부를 심판하는 것은 사법권의 내재적 · 본질적 한계를 넘어서는 것으로서 사법심사의 대상이 될 수 없다고 보았다. (22군무원9 · 7급,18경행,17지방9급)

판례
- 남북정상회담의 개최-사법심사의 대상 X
- 남북정상회담과정에서 북한 측에 사업권의 대가 명목으로 송금- 사법심사의 대상이다(2003도7878).

[날먹행 17p]

□□□□□ ★★

판 4. 비상계엄의 선포와 그 확대행위가 국헌문란의 목적을 달성하기 위하여 행하여진 경우에는 법원은 그 자체가 범죄행위에 해당하는지의 여부에 관하여 심사할 수 있다. (15국가9급)

판례 대통령의 비상계엄의 선포나 확대 행위는 고도의 정치적 · 군사적 성격을 지니고 있는 행위라 할 것이므로, 비상계엄의 선포나 확대가 국헌문란의 목적을 달성하기 위하여 행하여진 경우에는 법원은 그 자체가 범죄행위에 해당하는지의 여부에 관하여 심사할 수 있다(96도3376). **[날먹행 17p]**

□□□□□ ★★★

판 5. 대통령의 긴급재정·경제명령은 국가긴급권의 일종으로서 고도의 정치적 결단에 의하여 발동되는 행위이고 그 결단을 존중하여야 할 필요성이 있는 행위라는 의미에서 이른바 통치행위에 속한다고 할 수 있으나, 그것이 국민의 기본권침해와 직접 관련되는 경우에는 당연히 헌법재판소의 심판대상이 된다. (22군무원7급,20경행,20군무원9급,18소방)

판례 대통령의 긴급재정경제명령은 국가긴급권으로서 고도의 정치적 결단이므로 통치행위에 속하나, 국민의 기본권 침해와 직접 관련되면 헌재의 심판대상이 된다(93헌마186). **[날먹행 17p]**

OX 정답

2. O 3-1. O 3-2. X 4. O 5. O

□□□□□ ★

판 6. 대통령이 한미연합 군사훈련의 일종인 2007년 전시증원연습을 하기로 한 결정은 국방에 관련되는 고도의 정치적 결단에 해당하여 사법심사를 자제하여야 하는 통치행위에 해당한다. (11경행)

판례 한미연합 군사훈련은 1978. 한미연합사령부의 창설 및 1979. 2. 15. 한미연합연습 양해각서의 체결 이후 연례적으로 실시되어 왔고, 특히 이 사건 연습은 대표적인 한미연합 군사훈련으로서, 피청구인이 2007. 3.경에 한 이 사건 연습결정이 새삼 국방에 관련되는 고도의 정치적 결단에 해당하여 사법심사를 자제하여야 하는 통치행위에 해당된다고 보기 어렵다(2007헌마369). [날먹행 17p]

□□□□□ ★★

판 7. 사면은 형의 선고의 효력 또는 공소권을 상실시키거나 형의 집행을 면제시키는 국가원수의 고유한 권한을 의미하며, 사법부의 판단을 변경하는 제도로서 권력분립의 원리에 대한 예외가 된다. (22군무원9·7급)

판례 사면은 형의 선고의 효력 또는 공소권을 상실시키거나, 형의 집행을 면제시키는 국가원수의 고유한 권한을 의미하며, 사법부의 판단을 변경하는 제도로서 권력분립의 원리에 대한 예외가 된다(97헌바94). → 사법심사 대상 X [날먹행 17p]

□□□□□ ★★

판 8. 외국에의 국군 파병결정은 그 성격상 국방 및 외교에 관련된 고도의 정치적 결단을 요하는 문제로서, 헌법과 법률이 정한 절차가 지켜진 것이라면 대통령과 국회의 판단은 존중되어야 하고 사법적 기준만으로 이를 심판하는 것은 자제되어야 한다. (22군무원9·7급,20경행,18소방,17지방9급,15국가9급)

판례 자이툰부대 이라크 파병 결정은 그 성격상 국방 및 외교에 관련된 고도의 정치적 결단을 요하는 문제로서, 헌법과 법률이 정한 절차를 지켜 이루어진 것임이 명백하므로, 대통령과 국회의 판단은 존중되어야 하고 헌법재판소가 사법적 기준만으로 이를 심판하는 것은 자제되어야 한다(2003헌마814). [날먹행 17p]

□□□□□

판 9. 대통령의 의사결정이 국민의 기본권침해와 직접 관련되는 경우에는 헌법재판소의 심판대상이 될 수 있고, 이에 따라 위 의사결정과 관련된 신행정수도이전특별법도 헌법재판소의 대상이 될 수 있다. (17지방9급,16경행)

판례 대통령의 의사결정이 국민의 국민투표권을 침해한다면, 가사 위 의사결정이 고도의 정치적 결단을 요하는 행위라고 하더라도 이는 국민의 기본권침해와 직접 관련되는 것으로서 헌법재판소의 심판대상이 될 수 있고, 따라서 이 사건 법률의 위헌성이 대통령의 의사결정과 관련하여 문제되는 경우라도 헌법소원의 대상이 될 수 있다(2004헌마554). [날먹행 17p]

OX 정답

6. X 7. ○ 8. ○ 9. ○

□□□□□ ★★

판 10. 대법원은 대통령의 서훈취소행위를 통치행위로 보고 있다. (23국가9급,22군무원9급,20경행)

판례 서훈취소가 대통령이 국가원수로서 행하는 행위라고 하더라도 법원이 사법심사를 자제하여야 할 고도의 정치성을 띤 행위라고 볼 수는 없다(2012두26920). [날먹행 17p]

□□□□□

이 11. 통치행위의 주체는 통상 정부가 거론되나 국회와 사법부에 의한 통치행위를 인정하는 것이 일반적이다. (13서울7급)

- 통치행위는 주로 정부, 대통령에 의해 행해지며, **국회**도 국회의원의 징계와 관련해서 **통치행위의 주체** ○
  그러나 법원(사법부)은 통치행위를 할 수 없고, 통치행위에 대한 판단주체가 될 뿐임. [날먹행 18p]

□□□□□ ★★

판 12. 통치행위의 개념을 인정한다고 하더라도 과도한 사법심사의 자제가 기본권을 보장하고 법치주의 이념을 구현하여야 할 법원의 책무를 태만히 하거나 포기하는 것이 되지 않도록 그 인정을 지극히 신중하게 하여야 하며, 그 판단은 오로지 사법부만에 의하여 이루어져야 한다. (13지방9급)

판례 통치행위의 개념을 인정한다고 하더라도 과도한 사법심사의 자제가 기본권을 보장하고 법치주의 이념을 구현하여야 할 법원의 책무를 태만히 하거나 포기하는 것이 되지 않도록 그 인정을 지극히 신중하게 하여야 하며, 그 판단은 오로지 사법부만에 의하여 이루어져야 한다(2003도7878). [날먹행 18p]

제 3 절 행정의 분류

□□□□□

이 1. 국가행정과 자치행정은 행정주체를 기준으로 행정을 구분한 것이다. (18서울9급)

- 주체에 따라 국가행정, 자치행정, 위임행정으로 구분됨. [날먹행 18p]

□□□□□

이 2. 행정은 그 법 형식을 기준으로 하여 공법형식의 행정과 사법형식의 행정으로 구분할 수 있다. (18서울9급)

- 행정은 법적 형식에 따라 공법의 규율을 받아 공법의 형식에 따라 이루어지는 행정, 사법의 규율을 받아 사법의 형식에 따라 이루어지는 행정으로 구분할 수 있다. [날먹행 18p]

OX 정답

10. X 11. X 12. ○ / 3절 1. ○ 2. ○

02 행정법

제1절 행정법의 의의 및 법적 특수성

☐☐☐☐☐

이 1. 공법과 사법의 구별을 강조하지 않는 영미법계에서는 오늘날 행정법의 특수성은 인정되지 않으며, 행정기관의 결정에 대한 재판권은 통상의 사법(司法)법원이 행사한다. (11국가9급)

• 영미법계는 공법과 사법의 구별을 강조하지는 않지만, 오늘날 행정법의 특수성을 점차 인정하고 있음 **[날먹행 19p]**

☐☐☐☐☐

이 2. 우리나라의 행정법은 전통적으로 대륙법계의 영향을 받아 행정에 특유한 공법으로서의 성격을 강조하고 있으면서도 행정사건은 별도의 행정법원(재판소)이 아닌 사법(司法)법원의 관할에 속한다. (11국가9급)

• **대륙법계는 공법과 사법을 구별을 강조하**여, **행정사건은 별도의 법원(재판소)**의 관할로 한다.
우리나라는 대륙법계를 따르면서도, 행정사건은 별도의 법원이 아닌 사법(司法)법원의 관할로 함. **[날먹행 19p]**

☐☐☐☐☐

이 3. 구 주택건설촉진법의 규정을 위반하여 주택을 공급한 자에게 과태료를 부과한다고 하여 그 사법적 효력까지 부인된다고 볼 수는 없다. (08지방9급)

• 행정법의 단속규정성에 따라, 위반행위에 대한 제재만 가해질 뿐 **위반행위 자체의 효력까지 부인하지는 않음.**
[날먹행 19p]

제2절 행정법의 지도원리

☐☐☐☐☐ ★★

이 1. 법치행정원리의 현대적 의미는 실질적 법치주의에서 형식적 법치주의로의 전환이다. (19서울7급)

• 법치행정원리는 형식적 법치주의에서 국민의 기본권 보장을 중시하는 **실질적 법치주의로 발전**함. **[날먹행 20p]**

☐☐☐☐☐

조 2. 행정법은, '행정은 공공의 이익을 위하여 적극적으로 추진되어야 한다.'고 규정하고 있다. (21군무원9급)

• **행정기본법 제4조(행정의 적극적 추진)** ① 행정은 공공의 이익을 하여 적극적으로 추진되어야 한다.

OX 정답

1절 1. X 2. O 3. O / 2절 1. X 2. O

03 행정법의 법원과 효력

제1절 행정법의 법원

□□□□□ ★

이 1-1. 인간다운 생활을 할 권리와 같은 헌법상의 추상적인 기본권에 관한 규정은 행정법의 법원이 되지 못한다. (19서울9급,17변시)

해설 헌법은 국가의 최고 규범으로서, 헌법상 기본권 규정은 행정법의 가장 기본적인 법원이다. [날먹행 21p]

□□□□□

이 1-2. 대통령의 긴급명령과 긴급재정 · 경제명령은 행정법의 법원이 된다. (17교행9급)

- **대통령의 긴급명령과 긴급재정 · 경제명령**은 **헌법에 직접 근거**한 법규명령이나, **법률과 동일한 효력**을 가짐. [날먹행 21p]

□□□□□

이 1-3. 판례는 지방자치단체의 사무에 관한 조례와 규칙 중 조례가 상위규범이라고 한다. (13서울7급)

- 자치법규 역시 행정법의 법원이고, 자치법규에는 지방의회가 제정하는 조례, 지자체 장이 정하는 규칙 등이 있는데, 지방자치의 사무에 관한 조례와 규칙 중 조례가 상위규범이다. [날먹행 22p]

□□□□□ ★★

이 2-1. 헌법에 의하여 체결 · 공포된 조약과 일반적으로 승인된 국제법규는 국내법과 동일한 효력을 갖는다. (17교행9급,15경행)

□□□□□ ★★

이 2-2. 일반적으로 승인된 국제법규라도 의회에 의한 입법절차를 거쳐야 행정법의 법원이 된다. (18경행,17교행9급)

- 헌법 제6조에서는 '헌법에 의하여 체결 · 공포된 조약과 일반적으로 승인된 국제법규는 국내법과 동일한 효력을 가진다.'고 규정하고 하고 있으므로, 조약 및 일반적으로 승인된 국제법규는 행정법의 법원이 됨. 일반적으로 승인된 국제법규는 별도의 입법조치 없이 국내법으로 수용되어 행정법의 법원이 됨. [날먹행 22p]

OX 정답

1절 1-1. X 1-2. ○ 1-3. ○ 2-1. ○ 2-2. X

□□□□□ ★★

판 3. 남북 사이의 화해와 불가침 및 교류협력에 관한 합의서는 국가간의 조약이 아니므로 국내법과 동일한 효력이 인정되는 것이 아니다. (18경행,17교행9급)

판례 남북기본합의서는 법적 구속력이 있는 것은 아니어서 이를 국가 간의 조약 또는 이에 준하는 것으로 볼 수 없고, 따라서 국내법과 동일한 효력이 인정되는 것도 아니다(98두14525). **[날먹행 22p]**

□□□□□ ★

판 4. 헌법에 의해 체결 · 공포된 조약과 일반적으로 승인된 국제법규가 동일한 효력을 가진 국내의 법률, 명령과 충돌하는 경우에는 신법우위의 원칙 및 특별법우위의 원칙이 적용된다. (11지방9급)

• 일반적인 법 충돌과 동일하게 보아, 신법우위의 원칙, 특별법우위의 원칙, 상위법 우선의 원칙이 적용됨. **[날먹행 22p]**

□□□□□ ★★★

판 5. 학교급식을 위해 국내 우수농산물을 사용하는 자에게 식재료나 구입비 일부를 지원하는 것 등을 내용으로 하는 지방자치단체의 조례안은 '1994년 관세 및 무역에 관한 일반협정'에 위반되어 그 효력이 없다. (21국가9급,20국가9급,17국가9급)

판례 지방자치단체가 제정한 조례가 1994년 관세 및 무역에 관한 일반협정이나 정보조달에 관한 협정에 위반되는 경우, 그 조례는 무효이다(2004추10). **[날먹행 22p]**

□□□□□ ★★

판 6. 국제법규도 행정법의 법원이므로, 사인이 제기한 취소소송에서 WTO협정과 같은 국제협정 위반을 독립된 취소사유로 주장할 수 있다. (19서울9급,17국가9급)

판례 사인은 반덤핑부과처분이 세계무역기구(WTO) 협정 위반이라는 이유로 직접 국내 법원에 회원국 정부를 상대로 그 처분의 취소를 구하는 소를 제기할 수 없다(2008두17936). **[날먹행 22p]**

□□□□□

이 7. 관습법이란 사회의 거듭된 관행으로 생성한 사회생활규범이 사회의 법적 확신과 인식에 의하여 법적 규범으로 승인 · 강행되기에 이른 것을 말한다. (15경행)

• 관습법은 객관적 요건인 반복된 관행과 주관적 요건인 법적 확신을 요한다. **[날먹행 23p]**

OX 정답

3. O 4. O 5. O 6. X 7. O

□□□□□ ★★

이 8. 국세기본법과 행정절차법은 행정선례법의 존재를 인정하는 조항을 두고 있다. (17경행,14지방9급)

- **행정절차법 제4조** ② **행정청은 법령등의 해석 또는 행정청의 관행이 일반적으로 국민들에게 받아들여졌을 때**에는 공익 또는 제3자의 정당한 이익을 현저히 해칠 우려가 있는 경우를 제외하고는 새로운 해석 또는 관행에 따라 소급하여 불리하게 처리하여서는 아니 된다.

  국세기본법 제18조 ③ **세법의 해석이나 국세행정의 관행이 일반적으로 납세자에게 받아들여진 후에는 그 해석이나 관행에 의한 행위 또는 계산은 정당한 것으로 보며**, 새로운 해석이나 관행에 의하여 소급하여 과세되지 아니한다.

[날먹행 23p]

□□□□□ ★★

판 9. 판례는 국세행정상 비과세의 관행을 일종의 행정선례법으로 인정하지 않는다. (18변시,17지방7급,18서울7급)

판례 '국세기본법'상 비과세관행이 성립하려면, 상당한 기간에 걸쳐 과세를 하지 아니한 객관적 사실이 존재할 뿐만 아니라 과세관청이 불과세 상태에 대하여 과세하지 않겠다는 명시적 또는 묵시적 의사표시가 있어야 한다(2016두43077).

[날먹행 23p]

□□□□□

이 10-1. 사회의 거듭된 관행으로 생성된 사회생활규범이 관습법으로 승인되었다고 하더라도 사회 구성원들이 그러한 관행의 법적 구속력에 대하여 확신을 갖지 않게 되었다면 그러한 관습법은 법적 규범으로서의 효력이 부정될 수밖에 없다. (17국가9급)

- 관습법이 관행의 법적 구속력에 대하여 확신을 갖지 않게 되어 전체 법질서에 부합하지 않게 되면 실효됨. **[날먹행 23p]**

□□□□□ ★

이 10-2. 행정관습법은 성문법의 규정이 불비된 경우에 그것을 보충하는 효력을 가질 뿐이므로, 성문법과 저촉되는 행정관습법은 인정될 수 없다. (15경행)

- **성문법에 대한 보충적 효력**

  관습법은 성문법에 대하여 보충적 효력을 가짐(보충적 효력설, 통설 · 판례) **[날먹행 23p]**

□□□□□

판 11. 헌법재판소는 신행정수도의 건설을 위한 특별조치법의 위헌확인사건에서, 관습헌법은 성문헌법과 같은 헌법개정절차를 통해서 개정될 수 있다고 판시하였다. (12지방9급)

판례 **우리나라의 수도가 서울이라는 점에 대한** 관습헌법을 폐지하기 위해서는 헌법이 정한 절차에 따른 헌법개정이 이루어져야만 한다. 이 경우 성문의 조항과 다른 것은 성문의 수도조항이 존재한다면 이를 삭제하는 내용의 개정이 필요하겠지만 **관습헌법은 이에 반하는 내용의 새로운 수도설정조항을 헌법에 넣는 것만으로 그 폐지가 이루어지는 점**에 있다(2004헌마554).

[날먹행 23p]

OX 정답

8. ○ 9. X 10-1. ○ 10-2. ○ 11. ○

□□□□□★★

이 12. 동종 사건에 관하여 대법원의 판례가 있더라도 하급법원은 그 판례와 다른 판단을 하는 것이 가능하다. (17경행,15경행)

• **우리나라는 선례구속성의 원칙을 적용하고 있지 않아**, 동종·유사사건에서 하급심이 상급심 판례와 다른 판단하는 것이 가능. **[날먹행 24p]**

□□□□□★★

이 13. 헌법재판소에 의한 법률의 위헌결정은 국가기관과 지방자치단체를 기속한다는 헌법재판소법 제47조에 의해 법원으로서의 성격을 가진다. (15경행)

• 헌재의 위헌결정은 헌재법 §47에 따라 법원과 그 밖의 국가기관 및 지방자치단체를 기속함. **[날먹행 24p]**

□□□□□★★

판 14. 헌법재판소가 법률의 위헌 여부를 판단하기 위하여 한 법률해석에 대법원이나 각급 법원이 구속되는 것은 아니다. (10국가9급)

판례 합헌적 법률해석을 포함하는 법령의 해석·적용 권한은 대법원을 최고법원으로 하는 법원에 전속하는 것이며, 헌법재판소가 법률의 위헌 여부를 판단하기 위하여 불가피하게 법원의 최종적인 법률해석에 앞서 법령을 해석하거나 그 적용 범위를 판단하더라도 헌법재판소의 법률해석에 대법원이나 각급 법원이 구속되는 것은 아니다 (2004두10289). **[날먹행 24p]**

□□□□□★★

이 15. 행정법의 일반원칙은 다른 법원(法源)과의 관계에서 보충적 역할에 그치지 않으며 헌법적 효력을 갖기도 한다. (16서울9급)

• 행정법의 일반원칙은 조리에 속하며, 다른 법원(法源)과의 관계에서 보충적 역할에 그치지 않으며 헌법적 효력을 갖기도 한다. **[날먹행 24p]**

제 2 절 행정법의 효력

□□□□□★★

조 1-1. 법령등을 공포한 날부터 시행하는 경우에는 공포한 날을 시행일로 한다. (23소방간부,22국회8급,21행정사)

OX 정답

12. ○ 13. ○ 14. ○ 15. ○ / 2절 1-1. ○

□□□□□ ★★

조 1-2. 법령등(훈령 · 예규 · 고시 · 지침 등을 포함한다. 이하 이 조에서 같다)의 시행일을 정하거나 계산할 때 법령등을 공포한 날부터 일정 기간이 경과한 날부터 시행하는 경우 법령등을 공포한 날을 첫날에 산입 한다. (23소방간부,22소방승진,22군무원7급,22국회8급,21서울7급,21행정사,21경행)

□□□□□ ★★

조 1-3. 법령등을 공포한 날부터 일정 기간이 경과한 날부터 시행하는 경우 그 기간의 말일이 토요일 또는 공휴일인 때에는 그 말일로 기간이 만료한다. (23경간,21서울7급,21행정사)

- **행정기본법 제7조(법령등 시행일의 기간 계산)** 법령등(훈령 · 예규 · 고시 · 지침 등을 포함한다. 이하 이 조에서 같다)의 시행일을 정하거나 계산할 때에는 다음 각 호의 기준에 따른다.
  1. 법령등을 공포한 날부터 시행하는 경우에는 공포한 날을 시행일로 한다.
  2. 법령등을 공포한 날부터 일정 기간이 경과한 날부터 시행하는 경우 법령등을 공포한 날을 첫날에 산입하지 아니한다.
  3. 법령등을 공포한 날부터 일정 기간이 경과한 날부터 시행하는 경우 그 기간의 말일이 토요일 또는 공휴일인 때에는 그 말일로 기간이 만료한다.

[날먹행 25p]

□□□□□ ★★

조 2-1. 대통령의 법률안거부권의 행사로 인하여 재의결된 법률을 국회의장이 공포하는 경우에는 서울특별시에서 발행되는 둘 이상의 일간신문에 게재함으로써 한다. (23경간,21지방9급)

□□□□□

조 2-2. 지방자치단체의 장에 의한 조례와 규칙의 공포는 해당 지방자치단체의 공보에 게재하는 방법으로 한다. (15지방9급)

□□□□□

조 2-3. 대통령령 · 총리령 및 부령의 공포일은 그 법령등을 게재한 관보 또는 신문이 발행된 날로 하며, 법령의 공포시점은 관보 또는 공보가 판매소에 도달하여 누구든지 이를 구독할 수 있는 상태가 된 최초의 시점으로 보는 것이 판례의 입장이다. (09국가9급)

□□□□□

조 2-4. 「국회법」에 따라 하는 국회의장의 법률 공포는 서울특별시에서 발행되는 둘 이상의 일간신문에 게재함으로써 한다. (21지방9급)

□□□□□ ★

조 2-5. 관보의 내용 해석 및 적용 시기 등에 대하여 종이관보가 전자관보보다 우선적 효력을 가진다. (23경간,21지방9급)

□□□□□ ★

조 2-6. 헌법개정·법률·조약·대통령령·총리령 및 부령의 공포는 관보에 게재함으로써 한다. (21지방9급,20경행)

OX 정답

1-2. X 1-3. ○ 2-1. ○ 2-2. ○ 2-3. ○ 2-4. O 2-5. X 2-6. ○

• **행정법의 공포방법 및 공포일** [날먹행 25p]

「법령 등 공포에 관한 법률」 제11조

① 헌법개정 · 법률 · 조약 · 대통령령 · 총리령 및 부령의 공포와 헌법개정안 · 예산 및 예산 외 국고부담계약의 공고는 관보(官報)에 게재함으로써 한다. (21지방9급)

② 「국회법」 제98조제3항 전단에 따라 하는 국회의장의 법률 공포는 서울특별시에서 발행되는 둘 이상의 일간신문에 게재함으로써 한다. (21지방9급)

③ 제1항에 따른 관보는 종이로 발행되는 관보(이하 "종이관보"라 한다)와 전자적인 형태로 발행되는 관보(이하 "전자관보"라 한다)로 운영한다.

④ 관보의 내용 해석 및 적용 시기 등에 대하여 종이관보와 전자관보는 동일한 효력을 가진다.

12조 제11조의 법령 등의 공포일 또는 공고일은 해당 법령 등을 게재한 관보 또는 신문이 발행된 날로 한다.

□□□□□ ★★★

이 3-1. 대통령령, 총리령, 및 부령은 특별한 규정이 없으면 공포한 날부터 20일이 경과함으로써 효력을 발생한다. (22서울7급,22군무원9급,21군무원9급)

□□□□□

이 3-2. 국민의 권리 제한 또는 의무 부과와 직접 관련되는 법령은 긴급히 시행하여야 할 특별한 사유가 있는 경우를 제외하고는 공포일부터 적어도 30일이 경과한 날부터 시행되도록 하여야 한다. (20국가9급,20경행)

• **행정법의 효력 발생시기**

원칙: 공포일로부터 20일**이 경과된 날**이 시행일(헌법§53⑦, 법령등공포에관한법률§13)

예외: **국민의 권리 제한 또는 의무 부과와 직접 관련**되는 법령은 공포일로부터 30일**이 경과**된 날부터 시행(동법§13의2)

[날먹행 25p]

□□□□□ ★★★

이 4-1. 새 법령이 시행되기 전에 종결된 사실에 대하여는 당해 법령을 적용하지 않는 것을 원칙으로 한다. (21지방7급,21군무원7급)

□□□□□ ★★★

판 4-2. 신뢰보호의 요청에 우선하는 심히 중대한 공익상의 사유가 소급입법을 정당화하는 경우 등에는 예외적으로 진정소급입법이 허용된다. (22군무원9급,21군무원9급,20군무원9급,20국가9급)

□□□□□

조 4-3. 새로운 법령은 법령에 특별한 규정이 있는 경우를 제외하고는 그 법령의 효력 발생 전에 완성되거나 종결된 사실관계 또는 법률관계에 대해서는 적용되지 아니한다. (23소방간부,22서울7급,21지방7급,21군무원7급)

• 진정소급효(이미 완성된 사실에 대해 새로운 법 적용)는 원칙적 금지(=소급허용금지)

단, ① 소급입법을 **예상**할 수 있었거나, ② 보호할 만한 **신뢰이익**이 적은 경우, ③ 당사자의 손**실이 경미**한 경우, ④ 중대한 공**익상의 이유**가 있는 경우(예 · 신 · 손 · 공) → 예외적으로 소급 적용 허용.

• **행정기본법 제14조(법 적용의 기준)**

① 새로운 법령등은 법령등에 특별한 규정이 있는 경우를 제외하고는 **그 법령등의 효력 발생 전에 완성되거나 종결된 사실관계 또는 법률관계에 대해서는 적용되지 아니한다.** [날먹행 26p]

OX 정답

3-1. ○ 3-2. ○ 4-1. ○ 4-2. ○ 4-3. ○

□□□□□ ★★★

이 5-1. 개정 법령이 기존의 사실 또는 법률관계를 적용대상으로 하면서 종전보다 불리한 효과를 규정하고 있는 경우에도 그러한 사실 또는 법률관계가 개정 법률이 시행되기 이전에 이미 종결된 것이 아니라면 이를 헌법상 금지되는 소급입법이라고 할 수는 없다. (22경간,21국가9급,21지방7급,21군무원9급,20군무원9급,18국가7급)

□□□□□ ★★★

판 5-2. 부진정소급입법은 원칙적으로 허용되지만 소급효를 요구하는 공익상의 사유와 신뢰보호의 요청 사이의 형량과정에서 신뢰보호의 관점이 입법자의 형성권에 제한을 가하게 된다. (21서울7급,17국가7급)

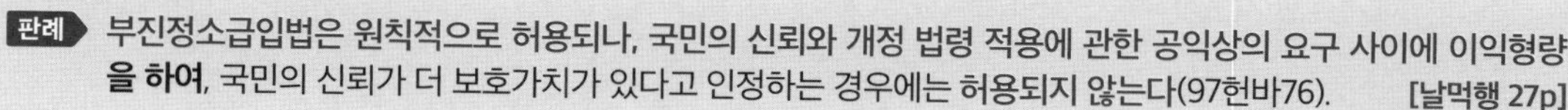

판례 부진정소급입법은 원칙적으로 허용되나, 국민의 신뢰와 개정 법령 적용에 관한 공익상의 요구 사이에 이익형량을 하여, 국민의 신뢰가 더 보호가치가 있다고 인정하는 경우에는 허용되지 않는다(97헌바76). [날먹행 27p]

□□□□□

판 5-3. 소득세법이 개정되어 세율이 인상된 경우, 법 개정 전부터 개정법이 발효된 후에까지 걸쳐 있는 과세기간(1년)의 전체 소득에 대하여 인상된 세율을 적용하는 것은 재산권에 대한 소급적 박탈이 되므로 위법하다. (16서울9급)

판례 과세연도 진행중 납세의무를 가중하는 세법의 제정은 부진정소급입법에 해당(81누423). [날먹행 27p]

□□□□□

판 5-4. 수강신청 후에 징계요건을 완화하는 학칙개정이 이루어지고 이어 시험이 실시되어 그 개정학칙에 따라 대학이 성적 불량을 이유로 학생에 대하여 징계처분을 한 경우라면 이는 이른바 부진정소급효에 관한 것으로서 특별한 사정이 없는 한 위법이라고 할 수 없다. (22국가9급)

판례 대학이 성적불량을 이유로 학생에 대하여 징계처분을 하는 경우에 있어서 수강신청이 있은 후 징계요건을 완화하는 학칙개정이 이루어지고 이어 당해 시험이 실시되어 그 개정학칙에 따라 징계처분을 한 경우라면 이는 이른바 부진정소급효에 관한 것으로서 구 학칙의 존속에 관한 학생의 신뢰보호가 대학당국의 학칙개정의 목적달성보다 더 중요하다고 인정되는 특별한 사정이 없는 한 위법이라고 할 수 없다(87누1123). [날먹행 27p]

□□□□□ ★

판 6. 법률조항에 대하여 헌법재판소가 헌법불합치결정을 하여 그 법률조항을 합헌적으로 개정 또는 폐지하는 임무를 입법자의 형성재량에 맡긴 이상, 그 개선입법의 소급적용 여부와 소급적용의 범위는 원칙적으로 입법자의 재량에 달려 있다. (15사복9급)

판례 헌재가 헌법불합치결정을 하여 법률조항을 합헌적으로 개정 · 폐지하는 임무를 입법자의 형성재량에 맡긴 이상, 그 **개선입법의 소급적용 여부 및 범위는 원칙적으로 입법자의 재량**임(2007두21563). [날먹행 27p]

OX 정답

5-1. ○ 5-2. ○ 5-3. X 5-4. ○ 6. ○

□□□□□ ★★★

판 7-1. 행정처분은 그 근거법령이 개정된 경우에도 경과규정에서 달리 정함이 없는 한, 처분 당시 시행되는 개정 법령과 그에 정한 기준에 의하는 것이 원칙이다. (23소방간부,15서울9급)

• 처분시법주의

판례 광업권자가 광업권을 취득하고 그에 대한 사업휴지인가를 받은 것은 모두 개정된 광업법시행령이 시행되기 이전이나 그 존속기간의 만료 및 연장신청은 개정된 광업법시행령 시행 이후인 경우, 위 광업권자의 광업권 존속기간 연장허가 신청에 대하여 개정된 광업법시행령이 적용된다(97누13138).

판례 행정처분은 그 근거 법령이 개정된 경우에도 경과 규정에서 달리 정함이 없는 한 처분 당시 시행되는 개정 법령과 그에서 정한 기준에 의하는 것이 원칙임(97누13818). **[날먹행 28p]**

□□□□□ ★★★

조 7-2. 당사자의 신청에 따른 처분은 법령에 특별한 규정이 있거나 처분 당시의 법령을 적용하기 곤란한 특별한 사정이 있는 경우를 제외하고는 처분 당시의 법령에 따른다. (23소방간부,23소방,22서울7급,22경간,22군무원9급,21군무원7급,21지방7급)

□□□□□ ★★

판 7-3. 영업허가를 신청한 이후 관계법령이 개정되어 허가요건을 충족하지 못하게 된 경우, 행정청이 허가신청을 수리하고도 정당한 이유없이 그 처리를 늦추어 그 사이에 허가기준이 변경된 것이 아닌 이상, 행정청은 불허가처분을 하여야 한다. (23소방간부,19지방9급,19국가7급,19서울7급,18지방9급)

행정기본법 제14조(법 적용의 기준) ② 당사자의 신청에 따른 처분은 법령등에 특별한 규정이 있거나 처분 당시의 법령등을 적용하기 곤란한 특별한 사정이 있는 경우를 제외하고는 처분 당시의 법령등에 따른다.

판례 **허가 신청 후 허가기준이 변경**되었더라도 허가관청이 허가신청을 수리하고도 **정당한 이유없이 처리를 늦추어 그 사이에 허가기준이 변경된 것이 아닌** 이상 변경된 허가기준에 따라 처분해야 함(95누10877). **[날먹행 28p]**

□□□□□ ★★

조 8-1. 법령을 위반한 행위의 성립과 이에 대한 제재처분은 법령에 특별한 규정이 있는 경우를 제외하고는 법령을 위반한 행위 당시의 법령에 따른다. (23소방간부,21군무원7급)

□□□□□ ★★★

조 8-2. 법령을 위반한 행위 후 법령의 변경에 의하여 그 행위가 법령을 위반한 행위에 해당하지 아니하는 경우에도 해당 법령에 특별한 규정이 없는 경우 변경 이전의 법령을 적용한다. (23경간,23소방간부,22경간,22국가7급,21군무원7급)

□□□□□ ★

조 8-3. 경과규정 등의 특별규정 없이 법령이 변경된 경우, 그 변경 전에 발생한 사항에 대하여 적용할 법령은 개정 후의 신법령이다. (14국가7급)

OX 정답

7-1. ○ 7-2. ○ 7-3. ○ 8-1. ○ 8-2. X 8-3. X

□□□□□ ★★

판 8-4. 건설업자가 시공자격 없는 자에게 전문공사를 하도급한 행위에 대하여 과징금 부과처분을 하는 경우, 구체적인 부과기준에 대하여 처분시의 법령이 행위시의 법령보다 불리하게 개정되었고 어느 법령을 적용할 것인지에 대하여 특별한 규정이 없다면 행위시의 법령을 적용하여야 한다. (15국가9급)

• 법령등을 위반한 행위의 성립과 이에 대한 제재처분－행위시법주의

행정기본법 제14조(법 적용의 기준) ③ 법령등을 위반한 행위의 성립과 이에 대한 제재처분은 법령등에 특별한 규정이 있는 경우를 제외하고는 법령등을 위반한 행위 당시의 법령등에 따른다. 다만, 법령등을 위반한 행위 후 **법령등의 변경에 의하여 그 행위가 법령등을 위반한 행위에 해당하지 아니하거나 제재처분 기준이 가벼워진 경우**로서 해당 법령등에 특별한 규정이 없는 경우에는 변경된 법령등을 적용한다.

판례 법령이 변경된 경우 신 법령이 피적용자에게 유리하여 이를 적용하도록 하는 경과규정을 두는 등의 특별한 규정이 없는 한 헌법 제13조 등의 규정에 비추어 볼 때 그 변경 전에 발생한 사항에 대하여는 변경 후의 신 법령이 아니라 변경 전의 구 법령이 적용되어야 한다. 건설업자가 시공자격 없는 자에게 전문공사를 하도급한 행위에 대하여 과징금 부과처분을 하는 경우, 구체적인 부과기준에 대하여 처분시의 법령이 행위시의 법령보다 불리하게 개정되었고 어느 법령을 적용할 것인지에 대하여 특별한 규정이 없다면 행위시의 법령을 적용하여야 한다(2001두3228). **[날먹행 28p]**

□□□□□ ★★

판 9-1. 장해급여지급을 위한 장해등급결정과 같이 행정청이 확정된 법률관계를 확인하는 처분을 하는 경우에는 처분시 법령을 적용하여야 한다. (17국가9급,17국가7급)

□□□□□ ★★

판 9-2. 국민연금법상 장애연금지급을 위한 장애등급결정을 하는 경우에는 원칙상 장애연금지급청구권을 취득할 당시가 아니라 장애연금지급을 결정할 당시의 법령을 적용한다. (17국가7급)

• 장해급여 등 지급신청시의 법령 적용 → 지급사유가 발생한 당시의 법령

판례 ㉠ 산업재해보상보험법상 장해급여지급을 위한 장해등급결정의 경우, **지급 사유 발생시(행위시)**에 장해급여 지급 청구권을 취득함(2004두12957).

㉡ 국민연금법상 장애연금 지급을 위한 장애등급 결정을 하는 경우에는 **장애연금 지급사유 발생시**, 즉 치료종결 후 장애가 있게 된 당시의 법령에 따름(2012두15135).(17국가7급) **[날먹행 29p]**

□□□□□

이 10-1. 한시법은 명문으로 정해진 유효기간이 경과하더라도 당연히 그 효력이 소멸하는 것은 아니다. (12사복9급)

□□□□□

이 10-2. 법령이 전부 개정된 경우 특별한 사정이 없는 한 종전의 법률 부칙의 경과규정도 모두 실효된다. (08국가9급)

□□□□□

판 10-3. 법령이 일부 개정된 경우에는 기존 법령 부칙의 경과규정을 개정 또는 삭제하거나 이를 대체하는 별도의 규정을 두는 등의 특별한 조치가 없는 한 개정법령에 다시 경과규정을 두지 않았다고 하여 기존 법령 부칙의 경과규정이 당연히 실효되는 것은 아니다. (22소방간부)

OX 정답

8-4. ○ 9-1. X 9-2. X 10-1. X 10-2. ○ 10-3. ○

- 한시법 - 유효기간을 정하고 있는 법령을 한시법이라 하는데, 한시법은 명문으로 정
- 법령이 한시법의 이외의 경우 → 전부 개정된 경우, 기존 법률을 폐지하고 새로운 법률을 제정한 것과 마찬가지여서 **종전의 부칙까지 모두 실효.** 그러나 법령이 일부 개정된 경우에는 기존 법령 부칙의 경과규정을 개정 또는 삭제하거나 이를 대체하는 별도의 규정을 두는 등의 특별한 조치가 없는 한 개정 법령에 다시 경과규정을 두지 않았다고 하여 기존 법령 부칙의 경과규정이 당연히 실효되는 것은 아니다(2011두18229). [날먹행 29p]

□□□□□

이 11. 특정지역만을 규율대상으로 하는 법률은 무효이다. (16교행9급)

- 행정법은 원칙적으로 행정법규를 제정한 기관의 권한이 미치는 범위에서 효력이 있으나, 특정 지역에만 적용되는 법률(예 - 제주특별자치도 설치 및 국제자유도시 조성을 위한 특별법 등), 한 지자체의 자치법규가 다른 지자체에도 적용이 되는 경우도 유효하다. [날먹행 29p]

□□□□□★★

이 12-1. 행정법령의 대인적 효력은 속지주의를 원칙으로 한다. (16교행9급)

□□□□□

이 12-2. 국외의 자국인에 대하여 국내법령은 적용되지 않는다. (16교행9급,12국회9급)

- 행정법은 **속지주의를 원칙**으로 하나, **속인주의에 따라 국외의 자국인에게도 효력 미침**. [날먹행 29p]

OX 정답

11. X 12-1. O 12-2. X

04 행정법의 일반원칙

제 1 절 법치행정의 원칙

□□□□□

이 1-1. 법치행정의 목적은 행정의 효율성과 행정작용의 예견가능성을 보장하는데 있다. (11국가9급)

□□□□□★★

조 1-2. 행정기본법은, '행정작용은 법률에 위반되어서는 아니 되며, 국민의 권리를 제한하거나 의무를 부과하는 경우와 그 밖에 국민생활에 중요한 영향을 미치는 경우에는 법률에 근거하여야 한다'고 규정하고 있다. (23지방9급,23소방간부,22소방,22군무원7급,21군무원9급,21경행)

□□□□□★★

이 1-3. 법률우위의 원칙이란 국가의 행정은 합헌적 절차에 따라 제정된 법률에 위반되어서는 아니 된다는 것을 말한다. (18교행9급)

- 법치행정은 자의방지, 행정의 예측가능성, 법적안정성을 보장하기 위함임.
행정기본법 제8조(법치행정의 원칙) 행정작용은 법률에 위반되어서는 아니 되며(→ 법률우위의 원칙), 국민의 권리를 제한하거나 의무를 부과하는 경우와 그 밖에 국민생활에 중요한 영향을 미치는 경우에는 법률에 근거하여야 한다 (→ 법률유보의 원칙). **[날먹행 30p]**

□□□□□

이 1-4. 법치행정의 원칙(법률의 법규창조력)은, 법률은 원칙적으로 국민의 대표기관인 의회가 제정하여야 한다는 원칙을 포함한다. (19서울9급)

- **법률의 법규창조력** - 국민의 권리·의무관계에 구속력을 가지는 법규(법규범)을 창조하는 것은 국민의 대표기관인 의회에서 제정한 법률에 의해서만 가능하다. **[날먹행 30p]**

□□□□□★★

이 1-5. 법률의 우위원칙은 행정의 법률에의 구속성을 의미하는 적극적인 성격의 것인 반면에 법률유보의 원칙은 행정은 단순히 법률의 수권에 의하여 행해져야 한다는 소극적 성격의 것이다. (13국회9급)

- 법률우위의 원칙은 소극적으로 법률의 침해를 금지하는 것인 반면, 법률유보의 원칙은 적극적으로 법률제정을 요구하며, 반드시 제정된 법률이 있을 때에만 그에 근거하여 행정이 이루어져야 한다는 원칙으로서 적극적인 원칙이다. **[날먹행 30p]**

OX 정답

1절 1-1. X 1-2. ○ 1-3. ○ 1-4. ○ 1-5. X

▢▢▢▢▢ ★★

이 2-1. 법우위의 원칙에서 법은 형식적 법률 뿐만 아니라 법규명령과 관습법 등을 포함하는 넓은 의미의 법이다. (19서울7급)

• 법우위의 원칙에서 '법률': 형식적 의미의 법률, 법규명령, 불문법을 포함한 모든 법규범(행정규칙은 제외)을 의미. [날먹행 30p]

▢▢▢▢▢ ★★

이 2-2. 법률우위의 원칙은 침해적 행정에만 적용된다. (18교행9급,17교행9급)

• 법률우위의 원칙은 모든 영역에 적용되며, 그것이 수익적 행정인지 침익적 행정인지 불문함. [날먹행 30p]

▢▢▢▢▢ ★

판 3-1. 법률의 우위원칙에 위반된 행정작용의 법적효과는 행위형식에 따라 상이하여 일률적으로 말할 수 없다. (13국회9급)

▢▢▢▢▢ ★

판 3-2. 국가계약의 본질적인 내용은 사인 간의 계약과 다를 바가 없어 법령에 특별한 규정이 있는 경우를 제외하고는 사법의 규정 내지 법원리가 그대로 적용되므로, 국가와 사인 간의 계약은 국가계약법령에 따른 요건과 절차를 거치지 않더라도 유효하다. (23소방,22소방,19사복9급)

판례 구 국가를 당사자로 하는 계약에 관한 법률 제11조 규정 내용과 국가가 일방당사자가 되어 체결하는 계약의 내용을 명확히 하고 국가가 사인과 계약을 체결할 때 적법한 절차에 따를 것을 담보하려는 규정의 취지 등에 비추어 보면, 국가가 사인과 계약을 체결할 때에는 국가계약법령에 따른 계약서를 따로 작성하는 등 요건과 절차를 이행하여야 할 것이고, 설령 국가와 사인 사이에 계약이 체결되었더라도 이러한 법령상 요건과 절차를 거치지 아니한 계약은 효력이 없다(2013다215133). [날먹행 30p]

▢▢▢▢▢ ★★

이 4-1. 법률유보의 원칙은 행정권의 발동에 있어서 조직규범의 근거가 필요하다는 것을 말한다. (19국가9급,19서울7급,18서울9급,17국가7급)

• 작용법적 근거가 필요. 조직법적 근거는 모든 행정작용에서 당연히 요구됨. [날먹행 31p]

▢▢▢▢▢ ★★★

판 4-2. 법률유보의 원칙은 '법률에 의한 규율'만을 요청하는 것이 아니라 '법률에 근거한 규율'을 요청하는 것이기 때문에 기본권의 제한에는 법률의 근거가 필요할 뿐이고 기본권제한의 형식이 반드시 법률의 형식일 필요는 없다. (23지방9급,21변시,21소방간부)

판례 **법률유보의 원칙**은 '법률에 의한' 규율만을 뜻하는 것이 아니라 **'법률에 근거한' 규율을 요청**하므로 **기본권 제한의 형식이 반드시 법률 형식일 필요는 없고** 법률에 근거를 두면서 위임의 구체성과 명확성을 구비하기만 하면 위임입법에 의한 기본권제한 가능하다(2003헌마289). [날먹행 31p]

OX 정답

2-1. O 2-2. X 3-1. O 3-2. X 4-1. X 4-2. O

□□□□□ ★★★

이 5-1. 법률유보원칙에서 '법률의 유보'라고 하는 경우의 '법률'에는 국회에서 법률제정의 절차에 따라 만들어진 형식적 의미의 법률 뿐만 아니라 국회의 의결을 거치지 않은 명령이나 불문법원으로서의 관습법이나 판례법도 포함된다. (19서울7급)

- **법률유보원칙의 '법률'의 범위**
  법률이란 형식적 의미의 법률 뿐만 아니라, 법률의 위임에 따라 제정된 법규명령도 포함됨. 그러나 **국회의 의결을 거치지 않은 명령이나 불문법원으로서의 관습법, 판례법은 포함되지 않는다.** [날먹행 31p]

□□□□□ ★★

판 5-2. 개인택시운송사업자에게 운전면허 취소사유가 있는 경우에 그로 인하여 운전면허 취소처분이 이루어지지 않았다고 하더라도 관할관청은 개인택시운송사업면허를 취소할 수 있다. (22경간,19국가9급,19국회8급)

판례 구 여객자동차운수사업법 제76조 제1항 제15호, 같은 법 시행령 제29조에는 관할관청은 개인택시운송사업자의 운전면허가 취소된 때에 그의 개인택시운송사업면허를 취소할 수 있도록 규정되어 있을 뿐 그에게 운전면허 취소사유가 있다는 사유만으로 개인택시운송사업면허를 취소할 수 있도록 하는 규정은 없으므로, 관할관청으로서는 비록 **개인택시운송사업자에게 운전면허 취소사유가 있다 하더라도 그로 인하여 운전면허 취소처분이 이루어지지 않은 이상 개인택시운송사업면허를 취소할 수는 없다**(2007두26001). [날먹행 31p]

□□□□□

판 6. 헌법재판소는 국회의 의결을 거쳐 확정되는 예산도 일종의 법규범이므로 법률과 마찬가지로 국가기관 뿐만 아니라 국민도 구속한다고 본다. (19서울9급)

- 예산은 국가기관만 구속하므로, 법률유보원칙에서의 법률에 포함되지 않음. [날먹행 31p]

□□□□□ ★

이 7. 급부행정유보설에 따르면 국민의 자유와 재산에 대한 침해행정에 대해서는 법률의 근거가 필요하지 않다고 한다. (12지방9급)

- **침해행정에 대해서는 법률의 근거가 필요**하다는 점은 모든 **학설의 공통사항**임. [날먹행 31p]

□□□□□ ★

이 8. 전부유보설은 모든 행정작용이 법률에 근거해야 한다는 입장으로, 행정의 자유영역을 부정하는 견해이나, 법률의 수권이 없는 한, 국민에게 필요한 급부를 할 수 없게 되는 문제가 있다. (13지방9급)

- **전부유보설**은 행정의 모든 영역에 법적 근거가 필요하다는 견해로, 행정의 자유영역을 부정하게 되어, **법적 근거가 없으면 국민을 위한 행정이 제한된다는 문제가 있음.** [날먹행 31p]

OX 정답

5-1. X 5-2. X 6. X 7. X 8. O

□□□□□ ★★

이 9. 중요사항유보설은 행정작용에 법률의 근거가 필요한지 여부에 그치지 않고 법률의 규율정도에 대해서도 설명하는 이론이며, 이에 따라 각 행정부문의 본질적 사항에 관한 규율은 법률에 유보되어야 한다는 학설이다. (17국회8급)

- 중요사항유보설은 국민에게 중요하고 본질적인 사항에 대한 규율은 법적 근거가 있어야 한다는 견해로, 법률의 규율 정도에 대해서도 설명하는 학설임. **[날먹행 31p]**

□□□□□ ★★★

판 10-1. 법률유보원칙은 국민의 기본권 실현과 관련된 영역에 있어서는 국민의 대표자인 입법자가 그 본질적 사항에 대해서 스스로 정하여야 한다는 요구까지 내포하고 있다. (22경간,19국가9급,19서울9급)

판례 법률유보원칙은 단순히 행정작용이 법률에 근거를 두기만 하면 충분한 것이 아니라, 특히 국민의 기본권 실현과 관련된 영역에 있어서는 국민의 대표자인 입법자가 그 본질적 사항에 대해서 스스로 정하여야 한다는 요구까지 내포하고 있다(98헌바70). → **의회유보원칙** **[날먹행 32p]**

□□□□□

판 10-2. 어떠한 사안이 국회가 형식적 법률로 스스로 규정하여야 하는 본질적 사항에 해당되는지는 구체적 사례에서 관련된 이익 내지 가치의 중요성, 규제 또는 침해의 정도와 방법 등을 고려하여 개별적으로 결정하여야 한다는 것이 대법원의 입장이다. (21소방간부)

□□□□□ ★★

판 10-3. 국회가 형식적 법률로 직접 규율하여야 하는 필요성은 규율대상이 기본권 및 기본적 의무와 관련된 중요성을 가질수록, 그에 관한 공개적 토론의 필요성 또는 상충하는 이익 사이의 조정 필요성이 클수록 더 중대하다. (23지방9급,22소방,19국가9급)

판례 어떠한 사안이 국회가 형식적 법률로 스스로 규정하여야 하는 본질적 사항에 해당되는지는, 구체적 사례에서 관련된 이익 내지 가치의 중요성, 규제 또는 침해의 정도와 방법 등을 고려하여 개별적으로 결정하여야 하지만, 규율대상이 국민의 기본권 및 기본적 의무와 관련한 중요성을 가질수록 그리고 그에 관한 공개적 토론의 필요성 또는 상충하는 이익 사이의 조정 필요성이 클수록, 그것이 국회의 법률에 의해 직접 규율될 필요성은 더 증대된다(2012두23808). **[날먹행 32p]**

□□□□□ ★★★

판 11-1. 텔레비전 수신료금액결정은 수신료에 관한 본질적인 사항이 아니므로 국회가 반드시 스스로 행하여야 할 필요는 없다. (22국회8급,21소방간부,21소방,19서울9급,19사복9급)

OX 정답

9. O 10-1. O 10-2. O 10-3. O 11-1. X

□□□□□ ★★★

판 11-2. 수신료 징수업무를 한국방송공사가 직접 수행할지 제3자에게 위탁할지 여부는 국민의 기본권제한에 관한 본질적인 사항이 아니다. (19서울9급,19사복9급)

> **판례** 텔레비전 수신료금액결정은 수신료에 관한 본질적인 사항이므로 국회가 스스로 결정해야 함.
> 비교) 수신료 징수업무를 한국방송공사가 직접 수행할지 제3자에게 위탁할 것인지는 국민의 기본권 제한에 관한 본질적인 사항이 아니라 할 것이다(2006헌바70). [날먹행 32, 33p]

□□□□□ ★

판 12-1. 토지등소유자가 도시환경정비사업을 시행하는 경우 사업시행인가 신청에 필요한 토지등소유자의 동의정족수를 토지등소유자가 자치적으로 정하여 운영하는 규약에 정하도록 한 것은 법률유보원칙에 위반된다. (22경간,22국회8급,20소방간부,18서울9급)

> **판례** 토지등소유자가 도시환경정비사업을 시행하는 경우 사업시행인가 신청시 필요한 토지등소유자의 동의정족수는 국민의 권리와 의무의 형성에 관한 기본적이고 본질적인 사항임(2009헌바128). [날먹행 32p]

□□□□□ ★

판 12-2. 조합의 사업시행인가 신청시의 토지 등 소유자의 동의요건은 토지 등 소유자의 재산상 권리 의무에 관한 질적인 사항으로 법률유보의 원칙이 반드시 지켜져야 하는 영역이라는 것이 대법원의 입장이다. (22소방간부,21소방간부)

> **판례** 조합의 사업시행인가 신청시의 토지 등 소유자의 동의요건이 비록 토지 등 소유자의 재산상 권리·의무에 영향을 미치는 사업시행계획에 관한 것이라고 하더라도, 토지 등 소유자의 재산상 권리·의무에 관한 기본적이고 본질적인 사항이라고 볼 수 없으므로 법률유보 내지 의회유보의 원칙이 반드시 지켜져야 하는 영역이라고 할 수 없다(2006두14476). [날먹행 33p]

□□□□□ ★★★

판 13. 지방의회의원에 대하여 유급보좌인력을 두는 것은 개별 지방의회의 조례로써 규정할 사항이 아니라 국회의 법률로써 규정하여야 할 입법사항이다. (22소방,21소방간부,18서울9급)

> **판례** 지방의회의원에 대하여 유급보좌인력을 두는 것은 지방의회의원의 신분 · 지위 및 그 처우에 관한 현행 법령상의 제도에 중대한 변경을 초래하는 것으로서, 이는 개별 지방의회의 조례로써 규정할 사항이 아니라 국회의 법률로써 규정하여야 할 입법사항이다(2012추84). [날먹행 32p]

□□□□□

판 14. 병의 복무기간은 국방의무의 본질적 내용에 관한 것이어서 반드시 법률로 정하여야 할 입법사항에 속한다. (12국회9급)

> **판례** 헌법 제37조는 국민의 국방의 의무에 관하여 모든 국민은 법률이 정하는 바에 의하여 국방의 의무를 진다고 규정하고 있으므로 병의 복무기간은 이 국방의무의 본질적 내용에 관한 것이어서 이는 반드시 법률로 정하여야 할 입법사항에 속한다(85초13). [날먹행 32]

OX 정답

11-2. ○ 12-1. ○ 12-2. X 13. ○ 14. ○

□□□□□

판 15. 국가의 통치조직과 작용에 관한 기본적이고 본질적인 사항은 반드시 국회가 정하여야 한다. (11지방7급)

판례 국민의 권리와 의무의 형성에 관한 사항을 비롯하여 국가의 통치조직과 작용에 관한 기본적이고 본질적인 사항은 반드시 국회가 정하여야 할 것이다(2005헌바31). **[날먹행 32p]**

□□□□□

판 16. 각 국가유공자 단체의 대의원의 선출에 관한 사항은 각 단체의 구성과 운영에 관한 것으로서, 국민의 권리와 의무의 형성에 관한 사항이나 국가의 통치조직과 작용에 관한 기본적이고 본질적인 사항이라고 볼 수 없으므로 법률유보 내지 의회유보의원칙이 지켜져야 할 영역이라고 할 수 없다. (14변시,13변시)

판례 각 국가유공자 단체의 대의원의 선출에 관한 사항은 각 단체의 구성과 운영에 관한 것으로서, 국민의 권리와 의무의 형성에 관한 사항이나 국가의 통치조직과 작용에 관한 기본적이고 본질적인 사항이라고 볼 수 없으므로, 법률유보 내지 의회유보의 원칙이 지켜져야 할 영역이라고 할 수 없다(2005헌바31). **[날먹행 33p]**

□□□□□

판 17. 납세의무자에게 조세의 납부의무뿐만 아니라 스스로 과세표준과 세액을 계산하여 신고하여야 하는 의무까지 부여하는 경우에는 신고의무 불이행에 따른 불이익의 내용을 법률로 정하여야 한다. (22소방,17국가7급)

판례 납세의무자에게 조세의 납부의무뿐만 아니라 스스로 과세표준과 세액을 계산하여 신고하여야 하는 의무까지 부과하는 경우에는 신고의무 이행에 필요한 기본적인 사항과 신고의무불이행 시 납세의무자가 입게 될 불이익 등은 납세의무를 구성하는 기본적, 본질적 내용으로서 법률로 정하여야 한다(2012두23808). **[날먹행 33p]**

□□□□□ ★★

이 18. 법률유보의 원칙에 반하는 행정작용은 위법하다. (17교행9급)

- 법률유보, 법률우위의 원칙 모두, 위반시 위법한 행정작용이 됨. **[날먹행 33p]**

제 2 절 평등의 원칙

□□□□□

판 1-1. 평등원칙은 일체의 차별적 대우를 부정하는 절대적 평등을 의미하는 것이 아니라 입법과 법의 적용에 있어서 합리적인 근거가 없는 차별을 배제하는 상대적 평등을 뜻한다. (21국가9급)

□□□□□ ★★★

판 1-2. 같은 정도의 비위를 저지른 자들임에도 불구하고 그 직무의 특성 등에 비추어 개전의 정이 있는지 여부에 따라 징계 종류의 선택과 양정에서 다르게 취급하는 것은 평등의 원칙에 위반된다. (23군무원9급,20지방9급)

OX 정답

15. O 16. O 17. O 18. O / 2절 1-1. O 1-2. X

☐☐☐☐☐

판 1-3. 평등원칙은 동일한 것 사이에서의 평등이므로 상이한 것에 대한 차별의 정도에서의 평등을 포함하지 않는다. (21국가9급)

• **행정기본법 제9조(평등의 원칙)** 행정청은 합리적 이유 없이 국민을 차별하여서는 아니 된다 (23군무원9급,22군무원7급,21군무원9급,21행정사).

판례 평등의 원칙은 본질적으로 같은 것은 같게, 본질적으로 다른 것은 다르게 취급할 것을 요구한다. 그렇지만 이러한 평등은 일체의 차별적 대우를 부정하는 **절대적 평등을 의미하는 것이 아니라 입법과 법의 적용에 있어서 합리적인 근거가 없는 차별을 배제하는 상대적 평등을 뜻하고** 따라서 합리적 근거가 있는 차별은 평등의 원칙에 반하는 것이 아니다(99헌마516).

판례 같은 정도의 비위를 저지른 자들 사이에 있어서도 그 직무의 특성 등에 비추어, 개전의 정이 있는지 여부에 따라 징계의 종류의 선택과 양정에 있어서 차별적으로 취급하는 것은, 사안의 성질에 따른 합리적 차별로서 이를 자의적 취급이라고 할 수 없는 것이어서 평등원칙 내지 형평에 반하지 아니한다(99두2611). **[날먹행 34p]**

☐☐☐☐☐

판 2. 국가기관이 채용시험에서 국가유공자의 가족에게 10%의 가산점을 부여하는 규정은 평등권과 공무담임권을 침해한다. (21군무원9급)

판례 이 사건 조항의 차별로 인한 불평등 효과는 입법목적과 그 달성수단 간의 비례성을 현저히 초과하는 것이므로, 이 사건 조항은 청구인들과 같은 일반 공직시험 응시자들의 평등권을 침해한다(2004헌마675 등).
Tip 10%의 가산점이 지나치게 높다는 것이지, 가산점 제도 자체가 전혀 허용될 수 없다는 것은 아님!

[날먹행 34p]

☐☐☐☐☐★★

판 3. 조례안이 지방의회의 조사를 위하여 출석요구를 받은 증인이 5급 이상 공무원인지 여부, 기관(법인)의 대표나 임원인지 여부 등 증인의 사회적 신분에 따라 미리부터 과태료의 액수에 차등을 두고 있는 것은 평등의 원칙에 위반되지 않는다. (17서울9급)

판례 조례안이 지방의회의 감사 또는 조사를 위하여 출석요구를 받은 증인이 5급 이상 공무원인지 여부, 기관(법인)의 대표나 임원인지 여부 등 증인의 사회적 신분에 따라 미리부터 과태료의 액수에 차등을 두고 있는 경우, 그와 같은 차별은 부당한 차별대우라고 할 것이어서 헌법에 규정된 평등의 원칙에 위배되어 무효이다(96추213).

[날먹행 34p]

☐☐☐☐☐

판 4. 일반직 직원의 정년을 58세로 규정하면서 전화교환직렬 직원만은 정년을 53세로 규정하여 5년간의 정년차등을 둔 것은 사회통념상 합리성이 없는 차별로서 평등원칙에 위반된다. (11국회8급)

판례 일반직 직원의 정년을 58세로 규정하면서 전화교환직렬 직원만은 정년을 53세로 규정하여 5년간의 정년차등을 둔 것이 사회통념상 합리성이 있다(94누13589). **[날먹행 34p]**

OX 정답

1-3. X 2. O 3. X 4. X

□□□□□

판 5. 사법(私法)상의 원인에 기한 국가채권의 경우에 납입고지에 있어 민법상 최고보다 더 강한 시효중단의 효력을 인정한 것은 평등권을 침해하지 않는다. (11국가7급)

판례 입법자가 비록 사법상의 원인에 기한 국가채권의 경우에도 납입의 고지에 있어 민법상의 최고의 경우보다 더 강한 시효중단 효력을 인정한 것은 합리적 이유가 있어 평등권을 침해하지 않는다(2003헌바22). **[날먹행 34p]**

□□□□□

판 6. 청원경찰의 인원감축을 위하여 초등학교 졸업 이하 학력소지자 집단과 중학교 중퇴 이상학력소지자 집단으로 나누어 각 집단별로 같은 감원비율의 인원을 선정한 것은 위법한 재량권 행사이다. (08국가9급)

판례 청원경찰의 인원감축을 위한 면직처분대상자를 선정함에 있어서 초등학교 졸업 이하 학력소지자 집단과 중학교 중퇴 이상 학력소지자 집단으로 나누어 각 집단별로 같은 감원비율 상당의 인원을 선정한 것은 합리성과 공정성을 결여하고, 평등의 원칙에 위배하여 그 하자가 중대하다 할 것이나, 그렇게 한 이유가 시험문제 출제 수준이 중학교 학력 수준이어서 초등학교 졸업 이하 학력소지자에게 상대적으로 불리할 것이라는 판단 아래 이를 보완하기 위한 것이었으므로 그 하자가 객관적으로 명백하다고 보기는 어렵다(2000두4057). **[날먹행 34p]**

□□□□□

판 7. 미신고 옥외집회의 주최자를 미신고 시위 주최자와 동등하게 처벌하는 구 '집회 및 시위에 관한 법률' 제19조 제2항은 평등원칙에 위반되지 않는다. (11국회8급)

판례 위 법률조항이 미신고 옥외집회 주최자나 미신고 시위 주최자에 대한 법정형을 같게 정하고 있지만, 징역형과 벌금형을 선택적으로 규정하고 있음은 물론, 그 하한에 있어서도 제한을 두지 않고 있으므로, 설사 옥외집회가 시위보다 공공에 대한 위험성이 더 낮다고 하더라도 양자의 가벌성은 재판 과정에서 법관의 양형을 통해 조절이 가능하다고 할 것이므로, 이것이 평등원칙에 위배된다고 할 수 없다(2007헌바22). **[날먹행 34p]**

□□□□□

판 8. 대덕연구단지 내 녹지구에서 위험물지정시설인 주유소와 LPG충전소 중 주유소 설치는 허용하면서 LPG충전소 설치를 금지하는 시행령 규정이 LPG 충전소 영업을 하려는 국민을 합리적 이유 없이 자의적으로 차별하여 평등원칙에 위배된다고 볼 수 없다. (13국회9급)

판례 LPG는 석유에 비하여 화재 및 폭발의 위험성이 훨씬 커서 주택 및 근린생활시설이 들어설 지역에 LPG충전소의 설치금지는 불가피하다할 것이므로, 연구단지내 녹지구역에 LPG충전소의 설치를 금지한 것은 위와 같은 합리적 이유에 근거한 것이므로 이 사건 시행령 규정이 평등원칙에 위배된다고 볼 수 없다(2001헌마646). **[날먹행 34p]**

OX 정답

5. ○ 6. ○ 7. ○ 8. ○

□□□□□

판 9. 현역군인만을 국방부의 보조기관 및 차관보 보좌기관과 병무청 및 방위사업청의 보조기관 및 보좌기관에 보할 수 있도록 정하여 군무원을 제외하고 있는 정부조직법 관련 조항은 군무원인 청구인들의 평등권을 침해한다고 보아야 한다. (20군무원9급)

판례 군인과 군무원은 각각의 책임·직무·신분 및 근무조건에는 상당한 차이가 존재한다. 이 사건 법률조항이 현역군인에게만 국방부 등의 보조기관 등에 보해질 수 있는 특례를 인정한 것은 국방부 등이 담당하고 있는 지상·해상·상륙 및 항공작전임무와 그 임무를 수행하기 위한 교육훈련업무에는 평소 그 업무에 종사해 온 현역군인들의 작전 및 교육경험을 활용할 필요성이 인정되는 반면, 군무원들이 주로 담당해 온 정비·보급·수송 등의 군수지원분야의 업무, 행정 업무 그리고 일부 전투지원분야의 업무는 국방부 등에 근무하는 일반직공무원·별정직공무원 및 계약직공무원으로서도 충분히 감당할 수 있다는 입법자의 합리적인 재량 판단에 의한 것이므로, 이와 같은 차별이 입법재량의 범위를 벗어나 현저하게 불합리한 것이라 볼 수는 없다(2005헌마1275). [날먹행 34p]

제 3 절 비례의 원칙

□□□□□

이 1-1. 비례의 원칙은 법치국가원리에서 당연히 파생되는 헌법상의 기본원리이다. (22국가9급)

□□□□□ ★

조 1-2. 행정규제기본법과 행정절차법은 각각 규제의 원칙과 행정지도의 원칙으로 비례원칙을 정하고 있다. (22국가7급,19서울9급,17서울9급)

판례 비례의 원칙은 법치국가원리에서 당연 파생되는 헌법상 기본원리로, 모든 국가작용에 적용된다(2017두38874).

- 2021년 행정기본법에 비례의 원칙에 대한 일반조항이 신설됨.
- **행정기본법 제10조(비례의 원칙)** 행정작용은 다음 각 호의 원칙에 따라야 한다.
  1. 행정목적을 달성하는 데 유효하고 적절할 것
  2. 행정목적을 달성하는 데 필요한 최소한도에 그칠 것
  3. 행정작용으로 인한 국민의 이익 침해가 그 행정작용이 의도하는 공익보다 크지 아니할 것
- 경찰관직무집행법, 행정규제기본법, 행정대집행법, 행정절차법에 규제의 원칙과 비례의 원칙이 규정. [날먹행 35p]

□□□□□ ★

이 2. 비례의 원칙은 침해행정인가 급부행정인가를 가리지 아니하고 행정의 전영역에 적용된다. (20지방9급,13국가9급)

- **비례의 원칙은 헌법상 원칙으로, 행정 뿐만 아니라 입법 작용에도 적용됨** [날먹행 35p]

OX 정답

9. X / 3절 1-1. ○ 1-2. ○ 2. ○

□□□□□

이 3. 위법한 건물에 대하여 개수명령으로써 목적을 달성할 수 있음에도 불구하고 철거명령을 발령하는 것은 비례원칙의 내용 중 필요성원칙에 반한다. (08국가7급)

- 비례의 원칙 내용은 **적합성**(수단의 적절성), **필요성**(최소침해의 원칙, 피해의 최소성), **상당성**(협의의 비례의 원칙)으로, **필요성이란** 행정기관은 적합한 수단들 중에서도 **최소한 침해를 주는 수단을 선택**해야 한다는 원칙이다.

[날먹행 35p]

□□□□□ ★

판 4. 경찰관이 난동을 부리는 범인을 검거하기 위하여 가스총을 사용할 경우에는 최소한의 안전수칙을 준수함으로써 장비사용으로 인한 사고발생을 미리 막아야 할 주의의무가 있다. (17경행,16경행)

판례 가스총을 사용하는 경찰관은 근접한 거리에서 얼굴을 향해 반사하지 않는 등 **최소한의 안전수칙을 준수**해 사고발생을 막을 주의의무가 있음(2002다57218).

[날먹행 35p]

□□□□□

이 5. 협의의 비례원칙인 상당성의 원칙은 재량권 행사의 적법성의 기준에 해당한다. (13국가9급)

- **상당성의 원칙**이란, 행정기관은 행정수단을 통해 달성하려는 **공익과 침해되는 사익을 비교형량**하여 공익이 더 큰 경우에만 행정수단을 행사해야 함을 의미하는데, **판례는 재량권 행사가 적법한 지 판단할 때 상당성의 원칙을 기준으로** 한다.

[날먹행 35p]

□□□□□

판 6. 도로교통법 제148조의2 제1항 제1호의 '도로교통법 제44조 제1항을 2회 이상 위반한' 것에 구 도로교통법 제44조 제1항을 위반한 음주운전 전과도 포함된다고 해석하는 것은 비례원칙에 위반된다. (13국가9급)

판례 도로교통법 제148조의2 제1항 제1호는 도로교통법 제44조 제1항을 2회 이상 위반한 사람으로서 다시 같은 조 제1항을 위반하여 술에 취한 상태에서 자동차 등을 운전한 사람에 대해 1년 이상 3년 이하의 징역이나 500만 원 이상 1,000만 원 이하의 벌금에 처하도록 규정하고 있는바, 도로교통법 제148조의2 제1항 제1호에서 정하고 있는 '도로교통법 제44조 제1항을 2회 이상 위반한' 것에 **구 도로교통법 제44조 제1항을 위반한 음주운전 전과까지 포함되는 것으로 해석하는 것이 형벌불소급의 원칙이나 일사부재리의 원칙 또는 비례의 원칙에 위배된다고 할 수 없다**(2012도10269).

[날먹행 36p]

비교 최신판례

음주운전 금지규정을 2회이상 위반한 사람을 2년이상 5년이하의 징역이나 1천만원 이상 2천만원 이하의 벌금에 처하도록 한 구 도로교통법 제 148조의 2 제1항 중 '제 44조 제1항을 2회 이상 위반한 사람'에 관한 부분은, 음주운전 금지의무 위반 전력이나 혈중알코올농도 수준 등을 고려할 때 **비난가능성이 상대적으로 낮은 음주운전 재범행위까지 가중처벌 대상으로 하면서 법정형의 하한을 과도하게 높게 책정하여 죄질이 비교적 가벼운 행위까지 지나치게 엄히 처벌하도록 한 것**이므로, **책임과 형벌 사이의 비례원칙에 위반된다**(2019헌바446 등).

OX 정답

3. ○ 4. ○ 5. ○ 6. X

□□□□□ ★★

판 7. 원고가 단지 1회 훈령에 위반하여 요정출입을 하다가 적발된 정도라면, 면직 처분보다 가벼운 징계처분으로서도 능히 위 훈령의 목적을 달성할 수 있다고 볼 수 있는 점에서 이 사건 파면처분은 이른바 비례의 원칙에 어긋난 것으로 위법하다. (21소방,21해경승진,18소방)

> **판례** 단 1회의 요정출입 행위만으로서는 공무원의 신분을 보유할 수 없을 정도로 공무원의 품위를 손상한 것이라고 볼 수 없으므로 당해 공무원의 신분을 박탈하는 파면에 처한 처분은 재량권의 범위를 넘어선 위법한 처분이다(67누24). [날먹행 36p]

□□□□□ ★

판 8. 청소년유해매체물로 결정·고시된 만화인 사실을 모르고 있던 도서대여업자가 그 고시일로부터 8일 후에 청소년에게 그 만화를 대여한 것을 사유로 그 도서대여업자에게 금 700만원의 과징금이 부과된 경우, 그 과징금부과처분은 재량권을 일탈·남용한 것으로서 위법하다. (21소방)

> **판례** 청소년유해매체물로 결정·고시된 만화인 사실을 모르고 있던 도서대여업자가 그 고시일로부터 8일 후에 청소년에게 그 만화를 대여한 것을 사유로 그 도서대여업자에게 금 700만 원의 과징금이 부과된 경우, 그 도서대여업자에게 청소년유해매체물인 만화를 청소년에게 대여하여서는 아니된다는 금지의무의 해태를 탓하기는 가혹하다는 이유로 그 과징금부과처분은 재량권을 일탈·남용한 것으로서 위법하다(99두9490). [날먹행 36p]

□□□□□

판 9. 사법시험 제2차 시험에 과락제도를 적용하고 있는 (구)사법시험령 제15조 제2항은 비례의 원칙, 과잉금지의 원칙, 평등의 원칙에 위반되지 않는다. (21소방)

> **판례** 사법시험령 제15조 제2항에서 규정한 사법시험 제2차시험의 과락제도와 그 점수의 설정은 제2차시험을 치루는 응시자들 모두를 대상으로 차별 없이 적용되는 것이고, 그 시행이 위에서 본 바와 같이 합리적인 정책판단하에서 이루어진 것이므로, 사법시험 제2차시험에 적용되는 위 규정을 사법시험 제1차시험의 과락제도와 점수의 설정과 비교하여 정의의 원칙, 평등의 원칙, 기회균등의 원칙 등에 반한다고 할 수는 없는 것이다(2004두10432). [날먹행 36p]

□□□□□

판 10. 옥외집회의 사전신고의무를 규정한 구 '집회 및 시위에 관한 법률' 제6조 제1항 중 '옥외집회'에 관한 부분은 과잉금지원칙에 위배하여 집회의 자유를 침해하는 것으로 볼 수 있다는 것이 헌법재판소의 태도이다. (20소방)

> **판례** 미신고 옥외집회의 주최는 신고제의 행정목적을 침해하고 공공의 안녕질서에 위험을 초래할 개연성이 높으므로, 이에 대하여 행정형벌을 과하도록 한 심판대상조항이 집회의 자유를 침해한다고 할 수 없고, 그 법정형이 입법재량의 한계를 벗어난 과중한 처벌이라고 볼 수 없으므로, 과잉형벌에 해당하지 아니한다(2011헌바174). [날먹행 36p]

□□□□□

이 11. 헌법재판소는 비례원칙을 위헌법률심사의 기준으로 삼고 있다. (12국가7급)

> • 헌법재판소는 비례의 원칙을 위헌법률심사의 기준으로 삼고 있으며, 이를 위반한 법률은 위헌이 됨. [날먹행 35p]

OX 정답

7. ○ 8. ○ 9. ○ 10. X 11. ○

제 4 절 성실의무 및 권한남용금지의 원칙

□□□□□ ★

판 1. 지방공무원 임용신청 당시 잘못 기재된 생년월일에 근거하여 36년동안 공무원으로 근무하다 정년을 1년 3개월 앞두고 생년월일을 정정한 후 그에 기초하여 정년연장을 요구하는 것은 신의성실의 원칙에 반한다. **(21국가9급)**

판례 지방공무원 임용신청 당시 잘못 기재된 호적상 출생연월일을 생년월일로 기재하고, 이에 근거한 공무원인사기록카드의 생년월일 기재에 대하여 처음 임용된 때부터 약 36년 동안 전혀 이의를 제기하지 않다가, 정년을 1년 3개월 앞두고 호적상 출생연월일을 정정한 후 그 출생연월일을 기준으로 정년의 연장을 요구하는 것이 신의성실의 원칙에 반하지 않는다(2008두21300). **[날먹행 37p]**

□□□□□ ★★

판 2. 세무조사가 과세자료의 수집 또는 신고내용의 정확성 검증이라는 본연의 목적이 아니라 부정한 목적을 위하여 행하여진 것이라면 이는 세무조사에 중대한 위법사유가 있는 경우에 해당하고, 이러한 세무조사에 의하여 수집된 과세자료를 기초로 한 과세처분 역시 위법하다. **(22소방,22소방간부,19국가7급)**

판례 세무조사가 과세자료의 수집 또는 신고내용의 정확성 검증이라는 본연의 목적이 아니라 부정한 목적을 위하여 행하여진 것이라면 이는 세무조사에 중대한 위법사유가 있는 경우에 해당하고 이러한 세무조사에 의하여 수집된 과세자료를 기초로 한 과세처분 역시 위법하다(2016두47659). **[날먹행 37p]**

□□□□□

판 3. 근로복지공단의 요양불승인처분의 적법 여부는 사실상 근로자의 휴업급여청구권 발생의 전제가 된다고 볼 수 있는 점에 비추어, 근로자가 요양불승인에 대한 취소소송의 판결확정시까지 근로복지공단에 휴업급여를 청구하지 않았던 것에 대한 근로복지공단의 소멸시효 항변은 신의성실의 원칙에 반하여 허용될 수 없다. **(21국회8급)**

판례 근로자가 요양불승인에 대한 취소소송의 판결확정시까지 근로복지공단에 휴업급여를 청구하지 않았던 것은 이를 행사할 수 없는 사실상의 장애사유가 있었기 때문이라고 보아야 하므로, 근로복지공단의 소멸시효 항변은 신의성실의 원칙에 반하여 허용될 수 없다(2007두2173). **[날먹행 37p]**

□□□□□

판 4. 관할관청이 위법한 직업능력개발훈련과정 인정제한처분을 하여 사업주로 하여금 제때 훈련과정 인정신청을 할 수 없도록 하였음에도, 인정제한처분에 대한 취소판결 확정 후 사업주가 인정제한 기간 내에 실제로 실시하였던 훈련에 관하여 비용지원신청을 한 경우에, 사전에 훈련과정 인정을 받지 않았다는 이유만을 들어 훈련비용 지원을 거부하는 것은 신의성실의 원칙에 반하여 허용될 수 없다. **(21국회8급)**

판례 관할관청이 위법한 직업능력개발훈련과정 인정제한처분을 하여 사업주로 하여금 제때 훈련과정 인정신청을 할 수 없도록 하였음에도, 인정제한처분에 대한 취소판결 확정 후 사업주가 인정제한 기간 내에 실제로 실시하였던 훈련에 관하여 비용지원신청을 한 경우에, 관할관청은 단지 해당 훈련과정에 관하여 사전에 훈련과정 인정을 받지 않았다는 이유만을 들어 훈련비용 지원을 거부할 수는 없음이 원칙이다. 이러한 거부행위는 위법한 훈련과정 인정제한처분을 함으로써 사업주로 하여금 제때 훈련과정 인정신청을 할 수 없게 한 장애사유를 만든 행정청이 사업주에 대하여 사전에 훈련과정 인정신청을 하지 않았음을 탓하는 것과 다름없으므로 신의성실의 원칙에 반하여 허용될 수 없다(2016두52019). **[날먹행 37p]**

OX 정답

4절 1. X 2. O 3. O 4. O

□□□□□

㉷ 5. 행정청은 행정권한을 남용하거나 그 권한의 범위를 넘어서는 아니 된다. (23군무원9급,22군무원7급)

행정기본법 제11조(성실의무 및 권한남용금지의 원칙) ① 행정청은 법령등에 따른 의무를 성실히 수행하여야 한다. ② 행정청은 행정권한을 남용하거나 그 권한의 범위를 넘어서는 아니 된다. [날먹행 37p]

제 5 절 신뢰보호의 원칙

□□□□□ ★★★

이 1. 신뢰보호의 원칙은 국민이 법률적 규율이나 제도가 장래에 지속할 것이라는 합리적인 신뢰를 바탕으로 개인의 법적 지위를 형성해 왔을 때에는 국가에게 그 국민의 신뢰를 되도록 보호할 것을 요구하는 법치국가원칙의 파생원칙이다. (22소방승진,17국가9급)

- **신뢰보호의 원칙은 법치국가원칙의 파생원칙**임. [날먹행 37p]

□□□□□ ★★★

㉷ 2-1. 행정청은 공익 또는 제3자의 이익을 현저히 해칠 우려가 있는 경우를 제외하고는 행정에 대한 국민의 정당하고 합리적인 신뢰를 보호하여야 한다. (23군무원9급,22소방승진,22변시,22군무원7급,21국가7급,21경행)

□□□□□ ★★

이 2-2. 행정절차법과 국세기본법에서는 법령 등의 해석 또는 행정청의 관행이 일반적으로 국민에게 받아들여졌을 때와 관련하여 신뢰보호의 원칙을 규정하고 있다. (19소방,18지방9급,17교행9급)

- 2021년 신설된 **행정기본법**에 **신뢰보호의 원칙 규정이 신설**됨.
  행정기본법 제12조(신뢰보호의 원칙) ① **행정청**은 **공익 또는 제3자의 이익을 현저히 해칠 우려가 있는 경우를 제외**하고는 행정에 대한 **국민의 정당하고 합리적인 신뢰를 보호하여야 한다.**
- **행정절차법** §4②**과 국세기본법** §18③에도 신뢰보호의 원칙을 규정하고 있음. [날먹행 38p]

□□□□□

이 2-3. 신뢰보호의 원칙은 법률이나 그 하위법규 뿐만 아니라 국가관리의 입시제도와 같이 국·공립대학의 입시전형을 구속하여 국민의 권리에 직접 영향을 미치는 제도운영지침의 개폐에도 적용되는 것이다. (21변시)

판례 신뢰보호의 원칙은 법률이나 그 하위법규 뿐만 아니라 국가관리의 입시제도와 같이 국·공립대학의 입시전형을 구속하여 국민의 권리에 직접 영향을 미치는 제도운영지침의 개폐에도 적용되는 것이다(97헌마38). [날먹행 38p]

OX 정답

5. ○ / **5절** 1. ○ 2-1. ○ 2-2. ○ 2-3. ○

□□□□□

판 3-1. 행정청이 개인에 대하여 신뢰의 대상이 되는 공적인 견해표명을 하여야 한다. (19서울7급)

> 판례 신뢰보호의 원칙은 선행조치를 요건으로 하는 데, 판례는 행정기관의 선행조치는 공적인 견해표명에 한정한다고 판시함. [날먹행 38p]

□□□□□ ★★★

판 3-2. 신뢰보호의 원칙에서 행정기관의 공적인 견해표명은 명시적이어야 하고 묵시적인 경우에는 인정되지 아니한다. (23소방,20지방9급,18소방)

> • 행정청의 선행조치는 반드시 명시적인 언동이어야 하는 것은 아니며, 묵시적 언동도 가능함. [날먹행 38p]

□□□□□ ★★

판 3-3. 과세관청이 질의회신 등을 통하여 어떤 견해를 대외적으로 표명하였더라도 그것이 중요한 사실관계와 법적인 쟁점을 제대로 드러내지 아니한 채 질의한 데 따른 것이라면, 공적인 견해표명에 의하여 정당한 기대를 가지게 할 만한 신뢰가 부여된 경우로 볼 수 없다. (22소방)

> 판례 추상적 질의에 대한 일반적인 견해표명에 대하여는 신뢰보호원칙을 적용하지 않는다(2011두5940). [날먹행 38, 39p]

□□□□□ ★★★

이 4. 신뢰보호의 대상인 행정청의 선행조치에는 법적행위만이 포함되며, 행정지도 등의 사실행위는 포함되지 아니한다. (19국가7급)

> • 신뢰보호의 대상인 **행정기관의 선행조치**에는 법적행위 뿐만 아니라, 행정지도 등의 사실행위도 포함됨. [날먹행 38p]

□□□□□ ★★

이 5. 위법한 행정관행에 대해서도 신뢰보호의 원칙이 적용될 수 있다. (19서울9급,15서울7급)

> • 위법한 행정관행에 대해서도 신뢰보호의 원칙이 적용됨. 단, **무효행위에 대해서는 적용 X** [날먹행 38p]

OX 정답

3-1. ○ 3-2. X 3-3. ○ 4. X 5. ○

□□□□□ ★★★

판 6-1. 신뢰보호원칙이 적용되기 위한 행정청의 공적 견해표명이 있었는지 여부는 반드시 행정조직상의 형식적인 권한분장에 구애될 것은 아니고, 실질에 의해 판단해야 한다. (23국회8급,21지방9급,21국가7급,20국가9급,20지방9급)

□□□□□ ★★

판 6-2. 처분청 자신의 공적 견해표명이 있어야만 하는 것은 아니며, 경우에 따라서는 보조기관인 담당 공무원의 공적인 견해표명도 신뢰의 대상이 될 수 있다. (19소방)

판례 공적 견해표명이 있었는지 여부는 **행정조직상 형식상 권한분장에 구애될 것은 아니고 실질로 판단해야**(96누18380). ∴ 반드시 처분청 자신의 적극적인 언동이 있어야 하는 것 아님 → 행정청이 아닌 보조기관에 불과한 행정청 소속 담당 공무원이 한 경우에도 선행조치에 포함될 수 있음. **[날먹행 39p]**

 ★★

판 6-3. 납세자에게 신뢰의 대상이 되는 공적인 견해가 표명되었다는 사실은 과세처분의 적법성에 대한 증명책임이 있는 과세관청이 주장·입증하여야 한다. (22소방간부)

판례 과세관청이 납세자에게 신뢰의 대상이 되는 공적인 견해를 표명하였다는 사실에 대한 주장·입증책임은 납세자에게 있다(91누9821). **[날먹행 39p]**

□□□□□ ★★★

판 7. 도시계획구역 내 생산녹지로 답(畓)인 토지에 대하여 종교회관 건립을 이용목적으로 하는 토지거래계약의 허가를 받으면서 담당공무원이 관련법규상 허용된다고 하여 이를 신뢰하고 건축준비를 하였으나 그 후 토지형질변경허가 신청을 불허가한 것은 신뢰보호의 원칙에 위반된다. (22국회9급,18경행,16경행)

판례 종교법인이 도시계획구역 내 생산녹지로 답인 토지에 대하여 종교회관 건립을 이용목적으로 하는 토지거래계약의 허가를 받으면서 **담당공무원이 관련 법규상 허용된다 하여** 이를 신뢰하고 건축준비를 하였으나 그 후 당해 지방자치단체장이 **다른 사유를 들어 토지형질변경허가신청을 불허가 한 것이 신뢰보호원칙에 반한다**(96누18380). **[날먹행 39p]**

□□□□□ ★

판 8. 시의 도시계획과장과 도시계획국장이 도시계획사업의 준공과 동시에 사업부지에 편입한 토지에 대한 완충녹지 지정을 해제함과 아울러 당초의 토지소유자들에게 환매하겠다는 약속을 했음에도, 이를 믿고 토지를 협의매매한 토지소유자의 완충녹지지정해제신청을 거부한 것은 행정상 신뢰보호의 원칙을 위반한 위법한 처분이다. (12국회8급,11국회8급)

판례 시의 도시계획과장과 도시계획국장이 도시계획사업의 준공과 동시에 사업부지에 편입한 토지에 대한 **완충녹지 지정을 해제함과 아울러 당초의 토지소유자들에게 환매하겠다는 약속**을 했음에도, 이를 믿고 **토지를 협의매매한 토지소유자의 완충녹지지정해제신청을 거부한 것**은, **행정상 신뢰보호의 원칙을 위반**하거나 재량권을 일탈·남용한 위법한 처분이다(2008두6127). **[날먹행 39p]**

OX 정답

6-1. O 6-2. O 6-3. X 7. O 8. O

□□□□□ ★★★

판 9. 헌법재판소의 위헌결정은 행정청이 개인에 대하여 신뢰의 대상이 되는 공적인 견해를 표명한 것이라고 할 수 있으므로 그 결정에 관련한 개인의 행위에 대하여는 신뢰보호의 원칙이 적용된다.
(22군무원9급,21국가9급,19지방·교행9급)

• **헌법재판소의 위헌결정**은 개인에 대해 신뢰대상이 되는 **공적인 견해표명에 해당하지 않음**. [날먹행 39p]

□□□□□ ★★

판 10. 담당공무원에게 공적 견해의 표명을 구하는 정식의 서면질의 등을 하지 아니한 채 총무과 민원팀장이 민원봉사차원에서 상담에 응하여 안내한 것을 신뢰한 경우 신뢰보호원칙이 적용된다. (23소방,22국가9급,18서울7급,18지방9급)

판례 병무청 담당부서의 담당공무원에게 공적 견해의 표명을 구하는 정식의 서면질의 등을 하지 아니한 채 **총무과 민원팀장에 불과한 공무원이 민원봉사차원에서 상담에 응하여 안내한 것을 신뢰한 경우, 신뢰보호 원칙이 적용되지 아니한다** (2003두1875). [날먹행 39p]

□□□□□ ★★

판 11-1. 비과세관행의 성립을 위해서는 과세관청 스스로 과세할 수 있음을 알면서도 어떤 특별한 사정때문에 과세하지 않는다는 의사가 있고, 이와 같은 의사는 명시적 또는 묵시적으로 표시되어야 한다.
(23국회8급,22소방간부,20지방9급,17지방7급)

판례 국세기본법 제18조 제3항에서 말하는 비과세관행이 성립하려면 **상당한 기간에 걸쳐 과세를 하지 아니한 객관적 사실이 존재**할 뿐만 아니라 과세관청 자신이 그 사항에 관하여 **과세할 수 있음을 알면서도 어떤 특별한 사정 때문에 과세하지 않는다는 의사**가 있어야 하며 위와 같은 **공적 견해나 의사는 명시적 또는 묵시적으로 표시**되어야 하지만, 묵시적 표시가 있다고 하기 위하여는 **단순한 과세 누락과는 달리 과세관청이 상당기간 불과세 상태에 대하여 과세하지 않겠다는 의사표시를 한 것으로 볼 수 있는 사정이 있어야** 하고, 이 경우 특히 **과세관청의 의사표시가 일반론적인 견해표명에 불과한 경우에는 위 원칙의 적용을 부정하여야** 한다(2000두5203). [날먹행 38p]

□□□□□ ★★

판 11-2. 행정청이 단순한 착오로 어떠한 처분을 계속한 경우, 신뢰보호원칙상 행정청이 그와 배치되는 조치를 할 수 없는 행정관행이 성립하므로, 행정청이 추후 오류를 발견하여 합리적인 방법으로 변경하더라도 신뢰보호원칙에 위배된다. (23변시)

판례 신뢰보호의 원칙상 처분청이 그와 배치되는 조치를 할 수 없다고 할 수 있을 정도의 행정관행이 성립되었다고 하려면 상당한 기간에 걸쳐 그 사항에 대해 동일한 처분을 하였다는 객관적 사실이 존재할 뿐만 아니라, 처분청이 그 사항에 관해 다른 내용의 처분을 할 수 있음을 알면서도 어떤 특별한 사정 때문에 그러한 처분을 하지 않는다는 의사가 있고 의사가 명시적 또는 묵시적으로 표시되어야 한다 할 것이므로, **단순히 착오로 어떠한 처분을 계속한 경우는 이에 해당되지 않고, 처분청이 추후 오류를 발견하여 합리적인 방법으로 변경하는 것은 위 원칙에 위배되지 않는다**(92누14021). [날먹행 39p]

OX 정답

9. X 10. X 11-1. O 11-2. X

□□□□□★

판 11-3. 비과세관청이 납세의무자에게 부가가치세 면세사업자용 사업자등록증을 교부하거나 고유번호를 부여하였다고 하더라도 그가 영위하는 사업에 관하여 부가가치세를 과세하지 않겠다는 언동이나 공적 견해를 표명한 것으로 볼 수 없다. (23경간,17지방7급)

판례 부가가치세법상의 사업자등록은 단순한 사업사실의 신고로서 사업자가 소관 세무서장에게 소정의 사업자등록 신청서를 제출함으로써 성립되는 것이고, 사업자등록증의 교부는 위 등록사실을 증명하는 증서의 교부행위에 불과한 것으로, 과세관청이 납세의무자에게 면세사업자등록증을 교부하고 수년간 면세사업자로서 한 부가가치세 예정신고 및 확정신고를 받은 행위만으로는 과세관청이 납세의무자에게 그가 영위하는 사업에 관하여 부가가치세를 과세하지 아니함을 시사하는 언동이나 공적인 견해를 표명한 것이라 할 수 없다(2001두9370).

[날먹행 39p]

□□□□□★★

판 11-4. 면허세의 근거법령이 제정되어 폐지될 때까지의 4년동안 과세관청이 면허세를 부과할 수 있음을 알면서도 수출확대라는 공익상 필요에서 한 건도 부과한 일이 없었다면 비과세의 관행이 이루어졌다고 보아도 무방하다. (20지방7급)

판례 보세운송면허세의 부과근거이던 지방세법시행령이 1973.10.1 제정되어 1977.9.20에 폐지될때까지 4년 동안 그 면허세를 부과할 수 있는 정을 알면서도 피고가 수출확대라는 공익상 필요에서 한 건도 이를 부과한 일이 없었다면 납세자인 원고는 그것을 믿을 수 밖에 없고 그로써 비과세의 관행이 이루어졌다고 보아도 무방하다(80누6).

[날먹행 39p]

□□□□□★★

판 11-5. '지방세법'이 정한 취득세 등이 면제되는 '기술진흥단체'인지 여부에 관한 질의에 대하여 건설교통부장관과 내무부장관이 비과세 의견으로 회신한 경우 공적인 견해표명에 해당한다. (22국회9급)

판례 '지방세법'이 정한 취득세 등이 면제되는 '기술진흥단체'인지 여부에 관한 질의에 대하여 건설교통부장관과 내무부장관이 비과세 의견으로 회신한 경우 공적인 견해표명에 해당한다(2008두1115). [날먹행 39p]

□□□□□★★★

판 12. 행정청이 폐기물처리업 사업계획에 대하여 적정통보를 한 것만으로는 그 사업부지 토지에 대한 국토이용계획변경신청을 승인하여 주겠다는 취지의 공적 견해표명을 한 것으로 볼 수 없다. (23경간,21국가9급,21서울7급,20국가9급,19지방9급)

판례 폐기물처리업 사업계획적정통보는 토지형질변경허가신청을 허가하는 공적 견해표명이 아님(2004두8828).

[날먹행 39p]

OX 정답

11-3. ○ 11-4. ○ 11-5. ○ 12. ○

□□□□□ ★★★

판 13. 재량준칙의 공표만으로는 신청인이 보호가치 있는 신뢰를 갖게 되었다고 볼 수 없다. (21지방9급,16지방9급)

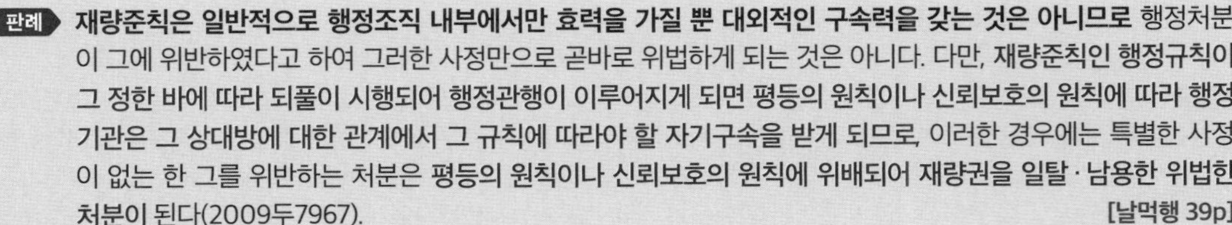

판례 **재량준칙은 일반적으로 행정조직 내부에서만 효력을 가질 뿐 대외적인 구속력을 갖는 것은 아니므로** 행정처분이 그에 위반하였다고 하여 그러한 사정만으로 곧바로 위법하게 되는 것은 아니다. 다만, **재량준칙인 행정규칙이 그 정한 바에 따라 되풀이 시행되어 행정관행이 이루어지게 되면 평등의 원칙이나 신뢰보호의 원칙에 따라 행정기관은 그 상대방에 대한 관계에서 그 규칙에 따라야 할 자기구속을 받게 되므로**, 이러한 경우에는 특별한 사정이 없는 한 그를 위반하는 처분은 **평등의 원칙이나 신뢰보호의 원칙에 위배되어 재량권을 일탈·남용한 위법한 처분이 된다**(2009두7967). [날먹행 39p]

□□□□□ ★★

판 14. '개발이익환수에 관한 법률'에 정한 개발사업을 시행하기 전에, 행정청이 민원예비심사에 대하여 관련 부서 의견으로 '저촉 사항 없음'이라고 기재한 것은 공적인 견해표명에 해당한다. (21국가7급,16경행)

판례 개발이익환수에 관한 법률에 정한 개발사업을 시행하기 전에, 행정청이 민원예비심사에 대하여 관련부서 의견으로 **'저촉사항 없음'이라고 기재**하였다고 하더라도, 이후의 개발부담금부과처분에 관하여 신뢰보호의 원칙을 적용하기 위한 요건인, **신뢰의 대상이 되는 공적인 견해표명을 한 것이라고는 보기 어렵다**(2004두46). [날먹행 39p]

□□□□□ ★

판 15. 행정청이 지구단위계획을 수립하면서 권장용도를 숙박시설로 하였다 해도, 항상 숙박시설에 대한 건축허가가 가능하리라는 공적견해를 표명한 것으로 볼 수는 없다. (22국회9급,21국회8급,17지방7급)

판례 **지구단위계획을 수립하여 고시하고 관련도서를 비치하여 열람하게 한 행위로서 표명한 공적 견해**는 숙박시설의 건축허가를 불허하여야 할 중대한 공익상의 필요가 없음을 전제로 숙박시설 건축허가도 가능하다는 것이지, 이를 공익과 무관하게 **언제든지 숙박시설에 대한 건축허가가 가능하리라는 취지의 공적 견해를 표명한 것이라고 평가할 수는 없다**(2004두68222). [날먹행 40p]

□□□□□ ★★

판 16. 당초 정구장 시설을 설치한다는 도시계획결정을 하였다가 정구장 대신 청소년 수련시설을 설치한다는 도시계획변경결정 및 지적 승인을 한 경우 당초의 도시계획결정만으로는 도시계획사업의 시행자 지정을 받게 된다는 공적견해를 표명했다고 할 수 없다. (19국가7급,18경행)

판례 당초 정구장 시설을 설치한다는 도시계획결정을 하였다가 정구장 대신 청소년 수련시설을 설치한다는 도시계획변경결정 및 지적 승인을 한 경우 당초의 도시계획결정만으로는 도시계획사업의 시행자 지정을 받게 된다는 공적견해를 표명했다고 할 수 없고, 정구장 설계비용을 지출한 자의 신뢰이익을 침해한 것으로도 볼 수 없다(2000두727). [날먹행 40p]

OX 정답

13. O 14. X 15. O 16. O

□□□□□ ★

판 17. 국립공원 관리권한을 가진 행정청이 실제의 공원구역과 다르게 경계측량과 표지를 설치한 십수 년 후 착오를 발견하여 지형도를 수정한 조치는 신뢰보호원칙에 위배된다. (15사복9급)

판례 실제의 공원구역과 다르게 경계측량 및 표지를 설치한 십수년 후 착오를 발견하여 지형도를 수정한 조치가 신뢰보호의 원칙에 위배되거나 행정의 자기구속의 법리에 반하는 것이라 할 수 없다(92누2325). [날먹행 40p]

□□□□□

판 18. 행정청 내부의 사무처리준칙에 해당하는 농림사업시행지침서가 공표된 것만으로는 사업자로 선정되기를 희망하는 자가 당해 지침에 명시된 요건을 충족할 경우 사업자로 선정되어 벼 매입자금 지원 등의 혜택을 받을 수 있다는 보호가치 있는 신뢰를 가지게 되었다고 보기도 어렵다. (21변시)

판례 행정청 내부의 사무처리준칙에 해당하는 농림사업시행지침서가 공표된 것만으로는 사업자로 선정되기를 희망하는 자가 당해 지침에 명시된 요건을 충족할 경우 사업자로 선정되어 벼 매입자금 지원 등의 혜택을 받을 수 있다는 보호가치 있는 신뢰를 가지게 되었다고 보기도 어렵다(2009두7967). [날먹행 40p]

□□□□□

판 19. 건축주가 건축허가 내용대로 공사를 상당한 정도로 진행하였는데, 나중에 건축법이나 도시계획법에 위반되는 하자가 발견되었다는 이유로 그 일부분의 철거를 명할 수 있기 위하여는 그 건축허가를 기초로 하여 형성된 사실관계 및 법률관계를 고려하여 건축주가 입게 될 불이익과 건축행정이나 도시계획행정상의 공익, 제3자의 이익, 건축법이나 도시계획법 위반의 정도를 비교·교량하여 건축주의 이익을 희생시켜도 부득이하다고 인정되는 경우라야 할 것이다. (22변시)

판례 건축주가 건축허가 내용대로 공사를 상당한 정도로 진행하였는데, 나중에 건축법이나 도시계획법에 위반되는 하자가 발견되었다는 이유로 그 일부분의 철거를 명할 수 있기 위하여는 그 건축허가를 기초로 하여 형성된 사실관계 및 법률관계를 고려하여 건축주가 입게 될 불이익과 건축행정이나 도시계획행정상의 공익, 제3자의 이익, 건축법이나 도시계획법 위반의 정도를 비교·교량하여 건축주의 이익을 희생시켜도 부득이하다고 인정되는 경우라야 할 것이다(2001두1512). [날먹행 42p]

□□□□□ ★★

판 20. 주무부처인 중앙행정기관이 입법예고를 통해 법령 안의 내용을 국민에게 예고한 적이 있다면, 그것이 법령으로 확정되지 아니하였다고 하더라도 국가는 위 법령 안에 관련된 사항에 대해 이해관계자들에게 어떠한 신뢰를 부여한 것으로 볼 수 있다. (22소방,22변시,20국가9급)

판례 입법예고를 통해 법령안의 내용을 국민에게 예고한 적이 있다고 하더라도 그것이 법령으로 확정되지 아니한 이상 국가가 이해관계자들에게 위 법령안에 관련된 사항을 약속하였다고 볼 수 없으며, 이러한 사정만으로 어떠한 신뢰를 부여하였다고 볼 수도 없다(2017다249769). [날먹행 40p]

OX 정답

17. X 18. O 19. O 20. X

□□□□□ ★★★

판 21-1. 신뢰보호의 원칙과 관련하여, 행정청의 선행조치가 신청자인 사인의 사위나 사실은폐에 이루어진 경우라도 행정청의 선행조치에 대한 사인의 신뢰는 보호되어야 한다. (20지방7급,19소방,18서울7급,17서울9급)

판례 신뢰보호의 원칙이 적용되기 위해서는 선행조치에 대한 **신뢰가 보호가치 있는 것**이어야 하고, 이러한 신뢰를 함에 있어서 **개인에게 귀책사유가 없어야** 하는데, **판례는 행정청의 선행조치가 당사자의 사실 은폐나 기타 사위의 방법에 의한 경우, 선행조치의 하자나 변경가능성을 알았거나 중대한 과실로 알지 못한 경우 당사자의 그 신뢰는 보호되지 못한다**고 한다(95두14190). [날먹행 41p]

□□□□□

판 21-2. 허위의 고등학교 졸업증명서를 제출하는 사위의 방법에 의한 하사관 지원의 하자를 이유로 하사관 임용일부터 33년이 경과한 후에 행정청이 행한 하사관 및 준사관 임용취소처분은 위법하다. (13경행)

판례 허위의 고등학교 졸업증명서를 제출하는 사위의 방법에 의한 하사관 지원의 하자를 이유로 하사관 임용일로부터 33년이 경과한 후에 행정청이 행한 하사관 및 준사관 임용취소처분이 적법하다(2001두5286). [날먹행 41p]

□□□□□

판 21-3. 판례는 허위의 무사고증명을 제출하여 개인택시면허를 받은 자에 대하여 신뢰이익을 고려하지 아니하고 면허를 취소한 경우를 재량권의 남용으로 인정했다. (13국회9급)

판례 행정청이 개인택시사업면허를 받을 수 없는 자가 제출한 허위의 무사고증명 기재내용을 그대로 믿고 동인의 순위를 오인하여 개인택시사업면허를 발급한 경우 동 면허처분은 결국 면허를 받을 요건을 구비하지 못한 자에 대하여 면허를 발급한 하자있는 행정처분이므로 처분청은 그 하자를 이유로 스스로 이를 취소할 수 있고 행정청이 이를 고려하지 아니하였다 하더라도 재량권의 남용이 논의될 여지가 없다고 봄이 신의칙과 공평의 원칙에 합당하다(85누291). [날먹행 41p]

□□□□□ ★★★

판 22-1. 공적 견해표명을 신뢰한 자가 사실은폐 등 적극적 부정행위를 하지 않는 한 귀책사유가 인정되지 않는다. (09국회8급)

판례 귀책사유라 함은 행정청의 견해표명의 하자가 상대방 등 관계자의 사실은폐나 기타 사위의 방법에 의한 신청행위 등 부정행위에 기인한 것이거나 그러한 부정행위가 없다고 하더라도 하자가 있음을 알았거나 중대한 과실로 알지 못한 경우 등을 의미한다고 해석함이 상당하다(2001두1512). [날먹행 41p]

□□□□□ ★★★

판 22-2. 신뢰보호원칙의 적용에 있어서 귀책사유의 유무는 상대방을 기준으로 판단하여야 하며, 상대방으로부터 신청행위를 위임받은 수임인 등 관계자까지 포함시켜 판단할 것은 아니다.
(22국가9급,21국가7급,19국가7급,19지방9급,17국회8급)

판례 **귀책사유의 유무**는 상대방과 그로부터 신청행위를 위임받은 수임인 등 관계자 **모두를 기준으로 판단**하여야 한다(2001두1512). [날먹행 41p]

OX 정답

21-1. X 21-2. X 21-3. X 22-1. X 22-2. X

□□□□□ ★★★

판 22-3. 건축주와 그로부터 건축설계를 위임받은 건축사가 관계 법령에서 정하고 있는 건축한계선의 제한이 있다는 사실을 간과한 채 건축설계를 하고 이를 토대로 건축물의 신축 및 증축허가를 받은 경우, 그 신축 및 증축허가가 정당하다고 신뢰한 데에는 귀책사유가 있다. **(22국가9급)**

판례 귀책사유의 유무는 상대방과 그로부터 신청행위를 위임받은 수임인 등 관계자 모두를 기준으로 판단하여야 한다. 건축주와 그로부터 건축설계를 위임받은 건축사가 관계 법령에서 정하고 있는 건축한계선의 제한이 있다는 사실을 간과한 채 건축설계를 하고 이를 토대로 건축물의 신축 및 증축허가를 받은 경우, 그 신축 및 증축허가가 정당하다고 신뢰한 데에는 귀책사유가 있다(2001두1512). **[날먹행 41p]**

□□□□□ ★★

판 23. 법률에 따른 개인의 행위가 국가에 의하여 일정 방향으로 유인된 신뢰의 행사가 아니라 단지 법률이 부여한 기회를 활용한 것이라 하더라도, 신뢰보호의 이익이 인정된다. **(18국가7급,16지방9급)**

판례 만일 법률에 따른 개인의 행위가 단지 법률이 반사적으로 부여하는 기회의 활용을 넘어서 **국가에 의하여 일정 방향으로 유인된 것이라면 특별히 보호가치가 있는 신뢰이익이 인정될 수 있다**(2002헌바45). **[날먹행 41p]**

□□□□□ ★★★

이 24-1. 신뢰의 보호로 인하여 공익 또는 제3자의 정당한 이익을 현저히 해할 우려가 있는 경우 그 신뢰는 보호될 수 없다. **(23국회8급,23변시,23소방,21국가7급)**

- **신뢰보호원칙의 소극적 요건:** 공익 또는 제3자의 정당한 이익을 현저히 해할 우려가 아닐 것
- **행정기본법 제12조(신뢰보호의 원칙)** ① 행정청은 공익 또는 제3자의 이익을 현저히 해칠 우려가 있는 경우를 제외하고는 행정에 대한 국민의 정당하고 합리적인 신뢰를 보호하여야 한다. **[날먹행 42p]**

□□□□□ ★★

판 24-2. 법령 개폐에 있어서 신뢰보호원칙의 위반 여부는 한편으로는 침해받은 신뢰이익의 보호가치, 침해의 중한 정도, 신뢰침해의 방법 등과 다른 한편으로는 새 입법을 통해 실현코자 하는 공익목적을 종합적으로 비교형량하여 판단하여야 한다. **(23변시,19지방9급)**

판례 신뢰보호 원칙의 위배 여부를 판단하기 위하여는 한편으로는 침해받은 이익의 보호가치, 침해의 중한 정도, 신뢰가 손상된 정도, 신뢰침해의방법 등과 다른 한편으로는 새 법령을 통해 실현하고자 하는 공익적 목적을 종합적으로 비교 · 형량하여야 한다(2003두12899). **[날먹행 42p]**

□□□□□ ★★

판 25-1. 신뢰보호의 원칙은 행정의 적법성원칙과 갈등관계가 형성될 수 있으며, 후자의 원칙을 배제할 만한 우월한 사정이 있을 때 그 효력을 인정할 수 있게 된다. **(22소방,20지방7급,19지방9급)**

- 신뢰보호원칙과 행정의 법률적합성의 원칙이 충돌하는 경우, **통설(동위설,=이익형량설)과 판례는 공익과 행정행위에 대한 개인의 신뢰보호라는 사익을 비교형량하여 결정해야** 한다고 한다. **[날먹행 42p]**

OX 정답

22-3. ○ 23. X 24-1. ○ 24-2. ○ 25-1. ○

□□□□□ ★

판 25-2. 재건축조합에서 일단 내부 규범이 정립되면 조합원들은 특별한 사정이 없는 한 그것이 존속하리라는 신뢰를 가지게 되므로, 내부 규범을 변경할 경우 내부 규범 변경을 통해 달성하려는 이익이 종전 내부 규범의 존속을 신뢰한 조합원들의 이익보다 우월해야 한다. (22국회9급,21국회8급)

> **판례** 재건축조합에서 일단 내부 규범이 정립되면 조합원들은 특별한 사정이 없는 한 그것이 존속하리라는 신뢰를 가지게 되므로, 내부 규범 변경을 통해 달성하려는 이익이 종전 내부 규범의 존속을 신뢰한 조합원들의 이익보다 우월해야 한다(2018두34732). **[날먹행 42p]**

□□□□□ ★★★

판 26. 행정청의 확약 또는 공적 견해의 표명 후에 사실적 · 법률적 상태가 변경되었다면, 그와 같은 공적 의사표명은 행정청의 별다른 의사표시를 기다리지 않고 실효된다. (23변시,23군무원7급,23국회8급,23경간,22국가7급,22국가9급,22국회9급,21지방9급,21국회8급,20국가9급,20지방7급,18국가7급)

> **판례** 행정청이 상대방에게 장차 어떤 처분을 하겠다고 확약 또는 공적인 의사표명을 하였다고 하더라도, 그 자체에서 상대방으로 하여금 언제까지 처분의 발령을 신청을 하도록 유효기간을 두었는데도 그 기간 내에 상대방의 신청이 없었다거나 **확약 또는 공적인 의사표명이 있은 후에** 사실적 · 법률적 상태가 변경되었다면, 그와 같은 **확약 또는 공적인 의사표명은** 행정청의 별다른 의사표시를 기다리지 않고 실효된다(95누10877). **[날먹행 42p]**

□□□□□ ★★

판 27-1. 국가가 공무원임용결격사유가 있는 자에 대하여 결격사유가 있는 것을 알지 못하고 공무원으로 임용하였다가 사후에 결격사유가 있는 자임을 발견하고 공무원임용행위를 취소함은 당사자에게 원래의 임용행위가 당초부터 당연 무효이었음을 통지하여 확인시켜 주는 행위에 지나지 아니하는 것이므로, 그러한 의미에서 당초의 임용처분을 취소함에 있어서는 신의칙 내지 신뢰원칙을 적용할 수 없다. (23변시,22지방9급,22국회8급,21국가7급)

□□□□□ ★

판 27-2. 국가공무원법에 따라 일반직 공무원으로 임용된 자에게 임용 당시 임용결격사유가 있었다면 비록 국가의 과실에 의해 임용결격자임을 밝혀내지 못하였다 하더라도 그 임용행위는 당연무효이다. (18국가7급)

> **판례** 국가가 공무원임용결격사유가 있는 자에 대하여 **결격사유가 있는 것을 알지 못하고 공무원으로 임용하였다가 사후에 결격사유가 있는 자임을 발견하고 공무원 임용행위를 취소**하는 것은 당사자에게 원래의 임용행위가 당초부터 당연무효이었음을 통지하여 확인시켜 주는 행위에 지나지 아니하는 것이므로, 당초의 임용처분을 취소함에 있어서는 **신의칙 내지 신뢰의 원칙을 적용할 수 없고** 또 그러한 의미의 취소권은 시효로 소멸하는 것도 아니다. 임용 당시 임용결격사유가 있는 경우라면 임용권자의 과실에 의해 임용결격자임을 밝혀내지 못하였다 하더라도 그 임용행위는 당연무효로 보아야 한다.(86누459). **[날먹행 42p]**

OX 정답

25-2. ○ 26. ○ 27-1. ○ 27-2. ○

□□□□□

이 28. 신뢰보호원칙에 위반하는 경우 그 행정행위는 위법하며, 판례는 이 경우 취소사유로 보지 않고 무효로만 보았다. (20소방)

- 신뢰보호원칙에 반하는 행정행위는 위법하며, 이 경우 중대명백설에 따라 하자가 중대명백한 경우 무효, 그렇지 않은 경우는 취소사유가 된다. [날먹행 43p]

□□□□□★★

판 29. 운전면허 취소사유에 해당하는 음주운전을 적발한 경찰관의 소속 경찰서장이 사무착오로 위반자에게 운전면허정지처분을 한 상태에서 위반자의 주소지 관할 지방경찰청장(현 시도경찰청장)이 위반자에게 운전면허취소처분을 한 것은 선행처분에 대한 당사자의 신뢰 및 법적 안정성을 저해하는 것으로서 허용될 수 없다. (22경간,18경행)

판례 운전면허 취소사유에 해당하는 음주운전을 적발한 경찰관의 소속 경찰서장이 사무착오로 위반자에게 운전면허정지처분을 한 상태에서 위반자의 주소지 관할 지방경찰청장이 위반자에게 운전면허취소처분을 한 것은 선행처분에 대한 당사자의 신뢰 및 법적 안정성을 저해하는 것으로서 허용될 수 없다(99두10520). [날먹행 43p]

□□□□□★★★

판 30. 폐기물처리업에 대하여 관할 관청의 사전 적정통보를 받고 막대한 비용을 들여 요건을 갖춘 다음 허가신청을 한 경우, 행정청이 청소업자의 난립으로 효율적인 청소업무의 수행에 지장이 있다는 이유로 불허가처분을 하였다 할지라도 신뢰보호의 원칙에 반하지 아니한다. (22소방,17서울9급)

판례 폐기물처리업에 대하여 사전에 관할 관청으로부터 적정통보를 받고 막대한 비용을 들여 허가요건을 갖춘 다음 허가신청을 하였음에도 다수 청소업자의 난립으로 안정적이고 효율적인 청소업무의 수행에 지장이 있다는 이유로 한 불허가처분이 신뢰보호의 원칙 및 비례의 원칙에 반하는 것으로서 재량권을 남용한 위법한 처분이다(98두4061). [날먹행 43p]

□□□□□

판 31. 행정청이 착오로 인하여 국적이탈을 이유로 주민등록을 말소한 행위를 법령에 따라 국적이탈이 처리되었다는 견해를 표명한 것으로 볼 수는 없으며, 상대방이 이러한 주민등록말소를 통하여 자신의 국적이탈이 적법하게 처리된 것으로 신뢰하였다고 하더라도 이는 보호할 가치 있는 신뢰에 해당하지 않는다. (22소방간부)

판례 행정청이 대외적으로 공신력 있는 주민등록표상 국적이탈을 이유로 원고의 주민등록을 말소한 행위는 원고에게 간접적으로 국적이탈이 법령에 따라 이미 처리되었다는 견해를 표명한 것이라고 보아야 하고, 원고가 위와 같은 주민등록말소를 통하여 자신의 국적이탈이 적법하게 처리된 것으로 신뢰한 것에 대하여 귀책사유가 있다고 할 수 없는바, 피고가 원고의 이러한 신뢰에 반하여 원고의 국적이탈신고를 반려한 이 사건 처분은 신뢰보호의 원칙에 반하여 원고가 만 18세 이전에 국적이탈신고를 할 수 있었던 기회를 박탈한 것으로서 위법하다(2006두10931).

OX 정답

28. X 29. O 30. X 31. X

□□□□□

판 32-1. 실권의 법리는 일반적으로 신뢰보호원칙의 적용영역의 하나로 보고 있으나, 판례는 신의성실의 파생원칙으로 보고 있다. (23소방,22경간)

□□□□□

조 32-2. 행정청이 권한 행사의 기회가 있음에도 불구하고 장기간 권한을 행사하지 아니하여 국민이 그 권한이 행사되지 아니할 것으로 믿을 만한 정당한 사유가 있더라도, 행정청이 그 권한을 행사하지 않으면 공익 또는 제3자의 이익을 현저히 해칠 우려가 있을 경우에는 행정청은 그 권한을 행사할 수 있다. (23변시)

□□□□□

판 32-3. 실권의 법리는 법의 일반원리인 신의성실의 원칙에 바탕을 둔 파생원칙이므로 권력관계에는 적용되지 않는다. (23소방)

- **판례**는 **실권의 법리를 신의성실의 파생원칙**으로 봄.
  그러나 **행정기본법 신뢰보호의 원칙 조문 안에 편입**됨.
  실권의 법리는 비권력관계는 물론 권력관계에도 적용됨(87누915).
- **행정기본법 제12조(신뢰보호의 원칙)** ② 행정청은 **권한 행사의 기회가 있음에도 불구하고 장기간 권한을 행사하지 아니하여 국민이 그 권한이 행사되지 아니할 것으로 믿을 만한 정당한 사유가 있는 경우에는 그 권한을 행사해서는 아니 된다**. 다만, **공익 또는 제3자의 이익을 현저히 해칠 우려가 있는 경우는 예외**로 한다. [날먹행 43p]

□□□□□

판 33. 처분청이 착오로 행정서사업 허가처분을 한 후 20년이 다 되어서야 취소사유를 알고 행정서사업 허가를 취소한 경우, 그 허가취소처분은 실권의 법리에 저촉되는 것으로 보아야 한다. (19국가7급)

판례 원고가 허가 받은 때로부터 20년이 다되어 피고가 그 허가를 취소한 것이기는 하나 피고가 취소사유를 알고서도 그렇게 장기간 취소권을 행사하지 않은 것이 아니고 1985.9.중순에 비로소 위에서 본 취소사유를 알고 그에 관한 법적 처리방안에 관하여 다각도로 연구검토가 행해졌고 그러한 사정은 원고도 알고 있었음이 명백하므로, 허가 취소 처분이 실권의 법리에 저촉된 것이라고 볼 수 있는 것도 아니다(87누915). **[날먹행 44p]**

□□□□□ ★★

판 34. 교통사고가 일어난지 1년 10개월이 지난 뒤 그 교통사고를 일으킨 택시에 대하여 운송사업면허를 취소한 경우, 택시운송사업자로서는 자동차운수사업법의 내용을 잘 알고 있어 교통사고를 낸 택시에 대하여 운송사업면허가 취소될 가능성을 예상할 수도 있었으므로, 별다른 행정조치가 없을 것으로 자신이 믿고 있었다 하여도 신뢰의 이익을 주장할 수는 없다. (13국가9급)

판례 교통사고가 일어난지 1년 10개월이 지난 뒤 그 교통사고를 일으킨 택시에 대하여 운송사업면허를 취소하였더라도 처분관할관청이 위반행위를 적발한 날로부터 10일 이내에 처분을 하여야 한다는 규정을 강행규정으로 볼 수 없을 뿐만 아니라 택시운송사업자로서는 자동차운수사업법의 내용을 잘 알고 있어 교통사고를 낸 택시에 대하여 운송사업면허가 취소될 가능성을 예상할 수도 있었을 터이니 그 운송사업면허의 취소가 재량권의 범위를 일탈한 것이라고 보기는 어렵다(88누6283). **[날먹행 44p]**

OX 정답

32-1. O 32-2. O 32-3. X 33. X 34. O

제 6 절 부당결부금지의 원칙

□□□□□ ★★★

이 1-1. 부당결부의 원칙은 행정작용을 함에 있어서 그와 실체적 관련이 없는 상대방의 반대급부를 조건으로 하여서는 안 된다는 원칙을 말한다. (23군무원9급,21군무원9급,21행정사,18경행,18소방)

□□□□□ ★★

조 1-2. 행정청은 행정작용을 할 때 상대방에게 해당 행정작용과 실질적인 관련이 없는 의무를 부과해서는 아니 된다. (21소방,21군무원9급,21행정사)

□□□□□ ★★

조 1-3. 부당결부금지의 원칙은 판례에 의해 확립된 행정의 법원칙으로 실정법상 명문의 규정은 없다. (22경간,22군무원9급)

- **행정기본법 제13조(부당결부금지의 원칙)** 행정청은 행정작용을 할 때 상대방에게 해당 행정작용과 실질적인 관련이 없는 의무를 부과해서는 아니 된다.

□□□□□ ★★★

판 2. 지방자치단체장이 사업자에게 주택사업계획승인을 하면서 그 주택사업과는 아무런 관련이 없는 토지를 기부채납하도록 하는 부관은 부당결부금지의 원칙에 위반되어 위법하다. (22국가7급,22지방9급,21서울7급,19지방9급)

판례 주택사업계획승인시 관련없는 토지기부채납을 붙인 것은 위법하나 당연무효는 아니다(96다49650). **[날먹행 44p]**

□□□□□ ★★★

판 3. 고속국도 관리청이 고속도로 부지와 접도구역에 송유관 매설을 허가하면서 상대방과 체결한 협약에 따라 송유관 시설을 이전하게 될 경우 그 비용을 상대방에게 부담하도록 한 부관은 행정작용과 실질적 관련성이 없는 의무를 부과하는 것으로 부당결부금지 원칙에 위반된다. (22경간,21경행,21변시,19국회9급)

판례 고속국도 관리청이 고속도로 부지와 접도구역에 송유관 매설을 허가하면서 상대방과 체결한 협약에 따라 송유관 시설을 이전하게 될 경우 그 비용을 상대방에게 부담하도록 하였고, 그 후 도로법 시행규칙이 개정되어 접도구역에는 관리청의 허가 없이도 송유관을 매설할 수 있게 된 사안에서, 위 협약이 효력을 상실하지 않을 뿐만 아니라 위 협약에 포함된 부관이 부당결부금지의 원칙에도 반하지 않는다(2005다65500). **[날먹행 44p]**

□□□□□ ★★

판 4-1. 한 사람이 여러 종류의 자동차운전면허를 취득하는 경우 뿐만 아니라 이를 취소 또는 정지함에 있어서도 서로 별개의 것으로 취급하는 것이 원칙이다. (23군무원9급,18서울9급)

OX 정답

6절 1-1. O 1-2. O 1-3. X 2. O 3. X 4-1. O

□□□□□ ★★

판 4-2. 행정청이 여러 종류의 자동차운전면허를 취득한 자에 대해 그 운전면허를 취소하는 경우, 취소사유가 특정 면허에 관한 것이 아니고 다른 면허와 공통된 것이거나 운전면허를 받은 사람에 관한 것일 경우에는 여러 면허를 전부 취소할 수 있다. (18지방9급)

□□□□□ ★★

판 4-3. 제1종 보통면허로 운전할 수 있는 차량을 음주운전한 경우 제1종 보통면허의 취소 외에 동일인이 소지하고 있는 제1종 대형면허와 원동기장치자전거면허는 취소할 수 없다. (22경간)

- **복수의 운전면허**를 취소 · 정지하는 경우, **서로 별개로 취급하는 것이 원칙**이나, 그 사유가 다른 면허와 공통된 것이거나, 운전면허를 받은 사람에 관한 것인 경우 복수의 운전면허를 전부를 취소 · 정지 할 수 있음.

판례 **1종 보통면허**로 운전할 수 있는 차를 **음주운전**한 경우, **1종 대형면허, 원동기장치자전거면허까지 취소 가능**하다(96누15176,94누9672). **[날먹행 45p]**

□□□□□ ★★

판 4-4. 대법원은 승합차를 혈중알코올농도 0.1% 이상의 음주상태로 운전한 자에 대하여 제 1종 보통운전면허 외에 제1종 대형운전면허까지 취소한 행정청의 처분이 부당결부금지원칙을 위반한 것으로 보았다. (10지방9급)

해설 제1종 보통 및 대형 운전면허의 소지자가 제1종 보통 운전면허로 운전할 수 있는 차를 음주운전하여 그 면허를 모두 취소당한 사안에서, 제1종 대형면허까지 취소한 것은 위법한 처분이 아니다(96누15176). **[날먹행 45p]**

□□□□□

판 4-5. 이륜자동차로서 제2종 소형면허를 가진 사람만이 운전할 수 있는 오토바이를 음주운전한 사유만 가지고서는 제1종 대형면허나 보통면허의 취소나 정지를 할 수 없다. (22경간)

판례 한 사람이 여러 종류의 자동차운전면허를 취득하는 경우뿐 아니라 이를 취소 또는 정지함에 있어서도 서로 별개의 것으로 취급하는 것이 원칙이라 할 것이고 그 취소나 정지의 사유가 특정의 면허에 관한 것이 아니고 다른 면허와 공통된 것이거나 운전면허를 받은 사람에 관한 경우에는 여러 운전면허 전부를 취소 또는 정지할 수도 있다고 보는 것이 상당할 것이지만, 이륜자동차로서 제2종 소형면허를 가진 사람만이 운전할 수 있는 오토바이는 제1종 대형면허나 보통면허를 가지고서도 이를 운전할 수 없는 것이어서 이와 같은 이륜자동차의 운전은 제1종 대형면허나 보통면허와는 아무런 관련이 없는 것이므로 이륜자동차를 음주운전한 사유만 가지고서는 제1종 대형면허나 보통면허의 취소나 정지를 할 수 없다(91누8289). **[날먹행 45p]**

□□□□□

이 5. 부당결부금지의 원칙에 위반한 국가 등의 작용은 부당하기는 하나 위법한 작용이라고까지 할 수는 없다. (04서울9급)

- 부당결부금지의 원칙은 헌법적 효력을 가지므로, 이를 위반시 위헌, 위법하다는 것이 다수설의 견해임. **[날먹행 45p]**

OX 정답

4-2. ○ 4-3. X 4-4. X 4-5. ○ 5. X

제 7 절 자기구속의 원칙

□□□□□ ★★★

판 1. 재량권행사의 준칙인 규칙이 그 정한 바에 따라 되풀이 시행되어 행정관행이 이루어지게 되면 평등의 원칙이나 신뢰보호의 원칙에 따라 행정기관은 그 상대방에 대한 관계에서 그 규칙에 따라야 할 자기구속을 받게 된다. (21지방9급,21경행,21군무원9급,20소방,20지방9급,18국가9급,18서울7급)

> 판례 다수설과 판례는 재량준칙이 공표된 것만으로는 행정의 자기구속의 원칙이 적용될 수 없고, **재량준칙이 되풀이 시행되어 행정관행이 성립한 경우에 행정의 자기구속의 원칙이 적용될 수 있다**는 선례필요설의 입장이다(2000두4057).
> [날먹행 45p]

□□□□□ ★

이 2-1. 행정의 자기구속의 원칙은 법적으로 동일한 사실관계, 즉 동종의 사안에서 적용이 문제되는 것으로 주로 재량의 통제법리와 관련된다. (18국가9급)

□□□□□

이 2-2. 행정의 자기구속의 원칙은 처분청이 아닌 제3자 행정청에 대해서도 적용된다. (19서울9급,18국가9급)

> • **행정의 자기구속의 원칙의 요건은** ① **재량영역**에서 ② **동일행정청**에게, **동일사안**에서 ③ **행정선례가 존재해야** 적용됨.
> [날먹행 45p]

□□□□□ ★★

이 3. 행정의 자기구속의 원칙이 인정되는 경우에는 행정관행과 다른 처분은 특별한 사정이 없는 한 위법하다. (22군무원9급,21군무원9급)

> • **자기구속 원칙 위반의 효과**: 재량권행사의 준칙인 행정규칙이 자기구속을 받게 된 경우에는 특별한 경우가 아닌 한 절대적 구속력이 발생한다. 따라서 이를 위반한 행정작용은 위헌, 위법한 것으로, 항고소송의 대상이 되며, 국가배상청구도 가능함.
> [날먹행 46p]

OX 정답

7절 1. ○ 2-1. ○ 2-2. X 3. ○

□□□□□ ★★★

이 4-1. 반복적으로 행해진 행정처분이 위법한 것일 경우, 행정청은 자기구속원칙에 구속되지 않는다. (23변시,22국가7급,22지방9급,21국가9급,18국가9급)

□□□□□ ★★★

판 4-2. 평등의 원칙에 의할 때, 위법한 행정처분이 수차례에 걸쳐 반복적으로 행하여졌다면 설령 그러한 처분이 위법하더라도 행정청에 대하여 자기구속력을 갖게 된다. (19국회8급,18서울7급)

- 행정의 자기구속의 원칙의 한계: 선례가 위법한 경우, 중대한 사정변경이 있는 경우, 자기구속의 원칙 적용 X

판례 평등의 원칙은 본질적으로 같은 것을 자의적으로 다르게 취급함을 금지하는 것이고, 위법한 행정처분이 수차례에 걸쳐 반복적으로 행하여졌다 하더라도 그러한 처분이 위법한 것인 때에는 행정청에 대하여 자기구속력을 갖게 된다고 할 수 없다(2008두13132).

[날먹행 46p]

제 8 절 과소보호금지의 원칙

□□□□□ ★★

판 1. 국가가 국민의 생명 · 신체의 안전에 대한 보호의무를 다하지 않았는지 여부를 헌법재판소가 심사할 때에는 국가가 이를 보호하기 위하여 적어도 적절하고 효율적인 최소한의 보호조치를 취하였는가 하는 '과소보호 금지원칙'의 위반 여부를 기준으로 삼는다. (21국가9급,21서울7급,17국가7급)

판례 국가가 기본권에 대한 보호의무를 진다고 하더라도, 그것을 입법자가 어떻게 실현하여야 할 것인가는 원칙적으로 권력분립원칙과 민주주의원칙에 따라 국민에 의해 직접 민주적 정당성을 부여받고 정치적 책임을 지는 입법자의 책임범위에 속하는 것이고, 헌법재판소는 이를 제한적으로만 심사할 수 있을 따름이다. **따라서 국가가 기본권의 보호의무를 다하지 않았는지를 헌법재판소가 심사할 때에는 국가가 국민의 기본권적 법익 보호를 위하여 적어도 적절하고 효율적인 최소한의 보호조치를 취했는가 하는 이른바 "과소보호 금지원칙"의 위반 여부를 기준으로 삼아야 한다**(2005헌마674).

[날먹행 46p]

OX 정답

4-1. ○ 4-2. X / 8절 1. ○

05 행정법관계

제1절 행정법관계의 의의 및 종류

□□□□□ ★

이 1-1. 권력관계란 행정주체에게 개인에게는 인정되지 않는 우월적 지위가 인정되는 법률관계이다. (11사복9급)

□□□□□

이 1-2. 관리관계는 공법관계에 속하므로 전면적으로 공법규정 내지 공법원리가 적용된다. (11사복9급)

□□□□□ ★★

이 1-3. 국고관계란 국가 또는 공공단체 등의 행정주체가 우월적인 지위에서가 아니라 재산권의 주체로서 사인과 맺는 법률관계를 말한다. (11국회9급)

- **행정작용법 관계**
  - **공법관계: 권력관계**(행정주체가 사인에게 일방적으로 명령 강제하는 법률관계)와 **관리관계**(행정주체가 공적 재산 또는 사업의 주체로서 국민과 대등한 위치에 있는 법률관계로 원칙적으로 사법의 규율을 받음.)
  - **사법관계**: 행정사법관계(행정주체가 공행정작용을 수행하기 위해 사법적 형식으로 사인과 맺는 법률관계)와 **국고관계**(행정주체가 사법상의 재산권의 주체로서 사인과 맺는 법률관계) **[날먹행 48p]**

□□□□□ ★★

이 2. 공법관계는 행정소송 중 항고소송의 대상이 되며, 사인간의 법적 분쟁에 관한 사법관계는 행정소송 중 당사자소송의 대상이 된다. (20지방·서울9급)

- 공법관계의 소송은 행정소송으로, 사법관계의 소송은 민사소송으로 한다. **[날먹행 48p]**

□□□□□ ★★★

판 3-1. 공유재산의 관리청이 행하는 행정재산의 사용 · 수익에 대한 허가는 공법관계이다. (23국가9급,20국가7급,19서울7급)

□□□□□ ★★★

판 3-2. 국유재산의 관리청이 행정재산의 사용 · 수익을 허가한 다음 그 사용 · 수익하는 자에 대하여 하는 사용료부과는 사경제주체로서 행하는 사법상의 이행청구이다. (23군무원9급,19서울7급)

□□□□□ ★★

판 3-3. 국립의료원 부설주차장에 관한 위탁관리용역운영계약은 공법관계로써 이와 관련한 가산금지급채무부존재에 대한 소송은 행정소송에 의해야 한다. (22지방9급,21소방간부,18지방9급)

□□□□□ ★★

판 3-4. 행정재산을 원래 목적 외로 사용할 경우 그에 대한 사용 · 수익허가는 행정처분으로서 항고소송의 대상이 되나, 사용허가를 받은 행정재산을 전대하는 경우 그 전대행위는 사법상의 임대차에 해당한다. (23국회8급,21국회8급,18국회8급)

OX 정답

1절 1-1. O 1-2. X 1-3. O 2. X 3-1. O 3-2. X 3-3. O 3-4. O

□□□□□ ★★

판 3-5. 국유재산 중 행정재산의 사용허가는 공법관계이나, 한국항공공단이 무상사용허가를 받은 행정재산에 대하여 하는 전대행위는 사법관계이다. (23국가9급)

□□□□□ ★★★

판 3-6. 행정재산의 사용·수익 허가처분의 성질에 비추어 국민에게는 행정재산의 사용·수익허가를 신청할 법규상 또는 조리상의 권리가 있다고 할것이므로 공유재산의 관리청이 행정재산의 사용·수익에 대한 허가신청을 거부한 행위 역시 행정처분에 해당한다. (20경행,19서울9급 등)

□□□□□ ★★★

판 3-7. 국유재산법상의 국유재산무단사용 변상금의 부과처분은 공법관계이다. (23국가9급,23지방9급,21소방,21군무원7급,19서울9급)

- 국유재산은 행정재산(=공물)과 일반재산(=사물)로 분류됨.
- **행정재산의 사용 · 수익 허가는 처분(특허)에 해당**하며, **사용료 징수 · 부과도 처분**에 해당함(2004다31074).

판례 **국립의료원 부설주차장에 관한 위탁관리용역운영계약**의 실질은 **강학상 특허**에 해당한다 할 것이고, 순전히 사경제주체로서 원고와 대등한 위치에서 행한 사법상의 계약으로 보기 어렵다(2004다31074).
그러나 **사용 · 수익 허가를 받은 사인이 이를 제3자에게 전대하는 행위는 사법상의 임대차**에 해당함.

판례 한국공항공단이 그 행정재산의 관리청으로부터 국유재산관리사무의 위임을 받거나 국유재산관리의 위탁을 받지 않은 이상, **한국공항공단이 무상사용허가를 받은 행정재산에 대하여 하는 전대행위는 통상의 사인간의 임대차와 다를 바가 없고,** 그 임대차계약이 임차인의 사용승인신청과 임대인의 사용승인의 형식으로 이루어졌다고 하여 달리 볼 것은 아니다(2001다12638).

- 국민은 행정재산의 사용 · 수익허가를 신청할 법규상 · 조리상 권리가 있으므로, 신청 거부도 처분 O (97누1105)
- **국유재산(일반재산 포함) 무단점유자에 대한 변상금부과**는 **처분**으로서, **공법관계**에 해당함. [날먹행 49,50p]

□□□□□ ★★★

판 4-1. 일반재산의 대부계약은 지방자치단체가 상대방과 대등한 지위에서 행하는 공법상 계약으로 이를 다투는 소송은 당사자소송이다. (23지방9급,20국회8급)

□□□□□ ★★★

판 4-2. 국유일반재산에 대한 대부료의 납부고지는 공법관계이다. (23국가9급,22지방9급,18국가7급,17지방9급)

□□□□□ ★★

판 4-3. 산림청장의 국유임야 대부에 따른 대부료 부과행위는 사법관계의 행위이다. (23지방9급,21군무원7급)

□□□□□

판 4-4. 산림청장의 국유임야 무상양여거부행위는 사법관계의 행위이다. (21소방간부)

□□□□□ ★★

판 4-5. 국유재산법의 규정에 의하여 총괄청 또는 그 권한을 위임받은 기관이 국유재산을 매각하는 행위는 사경제주체로서 행하는 사법상의 법률행위에 지나지 아니한다. (21군무원7급)

OX 정답

3-5. O 3-6. O 3-7. O 4-1. X 4-2. X 4-3. O 4-4. O 4-5. O

□□□□□ ★★★

판 4-6. '공익사업을 위한 토지 등의 취득 및 보상에 관한 법령'에 의한 협의취득은 사법상의 법률행위이므로, 이에 관한 분쟁은 민사소송의 대상이다. (23국가9급,21군무원7급,20국가7급,19소방,19국가9급)

판례 • **일반재산(구 잡종재산)의 임대, 매매, 증여**는 국가가 사경주체로서 상대방과 대등한 위치에서 하는 **사법상 계약.** 이에 따라 **그 대부료의 납부고지도 사법상 이행청구**에 해당함(99다61675).
• **산림청장의 국유임야 대부 · 매각 · 양여는 사법상 행위**이므로, **국유임야무상양여신청서를 반려한 거부처분도 단순한 사법상 행위**에 해당함(83누291).
• **'공익사업을 위한 토지 등의 취득 및 보상에 관한 법령'에 따른 협의취득은 사법관**계이며, 이에 기한 손실보상금환수통보도 사법상 이행청구에 해당함(2010다91206). **[날먹행 49p]**

□□□□□ ★★

판 5. 구 '지방재정법 시행령' 제71조의 규정에 따라 기부채납받은 공유재산을 무상으로 기부자에게 사용을 허용하는 행위는 사법관계이다. (23군무원9급,23소방간부,21국회8급)

판례 지방자치단체가 구 지방재정법시행령 제71조(현행 지방재정법시행령 제83조)의 규정에 따라 **기부채납받은 공유재산을 무상으로 기부자에게 사용을 허용하는 행위는 사경제주체로서 상대방과 대등한 입장에서 하는 사법상** 행위이므로, 기부자가 기부채납한 부동산을 일정기간 무상사용한 후에 한 **사용허가기간 연장신청을 거부한 행정청의 행위도 단순한 사법상의 행위**일 뿐이다(93누7365). **[날먹행 50p]**

□□□□□ ★★★

판 6-1. '국가를 당사자로 하는 계약에 관한 법률'상 국가가 당사자가 되는 공공계약은 국가가 사경제의 주체로서 상대방과 대등한 위치에서 체결하는 사법상의 계약으로서 본질적인 내용은 사인 간의 계약과 다를 바가 없으므로, 그에 관한 법령에 특별한 정함이 있는 경우를 제외하고는 사적자치와 계약자유의 원칙 등 사법의 원리가 그대로 적용된다. (23소방,22지방9급,21국회8급,21소방,21경행)

□□□□□ ★★★

판 6-2. '국가를 당사자로 하는 계약에 관한 법률'에 따라 국가가 당사자가 되는 이른바 공공계약에 관한 법적 분쟁은 원칙적으로 행정법원의 관할 사항이다. (22국가9급)

□□□□□ ★★★

판 6-3. '국가를 당사자로 하는 계약에 관한 법률'에 따른 입찰절차에서의 낙찰자 결정은 행정소송법상 처분에 해당한다. (22국가9급,21소방,21경행,19사복9급)

□□□□□ ★★★

판 6-4. '국가를 당사자로 하는 계약에 관한 법률'에 따른 입찰보증금의 국고귀속조치 및 그 조치의 취소를 구하는 소송은 당사자소송에 해당한다. (23국가9급,23국회8급,20소방간부,20지방9급,20국가7급,19국가7급)

OX 정답

4-6. ○ 5. ○ 6-1. ○ 6-2. X 6-3. X 6-4. X

□□□□□ ★★

판 6-5. '국가를 당사자로 하는 계약에 관한 법률'에 따른 부정당업자에 대한 입찰참가 자격정지는 공법관계이다. (21소방간부,21국회8급,21군무원7급)

판례 ㉠ **'국가를 당사자로 하는 계약이나 공공기관의 운영에 관한 법률(구 '예산회계법')'**의 적용 대상인 공기업이 일방 당사자가 되는 계약은 국가 또는 공기업이 사경제의 주체로서 상대방과 대등한 지위에서 체결하는 **사법(私法)상의 계약**으로서, 사적 자치와 계약자유의 원칙을 비롯한 사법의 원리가 원칙적으로 적용된다(2001다33064).

㉡ **'국가를 당사자로 하는 계약에 관한 법률'(구 '예산회계법')에 따른 입찰보증금의 국고귀속조치**는 **민사소송**의 대상이 된다(81누366).

㉢ **'국가를 당사자로 하는 계약이나 공공기관의 운영에 관한 법률' 상** 입찰참가자격제한처분은 국민의 권리나 이익을 박탈하거나 제재를 가하는 **침해적 행정처분**으로서 법치행정의 원리상 엄격한 법적 근거를 필요로 하고 또한 그 근거규정의 해석에 있어서도 엄격성을 요하며 그 침해의 범위를 넓히는 방향으로 함부로 유추해석이나 확장해석을 하여서는 아니된다고 할 것이다(99두3201). **[날먹행 49, 50p]**

□□□□□ ★★★

판 7. 구 예산회계법에 따라 체결되는 계약에 있어서 입찰보증금의 국고귀속조치에 관한 분쟁은 민사소송의 대상이 되지만, 입찰자격정지에 대해서는 항고소송으로 다투어야 한다. (23국가9급,23소방간부,21소방간부,20국가7급,20지방9급,19국가9급,19서울9급,17교행9급 등)

판례 ㉠ **예산회계법에 따라 체결되는 계약은 사법상의 계약**이라고 할 것이고 **입찰보증금의 국고귀속조치**는 국가가 사법상의 재산권의 주체로서 행위하는 것이지 공권력을 행사하는 것이거나 공권력작용과 일체성을 가진 것이 아니라 할 것이므로 이에 관한 분쟁은 행정소송이 아닌 **민사소송의 대상**이 될 수밖에 없다고 할 것이다.

㉡ 원고의 대리인이 입찰금액을 60,780,000원으로 기재한다는 것이 착오로 금 6,078,000원으로 잘못 기재한 것은 시설공사 입찰유의서 제10조 제10호 소정의 입찰서에 기재한 중요부분의 착오가 있는 경우에 해당되어 이를 이유로 즉시 입찰취소의 의사표시를 한 이상 피고(조달청장)는 본건 입찰을 무효로 선언함이 마땅하므로 원고가 이 사건 공사계약체결에 불응하였음에는 정당한 이유가 있다고 할 것이니 **원고를 부정당업자로서 6월간 입찰참가자격을 정지한 피고의 처분은 재량권을 일탈하여 위법하다**(81누366). **[날먹행 49, 353p]**

- 과거 한국전력공사, 한국토지공사 등의 정부투자기관(현 공공기관)이 '정부투자기관회계규정'에 의하여 행한 입찰참가자격제한조치에 대하여 판례는 처분성 부정함(99부3).
- **그러나 최근 판례는 '공공기관의 운영에 관한법률'에 근거한 공기업·준정부기관이 행하는 입찰참가자격제한을 처분으로 보고 있음**(2013두18964).

주의! 위와 같은 최근 판례에도 불구하고 2015년 지방직9급 시험에서 한국전력공사가 행한 입찰참가자격제한조치는 처분성이 없다는 지문을 옳다고 처리한 적이 있으므로, 다른 선지와의 비교를 통해 답을 찾기 바랍니다.

OX 정답

6-5. ○ 7. ○

☐☐☐☐☐ ★★

판 8. '도시 및 주거환경정비법'상 행정주체인 주택재건축정비사업조합을 상대로 관리처분계획안에 대한 조합총회결의의 효력 등을 다투는 소송은 민사상 법률관계에 관한 것이므로 민사소송에 해당한다. (23군무원9급,20지방·서울7급)

> **판례** 도시 및 주거환경정비법상 행정주체인 주택재건축정비사업조합을 상대로 관리처분계획안에 대한 조합 총회결의의 효력 등을 다투는 소송은 행정처분에 이르는 절차적 요건의 존부나 효력 유무에 관한 소송으로서 그 소송결과에 따라 행정처분의 위법 여부에 직접 영향을 미치는 공법상 법률관계에 관한 것이므로, 이는 행정소송법상의 당사자소송에 해당한다(2007다2428). [날먹행 49p]

☐☐☐☐☐ ★★★

판 9-1. 서울특별시립무용단 단원의 위촉은 공법상 계약이므로, 그 단원의 해촉에 대하여는 공법상의 당사자소송으로 그 무효확인을 청구할 수 있다. (23국회8급,20지방7급)

> **판례** 서울시립무용단 단원위촉은 공법상 계약이고 그 단원해촉에 대해 공법상 당사자소송으로 무효확인을 청구할 수 있음(95누4636). [날먹행 49p]

☐☐☐☐☐ ★★

판 9-2. 판례에 의하면 농지개량 조합과 그 직원의 관계는 공법상 특별권력관계이다. (17서울9급,15서울7급)

> **판례** 농지개량조합과 직원의 관계는 공법상 특별권력관계로, 징계처분 취소를 구하는 소송은 행정소송임(94누10870). [날먹행 49p]

☐☐☐☐☐ ★★

판 9-3. 수도법에 의하여 지방자치단체인 수도사업자가 그 수돗물의 공급을 받는 자에게 하는 수도료 부과징수와 이에 따른 수도료 납부관계는 공법상의 권리의무 관계이므로, 이에 대한 분쟁은 행정소송의 대상이다. (19국가9급)

> **판례** 수도료 부과·징수에 따른 수도료 납부관계는 공법상의 권리의무관계에 해당함(76다2517). [날먹행 49p]

☐☐☐☐☐ ★★★

판 9-4. 국가나 지방자치단체에 근무하는 청원경찰의 징계처분에 대한 소송은 행정소송법상 행정소송에 해당한다. (23군무원9급,20경행,20군무원7급,18지방9급 등)

> **판례** 국가·지방자치단체에 근무하는 청원경찰의 근무관계는 공법관계이므로, 징계처분에 대한 소송은 행정소송에 해당함(92다47564). [날먹행 49p]

OX 정답

8. X 9-1. O 9-2. O 9-3. O 9-4. O

□□□□□ ★★

판 9-5. 서울특별시 지하철공사 사장의 소속 직원에 대한 징계처분은 공법관계이다. (23군무원9급,19국회8급)

> 판례 서울특별시지하철공사 임직원 근무관계는 사법관계이므로, 그 징계처분은 민사소송으로 다퉈야 함(89누2103).
> [날먹행 49p]

□□□□□ ★★

판 9-6. 한국조폐공사가 행한 소속 직원 파면행위는 사법관계의 행위이다. (18경행)

> 판례 한국조폐공사 직원의 근무관계는 사법관계에 속하고 그 직원의 파면행위도 사법상의 행위라고 보아야 한다(78다414).
> [날먹행 49p]

□□□□□ ★

판 9-7. 공무원및사립학교교직원의료보험관리공단 직원의 근무관계는 사법관계이다. (09지방7급)

> 판례 공무원및사립학교교직원의료보험법 등 관계법령의 규정내용에 비추어 보면, 공무원및사립학교교직원의료보험관리공단 직원의 근무관계는 공법관계가 아니라 사법관계이다(93누15212). [날먹행 49p]

□□□□□ ★

판 9-8. 사립학교 교원의 징계는 사립학교의 공적 성격을 고려할 때 행정처분에 해당한다. (21국회8급)

> 판례 사립학교 교원과 학교법인의 관계를 공법상의 권력관계라고는 볼 수 없으므로 사립학교 교원에 대한 학교법인의 해임처분을 취소소송의 대상이 되는 행정청의 처분으로 볼 수 없고, 따라서 학교법인을 상대로 한 불복은 행정소송에 의할 수 없고 민사소송절차에 의할 것이다(92누13707). [날먹행 49p]

□□□□□

판 9-9. 주한미군한국인직원의료보험조합이 행한 소속 직원 징계면직행위는 사법관계의 행위이다. (14지방7급)

> 판례 주한미군 한국인 직원의료보험조합직원의 근무관계는 사법관계에 속하는 것이므로 동조합 직원에 대한 위 조합의 징계면직처분은 항고소송의 대상이 되는 행정처분이 아니고 사법상의 법률행위라고 보아야 한다(98누884).
> [날먹행 49p]

□□□□□ ★

판 9-10. 구 종합유선방송법 상 종합유선방송위원회 직원의 근무관계는 공법관계이다. (16경행,11경행)

> 판례 구 종합유선방송법상의 종합유선방송위원회는 그 설치의 법적 근거, 법에 의하여 부여된 직무, 위원의 임명절차 등을 종합하여 볼 때 국가기관이고, 그 사무국 직원들의 근로관계는 사법(私法)상의 계약관계이므로, 사무국 직원들은 국가를 상대로 민사소송으로 그 계약에 따른 임금과 퇴직금의 지급을 청구할 수 있다(2001다54038).
> [날먹행 49p]

OX 정답

9-5. X 9-6. O 9-7. O 9-8. X 9-9. O 9-10. X

□□□□□ ★★

판 9-11. '초 · 중등 교육'상 사립중학교에 대한 중학교 의무교육의 위탁관계는 사법관계에 속한다. **(20국회8급,18교행9급)**

> **판례** 중학교 의무교육의 위탁관계는 초·중등교육법 제12조 제3항, 제4항 등 관련 법령에 의하여 정해지는 공법적 관계에 해당한다(2012두7387). **[날먹행 50p]**

□□□□□ ★★

판 9-12. 지방자치단체가 학교법인이 설립한 사립중학교에 의무교육대상자에 대한 교육을 위탁한 때에 그 학교법인과 해당 사립중학교에 재학 중인 학생의 재학관계는 기본적으로 공법상 계약에 따른 법률관계이다. **(21군무원7급)**

> **판례** 사법인(私法人)인 학교법인과 학생의 재학관계는 사법상 계약에 따른 법률관계에 해당한다. 지방자치단체가 학교법인이 설립한 사립중학교에 의무교육대상자에 대한 교육을 위탁한 때에 그 학교법인과 해당 사립중학교에 재학 중인 학생의 재학관계도 기본적으로 마찬가지이다(2016다33196). **[날먹행 50p]**

□□□□□ ★★★

판 9-13. 개발부담금 부과처분의 직권취소를 이유로 한 부당이득반환청구는 공법관계라는 것이 판례의 입장이다. **(23군무원9급,20국가7급,18지방9급)**

> **판례** 개발부담금 부과처분이 취소된 이상 그 후의 부당이득으로서의 **과오납금 반환에 관한 법률관계는 단순한 민사관계**에 불과한 것이고, 행정소송절차에 따라야 하는 관계로 볼 수 없다(94다51253). **[날먹행 50p]**

□□□□□ ★★

판 9-14. '공익사업을 위한 토지등의 취득 및 보상에 관한 법률'상 환매권의 존부에 관한 확인을 구하는 소송 및 환매금액의 증감을 구하는 소송은 민사소송이다. **(22국가9급,22소방승진,18서울7급,17국가7급)**

> **판례** 구 공익사업을 위한 토지 등의 취득 및 보상에 관한 법률 제91조에 규정된 환매권은 상대방에 대한 의사표시를 요하는 형성권의 일종으로서 재판상이든 재판 외이든 위 규정에 따른 기간 내에 행사하면 매매의 효력이 생기는 바, 이러한 환매권의 존부에 관한 확인을 구하는 소송 및 구 공익사업법 제91조 제4항에 따라 환매금액의 증감을 구하는 소송 역시 민사소송에 해당한다(2010두22368). **[날먹행 50p]**

□□□□□

판 9-15. 구 정부투자기관관리법의 적용대상인 정부투자기관이 일방 당사자가 되는 계약은 사법상의 계약으로서 그에 관한 법령에 특별한 정함이 있는 경우를 제외하고는 사적 자치의 원칙이 그대로 적용된다. **(21지방·서울7급)**

> **판례** 구 정부투자기관 관리기본법의 적용 대상인 정부투자기관이 일방 당사자가 되는 계약(이하 '공공계약'이라 한다)은 정부투자기관이 사경제의 주체로서 상대방과 대등한 위치에서 체결하는 사법(私法)상의 계약으로서 본질적인 내용은 사인 간의 계약과 다를 바가 없으므로 그에 관한 법령에 특별한 정함이 있는 경우를 제외하고는 사적 자치와 계약자유의 원칙 등 사법의 원리가 그대로 적용된다(2010다83182). **[날먹행 50p]**

OX 정답

9-11. X 9-12. X 9-13. X 9-14. ○ 9-15. ○

□□□□□

판 9-16. 조세채무는 법률의 규정에 의하여 정해지는 법정채무로서 당사자가 그 내용 등을 임의로 정할 수 없고, 조세채무관계는 공법상 법률관계이고 그에 관한 쟁송은 원칙적으로 행정사건으로서 행정소송법의 적용을 받는다. (23 군무원9급)

> **판례▶** 조세채권은 국세징수법에 의하여 우선권 및 자력집행권 등이 인정되는 권리로서 사적 자치가 인정되는 사법상의 채권과 그 성질을 달리할 뿐 아니라, 부당한 조세징수로부터 국민을 보호하고 조세부담의 공평을 기하기 위하여 그 성립과 행사는 법률에 의해서만 가능하고 법률의 규정과 달리 당사자가 그 내용 등을 임의로 정할 수 없으며, 조세채무관계는 공법상의 법률관계로서 그에 관한 쟁송은 원칙적으로 행정소송법의 적용을 받고, 조세는 공익성과 공공성 등의 특성을 갖는다는 점에서도 사법상의 채권과 구별된다(2016다224961). **[날먹행 50p]**

□□□□□

판 9-17. 중앙행정기관인 방위사업청과 부품개발 협약을 체결한 기업이 협약을 이행하는 과정에서 환율 변동 및 물가상승 등 외부적 요인으로 발생한 초과 비용 지급에 대한 소송은 민사소송에 의한다. (23소방간부,21경행)

> **판례▶** 국책사업인 '한국형 헬기 개발사업'(Korean Helicopter Program)에 개발주관사업자 중 하나로 참여하여 국가 산하 중앙행정기관인 방위사업청과 '한국형헬기 민군겸용 핵심구성품 개발협약'을 체결한 갑 주식회사가 협약을 이행하는 과정에서 환율변동 및 물가상승 등 외부적 요인 때문에 협약금액을 초과하는 비용이 발생하였다고 주장하면서 국가를 상대로 초과비용의 지급을 구하는 민사소송을 제기한 사안에서, 위 협약의 법률관계는 공법관계에 해당하므로 이에 관한 분쟁은 행정소송으로 제기하여야 한다(2015다215526). **[날먹행 50p]**

□□□□□ ★★

판 9-18. 국가를 당사자로 하는 계약이나 '공공기관의 운영에 관한 법률'의 적용 대상인 공기업이 일방 당사자가 되는 계약은 사법상 계약으로서, 사적자치와 계약자유의 원칙을 비롯한 사법의 원리가 원칙적으로 적용된다. (23소방간부,22소방승진,22국가9급,21소방간부)

> **판례▶** 국가를 당사자로 하는 계약이나 공공기관의 운영에 관한 법률의 적용 대상인 공기업이 일방 당사자가 되는 계약(이하 편의상 '공공계약'이라 한다)은 국가 또는 공기업(이하 '국가 등'이라 한다)이 사경제의 주체로서 상대방과 대등한 지위에서 체결하는 사법(사법)상의 계약으로서 본질적인 내용은 사인 간의 계약과 다를 바가 없으므로, 법령에 특별한 정함이 있는 경우를 제외하고는 서로 대등한 입장에서 당사자의 합의에 따라 계약을 체결하여야 하고 당사자는 계약의 내용을 신의성실의 원칙에 따라 이행하여야 하는 등 사적 자치와 계약자유의 원칙을 비롯한 사법의 원리가 원칙적으로 적용된다(2012다74076). **[날먹행 50p]**

□□□□□

판 9-19. 지방자치단체의 관할구역 내에 있는 각급 학교에서 학교회계직원으로 근무하는 것을 내용으로 하는 근로계약은 공법상 계약이다. (22소방승진)

> **판례▶** 지방자치단체의 관할구역 내에 있는 각급 학교에서 학교회계직원으로 근무하는 것을 내용으로 하는 근로계약은 사법상 근로계약관계이다(2015다237748). **[날먹행 50p]**

OX 정답

9-16. O 9-17. X 9-18. O 9-19. X

판 9-20. 음식물류 폐기물의 수집·운반, 가로 청소, 재활용품의 수집·운반 업무를 대행할 것을 위탁하고 그에 대한 대행료를 지급하는 것을 내용으로 하는 용업도급계약은 사법상 계약이다. (22소방승진)

판례 지방자치단체가 일방 당사자가 되는 이른바 '공공계약'이 사경제의 주체로서 상대방과 대등한 위치에서 체결하는 사법상 계약에 해당하는 경우 그에 관한 법령에 특별한 정함이 있는 경우를 제외하고는 사적 자치와 계약자유의 원칙 등 사법의 원리가 그대로 적용된다. 이 사건 최초계약과 변경계약은 피고가 원고들에게 음식물류 폐기물의 수집·운반, 가로 청소, 재활용품의 수집·운반 업무의 대행을 위탁하고 그에 대한 대행료를 지급하는 것을 내용으로 하는 용역계약으로서 이 사건 변경계약에 따른 대행료 정산의무의 존부는 민사 법률관계에 해당하므로 이를 소송물로 다투는 소송은 민사소송에 해당하는 것으로 보아야 한다(2014두11328). [날먹행 50p]

제 2 절 행정법관계의 당사자

★★

이 1-1. 농지개량조합, 서울대학교, 서울특별시, '도시 및 주거환경정비법'에 따른 주택재건축정비사업조합은 행정주체가 될 수 있다. (17서울9급,16서울9급,13국가9급)

이 1-2. '도시 및 주거환경정비법'상 주택재건축정비사업조합은 공법인으로서 목적범위 내에서 법령이 정하는 바에 따라 일정한 행정작용을 행하는 행정주체의 지위를 갖는다. (17서울9급,17사복9급)

- **행정주체는 행정상 권리 · 의무의 귀속주체**로서, ① **국가**, ② **공공단체**(㉠ 지방자치단체, ㉡ 공법상 사단법인(농지개량조합, 주택재건축정비사업조합 등), ㉢ **공법상 재단법인**(한국연구재단 등), ㉣ **영조물법인**(서울대학교, 한국은행, 각종 공사 등)), ③ **공무수탁사인**이 이에 해당한다. [날먹행 51p]

이 2. 행정청은 독립적인 법인격이 인정되지 않으므로 행정청의 대외적인 권한행사의 법적 효과는 행정주체에게 귀속된다. (20소방간부)

- **행정주체는 행정권을 행사하여 행정상 법률효과가 귀속되는 당사자**인 반면,
행정기관은 행정을 실제로 수행하는 자이나 법인격이 없어, 행정기관의 행위의 법적효과가 행정주체에게 귀속됨.
∴ **행정청**은 행정기관의 한 종류이므로, **독립적인 법인격 X.** [날먹행 51p]

OX 정답

9-20. ○ / 2절 1-1. ○ 1-2. ○ 2. ○

□□□□□

이 3-1. 공무수탁사인은 행정주체이면서 동시에 행정청의 지위를 갖는다. (22서울7급,17서울7급,17사복9급)

□□□□□

이 3-2. 법인격 없는 단체는 공무수탁사인이 될 수 없다. (17서울9급)

- **공무수탁사인**은 공행정사무를 위탁받아 자신의 이름으로 처리할 수 있는 권한을 갖는 **행정주체이자, 동시에 행정청**인 사인으로, **법인격이 인정**되며, **자연인, 법인, 법인격 없는 단체도 모두 가능함**. [날먹행 51p]

□□□□□ ★★

이 4-1. 민영교도소 등의 설치운영에 관한 법률상의 민영교도소는 행정보조인이나, 경찰임무를 수행하는 항공기의 기장, 토지수용권을 행사하는 사인은 공무수탁사인이다. (18서울7급,17서울9급)

□□□□□ ★★

이 4-2. 공무수탁사인은 행정임무를 자기 책임하에 수행함이 없이 단순한 기술적 집행만을 행하는 사인인 행정보조인과는 구별된다. (10지방9급)

□□□□□ ★★

이 4-3. 공무수탁사인으로 공증업무를 수행하는 공증인, 사법상 계약에 의하여 주차위반차량을 견인하는 민간사업자, 교통사고현장에서 경찰의 지시에 따라 경찰을 돕는 보조자 등을 들 수 있다. (22서울7급,18서울7급,17서울7급,17사복9급)

- **민영교도소, 경찰임무를 수행하는 항공기의 기장, 토지수용권을 행사하는 사인, 공증업무를 수행하는 공증인**은 **공무수탁사인**에 해당함.
- **행정보조인**은 행정임무를 자기 책임 하에 수행하는 것이 아닌, **행정청을 위해 단순 보조 역할을 하는 사인**을 의미함. (예 - **사고현장에서 경찰 부탁으로 경찰을 보조하는 자**, 우편 아르바이트) → **공무수탁사인 X**
- **행정대행인, 민간위탁자**(예 - **주차위반차량 견인사업자**, 자동차등록 · 검사 대행자, 환경미화대행자, 대집행을 실행하는 제3자 등) → **공무수탁사인 X** [날먹행 52p]

□□□□□ ★★

판 5. 소득세법에 의한 원천징수의무자의 원천징수행위는 법령에서 규정된 징수 및 납부의무를 이행하기 위한 것에 불과한 것이지, 공권력의 행사로서의 행정처분에 해당되지 아니한다고 보는 것이 판례의 입장이다. (10지방9급)

- **공의무부담사인**은 법률에 의해 부여된 공행정임무를 수행하나, **처분권한이 있는 공무수탁사인과는 달리 처분권한이 없음.**
  예) **소득세 원천징수 의무자**(89누4789), 비상시 석유비축의무를 부여하는 경우의 사업주 등 [날먹행 51p]

OX 정답

3-1. O 3-2. X 4-1. X 4-2. O 4-3. X 5. O

□□□□□

판 6. 국가가 자신의 임무를 스스로 수행할 것인지 아니면 그 임무의 기능을 민간부문으로 하여금 수행하게 할 것인지에 대하여 입법자에게 광범위한 입법재량 내지 형성의 자유가 인정된다고 보는 것이 판례의 입장이다. (10지방9급)

판례 공무수탁사인은 행정청에게 부여된 권한이 사인에게 이전되는 것이므로 법적 근거가 필요한데, 국가가 어떤 임무수행방법을 선택할 것인가 하는 문제는 입법자에게 광범위한 입법재량 내지 형성의 자유가 인정된다(2004헌마262).
[날먹행 52p]

□□□□□

이 7. 국가가 공무수탁사인의 공무수탁사무수행을 감독하는 경우 수탁사무수행의 합법성 뿐만 아니라 합목적성까지도 감독할 수 있다. (17서울7급)

- 공무를 위임한 행정주체는 공무수탁사인을 지휘 · 감독할 수 있는 특별감독관계에 있어, **합법성, 합목적성까지 감독**할 수 있음.
[날먹행 52p]

□□□□□★★

판 8. 공무수탁사인은 수탁받은 공무를 수행하는 범위 내에서 행정주체이고, 공무수탁사인이 행한 처분에 대하여 항고소송을 제기하는 경우 피고는 공무를 위임한 행정청이 아닌 공무수탁사인으로 하여야 한다. (22서울7급,17사복9급)

판례 공무수탁사인은 행정소송법과 관련하여 행정청으로서 피고 O
단, 국가배상의 경우 위탁한 국가 · 지자체가 피고가 됨.
[날먹행 52p]

□□□□□★★

이 9. 지방자치단체는 행정주체이지 행정권 발동의 상대방인 행정객체는 될 수 없다. (17사복9급)

- 행정객체는 행정주체의 상대방을 의미하는 바, 행정기관은 법인격성이 없어 행정의 객체가 될 수 없고, 지방자치단체 등 공공단체는 국가나 다른 공공단체와의 관계에서 행정의 객체가 될 수 있다.
[날먹행 52p]

OX 정답

6. O 7. O 8. O 9. X

제 3 절 행정법관계의 내용 - 공권과 공의무

□□□□□ ★★★

01 1-1. 개인적 공권은 강행적인 행정법규에 의하여 행정청을 기속함으로써 비로소 성립하는 것일 뿐 개인의 사익보호성은 성립요건이 아니라는 것이 일반적인 견해이다. (12국가9급)

□□□□□ ★★★

01 1-2. 처분의 근거법규가 공익 뿐만 아니라 개인의 이익도 아울러 보호하고 있는 경우에 공권이 인정될 수 있다. (15교행9급)

- 개인적 공권은 개인이 자신의 이익을 실현하기 위해 행정주체에 대해 일정한 행위를 요구할 수 있는 법적 권리로, 개인적 공권은 ① 강행법규가 국가 기타 행정주체에게 행정의무를 부과하고, ② 관련 법규가 공익 뿐만 아니라 사익을 보호하는 목적을 가지는 경우에 성립한다. → 관련 법규가 공익 뿐만 아니라 사익을 보호하는 목적을 가지고 있어야 하며, 직접적인 근거법률 외에 관계 법률 등 법규 전체의 목적과 취지도 고려하여야 함. [날먹행 53p]

□□□□□

01 2. 개인적 공권이 성립하려면 공법상 강행법규가 국가 기타 행정주체에게 행위의무를 부과해야 한다. 과거에는 그 의무가 기속행위인 경우에만 인정되었으나, 오늘날에는 재량행위에도 인정된다고 보는 것이 일반적이다. (17국가9급)

- 공법상 강행법규가 기속행위인 경우 뿐만 아니라, 재량행위인 경우에도 개인적 공권이 인정됨. [날먹행 53p]

□□□□□

01 3-1. 헌법상 모든 기본권은 법률에 의해 구체화되지 않더라도 재판상 주장될 수 있는 구체적 공권이다. (15교행9급)

□□□□□ ★★

01 3-2. 소극적 방어권인 헌법상의 자유권적 기본권은 법률의 규정이 없다고 하더라도 직접 공권이 성립될 수도있다. (17지방9급,17교행9급)

□□□□□ ★★

01 3-3. 근로자가 퇴직급여를 청구할 수 있는 권리와 같은 이른바 사회적 기본권은 헌법규정에 의하여 바로 도출되는 개인적 공권이라 할 수 없다. (12국가9급)

□□□□□ ★★

01 3-4. 사회권적 기본권의 성격을 가지는 연금수급권은 헌법에 근거한 개인적 공권이므로 헌법규정만으로도 실현할 수 있다. (23군무원9급,17지방9급)

□□□□□ ★★

01 3-5. 공무원연금수급권은 국가에 대하여 적극적으로 급부를 요구하는 것이므로 헌법규정만으로는 이를 실현할 수 없어 법률에 의한 형성이 필요하다. (18경행)

- 헌법에 의해서도 개인적 공권이 성립할 수 있는데, 자유권적 기본권은 법률 규정이 없이도 개인적 공권으로 인정되나, 사회적 · 청구권적 기본권(연금수급권, 근로의 권리, 퇴직급여청구권, 환경권 등)은 추상적 기본권이므로 법률로 구체화되어야 개인적 공권으로 인정됨. [날먹행 53p]

OX 정답

3절 1-1. X 1-2. O 2. O 3-1. X 3-2. O 3-3. O 3-4. X 3-5. O

□□□□□ ★★★

판 4. '환경정책기본법' 제6조의 규정 내용 등에 비추어 국민에게 구체적인 권리를 부여한 것으로 볼 수 없더라도 환경영향평가대상지역 밖에 거주하는 주민에게 헌법상의 환경권 또는 '환경정책기본법'에 근거하여 공유수면매립면허처분과 농지개량사업 시행인가처분의 무효확인을 구할 원고적격이 있다. (23경간,22서울7급,17지방9급,17경행 등)

• 헌법 제35조 제1항에서 정하고 있는 **환경권에 관한 규정만으로는 그 권리의 주체 · 대상 · 내용 · 행사방법 등이 구체적으로 정립되어 있다고 볼 수 없고,** 환경정책기본법 제6조도 그 규정 내용 등에 비추어 국민에게 구체적인 권리를 부여한 것으로 볼 수 없다는 이유로, **환경영향평가 대상지역 밖에 거주하는 주민에게 헌법상의 환경권 또는 환경정책기본법에 근거하여 공유수면매립면허처분과 농지개량사업 시행인가처분의 무효확인을 구할 원고적격이 없다**(2006두330).
[날먹행 53p]

□□□□□ ★★★

이 5-1. 개인적 공권은 명확한 법규의 존재를 전제로 하는 것이므로 성문법에 근거하지 않으면 성립할 수 없다. (12국가9급)

□□□□□ ★★

이 5-2. 공법상 계약을 통해서는 개인적 공권이 성립할 수 없다. (17교행9급)

• 개인적 공권은 조리 · 관습법 등 **불문법이나, 행정행위, 공법상 계약에 의해서도 성립이 가능**함. [날먹행 54p]

□□□□□ ★★

판 5-3. 서울시의 '철거민에 대한 시영아파트특별분양개선지침'에 의한 무허가 건물소유자의 시영아파트 특별분양신청권은 개인적 공권이 아니다. (10국가9급)

판례 행정지침인 서울특별시의 '철거민에 대한 시영아파트특별분양개선지침'은 공법상 분양신청권의 근거법이 아니다(87누1214).
[날먹행 54p]

□□□□□

이 6. 개인적 공권은 일반적으로 일신전속적 성질을 가지므로 대행이나 위임이 제한되는 경우가 많다. (20소방간부,17교행9급)

• 개인적 공권은 **일반적으로 일신전속적 성질을 가지므로, 양도 · 상속, 압류가 금지 · 제한**됨.
예) 공무원연금청구권, 생명 · 신체로 인한 손해배상청구권, 국민기초생활보장법상 수급권 등 [날먹행 54p]

□□□□□ ★★★

이 7-1. 행정소송에 있어서의 소권은 개인의 국가에 대한 공권이므로 당사자의 합의로써 이를 포기할 수 없고, 계약을 체결하더라도 그 계약은 무효이다. (17경행)

• 개인적 공권은 공익적 목적을 가지므로, **원칙적으로 포기가 불가함**. (예-소권, 선거권, 봉급청구권 등)
행정소송에서 소권은 포기할 수 없으므로, **부제소특약은 무효**임. [날먹행 54p]

OX 정답

4. X 5-1. X 5-2. X 5-3. O 6. O 7-1. O

□□□□□

판 7-2. 구 '석탄산업법 시행령'상 재해위로금 청구권은 개인의 공권으로서 그 공익적 성격에 비추어 당사자 합의에 의해 이를 미리 포기할 수 없다. (21군무원9급,20소방간부)

> **판례** 구 석탄산업법시행령 제41조 제4항 제5호 소정의 재해위로금 청구권은 개인의 공권으로서 그 공익적 성격에 비추어 당사자의 합의에 의하여 이를 미리 포기할 수 없다(97누5046). **[날먹행 54p]**

□□□□□ ★★★

이 8-1. 개인적 공권이 성립하려면 공법상 강행법규가 국가 기타 행정주체에게 행위의무를 부과해야 한다. 과거에는 그 의무가 기속행위의 경우에만 인정되었으나, 오늘날에는 재량행위에도 인정된다고 보는 것이 일반적이다. (23군무원9급,22지방7급,18국가9급,17국가9급)

□□□□□ ★★

이 8-2. 처분의 근거법규가 재량규정으로 되어 있는 경우에는 공권이 성립될 수 없다. (15교행9급)

> • **무하자재량행사청구권은 개인이 재량행위영역에서 행정청에게 하자 없는 적법한 재량처분을 요구하는 주관적 공권**으로, 재량영역에서만 인정됨. **[날먹행 54, 55p]**

□□□□□ ★★

판 9. 다수의 검사 임용신청자 중 일부만을 검사로 임용하는 결정을 함에 있어, 임용신청자들에게 전형의 결과인 임용 여부의 응답을 할 것인지는 임용권자의 편의재량사항이다. (15국가9급,14지방9급)

> • 검사의 임용 여부는 임용권자의 자유**재량**에 속하는 사항이나, 임용권자가 동일한 검사신규임용의 기회에 원고를 비롯한 다수의 검사 지원자들로부터 임용 신청을 받아 전형을 거쳐 자체에서 정한 임용기준에 따라 이들 일부만을 선정하여 검사로 임용하는 경우에 있어서 법령상 검사임용 신청 및 그 처리의 제도에 관한 **명문 규정이 없다고 하여도** 조리상 임용권자는 임용신청자들에게 전형의 결과인 임용 여부의 응답을 해줄 의무가 있다고 할 것이며, 응답할 것인지 여부 조차도 **임용권자의 편의재량사항이라고는 할 수 없다**(90누5825). **[날먹행 55p]**

□□□□□

이 10. 일반적인 개인의 공권의 성립요건인 사익보호성은 무하자재량행사청구권이나 행정개입청구권에는 허용되지 않는다. (22지방7급,15국가9급)

> • **무하자재량행사청구권**, **행정개입청구권**은 개인적 공권과 마찬가지로 ① **강행법규성**, ② **사익보호성을 요건**으로 함. **[날먹행 55p]**

OX 정답

7-2. ○ 8-1. ○ 8-2. X 9. X 10. X

□□□□□ ★★

이 11. 재량권이 영으로 수축하는 경우 행정개입청구권은 무하자재량행사청구권으로 전환된다. (23군무원9급,22지방7급)

- **행정개입청구권은 자신의 이익을 위하여 제3자에게 행정권의 발동을 요구하는 권리**로, 행정청에게 특정행위 의무가 있는 기속행위에서는 당연히 인정되나, **재량행위에서는 원칙적으로 무하자재량행사청구권만 인정될 뿐, 행정개입청구권은 인정되지 않는다.**
  다만, **예외적**으로 ㉠ **중대한 개인적 법익에 대한 위해가 존재**하고, ㉡ **그 위해가 행정권의 발동에 의해 제거**될 수 있고, ㉢ **개인적인 노력만으로는 권익침해의 방지가 충분하게 이루어질 수 없는 경우**에는 재량이 0으로 수축되어, 그 행정작용은 기속행위로 전환되어 행정청은 그 특정처분을 할 의무가 발생한다. 이에 따라 무하자재량청구권은 행정개입청구권으로 전환된다.
  [날먹행 55p]

□□□□□ ★★

판 12. 주거지역 내에서 법령상의 제한면적을 초과하는 연탄공장의 건축허가처분으로 불이익을 받고 있는 인근주민은 당해 처분의 취소를 소구할 법률상 자격이 없다. (22군무원7급,18교행9급)

판례 주거지역내에 위 법조 소정 제한면적을 초과한 연탄공장 건축허가처분으로 불이익을 받고 있는 제3거주자는 비록 당해 행정처분의 상대자가 아니라 하더라도 그 행정처분으로 말미암아 위와 같은 법률에 의하여 보호되는 이익을 침해받고 있다면 당해행정 처분의 취소를 소구하여 그 당부의 판단을 받을 법률상의 자격이 있다(73누96).
[날먹행 56p]

□□□□□ ★★

판 13-1. '경찰관직무집행법'상 경찰관에게 재량에 의한 직무수행권한을 부여한 것처럼 되어 있으나, 경찰관에게 권한을 부여한 취지와 목적에 비추어 볼 때 구체적인 사정에 따라 경찰관이 그 권한을 행사하여 필요한 조치를 취하지 않는 것이 현저하게 불합리하다고 인정되는 경우에 권한의 불행사는 직무상 의무를 위반한 것으로 위법하다. (17국가7급)

□□□□□ ★★

판 13-2. 경찰관이 농민들의 시위를 진압하고 시위과정에 도로 상에 방치된 트랙터 1대에 대하여 이를 도로 밖으로 옮기거나 후방에 안전표지판을 설치하는 것과 같은 위험발생방지조치를 취하지 아니한 채 그대로 방치하고 철수하여 버린 결과, 야간에 그 도로를 진행하던 운전자가 위 방치된 트랙터를 피하려다가 다른 트랙터에 부딪혀 상해를 입은 경우 경찰관직무집행법 제5조의 위험발생방지조치는 경찰관에게 재량에 의한 직무수행권한을 부여하고 있으므로 국가배상책임이 인정되지 않는다. (12지방7급)

판례
- 경찰관직무집행법 제5조는 경찰관은 인명 또는 신체에 위해를 미치거나 재산에 중대한 손해를 끼칠 우려가 있는 위험한 사태가 있을 때에는 그 각 호의 조치를 취할 수 있다고 규정하여 형식상 경찰관에게 재량에 의한 직무수행권한을 부여한 것처럼 되어 있으나, 경찰관이 그 권한을 행사하여 필요한 조치를 취하지 아니하는 것이 현저하게 불합리하다고 인정되는 경우에는 그러한 권한의 불행사는 직무상의 의무를 위반한 것이 되어 위법하게 된다.
- 경찰관이 농민들의 시위를 진압하고 시위과정에 도로 상에 방치된 트랙터 1대에 대하여 위험발생방지조치를 취하지 아니한 채 그대로 방치하고 철수하여 버린 결과, 야간에 그 도로를 진행하던 운전자가 위 방치된 트랙터를 피하려다가 다른 트랙터에 부딪혀 상해를 입은 경우, 국가배상책임을 인정(98다16890). **[날먹행 56p]**

OX 정답

11. X 12. X 13-1. O 13-2. X

□□□□□ ★★

판 14. 구 산림법에 의해 형질변경허가를 받지 아니하고 산림을 형질변경한 자가 사망한 경우, 해당 토지의 소유권을 승계한 상속인은 그 복구의무를 부담하지 않으므로, 행정청은 그 상속인에 대하여 복구명령을 할 수 없다. (21국가7급,18국회8급)

> **판례** 원상회복명령에 따른 복구의무는 타인이 대신하여 행할 수 있는 의무로서 일신전속적인 성질을 가진 것으로 보기 어려우므로, 산림을 무단형질변경한 자가 사망한 경우 당해 토지의 소유권 또는 점유권을 승계한 상속인은 그 복구의무를 부담한다고 봄이 상당하고, 따라서 관할 행정청은 그 상속인에 대하여 복구명령을 할 수 있다고 보아야 한다(2003두9817). **[날먹행 57p]**

□□□□□

판 15. 법무사가 사무원을 채용할 때 소속 지방법무사회로부터 승인을 받아야 할 의무는 공법상 의무이다. (22국가9급)

> **판례** 법무사의 사무원 채용승인 신청에 대하여 소속 지방법무사회가 '채용승인을 거부'하는 조치 또는 일단 채용승인을 하였으나 법무사규칙 제37조 제6항을 근거로 '채용승인을 취소'하는 조치는 항고소송의 대상인 '처분'이라고 보아야 한다. 법무사가 사무원 채용에 관하여 법무사법이나 법무사규칙을 위반하는 경우에는 소관 지방법원장으로부터 징계를 받을 수 있으므로, 법무사에 대하여 지방법무사회로부터 채용승인을 얻어 사무원을 채용할 의무는 법무사법에 의하여 강제되는 공법적 의무이다(2015다34444). **[날먹행 57p]**

□□□□□ ★

판 16. 합병 이전의 회사에 대한 분식회계를 이유로 감사인 지정제외 처분과 손해배상공동기금의 추가적립의무를 명한 조치의 효력은 합병 후 존속하는 법인에게 승계될 수 있다. (21군무원9급)

> **판례** 공인회계사법에 의하여 설립된 회계법인 사이에 흡수합병이 있는 경우, 피합병회계법인의 권리의무가 존속회계법인에 승계된다(2002두1946). **[날먹행 57p]**

제 4 절 특별행정법관계

□□□□□

이 1-1. 특별권력관계를 기본관계와 경영수행관계로 나누는 견해에 따르면, 공무원에 대한 직무상 명령에 대해서 사법심사가 가능하게 된다. (11국회9급)

□□□□□ ★

이 1-2. 울레의 수정설에 따르면 군인의 입대 · 제대와 같은 기본관계에 대해서는 사법심사가 허용되지 않는다. (15국가7급)

> • **울레의 수정설**은 특별권력관계를 **기본관계와 경영수행관계**로 구별하는데, 공무원에 대한 직무상 명령은 특별권력관계 내부의 경영수행질서를 규율하는 **경영수행관계**에 해당하고, 이에 대해서는 **사법심사가 인정되지 않는다**. [날먹행 58p]

OX 정답

14. X 15. ○ 16. ○ / 4절 1-1. X 1-2. X

□□□□□

이 2. 특별행정법관계의 종류에는 공법상의 근무관계, 공법상의 영조물이용관계, 공법상의 특별감독관계, 공법상의 사단관계가 있다. **(15경행)**

• 현대적 특별행정법관계의 종류에는 공법상 근무관계, 공법상 영조물이용관계, 특별감독관계, 공법상 사단관계가 있다.
[날먹행 58p]

□□□□□

이 3. 특별권력관계의 성립은 직접 법률에 의거하는 경우와 상대방의 동의에 의하는 경우가 있는데, 상대방의 동의는 자유로운 의사에 기한 자발적인 동의만을 인정한다. **(09지방9급)**

• **특별권력관계**는 **법률의 규정 또는 상대방의 동의에 의해 성립**되는데, 그 동의는 임의적 동의(예-공무원 임용) 뿐만 아니라 강제적 동의(예-초등학교 입학)를 불문한다.
[날먹행 58p]

□□□□□

이 4. 특별권력관계에서는 특별권력에 따른 명령권과 형벌권이 인정된다. **(09지방9급)**

• 특별권력관계에는 **명령권**과 그 위반에 대한 **징계권**이 인정됨. 형벌권은 일반권력관계에서 인정됨. **[날먹행 59p]**

□□□□□

이 5-1. 특별권력관계에서도 헌법 제37조 제2항의 기본권제한의 원칙에 따라 법률의 근거하에 기본권 제한이 인정된다. **(09지방9급,09국회9급)**

• 특별권력관계에 대해서도 법치주의가 적용되어, **헌법 제37조 제2항에 따라 법률의 근거 하에 기본권 제한**이 됨.
[날먹행 59p]

□□□□□ ★★

판 5-2. 교도소장의 서신검열행위는 법률에 근거함이 없이 행하여졌다면 위법하다. **(11지방9급)**

판례 교도소장의 서신검열행위는 이른바 특별권력관계 내부에서의 행위이지만, 그에 대한 사법심사는 가능하다(96헌마3998).
[날먹행 59p]

OX 정답

2. ○ 3. X 4. X 5-1. ○ 5-2. ○

□□□□□ ★

판 5-3. 육군3사관학교의 구성원인 사관생도는 학교 입학일부터 특수한 신분관계에 놓이게 되므로 법률유보원칙은 적용되지 아니한다. (21군무원7급)

> **판례** 사관생도는 군 장교를 배출하기 위하여 국가가 모든 재정을 부담하는 특수교육기관인 육군3사관학교의 구성원으로서, 학교에 입학한 날에 육군 사관생도의 병적에 편입하고 준사관에 준하는 대우를 받는 특수한 신분관계에 있다. 따라서 그 존립 목적을 달성하기 위하여 필요한 한도 내에서 일반 국민보다 상대적으로 기본권이 더 제한될 수 있으나, 그러한 경우에도 법률유보원칙, 과잉금지원칙 등 기본권 제한의 헌법상 원칙들을 지켜야 한다(2016두60591). **[날먹행 59p]**

□□□□□

판 6. 국립대학에 재학 중인 대학생이 퇴학처분을 받은 경우 특별권력관계 내에서의 행위이므로 이에 대하여 사법심사를 청구할 수 없다. (15경행,13지방7급)

> **판례**
> - **국립 교육대학 학생에 대한 퇴학처분**은 학칙 위반자인 재학생에 대한 구체적 법집행으로서 국가공권력의 하나인 징계권을 발동하여 학생으로서의 신분을 일방적으로 박탈하는 국가의 교육행정에 관한 의사를 외부에 표시한 것이므로, **행정처분**임이 명백하다.
> - 학생에 대한 징계권의 발동이나 징계의 양정이 징계권자의 교육적 재량에 맡겨져 있다 할지라도 법원이 심리한 결과 그 징계처분에 위법사유가 있다고 판단되는 경우에는 이를 취소할 수 있는 것이고, **징계처분이 교육적 재량행위라는 이유만으로 사법심사의 대상에서 당연히 제외되는 것은 아니다**(91누2144). **[날먹행 59p]**

제 5 절 행정법상 법률요건과 법률사실

□□□□□ ★

이 1-1. 기간의 계산에 있어서 기간의 초일(初日)은 원칙상 산입하여 계산한다. (16교행9급)

□□□□□ ★★★

조 1-2. 행정에 관한 기간의 계산에 관하여는 '행정기본법' 또는 다른 법령 등에 특별한 규정이 있는 경우를 제외하고는 '민법'을 준용한다. (23소방간부,23소방,22국회8급,21국가7급,21서울7급)

□□□□□ ★★

조 1-3. 처분에서 의무를 부과하는 경우, 의무가 지속되는 기간의 계산은 기간을 일, 주, 월 또는 연으로 정한 경우에는 기간의 첫날을 산입하는 것이 원칙이나 국민에게 불리한 경우에는 이를 적용하지 아니한다. (22국회8급)

□□□□□ ★★★

조 1-4. 법령 등 또는 처분에서 국민의 권익을 제한하거나 의무를 부과하는 경우 권익이 제한되거나 의무가 지속되는 기간의 계산에 있어서 기간을 일, 주, 월 또는 연으로 정한 경우에는 원칙적으로 기간의 첫날은 산입하지 아니한다. (23소방간부,22국회8급,21서울7급)

OX 정답

5-3. X 6. X / 5절 1-1. X 1-2. O 1-3. O 1-4. X

□□□□□

이 1-5. 100일간 운전면허정지처분을 받은 사람의 경우, 100일째 되는 날이 공휴일인 경우에도 면허정지 기간은 그 날(공휴일 당일)로 만료한다. (21경행)

행정기본법 제6조(행정에 관한 기간의 계산) ① 행정에 관한 기간의 계산에 관하여는 **이 법 또는 다른 법령등에 특별한 규정이 있는 경우를 제외하고는 「민법」을 준용한다.**
→ 공법상 기간에 대하여 **민법의 규정**에 따름. 기간의 기산점은 초일불산입(기간을 일 · 주 · 월 · 년)으로 정한 경우, 초일을 산입하지 않고 다음날부터 기산)이 원칙임.
② 법령등 또는 처분에서 **국민의 권익을 제한**하거나 **의무를 부과**하는 경우 권익이 제한되거나 의무가 지속되는 기간의 계산은 다음 각 호의 기준에 따른다. 다만, 다음 각 호의 기준에 따르는 것이 **국민에게 불리한 경우에는 그러하지 아니하다.**
1. 기간을 **일, 주, 월 또는 연**으로 정한 경우에는 **기간의 첫날을 산입**한다.
2. 기간의 **말일이 토요일 또는 공휴일**인 경우에도 **기간은 그 날로 만료**한다. **[날먹행 60p]**

□□□□□ ★★★

이 2-1. 금전의 급부를 목적으로 하는 국가의 권리로서 시효에 관하여 다른 법률에 규정이 없는 것은 10년동안 행사하지 아니하면 소멸한다. (22경간,16교행9급)

□□□□□

이 2-2. '국가재정법'상 5년의 소멸시효가 적용되는 '금전의 급부를 목적으로 하는 국가의 권리'에는 국가의 사법(私法)상 행위에서 발생한 국가에 대한 금전채무도 포함된다. (22소방간부)

□□□□□

이 2-3. 지방자치단체에 대한 금전채권의 소멸시효를 5년의 단기로 하고 있는 '지방재정법'의 규정은 공법상 금전채권에만 적용된다. (20소방간부)

□□□□□

이 2-4. 소멸시효에 대해 '국가재정법'은 국가의 국민에 대한 금전채권은 물론이고 국민의 국가에 대한 금전채권에도 적용된다. (20소방)

- 민법상 금전채권의 소멸시효 기간은 원칙적으로 10년이나, **행정법관계에서 금전채권의 소멸시효 기간은** 5년임(국가재정법, 지방재정법, 관세법).
- 금전급부의 발생원인에 제한 X → **사법상 행위에서 발생하는 금전채권에도 적용**됨.

국가재정법 제96조 ① 금전의 급부를 목적으로 하는 국가의 권리로서 시효에 관하여 다른 법률에 규정이 없는 것은 5년 동안 행사하지 아니하면 시효로 인하여 소멸한다.
② 국가에 대한 권리로서 금전의 급부를 목적으로 하는 것도 또한 제1항과 같다. **[날먹행 60p]**

□□□□□ ★

이 3. 금전의 급부를 목적으로 하는 국가의 권리에 있어서는 소멸시효의 중단 · 정지 그 밖의 사항에 관하여 '민법'의 규정이 적용될 수 없다. (20소방,16경행)

- **공법상 소멸시효의 중단 · 정지에 대해 민법이 유추적용**됨. **[날먹행 61p]**

OX 정답

1-5. ○ 2-1. X 2-2. ○ 2-3. X 2-4. ○ 3. X

□□□□□ ★★

판 4. 납입고지에 의한 소멸시효의 중단은 그 납입고지에 의한 부과처분이 추후 취소되면 효력이 상실된다. (16지방9급)

판례 예산회계법 제98조에서 법령의 규정에 의한 납입고지를 시효중단 사유로 규정하고 있는바, 이러한 납입고지에 의한 시효중단의 효력은 그 납입고지에 의한 부과처분이 취소되더라도 상실되지 않는다(98두19933).
[날먹행 61p]

□□□□□

판 5. '국세징수법'상 세무공무원이 체납자의 재산을 압류하기 위해 수색을 하였으나 압류할 목적물이 없어 압류를 실행하지 못한 경우에도 시효중단의 효력이 발생한다. (16경행)

판례 세무공무원이 국세징수법 제26조에 의하여 체납자의 가옥 · 선박 · 창고 기타의 장소를 수색하였으나 압류할 목적물을 찾아내지 못하여 압류를 실행하지 못하고 수색조서를 작성하는 데 그친 경우에도 소멸시효 중단의 효력이 있다(2000다12419).
[날먹행 61p]

□□□□□ ★★★

판 6. 변상금 부과처분에 대한 취소소송이 진행 중이라도 처분청은 위법한 처분을 스스로 취소하고 그 하자를 보완하여 다시 적법한 부과처분을 할 수 있고, 이는 권리행사에 법률상의 장애사유가 있는 경우에 해당하므로 그 부과권의 소멸시효는 진행되지 않는다. (23경간,22소방간부,20국가9급,18서울7급,17국가9급)

판례 변상금 부과처분에 대한 취소소송이 진행중이라도 그 부과권자로서는 위법한 처분을 스스로 취소하고 그 하자를 보완하여 다시 적법한 부과처분을 할 수도 있는 것이어서 그 권리행사에 **법률상의 장애사유가 있는 경우에 해당한다고 할 수 없으므로**, 그 처분에 대한 취소소송이 진행되는 동안에도 그 **부과권의 소멸시효가 진행**된다(2003두5686).
[날먹행 61p]

□□□□□

판 7-1. 현행법상 행정목적을 위하여 제공된 행정재산에 대해서는 공용폐지가 되지 않는 한 민법상 취득시효규정이 적용되지 않는다. (17서울9급,16국가9급,16경행)

판례 **행정재산**은 공용이 폐지되지 않는 한 사법상 거래의 대상이 될 수 없으므로 취득시효의 대상이 되지 않는다(93다56220).
[날먹행 61p]

□□□□□

이 7-2. 국유재산법상 일반재산은 취득시효의 대상이 될 수 없다. (16지방9급,16교행9급)

- **일반재산**(구 잡종재산)은 **시효취득의 대상** ○ [날먹행 61p]

OX 정답

4. X 5. ○ 6. X 7-1. ○ 7-2. X

□□□□□

이 8. 공법관계에 있어서 자연인의 주소는 주민등록지이고, 그 수는 1개소에 한한다. (17지방9급)

• **행정법상 주소**는 형식주의(주민등록지만 주소), **단일주의**(1개 주소만 인정), **의사주의**(30일 이상 거주할 목적 요함)
[날먹행 62p]

제 6 절 공법상 사무관리 · 부당이득

□□□□□

판 1. 사무처리의 긴급성으로 인하여 해양경찰의 직접적인 지휘를 받아 보조로 방제작업을 한 경우,사인은 그 사무를 처리하며 지출한 필요비 내지 유익비의 상환을 국가에 대하여 민사소송으로 청구할 수 있다. (22국가9급)

판례 甲 주식회사 소유의 유조선에서 원유가 유출되는 사고가 발생하자 해상 방제업 등을 영위하는 乙 주식회사가 피해 방지를 위해 해양경찰의 직접적인 지휘를 받아 방제작업을 보조한 사안에서, 甲 회사의 조치만으로는 원유 유출사고에 따른 해양오염을 방지하기 곤란할 정도로 긴급방제조치가 필요한 상황이었고, 위 방제작업은 乙 회사가 국가를 위해 처리할 수 있는 국가의 의무 영역과 이익 영역에 속하는 사무이며, 乙 회사가 방제작업을 하면서 해양경찰의 지시·통제를 받았던 점 등에 비추어 乙 회사는 국가의 사무를 처리한다는 의사로 방제작업을 한 것으로 볼 수 있으므로, 乙 회사는 사무관리에 근거하여 국가에 방제비용을 청구할 수 있다(2012다15602).
[날먹행 62p]

□□□□□

이 2. 자연재해시 빈 상점의 물건의 처분은 부당이득에 해당한다. (12지방9급)

• **사무관리는 법률상 의무없이 타인을 위하여 사무를 관리하는 행위**를 의미하는데, 공법상 사무관리는 **민법이 유추적용**됨.
사무관리의 유형 ① 강제관리 예) 문제 있는 사립학교를 강제로 과리하는 것 등,
② 보호관리 예) 재해시에 행하는 구호 등,
③ 역무제공 예) 비상재해시 개인이 임의로 행정사무의 일부를 관리하는 것 등 [날먹행 62p]

□□□□□★★

이 3-1. 공법상 부당이득에 관한 일반법은 없으므로 특별한 규정이 없는 경우, 민법상 부당이득반환의 법리가 준용된다. (20소방,17지방9급)

• **부당이득은 법률상 원인없이 이득을 얻고 타인에게 손해를 가하는 것**을 의미하는데, 공법상 부당이득은 **민법이 유추적용**됨.
[날먹행 62p]

OX 정답
8. ○ / 6절 1. ○ 2. X 3-1. ○

□□□□□

판 3-2. 구 '지방재정법'에 의한 변상금부과처분이 당연무효인 경우, 이 변상금부과처분에 의하여 납부자가 납부한 오납금은 지방자치단체가 법률상 원인 없이 취득한 부당이득에 해당한다. (21국가7급)

> **판례** 지방재정법 제87조 제1항에 의한 변상금부과처분이 당연무효인 경우에 이 변상금부과처분에 의하여 납부자가 납부하거나 징수당한 오납금은 지방자치단체가 법률상 원인 없이 취득한 부당이득에 해당한다(2004다50143).
> **[날먹행 62p]**

□□□□□

판 3-3. 제3자가 체납자가 납부해야 할 체납액을 체납자 명의로 완납한 경우, 제3자는 국가에 대하여 부당이득반환을 청구할 수 없다. (22소방간부,16서울7급)

> **판례** 제3자가 '국세징수법'에 따라 체납자가 납부해야 할 체납액을 체납자 명의로 완납한 경우, 제3자는 국가에 대하여 부당이득반환을 청구할 수 없다(2013다215263).
> **[날먹행 62p]**

□□□□□ ★★★

판 4-1. 이미 존재와 범위가 확정되어 있는 과오납부액은 납세자가 부당이득의 반환을 구하는 민사소송으로 환급을 청구할 수 있다. (20국가7급,19서울7급)

> **판례** 국세환급금에 관한 국세기본법 및 구 국세기본법 제51조 제1항은 이미 부당이득으로서 존재와 범위가 확정되어 있는 과오납부액이 있는 때에는 국가가 납세자의 환급신청을 기다리지 않고 즉시 반환하는 것이 정의와 공평에 합당하다는 법리를 선언하고 있는 것이므로, **이미 존재와 범위가 확정되어 있는 과오납부액은 납세자가 부당이득의 반환을 구하는 민사소송으로 환급을 청구할 수 있다**(2013다212639).
> **[날먹행 62p]**

□□□□□ ★★

판 4-2. 납세의무자에 대한 국가의 부가가치세환급세액 지급의무에 대응하는 국가에 대한 납세의무자의 부가가치세 환급세액 지급청구는 민사소송이 아니라 당사자소송의 절차에 따라야 한다. (22경간,21국가7급,17국가9급,17지방9급)

> **판례** 부가가치세법령의 내용, 형식 및 입법 취지 등에 비추어 보면, 납세의무자에 대한 국가의 부가가치세 환급세액 지급의무는 **부가가치세법령의 규정에 의하여 직접 발생하는 것으로서**, 그 법적 성질은 조세 정책적 관점에서 특별히 인정되는 공법상 의무라고 봄이 타당하다. 그렇다면 납세의무자에 대한 국가의 부가가치세 환급세액 지급의무에 대응하는 국가에 대한 납세의무자의 부가가치세 환급세액 지급청구는 민사소송이 아니라 **행정소송법 제3조 제2호에 규정된** 당사자소송의 **절차에 따라야** 한다(2011다95564).
> **[날먹행 63p]**

OX 정답

3-2. ○ 3-3. ○ 4-1. ○ 4-2. ○

□□□□□ ★★★

판 5-1. 국유재산의 무단점유자에 대하여 국유재산법에 의한 변상금 부과 · 징수권의 행사와 별도로 민사상 부당이득반환 청구의 소를 제기할 수 있다. (23군무원9급,23국회8급,23소방간부,21소방,19지방7급,18국가7급)

> 판례 국유재산의 무단점유자에 대한 변상금 부과는 공권력을 가진 우월적 지위에서 행하는 행정처분이고, 그 **부과처분에 의한** 변상금 징수권은 공법상의 권리인 반면, **민사상 부당이득반환청구권은 국유재산의 소유자로서 가지는 사법상의 채권**이다. 이처럼 구 국유재산법에 의한 변상금 부과 · 징수권은 민사상 부당이득반환청구권과 법적 성질을 달리하므로, 국가는 무단점유자를 상대로 **변상금 부과 · 징수권의 행사와 별도로 국유재산의 소유자로서** 민사상 부당이득반환청구의 소를 제기할 수 있다(2011다76402). **[날먹행 63p]**

□□□□□ ★★

판 5-2. 국유 일반재산의 대부료 징수에 관하여 국세 체납처분의 예에 따른 간이하고 경제적인 특별한 구제절차가 마련되어 있으므로, 특별한 사정이 없는 한 민사소송으로 일반재산의 대부료 지급을 구하는 것은 허용되지 않는다. (22경간,18국가7급)

> 판례 국유재산법에 따르면, 국유 일반재산의 관리 · 처분에 관한 사무를 위탁받은 자는 국유 일반재산의 대부료 등이 납부기한까지 납부되지 아니한 경우에는 국세징수법 제23조와 같은 법의 체납처분에 관한 규정을 준용하여 대부료 등을 징수할 수 있다. 이와 같이 국유 일반재산의 대부료 등의 징수에 관하여는 국세징수법 규정을 준용한 간이하고 경제적인 특별구제절차가 마련되어 있으므로, 특별한 사정이 없는 한 민사소송**의 방법으로 대부료 등의 지급을 구하는 것은** 허용되지 아니한다(2014다203588). **[날먹행 63p]**

□□□□□ ★

판 5-3. 변상금 부과처분이 당연무효인 경우, 당해 변상금 부과처분에 의하여 납부한 오납금에 대한 납부자의 부당이득반환청구과의 소멸시효는 변상금부과처분의 부과시부터 진행한다. (20국가9급)

> 판례 지방재정법 제87조 제1항에 의한 변상금부과처분이 당연무효인 경우에 이 변상금부과처분에 의하여 납부자가 납부하거나 징수당한 오납금은 지방자치단체가 법률상 원인 없이 취득한 부당이득에 해당하고, 이러한 오납금에 대한 납부자의 부당이득반환청구권은 처음부터 법률상 원인이 없이 납부 또는 징수된 것이므로 납부 또는 징수시에 발생하여 확정되며, 그 때부터 소멸시효가 진행한다(2004다50143). **[날먹행 63p]**

제 7 절 사인의 공법행위

□□□□□ ★★★

이 1. 사인의 공법행위는 행정행위에 인정되는 공정력, 존속력, 집행력 등이 인정되지 않는다. (15지방7급,14국가7급)

> • **사인의 공법행위**는 **공법적 효과의 발생을 목적으로 하는 사인의 법적행위**를 의미함.
> 공법적 효과발생이라는 점에서 행정행위와 동일하나, 사인의 행위이기에 **공정력, 확정력, 집행력 등은 인정 X** [날먹행 63p]

OX 정답

5-1. O 5-2. O 5-3. X / 7절 1. O

□□□□□ ★★

이 2. 현재 사인의 공법행위에 관한 전반적인 사항을 규율하는 일반법은 없다. (21지방7급,14서울9급)

• **사인의 공법행위에 대한 일반법은 없고,** 개별법에 규정이 있으면 그에 따름. [날먹행 63p]

□□□□□ ★★

이 3. 사인의 공법행위에는 행위능력에 관한 민법의 규정이 원칙적으로 적용된다. (16서울9급,10국가7급)

• 사인의 공법행위도 **민법상 행위능력이 필요함**. 단, 개별법이 있는 경우 개별법 적용(도로교통법, 우편법 등) [날먹행 64p]

□□□□□ ★★

이 4. 명문의 금지규정이 있거나 일신전속적인 행위는 대리가 허용될 수 없으나, 그렇지 않은 사인의 공법행위는 대리에 관한 민법규정이 유추적용될 수 있다. (14국가7급)

• 일신전속적 행위는 대리가 허용되지 않으나, 그렇지 않은 행위는 민법상 대리규정이 유추적용됨. [날먹행 64p]

□□□□□ ★★

판 5. 권고사직의 형식을 취하고 있더라도 사직의 권고가 공무원의 의사결정의 자유를 박탈할 정도의 강박에 해당하는 경우에는 당해 권고사직은 무효이다. (22지방7급,16지방7급)

판례 사직서의 제출이 감사기관이나 상급관청 등의 **강박에 의한 경우에는 그 정도가 의사결정의 자유를 박탈할 정도에 이른 것이라면 그 의사표시가** 무효로 될 것이고 그렇지 않고 **의사결정의 자유를** 제한하는 정도에 그친 경우라면 그 성질에 반하지 아니하는 한 의사표시에 관한 **민법 제110조의 규정을 준용(취소)한다**(97누13962). [날먹행 64p]

□□□□□ ★★

판 6. 판례에 의하면 민법상 비진의 의사표시의 무효에 관한 규정은 그 성질상 영업재개신고나 사직의 의사표시와 같은 사인의 공법행위에 적용된다. (21지방7급,16서울9급,16지방7급)

판례 공무원이 사직의 의사표시를 하여 의원면직처분을 하는 경우 그 **사직의 의사표시는 그 법률관계의 특수성에 비추어 외부적 · 객관적으로 표시된 바를 존중**하여야 할 것이므로, 비록 사직원제출자의 내심의 의사가 사직할 뜻이 아니었다고 하더라도 진의 아닌 의사표시에 관한 민법 제107조는 **그 성질상 사직의 의사표시와 같은 사인의 공법행위에는 준용되지 아니하므로 그 의사가 외부에 표시된 이상 그 의사는 표시된 대로 효력을 발한다.**
→ 즉, 민법 적용 X [날먹행 64p]

OX 정답

2. O 3. O 4. O 5. O 6. X

□□□□□ ★★

판 7. 공무원이 한 사직의 의사표시는 그에 터잡은 의원면직처분이 있을 때까지 철회나 취소할 수 있는 것이고, 일단 면직처분이 있고 난 이후에는 철회나 취소할 수 없다. (23지방9급,23국회8급,22소방간부,21지방7급,21서울7급,17국가9급)

판례 공무원이 한 사직 의사표시의 철회나 취소는 그에 터잡은 의원면직처분이 있을 때까지 할 수 있는 것이고, 일단 **면직처분이 있고 난 이후에는 철회나 취소할 여지가 없다**(99두9971). [날먹행 64p]

□□□□□ ★

이 8-1. 사인의 공법행위는 원칙적으로 발신주의에 따라 그 효력이 발생한다. (23지방9급)

- **사인의 공법행위의 효력발생시기**
  원칙 : **도달주의**
  예외 : 개별법상 특별히 발신주의를 규정하는 경우도 있음. [날먹행 64p]

□□□□□

이 8-2. 사인의 공법행위에는 원칙적으로 부관을 붙일 수 있다. (10국가7급)

행정법관계의 명확성, 안정성을 위해 **원칙적으로 부관을 붙일 수 없다.** [날먹행 64p]

□□□□□

이 9. 사인의 공법행위가 행정행위의 단순한 동기에 불과한 경우에는 그 하자는 행정행위의 효력에 아무런 영향을 미치지 않는다는 것이 일반적인 견해이다. (16서울9급)

- 사인의 공법행위가 행정행위의 **단순한 동기에 불과**한 경우
  → 행정행위에 **영향 X**
- 사인의 공법행위가 **행정행위의 필요적 전제요건**이 되는 경우
  → 하자가 **중대 · 명백하여 무효**이면, 행정행위도 **무효**,
  하자가 **단순 위법사유에 불과**하면, **취소되기 전까지 행정행위**는 **유효**함. [날먹행 64p]

□□□□□ ★

조 10-1. 행정절차법은 수리를 요하는 신고와 수리를 요하지 않는 신고를 구분하여 별도로 규정하고 있다. (18국가9급)

□□□□□ ★

조 10-2. 현행법상 수리를 요하는 신고는 '행정기본법'에, 수리를 요하지 않는 신고는 '행정절차법'에 이원화되어 규정되어 있다. (23소방,22국회9급,22소방승진)

OX 정답

7. ○ 8-1. X 8-2. X 9. ○ 10-1. X 10-2. ○

□□□□□ ★

조 10-3. 법률에 행정기관의 내부업무처리 절차로서 수리를 규정한 경우에도 수리를 요하는 신고로 보아야 한다. (23군무원7급)

□□□□□ ★

조 10-4. 법령등으로 정하는 바에 따라 행정청에 일정한 사항을 통지하여야 하는 신고로서 법률에 신고의 수리가 필요하다고 명시되어 있는 경우에는 행정청이 수리하여야 효력이 발생한다. (23소방)

- **행정절차법 → 수리를 요하지 않는 신고 규정**
- **행정기본법 → 수리를 요하는 신고를 규정함**
- **행정기본법 제34조(수리 여부에 따른 신고의 효력)** 법령등으로 정하는 바에 따라 행정청에 일정한 사항을 통지하여야 하는 신고로서 법률에 **신고의 수리가 필요하다고 명시되어 있는 경우**(행정기관의 내부 업무 처리 절차로서 수리를 규정한 경우는 제외한다)에는 **행정청이 수리하여야 효력이 발생**한다. **[날먹행 65p]**

□□□□□ ★★

이 11-1. 수리를 요하는 신고의 경우 행정청은 형식적 심사를 하는 것으로 족하다. (19지방9급,18지방7급,17지방7급)

- 수리를 요하는 신고(행위요건적 신고)는 행정청이 형식적 요건 뿐만 아니라 실질적 요건가지 수리해야 비로소 법적효과가 발생하는 신고로서, **행정청이** 실질적 요건까지 심사하여 수리함으로써 비로소 법적효과가 발생함. **[날먹행 65p]**

□□□□□ ★★

판 11-2. 유료노인복지주택의 설치신고를 받은 행정관청은 그 유료노인복지주택의 시설 및 운용기준이 법령에 부합하는지와 설치신고 당시 부적격자들이 입소하고 있는지 여부를 심사할 수 있다. (20국가7급)

판례 유료노인복지주택의 설치신고를 받은 행정관청으로서는 그 유료노인복지주택의 시설 및 운영기준이 위 법령에 부합하는지와 아울러 그 유료노인복지주택이 적법한 입소대상자에게 분양되었는지와 설치신고 당시 부적격자들이 입소하고 있지는 않은지 여부까지 심사하여 그 신고의 수리 여부를 결정할 수 있다(2006두14537).
→ 유료노인복지주택의 설치신고는 수리를 요하는 신고에 해당하므로, 행정청은 **실질적 요건까지 심사가능**.
[날먹행 65, 68p]

□□□□□ ★★★

조 12-1. 법령 등에서 행정청에 일정한 사항을 통지함으로써 의무가 끝나는 신고를 규정하고 있는 경우 신고가 행정절차법 제40조 제2항 각 호의 요건을 갖춘 경우에는 신고서가 접수기관에 발송된 때에 신고의무가 이행된 것으로 본다. (23소방,18지방7급,17국가9급)

□□□□□ ★★

조 12-2. 신고는 사인이 행하는 공법행위로 행정기관의 행위가 아니므로 행정절차법에는 신고에 관한 규정을 두고 있지 않다. (18국가9급)

- **행정절차법 제40조(신고)** ② 제1항에 따른 신고가 다음 각 호의 요건을 갖춘 경우에는 신고서가 접수기관에 도달된 때에 신고 의무가 이행된 것으로 본다. → **도달함으로써 신고의무가 이행된 것으로 규정**하고 있어, **통설은 자기완결적 신고를 규정**하고 있다고 봄. **[날먹행 65p]**

OX 정답

10-3. X 10-4. ○ 11-1. X 11-2. ○ 12-1. X 12-2. X

□□□□□ ★★

이 13-1. 행정절차법상 신고요건으로는 신고서의 기재사항에 흠이 없고 필요한 구비서류가 첨부되어 있어야 하며, 신고의 기재사항은 그 진실함이 입증되어야 한다. (18지방7급)

□□□□□ ★★

이 13-2. 수리를 요하는 신고의 경우 행정청은 형식적 심사를 하는 것으로 족하다. (13국가7급)

- **자기완결적 신고**의 경우, 형식적 요건만 갖추면 행정청은 이를 수리할 의무가 있으므로, **실질적 요건까지 갖출 필요는 없다.** [날먹행 66p]

□□□□□ ★★★

판 13-3. 식품접객업 영업신고에 대해서는 식품위생법이 건축법에 우선 적용되므로, 영업신고가 식품위생법상의 신고요건을 갖춘 경우라면 그 영업신고를 한 해당 건축물이 건축법상 무허가건축물이라도 적법한 신고에 해당한다. (20지방9급,16국가9급)

판례 **식품위생법과 건축법은 그 입법 목적, 규정사항, 적용범위 등을 서로 달리**하고 있으므로, **식품위생법에 따른 식품접객업(일반음식점영업)의 영업신고의 요건을 갖춘 자**라고 하더라도, 그 영업신고를 한 당해 **건축물이 건축법 소정의 허가를 받지 아니한 무허가 건물이라면 적법한 신고를 할 수 없다.**

- 신고(자기완결적,행위요건적 불문)를 규정한 법률상의 요건 외에 타법상의 요건도 충족하여야 하는 경우, **타법상의 요건을 충족시키지 못하는 한 적법한 신고라 할 수 없다.** [날먹행 65, 68p]

□□□□□ ★★★

판 14-1. 의료법상 의원 · 치과의원 개설 신고의 경우 그 신고필증의 교부행위는 신고 사실의 확인행위에 해당한다. (22소방,22국회9급,19지방7급)

판례
- **자기완결적 신고**에서 신고를 수리하거나 **신고필증을 교부하는 행위는 법적효과 X, 단순 사실행위**에 불과.
- 의료법 제30조 제3항에 의하면 의원, 치과의원, 한의원 또는 조산소의 개설은 단순한 신고사항으로만 규정하고 있고 또 그 신고의 수리여부를 심사, 결정할 수 있게 하는 별다른 규정도 두고 있지 아니하므로 의원의 개설 **신고를 받은 행정관청으로서는 별다른 심사, 결정없이 그 신고를 당연히 수리하여야 한다.**
  → 수리를 요하지 않는 신고
- 신고필증을 교부하도록 되어있다 하여도 이는 신고사실의 확인행위로서 신고필증을 교부하도록 규정한 것에 불과하고 그와 같은 **신고필증의 교부가 없다 하여 개설신고의 효력을 부정할 수 없다** 할 것이다. [날먹행 66p]

□□□□□ ★

판 14-2. 부가가치세법상 사업자등록은 단순한 사업사실의 신고에 해당하므로, 과세관청이 직권으로 등록을 말소한 행위는 항고소송의 대상인 행정처분에 해당하지 않는다. (20국가7급)

판례 부가가치세법상의 사업자등록은 단순한 사업사실의 신고로서 과세관청이 직권으로 등록을 말소한 행위는 행정처분이 아니다(99두6903). [날먹행 66p]

OX 정답

13-1. X 13-2. X 13-3. X 14-1. ○ 14-2. ○

☐☐☐☐☐ ★★★

이 15-1. 수리를 요하는 신고의 경우 신고의 요건을 갖춘 신고서가 접수기간에 도달되면 신고의 효력이 발생한다. (22서울7급,21지방9급,19서울9급)

• 수리를 요하는 신고의 경우, 형식적 · 실질적 요건까지 행정청이 심사하여 수리해야 법적 효과가 발생. [날먹행 66p]

☐☐☐☐☐ ★★

판 15-2. 수리를 요하는 신고의 경우, 수리행위에 신고필증의 교부가 필수적이므로 신고필증 교부의 거부는 행정소송법상 처분으로 볼 수 있다. (21지방7급,19사복9급,18지방7급,17국가9급)

• **수리를 요하는 신고**의 경우, **수리행위에 신고필증 교부 등의 행위가 꼭 필요한 것은 아님**(2009두6766). ∴**처분X**
[날먹행 66p]

☐☐☐☐☐ ★★

판 16-1. '체육시설의 설치 · 이용에 관한 법률' 상 당구장업은 적법한 요건을 갖춘 신고를 접수한 행정청의 수리행위가 있어야 신고로서의 효력이 발생한다. (23소방간부,22국회8급)

☐☐☐☐☐ ★★

판 16-2. 구 '체육시설의 설치 · 이용에 관한 법률'에 의한 골프장이용료 변경신고서는 행정청에 제출하여 접수된 때에 신고가 있었다고 볼 것이고, 행정청의 수리행위가 있어야만 하는 것은 아니다. (23소방간부,23군무원7급,17국가7급)

판례 • 소정의 시설을 갖추지 못한 체육시설업의 신고는 부적법한 것으로 그 수리가 거부될 수밖에 없고 그러한 상태에서 신고체육시설업의 영업행위를 계속하는 것은 무신고 영업행위에 해당할 것이지만 **적법한 요건을 갖춘 신고**의 경우에는 행정청의 수리처분 등 별단의 조처를 기다릴 필요 없이 **그 접수시에 신고로서의 효력이 발생하는 것**이므로 그 수리가 거부되었다고 하여 무신고 영업이 되는 것은 아니다(97도3121).
⇒ **체육시설업의 신고 → 수리를 요하지 않는 신고**
• 체육시설의설치 · 이용에관한법률 제18조에 의한 골프장이용료 변경신고서는 그 신고 자체가 위법하거나 그 신고에 무효사유가 없는 한 이것이 **도지사에게 제출하여 접수된 때에 신고가 있었다고** 볼 것이고, 도지사의 수리행위가 있어야만 신고가 있었다고 볼 것은 아니다(93마635). [날먹행 66p]

☐☐☐☐☐ ★★

판 16-3. 구 '체육시설의 설치·이용에 관한 법률'의 규정에 따라 체육시설의 회원을 모집하고자 하는 자의 '회원모집계획서 제출'은 수리를 요하는 신고이며, 이에 대하여 회원모집계획을 승인하는 시·도지사 등의 검토결과 통보는 수리행위로서 행정처분에 해당한다. (20국가7급,20경행)

판례 체육시설의 회원을 모집하고자 하는 자의 시·도지사 등에 대한 회원모집계획서 제출은 수리를 요하는 신고에서의 신고에 해당하며, 시·도지사 등의 검토결과 통보는 수리행위로서 행정처분에 해당한다(2006두16243).
[날먹행 68p]

OX 정답

15-1. X 15-2. X 16-1. X 16-2. ○ 16-3. ○

□□□□□ ★★★

판 17-1. '주민등록법'상 주민등록의 신고는 행정청에 도달하기만 하면 신고로서의 효력이 발생하는 것이 아니라 행정청이 수리한 경우에 비로소 신고의 효력이 발생한다. (23군무원7급,22소방,21국가7급,21지방9급,20국가9급,19서울9급 등)

□□□□□ ★★★

판 17-2. 부동산 투기나 이주대책 요구 등을 방지할 목적으로 주민등록전입신고를 거부하는 것은 주민등록법의 입법목적과 취지에 비추어 허용될 수 없다. (22국회8급,19지방9급,17지방7급 등)

□□□□□ ★★

판 17-3. 주민등록 전입신고자가 30일 이상 생활의 근거로 거주할 목적 이외에 다른 이해관계에 관한 의도를 가지고 있는지 여부, 무허가건축물의 관리, 전입신고를 수리함으로써 당해 지방자치단체에 미치는 영향 등과 같은 사유는 주민등록법이 아닌 다른 법률에 의하여 규율되어야 하고, 주민등록 전입신고의 수리 여부를 심사하는 단계에서는 고려대상이 될 수 없다. (23지방9급,22국회8급)

판례 ㉠ **주민등록의 신고**는 행정청에 도달하기만 하면 신고로서의 효력이 발생하는 것이 아니라 **행정청이 수리한 경우에 비로소 신고의 효력이 발생**한다(2006다17850). → **수리를 요하는 신고**
㉡ 전입신고를 받은 시장·군수 또는 구청장의 심사 대상은 전입신고자가 30일 이상 생활의 근거로 거주할 목적으로 거주지를 옮기는지 여부만으로 제한된다고 보아야 한다. 따라서 전입신고자가 거주의 목적 이외에 다른 이해관계에 관한 의도를 가지고 있는지 여부, 무허가 건축물의 관리, 전입신고를 수리함으로써 당해 지방자치단체에 미치는 영향 등과 같은 사유는 주민등록법이 아닌 다른 법률에 의하여 규율되어야 하고, **주민등록전입신고의 수리 여부를 심사하는 단계에서는 고려 대상이 될 수 없다**(2008두10997). [날먹행 66p]

□□□□□ ★★

판 17-4. 납골당설치 신고가 구 장사법 관련 규정의 모든 요건에 맞는 신고라 하더라도 신고인은 곧바로 납골당을 설치할 수는 없고, 이에 대한 행정청의 수리처분이 있어야만 신고한 대로 납골당을 설치할 수 있다. (23소방간부,20경행,19서울9급 등)

판례 **납골당설치 신고**는 이른바 '**수리를 요하는 신고**'라 할 것이므로, 납골당설치 신고가 구 장사법 관련 규정의 모든 요건에 맞는 신고라 하더라도 신고인은 곧바로 납골당을 설치할 수는 없고, 이에 대한 **행정청의 수리처분이 있어야만** 신고한 대로 납골당을 설치할 수 있다(2009두6766). [날먹행 66p]

□□□□□ ★★

판 18. 수리를 요하는 신고에서 수리는 행정소송의 대상인 처분에 해당한다. (21지방9급,21국회9급)

판례 **수리를 요하는 신고는 신고**의 수리가 있어야 법적효과가 발생하므로, **수리는 처분에 해당함** [날먹행 66p]

□□□□□ ★★

판 19-1. 건축법상 신고는 수리를 요하지 않는 신고로서 행정청의 수리처분 등 별단의 조치를 요하지 않는다. (19서울7급,18국가9급,17국가9급 등)

판례 건축법상 신고는 수리를 요하지 않는 신고로서, 신고서가 접수기관에 도달하면 수리의 효력이 발생함. [날먹행 66p]

OX 정답

17-1. ○ 17-2. ○ 17-3. ○ 17-4. ○ 18. ○ 19-1. ○

□□□□□ ★★★

판 19-2. 인 · 허가의제 효과를 수반하는 건축신고는 일반적인 건축신고와는 달리, 특별한 사정이 없는 한 행정청이 그 실체적 요건에 관한 심사를 한 후 수리하여야 하는 이른바 '수리를 요하는 신고'에 해당한다. (23소방간부,23군무원7급,22서울7급,22국회8급,22국회9급,21군무원9급,21서울7급,21지방9급,20국가9급,20지방9급,19지방7급 등)

판례 **인 · 허가의제 효과를 수반하는 건축신고**는 일반적인 건축신고와는 달리, 특별한 사정이 없는 한 행정청이 그 실체적 요건에 관한 심사를 한 후 수리하여야 하는 이른바 **'수리를 요하는 신고'**에 해당한다. [날먹행 66p]

□□□□□ ★★

판 19-3. '국토의 계획 및 이용에 관한 법률'상의 개발행위허가로 의제되는 건축신고가 개발행위허가의 기준을 갖추지 못하더라도, 건축법상 적법한 요건을 갖춘 신고만 하면 건축을 할 수 있고 행정청의 수리 등 별단의 조처를 기다릴 필요는 없다. (19경행,18국가7급)

판례 건축법 제14조 제2항에 의한 **인·허가의제 효과를 수반하는 건축신고**가, 행정청이 그 실체적 요건에 관한 심사를 한 후 수리하여야 하는 이른바 **'수리를 요하는 신고'**에 해당한다. 국토의 계획 및 이용에 관한 법률상의 개발행위허가로 의제되는 건축신고가 개발행위허가 기준을 갖추지 못한 경우 행정청으로서는 이를 이유로 그 수리를 거부할 수 있다고 보아야 한다(2010두14954). [날먹행 68p]

□□□□□ ★

이 20-1. 수리를 요하지 않는 신고의 경우, 담당공무원이 법령에 규정되지 아니한 사유를 들어 신고를 반려하였다면 신고의 효력발생시기는 담당공무원이 반려의 의사를 표시한 때이다. (18소방,18국가9급,17국가9급)

- **자기완결적 신고**의 경우, **형식적 요건을 갖춘 경우에 신고서가 접수기관에 도달된 때에 신고의무가 이행된 것**으로 보므로, **신고서 접수시 신고의 효력이 발생**되고, 부적법한 신고의 경우 신고가 보완되기 전까지 신고의 효과가 발생하지 않음. [날먹행 66p]

□□□□□

판 20-2. 자기완결적 신고의 경우, 행정청은 법령상 규정된 형식적 요건을 갖추지 못한 신고서가 제출된 경우에는 지체없이 상당한 기간을 정하여 신고인에게 보완을 요구하여야 한다. (18소방,17국가9급)

□□□□□ ★★

판 20-3. 판례는 자기완결적 신고에서 부적법한 신고에 대하여 행정청이 일단 수리하였다면, 그 후의 영업행위는 무신고 영업행위에는 해당하지 않는다고 한다. (18소방,17국가7급)

판례 · **자기완결적 신고가 부적법하게 이루어진 경우**

1) 보완 요구

→ **행정절차법 제40조** ③ 행정청은 제2항 각 호의 요건을 갖추지 못한 신고서가 제출된 경우에는 지체 없이 상당한 기간을 정하여 신고인에게 보완을 요구하여야 한다.(17국가9급)

④ 행정청은 신고인이 제3항에 따른 기간 내에 보완을 하지 아니하였을 때에는 그 이유를 구체적으로 밝혀 해당 신고서를 되돌려 보내야 한다.

2) 보완 없이 수리한 경우

→ **부적법한 신고임에도 수리한 경우, 신고의 효력 발생 X** [날먹행 67p]

OX 정답

19-2. O 19-3. X 20-1. X 20-2. O 20-3. X

□□□□□

판 20-4. 수리를 요하지 아니한 신고에 있어서 적법한 요건을 갖춘 신고의 경우에는 행정청의 수리처분 등 별단의 조치를 기다릴 필요 없이 그 접수시에 신고로서의 효력이 발생하는 것이므로 그 수리가 거부되었다고 하여 무신고 영업이 되는 것은 아니다. **(22국회8급)**

판례 신고서를 제출하는 방식으로 시·도지사에 신고하도록 규정하고 있으므로, 소정의 시설을 갖추지 못한 체육시설업의 신고는 부적법한 것으로 그 수리가 거부될 수밖에 없고 그러한 상태에서 신고체육시설업의 영업행위를 계속하는 것은 무신고 영업행위에 해당할 것이지만, 이에 반하여 적법한 요건을 갖춘 신고의 경우에는 행정청의 수리처분 등 별단의 조치를 기다릴 필요 없이 그 접수시에 신고로서의 효력이 발생하는 것이므로 그 수리가 거부되었다고 하여 무신고 영업이 되는 것은 아니다(97도3121). **[날먹행 67p]**

□□□□□

판 20-5. '축산물 위생관리법'상 축산물판매업에 대한 부적법한 신고가 있었으나, 관할 행정청이 이를 수리한 경우 신고의 효과가 발생한다. **(17국가7급)**

판례 행정관청으로서는 위 법령에서 규정하는 시설기준을 갖추어 축산물판매업 신고를 하는 경우 당연히 그 신고를 수리하여야 하고, 적법한 요건을 갖춘 신고의 경우에는 행정관청의 수리처분 등 별단의 조치를 기다릴 필요 없이 그 접수시에 신고로서의 효력이 발생하는 것이므로 그 수리가 거부되었다고 하여 미신고 영업이 되는 것은 아니라고 할 것이다(2009다97925). **[날먹행 68p]**

□□□□□

판 21-1. 판례는 수리를 요하는 신고의 경우 법령상의 신고요건을 충족하지 못하는 경우 행정청은 당해 신고의 수리를 거부할 수 있다고 한다. **(21국회9급)**

- **행위요건적 신고가 부적법하게 이루어진 경우**
  1) **수리 거부** → 행정청은 수리 **거부 가능**
  2) **보완 없이 수리한 경우**
  → **하자있는 행정행위**이므로, **하자가 중대·명백하면 수리는 무효**(20국가7급), 하자가 **취소사유에 불과하면 취소 전까지는 유효하므로 신고의 효력이 발생**함. **[날먹행 67p]**

□□□□□★

판 21-2. 노인의료복지시설의 폐지신고는 수리를 필요로 하는 신고로서 행정청이 그 신고를 수리하였더라도 위조 등의 사유가 있어 신고행위 자체가 효력이 없다면, 그 수리행위는 수리행위 자체에 중대·명백한 하자가 있는지를 따질 것도 없이 당연히 무효이다. **(22소방,20국가7급)**

판례 장기요양기관의 폐업신고와 노인의료복지시설의 폐지신고는, 행정청이 관계 법령이 규정한 요건에 맞는지를 심사한 후 수리하는 이른바 '수리를 필요로 하는 신고'에 해당한다. 그러나 행정청이 그 신고를 수리하였다고 하더라도, 신고서 위조 등의 사유가 있어 신고행위 자체가 효력이 없다면, 그 수리행위는 유효한 대상이 없는 것으로서, 수리행위 자체에 중대·명백한 하자가 있는지를 따질 것도 없이 당연히 무효이다(2018두33593). **[날먹행 67p]**

OX 정답

20-4. ○ 20-5. X 21-1. ○ 21-2. ○

□□□□□ ★★★

판 22. 건축법 제14조 제2항에 의한 인 · 허가의제 효과를 수반하는 건축신고에 대한 수리거부는 처분성이 인정되나, 동 규정에 의한 인 · 허가의제 효과를 수반하지 않는 건축신고에 대한 수리거부는 처분성이 부정된다.
(22지방7급,22소방승진,21지방9급,19국가9급,19지방9급,19서울7급)

판례 • **행위요건적 신고의 수리 · 거부의 처분성** → 신고 수리 · 거부행위는 처분 O
(자기완결적 신고의 수리 · 거부의 처분성 원칙과 예외는 아래 23-3 해설 참고) **[날먹행 67p]**

□□□□□ ★★★

판 23-1. 건축법상 건축신고 반려행위는 항고소송의 대상이 되는 행정처분에 해당한다.
(20지방9급,19지방9급,17지방9급,17서울9급)

□□□□□ ★★★

판 23-2. 건축법상 착공신고가 반려될 경우 당사자에게 그 반려행위를 다툴 실익이 없는 것이므로 착공신고 반려행위의 처분성이 인정되지 않는다. (23군무원7급,22서울7급,21군무원9급,20국가9급,20지방9급,17지방9급,17서울9급)

판례 • **자기완결적 신고의 수리 · 거부의 처분성**
원칙: 신고 수리 · 거부행위는 처분 X
예외: 건축신고의 수리거부행위, 건축물착공신고의 반려행위, 건축물명의변경신고 수리거부행위, 원격평생교육신고의 반려행위는 처분성 인정(2008두167). **[날먹행 67p]**

□□□□□ ★★★

판 23-3. 정보통신매체를 이용하여 학습비를 받고 불특정 다수인에게 원격 평생교육을 실시하기 위해 구 '평생교육법'에서 정한 형식적 요건을 모두 갖추어 신고한 경우, 행정청은 신고대상이 된 교육이나 학습이 공익적 기준에 적합하지 않는다는 등의 실체적 사유를 들어 신고 수리를 거부할 수 없다. (22경간,21지방9급)

판례 원격평생교육신고의 반려행위는 항고소송의 대상이 되는 행정처분이다. 정보통신매체를 이용하여 학습비를 받고 불특정 다수인에게 원격평생교육을 실시하기 위해 구 평생교육법 제22조 등에서 정한 형식적 요건을 모두 갖추어 신고한 경우, 행정청이 실체적 사유를 들어 신고 수리를 거부할 수 없다(2005두11784). **[날먹행 68p]**

□□□□□ ★★

판 23-4. 건축주명의변경신고 수리거부행위는 취소소송의 대상이 되는 처분이라고 하지 않을 수 없다.
(23군무원7급,20국가7급,20소방간부,19지방9급 등)

판례 허가대상건축물의 양수인이 건축법시행규칙에 규정되어 있는 형식적 요건을 갖추어 시장군수에게 적법하게 건축주의 명의변경을 신고한 때에는 시장, 군수는 그 신고를 수리하여야지 **실체적인 이유를 내세워 그 신고의 수리를 거부할 수는 없다**. 건축주명의변경신고수리거부행위는 양수인의 권리의무에 직접 영향을 미치는 것으로서 취소소송의 대상이 되는 처분이라고 하지 않을 수 없다(91누4911). **[날먹행 68p]**

OX 정답

22. X 23-1. O 23-2. X 23-3. O 23-4. O

□□□□□ ★★

판 24-1. 수산업법상의 어업의 신고는 행정청의 수리에 의하여 비로소 그 효과가 발생하는 이른바 '수리를 요하는 신고'에 해당한다. (23소방간부,22지방7급,19서울9급,17국가7급)

> **판례** 수산업법 제44조 소정의 어업의 신고는 행정청의 수리에 의하여 비로소 그 효과가 발생하는 이른바 '수리를 요하는 신고'라고 할 것이고, 따라서 설사 관할관청이 어업신고를 수리하면서 공유수면매립구역을 조업구역에서 제외한 것이 위법하다고 하더라도, 그 제외된 구역에 관하여 관할관청의 적법한 수리가 없었던 것이 분명한 이상 그 구역에 관하여는 같은 법 제44조 소정의 적법한 어업신고가 있는 것으로 볼 수 없다(99다37382).
> **[날먹행 62p]**

□□□□□

판 24-2. 수산제조업 신고에 있어서 담당 공무원이 관계법령에 규정되지 아니한 서류를 요구하여 신고서를 제출하지 못하였다는 사정만으로는 신고가 있었던 것으로 볼 수 없다. (19서울9급)

> **판례** 수산제조업을 하고자 하는 사람이 **형식적 요건을 모두 갖춘** 수산제조업 신고서를 **제출한 경우**에는 담당 공무원이 관계 법령에 규정되지 아니한 사유를 들어 그 신고를 수리하지 아니하고 반려하였다고 하더라도 **그 신고서가 제출된 때에 신고가 있었다고 볼 것**이나, 담당 공무원이 관계 법령에 규정되지 아니한 서류를 요구하여 신고서를 제출하지 못하였다는 사정만으로는 신고가 있었던 것으로 볼 수 없다(2000다73612).
> → 수리를 요하지 않는 신고 **[날먹행 60, 62p]**

□□□□□ ★★

판 25. 구「관광진흥법」에 의한 지위승계신고를 수리하는 허가관청의 행위는 사실적인 행위에 불과하여 항고소송의 대상이 되지 않는다. (21지방9급)

> **판례** 행정청이 구 관광진흥법 또는 구 체육시설법의 규정에 의하여 유원시설업자 또는 체육시설업자 지위승계신고를 수리하는 처분은 종전 유원시설업자 또는 체육시설업자의 권익을 제한하는 처분이다(2011두29144).
> **[날먹행 61, 62p]**

□□□□□ ★★★

판 26-1. 판례에 따르면 액화석유가스충전사업의 지위승계신고를 수리하는 행위는 사실행위이다. (21지방9급)

> **판례** 액화석유가스의안전및사업관리법 제7조 제2항에 의한 액화석유가스충전사업 지위승계신고 수리행위는 사실행위가 아니라 행정처분에 해당한다(91누11544). **[날먹행 68p]**

OX 정답

24-1. ○ 24-2. ○ 25. X 26-1. X

□□□□□ ★★★

판 26-2. 영업양도에 따른 지위승계신고를 수리하는 허가관청의 행위는 영업허가자의 변경이라는 법률효과를 발생시키는 행위로서 항고소송의 대상이 될 수 있다. **(22서울7급)**

> **판례** 사업양수에 의한 지위승계신고를 수리하는 허가관청의 행위는 단순히 양도, 양수자 사이에 발생한 사법상의 사업양도의 법률효과에 의하여 양수자가 사업을 승계하였다는 사실의 신고를 접수하는 행위에 그치는 것이 아니라 실질에 있어서 양도자의 사업허가를 취소함과 아울러 양수자에게 적법히 사업을 할 수 있는 법규상 권리를 설정하여 주는 행위로서 사업허가자의 변경이라는 법률효과를 발생시키는 행위이므로 허가관청이 법 제7조 제2항에 의한 사업양수에 의한 지위승계신고를 수리하는 행위는 행정처분에 해당한다(91누11544).
> **[날먹행 68p]**

□□□□□ ★★★

판 27-1. '유통산업발전법'상 대규모점포의 개설 등록은 이른바 '수리를 요하는 신고'로서 행정처분에 해당한다. **(23군무원7급,22경간,22변시,19국회8급,18지방7급)**

> **판례** 구 유통산업발전법 제12조의2 제1항, 제2항, 제3항은 기존의 대규모점포의 등록된 유형 구분을 전제로 '대형마트로 등록된 대규모점포'를 일체로서 규제 대상으로 삼고자 하는 데 취지가 있는 점, **대규모점포의 개설 등록은 이른바 '수리를 요하는 신고'로서 행정처분에 해당한다**(2015두295). **[날먹행 68p]**

□□□□□ ★★

판 27-2. 정신과의원을 개설하려는 자가 법령에 규정되어 있는 요건을 갖추어 개설신고를 한 때에, 행정청은 원칙적으로 이를 수리하여 신고필증을 교부하여야 하나, 법령에서 정한 요건 이외의 사유를 들어 의원급 의료기관 개설신고의 수리를 거부할 수 있다. **(22경간,22소방,22국회9급,19지방7급)**

> **판례** 의료법이 의료기관의 종류에 따라 허가제와 신고제를 구분하여 규정하고 있는 취지는, 신고 대상인 의원급 의료기관 개설의 경우 행정청이 법령에서 정하고 있는 요건 이외의 사유를 들어 신고 수리를 반려하는 것을 원칙적으로 배제함으로써 개설 주체가 신속하게 해당 의료기관을 개설할 수 있도록 하기 위함이다. 앞서 본 관련 법령의 내용과 이러한 신고제의 취지를 종합하면, **정신과의원을 개설하려는 자가 법령에 규정되어 있는 요건을 갖추어 개설신고를 한 때에, 행정청은 원칙적으로 이를 수리하여 신고필증을 교부하여야 하고, 법령에서 정한 요건 이외의 사유를 들어 의원급 의료기관 개설신고의 수리를 거부할 수는 없다**(2018두44302). **[날먹행 68p]**

□□□□□ ★★

판 28. 가설건축물 존치기간을 연장하려는 건축주 등이 법령에 규정되어 있는 제반 서류와 요건을 갖추어 행정청에 연장신고를 한 때에는 행정청은 원칙적으로 이를 수리하여 신고필증을 교부하여야 하고, 법령에서 정한 요건 이외의 사유를 들어 수리를 거부할 수는 없다. **(22소방,22경간)**

> **판례** 가설건축물은 건축법상 '건축물'이 아니므로 건축허가나 건축신고 없이 설치할 수 있는 것이 원칙이지만 일정한 가설건축물에 대하여는 건축물에 준하여 위험을 통제하여야 할 필요가 있으므로 신고 대상으로 규율하고 있다. 이러한 신고제도의 취지에 비추어 보면, **가설건축물 존치기간을 연장하려는 건축주 등이 법령에 규정되어 있는 제반 서류와 요건을 갖추어 행정청에 연장신고를 한 때에는 행정청은 원칙적으로 이를 수리하여 신고필증을 교부하여야 하고, 법령에서 정한 요건 이외의 사유를 들어 수리를 거부할 수는 없다**(2015두35116). **[날먹행 68p]**

OX 정답

26-2. ○ 27-1. ○ 27-2. X 28. ○

☐☐☐☐☐

판 29. 타인 명의로 숙박업 신고가 되어 있는 시설에서 새로 숙박업을 하려는 자가 정당한 사용권한을 취득하여 법령에서 정한 요건을 갖추어 신고를 한 경우, 행정청은 해당 시설에 기존의 숙박업 신고가 외관상 남아있다는 이유로 신고의 수리를 거부할 수 있다. (22변시,18국가9급)

판례 숙박업을 하고자 하는 자가 법령이 정하는 시설과 설비를 갖추고 행정청에 신고를 하면, 행정청은 공중위생관리 법령의 위 규정에 따라 원칙적으로 이를 수리하여야 한다. 행정청이 법령이 정한 요건 이외의 사유를 들어 수리를 거부하는 것은 위 법령의 목적에 비추어 이를 거부해야 할 중대한 공익상의 필요가 있다는 등 특별한 사정이 있는 경우에 한한다. 이러한 법리는 이미 다른 사람 명의로 숙박업 신고가 되어 있는 시설 등의 전부 또는 일부에서 새로 숙박업을 하고자 하는 자가 신고를 한 경우에도 마찬가지이다. 기존에 다른 사람이 숙박업 신고를 한 적이 있더라도 **새로 숙박업을 하려는 자가 그 시설 등의 소유권 등 정당한 사용권한을 취득하여 법령에서 정한 요건을 갖추어 신고하였다면, 행정청으로서는 특별한 사정이 없는 한 이를 수리하여야 하고, 단지 해당 시설 등에 관한 기존의 숙박업 신고가 외관상 남아있다는 이유만으로 이를 거부할 수 없다**(2017두34087). [날먹행 68p]

☐☐☐☐☐

이 30. 신청권은 행정청의 응답을 구하는 권리이며, 신청된 대로의 처분을 구하는 권리는 아니다. (14지방9급)

- **신청권**은 응답을 구하는 권리이지, **신청한 대로 처분을 구하는 권리는 아님.** [날먹행 68p]

☐☐☐☐☐

이 31-1. 행정청에 대하여 처분을 구하는 신청은 원칙적으로 문서로 하여야 하며, 특히 전자문서로 하는 경우에는 행정청의 컴퓨터 등에 입력된 때에 신청한 것으로 본다. (09관세사)

- **신청방법**- 원칙적으로 문서로 해야 함. 전자문서로 하는 경우에는 행정청의 컴퓨터 등에 입력된 때에 신청한 것으로 봄. [날먹행 68p]

☐☐☐☐☐

판 31-2. 신청한 내용의 일부를 행정청이 받아들일 수 없는 경우, 신청 내용 전체를 배척하여야 하며 일부에 대해서 인용하는 처분을 할 수는 없다. (20변시)

판례 신청한 내용의 일부를 행정청이 받아들일 수 없는 경우, **신청 내용 전부를 배척하는 단순 거부처분은 위법**하다(2013두2402). [날먹행 69p]

OX 정답

29. X 30. O 31-1. O 31-2. X

□□□□□

이 32-1. 적법한 신청이 있는 경우 행정청은 상당한 기간 내에 신청에 대하여 응답을 하여야 한다. (14지방9급,10국회9급)

□□□□□

이 32-2. 신청에 따른 행정청의 처분이 기속행위인 때에는 행정청은 신청에 대한 응답의무를 지지만, 재량행위인 때에는 응답의무가 없다. (14지방9급)

- **신청에 대한 행정청의 처리(응답)의무** - 적법한 신청이 있으면 행정청은 재량 기속행위를 불문, 상당한 기간 내에 응답해야 함. **[날먹행 69p]**

□□□□□

조 33-1. 흠결된 서류의 보완이 주요서류의 대분을 새로 작성함이 불가피하게 되어 사실상 새로운 신청으로 보아야 할 경우, 접수를 거부하거나 반려할 수 있다. (18소방)

□□□□□

판 33-2. 민원사항의 신청서류에 실질적인 요건에 관한 흠이 있더라도 그것이 민원인의 단순한 착오나 일시적인 사정 등에 기한 경우에는 행정청은 보완을 요구할 수 있다. (23지방9급,21군무원9급,20변시)

- **부적법한 신청시 보완요구의무**

행정절차법 제 17조 ⑤ 행정청은 신청에 구비서류의 미비 등 흠이 있는 경우에는 **보완에 필요한 상당한 기간을 정하여 지체 없이 신청인에게 보완을 요구하여야 한다.** (22변시)

→ 보완의 대상은 **원칙적으로 형식적, 절차적 흠결이어서 보완이 가능한 경우에만 보완 요구 가능.**

판례 흠결된 서류의 보완 또는 보정을 하면 이미 접수된 주요서류의 대부분을 새로 작성함이 불가피하게 되어 **사실상 새로운 신청으로 보아야 할 경우**에는 그 흠결서류의 접수를 거부하거나 그것을 반려할 정당한 사유가 있는 경우에 해당하여 **이의 접수를 거부하거나 반려하여도 위법이 되지 않는다**(90누8862).
그러나 실질적 흠결이어도 그것이 **민원인의 단순한 착오나 일시적인 사정에 의한 것이면 보완의 대상이 되므로, 보완요구 없이 신청을 거부하면 재량권의 일탈남용으로 위법**하게 됨(2003두6573). **[날먹행 69p]**

OX 정답

32-1. O 32-2. X 33-1. O 33-2. O

O X 문제 풀이

02

행정작용법

01 행정입법

제1절 행정입법개관

제2절 법규명령

□□□□□ ★★

이 1-1. 법규명령이란 일반적으로 행정권이 정립하는 일반적 · 추상적 규정으로서 법규의 성질을 가지는 것을 말한다. (09국가7급)

□□□□□ ★★

이 1-2. 법규명령은 제정권자를 기준으로 대통령령, 총리령, 부령 등으로 구분할 수 있다. (15교행9급,14서울9급)

□□□□□ ★★

이 1-3. 법규명령 중 위임명령은 원칙적으로 헌법 제75조와 헌법 제95조에 따라 법률이나 상위명령에 개별적인 수권규범이 있는 경우만 가능하다. (14서울9급)

□□□□□

이 1-4. 대통령령은 총리령 및 부령보다 우월한 효력을 가진다. (19국회8급)

□□□□□ ★

이 1-5. 국민안전처장 · 인사혁신처장과 같은 국무총리 직속기관은 부령제정권을 가진다. (19서울9급,15서울9급)

□□□□□ ★★

이 1-6. 중앙선거관리위원회는 법령의 범위 안에서 선거관리·국민투표관리·정당사무 등에 관한 규칙을 제정할 수 있는 바, 이 규칙은 법규명령의 성질을 가진다. (23지방9급,16교행9급)

□□□□□ ★

이 1-7. 헌법재판소 판례에 의하면 감사원규칙은 헌법에 근거가 없으므로 법규명령으로 인정되지 않는다. (20국가7급,16서울9급)

- **법규명령** (일반적으로 행정권이 정립하는 일반적 · 추상적 규정으로서 법규의 성질을 가지는 것) [날먹행 75,76p]
  - **1) 헌법에 명시된 법규명령**
    - **가) 대통령령** - 대통령이 제정하는 법규명령(헌법 §75)으로, 총리령 · 부령보다 우월한 효력을 가짐.
    - **나) 총리령, 부령** - 국무총리 또는 행정각부의 장이 법률이나 대통령령의 위임 또는 직권으로 발하는 명령(헌법 §95)
      → 국무총리 및 행정각부 **산하의 기관은 독자적인 법규명령을 발할 수 없음.**
    - **다) 중앙선거관리위원회규칙** - 헌법§114⑥에 근거가 있어, **행정법의 법원이 됨.**
  - **2) 헌법에 명시되지 않은 법규명령 - 감사원규칙**
    → 헌법에 규정이 없고 감사원법에만 규정이 있어 법적 성질이 문제되는데, 통설 · 판례는 **법규명령에 해당**한다고 봄

OX 정답

2절 1-1. ○ 1-2. ○ 1-3. ○ 1-4. ○ 1-5. X 1-6. ○ 1-7. X

□□□□□ ★★★

이 2-1. 헌법이 인정하고 있는 위임입법의 형식은 예시적인 것으로 보아야 할 것이고, 법률이 행정규칙에 위임하더라도 그 행정규칙은 위임된 사항만을 규율할 수 있으므로 국회입법의 원칙과 상치되지 않는다. (22경간,21경행,19서울9급)

□□□□□ ★★

이 2-2. 재산권 등의 기본권을 제한하는 작용을 하는 법률이 구체적으로 범위를 정하여 고시와 같은 형식으로 입법위임을 할 수 있는 사항은 전문적 · 기술적 사항이나 경미한 사항으로서 업무의 성질상 위임이 불가피한 사항에 한정된다. (22경간,20군무원9급,19국가7급,19서울9급)

- **헌법이 인정하는** 위임입법의 형식은 **예시적이므로, 위임형식은 법규명령, 행정규칙 모두 가능함.**
- **행정규칙**에 위임하는 경우, 그 행정규칙은 위임된 사항만을 규율할수 있으므로, 이는 **국회입법의 원칙과 상치되지 않**는다. 단, 행정규칙의 형식으로 입법위임을 할 때에는 **전문적 · 기술적 사항이나 경미한 사항으로서 업무의 성질상 위임이 불가피한 사항에 한정**되어야 한다.

[날먹행 76p]

□□□□□ ★★★

이 3-1. 법령의 위임이 없음에도 법령에 규정된 처분 요건에 해당하는 사항을 부령에서 변경하여 규정한 경우에는 그 부령의 규정은 행정청 내부의 사무처리기준 등을 정한 것으로서 행정조직 내에서 적용되는 행정명령의 성격을 지닌다. (21지방7급,21변시,21국회8급,20국가9급,19서울9급,19서울7급)

- **개별적, 구체적 위임없이 국민의 권리 의무를 규율하는 위임명령은 무효**
  단, **행정부 내부에서 행정규칙으로서 효력 있음.**

[날먹행 76p]

□□□□□ ★★

판 3-2. 법령에서 행정처분의 요건 중 일부 사항을 부령으로 정할 것을 위임한 데 따라 시행규칙 등 부령에서 이를 정한 경우에 그 부령의 규정은 국민에 대해서도 구속력이 있는 법규명령에 해당한다. (23소방)

□□□□□ ★★★

판 3-3. 법령의 위임이 없음에도 법령에 규정된 처분요건에 해당하는 사항을 부령에서 변경하여 규정한 경우 처분의 적법 여부는 그러한 부령에서 정한 요건을 기준으로 판단하여야 한다. (23국가9급,23경간,23국회8급,21지방7급)

판례 **법령에서 행정처분의 요건 중 일부 사항을 부령으로 정할 것을 위임한 데 따라 시행규칙 등 부령에서 이를 정한 경우에 그 부령의 규정은 국민에 대해서도 구속력이 있는 법규명령에 해당한다고 할 것이지만, 법령의 위임이 없음에도 법령에 규정된 처분 요건에 해당하는 사항을 부령에서 변경하여 규정한 경우에는 그 부령의 규정은 행정청 내부의 사무처리 기준 등을 정한 것으로서 행정조직 내에서 적용되는 행정명령의 성격을 지닐 뿐 국민에 대한 대외적 구속력은 없다고 보아야 한다.** 따라서 어떤 행정처분이 그와 같이 법규성이 없는 시행규칙 등의 규정에 위배된다고 하더라도 그 이유만으로 처분이 위법하게 되는 것은 아니라 할 것이고, 또 그 규칙 등에서 정한 요건에 부합한다고 하여 반드시 그 처분이 적법한 것이라고 할 수도 없다. 이 경우 **처분의 적법여부는 그러한 규칙 등에서 정한 요건에 합치하는지 여부가 아니라 일반 국민에 대하여 구속력을 가지는 법률 등 법규성이 있는 관계 법령의 규정을 기준으로 판단하여야 한다**(2011두10584)

[날먹행 77p]

OX 정답

2-1. O 2-2. O 3-1. O 3-2. O 3-3. X

□□□□□ ★

판 4-1. 법률의 시행령은 법률에 의한 위임 없이도 법률이 규정한 개인의 권리 · 의무에 관한 내용을 변경 · 보충하거나 법률에 규정되지 아니한 새로운 내용을 규정할 수 있다. (23지방9급,14서울9급)

판례 일반적으로 법률의 시행령은 모법인 법률에 의하여 위임받은 사항이나, 법률이 규정한 범위 내에서 법률을 현실적으로 집행하는 데 필요한 세부적인 사항만을 규정할 수 있을 뿐, 법률의 위임 없이 법률이 규정한 개인의 권리 · 의무에 관한 내용을 변경·보충하거나 법률에서 규정하지 아니한 새로운 내용을 규정할 수 없다(98도2816). [날먹행 77p]

□□□□□ ★★★

판 4-2. 법규명령이 위임의 근거가 없어 무효이더라도 나중에 법률의 개정으로 위임의 근거가 부여되면 그때부터는 유효한 법규명령으로서 구속력을 갖는다.
(23소방,23경간,23변시,22국가9급,22소방,21지방9급,21국가7급,21소방간부,20지방7급,19서울9급,18국가9급)

판례 법규명령이 위임의 근거가 없어 무효였더라도 **나중에 법 개정으로 위임의 근거가 부여되면 그때부터는 유효한 법규명령**으로 볼 수 있다(93추83). [날먹행 77p]

□□□□□ ★★

판 4-3. 법률의 시행령 내용이 모법 조항의 취지에 근거하여 이를 구체화하기 위한 것인 때에는 모법에 직접 위임하는 규정을 두지 않았더라도 이를 무효라고 볼 수 없다.
(22경간,22소방승진,22소방,21서울7급,21국가7급,21국가9급,21지방9급)

판례 법률의 시행령이나 시행규칙은 법률에 의한 위임이 없으면 개인의 권리·의무에 관한 내용을 변경·보충하거나 법률이 규정하지 아니한 새로운 내용을 정할 수는 없지만, **법률의 시행령이나 시행규칙의 내용이 모법의 입법 취지와 관련 조항 전체를 유기적·체계적으로 살펴보아 모법의 해석상 가능한 것을 명시한 것에 지나지 아니하거나 모법 조항의 취지에 근거하여 이를 구체화하기 위한 것인 때에는** 모법의 규율 범위를 벗어난 것으로 볼 수 없으므로, **모법에 이에 관하여 직접 위임하는 규정을 두지 아니하였다고 하더라도 이를 무효라고 볼 수는 없다**(2012두19526). [날먹행 77p]

□□□□□ ★★

판 5. 법령의 위임관계는 반드시 하위 법령의 개별조항에서 위임의 근거가 되는 상위법령의 해당 조항을 구체적으로 명시하고 있어야 하는 것은 아니다. (16지방9급,15지방9급)

판례 법령의 위임관계는 반드시 하위 법령의 개별조항에서 **위임의 근거가 되는 상위 법령의 해당 조항을 구체적으로 명시하고 있어야만 하는 것은 아니라고 할 것**이다(99두5658). [날먹행 77p]

□□□□□ ★★★

판 6-1. 대통령령에 대한 법률의 위임은 반드시 구체적으로 범위를 정하여 할 필요가 없으며 포괄적인 것으로 족하다.
(15교행9급)

OX 정답

4-1. X 4-2. O 4-3. O 5. O 6-1. X

□□□□□ ★★★

판 6-2. 위임명령에 규정될 내용 및 범위의 기본사항은 구체적으로 규정되어 있어서 누구라도 당해 법령으로부터 위임명령에 규정될 내용의 대상을 예측할 수 있어야 한다. (22경간)

□□□□□ ★★

판 6-3. 수권법률의 예측가능성 유무를 판단함에 있어서는 수권규정과 이와 관계된 조항, 수권법률 전체의 취지, 입법목적의 유기적·체계적 해석 등을 통하여 종합 판단하여야 한다. (22경간)

판례 위임명령은 법률이나 상위명령에서 구체적으로 범위를 정한 개별적인 위임이 있을 때에 가능하고, 여기에서 구체적인 위임의 범위는 규제하고자 하는 대상의 종류와 성격에 따라 달라지는 것이어서 일률적 기준을 정할 수는 없지만, **적어도 위임명령에 규정될 내용 및 범위의 기본사항이 구체적으로 규정되어 있어서 누구라도 당해 법률이나 상위명령으로부터 위임명령에 규정될 내용의 대강을 예측할 수 있어야 하나,** 이 경우 그 예측가능성의 유무는 당해 위임조항 하나만을 가지고 판단할 것이 아니라 **그 위임조항이 속한 법률이나 상위명령의 전반적인 체계와 취지·목적, 당해 위임조항의 규정형식과 내용 및 관련 법규를 유기적·체계적으로 종합 판단하여야 하고, 나아가 각 규제 대상의 성질에 따라 구체적·개별적으로 검토함을 요한다.** [날먹행 77p]

□□□□□ ★★

판 6-4. 처벌법규나 조세법규는 다른 법규보다 구체성과 명확성의 요구가 강화되어야 한다. (17지방9급,14국가9급 등)

판례 법률조항의 포괄위임 여부는 관련조항과 종합하여 **유기적 · 체계적으로 보아 위임범위의 대강을 객관적으로 예측할 수 있으면 포괄위임에 해당한다고 할 수 없다.** 그 위임의 구체성 · 명확성의 요구정도는 규율대상의 종류와 성격에 따라 달라질 것이지만 특히 처벌법규나 조세법규와 같이 국민의 기본권을 직접적으로 제한하거나 침해할 소지가 있는 영역에서는 구체성 · 명확성의 요구가 강화되어 그 위임의 요건과 범위가 일반적인 급부행정의 영역에서보다 더 엄격하게 제한되어야 한다(2000헌바50). [날먹행 78p]

□□□□□ ★★

판 6-5. 다양한 사실관계를 규율하거나 사실관계가 수시로 변화될 것이 예상되는 분야에서는 다른 분야에 비하여 상대적으로 입법위임의 명확성·구체성이 완화된다. (22소방승진,17지방9급)

판례 다양한 사실관계를 규율하거나 사실관계가 수시로 변화될 것이 예상되는 분야에서는 다른 분야에 비하여 상대적으로 입법위임의 명확성·구체성이 완화될 수 있다(90헌가27). [날먹행 78p]

□□□□□ ★

판 6-6. 헌법에서 채택하고 있는 조세법률주의의 원칙상 과세요건과 징수절차에 관한 사항을 명령 · 규칙 등 하위법령에 구체적 · 개별적으로 위임하여 규정할 수 없다. (21국가9급)

판례 헌법 제38조, 제59조에서 채택하고 있는 조세법률주의의 원칙은 과세요건과 징수절차 등 조세권 행사의 요건과 절차는 국민의 대표기관인 국회가 제정한 법률로써 규정하여야 한다는 것이나, 과세요건과 징수절차에 관한 사항을 명령·규칙 등 하위법령에 위임하여 규정하게 할 수 없는 것은 아니고, 이러한 사항을 하위법령에 위임하여 규정하게 하는 경우 **구체적 · 개별적 위임만이 허용되며 포괄적 · 백지적 위임은 허용되지 아니하고(과세요건법정주의)**, 이러한 **법률 또는 그 위임에 따른 명령·규칙의 규정은 일의적이고 명확하여야 한다(과세요건명확주의)** (94부18). [날먹행 78p]

OX 정답

6-2. O 6-3. O 6-4. O 6-5. O 6-6. X

□□□□□ ★★★

판 7-1. 자치법적 사항을 규정한 조례에 대한 법률의 위임은 법규명령에 대한 법률의 위임과 같이 반드시 구체적으로 범위를 정하여야 할 필요가 없으며 포괄적인 것으로 족하다.
(23변시,22지방9급,22국회8급,20지방9급,18서울7급,18국회8급,18교행9급 등)

판례 **조례에 대한 법률의 위임은** 법규명령에 대한 법률의 위임과 같이 반드시 구체적으로 범위를 정해야 할 필요가 없으며 **포괄적인 것으로 족하다**(92헌마264등). [날먹행 78p]

□□□□□ ★

판 7-2. 지방자치단체의 조례가 규정하고 있는 사항이 근거 법령 등에 비추어 볼 때 자치사무나 단체위임사무에 관한 것이라면 위임조례와 같이 국가법에 적용되는 일반적인 위임입법의 한계가 적용될 여지는 없다. (21경행,12지방9급)

판례 지방자치단체의 조례가 규정하고 있는 사항이 근거 법령 등에 비추어 볼 때 자치사무나 단체위임사무에 관한 것이라면 위임조례와 같이 국가법에 적용되는 일반적인 위임입법의 한계가 적용될 여지는 없다(2000추29). [날먹행 78p]

□□□□□ ★★★

판 8. 헌법재판소는 법률이 공법적 단체 등의 정관에 자치법적 사항을 위임하는 경우에는 의회유보원칙이 적용될 여지가 없다고 한다. (22지방7급,22소방승진,22국회8급,21국가9급,20지방9급,19서울9급)

판례 법률이 공법적 단체 등의 정관에 자치법적 사항을 위임한 경우, **포괄적인 것으로 족하다**. 단, 조례나 정관이 경우에도, 그 사항이 **국민의 권리·의무에 관한 것일 경우, 기본적이고 본질적인 사항은 국회가 정해야** 한다(**의회유보원칙 적용**)(2006두14476). [날먹행 78p]

□□□□□ ★

이 9-1. 국회전속적 입법사항은 반드시 법률에 의하여 규정되어야 하며, 입법자가 법률에서 구체적으로 범위를 정하여도 법규명령에 위임될 수는 없다. (14지방9급)

□□□□□ ★

이 9-2. 헌법에서 채택하고 있는 조세법률주의의 원칙상 과세요건과 징수절차에 관한 사항을 명령·규칙 등 하위법령에 구체적·개별적으로 위임하여 규정할 수 없다. (21국가9급)

- **국회전속적 입법사항의 위임금지**
  헌법에서 직접 법률로 정하도록 위임한 사항은 국회가 '법률'로 정해야 하며, 법규명령으로 정할 수 없다.
  예) 대한민국의 국민이 되는 요건, 국회의원의 수, 조세에 관한 사항
  다만, **세부적 사항**에 대해서 **구체적으로 범위를 정하여 행정입법에 위임**하는 것은 **허용**된다. [날먹행 78p]

□□□□□ ★★

이 10-1. 특히 긴급한 필요가 있거나 미리 법률로 자세히 정할 수 없는 부득이한 사정이 있어 법률에 형벌의 종류 · 상한 · 폭을 명확히 규정하더라도, 행정형벌에 대한 위임입법은 허용되지 않는다. (19국가9급 등)

OX 정답

7-1. ○ 7-2. ○ 8. X 9-1. X 9-2. X 10-1. X

□□□□□ ★★

이 10-2. 법률의 시행령이 형사처벌에 관한 사항을 규정하면서 법률의 명시적인 위임범위를 벗어나 처벌의 대상을 확장하는 것은 죄형법정주의원칙에 어긋나는 것이므로, 그러한 시행령은 위임입법의 한계를 벗어난 것으로서 무효이다. (22지방9급,17지방9급)

- **처벌규정의 위임금지**

원칙: 헌법상 죄형법정주의에 따라, **처벌 규정에 대해** 위임이 원칙적으로 불허됨.

예외: ① 특히 긴급한 필요가 있거나 미리 법률로써 자세히 정할 수 없는 부득이한 사정이 있는 경우에 한하여
② 수권법률(위임법률)이 구성요건의 점에서는 처벌대상인 행위가 어떠한 것인지 이를 예측할 수 있을 정도로 구체적으로 정하고,
③ 형벌의 점에서는 형벌의 종류 및 그 상한과 폭을 명확히 규정하는 것을 전제로 위임입법이 허용

[날먹행 79p]

□□□□□ ★★★

판 11-1. 법률의 위임 규정 자체가 그 의미 내용을 정확하게 알 수 있는 용어를 사용하여 위임의 한계를 분명히 하고 있는데도 시행령이 위임 규정에서 사용하고 있는 용어의 의미를 넘어 그 범위를 확장하거나 축소함으로써 위임 내용을 구체화하는 단계를 벗어나 새로운 입법을 한 것으로 평가할 수 있는 경우라도 이를 위임의 한계를 일탈한 것으로 보기는 어렵다. (22경간,20소방,17국가7급)

판례 법률의 위임 규정 자체가 그 의미 내용을 정확하게 알 수 있는 용어를 사용하여 위임의 한계를 분명히 하고 있는데도 **시행령이 그 문언적 의미의 한계를 벗어났다든지, 위임 규정에서 사용하고 있는 용어의 의미를 넘어 그 범위를 확장하거나 축소함으로써 위임 내용을 구체화하는 단계를 벗어나 새로운 입법을 한 것으로 평가**할 수 있다면, 이는 **위임의 한계를 일탈한 것으로서 허용되지 않는다**(2011두30878). [날먹행 79p]

□□□□□ ★★

판 11-2. 하위법령의 규정이 상위법령의 규정에 저촉되는지 명백하지 않지만 하위법령의 의미를 상위법령에 합치되는 것으로 해석하는 것이 가능한 경우, 하위법령이 상위법령에 위반된다는 이유로 쉽게 무효를 선언할 것은 아니다. (21지방7급,21소방간부)

판례 하위법령의 규정이 상위법령의 규정에 저촉되는지가 명백하지 아니한 경우에, 관련 법령의 내용과 입법 취지 및 연혁 등을 종합적으로 살펴 하위법령의 의미를 상위법령에 합치되는 것으로 해석하는 것도 가능한 경우라면, 하위법령이 상위법령에 위반된다는 이유로 쉽게 무효를 선언할 것은 아니다(2017두45698). [날먹행 79p]

□□□□□ ★★★

판 12-1. 행정의 효율성을 도모하기 위해 법률에서 위임받은 사항을 전혀 규정하지 않고 하위의 법규명령에 재위임하는 것도 가능하다. (23국회8급,21변시,21국가9급,18국가9급 등)

판례 법률에서 위임받은 사항을 전혀 규정하지 아니하고 그대로 재위임하는 것은 허용되지 않으며 **위임받은 사항에 관하여** 대강을 정하고 그 중의 특정사항을 범위를 정하여 하위법령에 다시 위임하는 경우에만 재위임이 허용**된다**(94헌마213). [날먹행 80p]

OX 정답

10-2. O 11-1. X 11-2. O 12-1. X

□□□□□ ★★★

판 12-2. 법률에서 위임받은 사항에 관하여 대강을 정하고 그 중의 특정사항을 범위를 정하여 하위법령에 다시 위임하는 경우에는 재위임이 허용된다. 이러한 법리는 조례가 「지방자치법」에 따라 주민의 권리제한 또는 의무부과에 관한 사항을 법률로부터 위임받은 후, 이를 다시 지방자치단체장이 정하는 '규칙'이나 '고시' 등에 재위임하는 경우에도 마찬가지이다. (22경간,21국가9급)

판례 이러한 법리는 조례가 지방자치법 제22조 단서에 따라 주민의 권리제한 또는 의무부과에 관한 사항을 법률로부터 위임받은 후, 이를 다시 지방자치단체장이 정하는 '규칙'이나 '고시' 등에 재위임하는 경우에도 마찬가지이다 (2013두14238). [날먹행 80p]

□□□□□ ★★★

이 13-1. 상위법령의 시행에 관하여 필요한 절차 및 형식에 관한 사항을 규정하는 집행명령은 상위법령의 명시적 수권이 없는 경우에도 발할 수 있다. (15서울9급,13국회8급)

- 집행명령은 **법률 또는 상위명령에서 정해진 내용을 실현하기 위한 규정**이므로, 법률 또는 상위 명령에 **개별적 · 구체적 수권(위임)규정이 없어도 직권으로 발할 수 있다.** 그러나 새로운 국민의 권리 · 의무에 관한 사항(법규사항)은 규정할 수 없다. [날먹행 73p]

□□□□□ ★★★

이 13-2. 집행명령은 상위법령의 집행에 필요한 세칙을 정하는 범위 내에서만 가능하고 새로운 국민의 권리 · 의무를 정할 수 없다. (20국가7급,19지방9급,15서울9급)

- 집행명령은 **법률 또는 상위명령에서 정해진 내용을 실현하기 위한 규정**이므로, 법률 또는 상위 명령에 **개별적 · 구체적 수권(위임)규정이 없어도 직권으로 발할 수 있다.** 그러나 새로운 국민의 권리 · 의무에 관한 사항(법규사항)은 규정할 수 없다. [날먹행 80p]

□□□□□ ★

이 14-1. 대통령령을 제정하려면 국무회의의 심의와 법제처의 심사를 거쳐야 한다. (17국가9급)

□□□□□

이 14-2. 총리령 부령의 제정절차는 대통령령의 경우와는 달리 국무회의의 심의는 거치지 않아도 된다. (23국가9급)

- **법규명령의 성립요건**
  ① 헌법 또는 법률에 의하여 수권을 받은 정당한 기관이(**주체**),
  ② 수권의 범위 내에서 상위법령에 저촉되지 않고 객관적으로 명확하고 실현가능한 내용이어야 하며(**내용**),
  ③ **대통령령은 법제처 심사와 국무회의 심의**를 거치며, 총리령과 부령은 법제처의 심사를 거쳐야 하고(**절차**),
  ④ 조문 · 번호 · 일자 등 일정한 형식을 갖추어(**형식**) 제정되어야 함. [날먹행 80p]

OX 정답

12-2. O 13-1. O 13-2. O 14-1. O 14-2. O

□□□□□ ★★

판 15. 법률의 시행령이나 시행규칙의 내용이 모법의 입법 취지와 관련 조항 전체를 유기적 · 체계적으로 살펴보아 모법의 해석상 가능한 것을 명시한 것에 지나지 아니하거나 모법 조항의 취지에 근거하여 이를 구체화하기 위한 것인 때에는, 모법에 이에 관하여 직접 위임하는 규정을 두지 아니하였다고 하더라도 이를 무효라고 볼 수는 없다. (21국가9급,21지방7급,17지방9급)

판례 법률의 시행령이나 시행규칙은 법률에 의한 위임이 없으면 개인의 권리 · 의무에 관한 내용을 변경 · 보충하거나 법률이 규정하지 아니한 새로운 내용을 정할 수는 없지만, 법률의 시행령이나 시행규칙의 내용이 모법의 입법 취지와 관련 조항 전체를 유기적 · 체계적으로 살펴보아 **모법의 해석상 가능한 것을 명시한 것에 지나지 아니하거나 모법 조항의 취지에 근거하여 이를 구체화하기 위한 것인 때**에는 모법의 규율 범위를 벗어난 것으로 볼 수 없으므로, 모법에 이에 관하여 직접 위임하는 규정을 두지 아니하였다고 하더라도 이를 **무효라고 볼 수는 없다**(2000두2716,2012두19526). [날먹행 81p]

□□□□□ ★★★

이 16-1. 위법한 법규명령은 무효가 아니라 취소할 수 있다. (18국가9급,17교행9급)

- **성립요건, 효력요건을 갖추지 못한** 하자있는 법규명령은 **무효임**

Tip **하자있는 법규명령에 기한 행정행위**는 하자의 중대 · 명백성에 따라(**중대명백설**) **무효 또는 취소사유가 됨.** [날먹행 81p]

□□□□□ ★★★

판 16-2. 시행령의 규정을 위헌 또는 위법하여 무효라고 선언한 대법원의 판결이 선고되지 아니한 상태에서는, 그 시행령 규정의 위헌 내지 위법 여부가 해석상 다툼의 여지가 없을 정도로 명백하였다고 인정되지 아니하는 이상 그 시행령에 근거한 행정처분의 하자는 취소사유에 해당할 뿐 무효사유가 되지 아니한다. (23국회8급,21국회8급,18국가9급)

해설 일반적으로 시행령이 헌법이나 법률에 위반된다는 사정은 그 시행령의 규정을 위헌 또는 위법하여 무효라고 선언한 대법원의 판결이 선고되지 아니한 상태에서는 그 시행령 규정의 위헌 내지 위법 여부가 해석상 다툼의 여지가 없을 정도로 명백하였다고 인정되지 아니하는 이상 객관적으로 명백한 것이라 할 수 없으므로, 이러한 시행령에 근거한 행정처분의 하자는 취소사유에 해당할 뿐 무효사유가 되지 아니한다(2004두619). [날먹행 81p]

□□□□□ ★★★

판 16-3. 조례가 법률 등 상위법령에 위배되면 비록 그 조례를 무효라고 선언한 대법원의 판결이 선고되지 않았더라도 그 조례에 근거한 행정처분은 당연무효가 된다. (22군무원7급,18국회8급)

판례 일반적으로 조례가 법률 등 상위법령에 위배된다는 사정은 그 조례의 규정을 위법하여 무효라고 선언한 대법원의 판결이 선고되지 아니한 상태에서는 그 조례 규정의 위법 여부가 해석상 다툼의 여지가 없을 정도로 명백하였다고 인정되지 아니하는 이상 객관적으로 명백한 것이라 할 수 없으므로, 이러한 조례에 근거한 행정처분의 하자는 취소사유에 해당할 뿐 무효사유가 된다고 볼 수는 없다(2007두26285). [날먹행 81p]

OX 정답

15. O 16-1. X 16-2. O 16-3. X

□□□□□ ★★★

이 17. 법규명령의 위임근거가 되는 법률에 대하여 위헌결정이 선고되면 그 위임에 근거하여 제정된 법규명령도 원칙적으로 효력을 상실한다. (21지방9급,14지방7급)

• **상위법령이 폐지**된 경우 법규명령도 소멸하며, 법규명령의 **근거 법령이 위헌 결정이 선고된 경우에도 원칙적으로 효력을 상실**한다. [날먹행 81p]

□□□□□ ★★★

이 18. 집행명령은 그 근거법령인 상위법령이 개정됨에 그친 경우 개정법령의 시행을 위한 집행명령이 제정 · 발효될 때까지 여전히 그 효력을 유지하는 것은 아니다. (19지방9급,17국회8급)

• **집행명령**의 경우 근거법령이 개정된 경우에도 새로운 집행명령이 제정될 때까지는 여전히 그 효력을 유지한다. [날먹행 81p]

□□□□□

조 19-1. 국회법에 의하면 중앙행정기관의 장은 법률에서 위임한 사항이나 법률을 집행하기 위하여 필요한 사항을 규정한 대통령령·총리령·부령·훈령·예규·고시 등이 제정·개정 또는 폐지되었을 때에는 10일 이내에 이를 국회 소관 상임위원회에 제출하여야 한다. (22지방7급,21국회8급,18경행)

□□□□□

조 19-2. 국회법에 의하면 대통령의 경우에는 입법예고를 할 때(입법예고를 생략하는 경우에는 법제처장에게 심사를 요청할 때를 말한다)에도 그 입법예고안을 10일 이내에 이를 국회 소관 상임위원회에 제출하여야 한다. (22지방7급,18경행)

□□□□□

조 19-3. 긴급명령이나 긴급재정경제명령은 지체없이 국회의 승인을 받아야 하며 승인을 얻지 못한 때에는 그 명령은 그 때부터 효력을 상실한다. (20소방)

• **법규명령에 대한 입법적 통제**
  1) 직접적 통제
  → **의회제출제도**: **국회법 제98조의2(대통령령 등의 제출 등)** ① 중앙행정기관의 장은 법률에서 위임한 사항이나 법률을 집행하기 위하여 필요한 사항을 규정한 대통령령 · 총리령 · 부령 · 훈령 · 예규 · 고시 등이 제정 · 개정 또는 폐지되었을 때에는 10일 이내에 이를 국회 소관 상임위원회에 제출하여야 한다. 다만, 대통령령의 경우에는 입법예고를 할 때(입법예고를 생략하는 경우에는 법제처장에게 심사를 요청할 때를 말한다)에도 그 입법예고안을 10일 이내에 제출하여야 한다.
  → **승인유보제도**: 헌법은 **대통령이 긴급명령이나 긴급재정 · 경제명령**을 행사한 때에는 **지체없이 국회의 승인을 받아야 하며 승인을 얻지 못한 때에는 그 명령은 그때부터 효력을 상실**한다고 규정함.
  2) 간접적 통제 → 헌법상 국회의 국정감사 또는 조사권(§61), 국무총리에 대한 질문권(§62), 국무총리 또는 국무위원의 해임건의권(§63) 및 대통령에 대한 탄핵소추권(§65) 등 [날먹행 81p]

OX 정답

17. O 18. X 19-1. O 19-2. O 19-3. O

□□□□□ ★★

판 19-4. 법원이 구체적 규범통제를 통해 위헌·위법으로 선언할 심판대상은, 해당 규정의 전부가 불가분적으로 결합되어 있어 일부를 무효로 하는 경우 나머지 부분이 유지될 수 없는 결과를 가져오는 특별한 사정이 없는 한, 원칙적으로 해당 규정 중 재판의 전제성이 인정되는 조항에 한정된다. (20지방·서울7급)

판례 법원이 구체적 규범통제를 통해 위헌·위법으로 선언할 심판대상은, 해당 규정의 전부가 불가분적으로 결합되어 있어 일부를 무효로 하는 경우 나머지 부분이 유지될 수 없는 결과를 가져오는 특별한 사정이 없는 한, 원칙적으로 해당 규정 중 재판의 전제성이 인정되는 조항에 한정된다(2017두33985). [날먹행 82p]

□□□□□ ★★

이 20. 법원에 의한 명령 · 규칙의 위헌 · 위법심사는 그 위헌 또는 위법의 여부가 재판의 전제가 된 경우에 비로소 가능하다. (23지방9급,16국회8급)

- **법원에 의한 명령 · 규칙에 대한 위헌 · 위법심사는** 간접적 규범통제가 원칙.
  → **헌법 제107조 2항: 명령 · 규칙 또는 처분**이 헌법이나 법률에 위반되는 여부가 **재판의 전제가 된 경우**에는 **대법원**은 이를 최종적으로 심사할 권한을 가진다. [날먹행 82p]

□□□□□

이 21. 법규명령에 대한 법원의 위헌 · 위법결정은 원칙적으로 당해 사건에 한하여 그 적용이 거부된다. (19경행)

- 법규명령의 위법성이 인정되는 경우, **당해 사건에 한하여 그 법규명령이 적용되지 않음.** [날먹행 82p]

□□□□□ ★★

조 22. 행정소송에 대한 대법원 판결에 의하여 명령 · 규칙이 헌법 또는 법률에 위반된다는 것이 확정된 경우, 대법원은 지체없이 그 사유를 해당 법령의 소관부처의 장에게 통보하여야 한다.
(23군무원7급,21소방간부,19국가9급,18소방, 등)

- **행정소송법 제6조(명령 · 규칙의 위헌판결등 공고)** ①행정소송에 대한 대법원판결에 의하여 명령 · 규칙이 헌법 또는 법률에 위반된다는 것이 확정된 경우에는 **대법원은 지체없이 그 사유를 행정안전부장관에게 통보하여야** 한다.
  ②제1항의 규정에 의한 통보를 받은 행정안전부장관은 지체없이 이를 관보에 게재하여야 한다.

Tip 소관부처의 장, 법무부장관 X [날먹행 82p]

OX 정답

19-4. O 20. O 21. O 22. X

□□□□□ ★★★

판 23-1. 법규명령이 구체적인 집행행위 없이 직접 개인의 권리의무에 영향을 주는 경우 처분성이 인정된다. (18소방,17국가9급 등)

□□□□□ ★★★

판 23-2. 대법원은, 조례가 집행행위의 개입 없이도 그 자체로서 직접 국민의 구체적인 권리의무나 법적 이익에 영향을 미치는 등의 법률상 효과를 발생하는 경우 그 조례는 항고소송의 대상이 되는 행정처분에 해당된다고 본다. (22국회9급,21소방,18서울7급 등)

- 행정소송법상 항고소송의 대상은 '처분 등'인데, 법규명령은 이에 포함되지 않으므로 **원칙적으로 항고소송의 대상 X 다만, 법규명령이 처분적 성질을 가지는 경우(일반적·추상적인 법령 그 자체로서 국민의 구체적인 권리·의무에 직접적인 변동을 초래하는 것)**에는 항고소송의 대상이 **될 수 있고, 조례가 집행행위의 개입 없이도 그 자체로서 직접 국민의 구체적인 권리의무나 법적 이익에 영향을 미치는 등의 법률상 효과를 발생하는 경우** 그 조례는 항고소송의 대상이 되는 행정처분에 해당. ex)두밀분교폐지조례 [날먹행 82p]

□□□□□ ★★★

판 24. 헌법재판소는 대법원규칙인 구 '법무사법 시행규칙'에 대해, 법규명령이 별도의 집행행위를 기다리지 않고 직접 기본권을 침해하는 것일 때에는 헌법 제107조 제2항의 명령·규칙에 대한 대법원의 최종심사권에도 불구하고 헌법소원심판의 대상이 된다고 한다. (21소방간부,21변시,18지방7급)

- **법규명령에 대한 헌법재판소에 의한 통제**
  1) 대법원: 헌법 107조2항이 명령·규칙에 대한 위헌·위법 심사권을 일반법원에 부여하고 있으므로, **헌법재판소는 법규명령에 대한 심사권을 가지지 않는다고 함.**
  2) 헌법재판소: **법규명령이 별도의 집행행위를 기다리지 않고(=재판의 전제가 됨이 없이) 직접 개인의 기본권을 침해하는 경우에는 헌법소원의 대상이 된다**고 판시함(89헌마178). [날먹행 83p]

□□□□□ ★

이 25-1. 입법부가 법률로써 행정부에게 특정한 사항을 위임했음에도 불구하고 행정부가 정당한 이유 없이 이를 이행하지 않는다면 권력분립의 원칙과 법치국가 내지 법치행정의 원칙에 위배되는 것으로서 위법함과 동시에 위헌적인 것이 된다. (20군무원9급 등)

□□□□□ ★

이 25-2. 삼권분립의 원칙, 법치행정의 원칙을 당연한 전제로 하고 있는 우리 헌법하에서 행정권의 행정입법 등 법집행의무는 헌법적 의무라고 보아야 한다. (22군무원9급)

□□□□□ ★★★

이 25-3. 행정입법부작위가 위헌 또는 위법이라고 하기 위해서는 행정청에게 행정입법을 하여야 할 작위의무를 전제로 하는 것이므로, 만일 하위 행정입법의 제정 없이 상위법령의 규정만으로도 집행이 이루어질 수 있는 경우라면 행정청에게 하위 행정입법을 제정하여야 할 작위의무가 인정되지 않는다. (23지방9급,22경간,22군무원9급,21국회8급)

OX 정답

23-1. ○ 23-2. ○ 24. ○ 25-1. ○ 25-2. ○ 25-3. ○

□□□□□ ★

이 25-4. 현행법상 행정권의 시행명령제정의무를 규정하는 명시적인 법률규정은 없다. **(22군무원9급)**

- **행정입법부작위**
  행정권에게 명령을 제정·개정 또는 폐지할 법적 의무가 있음에도 불구하고 합리적인 이유없이 지체하여 명령을 제정·개정 또는 폐지하지 않는 것(부작위)을 말한다. **행정권의 행정입법 등 법집행의무는 헌법적 의무(헌법적 작위의무의 발생)**인데, 이를 정당한 이유 없이 이행하지 않는 것은 **권력분립의 원칙과 법치국가 내지 법치행정의 원칙에 위배되는 것으로서 위법함과 동시에 위헌적인 것**이 된다. 현행법상 행정권의 시행명령제정의무를 규정하는 명시적인 규정은 없음.
  [날먹행 83p]

□□□□□ ★★★

이 26-1. 상위법령의 시행을 위하여 법규명령을 제정하여야 할 의무가 인정됨에도 불구하고 법규명령을 제정하고 있지 않은 경우, 그러한 부작위는 부작위위법확인소송을 통하여 다툴 수 있다.
(23경간,23변시,22지방7급,22경간,22군무원9급,22소방간부,20경행,20국가7급,20국회9급,18국가9급)

□□□□□

이 26-2. '특정다목적댐법'에서 댐 건설로 손실을 입으면 국가가 보상해야 하고 그 절차와 방법은 대통령령으로 제정토록 명시되어 있음에도 미제정된 경우, 법령제정의 여부는 '행정소송법'상 부작위위법확인소송의 대상이 될 수 없다. **(23국가9급)**

판례 특정다목적댐법 제41조에 의하면 다목적댐 건설로 인한 손실보상 의무가 국가에게 있고 같은 법 제42조에 의하면 손실보상 절차와 그 방법 등 필요한 사항은 대통령령으로 규정하도록 되어 있음에도 피고가 이를 제정하지 아니한 것은 행정입법부작위에 해당하는 것이어서 그 부작위위법확인을 구한다고 주장하나, 행정소송은 구체적 사건에 대한 법률상 분쟁을 법에 의하여 해결함으로써 법적 안정을 기하자는 것이므로 **부작위위법확인소송의 대상이 될 수 있는 것은 구체적 권리의무에 관한 분쟁이어야 하고 추상적인 법령에 관하여 제정의 여부 등은 그 자체로서 국민의 구체적인 권리의무에 직접적 변동을 초래하는 것이 아니어서 행정소송의 대상이 될 수 없으므로** 이 사건 소는 부적법하다고 판단하였다(91누11261). **[날먹행 84p]**

□□□□□ ★★

판 27. 헌법재판소는 적극적 행정입법은 물론 행정입법의 부작위에 대하여서도 헌법소원심판의 대상성을 인정한다. **(22경간)**

판례 헌법재판소는 치과전문의자격시험 불실시에 대한 위헌 확인 사건 등에서 **행정입법부작위는 공권력의 불행사에 해당**하므로 **헌법소원의 대상이 된다**고 본다(96헌마246). **[날먹행 84p]**

□□□□□ ★

판 28-1. 대통령령의 입법부작위에 대한 국가배상책임은 인정되지 않는다. **(21지방9급,21국회8급,20경행)**

OX 정답

25-4. O 26-1. X 26-2. O 27. O 28-1. X

□□□□□ ★

판 28-2. 법률에서 군법무관의 보수에 관한 구체적 내용을 시행령에 위임했음에도 불구하고 행정부가 정당한 이유없이 시행령을 제정하지 않은 것은 불법행위에 해당하므로 국가배상청구의 대상이 된다. (23변시,22소방,21국회8급,21지방9급,20소방간부)

판례 구 군법무관임용법 제5조 제3항과 군법무관임용 등에 관한 법률 제6조가 군법무관의 보수를 법관 및 검사의 예에 준하도록 규정하면서 그 구체적 내용을 시행령에 위임하고 있는 이상, 위 법률의 규정들은 군법무관의 보수의 내용을 법률로써 일차적으로 형성한 것이고, 위 법률들에 의해 상당한 수준의 보수청구권이 인정되는 것이므로, 위 보수청구권은 단순한 기대이익을 넘어서는 것으로서 법률의 규정에 의해 인정된 재산권의 한 내용이 되는 것으로 봄이 상당하고, 따라서 **행정부가 정당한 이유 없이 시행령을 제정하지 않은 것은 위 보수청구권을 침해하는 불법행위에 해당한다**(2006다3561). → 국가배상책임 인정 [날먹행 84p]

□□□□□

조 29-1. 국가나 지방자치단체가 법령등을 제정·개정·폐지하고자 하거나 그와 관련된 활동을 할 때에는 헌법과 상위 법령을 위반해서는 아니 되며, 헌법과 법령등에서 정한 절차를 준수하여야 한다. (23소방간부)

□□□□□

조 29-2. 행정의 입법활동은 일반 국민 및 이해관계자로부터 의견을 수렴하고 관계 기관과 충분한 협의를 거쳐 책임 있게 추진되어야 한다. (23소방간부)

□□□□□

조 29-3. 법령등의 내용과 규정은 다른 법령등과 조화를 이루어야 하고, 법령등 상호 간에 중복되거나 상충되지 아니하여야 한다. (23소방간부)

□□□□□

조 29-4. 법령등은 일반 국민이 그 내용을 쉽고 명확하게 이해할 수 있도록 알기 쉽게 만들어져야 한다. (23소방간부)

□□□□□

조 29-5. 행정의 입법활동의 절차 및 정부입법계획의 수립에 관하여 필요한 사항은 정부의 법제업무에 관한 사항을 규율하는 부령으로 정한다. (23소방간부)

행정기본법 제38조(행정의 입법활동) ① 국가나 지방자치단체가 법령등을 제정 · 개정 · 폐지하고자 하거나 그와 관련된 활동(법률안의 국회 제출과 조례안의 지방의회 제출을 포함하며, 이하 이 장에서 "행정의 입법활동"이라 한다)을 할 때에는 헌법과 상위 법령을 위반해서는 아니 되며, 헌법과 법령등에서 정한 절차를 준수하여야 한다.

② 행정의 입법활동은 다음 각 호의 기준에 따라야 한다.

1. 일반 국민 및 이해관계자로부터 의견을 수렴하고 관계 기관과 충분한 협의를 거쳐 책임 있게 추진되어야 한다.
2. 법령등의 내용과 규정은 다른 법령등과 조화를 이루어야 하고, 법령등 상호 간에 중복되거나 상충되지 아니하여야 한다.
3. 법령등은 일반 국민이 그 내용을 쉽고 명확하게 이해할 수 있도록 알기 쉽게 만들어져야 한다.

③ 정부는 매년 해당 연도에 추진할 법령안 입법계획(이하 "정부입법계획"이라 한다)을 수립하여야 한다.

④ 행정의 입법활동의 절차 및 정부입법계획의 수립에 관하여 필요한 사항은 정부의 법제업무에 관한 사항을 규율하는 대통령령으로 정한다. [날먹행 81p]

OX 정답

28-2. ○ 29-1. ○ 29-2. ○ 29-3. ○ 29-4. ○ 29-5. X

제 3 절 행정규칙

□□□□□ ★★

이 1. 행정규칙의 제정을 위해서는 행정의 법률적합성의 원칙상 위임입법금지의 원칙에 따라 법률적 근거가 필요하다. (19서울7급,18국가9급)

• **행정규칙은 행정조직 내부에서 발하는 일반적 · 추상적 규율이므로, 법적 근거 불요** [날먹행 84p]

□□□□□ ★★★

판 2. 고시에 대하여 헌법재판소는 고시가 일반 · 추상적 성격을 가질 때는 법규명령 또는 행정규칙에 해당하지만, 고시가 구체적인 규율의 성격을 갖는다면 행정처분에 해당한다고 본다. (22소방승진,19국가9급,19서울9급,18국가9급)

판례 고시 또는 공고의 법적 성질은 일률적으로 판단될 것이 아니라 고시에 담겨진 내용에 따라 구체적인 경우마다 달리 결정된다고 보아야 한다. 즉, **고시가 일반 · 추상적 성격을 가질 때는 법규명령 또는 행정규칙에 해당**하지만, 고시가 구체적인 규율의 성격을 갖는다면 행정처분에 해당한다(97헌마141). [날먹행 85p]

□□□□□ ★★★

이 3-1. 재량준칙은 제정됨으로써 일반적으로 행정조직 내부 뿐만 아니라 대외적인 구속력을 갖는다. (19서울9급,17국가7급)

• 행정규칙은 행정 내부에선 구속력을 가지므로, 공무원이 행정규칙을 따르지 않으면 징계사유가 되며, 행정기관은 이를 준수할 의무가 있음 [날먹행 85p]

□□□□□ ★

이 3-2. 상급행정기관이 발한 위법이 의심되는 재량준칙에 불복한 공무원은 정당하므로 징계의 대상이 될 수 없다. (08지방9급)

• 행정규칙은 행정 내부에선 구속력을 가지므로, 공무원이 행정규칙을 따르지 않으면 징계사유가 되며, 행정기관은 이를 준수할 의무가 있음 [날먹행 85, 86p]

OX 정답

3절 1. X 2. O 3-1. X 3-2. X

□□□□□ ★★★

이 3-3. 재량준칙인 경우에는 행정청에 의하여 반복되어 시행되더라도 이는 행정법상 일반원칙에 따른 대외적인 구속력을 가지는 것은 아니다. (18서울7급,17국가9급)

□□□□□ ★

이 3-4. 설정된 재량기준이 객관적으로 합리적이 아니라거나 타당하지 않다고 볼 만한 다른 특별한 사정이 없다면 행정청의 의사는 존중되어야 한다. (21지방7급)

- **행정규칙의 외부적 효력**
  원칙적으로 법규성이 인정되지 않으나, 행정규칙이 되풀이 시행되어 행정관행이 성립되면 평등의 원칙, 자기구속의 원칙에 의해 대외적 효력이 인정됨.
  다만, **행정규칙이 이를 정한 행정기관의 재량에 속하는 사항에 관한 것인 때**에는 그 규정 내용이 객관적인 합리성을 결여하였다는 등의 특별한 사정이 없는 한 **법원은 이를 존중하는 것이 바람직**하다(2013두20011). **[날먹행 86p]**

□□□□□ ★★

이 4-1. 행정규칙은 보통 훈령, 고시, 예규의 형식으로 행하여지며 고유한 서식에 따라야 한다. (11국회9급)

- **행정규칙의 형식에 관한 요건**
  훈령·고시·예규·통첩 등의 형식으로 행해지고, 방식은 문서,구술 모두 가능하다. **[날먹행 86p]**

□□□□□ ★★

이 4-2. 고시가 법령의 규정을 보충하는 기능을 가지면서 그와 결합하여 대외적인 구속력이 있는 법규명령으로서의 효력을 가지는 경우에도 그 자체가 법령은 아니고 행정규칙에 지나지 않으므로 적당한 방법으로 이를 일반인 또는 관계인에게 표시 또는 통보함으로써 그 효력이 발생한다. (21군무원7급,20군무원9급,19서울7급,18서울7급)

- **행정규칙의 효력발생요건**
  공포의 형식을 요하지 않고, 관보 게재 등 적당한 방법으로 일반인 또는 관계인에게 표시 또는 통보함으로써 효력이 발생함. **[날먹행 86p]**

□□□□□ ★★★

판 5-1. 상급행정기관이 하급행정기관에 대하여 업무처리지침이나 법령의 해석작용에 관한 기준을 정하여서 발하는 이른바 행정규칙은 일반적으로 행정조직 내부에서의 효력 뿐만 아니라 대외적인 구속력도 갖는다. (23군무원9급,22소방승진)

판례 상급행정기관이 하급행정기관에 대하여 업무처리지침이나 법령의 해석적용에 관한 기준을 정하여 발하는 이른바 행정규칙은 **일반적으로 행정조직 내부에서만 효력**을 가질 뿐 대외적인 구속력을 갖는 것은 아님(97누19915). **[날먹행 86p]**

OX 정답

3-3. X 3-4. O 4-1. X 4-2. O 5-1. X

□□□□□★★

판 5-2. 행정규칙은 행정규칙을 제정한 행정기관에 대하여는 대내적으로 법적 구속력을 갖지 않는다. (21군무원9급)

□□□□□★★★

판 5-3. 행정처분이 법규성이 없는 내부지침 등의 규정에 위배된다고 하더라도 그 이유만으로 처분이 위법하게 되는 것은 아니며, 내부지침 등에서 정한 요건에 부합한다고 하여 반드시 그 처분이 적법한 것이라고 할 수도 없다. (23경간,22국가7급,22지방7급,22소방)

- **행정규칙의 내부적 효력**

행정 내부에선 구속력을 가짐. 다만 행정규칙은 행정규칙을 제정한 행정기관에 대하여는 대내적으로 법적 구속력을 갖지 않음.

판례 상급행정기관이 소속 공무원이나 하급행정기관에 대하여 업무처리지침이나 법령의 해석·적용 기준을 정해 주는 **'행정규칙'은 일반적으로 행정조직 내부에서만 효력을 가질 뿐 대외적으로 국민이나 법원을 구속하는 효력이 없다.** 공무원의 조치가 행정규칙을 위반하였다고 해서 그러한 사정만으로 곧바로 위법하게 되는 것은 아니고, 공무원의 조치가 행정규칙을 따른 것이라고 해서 적법성이 보장되는 것도 아니다. **공무원의 조치가 적법한지는 행정규칙에 적합한지 여부가 아니라 상위법령의 규정과 입법 목적 등에 적합한지 여부에 따라 판단해야 한다**(2017다211559,2015두40248).

[날먹행 86p]

□□□□□

판 5-4. 행정규칙의 내용이 상위법령이나 법의 일반원칙에 반하는 것이라면 행정내부적 효력도 인정될 수 없다. (22국가7급)

판례 **행정규칙의 내용이 상위법령이나 법의 일반원칙에 반하는 것이라면 법치국가원리에서 파생되는 법질서의 통일성과 모순금지 원칙에 따라 그것은 법질서상 당연무효이고, 행정내부적 효력도 인정될 수 없다.** 이러한 경우 법원은 해당 행정규칙이 법질서상 부존재하는 것으로 취급하여 행정기관이 한 조치의 당부를 상위법령의 규정과 입법 목적 등에 따라서 판단하여야 한다(2017두66541).

[날먹행 86p]

□□□□□★★

판 6-1. 대법원은 제재적 처분의 기준이 대통령령의 형식으로 정해진 경우 당해 기준을 법규명령으로 보고 있다. (17사복9급,16국회9급,15교행9급)

□□□□□★★

판 6-2. 법규명령 형식의 행정규칙과 관련하여 대법원은 대통령령(시행령)과 부령(시행규칙)간의 구분 없이 실질적인 행정규칙의 성질을 인정하고 있다. (16교행9급,15경행)

- **법규명령 형식의 행정규칙** (대법원 입장)

1) 대통령령 형식: 법규명령 (법규성 인정)
2) 부 령 형식: 행정규칙 (법규성 부정)

[날먹행 87p]

OX 정답

5-2. ○ 5-3. ○ 5-4. ○ 6-1. ○ 6-2. X

□□□□□ ★★★

판 6-3. '주택건설촉진법시행령' 제10조의3 제1항 [별표1]은 '주택건설촉진법' 제7조 제2항의 위임규정에 터잡은 규정형식상 대통령령이므로 대외적으로 국민이나 법원을 구속하는 힘이 있다. (13국가9급)

> 판례 당해 처분의 기준이 된 **주택건설촉진법시행령 제10조의3 제1항 [별표 1]은 주택건설촉진법 제7조 제2항의 위임규정에 터잡은 규정형식상 대통령령**이므로 그 성질이 부령인 시행규칙이나 또는 지방자치단체의 규칙과 같이 통상적으로 행정조직 내부에 있어서의 행정명령에 지나지 않는 것이 아니라 **대외적으로 국민이나 법원을 구속하는 힘이 있는 법규명령**에 해당한다(97누15418). [날먹행 87p]

□□□□□ ★★

판 7. '국토의 계획 및 이용에 관한 법률' 및 같은 법 시행령이 정한 이행강제금의 부과기준은 단지 상한을 정한 것에 불과한 것이므로 행정청에 이와 다른 이행강제금액을 결정할 재량권이 있다. (15지방7급)

> 판례 **국토계획법 및 국토의 계획 및 이용에 관한 법률 시행령이 정한 이행강제금의 부과기준은 단지 상한을 정한 것에 불과한 것이 아니라, 위반행위 유형별로 계산된 특정 금액을 규정**한 것이므로 행정청에 이와 다른 이행강제금액을 결정할 **재량권이 없다**고 보아야 한다(2013두8653). [날먹행 87p]

□□□□□ ★★★

판 8. 구 '청소년보호법'의 위임에 따라 제정된 '청소년보호법 시행령'으로 정한 '위반행위의 종별에 따른 과징금 처분기준'은 법규명령에 해당되며, 그 기준에서 정한 과징금 액수는 정액이 아니라 최고한도액이다. (19지방9급,18지방9급,17지방9급 등)

> 판례 구 청소년보호법 제49조 제1항, 제2항에 따른 같은법시행령 제40조 [별표 6]의 **위반행위의종별에따른과징금처분기준은** 법규명령이기는 하나 모법의 위임규정의 내용과 취지 및 헌법상의 과잉금지의 원칙과 평등의 원칙 등에 비추어 같은 유형의 위반행위라 하더라도 그 규모나 기간 · 사회적 비난 정도 · 위반행위로 인하여 다른 법률에 의하여 처벌받은 다른 사정 · 행위자의 개인적 사정 및 위반행위로 얻은 불법이익의 규모 등 여러 요소를 종합적으로 고려하여 사안에 따라 적정한 과징금의 액수를 정하여야 할 것이므로 그 수액은 정액이 아니라 최고한도액이다(99두5207). [날먹행 87p]

□□□□□ ★★

판 9. 제재적 처분기준이 부령의 형식으로 규정되어 있는 경우, 그 처분기준에 따른 제재적 행정처분이 현저히 부당하다고 인정할 만한 합리적인 이유가 없는 한 섣불리 그 처분이 재량권의 범위를 일탈하였거나 재량권을 남용한 것이라고 판단해서는 안된다. (23변시,22지방7급,21지방7급,21국가9급,17지방9급)

> 판례 **제재적 행정처분의 기준이 부령의 형식으로 규정**되어 있더라도 그것은 행정청 내부의 사무처리준칙을 정한 것에 지나지 아니하여 **대외적으로 국민이나 법원을 기속하는 효력이 없고**, 당해 처분의 적법 여부는 위 처분기준만이 아니라 관계 법령의 규정 내용과 취지에 따라 판단되어야 하므로, 위 처분기준에 적합하다 하여 곧바로 당해 처분이 적법한 것이라고 할 수는 없지만, 위 처분기준이 그 자체로 헌법 또는 법률에 합치되지 아니하거나 위 처분기준에 따른 **제재적 행정처분이 그 처분사유가 된 위반행위의 내용 및 관계 법령의 규정 내용과 취지에 비추어 현저히 부당하다고 인정할 만한 합리적인 이유가 없는 한** 섣불리 그 처분이 재량권의 범위를 일탈하였거나 재량권을 남용한 것이라고 판단해서는 안 된다(2007두6946). [날먹행 87p]

OX 정답

6-3. O 7. X 8. O 9. O

□□□□□ ★★★

판 10-1. 부령인 '식품위생법 시행규칙'에 위반행위의 종류 및 위반 횟수에 따른 행정처분의 기준을 구체적으로 정하고 있는 경우에 이 행정처분기준은 행정기관 내부의 사무처리준칙을 규정한 것에 불과하여 법적 구속력이 인정되지 않는다. (21국가9급,17국가9급,17지방7급 등)

□□□□□ ★★★

판 10-2. 대법원은 제재적 처분의 기준이 부령 형식이 규정되어 있더라도 그것은 행정청 내부의 사무처리준칙을 정한 것에 지나지 아니하여 대외적으로 국민이나 법원을 기속하는 효력이 없고, 당해 처분의 적법여부는 위 처분기준 뿐만 아니라 관계 법령의 규정내용과 취지에 따라야 한다고 판단하였다. (22국가9급,22지방9급,20지방9급)

판례 **구 식품위생법시행규칙 제53조에서 [별표 15]**로 식품위생법 제58조에 따른 행정처분의 기준을 정하였다고 하더라도 이는 형식만 부령으로 되어 있을 뿐, 그 **성질은 행정기관 내부의 사무처리준칙을 정한 것으로서** 행정명령의 성질을 가지는 것이고, 대외적으로 국민이나 법원을 기속하는 힘이 있는 것은 아니**므로** 같은 법 제58조 제1항에 의한 **처분의 적법 여부**는 같은법 시행규칙에 적합한 것인가의 여부에 따라 판단할 것이 아니라 **같은 법의 규정 및 그 취지에 적합한 것인가의 여부에 따라 판단하여야 한다**(94누6925). [날먹행 88p]

□□□□□ ★★★

판 11-1. 공공기관의 운영에 관한 법률에 따라 입찰참가자격 제한 기준을 정하고 있는 구 공기업 준정부기관 계약사무규칙, 국가를 당사자로 하는 계약에 관한 법률 시행규칙은 대외적으로 국민이나 법원을 기속하는 효력이 없다. (23군무원9급,17서울9급)

판례 공공기관의 운영에 관한 법률 제39조 제2항, 제3항에 따라 입찰참가자격 제한기준을 정하고 있는 구 **공기업 · 준정부기관 계약사무규칙 제15조 제2항, 국가를 당사자로 하는 계약에 관한 법률 시행규칙 제76조 제1항 [별표 2], 제3항** 등은 **비록 부령의 형식으로 되어 있으나 규정의 성질과 내용이 공기업 · 준정부기관(이하 '행정청'이라 한다)이 행하는 입찰참가자격 제한처분에 관한** 행정청 내부의 재량준칙을 정한 것에 지나지 아니하여 대외적으로 국민이나 법원을 기속하는 효력이 없다(2013두18964). [날먹행 88p]

□□□□□ ★★

판 11-2. '검찰보존사무규칙'은 '검찰청법' 제 11조에 기하여 제정된 법무부령이므로, 불기소사건기록의 열람·등사의 제한을 정하고 있는 '검찰보존사무규칙' 제 22조는 법규명령으로서 효력을 가진다. (23지방9급,23경간,21변시)

판례 검찰보존사무규칙이 검찰청법 제11조에 기하여 제정된 법무부령이기는 하지만, **그 사실만으로 같은 규칙 내의 모든 규정이 법규적 효력을 가지는 것은 아니다.** 기록의 열람·등사의 제한을 정하고 있는 같은 규칙 제22조는 **법률상의 위임근거가 없어 행정기관 내부의 사무처리준칙으로서 행정규칙에 불과**하므로, 위 규칙상의 열람·등사의 제한을 공공기관의 정보공개에 관한 법률 제9조 제1항 제1호의 '다른 법률 또는 법률에 의한 명령에 의하여 비공개사항으로 규정된 경우'에 해당한다고 볼 수 없다(2006두3049). [날먹행 88p]

OX 정답

10-1. O 10-2. O 11-1. O 11-2. X

□□□□□

판 11-3. '산업재해보상보험법 시행령' [별표3] '업무상 질병에 대한 구체적인 인정 기준'은 예시적 규정에 불과한 이상 그 위임에 따른 고용노동부 고시가 대외적으로 국민과 법원을 구속하는 효력이 있는 규범이라고 볼 수 없다. **(22경간)**

판례 산업재해보상보험법 시행령 [별표 3] '업무상 질병에 대한 구체적인 인정 기준'은 '뇌혈관 질병 또는 심장 질병', '근골격계 질병'의 업무상 질병 인정 여부 결정에 필요한 사항은 고용노동부장관이 정하여 고시하도록 위임하고 있다(제1호 다.목, 제2호 마.목). **위임근거인 산업재해보상보험법 시행령 [별표 3] '업무상 질병에 대한 구체적인 인정 기준'이 예시적 규정에 불과한 이상, 그 위임에 따른 고용노동부 고시가 대외적으로 국민과 법원을 구속하는 효력이 있는 규범이라고 볼 수는 없고,** 상급행정기관이자 감독기관인 고용노동부장관이 그 지도·감독 아래 있는 근로복지공단에 대하여 행정내부적으로 업무처리지침이나 법령의 해석·적용 기준을 정해주는 **'행정규칙' 이라고 보아야** 한다(2020두39297). **[날먹행 88p]**

□□□□□★

판 11-4. '공기업 준정부기관 계약사무규칙'에 따른 낙찰적격 세부기준은 국민의 권리의무에 영향을 미치므로 대외적 구속력이 인정된다. **(23군무원9급)**

판례 피고가 2008. 12. 31. 원고에 대하여 한 **공사낙찰적격심사 감점처분**(이하 '이 사건 감점조치'라 한다)**의 근거로 내세운 규정은 피고의 공사낙찰적격심사세부기준**(이하 '이 사건 세부기준'이라 한다) 제4조 제2항인 사실, 이 사건 세부기준은 공공기관의 운영에 관한 법률 제39조 제1항, 제3항, 구 공기업·준정부기관 계약사무규칙 제12조에 근거하고 있으나, 이러한 규정은 공공기관이 사인과 사이의 계약관계를 공정하고 합리적·효율적으로 처리할 수 있도록 관계 공무원이 지켜야 할 계약사무처리에 관한 필요한 사항을 규정한 것으로서 **공공기관의 내부규정에 불과하여 대외적 구속력이 없는 것임을 알 수 있다**(2010두6700). **[날먹행 88p]**

□□□□□★★

판 12. 대법원은 구 '여객자동차 운수사업법 시행규칙' 제31조 제2항 제1호, 제2호, 제6호는 구 '여객자동차 운수사업법' 제11조 제4항의 위임에 따라 시외버스운송사업의 사업계획변경에 관한 절차, 인가기준 등을 구체적으로 규정한 것으로서 행정청 내부의 사무처리 준칙을 규정한 행정규칙에 불과하다고 할 수는 없다고 한다. **(17국가9급,16경행)**

판례 **구 여객자동차 운수사업법 시행규칙 제31조 제2항 제1호, 제2호, 제6호**는 구 여객자동차 운수사업법 제11조 제4항의 위임에 따라 시외버스운송사업의 사업계획변경에 관한 절차, 인가기준 등을 구체적으로 규정한 것으로서, **대외적인 구속력이 있는 법규명령**이라고 할 것이고, 그것을 행정청 내부의 사무처리준칙을 규정한 행정규칙에 불과하다고 할 수는 없다.(2003두4355) **→ 법규명령 형식의 행정규칙 중 부령 형식임에도 법규명령에 해당하는 예외적 판례** ('특허'의 인가기준을 법령의 위임을 받아 부령으로 정한 경우) **[날먹행 88p]**

OX 정답

11-3. ○ 11-4. X 12. ○

□□□□□ ★★★

판 13. 행정규칙인 고시가 법령의 수권에 의해 법령을 보충하는 사항을 정하는 경우에는 법령보충적 고시로서 근거법령규정과 결합하여 대외적으로 구속력을 가진다. (21군무원9급,20군무원9급,20국가9급,19국가7급,19서울9급,18국가9급,18경행)

· **행정규칙형식의 법규명령(법령보충규칙) → 수권법령과 결합하여 대외적인 구속력 있는 법규명령의 효력을 가짐.**

판례 법령의 규정이 특정행정기관에게 그 법령내용의 구체적 사항을 정할 수 있는 권한을 부여하면서 그 권한행사의 절차나 방법을 특정하고 있지 아니한 관계로 수임행정기관이 행정규칙의 형식으로 그 법령의 내용이 될 사항을 구체적으로 정하고 있는 경우, **행정기관에 법령의 구체적 내용을 보충할 권한을 부여한 법령규정의 효력에 의하여 그 내용을 보충하는 기능을 갖게 되고, 따라서 당해 법령의 위임한계를 벗어나지 아니하는 한 그것들과 결합하여 대외적인 구속력이 있는 법규명령으로서의 효력을 갖게 된다**(97누19915). → **헌법소원의 대상이 됨.** [날먹행 89p]

□□□□□ ★★

판 14. 국세청장의 훈령형식으로 되어 있는 '재산제세사무처리규정'은 '소득세법시행령'의 위임에 따라 그 내용을 보충하는 기능을 가지므로 '소득세법시행령'과 결합하여 대외적 효력을 갖는다. (13국가9급,13경행 등)

판례 **재산제세사무처리규정**이 국세청장의 **훈령형식**으로 되어 있다 하더라도 이에 의한 거래지정은 **소득세법시행령의 위임에 따라 그 규정의 내용을 보충하는 기능을 가지면서 그와 결합하여 대외적 효력을 발생**하게 된다 할 것이므로 그 보충규정의 내용이 위 법령의 위임한계를 벗어났다는 등 특별한 사정이 없는 한 양도소득세의 실질거래가액에 의한 과세의 법령상의 근거가 된다(86누484). [날먹행 89p]

□□□□□

판 15. 판례는 "주유소의 진출입로는 도로상의 횡단보도로부터 10m 이상 이격되게 설치하여야 한다."고 규정한 '전라남도 주유소 등록요건에 관한 고시' 제2조 제2항 [별표1]에 대하여 법규명령으로서의 효력을 긍정하였다. (09지방9급).

해설 석유사업법 제9조 제1항, 제3항, 석유사업법시행령 제15조 [별표 2]의 각 규정에 따라 전라남도지사는 **전라남도 주유소등록요건에관한고시** 제2조 제2항 [별표 1]에서 **주유소의 진출입로는 도로상의 횡단보도로부터 10m 이상 이격되게 설치하여야 한다고 규정**하였는바, 위 고시는 석유사업법 및 그 시행령의 위의 규정이 도지사에게 그 법령내용의 구체적인 사항을 정할 수 있는 권한을 부여하면서 그 권한행사의 절차나 방법을 정하지 아니하고 있는 관계로 도지사가 규칙의 형식으로 그 법령의 내용이 될 사항을 구체적으로 규정한 것으로서, 이는 **그 법령의 규정과 결합하여 대외적인 구속력이 있는 법규명령으로서의 효력**을 갖게 된다(98두7503). [날먹행 90p]

□□□□□ ★★

판 16. 구 식품위생법은 보건사회부장관(현 보건복지부장관)이 지정하여 고시하는 영업 또는 품목의 경우는 영업허가를 제한할 수 있다고 규정하였고, 이에 따라 보건사회부장관은 "그 전량을 수출하거나 주한 외국인에게만 판매한다는 요건을 갖춘 경우에만 보존음료수제조업의 허가를 할 수 있다."라는 고시를 발한 바 있었다. 위 고시의 법적 성질을 행정규칙으로 보는 것이 대법원의 입장이다. (10국가9급)

판례 **식품제조영업허가기준이라는 고시**는 공익상의 이유로 허가를 할 수 없는 영업의 종류를 지정할 권한을 부여한 구 식품위생법 제23조의3 제4호에 따라 보건사회부장관이 발한 것으로서, **실질적으로 법의 규정내용을 보충하는 기능을 지니면서 그것과 결합하여 대외적으로 구속력이 있는 법규명령의 성질**을 가진 것이다(92누1728). [날먹행 90p]

OX 정답

13. O 14. O 15. O 16. X

☐☐☐☐☐

판 17. 구 '지방공무원보수업무 등 처리지침'은 안전행정부 예규로서 행정규칙의 성질을 가진다. (18서울9급)

> 판례 **구 지방공무원보수업무 등 처리지침** [별표 1] '직종별 경력환산율표 해설'이 정한 민간근무경력의 호봉 산정에 관한 부분은 지방공무원법 제45조 제1항과 구 지방공무원 보수규정 제8조 제2항, 제9조의2 제2항, [별표 3]의 단계적 위임에 따라 행정자치부장관이 행정규칙의 형식으로 법령의 내용이 될 사항을 구체적으로 정한 것이고, 지침은 **상위법령과 결합하여 대외적인 구속력이 있는 법규명령으로서의 효력**을 갖게 된다(2015두53121). [날먹행 90p]

☐☐☐☐☐ ★★★

이 18-1. 법령보충적 행정규칙은 법령의 수권에 의하여 인정되고, 그 수권은 포괄위임금지의 원칙상 구체적 · 개별적으로 한정된 사항에 대하여 행해져야 한다. (19국가7급,16서울9급)

☐☐☐☐☐

이 18-2. 상위법령에 근거를 두고 있지 않은 훈령에만 근거하여 발령된 침익적 행정처분은 무효인 훈령에 기초한 것으로서 당연무효이다. (12국가7급)

> - **법령보충규칙의 한계**
>   가) 포괄적 위임금지의 원칙에 구속을 받으므로, 구체적 · 개별적으로 한정된 사항**에 대하여 행해져야** 하며
>   나) 상위법령이 위임한 내용범위를 벗어나거나 그 형식을 달리하는 경우,
>   다) 상위법령에 근거가 없는 경우에는 **법규성을 인정할 수 없다.**
> - 무효인 훈령에 기초한 행정처분은 하자가 중대명백하여 무효임. [날먹행 90p]

☐☐☐☐☐ ★★★

판 19. 고시가 비록 법령에 근거를 둔 것이라고 하더라도 그 규정 내용이 법령의 위임 범위를 벗어난 것일 경우에는 법규명령으로서의 대외적 구속력을 인정할 여지는 없다. (22지방9급,21국가7급,20지방9급,19서울7급)

> 판례 법률의 위임 규정 자체가 의미 내용을 정확하게 알 수 있는 용어를 사용하여 위임의 한계를 분명히 하고 있는데도 고시에서 문언적 의미의 한계를 벗어났다든지, 위임 **규정에서 사용하고 있는 용어의 의미를 넘어** 범위를 확장하거나 축소**함으로써 위임** 내용을 구체화하는 단계를 벗어나 새로운 **입법을 한 것으로 평가**할 수 있다면, 이는 **위임의 한계를 일탈한 것으로서 허용되지 아니한다**(2015두51132). [날먹행 90p]

☐☐☐☐☐ ★★★

판 20-1. 법령의 규정이 특정 행정기관에게 법령내용의 구체적 사항을 정할 수 있는 권한을 부여하면서 권한행사의 절차나 방법을 특정하지 아니한 경우에는 수임행정기관은 행정규칙으로 법령내용이 될 사항을 구체적으로 정할 수 있다. (20국가9급)

☐☐☐☐☐ ★★★

판 20-2. 상위법령에서 세부사항 등을 시행규칙으로 정하도록 위임하였으나, 이를 고시 등 행정규칙으로 정하였더라도 이는 대외적 구속력을 가지는 법규명령으로서 효력이 인정된다. (23소방,23경간,22경간,20지방9급,20지방7급,19지방9급,18서울9급,17서울7급 등)

OX 정답

17. X 18-1. ○ 18-2. ○ 19. ○ 20-1. ○ 20-2. X

□□□□□

판 20-3. 구 '주택건설촉진법' 제33조의6 제6항의 위임에 의하여 건설교통부장관의 '고시'형식으로 되어 있는 '주택건설공사 감리비 지급기준'은 이를 건설교통부령으로 정하도록 한 구 '주택법'이 시행된 이후에도 대외적인 구속력이 있는 법규명령으로서 효력을 가진다. (22경간)

판례 행정규칙이나 규정이 상위법령의 위임범위를 벗어난 경우에는 법규명령으로서 대외적 구속력을 인정할 여지는 없다. 이는 **행정규칙이나 규정 '내용'이 위임범위를 벗어난 경우**뿐 아니라 **상위법령의 위임규정에서 특정하여 정한 권한행사의** '절차'나 '방식'에 위배**되는 경우도 마찬가지**이므로, **상위법령에서 세부사항 등을 시행규칙으로 정하도록 위임하였음에도 이를 고시 등 행정규칙으로 정하였다면 그 역시 대외적 구속력을 가지는 법규명령으로서 효력이 인정될 수 없다.**
건설공사 등의 사업주체가 감리자에게 지급하여야 하는 **감리비의 지급기준을 건설교통부장관의 '고시' 형식으로 정한 '주택건설공사 감리비지급기준'**(이하 '감리비지급기준'이라 한다)은 구 주택건설촉진법제33조의6 제6항에서 '사업주체는 감리자에게 건설교통부장관이 정하는 바에 따라 공사감리비를 지급하여야 한다'고 규정한데 근거한 것인데, 그 법률이 주택법으로 전부 개정되면서 근거조항도 구 주택법 제24조 제6항으로 변경되었고, 개정 조항에서는 '사업주체는 감리자에게 건설교통부령이 정하는 절차 등에 의하여 공사감리비를 지급하여야 한다'고 되어 있다. 따라서 구 주택법이 시행된 이후에는 감리비의 지급기준 등은 **구 주택법이 규정한 바에 따라 '건설교통부령'의 형식으로 정해야 하므로, 건설교통부장관의 '고시' 형식으로 되어 있는 종전 '감리비지급기준'은** 구 주택법 제24조 제6항이 권한행사의 절차 및 방법을 특정하여 위임한 것에 위배되어 **더 이상 대외적인 구속력이 있는 법규명령으로서 효력을 가지지 못한다**(2010다72076). [날먹행 90p]

□□□□□★★

판 21-1. 구 '노인복지법' 및 같은 법 시행령은 65세 이상인 자에게 노령수당의 지급을 규정하고 있는데, 같은 법 시행령의 위임에 따라 보건사회부장관이 정한 70세 이상의 보호대상자에게만 노령수당을 지급하는 1994년도 노인복지사업지침은 법규명령의 성질을 가진다. (12국가9급)

□□□□□★★

판 21-2. 보건사회부장관이 정한 1994년도 노인복지사업지침은 노령수당의 지급대상자를 '70세 이상'의 생활보호대상자로 규정함으로써 구 노인복지법 제13조 제2항과 구 노인복지법 시행령 제20조 제1항에서 '65세 이상'의 자로 규정한 노령수당의 지급대상자를 부당하게 축소·조정하였으므로 그 부분은 법령의 위임한계를 벗어난 것이다. (18경행)

판례
- 보건사회부장관이 정한 1994년도 노인복지사업지침은 노령수당의 지급대상자의 선정기준 및 지급수준 등에 관한 권한을 부여한 노인복지법 제13조 제2항, 같은법시행령 제17조, 제20조 제1항에 따라 보건사회부장관이 발한 것으로서 **실질적으로 법령의 규정내용을 보충하는 기능을 지니면서 그것과 결합하여 대외적으로 구속력이 있는** 법규명령의 성질**을 가지는 것**으로 보인다(95누7727).
- 노인복지법 제13조 제2항의 규정에 따른 노인복지법시행령 제17조, 제20조 제1항은 노령수당의 지급대상자의 연령범위에 관하여 위 법 조항과 동일하게 '65세 이상의 자'로 반복하여 규정하였음에도, 보건사회부장관이 정한 1994년도 노인복지사업지침은 **노령수당의 지급대상자를 '70세 이상'의 생활보호대상자로 규정함으로써 당초 법령이 예정한 노령수당의 지급대상자를 부당하게 축소 · 조정**하였고, 따라서 '70세 이상'으로 규정한 부분은 법령의 위임한계를 벗어난 것이어서 그 효력이 없다(95누7727). → 주의! 법규명령에는 해당하나, 위임한계를 벗어난 것이어서 효력 X [날먹행 90p]

OX 정답

20-3. X 21-1. ○ 21-2. ○

□□□□□ ★★

이 22-1. 행정규칙도 행정작용의 하나이므로 하자가 있으면 하자의 정도에 따라 무효 또는 취소할 수 있는 행정규칙이 된다. (18서울7급)

□□□□□ ★

이 22-2. 해제조건의 성취는 법규명령과 행정규칙의 공통적 소멸사유이다. (12지방7급)

- **행정규칙의 하자- 하자있는 행정규칙은 무효임.**
  행정규칙의 소멸- 명시적·묵시적 폐지, 종기 도래, 해제조건의 성취 등으로 효력이 상실됨. **[날먹행 91p]**

□□□□□ ★★★

판 23. 헌법재판소 판례에 의하면, 재량준칙인 행정규칙도 행정의 자기구속의 법리에 의거하여 헌법소원심판의 대상이 될 수 있다. (23국가9급,23소방,21소방간부,21변시,20국가9급,19서울9급,18지방7급)

- **헌재에 의한 행정규칙의 통제**
  원칙: 행정규칙은 대외적 구속력이 없어 헌법소원의 대상 X
  예외: 법령보충규칙이나 재량준칙 등에 의해 행정관행이 성립되어 대외적인 구속력을 갖는 경우 헌법소원의 대상 O
  예) 청소년유해매체물의 표시방법에 관한 정보통신부 고시 **[날먹행 91p]**

OX 정답

22-1. X 22-2. O 23. O

02 행정행위

제1절 행정행위의 개념

□□□□□ ★★

OX 1-1. 행정권한을 위임받은 사인도 행정청으로서 행정행위를 할 수 있다. (15서울9급)

□□□□□ ★★★

OX 1-2. 교통안전공단이 구 '교통안전공단법'에 의거하여 교통안전 분담금 납부의무자에게 한 분담금납부통지는 행정처분이 아니다. (14국가9급)

- **행정행위**: ① 행정청이 ② 구체적인 사실에 관한 법집행으로서 행하는 ③ 외부적 효력을 갖는 ④ 공법상의 단독행위
- **'행정청'**은 기능적 개념으로, **각 행정기관의 장, 공공단체,** 공무수탁사인도 포함됨.

판례 교통안전공단법에 의거하여 교통안전분담금 납부의무자에게 한 분담금 납부통지는 행정처분에 해당한다 (2000다12716).

[날먹행 92,359p]

□□□□□ ★★

OX 2-1. 구체적 사실을 규율하는 경우라도 불특정 다수인을 상대방으로 하는 처분이라면 행정행위가 아니다. (16서울9급)

□□□□□ ★★★

OX 2-2. 지방경찰청장이 횡단보도를 설치하여 보행자통행방법을 규제하는 것은 행정행위에 해당한다. (22지방9급,20지방9급,17국가7급)

- **"구체적 사실"에 대한 행위** → 행정청의 개별적 · 구체적 규율을 의미함.
  - 불특정 다수인을 상대로 구체적인 법적 효과를 가져 오는 일반처분은 행정행위에 포함
    ex) 지방경찰청의 횡단보도를 설치하여 보행자의 통행방법 등을 규제하는 것
  - **일반적 · 추상적 규율인 법규명령은 행정행위에 해당 X**

[날먹행 92p]

□□□□□ ★

OX 3-1. 부하공무원에 대한 상관의 개별적인 직무명령은 행정행위가 아니다. (15서울9급)

□□□□□ ★★

OX 3-2. 행정행위는 법적행위이므로, 행정청이 도로를 보수하는 행위는 행정행위가 아니다. (15교행9급)

- **"외부"에 대한 "직접적인 법적효과"가 발생하는 행위**
  - **외부성은 행정청이 국민 등 행정의 상대방에게 하는 행위**를 의미.
    → 상관의 개별적인 직무명령과 같은 행정조직의 내부행위나,
    다른 행정청의 동의를 얻어 행정행위를 하는 경우 다른 행정청의 동의 그 자체는 행정행위에 해당 X.
  - 행정행위는 그로 인해 **직접적인 법적효과를 발생시켜야** 하므로,
    그 자체로 아무런 법적효과를 발생시키지 않는 사실행위(경계측량 및 표지의 설치, 도로보수행위) 및
    직접적이지 않는 행위(위법 건축물에 대한 행정청의 단전 및 전화통화 단절조치 요청행위)는 행정행위 해당 X

[날먹행 93p]

OX 정답

1-1. O 1-2. X 2-1. X 2-2. O 3-1. O 3-2. O

□□□□□ ★★

OX 3-3. 건설부장관(현 국토부장관)이 행한 국립공원지정처분에 따른 경계측량 및 표지의 설치 등은 처분이 아니다. (21소방,17지방9급)

판례 건설부장관이 행한 국립공원지정처분은 그 결정 및 첨부된 도면의 공고로써 그 경계가 확정되는 것이고, 시장이 행한 경계측량 및 표지의 설치 등은 공원관리청이 공원구역의 효율적인 보호, 관리를 위하여 이미 확정된 경계를 인식, 파악하는 사실상의 행위로 행정처분이라고 볼 수 없다(92누2325). [날먹행 93p]

□□□□□ ★★

OX 4-1. 행정행위는 행정주체가 행하는 구체적 사실에 관한 법집행 작용이므로 공법상 계약, 공법상 합동행위도 행정행위에 포함된다. (17국가9급)

□□□□□ ★★

OX 4-2. 행정행위가 공법상의 행위라는 것은 그 행위의 근거가 공법적이라는 것이지, 행위의 효과까지 공법적이라는 것을 의미하는 것은 아니다. (15교행9급,14국회8급)

- **행정청의 "공법상 단독행위"**

  행정행위는 **사법행위가 아닌 공법행위만을 의미**하기에 공법상 계약(비권력적)이나 합동행위는 행정행위에 해당하지 않고, 그 중에서도 **우월한 일방적인 의사의 발동으로서 권력적 단독행위만을 의미**함.

  단, 행위의 근거가 공법적인 것일 뿐, 행위의 효과까지 공법적이라는 것을 의미하는 것은 아니다. [날먹행 93p]

제 2 절 행정행위의 종류 · 내용

1. 기속행위와 재량행위

□□□□□ ★★★

OX 1-1. 재량행위에 대한 사법심사는 행정청의 재량에 기한 공익판단의 여지를 감안하여 법원이 독자의 결론을 도출함이 없이 당해 행위에 재량권의 일탈 · 남용이 있는지 여부를 심사한다. (23소방,23군무원9급,22경간,21국회8급,18국가7급 등)

□□□□□ ★★★

OX 1-2. 기속행위의 경우 법원이 사실인정과 관련법규의 해석·적용을 통하여 일정한 결론을 도출한 후 그 결론에 비추어 행정청이 한 판단의 적법 여부를 독자의 입장에서 판정한다. (20국가7급,18경행)

- **사법심사의 방식**
  - **재량행위**: 법원은 독자의 결론을 도출함이 없이 행정청의 행위에 재량권의 일탈 · 남용이 있는지를 심사
  - **기속행위**: **법원이 독자적인 결론을 도출**한 후 행정청의 판단과 비교하여 심사(**대체판단방식**) [날먹행 94p]

OX 정답

3-3. ○ 4-1. X 4-2. ○ / 2절 1 1-1. ○ 1-2. ○

□□□□□ ★

조 1-3. 행정청은 재량행위라 하더라도 법률로 정하는 바에 따라 완전히 자동화된 시스템으로 처분을 할 수 있다. **(23지방9급,22경간,22소방승진)**

□□□□□ ★

조 1-4. 행정기본법상 자동적 처분을 할 수 있는 '완전히 자동화된 시스템'에는 '인공지능 기술을 적용한 시스템'이 포함되지 않는다. **(23지방9급)**

행정기본법 제20조(자동적 처분) 행정청은 **법률로 정하는 바에 따라 완전히 자동화된 시스템**(인공지능 기술을 적용한 시스템을 포함한다)**으로 처분을 할 수 있다.** 다만, **처분에 재량이 있는 경우는 그러하지 아니하다.** **[날먹행 93p]**

□□□□□ ★

조 1-5. 행정청은 재량이 있는 처분을 할 때에는 관련 이익을 정당하게 형량하여야 하며, 그 재량권의 범위를 넘어서는 아니된다.

행정기본법 제21조(재량행사의 기준) 행정청은 **재량이 있는 처분을 할 때**에는 **관련 이익을 정당하게 형량하여야** 하며, 그 **재량권의 범위를 넘어서는 아니 된다.** **[날먹행 93p]**

□□□□□ ★★

판 2. 어느 행정행위가 기속행위인지 재량행위인지 나아가 재량행위라고 할지라도 기속재량행위인지 또는 자유재량에 속하는 것인지의 여부는 이를 일률적으로 규정지을 수는 없는 것이고, 당해 처분의 근거가 된 규정의 형식이나 체재 또는 문언에 따라 개별적으로 판단하여야 한다. **(23군무원9급,20지방9급,20국가7급,20서울9급,18국가7급)**

판례 어느 행정행위가 기속행위인지 재량행위인지 나아가 재량행위라고 할지라도 기속재량행위인지 또는 자유재량에 속하는 것인지의 여부는 이를 **일률적으로 규정지을 수는 없는 것**이고, 당해 처분의 근거가 된 **규정의 형식이나 체재 또는 문언에 따라 개별적으로 판단**하여야 한다(97누15418). **[날먹행 94p]**

□□□□□ ★★

판 3. 구 '주택건설촉진법'에 의한 주택건설사업계획의 승인의 경우 승인 받으려는 주택건설사업계획에 관계 법령이 정하는 제한 사유가 없는 경우에도 공익상 필요가 있으면 처분권자는 그 승인을 받기 위한 신청에 대하여 불허가결정을 할 수 있다. **(23소방간부,21국회8급,19서울7급 등)**

판례 주택건설촉진법 제33조에 의한 **주택건설사업계획의 승인**은 상대방에게 권리나 이익을 부여하는 효과를 수반하는 이른바 수익적 행정처분으로서 법령에 행정처분의 요건에 관하여 일의적으로 규정되어 있지 아니한 이상 **행정청의 재량행위**에 속한다(2005두13315). **[날먹행 95p]**

OX 정답

1-3. ○ 1-4. X 1-5. ○ 2. ○ 3. ○

□□□□□ ★★

판 4-1. '자동차운수사업법'에 의한 개인택시운송사업 면허는 법령에 특별한 규정이 없는 한 재량행위이고, 그 면허를 위하여 필요한 기준을 정하는 것도 행정청의 재량에 속한다.
(23군무원7급,22지방9급,21국가7급,19서울7급,18국가9급,17지방7급 등)

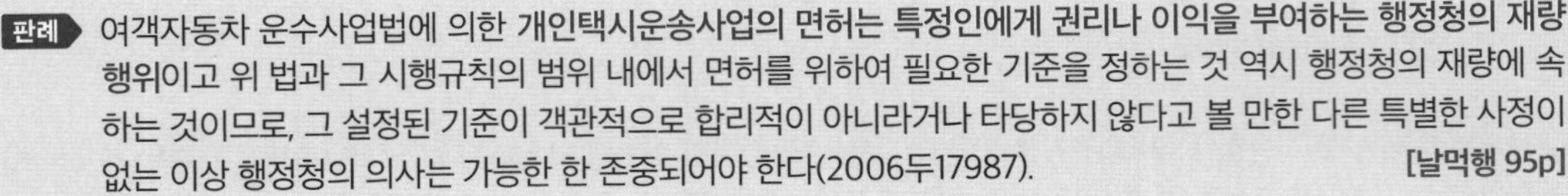

판례 여객자동차 운수사업법에 의한 개인택시운송사업의 면허는 특정인에게 권리나 이익을 부여하는 행정청의 재량행위이고 위 법과 그 시행규칙의 범위 내에서 면허를 위하여 필요한 기준을 정하는 것 역시 행정청의 재량에 속하는 것이므로, 그 설정된 기준이 객관적으로 합리적이 아니라거나 타당하지 않다고 볼 만한 다른 특별한 사정이 없는 이상 행정청의 의사는 가능한 한 존중되어야 한다(2006두17987). [날먹행 95p]

□□□□□ ★

판 4-2. 행정청이 개인택시 운송사업의 면허를 발급함에 있어 '개인택시운송사업면허 사무처리지침'에 따라 택시 운전경력자를 일정 부분 우대하는 처분을 한 경우, 택시 이외의 운전경력자에게 반사적인 불이익이 초래되는 결과가 되므로 그러한 내용의 지침에 따른 처분은 재량권을 일탈 · 남용한 처분에 해당된다. (19서울7급)

판례 개인택시운송사업 면허를 하면서 면허사무지침에 따라 다른 차종 운전경력보다 택시 운전경력을 다소 우대하는 처분은 객관적으로 불합리하거나 부당하지 않다(2008두16087). [날먹행 95p]

□□□□□ ★

판 5-1. 야생동 · 식물보호법령에 따른 용도변경승인의 경우 용도변경이 불가피한 경우에만 용도변경을 할 수 있도록 제한하는 규정을 두고 있으므로 환경부장관의 용도변경승인처분은 기속행위이다. (23경간,19서울7급,17지방9급)

판례 **야생동 · 식물보호법** 제16조 제3항과 같은 법 시행규칙 제22조 제1항의 체제 또는 문언을 살펴보면 원칙적으로 국제적멸종위기종 및 그 가공품의 수입 또는 반입 목적 외의 용도로의 사용을 금지하면서 용도변경이 불가피한 경우로서 환경부장관의 용도변경승인을 받은 경우에 한하여 용도변경을 허용하도록 하고 있으므로, 위 법 제16조 제3항에 의한 **용도변경승인**은 특정인에게만 용도 외의 사용을 허용해주는 권리나 이익을 부여하는 이른바 수익적 행정행위로서 법령에 특별한 규정이 없는 한 **재량행위**이다(2010두23033). [날먹행 95p]

□□□□□ ★

판 5-2. '가축분뇨의 관리 및 이용에 관한 법률'에 따른 가축분뇨 처리방법 변경 불허가처분에 대한 사법심사는 법원이 허가권자의 재량권을 대신 행사하는 것이 아니라 허가권자의 공익 판단에 관한 재량의 여지를 감안하여 원칙적으로 재량권의 일탈 남용이 있는지 여부만을 판단하여야 한다. (23경간)

판례 **가축분뇨법에 따른 처리방법 변경허가는 허가권자의 재량행위에 해당**한다. 허가권자는 변경허가 신청 내용이 가축분뇨법에서 정한 처리시설의 설치기준(제12조의2 제1항)과 정화시설의 방류수 수질기준(제13조)을 충족하는 경우에도 반드시 이를 허가하여야 하는 것은 아니고, 자연과 주변 환경에 미칠 수 있는 영향 등을 고려하여 허가 여부를 결정할 수 있다. **가축분뇨 처리방법 변경 불허가처분에 대한 사법심사**는 법원이 허가권자의 재량권을 대신 행사하는 것이 아니라 허가권자의 공익판단에 관한 재량의 여지를 감안하여 **원칙적으로 재량권의 일탈 · 남용이 있는지 여부만을 판단하여야** 하고, 사실오인과 비례 · 평등원칙 위반 여부 등이 판단 기준이 된다(2021두35681). [날먹행 95p]

OX 정답

4-1. ○ 4-2. X 5-1. X 5-2. ○

□□□□□ ★★

판 6-1. 마을버스운송사업면허의 허용 여부는 사업구역의 교통수요, 노선결정, 운송업체의 수송능력, 공급능력 등에 관하여 기술적 전문적인 판단을 요하는 분야로서 이에 관한 행정처분은 운수행정을 통한 공익실현과 아울러 합목적성을 추구하기 위하여 보다 구체적 타당성에 적합한 기준에 의하여야 할 것이므로 그 범위 내에서는 법령이 특별히 규정한 바가 없으면 행정청의 재량에 속한다. (21경행,20지방9급,17지방9급)

판례 **마을버스운송사업면허의 허용 여부**는 사업구역의 교통수요, 노선결정, 운송업체의 수송능력, 공급능력 등에 관하여 **기술적·전문적인 판단을 요하는 분야**로서 이에 관한 행정처분은 운수행정을 통한 공익실현과 아울러 합목적성을 추구하기 위하여 보다 구체적 타당성에 적합한 기준에 의하여야 할 것이므로 그 범위 내에서는 법령이 특별히 규정한 바가 없으면 **행정청의 재량에 속하는 것이라고 보아야** 할 것이다(2001두10028). [날먹행 95p]

□□□□□

판 6-2. 감정평가사시험을 실시함에 있어 어떠한 합격기준을 선택할 것인가 여부의 결정은 재량행위에 해당한다. (22경간)

판례 지가공시및토지등의평가에관한법률시행령 제18조 제1항, 제2항은 감정평가사시험의 합격기준으로 절대평가제 방식을 원칙으로 하되, 행정청이 감정평가사의 수급상 필요하다고 인정할 때에는 상대평가제 방식으로 할 수 있다고 규정하고 있으므로, **감정평가사시험을 실시함에 있어 어떠한 합격기준을 선택할 것인가는 시험실시기관인 행정청의 고유한 정책적인 판단에 맡겨진 것으로서 자유재량**에 속한다(96누6882). [날먹행 95p]

□□□□□ ★

판 7. 구 국유재산법 제51조 제1항에 의한 국유재산의 무단점유 등에 대한 변상금 부과처분은 재량행위이다. (22지방9급,18경행)

판례 **국유재산의 무단점유 등에 대한 변상금 징수의 요건**은 국유재산법 제51조 제1항에 명백히 규정되어 있으므로 변상금을 징수할 것인가는 **처분청의 재량을 허용하지 않는 기속행위**이고, 여기에 재량권 일탈·남용의 문제는 생길 여지가 없다(98두7602). [날먹행 95p]

□□□□□ ★★

판 8. '부동산 실권리자명의등기에 관한 법률 시행령' 제3조의2 단서는 조세를 포탈하거나 법령에 의한 제한을 회피할 목적이 아닌 경우에 과징금의 100분의 50을 감경할 수 있다고 규정하고 있으므로 감경사유가 존재하더라도 과징금을 감경할 것인지 여부는 과징금 부과관청의 재량에 속한다. (21국회8급)

판례 부동산 실권리자명의 등기에 관한 법률 시행령 제3조의2 단서는 조세를 포탈하거나 법령에 의한 제한을 회피할 목적이 아닌 경우에 과징금의 100분의 50을 감경할 수 있다고 규정하고 있고, 이는 **임의적 감경규정임이 명백**하므로, 위와 같은 감경사유가 존재하더라도 **과징금을 감경할 것인지 여부는 과징금 부과관청의 재량에 속한다**(2006두4554).

주의! **부실법상 과징금부과처분은 기속행위이나, 그 감경여부는 재량행위임.** [날먹행 95p]

OX 정답

6-1. ○ 6-2. ○ 7. X 8. ○

□□□□□

판 9-1. 음주측정거부를 이유로 운전면허취소를 함에 있어서 행정청이 그 취소여부를 선택할 수 있는 재량의 여지가 없음이 법문상 명백하므로 재량권의 일탈 · 남용의 문제는 생길 수 없다. **(22경간,17경행)**

판례 도로교통법 제78조 제1항 단서 제8호의 규정에 의하면, 술에 취한 상태에 있다고 인정할 만한 상당한 이유가 있음에도 불구하고 경찰공무원의 측정에 응하지 아니한 때에는 **필요적으로 운전면허를 취소하도록 되어 있어 처분청이 그 취소 여부를 선택할 수 있는 재량의 여지가 없음이 그 법문상 명백**하므로, 위 법조의 요건에 해당하였음을 이유로 한 운전면허취소처분에 있어서 **재량권의 일탈 또는 남용의 문제는 생길 수 없다**(2003두12042). **[날먹행 95p]**

□□□□□

판 9-2. 귀화신청인이 귀화요건을 갖추지 못한 경우 법무부장관은 재량권을 행사할 여지 없이 귀화불허처분을 하여야 한다. **(22경간)**

판례 귀화신청인이 구 국적법(2017. 12. 19. 법률 제15249호로 개정되기 전의 것) 제5조 각호에서 정한 귀화요건을 갖추지 못한 경우 **법무부장관은 귀화 허부에 관한 재량권을 행사할 여지 없이 귀화불허처분을 하여야** 한다(2016두31616). **[날먹행 95p]**

□□□□□ ★

판 10. '국가공무원법'상 휴직 사유 소멸을 이유로 한 신청에 대한 복직명령은 재량행위에 해당한다. **(23경간,22지방9급)**

판례 구 교육공무원법 제44조 제1항 제7호는 '만 6세 이하의 초등학교 취학 전 자녀'를 양육대상으로 하여 '교육공무원이 그 자녀를 양육하기 위하여 필요한 경우'를 육아휴직의 사유로 규정하고 있으므로, 국가공무원법 제73조 제2항의 문언에 비추어 **복직명령은 기속행위**이므로 **휴직사유가 소멸하였음을 이유로 신청하는 경우 임용권자는 지체 없이 복직명령을 하여야** 한다(2012두4852). **[날먹행 95p]**

□□□□□ ★★★

조 11. 행정소송법 제27조에 의하면 행정청의 재량에 속하는 처분이라도 재량권의 한계를 넘거나 그 남용이 있는 때에는 법원은 이를 취소하여야 한다. **(22서울7급,21국가9급 등)**

행정소송법 제27조(재량처분의 취소)
행정청의 재량에 속하는 처분이라도 **재량권의 한계를 넘거나 그 남용이 있는 때**에는 법원은 이를 **취소할 수 있다.** **[날먹행 96p]**

□□□□□ ★★

이 12-1. 재량권의 일탈이란 재량권의 내적 한계를 벗어난 것을 말하고, 재량권의 남용이란 재량권의 외적 한계를 벗어난 것을 말한다. **(15국가9급,14서울9급)**

□□□□□ ★

이 12-2. 판례는 재량권의 일탈과 재량권의 남용을 명확히 구분하고 있다. **(15국가9급)**

OX 정답

9-1. O 9-2. O 10. X 11. X 12-1. X 12-2. X

□□□□□ ★★

이 12-3. 재량권의 불행사는 재량권을 충분히 행사하지 아니한 경우는 포함되지 않는다. (15국가9급)

□□□□□ ★★

판 12-4. 처분의 근거 법령이 행정청에 처분의 요건과 효과 판단에 일정한 재량을 부여하였으나, 행정청이 자신에게 재량권이 없다고 오인하여 처분으로 달성하려는 공익과 그로써 처분상대방이 입게 되는 불이익의 내용과 정도를 전혀 비교형량하지 않은 채 처분을 하였다고 하더라도, 그 자체로 재량권 일탈 남용으로 해당 처분을 취소하여야 할 위법사유가 되지는 않는다. (23소방)

- 재량권의 **일탈**: 재량권의 외적 한계(법규상, 객관적)를 벗어난 것,
- 재량권의 **남용**: 재량권의 내적 한계, 즉 재량권을 부여한 법규의 목적 · 동기를 벗어난 것
- **판례**는 재량권의 **일탈과 남용을 명확히 구분하지 않음.**
- 재량권의 **불행사·해태**: 재량행위를 기속행위로 오인하여 재량을 전혀 행사하지 않거나(불행사), 충분히 행사하지 않은 것(해태)을 의미.

[날먹행 96p]

판례 처분의 근거 법령이 행정청에 처분의 요건과 효과 판단에 일정한 재량을 부여하였는데도, **행정청이 자신에게 재량권이 없다고 오인한 나머지 처분으로 달성하려는 공익과 그로써 처분상대방이 입게 되는 불이익의 내용과 정도를 전혀 비교형량 하지 않은 채 처분을 하였다면,** 이는 **재량권 불행사**로서 그 자체로 재량권 일탈·남용으로 해당 처분을 취소하여야 할 **위법사유가 된다**(2017두38874).

[날먹행 96p]

□□□□□ ★★

이 13. 재량행위가 위법하다는 이유로 소송이 제기된 경우에 법원은 각하할 것이 아니라 그 일탈 · 남용 여부를 심사하여 그에 해당하지 않으면 청구를 기각하여야 한다. (14서울9급)

- **판례는 재량행위가 일탈 · 남용이라고 판단**할 때에는 **그 처분을 취소할 수 있으며,** 그에 해당하지 않으면 **청구를 기각**함.

[날먹행 96p]

□□□□□ ★★

판 14-1. 법령상 임의적 감경사유가 있음에도, 관할 행정청이 이를 전혀 고려하지 않았거나 감경사유에 해당하지 않는다고 오인하여 영업정지 처분을 한 경우에는 재량권을 일탈 · 남용한 위법한 처분이 된다.
(22국가9급,21국회8급,20국가7급,17지방7급)

판례 실권리자명의 등기의무를 위반한 명의신탁자에 대하여 부과하는 과징금의 감경에 관한 '부동산 실권리자명의 등기에 관한 법률 시행령' 제3조의2 단서는 **임의적 감경규정**임이 명백하므로, **감경사유가 있음에도 이를 전혀 고려하지 않았거나 감경사유에 해당하지 않는다고 오인한 나머지 과징금을 감경하지 않았다면** 그 과징금 부과처분은 **재량권을 일탈 · 남용한 위법한 처분**이라고 할 수밖에 없다(2010두7031).

[날먹행 96p]

OX 정답

12-3. X 12-4. X 13. ○ 14-1. ○

□□□□□ ★★

판 14-2. 행정청이 제재처분 양정을 하면서 처분 상대방에게 법령에서 정한 임의적 감경사유가 있는 경우, 그 감경사유까지 고려하고도 감경하지 않은 채 개별처분기준에서 정한 상한으로 처분을 한 경우에는 재량권을 일탈·남용하였다고 보아야 한다. (22소방)

> 판례 처분상대방에게 법령에서 정한 임의적 감경사유가 있는 경우에, 행정청이 감경사유까지 고려하고도 감경하지 않은 채 개별처분기준에서 정한 상한으로 처분을 한 경우에는 재량권을 일탈·남용하였다고 단정할 수는 없으나, **행정청이 감경사유를 전혀 고려하지 않았거나 감경사유에 해당하지 않는다고 오인하여 개별처분기준에서 정한 상한으로 처분을 한 경우**에는 마땅히 고려대상에 포함하여야 할 사항을 누락하였거나 고려대상에 관한 사실을 오인한 경우에 해당하여 **재량권을 일탈·남용한 것**이라고 보아야 한다(2019두52980). [날먹행 96p]

□□□□□ ★★

판 15-1. 민원사무를 처리하는 행정기관이 민원조정위원회를 개최하면서 민원인에게 그 회의일정 등을 사전에 통지하여야 함에도 불구하고 그러하지 아니한 경우에 이러한 사정만으로 곧바로 그 민원사항에 대한 행정기관의 장의 거부처분이 위법하다고 볼 수는 없다. (19서울9급,19사복9급,17국회8급)

□□□□□ ★★

판 15-2. 민원사무를 처리하는 행정기관이 민원1회방문처리제를 시행하는 절차의 일환으로 민원사항의 심의·조정 등을 위한 민원조정위원회를 개최하면서 사전통지의 흠결로 민원인에게 의견진술의 기회를 주지 아니한 결과 민원조정위원회의 심의과정에서 고려대상에 마땅히 포함시켜야 할 사항을 누락하는 등 재량권의 불행사 또는 해태로 볼 수는 구체적 사정이 있다면, 그 거부처분은 재량권을 일탈·남용한 것으로서 위법하다. (18경행)

> 판례 민원사무를 처리하는 행정기관이 민원 1회방문 처리제를 시행하는 절차의 일환으로 민원사항의 심의·조정 등을 위한 민원조정위원회를 개최하면서 민원인에게 회의일정 등을 사전에 통지하지 아니하였다 하더라도, **이러한 사정만으로 곧바로 민원사항에 대한 행정기관의 장의 거부처분에 취소사유에 이를 정도의 흠이 존재한다고 보기는 어렵다**. 다만 행정기관의 장의 거부처분이 재량행위인 경우에, 위와 같은 사전통지의 흠결로 민원인에게 의견진술의 기회를 주지 아니한 결과 **민원조정위원회의 심의과정에서 고려대상에 마땅히 포함시켜야 할 사항을 누락**하는 등 재량권의 **불행사 또는 해태로 볼 수 있는 구체적 사정이 있다면, 거부처분은 재량권을 일탈·남용한 것으로서 위법**하다(2013두1560). [날먹행 96p]

□□□□□

판 16-1. 학교법인의 임원이 교비회계자금을 법인회계로 부당 전출하였고, 학교법인이 사실상 행정청의 시정 요구 대부분을 이행하지 아니한 경우에 행한 임원취임승인취소처분은 재량권의 일탈·남용이다. (22소방)

> 판례 **학교법인의 임원취임승인취소처분에 대한 취소소송**에서, 교비회계자금을 법인회계로 부당전출한 위법성의 정도와 임원들의 이에 대한 가공의 정도가 가볍지 아니하고, 학교법인이 행정청의 시정 요구에 대하여 이를 시정하기 위한 노력을 하였다고는 하나 결과적으로 **대부분의 시정 요구 사항이 이행되지 아니하였던 사정** 등을 참작하여, **위 취소처분이 재량권을 일탈·남용하였다고 볼 수 없다**(2006두19297). [날먹행 96p]

OX 정답

14-2. X 15-1. ○ 15-2. ○ 16-1. X

□□□□□

판 16-2. 건설공사를 계속하기 위한 발굴허가신청에 대하여 그 공사를 계속하기 위하여 부득이 발굴할 필요가 있는지 여부에 대한 허가권자의 결정은 재량행위에 해당한다. (22경간)

판례 구 문화재보호법(1999. 1. 29. 법률 제5719호로 개정되기 전의 것) 제44조 제1항 단서 제3호의 규정에 의하여 문화체육부장관 또는 그 권한을 위임받은 문화재관리국장 등이 건설공사를 계속하기 위한 발굴허가신청에 대하여 그 공사를 계속하기 위하여 부득이 발굴할 필요가 있는지의 여부를 결정하여 발굴을 허가하거나 이를 허가하지 아니함으로써 원형 그대로 매장되어 있는 상태를 유지하는 조치는 허가권자의 재량행위에 속하는 것이다(99두264).
[날먹행 96p]

□□□□□

판 17. 지방자치단체의 장이 소속 공무원을 다른 지방자치단체로 전출하는 것은 임명권자를 달리하는 지방자치단체로의 이동인 점에 비추어 이 경우에는 반드시 당해 공무원의 동의를 전제로 하므로, 당해 공무원의 동의 없는 전출명령은 무효이다. (19지방7급)

판례 **당해 공무원의 동의 없는** 지방공무원법 제29조의3의 규정에 의한 **전출명령은 위법하여 취소되어야** 하므로, **그 전출명령이 적법함을 전제로 내린 징계처분**은 그 전출명령이 공정력에 의하여 취소되기 전까지는 유효하다고 하더라도 징계양정에 있어 **재량권을 일탈하여 위법**하다(99두1823).
[날먹행 96p]

□□□□□

판 18. 경찰공무원이 교통법규위반 운전자에게 만원권 지폐 한 장을 두 번 접어서 면허증과 함께 달라고 한 경우에 내려진 해임처분은 징계재량권의 일탈·남용이 아니다. (15경행)

판례 경찰공무원이 그 단속의 대상이 되는 신호위반자에게 먼저 적극적으로 돈을 요구하고 다른 사람이 볼 수 없도록 돈을 접어 건네주도록 전달방법을 구체적으로 알려주었으며 동승자에게 신고시 범칙금 처분을 받게 된다는 등 비위신고를 막기 위한 말까지 하고 금품을 수수한 경우, 비록 그 받은 돈이 1만 원에 불과하더라도 위 금품수수행위를 징계사유로 하여 당해 경찰공무원을 해임처분한 것은 징계재량권의 일탈·남용이 아니다(2006두16274).
[날먹행 96p]

□□□□□

판 19. 전국공무원노동조합 시지부 사무국장이 지방공무원 복무조례개정안에 대한 의견을 표명하기 위하여 전국공무원노동조합 간부들과 함께 시장의 사택을 방문하였고, 이에 징계권자가 시장 개인의 명예와 시청의 위신을 실추시키고 '지방공무원법'에서 정한 집단행위 금지의무를 위반하였다는 등의 이유로 사무국장을 파면처분한 것은 재량권의 일탈 · 남용에 해당되지 않는다. (15사복9급)

판례 **지방공무원 복무조례개정안에 대한 의견을 표명하기 위하여 전국공무원노동조합 간부 10여 명과 함께 시장의 사택을 방문**한 위 노동조합 시지부 사무국장에게 지방공무원법 제58조에 정한 집단행위 금지의무를 위반하였다는 등의 이유로 징계권자가 **파면처분**을 한 사안에서, 그 징계처분이 사회통념상 현저하게 타당성을 잃거나 객관적으로 명백하게 부당하여 징계권의 한계를 일탈하거나 **재량권을 남용하였다고 볼 수 없다**(2006두16786).
[날먹행 97p]

OX 정답

16-2. ○ 17. X 18. ○ 19. ○

□□□□□

이 20. 청소년유해매체물로 결정고시된 만화인 사실을 모르고 있던 도서대여업자가 그 고시일로부터 8일 후에 청소년에게 그 만화를 대여한 것을 사유로 그 도서대여업자에게 금 700만원의 과징금이 부과된 경우, 그 과징금 부과처분은 재량권을 일탈·남용한 것으로서 위법하다고 판시하였다. (21소방)

판례 청소년유해매체물로 결정·고시된 만화인 사실을 모르고 있던 도서대여업자가 그 고시일로부터 8일 후에 청소년에게 그 만화를 대여한 것을 사유로 그 도서대여업자에게 금 700만 원의 과징금이 부과된 경우, **그 도서대여업자에게 청소년유해매체물인 만화를 청소년에게 대여하여서는 아니된다는 금지의무의 해태를 탓하기는 가혹하다는 이유로 그 과징금부과처분은 재량권을 일탈·남용한 것으로서 위법**하다(99두9490). [날먹행 97p]

□□□□□

이 21. 생물학적 동등성 시험자료에 조작이 있음을 이유로 해당 의약품의 회수, 폐기를 명한 처분에 어떠한 재량권의 일탈·남용이 있다고 할 수는 없다. (12사복9급)

판례 **생물학적 동등성 시험 자료 일부가 조작되었음을 이유로 해당 의약품의 회수 및 폐기를 명한 사안**에서, 그 행정처분으로 제약회사가 입게 될 경제적 손실이라는 불이익과 생물학적 동등성이 사전에 제대로 확인되지 않은 의약품이 유통되어 국민건강이 침해될 수 있는 위험을 예방하기 위한 공익상의 필요를 단순 비교하기 어려운 점 등에 비추어, 위 **처분이 재량권을 일탈·남용하여 위법하다고 볼 수 없다**(2008두8628). [날먹행 97p]

□□□□□ ★★

이 22. 판단여지를 긍정하는 학설은 판단여지는 법률효과 선택의 문제이고 재량은 법률요건에 대한 인식의 문제라는 점, 양자는 그 인정근거와 내용 등을 달리하는 점에서 구별하는 것이 타당하다고 한다. (17국가9급)

- **판단여지**

행정법규의 **요건에 불확정개념이 사용**된 경우, 행정청의 해석 · 적용 여부에 대해 **법원이 그 정당성을 판단하는 것이 합당하지 않은 영역**을 판단여지라고 함.

- **판단여지를 독자적인 개념으로 인정할 것인지 여부**

긍정설(다수설): ① **재량은 법률효과 선택의 문제, 판단여지는 법률요건에 대한 인식의 문제이므로 양자는 구별 가능**
② **판단여지는 법률요건에 대한 문제인데**, 법률요건은 하나의 해석만이 가능하므로, **전면적인 사법심사의 대상**이 됨.

부정설(판례): 판단여지와 재량은 **모두 법원에 의한 사법심사가 배제된다는 점에서 동일하므로 구별할 실익도 없고, 법규정은 일체적으로 판단해야** 하므로 요건과 효과 규정을 엄격하게 구분할 수 없어 **모두 재량이라는 단일한 개념으로 보아야** 한다는 견해 [날먹행 98p]

□□□□□ ★★

판 23. 판례는 재량행위와 판단여지를 구분하지 않고 판단여지가 인정될 수 있는 경우에도 재량권이 인정되는 것으로 본다. (18국가7급,17국가9급)

판례는 판단여지를 명시적으로 인정하지는 않으며, 판단여지가 인정될 수 있는 경우에도 재량권이 인정되는 것으로 보아, **부정설의 입장**을 취하고 있다. [날먹행 98p]

OX 정답

20. O 21. O 22. X 23. O

□□□□□ ★★

판 24. 판례는 공무원 임용을 위한 면접전형에서 임용신청자의 능력이나 적격성 등에 관한 판단이 면접위원의 자유재량에 속한다고 보고 있다. **(23군무원7급,22국회9급)**

> **판례** • 공무원 임용을 위한 면접전형에 있어서 **임용신청자의 능력이나 적격성 등에 관한 판단**은 면접위원의 고도의 교양과 학식, 경험에 기초한 자율적 판단에 의존하는 것으로서 **오로지 면접위원의 자유재량**에 속하고, 그와 같은 판단이 현저하게 재량권을 일탈 내지 남용한 것이 아니라면 이를 위법하다고 할 수 없다.
> • 검사 신규임용을 위한 면접전형에 불합격한 자에 대한 검사임용거부처분이 평등권 및 신뢰보호의 원칙에 반하거나 재량권의 일탈 · 남용으로 볼 수 없다(97누11911).
> **[날먹행 98p]**

□□□□□ ★★

판 25. '국토의 계획 및 이용에 관한 법률'상 개발행위허가는 허가기준 및 금지요건이 불확정개념으로 규정된 부분이 많아 그 요건에 해당하는지 여부는 행정청의 재량판단의 영역에 속한다. **(22소방승진,20지방·서울9급)**

> **판례** 국토의 계획 및 이용에 관한 법률 제56조에 따른 개발행위허가와 농지법 제34조에 따른 농지전용허가·협의는 금지요건·허가기준 등이 불확정개념으로 규정된 부분이 많아 그 요건·기준에 부합하는지의 판단에 관하여 행정청에 재량권이 부여되어 있으므로, 그 요건에 해당하는지 여부는 행정청의 재량판단의 영역에 속한다(2017두48956).
> **[날먹행 98p]**

□□□□□ ★★

판 26. 판례는 교과서검정의 위법성을 재량심사에 의하여 판단하고 있다. **(10지방9급)**

> **판례** 교과서검정이 고도의 학술상, 교육상의 전문적인 판단을 요한다는 특성에 비추어 보면, 교과용 도서를 검정함에 있어서 법령과 심사기준에 따라서 심사위원회의 심사를 거치고, 또 검정상 판단이 사실적 기초가 없다거나 사회통념상 현저히 부당하다는 등 현저히 재량권의 범위를 일탈한 것이 아닌 이상 그 검정을 위법하다고 할 수 없다(91누6634).
> **[날먹행 98p]**

□□□□□ ★

판 27. 구 전염병예방법 제54조의2 제2항에 따른 예방접종으로 인한 질병, 장애 또는 사망의 인정 여부 결정은 보건복지가족부장관(현 보건복지부장관)의 재량에 속한다. **(23소방)**

> **판례** 구 전염병예방법 제54조의2 제2항에 따른 예방접종으로 인한 질병, 장애 또는 사망의 인정 여부 결정이 보건복지가족부장관의 재량에 속한다(2014두274).
> **[날먹행 98p]**

OX 정답

24. O 25. O 26. O 27. O

□□□□□ ★

판 28. 의료법상 신의료기술의 안정성유효성 평가나 신의료기술의 시술로 국민보건에 중대한 위해가 발생하거나 발생할 우려가 있는지 여부에 대한 판단과, 그 경우 행정청이 어떠한 종류와 내용의 지도나 명령을 할 것인지의 판단에 관해서는 행정청에 재량권이 부여되어 있다. (22경간,21국회8급)

판례 신의료기술의 안전성·유효성 평가나 신의료기술의 시술로 국민보건에 중대한 위해가 발생하거나 발생할 우려가 있는지에 관한 판단은 고도의 의료·보건상의 전문성을 요하므로, 행정청이 국민의 건강을 보호하고 증진하려는 목적에서 의료법 등 관계 법령이 정하는 바에 따라 이에 대하여 전문적인 판단을 하였다면, 판단의 기초가 된 사실인정에 중대한 오류가 있거나 판단이 객관적으로 불합리하거나 부당하다는 등의 특별한 사정이 없는 한 존중되어야 한다. 또한 행정청이 전문적인 판단에 기초하여 재량권의 행사로서 한 처분은 비례의 원칙을 위반하거나 사회통념상 현저하게 타당성을 잃는 등 재량권을 일탈하거나 남용한 것이 아닌 이상 위법하다고 볼 수 없다(2013두21120). **[날먹행 98p]**

□□□□□ ★★

판 29. '개발제한구역의 지정 및 관리에 관한 특별조치법' 및 구 '액화석유가스의 안전관리 및 사업법'등의 관련법규에 의하면, 개발제한구역에서의 자동차용 액화석유가스충전사업허가는 그 기준 내지 요건이 불확정개념으로 규정되어 있으므로 그 허가 여부를 판단함에 있어서 행정청에 재량권이 부여되어 있다고 보아야 한다. (17지방9급)

판례 개발제한구역법 및 액화석유가스법 등의 관련 법규에 의하면 개발제한구역에서의 자동차용 액화석유가스충전사업허가는 그 기준 내지 요건이 불확정개념으로 규정되어 있으므로 그 허가 여부를 판단함에 있어서 행정청에게 재량권이 부여되어 있다고 보아야 한다(2015두52432). **[날먹행 98p]**

2. 일방적 행정행위와 쌍방적 행정행위

□□□□□ ★

이 1. 행정행위는 행정청이 우월적인 지위에서 행하는 것이지만, 상대방의 동의나 신청 등의 협력이 필요한 경우에도 역시 행정행위에 포함될 수 있다. (07국회8급)

- **쌍방적 행정행위**: 상대방의 동의나 신청 등의 협력이 필요한 행정행위로, 주로 수익적 행정행위가 해당됨.
  ex) 허가·특허에서 상대방의 신청, 영업허가, 운전면허 등 **[날먹행 99p]**

OX 정답

28. ○ 29. ○ 2 1. ○

3. 다단계행정행위와 가행정행위

□□□□□ ★

이 1-1. 사전결정(예비결정)은 단계화된 행정절차에서 최종적인 행정 결정을 내리기 전에 이루어지는 행위이지만, 그 자체가 하나의 행정행위이기도 하다. (16서울9급)

□□□□□ ★

이 1-2. 예비결정과 확약은 구분된다. (14경행)

- **사전결정(예비결정)**: 단계화된 행정절차에서 행정청이 **최종적인 행정결정을 내리기 전에 일부에 대해 심사해서 내린 결정으로, 그 자체가 하나의 행정행위에 해당함(처분성 인정).**
  ex) 건축법상 사전결정, 로스쿨 본인가 전 예비인가 등
- **사전결정은 종국적 규율**이므로, 종국적 규율에 대한 **약속에 불과한 확약**과 다름.
- 사전결정은 그 자체만으로는 상대방이 어떤 행위를 할 수 있는 것은 아니므로, 부분허가와 다름. [날먹행 100p]

□□□□□ ★★★

판 2. 폐기물처리업 허가 전의 사업계획에 대한 부적정통보는 행정처분에 해당한다.
(21소방간부,19서울7급,18국가7급,17서울9급,17국가9급 등)

판례
- **폐기물처리업의 허가**를 받기 위하여는 먼저 사업계획서를 제출하여 허가권자로부터 **사업계획에 대한 적정통보를 받아야 하고**, 그 적정통보를 받은 자만이 일정기간 내에 시설, 장비, 기술능력, 자본금을 갖추어 허가신청을 할 수 있으므로, 결국 부적정통보는 허가신청 자체를 제한하는 등 개인의 권리 내지 법률상의 이익을 개별적이고 구체적으로 규제하고 있어 행정처분에 해당한다.
- **사업계획 적정 여부 통보를 위하여 필요한 기준을 정하는 것도 역시 행정청의 재량에 속하는 것**이므로, 그 설정된 기준이 객관적으로 합리적이 아니라거나 타당하지 않다고 볼 만한 다른 특별한 사정이 없는 이상 행정청의 의사는 가능한 한 존중되어야 한다(97누21086). → **사전결정이 재량행위인지 기속행위인지 여부는 본행정행위에 따라 달라짐.** [날먹행 100p]

□□□□□ ★★

판 3. 구 주택건설촉진법에 의한 주택건설사업계획 사전결정이 있는 경우 주택건설계획승인처분은 사전결정에 기속되므로 다시 승인 여부를 결정할 수 없다. (21국회8급,21군무원7급,17서울9급)

판례
- 구 주택건설촉진법 제33조 제1항의 규정에 의한 주택건설사업계획의 승인은 **상대방에게 권리나 이익을 부여하는 효과를 수반하는 이른바** 수익적 행정처분으로서 행정처분의 요건에 관하여 일의적으로 규정되어 있지 아니한 이상 행정청의 재량행위에 속함. → 주택건설사업에 대한 사전결정을 하였다고 하더라도 사업승인 단계에서 그 사전결정에 기속되지 않고 다시 사익과 공익을 비교형량하여 그 승인 여부를 결정할 수 있다(99두1052). [날먹행 100p]

OX 정답

3 1-1. O 1-2. O 2. O 3. X

□□□□□ ★★★

판 4-1. 구 '원자력법'상 원자로 및 관계 시설의 부지사전승인처분은 그 자체로서 건설부지를 확정하고 사전공사를 허용하는 법률효과를 지닌 독립한 행정처분이다. **(21소방간부,19서울7급,17국가9급 등)**

□□□□□ ★★★

판 4-2. 구 원자력법상 원자로 및 관계시설의 부지사전승인처분 후 건설허가처분까지 내려진 경우, 선행처분은 후행처분에 흡수되어 건설허가처분만이 행정쟁송의 대상이 된다. **(22국가9급,17국가9급)**

판례 **원자로 및 관계 시설의 부지사전승인처분**은 그 자체로서 건설부지를 확정하고 사전공사를 허용하는 법률효과를 지닌 **독립한 행정처분**이기는 하지만, 건설허가 전에 신청자의 편의를 위하여 미리 그 건설허가의 일부 요건을 심사하여 행하는 **사전적 부분 건설허가처분의 성격**을 갖고 있는 것이어서 **나중에 건설허가처분이 있게 되면 그 건설허가처분에 흡수되어 독립된 존재가치를 상실함으로써 그 건설허가처분만이 쟁송의 대상**이 되는 것이므로, **부지사전승인처분의 취소를 구하는 소는 소의 이익을 잃게** 된다(97누19588). [날먹행 100p]

□□□□□

이 5. 부분허가(부분승인)은 본허가 권한과 분리되는 독자적인 행정행위이기 때문에 부분허가를 위해서는 본허가 이외에 별도의 법적근거를 필요로 한다. **(16서울9급)**

- **부분허가**: 다단계행정행위에서 사인이 원하는 특정한 부분에 대해서만 허가·승인을 내어주는 것
- 부분허가는 허가에 포함되므로, 행정청은 **별도의 법적 근거 없이** 부분허가 가능함
- **부분허가 자체도 종국적인 법적 효과가 발생하는 행정행위**에 해당하므로, **처분성이 인정**됨. [날먹행 100p]

□□□□□ ★★

이 6-1. 가행정행위는 불가변력이 발생하지 않기 때문에 신뢰보호원칙이 적용된다고 보기 어렵다. **(08지방9급)**

□□□□□ ★★

이 6-2. 가행정행위는 그 효력발생이 시간적으로 잠정적이라는 것 외에는 보통의 행정행위와 같은 것이므로 가행정행위로 인한 권리침해에 대한 구제도 보통의 행정행위와 다르지 않다. **(19국회8급)**

- **가행정행위**
  - 사실관계와 법률관계의 계속적인 심사를 유보한 상태에서 행정법관계의 권리·의무를 **잠정적으로 확정**하는 행위
  - **명시적인 법적근거가 없어도** 가행행정행위 가능하고, 잠정적이지만 법적 효과가 발생하므로 **행정행위**에 해당(다수설)
  - **법적효과**: 가행정행위가 있은 후 종국적인 행정행위가 내려지면 **종국적인 행정행위로 대체되어, 가행정행위는 소급하여 효력이 상실** → 가행정행위는 **불가변력이 발생하지 않기 때문에 신뢰보호원칙이 적용된다고 보기 어려움.** [날먹행 101p]

OX 정답

4-1. ○ 4-2. ○ 5. X 6-1. ○ 6-2. ○

□□□□□★

판 7-1. 가행정행위는 선행처분이 후행처분으로 흡수되어 소멸하는 경우에도 선행처분의 취소를 구하는 소는 가능하다. (19서울7급)

□□□□□★★

판 7-2. 공정거래위원회가 부당한 공동행위를 한 사업자들 중 자진신고자에 대하여 구 독점규제 및 공정거래에 관한 법령에 따라 과징금 부과처분(선행처분)을 한 뒤, 다시 자진신고자에 대한 사건을 분리하여 자진신고를 이유로 과징금 감면처분(후행처분)을 한 경우라도 선행처분의 취소를 구하는 소는 적법하다. (22국가9급,21소방간부,21국가9급)

- 선행처분이 후행처분에 **흡수되어 소멸**되는 경우, 선행처분의 취소를 구할 **소의 이익 부정**
- 선행처분이 후행처분에 **흡수되지 않고 장래를 향해 실효**되면, 선행처분을 다툴 **소의 이익 인정** 예) 직위해제와 직권면직

판례 공정거래위원회가 부당한 공동행위를 행한 사업자로서 자진신고자나 조사협조자에 대하여 과징금 부과처분(선행처분)을 한 뒤, 다시 자진신고자 등에 대한 사건을 분리하여 자진신고 등을 이유로 한 과징금 감면처분(후행처분)을 하였다면, 후행처분**은 자진신고 감면까지 포함하여 처분 상대방이 실제로 납부하여야 할 최종적인 과징금액을 결정하는** 종국적 처분이고, 선행처분**은 이러한 종국적 처분을 예정하고 있는 일종의 잠정적 처분으로서 후행처분이 있을 경우 선행처분은 후행처분에** 흡수되어 소멸**한**다. 따라서 위와 같은 경우에 선행처분의 취소를 구하는 소는 **이미 효력을 잃은 처분의 취소를 구하는 것으로** 부적법하다(2013두987). [날먹행 101p]

4. 하명

□□□□□★

이 1. 하명은 법령의 근거를 요하므로 법령이 정한 요건이 갖추어졌을 때에 행할 수 있다. (08지방9급)

□□□□□★

이 2. 하명의 대상은 법률행위 뿐만 아니라 사실행위일 수도 있다. (08지방9급)

□□□□□★

이 3. 하명은 대부분 개별적 · 구체적 규율로서 행하여지나 일반처분으로도 행하여 진다. (08지방9급)

□□□□□★★

이 4. 하명에 위반한 법률행위의 효과는 무효이다. (08지방9급)

□□□□□

이 5. 위법한 하명으로 권리가 침해된 자는 취소소송이나 무효등확인소송을 제기하여 위법상태를 제거할 수 있고 손해배상청구소송을 제기하여 손해를 배상받을 수 있다. (13국회9급).

- **하명**
  - **의의**: 행정청이 **작위 · 부작위 · 수인 · 급부 등의 의무를 명**하는 행정행위
  - **성질**: 부담적 행정행위로서 **기속행위**에 해당 → 법령의 근거를 요함
  - **대상**: 법률행위(영업양도금지,무기매매금지), 사실행위(통행금지, 위법건축물철거) 모두 가능
  - **위반행위**: 위반시 행정상 **강제집행과 행정벌의 대상**이 될 수 있음.
그러나 하명에 위반한 법률행위도 **사법적으로는 유효함**
  - **권리구제**: 하명에 의해 법률상 이익을 침해당한 자는 손해배상청구나 행정쟁송 제기 가능 [날먹행 102p]

OX 정답

7-1. X 7-2. X 4 1. O 2. O 3. O 4. X 5. O

5. 허가

□□□□□ ★★★

이 1-1. 허가는 일반적 금지를 해제하여 본래의 자유를 회복시켜 주는 명령적 행위라고 할 수 있다. (21군무원9급)

• **허가**: 원래 자유로운 행위를 행정 목적 달성을 위해 일반적 · 예방적 · 잠정적으로 금지하였다가 일정한 경우에 해제함으로써 자유를 회복시켜주는 행정행위를 의미함. [날먹행 102p]

□□□□□ ★★★

판 1-2. 건축허가는 대물적 성질을 갖는 것이어서 행정청으로서는 허가를 할 때에 건축주 또는 토지소유자가 누구인지 등 인적 요소에 관하여는 형식적 심사만 한다. (22국가9급,22지방9급,21경행)

판례 **건축허가는 대물적 성질**을 갖는 것이어서 **행정청으로서는 허가를 할 때에 건축주 또는 토지소유자가 누구인지 등 인적 요소에 관하여는 형식적 심사만** 한다(2014두41190). [날먹행 102p]

□□□□□ ★★★

이 2-1. 허가 등의 행정처분은 원칙적으로 처분시의 법령과 허가기준에 의하여 처리되어야 하고 허가신청 당시의 기준에 따라야 하는 것은 아니며, 비록 허가신청 후 허가기준이 변경되었다 하더라도 그 허가관청이 허가신청을 수리하고도 정당한 이유없이 그 처리를 늦추어 그 사이에 허가기준이 변경된 것이 아닌 이상 변경된 허가기준에 따라서 처분을 하여야 한다. (22군무원9급,21지방·서울7급,21군무원7급,21소방,20군무원7급,19서울7급,17국가7급)

□□□□□ ★★

이 2-2. 건축허가신청 후 건축허가기준에 관한 관계법령 및 조례의 규정이 신청인에게 불리하게 개정된 경우, 당사자의 신뢰를 보호하기 위해 처분시가 아닌 신청시 법령에서 정한 기준에 의하여 건축허가 여부를 결정하는 것이 원칙이다. (22소방,18지방9급)

• **허가의 기준**

원칙적으로 처분시를 기준으로 허가여부를 결정함**(통설 · 판례)**

∴ **허가 신청 후 허가 기준이 변경되었더라도** 처분시를 **기준으로 위법 여부를 판단**함

그러나 허가관청이 허가신청을 수리하고도 **정당한 이유없이 그 처리를 늦추어 그사이에 허가 기준이 변경된 경우에는 신청시를 기준**으로 함. [날먹행 103p]

□□□□□

이 3. 허가가 기속행위인지 재량행위인지 여부는 개별법령이 정하는 바에 의한다. (19국가9급)

• 허가는 법령에 특별한 규정이 없는 한 기속행위임 [날먹행 103p]

OX 정답

5 1-1. O 1-2. O 2-1. O 2-2. X 3. O

□□□□□ ★★

이 4-1. 허가는 근거법상의 금지를 해제하는 효과만 있을 뿐, 타법에 의한 금지까지 해제하는 효과가 있는 것은 아니다. (19지방·교행9급)

□□□□□

판 4-2. 접도구역 안에서 건축을 하기 위해서는 건축허가청으로부터 건축법상 건축허가를 받는 것으로 충분하다. (06국가7급)

- **상대적 금지의 해제**에 불과하여, **타법에 의한 금지까지 해제하는 효과가 있는 것은 아님**

판례 도로법상의 허가를 받았더라도 건축법상 허가는 별도로 받아야 한다(91도218). [날먹행 103p]

□□□□□ ★★

이 5. 허가를 받지 않고 행한 영업행위는 행정상 강제집행이나 처벌의 대상은 되지만, 행위 자체의 법률적 효력은 영향을 받지 않는 것이 원칙이다. (19지방9급)

- 위반시 행정상 **강제집행과 행정벌의 대상**이 될 수 있음. 그러나 허가에 위반한 법률행위도 사법상 유효함. [날먹행 103p]

□□□□□ ★★

판 6. 판례에 의할 때 '식품위생법'상 일반 음식점 영업허가는 재량행위로 보고 있지 않다. (22국회9급,19경행,18경행)

판례 식품위생법상 일반음식점영업허가는 성질상 일반적 금지의 해제에 불과하므로 허가권자는 허가신청이 법에서 정한 요건을 구비한 때에는 허가하여야 하고 **관계 법령에서 정하는 제한사유 외에 공공복리 등의 사유를 들어 허가신청을 거부할 수는 없다**(97누12532). → 기속행위 [날먹행 103p]

□□□□□ ★★

판 7. 주류판매업면허는 강학상의 허가로 해석되므로 '주세법'에 열거된 면허제한사유에 해당하지 아니하는 한 면허관청으로서는 임의로 그 면허를 거부할 수 없다. (23변시)

판례 **주류판매업 면허**는 설권적 행위가 아니라 주류판매의 질서유지, 주세 보전의 행정목적 등을 달성하기 위하여 개인의 자연적 자유에 속하는 영업행위를 일반적으로 제한하였다가 특정한 경우에 이를 회복하도록 그 제한을 해제하는 **강학상의 허가**로 해석되므로 주세법 제10조 제1호 내지 제11호에 열거된 면허제한사유에 해당하지 아니하는 한 면허관청으로서는 임의로 그 면허를 거부할 수 없다(95누5714). → 기속행위 [날먹행 103p]

□□□□□ ★★

판 8. 환경의 보전 등 중대한 공익상 필요가 있다고 인정되더라도 법규에 명문의 근거가 없다면 산림훼손기간 연장허가를 거부할 수 없다. (22군무원9급,19서울9급,18지방7급 등)

판례 허가관청은 산림훼손허가신청 대상토지의 현상과 위치 및 주위의 상황 등을 고려하여 국토 및 자연의 유지와 환경의 보전 등 중대한 공익상 필요가 있다고 인정될 때에는 허가를 거부할 수 있고, 그 경우 법규에 명문의 근거가 없더라도 거부처분을 할 수 있는 것이다(2002두12113). → 재량행위 [날먹행 103p]

OX 정답

4-1. ○ 4-2. X 5. ○ 6. ○ 7. ○ 8. X

□□□□□

판 9-1. 사설법인묘지의 설치에 대한 행정청의 허가는 다른 법률행위를 보충하여 그 법적 효력을 완성시키는 행위이다. (19국가9급)

> 판례 **사설묘지 설치허가 신청 대상지가 관련 법령에 명시적으로 설치제한지역으로 규정되어 있지 않더라도** 관할 관청이 그 신청지의 현상과 위치 및 주위의 상황 등 제반 사정을 고려하여 사설묘지의 설치를 억제함으로써 환경오염 내지 지역주민들의 보건위생상의 위해 등을 예방하거나 묘지의 증가로 인한 국토의 훼손을 방지하고 국토의 효율적 이용 및 공공복리의 증진을 도모하는 등 **중대한 공익상 필요가 있다고 인정할 때에는 그 허가를 거부할 수 있다**고 봄이 상당하다(2007두6106). → **사설묘지 설치허가는 강학상 허가에 해당함**. 인가 X → 법적성질은 **재량행위** **[날먹행 103p]**

□□□□□

판 9-2. 구 '기부금품모집규제법'상의 기부금품모집허가는 공익목적을 위하여 일반적 상대적으로 제한된 기본권적 자유를 다시 회복시켜주는 강학상의 허가에 해당한다. (23경간)

> 판례 **기부금품모집규제법상의 기부금품모집허가**는 공익목적을 위하여 일반적·상대적으로 제한된 기본권적 자유를 다시 회복시켜주는 **강학상의 허가**에 해당하는 만큼 ~ 기부금품 모집행위가 같은 법 제4조 제2항의 각 호의 사업에 해당하는 경우에는 특별한 사정이 없는 한 그 모집행위를 허가하여야 하는 것으로 풀이하여야 한다(99두3690) **[날먹행 103p]**

□□□□□★★★

판 10-1. 건축허가는 원칙상 기속행위이지만 중대한 공익상 필요가 있는 경우 예외적으로 건축허가를 거부할 수 있다. (22군무원9급,19국가9급,19지방9급,19서울7급)

> 판례 건축허가권자는 건축허가신청이 건축법 등 관계 법규에서 정하는 어떠한 제한에 배치되지 않는 이상 당연히 같은 법조에서 정하는 건축허가를 하여야 하고, 중대한 공익상의 필요가 없는데도 관계 법령에서 정하는 제한사유 이외의 사유를 들어 요건을 갖춘 자에 대한 허가를 거부할 수는 없다(2009두8946). → **건축허가는 원칙상 기속행위** **[날먹행 103p]**

□□□□□★

판 10-2. 숙박용 건물의 건축허가는 기속행위이므로 중대한 공익상의 이유가 있다 할지라도 그 허가를 거부할 수 없다. (16교행9급)

> 판례 건축허가는 일반적으로 **기속행위**이나, 건축법 §11④의 **위락시설이나 숙박시설용 건축물에 대한 건축허가의 경우와 같이 중대한 공익상 필요가 있는 경우 이 한도 내에서 재량행위**가 되어 허가를 거부할 수 있다(2015두47737). **[날먹행 103p]**

OX 정답

9-1. X 9-2. ○ 10-1. ○ 10-2. X

□□□□□ ★★

판 10-3. '국토의 계획 및 이용에 관한 법률'상 토지의 형질변경허가는 그 금지요건이 불확정개념으로 규정되어 있으므로, 동법상 지정된 도시지역 안에서 토지의 형질변경행위를 수반하는 건축법상의 건축허가는 재량행위이다. **(22국회9급,21국가7급,20지방9급,19국가9급,19지방9급,19서울7급 등)**

판례 국토계획법 소정의 도시지역 안에서 **토지의 형질변경행위를 수반하는 건축허가는 토지의 형질변경허가의 성질을 아울러 갖는 것**으로 보아야 할 것이고, 국토계획법 제56조 제1항 제2호의 규정에 의한 **토지의 형질변경허가는 그 금지요건이 불확정개념으로 규정되어 있어 그 금지요건에 해당하는지 여부를 판단함에 있어서 행정청에게 재량권이 부여**되어 있다고 할 것이므로, 국토계획법에 의하여 지정된 도시지역 안에서 **토지의 형질변경행위를 수반하는 건축허가는 결국 재량행위**에 속한다(2004두6181). **[날먹행 103p]**

□□□□□ ★★

판 11-1. 허가에 붙은 기한이 그 허가된 사업의 성질상 부당하게 짧은 경우에는 이를 그 허가조건의 존속기간으로 보아야 한다. **(22군무원9급,22경간,19서울7급,18지방9급,18지방7급 등)**

□□□□□ ★★

판 11-2. 허가기간이 연장되기 위하여는 그 종기가 도래하기 전에 그 허가기간의 연장에 관한 신청이 있어야 하며, 만일 그러한 연장신청이 없는 상태에서 허가기간이 만료하였다면 그 허가의 효력은 상실된다. **(21경행,20국가9급)**

□□□□□ ★★

이 11-3. 허가에 붙은 기한이 그 허가된 사업의 성질상 부당하게 짧아 이 기한을 그 허가 조건의 존속기간으로 해석할 수 있더라도 그 후 당초의 기한이 상당기간 연장되어 연장된 기간을 포함한 존속기간 전체를 기준으로 보면 더 이상 허가된 사업의 성질상 부당하게 짧은 경우에 해당하지 않게 된 때에는, 관계법령상 허가여부의 재량권을 가진 행정청은 허가조건의 개정만을 고려하여야 하는 것은 아니고, 재량권의 행사로서 더 이상의 기간 연장을 불허가하여 허가의 효력을 상실시킬 수 있다. **(22군무원9급,21국가9급,16지방7급)**

- **허가에 붙은 기한이 부당하게 짧은 경우 → 허가 '조건의 존속기간(갱신기간)'으로 보아야** 함.
  존속기간 내에 적법한 갱신신청이 있었음에도 갱신 가부의 결정이 없는 경우에는 기간이 지나도 **허가의 효력은 상실되지 않음**. 단, 이 경우라도 **허가기간이 연장되기 위해서는 종기가 도래하기 전에 기간의 연장에 관한 신청이 있어야** 하며, 만일 그러한 **연장신청이 없는 상태에서 허가 기간이 만료하였다면 그 허가의 효력은 상실**된다(2005두12404).
- **허가에 붙은 당초의 기한이 상당 기간 연장되어 더이상 부당하게 짧은 경우에 해당하지 않은 경우**, 관계법령의 규정에 따라 허가 여부의 재량권을 가진 행정청이 더 이상의 **기간연장을 불허가하는 것이 가능**함(2003두12837).

[날먹행 104p]

OX 정답

10-3. ○ 11-1. ○ 11-2. ○ 11-3. ○

□□□□□ ★★

판 12. 어업에 관한 허가 또는 신고에 유효기간연장제도가 마련되어 있지 않은 경우 그 유효기간이 경과하면 그 허가나 신고의 효력이 당연히 소멸하며, 재차 허가를 받거나 신고를 하더라도 허가나 신고의 기간만 갱신되어 종전의 어업허가나 신고의 효력 또는 성질이 계속된다고 볼 수 없고 새로운 허가 내지 신고로서의 효력이 발생한다고 할 것이다. (22군무원9급,22경간,21소방간부,18국회8급)

- **허가 자체의 존속기간인 경우 = 유효기간 연장제도가 마련되어 있지 않은 경우**

판례 어업에 관한 허가 또는 신고에 유효기간 연장제도가 마련되어 있지 않는 경우 그 유효기간이 경과하면 **그 허가나 신고의 효력이 소멸하며, 재차 허가를 받거나 신고를 하더라도** 허가나 신고의 기간만 갱신되어 종전의 어업허가나 신고의 효력 또는 성질이 계속된다고 볼 수 없고 **새로운 허가 내지 신고로서의 효력이 발생한다고 할 것**이다(2011두5728). **[날먹행 104p]**

□□□□□ ★★

판 13-1. 허가가 갱신된 이후라고 하더라도, 갱신 전의 법위반사실을 이유로 허가를 취소할 수 있다. (17국가7급,16서울9급)

- **기한 도래 전 이루어진 갱신허가 신청**

  : 신규 허가가 아니라 종전 허가의 효력이 동일성을 유지하면서 **장래에 향하여 지속**되는 것에 불과함.

  → ∴ 갱신 전 법위반사실을 이유로 허가 취소 가능. **[날먹행 104p]**

□□□□□ ★★

판 13-2. 유료직업소개사업의 허가갱신 후에도 갱신 전 법위반사실을 근거로 허가를 취소할 수 있다. (20군무원7급,17국가7급)

판례 **유료직업소개사업의 허가갱신**은 허가취득자에게 **종전의 지위를 계속 유지시키는 효과를 갖는 것에 불과**하고 갱신 후에는 갱신 전의 법위반사항을 불문에 붙이는 효과를 발생하는 것이 아니므로 일단 **갱신이 있은 후에도 갱신 전의 법위반사실을 근거로 허가를 취소할 수 있다**(81누174). **[날먹행 104p]**

□□□□□

판 13-3. 건설업면허의 갱신이 있으면 기존면허의 효력은 동일성을 유지하면서 장래에 향하여 지속된다 할 것이고, 갱신에 의하여 갱신 전의 면허는 실효되고 새로운 면허가 부여된 것이라고 볼 수는 없으므로 면허갱신에 의하여 갱신 전의 건설업자의 모든 위법사유가 치유된다거나 일정한 시일의 경과로써 그 위법사유가 치유된다고 볼 수 없다. (12서울9급)

판례 **건설업면허의 갱신이 있으면 기존 면허의 효력은 동일성을 유지하면서 장래에 향하여 지속**한다 할 것이고 갱신에 의하여 갱신전의 면허는 실효되고 새로운 면허가 부여된 것이라고 볼 수는 없으므로 면허갱신에 의하여 갱신 전의 건설업자의 모든 위법사유가 치유된다거나 일정한 시일의 경과로서 그 위법사유가 치유된다고 볼 수 없다(83누658). **[날먹행 104p]**

OX 정답

12. ○ 13-1. ○ 13-2. ○ 13-3. ○

□□□□□ ★★

판 14. 갱신신청 없이 유효기간이 지나면 주된 행정행위는 효력이 상실되므로 갱신기간이 지나 신청한 경우에는 기간연장신청이 아니라 새로운 허가신청으로 보아야 하며 허가요건의 충족여부를 새로이 판단하여야 한다. (22국가7급,21경행,18지방7급,16지방9급,15국회8급 등)

- **기간 경과 후 이루어진 갱신허가신청**: 갱신허가의 신청은 **기한의 도래 전에 해야하므로, 도래 후에는 갱신 신청 불가.**
  → 기한 도래 후의 갱신신청에 따른 허가는 **별개의 새로운 행위**가 되고, **허가 요건의 충족 여부를 새로이 판단해야 함.**

[날먹행 104p]

□□□□□ ★★★

판 15-1. 대법원은 양도인 양수인 사이에 책임의 승계는 인정하지만 법적 책임을 부과하기 이전 단계에서의 제재사유의 승계는 현재까지 부정하고 있다. (21국가9급,20국가7급,16국회8급,13국가7급 등)

- **제재사유의 승계: 대물적 허가의 경우 법령상의 명문규정이 없는 경우에도 양도인의 위법사유를 들어 양수인에게 제재처분을 할 수 있다.**

[날먹행 105p]

□□□□□ ★

판 15-2. 구 「공중위생관리법」상 공중위생영업에 대하여 영업을 정지할 위법사유가 있다면, 관할 행정청은 그 영업이 양도 · 양수되었다 하더라도 양수인에 대하여 영업정지처분을 할 수 있다. (21국가9급,13국가7급)

판례 **영업정지나 영업장폐쇄명령 모두 대물적 처분**으로 보아야 하고, 양수인이 그 양수 후 행정청에 새로운 영업소개설통보를 하였다 하더라도, 그로 인하여 영업양도·양수로 영업소에 관한 권리의무가 양수인에게 이전하는 법률효과까지 부정되는 것은 아니라 할 것인바, 만일 **어떠한 공중위생영업에 대하여 그 영업을 정지할 위법사유가 있다면, 관할 행정청은 그 영업이 양도·양수되었다 하더라도 그 업소의 양수인에 대하여 영업정지처분을 할 수 있다**(2001두1611).

[날먹행 105p]

□□□□□ ★

이 15-3. 영업장 면적이 변경되었음에도 그에 관한 신고의무를 이행하지 않은 양도인으로부터 음식점 영업을 양수한 자가 그와 같은 신고의무를 이행하지 않은 채 영업을 계속한다면 '식품위생법'에 의한 영업허가취소나 영업정지의 대상이 될 수 있다. (21경행)

판례 영업정지나 영업장폐쇄명령 모두 대물적 처분으로 보아야 하고, 양수인이 그 양수 후 행정청에 새로운 영업소개설통보를 하였다 하더라도, 그로 인하여 영업양도·양수로 영업소에 관한 권리의무가 양수인에게 이전하는 법률효과까지 부정되는 것은 아니라 할 것인바, 만일 어떠한 공중위생영업에 대하여 그 영업을 정지할 위법사유가 있다면, 관할 행정청은 그 영업이 양도·양수되었다 하더라도 그 업소의 양수인에 대하여 영업정지처분을 할 수 있다(2012두18882).

[날먹행 105p]

OX 정답

14. ○ 15-1. X 15-2. ○ 15-3. ○

□□□□□ ★★★

이 16. 양도인의 위법행위로 양도인에게 이미 제재처분이 내려진 경우에 영업정지 등 그 제재처분의 효력은 양수인에게 당연히 이전된다. (21국가9급,17서울9급)

- **제재처분의 효과의 승계**: 양도인의 위법행위로 제재처분이 내려진 경우에, 그 **제재처분은 양수인에게 당연히 이전됨**. [날먹행 106p]

□□□□□ ★★★

판 17. 주유소허가의 양수인은 양도인의 지위를 승계하므로 양도인에게 그 허가를 취소할 법적 사유가 있는 경우 이를 이유로 양수인에게 응분의 제재조치를 할 수 있다. (22군무원9급,22경간,19서울9급)

판례 **석유판매업(주유소)허가는 소위 대물적 허가의 성질**을 갖는 것이어서 그 **사업의 양도도 가능**하고 이 경우 양수인은 양도인의 지위를 승계하게 됨에 따라 양도인의 위 허가에 따른 권리의무가 양수인에게 이전되는 것이므로 만약 **양도인에게 그 허가를 취소할 위법사유가 있다면 허가관청은 이를 이유로 양수인에게 응분의 제재조치를 취할 수 있다**(86누203). [날먹행 105p]

□□□□□ ★★★

판 18-1. 개인택시운송사업의 양도·양수에 대한 인가가 있은 후에 그 양도·양수 이전에 있었던 양도인에 대한 운송사업면허취소사유를 들어 양수인의 사업면허를 취소할 수 있다. (23경간,22지방9급,20국가7급)

판례 개인택시 운송사업을 양수한 사람은 양도인의 운송사업자로서의 지위를 승계하는 것이므로, 관할관청은 개인택시 운송사업의 양도·양수에 대한 인가를 한 후에도 그 양도·양수 이전에 있었던 양도인에 대한 운송사업면허 취소사유를 들어 양수인의 사업면허를 취소할 수 있다(96누18960). [날먹행 105p]

□□□□□ ★

판 18-2. 사실상 영업이 양도·양수되었지만 승계신고 및 수리처분이 있기 전에 양도인이 허락한 양수인의 영업 중 발생한 위반행위에 대한 행정적 책임은 양수인에게 귀속된다. (22지방9급)

판례 영업이 양도되었지만 아직 승계신고 및 그 수리처분이 있기 전에는 여전히 종전 영업자인 양도인이 영업허가자이고 양수인의 영업 중 발생한 위반행위에 대한 행정적 책임은 영업허가자인 양도인에게 귀속된다(94누9146). [날먹행 105p]

□□□□□ ★★

판 19. 회사분할 시 분할 전 회사에 대한 제재사유가 신설회사에 대하여 승계되지 않으므로 회사의 분할 전 법 위반행위를 이유로 과징금을 부과하는 것은 허용되지 않는다. (23군무원7급,17서울9급)

판례 회사분할 시 신설회사 또는 존속회사가 승계하는 것은 분할하는 회사의 권리와 의무이고, 분할하는 회사의 분할 전 법 위반행위를 이유로 과징금이 부과되기 전까지는 단순한 사실행위만 존재할 뿐 과징금과 관련하여 분할하는 회사에 승계 대상이 되는 어떠한 의무가 있다고 할 수 없으므로, 특별한 규정이 없는 한 신설회사에 대하여 분할하는 회사의 분할 전 법 위반행위를 이유로 과징금을 부과하는 것은 허용되지 않는다(2008두18335). [날먹행 106p]

OX 정답

16. O 17. O 18-1. O 18-2. X 19. O

□□□□□ ★★

이 20-1. 예외적 허가(예외적 승인)는 억제적 금지를 전제로 한다. (10국가7급)

□□□□□ ★★

이 20-2. 예외적 허가는 통상의 허가와 달리 원칙적으로 재량행위의 성질을 갖는다. (12국가9급)

- **예외적 허가 - 사회적으로 유해하거나 바람직하지 않는 행위를 금지시켰다가 예외적으로 해제시켜 당해 행위를 적법하게 해주는 행위**
  1) 허가는 기속행위, 예외적 허가는 수익적 행정행위로서 재량행위
  2) 허가는 예방적 금지를 해제, 예외적 허가는 억제적 금지를 해제**(주의: 금지를 해제한다는 점은 허가와 공통점)**

[날먹행 106p]

□□□□□ ★★★

판 21-1. 개발제한구역 내 건축허가는 기속행위이다. (19국가7급,19서울9급)

□□□□□ ★★

판 21-2. 개발제한구역 내 용도변경허가는 강학상 예외적 승인에 해당한다. (21소방,18국가7급)

□□□□□ ★

판 21-3. 학교환경위생정화구역의 금지행위해제는 예외적 허가(예외적승인)이다. (18서울9급)

□□□□□ ★

판 21-4. 상가지역 내의 유흥주점업 허가, 주거지역 내의 건축허가는 예방적 금지의 해제로서 강학상 허가이고, 기속행위이며, 법률행위적 행정행위이다. (12국가9급)

□□□□□ ★

판 21-5. 치료목적의 마약류사용허가는 강학상 예외적 승인에 해당한다. (15국가9급)

- **예외적 허가(승인) 판례**
  → **개발제한구역 내 건축허가 · 용도변경허가, 마약류취급허가, 학교환경위생정화구역 내 유흥음식점 허가, 카지노영업허가**
  주의 상가지역 내 유흥주점업 허가, 주거지역 내 건축허가는 허가임.

[날먹행 106p]

5. 면제

□□□□□ ★

이 1. 의무해제라는 점에서 허가와 면제는 같으나 허가는 부작위의무의 해제인 데 반하여 면제는 작위, 급부 및 수인의무의 해제라는 점에서 다르다. (13국회8급)

- **면제**: 법령에 의해 부과된 **작위 · 급부 · 수인** 등의 **의무를 해제해주는 행정행위**로서, 의무를 해제한다는 점에서 허가와 동일하나, **허가는 부작위의무를 해제한다는 점에서 면제와 구별**됨

[날먹행 106p]

OX 정답

20-1. ○ 20-2. ○ 21-1. X 21-2. ○ 21-3. ○ 21-4. ○ 21-5. ○ **5** 1. ○

6. 특허

□□□□□

이 1. 행정재산에 대한 사용허가는 특정인에게 행정재산을 사용할 권리를 설정하여 주는 행위이다. (19국가7급,18서울9급)

• **특허: 특정 개인에 대해 새로운 권리 · 능력 또는 포괄적 법률관계를 설정하는 형성적 행정행위로, 설권행위**임
[날먹행 107p]

□□□□□ ★★

이 2-1. 전기 · 가스 등의 공급사업이나 철도 · 버스 등의 운송사업에 대한 허가는 강학상의 특허로 보는 것이 일반적이다. (13지방7급)

□□□□□ ★★

이 2-2. 도로법상 도로점용허가는 특정인에게 일정한 내용의 공물사용권을 설정하는 설권행위로서 공물관리자가 신청인의 적격성, 사용목적 및 공익상의 영향 등을 참작하여 허가를 할 것인지의 여부를 결정하는 재량행위이다. (23국회8급,23군무원7급,20국회8급)

• **특허기업(전기 · 가스 등 공급사업, 철도 · 버스 등의 운송사업)에 대한 허가, 광업허가 등은** 권리설정행위로서 특허에 해당.
• 특허는 공익과의 비교형량이 필수적이므로 **재량행위**임.
[날먹행 107p]

□□□□□ ★★

판 3-1. 공유수면점용허가는 특정인에게 공유수면 이용권이라는 독점적 권리를 설정하여 주는 처분으로서 그 처분의 여부 및 내용의 결정은 원칙적으로 행정청의 재량에 속한다. (22지방9급,22소방,22국회8급,22국회9급,21국가7급,21군무원7급,19소방)

판례 구 공유수면관리법에 따른 공유수면의 점 · 사용허가는 특정인에게 공유수면 이용권이라는 독점적 권리를 설정하여 주는 처분으로서 그 처분의 여부 및 내용의 결정은 원칙적으로 행정청의 재량에 속한다(2002두5016).
[날먹행 107p]

□□□□□ ★★

판 3-2. 공유수면매립면허는 설권행위인 특허의 성질을 갖는 것이므로 원칙적으로 행정청의 자유재량에 속한다. (21국가7급)

판례 공유수면매립면허는 설권행위인 특허의 성질을 갖는 것이므로 원칙적으로 행정청의 자유재량에 속하며, 일단 실효된 공유수면매립면허의 효력을 회복시키는 행위도 면허관청의 자유재량에 속하는 행위이다(88누9206).
[날먹행 107p]

OX 정답

6 1. ○ 2-1. ○ 2-2. ○ 3-1. ○ 3-2. ○

□□□□□

판 4. 관세법 소정의 보세구역 설영특허는 공기업의 특허로서 그 특허의 부여 여부는 행정청의 자유재량에 속하고, 설영특허에 특허기간이 부가된 경우 그 기간의 갱신 여부도 행정청의 자유재량에 속한다. (15사복9급)

> **판례** 관세법 제78조 소정의 **보세구역의 설영특허**는 보세구역의 설치, 경영에 관한 권리를 설정하는 이른바 공기업의 특허로서 그 **특허의 부여여부는 행정청의 자유재량**에 속하며, 특허기간이 만료된 때에 특허는 당연히 실효되는 것이어서 특허기간의 갱신은 실질적으로 권리의 설정과 같으므로 **그 갱신여부도 특허관청의 자유재량**에 속한다(88누4188).
> [날먹행 107p]

□□□□□★★

판 5. 해당 지역에서 일정기간 거주하여야 한다는 요건 이외에 해당 지역 운수업체에서 일정기간 근무한 경력이 있는 경우에만 개인택시운송사업면허신청 자격을 부여한다는 개인택시운송사업면허업무규정은 합리적인 제한이다. (22국회8급,17지방9급)

> **판례** 해당 지역에서 일정기간 거주하여야 한다는 요건 이외에 **해당 지역 운수업체에서 일정기간 근무한 경력이 있는 경우에만 개인택시운송사업면허신청 자격을 부여한다는 개인택시운송사업면허업무규정은**, 개인택시 면허제도의 성격, 운송사업의 공익성, 지역에서의 장기간 근속을 장려할 필요성 등의 제반 사정에 비추어 합리적인 제한에 해당한다(2004두8910).
> [날먹행 107p]

□□□□□★★

판 6. 귀화허가는 강학상 허가에 해당하므로, 귀화신청인이 귀화요건을 갖추어서 귀화허가를 신청한 경우에 법무부장관은 귀화허가를 해주어야 한다. (21국가7급,18경행,17국가9급)

> **판례** 국적은 국민의 자격을 결정짓는 것이고, 이를 취득한 사람은 국가의 주권자가 되는 동시에 국가의 속인적 통치권의 대상이 되므로, **귀화허가는 외국인에게 대한민국 국적을 부여함으로써 국민으로서의 법적 지위를 포괄적으로 설정하는 행위**에 해당한다. 귀화허가의 근거 규정의 형식과 문언, 귀화허가의 내용과 특성 등을 고려하여 보면, **법무부장관은 귀화신청인이 법률이 정하는 귀화요건을 갖추었다고 하더라도 귀화를 허가할 것인지 여부에 관하여 재량권을 가진다**(2009두19069).
> [날먹행 107p]

□□□□□★★

판 7. 구 '수도권 대기환경개선에 관한 특별법'상 대기오염물질 총량관리사업장 설치의 허가는 강학상 특허이다. (22지방9급,19서울9급,19서울7급)

> **판례** 대기오염물질 총량관리사업장 설치의 허가 또는 변경허가는 특정인에게 인구가 밀집되고 대기오염이 심각하다고 인정되는 수도권 대기관리권역에서 총량관리대상 오염물질을 일정량을 초과하여 배출할 수 있는 특정한 권리를 설정하여 주는 행위로서 그 처분의 여부 및 내용의 결정은 행정청의 재량에 속한다(2012두22799). [날먹행 107p]

OX 정답

4. ○ 5. ○ 6. X 7. ○

□□□□□ ★

판 8. 개발촉진지구 안에서 시행되는 지역개발사업에 관한 지정권자의 실시계획승인처분은 강학상 특허이다. (23국회8급,19서울9급)

> 판례 **지구개발사업에서 지정권자의 실시계획승인처분**은 단순히 시행자가 작성한 실시계획에 대한 보충행위로서의 성질을 가지는 것이 아니라 시행자에게 구 지역균형개발법상 지구개발사업을 시행할 수 있는 지위를 부여하는 일종의 **설권적 처분의 성격을 가진 독립된 행정처분**으로 보아야 한다(2012두5619). [날먹행 107p]

□□□□□ ★★

판 9-1. '여객자동차 운수사업법'에 의한 개인택시운송사업면허는 특정인에게 권리나 이익을 부여하는 행정행위로서 법령에 특별한 규정이 없는 한 재량행위이다. (22국회9급,22소방승진,21국가7급)

□□□□□ ★★

판 9-2. 행정청이 면허발급 여부를 심사함에 있어서 이미 설정된 면허기준의 해석상 당해 신청이 면허발급의 우선순위에 해당함이 명백함에도 이를 제외시켜 면허거부처분을 하였다면 특별한 사정이 없는 한 그 거부처분은 재량권을 남용한 위법한 처분이 된다. (23군무원7급,22소방승진)

> 판례 **여객자동차운수사업법에 따른 개인택시운송사업 면허는 특정인에게 권리나 이익을 부여하는 재량행위**이고, 행정청이 면허 발급 여부를 심사함에 있어 **이미 설정된 면허기준의 해석상 당해 신청이 면허발급의 우선순위에 해당함이 명백함에도 불구하고 이를 제외시켜 면허거부처분**을 하였다면 특별한 사정이 없는 한 그 **거부처분은 재량권을 남용한 위법한 처분**이다(2001두8414). [날먹행 107p]

□□□□□ ★★★

판 10. 출입국관리법상 체류자격변경허가는 기속행위이므로 신청인이 관계법령에서 정한 요건을 충족하면 허가권자는 신청을 받아들여 허가해야 한다. (23경간,22서울7급,22지방9급,22소방,19사복9급)

> 판례 **출입국관리법상 체류자격 변경허가**는 신청인에게 당초의 체류자격과 다른 체류자격에 해당하는 활동을 할 수 있는 권한을 부여하는 일종의 **설권적 처분의 성격**을 가지므로, **허가권자는 신청인이 관계 법령에서 정한 요건을 충족하였더라도 허가 여부를 결정할 수 있는 재량을 가진다**(2015두48846). [날먹행 107p]

□□□□□ ★★★

판 11. '도시 및 주거환경정비법'상 토지 등 소유자들이 조합을 따로 설립하지 않고 직접 시행하는 도시환경정비사업시행인가는 특허에 해당한다. (23지방9급,22지방7급,17국가7급)

> 판례 토지 등 소유자들이 직접 시행하는 도시환경정비사업에서 토지 등 소유자에 대한 사업시행인가처분은 단순히 사업시행계획에 대한 보충행위로서의 성질을 가지는 것이 아니라 **구 도시정비법상 정비사업을 시행할 수 있는 권한을 가지는 행정주체로서의 지위를 부여하는 일종의 설권적 처분의 성격을 가진다**(2011두19994). [날먹행 107p]

OX 정답

8. ○ 9-1. ○ 9-2. ○ 10. X 11. ○

□□□□□ ★★

이 12. 강학상 허가와 특허는 의사표시를 요소로 한다는 점과 반드시 신청을 전제로 한다는 점에서 공통점이 있다. **(17국가9급)**

□□□□□

이 13. 특허는 주로 특정인을 대상으로 행해지나 이에 한정되지 않으며 불특정다수인에게 행해지기도 한다. **(19서울7급)**

구분	허가	특허	인가
법적 성질	기속행위성 강함 명령적 행위	재량행위성 강함	법문언에 따라 재량 · 기속행위, 형성적 행위
신청	원칙적으로 요하나, 없는 경우도 가능	신청이 반드시 필요	반드시 신청해야
상대방	특정인, 불특정 다수인	특정인에 대해서만	특정인에 대해서만
대상	법률행위, 사실행위 모두 가능	-	법률행위만 가능
효과	공법적 효과만 O	공법적, 사법적 효과	공법적, 사법적 효과
위반 행위	위반해도 유효 행정벌, 강제집행의 대상 O	위반시 무효 행정벌, 강제집행의 대상 X	위반시 무효 행정벌, 강제집행의 대상 X

[날먹행 113p]

7. 인가

□□□□□ ★★★

이 1. 당사자의 법률적 행위를 보충하여 그 법률적 효력을 완성시키는 행정청의 보충적 의사표시를 인가라고 한다. **(21국가7급)**

- **인가: 행정청이 제3자의 법률행위를 보충하여 그 법률효과를 완성**해 주는 **보충적 행정행위**임 [날먹행 108p]

□□□□□

이 2. 판례는 인가에 해당하면 부관의 부과가 허용되지 않는다고 본다. **(20국가9급)**

- 법문언에 따라 **재량행위인지 여부를 개별적으로 판단하고, 재량행위인 인가에는 부관의 부가 가능** [날먹행 108p]

□□□□□ ★★

이 3. 인가의 대상이 되는 기본행위는 법률적 행위일 수도 있고, 사실행위일 수도 있다. **(17국가9급)**

- 인가는 **법률행위만을 대상**으로 함. [날먹행 108p]

OX 정답

12. X 13. X **7** 1. ○ 2. X 3. X

□□□□□ ★★★

이 4. 인가는 보충적 행위이므로 신청을 전제로 한다. (14서울9급)

• **인가는 보충적 행위**이므로 **상대방의 신청이 반드시** 있어야 함. [날먹행 108p]

□□□□□ ★★★

판 5. 재단법인 정관변경에 대한 행정청의 허가는 다른 법률행위를 보충하여 그 법적 효력을 완성시키는 행위이다. (22소방승진,21국가7급,20지방9급,20경행,19국가9급,19서울9급 등)

판례 민법 제45조와 제46조에서 말하는 **재단법인의 정관변경 "허가"**는 법률상의 표현이 허가로 되어 있기는 하나, 그 성질에 있어 법률행위의 효력을 보충해 주는 것이지 일반적 금지를 해제하는 것이 아니므로, 그 법적 성격은 인가라고 보아야 한다(95누4810). [날먹행 108p]

□□□□□ ★★★

판 6. 토지거래허가구역 내에 있는 토지에 관한 토지거래계약허가는 학문상 인가의 성질을 갖는다. (22국회8급,22소방승진,21국회9급,20군무원7급,19국가9급,18서울9급,18교행9급)

판례 토지거래허가는 규제지역 내에 있는 토지에 관한 토지거래계약허가의 성질은 **허가 전의 유동적 무효 상태에 있는 법률행위의 효력을 완성시켜 주는 인가적 성질을 띤 것**이라고 보는 것이 타당하다(90다12243). [날먹행 108p]

□□□□□ ★

판 7. 자동차관리사업자단체의 조합설립인가는 강학상 인가이다. (23지방9급,21국회9급,18서울9급)

판례 자동차관리법상 **자동차관리사업자로 구성하는 사업자단체인 조합 또는 협회의 설립인가처분**은 국토해양부장관 또는 시·도지사가 자동차관리사업자들의 단체결성행위를 **보충하여 효력을 완성시키는 처분**에 해당한다(2013두635). [날먹행 108p]

□□□□□ ★★★

판 8. 사립학교법인 임원에 대한 취임승인행위는 강학상 특허에 해당한다. (22국회8급,21국회9급,20국가9급,19소방,19서울9급,17서울7급)

판례 사립학교법 제20조 제2항에 의한 학교법인의 임원에 대한 **감독청의 취임승인은 학교법인의 임원선임행위를 보충하여 그 법률상의 효력을 완성케하는 보충적 행정행위이다**(86누152). [날먹행 108p]

OX 정답

4. ○ 5. ○ 6. ○ 7. ○ 8. X

□□□□□ ★

판 9. 공유수면매립면허로 인한 권리의무의 양도 · 양수약정은 이에 대한 면허관청의 인가를 받지 않은 이상 법률상 효력이 발생하지 않는다. (20국가9급,17국가9급)

판례 공유수면매립의 면허로 인한 권리의무의 양도 · 양수에 있어서의 **면허관청의 인가는 효력요건**으로서, 위 각 규정은 강행규정이라고 할 것인바, 위 **면허의 공동명의자 사이의 면허로 인한 권리의무양도약정은 면허관청의 인가를 받지 않은 이상 법률상 아무런 효력도 발생할 수 없다**(90누5184). [날먹행 108p]

□□□□□ ★★★

판 10-1. '도시 및 주거환경정비법'상 도시환경정비사업조합이 수립한 사업시행계획인가는 행정청이 타자의 법률행위를 동의로써 보충하여 그 행위의 효력을 완성시켜 주는 행위이다. (23소방,20국회8급,18서울9급)

판례 구 '도시 및 주거환경정비법'에 기초하여 도시환경정비사업조합이 수립한 사업시행계획은 그것이 인가 · 고시를 통해 확정되면 이해관계인에 대한 **구속적 행정계획으로서** 독립된 행정처분**에 해당**하므로, 사업시행계획을 인가하는 행정청의 행위는 **도시환경정비사업조합의 사업시행계획에 대한 법률상의 효력을 완성시키**는 보충행위**에 해당**한다(2010두1248). [날먹행 108p]

□□□□□ ★★

판 10-2. '도시 및 주거환경정비법'에 따른 토지등소유자에 대한 사업시행인가처분은 사업시행계획에 대한 보충행위로서의 성질을 가지는 것이 아니라 정비사업 시행권한을 가지는 행정주체로서의 지위를 부여하는 일종의 설권적 처분의 성격을 가진다. (20군무원7급,17국가7급)

판례
- 토지 등 소유자들이 직접 시행하는 **도시환경정비사업에서** 토지 등 소유자에 대한 **사업시행인가처분**은 단순히 **사업시행계획에 대한** 보충행위로서의 성질을 가지는 것이 아니라 구 도시정비법상 정비사업을 시행할 수 있는 권한을 가지는 행정주체로서의 지위를 부여하는 일종의 설권적 처분의 성격을 가진다.
- 도시환경정비사업을 직접 시행하려는 **토지 등 소유자들은 시장 · 군수로부터 사업시행인가를 받기 전에는 행정주체로서의 지위를 가지지 못한다.** 따라서 그가 작성한 **사업시행계획**은 인가처분의 요건 중 하나에 불과하고 항고소송의 대상이 되는 독립된 **행정처분에 해당하지 아니한다**고 할 것이다(2011두19994).

Tip 토지 등 소유자에 대한 사업시행인가처분은 인가가 아니라 특허! [날먹행 108p]

□□□□□ ★★

판 11. 재건축조합이 수립하는 관리처분계획에 대한 행정청의 인가는 다른 법률행위를 보충하여 법률상 효력을 완성시키는 행위에 해당한다. (19국가9급)

판례 조합이 수립한 관리처분계획에 대한 행정청의 인가는 관리처분계획의 법률상 효력을 완성시키는 보충행위로서의 성질을 가진다(2010두24951). [날먹행 108p]

OX 정답

9. ○ 10-1. ○ 10-2. ○ 11. ○

□□□□□ ★★★

판 12. 조합설립추진위원회 구성승인처분은 조합의 설립을 위한 주체인 추진위원회의 구성행위를 보충하여 그 효력을 부여하는 처분으로 인가에 해당한다. **(23지방9급,22지방7급,17서울7급)**

> **판례▶** 조합설립위원회 구성승인처분은 조합의 설립을 위한 주체인 추진위원회의 구성행위를 보충하여 그 효력을 부여하는 처분이다(2011두11112). **[날먹행 108p]**

□□□□□ ★★★

판 13. '도시 및 주거환경정비법'상 주택재건축정비사업조합의 설립인가는 특정인에 대하여 새로운 권리능력 또는 포괄적 법률관계를 설정하는 행위이다.
(23소방,22소방승진,22지방7급,22지방9급,19경행,18경행,17국가7급,17지방9급 등)

> **판례▶** 행정청이 도시 및 주거환경정비법 등 관련 법령에 근거하여 행하는 조합설립인가처분은 단순히 사인들의 조합설립행위에 대한 보충행위로서의 성질을 갖는 것에 그치는 것이 아니라 법령상 요건을 갖출 경우 도시 및 주거환경정비법상 주택재건축사업을 시행할 수 있는 권한을 갖는 행정주체(공법인)로서의 지위를 부여하는 일종의 설권적 처분의 성격을 갖는다고 보아야 한다(2008다60568). **[날먹행 108p]**

□□□□□ ★★

판 14. 행정청이 '도시 및 주거환경정비법' 등 관련법령에 근거하여 행하는 조합설립인가처분은 강학상 인가처분으로서 그 조합설립결의에 하자가 있다면 조합설립결의에 대한 무효확인을 구하여야 한다. **(20국회8급,19국회8급 등)**

> **판례▶** 조합설립결의는 조합설립인가처분이라는 행정처분을 하는 데 필요한 요건 중 하나에 불과한 것이어서, 조합설립결의에 하자가 있다면 그 하자를 이유로 직접 항고소송의 방법으로 조합설립인가처분의 취소 또는 무효확인을 구하여야 하고, 이와는 별도로 조합설립결의 부분만을 따로 떼어내어 그 효력 유무를 다투는 확인의 소를 제기하는 것은 원고의 권리 또는 법률상의 지위에 현존하는 불안·위험을 제거하는 데 가장 유효·적절한 수단이라 할 수 없어 특별한 사정이 없는 한 확인의 이익은 인정되지 아니한다(2008다60568). **[날먹행 108p]**

□□□□□ ★★

판 15-1. 재단법인의 임원취임이 사법인인 재단법인의 정관에 근거하였다 할지라도 재단법인의 임원취임승인 신청에 대하여 주무관청이 그 신청을 당연히 승인하여야 하는 것은 아니다. **(23경간,21국가7급,20국가9급,19서울7급)**

> **판례▶** 재단법인의 임원취임이 사법인인 재단법인의 정관에 근거한다 할지라도 이에 대한 행정청의 승인(인가)행위는 법인에 대한 주무관청의 감독권에 연유하는 이상 그 인가행위 또는 인가거부행위는 공법상의 행정처분으로서, **그 임원취임을 인가 또는 거부할 것인지 여부는 주무관청의 권한에 속하는 사항이라고 할 것이고, 재단법인의 임원취임승인 신청에 대하여 주무관청이 이에 기속되어 이를 당연히 승인(인가)하여야 하는 것은 아니다**(98두16996). **[날먹행 108p]**

OX 정답

12. ○ 13. ○ 14. X 15-1. ○

□□□□□ ★★

판 15-2. 공익법인의 기본재산처분에 대하여 행정청이 허가하는 경우 그 성질이 형성적 행정행위로서의 인가에 해당한다고 하여 조건으로서의 부관을 붙이지 못하는 것은 아니다. (23국회8급,20국가9급)

판례 공익법인의 기본재산의 처분에 관한 공익법인의 설립·운영에 관한 법률 제11조 제3항의 규정은 강행규정으로서 이에 위반하여 주무관청의 허가를 받지 않고 기본재산을 처분하는 것은 무효라 할 것인데, 위 처분허가에 부관을 붙인 경우 **그 처분허가의 법률적 성질이 형성적 행정행위로서의 인가에 해당한다고 하여 조건으로서의 부관의 부과가 허용되지 아니한다고 볼 수는 없고,** 다만 구체적인 경우에 그것이 조건, 기한, 부담, 철회권의 유보 중 어느 종류의 부관에 해당하는지는 당해 부관의 내용, 경위 기타 제반 사정을 종합하여 판단하여야 할 것이다(2004다50044). [날먹행 109p]

□□□□□ ★★★

판 16-1. 인가의 전제가 되는 기본행위에 하자가 있다고 하더라도 행정청의 적법한 인가가 있으면 그 하자는 치유가 된다. (20지방9급)

□□□□□ ★★★

판 16-2. 인가란 타인의 법률적 행위를 보충하여 그 법률적 효력을 완성시켜 주는 행정행위를 말하는데, 기본행위에 하자가 있는 경우 인가행위를 다투는 것이 원칙이다. (20국가9급,20지방9급,17국가7급)

□□□□□ ★★★

판 16-3. 인가의 대상이 되는 기본행위가 실효된 경우 인가는 무효선언이나 취소처분 없이도 당연히 실효된다. (15국가9급)

- **기본행위에 하자**가 있는 경우
  → **인가가 있어도 기본행위**는 무효 = 인가는 기본행위의 하자를 치유하지 않음
  → 유효한 기본행위에 인가가 행해진 후, **기본행위가 취소 · 실효되면 인가도 실효됨**
  → **기본행위를 다퉈야 함. ∴인가처분의 취소 또는 무효확인을 구할 소의 이익 X** [날먹행 109p]

□□□□□ ★★

판 16-4. 주택재개발정비사업조합이 수립한 사업시행계획에 하자가 있음에도 불구하고 관할 행정청이 해당 사업시행계획에 대한 인가처분을 하였다면, 그 인가처분에는 고유한 하자가 없더라도 사업시행계획의 무효를 주장하면서 곧바로 그에 대한 인가처분의 무효확인이나 취소를 구하여야 한다. (23지방9급)

□□□□□ ★

판 16-5. 사업시행계획이 무효인 경우 그에 대한 인가처분이 있다고 하더라도 사업시행계획이 유효한 것으로 될 수 없다. (23소방)

판례 **기본행위인 사업시행계획이 무효인 경우 그에 대한 인가처분이 있다고 하더라도 그 기본행위인 사업시행계획이 유효한 것으로 될 수 없으며,** 기본행위가 적법·유효하고 보충행위인 인가처분 자체에만 하자가 있다면 그 인가처분의 무효나 취소를 주장할 수 있다고 할 것이지만, **인가처분에 하자가 없다면 기본행위에 하자가 있다고 하더라도 따로 그 기본행위의 하자를 다투는 것은 별론으로 하고 기본행위의 무효를 내세워 바로 그에 대한 인가처분의 취소 또는 무효확인을 구할 수 없다**(2011두25173). [날먹행 109p]

OX 정답

15-2. O 16-1. X 16-2. X 16-3. O 16-4. X 16-5. O

□□□□□ ★

판 16-6. 구 외자도입법 제19조에 따른 기술도입계약에 대한 인가는 기본행위인 기술도입계약을 보충하여 그 법률상 효력을 완성시키는 보충적 행정행위에 지나지 아니하므로 기본행위인 기술도입계약이 해지로 인하여 소멸되었다면 위 인가처분은 처분청의 직권취소에 의하여 소멸한다. (20군무원9급)

판례 구 외자도입법 제19조에 따른 기술도입계약에 대한 인가는 기본행위인 기술도입계약을 보충하여 그 법률상 효력을 완성시키는 보충적 행정행위에 지나지 아니하므로 기본행위인 기술도입계약이 해지로 인하여 소멸되었다면 위 인가처분은 무효선언이나 그 취소처분이 없어도 당연히 실효된다(82누491). [날먹행 109p]

□□□□□ ★★★

판 16-7. 재단법의 정관변경결의에 하자가 있더라도, 그에 대한 인가가 있었다면 기본행위인 정관변경결의는 유효한 것으로 된다. (21국가7급)

□□□□□ ★★★

판 16-8. 인가처분에 하자가 없더라도 기본행위에 무효사유가 있다면 기본행위의 무효를 내세워 그에 대한 행정청의 인가처분의 취소 또는 무효확인을 구할 소의 이익이 있다. (22국가7급,20지방서울9급)

판례 **인가는 기본행위인 재단법인의 정관변경에 대한 법률상의 효력을 완성시키는 보충행위**로서, 그 기본이 되는 **정관변경 결의에 하자가 있을 때에는 그에 대한 인가가 있었다 하여도 기본행위인 정관변경 결의가 유효한 것으로 될 수 없으므로, 인가처분에 하자가 없다면 기본행위에 하자가 있다 하더라도 따로 그 기본행위의 하자를 다투는 것은 별론으로 하고 기본행위의 무효를 내세워 바로 그에 대한 행정청의 인가처분의 취소 또는 무효확인을 소구할 법률상의 이익이 없다**(95누4810). [날먹행 109p]

□□□□□ ★★★

판 17. 학교법인 임원에 대한 감독청의 취임승인은 그 대상인 기본행위의 효과를 완성시키는 보충행위이므로 그 기본행위가 불성립 또는 무효인 때에도 그에 대한 인가를 하면 그 기본행위가 유효하게 될 수 있다. (17국가9급,16국가9급)

판례 사립학교법 제20조 제2항에 의한 학교법인의 임원에 대한 **감독청의 취임승인은 학교법인의 임원선임행위를 보충하여 그 법률상의 효력을 완성케하는 보충적 행정행위로서** 성질상 기본행위를 떠나 승인처분 그 자체만으로는 법률상 아무런 효력도 발생할 수 없으므로 **기본행위인 학교법인의 임원선임행위가 불성립 또는 무효**인 경우에는 **비록 그에 대한 감독청의 취임승인이 있었다 하여도** 이로써 무효인 그 선임행위가 유효한 것으로 될 수는 없다(86누152). [날먹행 109p]

□□□□□ ★

판 18-1. 기본행위는 적법하고 인가 자체에만 하자가 있다면 그 인가의 무효나 취소를 주장할 수 있다. (20지방9급,19서울9급,17국가9급)

- **인가 자체에 하자가 있는 경우**
  ① 인가처분 자체를 다투어야 함.
  ② 기본행위가 적법, 인가가 무효 → 무인가행위로서 무효
  ③ 기본행위가 적법하나 인가에 취소사유 → 기본행위 유효하나, 인가가 후에 취소되면 기본행위는 효력 상실 [날먹행 109p]

OX 정답

16-6. X 16-7. X 16-8. X 17. X 18-1. ○

□□□□□ ★

판 18-2. 재단법인의 정관변경결의가 적법·유효하고 보충행위인 인가처분 자체에만 하자가 있다면 그 인가처분의 무효나 취소를 주장할 수 있다. (21국가7급,20지방9급,19서울9급)

> **판례** 기본행위인 이사선임결의가 적법·유효하고 보충행위인 승처분 자체에만 하자가 있다면 그 승인처분의 무효확인이나 그 취소를 주장할 수 있다(2000두3641).
> [날먹행 109p]

□□□□□ ★★

이 19-1. 인 · 허가의제제도는 하나의 인 · 허가를 받으면 다른 허가, 인가, 특허, 신고 또는 등록 등을 받은 것으로 보는 제도를 말한다. (21국가7급)

> • **인 · 허가의제: 하나의 인 · 허가를 받으면 다른 법률상의 인 · 허가 등을 받은 것으로 보는 복합민원제도**로, 창구를 단일화하고 절차를 간소화하며 비용과 시간을 절감함으로써 민원인에게 편의를 제공하는 원스톱 서비스의 기능을 수행함.
> [날먹행 109p]

□□□□□ ★★

판 19-2. 건축법에서 관련 인·허가 의제제도를 둔 취지는 인·허가의제사항 관련법률에 따른 각각의 인·허가 요건에 관한 일체의 심사를 배제하려는 것이 아니다. (21국가9급)

> **판례** **건축법에서 인·허가의제 제도를 둔 취지**는, 인·허가의제사항과 관련하여 건축허가 또는 건축신고의 관할 행정청으로 **그 창구를 단일화하고 절차를 간소화하며 비용과 시간을 절감함으로써 국민의 권익을 보호하려는 것**이지, **인·허가의제사항 관련 법률에 따른 각각의 인·허가 요건에 관한 일체의 심사를 배제하려는 것으로 보기는 어렵다** (2010두14954).
> [날먹행 109p]

□□□□□ ★★

이 20. 인 · 허가의제는 반드시 법률에 명시적인 근거가 있어야 하는 것은 아니다. (18국가7급,18교행9급)

> • **인 · 허가 의제**는 행정청의 소관사항과 관련하여 권한행사의 변경을 가져오므로, **개별법의 명시적인 근거가 있는 경우에만 허용됨**
> • **행정기본법 제24조(인허가의제의 기준)** ① 이 절에서 **"인허가의제"**란 하나의 인허가(이하 "주된 인허가"라 한다)를 받으면 **법률로 정하는 바에 따라 그와 관련된 여러 인허가**(이하 "관련 인허가"라 한다)**를 받은 것으로 보는 것을 말한다.**
> [날먹행 109p]

OX 정답

18-2. ○ 19-1. ○ 19-2. ○ 20. X

☐☐☐☐☐ ★★

조 21. 인·허가의제가 인정되는 경우 민원인은 하나의 인·허가 신청과 더불어 의제를 원하는 인·허가 신청을 각각의 해당 기관에 제출하여야 한다. (16지방7급)

- **행정기본법 제24조(인허가의제의 기준)** ② 인허가의제를 받으려면 **주된 인허가를 신청할 때 관련 인허가에 필요한 서류를 함께 제출하여야 한다.** (→ 동시제출주의) 다만, 불가피한 사유로 함께 제출할 수 없는 경우에는 주된 인허가 행정청이 별도로 정하는 기한까지 제출할 수 있다. **[날먹행 110p]**

☐☐☐☐☐ ★★

판 22-1. 주된 인 · 허가처분이 관계기관의 장과 협의를 거쳐 발령된 이상 의제되는 인 · 허가에 법령상 요구되는 주민의 의견청취 등의 절차는 거칠 필요가 없다. (23변시,22국회9급,21국가9급)

- **절차의 집중 문제**
  → 인 · 허가가 의제되는 법률에 일정한 절차가 규정되어 있는 경우, 그 절차까지 거쳐야 하는지 주된 허가에 규정된 절차만 거치면 되는지 문제되는데, **판례는 절차집중설**에 따라 **주된 인 · 허가처분이 관계기관의 장과 협의를 거쳐 발령된 이상 의제되는 인 · 허가에 법령상 요구되는 주민의 의견청취 등의 절차는 거칠 필요가 없다고 함**(92누1162).
- **행정기본법 제24조(인허가의제의 기준)**
  ⑤ 제3항에 따라 협의를 요청받은 관련 인허가 행정청은 해당 법령을 위반하여 협의에 응해서는 아니 된다. 다만, **관련 인허가에 필요한 심의, 의견 청취 등 절차에 관하여는 법률에 인허가의제 시에도 해당 절차를 거친다는 명시적인 규정이 있는 경우에만 이를 거친다.** → 행정기본법 24조 5항 단서도 절차집중설에 따라 개별법률에 필요한 절차를 거친다는 명시적인 규정을 둔 경우에만 이를 거치도록 하고 있다. **[날먹행 110p]**

☐☐☐☐☐ ★★

판 22-2. 건설부장관이 구 주택건설촉진법에 따라 관계기관의 장과의 협의를 거쳐 사업계획승인을 한 이상 허가·인가·결정·승인 등이 있는 것으로 볼 것이고, 그 절차와 별도로 구 도시계획법 소정의 중앙도시계획위원회의 의결이나 주민의 의견청취 등 절차를 거칠 필요는 없다. (22지방7급)

판례 건설부장관이 구 주택건설촉진법 제33조에 따라 관계기관의 장과의 협의를 거쳐 사업계획승인을 한 이상 같은 조 제4항의 허가·인가·결정·승인 등이 있는 것으로 볼 것이고, 그 절차와 별도로 도시계획법 제12조 등 소정의 중앙도시계획위원회의 의결이나 주민의 의견청취 등 절차를 거칠 필요는 없다(92누1162). **[날먹행 110p]**

☐☐☐☐☐ ★★

조 22-3. 주된 인허가 행정청은 주된 인허가를 하기 전에 관련 인허가에 관하여 미리 관련 인허가 행정청과 협의하여야 한다. (23경간)

- **행정기본법 제24조(인허가의제의 기준)** ③ 주된 인허가 행정청은 **주된 인허가를 하기 전에 관련 인허가에 관하여 미리 관련 인허가 행정청과 협의하여야 한다.** **[날먹행 110p]**

OX 정답

21. X 22-1. O 22-2. O 22-3. O

□□□□□ ★★

판 23-1. 공유수면 점용허가를 필요로 하는 채광계획 인가신청에 대하여, 공유수면 관리청이 공유수면 점용을 허용하지 않기로 결정한 경우, 채광계획 인가신청은 이를 사유로 채광계획 인가신청을 반려할 수 없다. (21국가9급)

• **주무행정청의 판단 범위**

→ 주무행정청이 의제되는 인 · 허가 요건까지 판단해야 하는지에 대해, **다수설, 판례(실체집중 부정설)**은 주된 허가요건 뿐만 아니라 **의제되는 인 · 허가 요건까지 모두 구비한 경우에 주된 신청에 대한 허가를 할 수 있다**고 판시함.

→ 의제되는 인 · 허가 요건 불비를 이유로 한 주된 인 · 허가 신청에 대한 거부처분은 적법함.

판례 채광계획인가로 공유수면점용허가가 의제되는 경우 채광계획 인가 관청은 공유수면점용불허가 사유를 근거로 채광계획을 인가하지 아니할 수 있다(2001두151). [날먹행 111p]

□□□□□ ★★

판 23-2. 건축물의 건축이 「국토의 계획 및 이용에 관한 법률」상 개발행위에 해당할 경우 그 건축의 허가권자는 국토계획법령의 개발행위허가기준을 확인하여야 하므로, 국토계획법상 건축물의 건축에 관한 개발행위허가가 의제되는 건축허가신청이 국토계획법령이 정한 개발행위허가기준에 부합하지 아니하면 허가권자로서는 이를 거부할 수 있다. (23경간,22지방7급,22소방,21지방9급)

판례 건축물의 건축이 국토계획법상 개발행위에 해당할 경우 그에 대한 건축허가를 하는 허가권자는 건축허가에 배치 · 저촉되는 관계 법령상 제한 사유의 하나로 국토계획법령의 개발행위허가기준을 확인하여야 하므로, **국토계획법상 건축물의 건축에 관한 개발행위허가가 의제되는 건축허가신청이 국토계획법령이 정한 개발행위허가기준에 부합하지 아니하면 허가권자로서는 이를 거부할 수 있다**(2016두35762). [날먹행 111p]

□□□□□

판 24. 주된 인 · 허가에 의해 의제되는 인 · 허가는 원칙적으로 주된 인 · 허가로 인한 사업을 시행하는 데 필요한 범위 내에서만 그 효력이 유지되는 것은 아니므로, 주된 인 · 허가로 인한 사업이 완료된 이후에도 효력이 있다. (16지방7급)

• **인 · 허가의제의 효과**

→ **주무행정청의 허가가 있으면, 의제되는 인 · 허가를 받는 것**으로 봄.
단, 의제되는 인 · 허가는 **주된 행정행위를 시행하는 데 필요한 범위 내에서만 그 효력이 유지**되므로, **주된 인 · 허가로 인한 사업이 완료된 이후에는 효력이 없다**(2009두18547). [날먹행 111p]

□□□□□ ★★★

판 25. 주된 인 · 허가에 관한 사항을 규정하고 있는 A법률에서 주된 인 · 허가가 있으면 B법률에 의한 인 · 허가를 받은 것으로 의제한다는 규정을 둔 경우, B법률에 의하여 인 · 허가를 받았음을 전제로 하는 B법률의 모든 규정이 적용된다. (22국회9급,21국가9급,18국가7급)

판례 주된 인허가에 관한 사항을 규정하고 있는 법률에서 주된 인허가가 있으면 다른 법률에 의한 인허가를 받은 것으로 의제한다는 규정을 둔 경우, **주된 인허가가 있으면** 다른 법률에 의한 인허가가 있는 것으로 보는 데 그치고, 거기에서 더 나아가 **다른 법률에 의하여 인허가를 받았음을 전제로 하는 그 다른 법률의 모든 규정들까지 적용되는 것은 아니다**(2014두47686). [날먹행 111p]

OX 정답

23-1. X 23-2. O 24. X 25. X

□□□□□ ★★

판 26. 인 · 허가의제에 있어서 인 · 허가가 의제되는 행위의 요건불비를 이유로 사인이 신청한 주된 인 · 허가에 대한 거부처분이 있는 경우 주된 인 · 허가의 거부처분을 대상으로 소송을 제기해야 한다. (21국가9급,19서울7급,18국가7급 등)

- **주된 인 · 허가 신청에 대한 거부처분 불복방법** [날먹행 112p]
  → 의제되는 행위의 요건 불비를 이유로 **주된 인 · 허가 신청에 대해 거부처분**이 내려진 경우, **판례**는 주된 인 · 허가의 거부처분에 대해 **행정쟁송을 제기하면서** 의제되는 인 · 허가의 거부사유를 다툴 수 **있다고 함**.

□□□□□ ★★

판 27-1. 주된 인 · 허가인 건축불허가처분을 하면서 그 처분사유로 의제되는 인 · 허가에 해당하는 형질변경불허가 사유를 들고 있다면, 그 건축불허가처분을 받은 자는 형질변경불허가처분에 관해서도 쟁송을 제기하여 다툴 수 있다. (22국회9급)

□□□□□ ★★

판 27-2. 행정청이 건축불허가처분을 하면서 그 처분사유로 건축불허가 사유뿐만 아니라 그 의제의 대상이 되는 형질변경불허가 사유나 농지전용불허가 사유를 들고 있다고 하여 그 건축불허가처분 외에 별개로 형질변경불허가처분이나 농지전용불허가처분이 존재하는 것은 아니다. (22지방7급)

판례 **건축불허가처분을 받은 사람은 그 건축불허가처분에 관한 쟁송에서 건축법상의 건축불허가 사유뿐만 아니라 도시계획법상의 형질변경불허가 사유나 농지법상의 농지전용불허가 사유에 관하여도 다툴 수 있는 것**이지, 그 건축불허가처분에 관한 쟁송과는 별개로 형질변경불허가처분이나 농지전용불허가처분에 관한 쟁송을 제기하여 이를 다투어야 하는 것은 아니다(99두10988). [날먹행 112p]

□□□□□ ★★★

판 28-1. 주택건설사업계획 승인처분에 따라 의제된 지구단위계획결정에 하자가 있음을 이해관계인이 다투고자 하는 경우, 의제된 지구단위계획결정이 아니라 주택건설사업계획 승인처분을 항고소송의 대상으로 삼아야 한다. (22소방,21국가9급,19지방7급,19서울7급)

□□□□□ ★★★

판 28-2. 어떠한 허가처분에 대하여 타법상의 인·허가가 의제된 경우, 의제된 인·허가는 통상적인 인·허가와 동일한 효력을 갖는 것은 아니므로 '부분 인·허가 의제'가 허용되는 경우에도 의제된 인·허가에 대한 쟁송취소는 허용되지 않는다. (23변시,23경간,22지방7급,22국회9급,20국가9급,19지방7급)

- **의제된 인 · 허가가 위법함을 다투고자 할 때**
  → **판례는,** 주된 인 · 허가처분에 따라 **의제된 인 · 허가가 위법함을 다투고자 하는 제3자**(이해관계인)는 **주된 인 · 허가처분이 아닌** 의제된 인 · 허가**를 항고소송의 대상**으로 삼아야 한다고 봄.

판례 의제된 인허가는 통상적인 인허가와 동일한 효력을 가지므로, 적어도 '부분 인허가 의제'가 허용되는 경우에는 그 효력을 제거하기 위한 법적 수단으로 의제된 인허가의 취소나 철회가 허용될 수 있고, 이러한 직권 취소 · 철회가 가능한 이상 그 의제된 인허가에 대한 쟁송취소 역시 허용된다. 따라서 **주택건설사업계획승인처분에 따라 의제된 지구단위계획결정에 하자가 있음을 이해관계인이 다투고자 하는 경우 주된 처분이 아니라 의제된 인 · 허가인 지구단위계획결정을 항고소송의 대상으로 삼아야 한다**(2016두38792). [날먹행 112p]

OX 정답

26. ○ 27-1. X 27-2. ○ 28-1. X 28-2. X

☐☐☐☐☐

이 29. 인 · 허가와 관련있는 행정기관 간에 협의가 모두 완료되기 전이라도 일정한 경우 인 · 허가에 대한 협의를 완료할 것을 조건으로 각종의 사업시행승인이나 시행인가를 할 수 있다. (16지방7급)

• **선승인 후협의제**
의제되는 인 · 허가에 대한 관계행정기관과의 협의가 모두 완료되기 전이라도, 공익상 긴급한 필요가 있는 등 일정한 경우에는, **협의가 완료가 완료되지 않은 상태**에서도 **후에 협의를 완료를 완료할 것을 조건**으로 각종 사업시행승인이나 시행인가를 할 수 있는 제도로, 사업절차가 간소화되는 효과가 있음. **[날먹행 112p]**

8. 대리

☐☐☐☐☐ ★

이 1. 행려병자의 유류분처분은 준법률행위적 행정행위이다. (14사복9급)

• **대리**
타인이 행해야 할 행위를 행정청이 대신 행함으로써 그 타인이 스스로 행한 것과 같은 법적효과를 일으키는 행정행위를 의미하며, 공법상 대리는 **법률의 규정에 의한 법정 대리**를 뜻함.
→ 행정청의 대리행위는 **본인이 행한 것과 동일한 법적 효과**가 발생
ex) 감독청에 의한 정관작성, 행려병사자 · 사자의 유류품 처분, 토지보상액에 대한 토지수용위원회의 재결,
조세체납처분으로서의 공매처분 등 **[날먹행 113p]**

9. 확인

☐☐☐☐☐ ★★

이 1. 확인은 특정한 사실 또는 법률관계에 관하여 의문이 있는 경우에 행정청이 그 존부 또는 정부를 판단하는 준법률행위적 행정행위이며, 그 예로는 합격증서의 발급 및 영수증의 교부 등을 들 수 있다. (15국가7급)

☐☐☐☐☐ ★★

이 2. 선거 당선인 결정은 강학상 확인이다. (20경행)

☐☐☐☐☐ ★★

판 3. 친일반민족행위자재산조사위원회의 친일재산 국가귀속결정은 문제된 재산이 친일재산에 해당한다는 사실을 확인하는 준법률행위적 행정행위이다. (23소방,22국회9급,21서울7급,19서울7급,18교행9급)

OX 정답

29. ○ 8 1. X 9 1. X 2. X 3. ○

□□□□□ ★

판 4. 건축물에 대한 준공검사처분은 강학상 허가이다. (22국회9급,19지방7급)

• **확인**
→ 특정사실 또는 법률관계의 존재 여부 등에 대해 의문이나 다툼이 있는 경우 **행정청이 공적인 권위로 행하는 판단의 표시**행위
ex) **친일반민족행위자재산조사위원회의 친일재산 국가귀속결정, 행정심판의 재결, 발명특허, 국가시험합격자의 결정, 당선인결정, 국가유공자등록결정, 준공검사처분 등 → 합격증서의 발급, 영수증의 교부는 공증의 예임.**
[날먹행 113p]

10. 수리

□□□□□ ★

이 1. 신고의 수리는 타인의 행위를 유효한 행위로 받아들이는 행정행위를 말하며, 이는 강학상 법률행위적 행정행위에 해당한다. (18국가9급)

• **준법률행위적 행정행위: 확인, 수리, 공증, 통지** [날먹행 114p]
• **수리:** 사인의 행정청에 대한 행위를 **유효한 행위로서 수령**하는 행위로, 단순 사실행위에 불과한 접수와는 구별됨.

□□□□□ ★

판 2. 허가대상 건축물의 양수인이 구 '건축법 시행규칙'에 규정되어 있는 형식적 요건을 갖추어 행정관청에 적법하게 건축주의 명의변경을 신고한 경우, 행정청은 실체적인 이유를 내세워 신고의 수리를 거부할 수는 없다. (22국회8급,20국가7급)

판례 허가대상 건축물의 양수인이 구 건축법 시행규칙에 규정되어 있는 형식적 요건을 갖추어 행정관청에 적법하게 건축주의 명의변경을 신고한 경우, 행정관청은 실체적인 이유를 내세워 신고의 수리를 거부할 수 없다(93누883).
[날먹행 114p]

OX 정답
4. X 10 1. X 2. O

□□□□□ ★★

판 3-1. 판례는 수리행위의 대상인 기본행위가 존재하지 않거나 무효인 때에는 그 수리행위는 당연무효가 된다고 한다. (15국가7급)

□□□□□ ★★★

판 3-2. '식품위생법'상 영업자 지위승계신고에 있어서, 수리대상인 사업양도 · 양수가 없었음에도 신고를 수리한 경우에는 먼저 민사쟁송으로 양도 · 양수가 무효임을 구한 이후에 신고 수리의 무효를 다툴 수 있다. (22지방9급,22국회8급,19서울9급,18국회8급,18지방9급)

> **판례** 사업양도 · 양수에 따른 허가관청의 지위승계신고의 수리는 적법한 사업의 양도 · 양수가 있었음을 전제로 하는 것이므로 그 수리대상인 **사업양도 · 양수가 존재하지 아니하거나 무효인 때**에는 수리를 하였다 하더라도 그 수리는 유효한 대상이 없는 것으로서 **당연무효**라 할 것이고, 사업의 양도행위가 무효라고 주장하는 양도자는 **민사쟁송으로 양도 · 양수행위의 무효를 구함이 없이** 막바로 허가관청을 상대로 하여 행정소송으로 위 **신고수리처분의 무효확인을 구할 법률상 이익이 있다**(2005두3554). **[날먹행 114p]**

11. 공증

□□□□□ ★

이 1. 공증행위는 특정한 사실 또는 법률관계의 존재를 공적으로 증명하는 행위로서 발명특허가 이에 해당한다. (14사복9급,11국가9급)

> • **공증**: 특정 사실 또는 법률관계의 존재를 **공적으로 증명**하는 것
> ex) **합격증서의 발급, 영수증의 교부, 의료유사업자 자격증 갱신발급, 상표사용권설정등록, 건설업면허증의 재교부** (22국회9급)
> • **Tip 발명특허는 확인, 특허의 등록은 공증에 해당.** **[날먹행 115p]**

□□□□□ ★★

판 2. 건설업 등록증 및 건설업 등록수첩의 재발급은 건설업 등록을 하였다고 하는 사실을 특정인이나 불특정인에게 알리는 준법률행위적 행정행위인 통지행위에 해당한다. (21서울7급,21경행,17지방9급)

> **판례** **건설업면허증 및 건설업면허수첩의 재교부**는 그 면허증 등의 분실, 헐어 못쓰게 된 때, 건설업의 면허이전 등 면허증 및 면허수첩 그 자체의 관리상의 문제로 인하여 종전의 면허증 및 면허수첩과 동일한 내용의 면허증 및 면허수첩을 새로이 또는 교체하여 발급하여 주는 것으로서, 이는 **건설업의 면허를 받았다고 하는 특정사실에 대하여 형식적으로 그것을 증명하고 공적인 증거력을 부여하는 행정행위(강학상의 공증행위)**이다(93누21231). **[날먹행 115p]**

OX 정답

3-1. ○ 3-2. X **11** 1. X 2. X

□□□□□ ★★

판 3. 상표사용권 설정등록신청서가 제출된 경우 특허청장은 신청서와 그 첨부서류만을 자료로 형식적으로 심사하여 그 등록신청을 수리할 것인지의 여부를 결정하여야 되는 것으로서, 특허청장의 상표사용권 설정등록행위는 사인 간의 법률관계의 존부를 공적으로 증명하는 준법률행위적 행정행위이다. (22국회9급,21서울7급)

판례 상표사용권설정등록신청서가 제출된 경우 특허청장은 신청서와 그 첨부서류만을 자료로 형식적으로 심사하여 그 등록신청을 수리 할 것인지의 여부를 결정하여야 되는 것으로서, 특허청장의 상표사용권설정등록행위는 사인간의 법률관계의 존부를 공적으로 증명하는 준법률행위적행정행위임이 분명하다(90누9414). **[날먹행 115p]**

□□□□□ ★★

이 4. 서울특별시장 또는 도지사의 '의료유사업자 자격증 갱신발급행위'는 문서 등 일정한 서식이 요구되지 않는 불요식 행위이다. (21서울7급,18교행9급)

• **공증은 기속행위이자, 요식행위**(원칙적으로 문서에 의해야 하고, 일정 형식이 요구됨) **[날먹행 115p]**

□□□□□ ★★★

판 5. 무허가건물을 무허가건물관리대장에서 삭제하는 행위는 다른 특별한 사정이 없는 한 항고소송의 대상이 되는 행정처분에 해당한다. (22경간,19지방9급 등)

판례 **무허가건물을 무허가건물관리대장에 등재하거나 등재된 내용을 변경 또는 삭제하는 행위로 인하여 당해 무허가건물에 대한 실체상의 권리관계에 변동을 가져오는 것이 아니고**, 무허가건물의 건축시기, 용도, 면적 등이 무허가건물관리대장의 기재에 의해서만 증명되는 것도 아니므로, 당해 무허가건물을 무허가건물관리대장에서 삭제하는 행위는 항고소송의 대상이 되는 행정처분이 아니다(2008두11525). **[날먹행 115p]**

□□□□□ ★★

판 6. 행정청이 건축물대장의 용도변경신청을 거부한 행위는 처분성이 있다. (23군무원9급,23경간,22국가7급)

판례 건축물대장의 용도는 건축물의 소유권을 제대로 행사하기 위한 전제요건으로서 건축물 소유자의 실체적 권리관계에 밀접하게 관련되어 있으므로 **건축물대장 소관청의 용도변경신청 거부행위**는 국민의 권리관계에 영향을 미치는 것으로서 **항고소송의 대상이 되는 행정처분에 해당한다**(2007두7277). **[날먹행 115p]**

□□□□□ ★★

판 7. 건축물대장작성신청의 반려행위는 처분성이 인정된다. (23경간,19소방,18서울7급)

판례 건축물대장의 작성은 건축물의 소유권을 제대로 행사하기 위한 전제요건으로서 건축물 소유자의 실체적 권리관계에 밀접하게 관련되어 있으므로 **건축물대장 소관청의 작성신청 반려행위**는 국민의 권리관계에 영향을 미치는 것으로서 **항고소송의 대상이 되는 행정처분에 해당**한다(2007두17359). **[날먹행 115p]**

OX 정답

3. O 4. X 5. X 6. O 7. O

□□□□□ ★★★

판 8. 지적공부 소관청의 지목변경 반려행위는 행정소송법상 처분에 해당한다.
(23소방,23군무원9급,22국가7급,21국가9급,21지방9급,19서울7급,19지방7급,18서울7급)

> 판례 지목은 토지소유권을 제대로 행사하기 위한 전제요건으로서 토지소유자의 실체적 권리관계에 밀접하게 관련되어 있으므로 **지적공부 소관청의 지목변경신청 반려행위**는 국민의 권리관계에 영향을 미치는 것으로서 **항고소송의 대상이 되는 행정처분에 해당한다**고 할 것이다(2003두9015). [날먹행 115p]

□□□□□

판 9. 지적공부 소관청의 토지분할신청 거부행위는 항고소송의 대상이 되는 행정처분이다. (15지방9급)

> 판례 1필지의 토지를 수필로 분할하여 등기하려면 반드시 지적법이 정하는 바에 따라 분할의 절차를 밟아 지적공부에 각 필지마다 등록되어야 하고, 이러한 절차를 거치지 아니하는 한 1개의 토지로서 등기의 목적이 될 수 없는 것이니, **지적소관청의 이러한 토지분할신청의 거부행위**는 국민의 권리관계에 영향을 미치는 것으로서 **항고소송의 대상이 되는 처분**으로 보아야 할 것이다(92누7542). [날먹행 115p]

□□□□□ ★★

판 10. 지적공부 소관청이 토지대장을 직권으로 말소하는 행위는 항고소송의 대상이 되는 행정처분에 해당한다.
(23경간,22경간,19지방7급)

> 판례 토지대장은 토지에 대한 공법상의 규제, 개발부담금의 부과대상, 지방세의 과세대상, 공시지가의 산정, 손실보상가액의 산정 등 토지행정의 기초자료로서 공법상의 법률관계에 영향을 미칠 뿐만 아니라, 토지에 관한 소유권보존등기 또는 소유권이전등기를 신청하려면 이를 등기소에 제출하여야 하는 점 등을 종합해 보면, 토지대장은 토지의 소유권을 제대로 행사하기 위한 전제요건으로서 토지 소유자의 실체적 권리관계에 밀접하게 관련되어 있으므로, 이러한 **토지대장을 직권으로 말소한 행위는 국민의 권리관계에 영향을 미치는 것으로서 항고소송의 대상이 되는 행정처분에 해당한다**(2011두13286). [날먹행 115p]

□□□□□ ★

판 11. 건축물대장 소관 행정청이 건축물에 관한 건축물대장을 직권말소한 행위는 항고소송의 대상이 된다. (23경간)

> 판례 건축물대장은 건축물에 대한 공법상의 규제, 지방세의 과세대상, 손실보상가액의 산정 등 건축행정의 기초자료로서 공법상의 법률관계에 영향을 미칠 뿐만 아니라, 건축물에 관한 소유권보존등기 또는 소유권이전등기를 신청하려면 이를 등기소에 제출하여야 하는 점 등을 종합해 보면, 건축물대장은 건축물의 소유권을 제대로 행사하기 위한 전제요건으로서 건축물 소유자의 실체적 권리관계에 밀접하게 관련되어 있으므로, 이러한 **건축물대장을 직권말소한 행위는 국민의 권리관계에 영향을 미치는 것으로서 항고소송의 대상이 되는 행정처분에 해당**한다(2008두22655). [날먹행 115p]

OX 정답

8. ○ 9. ○ 10. ○ 11. ○

12. 통지

□□□□□ ★

이 1-1. 특허출원의 공고는 강학상 확인이다. (17지방9급)

□□□□□

이 1-2. 대집행의 계고는 행정지도에 해당한다. (20경행)

- **통지:** 행정청이 **특정인 또는 불특정 다수인에게 특정한 사실이나 의사를 알림**으로써 법적효과를 발생시키는 행위
- **통지의 종류**
  ① **관념의 통지:** 단순 과거에 어떤 사실이 있었음을 알림 예) 특허출원의 공고, 당연퇴직 통보, 귀화의 고시 등
  ② **의사의 통지:** 어떠한 행위를 할 것을 표시 예) 대집행의 계고, 납세독촉 **[날먹행 115p]**

□□□□□ ★★★

판 2. '국가공무원법'상 당연퇴직의 인사발령은 법률상 당연히 발생하는 퇴직사유를 공적으로 확인하여 알려주는 관념의 통지에 불과하여 행정처분이 아니다. (22국가7급,22소방승진21지방7급,21국회9급,20군무원9급,19소방,18교행9급)

판례 국가공무원법 제69조에 의하면 공무원이 제33조 각 호의 1에 해당할 때에는 당연히 퇴직한다고 규정하고 있으므로, **국가공무원법상 당연퇴직은 결격사유가 있을 때 법률상 당연히 퇴직하는 것이지 공무원관계를 소멸시키기 위한 별도의 행정처분을 요하는 것이 아니며**, 당연퇴직의 인사발령은 법률상 당연히 발생하는 퇴직사유를 공적으로 확인하여 알려주는 이른바 관념의 통지에 불과하고 공무원의 신분을 상실시키는 새로운 형성적 행위가 아니므로 **행정소송의 대상이 되는 독립한 행정처분이라고 할 수 없다**(90누2036). **[날먹행 116p]**

□□□□□ ★★★

판 3. '국가공무원법'에 근거하여 정년에 달한 공무원에 발하는 정년퇴직 발령은 정년퇴직 사실을 알리는 관념의 통지이다. (23경간,19서울7급,18교행9급)

판례 국가공무원법 제74조에 의하면 공무원이 소정의 정년에 달하면 그 사실에 대한 효과로서 공무담임권이 소멸되어 당연히 퇴직되고 따로 그에 대한 행정처분이 행하여져야 비로소 퇴직되는 것은 아니라 할 것이며 피고(영주지방철도청장)의 **원고에 대한 정년퇴직 발령은 정년퇴직 사실을 알리는 이른바 관념의 통지에 불과하므로 행정소송의 대상이 되지 아니한다**(81누263). **[날먹행 116p]**

□□□□□ ★

판 4. 국민건강보험공단에 의한 '직장가입자 자격상실 및 자격변동 안내'통보 및 '사업장 직권탈퇴에 따른 가입자 자격상실 안내'통보는 가입자 자격이 변동되는 효력을 가져오므로 항고소송의 대상이 되는 처분에 해당한다. (23국가9급,20지방·서울7급)

판례 **국민건강보험 직장가입자 또는 지역가입자 자격 변**동은 법령이 정하는 사유가 생기면 별도 처분 등의 개입 없이 사유가 발생한 날부터 변동의 효력이 당연히 발생하므로, 위 통보는 **처분성이 인정되지 않는다**(2016두41729). **[날먹행 116p]**

OX 정답

12 1-1. X 1-2. X 2. O 3. O 4. X

□□□□□

판 5. 농지처분의무통지는 단순한 관념의 통지에 불과하다고 볼 수 없고, 상대방인 농지소유자의 의무에 직접 관계되는 독립한 행정처분이 항고소송의 대상이 된다. (21소방)

> **판례** 농지처분의무통지는 단순한 관념의 통지에 불과하다고 볼 수 없고, 상대방인 농지소유자의 의무에 직접 관계되는 독립한 행정처분이 항고소송의 대상이 된다(2001두8742). [날먹행 116p]

제 3 절 행정행위의 부관

1. 의의 및 구별개념

□□□□□

이 1-1. 부관은 행정행위의 법률효과를 제한하거나 보충하는 기능을 수행하며, 행정의 탄력성을 보장하는 기능을 갖는다. (18서울9급)

> • **부관**: 주된 행정행위의 효과를 제한하거나, 요건을 보충하기 위해 주된 행정행위에 부가된 종된 규율로서, 행정청의 탄력성을 보장하는 기능을 함 [날먹행 116p]

□□□□□ ★★★

조 1-2. 행정청은 처분에 재량이 없는 경우에는 법률에 근거가 있는 경우에 부관을 붙일 수 있다. (23소방,23군무원9급,23소방간부,22소방승진,22경간,21지방9급,21국가7급,21군무원9급,21국회8급)

> • **행정기본법 제17조(부관)** ① 행정청은 **처분에 재량이 있는 경우**에는 **부관(조건, 기한, 부담, 철회권의 유보 등**을 말한다. 이하 이 조에서 같다)**을 붙일 수 있다.**
> ② 행정청은 **처분에 재량이 없는 경우**에는 **법률에 근거가 있는 경우에 부관을 붙일 수 있다.** [날먹행 116p]

□□□□□

판 2-1. 구 식품위생법은 보건사회부장관(현 보건복지부장관)이 지정하여 고시하는 영업 또는 품목의 경우는 영업허가를 제한할 수 있다고 규정하였고, 이에 따라 보건사회부장관은 "그 전량을 수출하거나 주한 외국인에게만 판매한다는 요건을 갖춘 경우에만 보존음료수제조업의 허가를 할 수 있다."라는 고시를 발한 바 있었다. 위 고시에 정한 허가기준에 따라 보존음료수제조업허가에 붙여진 전량수출 또는 주한 외국인에 대한 판매에 한한다는 내용의 조건에 대해서는 행정행위에 부관을 붙일 수 있는 한계에 관한 일반원칙이 적용되지 않는다. (19국회8급,18지방9급)

OX 정답

5. ○ / 3절 1 1-1. ○ 1-2. ○ 2-1. ○

□□□□□

판 2-2. 법정부관에 대하여는 행정행위에 부관을 붙일 수 있는 한계에 관한 일반적인 원칙이 적용된다. (23군무원7급)

- **법정부관**
  ① 부관은 행정청 스스로 의사를 붙인 것이나, 법정부관은 법령 자체에서 조건, 기한 등을 붙인 것
  ② 부관의 한계에 대한 일반적인 원칙이 적용되지 않음
  ③ 위헌법률심사 또는 명령규칙심사에 의해 통제함

판례 식품제조영업허가기준이라는 고시에 정한 허가기준에 따라 보존음료수 제조업의 허가에 붙여진 전량수출 또는 주한외국인에 대한 판매에 한한다는 내용의 조건은 이른바 **법정부관**으로서 행정청의 의사에 기하여 붙여지는 본래의 의미에서의 행정행위의 부관은 아니므로, 이와 같은 법정부관에 대하여는 **행정행위에 부관을 붙일 수 있는 한계에 관한 일반적인 원칙이 적용되지는 않는다**(92누1728). [날먹행 116p]

□□□□□

판 2-3. 임시이사를 선임하면서 그 임기를 '후임 정식이사가 선임될 때까지'로 기재한 것은 근거 법률의 해석상 당연히 도출되는 사항을 주의적 확인적으로 기재한 이른바 '법정부관'일 뿐, 행정청의 의사에 따라 붙이는 본래 의미의 행정처분 부관이라고 볼 수 없다. (22소방승진)

판례 임시이사를 선임하면서 그 임기를 '후임 정식이사가 선임될 때까지'로 기재한 것은 근거 법률의 해석상 당연히 도출되는 사항을 주의적 확인적으로 기재한 이른바 '법정부관'일 뿐, 행정청의 의사에 따라 붙이는 본래 의미의 행정처분 부관이라고 볼 수 없다. 후임 정식이사가 선임되었다는 사유만으로 임시이사의 임기가 자동적으로 만료되어 임시이사의 지위가 상실되는 효과가 발생하지 않고, 관할 행정청이 후임 정식이사가 선임되었음을 이유로 임시이사를 해임하는 행정처분을 해야만 비로소 임시이사의 지위가 상실되는 효과가 발생한다.(2017다269152). [날먹행 116p]

□□□□□ ★

이 3. 학설의 다수견해는 수정부담의 성격을 부관으로 이해한다. (17지방9급)

- **수정부담**은 신청한 내용의 처분을 거부하고 다른 내용의 처분을 하는 것으로, 부관이 아니라 독립적 행정처분에 해당함.(다수설) [날먹행 116p]

2. 종류

가. 조건

□□□□□ ★★

이 1. 조건은 행정행위의 효력의 발생 · 소멸을 장래에 발생 여부가 객관적으로 확실한 사실에 의존시키는 부관이다. (22소방승진)

- **조건**: 행정행위의 효력의 발생 · 소멸을 장래 발생 여부가 불확실한 객관적 사실에 의존시키는 부관. [날먹행 116p]

OX 정답

2-2. X 2-3. O 3. X **2** 1. X

□□□□□

이 2-1. 일정기간 내에 공사에 착수할 것을 조건으로 한 공유수면매립면허는 정지조건에 해당한다. (15교행9급)

□□□□□ ★★

이 2-2. 행정행위의 부관의 유형 중에서 장래의 불확실한 사실에 의해서 행정행위의 효력을 소멸시키는 것은 해제조건이다. (20소방)

□□□□□ ★★

이 2-3. 정지조건부 행정행위는 조건의 성취여부가 정해지지 않은 동안에는 그 효력이 불확정한 상태에 있지만 해제조건부 행정행위는 조건성취에 의해 그 효력을 상실한다. (15사복9급)

□□□□□

이 2-4. 영업허가를 발급하면서 일정한 시설설치의무를 부가하는 것을 '정지조건'으로 본다면, 시설설치의무를 불이행한 상태에서 한 영업일지라도 적법하다. (12국회9급)

- **정지조건**: 행정행위 효과의 발생을 장래의 불확실한 발생에 의존
  → 조건이 **성취되야** 비로소 주된 행정행위의 **효력이 발생**됨
- **해제조건**: 행정행위 효과의 소멸을 장래의 불확실한 사실에 의존
  → 조건이 성취되면 효력이 소멸됨 (효력이 일단 발생하되, 조건이 성취되면 효력 상실) [날먹행 117p]

나. 기한

□□□□□ ★

이 3-1. '기한'은 행정행위의 시간상의 효력범위를 정하는 점에서 조건과 같으나, 확정기한이든 불확정기한이든 그 도래가 확실하다는 점에서 조건과 구별된다. (14서울7급)

□□□□□ ★

이 3-2. 기한이 도래함으로써 행정행위의 효력이 발생하는 기한을 시기라 하고, 기한이 도래함으로써 행정행위가 효력을 상실하는 기한을 종기라 한다. (22소방승진)

- **기한**: 행정행위의 효력의 발생 · 소멸을 장래 도래할 것이 **확실한 사실에 의존**시키는 부관
  - 시기: 행정행위의 효력을 발생시는 부관
  - 종기: 행정행위의 효력을 소멸하게 하는 부관

[날먹행 117p]

다. 철회권의 유보

□□□□□ ★

이 4-1. 숙박업영업허가를 함에 있어 윤락행위를 알선하면 허가를 취소한다는 부관을 붙인 경우에는 철회권의 유보이다. (10국가9급)

OX 정답

2-1. X 2-2. O 2-3. O 2-4. X 3-1. O 3-2. O 4-1. O

□□□□□ ★★

이 4-2. 행정청이 종교단체에 대하여 기본재산전환인가를 함에 있어 인가조건을 부가하고 그 불이행시 인가를 취소할 수 있도록 한 경우, 그 인가조건의 의미는 철회권유보이다. **(23소방간부,22소방승진,22소방간부)**

- **철회권의 유보**: 일정한 사실이 발생했을때 **행정행위를 철회할 수 있는 권한을 유보하는 부관**
  예) 숙박영업허가를 함에 있어 윤락행위를 알선하면 허가를 취소한다는 부관을 붙인 경우, 종교단체에 대하여 기본재산전환인가를 함에 있어 인가조건을 부가하고 이를 불이행시 취소할 수 있도록 한 경우 **[날먹행 117p]**

□□□□□

이 5-1. 철회권유보의 부관을 붙이는 데 별도의 법적근거가 필요한 것은 아니다. **(11국가7급)**

□□□□□ ★★

이 5-2. 수익적 행정행위에 대한 철회권유보의 부관은 그 유보된 사유가 발생하여 철회권이 행사된 경우 상대방이 신뢰보호원칙을 원용하는 것을 제한한다는 데 실익이 있다. **(17지방7급,16서울9급)**

- **철회권 유보의 법적근거:** 별도의 법적 근거 필요 X
- **철회권유보의 기능: 상대방의 신뢰보호원칙의 주장을 제한함** **[날먹행 117p]**

□□□□□ ★★

이 6. 해제조건은 조건사실이 발생하면 당연히 행정행위의 효력이 소멸되지만 철회권 유보는 유보된 사실이 발생하더라도 그 효력을 소멸시키려면 행정청의 별도의 의사표시(철회)가 필요하다. **(13국회9급)**

- **철회권 유보와 해제조건과의 구별**
  - 행정행위 효력이 언제 소멸하는 지에 따라,
  해제조건은 조건사실 성립시 자동으로 소멸하나, 철회권 유보는 **행정청의 철회권 행사가 있어야 소멸** **[날먹행 117p]**

□□□□□ ★★★

판 7. 행정행위의 부관으로 철회권의 유보가 되어 있는 경우라 하더라도 그 철회권의 행사에 대해서는 행정행위의 철회의 제한에 관한 일반원리가 적용된다. **(19소방)**

- **철회권 행사의 한계**
  철회권이 유보된 경우라도 무조건적으로 취소권을 행사할 수 있는 것이 아니고, **취소를 필요로 할 만한 공익상의 필요가 있는 경우에 한하여 취소권을 행사할 수 있다**(64누40).
  → 즉, 행정행위의 철회의 제한에 관한 일반원리가 적용됨. **[날먹행 118p]**

OX 정답

4-2. ○ 5-1. ○ 5-2. ○ 6. ○ 7. ○

라. 부담

☐☐☐☐☐ ★★★

판 8-1. 처분 전에 미리 상대방과 협의하여 부담의 내용을 협약의 형식으로 정한 다음 처분을 하면서 해당 부관을 붙이는 것도 가능하다. (23소방간부,23경간,22지방7급,21소방,21군무원7급,21소방간부,21지방9급,20서울9급,20지방·교행9급,19서울9급,18서울9급)

☐☐☐☐☐ ★★

판 8-2. 수익적 행정처분에 있어서는 법령에 특별한 근거규정이 있는 경우에만 그 부관으로서 부담을 붙일 수 있다. (23국가9급,23국회8급)

- **부담** - 행정행위의 **주된 내용에 부가하여** 상대방에 작위 · 부작위 · 수인 · 급부 등의 **의무를 과하는 부관** [날먹행 118p]
- **부담의 형식**
  - 수익적 행정처분에 있어서는 법령에 특별한 근거규정이 없다고 하더라도 그 부관으로서 부담을 붙일 수 있고, 그와 같은 부담은 행정청이 행정처분을 하면서 **일방적으로 부가할 수도 있지만** 부담을 부가하기 이전에 **상대방과 협의하여 부담의 내용을 협약의 형식으로 미리 정한 다음 행정처분을 하면서 이를 부가할 수도 있다**(2005다65500).

☐☐☐☐☐ ★★★

이 9. 부담을 불이행하면 주된 행정행위의 효력이 당연히 소멸한다. (19서울7급)

- **부담 불이행의 효과**
  부담은 독립된 하명의 성격을 가지므로, **부담을 불이행해도 주된 행정행위의 효력이 당연 실효되는 것은 아니고**, 주된 행정행위를 철회할 수 있음. [날먹행 118p]

☐☐☐☐☐ ★★★

이 10. 부담의 불이행을 이유로 행정행위를 철회하는 경우라면 이익형량에 따른 철회의 제한이 적용되지 않는다. (22국회8급,21국회9급,19서울7급,18지방9급)

- **부담의 불이행 → 철회가능**
  행정청은 **부담 불이행을 이유로 주된 행정행위를 철회할 수 있고**, 이 경우 **이익형량에 따른 철회의 제한이 적용됨.** [날먹행 118p]

OX 정답

8-1. ○ 8-2. X 9. X 10. X

□□□□□ ★★★

판 11. 부담이 처분 당시 법령을 기준으로 적법하다면 처분 후 부담의 전제가 된 주된 행정처분의 근거법령이 개정됨으로써 행정청이 더 이상 부관을 붙일 수 없게 되었다 하더라도 곧바로 위법하게 되거나 그 효력이 소멸하게 되는 것은 아니다. (23소방,23소방간부,22지방7급,21국가9급,21지방9급,21경행,20국가9급,19지방8급,19지방·서울9급,18서울9급)

• **부담의 판단시기**

판례 행정청이 수익적 행정처분을 하면서 부가한 **부담의 위법 여부는 처분 당시 법령을 기준으로 판단하여**야 하고, 부담이 처분 당시 법령을 기준으로 적법하다면 처분 후 부담의 전제가 된 주된 행정처분의 **근거 법령이 개정**됨으로써 행정청이 더 이상 부관을 **붙일 수 없게 되었다 하더라도 곧바로 위법하게 되거나 그 효력이 소멸하게 되는 것은 아니다**(2005다65500). [날먹행 118p]

□□□□□ ★★★

판 12-1. 행정처분에 부담인 부관을 붙인 경우, 부관이 무효라면 부담의 이행으로 이루어진 사법상 매매행위도 당연히 무효가 된다. (23소방,22지방9급,22소방,21국가9급,19국가9급,19지방·서울7급 등)

• **부담의 위법효과**

판례 행정처분에 부담인 부관을 붙인 경우 **부관의 무효화**에 의하여 본체인 행정처분 자체의 효력에도 영향이 있게 될 수는 있지만, 그 처분을 받은 사람이 부담의 이행으로 사법상 매매 등의 법률행위를 한 경우에는 **그 부관은 법률행위를 하게 된 동기 내지 연유로 작용하였을 뿐**이므로 이는 **법률행위의 취소사유**가 될 수 있음은 별론으로 하고 그 **법률행위 자체를 당연히 무효화하는 것은 아니다**(2006다18174). [날먹행 119p]

□□□□□ ★★

판 12-2. 부담의 이행으로서 하게 된 사법상 매매 등의 법률행위는 부담을 붙인 행정처분과는 별개의 법률행위이므로, 그 부담의 불가쟁력의 문제와는 별도로 법률행위가 사회질서 위반이나 강행규정에 위반되는지 여부 등을 따져보아 그 법률행위의 유효 여부를 판단하여야 한다. (22소방,22소방간부,21국가7급,21국가9급)

판례 부담인 부관이 제소기간 도과로 확정되어 이미 불가쟁력이 생겼다면 그 하자가 중대명백해 당연무효인 경우 외에는 효력을 부인할 수 없으나, 부담의 이행으로 하게 된 사법상 매매 등 법률행위는 부담부 행정처분과는 별개의 법률행위이므로 부담의 불가쟁력과는 별도로 법률행위가 사회질서나 강행규정 위반인지 따져 그 법률행위의 유효여부를 판단해야(2006다18174). [날먹행 119p]

□□□□□ ★★★

판 13. 토지소유자가 토지형질변경행위허가에 붙은 기부채납의 부관에 따라 토지를 국가나 지방자치단체에 기부채납(증여)한 경우, 기부채납의 부관이 당연무효이거나 취소되지 아니한 이상 토지소유자는 위 부관으로 인하여 증여 계약의 중요부분에 착오가 있음을 이유로 증여계약을 취소할 수 없다.
(23국가9급,22군무원9급,22지방7급,21경행,21소방간부,21국회8급,20국가9급)

판례 토지소유자가 토지형질변경행위허가에 붙은 기부채납의 부관에 따라 토지를 국가나 지방자치단체에 기부채납(증여)한 경우, 기부채납의 부관이 당연무효이거나 취소되지 아니한 이상 **토지소유자는 위 부관으로 인하여 증여계약의 중요부분에 착오가 있음을 이유로 증여계약을 취소할 수 없다**(98다53134). [날먹행 119p]

OX 정답

11. ○ 12-1. X 12-2. ○ 13. ○

□□□□□ ★★★

이 14. 부담과 조건의 구별이 애매한 경우 조건으로 보는 것보다 부담으로 해석하는 것이 상대방에게 유리하다. (21국회9급,21변시,20소방 등)

• 부담부 행정행위는 **처음부터 행정행위의 효력이 발생**하고, 부담부행정행위는 상대방이 의무를 이행하지 않은 경우라도 **효력이 당연히 소멸하지 않으므로**, 부담과 조건의 구별이 애매한 경우 **부담으로 해석하는 것이 유리**함.

[날먹행 119p]

마. 법률효과의 일부배제

□□□□□ ★★

이 15. 법률효과의 일부배제는 법령상에 규정된 효과의 일부를 배제하는 것이지만, 항상 법령에 명시적 근거를 요하는 것은 아니다. (15교행9급)

• **법률효과의 일부배제**
- 의의: 법령에 따라 부여된 행정행위의 **법적 효과의 일부를 제한**하는 부관
  예) 야간에 한정한 도로사용허가, 버스의 노선지정, 영업시간의 제한
- 법적근거: 다른 부관들과 달리 **법률의 근거가 있어야** 함.

[날먹행 119p]

□□□□□ ★★★

판 16. 공유수면매립준공인가처분을 하면서 일부에 대하여 한 국가 및 지방자치단체에의 귀속처분은 부관 중 부담에 해당하므로 독립하여 행정소송의 대상이 될 수 있다.
(23군무원7급,23국회8급,22소방간부,20소방,20지방·서울9급,19지방9급19서울7급,16국가7급 등)

판례 **공유수면매립준공인가를 함에 있어 매립대지의 일부에 대해 국가에 소유권을 귀속시킨 행위를 법률효과의 일부를 배제하는 부관**을 붙인 것으로 보아, 부관성을 인정한다(90누8503). → 부담이 아니므로 처분성이 없어 행정소송 대상이 되지 않음.

[날먹행 119p]

3. 부관의 한계

□□□□□ ★

이 1-1. 법률행위적 행정행위에는 부관을 붙일 수 있는 것이 원칙이므로, 귀화허가 및 공무원의 임명행위 등과 같은 신분설정행위에도 부관을 붙일 수 있다. (10국가9급)

□□□□□ ★

이 1-2. 준법률행위에는 부관을 붙일 수 없다는 것이 전통적 견해이다. (11국가9급)

• **법률행위적 행정행위: 부관 부가 가능. 단, 신분설정행위(공무원 임명, 귀화허가)는 부관 불가**
• **준법률행위적 행정행위: 부관 부가 불가**. 단 확인 · 공증의 경우, 종기 같은 부관 부가 가능(다수설)

[날먹행 120p]

OX 정답

14. O 15. X 16. X **3** 1-1. X 1-2. O

☐☐☐☐☐ ★★★

이 2-1. 기속행위에 대해서는 법령상 특별한 근거가 없는 한 부관을 붙일 수 없고, 가사 부관을 붙였다고 하더라도 이는 무효이다. **(22경간,21국가9급,21지방9급,21국가7급,19국가9급,18국가7급 등)**

☐☐☐☐☐ ★★★

이 2-2. 재량행위의 경우에는 법에 근거가 없는 경우에도 부관을 붙일 수 있다.
(23군무원9급,23변시,22경간,22군무원9급,21국회8급,21군무원9급,20국가9급,18지방9급)

행정기본법 제17조(부관) ① 행정청은 처분에 재량이 있는 경우에는 부관(조건, 기한, 부담, 철회권의 유보 등을 말한다. 이하 이 조에서 같다)을 붙일 수 있다.
② 행정청은 처분에 재량이 없는 경우에는 법률에 근거가 있는 경우에 부관을 붙일 수 있다.
- **기속행위: 법령에 근거가 있으면 부관 부가 가능 → 법령에 근거가 없는데 부관을 붙인 경우 무효**
- **재량행위: 법령에 근거가 없어도 부관 부가 가능** **[날먹행 120p]**

☐☐☐☐☐ ★★

이 2-3. 관련법령에 법적 근거가 없더라도 개인택시운송사업면허를 하면서 부관을 붙일 수 있다. **(17지방9급)**

- 개인택시운송사업면허 → 특허 → 재량행위 → **부관허용** **[날먹행 120p]**

☐☐☐☐☐ ★★★

판 2-4. 공유수면매립면허와 같은 재량적 행정행위에는 법률상의 근거가 없다고 하더라도 부관을 붙일 수 있다. **(18경행)**

판례▶ 공유수면매립면허와 같은 재량적 행정행위에는 법률상의 근거가 없다고 하더라도 부관을 붙일 수 있다(80다731,732). **[날먹행 120p]**

☐☐☐☐☐ ★★

판 2-5. 사회복지법인의 정관변경허가에 대해서는 부관을 붙일 수 없다. **(20국회8급,18국가7급)**

판례▶ 사회복지법인의 정관변경을 허가는 재량행위로서, 주무관청이 그 허가를 함에 있어서 부관을 붙일 수 있다(20003두5661). **[날먹행 120p]**

☐☐☐☐☐ ★★★

판 2-6. 건축허가를 하면서 일정 토지를 기부채납하도록 하는 내용의 허가조건은 부관을 붙일 수 없는 기속행위 내지 기속적 재량행위인 건축허가에 붙인 부담이거나 또는 법령상 아무런 근거가 없는 부관이어서 무효이다.
(22국회8급,21국가9급,21군무원9급,21군무원7급,20소방,19국회7급,19국가7급,19서울9급,18국가7급 등)

판례▶ 건축허가를 하면서 일정 토지를 기부채납하도록 하는 내용의 허가조건은 기속행위 내지 기속적 재량행위인 건축허가에 붙인 부담이거나 또는 법령상 아무런 근거가 없는 부관이어서 무효이다(94다56883). **[날먹행 120p]**

OX 정답

2-1. O 2-2. O 2-3. O 2-4. O 2-5. X 2-6. O

□□□□□

판 2-7. 65세대의 주택건설사업에 대한 사업계획승인 시 '전입도로 설치 후 기부채납, 인근 주민의 기존 통행로 폐쇄에 따른 대체 통행로 설치 후 그 부지 일부 기부채납'을 조건으로 붙인 것은 위법한 부관에 해당하지 않는다. (20소방간부)

> **판례** 65세대의 공동주택을 건설하려는 사업주체(지역주택조합)에 대한 사업계획의 승인처분을 함에 있어 진입도로 등 간선시설을 설치하고 그 부지 소유권 등을 기부채납하며 인근 주민들의 기존 통행로를 대체하는 통행로를 설치하고 그 부지 일부를 기부채납하도록 조건을 붙인 것은 위법한 부관이라 할 수 없다(96누16698). [날먹행 120p]

□□□□□ ★★★

판 3. 처분을 하면서 처분과 관련한 소의 제기를 금지하는 내용의 부제소특약을 부관으로 붙이는 것은 허용되지 않는다. (21군무원9급,19서울9급)

> • 부관의 내용은 **법령 및 헌법의 내용에 저촉되지 않아야** 함.
> **판례** **처분을 하면서 부제소특약을 부관으로 붙이는 것은 허용되지 않는다**(98두8919). [날먹행 121p]

□□□□□ ★★

이 4-1. 부관은 주된 행정행위와 형식적 관련성이 있으면 족하고 주된 행정행위의 목적으로부터는 자유롭다. (23소방,23변시,22경간,18서울7급)

□□□□□

이 4-2. 주택건축허가를 하면서 영업목적으로만 사용할 것을 부관으로 정한 경우에, 이러한 부관은 주된 행정행위의 목적에 위배된다. (18서울7급)

□□□□□ ★

이 4-3. 철회권의 유보는 해당 처분의 목적을 달성하기 위하여 필요한 최소한의 범위여야 한다. (23군무원9급)

> • **부관의 내용상 한계**
> **행정기본법 제17조(부관)** ④ 부관은 다음 각 호의 요건에 적합하여야 한다.
> 1. 해당 처분의 **목적에 위배되지 아니할 것**
> 2. 해당 처분과 **실질적인 관련**이 있을 것
> 3. 해당 처분의 목적을 달성하기 위하여 **필요한 최소한의 범위**일 것
>
> 예) 주택허가를 하면서 영업목적으로만 사용할 것을 부관으로 정한 경우 → 처분의 목적에 위배됨. [날먹행 121p]

□□□□□ ★

판 4-4. 기선선망어업의 허가를 하면서 운반선, 동선 등 부속선을 사용할 수 없도록 제한한 부관은 그 어업허가의 목적 달성을 사실상 어렵게 하여 그 본질적 효력을 해하는 것이다. (23국가9급,19지방·교행9급)

> **판례** 기선선망어업의 허가를 하면서 운반선, 등선 등 부속선을 사용할 수 없도록 제한한 부관은 그 어업허가의 목적달성을 사실상 어렵게하여 그 본질적 효력을 해하는 것일 뿐만 아니라 위 시행령의 규정에도 어긋나는 것이며, 어업조정이나 기타 공익상 필요하다고 인정되는 사정이 없는 이상 위법한 것이다(89누6808). [날먹행 121p]

OX 정답

2-7. ○ 3. ○ 4-1. X 4-2. ○ 4-3. ○ 4-4. ○

□□□□□ ★★★

판 5. 행정처분과 부관 사이에 실체적 관련성이 있다고 볼 수 없는 경우 공무원이 이와 같은 공법상의 제한을 회피할 목적으로 행정처분의 상대방과 사이에 사법상 계약을 체결이라는 형식을 취하였다면 이는 법치행정의 원리에 반하는 것으로서 위법하다.
(22지방9급,21국가9급,21지방9급,20국가9급,20경행,19국가7급,19서울9급,19국가9급,19서울7급,18국가7급 등)

판례 행정처분과 부관 사이에 실제적 관련성이 있다고 볼 수 없는 경우 공무원이 위와 같은 공법상의 제한을 회피할 목적으로 행정처분의 상대방과 사이에 사법상 계약을 체결하는 형식을 취하였다면 이는 법치행정의 원리에 반하는 것으로서 위법하다(2007다63966). [날먹행 121p]

□□□□□ ★★★

판 6. 지방자치단체장이 사업자에게 주택사업계획승인을 하면서 그 주택사업과는 아무런 관련이 없는 토지를 기부채납하도록 하는 부관을 주택사업계획승인에 붙인 경우, 그 부관은 부당결부금지의 원칙에 위반되어 위법하다.
(22지방9급,16국가7급)

판례 **주택사업계획승인**을 하면서 그 주택사업과는 아무런 **관련이 없는 토지를 기부채납하도록 하는 부관**을 주택사업계획승인에 붙인 경우, **그 부관은 부당결부금지의 원칙에 위반되어 위법**하지만, 지방자치단체장이 승인한 사업자의 주택사업계획은 상당히 큰 규모의 사업임에 반하여, 사업자가 기부채납한 토지 가액은 그 100분의 1 상당의 금액에 불과한 데다가, 사업자가 그 동안 그 부관에 대하여 아무런 이의를 제기하지 아니하다가 지방자치단체장이 업무착오로 기부채납한 토지에 대하여 보상협조요청서를 보내자 그 때서야 비로소 부관의 하자를 들고 나온 사정에 비추어 볼 때 **부관의 하자가 중대하고 명백하여 당연무효라고는 볼 수 없다**(96다49650). [날먹행 121p]

□□□□□

판 7. 사회복지법인의 정관변경을 허가할 것인지의 여부는 주무관청의 정책적 판단에 따른 재량에 맡겨져 있다고 할 것이고, 주된 관청이 정관변경허가를 함에 있어서는 비례의 원칙 및 평등의 원칙에 적합하고 행정처분의 본질적 효력을 해하지 않는 한도 내에서 부관을 붙일 수 있다. (20국회8급,18국가7급)

판례 사회복지법인의 정관변경을 허가할 것인지의 여부는 주무관청의 정책적 판단에 따른 재량에 맡겨져 있다고 할 것이고, 주무관청이 정관변경허가를 함에 있어서는 비례의 원칙 및 평등의 원칙에 적합하고 행정처분의 본질적 효력을 해하지 않는 한도 내에서 부관을 붙일 수 있다(2000두5661). [날먹행 120p]

OX 정답

5. ○ 6. ○ 7. ○

□□□□□ ★★★

조 8-1. 부관의 일종인 사후부담은, 법률에 명문의 규정이 있거나 그것이 미리 유보되어 있는 경우 또는 상대방의 동의가 있는 경우에 허용되는 것이 원칙이다. (23국가9급,23군무원9급,23변시,21국가7급,21군무원9급,21경행,18국가7급)

□□□□□ ★★★

판 8-2. 사정변경으로 당초에 부담을 부가한 목적을 달성할 수 없게 된 경우에도 그 목적달성에 필요한 범위 내에서 예외적으로 부담의 사후변경이 허용된다.
(22지방9급,22소방,21군무원9급,21국회8급,19국가9급,18국가9급,18서울7급 등)

- **부관의 시간적 한계**

행정기본법 제17조(부관) ③ 행정청은 부관을 붙일 수 있는 처분이 다음 각 호의 어느 하나에 해당하는 경우에는 그 **처분을 한 후에도 부관을 새로 붙이거나 종전의 부관을 변경할 수 있다.**

1. **법률에 근거**가 있는 경우
2. **당사자의 동의**가 있는 경우
3. **사정이 변경되어 부관을 새로 붙이거나 종전의 부관을 변경하지 아니하면 해당 처분의 목적을 달성할 수 없다고 인정되는 경우**

- **통설 및 판례**는 ① 법령에 **근거**가 있거나 ② **사후부관이 미리** 유보되어 있는 경우, 또는 ③ **상대방의 동의가 있는 경우** 등에는 특별한 사정이 없는 한 허용된다고 봄(2016두45028).
- 단, 사정변경**으로 인해 당초에 부담을 부가한 목적을 달성할 수 없게 된 경우에도 그 목적달성에 필요한 범위 내에서는** 예외적으로 허용**된다**(97누2677).

[날먹행 121p]

4. 부관의 독립쟁송가능성 및 독립취소가능성

□□□□□ ★★★

판 1-1. 도로점용허가의 점용기간을 정함에 있어 위법사유가 있다면 도로점용허가처분 전부가 위법하게 된다.
(22군무원7급,21지방9급,19국가9급,19지방·교행9급,18서울7급)

- **하자있는 부관**
  - 부관이 무효인 경우 원칙적으로 부관만 무효, 단, 부관이 행정행위의 본질적인 요소에 해당할 경우에는 전부 무효

판례 **도로점용허가의 점용기간**은 행정행위의 본질적인 요소에 해당하므로 부관에 위법사유가 있다면 **허가처분 전부가 위법**하다(84누604).

[날먹행 122p]

□□□□□ ★★★

판 1-2. 공유재산의 관리청이 기부채납된 행정재산에 대하여 행하는 사용 · 수익 허가의 경우, 부관인 사용 · 수익 허가의 기간에 위법사유가 있다면 허가 전부가 위법하게 된다.
(21지방9급,20지방9급,17지방·서울9급,17지방9급,17서울9급,16사복9급)

판례 공유재산의 관리청이 기부채납된 행정재산에 대해 행하는 사용 · 수익 허가의 경우, 부관인 사용 · 수익 허가의 기간에 위법사유가 있다면 허가 전부가 위법하게 된다(99두509).

[날먹행 122p]

OX 정답

8-1. ○ 8-2. ○ **4** 1-1. ○ 1-2. ○

□□□□□ ★★★

이 2-1. 행정행위의 부관 중 부담은 그 자체를 독립하여 행정쟁송의 대상으로 할 수 있다.
(23소방간부,23군무원9급,21소방,21소방간부,20지방9급,18지방·서울9급)

- **부관의 독립쟁송가능성**
  - 부담만이 독립하여 항고소송의 대상 O → **부담만을 소송대상으로 하는 일부취소소송 가능**
  - 기타 부관의 경우 독립하여 항고소송의 대상 X

[날먹행 122p]

□□□□□ ★★

판 2-2. 기부채납 받은 행정재산에 대한 사용 · 수익허가서에서 사용 · 수익허가의 기간에 대하여 독립하여 행정쟁송을 제기할 수 있다. (22지방9급,20지방9급,19국회8급)

판례 기부채납받는 행정재산에 대한 사용·수익 허가에서 공유재산의 관리청이 정한 사용·수익허가의 기간에 대하여서는 독립하여 행정소송을 제기할 수 없다(99두509). [날먹행 111p]

□□□□□ ★

판 2-3. 어업면허처분을 함에 있어서 그 면허의 유효기간을 1년으로 정한 경우, 어업면허처분 중 그 면허유효기간만의 취소를 구하는 청구는 허용될 수 없다. (22소방간부)

판례 **어업면허처분**을 함에 있어 그 면허의 유효기간을 1년으로 정한 경우, 위 면허의 유효기간은 부관이라 할 것이고, 이러한 행정행위의 부관은 독립하여 **행정소송의 대상이 될 수 없다**(86누202). [날먹행 122p]

□□□□□ ★★★

이 3-1. 부담이 아닌 부관은 독립하여 행정소송의 대상이 될 수 없으므로 이의 취소를 구하는 소송에 대하여는 각하판결을 하여야 한다. (17서울9급)

□□□□□ ★

이 3-2. 부담 이외의 부관에 대하여는 진정일부취소소송을 제기하여 다툴 수 없으나, 부진정일부취소소송의 형식으로는 다툴 수 있다. (13서울7급)

□□□□□ ★★★

이 3-3. 부담 이외의 부관으로 인하여 권리를 침해당한 자는 부관부 행정행위 전체에 대해 취소소송을 제기하거나, 행정청에 부관이 없는 행정행위로 변경해 줄 것을 청구한 다음 그것이 거부된 경우 거부처분 취소소송을 제기할 수 있다. (19서울7급,17서울9급)

OX 정답

2-1. O 2-2. X 2-3. O 3-1. O 3-2. X 3-3. O

□□□□□ ★

판 3-4. 기선선망어업 허가를 하면서 부속선을 사용할 수 없도록 제한한 위법한 부관에 대해서는 부속선을 사용할 수 있도록 어업허가사항변경신청을 한 다음 그것이 거부된 경우에 거부처분취소소송을 제기할 수 있다. **(15국회8급)**

- **부담 이외의 경우, 쟁송형태**
  - **판례는 부담을 제외한 부관만의 취소를 구하는 소송**에 대해서는 **각하**하고 있는 바(99두509), 부담이외의 부관에 대한 부진정일부취소소송을 인정 X(하자 있는 부관을 포함한 처분 전체를 대상으로, 그 부관만의 취소를 구하는 것)

∴ ① **부관이 부가된 행정행위 전체에 대해 취소소송을 제기하거나** (하자 있는 **부관을 포함한 처분 전체를 대상**으로 하여 **처분 전체의 취소**를 구하는 것)

② **부관이 없는 행정행위로 변경해 줄 것을 청구한 다음** 그것이 거부된 경우에 **거부처분취소소송**을 제기해야 함

판례 기선선망어업 허가를 하면서 부속선을 사용할 수 없도록 제한한 위법한 부관에 대해서는 부속선을 사용할 수 있도록 어업허가사항변경신청을 한 다음 그것이 거부된 경우에 거부처분취소소송을 제기할 수 있다(89누6808).

[날먹행 122p]

제 4 절 행정행위의 성립 및 효력발생 요건

1. 성립요건

□□□□□ ★★★

이 1-1. 일반적으로 행정행위가 주체·내용·절차와 형식의 요건을 모두 갖추고 외부에 표시된 경우에 행정행위의 존재가 인정된다. **(23소방간부,21소방,21국가9급,21군무원9급)**

- **행정행위의 내부적 성립요건**
  - **주체: 정당한 권한을 가진 행정청**이 그 **권한 내에서 정상적인 의사**에 따라 행해야 함
    → 행정권한을 위임받은 사인도 행정청으로서 행정행위 할 수 있음
  - 내용: 법률상 · 사실상 **실현가능**하고, **명확**해야 함.
  - 형식: 다른 법에 특별한 규정이 없는 한 **문서로 하여야** 한다고 규정(행정절차법§24①) → 위반시 무효
  - 절차: 일정 절차(청문 · 공청회)가 요구되는 경우, 그 절차를 거쳐야 함.
- **행정행위의 외부적 성립요건** - 공식적으로 외부에 표시해야 함.

[날먹행 122p]

OX 정답

3-4. ○ / 4절 1 1-1. ○

□□□□□ ★★★

판 1-2. 행정의사가 외부에 표시되어 행정청이 자유롭게 취소 · 철회할 수 없는 구속을 받게 되는 시점에 처분이 성립하고, 그 성립 여부는 행정청이 행정의사를 공식적인 방법으로 외부에 표시하였는지를 기준으로 판단해야 한다.
(23군무원9급,23경간,21국가9급,21소방,21군무원9급)

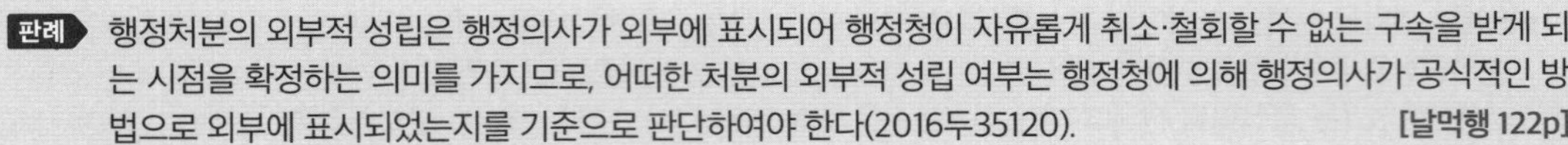
판례 행정처분의 외부적 성립은 행정의사가 외부에 표시되어 행정청이 자유롭게 취소·철회할 수 없는 구속을 받게 되는 시점을 확정하는 의미를 가지므로, 어떠한 처분의 외부적 성립 여부는 행정청에 의해 행정의사가 공식적인 방법으로 외부에 표시되었는지를 기준으로 판단하여야 한다(2016두35120). **[날먹행 122p]**

□□□□□ ★★★

판 1-3. 법무부장관이 입국금지결정을 하고 이를 내부전상망인 '출입국관리정보시스템'에 입력하였으나, 통보하지 않은 경우 입국금지결정은 항고소송의 대상이 될 수 있는 '처분'에 해당하지 않는다. (23군무원9급,23변시,21군무원9급)

판례 병무청장이 법무부장관에게 '가수 갑이 공연을 위하여 국외여행허가를 받고 출국한 후 미국 시민권을 취득함으로써 사실상 병역의무를 면탈하였으므로 재외동포 자격으로 재입국하고자 하는 경우 국내에서 취업, 가수활동 등 영리활동을 할 수 없도록 하고, 불가능할 경우 입국 자체를 금지해 달라'고 요청함에 따라 법무부장관이 갑의 입국을 금지하는 결정을 하고, 그 정보를 내부전산망인 '출입국관리정보시스템'에 입력하였으나, 갑에게는 통보하지 않은 사안에서, 위 입국금지결정은 항고소송의 대상이 되는 '처분'에 해당하지 않는다(2017두38874). **[날먹행 122p]**

2. 효력발생 요건

□□□□□ ★★

판 1-1. 행정행위의 효력발생요건으로서의 도달은 상대방이 그 내용을 현실적으로 알 필요까지는 없고, 다만 알 수 있는 상태에 놓여짐으로써 충분한다. (22국회9급,18국가9급)

- **행정행위**는 원칙적으로 도달주의를 따르며(행정절차법§15①), **도달시 효력이 발생함.** **[날먹행 123p]**
  도달이란 상대방이 알 수 있는 상태에 두는 것을 의미로, 상대방이 인식할 수 있는 상태에 둠으로써 족함(89누4963).

□□□□□ ★★

판 1-2. 상대방 있는 행정처분은 특별한 규정이 없는 한, 상대방이 다른 경로를 통해 행정처분의 내용을 알게 된 경우에도 상대방에게 고지되지 않은 경우라면 행정처분의 효력이 발생한다고 볼 수 없다.
(23군무원9급,23경간,22국가7급,21소방간부,21변시)

판례 상대방 있는 행정처분은 특별한 규정이 없는 한 의사표시에 관한 일반법리에 따라 상대방에게 고지되어야 효력이 발생하고, **상대방 있는 행정처분이 상대방에게 고지되지 아니한 경우**에는 **상대방이 다른 경로를 통해 행정처분의 내용을 알게 되었다고 하더라도 행정처분의 효력이 발생한다고 볼 수 없다**(2019두38656). **[날먹행 123p]**

OX 정답

1-2. ○ 1-3. ○ **2** 1-1. ○ 1-2. ○

□□□□□★★★

판 2. 납세자가 과세처분의 내용을 이미 알고 있는 경우에도 납세고지서의 송달이 필요하다.
(22국회9급,17교행9급)

판례 납세고지서의 교부송달 및 우편송달에 있어서는 반드시 납세의무자 또는 그와 일정한 관계에 있는 사람의 현실적인 수령행위를 전제로 하고 있다고 보아야 하며, **납세자가 과세처분의 내용을 이미 알고 있는 경우에도 납세고지서의 송달이 불필요하다고 할 수는 없다**(2003두13908). [날먹행 124p]

□□□□□

판 3. 수취인이 송달을 회피하는 정황이 있어 부득이 사업장에 납세고지서를 두고 왔다면 납세고지서의 송달이 이루어진 것이다. (20국회8급)

판례 납세고지서의 송달을 받아야 할 자가 부과처분 제척기간이 임박하자 **그 수령을 회피하기 위하여 일부러 송달을 받을 장소를 비워 두어** 세무공무원이 송달을 받을 자와 보충송달을 받을 자를 만나지 못하여 부득이 사업장에 납세고지서를 두고 왔다고 하더라도 이로써 신의성실의 원칙을 들어 **그 납세고지서가 송달되었다고 볼 수는 없다**(2009두13908). [날먹행 124p]

□□□□□★★★

판 4. 처분서를 보통우편의 방법으로 발송한 경우에는 그 우편물이 상당한 기간 내에 도달하였다고 추정할 수 없다.
(22국회9급,18국가9급,17서울9급)

판례 내용증명우편이나 등기우편과는 달리, 보통우편의 방법으로 발송되었다는 사실만으로는 그 우편물이 상당한 기간 내에 도달하였다고 추정할 수 없고, 송달의 효력을 주장하는 측에서 증거에 의하여 이를 입증하여야 한다(2007두20140). [날먹행 124p]

□□□□□★★★

판 5. 등기에 의한 우편송달의 경우라도 수취인이 주민등록지에 실제로 거주하지 않는 경우에는 우편물의 도달사실을 처분청이 입증해야 한다. (20국회8급,18국가9급)

판례 수취인이 주민등록지에 실제로 거주하지 아니하는 경우에도 우편물이 수취인에게 도달하였다고 추정할 수는 없고, 따라서 이러한 경우에는 우편물의 도달사실을 과세관청이 입증해야 할 것이고, 수취인이나 그 가족이 주민등록지에 실제로 거주하고 있지 아니하면서 전입신고만을 해 두었고, 그 밖에 주민등록지 거주자에게 송달수령의 권한을 위임하였다고 보기 어려운 사정이 인정된다면, 등기우편으로 발송된 납세고지서가 반송된 사실이 인정되지 아니한다 하여 납세의무자에게 송달된 것이라고 볼 수는 없다(97누8977). [날먹행 124p]

OX 정답

2. O 3. X 4. O 5. O

□□□□□ ★★

조 6-1. 교부에 의한 송달은 수령확인서를 받고 문서를 교부함으로써 하며, 송달하는 장소에서 송달 받을 자를 만나지 못한 경우에는 그 사무원 · 피용자 또는 동거인으로서 사리를 분별할 지능이 있는 사람에게 문서를 교부할 수 있다. (17국가7급)

□□□□□ ★★★

조 6-2. 문서를 송달받을 자 또는 그 사무원 등이 정당한 사유 없이 송달받기를 거부하는 때에는 그 사실을 수령확인서에 적고, 문서를 송달할 장소에 놓아둘 수 있다. (17국가7급)

- **교부송달 (행정절차법§14②)**
  ① 원칙: 수령확인서를 받고 문서를 교부
  ② **보충송달**: 송달하는 장소에서 송달받을 자를 만나지 못한 경우에는 그 사무원 · 피용자 또는 동거인으로서 **사리를 분별할 지능이 있는 사람**에게 문서를 교부할 수 있다
  ③ **유치송달: 문서를 송달받을 자 또는 그 사무원등이 정당한 사유 없이 송달받기를 거부하는 때에는** 그 사실을 수령확인서에 적고, 문서를 송달할 장소에 놓아둘 수 있다. **[날먹행 124p]**

□□□□□ ★★★

조 7. 정보통신망을 이용한 송달의 경우 전자문서가 송달받을 자가 지정한 컴퓨터 등에 입력된 때에 도달된 것으로 본다. (23경간,20국회8급,18교행9급)

- **정보통신망 이용한 송달**
  ① 정보통신망을 이용한 송달은 송달받을 자가 **동의하는 경우에만** 한다.
  이 경우 송달받을 자는 송달받을 전자우편주소 등을 지정하여야 한다.(행정절차법 §14③)
  ② **정보통신망을 이용하여 전자문서로 송달**하는 경우에는 **송달받을 자가 지정한 컴퓨터 등에 입력된 때에 도달된 것**으로 본다(행정절차법 §15②). **[날먹행 124p]**

□□□□□ ★★

조 8-1. 송달이 불가능한 경우에는 송달받을 자가 알기 쉽도록 관보, 공보. 게시판, 일간신문 중 하나 이상에 공고하고 인터넷에도 공고하여야 한다. (20국회8급)

□□□□□ ★

조 8-2. 송달이 불가능하여 관보, 공보 등에 공고한 경우에는 다른 법령 등에 특별한 규정이 있는 경우를 제외하고 공고일부터 14일이 경과한 때에 그 효력이 발생한다. 다만, 긴급히 시행하여야 할 특별한 사유가 있어 효력발생시기를 달리 정해 공고한 경우에는 그에 따른다. (22국회8급,21소방)

- **송달이 불가능한 경우 → 행정절차법상 고시 · 공고**
  - 송달받을 자의 주소등을 통상적인 방법으로 확인할 수 없는 경우나 송달이 불가능한 경우, 송달받을 자가 알기 쉽도록 **관보, 공보, 게시판, 일간신문 중 하나 이상에 공고하고 인터넷에도 공고하여야 한다**(행정절차법 §14④).
  - 다른 규정이 없으면, 송달은 **공고일부터 14일이 지난 때에 그 효력이 발생**, 다만 긴급히 시행하여야 할 특별한 사유가 있어 효력발생시기를 달리 정해 공고한 경우에는 그에 따름(행정절차법 §15③). **[날먹행 124p]**

OX 정답

6-1. ○ 6-2. ○ 7. ○ 8-1. ○ 8-2. ○

☐☐☐☐☐ ★★

판 9-1. 구 '청소년 보호법'에 따라 정보통신윤리위원회가 특정 웹사이트를 청소년유해매체물로 결정하고 청소년보호위원회가 효력발생시기를 명시하여 고시하였으나 정보통신윤리위원회와 청소년보호위원회가 웹사이트 운영자에게는 위 처분이 있었음을 통지하지 않았다면 그 효력이 발생하지 않는다. **(18국가9급)**

☐☐☐☐☐ ★★

판 9-2. 고시 또는 공고에 의하여 행정처분을 하는 경우에는 행정처분에 이해관계를 갖는 자가 고시 또는 공고가 있었다는 사실을 현실적으로 알았는지 여부에 관계없이 고시가 효력을 발생하는 날에 행정처분이 있음을 알았다고 보아야 한다. **(23경간,20지방9급)**

- **개별법상 고시·공고**
  ① 상대방이 **불특정다수**일 때 하는 공고
  판례 통상 고시 또는 공고에 의하여 행정처분을 하는 경우에는 그 처분의 상대방이 불특정 다수인이고 그 처분의 효력이 불특정 다수인에게 일률적으로 적용되는 것이므로, 그 행정처분에 이해관계를 갖는 자가 고시 또는 공고가 있었다는 사실을 현실적으로 알았는지 여부에 관계없이 **고시가 효력을 발생하는 날 행정처분이 있음을 알았다고 보아야** 한다(2004두619). **(20지방9급)**
  ② 효력발생일에 관해 명문규정이 없는 경우, 고시 공고 등이 있은 날부터 **5일이 경과한 때**에 효력이 발생(행정 효율과 협업과 협업 촉진에 관한 규정 §6)
  [날먹행 124p]

제 5 절 행정행위의 효력

1. 구속력

☐☐☐☐☐ ★

이 1. 구속력이란 행정행위가 적법요건을 구비하면 법률행위적 행정행위의 경우 법령이 정하는 바에 의해, 준법률행위적 행정행위의 경우 행정청이 표시한 의사의 내용에 따라 일정한 법적 효과가 발생하여 당사자를 구속하는 실체법상 효력이다. **(16사복9급)**

- **구속력**: 법률행위적 행정행위는 행정청이 표시한 의사의 내용에 따라, 준법률행위적 행정행위는 법령이 정하고 있는 바에 따라 일정한 법적효과가 발생하고, 구속력은 이를 바탕으로 관계행정 및 상대방과 관계인을 구속하는 실체법상 효력을 의미한다.
  [날먹행 125p]

OX 정답

9-1. X 9-2. O / 5절 1 1. X

2. 공정력

□□□□□ ★★★

01 1-1. 공정력은 행정행위가 위법하더라도 당연무효인 경우를 제외하고는 권한있는 기관에 의해 취소되지 않는 한 유효한 것으로 통용되는 효력을 말한다. (22국가9급,22군무원7급,22경간,22국가7급,21지방9급,20국회8급,15국가7급)

□□□□□

01 1-2. 공정력이란 행정행위의 위법이 중대명백하여 당연무효가 아닌 한 권한 있는 기관에 의해 취소되기까지는 행정의 상대방이나 이해관계자에게 적법하게 통용되는 힘을 말한다. (20국회8급)

- 공정력: **행정행위에** 하자가 있더라도, 그것이 중대·명백하여 당연 무효로 인정되는 경우를 제외하고는 **권한 있는 기관에 의해** 취소되기 전까지는 일응 유효한 것으로 통용되는 힘을 의미함(적법성이 추정되는 것 아님).

행정기본법 제15조(처분의 효력) 처분은 권한이 있는 기관이 취소 또는 철회하거나 기간의 경과 등으로 소멸되기 전까지는 유효한 것으로 통용된다. 다만, **무효인 처분은 처음부터 그 효력이 발생하지 아니한다.** [날먹행 125p]

□□□□□

01 2. 통설은 공정력의 이론적 근거를 행정권에게 선험적인 우월적 지위를 인정된다는 데에 둔다. (17국가9급)

- **이론적 근거**: **행정법관계의 안정성**과 상대방의 신뢰보호 등과 기반으로 한다는 **법적 안정설**(행정정책설)이 **통설**의 입장
- **실정법상 근거**: 그동안 공정력을 직접적으로 인정하는 규정이 없어, 학설 및 판례는 취소쟁송에 관한 규정, 직권취소 제도, 흠 있는 행정행위에 대한 제소기간의 제한 등을 공정력의 간접적인 근거규정으로 보았으나, 2021년 **행정기본법에** 공정력에 대한 일반규정이 신설되어 **직접적인 근거규정이 마련됨.** [날먹행 125p]

□□□□□ ★★

01 3. 행정행위의 효력으로서 구성요건적 효력과 공정력은 이론적 근거를 법적 안정성에서 찾고 있다는 공통점이 있다. (20국회8급,17국가9급)

- **구성요건적 효력**
  - 하자있는 행정행위라고 하더라도 그 하자가 중대·명백하여 **당연무효가** 아닌 한 다른 국가기관 및 법원은 유효한 행정행위의 존재를 존중하여 스스로의 판단 기초 내지는 구성요건으로 삼아야 한다는 원칙으로, **공정력과 구별**되는 개념.
  - 구성요건적 효력의 근거는 **국가기관 간 권한분배체계와 권한 존중의 원칙**에 있음(공정력과 차이) [날먹행 125p]

□□□□□ ★★

01 4. 공정력은 행정청의 권력적 행위 뿐 아니라 비권력적 행위, 사실행위, 사법행위에도 인정된다. (16사복9급)

- **공정력의 한계**

  공정력은 **행정행위·재결에만 인정**되고,

  무효인 행정행위, 법규명령, 행정규칙, 행정계약, 사실행위, 행정지도, 공법상 계약, 확약에는 인정 X. [날먹행 125p]

OX 정답

2 1-1. ○ 1-2. X 2. X 3. X 4. X

☐☐☐☐☐ ★★

이 5. 통설은 공정력의 근거를 적법성의 추정으로 보아 행정행위의 적법성은 피고인 행정청이 아니라 원고 측에 입증책임이 있다고 한다. (21군무원7급)

- **공정력과 입증책임**

  오늘날 통설은 공정력은 행정행위를 잠정적으로 유효한 것으로 통용시키는 효력에 불과한 것으로 이해하기에, 공증력과 입증책임은 무관하다고 함. **[날먹행 125p]**

☐☐☐☐☐

판 6. 위법한 대집행이 완료되었더라도 미리 그 행정처분의 취소판결이 있어야만, 그 행정처분의 위법을 이유로 한 손해배상청구를 할 수 있다. (22서울7급)

판례 위법한 행정대집행이 완료되면 그 처분의 무효확인 또는 취소를 구할 소의 이익은 없다 하더라도, 미리 그 행정처분의 취소판결이 있어야만, 그 행정처분의 위법임을 이유로 한 손해배상 청구를 할 수 있는 것은 아니다(72다337). **[날먹행 126p]**

☐☐☐☐☐ ★★★

판 7. 판례에 의하면 사전에 당해 행정처분의 취소판결이 있어야만 그 행정처분의 위법을 이유로 한 손해배상청구를 할 수 있는 것은 아니다. (22지방9급,22군무원7급,20지방7급,19국가9급)

- **행정행위의 위법 여부가 민사소송의 선결문제(국가배상청구소송)**

  - 행정행위의 위법을 이유로 국가배상청구를 한 경우, **민사법원은** 행정처분의 위법 여부를 스스로 판단 가능(판례 · 통설(긍정설)) **[날먹행 126p]**

☐☐☐☐☐ ★★★

판 8. 민사소송에 있어서 행정처분의 당연무효여부가 선결문제로 되는 때에는 법원은 이를 판단하여 당연무효임을 전제로 판결할 수 있고 반드시 행정소송 등의 절차에 의하여 그 취소나 무효확인을 받아야 하는 것은 아니다. (23소방간부,23소방,22소방승진,21지방9급,19지방9급,18서울7급,18국회8급)

- **행정행위의 효력 유무가 민사소송의 선결문제(부당이득반환청구소송)** **[날먹행 126p]**

  ① 행정행위의 **하자가 취소사유에 불과**한 경우: 법원은 행정처분의 효력을 부정할 수 없고, 그로 인한 이득을 부당이득으로 볼 수 없음 → 기각판결

  ② 행정행위 무효인 경우: 법원은 언제든지 무효여부를 판단할 수 있다.

  → 법원은 행정처분의 효력을 부정할 수 있고, 인용판결 내림 (단, 민사법원이 처분의 무효확인판결을 할 수는 없음)

OX 정답

5. X 6. X 7. ○ 8. ○

□□□□□ ★★★

판 9. 조세의 과오납이 부당이득이 되기 위하여는 납세 또는 조세의 징수가 전혀 법률상의 근거가 없거나 과세처분의 하자가 중대하고 명백하여 당연무효이어야 하고, 과세처분의 하자가 단지 취소할 수 있는 정도에 불과할 때에는 과세관청이 이를 스스로 취소하거나 항고소송절차에 의하여 취소되지 않는 한 그로 인한 조세의 납부가 부당이득이 된다고 할 수 없다. **(23소방간부,22경간,22소방승진,22군무원9·7급,19지방·서울9급,19서울7급)**

판례 **조세의 과오납이 부당이득이 되기 위하여는** 납세 또는 조세의 징수가 실체법적으로나 절차법적으로 전혀 법률상의 근거가 없거나 **과세처분의 하자가 중대하고 명백하여 당연무효이어야** 하고, 과세처분의 하자가 단지 취소할 수 있는 정도에 불과할 때에는 과세관청이 이를 스스로 취소하거나 항고소송절차에 의하여 취소되지 않는 한 그로 인한 조세의 납부가 부당이득이 된다고 할 수 없다(94다28000). **[날먹행 126p]**

□□□□□ ★★★

판 10. 과·오납세금반환청구소송에서 민사법원은 그 선결문제로서 과세처분의 무효 여부를 판단할 수 있다. **(23소방,22지방9급,21지방9급,19국가9급,19지방9급)**

판례 국세등의 부과 및 징수처분과 같은 행저처분이 당연무효임을 전제로 하여 민사소송을 제기한 때에는 그 행정처분이 당연무효인지의 여부가 선결문제이므로 법원은 이를 심사하여 그 행정처분의 하자가 중대하고 명백하여 당연무효라고 인정될 경우에는 이를 전제로 하여 판단할 수 있으나, 그 하자가 단순한 취소사유에 그칠 때에는 법원은 그 효력을 부인할 수 없다(70다1439). **[날먹행 126p]**

□□□□□ ★★★

판 11. 민사소송에 있어서 어느 행정처분의 당연무효 여부가 선결문제로 되는 때에는 이를 판단하여 당연무효임을 전제로 판결할 수 있고 반드시 행정소송 등의 절차에 의하여 그 취소나 무효확인을 받아야 하는 것은 아니다. **(23소방,22소방승진,22국회8급,21소방간부,21지방·서울9급,19지방9급,18국가7급)**

판례 **민사소송에 있어서 어느 행정처분의 당연무효 여부가 선결문제로 되는 때에는 이를 판단하여 당연무효임을 전제로 판결할 수 있고 반드시 행정소송 등의 절차에 의하여 그 취소나 무효확인을 받아야 하는 것은 아니다**(2009다90092). **[날먹행 126p]**

□□□□□ ★★

판 12. 행정청이 침해적 행정처분인 시정명령을 하면서 사전통지를 하거나 의견제출 기회를 부여하지 않아 시정명령이 절차적 하자로 위법하다면, 그 시정명령을 위반한 사람에 대하여는 시정명령위반죄가 성립하지 않는다. **(20국회8급,18국가7급,17국가7급,13국가9급)**

- **행정행위의 위법 여부가 형사소송의 선결문제** (범죄성립을 위해 위법성을 확인해야 하는 경우)
  → **법원이 판단 가능**(22군무원7급)

판례 행정청이 침해적 행정처분인 시정명령을 하면서 사전통지를 하거나 의견제출 기회를 부여하지 않아 **시정명령이 절차적 하자로 위법**하다면, 그 시정명령을 위반한 사람에 대해서는 **시정명령위반죄가 성립하지 않는다**(2017도7321). **[날먹행 126p]**

OX 정답

9. ○ 10. ○ 11. ○ 12. ○

□□□□□ ★

판 13. '개발제한구역의 지정및 관리에 관한 특별조치법'에 따라 행정청으로부터 시정명령을 받은 자가 이를 이행하지 않은 경우, 당해 시정명령이 위법한 것으로 인정되는 한 죄가 성립하지 않는다. **(20국회8급,19경행,18국가7급)**

> **판례** 개발제한구역의 지정 및 관리에 관한 특별조치법(이하 '개발제한구역법'이라 한다) 제30조 제1항에 의하여 행정청으로부터 시정명령을 받은 자가 이를 위반한 경우, 그로 인하여 개발제한구역법 제32조 제2호에 정한 처벌을 하기 위하여는 시정명령이 적법한 것이라야 하고, 시정명령이 당연무효가 아니더라도 위법한 것으로 인정되는 한 개발제한구역법 제32조 제2호 위반죄가 성립될 수 없다(2017도7321). **[날먹행 127p]**

□□□□□ ★★

판 14. 구 도시계획법상 원상회복 등의 조치명령을 받고도 이를 따르지 않은 자에 대해 형사처벌을 하기 위해서는 적법한 조치명령이 전제되어야 하며, 이 때 형사법원은 그 적법 여부를 심사할 수 있다.
(23소방간부,22국가9급,21군무원7급)

> **판례** 같은 법 제78조 제1항에 정한 처분이나 조치명령을 받은 자가 이에 위반한 경우 이로 인하여 같은 법 제92조에 정한 처벌을 하기 위하여는 그 처분이나 조치명령이 적법한 것이라야 하고, 그 처분이 당연무효가 아니라 하더라도 그것이 위법한 처분으로 인정되는 한 같은 법 제92조 위반죄가 성립될 수 없다(90도1709). **[날먹행 126p]**

□□□□□

판 15. 소하천정비법에 따라 행정청으로부터 시정명령을 받은 사람이 이를 위반한 경우, 그로 인하여 같은 법에서 정한 처벌을 하기 위해서는 그 시정명령이 적법해야 하고, 시정명령이 당연무효가 아니더라도 위법하다고 인정되는 한 그 위반죄가 성립될 수 없다. **(22소방간부)**

> **판례** 소하천정비법 제14조 제5항, 제17조 제5호에 의하여 행정청으로부터 시정명령을 받은 사람이 이를 위반한 경우, 그로 인하여 같은 법 제27조 제4호에 정한 처벌을 하기 위해서는 그 시정명령이 적법해야 한다. 따라서 시정명령이 당연무효가 아니더라도 위법하다고 인정되는 한 같은 법 제27조 제4호의 위반죄가 성립될 수 없고, 시정명령이 절차적 하자로 인하여 위법한 경우에도 마찬가지이다(2020도2564).

□□□□□ ★★★

판 16. 연령미달의 결격자인 피고인이 소외인의 이름으로 운전면허시험에 응시, 합격하여 교부받은 운전면허는 당연무효가 아니고 취소되지 않는 한 유효하므로 피고인의 운전행위는 무면허운전에 해당하지 아니한다.
(23소방간부,22국가9급,22지방9급,20국회8급)

> - **행정행위의 효력유무가 형사소송에서 선결문제** (범죄성립을 위해 행정행위의 효력이 부인되어야 하는 경우)
>   : 행정행위의 **하자가 취소사유**에 불과한 경우 **법원은 행정처분의 효력을 부정할 수 없고, 무효사유인 경우** 법원은 행정행위의 효력 **판단이 가능**함
>
> **판례** 연령미달의 결격자인 피고인이 소외인의 이름으로 운전면허시험에 응시, 합격하여 교부받은 운전면허는 당연무효가 아니고 도로교통법 제65조 제3호의 사유에 해당함에 불과하여 취소되지 않는 한 유효하므로 피고인의 운전행위는 무면허운전에 해당하지 아니한다(80도2646). **[날먹행 126p]**

OX 정답

13. ○ 14. ○ 15. ○ 16. ○

□□□□□ ★★

판 17. 하자있는 수입승인에 기초하여 수입면허를 받고 물품을 통관한 경우, 당해 수입면허가 당연무효가 아닌 이상 무면허수입죄가 성립되지 않는다. **(22지방9급)**

> **판례** 법률물품을 수입하고자 하는 자가 일단 세관장에게 수입신고를 하여 그 면허를 받고 물품을 통관한 경우에는, 세관장의 수입면허가 중대하고도 명백한 하자가 있는 행정행위이어서 당연무효가 아닌 한 관세법 제181조 소정의 무면허수입죄가 성립될 수 없다(89도149). **[날먹행 126p]**

□□□□□ ★★★

판 18. 구 '소방시설 설치 · 유지 및 안전관리에 관한 법률' 제9조에 의한 소방시설 등의 설치 또는 유지 · 관리에 대한 명령이 행정처분으로서 하자가 있어 무효인 경우에는 명령에 따른 의무위반이 생기지 아니하므로, 명령 위반을 이유로 행정형벌을 부과할 수 없다. **(23국회8급,22소방승진,22소방간부,19지방·교행9급)**

> **판례** 소방시설 설치유지 및 안전관리에 관한 법률 제9조에 의한 소방시설 등의 설치 또는 유지 · 관리에 대한 명령을 정당한 사유 없이 위반한 자는 같은 법 제48조의2 제1호에 의하여 행정형벌에 처해지는데, 위 명령이 행정처분으로서 하자가 있어 무효인 경우에는 명령에 따른 의무위반이 생기지 아니하므로 행정형벌을 부과할 수 없다(2011도11109). **[날먹행 126p]**

□□□□□

판 19. 자동차 운전면허 취소처분을 받은 사람이 자동차를 운전하였으나 운전면허 취소처분의 원인이 된 교통사고 또는 법규위반에 대하여 범죄사실의 증명이 없는 때에 해당한다는 이유로 무죄판결이 확정되었더라도 그 운전면허 취소처분이 취소되지 않고 있다면 '도로교통법'에 규정된 무면허운전의 죄로 처벌할 수 있다. **(22경간)**

> **판례** 행정청의 자동차 운전면허 취소처분이 직권으로 또는 행정쟁송절차에 의하여 취소되면, 운전면허 취소처분은 그 처분 시에 소급하여 효력을 잃고 운전면허 취소처분에 복종할 의무가 원래부터 없었음이 확정되므로, 운전면허 취소처분을 받은 사람이 운전면허 취소처분이 취소되기 전에 자동차를 운전한 행위는 도로교통법에 규정된 무면허운전의 죄에 해당하지 아니한다. 위와 같은 관련 규정 및 법리, 헌법 제12조가 정한 적법절차의 원리, 형벌의 보충성 원칙을 고려하면, **자동차 운전면허 취소처분을 받은 사람이 자동차를 운전하였으나 운전면허 취소처분의 원인이 된 교통사고 또는 법규 위반에 대하여 범죄사실의 증명이 없는 때에 해당한다는 이유로 무죄판결이 확정된 경우**에는 그 취소처분이 취소되지 않았더라도 도로교통법에 규정된 **무면허운전의 죄로 처벌할 수는 없다**고 보아야 한다(2019도11826). **[날먹행 126p]**

OX 정답

17. O 18. O 19. X

3. 존속력 - 불가쟁력, 불가변력

□□□□□ ★★

이 1. 불가쟁력은 행정행위의 상대방 및 이해관계인에 대한 구속력이다. (21소방,18소방)

- **불가쟁력**: 쟁송 제기기간이 경과하거나, 쟁송수단을 다 거친 경우에는 더 이상 행정행위의 효력을 다칠 수 없게 되는 힘으로서, 행정행위의 **상대방 및 이해관계인을 구속**함. [날먹행 127p]

□□□□□ ★★

이 2. 무효인 행정행위는 쟁송제기기간의 제한을 받지 않으므로 불가쟁력이 발생하지 않는다. (20국회8급,19소방)

- **무효**인 행정행위는 **불가쟁력 발생 X** → 무효확인소송제기시 **기한의 제한 X** [날먹행 128p]

□□□□□ ★★★

판 3. 불가쟁력이 발생한 행정행위로 손해를 입은 국민은 국가배상청구를 할 수 있다. (22군무원9급,21지방9급,21소방,19서울9급)

판례 행정행위의 불가쟁력은 행정행위의 상대방이나 이해관계인이 행정행위의 효력을 더 이상 다투지 못하는 효력이다. **국가배상청구소송은 행정행위의 효력을 다투는 것이 아니므로 불가쟁력이 발생한 행정행위로 손해를 입은 국민은 국가배상청구를 할 수 있다**(79다262). [날먹행 128p]

□□□□□ ★★★

판 4-1. 제소기간이 이미 도과하여 불가쟁력이 생긴 행정처분에 대하여는 개별법규에서 그 변경을 요구할 신청권을 규정하고 있거나 관계법령의 해석상 그러한 신청권이 인정될 수 있는 등 특별한 사정이 없는 한 국민에게 그 행정처분의 변경을 구할 신청권이 있다 할 수 없다. (22군무원9급,19사복9급)

□□□□□ ★★★

판 4-2. 영업허가를 취소하는 처분에 대해 불가쟁력이 발생하였더라도 이후 사정변경을 이유로 그 허가취소의 변경을 요구하였으나 행정청이 이를 거부한 경우라면, 그 거부는 원칙적으로 항고소송의 대상이 되는 처분이다. (19지방7급,19서울9급,18국회8급,17국가7급)

판례 **제소기간이 이미 도과하여 불가쟁력이 생긴 행정처분에 대하여는 개별 법규에서 그 변경을 요구할 신청권을 규정하고 있거나 관계 법령의 해석상 그러한 신청권이 인정될 수 있는 등 특별한 사정이 없는 한** 국민에게 그 행정처분의 변경을 구할 신청권이 있다 할 수 없다. 따라서 원고들의 이 사건 신청을 거부하였다 하여도 그 거부로 인해 원고들의 권리나 법적 이익에 어떤 영향을 주는 것은 아니라 할 것이므로 **그 거부행위인 이 사건 통지는 항고소송의 대상이 되는 행정처분이 될 수 없다**(2005두11104).
→ 행정기본법 제37조 처분의 재심사 규정이 신설됨으로 인해, 개별법규에서 그 변경을 요구할 신청권을 규정하고 있지 않더라도, 국민에게 그 행정처분의 변경을 구할 신청권이 있을 수 있음 (단 행정기본법 제37조의 요건을 충족해야 함) [날먹행 128p]

OX 정답

3 1. ○ 2. ○ 3. ○ 4-1. △ 4-2. X

□□□□□ ★★★

판 5. 행정처분이 불복기간의 경과로 인하여 확정될 경우, 그 확정력은 처분으로 인하여 법률상 이익을 침해받은 자가 처분의 효력을 더이상 다툴 수 없다는 의미일 뿐 판결에 있어서와 같은 기판력이 인정되는 것은 아니다. **(23경간,22군무원9급·7급,19지방·교행9급,19지방7급,18서울9급,18서울7급)**

판례 일반적으로 행정처분이나 행정심판 재결이 불복기간의 경과로 인하여 확정될 경우 그 확정력은, 그 처분으로 인하여 법률상 이익을 침해받은 자가 당해 처분이나 재결의 효력을 더 이상 다툴 수 없다는 의미일 뿐, 더 나아가 **판결에 있어서와 같은 기판력이 인정되는 것은 아니어서** 그 처분의 기초가 된 사실관계나 법률적 판단이 확정되고 당사자들이나 법원이 이에 기속되어 모순되는 주장이나 판단을 할 수 없게 되는 것은 아니다(2002두11288). **[날먹행 129p]**

□□□□□ ★★★

판 6. 산업재해요양보상급여취소처분이 불복기간의 경과로 인해 확정되면 요양급여청구권 없음이 확정되므로 다시 요양급여를 청구할 수 없다. **(17국가7급)**

판례 **종전의 산업재해요양보상급여취소처분이 불복기간의 경과로 인하여 확정되었더라도** 요양급여청구권이 없다는 **내용의 법률관계까지 확정된 것은 아니며** 소멸시효에 걸리지 아니한 이상 **다시 요양급여를 청구할 수 있고** 그것이 거부된 경우 이는 새로운 거부처분으로서 위법 여부를 소구할 수 있다(92누17181). **[날먹행 129p]**

□□□□□ ★

이 7. 불가변력은 모든 행정행위에 공통되는 것이 아니라 행정심판의 재결 등과 같이 예외적이고 특별한 경우에 처분청 등 행정청에 대한 구속으로 인정되는 실체법적 효력을 의미한다. **(22군무원9급,21소방)**

- **불가변력**: **행정청 자신도 직권으로 행정행위에 구속되어 직권으로 취소·변경할 수 없게 되는 힘**으로, **처분청 등 행정기관을 구속**하며, 준사법적행정행위 및 확인행위 등에는 적용되나 수익적 행정행위에는 적용되지 않음 **[날먹행 127p]**

□□□□□ ★★

이 8. 불가변력이 있는 행정행위도 쟁송제기간이 경과하기 전에는 쟁송을 제기하여 그 효력을 다툴 수 있다. **(18지방9급)**

- 불가쟁력과 불가변력은 **상호독립적**이어서, 불가변력이 발생한 행위가 당연히 불가쟁력이 발생하는 것 아님.
  → **불가변력이 있는 행위도 제소기간이 도과하기 전에는 쟁송을 제기하여 그 효력을 다툴 수 있음.** **[날먹행 128p]**

□□□□□ ★★

이 9. 불가쟁력이 발생한 행정행위일지라도 행정청 등 권한 있는 기관은 이를 직권으로 취소할 수 있다. **(21변시,18소방)**

- **불가변력** - 행정청은 직권으로 취소·변경할 수 없음. 단, **이해관계인은 쟁송기간이 경과하지 않은 경우 취소소송 제기 가능**
- **불가쟁력**- 행정청이 철회·취소하는 것 가능. 단, **상대방 등은 손해배상청구 소송을 할 수 있음** **[날먹행 128p]**

OX 정답

5. ○ 6. X 7. ○ 8. ○ 9. ○

□□□□□ ★★

판 10. 행정행위의 불가변력은 당해 행정행위에 대하여서만 인정되는 것이고, 동종의 행정행위라 하더라도 그 대상을 달리할 때에는 이를 인정할 수 없다. **(23경간,21지방9급,21소방간부)**

> **판례** 국민의 권리와 이익을 옹호하고 법적안정을 도모하기 위하여 특정한 행위에 대하여는 행정청이라 하여도 이것을 자유로이 취소, 변경 및 철회할 수 없다는 행정행위의 불가변력은 **당해 행정행위에 대하여서만 인정되는 것이고, 동종의 행정행위라 하더라도 그 대상을 달리할 때에는 이를 인정할 수 없다**(73누129). [날먹행 128p]

4. 강제력

□□□□□

이 1-1. 상대방에게 일정한 의무를 부과하는 하명은 집행력을 가진다. **(15서울9급)**

□□□□□ ★★

이 1-2. 판례에 따르면 행정행위의 집행력은 행정행위의 성질상 당연히 내재하는 효력으로서 별도의 법적 근거를 요하지 않는다. **(15서울9급)**

□□□□□

이 1-3. 행정의사의 강제력에는 제재력과 자력집행력이 있는 바, 제재에는 행정형벌과 행정질서벌이 있다. **(14서울7급)**

> - **행정행위의 강제력**
>   - **자력집행력**: 행정행위에 의해 부과된 의무(**하명**)를 상대방이 불이행한 경우, **행정청이 스스로 강제력을 발동하여 그 의무를 실현시키는 힘**으로, 의무를 부과하는 행위와는 **별도로 법적 근거** 필요함
>   - **제재력**: 행정행위에 의해 부과된 의무를 상대방이 불이행한 경우, 이에 대한 제재로 **행정벌(행정형벌, 행정질서벌)을 부과하는 효력**을 의미하고, **명시적인 법적 근거 있어야** 함. [날먹행 129p]

제 6 절 행정행위의 하자

1. 행정행위의 무효·취소

□□□□□

이 1. 무효인 행정행위는 행정행위의 외형은 갖추고 있는데 반하여, 행정행위의 부존재는 외형 자체가 존재하지 않는다. **(08국회8급)**

> - **무효인 행정행위**: 행정행위의 외형은 존재하나, **그 법률효과가 처음부터 발생하지 않는 행정행위**
> - **행정행위 부존재**: **처음부터 행정행위로 성립조차 하지 못하여** 외형도 존재하지 않음 [날먹행 130p]

OX 정답

10. ○ 4 1-1. ○ 1-2. X 1-3. ○ / 6절 1 1. ○

□□□□□ ★

이 2-1. 명백성 보충요건설에서는 행정행위의 무효의 기준으로 중대성요건만을 요구하지만, 제3자나 공공의 신뢰보호의 필요가 있는 경우에는 보충적으로 명백성요건도 요구한다. (15서울9급)

□□□□□

이 2-2. 행정행위의 하자론에서의 중대명백설에 대한 비판은 주로 명백성 요구를 둘러싸고 전개된다. (13국가7급)

□□□□□ ★★★

이 2-3. 행정처분이 당연무효이기 위해서는 그 하자가 법규의 중요한 부분을 위반한 중대한 것으로서 객관적으로 명백한 것이어야 한다. (22군무원7급,20국가7급,19서울9급,19사복9급)

□□□□□ ★★

이 2-4. 행정처분의 대상이 되는 법률관계나 사실관계가 있는 것으로 오인할 만한 객관적인 사정이 있고 사실관계를 정확히 조사하여야만 그 대상이 되는지 여부가 밝혀질 수 있는 경우에는 비록 그 하자가 중대하더라도 명백하지 않아 무효로 볼 수 없다. (21소방)

□□□□□ ★

이 2-5. 행정기본법은 행정처분이 무효가 되기 위해서는 그 하자가 법규의 중요한 부분을 위반한 중대한 것으로서 객관적으로 명백한 것이어야 한다고 규정하고 있다. (23국회8급)

- **무효와 취소의 구별기준**
  - **중대설**: 하자가 중대한 경우에만 무효라고 보는 견해
  - **명백성보충요건설**: 하자가 중대하면 무효이나, **예외적으로 제3자나 공공의 신뢰보호가 필요한 경우에는 보충적으로 명백성을 요구하는 견해**로, 이 견해는 중대·명백설보다 무효의 인정 범위가 넓고, 중대 명백설의 명백성 요구를 비판함
  - 중대·명백설(**통설·판례**): 하자가 **법규의 중요한 부분을 위반한 중대한 것으로서 일반인의 판단에 의해서 그 하자가 있음이 객관적으로 외관상 명백한 경우에 당연무효**이고, 어느 하나라도 갖추지 못한 경우에는 취소사유라고 보는 견해 → **행정기본법에는 무효의 기준에 대해서 규정하고 있지 않음.**

판례 행정처분의 대상이 되는 법률관계나 사실관계가 전혀 없는 사람에게 행정처분을 한 때에는 그 하자가 중대하고도 명백하다 할 것이나, 행정처분의 대상이 되지 아니하는 어떤 법률관계나 사실관계에 대하여 이를 처분의 대상이 되는 것으로 오인할 만한 객관적인 사정이 있는 경우로서 그것이 처분대상이 되는지의 여부가 그 사실관계를 정확히 조사하여야 비로소 밝혀질 수 있는 때에는 비록 이를 오인한 하자가 중대하다고 할지라도 외관상 명백하다고 할 수는 없다(2002다65485). [날먹행 130, 131p]

□□□□□ ★★

이 3. 하자 있는 행정처분이 당연무효가 되기 위하여는 그 하자가 법규의 중요한 부분을 위반한 중대한 것으로서 객관적으로 명백한 것이어야 하며 하자가 중대하고 명백한 것인지 여부를 판별함에 있어서는 구체적 사안 자체의 특수성은 고려함이 없이 법규의 목적, 의미, 기능 등을 목적론적으로 고찰함을 요한다. (23소방간부)

- 행정처분이 당연무효라고 하기 위하여는 그 처분에 위법사유가 있다는 것만으로는 부족하고 그 하자가 중요한 법규에 위반한 것이고 객관적으로 명백한 것이어야 하며 하자가 중대하고도 명백한 것인가의 여부를 판별함에 있어서는 그 법규의 목적, 의미, 기능 등을 목적론적으로 고찰함과 동시에 구체적 사안자체의 특수성에 관하여도 합리적으로 고찰함을 요한다(94누419). [날먹행 131p]

OX 정답

2-1. O 2-2. O 2-3. O 2-4. O 2-5. X 3. X

□□□□□ ★★

판 4. 구 '폐기물처리시설 설치촉진 및 주변지역 지원 등에 관한 법률'상 입지선정위원회가 동법 시행령의 규정에 위배하여 군수와 주민대표가 선정 · 추천한 전문가를 포함시키지 않은 채 임의로 구성되어 의결을 한 경우에, 이에 터잡아 이루어진 폐기물 처리시설 입지결정처분은 당연무효가 된다. (19국가7급,18지방9급)

판례 입지선정위원회의 구성방법에 관하여 일정 수 이상의 주민대표 등을 참여시키도록 한 것은 폐기물처리시설 입지선정 절차에 있어 주민의 참여를 보장함으로써 주민들의 이익과 의사를 대변하도록 하여 주민의 권리에 대한 부당한 침해를 방지하고 행정의 민주화와 신뢰를 확보하는 데 그 취지가 있는 것이므로, **주민대표나 주민대표 추천에 의한 전문가의 참여 없이 의결이 이루어지는 등 입지선정위원회의 구성방법이나 절차가 위법한 경우**에는 **그 하자 있는 입지선정위원회의 의결에 터잡아 이루어진 폐기물처리시설 입지결정처분도 위법**하게 된다(2006두20150).
[날먹행 131p]

□□□□□ ★★

판 5-1. 행정처분을 하게 된 연유가 상급행정청이나 타행정청의 지시나 통보에 의한 것이라 하여도, 취소소송에서의 피고는 원칙적으로 행정처분 등을 외부적으로 그의 명의로 행한 행정청이 된다. (20국가9급,19서울7급)

□□□□□ ★

판 5-2. 체납취득세에 대한 압류처분권한은 도지사로부터 시장에게 권한위임된 것이고 시장으로부터 압류처분권한을 내부위임 받은 데 불과한 구청장이 자신의 명의로 한 압류처분은 권한 없는 자에 의하여 행하여진 위법무효의 처분이다. (23군무원7급)

판례 체납취득세에 대한 압류처분권한은 도지사로부터 시장에게 권한위임된 것이고 시장으로부터 압류처분권한을 **내부위임받은 데 불과한 구청장으로서**는 시장 명의로 압류처분을 대행처리할 수 있을 뿐이고 자신의 명의로 이를 할 수 없다 할 것이므로 구청장이 자신의 명의로 한 압류처분은 **권한 없는 자에 의하여 행하여진 위법무효의 처분**이다(93누6621).
[날먹행 131p]

□□□□□ ★

판 6. 부동산을 양도한 사실이 없음에도 세무당국이 부동산을 양도한 것으로 오인한 양도소득세 부과처분은 착오에 의한 행정처분으로서 취소할 수 있는 행정행위에 해당한다. (15경행)

판례 부동산을 양도한 사실이 없음에도 세무당국이 부동산을 양도한 것으로 오인하여 양도소득세를 부과하였다면 그 부과처분은 착오에 의한 행정처분으로서 그 표시된 내용에 중대하고 명백한 하자가 있어 당연 무효이다(83누179).
[날먹행 131p]

OX 정답

4. O 5-1. O 5-2. O 6. X

□□□□□ ★★

판 7. 음주운전단속경찰관이 자신의 명의로 운전면허행정처분통지서를 작성 · 교부하여 행한 운전면허정지처분은 위법하며, 취소의 원인이 된다. **(23소방간부,22소방승진)**

판례 운전면허에 대한 정지처분권한은 경찰청장으로부터 경찰서장에게 권한위임된 것이므로 음주운전자를 적발한 단속 경찰관으로서는 관할 경찰서장의 명의로 운전면허정지처분을 대행처리할 수 있을지는 몰라도 자신의 명의로 이를 할 수는 없다 할 것이므로, **단속 경찰관이 자신의 명의로 운전면허행정처분통지서를 작성 · 교부하여 행한 운전면허정지처분**은 비록 그 처분의 내용 · 사유 · 근거"등이 기재된 서면을 교부하는 방식으로 행하여졌다고 하더라도 **권한 없는 자에 의하여 행하여진 점에서 무효**의 처분에 해당한다(97누2313). **[날먹행 131p]**

□□□□□ ★

판 8. 구 '개발이익환수에 관한 법률' 시행 당시, 납부의무자가 아닌 조합원에 대하여 행한 개발부담금 부과처분은 무효이다. **(18서울7급)**

판례 개발부담금 납부의무자는 사업시행자인 주택조합이고 그 조합원들이 아니므로, 납부의무자가 아닌 조합원들에 대한 개발부담금 부과처분은 그 처분의 법적 근거가 없는 것으로서 그 하자가 중대하고도 명백하여 무효이다(95다30390). **[날먹행 131p]**

□□□□□ ★★

판 9-1. 조세에 관한 소멸시효가 완성된 후에 부과된 조세부과처분은 위법한 처분이지만 당연무효라고 볼 수는 없다. **(22소방간부)**

판례 조세채권의 소멸시효가 완성되어 부과권이 소멸된 후에 부과한 과세처분은 위법한 처분으로 그 하자가 중대하고도 명백하여 무효라 할 것이다(87누1018). **[날먹행 131p]**

□□□□□ ★★

판 9-2. 납세자가 아닌 제3자의 재산을 대상으로 한 압류처분은 그 처분의 내용이 법률상 실현될 수 없는 것이어서 당연무효이다. **(23경간,22소방)**

판례 납처분으로서 압류의 요건을 규정하는 국세징수법 제24조 각 항의 규정을 보면, 어느 경우에나 압류의 대상을 납세자의 재산에 국한하고 있으므로, **납세자가 아닌 제3자의 재산을 대상으로 한 압류처분은 그 처분의 내용이 법률상 실현될 수 없는 것이어서 당연무효이다**(2000다68924). **[날먹행 131p]**

OX 정답

7. X 8. O 9-1. X 9-2. O

□□□□□ ★★

판 10. 무권한의 행위는 원칙적으로 무효라고 할 것이므로, 5급 이상의 국가정보원 직원에 대해 임면권자인 대통령이 아닌 국가정보원장이 행한 의원면직처분은 당연무효에 해당한다. (21변시,18지방9급)

> **판례** **권한의 범위를 넘어서는 권한유월의 행위는 무권한 행위로서 원칙적으로 무효**라고 할 것이나, **행정청의 공무원에 대한 의원면직처분**은 공무원의 사직의사를 수리하는 **소극적 행정행위에 불과**하고, 당해 공무원의 사직의사를 확인하는 **확인적 행정행위의 성격**이 강하며 재량의 여지가 거의 없기 때문에 의원면직처분에서의 행정청의 **권한유월 행위를 다른 일반적인 행정행위에서의 그것과 반드시 같이 보아야 할 것은 아니다.**
> 5급 이상의 국가정보원직원에 대한 의원면직처분이 임면권자인 대통령이 아닌 국가정보원장에 의해 행해진 것으로 위법하고, 나아가 국가정보원직원의 명예퇴직원 내지 사직서 제출이 직위해제 후 1년여에 걸친 국가정보원장 측의 종용에 의한 것이었다는 사정을 감안한다 하더라도 그러한 하자가 중대한 것이라고 볼 수는 없으므로, 대통령의 내부결재가 있었는지에 관계없이 당연무효는 아니다(2005두15748). **[날먹행 131p]**

□□□□□ ★★

판 11-1. 적법한 권한 위임없이 세관출장소장에 의하여 행하여진 관세부과처분은 그 하자가 중대하기는 하지만 객관적으로 명백하다고 할 수 없어 당연무효는 아니다. (23경간,19지방·교행9급)

> **판례** 그동안 세관출장소장에게 관세부과처분에 관한 권한이 있는지 여부에 관하여 아무런 이의제기가 없었던 점 등에 비추어 보면, 세관출장소장에게 관세부과처분을 할 권한이 있다고 객관적으로 오인할 여지가 다분하다고 인정되므로 결국 적법한 권한 위임 없이 행해진 이 사건 처분은 그 하자가 중대하기는 하지만 객관적으로 명백하다고 할 수는 없어 당연무효는 아니라고 보아야 할 것이다(2003두2403). **[날먹행 131p]**

□□□□□ ★★★

판 11-2. 행정관청 내부의 사무처리규정에 불과한 전결규정에 위반하여 원래의 전결권자 아닌 보조기관 등이 처분권자인 행정관청의 이름으로 행정처분을 한 경우, 그 처분은 권한 없는 자에 의하여 행하여진 것으로 무효이다.
(23경간,22지방7급,22국회8급,21서울7급,20국가9급)

> **판례** 전결과 같은 행정권한의 내부위임은 법령상 처분권자인 행정관청이 내부적인 사무처리의 편의를 도모하기 위하여 그의 보조기관 또는 하급 행정관청으로 하여금 그의 권한을 사실상 행사하게 하는 것으로서 법률이 위임을 허용하지 않는 경우에도 인정되는 것이므로, 설사 행정관청 내부의 사무처리규정에 불과한 전결규정에 위반하여 원래의 전결권자 아닌 보조기관 등이 처분권자인 행정관청의 이름으로 행정처분을 하였다고 하더라도 그 처분이 권한 없는 자에 의하여 행하여진 무효의 처분이라고는 할 수 없다(97누1105). **[날먹행 131p]**

□□□□□ ★★

판 12-1. 구 '환경영향평가법'상 환경영향평가를 실시하여야 할 사업에 대하여 환경영향평가를 거치지 아니하였음에도 승인 등 처분을 한 경우, 그 처분은 당연무효이다. (23군무원7급,22소방,19지방9급)

> **판례** 환경영향평가를 거쳐야 할 대상사업에 대하여 환경영향평가를 거치지 아니하였음에도 불구하고 승인 등 처분이 이루어진다면, 이러한 행정처분의 하자는 법규의 중요한 부분을 위반한 중대한 것이고 객관적으로도 명백한 것이라고 하지 않을 수 없어, 이와 같은 행정처분은 당연무효이다(2005두14363). **[날먹행 132p]**

OX 정답

10. X 11-1. O 11-2. X 12-1. O

□□□□□ ★

판 12-2. '국방군사시설 사업에 관한 법률'및 구 산림법에서 보전임지를 다른 용도로 이용하기 위한 사업에 대하여 승인 등 처분을 하기 전에 미리 산림청장과 협의를 하라고 규정한 의미는 그 의견에 따라 처분을 하라는 것이므로, 이러한 협의를 거치지 아니하고서 행해진 승인처분은 당연무효이다. **(15지방7급)**

판례 국방·군사시설 사업에 관한 법률 및 구 산림법에서 보전임지를 다른 용도로 이용하기 위한 사업에 대하여 승인 등 처분을 하기 전에 미리 산림청장과 협의를 하라고 규정한 의미는 그의 자문을 구하라는 것이지 그 의견을 따라 처분을 하라는 의미는 아니라 할 것이므로, 이러한 협의를 거치지 아니하였다고 하더라도 이는 당해 승인처분을 취소할 수 있는 원인이 되는 하자 정도에 불과하고 그 승인처분이 당연무효가 되는 하자에 해당하는 것은 아니라고 봄이 상당하다(2005두14363). **[날먹행 132p]**

□□□□□ ★

판 13. 환경영향평가법령에서 요구하는 환경영향평가를 거쳤더라도 그 내용이 부실한 경우, 부실의 정도가 환경영향평가를 하지 아니한 것과 마찬가지인 정도가 아니라면 이는 취소사유에 해당한다. **(22소방,19지방·교행9급)**

판례 환경영향평가법령에서 정한 환경영향평가를 거쳐야 할 대상사업에 대하여 **그러한 환경영향평가를 거치지 아니하였음에도 승인 등 처분을 하였다면 그 처분은 위법**하다 할 것이나, 그러한 **절차를 거쳤다면**, 비록 그 환경영향평가의 **내용이 다소 부실하다** 하더라도, 그 부실의 정도가 환경영향평가제도를 둔 입법 취지를 달성할 수 없을 정도이어서 환경영향평가를 하지 아니한 것과 다를 바 없는 정도의 것이 아닌 이상, 그 부실은 당해 승인 등 처분에 재량권 일탈 · 남용의 위법이 있는지 여부를 판단하는 하나의 요소로 됨에 그칠 뿐, **그 부실로 인하여 당연히 당해 승인 등 처분이 위법하게 되는 것이 아니다**(2006두330). **[날먹행 132p]**

□□□□□ ★★

판 14. '학교보건법'에 따른 학교환경위생정화구역 내에서의 금지행위 및 해제여부에 관한 행정처분을 하면서 학교환경위생정화위원회의 심의절차를 누락한 것은 당연무효사유이다. **(23소방간부,22소방)**

판례 행정청이 구 학교보건법 소정의 상대정화구역 내에서 금지행위 및 시설의 해제 여부에 관한 행정처분을 함에 있어 학교환경위생정화위원회의 심의가 누락된 흠이 있다고 한다면 그와 같은 흠을 가리켜 위 행정처분의 효력에 아무런 영향을 주지 않는다거나 경미한 정도에 불과하다고 볼 수는 없으므로, 특별한 사정이 없는 한 이는 행정처분을 위법하게 하는 취소사유가 된다(2006두15806). **[날먹행 132p]**

□□□□□ ★★

판 15. 행정청이 사전에 교통영향평가를 거치지 아니한 채 '건축허가 전까지 교통영향평가 심의필증을 교부받을 것'을 부관으로 붙여서 한 '실시계획변경 승인 및 공사시행 변경인가처분'은 그 하자가 중대하고 객관적으로 명백하여 당연무효이다. **(21서울7급,20국가9급,19지방·교행9급)**

판례 교통영향평가는 환경영향평가와 그 취지 및 내용, 대상사업의 범위, 사전 주민의견수렴절차 생략 여부 등에 차이가 있고 그 후 교통영향평가가 교통영향분석 · 개선대책으로 대체된 점, 행정청은 교통영향평가를 배제한 것이 아니라 '건축허가 전까지 교통영향평가 심의필증을 교부받을 것'을 부관으로 하여 실시계획변경 및 공사시행변경 인가 처분을 한 점 등에 비추어, 행정청이 사전에 교통영향평가를 거치지 아니한 채 위와 같은 부관을 붙여서 한 위 처분에 중대하고 명백한 흠이 있다고 할 수 없으므로 이를 무효로 보기는 어렵다(2009두102). **[날먹행 132p]**

OX 정답

12-2. X 13. X 14. X 15. X

□□□□□ ★★★

판 16-1. 주민등록법상 최고 · 공고 절차가 생략된 주민등록말소처분은 무효이다. (22군무원9급)

판례 재외국민이 관할행정청에게 여행증명서의 무효확인서를 제출, 주민등록신고를 하여 주민등록이 되었는데, 관할 행정청이 주민등록신고시 거주용여권의 무효확인서를 첨부하지 아니하고 여행용여권의 무효확인서를 첨부하는 위법이 있었다고 하여 주민등록을 말소하는 처분을 한 경우 이 처분이 주민등록법 제17조의2에 규정한 최고, 공고의 절차를 거치지 아니하였다 하더라도 그러한 하자는 중대하고 명백한 것이라고 할 수 없어 처분의 당연무효사유에 해당하는 것이라고는 할 수 없다(94누3223). [날먹행 132p]

□□□□□ ★

판 16-2. 관할 행정청이 토지수용사업승인을 한 후 그 뜻을 토지소유자 등에게 통지하지 아니하였다는 하자는 절차상 위법으로서 이의재결의 취소를 구할 수 있는 사유가 될지언정 당연무효의 사유라고 할 수는 없다. (22경간)

판례 원지적도가 없는 상태에서 토지조서 및 물건조서를 작성하였다거나, 건설부장관이 토지수용법 제16조의 규정에 따라 토지수용사업승인을 한 후 그 뜻을 토지소유자 등에게 통지하지 아니하였다거나, 기업자가 토지소유자와 협의를 거치지 아니한 채 토지의 수용을 위한 재결을 신청하였다는 등의 하자들 역시 절차상 위법으로서 이의재결의 취소를 구할 수 있는 사유가 될지언정 당연무효의 사유라고 할 수는 없다(93누2148). [날먹행 132p]

□□□□□ ★★★

판 17. 도지사의 인사교류안 작성과 그에 따른 인사교류의 권고가 전혀 이루어지지 않은 상태에서, 관할 구역 내 A시의 시장이 인사교류로서 소속 지방 공무원인 갑에게 B시 지방공무원으로 전출을 명한 처분은 당연무효이다. (20지방·서울7급)

판례 도지사의 인사교류안 작성과 그에 따른 인사교류의 권고가 전혀 이루어지지 않은 상태에서 행하여진 관할구역 내 시장의 인사교류에 관한 처분은 지방공무원법 제30조의2 제2항의 입법 취지에 비추어 그 하자가 중대하고 객관적으로 명백하여 당연무효이다(2004두10968). [날먹행 132p]

□□□□□ ★★★

판 18. 행정절차법상 청문절차를 거쳐야 하는 처분임에도 청문절차를 결여한 처분은 무효이다. (17지방7급)

판례 행정절차법 제22조 제1항 제1호에 정한 청문제도는 행정처분의 사유에 대하여 당사자에게 변명과 유리한 자료를 제출할 기회를 부여함으로써 위법사유의 시정가능성을 고려하고 처분의 신중과 적정을 기하려는 데 그 취지가 있으므로, 행정청이 특히 침해적 행정처분을 할 때 그 처분의 근거 법령 등에서 청문을 실시하도록 규정하고 있다면, 행정절차법 등 관련 **법령상 청문을 실시하지 않아도 되는 예외적인 경우에 해당하지 않는 한 반드시 청문을 실시**하여야 하며, 그러한 절차를 결여한 처분은 위법한 처분으로서 **취소사유에 해당**한다(2005두15700). [날먹행 132p]

OX 정답

16-1. X 16-2. ○ 17. ○ 18. X

□□□□□ ★★

판 19. 과세관청이 과세예고 통지 후 과세전적부심사청구나 그에 대한 결정이 있기 전에 과세처분을 한 경우, 특별한 사정이 없는 한 그 과세처분은 절차상 하자가 중대·명백하여 당연무효이다. **(19국가7급,18국가7급)**

판례 과세관청이 과세예고 통지 후 과세전적부심사 청구나 그에 대한 결정이 있기 전에 과세처분을 한 경우, 원칙적으로 과세전적부심사 이후에 이루어져야 하는 과세처분을 그보다 앞서 함으로써 과세전적부심사 제도 자체를 형해화시킬 뿐만 아니라 과세전적부심사 결정과 과세처분 사이의 관계 및 불복절차를 불분명하게 할 우려가 있으므로, 절차상 하자가 중대·명백하여 그 과세처분은 무효라 할 것이다(2016두49228). **[날먹행 132p]**

□□□□□

이 20. 국가시험에 불합격한 자에 대한 의사면허는 의료법에 위배되는 법률상 실현불능의 행위로서 내용에 관한 흠에 해당되어 무효이다. **(08국회8급)**

- **내용상 하자**
  - **실현 불가능**: 사실상, 법률상 불가능한 경우 → **원칙적 무효임**

  예) 납세자가 아닌 제3자의 재산을 대상으로 한 압류처분(2010두4612), 의사국가시험에 불합격한 자에 대한 의사면허 등 **[날먹행 133p]**

□□□□□ ★★

판 21. 행정청이 어느 법률관계나 사실관계에 대하여 어느 법률의 규정을 적용하여 행정처분을 한 경우에 그 법률관계나 사실관계에 대하여는 그 법률의 규정을 적용할 수 없다는 법리가 명백히 밝혀져 그 해석에 다툼의 여지가 없음에도 불구하고 행정청이 위 규정을 적용하여 처분을 한 때에는 그 하자가 중대하고 명백하다고 할 것이다. **(22지방7급,22군무원7급,21소방간부,21변시,20소방,18경행)**

판례 행정청이 어느 법률관계나 사실관계에 대하여 어느 법률의 규정을 적용하여 행정처분을 한 경우에 그 법률관계나 사실관계에 대하여는 그 법률의 규정을 적용할 수 없다는 법리가 명백히 밝혀져 **그 해석에 다툼의 여지가 없음에도 불구하고 행정청이 위 규정을 적용하여 처분을 한 때에는 그 하자가 중대하고 명백**하다고 할 것이다(2011두27094). **[날먹행 133p]**

□□□□□ ★★★

판 22. 법률관계나 사실관계에 대하여 그 법률의 규정을 적용할 수 없다는 법리가 명백히 밝혀지지 아니하여 그 해석에 다툼의 여지가 있는 경우에, 행정관청이 이를 잘못 해석하여 행정처분을 하였다면 그 처분의 하자는 객관적으로 명백하다고 볼 것이나, 중대한 것은 아니므로 이를 이유로 무효를 주장할 수는 없다. **(22경간,20소방,18경행)**

판례 법률관계나 사실관계에 대하여 **그 법률의 규정을 적용할 수 없다는 법리가 명백히 밝혀지지 아니하여 그 해석에 다툼의 여지가 있는** 때에는 행정관청이 이를 잘못 해석하여 행정처분을 하였더라도 이는 그 처분 요건사실을 오인한 것에 불과하여 그 **하자가 명백하다고 할 수 없다**(2011두27094). **[날먹행 133p]**

OX 정답

19. O 20. O 21. O 22. X

□□□□□ ★★

판 23-1. 헌법불합치결정을 받은 법령에 근거하여 부담금을 부과징수하는 침익적 처분을 하는 경우, 그 법령과 관련한 어떠한 추가적 개선입법이 없더라도 행정청이 사법적 판단에 따라 위헌이라고 판명된 내용과 동일한 취지로 부담금부과처분을 하여서는 안된다는 점은 분명하고, 이는 법질서의 통일성과 일관성을 확보하려는 법치주의의 당연한 귀결이며, 행정청이 위 부담금부과처분을 하지 않는 데에 어떠한 법률상 장애가 있다고 볼 수도 없으므로 위 부담금부과처분은 당연무효이다. **(21소방간부,21변시)**

□□□□□ ★★

판 23-2. 법령의 규정만으로 처분 요건의 의미가 분명하지 아니한 경우에 법원이나 헌법재판소의 분명한 판단이 있음에도 합리적 근거가 없이 사법적 판단과 어긋나게 행정처분을 한 경우에 명백한 하자가 있다고 봄이 타당한다. **(22군무원9급)**

판례 법령 규정의 문언만으로는 처분 요건의 의미가 분명하지 아니하여 **그 해석에 다툼의 여지가 있었더라도** 해당 법령 규정의 위헌 여부 및 그 범위, 법령이 정한 처분 요건의 구체적 의미 등에 관하여 **법원이나 헌법재판소의 분명한 판단이 있고, 행정청이 그러한 판단 내용에 따라 법령 규정을 해석·적용하는 데에 아무런 법률상 장애가 없는데도 합리적 근거 없이 사법적 판단과 어긋나게 행정처분**을 하였다면 그 **하자는 객관적으로 명백하다**고 봄이 타당하다(2017두30122). **[날먹행 133p]**

□□□□□ ★★

판 24. 토지거래허가지역 내의 토지거래계약은 허가가 있기 전에는 효력이 발생하지 않은 상태에 있다가 허가가 있으면 토지거래계약은 소급하여 유효하게 된다. **(20국회8급)**

판례 토지거래허가지역 내의 토지에 관하여 소유권 등 권리를 이전 또는 설정하는 내용의 거래계약을 체결한 경우, 그 거래계약이 처음부터 허가를 배제하거나 잠탈하는 내용의 계약으로서 확정적으로 무효인 경우를 제외하고는 허가를 받을 때까지는 법률상 미완성의 법률행위로서 유동적 무효 상태에 있다가 일단 허가를 받으면 그 계약은 소급하여 유효한 계약이 되고 이와 달리 불허가가 된 때에는 무효로 확정된다(97다41318,41325). **[날먹행 133p]**

□□□□□ ★★

판 25. 후행 도시계획의 결정을 하는 행정청이 선행 도시계획의 결정·변경 등에 관한 권한이 없는 경우에 선행 도시계획과 서로 양립할 수 없는 내용이 포함된 후행 도시계획결정을 하는 것은 취소사유에 해당한다. **(21국가9급,17서울7급,17국회8급)**

판례 도시계획의 결정·변경 등에 관한 권한을 가진 행정청은 이미 도시계획이 결정·고시된 지역에 대하여도 다른 내용의 도시계획을 결정·고시할 수 있고, 이 때에 후행 도시계획에 선행 도시계획과 서로 양립할 수 없는 내용이 포함되어 있다면, 특별한 사정이 없는 한 선행 도시계획은 후행 도시계획과 같은 내용으로 변경되는 것이나, 후행 도시계획의 결정을 하는 행정청이 선행 도시계획의 결정·변경 등에 관한 권한을 가지고 있지 아니한 경우에 선행 도시계획과 서로 양립할 수 없는 내용이 포함된 후행 도시계획결정을 하는 것은 아무런 권한 없이 선행 도시계획결정을 폐지하고, 양립할 수 없는 새로운 내용이 포함된 후행 도시계획결정을 하는 것으로서, 선행 도시계획결정의 폐지 부분은 권한 없는 자에 의하여 행해진 것으로서 무효이고, 같은 대상지역에 대하여 선행 도시계획결정이 적법하게 폐지되지 아니한 상태에서 그 위에 다시 한 후행 도시계획결정 역시 위법하고, 그 하자는 중대하고도 명백하여 다른 특별한 사정이 없는 한 무효라고 보아야 한다 (99두11257). **[날먹행 133p]**

OX 정답

23-1. O 23-2. O 24. O 25. X

□□□□□ ★★

판 26. 법령상 문서에 의하도록 한 행정행위를 문서에 의해 하지 아니한 때, 그 처분은 하자가 중대하고 명백하여 원칙적으로 무효이다. (23소방간부)

> **판례** **행정절차법 제24조는, 행정청이 처분을 하는 때에는 다른 법령 등에 특별한 규정이 있는 경우를 제외하고는 문서로 하여야 하고** 전자문서로 하는 경우에는 당사자 등의 동의가 있어야 하며, 다만 신속을 요하거나 사안이 경미한 경우에는 구술 기타 방법으로 할 수 있다고 규정하고 있는데, 이는 행정의 공정성·투명성 및 신뢰성을 확보하고 국민의 권익을 보호하기 위한 것이므로 **위 규정을 위반하여 행하여진 행정청의 처분은 하자가 중대하고 명백하여 원칙적으로 무효**이다(2011도11109). [날먹행 134p]

□□□□□ ★★

판 27. 건물소유자에게 소방시설 불량사항을 시정·보완하라는 명령은 구두로 고지한 것은 행정절차법에 위반한 것으로 하자가 중대·명백하여 당연무효이다. (23소방간부,19국가9급)

> **판례** 집합건물 중 일부 구분건물의 소유자인 피고인이 관할 소방서장으로부터 소방시설 불량사항에 관한 시정보완명령을 받고도 따르지 아니하였다는 내용으로 기소된 사안에서, **담당 소방공무원이 행정처분인 위 명령을 구술로 고지한 것은 행정절차법 제24조를 위반한 것으로 하자가 중대하고 명백하여 당연 무효**이다(2011도11109). [날먹행 134p]

2. 하자의 치유

□□□□□

이 1. 행정행위의 하자가 치유되면 당해 행정행위는 처분 당시부터 하자가 없는 적법한 행정행위로 효력을 발생한다. (19서울7급,16국가9급)

> • **하자의 치유**: 성립당시에 하자가 있는 행정행위가 이후 그 하자가 취소를 요하지 않을 정도로 경미해진 경우, **처음부터 적법한 행정행위**로 보는 것(소급효). [날먹행 134p]

□□□□□ ★★★

이 2-1. 하자의 치유는 취소할 수 있는 행정행위에 대하여서만 인정된다. (19서울7급)

□□□□□ ★★★

이 2-2. 행정행위의 내용상의 하자는 치유의 대상이 될 수 있으나, 형식이나 절차상의 하자에 대해서는 치유가 인정되지 않는다. (19서울7급,16국가9급)

> • **하자의 치유의 인정범위**
> - 무효인 행위는 하자 치유 X / 취소할 수 있는 행정행위에만 인정
> - **취소**할 수 있는 행정행위 중 내용상 하자는 치유 X / 형식 · 절차**에 관한 하자는 하자의** 치유 인정됨. [날먹행 134p]

OX 정답

26. ○ 27. ○ **2** 1. ○ 2-1. ○ 2-2. X

□□□□□ ★★

판 2-3. 형식상 하자로 인하여 무효인 행정처분이 있은 후 행정청이 관계 법령에서 정한 형식을 갖추어 다시 동일한 행정처분을 하였다면, 당해 행정처분은 종전의 무효인 행정처분과 관계 없는 새로운 행정처분이라고 볼 수는 없다. (23경간,19국회8급)

판례 절차상 또는 형식상 하자로 인하여 **무효인 행정처분이 있은 후 행정청이 관계 법령에서 정한 절차 또는 형식을 갖추어 다시 동일한 행정처분**을 하였다면 **당해 행정처분은 종전의 무효인 행정처분과 관계없이 새로운 행정처분**이라고 보아야 한다(2012두1006). [날먹행 134p]

□□□□□ ★★★

판 3. 법치주의 원칙을 강조할 경우 행정행위의 하자의 치유는 원칙적으로 허용될 수 없지만 예외적으로 행정의 무용한 반복을 피하고 당사자의 법적 안정성을 위해 허용될 수 있다. (20소방9급,19서울7급,18서울7급)

- **하자의 치유의 실체적 한계**

원칙적으로 하자의 치유는 허용되지 않으나, 예외적으로 행정행위의 무용한 반복을 피하고 당사자의 법적 안정성을 위해 **국민의 권리와 이익을 침해하지 않는 범위 내에서** 허용됨(99두11592). [날먹행 134p]

□□□□□ ★★★

판 4. 행정처분의 이유제시가 아예 결여되어 있는 경우에 이를 사후적으로 추완하거나 보완하는 것은 늦어도 당해 행정처분에 대한 쟁송이 제기되기 전에는 행해져야 위법성이 치유될 수 있다. (23변시,22국가9급,18지방9급)

- **하자의 치유의 시간적 한계**

판례는 불복 여부의 결정 및 불복신청에 편의를 줄 수 있는 상당한 기간 내에 해야 한다고 판시하여, **행정쟁송제기 이전**에 치유가 가능하다고 봄(83누393)(쟁송제기전설). [날먹행 134p]

□□□□□ ★★★

판 5. 세액산출근거가 누락된 납세고지서에 의한 과세처분에 대하여 상고심 계류 중 세액산출 근거의 통지가 행하여지면 당해 과세처분의 하자는 치유된다. (17국가7급 등)

판례 세액산출근거가 누락된 납세고지서에 의한 과세처분의 하자의 치유를 허용하려면 **늦어도 과세처분에 대한 불복 여부의 결정 및 불복신청에 편의를 줄 수 있는 상당한 기간내에 하여야 한다**고 할 것이므로 위 과세처분에 대한 전심절차가 모두 끝나고 **상고심의 계류중에 세액산출근거의 통지가 있었다고 하여 이로써 위 과세처분의 하자가 치유되었다고는 볼 수 없다**(83누393). [날먹행 134p]

OX 정답

2-3. X 3. ○ 4. ○ 5. X

□□□□□ ★★★

판 6. 행정청이 청문서 도달기간을 다소 어겼다 하더라도 영업자가 이에 대하여 이의하지 아니한 채 스스로 청문일에 출석하여 그 의견을 진술하고 변명하는 등 방어의 기회를 충분히 가졌다면 청문서 도달기간을 준수하지 아니한 하자는 치유된다. **(23경간,22지방7급,21국회8급,20국가9급)**

판례 **행정청이 청문서 도달기간을 다소 어겼다하더라도** 영업자가 이에 대하여 **이의하지 아니한 채 스스로 청문일에 출석하여 그 의견을 진술하고 변명하는 등 방어의 기회를 충분히 가졌다**면 청문서 도달기간을 준수하지 아니한 **하자는 치유되었다고 봄**이 상당하다(92누2844). [날먹행 135p]

□□□□□ ★★

판 7. 부과처분에 앞서 보낸 과세예고통지서에 납세고지서의 필요적 기재사항이 제대로 기재되어 있었더라도, 납세고지서에 그 기재사항의 일부가 누락되었다면 이유제시의 하자는 치유의 대상이 될 수 없다. **(23군무원7급)**

판례 납세고지서에 관한 법령 규정들은 강행규정으로서 이들 법령이 요구하는 기재사항 중 일부를 누락시킨 하자가 있는 경우 이로써 그 부과처분은 위법하게 되지만, 이러한 **납세고지서 작성과 관련한 하자**는 그 고지서가 납세의 무자에게 송달된 이상 **과세처분의 본질적 요소를 이루는 것은 아니**어서 과세처분의 **취소사유**가 됨은 별론으로 하고 당연무효의 사유로는 되지 아니하고, **과세관청이 과세처분에 앞서 납세의무자에게 보낸 과세예고통지서 등에 의하여 납세의무자가 그 처분에 대한 불복 여부의 결정 및 불복신청에 전혀 지장을 받지 않았음이 명백하다면 하자가 치유된다고 보아야 한다**(96누12634). [날먹행 135p]

□□□□□ ★

판 8. 인근주민의 동의를 받아야 하는 요건을 결여하였다는 이유로 경원관계에 있는 자가 제기한 허가처분의 취소소송에서, 허가 처분을 받은 자가 사후 동의를 받은 경우에 하자의 치유를 인정하는 것은 원고에게 불이익하게 되므로 이를 허용할 수 없다. **(14지방7급)**

판례
- 충전소설치예정지로부터 100m 내에 있는 **건물주의 동의를 모두 얻지 아니하였음에도 불구하고 이를 갖춘 양 허가신청을 하여 그 허가를 받아낸 것**으로서, **처분의 하자가 당사자의 사실은폐 내지 사위의 방법에 의한 신청행위에 기인**한 것이라 할 것이어서 그 처분에 의한 이익이 위법하게 취득되었음을 알아 그 취소가능성도 능히 예상하고 있었다고 보아야 할 것이므로 수익적 행정행위인 액화석유가스충전사업허가처분의 **취소에 위법이 없다.**
- 허가 처분 후 건물주 동의를 받았더라도, 원고의 적법한 허가신청이 참가인들의 신청과 경합되어 있어 이 사건 처분의 치유를 허용한다면 원고에게 불이익하게 되므로 이를 허용할 수 없다고 판시하였다(91누13274).
→ **경원자관계에서 하자치유는 상대방의 불이익이 되어 불허됨.** [날먹행 135p]

□□□□□ ★★

판 9. 재건축주택조합설립인가처분 당시 동의율을 충족하지 못한 하자는 후에 추가동의서가 제출되었다는 사정만으로 치유될 수 없다. **(23국가9급,23국회8급,20소방,18서울7급)**

판례 **재건축정비사업조합 설립인가처분 당시 동의율을 충족하지 못한 하자**는 후에 **추가동의서가 제출되었다는 사정**만으로 **치유될 수 없다**고 판단하였다(2011두27544). [날먹행 135p]

OX 정답

6. ○ 7. X 8. ○ 9. ○

□□□□□ ★★

판 10. 징계처분이 중대하고 명백한 하자 때문에 당연무효의 것이라면 징계처분을 받은 자가 이를 용인하였다 하여 그 하자가 치유되는 것은 아니다. (19지방·교행9급,17교행9급)

> **판례** 징계처분이 중대하고 명백한 흠 때문에 당연무효의 것이라면 징계처분을 받은 자가 이를 용인하였다 하여 그 흠이 치료되는 것은 아니다(88누8869).
> [날먹행 135p]

□□□□□ ★★

판 11. 납세의무자가 부과된 세금을 자진납부하였다고 하더라도 세액산출근거 등의 기재사항이 누락된 납세고지서에 의한 과세처분의 하자는 치유되지 않는다. (21지방·서울9급,21소방간부,17국가7급)

> **판례** **세액산출근거가 기재되지 아니한 납세고지서에 의한 부과처분**은 강행법규에 위반하여 **취소대상**이 된다 할 것이므로 이와 같은 하자는 납세의무자가 **전심절차에서 이를 주장하지 아니하였거나**, 그 후 부과된 세금을 **자진납부**하였다거나, 또는 조세채권의 소멸시효기간이 만료되었다 하여 치유되는 것이라고는 할 수 없다(84누431).
> [날먹행 135p]

3. 하자의 전환

□□□□□ ★

이 1. 하자 있는 행정행위의 전환은 취소할 수 있는 행정행위에만 인정되고, 하자의 치유는 무효인 행정행위에도 인정된다. (13국회9급)

> • **하자의 전환**
> - **하자있는 행정행위가 무효**이나, **다른 행정행위의 요건이 충족**되는 경우, 이를 **다른 행정행위로 간주**하는 것을 의미.
> - **무효인 행정행위에 대해서만 인정**되고, 국민의 권리와 이익을 침해하지 않는 범위 내에서 예외적으로 인정 [날먹행 135p]

□□□□□

이 2-1. 하자의 전환은 처분청의 의사에 반하지 않아야 한다. (09국회8급)

□□□□□

이 2-2. 전환이 관계자에게 불이익하지 않아야 한다. (09국회8급)

OX 정답

10. ○ 11. ○ 3 1. X 2-1. ○ 2-2. ○

□□□□□

이 2-3. 전환 전의 행위와 전환 후의 행위는 목적 · 효과에 있어서 실질적 공통성이 있어야 한다. (09국회8급)

- **하자의 전환의 요건**
  ① 전환 전과 후의 행위가 **요건 · 목적 · 효과 등에서 실질적 공통성**이 있어야 함.
  ② 하자 있는 행정행위가 **전환되는 행정행위의 성립 · 효력 요건**을 갖추고 있어야 함.
  ③ **행정청의 의사에 반하지 않아야** 함
  ④ **당사자가 그 전환을 의욕**하는 것으로 인정되어야 함
  ⑤ 전환이 **상대방 및 제3자의 이익을 침해하지 않아야** 함. [날먹행 135p]

□□□□□ ★

판 3-1. 귀속재산을 불하받은 자가 사망한 후에 불하처분 취소처분을 수불하자의 상속인에게 송달한 때에는 그 상속인에 대하여 다시 그 불하처분을 취소한다는 새로운 행정처분을 한 것으로 본다. (18서울7급)

판례 귀속재산을 불하받은 자가 사망한 후에 그 수불하자에 대하여 한 그 불하처분은 사망자에 대한 행정처분이므로 무효이지만 그 취소처분을 수불하자의 상속인에게 송달한 때에는 그 송달시에 그 상속인에 대하여 다시 그 불하처분을 취소한다는 새로운 행정처분을 한 것이라고 할 것이다(68누190). [날먹행 135p]

□□□□□

이 3-2. 전환에 의하여 형성되는 새로운 행정행위의 효력발생을 소급적으로 보아도 무방하다. (09관세사)

- **하자의 전환 효과**
  1. 전환된 행정행위는 새로운 행정행위이므로, 별개의 처분성이 인정됨.
  2. 종전 행정행위의 발령 당시로 소급하여 효력이 발생함. [날먹행 135p]

4. 하자의 승계

□□□□□ ★★

이 1-1. 하자의 승계가 인정되기 위해서는 선행행위와 후행행위가 모두 항고소송의 대상이 되는 처분이어야 한다. (16교행9급 등)

□□□□□ ★★

이 1-2. 하자의 승계는 통상 선행행위에 존재하는 취소사유에 해당하는 하자를 이유로 후행행위를 다투는 경우에 문제된다. (17경행,16사복9급 등)

OX 정답

2-3. ○ 3-1. ○ 3-2. ○ **4** 1-1. ○ 1-2. ○

□□□□□ ★★

이 1-3. 하자의 승계가 인정되기 위해서는 선행행위와 후행행위에 모두 불가쟁력이 발생한 경우이어야 한다. (16교행9급,16사복9급)

- **하자의 승계**: 위법한 선행행위에 불가쟁력이 생겨 다툴수 없을 때, **선행행위의 위법을 이유로 후행행위의 위법을 주장할 수 있는 지** 문제임. 후행행위의 하자를 이유로 선행행위를 다투는 것 인정X
- **하자의 승계 논의의 전제**
  ① 선행행위, 후행행위 **모두 행정처분**일 것
  ② 선행행위의 위법사유는 무효 아닌 취소사유일 것
  ③ **후행행위는 적법**해야
  ④ **선행행위**에는 제소기간 경과 등 **불가쟁력이 발생**하여 더이상 다툴 수 없게 된 경우일 것 [날먹행 136p]

□□□□□ ★★★

판 2. 적법한 건축물에 대한 철거명령은 그 하자가 중대하고 명백하여 당연무효이고 그 후행행위인 건축물철거 대집행계고처분 역시 당연무효이다. (23국가9급,22서울7급,22국회8급,20지방7급,19서울7급,19소방)

판례 적법한 건축물에 대한 철거명령은 그 하자가 중대하고 명백하여 당연무효라고 할 것이고, **그 후행행위인 건축물 철거 대집행계고처분 역시 당연무효**라고 할 것이다(97누6780). [날먹행 136p]

□□□□□ ★★★

판 3-1. 도시계획시설사업시행자지정처분이 처분요건을 충족하지 못하여 당연무효인 경우, 도시계획시설사업의 시행자가 작성한 실시계획을 인가하는 처분도 무효이다. (23국회8급,22국가9급,22소방)

□□□□□ ★★★

판 3-2. 선행처분과 후행처분이 서로 독립하여 별개의 법률효과를 목적으로 하는 때에도 선행처분이 당연무효이면 선행처분의 하자를 이유로 후행처분의 효력을 다툴 수 있다. (23지방9급,23군무원7급,20지방·서울7급)

판례 **선행처분과 후행처분이 서로 독립하여 별개의 법률효과를 목적**으로 하는 때에도 **선행처분이 당연무효이면 선행처분의 하자를 이유로 후행처분의 효력을 다툴 수 있다.** 도시계획시설사업의 시행자가 작성한 실시계획을 인가하는 처분은 도시계획시설사업 시행자에게 도시계획시설사업의 공사를 허가하고 수용권을 부여하는 처분으로서 **선행처분인 도시계획시설사업 시행자 지정 처분이 처분 요건을 충족하지 못하여 당연무효인 경우에는 사업시행자 지정 처분이 유효함을 전제로 이루어진 후행처분인 실시계획 인가처분도 무효라고 보아야 한다**(2016두35120). [날먹행 136p]

□□□□□ ★★

판 4. 계고처분의 후속절차인 대집행에 위법이 있다고 하더라도, 그와 같은 후속절차에 위법성이 있다는 점을 들어 선행절차인 계고처분이 부적법하다는 사유로 삼을 수는 없다. (21지방9급,21소방,20국가9급 등)

판례 계고처분의 후속절차인 대집행에 위법이 있다고 하더라도, 그와 같은 후속절차에 위법성이 있다는 점을 들어 선행절차인 계고처분이 부적법하다는 사유로 삼을 수는 없다. (96누15428) [날먹행 136p]

OX 정답

1-3. X 2. O 3-1. O 3-2. O 4. O

□□□□□★★

이 5. 선행행위에 대하여 불가쟁력이 발생하지 않았거나 선행행위와 후행행위가 서로 독립하여 각각 별개의 법률효과를 목적으로 하는 때에는 원칙적으로 선행행위의 하자를 이유로 후행행위의 효력을 다툴 수 없다. (17지방9급)

> • **하자의 승계 인정범위에 대한 판례의 태도**
> - 하자승계론(통설, 전통적견해): **선행행위와 후행행위가 결합하여 하나의 법률효과의 발생**을 목적으로 하는 경우에는 하자승계 긍정, **별개의 법률효과의 발생을 목적으로 하는 경우 부정**
> - 판례: **통설에 따라** 선후의 행위가 결합하여 하나의 법률효과를 발생시키는지에 따라 승계여부를 판단하나, **예외적으로 별개의 법률효과를 목적으로 하는 경우에도 예측가능성과 수인한도를 고려하여 승계를 긍정한 바 있음.**
>
> [날먹행 136p]

□□□□□

이 6-1 선행행위와 후행행위의 목적 및 법효과가 동일한 경우에 선행행위의 구속력은 인정된다. (15국가7급)

□□□□□

이 6-2. 선행행위의 상대방과 후행행위의 상대방이 일치하는 경우에 선행행위의 구속력은 인정된다. (15국가7급)

□□□□□

이 6-3. 규준력이론에 의하면, 선행행위의 사실적 · 법적 상태가 유지되는 한도에서 선행행위의 구속력은 인정된다. (15국가7급)

□□□□□

이 6-4. 선행행위의 구속력의 법적 결과를 예측할 수 없거나 수인이 불가능한 경우에 선행행위의 구속력은 인정된다. (15국가7급)

> • **규준력이론: 하자의 승계를 구속력의 문제로 파악**하여,
> ① 선행행위와 후행행위가 목적, 법적 효과에 있어서 일치하고 **(객관적 한계)**,
> ② 각 행위의 수범자가 일치하고 **(주관적한계)**
> ③ 선행행위의 사실 및 법상태가 유지되고 **(시간적한계)**,
> ④ 구속력의 법적 결과를 예측할 수 있고, 선행행위의 후행행위에 대한 구속력을 인정하는 것이 수인가능해야 함. **(추가적 한계)**
> → **위 한계 내에서 구속력을 갖게 되면 후행행위에서 선행행위의 효과의 위법을 주장할 수 없게 됨 (하자승계 부정), 즉 한계를 넘는 경우, 구속력이 차단되어 승계가 인정됨.** [날먹행 136p]

□□□□□★★

판 7. 행정대집행법상 선행처분인 계고처분의 하자는 대집행영장발부통보처분에 승계된다. (22국회9급,21행정사,20국가9급,20국회9급,18국가9급)

> **판례** **대집행의 계고, 대집행영장에 의한 통지, 대집행의 실행, 대집행에 요한 비용의 납부명령** 등은 타인이 대신하여 행할 수 있는 행정의무의 이행을 의무자의 비용부담하에 확보하고자 하는, **동일한 행정목적을 달성하기 위하여 단계적인 일련의 절차로 연속하여 행하여지는 것**으로서, **서로 결합하여 하나의 법률효과를 발생**시키는 것이므로, 선행처분인 계고처분이 하자가 있는 위법한 처분이라면, 후행처분인 대집행영장발부통보처분의 취소를 청구하는 소송에서 청구원인으로 선행처분인 계고처분이 위법한 것이기 때문에 그 계고처분을 전제로 행하여진 대집행영장발부통보처분도 위법한 것이라는 주장을 할 수 있다고 보아야 할 것이다(95누12507). [날먹행 137p]

OX 정답

5. O 6-1. O 6-2. O 6-3. O 6-4. X 7. O

□□□□□ ★★

판 8. 판례가 인정한 하자승계의 예로는 독촉과 압류, 계고처분과 대집행의 비용납부명령, 귀속재산임대처분과 매각처분 등이 있다. (23소방간부,22군무원7급)

- **하자의 승계 긍정 판례**
  ㉠ **행정대집행의 계고 → 통지 → 대집행실행 → 비용납부명령의 각 행위 사이**
  ㉡ **조세독촉 → 압류 → 매각 → 청산의 각 행위 사이**
  ㉢ 납부독촉 → 가산금 및 중가산금의 징수처분(86누147) (22국회9급)
  ㉣ 안경사국가시험 합격무효처분 → 안경사면허취소처분(92누4567)
  ㉤ 한지의사시험자격인정 → 한지의사면허처분(75누123)
  ㉥ 귀속재산의 임대처분 → 매각처분(62누215)
  ㉦ 암매장분묘개장명령 → 계고처분(4293행상31)
  ㉧ 기준시가고지처분 → 토지수용처분(90누5603)

[날먹행 137p]

□□□□□ ★★

판 9. 안경사시험합격취소처분과 안경사면허취소처분 사이에 하자가 승계된다. (17서울9급)

판례 국립보건원장이 같은 법 제7조 제2항에 의하여 안경사 국가시험의 합격을 무효로 하는 처분을 함에 따라 보건사회부장관이 안경사면허를 취소하는 처분을 한 경우 **합격무효처분과 면허취소처분은 동일한 행정목적을 달성하기 위하여 단계적인 일련의 절차로 연속하여 행하여지는 행정처분**으로서, 안경사 국가시험에 합격한 자에게 주었던 안경사면허를 박탈한다는 하나의 법률효과를 발생시키기 위하여 서로 결합된 선행처분과 후행처분의 관계에 있다(92누4567).

[날먹행 137p]

□□□□□

판 10. 한지의사시험자격인정과 한지의사면허처분 사이에 하자 승계가 인정된다. (18서울7급)

판례 **한지의사 자격시험에 응시하기 위한 응시자격인정**의 결정을 사위의 방법으로 받은 이상 이에 터잡아 취득한 한지의사면허처분도 면허를 취득할 수 없는 사람이 취득한 하자있는 처분이 된다 할 것이므로 보건사회부장관이 그와 같은 하자있는 처분임을 이유로 원고가 취득한 **한지의사 면허를 취소하는 처분**을 하였음은 적법하다(75누123).

[날먹행 137p]

□□□□□ ★★★

판 11. '국토의 계획 및 이용에 관한 법률'상 도시 · 군계획시설결정과 실시계획인가는 동일한 법률효과를 목적으로 하는 것이므로 선행처분인 도시 · 군계획시설결정의 하자는 실시계획인가에 승계된다. (20지방7급,18국가9급)

판례 도시·군계획시설결정과 실시계획인가는 도시·군계획시설사업을 위하여 이루어지는 단계적 행정절차에서 **별도의 요건과 절차에 따라 별개의 법률효과를 발생시키는 독립적인 행정처분**이다. 따라서 **선행처분인 도시·군계획시설결정**에 하자가 있더라도 그것이 당연무효가 아닌 한 원칙적으로 **후행처분인 실시계획인가**에 **승계되지 않는다**(2016두49938).

[날먹행 137p]

OX 정답

8. ○ 9. ○ 10. ○ 11. X

□□□□□ ★★

판 12. 사업시행계획과 관리처분계획은 서로 독립하여 별개의 법적 효과를 발생시키는 것으로서 사업시행계획의 수립에 관한 취소사유인 하자가 관리처분계획에 승계되지 아니한다. (18국가9급,18서울9급)

> 판례 **사업시행계획과 관리처분계획은 서로 독립하여 별개의 법적 효과를 발생**시키는 것으로서 이 사건 사업시행계획의 수립에 관한 취소사유인 하자가 이 사건 관리처분계획에 **승계되지 아니하므로**, 위 취소사유를 들어 이 사건 관리처분계획의 적법 여부를 다툴 수는 없다(2010두13463). [날먹행 137p]

□□□□□ ★★

판 13. 선행 사업인정과 후행 수용재결 사이에는 하자가 승계된다. (21경행,21변시)

> 판례 사업인정처분 자체의 위법은 사업인정단계에서 다투어야 하고 이미 그 쟁송기간이 도과한 수용재결단계에서는 사업인정처분이 당연무효라고 볼 만한 특단의 사정이 없는 한 그 위법을 이유로 재결의 취소를 구할 수는 없다(91누4324). [날먹행 137p]

□□□□□ ★★★

판 14. 구 병역법상 보충역편입처분과 공익근무요원소집처분 사이에 하자 승계가 인정된다. (22국가9급,22서울7급,22군무원7급,21소방,20군무원9급)

> 판례 공익근무요원소집처분은 보충역편입처분을 받은 공익근무요원소집대상자에게 기초적 군사훈련과 구체적인 복무기관 및 복무분야를 정한 공익근무요원으로서의 복무를 명하는 구체적인 행정처분이므로, 위 두 처분은 후자의 처분이 전자의 처분을 전제로 하는 것이기는 하나 각각 단계적으로 별개의 법률효과를 발생하는 독립된 행정처분이라고 할 것이다(2001두5422). [날먹행 137p]

□□□□□ ★★

판 15. 직위해제처분과 면직처분 사이에 하자 승계가 인정된다. (22국가9급,21소방간부,17국가7급,17서울9급 등)

> 판례 구 경찰공무원법 제50조 제1항에 의한 직위해제처분과 같은 제3항에 의한 면직처분은 후자가 전자의 처분을 전제로 한 것이기는 하나 각각 단계적으로 별개의 법률효과를 발생하는 행정처분이어서 선행직위 해제처분의 위법사유가 면직처분에는 승계되지 아니한다 할 것이므로 선행된 직위해제 처분의 위법사유를 들어 면직처분의 효력을 다툴 수는 없다(84누191). [날먹행 137p]

□□□□□ ★★

판 16. 건물철거명령과 대집행계고처분 사이에 하자가 인정된다. (22국가9급,17서울9급)

> 판례 건물철거명령에 대한 소원이나 소송을 제기하여 그 위법함을 소구하는 절차를 거치지 아니하였다면 위 선행행위인 건물철거명령은 적법한 것으로 확정되었다고 할 것이니 후행 행위인 대집행계고처분에서는 동 건물이 무허가건물이 아닌 적법한 건축물이라는 주장이나 그러한 사실인정을 하지 못한다(81누293). [날먹행 137p]

OX 정답

12. ○ 13. X 14. X 15. X 16. X

☐☐☐☐☐ ★★

판 17. 과세처분과 체납처분 사이에 하자가 승계된다. (22국회8급,17서울9급)

☐☐☐☐☐ ★★

판 18-1. 표준지공시지가결정과 과세처분 사이에 하자 승계가 인정된다. (17서울9급)

☐☐☐☐☐

판 18-2. 표준지공시지가결정과 개별공시지가결정 사이에 하자 승계가 인정된다. (14서울9급)

☐☐☐☐☐ ★

판 18-3. 도시계획시설사업에 관한 실시계획의 인가처분이 그 하자가 중대명백하여 당연무효이면, 인가처분에 기초한 수용재결도 무효이다. (21변시)

☐☐☐☐☐ ★★

판 18-4. 과세관청의 선행처분인 소득금액변동통지에 하자가 존재하더라도 당연무효사유에 해당하지 않는 한 후행처분인 징수처분에 대한 항고소송에서 그 하자를 다툴 수 없다. (23지방9급,22지방7급)

☐☐☐☐☐ ★★

판 18-5. 도시관리계획결정의 하자는 후행처분인 실시계획인가처분에 승계되지 않는다. (23변시)

- **하자의 승계 부정 판례**
  - ㉠ 도시 · 군계획시설결정 ↛ 실시계획인가(2016두49938)
  - ㉡ 주택재건축사업시행계획 ↛ 관리처분계획(2010두13463)
  - ㉢ 사업인정 ↛ 수용재결(91누4324)
  - ㉣ 보충역편입처분 ↛ 공익근무요원소집처분(2001두5422)
  - ㉤ 공무원직위해제처분 ↛ 직권면직처분(84누191)
  - ㉥ **건물철거명령 ↛ 대집행계고처분**(81누293)
  - ㉦ **조세부과처분 ↛ 압류 등의 체납처분**(87누383)
  - ㉧ 소득금액변동통지 ↛ 징수처분(2009두14439)
  - ㉨ 표준지공시지가 ↛ 조세부과처분(96누10225)
  - ㉩ 표준지공시지가결정 ↛ 개별공시지가결정(95누11931)
  - ㉪ 당초과세처분 ↛ 증액경정처분(2007두16493)
  - ㉫ 택지개발계획승인처분 ↛ 수용재결 · 이의재결(95누132410)
  - ㉬ 택지개발예정지구지정 ↛ 택지개발계획승인(95누8409)
  - ㉭ 액화석유가스 판매사업허가처분 ↛ 사업개시신고 반려처분
  - ⓐ 수강거부처분 ↛ 수료처분
  - ⓑ 농지전용금부담금부과처분 ↛ 압류처분(2002헌바73)
  - ⓒ 변상판정 ↛ 변상명령
  - ⓓ 개별공시지가결정 후 재조사를 청구하고 조정결정을 통지받았음에도 **다투지 않은 경우**, 개별공시지가결정 ↛ 과세처분(96누6059)

[날먹행 137p]

OX 정답

17. X 18-1. X 18-2. X 18-3. ○ 18-4. ○ 18-5. ○

□□□□□ ★★

판 19. 개별공시지가결정에 대한 재조사청구에 따른 감액조정에 대하여 더 이상 불복하지 아니한 경우에는 선행처분의 불가쟁력이나 구속력이 수인한도를 넘는 가혹한 것이거나 예측불가능하다고 볼 수 없어 이를 기초로 한 양도소득세 부과처분 취소소송에서 다시 개별공시지가결정의 위법을 당해 과세처분의 위법사유로 주장할 수 없다. **(17국가9급)**

판례 개별토지가격 결정에 대한 재조사 청구에 따른 감액조정에 대하여 더 이상 불복하지 아니한 경우, 이를 기초로 한 양도소득세 부과처분 취소소송에서 다시 개별토지가격 결정의 위법을 당해 과세처분의 위법사유로 주장할 수 없다(96누6059). **[날먹행 137p]**

□□□□□ ★★★

판 20. 당사자의 수인한도를 넘는 불이익이 강요되는 경우에는 개별공시지가결정의 위법을 양도소득세부과처분의 위법사유로 주장할 수 있다는 것이 판례의 입장이다. **(23국가9급,22군무원7급,21국가9급,18서울9급,17지방9급)**

- **독립하여 별개의 법률효과를 목적으로 하더라도 예측가능성과 수인한도의 법리를 고려하여 예외적으로 하자의 승계**를 긍정한 경우
  - ㉠ **개별공시지가결정 → 과세처분**
  - ㉡ **표준공시지가결정 → 수용재결**
  - ㉢ **친일반민족행위자결정 → 독립유공자배제결정**

판례 위법한 개별공시지가결정에 대하여 그 정해진 시정절차를 통하여 시정하도록 요구하지 아니하였다는 이유로 위법한 개별공시지가를 기초로 한 과세처분 등 후행 행정처분에서 개별공시지가결정의 위법을 주장할 수 없도록 하는 것은 **수인한도를 넘는 불이익을 강요하는 것으로서 국민의 재산권과 재판받을 권리를 보장한 헌법의 이념에도 부합하는 것이 아니라고 할 것**이므로, 개별공시지가결정에 위법이 있는 경우에는 **그 자체를 행정소송의 대상이 되는** 행정처분으로 보아 그 위법 여부를 다툴 수 있음은 **물론 이를 기초로 한** 과세처분 등 행정처분의 취소를 구하는 행정소송에서도 선행처분인 개별공시지가결정의 위법을 독립된 위법사유로 주장할 수 있다(93누8542). **[날먹행 137p]**

□□□□□ ★★★

판 21. 표준지공시지가결정이 위법한 경우 수용대상 토지 가격산정의 기초가 된 비교표준지공시지가결정의 위법을 독립된 사유로 주장할 수 있다. **(23지방9급,23국회8급,22서울7급,18국가9급)**

판례 위법한 **표준지공시지가결정**에 대하여 그 정해진 시정절차를 통하여 시정하도록 요구하지 아니하였다는 이유로 위법한 표준지공시지가를 기초로 한 **수용재결 등 후행 행정처분**에서 표준지공시지가결정의 위법을 주장할 수 없도록 하는 것은 **수인한도를 넘는 불이익을 강요하는 것으로서 국민의 재산권과 재판받을 권리를 보장한 헌법의 이념에도 부합하는 것이 아니라고 할 것이다.** 따라서 표준지공시지가결정에 위법이 있는 경우에는 **그 자체를 행정소송의 대상이 되는** 행정처분으로 보아 그 위법 여부를 다툴 수 있음은 **물론**, 수용보상금의 증액을 구하는 소송에서도 선행처분으로서 그 수용대상 토지 가격 산정의 기초가 된 비교표준지공시지가결정의 위법을 독립된 사유로 주장할 수 있다(2007두13845). **[날먹행 137p]**

OX 정답

19. ○ 20. ○ 21. ○

□□□□□ ★★

판 22. 일제강점하 반민족행위 진상규명에 관한 특별법에 따른 친일반민족행위자 결정과 '독립유공자 예우에 관한 법률'에 의한 법적용 배제결정 사이에 하자가 승계된다. (18지방9급,17서울9급)

> **판례** 甲을 친일반민족행위자로 결정한 **친일반민족행위진상규명위원회의 최종발표(선행처분)**에 따라 지방보훈지청장이 독립유공자 예우에 관한 법률 적용 대상자로 보상금 등의 예우를 받던 甲의 유가족 乙 등에 대하여 **독립유공자 예우에 관한 법률 적용 배제자 결정(후행처분)**을 한 사안에서, 선행처분에 대하여 일제강점하 반민족행위 진상규명에 관한 특별법에 의한 이의신청절차를 밟거나 후행처분에 대한 것과 별개로 행정심판이나 행정소송을 제기하지 않았다고 하여 선행처분의 하자를 이유로 후행처분의 효력을 다툴 수 없게 하는 것은 **상대방에게 수인한도를 넘는 불이익을 주고 그 결과가 상대방에게 예측가능한 것이라고 할 수 없어** 선행처분의 후행처분에 대한 구속력을 인정할 수 없으므로 선행처분의 위법을 이유로 후행처분의 효력을 다툴 수 있다(2012두6964).
> [날먹행 137p]

5. 위헌결정과 행정처분의 효력

□□□□□ ★

판 1. 위헌으로 결정된 법률 또는 법률의 조항은 그 결정이 있는 날부터 효력을 상실한다. (14지방9급,13서울7급)

> **헌법재판소법제 제47조 (위헌결정의 효력)**
> ② 위헌으로 결정된 법률 또는 법률의 조항은 **그 결정이 있는 날부터 효력을 상실**한다. [날먹행 138p]

□□□□□ ★★★

이 2. 헌법재판소의 위헌결정의 효력은 위헌제청을 한 당해 사건은 물론 위헌제청신청은 아니하였지만 당해 법률 또는 법률의 조항이 재판의 전제가 되어 법원에 계속 중인 사건에도 미친다. (22국가9급,22서울7급,19서울9급)

> - **헌법재판소의 위헌법률의 소급효에 대한 입장**
>   - **원칙: 위헌결정의 효력은 원칙적으로 장래효이므로, 위헌 결정 전에 이루어진 처분은 유효함.**
>   - 예외: 소급효 (당·동·병·일)
>   ㉠ 당해사건-위헌신청의 계기가 된 사건
>   ㉡ 동종사건-위헌결정 전에 위헌제청을 한 사건
>   ㉢ 병행사건-제청신청은 하지 않았지만 당해 법률이 재판의 전제가 되어 법원에 계속 중인 사건
>   ㉣ 위헌 결정 이후 제소한 **일반 사건** 중에서, 당사자의 권리구제를 위한 **구체적 타당성의 요청이 현저한 반면 소급효를 인정하여도 법적 안정성의 침해우려가 없는 사건**
> [날먹행 138p]

OX 정답

22. ○ 5 1. ○ 2. ○

□□□□□ ★★★

판 3. 대법원은 위헌인 법률에 근거한 행정처분에 불가쟁력이 발생한 경우에는 위헌결정의 소급효를 인정하지 않는다. (17서울7급,16사복9급)

- **대법원의 위헌법률의 소급효에 대한 입장**
  - **원칙**: 위헌결정 이후 제소된 **모든(일반) 사건에 대해서도 소급효**가 미침
  - 예외: ㉠ **기판력에 저촉**되거나
    ㉡ 이미 행정처분의 **확정력(불가쟁력)이** 발생한 경우
    ㉢ **법적안정성 유지나 신뢰보호를 위해 불가피**한 경우
    → **소급효가 제한**됨.

[날먹행 138p]

□□□□□ ★★★

판 4-1. 취소소송의 제기기간을 경과하여 확정력이 발생한 행정처분에 대해서는 그 처분의 근거가 된 법률에 대한 위헌결정의 소급효가 미치지 않는다. (23소방,22국가9급,20국회8급,18지방9급,17서울7급 등)

판례 위헌결정의 효력은 그 결정 이후에 당해 법률이 재판의 전제가 되었음을 이유로 법원에 제소된 일반사건에도 미치므로, 당해 법률에 근거하여 행정처분이 발하여진 후에 헌법재판소가 그 행정처분의 근거가 된 법률을 위헌으로 결정하였다면 결과적으로 행정처분은 법률의 근거가 없이 행하여진 것과 마찬가지가 되어 하자가 있는 것이 되나, 이미 취소소송의 제기기간을 경과하여 확정력이 발생한 행정처분의 경우에는 위헌결정의 소급효가 미치지 않는다고 보아야 할 것이다(2001두3181). [날먹행 138p]

□□□□□

판 4-2. 대법원은 금고 이상의 형의 선고유예를 받은 경우에 공무원직에서 당연히 퇴직하는 것으로 규정한 구 '지방공무원법' 제61조 중 제31조 제5호 부분에 대한 헌법재판소의 위헌결정의 효력에 대하여, 종래의 법령에 의하여 형성된 공무원의 신분관계에 관한 법적 안정성과 신뢰보호의 요청에 비하여 퇴직공무원의 권리구제의 요청이 현저하게 우월하므로, 위 위헌결정 이후 제소된 일반사건에 대하여 위 위헌결정의 소급효가 인정된다고 판시하였다. (14지방9급)

판례 **금고 이상의 형의 선고유예를 받은 경우에 공무원직에서 당연히 퇴직**하는 것으로 규정한 구 지방공무원법 제61조 중 제31조 제5호 부분에 대한 헌법재판소의 위헌결정의 소급효를 인정할 경우 그로 인하여 보호되는 퇴직공무원의 권리구제라는 구체적 타당성 등의 요청에 비하여 종래의 법령에 의하여 형성된 공무원의 신분관계에 관한 법적 안정성과 신뢰보호의 요청이 현저하게 우월하다는 이유로, 위 **위헌결정 이후 제소된 일반사건에 대하여 위 위헌결정의 소급효가 제한**된다(2005두5628). [날먹행 138p]

□□□□□ ★★

판 5-1. 행정처분 이후에 처분의 근거법령에 대하여 헌법재판소 또는 대법원이 위헌 또는 위법하다는 결정을 하게 되면, 당해 처분은 법적 근거가 없는 처분으로 하자 있는 처분이고 그 하자는 중대한 것으로 당연무효이다. (23변시,22국가7급,21소방간부,21국회9급,19서울9급,18국가9급,18서울7급)

OX 정답

3. ○ 4-1. ○ 4-2. X 5-1. X

□□□□□★★

판 5-2. 시행령의 규정을 위헌 또는 위법하여 무효라고 선언한 대법원의 판결이 선고되지 아니한 상태에서는, 그 시행령 규정의 위헌 내지 위법 여부가 해석상 다툼의 여지가 없을 정도로 명백하였다고 인정되지 아니하는 이상 그 시행령에 근거한 행정처분의 하자는 취소사유에 해당할 뿐 무효사유가 되지 아니한다. (23국회8급,22경간,21국회8급,18국가9급,18서울7급)

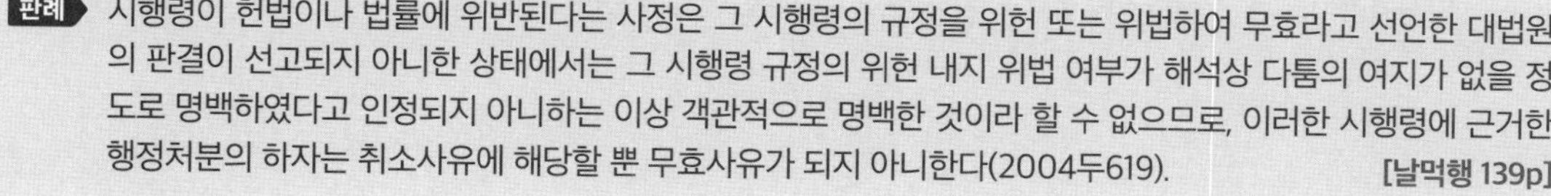
판례 시행령이 헌법이나 법률에 위반된다는 사정은 그 시행령의 규정을 위헌 또는 위법하여 무효라고 선언한 대법원의 판결이 선고되지 아니한 상태에서는 그 시행령 규정의 위헌 내지 위법 여부가 해석상 다툼의 여지가 없을 정도로 명백하였다고 인정되지 아니하는 이상 객관적으로 명백한 것이라 할 수 없으므로, 이러한 시행령에 근거한 행정처분의 하자는 취소사유에 해당할 뿐 무효사유가 되지 아니한다(2004두619). [날먹행 139p]

□□□□□★★★

판 6. 어느 행정처분에 대하여 처분의 근거가 된 법률이 위헌결정이 내려지기 전에 그 행정처분의 근거가 된 법률이 위헌이라는 이유로 무효확인청구의 소가 제기된 경우, 다른 특별한 사정이 없는 한 법원으로서는 그 법률이 위헌인지 여부에 대하여는 판단할 필요 없이 그 무효확인청구를 기각하여야 한다. (19사복9급,18소방,18지방9급)

판례 어느 행정처분에 대하여 그 **행정처분의 근거가 된 법률이 위헌이라는 이유로 무효확인청구의 소가 제기**된 경우에는 다른 특별한 사정이 없는 한 법원으로서는 그 법률이 위헌인지 여부에 대하여는 **판단할 필요 없이 위 무효확인청구를 기각하여야** 할 것이다(92누9463). [날먹행 139p]

□□□□□★★★

이 7-1. 헌법재판소가 법률을 위헌으로 결정하였다면 이러한 결정이 있은 후 그 법률을 근거로 한 행정처분은 중대한 하자이기는 하나 명백한 하자는 아니므로 당연무효는 아니다. (19소방)

□□□□□★★★

판 7-2. 행정처분이 있은 후에 집행단계에서 그 처분의 근거된 법률이 위헌으로 결정되는 경우 그 처분의 집행이나 집행력을 유지하기 위한 행위는 위헌결정의 기속력에 위반되어 허용되지 않는다. (18지방9급,18경행 등)

- **위헌결정 후에 그 법률을 적용하여 이루어진 처분의 효력**
  - 헌법재판소법 제 47조에 따라, 위헌결정된 법령을 적용하여 처분을 할 경우, **기속력에 반하므로**, 당연무효가 됨.
  - **위헌법률에 기한** 행정처분의 집행이나, 그 집행력을 유지하기 위한 행위도 당연무효임. [날먹행 139p]

□□□□□★★★

판 7-3. 과세처분 이후에 그 근거법률이 위헌결정을 받았으나 이미 과세처분의 불가쟁력이 발생한 경우, 당해 과세처분에 대한 조세채권의 집행을 위한 체납처분의 속행은 적법하다. (17지방9급)

판례 위헌결정 이전에 이미 부담금 부과처분과 압류처분 및 이에 기한 압류등기가 이루어지고 위의 각 처분이 확정되었다고 하여도, 위헌결정 이후에는 별도의 행정처분인 매각처분, 분배처분 등 후속 체납처분절차를 진행할 수 없는 것은 물론이고, 특별한 사정이 없는 한 기존의 압류등기나 교부청구만으로는 다른 사람에 의하여 개시된 경매절차에서 배당을 받을 수도 없다고 할 것이다.(2001두2959). [날먹행 139p]

OX 정답

5-2. ○ 6. ○ 7-1. X 7-2. ○ 7-3. X

□□□□□ ★★★

판 8. 조세 부과의 근거가 되었던 법률규정이 위헌으로 선언된 이후, 조세채권의 집행을 위한 새로운 체납처분에 착수하거나 이를 속행하더라도 위법하지 않다. (23소방,23국회8급,23군무원7급,22경간,22국가7급,22서울7급,22국가9급,22소방,22국회8급,21지방·서울7급,21군무원7급,21소방간부,19서울9급,19국가7급)

판례 조세부과처분의 근거규정이 위헌으로 선언된 경우, 그에 기한 조세부과처분이 위헌결정에 이루어졌다 하더라도 위헌결정 이후에 조세채권의 집행을 위해 새로이 착수된 체납처분은 당연무효임(2010두10907). [날먹행 139p]

제 7 절 행정행위의 취소 · 철회 및 실효

1. 행정행위의 취소

□□□□□ ★★★

판 1-1. 행정행위를 한 행정청은 그 행정행위에 하자가 있는 경우에는 원칙적으로 별도의 법적 근거가 없더라도 스스로 그 행정행위를 직권으로 취소할 수 있다.
(23군무원9급,22소방,22군무원7급,21지방9급,20국가9급,19국가7급,19국가9급,18지방9급,18서울9급,18서울7급 등)

□□□□□ ★★★

판 1-2. 행정처분을 한 행정청은 그 처분에 하자가 있는 경우에는 원칙적으로 별도의 법적 근거가 없더라도 스스로 이를 직권으로 취소할 수 있고, 이러한 경우 이해관계인에게는 처분청에 대하여 그 취소를 요구할 신청권이 부여된 것으로 볼 수 있다. (23국회8급,23경간,19국가7급)

- **직권취소의 취소권자**
  - **처분청**: 법률적합성원칙에 따라 처분청은 별도의 법적 근거 없이도 취소 O **(통설, 판례)**
  - **감독청**: **법적근거 있으면** O, 법적근거 없는 경우 견해대립.
  - **제3자**: **X** 행정청이 직권취소를 할 수 있다는 사정만으로 이해관계인인 제3자에게 행정청에 대한 직권취소청구권이 부여된 것으로 볼 수 없음(2004두701). [날먹행 140p]

□□□□□ ★

판 1-3. 권한 없는 행정청이 한 위법한 행정처분을 취소할 수 있는 권한은 그 행정처분을 한 처분청에게 속하는 것이고, 그 행정처분을 할 수 있는 적법한 권한을 가지는 행정청에게 그 취소권이 귀속되는 것은 아니다. (22지방9급)

판례 권한없는 행정기관이 한 당연무효인 처분을 취소할 권한은 당해 처분을 한 처분청에게 속하고, 당해 처분을 할 적법한 권한을 갖는 행정청에게 그 취소권이 귀속되지 않는다(84누463). [날먹행 140p]

OX 정답

8. X / 7절 1 1-1. O 1-2. X 1-3. O

□□□□□

조 1-4. '행정기본법'은 직권취소에 관한 일반적 근거 규정을 두고 있어, 개별 법률의 근거가 없더라도 직권취소가 가능하다. (23군무원7급)

- **행정기본법 제18조(위법 또는 부당한 처분의 취소)**
  ① 행정청은 위법 또는 부당한 처분의 전부나 일부를 소급하여 취소할 수 있다. 다만, 당사자의 신뢰를 보호할 가치가 있는 등 정당한 사유가 있는 경우에는 장래를 향하여 취소할 수 있다. **[날먹행 140p]**

□□□□□ ★★

이 2-1. 직권취소는 행정행위의 성립상의 하자를 이유로 하는 것이므로, 개별법에 특별한 규정이 없는 한 행정절차법에 따른 절차규정이 적용되지 않는다. (19국가7급)

□□□□□

이 2-2. 직권취소는 처분의 성격을 가지므로, 이유제시절차 등의 행정절차법상 처분절차에 따라야 하며, 특히 수익적 행위의 직권취소는 상대방에게 침해적 효과를 발생시키므로 행정절차법에 따른 사전통지, 의견청취의 절차를 거쳐야 한다. (18국회8급)

- **직권취소의 취소절차**
  취소도 독립적인 행정절차이므로, **행정절차법상 처분절차를 준수해야** 함. 특히 **수익적 행정행위의** 취소는 상대방에게 침해적 효과를 발생시키므로 **행정절차법에 따른 사전통지, 의견청취의 절차를 거쳐야 함.** **[날먹행 140p]**

□□□□□ ★★

판 3-1. 행정행위의 위법 여부에 대하여 취소소송이 이미 진행 중인 경우 처분청은 위법을 이유로 그 행정행위를 직권취소 할 수 없다. (19국가7급,17국가9급)

- **직권취소의 취소기간: 원칙적 제한없음.** 단 실권의 법리에 의해 제한 있음.

판례 행정청은 행정소송이 계속되고 있는 때에도 직권으로 해당 처분을 변경할 수 있다(2016두56721). **[날먹행 140p]**

□□□□□ ★★

판 3-2. 도로관리청이 도로점용허가를 함에 있어서 특별사용의 필요가 없는 부분을 도로점용허가의 점용장소 및 점용면적으로 포함한 흠이 있고 그로 인하여 점용료 부과처분에도 흠이 있게 된 경우, 흠 있는 부분에 해당하는 점용료를 감액하는 것은 당초 처분 자체를 일부 취소하는 변경처분이 아니라 흠의 치유에 해당한다. (20경행)

- **취소의 범위-일부취소**

판례 점용료 부과처분에 취소사유에 해당하는 흠이 있는 경우 도로관리청으로서는 당초 처분 자체를 취소하고 흠을 보완하여 새로운 부과처분을 하거나, 흠 있는 부분에 해당하는 점용료를 감액하는 처분을 할 수 있다. 한편 흠 있는 행정행위의 치유는 원칙적으로 허용되지 않을 뿐 아니라, 흠의 치유는 성립 당시에 적법한 요건을 갖추지 못한 흠 있는 행정행위를 그대로 존속시키면서 사후에 그 흠의 원인이 된 적법 요건을 보완하는 경우를 의미하므로, **흠 있는 부분에 해당하는 점용료를 감액하는 처분은 당초 처분 자체를 일부 취소하는 변경처분에 해당하고,** 그 실질은 종래의 위법한 부분을 제거하는 것으로서 흠의 치유와는 차이가 있다(2016두56721). **[날먹행 141p]**

OX 정답

1-4. O 2-1. X 2-2. O 3-1. X 3-2. X

□□□□□ ★★★

이 4. 수익적 행정행위의 취소에 있어서는 행정행위의 상대방에게 귀책사유가 없는 한 취소의 효과가 소급되지 않는 것이 원칙이다. (23소방간부,23군무원9급)

- **취소의 효과**

행정기본법 제18조(위법 또는 부당한 처분의 취소) ① 행정청은 **위법 또는 부당한 처분의 전부나 일부를 소급하여 취소할 수 있다**. 다만, **당사자의 신뢰를 보호할 가치**가 있는 등 정당한 사유가 있는 경우에는 **장래를 향하여 취소할 수 있다.**

- **수익적 행정행위: 원칙** - 장래효(취소시 상대방에게 침익적이므로)

예외 - 상대방의 사실은폐나 기타 사위의 방법 등 귀책사유가 있는 경우 소급효

부담적 행정행위: 소급효 [날먹행 141p]

□□□□□

판 5. 조세부과처분을 취소하는 행정판결이 확정된 경우 부과처분의 효력은 처분시에 소급하여 효력을 잃게 되므로 확정된 행정판결은 조세포탈에 대한 무죄를 인정할 명백한 증거에 해당한다. (22국가9급)

판례 조세부과처분 취소판결이 확정된 경우 조세부과처분은 처분시에 소급해 효력을 잃어 그 처분에 따른 납부의무가 없으므로 위 확정판결은 조세포탈에 대한 무죄 내지 경한 죄를 인정할 명백한 증거이다(83도2933). [날먹행 141p]

□□□□□ ★★

판 6-1. 행정청이 의료법인의 이사에 대하여 이사취임승인취소처분을 직권으로 취소하면 이사의 지위가 소급하여 회복된다. (17국가9급)

□□□□□ ★

판 6-2. 행정청이 의료법인의 이사에 대한 이사취임승인 취소처분(제1처분)을 직권으로 취소(제2처분)한 경우, 제1처분과 제2처분 사이에 법원에 의하여 선임된 임시이사의 지위가 소멸되기 위해서는 법원의 해임결정이 있어야 한다. (21소방간부,17국가9급)

판례 행정처분이 취소되면 그 소급효에 의하여 처음부터 그 처분이 없었던 것과 같은 효과를 발생하게 되는바, 행정청이 의료법인의 이사에 대한 이사취임승인취소처분(제1처분)을 직권으로 취소(제2처분)한 경우에는 그로 인하여 **이사가 소급하여 이사로서의 지위를 회복하게 되고**, 그 결과 위 제1처분과 제2처분 사이에 법원에 의하여 선임결정된 임시이사들의 지위는 법원의 해임결정이 없더라도 당연히 소멸된다(96누3401). [날먹행 141p]

□□□□□ ★★★

판 7-1. 영업허가취소처분이 청문절차를 거치지 않았다 하여 행정심판에서 취소되었더라도 그 허가취소처분 이후 취소재결까지 영업했던 행위는 무허가 영업에 해당한다. (23경간,23변시,22국가9급,22군무원7급,20국가7급,19국가9급,19지방7급)

- **쟁송취소의 효과: 일반적 소급효**

판례 영업의 금지를 명한 영업허가취소처분 자체가 나중에 **행정쟁송절차에 의하여 취소**되었다면 그 영업허가취소처분은 그 처분시에 소급하여 효력을 잃게 되며, 그 영업허가취소처분에 복종할 의무가 원래부터 없었음이 확정되었다고 봄이 타당하고, 영업허가취소처분이 장래에 향하여서만 효력을 잃게 된다고 볼 것은 아니므로 그 영업허가취소처분 이후의 영업행위를 무허가영업이라고 볼 수는 없다(93도277). [날먹행 141p]

OX 정답

4. ○ 5. ○ 6-1. ○ 6-2. X 7-1. X

☐☐☐☐☐ ★

판 7-2. 운전면허취소처분이 행정쟁송절차에 의하여 취소되었다면, 그 처분은 단지 장래에 향하여서만 효력을 잃게 된다. (23경간)

> 판례 **피고인이 행정청으로부터 자동차 운전면허취소처분을 받았으나 나중에 그 행정처분 자체가 행정쟁송절차에 의하여 취소되었다면, 위 운전면허취소처분은 그 처분시에 소급하여 효력을 잃게 되고,** 피고인은 위 운전면허취소처분에 복종할 의무가 원래부터 없었음이 후에 확정되었다고 봄이 타당할 것이고, 행정행위에 공정력의 효력이 인정된다고 하여 행정소송에 의하여 적법하게 취소된 운전면허취소처분이 단지 장래에 향하여서만 효력을 잃게 된다고 볼 수는 없다(98도4239).
> **[날먹행 141p]**

☐☐☐☐☐ ★★

이 8. 특별한 사정이 없는 한 부담적 행정행위의 취소는 원칙적으로 자유롭지 않다. (16서울9급)

> - **취소의 제한 -부담적 행정행위:** 자유롭게 취소 가능 **[날먹행 141p]**

☐☐☐☐☐ ★★★

조 9-1. 행정행위를 한 처분청이 그 행위에 하자가 있어 수익적 행정처분을 취소할 때에는 이를 취소하여야 할 공익상의 필요와 그 취소로 인하여 당사자가 입게 될 기득권과 신뢰보호 및 법률생활 안정의 침해 등 불이익을 비교·교량한 후 공익상의 필요가 당사자가 입을 불이익을 정당화할 만큼 강한 경우에 한하여 취소할 수 있다. (23국가9급,23국회8급,23군무원9급,22국가7급,21서울7급,21경행,19지방9급,21군무원9급,18서울7급)

☐☐☐☐☐ ★★

조 9-2. 행정청은 당사자에게 권리나 이익을 부여하는 처분을 취소하려는 경우, 당사자가 중대한 과실로 처분의 위법성을 알지 못하면 취소로 인하여 입게 될 불이익을 취소로 달성되는 공익과 비교형량하여야 한다. (23소방,22국가7급)

> - **취소의 제한 - 수익적 행정행위**
> - **행정기본법 제18조(위법 또는 부당한 처분의 취소)** ② 행정청은 제1항에 따라 **당사자에게 권리나 이익을 부여하는 처분을 취소하려는 경우**에는 **취소로 인하여 당사자가 입게 될 불이익을 취소로 달성되는 공익과 비교·형량하여야** 한다. 다만, 다음 각 호의 어느 하나에 해당하는 경우에는 그러하지 아니하다.
>   1. **거짓이나 그 밖의 부정한 방법**으로 처분을 받은 경우
>   2. **당사자가 처분의 위법성을 알고 있었거나 중대한 과실로 알지 못한 경우**
> - **원칙**: 공익과 처분 상대방의 신뢰이익의 비교형량, 제3자의 이해관계의 개입에 따른 제한이 있음.
>   **예외**: 행정청의 하자가 상대방의 사실은폐나 기타 사위의 방법에 의한 경우, 취소가 제한되지 않음. **[날먹행 142p]**

☐☐☐☐☐ ★★

판 9-3. 수익적 처분의 직권취소 필요성에 관한 증명책임은 처분의 상대방에 있다. (23경간,22변시,22군무원7급,21서울7급,18서울7급)

> - **직권취소의 필요성에 대한 책임**은 **행정청**에 있음(2011두23375).

OX 정답

7-2. X 8. X 9-1. ○ 9-2. X 9-3. X

□□□□□ ★★★

판 10-1. 수익적 처분이 상대방의 허위 기타 부정한 방법으로 인하여 행하여졌다면 상대방은 그 처분이 그와 같은 사유로 인하여 취소될 것임을 예상할 수 없었다고 할 수 없으므로, 이러한 경우에까지 상대방의 신뢰를 보호하여야 하는 것은 아니다. **(23국가9급,19지방9급)**

판례 처분의 하자가 **당사자의 사실은폐나 기타 사위의 방법에 의한 신청행위에 기인한 것**이라면 당사자는 그 처분에 의한 이익이 위법하게 취득되었음을 알아 그 취소가능성도 예상하고 있었다고 할 것이므로 그 자신이 위 **처분에 관한 신뢰이익을 원용할 수 없음**은 물론 행정청이 이를 고려하지 아니하였다고 하여도 **재량권의 남용이 되지 않는다**(2001두5286). **[날먹행 142p]**

□□□□□ ★

판 10-2. 허위의 고등학교 졸업증명서를 제출하는 사위의 방법에 의한 하사관 지원의 하자를 이유로 하사관 임용일로부터 33년이 경과한 후에 행정청이 행한 하사관 및 춘사관 임용취소처분은 위법하다. **(13경행)**

판례 허위의 고등학교 졸업증명서를 제출하는 사위의 방법에 의한 하사관 지원의 하자를 이유로 하사관 임용일로부터 33년이 경과한 후에 행정청이 행한 하사관 및 춘사관 임용취소처분은 적법하다(2001두5286). **[날먹행 142p]**

□□□□□ ★★

판 11. 수익적 행정처분에 대한 취소권 등의 행사는 기득권의 침해를 정당화할 만한 중대한 공익상의 필요 또는 제3자의 이익보호의 필요가 있는 때에 한하여 허용될 수 있다는 법리는, 처분청이 수익적 행정처분을 직권으로 취소·철회하는 경우에 적용되는 법리일 뿐 쟁송취소의 경우에는 적용되지 않는다. **(23국회8급,23소방간부,23경간,21경행)**

판례 수익적 행정처분에 대한 취소권 등의 행사는 기득권의 침해를 정당화할 만한 중대한 공익상의 필요 또는 제3자의 이익보호의 필요가 있는 때에 한하여 허용될 수 있다는 법리는, 처분청이 수익적 행정처분을 직권으로 취소·철회하는 경우에 적용되는 법리일 뿐 쟁송취소의 경우에는 적용되지 않는다(2018두104). **[날먹행 142p]**

□□□□□ ★★

판 12-1. '국세기본법'상 상속세부과처분의 취소에 하자가 있는 경우, 부과의 취소의 취소에 대하여는 법률이 명문으로 그 취소요건이나 그에 대한 불복절차에 대하여 따로 규정을 두고 있지 않더라도 과세관청은 부과의 취소를 다시 취소함으로써 원부과처분을 소생시킬 수 있다. **(22소방,21지방9급,20지방7급,18지방9급)**

□□□□□

판 12-2. 과세관청이 조세부과처분을 취소하면 해당 처분은 효력이 상실되지만, 이후 이를 다시 취소하는 경우에는 그 조세부과처분의 효력은 당연히 회복된다. **(23소방간부)**

OX 정답

10-1. ○ 10-2. X 11. ○ 12-1. X 12-2. X

□□□□□ ★★

판 12-3. 지방병무청장이 재신체검사 등을 거쳐 보충역편입처분을 제2국민역편입처분으로 변경한 경우, 그 후 새로운 병역처분의 성립에 하자가 있었음을 이유로 하여 이를 취소하게 되면 종전의 병역처분의 효력이 되살아난다. **(22국회8급,22군무원7급,21변시)**

- 부담적 · 침익적 행정행위에서 **취소에 취소사유가 있는 경우** → 취소의 취소 부정

판례 과세처분에 관한 이의신청절차에서 과세관청이 이의신청 사유가 옳다고 인정하여 **과세처분을 직권으로 취소한 이상 그 후 특별한 사유없이 이를 번복하고 종전 처분을 되풀이하는 것은 허용되지 않는다**(2011두14227).

판례 현역병 입영대상 편입처분을 보충역편입처분으로 변경한 경우, 보충역편입처분에 불가쟁력이 발생한 이후 보충역편입처분이 하자를 이유로 직권취소되었다면 종전의 현역병 입영대상편입처분의 효력은 되살아 나지 않는다(2001두9653). **[날먹행 143p]**

□□□□□ ★★

판 13. 광업권 취소처분 후 광업권 설정의 선출원이 있는 경우에도 취소처분을 취소하여 광업권을 복구시키는 조처는 적법하다. **(18국회8급)**

- 수익적 행정행위에서 **취소에 취소사유가 있는 경우**
  → 취소의 취소 긍정 **단, 취소 후 새롭게 형성된 제3자의 권익이 침해되는 경우에는 부정함.**

판례 광업권 허가에 대한 취소처분을 한 후 적법한 광업권 설정의 선출원이 있는 경우에는 취소처분을 취소하여 광업권을 복구시키는 조처는 위법하다(67누126). **[날먹행 143p]**

2. 행정행위의 철회

□□□□□ ★★

조 1-1. 하자 없이 성립한 행정행위에 대해 그 효력을 존속시킬 수 없는 새로운 사정이 발생하였음을 이유로 장래에 향하여 그 효력을 소멸시키는 행정행위는 철회이다. **(23소방,22군무원9급,22소방간부,21지방9급,21지방7급)**

□□□□□ ★★

이 1-2. 행정행위의 철회는 행정행위의 원시적 하자를 이유로 한다. **(23소방간부)**

□□□□□ ★★★

이 1-3. 행정행위의 취소사유는 행정행위의 성립 당시에 존재하였던 하자를 말하고, 철회사유는 행정행위가 성립된 이후에 새로이 발생한 것으로서 행정행위의 효력을 존속시킬 수 없는 사유를 말한다. **(23국가9급,17경행)**

- **행정행위의 철회**
  일단 유효하게 성립된 **행정행위를 성립 후에 발생한 새로운 사유로 인해 장래를 향해 그 효력을 소멸.**
- **행정기본법 제19조 (적법한 처분의 철회)** ① 행정청은 적법한 처분이 다음 각 호의 어느 하나에 해당하는 경우에는 그 **처분의 전부 또는 일부를 장래를 향하여 철회할 수 있다.** **[날먹행 143p]**

OX 정답

12-3. X 13. X **2** 1-1. O 1-2. X 1-3. O

□□□□□ ★★★

판 2. 행정행위를 한 처분청은 처분 당시에 별다른 하자가 없었고, 또 그 처분 후에 이를 철회할 별도의 법적 근거가 없다면 사정변경을 이유로 그 효력을 상실케 하는 별개의 행정행위로 이를 철회할 수 없다.
(23국가9급,22군무원7급,21군무원9급,21지방9급,20지방7급,18지방9급,18서울7급)

- **철회의 법적근거**
판례는 **행정행위를 한 처분청은 법적 근거 없이도 사정변경 또는 중대한 공익상의 필요에 의해 그 행정행위를 철회할 수 있다는 입장**임.
행정기본법은 철회에 대한 일반적 근거규정을 두고 있기에, 별도로 개별법률에 근거가 없어도 철회가 가능함.
[날먹행 143p]

□□□□□ ★★

이 3-1. 명문의 근거규정이 없어도 처분청 뿐만 아니라 감독청도 철회권을 가진다.
(22국가9급,21지방9급,18지방9급,18서울7급 등)

- **철회권자:** 처분청은 별도의 근거 없이도 철회가능, 감독청은 **법률에 근거없는 한** 철회 X [날먹행 143p]

□□□□□

판 3-2. 처분청이 처분 후에 원래의 처분을 그대로 존속시킬 필요가 없게 된 사정변경이 생겼거나 중대한 공익상의 필요가 발생한 경우에는 별도의 법적 근거가 없어도 별개의 행정행위로 이를 철회할 수 있다고 하여 상대방 등에게 그 철회·변경을 요구할 신청권까지 부여하는 것은 아니다. (22소방간부)

판례 처분청이 처분 후에 원래의 처분을 그대로 존속시킬 필요가 없게 된 사정변경이 생겼거나 중대한 공익상의 필요가 발생한 경우에는 별도의 법적 근거가 없어도 별개의 행정행위로 이를 철회·변경할 수 있지만 이는 그러한 철회·변경의 권한을 처분청에게 부여하는 데 그치는 것일 뿐 상대방 등에게 그 철회·변경을 요구할 신청권까지를 부여하는 것은 아니라 할 것이다(96누6219). [날먹행 143p]

□□□□□ ★★

이 4-1. 철회 자체가 행정행위의 성질을 가지는 것은 아니어서 행정절차법상 처분절차를 적용하여야 하는 것은 아니나, 신뢰보호원칙이나 비례원칙과 같은 행정법의 일반원칙은 준수해야 한다. (21지방9급,18서울9급)

□□□□□

이 4-2. 수익적 행정행위의 철회는 특별한 다른 규정이 없는 한 행정절차법상 절차에 따라 행해져야 한다. (21지방,서울9급)

- 철회도 하나의 행정행위로, **행정절차법상의 절차를 거쳐야** 하며,
철회권의 행사는 **비례의 원칙이나 신뢰보호원칙**에 적합해야 하며, **실권의 법리** 역시 적용된다. [날먹행 143p]

□□□□□ ★★

조 5-1. 행정청은 적법한 처분이 중대한 공익을 위하여 필요한 경우에는 그 처분을 장래를 향하여 철회할 수 있다.
(22국가7급,21지방·서울9급)

OX 정답

2. X 3-1. X 3-2. O 4-1. X 4-2. O 5-1. O

□□□□□

조 5-2. 당사자의 신청이나 동의가 있는 행정행위의 철회가 제한된다. (15서울7급)

□□□□□ ★

조 5-3. 사실관계의 변동은 철회의 사유로 볼 수 없다. (13서울7급)

- **행정기본법 제19조(적법한 처분의 철회)** ① 행정청은 적법한 처분이 다음 각 호의 어느 하나에 해당하는 경우에는 그 **처분의 전부 또는 일부를 장래를 향하여 철회할 수 있다.**
  1. **법률에서 정한 철회 사유**에 해당하게 된 경우
  2. **법령등의 변경**이나 **사정변경**으로 **처분을 더 이상 존속시킬 필요가 없게 된 경우**
  3. **중대한 공익**을 위하여 필요한 경우
- **그 밖에 판례가 인정하는 철회사유**
  1. **철회권이 유보**된 경우 2. **부담의 불이행**
  3. **당사자의 신청이나 동의**가 있는 경우(단, 처분의 상대방이 그 철회 · 변경을 요구할 신청권은 없음)(22군무원9급)

[날먹행 144p]

□□□□□ ★★

판 5-4. 부담에 의하여 부가된 의무의 불이행으로 부담부행정행위가 당연히 효력을 상실하는 것은 아니고 당해 의무불이행은 부담부 행정행위의 철회사유가 될 수 있다. (22군무원9급,16국가7급,16경행)

판례 **부담부 행정처분**에 있어서 처분의 **상대방이 부담(의무)을 이행하지 아니한 경우**에 처분행정청으로서는 이를 들어 당해 처분을 취소(철회)할 수 있는 것이다. **[날먹행 144p]**

□□□□□ ★★★

판 5-5. 수익적 행정행위의 철회는 법령에 명시적인 규정이 있거나 행정행위의 부관으로 그 철회권이 유보되어 있는 경우, 또는 원래의 행정행위를 존속시킬 필요가 없게 된 사정변경이 생겼거나 또는 중대한 공익상의 필요가 발생한 경우 등의 예외적인 경우에만 허용된다. (18서울9급)

판례 수익적 행정행위의 철회는 **법령에 명시적인 규정**이 있거나 행정행위의 부관으로 그 **철회권이 유보**되어 있는 경우, 또는 원래의 행정행위를 존속시킬 필요가 없게 된 **사정변경**이 생겼거나 또는 **중대한 공익상의 필요**가 발생한 경우 등의 **예외적인 경우에만 허용**된다. **[날먹행 144p]**

□□□□□

판 6. 국고보조조림결정에서 정한 조건에 일부만 위반한 경우 그 보조조림결정의 전부를 취소한 것은 위법하다고 한 판례가 있다. (21지방9급)

- **일부철회**

  하나의 처분이라도 일부분이 철회 사유에 해당하는 경우,

  ① 당해 처분이 **가분성**이 있거나, ② 처분대상의 **일부가 특정**될 수 있다면, 일부철회도 가능함

판례 국고보조조림결정에서 정한 조건에 일부만 위반한 경우 그 보조조림결정의 전부를 취소한 것은 위법하다(86누276)

[날먹행 144p]

OX 정답

5-2. X 5-3. X 5-4. ○ 5-5. ○ 6. ○

□□□□□ ★★

이 7-1. 부담적 행정행위의 철회는 원칙적으로 자유롭지 않다고 본다. (11국가7급)

□□□□□ ★★★

이 7-2. 수익적 행정행위에 철회원인이 있는 경우에 행정청은 철회원인이 있다는 것만으로 자유로이 철회권을 행사할 수 있다. (12지방9급)

□□□□□ ★★★

이 7-3. 수익적 행정행위의 철회는 법령에 명시적인 규정이 있거나 행정행위의 부관으로 그 철회권이 유보되어 있는 경우, 또는 원래의 행정행위를 존속시킬 필요가 없게 된 사정변경이 생겼거나 또는 중대한 공익상의 필요가 발생한 경우 등의 예외적인 경우에만 허용된다. (18서울9급,17국가9급)

□□□□□ ★★★

이 7-4. 수익적 행정행위에 대한 취소권 등의 행사는 기득권의 침해를 정당화할 만한 중대한 공익상의 필요 또는 제3자의 이익을 보호할 필요가 있고, 이를 상대방이 받는 불이익과 비교교량하여 볼 때 공익상의 필요 등이 상대방이 입을 불이익을 정당화할 만큼 강한 경우에 한하여 허용될 수 있다. (23국회8급,21군무원9급)

- **철회의 제한**
  ① **부담적** 행정행위의 철회: **자유로움**
  ② **수익적 행정행위**의 철회: 수익적 행정처분을 취소 또는 철회하는 경우에는 **이미 부여된 국민의 기득권을 침해**하는 것
  → ∴ 기득권의 침해를 정당화할 만한 **중대한 공익상의 필요 또는 제3자의 이익보호의 필요가 있는 때에 한하여 상대방이 받는 불이익과 비교 · 교량하여 결정**하여야 함.
- **행정기본법 제19조(적법한 처분의 철회)** ② 행정청은 제1항에 따라 처분을 철회하려는 경우에는 **철회로 인하여 당사자가 입게 될 불이익을 철회로 달성되는 공익과 비교 · 형량하여야 한다.** [날먹행 144p]

□□□□□ ★★★

이 8-1. 철회의 효과는 장래에 미치는 것이 원칙적이지만, 예외적으로 소급효를 인정할 수 있다. (15교행9급)

- **철회의 효과**
  ① **원칙:** 장래효
  판례 평가인증의 취소는 강학상 철회에 해당하며, 행정청이 평가인증취소처분을 하면서 별도의 법적 근거 없이는 평가인증의 효력을 취소사유 발생일로 소급하여 상실시킬 수 없다(2015두58195)(20지방7급,19국가9급).
  ② **예외: 별도의 법적 근거가 있는 경우, 소급효** [날먹행 144p]

□□□□□ ★★★

판 8-2. 보건복지부장관이 어린이집에 대한 평가인증이 이루어진 이후에 새로이 발생한 사유를 들어 영유아보육법 제30조 제5항에 따라 평가인증을 철회하는 처분을 하면서도, 그 평가인증의 효력을 과거로 소급하여 상실시키기 위해서는, 특별한 사정이 없는 한 영유아보육법 제30조 제5항과는 별도의 법적 근거가 필요하다. (22소방,20지방7급,19국가9급)

판례 영유아보육법 제30조 제5항 제3호에 따른 평가인증의 취소는 평가인증 당시에 존재하였던 하자가 아니라 그 이후에 새로이 발생한 사유로 평가인증의 효력을 소멸시키는 경우에 해당하여, 법적 성격은 평가인증의 '철회'에 해당하므로, 행정청이 평가인증이 이루어진 이후에 새로이 발생한 사유를 들어 영유아보육법 제30조 제5항에 따라 평가인증을 철회하는 처분을 하면서도, 평가인증의 효력을 과거로 소급하여 상실시키기 위해서는, 특별한 사정이 없는 한 영유아보육법 제30조 제5항과는 별도의 법적 근거가 필요하다(2015두58195). [날먹행 144p]

OX 정답

7-1. X 7-2. X 7-3. O 7-4. O 8-1. O 8-2. O

□□□□□ ★★

판 9. 행정청이 의료법인의 이사에 대한 이사취임승인취소처분을 직권으로 취소하면 이사의 지위가 소급하여 회복된다. (21소방간부,17국가9급)

판례 행정청이 의료법인의 이사에 대한 이사취임승인취소처분(제1처분)을 직권으로 취소(제2처분)한 경우에는 그로 인하여 이사가 소급하여 이사로서의 지위를 회복하게 되고, 그 결과 위 제1처분과 제2처분 사이에 법원에 의하여 선임결정된 임시이사들의 지위는 법원의 해임결정이 없더라도 당연히 소멸된다(96누3401). [날먹행 144p]

3. 행정행위의 실효

□□□□□ ★★

이 1. 행정행위의 직권취소는 별개의 행정행위에 의하여 원행정행위의 효력을 소멸시키는 것인 데 반하여, 행정행위의 실효는 일정한 사유의 발생에 따라 당연히 기존의 행정행위의 효력이 소멸하는 것이다. (14서울7급)

- **행정행위의 실효**: 하자없이 적법 · 유효하게 성립된 행정행위가 행정청의 의사표시 없이 일정한 사실의 발생에 의해 당연히 장래를 향하여 효력이 소멸되는 것으로, 행정청의 별도의 의사표시와 무관하게 당연 소멸

[날먹행 145p]

□□□□□

이 2. 행정행위의 대상소멸, 행정행위의 목적달성, 해제조건의 성취, 행정행위의 종기도래는 행정행위의 실효사유이다. (16국가9급)

- **실효사유**
  ① 행정행위 대상의 소멸(예: 운전면허받은 사람의 사망)
  ② 해제조건의 성취 또는 기간의 도래
  ③ 목적의 달성 또는 목적 달성의 불가능 [날먹행 145p]

□□□□□

판 3. 신청에 의한 허가처분을 받은 자가 그 영업을 폐업한 경우에는 그 허가도 당연히 실효된다고 할 것이고, 이 경우 허가행정청의 허가취소처분은 허가가 실효되었음을 확인하는 것에 불과하다. (07국가7급)

판례 **신청에 의한** 허가는 신청에 의한 처분이고, 이와 같이 신청에 의한 허가처분을 받은 원고가 그 영업을 폐업한 경우에는 그 영업허가는 당연 실효되고, 이런 경우 허가행정청의 허가취소처분은 **허가의 실효됨을 확인하는 것에 불과**하므로 원고는 그 허가취소처분의 취소를 구할 소의 이익이 없다고 할 것이다(90누2284). [날먹행 145p]

OX 정답

9. O ❸ 1. O 2. O 3. O

4. 결격사유

□□□□□

조 1. 자격이나 신분 등을 취득 또는 부여할 수 없거나 인가, 허가, 지정, 승인, 영업등록, 신고 수리 등을 필요로 하는 영업 또는 사업 등을 할 수 없는 사유는 법률로 정한다. **(22국회8급)**

- **행정기본법 제16조(결격사유)**

  ① **자격이나 신분 등을 취득 또는 부여할 수 없거나 인가, 허가, 지정, 승인, 영업등록, 신고 수리 등**(이하 "인허가"라 한다)**을 필요로 하는 영업 또는 사업 등을 할 수 없는 사유**(이하 이 조에서 "결격사유"라 한다)**는 법률로 정한다.**

  ② 결격사유를 규정할 때에는 다음 각 호의 기준에 따른다.

  1. 규정의 필요성이 분명할 것
  2. 필요한 항목만 최소한으로 규정할 것
  3. 대상이 되는 자격, 신분, 영업 또는 사업 등과 실질적인 관련이 있을 것
  4. 유사한 다른 제도와 균형을 이룰 것

  [날먹행 145p]

5. 행정행위에 대한 제재처분

□□□□□

조 1. 제재처분의 근거가 되는 법률에는 제재처분의 주체, 사유, 유형 및 상한을 명확하게 규정하여야 한다. **(22소방승진)**

- **행정기본법 제22조(제재처분의 기준)**

  ① **제재처분의 근거가 되는 법률에는 제재처분의 주체, 사유, 유형 및 상한을 명확하게 규정하여야 한다.** 이 경우 제재처분의 유형 및 상한을 정할 때에는 해당 위반행위의 특수성 및 유사한 위반행위와의 형평성 등을 종합적으로 고려하여야 한다.

  ② 행정청은 재량이 있는 제재처분을 할 때에는 다음 각 호의 사항을 고려하여야 한다.

  1. 위반행위의 동기, 목적 및 방법
  2. 위반행위의 결과
  3. 위반행위의 횟수
  4. 그 밖에 제1호부터 제3호까지에 준하는 사항으로서 대통령령으로 정하는 사항

  [날먹행 146p]

2. 다음 중 제재처분의 제척기간이 5년이 지나면 제척처분을 할 수 없는 경우(O)는?

□□□□□

조 2-1. 제재처분을 하지 아니하면 국민의 안전·생명 또는 환경을 심각하게 해치거나 해칠 우려가 있는 경우

□□□□□

조 2-2. 거짓이나 그 밖의 부정한 방법으로 인허가를 받거나 신고를 한 경우

□□□□□

조 2-3. 정당한 사유 없이 행정청의 조사·출입·검사를 기피·방해·거부하여 제척기간이 지난 경우

OX 정답

4 1. ○ 5 1. ○ 2-1. ○ 2-2. ○ 2-3. ○

▢▢▢▢▢

이 2-4. 당사자가 인허가나 신고의 위법성을 경과실로 알지 못한 경우

- **행정기본법 제23조(제재처분의 제척기간)**

① **행정청은 법령등의 위반행위가 종료된 날부터 5년이 지나면 해당 위반행위에 대하여 제재처분**(인허가의 정지 · 취소 · 철회, 등록 말소, 영업소 폐쇄와 정지를 갈음하는 과징금 부과를 말한다. 이하 이 조에서 같다)**을 할 수 없다.**

② 다음 각 호의 어느 하나에 해당하는 경우에는 제1항을 적용하지 아니한다.

1. **거짓이나 그 밖의 부정한 방법으로 인허가를 받거나 신고**를 한 경우
2. 당사자가 **인허가나 신고의 위법성을 알고 있었거나 중대한 과실로 알지 못한 경우**
3. **정당한 사유 없이 행정청의 조사 · 출입 · 검사를 기피 · 방해 · 거부하여 제척기간이 지난 경우**
4. 제재처분을 하지 아니하면 **국민의 안전 · 생명 또는 환경을 심각하게 해치거나 해칠 우려가 있는 경우**

③ 행정청은 제1항에도 불구하고 행정심판의 재결이나 법원의 판결에 따라 제재처분이 취소 · 철회된 경우에는 재결이나 판결이 확정된 날부터 1년(합의제행정기관은 2년)이 지나기 전까지는 그 취지에 따른 새로운 제재처분을 할 수 있다.

④ 다른 법률에서 제1항 및 제3항의 기간보다 짧거나 긴 기간을 규정하고 있으면 그 법률에서 정하는 바에 따른다.

[날먹행 146p]

OX 정답

2-4. X

03 기타 행정작용

제1절 확약

□□□□□ ★★

이 1. 행정절차법은 확약에 관한 명문규정을 두고 있지 않다.

- **확약**
  - **의의: 행정청이 자기구속의 목적으로 일정한 행위를 약속하는 것**(비구속적 법률적 견해표명인 정보제공과 구별)
  - **법적근거:** 통설·판례는 본 처분을 할 수 있는 권한에 확약을 할 권한이 포함되어 있다고 보아, 명문 규정 없이도 확약을 허용하였음. 그러나 **최근 행정절차법 개정으로 확약을 명문화하여, 확약에 대한 법적근거를 마련함.**
- **행정절차법 제40조의2(확약)**
  ① 법령등에서 당사자가 신청할 수 있는 처분을 규정하고 있는 경우 행정청은 당사자의 신청에 따라 장래에 어떤 처분을 하거나 하지 아니할 것을 내용으로 하는 의사표시(이하 "확약"이라 한다)를 할 수 있다. **[날먹행 147p]**

□□□□□ ★★★

판 2-1. 어업권면허에 선행하는 우선순위결정은 행정청이 우선권자로 결정된 자의 신청이 있으면 어업권면허처분을 하겠다는 것을 약속하는 행위로서 그 우선순위결정에 공정력과 불가쟁력이 인정된다.
(21지방7급,21소방간부,20군무원7급,19소방)

- **확약의 성질- 판례는** 확약의 처분성을 부정함.

판례 **어업권면허에 선행하는 우선순위결정은 강학상 확약으로, 처분성 부정**(94누6529). **[날먹행 147p]**

□□□□□

판 2-2. 행정청의 확약은 위법하더라도 중대명백한 하자가 있어 당연무효가 아닌 한 취소되기 전까지 유효한 것으로 통용된다. (18국가9급)

- **확약은 처분이 아니므로, 공정력, 불가쟁력과 같은 효력없음.** **[날먹행 147p]**

OX 정답

1절 1. X 2-1. X 2-2. X

□□□□□ ★

이 3-1. 확약은 본 행정행위에 대해 정당한 권한을 가진 행정청만이 할 수 있고, 당해 행정청의 행위권한의 범위 내에 있어야 한다. (15경행)

□□□□□ ★★

조 3-2. 확약은 문서로 하여야 한다. (23국회8급,22소방승진)

- **확약의 요건**
  - **주체**: 본행정처분을 할 수 있는 권한을 가진 행정청이 그 권한범위 내에서 해야 함
  - **내용**: 적법하고 실현가능한 내용이어야 함
  - **절차**: 행정청은 **다른 행정청과의 협의 등의 절차**를 거쳐야 하는 처분에 대하여 확약을 하려는 경우에는 **확약을 하기 전에 그 절차를 거쳐야 한다.** (행정절차법 제40조의 2 ③)
  - **형식**: 확약은 **문서로 하여야 함**(행정절차법 제40조의 2 ②)

[날먹행 147p]

□□□□□ ★

이 4. 확약을 행한 행정청은 확약의 내용인 행위를 하여야 할 자기구속적 의무를 지며, 상대방은 행정청에 그 이행을 청구할 권리를 갖게 된다. (16서울9급)

- **확약의 효과 → 구속력**: 공적견해표명으로서, 행정청은 확약의 내용을 해야 할 자기구속적 의무를 지며, 상대방은 행정청에 그 이행을 청구할 권리를 가짐.

[날먹행 147p]

□□□□□ ★★★

판 5-1. 확약에는 공정력이나 불가쟁력과 같은 효력이 인정되는 것은 아니라고 하더라도, 일단 확약이 있은 후에 사실적 · 법률적 상태가 변경되었다고 하여 행정청의 별다른 의사표시 없이 확약이 실효된다고 할 수 없다. (22국가9급,21지방·서울9급,19지방7급,18국가9급,18국가7급)

□□□□□ ★

조 5-2. 행정청이 당사자의 신청에 따라 장래에 어떤 처분을 하거나 하지 아니할 것을 내용으로 하는 의사표시인 확약을 했다면, 그 확약이 위법한 경우라도 행정청은 이에 기속된다. (23변시)

- **확약의 효과 → 실효**: 확약이 있은 후에 사실적 · 법률적 상태가 변경되었다면 그와 같은 확약 또는 공적인 의사표명은 **행정청의 별다른 의사표시를 기다리지 않고 실효된다**(95누10877).
- **행정절차법 제40조의2(확약)** ④ 행정청은 다음 각 호의 어느 하나에 해당하는 경우에는 **확약에 기속되지 아니한다.**
  1. 확약을 한 후에 확약의 내용을 이행할 수 없을 정도로 **법령등이나 사정이 변경된 경우**
  2. **확약이 위법한 경우**

  ⑤ 행정청은 확약이 제4항 각 호의 어느 하나에 해당하여 확약을 이행할 수 없는 경우에는 지체 없이 당사자에게 그 사실을 통지하여야 한다.

[날먹행 147p]

OX 정답

3-1. O 3-2. O 4. O 5-1. X 5-2. X

☐☐☐☐☐

이 6-1. 행정청의 확약에 대해 법률상 이익이 있는 제3자는 확약에 대해 취소소송으로 다툴 수 있다. **(18국가9급)**

☐☐☐☐☐

이 6-2. 행정청의 확약의 불이행으로 인해 손해를 입은 자는 '국가배상법'상 요건을 충족하는 경우에 한하여 손해배상을 청구할 수 있다. **(14사복9급)**

- **확약의 권리구제**
  - **행정쟁송:** 확약자체는 **처분성이 부정되므로 항고소송의 대상 X**
    그러나 확약의 불이행은 수익적 처분의 발급거부나 부작위를 의미하므로, **의무이행심판이나 거부처분취소소송, 부작위위법확인소송가능**
  - **손해전보: 손해배상, 손실보상 가능**

[날먹행 148p]

제 2 절 행정계획

☐☐☐☐☐

이 1. 행정계획은 장래의 질서있는 행정활동을 위한 목표를 설정하고, 설정된 목표를 달성하기 위하여 다양한 행정수단을 종합하고 조정하는 행위이다. **(16국회8급)**

- **행정계획**: 특정한 행정목표를 달성하기 위하여 서로 관련되는 행정수단을 종합 · 조정함으로써 장래의 일정한 시점에 있어서 일정한 질서를 실현하기 위한 활동기준으로 설정된 것을 말함(2005두1893). **[날먹행 148p]**

☐☐☐☐☐★★

판 2-1. 도시관리계획결정은 행정청의 처분이며, 항고소송의 대상이 된다. **(16국회8급,15지방9급)**

판례 도시계획법 제12조 소정의 도시계획결정이 고시되면 도시계획구역안의 토지나 건물 소유자의 토지형질변경, 건축물의 신축, 개축 또는 증축 등 권리행사가 일정한 제한을 받게 되는바 이런 점에서 볼 때 고시된 **도시계획결정**은 특정 개인의 권리 내지 법률상의 이익을 개별적이고 구체적으로 규제하는 효과를 가져오게 하는 **행정청의 처분**이라 할 것이고, 이는 **행정소송의 대상**이 되는 것이라 할 것이다(80누105). **[날먹행 148p]**

☐☐☐☐☐★★★

판 2-2. 도시및주거환경정비법'에 기초하여 주택재건축정비사업조합이 수립한 사업시행계획은 인가·고시를 통해 확정되어도 이해관계인에 대한 직접적인 구속력이 없는 행정계획으로서 독립된 행정처분에 해당하지 아니한다. **(20국가9급,18지방9급,18교행9급)**

판례 도시정비법에 따른 주택재건축정비사업조합은 관할 행정청의 감독 아래 도시정비법상 주택재건축사업을 시행하는 공법인으로서, 그 목적 범위 내에서 법령이 정하는 바에 따라 일정한 행정작용을 행하는 행정주체의 지위를 가진다 할 것인데, 채무자 조합이 이러한 행정주체의 지위에서 도시정비법에 기초하여 수립한 이 사건 사업시행계획은 인가·고시를 통해 확정되면 이해관계인에 대한 구속적 행정계획으로서 독립된 행정처분에 해당한다(2009마596). **[날먹행 148p]**

OX 정답

6-1. X 6-2. O **2절** 1. O 2-1. O 2-2. X

□□□□□★★

판 3. 개발제한구역지정처분은 그 입안 · 결정에 관하여 광범위한 형성의 자유를 가지는 계획재량처분이다. (23군무원9급,17지방9급)

판례 개발제한구역지정처분은 **행정계획**으로서 그 입안 · 결정에 관하여 **광범위한 형성의 자유를 가지는 계획재량처분이므로**, 그 지정에 관련된 공익과 사익을 전혀 비교교량하지 아니하였거나 비교교량을 하였더라도 그 정당성과 객관성이 결여되어 비례의 원칙에 위반되었다고 볼 만한 사정이 없는 이상, 그 개발제한구역지정처분이 재량권을 일탈 · 남용한 위법한 것이라고 할 수 없을 것이다(96누1313). **[날먹행 148p]**

□□□□□★★★

판 4. '도시 및 주거환경정비법'에 따라 인가 · 고시된 관리처분계획은 구속적 행정계획으로서 처분성이 인정된다. (22지방9급,20지방9급,19서울7급)

판례 도시재개발법에 의한 **재개발조합은** 조합원에 대한 법률관계에서 적어도 특수한 존립목적을 부여받은 특수한 **행정주체로서**, 그 관리처분계획**은 토지 등의 소유자에게 구체적이고 결정적인 영향을 미치는 조합이 행한 처분에 해당**하므로 **항고소송**의 방법으로 그 무효확인이나 취소를 구할 수 있다고 할 것이다(2001두6333). **[날먹행 148p]**

□□□□□★

판 5. 행정계획이 행정활동의 지침으로서만의 성격에 그치거나 행정조직 내부에서의 효력만을 가질 때에는 항고소송의 대상으로서의 처분성을 갖지 않는다. (22국가9급)

판례
- 행정계획이 국민이나 행정기관에 구속력 가지는 경우 → **구속적 행정계획: 처분성 인정**
- 행정계획이 단순 내부지침에 불과한 경우 → **비구속적 행정계획: 처분성 부정** **[날먹행 148p]**

□□□□□★★

판 6. 구 '도시계획법'상 도시기본계획은 도시계획입안의 지침이 되는 것으로서 일반 국민에 대한 직접적 구속력이 없다. (23소방간부,22국가9급,22소방,21국가9급,20소방간부,19서울9급,18국가7급)

판례 **도시기본계획**이라는 것은 도시의 장기적 개발방향과 미래상을 제시하는 **도시계획 입안의 지침이 되는 장기적 · 종합적인 개발계획으로서 직접적인 구속력은 없는 것이므로**, 도시계획시설결정 대상면적이 도시기본계획에서 예정했던 것보다 증가하였다 하여 그것이 도시기본계획의 범위를 벗어나 위법한 것은 아니다(96누13927). **[날먹행 149p]**

□□□□□★★

판 7. '4대강 살리기 마스터플랜'은 행정처분에 해당한다. (23소방,22국가7급)

판례 국토해양부, 환경부, 문화체육관광부, 농림수산부, 식품부가 합동으로 2009. 6. 8. 발표한 **'4대강 살리기 마스터플랜'** 등은 4대강 정비사업과 주변 지역의 관련 사업을 체계적으로 추진하기 위하여 수립한 종합계획이자 '4대강 살리기 사업'의 기본방향을 제시하는 계획으로서, **행정기관 내부에서 사업의 기본방향을 제시하는 것일 뿐, 국민의 권리 · 의무에 직접 영향을 미치는 것이 아니어서** 행정처분에 해당하지 않는다(2010무111). **[날먹행 149p]**

OX 정답

3. O 4. O 5. O 6. O 7. X

□□□□□ ★★

판 8. 환지계획은 환지예정지 지정이나 환지처분의 근거가 될 뿐, 고유한 법률효과를 수반하는 것이 아니어서 항고소송의 대상이 되는 처분에 해당한다고 할 수 없다. (20소방간부,18경행)

판례 **환지계획**은 위와 같은 환지예정지 지정이나 환지처분의 근거가 될 뿐 **그 자체가 직접 토지소유자 등의 법률상의 지위를 변동시키거나 또는 환지예정지 지정이나 환지처분과는 다른 고유한 법률효과를 수반하는 것이 아니**어서 이를 **항고소송의 대상이 되는 처분에 해당한다고 할 수가 없다**(97누6889). [날먹행 149p]

□□□□□ ★

판 9. '도시 및 주거환경정비법'상 토지 등 소유자들이 조합을 따로 설립하지 않고 직접 시행하는 도시환경사업에서 토지 등 소유자들이 사업시행인가를 받기 전에 작성한 사업시행계획은 항고소송의 대상이 되는 독립된 행정처분에 해당한다. (21국회9급,17국가7급)

판례 도시환경정비사업을 직접 시행하려는 토지 등 소유자들은 시장·군수로부터 사업시행인가를 받기 전에는 행정주체로서의 지위를 가지지 못한다. 따라서 그가 작성한 사업시행계획은 인가처분의 요건 중 하나에 불과하고 항고소송의 대상이 되는 독립된 행정처분에 해당하지 아니한다고 할 것이다(2011두19994). [날먹행 149p]

□□□□□ ★★

판 10. 구 '도시계획법'상 도시계획안의 공고 및 공람절차에 하자가 있는 도시계획결정은 위법하다. (23소방,23소방간부,22국가7급,21군무원7급,17교행9급)

- **행정계획의 절차 하자: 하자의 정도에 따라 취소 또는 무효 사유가 됨**

판례 도시계획의 입안에 있어 해당 **도시계획안**의 내용을 공고 및 공람하게 한 것은 다수 이해관계자의 이익을 합리적으로 조정하여 국민의 권리자유에 대한 부당한 침해를 방지하고 행정의 민주화와 신뢰를 확보하기 위하여 국민의 의사를 그 과정에 반영시키는데 있는 것이므로 이러한 **공고 및 공람 절차에 하자가 있는 도시계획결정은 위법**하다(98두2768). [날먹행 150p]

□□□□□ ★

판 11-1. 환지계획인가 후에 수정하고자 하는 내용에 대하여 토지 소유자 등 이해관계인의 공람절차를 거치지 아니한 채 수정된 내용에 따라 한 환지예정지지정처분은 당연무효이다. (15서울7급)

판례 환지계획 인가 후에 당초의 환지계획에 대한 공람과정에서 토지소유자 등 이해관계인이 제시한 의견에 따라 **수정하고자 하는 내용에 대하여 다시 공람절차 등을 밟지 아니한 채 수정된 내용에 따라 한 환지예정지 지정처분**은 환지계획에 따르지 아니한 것이거나 환지계획을 적법하게 변경하지 아니한 채 이루어진 것이어서 당연 무효라고 할 것이다(97누6889). [날먹행 150p]

OX 정답

8. O 9. X 10. O 11-1. O

☐☐☐☐☐

판 11-2. 도시관리계획결정· 고시와 그 도면에 특정 토지가 도시관리계획에 포함되지 않았음이 명백한데도 도시관리계획을 집행하기 위한 후속계획이나 처분에서 그 토지가 도시관리계획에 포함된 것처럼 표시되어 있는 경우, 이는 원칙적으로 취소사유에 해당한다. (21지방·서울7급)

판례 도시관리계획결정·고시와 그 도면에 특정 토지가 도시관리계획에 포함되지 않았음이 명백한데도 도시관리계획을 집행하기 위한 후속 계획이나 처분에서 그 토지가 도시관리계획에 포함된 것처럼 표시되어 있는 경우가 있다. 이것은 실질적으로 도시관리계획결정을 변경하는 것에 해당하여 구 국토의 계획 및 이용에 관한 법률(2009. 2. 6. 법률 제9442호로 개정되기 전의 것) 제30조 제5항에서 정한 도시관리계획 변경절차를 거치지 않는 한 당연무효이다(2018두47783).

☐☐☐☐☐

판 12-1. 도시계획의 수립에 있어서 구 '도시계획법' 소정의 공청회를 열지 아니하고 구 '공공용지 취득 및 손실보상에 관한 특례법' 소정의 이주대책을 수립하지 아니하였더라도 이는 절차상의 위법으로서 취소사유에 불과하다. (23경간)

☐☐☐☐☐ ★★

판 12-2. 법률에 규정된 공청회를 열지 아니한 하자가 있는 도시계획결정에 불가쟁력이 발생하였다면, 당해 도시계획결정이 당연무효가 아닌 이상 그 하자를 이유로 후행하는 수용재결처분의 취소를 구할 수는 없다. (16지방7급,12지방9급)

판례 **도시계획의 수립에 있어서 공청회를 열지 아니하고 이주대책을 수립하지 아니하였더라도 이는 절차상의 위법으로서** 취소사유에 불과하고 이러한 위법을 **선행처분인 도시계획결정이나 사업시행인가 단계에서 다투지 아니하였다면** 그 쟁소기간이 이미 도과한 후인 **수용재결단계에 있어서는 도시계획수립 행위의 위와 같은 위법을 들어 재결처분의 취소를 구할 수는 없다**(87누947). [날먹행 150p]

☐☐☐☐☐ ★★

판 13. 구 '도시계획법'상 행정청이 기안 · 결재 등의 과정을 거쳐 도시계획결정 등의 처분을 하였다고 하더라도 이를 관보에 게재하여 고시하지 아니한 이상 대외적으로는 아무런 효력도 발생하지 아니한다.
(23경간,21군무원7급,21지방·서울7급 등)

- **행정계획의 효력발생요건**
  - **공포 또는 고시** ∴ 공포 또는 고시하지 않은 행정계획은 아무런 효력이 발생하지 않는다(85누186).
  - 행정계획이 법규의 형식인 경우, 공포한 날부터 20일 경과함으로써 효력 발생 [날먹행 150p]

OX 정답

11-2. X 12-1. O 12-2. O 13. O

□□□□□ ★

OX 14. 행정계획이 확정되면 다른 법령상의 승인이나 허가 등을 받은 것으로 의제하는 것을 집중효라 하고, 이는 계획결정확정으로 인하여 인 · 허가를 대체한다는 점에서 대체효라고 한다. **(18서울7급)**

- **행정계획의 효력**
  - 일반적 효과: 비구속적 계획은 아무런 법적 효과가 없으나, 구속적 계획은 국민 · 행정기관에 구속력 등 법적 효과 발생.
  - **집중효**: **행정계획이 확정되면 다른 법령에 의해 받게 되어 있는 승인이나 허가 등을 받은 것으로 간주**하는 효력으로, 개별 법률에서 명시적으로 규정한 경우만 허용
    판례는 집중효에 있어서 **절차집중만 인정, 실체집중은 부정**된다고 함. **[날먹행 150p]**

□□□□□ ★★★

OX 15. 행정주체가 행정계획을 입안 · 결정하는 데에는 일반적으로 광범위한 계획재량이 인정된다. **(22소방,22군무원9급,22국가7급,19서울7급,18국가7급)**

- **계획재량**: 행정계획의 주체가 행정계획을 세움에 있어서 가지는 **광범위한 판단여지 내지는 형성의 자유**를 갖는 것으로서, **목적프로그램이라고 함.** **[날먹행 150p]**

□□□□□ ★★★

OX 16-1. 행정주체가 행정계획을 입안 · 결정함에 있어서 이익형량을 전혀 행하지 아니하거나 이익형량의 고려 대상에 마땅히 포함시켜야 할 사항을 누락한 경우 또는 이익형량을 하였으나 정당성 · 객관성이 결여된 경우에는 그 행정계획결정은 재량권을 일탈 · 남용한 것으로서 위법하게 된다. **(23소방간부,22국가7급,22군무원9급,22소방간부,22소방,21군무원9급,21지방7급,18국가7급)**

□□□□□ ★

OX 16-2. 형량의 대상 중 당연히 포함되어야 할 사항을 빠뜨린 경우를 형량의 흠결이라고 한다. **(23군무원9급)**

□□□□□ ★★

OX 16-3. 형량 시에 여러 이익 간의 형량을 행하기는 하였으나 그것이 객관성 · 비례성을 결한 경우를 형량의 해태라고 한다. **(23군무원9급,21지방7급)**

□□□□□ ★★

OX 16-4. 이익형량을 전혀 하지 않았다면 위법하다고 볼 수 있으나, 이익형량의 고려사항을 일부 누락하였거나 이익형량에 있어 정당성이 결여된 것만으로는 위법하다고 볼 수 없다. **(22소방)**

OX 정답

14. ○ 15. ○ 16-1. ○ 16-2. ○ 16-3. X 16-4. X

□□□□□

판 16-5. 판례에 따르면, 행정계획에 있어서 형량의 부존재, 형량의 누락, 평가의 과오 및 형량의 불비례 등 형량의 하자별로 위법의 판단기준을 달리하여 개별화하여 판단하고 있다. **(22군무원9급)**

- **형량명령의 원칙**
  - 행정계획을 수립함에 있어 공익과 사익, 공익 상호간 및 사익 상호간 이익을 정당하게 형량해야 한다는 원칙으로, **계획재량의 통제법리**이다.
  - 종래 대법원은 행정계획의 형량하자를 재량권의 일탈 · 남용의 문제로 보았으나, 최근에는 **형량 하자의 독자성을 인정**.
- **형량의 하자**
  - **형량의 해태**: 형량을 전혀 하지 않은 경우
  - **형량의 흠결**: 형량 고려대상 중 일부 누락
  - **오형량**: 형량을 하였으나 정당성, 객관성이 결여된 경우

→ 판례는 형량의 하자별로 위법의 판단기준을 달리하여 개별화하고 있지 않음. **[날먹행 151p]**

□□□□□ ★★

판 17. 광범위한 형성의 자유가 인정되는 계획재량에 대한 통제법리는 도시 · 군관리계획 구역 내 토지소유자의 도시 · 군계획시설변경신청에 대해 행정청이 해당 도시 · 군계획시설의 변경 여부를 결정하는 경우에도 적용된다. **(20국가9급,18지방·교행9급)**

판례 행정주체가 행정계획을 입안 · 결정함에 있어서 이익형량을 전혀 행하지 아니하거나 이익형량의 고려 대상에 마땅히 포함시켜야 할 사항을 누락한 경우 또는 이익형량을 하였으나 정당성과 객관성이 결여된 경우에는 그 행정계획결정은 형량에 하자가 있어 위법하게 된다.
이와 같은 법리는 도시계획시설구역 내 토지 등을 소유하고 있는 주민이 장기간 집행되지 아니한 도시계획시설의 결정권자에 대하여 도시계획시설의 변경을 신청하고, 그 결정권자가 이러한 신청을 받아들여 도시계획시설을 변경할 것인지 여부를 결정함에 있어서도 동일하게 적용된다고 보아야 한다(2010두5806). **[날먹행 151p]**

□□□□□ ★★

판 18. 판례는 원칙적으로 계획보장청구권을 인정하고 있다. **(16서울9급)**

- **행정계획의 계획보장청구권**

  행정계획은 본질상 변경가능성과 신뢰보호의 긴장관계에 있는데, 계획보장청구권은 행정계획이 변경될 경우, 기존의 행정계획에 대해 신뢰한 당사자가 행정청으로 하여금 기존 계획을 보장해 줄것을 청구하는 권리로,
  판례는 원칙적으로 인정하지 않고 있음. **[날먹행 151p]**

□□□□□ ★★

판 19-1. 판례는 도시계획의 변경 또는 폐지를 신청할 조리상의 권리를 원칙적으로 인정하고 있다. **(20국가9급,20지방9급,18서울7급)**

□□□□□ ★

판 19-2. 구 국토이용관리법상의 국토이용계획은 그 계획이 일단 확정된 후에 어떤 사정의 변동이 있다고 하여 지역주민이나 일반 이해관계인에게 일일이 그 계획의 변경을 신청할 권리를 인정하여 줄 수 없다. **(22군무원9급,20지방·서울9급,18서울7급)**

OX 정답

16-5. X 17. O 18. X 19-1. X 19-2. O

□□□□□

판 19-3. 국토이용계획 변경신청을 거부하는 것이 실질적으로 해당 행정처분 자체를 거부하는 결과가 되는 경우에는 항고소송의 대상이 되는 행정처분에 해당한다. (23소방간부)

- **행정계획의 계획변경 · 폐지청구권**
  - **원칙**: 행정계획으로 영향을 받는 당사자가, 행정청에게 그 행정계획을 변경, 폐지해달라고 요구할 수 있는 권리로, **판례는 원칙적으로 인정하지 않음**

판례 도시계획법상 주민이 행정청에 대하여 도시계획 및 그 변경에 대하여 어떤 신청을 할 수 있다는 규정이 없고, 도시계획과 같이 장기성, 종합성이 요구되는 행정계획에 있어서 그 계획이 일단 확정된 후 어떤 사정의 변동이 있다 하여 지역주민에게 일일이 그 계획의 변경을 청구할 권리를 인정해 줄 수도 없는 것이므로 그 변경 거부행위를 항고소송의 대상이 되는 행정처분에 해당한다고 볼 수 없다(93누22029).

  - **예외**: 변경 · 폐지신청을 거부하는 것이 실질적으로 당해 행정처분 자체를 거부하는 결과가 되는 경우, 이해관계인의 신뢰보호의 가치가 계획변경의 공익 보호보다 큰 경우, 예외적으로 인정됨(2001두10936) [날먹행 151p]

□□□□□ ★★★

판 20-1. 도시계획시설결정에 이해관계가 있는 주민으로서는 도시시설계획의 입안권자 내지 결정권자에게 도시시설계획의 입안 내지 변경을 요구할 수 있는 법규상 또는 조리상의 신청권이 있고, 이러한 신청에 대한 거부행위는 항고소송의 대상이 되는 행정처분에 해당한다. (23소방간부,23변시,21국회8급,20지방9급,19서울9급)

판례 도시관리계획구역내 **토지를 소유하고 있는 주민에게는 도시계획시설입안권자에게 도시시설계획의 입안 내지 변경을 요구할 수 있는 법규상 또는 조리상의 신청권**이 있으므로, 이에 대한 **거부행위는 항고소송의 대상이 되는 처분**에 해당한다(2003두1806). [날먹행 152p]

□□□□□ ★★

판 20-2. 산업단지개발계획상 산업단지 안의 토지 소유자로서 산업단지개발계획에 적합한 시설을 설치하여 입주하려는 자는 산업단지지정권자 또는 그로부터 권한을 위임받은 기관에 대하여 산업단지개발계획의 변경을 요청할 수 있는 법규상 또는 조리상 신청권이 있다. (21지방9급,21지방·서울7급,20국회9급)

판례 **산업단지개발계획상 산업단지 안의 토지 소유자로서 산업단지개발계획에 적합한 시설을 설치하여 입주하려는 자**는 산업단지지정권자 또는 그로부터 권한을 위임받은 기관에 대하여 **산업단지개발계획의 변경을 요청할 수 있는 법규상 또는 조리상 신청권이 있고,** 이러한 신청에 대한 거부행위는 항고소송의 대상이 되는 행정처분에 해당한다고 보아야 한다(2016두44186). [날먹행 152p]

□□□□□ ★★★

판 20-3. 장래 일정한 기간 내에 관계 법령이 규정하는 시설 등을 갖추어 일정한 행정처분을 구하는 신청을 할 수 있는 법률상 지위에 있는 자의 국토이용계획변경신청을 거부하는 것이 실질적으로 당해 행정처분 자체를 거부하는 결과가 되는 경우라도, 구「국토이용관리법」상 주민이 국토이용계획의 변경에 대하여 신청을 할 수 있다는 규정이 없으므로 그 신청인에게 국토이용계획변경을 신청할 권리가 인정된다고 볼 수 없다.
(22소방간부,21국가9급,20국가9급,20지방9급,19서울7급)

OX 정답

19-3. ○ 20-1. ○ 20-2. ○ 20-3. X

□□□□□

판 20-4. 폐기물처리사업의 적정통보를 받은 자가 폐기물처리업 허가를 받기 위해서는 국토이용계획의 변경이 선행되어야 하는 경우 일반적·추상적 효력을 가지는 이용계획의 특성상 그 변경을 신청할 개인의 권리는 인정되지 아니한다. (14국회8급)

> **판례** 폐기물처리사업의 적정통보를 받은 자가 폐기물처리업 허가를 받기 위해서는 이 사건 부동산에 대한 용도지역을 '농림지역 또는 준농림지역'에서 '준도시지역(시설용지지구)'으로 변경하는 국토이용계획변경이 선행되어야 하는데, 원고의 위 계획변경신청을 피고가 거부한다면 이는 실질적으로 원고에 대한 폐기물처리업허가신청을 불허하는 결과가 되므로, **원고는 위 국토이용계획변경의 입안 및 결정권자인 피고에 대하여 그 계획변경을 신청할 법규상 또는 조리상 권리를 가진다고 할 것이다.** 일정한 행정처분을 구하는 신청을 할 수 있는 법률상 지위에 있는 자의 국토이용계획변경신청을 거부하는 것이 실질적으로 당해 행정처분 자체를 거부하는 결과가 되는 경우에는 예외적으로 그 신청인에게 국토이용계획변경을 신청할 권리가 인정된다고 봄이 상당하므로, 이러한 **신청에 대한 거부행위는 항고소송의 대상이 되는 행정처분에 해당한다**(2001두10936). [날먹행 152p]

□□□□□★★

판 20-5. 문화재보호구역 내에 있는 토지의 소유자는 그 보호구역의 지정해제를 요구할 수 있는 법규상 또는 조리상의 신청권이 있다고 보기 어려우므로 이에 대한 거부행위는 항고소송의 대상이 되는 행정처분으로 보기 어렵다. (23경간,20지방9급,18지방7급 등)

> **판례** **문화재보호구역 내에 있는 토지소유자로서는 위 보호구역의 지정해제를 요구할 수 있는 법규상 또는 조리상의 신청권이 있다**고 할 것이고, 이에 대한 **거부행위는 항고소송의 대상이 되는 행정처분에 해당**한다(2003두8821). [날먹행 152p]

□□□□□

판 21-1. 장기미집행 도시계획시설결정의 실효제도에 의해 개인의 재산권이 보호되는 것은 입법자가 새로운 제도를 마련함에 따라 얻게 되는 법률에 기한 권리일 뿐 헌법상 재산권으로부터 당연히 도출되는 권리는 아니다. (20국가9급)

□□□□□

판 21-2. 도시·군계획시설결정이 고시된 도시·군계획시설에 대하여 그 고시일부터 20년이 지날 때까지 그 시설의 설치에 관한 도시·군계획시설사업이 시행되지 아니하는 경우 그 도시·군계획시설결정은 그 고시일부터 20년이 되는 날의 다음 날에 그 효력을 잃는다. (11지방7급)

> **• 장기미집행 도시계획의 문제**
>
> 헌재는 장기미집행 도시계획시설결정의 실효제도는 헌법상 재산권으로부터 도출되는 권리는 아니며, 법률에 기한 권리일 뿐이라고 판시함(2003헌마678).
>
> 한편 현행 '국토의 계획 및 이용에 관한 법률'은 '도시·군계획시설결정이 고시된 도시·군계획시설에 대하여 그 고시일부터 20년이 지날 때까지 그 시설의 설치에 관한 도시·군계획시설사업이 시행되지 아니하는 경우 그 도시·군계획시설결정은 그 고시일부터 20년이 되는 날의 다음 날에 그 효력을 잃는다.'고 규정하고 있음. [날먹행 152p]

OX 정답

20-4. X 20-5. X 21-1. ○ 21-2. ○

□□□□□

이 22-1. 적법한 행정계획의 실행으로 국민 또는 주민의 재산권 행사가 제한된다면, 법령이 손실보상의 근거규정을 두고 있는 경우에는 손실보상을 청구할 수 있다. (14서울7급)

□□□□□ ★★★

판 22-2. 비구속적 행정계획안이나 행정지침이라도 국민의 기본권에 직접적으로 영향을 끼치고, 앞으로 법령의 뒷받침에 의하여 그대로 실시될 것이 틀림없을 것으로 예상될 수 있을 때에는 공권력행위로서 헌법소원의 대상이 될 수 있다. (23경간,22소방간부,21군무원7급,21국가9급,18국가7급)

- **행정계획의 권리구제**
  - **행정쟁송: 처분성 있는 구속적 행정계획에 대해 행정쟁송 가능**(그러나 사정재결, 사정판결 가능성이 큼)
  - **손해전보**: 국가배상, 손실보상청구 가능함 (21국회9급)
  - **헌법소원**: **구속적 행정계획**은 헌법소원의 대상 O
    비구속적 행정계획의 경우에도, **예외적으로 국민의 기본에 직접적으로 영향을 끼치고 앞으로 법령의 뒷받침에 의하여 그대로 실현될 것이 틀림없을 것으로 예상될 수 있을 때에는 헌법소원의 대상**이 됨(92헌마67). [날먹행 152, 153p]

□□□□□ ★

판 23. 국공립대학의 총장직선제 개선 여부를 재정지원 평가요소로 반영하고 이를 개선하지 않을 경우 다음 연도에 지원금을 삭감 또는 환수하도록 규정한 교육부장관의 '대학교육역량강화사업 기본계획'은 헌법소원의 대상이 된다. (17지방9급급)

판례 2012년도와 2013년도 **대학교육역량강화사업 기본계획**은 대학교육역량강화 지원사업을 추진하기 위한 국가의 기본방침을 밝히고 국가가 제시한 일정 요건을 충족하여 높은 점수를 획득한 대학에 대하여 지원금을 배분하는 것을 내용으로 하는 **행정계획일 뿐**, 위 **계획에 따를 의무를 부과하는 것은 아니다.** 총장직선제를 개선하지 않을 경우 지원금을 받지 못하게 될 가능성이 있어 대학들이 이 계획에 구속될 여지가 있다 하더라도, 이는 **사실상의 구속에 불과**하고 이에 따를지 여부는 **전적으로 대학의 자율에 맡겨져 있으므로, 헌법소원의 대상이 되는 공권력 행사에 해당하지 아니한다**(2013헌마576). [날먹행 153p]

OX 정답

22-1. O 22-2. O 23. X

제 3 절 공법상 계약

□□□□□ ★★

이 1-1. 공법상 계약은 공법상의 법률관계의 변경을 가져오는 행정주체를 한쪽 당사자로 하는 양 당사자 사이의 반대방향의 의사표시의 합치를 말한다. (18교행9급,17교행9급)

□□□□□

이 1-2. 공법상 계약은 복수당사자 간 반대방향의 의사표시 합치로 성립되는 공법행위로 동일한 방향의 의사표시 합치로 성립되는 공법상 합동행위와 구별된다. (14경행)

- **공법상 계약**
  - 공법상 법률관계의 변경을 가져오는 **행정주체를 한쪽 당사자로** 하는 양 당사자 사이의 서로 반대방향의 의사표시의 합치에 의해 성립되는 공법행위임. → 행정을 개별적인 상황에 따라 탄력적으로 처리할 수 있게 하는 역할
  - **공법상 합동행위**는 공법적 효과를 발생하기 위하여 복수 당사자 간의 **동일 방향의 의사합치로 성립**되는 공법행위로, **서로 반대방향의 의사의 합치**로 이루어지는 **공법상 계약과 구별**됨. [날먹행 153p]

□□□□□ ★★★

이 2. 공법상 계약에는 공정력이 인정되지 않는다. (22국가9급)

- **공법상 계약의 특징**
  ① **자력집행력 · 공정력 · 존속력 인정 X** (∵계약 당사자간 대등한 지위에 있음)
  ② **사적자치의 원칙**이(계약체결 · 형성의 자유) 제한됨. [날먹행 153p]

□□□□□ ★★★

이 3. 다수설에 따르면 공법상 계약은 당사자의 자유로운 의사의 합치에 의하므로 원칙적으로 법률유보의 원칙이 적용되지 않는다고 본다. (22소방승진,17국가9급,17서울9급)

- **공법상 계약의 법적 근거**
  - 법률의 근거 없이도 자유로이 체결 가능함(**통설**) → **법률유보의 원칙 적용 X** [날먹행 154p]

□□□□□

조 4-1. 공법상 계약은 구두나 문서로 할 수 있다. (13국회8급)

□□□□□ ★★★

이 4-2. 공법상 계약에는 법률우위의 원칙이 적용되지 않는다. (21지방9급,17서울7급)

□□□□□

조 4-3. 행정청은 공법상 계약의 상대방을 선정하고 계약 내용을 정할 때 공법상 계약의 공공성과 제3자의 이해관계를 고려하여야 한다. (23소방,22경간,22국가7급,21지방9급)

□□□□□ ★★★

조 4-4. 공법상 계약에 관하여는 행정절차법에 명문의 규정을 두고 있다. (23국회8급,20소방)

OX 정답

3절 1-1. ○ 1-2. ○ 2. ○ 3. ○ 4-1. X 4-2. X 4-3. ○ 4-4. X

□□□□□ ★★★

판 4-5. 계약직 공무원 채용계약 해지의 의사표시는 항고소송의 대상이 되는 처분 등의 성격을 가진 것으로 행정처분과 같이 행정절차법에 의하여 근거와 이유를 제시하여야 한다.
(22지방9급,21지방·서울9급,21국가9급,19소방,18국가9급,17국가7급)

□□□□□ ★

조 4-6. 행정청은 법령등을 위반하지 아니하는 범위에서 공법상 계약을 체결할 수 있으며, 이 경우 계약의 목적 및 내용을 명확하게 적은 계약서를 작성하여야 한다. (23국회8급,22경간)

- **공법상 계약의 요건**
  - **주체**: 권한 있는 행정주체여야 함.
  - **절차**: **공법상 계약에 대한 절차를 규율한 법 X → 행정절차법 적용 X**

    판례 계약직 공무원 채용계약 해지의 의사표시는 항고소송의 대상이 되는 처분 등의 성격을 가진 것으로 행정처분과 같이 행정절차법에 의하여 근거와 이유를 제시하여야 하는 것은 아니다(2002두5948).
  - **내용**: 법률유보의 원칙은 적용 X (∵당사자의 의사의 합치),
    법률우위의 원칙은 적용되므로, **행정법의 일반원칙에 반하지 않아야 함.**
- **행정기본법 제27조 (공법상 계약의 체결) ① 행정청은 법령등을 위반하지 아니하는 범위에서 행정목적을 달성하기 위하여 필요한 경우**에는 **공법상 법률관계에 관한 계약**(이하 "공법상 계약"이라 한다)**을 체결할 수 있다.** 이 경우 계약의 **목적 및 내용을 명확하게 적은 계약서를 작성하여야 한다.** → 계약서 작성 의무화함.
  ② 행정청은 공법상 계약의 상대방을 선정하고 계약 내용을 정할 때 **공법상 계약의 공공성과 제3자의 이해관계를 고려**하여야 한다. [날먹행 154p]

□□□□□ ★★★

판 5-1. 공법상 계약이 법령위반 등의 내용상 하자가 있는 경우에도 그 하자가 중대·명백한 것이 아니면 취소할 수 있는 하자가 불과하고 이에 대한 다툼은 당사자소송에 의하여야 한다. (22국가9급,22지방9급)

- **공법상 계약은** 공정력이 인정되지 않아, **위법한 공법상 계약은** 무효**이다(다수설, 판례)** [날먹행 154p]

□□□□□ ★

이 5-2. 공법상 계약은 상대방의 의무불이행에 대한 강제적 실행이 용이하다. (19서울7급)

- 공법상 계약은 불이행시 행정대집행법 적용X, 자력으로 의무이행 강제 X, 법원의 판결 을 받아 강제해야 함. [날먹행 154p]

□□□□□ ★★

판 6-1. 행정청이 자신과 상대방 사이의 법률관계를 일방적인 의사표시로 종료시켰다고 하더라도 곧바로 그 의사표시가 행정청으로서 공권력을 행사하여 행하는 행정처분이라고 단정할 수는 없고, 관계 법령이 상대방의 법률관계에 관하여 구체적으로 어떻게 규정하고 있는지에 따라 개별적으로 판단하여야 한다. (21국가9급,21지방7급)

판례 행정청이 상대방과의 법률관계를 일방적 의사표시로 종료시켰더라도 그 의사표시가 처분이라고 단정할 수 없고, 관계법령의 구체적 규정에 따라 의사표시가 처분인지 아니면 공법상 계약관계의 일방 당사자로서 대등한 지위에서 행하는 의사표시인지를 개별적으로 판단해야 함 (2013두6244). [날먹행 155p]

OX 정답

4-5. X 4-6. X 5-1. X 5-2. X 6-1. O

□□□□□ ★★★

판 6-2. 전문직공무원인 공중보건의사의 채용계약 해지는 관할도지사의 일방적인 의사표시에 의해 그 신분을 박탈하는 불이익처분으로 항고소송의 대상이 된다. (22경간,21지방9급,21국회8급,19서울7급,17국가9급)

> 판례 **공중보건의사 채용계약 해지의 의사표시**에 대하여는 대등한 당사자간의 소송형식인 **공법상의 당사자소송**으로 그 의사표시의 무효확인을 청구할 수 있는 것이지, 이를 항고소송의 대상이 되는 행정처분이라는 전제하에서 그 취소를 구하는 항고소송을 제기할 수는 없다(95누10617). **[날먹행 155p]**

□□□□□ ★★★

판 6-3. 공법상 계약의 한쪽 당사자가 다른 당사자를 상대로 효력을 다투거나 이행을 청구하는 소송은 공법상의 법률관계에 관한 분쟁이므로 분쟁의 실질이 공법상 권리·의무의 존부·범위에 관한 다툼이 아니라 손해배상액의 구체적인 산정방법·금액에 국한되는 등의 특별한 사정이 없는 한 공법상 당사자소송으로 제기하여야 한다. (22국가9급,22국가7급,22지방9급,21지방·서울7급)

> 판례 공법상 계약이란 공법적 효과의 발생을 목적으로 하여 대등한 당사자 사이의 의사표시의 합치로 성립하는 공법행위를 말한다. 공법상 계약의 한쪽 당사자가 다른 당사자를 상대로 효력을 다투거나 이행을 청구하는 소송은 공법상의 법률관계에 관한 분쟁이므로 분쟁의 실질이 공법상 권리·의무의 존부·범위에 관한 다툼이 아니라 손해배상액의 구체적인 산정방법·금액에 국한되는 등의 특별한 사정이 없는 한 공법상 당사자소송으로 제기하여야 한다(2019다277133). **[날먹행 155p]**

□□□□□ ★★

판 7-1. 계약직 공무원에 대한 채용계약 해지의 의사표시는 국가 또는 지방자치단체가 대등한 지위에서 행하는 의사표시로 이해된다. (21국가9급,19소방,19서울9급)

> 판례 **계약직공무원 채용계약해지의 의사표시**는 일반공무원에 대한 징계처분과는 달라서 **항고소송의 대상이 되는 처분 등의 성격을 가진 것으로 인정되지 아니**하고, **국가 또는 지방자치단체가 채용계약 관계의 한쪽 당사자로서 대등한 지위에서 행하는 의사표시로 취급**되는 것으로 이해되므로, 이를 징계해고 등에서와 같이 그 징계사유에 한하여 효력 유무를 판단하여야 하거나, 행정처분과 같이 행정절차법에 의하여 근거와 이유를 제시하여야 하는 것은 아니다(2002두5948). **[날먹행 156p]**

□□□□□ ★★

판 7-2. 채용계약상 특별한 약정이 없는 한, 지방계약직공무원에 대하여 「지방공무원법」, 「지방공무원 징계 및 소청 규정」에 정한 징계절차에 의하지 않고서는 보수를 삭감할 수 없다. (22소방간부,21국가9급,20국회8급)

> 판례 지방계약직공무원에 대해 지방공무원법, 지방공무원징계및소청규정에 정한 징계절차에 의하지 않고서는 보수를 삭감할 수 없음(2006두16328). (보수의 삭감은 징계처분의 일종인 감봉과 다를 바 없기 때문) **[날먹행 156p]**

OX 정답

6-2. X 6-3. O 7-1. O 7-2. O

□□□□□ ★★★

판 8. 지방전문직공무원 채용계약은 공법상 계약이다. **(23경간,16교행9급)**

> **판례** **지방전문직공무원 채용계약 해지의 의사표시**를 일반공무원에 대한 징계처분과는 달리 **항고소송의 대상이 되는 처분 등의 성격을 가진 것으로 인정하지 아니**하고, 지방자치단체가 채용계약관계의 한쪽 당사자로서 대등한 지위에서 행하는 의사표시로 취급하고 있는 것으로 이해되므로, 지방전문직공무원 채용계약 해지의 의사표시에 대하여는 대등한 당사자간의 소송형식인 공법상 당사자소송으로 그 의사표시의 무효확인을 청구할 수 있다(92누4611). **[날먹행 156p]**

 ★★★

판 9. 시립무용단원의 해촉은 행정소송의 대상이 된다. **(22소방간부,21소방간부,19서울9급)**

> **판례** 서울특별시립무용단 단원의 위촉은 공법상의 계약이라고 할 것이고, 따라서 그 단원의 해촉에 대하여는 공법상의 당사자소송으로 그 무효확인을 청구할 수 있다(95누4636). **[날먹행 156p]**

□□□□□ ★★★

판 10. 구 '중소기업기술혁신 촉진법'상 중소기업 정보화지원사업에 따른 지원금 출연을 위하여 중소기업청장이 체결하는 협약은 공법상 계약에 해당한다.
(23국회8급,23경간,22국가7급,22서울7급,22국회8급,21국가9급,21지방7급,21군무원7급,21경행,20소방,18국가9급 등)

> **판례** 중소기업 정보화지원사업에 따른 지원금 출연을 위하여 **중소기업청장이 체결하는 협약은 공법상 대등한 당사자 사이의 의사표시의 합치로 성립하는 공법상 계약**에 해당하는 점, 중소기업기술정보진흥원장이 중소기업 정보화지원에 관한 협약을 체결한 경우, **그 협약의 해지 및 그에 따른 환수통보는 공법상 계약에 따라 행정청이 대등한 당사자의 지위에서 하는 의사표시**로 보아야 하고, 이를 행정청이 우월한 지위에서 행하는 공권력의 행사로서 행정처분에 해당한다고 볼 수는 없다(2015두41449). **[날먹행 156p]**

□□□□□ ★★★

판 11. 한국환경산업기술원장이 환경기술개발사업 협약을 체결한 갑 주식회사 등에게 연차평가 실시 결과 절대평가 60점 미만으로 평가되었다는 이유로 연구개발 중단 조치 및 연구비 집행중지 조치를 한 사안에서, 연구개발 중단 조치 및 연구비 집행중지 조치는 항고소송의 대상이 되는 행정처분에 해당한다. **(20국회8급)**

> **판례** 한국환경산업기술원장이 환경기술개발사업 협약을 체결한 甲 주식회사 등에게 연구개발 중단 조치 및 연구비 집행중지 조치를 한 사안에서, 각 조치는 甲 회사 등에게 연구개발을 중단하고 이미 지급된 연구비를 더 이상 사용하지 말아야 할 공법상 의무를 부과하는 것으로서 항고소송의 대상이 되는 행정처분에 해당한다(2015두264). **[날먹행 156p]**

OX 정답

8. ○ 9. ○ 10. ○ 11. ○

□□□□□ ★★★

판 12. 재단법인 한국연구재단이 A대학교 총장에게 연구개발비 부당집행을 이유로 과학기술기본법령에 따라 '두뇌한국(BK)21 사업'협약의 해지를 통보한 것은 대등 당사자의 지위에서 형성된 공법상 계약을 계약 당사자의 지위에서 종료시키는 의사표시 해당한다. **(22서울7급,20지방7급,19국가7급,17지방9급)**

> **판례** 과학기술기본법령상 사업 협약의 해지통보는 단순히 대등한 당사자의 지위에서 형성된 공법상계약을 계약당사자의 지위에서 종료시키는 의사표시에 불과하다고 볼 것이 아니라 행정청인 관리권자로부터 관리업무를 위탁받은 피고가 우월적 지위에서 원고에게 일정한 법률상 효과를 발생하게 하는 것으로서 항고소송의 대상이 되는 행정처분에 해당한다고 보아야 할 것이다(2012두28704). **[날먹행 156p]**

□□□□□

판 13. 지방자치단체가 근무기간을 정하여 임용하는 공무원으로 시민옴부즈맨을 채용하는 행위는 공법상 계약에 해당한다. **(23소방간부)**

> **판례** 이 사건 조례에 의하면 이 사건 옴부즈만은 토목분야와 건축분야 각 1인을 포함하여 5인 이내의 '지방계약직공무원'으로 구성하도록 되어 있는데(제3조 제2항), 위 조례와 이 사건 통보 당시 구 지방공무원법 제2조 제3항 제3호, 제3조 제1항 및 같은 법 제2조 제4항의 위임에 따른 구 지방계약직공무원 규정 제5조 등 관련 법령의 규정에 비추어 보면, 지방계약직공무원인 이 사건 옴부즈만 채용행위는 공법상 대등한 당사자 사이의 의사표시의 합치로 성립하는 공법상 계약에 해당한다(2013두6244). **[날먹행 156p]**

□□□□□ ★★★

판 14. 광주광역시문화예술회관장의 단원위촉은 광주광역시와 단원이 되고자 하는 자 사이에 대등한 지위에서 의사가 합치되어 성립하는 공법상 근로계약에 해당한다. **(23경간,20지방7급,19서울9급 등)**

> **판례** 광주광역시문화예술회관장의 단원 위촉은 광주광역시문화예술회관장이 행정청으로서 공권력을 행사하여 행하는 행정처분이 아니라 공법상의 근무관계의 설정을 목적으로 하여 광주광역시와 단원이 되고자 하는 자 사이에 대등한 지위에서 의사가 합치되어 성립하는 공법상 근로계약에 해당한다고 보아야 할 것이므로, 광주광역시립합창단원으로서 위촉기간이 만료되는 자들의 재위촉 신청에 대하여 광주광역시문화예술회관장이 실기와 근무성적에 대한 평정을 실시하여 재위촉을 하지 아니한 것을 항고소송의 대상이 되는 불합격처분이라고 할 수는 없다(2001두7794). **[날먹행 156p]**

□□□□□

판 15. 민간투자사업 실시협약을 체결한 당사자가 공법상 당사자소송에 의하여 그 실시협약에 따른 재정지원금의 지급을 구하는 경우에, 수소법원은 주무관청이 재정지원금액을 산정한 절차 등에 위법이 있는지 여부를 심사할 수는 있지만 실시협약에 따른 적정한 재정지원금액이 얼마인지를 구체적으로 심리·판단할 수 없다. **(22국가7급)**

> **판례** 민간투자사업 실시협약을 체결한 당사자가 공법상 당사자소송에 의하여 그 실시협약에 따른 재정지원금의 지급을 구하는 경우에, 수소법원은 단순히 주무관청이 재정지원금액을 산정한 절차 등에 위법이 있는지 여부를 심사하는 데 그쳐서는 아니 되고, 실시협약에 따른 적정한 재정지원금액이 얼마인지를 구체적으로 심리·판단하여야 한다(2017두46455). **[날먹행 156p]**

OX 정답

12. X 13. O 14. O 15. X

제 4 절 사실행위

☐☐☐☐☐

판 1. 추첨방식에 의해 운수사업면허대상자를 선정하는 경우에 있어서의 추첨행위는 사실행위이다. (15사복9급)

- **사실행위**: 일정한 법적 효과의 발생을 의도하는 행위가 아닌, 단순 사실상의 결과 실현을 목적으로 하는 행위를 의미
  ① **권력적 사실행위**: 국민의 신체 · 재산 등에 직접 물리력 행사하는 행위 ex) 경찰관의 신체수색, 교도소장의 서신검열
  ② **비권력적 사실행위**: ①과 같은 권력성이 인정되지 않는 행위
  예) 추첨방식으로 운수사업면허대상 선정(92누15987), 행정청의 알선 · 권유 · 사실상 통지, 폐기물 수거(23지방9급)

[날먹행 156p]

☐☐☐☐☐ ★★

판 2-1. 수형자의 서신을 교도소장이 검열하는 행위는 행정심판이나 행정소송의 대상이 되는 행정처분으로 볼 수 있다. (18서울7급,17지방9급)

☐☐☐☐☐ ★★

판 2-2. 비권력적 사실행위는 공권력의 행사에 해당하지 않지만, 행정청이 우월적 지위에서 일방적으로 강제하는 권력적 사실행위는 헌법소원의 대상이 되는 공권력의 행사에 해당한다. (23소방)

- **사실행위의 권리구제**
  권력적 사실행위 → 처분성 인정(**단, 소의 이익이 없는 경우 대부분**) → 헌법소원의 대상**이 됨**(보충성 원칙의 예외)
  비권력적 사실행위 → 처분성 부정 → 원칙: 인정 X
  예외: 국민의 기본권에 직접 영향**을 미치고**, 그대로 실시될 것이 명백하면, 인정 O

판례 **수형자의 서신을 교도소장이 검열**하는 행위는 이른바 권력적 사실행위로서 행정심판이나 행정소송의 대상이 되는 행정처분으로 볼 수 있으나, 위 검열행위가 이미 완료되어 행정심판이나 행정소송을 제기하더라도 소의 이익이 부정될 수 밖에 없으므로 헌법소원심판을 청구하는 외에 다른 효과적인 구제방법이 있다고 보기 어렵기 때문에 보충성의 원칙에 대한 예외에 해당한다(96헌마398). → 헌법소원의 대상 O **[날먹행 157p]**

☐☐☐☐☐ ★

판 3. 구속된 피의자가 수갑 및 포승을 시용한 상태로 피의자신문을 받도록 한 수갑 및 포승 사용행위는 사실행위이다. (15사복9급)

판례 **구속된 피의자가 검사조사실에서 수갑 및 포승을 시용한 상태**로 피의자신문을 받도록 한 이 사건 수갑 및 포승 사용행위는 **이미 종료된** 권력적 사실행위로서 행정심판이나 **행정소송의 대상으로 인정되기 어려워** 헌법소원심판을 청구하는 외에 달리 효과적인 구제방법이 없으므로 보충성의 원칙에 대한 예외**에 해당**한다(2001헌마728). → 헌법소원의 대상O **[날먹행 157p]**

OX 정답

4절 1. O 2-1. O 2-2. O 3. O

판 4. 공립학교당국이 미납 공납금을 완납하지 아니할 경우 졸업증의 교부와 증명서를 발급하지 않겠다고 통고한 행위는 사실행위이다. (15사복9급)

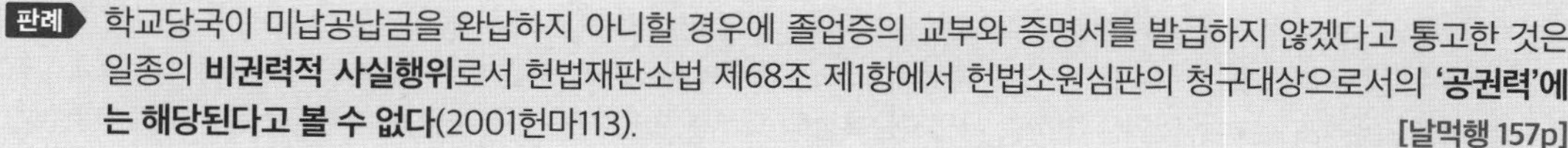

판례 학교당국이 미납공납금을 완납하지 아니할 경우에 졸업증의 교부와 증명서를 발급하지 않겠다고 통고한 것은 일종의 **비권력적 사실행위**로서 헌법재판소법 제68조 제1항에서 헌법소원심판의 청구대상으로서의 **'공권력'에는 해당된다고 볼 수 없다**(2001헌마113). **[날먹행 157p]**

★★★

판 5. 국립대학교의 대학입학고사 주요 요강은 공권력의 행사로서 행정소송의 대상이 될 수 있는 행정처분이다. (23군무원9급,21군무원9급,17서울7급 등)

판례 **서울대학교의 "94학년도 대학입학고사 주요요강"은 사실상의 준비행위 내지 사전안내에 불과하므로** 행정처분이나 공권력의 행사는 될 수 없다. 그러나 그 내용이 **국민의 기본권에 직접 영향**을 끼치는 내용이고 **앞으로 법령의 뒷받침에 의하여 그대로 실시될 것이 틀림없을 것으로 예상**될 수 있는 것일 때에는 헌법소원의 대상이 되는 공권력의 행사에 해당된다(92헌마68). → **주의** 행정처분 X, 헌법소원의 대상 O **[날먹행 157p]**

★★

판 6. 교도소 수형자에게 소변을 받아 제출하게 한 것은, 형을 집행하는 우월적인 지위에서 외부와 격리된 채 형의 집행에 관한 지시, 명령을 복종하여야 할 관계에 있는 자에게 행해진 것으로서 권력적 사실행위이다. (23지방9급,20군무원9급)

판례 교도소 수형자에게 소변을 받아 제출하게 한 것은, 형을 집행하는 우월적인 지위에서 외부와 격리된 채 형의 집행에 관한 지시, 명령을 복종하여야 할 관계에 있는 자에게 행해진 것으로, 권력적 사실행위로서 헌법재판소법 제68조 제1항의 공권력의 행사에 해당한다(2005헌마277). **[날먹행 157p]**

★

판 7. 교도소장이 영치품인 티셔츠 사용을 재소자에게 불허한 행위는 항고소송의 대상이 되는 행정처분에 해당한다. (23지방9급)

판례 고의 긴 팔 티셔츠 2개(앞 단추가 3개 있고 칼라가 달린 것, 이하 '이 사건 영치품'이라 한다)에 대한 사용신청 불허처분(이하 '이 사건 처분'이라 한다) 이후 이루어진 원고의 다른 교도소로의 이송이라는 사정에 의하여 원고의 권리와 이익의 침해 등이 해소되지 아니한 점, 원고의 형기가 만료되기까지는 아직 상당한 기간이 남아 있을 뿐만 아니라, 진주교도소가 전국 교정시설의 결핵 및 정신질환 수형자들을 수용·관리하는 의료교도소인 사정을 감안할 때 원고의 진주교도소로의 재이송 가능성이 소멸하였다고 단정하기 어려운 점 등을 종합하면, 원고로서는 이 사건 처분의 취소를 구할 이익이 있다고 봄이 상당하다(200713203). **[날먹행 157p]**

OX 정답

4. O 5. X 6. O 7. O

□□□□□

판 8. 사업자등록증에 대한 검열은 납세의무자임을 확인하는 준법률행위적 행정행위로서의 확인에 해당한다. (23소방)

판례 소득세법 제197의2, 부가가치세법 제5조, 같은법시행령 제7조 내지 제9조 등의 규정에 비추어 보면, 부가가치세법상의 사업자등록은 과세관청으로 하여금 부가가치세의 납세의무자를 파악하고 그 과세자료를 확보케 하려는데 입법취지가 있으므로 이는 단순한 사업사실의 신고로서 사업자가 소관세무서장에게 소정의 사업자등록신청서를 제출함으로써 성립되는 것이고 **사업자등록증의 교부는 이와 같은 등록사실을 증명하는 증서의 교부행위에 불과한 것이며,** 사업자등록증에 대한 검열 역시 과세관청이 등록된 사업을 계속하고 있는 사업자의 신고사실을 증명하는 **사실행위에 지나지 않는다**(87누156). →현재 사업자등록증 검열제도는 폐지되었음. [날먹행 157p]

제 5 절 행정지도

□□□□□ ★★

이 1. 행정지도는 행정기관이 그 소관 사무의 범위에서 일정한 행정목적을 실현하기 위하여 특정인에게 일정한 행위를 하거나 하지 아니하도록 지도, 권고, 조언, 등을 하는 행정작용을 말한다. (21소방,20소방간부)

- **행정지도** - 행정기관이 그 소관 사무의 범위에서 일정한 행정목적을 실현하기 위하여 특정인에게 일정한 행위를 하거나 하지 아니하도록 지도, 권고, 조언 등을 하는 행정작용을 의미함(행정절차법 제2조 제3호) [날먹행 158p]

□□□□□ ★★

이 2-1. 행정지도는 비권력적 사실행위이다. (23지방9급,20소방)

□□□□□ ★★

이 2-2. 행정지도는 법적 효과의 발생을 목적으로 하는 의사표시이다. (18교행9급)

□□□□□ ★★

이 2-3. 대법원은 행정지도의 비권력적 사실행위의 성질에 비추어 행정지도만으로 건축법 소정의 도로지정이 있은 것으로 볼 수 없다고 판시하였다. (04전북9급)

- **행정지도의 법적 성질: 상대방의 임의적 협력을 전제로 하는 비권력적 사실행위**로, 그 자체로는 법적효과가 발생 X.

판례 행정지도만으로 건축법 소정의 도로지정이 있는 것으로 볼 수 없다(91누1776). [날먹행 158p]

OX 정답

8. X / 5절 1. O 2-1. O 2-2. X 2-3. O

□□□□□

이 3. 영농지도, 중소기업에 대한 경영지도, 생활개선지도 등은 조성적 행정지도에 해당한다. (12국가9급)

- **행정지도의 종류**
  - **조성적 행정지도**: 일정한 질서의 형성을 도모하고 국민, 기업의 활동을 발전적으로 유도하기 위한 행정지도 예) 영농지도, 중소기업기술지도, 장학지도 등
  - **조정적 행정지도**: 이해대립과 과다경쟁을 조정하기 위한 행정지도 예) 노사분쟁지도
  - **규제적 행정지도**: 일정한 행위를 억제하기 위한 규제적 행정지도 예) 물가억제를 위한 지도 [날먹행 158p]

□□□□□★★★

이 4-1. 행정지도에도 법률의 우위원칙이 적용된다. (19국가9급,19사복9급,18경행)

□□□□□

이 4-2. 행정지도는 작용법적 근거가 필요하지 않으므로, 비례원칙과 평등원칙에 구속되지 않는다. (19국가9급,17국가9급)

□□□□□★★★

이 4-3. 다수설에 따르면 행정지도에 관해서 개별법에 근거규정이 없는 경우 행정지도의 상대방인 국민에게 미치는 효력을 고려하여 행정지도를 할 수 없다고 본다. (17국가9급)

- **행정지도의 법적 근거**
  - 조직법적 근거 필요, 비권력적 사실행위이므로 **작용법적 근거는 필요 X**
- **행정지도의 한계**
  - **법률우위의 원칙, 행정법의 일반원칙 등 위반하지 않아야** 함 [날먹행 158p]

□□□□□★★★

조 5-1. 행정지도는 그 목적 달성에 필요한 최소한도에 그쳐야 하며, 행정지도의 상대방의 의사에 반하여 부당하게 강요하여서는 아니된다. (22국회8급,20소방,19서울9급,18경행)

- **행정절차법 제48조(행정지도의 원칙)** ① 행정지도는 그 **목적 달성에 필요한 최소한도**에 그쳐야 하며, 행정지도의 **상대방의 의사에 반하여 부당하게 강요하여서는 아니 된다. → 비례의 원칙, 임의성의 원칙** [날먹행 158p]

□□□□□

판 5-2. 적법한 행정지도로 인정되기 위해서는 우선 그 목적이 적법한 것으로 인정될 수 있어야 할 것이므로, 행정청이 행한 주식매각의 종용이 정당한 법률적 근거 없이 자의적으로 주주에게 제재를 가하는 것이라면 행정지도의 영역을 벗어난 것이라고 보아야 할 것이다. (20군무원9급,20소방간부)

판례 주식매각의 종용이 정당한 법률적 근거 없이 자의적으로 주주에게 제재를 가하는 것이라면 이 점에서 벌써 행정지도의 영역을 벗어난 것이라고 보아야 할 것이고 만일 이러한 행위도 행정지도에 해당된다고 한다면 이는 행정지도라는 미명하에 법치주의의 원칙을 파괴하는 것이라고 하지 않을 수 없으며, 더구나 그 주주가 주식매각의 종용을 거부한다는 의사를 명백하게 표시하였음에도 불구하고, 집요하게 위협적인 언동을 함으로써 그 매각을 강요하였다면 이는 위법한 강박행위에 해당한다고 하지 않을 수 없다(93다49842). [날먹행 158p]

OX 정답

3. ○ 4-1. ○ 4-2. X 4-3. X 5-1. ○ 5-2. ○

□□□□□ ★★★

㉤ 6. 행정기관은 행정지도의 상대방이 행정지도에 따르지 아니하였다는 것을 이유로 불이익한 조치를 하여서는 아니 된다. (23지방9급,23국회8급,23군무원9급,21군무원9급,20소방)

- **행정절차법 제48조(행정지도의 원칙)** ② 행정기관은 행정지도의 상대방이 행정지도에 따르지 아니하였다는 것을 이유로 불이익한 조치를 하여서는 아니 된다. → **불이익조치금지원칙** **[날먹행 158p]**

□□□□□ ★★★

㉤ 7. 행정지도를 하는 자는 그 상대방에게 그 행정지도의 취지 및 내용과 신분을 밝혀야 한다. (23군무원9급,21변시,20소방,20경행,18경행)

- **행정절차법 제49조(행정지도의 방식)** ① 행정지도를 하는 자는 그 상대방에게 **그 행정지도의 취지 및 내용과 신분을 밝혀야** 한다. → 행정지도 실명제 **[날먹행 159p]**

□□□□□ ★★★

㉤ 8. 행정지도가 말로 이루어지는 경우에 상대방이 행정지도의 취지 및 내용, 행정지도를 하는 자의 신분에 관한 사항을 적은 서면의 교부를 요구하면 그 행정지도를 하는 자는 직무 수행에 특별한 지장이 없으면 이를 교부하여야 한다. (23군무원9급,21변시,21소방)

- **행정절차법 제49조(행정지도의 방식)** ② 행정지도가 말로 이루어지는 경우에 상대방이 제1항의 사항을 적은 **서면의 교부를 요구하면** 그 행정지도를 하는 자는 직무 수행에 특별한 지장이 없으면 이를 교부하여야 한다. → 서면교부청구권 **[날먹행 159p]**

□□□□□ ★★★

㉤ 9. 행정지도의 상대방은 해당 행정지도의 방식 · 내용 등에 관하여 행정기관에 의견제출을 할 수 있다. (23군무원9급,20소방간부,20소방,19서울9급,17국가9급)

- **행정절차법 제50조(의견제출) 행정지도의 상대방은** 해당 행정지도의 방식 · 내용 등에 관하여 행정기관에 **의견제출을 할 수 있다.** **[날먹행 159p]**

□□□□□ ★★★

㉤ 10. 행정기관이 같은 행정목적을 실현하기 위하여 많은 상대방에게 행정지도를 하려는 경우에는 특별한 사정이 없으면 행정지도에 공통적인 내용이 되는 사항을 공표하여야 한다. (23지방9급,18경행)

- **행정절차 제51조(다수인을 대상으로 하는 행정지도)** 행정기관이 같은 행정목적을 실현하기 위하여 **많은 상대방에게 행정지도**를 하려는 경우에는 특별한 사정이 없으면 행정지도에 **공통적인 내용이 되는 사항을 공표하여야** 한다.
→ 행정지도를 하는 자는 그 상대방에게 그 행정지도의 취지 및 내용과 신분을 밝혀야 한다. **[날먹행 159p]**

OX 정답

6. ○ 7. ○ 8. ○ 9. ○ 10. ○

☐☐☐☐☐ ★★★

이 11. 헌법재판소에 따르면 행정지도가 단순한 행정지도로서의 한계를 넘어 규제적 구속적 성격을 상당히 강하게 갖는 것이면 헌법소원의 대상이 되는 공권력행사라고 볼 수 있다. (23국회8급,22국가9급,22국회8급,20소방간부 등)

- **행정지도의 권리구제**
  - 행정쟁송: 처분성 부정되므로, 항고소송제기시 각하판결.
    예외적으로 처분성 긍정되는 경우 항고소송 제기 가능
  - 헌법소원: **원칙**: 공권력에 해당하지 않아 헌법소원 제기 불가
    예외: 사실상 강제적 효과를 발생하는 경우에는 가능

[날먹행 159p]

☐☐☐☐☐ ★★

판 12-1. 세무당국이 주류제조회사에 대하여 특정 업체와의 주류거래를 일정기간 중지하여 줄 것을 요청한 행위는 권고적 성격의 행위로서 행정처분이라고 볼 수 없다. (19국가9급)

판례 세무당국이 소외 회사에 대하여 원고와의 주류거래를 일정기간 중지하여 줄 것을 요청한 행위는 **권고 내지 협조를 요청하는 권고적 성격의 행위**로서 소외 회사나 원고의 법률상의 지위에 직접적인 법률상의 변동을 가져오는 행정처분이라고 볼수 없는 것이므로 **항고소송의 대상이 될 수 없다**(80누395). [날먹행 159p]

☐☐☐☐☐

판 12-2. 구청장이 사회복지법인에 특별감사 결과 지적사항에 대한 시정지시와 그 결과를 관계 서류와 함께 보고하도록 지시한 경우, 그 시정지시는 항고소송의 대상이 되는 처분에 해당한다. (20군무원9급,17지방9급)

판례 구청장이 사회복지법인에 특별감사 결과 지적사항에 대한 시정지시와 그 결과를 관계서류와 함께 보고하도록 지시한 경우, 그 시정지시는 비권력적 사실행위가 아니라 항고소송의 대상이 되는 행정처분에 해당한다(2008두3500).
[날먹행 159p]

☐☐☐☐☐ ★★★

판 12-3. 성희롱 행위를 이유로 한 국가인권위원회의 인사조치권고에 대하여 성희롱 행위자로 결정된 자는 항고소송을 통해 다툴 수 있다. (21변시,18소방)

판례 국가인권위원회의 성희롱결정과 이에 따른 시정조치의 권고는 불가분의 일체로 행하여지는 것인데 국가인권위원회의 이러한 결정과 시정조치의 권고는 성희롱 행위자로 결정된 자의 인격권에 영향을 미침과 동시에 공공기관의 장 또는 사용자에게 일정한 법률상의 의무를 부담시키는 것이므로 국가인권위원회의 성희롱결정 및 시정조치권고는 행정소송의 대상이 되는 행정처분에 해당한다고 보지 않을 수 없다(2005두487). [날먹행 159p]

OX 정답

11. ○ 12-1. ○ 12-2. ○ 12-3. ○

☐☐☐☐☐ ★★★

판 13-1. 교육인적자원부장관의 대학총장들에 대한 학칙시정요구는 법령에 따른 것으로 행정지도의 일종이지만, 단순한 행정지도로서의 한계를 넘어 헌법소원의 대상이 되는 공권력의 행사라고 볼 수 있다. **(22경간,21변시,21소방,19국가9급)**

판례 교육인적자원부장관의 대학총장들에 대한 이 사건 학칙시정요구는 **대학총장의 임의적인 협력을 통하여 사실상의 효과를 발생시키는 행정지도의 일종**이지만, 그에 따르지 않을 경우 **일정한 불이익조치를 예정하고 있어 사실상 상대방에게 그에 따를 의무를 부과**하는 것과 다를 바 없으므로 단순한 행정지도로서의 한계를 넘어 **규제적·구속적 성격**을 상당히 강하게 갖는 것으로서 **헌법소원의 대상이 되는 공권력의 행사**라고 볼 수 있다(2002헌마337). **[날먹행 159p]**

☐☐☐☐☐

판 13-2. 노동부장관이 공공기관 단체협약내용을 분석하여 불합리한 요소를 개선하라고 요구한 행위는 행정지도로서의 한계를 넘어 규제적·구속적 성격을 강하게 갖는다고 할 수 없어 헌법소원의 대상이 되는 공권력의 행사에 해당한다고 볼 수 없다. **(17지방9급)**

판례 노동부장관이 2009. 4. 노동부 산하 7개 공공기관의 단체협약내용을 분석하여 2009. 5. 1.경 불합리한 요소를 개선하라고 요구한 행위(이하 '이 사건 개선요구'라 한다)는 이를 따르지 않을 경우의 불이익을 명시적으로 예정하고 있다고 보기 어렵고, 행정지도로서의 한계를 넘어 규제적·구속적 성격을 강하게 갖는다고 할 수 없어 헌법소원의 대상이 되는 공권력의 행사에 해당한다고 볼 수 없다(2009헌마330 등). **[날먹행 159p]**

☐☐☐☐☐

판 13-3. 국가의 공권력이 헌법과 법률에 근거하지 아니하고 통상의 행정지도의 한계를 넘어 부실기업의 정리라는 명목하에 사기업의 매각을 지시하거나 그 해체에 개입하는 것은 허용되지 아니한다. **(21변시)**

판례 재무부장관이 대통령에게 건의 보고하여 그 지시를 받아 국제그룹을 해체키로 하고 그 인수업체를 정한 후 이의 실행을 위하여 제일은행장 등에게 지시하여 국제그룹 계열사에 대한 은행자금 관리에 착수하게 하는 한편 동 은행으로 하여금 계열사의 처분권을 위임받는 등 해체준비를 하도록 하고 재무부장관이 만든 보도자료에 의거 제일은행의 이름으로 언론에 발표하도록 하는 등의 일련의 국제그룹 해체를 위한 공권력의 행사는 헌법상 법치국가의 원리, 헌법 제119조 제1항의 시장경제의 원리, 헌법 제126조의 경영권 불간섭의 원칙, 헌법 제11조의 평등권의 각 규정을 직접적으로 침해한 것으로서 헌법에 위반된다(89헌마31). **[날먹행 159p]**

OX 정답

13-1. ○ 13-2. ○ 13-3. ○

□□□□□ ★★★

판 14-1. 행정지도가 강제성을 띠지 않는 비권력적 작용으로서 행정지도의 한계를 일탈하지 아니하였다면, 그로 인해 상대방에게 발생한 손해에 대해 국가는 배상책임이 없다.
(23지방9급,23국회8급,21변시,21군무원9급,21소방,20경행,18교행9급 등)

□□□□□ ★★★

판 14-2. 행정기관의 위법한 행정지도로 일정기간 어업권을 행사하지 못하는 손해를 입은 자가 그 어업권을 타인에게 매도하여 매매대금 상당의 이득을 얻은 경우, 손해배상액의 산정에서 그 이득을 손익상계할 수 있다.
(21소방,18교행9급)

판례 행정지도가 강제성을 띠지 않은 **비권력적 작용으로서 행정지도의 한계를 일탈하지 아니하였다면**, 그로 인하여 상대방에게 어떤 손해가 발생하였다 하더라도 **행정기관은 그에 대한 손해배상책임이 없다.**
행정기관의 위법한 행정지도로 일정기간 어업권을 행사하지 못하는 손해를 입은 자가 그 어업권을 타인에게 매도하여 매매대금 상당의 이득을 얻었더라도 그 이득이 이 사건 손해배상책임의 원인이 되는 행위, 즉 **위법한 행정지도와 상당인과관계에 있다고 볼 수 없으므로**, 피해자가 얻은 매매대금 상당의 이득을 행정기관이 배상하여야 할 손해액에서 공제할 수 없다(2006다18228). [날먹행 160p]

□□□□□ ★★★

판 15-1. 위법한 행정지도에 따라 행한 사인의 행위는 법령에 명시적으로 정함이 없는 한 위법성이 조각된다고 할 수 없다. (23지방9급,22경간,20군무원9급,18서울7급,17지방9급)

- 위법한 행정지도에 따른 행위여도 **당연무효 X, 자발적 행위이므로 위법성이 조각되지 않음 ∴ 처벌됨**

판례 행정관청이 국토이용관리법 소정의 토지거래계약신고에 관하여 공시된 기준시가를 기준으로 매매가격을 신고하도록 행정지도를 하여 그에 따라 허위신고를 한 것이라 하더라도 이와 같은 **행정지도는 법에 어긋나는 것으로서 그와 같은 행정지도나 관행에 따라 허위신고행위에 이르렀다고 하여도 이것만 가지고서는 그 범법행위가 정당화될 수 없다**(93도3247). [날먹행 161p]

□□□□□ ★★★

판 15-2. 행정관청이 구 국토이용관리법 소정의 토지거래계약신고에 관하여 공시된 기준시가를 기준으로 매매가격을 신고하도록 행정지도를 하여 그에 따라 허위신고를 한 것이라 하더라도 이와 같은 행정지도는 법에 어긋나는 것으로서 그 범법행위가 정당화될 수 없다. (23국회8급,17지방9급)

판례 행정관청이 국토이용관리법 소정의 토지거래계약신고에 관하여 공시된 기준시가를 기준으로 매매가격을 신고하도록 행정지도를 하여 그에 따라 허위신고를 한 것이라 하더라도 이와 같은 행정지도는 법에 어긋나는 것으로서 그와 같은 행정지도나 관행에 따라 허위신고행위에 이르렀다고 하여도 이것만 가지고서는 그 범법행위가 정당화될 수 없다(93도3247). [날먹행 161p]

OX 정답

14-1. O 14-2. X 15-1. O 15-2. O

OX 문제 풀이

03

행정절차법

01 행정절차법과 행정규제기본법

제 1 절 개관

□□□□□

이 1. 행정절차는 행정의 민주화, 행정의 능률화, 사후적 행정구제 등의 기능을 수행한다. (13서울7급)

• 행정절차는 행정청이 행정작용을 함에 있어서 거치는 사전절차를 의미하는 바, 행정의 민주화 · 능률화, 공정성 확보에 기여하며, 개인의 권리침해를 사전에 방지하는 사전적 구제수단에 해당함 [날먹행 166p]

□□□□□ ★★★

이 2. 헌법재판소는 행정절차의 헌법적 근거를 민주국가원리라는 헌법원리에서 찾고 있다. (20국회8급)

• 행정절차의 **헌법적** 근거: **적법절차의 원칙**(헌법 §12③)
행정절차의 **법적** 근거: 행정절차법, 민원처리에 관한 법률 [날먹행 166p]

□□□□□ ★★

판 3. 하나의 납세고지서에 의한 본세와 가산세를 함께 부과할 때 납세고지서에 본세와 가산세 각각의 세액과 산출근거 등을 구분하여 기재하여야 하는 것은 아니다. (20국가7급,18지방7급)

판례 하나의 납세고지서에 의해 복수의 과세처분을 함께 하는 경우에는 과세처분별로 그 세액과 산출근거 등을 구분하여 기재함으로써 납세의무자가 각 과세처분의 내용을 알 수 있도록 해야 한다(2010두12347). [날먹행 166p]

제 2 절 행정절차법

□□□□□

조 1-1. 행정절차법은 공법관계는 물론 사법관계에 대해서도 적용된다. (20지방·서울9급)

□□□□□ ★★★

조 1-2. 행정절차법은 절차적 규정뿐만 아니라 신뢰보호원칙과 같이 실체적 규정을 포함하고 있다. (18경행,17경행)

□□□□□ ★★★

조 1-3. 행정절차법은 행정조사 절차에 관한 명문의 규정을 일부 두고 있다. (21소방,19소방)

□□□□□ ★★★

조 1-4. 행정절차법은 행정예고와 공법상 계약에 관하여 규정하고 있다. (17교행9급)

OX 정답

1절 1. X 2. X 3. X / 2절 1-1. X 1-2. ○ 1-3. X 1-4. X

□□□□□ ★★★

조 1-5. 행정절차법은 처분절차 이외에도 신고, 행정예고, 행정상 입법예고 및 행정지도 절차에 관한 규정을 두고 있다. (22소방승진)

- 행정절차법은 공법상 행정절차에 관한 일반법으로, 사법 작용과는 무관함.
- 행정절차법은 주로 절차적 규정으로 구성되어 있으나, 신뢰보호의 원칙, 신의성실의 원칙 등 실제적 규정도 있음.

행정절차법 규정 O	행정절차법 규정 X
처분, 신고, 행정상 입법예고, 행정예고, 행정계획의 확정절차, 행정지도에서 각 행정작용에 적용되는 절차	공법상 계약, **행정조사**, 행정강제 행정행위의 하자 치유과 절차하자의 효과 등

[날먹행 167p]

□□□□□ ★

조 2. 행정절차법은 행정심판법, 행정소송법과 마찬가지로 처분의 개념을 정의하고 있고, 그 내용도 동일하다. (17서울7급)

- **행정절차법 제2조(정의)** 이 법에서 사용하는 용어의 뜻은 다음과 같다.
  2. "처분"이란 행정청이 행하는 구체적 사실에 관한 법 집행으로서의 공권력의 행사 또는 그 거부와 그 밖에 이에 준하는 행정작용(行政作用)을 말한다.
- **행정소송법 제2조(정의)** ① 이 법에서 사용하는 용어의 정의는 다음과 같다.
  1. "처분등"이라 함은 행정청이 행하는 구체적 사실에 관한 법집행으로서의 공권력의 행사 또는 그 거부와 그 밖에 이에 준하는 행정작용(이하 "處分"이라 한다) 및 행정심판에 대한 재결을 말한다.
- **행정심판법 제2조(정의)** 이 법에서 사용하는 용어의 뜻은 다음과 같다.
  1. "처분"이란 행정청이 행하는 구체적 사실에 관한 법집행으로서의 공권력의 행사 또는 그 거부, 그 밖에 이에 준하는 행정작용을 말한다.

[날먹행 167p]

□□□□□ ★★

조 3-1. 행정청이 직권으로 행정절차에 참여하게 한 이해관계인은 당사자등에 해당하지 않는다. (21국회9급,18서울7급,17지방7급)

□□□□□ ★★

조 3-2. '행정절차법'상 사전통지 및 의견제출에 대한 권리를 부여하고 있는 '당사자등'에는 불이익처분의 직접 상대방인 당사자와 행정청이 직권으로 또는 신청에 따라 행정절차에 참여하게 한 이해관계인, 그 밖에 제3자가 포함된다. (23지방9급)

- **행정절차법 제2조(정의)**
  4. "당사자등"이란 다음 각 목의 자를 말한다.
  가. 행정청의 **처분에 대하여** 직접 그 상대가 되는 당사자
  나. 행정청이 직권**으로 또는** 신청**에 따라** 행정절차에 참여하게 한 이해관계인

[날먹행 167p]

OX 정답

1-5. O 2. O 3-1. X 3-2. X

□□□□□ ★★★

조 4. 처분, 신고, 행정상 입법예고, 행정예고 및 행정지도의 절차에 관하여 다른 법률에 특별한 규정이 있는 경우를 제외하고는 원칙적으로 행정절차법이 정하는 바에 의한다. (21행정사)

- **행정절차법 제3조(적용 범위)** ① 처분, 신고, 확약, 위반사실 등의 공표, 행정계획, 행정상 입법예고, 행정예고 및 행정지도의 절차(이하 "행정절차"라 한다)에 관하여 다른 법률에 특별한 규정이 있는 경우를 제외하고는 이 법에서 정하는 바에 따른다. [날먹행 167p]

□□□□□ ★★★

조 5. 지방의회의 의결을 거치거나 동의 또는 승인을 받아 행하는 사항에 대해서는 행정절차법이 적용되지 않는다. (21행정사,19서울9급)

- **행정절차법 제3조(적용 범위)**
  ② 이 법은 다음 각 호의 어느 하나에 해당하는 사항에 대하여는 적용하지 아니한다.
  1. 국회 또는 지방의회의 의결을 거치거나 동의 또는 승인을 받아 행하는 사항 [날먹행 168p]

□□□□□ ★★★

조 6-1. 헌법재판소의 심판을 거쳐 행하는 사항, 각급 선거관리위원회의 의결을 거쳐 행하는 사항, 감사원이 감사위원회의 결정을 거쳐 행하는 사항, 심사청구, 해양안전심판, 조세심판, 특허심판, 행정심판 기타 불복절차에 의한 사항은 행정절차법을 적용하지 않는 사항이다. (20지방7급)

□□□□□ ★

조 6-2. 병역법에 따라 지방병무청장이 산업기능요원에 대하여 산업기능요원 편입취소처분을 할 때에는 행정절차법에 따라 처분의 사전통지를 하고 의견제출의 기회를 부여하여야 한다. (20국가7급,20지방7급)

□□□□□ ★

조 6-3. '병역법'에 의한 소집에 관한 사항에는 '행정절차법'이 적용되지 않으나, '병역법'상의 산업기능요원의 편입취소처분에 대해서는 '행정절차법'이 적용된다. (22국회9급,20국회8급)

- **행정절차법 제3조(적용 범위)**
  ② 이 법은 다음 각 호의 어느 하나에 해당하는 사항에 대하여는 **적용하지 아니한다.**
  2. 법원 또는 군사법원의 재판에 의하거나 그 집행으로 행하는 사항
  3. 헌법재판소의 심판을 거쳐 행하는 사항
  4. 각급 선거관리위원회의 의결을 거쳐 행하는 사항
  5. 감사원이 감사위원회의의 결정을 거쳐 행하는 사항
  6. 형사(刑事), 행형(行刑) 및 보안처분 관계 법령에 따라 행하는 사항
  7. 국가안전보장 · 국방 · 외교 또는 통일에 관한 사항 중 행정절차를 거칠 경우 국가의 중대한 이익을 현저히 해칠 우려가 있는 사항
  8. 심사청구, 해양안전심판, 조세심판, 특허심판, 행정심판, 그 밖의 불복절차에 따른 사항
  9.「병역법」에 따른 징집 · 소집, 외국인의 출입국 · 난민인정 · 귀화, 공무원 인사 관계 법령에 따른 징계와 그 밖의 처분, 이해 조정을 목적으로 하는 법령에 따른 알선 · 조정 · 중재(仲裁) · 재정(裁定) 또는 그 밖의 처분 등 해당 행정 작용의 성질상 행정절차를 거치기 곤란하거나 거칠 필요가 없다고 인정되는 사항과 행정절차에 준하는 절차를 거친 사항으로서 대통령령으로 정하는 사항
  → 단, 병역법에 따라 지역병무청장이 산업기능요원에 대하여 산업기능요원 편입취소처분을 한 때에는, 당사자의 권익을 제한하는 처분에 해당하므로 행정절차법 적용 ○ [날먹행 168p]

OX 정답

4. ○ 5. ○ 6-1. ○ 6-2. ○ 6-3. ○

□□□□□ ★★★

판 7-1. 국가공무원법 상 직위해제처분에 대해서는 처분의 사전통지 및 의견청취 등에 관한 행정절차법 규정이 적용된다. **(23군무원9급,23소방간부,22국가7급,22지방9급,22국회9급,21국회9급,21지방9급,21지방7급,20지방7급,19지방7급,19서울9급,19서울7급)**

판례 국가공무원법상 **직위해제처분**은 당해 행정작용의 성질상 행정절차를 거치기 곤란하거나 불필요하다고 인정되는 사항 또는 행정절차에 준하는 절차를 거친 사항에 해당하므로, **처분의 사전통지 및 의견청취 등에 관한 행정절차법의 규정이 별도로 적용되지 않는다**(2012두26180). **[날먹행 168p]**

□□□□□ ★★★

판 7-2. 공무원 인사관계 법령에 의한 처분에 관한 사항의 경우 성질상 행정절차를 거치기 곤란하거나 불필요하다고 인정되는 처분에 대해서만 행정절차법의 적용이 배제된다. **(22국가9급,21경행,19서울9급,19사복9급,19국회8급,18변시,18국회8급)**

□□□□□ ★★★

판 7-3. 별정직 공무원인 대통령기록관장에 대한 직권면직 처분에는 처분의 사전통지 및 의견청취 등에 관한 행정절차법 규정이 적용되지 않는다. **(22국가9급,21경행,19서울9급,19사복9급,19국회8급,18변시,18국회8급)**

판례 공무원 인사관계 법령에 의한 처분에 관한 사항이라 하더라도 **전부에 대하여 행정절차법의 적용이 배제되는 것이 아니라, 성질상 행정절차를 거치기 곤란하거나 불필요하다고 인정되는 처분이나 행정절차에 준하는 절차를 거치도록 하고 있는 처분의 경우에만 행정절차법의 적용이 배제되는 것으로 보아야** 하고, 이러한 법리는 '공무원 인사관계 법령에 의한 처분'에 해당하는 별정직 공무원에 대한 직권면직 처분의 경우에도 마찬가지로 적용된다(2011두30687).

해설 행정절차에 준하는 절차를 거치도록 하고 있는 경우에도 배제되므로, 틀린 지문임. **[날먹행 152p]**

□□□□□ ★★

판 8. 공정거래위원회의 시정조치 및 과징금납부명령에 행정절차법 소정의 의견청취절차 생략사유가 존재하면 공정거래위원회는 행정절차법을 적용하여 의견청취절차를 생략할 수 있다. **(19지방9급,17서울9급)**

판례 행정절차법 제3조 제2항, 같은법시행령 제2조 제6호에 의하면 **공정거래위원회의 의결 · 결정을 거쳐 행하는 사항에는 행정절차법의 적용이 제외**되게 되어 있으므로, **설사 공정거래위원회의 시정조치 및 과징금납부명령에 행정절차법 소정의 의견청취절차 생략사유가 존재한다고 하더라도, 공정거래위원회는 행정절차법을 적용하여 의견청취절차를 생략할 수는 없다**(2000두10212). **[날먹행 168p]**

□□□□□ ★★★

판 9. 공기업 사장에 대한 해임처분 과정에서 처분 내용을 사전에 통지받지 못했고 해임처분 시 법적 근거 및 구체적 해임 사유를 제시받지 못하였다면, 그 해임처분은 위법하지만 당연 무효는 아니다. **(22국가9급,20지방7급,17국가7급)**

판례 해임처분 과정에서 **한국방송공사 사장이 처분 내용을 사전에 통지받거나 그에 대한 의견제출 기회 등을 받지 못했고 해임처분 시 법적 근거 및 구체적 해임 사유를 제시받지 못했다**면, **해임처분이 행정절차법에 위배되어 위법**하지만, 절차나 처분형식의 하자가 중대하고 명백하다고 볼 수 없어 **취소사유**에 해당한다(2011두5001). **[날먹행 168p]**

OX 정답

7-1. X 7-2. X 7-3. X 8. X 9. ○

□□□□□ ★

판 10-1. 군인사법에 따라 당해 직무를 수행할 능력이 없다고 인정하여 장교를 보직해임하는 경우, 처분의 근거와 이유제시 등에 관하여 행정절차법의 규정이 적용된다. (21국가7급,19지방9급,17서울9급)

판례 **구 군인사법상 보직해임처분은** 구 행정절차법 제3조 제2항 제9호, 같은 법 시행령 제2조 제3호에 의하여 당해 행정작용의 성질상 행정절차를 거치기 곤란하거나 불필요하다고 인정되는 사항 또는 행정절차에 준하는 절차를 거친 사항에 해당하므로, 처분의 근거와 이유 제시 등에 관한 **구 행정절차법의 규정이 별도로 적용되지 아니한다** 고 봄이 상당하다(2012두5756). [날먹행 168p]

□□□□□ ★★

판 10-2. 육군 3사관학교의 사관생도에 대한 퇴학처분에 행정절차법의 적용이 배제되는 것은 아니다. (22국회9급,21경행,19소방)

판례 행정절차법 제3조 제2항, 행정절차법 시행령 제2조에 비추어 보면, **행정절차법의 적용이 제외되는 공무원 인사관계 법령에 의한 처분에 관한 사항**이란 **성질상 행정절차를 거치기 곤란하거나 불필요하다고 인정되는 처분이나 행정절차에 준하는 절차를 거치도록 하고 있는 처분에 관한 사항만을 말하는 것으로 보아야** 한다. 이러한 법리는 '공무원 인사관계 법령에 의한 처분'에 해당하는 **육군3사관학교 생도에 대한 퇴학처분에도 마찬가지로 적용**된다. 그리고 행정절차법 시행령 제2조 제8호는 '학교·연수원 등에서 교육·훈련의 목적을 달성하기 위하여 학생·연수생들을 대상으로 하는 사항'을 행정절차법의 적용이 제외되는 경우로 규정하고 있으나, **생도에 대한 퇴학처분과 같이 신분을 박탈하는 징계처분은 여기에 해당한다고 볼 수 없다**(2016두33339). [날먹행 168p]

□□□□□ ★★★

조 11.-1. 신뢰보호의 원칙에 대하여 행정절차법에 명문의 근거가 있다. (18국가7급,18경행)

□□□□□

조 11-2. 행정절차법은 국세기본법과는 달리 행정청에 대해서만 신의성실의 원칙에 따를 것을 규정하고 있다. (17서울9급)

- **행정절차법 제4조(신의성실 및 신뢰보호)** ① 행정청은 직무를 수행할 때 신의(信義)에 따라 성실히 하여야 한다.
- **국세기본법 제15조(신의 · 성실) 납세자가** 그 의무를 이행할 때에는 신의에 따라 성실하게 하여야 한다. **세무공무원**이 직무를 수행할 때에도 또한 같다. [날먹행 169p]

□□□□□

조 12-1. 행정청이 행하는 행정작용은 그 내용이 구체적이고 명확하여야 한다. (20경행)

□□□□□ ★

조 12-2. 행정청의 근거가 되는 법령등의 내용이 명확하지 아니한 경우 상대방은 당해 행정청에 대하여 그 해석을 요청할 수 있다. (10국가7급)

- **행정절차법 제5조(투명성) ① 행정청이 행하는 행정작용은 그 내용이 구체적이고 명확하여야 한다.**
  ② 행정작용의 근거가 되는 법령등의 내용이 명확하지 아니한 경우 상대방은 해당 행정청에 그 해석을 요청할 수 있으며, 해당 행정청은 특별한 사유가 없으면 그 요청에 따라야 한다. [날먹행 169p]

OX 정답

10-1. X 10-2. O 11-1. O 11-2. O 12-1. O 12-2. O

□□□□□ ★

조 12-3. 행정청의 관할이 분명하지 아니한 경우에는 해당 행정청을 공통으로 감독하는 상급 행정청이 그 관할을 결정하며, 공통으로 감독하는 상급 행정청이 없는 경우에는 당해 행정청의 협의로 그 관할을 결정한다. (22서울7급)

- **행정절차법 제6조(관할)**
  ① 행정청이 그 관할에 속하지 아니하는 사안을 접수하였거나 이송받은 경우에는 **지체 없이 이를 관할 행정청에 이송하여야 하고** 그 사실을 신청인에게 통지하여야 한다. 행정청이 **접수하거나 이송받은 후 관할이 변경된 경우**에도 또한 같다.
  ② 행정청의 **관할이 분명하지 아니한 경우**에는 해당 행정청을 공통으로 감독하는 상급 행정청이 그 관할을 결정하며, 공통으로 감독하는 상급 행정청이 없는 **경우에는 각 상급 행정청이 협의**하여 그 관할을 결정한다. **[날먹행 169p]**

□□□□□

조 13. 행정절차법은 행정청 간의 협조의무와 행정청 상호 간의 행정응원에 대하여 규정하고 있다. (10국회9급)

- **행정절차법 제7조(행정청 간의 협조) 행정청은 행정의 원활한 수행을 위하여 서로 협조**하여야 한다.
  제8조(행정응원) ① 행정청은 다음 각 호의 어느 하나에 해당하는 경우에는 **다른 행정청에 행정응원을 요청**할 수 있다.
  [날먹행 169, 170p]

□□□□□

조 14-1. 행정응원을 위하여 파견된 직원은 응원을 요청한 행정청의 지휘·감독을 받는다. 다만, 해당 직원의 복무에 관하여 다른 법령등에 특별한 규정이 있는 경우에는 그에 따른다. (21소방)

□□□□□ ★

조 14-2. 행정청이 다른 행정청에 행정응원을 요청하는 경우 행정응원에 소요되는 비용은 응원을 요청한 행정청이 부담한다. (22서울7급,21소방)

□□□□□

조 14-3. 행정응원을 요청받은 행정청은 다른 행정청이 보다 능률적이거나 경제적으로 응원할 수 있는 명백한 이유가 있는 경우 응원을 거부할 수 있다. (22서울7급)

- **행정절차법 제8조(행정응원)** ② 제1항에 따라 행정응원을 요청받은 행정청은 다음 각 호의 어느 하나에 해당하는 경우에는 응원을 거부할 수 있다.
  1. 다른 행정청이 보다 능률적이거나 경제적으로 응원할 수 있는 명백한 이유가 있는 경우
  2. 행정응원으로 인하여 고유의 직무 수행이 현저히 지장받을 것으로 인정되는 명백한 이유가 있는 경우
  3. 다른 행정청에 소속되어 있는 전문기관의 협조가 필요한 경우
  4. 다른 행정청이 관리하고 있는 문서(전자문서를 포함한다. 이하 같다) · 통계 등 행정자료가 직무 수행을 위하여 필요한 경우
  5. 다른 행정청의 응원을 받아 처리하는 것이 보다 능률적이고 경제적인 경우

  ⑤ 행정응원을 위하여 파견된 직원은 응원을 요청한 행정청의 지휘 · 감독을 받는다. 다만, 해당 직원의 복무에 관하여 다른 법령등에 특별한 규정이 있는 경우에는 그에 따른다.
  ⑥ 행정응원에 드는 비용은 **응원을 요청한 행정청이 부담**하며, 그 **부담금액 및 부담방법**은 응원을 요청한 행정청과 응원을 하는 행정청이 **협의하여 결정한다.** **[날먹행 170p]**

OX 정답

12-3. X 13. O 14-1. O 14-2. O 14-3. O

□□□□□ ★★

조 15. 법인이 아닌 재단은 당사자 등이 될 수 없다. (19서울7급)

• **행정절차법 제9조(당사자등의 자격)** 다음 각 호의 어느 하나에 해당하는 자는 행정절차에서 당사자등이 될 수 있다.
1. 자연인
2. 법인, 법인이 아닌 사단 또는 재단(이하 "법인등"이라 한다)
3. 그 밖에 다른 법령등에 따라 권리 · 의무의 주체가 될 수 있는 자 [날먹행 170p]

□□□□□ ★★

조 16. 처분에 관한 권리 또는 이익을 사실상 양수한 자는 행정청의 승인을 받아 당사자 등의 지위를 승계할 수 있다. (22국회8급)

• **행정절차법 제10조(지위의 승계)**
① 당사자등이 사망하였을 때의 상속인과 다른 법령등에 따라 당사자등의 **권리 또는 이익을 승계한 자**는 당사자등의 지위를 **승계한다.**
② 당사자등인 **법인등이 합병**하였을 때에는 **합병 후 존속하는 법인등이나 합병 후 새로 설립된 법인**등이 당사자등의 지위를 승계한다.
③ 제1항 및 제2항에 따라 당사자등의 지위를 **승계한 자는 행정청에 그 사실을 통지하여야** 한다.
④ **처분에 관한 권리 또는 이익을 사실상 양수한 자**는 행정청의 승인을 받아 **당사자등의 지위를 승계할 수 있다.**
⑤ 제3항에 따른 **통지가 있을 때까지 사망자 또는 합병 전의 법인등에 대하여 행정청이 한 통지**는 제1항 또는 제2항에 따라 **당사자등의 지위를 승계한 자에게도 효력이 있다.** [날먹행 170p]

□□□□□

조 17. 다수의 대표자가 있는 경우 그 중 1인에 대한 행정청의 통지는 모든 당사자등에게 효력이 있다. (20군무원9급,18서울7급)

• **행정절차법 제11조(대표자)**
⑥ **다수의 대표자가 있는 경우 그중 1인에 대한 행정청의 행위는 모든 당사자등에게 효력**이 있다. 다만, **행정청의 통지는 대표자 모두에게 하여야** 그 효력이 있다.
Tip 행위는 1인에게, **통지는 모두에게 해야 모든 당사자**에게 효력있음. [날먹행 171p]

□□□□□

조 18-1. 당사자 등은 배우자, 직계존속 · 비속, 형제자매, 당사자등이 법인 등인 경우 그 임원 또는 직원, 변호사, 행정청 또는 청문주재자의 허가를 받은 자 등을 대리인으로 선임할 수 있다. (20소방간부,18서울7급)

• **행정절차법 제12조(대리인)** ① 당사자등은 다음 각 호의 어느 하나에 해당하는 자를 **대리인으로** 선임할 수 있다.
1. 당사자등의 **배우자, 직계 존속 · 비속 또는 형제자매**
2. 당사자등이 법인등인 경우 그 임원 또는 직원
3. 변호사
4. 행정청 또는 청문 주재자(청문의 경우만 해당한다)의 허가를 받은 자
5. 법령등에 따라 해당 사안에 대하여 대리인이 될 수 있는 자 [날먹행 171p]

OX 정답
15. X 16. O 17. X 18-1. O

□□□□□ ★★

판 18-2. 징계와 같은 불이익처분절차에서 징계심의대상자에게 변호사를 통한 방어권의 행사를 보장하는 것이 필요하고, 징계심의대상자가 선임한 변호사 징계위원회에 출석하여 징계심의대상자를 위하여 필요한 의견을 진술하는 것은 방어권행사의 본질적 내용에 해당하므로, 행정청은 특별한 사정이 없는 한 이를 거부할 수 없다. (22국회9급,21변시,21경행,19사복9급)

□□□□□ ★

판 18-3. 공무원에 대한 징계절차에서 징계심의대상자가 대리인으로 선임한 변호사가 징계위원회 심의에 출석하여 진술하려고 하였음에도 불구하고 징계권자나 그 소속 직원이 변호사가 심의에 출석하는 것을 막았다면 징계위원회 심의·의결의 절차적 정당성이 상실되어 그 징계의결에 따른 징계처분은 위법하여 원칙적으로 취소되어야 한다. (23지방7급)

판례 행정절차법 제12조 제1항 제3호, 제2항, 제11조 제4항 본문에 따르면, 당사자 등은 변호사를 대리인으로 선임할 수 있고, 대리인으로 선임된 변호사는 당사자 등을 위하여 행정절차에 관한 모든 행위를 할 수 있다고 규정되어 있다. 위와 같은 행정절차법령의 규정과 취지, 헌법상 법치국가원리와 적법절차원칙에 비추어 징계와 같은 불이익처분절차에서 징계심의대상자에게 변호사를 통한 방어권의 행사를 보장하는 것이 필요하고, **징계심의대상자가 선임한 변호사가 징계위원회에 출석하여 징계심의대상자를 위하여 필요한 의견을 진술하는 것은 방어권 행사의 본질적 내용에 해당하므로, 행정청은 특별한 사정이 없는 한 이를 거부할 수 없다.** 육군3사관학교의 사관생도에 대한 징계절차에서 징계심의대상자가 대리인으로 선임한 변호사가 징계위원회 심의에 출석하여 진술하려고 하였음에도, **징계권자나 그 소속 직원이 변호사가 징계위원회의 심의에 출석하는 것을 막았다면** 징계위원회 심의·의결의 절차적 정당성이 상실되어 **그 징계의결에 따른 징계처분은 위법하여 원칙적으로 취소되어야 한다**(2016두33339). [날먹행 171p]

□□□□□ ★★

조 19. 교부에 의한 송달은 수령확인서를 받고 문서를 교부함으로써 하며, 송달하는 장소에서 송달받을 자를 만나지 못한 경우에 그 사무원·피용자 또는 동거인으로서 사리를 분별할 지능이 있는 사람에게 문서를 교부할 수 있다. (23경간,17지방9급,17국가7급)

- **행정절차법 제14조(송달)**
  - ① 송달은 우편, 교부 또는 정보통신망 이용 등의 방법으로 하되, **송달받을 자**(대표자 또는 대리인을 포함한다. 이하 같다)**의 주소·거소(居所)·영업소·사무소 또는 전자우편주소**(이하 "주소등"이라 한다)로 한다. 다만, **송달받을 자가 동의하는 경우에는 그를 만나는 장소에서** 송달할 수 있다.
  - ② **교부에 의한 송달은 수령확인서를 받고 문서를 교부함으로써 하며, 송달하는 장소에서 송달받을 자를 만나지 못한 경우에는** 그 사무원·피용자(被傭者) 또는 동거인으로서 사리를 분별할 지능이 있는 사람(이하 이 조에서 "사무원등"이라 한다)에게 문서를 교부할 수 있다. **다만,** 문서를 **송달받을 자 또는 그 사무원등이 정당한 사유 없이 송달받기를 거부하는 때에는 그 사실을 수령확인서에 적고, 문서를 송달할 장소에 놓아둘 수 있다.** [날먹행 172p]

□□□□□ ★

조 20. 정보통신망을 이용한 송달은 송달받을 자의 동의 여부와 상관없이 허용된다. (22국회8급,18교행9급,17국가7급)

- **행정절차법 제14조(송달)**
  - ③ **정보통신망을 이용한 송달은 송달받을 자가 동의하는 경우에만** 한다. 이 경우 송달받을 자는 송달받을 전자우편주소 등을 지정하여야 한다. [날먹행 172p]

OX 정답

18-2. O 18-3. O 19. O 20. X

☐☐☐☐☐ ★★

조 21. 송달이 불가능한 경우에는 송달받을 자가 알기 쉽도록 관보 · 공보 · 게시판 · 일간신문 · 인터넷 중 하나 이상에 공고하여야 한다. (20국가9급,17국가7급)

- **행정절차법 제14조(송달)**
  ④ 다음 각 호의 어느 하나에 해당하는 경우에는 송달받을 자가 알기 쉽도록 **관보, 공보, 게시판, 일간신문 중 하나 이상에 공고하고 인터넷에도 공고하여야 한다.**
  1. 송달받을 자의 **주소등을 통상적인 방법으로 확인할 수 없는 경우**
  2. **송달이 불가능**한 경우

  [날먹행 172p]

☐☐☐☐☐

조 22. 행정청은 송달하는 문서의 명칭, 송달받은 자의 성명 또는 명칭, 발송방법 및 발송 연월일을 확인할 수 있는 기록을 보존하여야 한다. (20국회8급)

- **행정절차법 제14조(송달)**
  ⑥ 행정청은 **송달하는 문서의 명칭, 송달받는 자의 성명 또는 명칭, 발송방법 및 발송 연월일을 확인할 수 있는 기록을 보존하여야 한다.** **[날먹행 172p]**

☐☐☐☐☐ ★★★

조 23. 행정절차법상 송달은 다른 법령 등에 특별한 규정이있는 경우를 제외하고는 해당 문서가 송달받을 자에게 도달함으로써 효력이 발생하며, 전자문서로 송달하는 경우 송달받을 자가 지정한 컴퓨터 등에 입력된 후 인지하였을 때 도달된 것으로 본다. (23국가9급,22국회8급,20지방7급)

- **행정절차법 제15조(송달의 효력 발생)**
  ① 송달은 다른 법령등에 특별한 규정이 있는 경우를 제외하고는 해당 문서가 **송달받을 자에게 도달됨으로써 그 효력이 발생**한다.
  ② 제14조제3항에 따라 **정보통신망을 이용하여 전자문서로 송달하는 경우에는 송달받을 자가 지정한 컴퓨터 등에 입력된 때에 도달**된 것으로 본다. **[날먹행 172, 173p]**

☐☐☐☐☐ ★★

조 24. 송달받을 자의 주소 등을 통상적인 방법으로 확인할 수 없거나 송달이 불가능한 경우에는 관보 등에 공고하여야 하고, 이 경우 특별한 규정이 있는 경우를 제외하고는 공고일로부터 14일이 지난 때에 그 효력이 발생한다. (23국가9급,22국회8급,21소방,20국가9급,20소방간부)

- **행정절차법 제14조(송달)**
  ④ 다음 각 호의 어느 하나에 해당하는 경우에는 **송달받을 자가 알기 쉽도록 관보, 공보, 게시판, 일간신문 중 하나 이상에 공고하고 인터넷에도 공고**하여야 한다.
  1. 송달받을 자의 주소등을 통상적인 방법으로 확인할 수 없는 경우
  2. **송달이 불가능**한 경우
- **행정절차법 제15조(송달의 효력 발생)**
  ③ **제14조제4항의 경우**에는 다른 법령등에 특별한 규정이 있는 경우를 제외하고는 **공고일부터** 14일**이 지난 때에 그** 효력이 발생한다. **다만, 긴급히 시행**하여야 할 특별한 사유가 있어 **효력 발생 시기를 달리 정하여 공고한 경우에는 그에 따른다.** **[날먹행 172, 173p]**

OX 정답

21. X 22. O 23. X 24. O

□□□□□

조 25. 외국에 거주 또는 체류하는 자에 대한 송달의 효력발생일은 공고일로부터 30일이 경과한 때이다. (09지방9급)

- **행정절차법 제16조 (기간 및 기한의 특례)**
  ① **천재지변이나 그 밖에 당사자등에게 책임이 없는 사유**로 기간 및 기한을 지킬 수 없는 경우에는 그 사유가 끝나는 날까지 기간의 진행이 정지된다.
  ② **외국에 거주하거나 체류하는 자**에 대한 기간 및 기한은 행정청이 그 우편이나 통신에 걸리는 일수(日數)를 고려하여 정하여야 한다.
  [날먹행 173p]

□□□□□★★★

조 26-1. 행정청은 필요한 처분기준을 해당 처분의 성질에 비추어 되도록 구체적으로 정하여 공표하여야 한다. 다만, 처분기준을 공표하는 것이 해당 처분의 성질상 현저히 곤란하거나 공공의 안전 또는 복리를 현저히 해치는 것으로 인정될 만한 상당한 이유가 있는 경우에는 처분기준을 공표하지 아니할 수 있다.
(23국가9급,23지방9급,23변시,18국가9급)

□□□□□

조 26-2. 처분기준이 법규명령 형식으로 제정된 경우에는 입법절차에 따라 공포하여야 하나, 행정규칙 형식으로 설정된 경우에는 이를 공고하지 않는다. (22경간)

- **행정절차법 제20조(처분기준의 설정 · 공표)** [날먹행 173p]
  ① 행정청은 **필요한 처분기준을 해당 처분의 성질에 비추어 되도록 구체적으로 정하여** 공표하여야 한다. 처분기준을 변경하는 경우에도 또한 같다. → 원칙: 공표(법 형식에 따라 공표 여부가 달라지지 않음)
  ③ 제1항에 따른 처분기준을 공표하는 것이 해당 처분의 성질상 현저히 곤란하거나 공공의 안전 또는 복리를 현저히 해치는 것으로 인정될 만한 상당한 이유가 있는 경우에는 처분기준을 공표하지 아니할 수 있다. → 예외: 비공표

□□□□□★★

조 27. 당사자 등은 공표된 처분기준이 명확하지 아니한 경우 해당 행정청에 그 해석 또는 설명을 요청할 수 있으며 이 경우 해당 행정청은 특별한 사정이 없으면 그 요청에 따라야 한다. (15서울9급)

- **행정절차법 제20조(처분기준의 설정 · 공표)**
  ④ 당사자등은 공표된 **처분기준이 명확하지 아니한 경우** 해당 행정청에 그 **해석 또는 설명을 요청할 수 있다.** 이 경우 해당 행정청은 특별한 사정이 없으면 그 요청에 따라야 한다. → 설명요청 청구권
  [날먹행 173p]

□□□□□★★★

조 28-1. 단순 · 반복적인 처분 또는 경미한 처분으로서 당사자가 그 이유를 명백히 알 수 있는 경우라 하더라도 처분 후 당사자가 요청하는 경우에는 행정청은 그 근거와 이유를 제시하여야 한다.
(18국가9급,18서울7급,17국가9급,17서울7급)

□□□□□★★★

이 28-2. 영업허가의 철회 당시 상대방이 그 취지를 알고 있었다거나 그 후 알게 되었다는 사정은 이유제시의 생략사유가 아니다. (22소방간부)

OX 정답

25. X 26-1. O 26-2. X 27. O 28-1. O 28-2. O

□□□□□ ★★

조 28-3. 행정청은 긴급한 처분을 할 필요가 있는 경우 당사자에 처분의 근거와 이유를 제시하지 않아도 되지만, 처분 후 당사자가 요구하는 경우에는 그 근거와 이유를 제시하여야 한다. (22국회8급)

□□□□□ ★★

조 28-4. 처분의 이유제시 원칙은 직접적으로 부담을 주는 행정처분에 적용되며, 수익적 행정행위의 거부에는 적용되지 않는다. (22경간)

- **행정절차법 제23조(처분의 이유 제시)**

① 행정청은 **처분을 할 때**에는 다음 **각 호의 어느 하나**에 해당하는 경우를 **제외하고는** 당사자에게 그 **근거와 이유를 제시하여야** 한다. → **원칙: 수익적 행정행위의 거부에도 이유를 제시해야 함**

1. **신청 내용을** 모두 그대로 인정하는 처분인 경우
2. 단순 · 반복적**인 처분 또는** 경미**한 처분으로서 당사자가 그 이유를 명백히 알 수 있는 경우**
3. 긴급**히 처분을 할 필요가 있는 경우**

→ **예외** (1.~3.)

② 행정청은 제1항 제2호 및 제3호**의 경우**에 처분 후 당사자가 요청하는 경우에는 그 근거와 이유를 제시하여야 한다.
→ 제1호는 제외(∴신청내용 모두 인정하는 경우, 당사자가 요청해도 이유제시의무 X) **[날먹행 174p]**

□□□□□ ★★★

판 29-1. 행정청이 처분을 하면서 당사자가 그 근거를 알 수 있을 정도로 이유를 제시한 경우에는 처분의 근거와 이유를 구체적으로 명시하지 않았더라도 그로 말미암아 그 처분이 위법하다고 볼 수는 없다. (23지방9급)

□□□□□ ★★★

판 29-2. 행정청이 토지형질변경허가신청을 불허하는 근거규정으로 '도시계획법 시행령 제20조'를 명시하지 아니하고 '도시계획법'이라고만 기재하였으나, 신청인이 자신의 신청이 개발제한구역의 지정 목적에 현저히 지장을 초래하는 것이라는 이유로 구 '도시계획법 시행령' 제20조 제1항 제2호에 따라 불허된 것임을 알 수 있었던 경우에는 그 불허처분이 위법하지 않다. (22국가7급21변시,19국가7급,18지방9급,18서울7급)

- **처분의 이유제시 정도 →** 소극적 **처분**: 당사자가 그 근거를 알 수 있을 정도로 상당한 이유를 제시하는 것으로 족함

판례 당사자가 근거규정 등을 명시하여 신청하는 인 · 허가 등을 거부하는 처분을 함에 있어 **당사자가 그 근거를 알 수 있을 정도로 상당한 이유를 제시한 경우**에는 당해 처분의 근거 및 이유를 구체적 조항 및 내용까지 명시하지 않았더라도 그로 말미암아 그 처분이 위법한 것이 된다고 할 수 없다. 피고가 토지형질변경허가신청을 불허함에 있어 근거규정을 '도시계획법'이라고만 하였을 뿐 '도시계획법시행령 제20조'를 명시하지 아니하였으나, **원고가 도시계획법시행령 제20조 제1항 제2호에 따라 불허된 것임을 알 수 있었던 경우, 피고처분 자체를 위법하다고 할 수 없다**(2000두8912). **[날먹행 174p]**

OX 정답

28-3. ○ 28-4. X 29-1. ○ 29-2. ○

□□□□□ ★★

판 29-3. 교육부장관이 부적격사유가 없는 후보자들 사이에서 어떤 후보자를 상대적으로 더욱 적합하다고 판단하여 국립대학교의 총장으로 임용제청을 하였다면, 그러한 임용제청행위 자체로서 이유제시의무를 다한 것이다. **(23군무원9급,22지방9급,21변시)**

판례 교육부장관이 어떤 후보자를 총장 임용에 부적격하다고 판단하여 배제하고 다른 후보자를 임용제청하는 경우라면 배제한 후보자에게 연구윤리 위반, 선거부정, 그 밖의 비위행위 등과 같은 부적격사유가 있다는 점을 구체적으로 제시할 의무가 있다. 그러나 **부적격사유가 없는 후보자들 사이에서 어떤 후보자를 상대적으로 더욱 적합하다고 판단하여 임용제청하는 경우**라면, 이는 후보자의 경력, 인격, 능력, 대학운영계획 등 여러 요소를 종합적으로 고려하여 총장 임용의 적격성을 정성적으로 평가하는 것으로 그 판단 결과를 수치화하거나 이유제시를 하기 어려울 수 있다. 이 경우에는 **교육부장관이 어떤 후보자를 총장으로 임용제청하는 행위 자체에 그가 총장으로 더 욱 적합하다는 정성적 평가 결과가 당연히 포함되어 있는 것으로, 이로써 행정절차법상 이유제시의무를 다한 것이라고 보아야 한다.** 여기에서 나아가 교육부장관에게 개별 심사항목이나 고려요소에 대한 평가 결과를 더 자세히 밝힐 의무까지는 없다(2016두57564).

□□□□□ ★★

판 30. 세무서장이 주류도매업자에 대하여 일반주류도매업면허취소통지를 하면서 그 위반사실을 구체적으로 특정하지 아니한 것은 위법하다는 것이 판례의 입장이다. **(16국회8급)**

- **처분의 이유제시 정도 → 적극적 처분**: 처분의 근거 등을 상대방이 이해할 수 있을 정도로 **구체적이고 명확하게** 할 것 단, **처분당시 당사자가 처분의 근거를 충분히 알 수 있어서 행정구제절차에 지장이 없었던 경우 이유제시의 정도가 완화**

판례 세무서장인 피고가 주류도매업자인 원고에 대하여 한 이 사건 **일반주류도매업면허취소통지**에 "상기 주류도매장은 무면허 주류판매업자에게 주류를 판매하여 주세법 제11조 및 국세법사무처리규정 제26조에 의거 지정조건위반으로 주류판매면허를 취소합니다"라고만 되어 있어서 원고의 영업기간과 거래상대방 등에 비추어 **원고가 어떠한 거래행위로 인하여 이 사건 처분을 받았는지 알 수 없게 되어 있다**면 이 사건 **면허취소처분은 위법**하다(90누1786).

[날먹행 175p]

□□□□□ ★★

판 31. 처분 당시 당사자가 어떠한 근거와 이유로 처분이 이루어진 것인지를 충분히 알 수 있어서 그에 불복하여 행정구제절차로 나아가는 데에 별다른 지장이 없었던 것으로 인정되는 경우에도 처분서에 처분의 근거와 이유가 구체적으로 명시되어 있지 않았다면, 그 처분은 위법한 것으로 된다. **(21지방9급,18지방9급)**

판례 처분서에 기재된 내용과 관계 법령 및 당해 처분에 이르기까지 전체적인 과정 등을 종합적으로 고려하여, **처분 당시 당사자가 어떠한 근거와 이유로 처분이 이루어진 것인지를 충분히 알 수 있어서 그에 불복하여 행정구제절차로 나아가는 데에 별다른 지장이 없었던 것으로 인정되는 경우**에는 처분서에 처분의 근거와 이유가 구체적으로 명시되어 있지 않았다고 하더라도 그로 말미암아 그 처분이 위법한 것으로 된다고 할 수는 없다(2011두18571,2018두41907).

[날먹행 175p]

□□□□□ ★★★

이 32. 이유제시는 원칙적으로 처분시점에 구비되어야 한다. **(15국가7급)**

- **이유제시의 시기: 처분시점**에 해야 함. **[날먹행 175p]**

OX 정답

29-3. O 30. O 31. X 32. O

□□□□□ ★★

판 33. 이유제시를 결한 부담적 행정행위의 하자는 상대방이 처분 당시 그 취지를 알고 있었거나 그 후 알게 되었다면 이로써 치유된다. (22변시,20지방·서울7급)

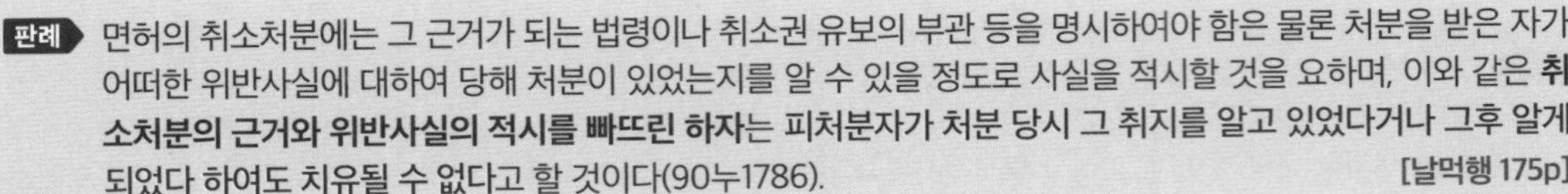

판례 면허의 취소처분에는 그 근거가 되는 법령이나 취소권 유보의 부관 등을 명시하여야 함은 물론 처분을 받은 자가 어떠한 위반사실에 대하여 당해 처분이 있었는지를 알 수 있을 정도로 사실을 적시할 것을 요하며, 이와 같은 **취소처분의 근거와 위반사실의 적시를 빠뜨린 하자**는 피처분자가 처분 당시 그 취지를 알고 있었다거나 그후 알게 되었다 하여도 치유될 수 없다고 할 것이다(90누1786). [날먹행 175p]

□□□□□ ★★★

판 34-1. 세액산출의 근거가 기재되지 않은 납세고지서에 의한 부과처분은 강행법규에 위반하여 당연무효라고 보는 것이 판례의 태도이다. (23국가9급)

판례 국세징수법 제9조 제1항은 단순히 세무행정상의 편의를 위한 훈시규정이 아니라 조세행정에 있어 자의를 배제하고 신중하고 합리적인 처분을 행하게 함으로써 공정을 기함과 동시에 납세의무자에게 부과처분의 내용을 상세히 알려 불복여부의 결정과 불복신청에 편의를 제공하려는 데서 나온 강행규정이므로 **세액의 산출근거가 기재되지 아니한 물품세 납세고지서에 의한 부과처분은 위법한 것으로서 취소의 대상**이 된다(96누12634). [날먹행 175p]

□□□□□ ★★★

판 34-2. 세액산출근거가 기재되지 아니한 납세고지서에 의한 부과처분은 그 후 부과된 세금을 자진납부하였다거나 또는 조세채권의 소멸시효기간이 만료되었다 하여 하자가 치유되는 것이라고는 할 수 없다. (22지방9급,21소방간부,21지방9급)

판례 세액산출근거가 기재되지 아니한 납세고지서에 의한 부과처분은 강행법규에 위반하여 취소대상이 된다 할 것이므로 이와 같은 하자는 납세의무자가 전심절차에서 이를 주장하지 아니하였거나, 그 후 부과된 세금을 자진납부하였다거나, 또는 조세채권의 소멸시효기간이 만료되었다 하여 치유되는 것이라고는 할 수 없다(84누431). [날먹행 175p]

□□□□□ ★★

조 35-1. 행정청이 전자문서로 처분을 함에 있어서 당사자 등의 동의가 필요한 것은 아니다. (21행정사,20경행)

- **행정절차법 제24조(처분의 방식)** ① **행정청이 처분을 할 때**에는 다른 법령등에 특별한 규정이 있는 경우를 제외하고는 **문서로 하여야 하며**, 다음 각 호의 어느 하나에 해당하는 경우에는 **전자문서로 할 수 있다.**
  1. 당사자등의 동의가 있는 경우
  2. 당사자가 전자문서로 처분을 신청한 경우
  ② 제1항에도 불구하고 공공의 안전 또는 복리를 위하여 긴급히 처분을 할 필요가 있거나 사안이 경미한 경우에는 말, 전화, 휴대전화를 이용한 문자 전송, 팩스 또는 전자우편 등 문서가 아닌 방법으로 처분을 할 수 있다. 이 경우 당사자가 요청하면 지체 없이 처분에 관한 문서를 주어야 한다. [날먹행 176p]

OX 정답

33. X 34-1. X 34-2. O 35-1. X

□□□□□ ★

판 35-2. '행정절차법'상 문서주의 원칙에도 불구하고, 행정청의 처분서의 문언만으로는 행정청이 어떤 처분을 하였는지 불분명하다는 등 특별한 사정이 있는 때에는 처분 경위나 처분 이후의 상대방의 태도 등 다른 사정을 고려하여 처분서의 문언과 달리 그 처분의 내용을 해석할 수도 있다. (22지방7급)

판례 행정절차법 제24조 제1항은 행정청이 처분을 할 때에는 다른 법령 등에 특별한 규정이 있는 경우, 신속히 처리할 필요가 있거나 사안이 경미한 경우를 제외하고는 원칙적으로 문서로 하여야 한다고 정하고 있다. 그러나 **처분서의 문언만으로는 행정청이 어떤 처분을 하였는지 불분명한 경우**에는 **처분 경위와 목적, 처분 이후 상대방의 태도 등 여러 사정을 고려하여 처분서의 문언과 달리 처분의 내용을 해석할 수 있다.** 특히 행정청이 행정처분을 하면서 논리적으로 당연히 수반되어야 하는 의사표시를 명시적으로 하지 않았다고 하더라도, 그것이 행정청의 추단적 의사에도 부합하고 상대방도 이를 알 수 있는 경우에는 행정처분에 위와 같은 의사표시가 묵시적으로 포함되어 있다고 볼 수 있다(2017다207932). [날먹행 176p]

□□□□□ ★★

판 36. 면허관청이 운전면허정지처분을 하면서 통지서에 의하여 면허정지사실을 통지하지 아니하거나 처분집행예정일 7일 전까지 이를 발송하지 아니한 경우에는 절차와 형식을 갖추지 아니한 조치로서 효력이 없으나, 면허관청이 임의로 출석한 상대방의 편의를 위하여 구두로 면허정지사실을 알렸다면 운전면허정지처분의 효력이 인정된다. (16국가7급,16지방7급)

판례 면허관청이 운전면허정지처분을 하면서 별지 52호 서식의 통지서에 의하여 **면허정지사실을 통지하지 아니하거나 처분집행예정일 7일 전까지 이를 발송하지 아니한 경우**에는 특별한 사정이 없는 한 위 관계 법령이 요구하는 절차·형식을 갖추지 아니한 조치로서 **그 효력이 없고**, 이와 같은 법리는 면허관청이 임의로 출석한 상대방의 편의를 위하여 **구두로 면허정지사실을 알렸다고 하더라도 마찬가지**이다(95누17823). [날먹행 176p]

□□□□□ ★★

조 37. 처분을 하는 문서에는 그 처분행정청 및 담당자의 소속, 성명과 연락처를 기재하여야 한다. (09지방9급)

- **행정절차법 제24조(처분의 방식)**
  ③ **처분을 하는 문서**에는 그 **처분 행정청과 담당자의 소속 · 성명 및 연락처**(전화번호, 팩스번호, 전자우편주소 등을 말한다)를 적어야 한다. → 처분실명제 [날먹행 176p]

□□□□□ ★★

조 38. 행정청은 처분에 오기, 오산 또는 그 밖에 이에 준하는 명백한 잘못이 있을 때에는 직권으로 또는 신청에 따라 지체 없이 정정하고 그 사실을 당사자에게 통지하여야 한다. (21행정사,17경행 등)

- **행정절차법 제25조(처분의 정정)** 행정청은 처분에 **오기(誤記), 오산(誤算) 또는 그 밖에 이에 준하는 명백한 잘못**이 있을 때에는 **직권으로 또는 신청에 따라 지체 없이 정정**하고 그 사실을 **당사자에게 통지**하여야 한다. [날먹행 176p]

OX 정답

35-2. O 36. X 37. O 38. O

□□□□□ ★★

조 39. 행정청이 처분을 할 때에는 당사자에게 그 처분에 관하여 행정심판 및 행정소송을 제기할 수 있는지 여부, 그 밖에 불복을 할 수 있는지 여부, 청구절차 및 청구기간, 그 밖에 필요한 사항을 알려야 한다. **(14경행)**

• **행정절차법 제26조(고지)** 행정청이 처분을 할 때에는 당사자에게 그 처분에 관하여 행정심판 및 행정소송을 제기할 수 있는지 여부, 그 밖에 불복을 할 수 있는지 여부, 청구절차 및 청구기간, 그 밖에 필요한 사항을 알려야 한다.

[날먹행 176p]

□□□□□ ★★

조 40-1. 행정청에 처분을 구하는 신청은 문서로 하여야 한다. 다만, 다른 법령 등에 특별한 규정이 있는 경우와 행정청이 미리 다른 방법을 정하여 공시한 경우에는 그러하지 아니하다. **(22경간,20군무원9급)**

□□□□□ ★★

조 40-2. 행정청에 처분을 구하는 신청을 전자문서로 하는 경우에는 행정청의 컴퓨터 등에 입력된 때에 신청한 것으로 본다. **(22소방승진,19서울9급,18서울9급)**

□□□□□ ★

조 40-3. 행정청에 처분을 구하는 신청은 문서로 함이 원칙이며, 행정청은 신청에 필요한 구비서류, 접수기관, 처리기간, 그 밖에 필요한 사항을 게시하거나 이에 대한 편람을 갖추어 두고 누구나 열람할 수 있도록 하여야 한다. **(17지방9급)**

• **행정절차법 제17조(처분의 신청)**

① 행정청에 **처분을 구하는 신청**은 **문서로** 하여야 한다. 다만, **다른 법령등에 특별한 규정이 있는 경우**와 **행정청이 미리 다른 방법을 정하여 공시**한 경우에는 **그러하지 아니하다.**

② 제1항에 따라 처분을 신청할 때 전자문서로 하는 경우에는 **행정청의 컴퓨터 등에 입력된 때**에 신청한 것으로 본다.

③ 행정청은 신청에 필요한 구비서류, 접수기관, 처리기간, 그 밖에 필요한 사항을 게시(인터넷 등을 통한 게시를 포함한다)하거나 이에 대한 **편람을 갖추어 두고 누구나 열람할 수 있도록** 하여야 한다. **[날먹행 177p]**

OX 정답

39. ○ 40-1. ○ 40-2. ○ 40-3. ○

□□□□□ ★

판 40-4. 신청인이 신청에 앞서 행정청의 허가업무 담당자에게 신청서의 내용에 대한 검토를 요청한 것만으로는 다른 특별한 사정이 없는 한 명시적이고 확정적인 신청의 의사표시가 있었다고 하기 어렵다. (21지방·서울7급,21소방간부)

□□□□□

조 40-5. 행정청은 처리기간이 "즉시"로 되어 있는 신청의 경우에는 접수증을 주지 아니할 수 있다. (23국가9급)

- **행정절차법 제17조** ④ 행정청은 신청을 받았을 때에는 다른 법령등에 특별한 규정이 있는 경우를 제외하고는 **그 접수를 보류 또는 거부하거나 부당하게 되돌려 보내서는 아니 되며, 신청을 접수한 경우에는 신청인에게 접수증을 주어야 한다.** 다만, **대통령령으로 정하는 경우**에는 **접수증을 주지 아니할 수 있다.**
- **행정절차법 시행령 제9조(접수증)** 법 제17조제4항 단서에서 "대통령령이 정하는 경우"라 함은 다음 각호의 1에 해당하는 신청의 경우를 말한다.
  1. 구술 · 우편 또는 정보통신망에 의한 신청
  2. **처리기간이 "즉시"로 되어 있는 신청**
  3. 접수증에 갈음하는 문서를 주는 신청

판례 행정절차법 제17조 제4항 본문 규정에 따라, 신청인의 행정청에 대한 신청의 의사표시는 명시적이고 확정적인 것이어야 한다고 할 것이므로 **신청인이 신청에 앞서 행정청의 허가업무 담당자에게 신청서의 내용에 대한 검토를 요청한 것만으로**는 다른 특별한 사정이 없는 한 **명시적이고 확정적인 신청의 의사표시가 있었다고 하기 어렵다**(2003두13236). [날먹행 177p]

□□□□□ ★★★

조 41-1. 행정청은 신청에 구비서류의 미비등 흠이 있는 경우에는 그 이유를 구체적으로 밝혀 접수된 신청을 되돌려 보내야 한다. (23국가9급,20군무원9급,18소방)

□□□□□ ★★★

조 41-2. 행정청은 신청인의 편의를 위하여 다른 행정청에 신청을 접수하게 할 수 있다. 이 경우 행정청은 다른 행정청에 접수할 수 있는 신청의 종류를 미리 정하여 공시하여야 한다. (23국가9급,20군무원9급)

□□□□□ ★

조 41-3. 사인의 공법상 행위는 명문으로 금지되거나 성질상 불가능한 경우가 아닌 한, 그에 의거한 행정행위가 행하여질 때까지는 자유로이 철회나 보정이 가능하다. (20지방7급)

- **행정절차법 제17조(처분의 신청)**
  ⑤ 행정청은 신청에 구비서류의 미비 등 흠이 있는 경우에는 보완에 필요한 상당한 기간을 정하여 지체 없이 신청인에게 보완을 요구하여야 한다.
  ⑥ 행정청은 신청인이 제5항에 따른 기간 내에 **보완을 하지 아니하였을 때에는 그 이유를 구체적으로 밝혀** 접수된 신청을 **되돌려 보낼 수 있다.**
  ⑦ 행정청은 신청인의 편의를 위하여 다른 행정청에 신청을 접수하게 할 수 있다. 이 경우 행정청은 다른 행정청에 접수할 수 있는 신청의 종류를 미리 정하여 공시하여야 한다.
  ⑧ 신청인은 **처분이 있기 전에는 그 신청의 내용을 보완 · 변경하거나 취하(取下)할 수 있다.** 다만, 다른 법령등에 특별한 규정이 있거나 그 신청의 성질상 보완 · 변경하거나 취하할 수 없는 경우에는 그러하지 아니하다. [날먹행 177p]

OX 정답

40-4. O 40-5. O 41-1. X 41-2. O 41-3. O

□□□□□ ★★

판 41-4. 행정청은 사인의 신청에 구비서류의 미비와 같은 흠이 있는 경우 신청인에게 보완을 요구하여야 하는바, 이때 보완의 대상이 되는 흠은 원칙상 형식적절차적 요건 뿐만 아니라 실체적 발급요건상의 흠을 포함한다. (22국가7급,21서울7급)

판례 **행정절차법 제17조가 '구비서류의 미비 등 흠의 보완'과 '신청 내용의 보완'을 분명하게 구분하고 있는 점**에 비추어 보면, 행정절차법 제17조 제5항은 신청인이 신청할 때 관계 법령에서 필수적으로 첨부하여 제출하도록 규정한 서류를 첨부하지 않은 경우와 같이 **쉽게 보완이 가능한 사항을 누락하는 등의 흠이 있을 때 행정청이 곧바로 거부처분을 하는 것보다는 신청인에게 보완할 기회를 주도록 함**으로써 행정의 공정성·투명성 및 신뢰성을 확보하고 국민의 권익을 보호하려는 행정절차법의 입법 목적을 달성하고자 함이지, 행정청으로 하여금 신청에 대하여 거부처분을 하기 전에 반드시 신청인에게 신청의 내용이나 **처분의 실체적 발급요건에 관한 사항까지 보완할 기회를 부여하여야 할 의무를 정한 것은 아니라고 보아야** 한다(2020두36007). [날먹행 177p]

□□□□□

조 41-5. 행정청은 다수의 행정청이 관여하는 처분을 구하는 신청을 접수한 경우에는 관계행정청과의 신속한 협조를 통하여 그 처분이 지연되지 아니하도록 하여야 한다. (23국가9급)

- **행정절차법 제18조 (다수의 행정청이 관여하는 처분)**
  행정청은 다수의 행정청이 관여하는 처분을 구하는 신청을 접수한 경우에는 **관계행정청과의 신속한 협조를 통하여 당해 처분이 지연되지 아니하도록 하여야 한다.**

□□□□□ ★

조 42-1. 행정청은 신청인의 편의를 위하여 처분의 처리기간을 종류별로 미리 정하여 공표하여야 한다. (14경행)

□□□□□ ★

조 42-2. 행정청은 부득이한 사유로 공표한 처리기간 내에 처분을 처리하기 곤란한 경우에는 해당 처분의 처리기간의 범위에서 한번만 그 기간을 연장할 수 있다. (16지방9급)

□□□□□ ★

조 42-3. 행정청이 정당한 처리기간 내에 처분을 처리하지 아니하였을 때에는 신청인은 해당 행정청 또는 그 감독 행정청에 신속한 처리를 요청할 수 있다. (17국가9급)

- **행정절차법 제19조(처리기간의 설정 · 공표)**
  ① 행정청은 신청인의 편의를 위하여 처분의 처리기간을 종류별로 미리 정하여 공표**하여야 한다.**
  ② 행정청은 부득이한 사유로 제1항에 따른 **처리기간 내에 처분을 처리하기 곤란한 경우**에는 해당 처분의 처리기간의 범위에서 한 번만 그 기간을 연장할 수 있다.
  ③ 행정청은 제2항에 따라 처리기간을 연장할 때에는 처리기간의 연장 사유와 처리 예정 기한을 지체 없이 신청인에게 통지하여야 한다.
  ④ 행정청이 **정당한 처리기간 내에 처리하지 아니하였을 때에는 신청인은 해당 행정청 또는 그 감독 행정청에 신속한 처리를 요청할 수 있다.** [날먹행 178p]

OX 정답

41-4. X 41-5. ○ 42-1. ○ 42-2. ○ 42-3. ○

□□□□□ ★

판 42-4. 행정절차법이 처분의 처리기간을 정하는 것은 신청에 따른 사무를 가능한 한 조속히 처리하도록 하기 위한 것으로, 처리 기간에 관한 규정은 훈시규정에 불과할 뿐 강행규정이라고 볼 수 없으므로, 행정청이 처리기간이 지나 처분을 하였더라도 이를 처분을 취소할 절차상 하자로 볼 수 없다. (22변시)

판례 행정절차법 제19조 제1항은 "행정청은 신청인의 편의를 위하여 처분의 처리기간을 종류별로 미리 정하여 공표하여야 한다."라고 정하고 있다. 민원 처리에 관한 법률 제17조 제1항은 "행정기관의 장은 법정민원을 신속히 처리하기 위하여 행정기관에 법정민원의 신청이 접수된 때부터 처리가 완료될 때까지 소요되는 처리기간을 법정민원의 종류별로 미리 정하여 공표하여야 한다."라고 정하고 있다. 처분이나 민원의 처리기간을 정하는 것은 신청에 따른 사무를 가능한 한 조속히 처리하도록 하기 위한 것이다. **처리기간에 관한 규정은 훈시규정에 불과할 뿐 강행규정이라고 볼 수 없다. 행정청이 처리기간이 지나 처분을 하였더라도 이를 처분을 취소할 절차상 하자로 볼 수 없다.**(2018두41907)

[날먹행 178p]

□□□□□ ★★★

조 43-1. 행정청은 당사자 등에게 의무를 면제하거나 권익을 부여하는 처분을 하는 경우에도 사전통지의무를 진다. (10지방7급)

□□□□□ ★★

조 43-2. 상대방의 귀책사유로 야기된 처분의 하자를 이유로 수익적 행정행위를 취소하는 경우에는 특별한 규정이 없는 한 '행정절차법'상 사전통지의 대상이 되지 않는다. (21국회9급,16국가9급)

□□□□□ ★★★

조 43-3. 처분의 당사자가 아닌 제3자의 권익을 제한하더라도 그 자에게 처분의 사전통지를 할 의무는 없다. (21국회9급,17지방7급)

- **수익적 처분과 달리, 침익적 처분은 사전통지 대상 ○**
  → 상대방의 귀책사유로 야기된 처분의 하자를 이유로 수익적 행정행위를 취소하는 경우, 사전통지의 대상 ○
- **행정절차법 제21조(처분의 사전통지)** ① 행정청은 당사자에게 의무를 부과하거나 권익을 제한하는 처분을 하는 경우에는 미리 **다음 각호의 사항을 당사자등에게 통지하여야 한다.**
  ④ 다음 **각 호의 어느 하나에 해당하는 경우에**는 제1항에 따른 **통지**를 하지 아니할 수 있다.
  1. 공공의 안전 또는 복리를 위하여 긴급히 처분을 할 필요**가 있는 경우**
  2. **법령등에서 요구된 자격이 없거나 없어지게 되면 반드시 일정한 처분을 하여야 하는 경우에 그 자격이 없거나 없어지게 된 사실이** 법원의 재판 등에 의하여 객관적으로 **증명된 경우**
  3. 해당 처분의 성질상 의견청취가 현저히 곤란하거나 명백히 불필요하다고 인정될 만한 상당한 이유가 있는 경우
- **"당사자 등" - 당사자**와 행정청이 직권 또는 신청에 의해 행정절차에 참여하게 한 **이해관계인**을 의미함. ∴ **이해관계인이 아닌 제3자에 대하여는 사전통지 및 의견제출에 관한 행정절차법 규정이 적용되지 않음.** [날먹행 178, 179p]

OX 정답

42-4. ○ 43-1. X 43-2. X 43-3. ○

□□□□□★★★

판 44. 행정절차법상 사전통지의 상대방인 당사자는 행정청의 처분에 대하여 직접 그 상대가 되는 자를 의미하므로, 식품위생법 상의 영업자지위승계신고를 수리하는 행정청은 영업자지위를 이전한 종전의 영업자에 대하여 사전통지를 할 필요가 없다.
(23소방간부,23군무원9급,23소방간부,23군무원9급,22지방9급,22국회8급,21국가7급,21서울7급,21소방,18국가9급 등)

판례 구 식품위생법 규정에 의하여 영업자지위승계신고를 수리하는 처분은 **종전의 영업자의 권익을 제한하는 처분**이라 할 것이고 따라서 **종전의 영업자는 그 처분에 대하여 직접 그 상대가 되는 자**에 해당한다고 봄이 상당하므로, 행정청으로서는 위 신고를 수리하는 처분을 함에 있어서 행정절차법 규정 소정의 당사자에 해당하는 **종전의 영업자에 대하여 위 규정 소정의 행정절차를 실시하고 처분을 하여야 한다**(2001두7015).
→ 지위승계는 사전통지의 대상 ○ [날먹행 178p]

□□□□□★★★

판 45. 신청에 대한 거부처분은 특별한 사정이 없는 한 처분의 사전통지대상이 되지 않는다. (23소방간부,23군무원7급,22군무원7급,21지방·서울7급,21국회9급,21소방간부,21변시,20국가9급,20지방9급,19국가9급,19서울9급,18경행,18서울9급 등)

판례 **신청에 따른 처분이 이루어지지 아니한 경우에는 아직 당사자에게 권익이 부과되지 아니**하였으므로 특별한 사정이 없는 한 **신청에 대한 거부처분이라고 하더라도 직접 당사자의 권익을 제한하는 것은 아니어서** 신청에 대한 거부처분을 여기에서 말하는 '당사자의 권익을 제한하는 처분'에 해당한다고 할 수 없는 것이어서 처분의 사전통지대상이 된다고 할 수 없다(2003두674). → 신청에 대한 거부처분은 사전통지의 대상 X [날먹행 179p]

□□□□□★★★

판 46. 고시 등 불특정 다수인을 상대로 의무를 부과하거나 권익을 제한하는 처분에 있어서는 그 상대방에게 의견제출의 기회를 주어야 하는 것은 아니다. (22지방7급,22소방간부,21국가7급,20지방9급,19국가9급,19지방7급,19서울9급 등)

판례 '고시'의 방법으로 불특정 다수인을 상대로 의무를 부과하거나 권익을 제한하는 처분은 성질상 의견제출의 기회를 주어야 하는 **상대방을 특정할 수 없으므로**, 이와 같은 처분에 있어서까지 구 행정절차법 제22조 제3항에 의하여 그 **상대방에게** 의견제출의 기회를 주어야 한다고 해석할 것은 아니다(2007두1767). → 일반처분은 사전통지의 대상 X [날먹행 179p]

□□□□□★★★

판 47-1. 도로법 제25조 제3항에 의한 도로구역변경고시의 경우는 행정절차법상 사전통지나 의견청취의 대상이 되는 처분에 해당한다. (22소방간부,21국가7급)

판례 행정절차법 제2조 제4호가 행정절차법의 당사자를 행정청의 처분에 대하여 직접 그 상대가 되는 당사자로 규정하고, 도로법 제25조 제3항이 도로구역을 결정하거나 변경할 경우 이를 **고시에 의하도록** 하면서, 그 도면을 일반인이 열람할 수 있도록 한 점 등을 종합하여 보면, **도로구역을 변경한 이 사건 처분은 행정절차법 제21조 제1항의 사전통지나 제22조 제3항의 의견청취의 대상이 되는 처분은 아니라고 할 것이다**(2007두1767). [날먹행 179p]

OX 정답

44. X 45. ○ 46.○ 47-1. X

□□□□□

판 47-2. 보건복지부장관은 국민건강보험법령상 요양급여의 상대가치 점수를 변경 또는 조정하여 고시에 의한 처분을 하는 경우 상대방에게 의견제출의 기회를 주어야 한다. **(22소방간부)**

판례 피고가 이 사건 고시에 의하여 수정체수술과 관련한 질병군의 상대가치점수를 종전보다 약 10~25% 정도 인하하는 내용의 처분을 한 것은 수정체수술을 하는 의료기관을 개설·운영하는 개별 안과 의사들을 상대로 한 것이 아니라 불특정 다수의 의사 전부를 상대로 하는 것이므로, 이 사건 고시에 의한 처분의 경우 구 행정절차법 제22조 제3항에 따라 그 상대방에게 의견제출의 기회를 주지 않았다고 하여 위법하다고 볼 수 없다(2012두7745). **[날먹행 179p]**

□□□□□ ★★

조 48-1. 법령 등에서 요구된 자격이 없거나 없어지게 되면 반드시 일정한 처분을 하여야 하는 경우에 그 자격이 없거나 없어지게 된 사실이 법원의 재판에 의하여 객관적으로 증명된 경우에는 사전통지를 생략할 수 있다. **(22국가9급,18서울9급,16경행)**

□□□□□ ★★

조 48-2. 행정청은 공공의 안전 또는 복리를 위하여 긴급히 처분을 할 필요가 있는 경우, 당사자에게 의무를 부과하거나 권익을 제한하는 처분의 사전통지를 하지 아니할 수 있다. **(16경행)**

□□□□□ ★★★

조 48-3. 사전통지의무가 면제되는 경우에도 의견청취의무가 면제되는 것은 아니다. **(10지방7급)**

□□□□□

조 48-4. 사전통지의 예외에 해당하여 사전통지 하지 않는 경우에 처분을 할 때에도 당사자 등에게 통지하지 아니한 사유를 알릴 필요가 없다. **(22경간)**

- **행정절차법 제21조(처분의 사전통지)** ① 행정청은 당사자에게 **의무를 부과하거나 권익을 제한하는** 처분을 하는 경우에는 **미리 다음 각호의 사항을 당사자등에게 통지하여야 한다.**
  ④ 다음 **각 호의 어느 하나에 해당하는 경우에**는 제1항에 따른 **통지를 하지 아니할 수 있다.**
  1. **공공의 안전 또는 복리를 위하여 긴급히 처분을 할 필요가 있는 경우**
  2. **법령등에서 요구된 자격이 없거나 없어지게 되면 반드시 일정한 처분을 하여야 하는 경우에 그 자격이 없거나 없어지게 된 사실이 법원의** 재판 등에 의하여 객관적으로 증명된 경우
  3. 해당 처분의 성질상 의견청취가 현저히 곤란하거나 명백히 불필요하다고 인정될 만한 상당한 이유가 있는 경우
  ⑥ 제4항에 따라 사전 통지를 하지 아니하는 경우 행정청은 처분을 할 때 **당사자등에게 통지를 하지 아니한 사유를 알려야 한다.** 다만, 신속한 처분이 필요한 경우에는 처분 후 그 사유를 알릴 수 있다.
- **사전통지는 의견청취의 전 절차이기 때문에, 사전통지의무가 면제되는 경우에는 의견청취의무도 면제된다.**
- **행정절차법 제22조(의견청취)** ④ 제1항부터 제3항까지의 규정에도 불구하고 제21조제4항 각 호의 어느 하나에 해당하는 경우와 당사자가 의견진술의 기회를 포기한다는 뜻을 명백히 표시한 경우에는 의견청취를 하지 아니할 수 있다.

[날먹행 179p]

OX 정답

47-2. X 48-1. ○ 48-2. ○ 48-3. X 48-4. X

□□□□□ ★★★

판 49-1. 침익적 행정처분을 하면서 사전통지 및 의견제출의 기회를 주지 않았다면, 사전통지 및 의견제출절차를 생략해야 할 예외적 사유가 없는 한, 그 처분은 위법하여 취소되어야 한다. **(23군무원9급,23소방간부,21서울7급,20국회8급)**

판례 행정청이 침해적 행정처분을 하면서 당사자에게 행정절차법에서 정한 사전통지를 하거나 의견제출의 기회를 주지 않은 경우, 사전통지나 의견제출의 예외적인 경우에 해당하지 아니하는 한, 처분은 위법하여 취소를 면할 수 없다(2016두41811). **[날먹행 180p]**

□□□□□ ★★

판 49-2. 공사중지명령을 하기 전에 사전통지를 하게 되면 많은 액수의 보상금을 기대하여 공사를 강행할 우려가 있는 경우라도, 행정절차법상 처분의 사전통지 혹은 의견제출의 기회를 부여할 사항에 해당한다. **(18서울9급)**

판례 건축법상의 공사중지명령에 대한 **사전통지를 하고 의견제출의 기회를 준다면 많은 액수의 손실보상금을 기대하여 공사를 강행할 우려가 있다는 사정은** 사전통지 및 의견제출절차의 예외사유에 해당하지 아니한다(2004두1254). **[날먹행 180p]**

□□□□□ ★★★

판 50-1. 공무원시보임용이 무효임을 이유로 정규임용을 취소하는 경우, 행정절차법상 처분의 사전통지 혹은 의견제출의 기회를 부여할 사항에 해당한다. **(19국회8급,18서울9급)**

판례 정규공무원으로 임용된 사람에게 시보임용처분 당시 지방공무원법 제31조 제4호에 정한 공무원임용 결격사유가 있어 시보임용처분을 취소하고 그에 따라 정규임용처분을 취소한 사안에서, **정규임용처분을 취소하는 처분은 성질상 행정절차를 거치는 것이 불필요하여 행정절차법의 적용이 배제되는 경우에 해당하지 않으므로, 그 처분을 하면서** 사전통지를 하거나 의견제출의 기회를 부여하지 않은 것은 위법하다(2008두16155). **[날먹행 180p]**

□□□□□ ★★

판 50-2. 행정청이 온천지구임을 간과하여 지하수개발·이용신고를 수리하였다가 행정절차법상의 사전통지를 하거나 의견제출의 기회를 주지 아니한 채 그 신고수리처분을 취소하고 원상복구명령의 처분을 한 경우, 행정지도방식에 의한 사전고지나 그에 따른 당사자의 자진 폐공의 약속 등 사유가 있으면 의견청취절차에 해당하여 위법하지 않다. **(22소방간부)**

판례 행정청이 온천지구임을 간과하여 지하수개발·이용신고를 수리하였다가 행정절차법상의 사전통지를 하거나 의견제출의 기회를 주지 아니한 채 그 신고수리처분을 취소하고 원상복구명령의 처분을 한 경우, 행정지도방식에 의한 사전고지나 그에 따른 당사자의 자진 폐공의 약속 등의 사유만으로는 사전통지 등을 하지 않아도 되는 행정절차법 소정의 예외의 경우에 해당한다고 볼 수 없다는 이유로 그 처분은 위법하다(99두5870). **[날먹행 180p]**

OX 정답

49-1. ○ 49-2. ○ 50-1. ○ 50-2. X

□□□□□ ★★

판 50-3. 대통령이 한국방송공사 사장을 해임하면서 사전통지절차를 거치지 않은 경우에는 그 해임처분은 위법하다. (22국가9급)

판례 한국방송공사 사장에 대한 해임처분 과정에서 처분 내용을 사전에 통지받거나 그에 대한 의견제출 기회 등을 받지 못했고 해임처분 시 법적 근거 및 구체적 해임 사유를 제시받지 못하였다면, 그 해임처분이 행정절차법에 위배되어 위법하지만, 절차나 처분형식의 하자가 중대하고 명백하다고 볼 수 없어 역시 당연무효가 아닌 취소 사유에 해당한다(2011두5001). **[날먹행 180p]**

□□□□□ ★★★

판 51. 법률상 청문을 요하는 행정처분의 경우 청문절차를 결여한 하자는 취소사유에 해당한다. (23군무원7급,17지방7급)

판례 행정절차법 제22조 제1항 제1호에 정한 청문제도는 행정처분의 사유에 대하여 당사자에게 변명과 유리한 자료를 제출할 기회를 부여함으로써 위법사유의 시정가능성을 고려하고 처분의 신중과 적정을 기하려는 데 그 취지가 있으므로, 행정청이 특히 침해적 행정처분을 할 때 그 처분의 근거 법령 등에서 청문을 실시하도록 규정하고 있다면, **행정절차법 등 관련 법령상 청문을 실시하지 않아도 되는 예외적인 경우에 해당하지 않는 한 반드시 청문을 실시하여야 하며, 그러한 절차를 결여한 처분은** 위법한 처분으로서 취소사유에 해당한다(2005두15700). **[날먹행 181p]**

□□□□□

조 52-1. 행정청이 자격의 박탈을 내용으로 하는 처분을 하는 경우에도, 다른 법령 등에서 청문을 하도록 규정하고 있지 않다면 청문을 위해서는 당사자 등이 청문신청을 하여야 한다. (22소방승진)

□□□□□

조 52-2. 행정청은 인허가 등을 취소하는 처분을 할 때에는 원칙적으로 청문을 하여야 한다. (23소방)

• **행정절차법 제22조(의견청취)**

① 행정청이 처분을 할 때 **다음 각 호**의 어느 하나에 해당하는 경우에는 **청문을 한다.**

1. **다른 법령등에서 청문을 하도록 규정**하고 있는 경우
2. **행정청이 필요하다고 인정**하는 경우
3. 다음 각 목의 처분을 하는 경우

가. 인허가 등의 취소

나. 신분 · 자격의 박탈

다. 법인이나 조합 등의 설립허가의 취소 **[날먹행 182p]**

□□□□□ ★★★

조 52-3. 행정청은 청문을 실시하고자 하는 경우에 청문이 시작되는 날부터 14일전까지 당사자 등에게 통지를 하여야 한다. (22군무원7급,20경행)

• **행정절차법 제21조(처분의 사전 통지)** ② 행정청은 청문을 하려면 **청문이 시작되는 날부터 10일 전까지 제1항 각 호의 사항을 당사자등에게 통지하여야 한다.** 이 경우 제1항제4호부터 제6호까지의 사항은 청문 주재자의 소속 · 직위 및 성명, 청문의 일시 및 장소, 청문에 응하지 아니하는 경우의 처리방법 등 청문에 필요한 사항으로 갈음한다. **[날먹행 182p]**

OX 정답

50-3. O 51. O 52-1. X 52-2. O 52-3. X

□□□□□ ★★★

조 52-4. 청문은 행정청이 어떠한 처분을 하기 전에 당사자 등의 의견을 직접 듣는 절차일 뿐, 증거를 조사하는 절차는 아니다. **(18지방7급)**

- **행정절차법 제2조(정의)** 5. "청문"이란 행정청이 어떠한 처분을 하기 전에 당사자등의 의견을 직접 듣고 증거를 조사하는 절차를 말한다. **[날먹행 182p]**

□□□□□ ★★

조 53-1. 청문 주재자는 당사자의 신청을 받아 행정청이 선정한다. **(16교행9급)**

□□□□□ ★★

조 53-2. 청문의 주재자는 대통령령으로 정하는 자격을 가지는 사람 중에서 선정하되, 행정청의 소속직원은 주재자가 될 수 없다. **(14경행)**

□□□□□ ★★

조 53-3. 행정청은 다수 국민의 이해가 상충되는 처분이나 다수 국민에게 불편이나 부담을 주는 처분을 하려는 경우에는 청문주재자를 2명 이상으로 선정할 수 있다. **(23군무원7급)**

- **행정절차법 제28조(청문 주재자)** ① 행정청은 **소속 직원 또는 대통령령으로 정하는 자격을 가진 사람** 중에서 청문 주재자를 공정하게 선정하여야 한다.
  ② 행정청은 다음 각 호의 어느 하나에 해당하는 처분을 하려는 경우에는 **청문 주재자를 2명 이상으로 선정할 수 있다.** 이 경우 선정된 청문 주재자 중 1명이 청문 주재자를 대표한다.
  1. **다수 국민의 이해가 상충**되는 처분
  2. **다수 국민에게 불편이나 부담**을 주는 처분
  3. 그 밖에 전문적이고 공정한 청문을 위하여 행정청이 청문 주재자를 2명 이상으로 선정할 필요가 있다고 인정하는 처분 **[날먹행 181p]**

□□□□□ ★★

조 54-1. 행정절차법은 청문 주재자의 제척, 기피, 회피에 관하여 규정하고 있다. **(16교행9급)**

□□□□□

조 54-2. 청문주재자에게 공정한 청문 진행을 할 수 없는 사정이 있는 경우 당사자 등은 행정청에 기피신청을 할 수 있다. **(21군무원9급)**

- **행정절차법 제29조(청문 주재자의 제척 · 기피 · 회피)**
  ① 청문 주재자가 다음 각 호의 어느 하나에 해당하는 경우에는 **청문을 주재할 수 없다.**
  1. 자신이 당사자등이거나 당사자등과 「민법」 제777조 각 호의 어느 하나에 해당하는 **친족관계에 있거나 있었던** 경우
  2. 자신이 해당 처분과 관련하여 **증언이나 감정(鑑定)**을 한 경우
  3. 자신이 해당 처분의 당사자등의 **대리인으로 관여**하거나 관여하였던 경우
  4. 자신이 해당 처분업무를 **직접 처리**하거나 처리하였던 경우
  5. 자신이 해당 처분업무를 **처리하는 부서**에 근무하는 경우. 이 경우 부서의 구체적인 범위는 대통령령으로 정한다.

  ② **청문 주재자에게 공정한 청문 진행을 할 수 없는 사정이 있는 경우 당사자등은 행정청에 기피신청을 할 수 있다.** 이 경우 행정청은 청문을 정지하고 **그 신청이 이유가 있다고 인정할 때에는 해당 청문 주재자를 지체 없이 교체하여야** 한다.
  ③ **청문 주재자는 제1항 또는 제2항의 사유**에 해당하는 경우에는 행정청의 **승인을 받아 스스로 청문의 주재를 회피할 수 있다.** **[날먹행 182p]**

OX 정답

52-4. X 53-1. X 53-2. X 53-3. O 54-1. O 54-2. O

□□□□□ ★★★

조 55. 청문은 원칙적으로 당사자가 공개를 신청하거나 청문주재자가 필요하다고 인정하는 경우 공개할 수 있다. **(16지방9급)**

- **행정절차법 제30조(청문의 공개)** 청문은 **당사자가 공개를 신청**하거나 **청문 주재자가 필요하다고 인정**하는 경우 **공개할 수 있다.** 다만, **공익 또는 제3자의 정당한 이익을 현저히 해칠 우려**가 있는 경우에는 **공개하여서는 아니 된다.** **[날먹행 182p]**

□□□□□

조 56-1. 청문주재자가 청문을 시작할 때에는 먼저 예정된 처분의 내용, 그 원인이 되는 사실 및 법적 근거 등을 설명하여야 한다. **(21군무원9급)**

□□□□□

조 56-2. 청문절차의 당사자등은 참고인이나 감정인 등에게 질문할 수 있다. **(16국가9급)**

□□□□□

조 56-3. 청문에서 당사자 등이 의견서를 제출한 경우에는 그 내용을 출석하여 진술한 것으로 본다. **(22국회8급)**

- **행정절차법 제31조(청문의 진행)**
  ① 청문 주재자가 청문을 시작할 때에는 먼저 예정된 처분의 내용, 그 원인이 되는 사실 및 법적 근거 등을 설명하여야 한다.
  ② **당사자등은 의견을 진술하고 증거를 제출**할 수 있으며, **참고인이나 감정인 등에게 질문할 수 있다.**
  ③ 당사자등이 **의견서를 제출한 경우**에는 **그 내용을 출석하여 진술한 것으로 본다.** **[날먹행 182p]**

□□□□□

조 57. 행정청은 직권으로 또는 당사자 및 이해관계인의 신청에 따라 여러 개의 사안을 병합하거나 분리하여 청문을 할 수 있다. **(17국가9급)**

- **행정절차법 제32조(청문의 병합 · 분리)** 행정청은 직권으로 또는 당사자의 신청에 따라 여러 개의 사안을 병합하거나 분리하여 청문을 할 수 있다. **[날먹행 182p]**

□□□□□ ★★★

조 58-1. 행정절차에는 당사자주의가 적용되므로 행정청은 당사자가 제출한 증거나 당사자의 증거신청에 구속된다. **(21군무원9급)**

- **행정절차법 제33조(증거조사)**
  ① 청문 주재자는 **직권으로 또는 당사자의 신청**에 따라 **필요한 조사**를 할 수 있으며, **당사자등이 주장하지 아니한 사실에 대하여도 조사할 수 있다.** **[날먹행 183p]**

OX 정답

55. ○ 56-1. ○ 56-2. ○ 56-3. ○ 57. X 58-1. X

□□□□□

조 58-2. 당사자등은 청문조서의 내용을 열람 · 확인할 수 있을 뿐, 그 청문조서에 이의가 있더라도 정정을 요구할 수는 없다. (21국가9급,21지방9급)

• **행정절차법 제34조(청문조서)**
② 당사자등은 청문조서의 내용을 열람 · 확인할 수 있으며, 이의가 있을 때에는 그 정정을 요구할 수 있다.
[날먹행 183p]

□□□□□ ★★

조 59. 청문 주재자는 당사자등의 전부 또는 일부가 정당한 사유 없이 청문기일에 출석하지 아니한 경우라도 이들에게 다시 의견진출 및 증거제출의 기회를 주지 아니하고는 청문을 마칠 수 없다. (22국회8급)

• **행정절차법 제35조(청문의 종결)**
① 청문 주재자는 해당 사안에 대하여 당사자등의 의견진술, 증거조사가 충분히 이루어졌다고 인정하는 경우에는 청문을 마칠 수 있다.
② 청문 주재자는 당사자등의 전부 또는 일부가 **정당한 사유 없이 청문기일에 출석하지 아니하거나** 제31조제3항에 따른 **의견서를 제출하지 아니한 경우**에는 이들에게 **다시 의견진술 및 증거제출의 기회를 주지 아니하고 청문을 마칠 수 있다.**
③ 청문 주재자는 당사자등의 전부 또는 일부가 **정당한 사유로** 청문기일에 출석하지 못하거나 제31조제3항에 따른 의견서를 제출하지 못한 경우에는 **10일 이상의 기간을 정하여 이들에게 의견진술 및 증거제출을 요구하여야** 하며, **해당 기간이 지났을 때에 청문을 마칠 수 있다.** **[날먹행 183p]**

□□□□□ ★★

조 60-1. 행정청은 처분을 함에 있어서 청문조서, 청문주재자의 의견서, 그 밖의 관계서류 등을 충분히 검토하고 상당한 이유가 있다고 인정하는 경우에는 청문결과를 반영하여야 한다. (19지방·교행9급)

• **행정절차법 제35조의2(청문결과의 반영)** 행정청은 처분을 할 때에 제35조제4항에 따라 받은 청문조서, 청문 주재자의 의견서, 그 밖의 관계 서류 등을 충분히 검토하고 **상당한 이유**가 있다고 인정하는 경우에는 **청문결과를 반영하여야** 한다. **[날먹행 183p]**

□□□□□

조 60-2. 행정청은 청문을 마친 후 처분을 할 때까지 새로운 사정이 발견되어 청문을 재개할 필요가 있다고 인정할 때에는 청문조서 등을 되돌려 보내고 청문의 재개를 명할 수 있다. (21군무원9급)

• **행정절차법 제36조(청문의 재개)**
행정청은 청문을 마친 후 처분을 할 때까지 새로운 사정이 발견되어 청문을 재개(再開)할 필요가 있다고 인정할 때에는 제35조제4항에 따라 받은 청문조서 등을 되돌려 보내고 청문의 재개를 명할 수 있다. 이 경우 제31조제5항을 준용한다. **[날먹행 184p]**

OX 정답

58-2. X 59. X 60-1. O 60-2. O

□□□□□

조 61-1. 행정절차법은 문서열람청구권을 청문절차에서만 인정하고 있다. (11국회9급)

□□□□□ ★★

조 61-2. 행정절차법도 비밀누설금지 · 목적 외 사용금지 등 개인의 정보보호에 관한 규정을 두고 있다. (14국가9급)

- **행정절차법 제37조(문서의 열람 및 비밀유지)**
  ① 당사자등은 의견제출의 경우에는 처분의 사전 통지가 있는 날부터 의견제출기한까지, 청문의 경우에는 청문의 통지가 있는 날부터 청문이 끝날 때까지 행정청에 해당 사안의 조사결과에 관한 문서와 그 밖에 해당 처분과 관련되는 문서의 열람 또는 복사를 요청할 수 있다. 이 경우 행정청은 다른 법령에 따라 공개가 제한되는 경우를 제외하고는 그 요청을 거부할 수 없다.
  ⑥ 누구든지 의견제출 또는 청문을 통하여 알게 된 사생활이나 경영상 또는 거래상의 비밀을 정당한 이유 없이 누설하거나 다른 목적으로 사용하여서는 아니 된다.

→ 2022년 행정절차법 개정으로 청문 외에 의견제출의 경우에도 문서열람청구권, 개인의 정보보호 규정이 생김.

[날먹행 184p]

□□□□□ ★

조 62-1. 행정청은 해당 처분의 영향이 광범위하여 널리 의견을 수렴할 필요가 있다고 인정하는 경우에 청문을 실시할 수 있다. (21소방,18국가9급)

□□□□□ ★

조 62-2. 청문은 다른 법령 등에서 규정하고 있는 경우 이외에 행정청이 필요하다고 인정하는 경우에도 실시할 수 있으나, 공청회는 다른 법령 등에서 규정하고 있는 경우에만 개최할 수 있다. (21소방,20지방·서울9급)

□□□□□ ★★

판 62-3. 묘지공원과 화장장의 후보지를 선정하는 과정에서 추모공원건립추진협의회가 후보지 주민들의 의견을 청취하기 위하여 그 명의로 개최한 공청회는 행정절차법에서 정한 절차를 준수하여야 하는 것은 아니다. (21경행,19지방·교행9급,19지방9급)

- **행정절차법 제22조(의견청취)** ② 행정청이 처분을 할 때 다음 각 호의 어느 하나에 해당하는 경우에는 **공청회**를 개최한다.
  1. **다른 법령등에서 공청회를 개최하도록 규정하고 있는 경우**
  2. **해당 처분의 영향이 광범위하여 널리 의견을 수렴할 필요가 있다고 행정청이 인정하는 경우**
  3. 국민생활에 큰 영향을 미치는 처분으로서 대통령령으로 정하는 처분에 대하여 대통령령으로 정하는 수 이상의 당사자등이 공청회 개최를 요구하는 경우

판례 묘지공원과 화장장의 후보지를 선정하는 과정에서 서울특별시, 비영리법인, 일반 기업 등이 공동발족한 협의체인 **추모공원건립추진협의회가 후보지 주민들의 의견을 청취하기 위하여 그 명의로 개최한 공청회는 행정청이 도시계획시설결정을 하면서 개최한 공청회가 아니므로**, 위 공청회의 개최에 관하여 **행정절차법에서 정한 절차를 준수하여야 하는 것은 아니다**(2005두1893).

[날먹행 184p]

OX 정답

61-1. X 61-2. ○ 62-1. X 62-2. X 62-3. ○

□□□□□ ★★

조 63. 행정청은 공청회를 개최하려는 경우에는 공청회 개최 10일 전까지 일시 및 장소 등의 사항을 당사자 등에게 통지하여야 한다. (17지방9급,16경행)

- **행정절차법 제38조(공청회 개최의 알림)**
  행정청은 공청회를 개최하려는 경우에는 공청회 개최 14일 전까지 다음 각 호의 사항을 **당사자등에게 통지하고 관보, 공보, 인터넷 홈페이지 또는 일간신문 등에 공고하는 등의 방법으로 널리 알려야** 한다. 다만, **공청회 개최를 알린 후 예정대로 개최하지 못하여 새로 일시 및 장소 등을 정한 경우에는 공청회 개최 7일 전까지 알려야** 한다. [날먹행 185p]

□□□□□

조 64-1. 행정청은 행정절차법 제38조에 따른 공청회와 병행하여서만 정보통신망을 이용한 공청회를 실시할 수 있다. (20국회9급,17국가9급)

□□□□□ ★

조 64-2. 행정청이 온라인공청회를 실시하는 경우에는 누구든지 정보통신망을 이용하여 의견을 제출할 수 있다. (15교행9급)

□□□□□

조 64-3. 공청회가 개최는 되었으나 정상적으로 진행되지 못하고 무산된 횟수가 2회인 경우 온라인공청회를 단독으로 개최할 수 있다. (23국가9급)

- **행정절차법 제38조의2 (온라인공청회)**
  ① 행정청은 제38조에 따른 공청회와 병행하여서만 정보통신망을 이용한 공청회(이하 "온라인공청회"라 한다)를 실시할 수 있다.
  ② 제1항에도 불구하고 다음 각 호의 어느 하나에 해당하는 경우에는 **온라인공청회를 단독으로** 개최할 수 있다.
    1. 국민의 생명 · 신체 · 재산의 보호 등 국민의 안전 또는 권익보호 등의 이유로 제38조에 따른 공청회를 개최하기 어려운 경우
    2. 제38조에 따른 **공청회**가 행정청이 책임질 수 없는 사유로 개최되지 못하거나 **개최는 되었으나 정상적으로 진행되지 못하고 무산된 횟수가 3회 이상인 경우**
    3. 행정청이 널리 의견을 수렴하기 위하여 온라인공청회를 단독으로 개최할 필요가 있다고 인정하는 경우. 다만, 제22조제2항제1호 또는 제3호에 따라 공청회를 실시하는 경우는 제외한다.
  ③ 행정청은 온라인공청회를 실시하는 경우 의견제출 및 토론 참여가 가능하도록 적절한 전자적 처리능력을 갖춘 정보통신망을 구축 · 운영하여야 한다.
  ④ 온라인공청회를 실시하는 경우에는 누구든지 정보통신망을 이용하여 의견을 제출하거나 제출된 의견 등에 대한 토론에 참여할 수 있다. [날먹행 185p]

OX 정답

63. X 64-1. O 64-2. O 64-3. X

□□□□□ ★★

조 65-1. 행정청은 공청회의 발표자를 관련전문가 중에서 우선적으로 지명 또는 위촉하여야 하며, 적절한 발표자를 선정하지 못하거나 필요한 경우에만 발표를 신청한 자 중에서 지명할 수 있다. **(10지방9급)**

- **행정절차법 제38조의3(공청회의 주재자 및 발표자의 선정)**
  ① 행정청은 해당 공청회의 사안과 관련된 분야에 전문적 지식이 있거나 그 분야에 종사한 경험이 있는 사람으로서 대통령령으로 정하는 자격을 가진 사람 중에서 공청회의 주재자를 선정한다.
  ② 공청회의 발표자는 발표를 신청한 사람 중에서 행정청이 선정한다. 다만, 발표를 신청한 사람이 없거나 공청회의 공정성을 확보하기 위하여 필요하다고 인정하는 경우에는 다음 각 호의 사람 중에서 지명하거나 위촉할 수 있다.
  1. 해당 공청회의 사안과 관련된 당사자등
  2. 해당 공청회의 사안과 관련된 분야에 전문적 지식이 있는 사람
  3. 해당 공청회의 사안과 관련된 분야에 종사한 경험이 있는 사람 **[날먹행 185p]**

□□□□□ ★★

조 65-2. 공청회의 주재자는 공청회를 공정하게 진행하여야 하며, 공청회의 원활한 진행을 위하여 발표내용을 제한할 수 있다. **(07국가7급)**

- **행정절차법 제39조(공청회의 진행)** ① 공청회의 주재자는 **공청회를 공정하게 진행하여야** 하며, 공청회의 원활한 진행을 위하여 **발표 내용을 제한할 수 있고,** 질서유지를 위하여 발언 중지 및 퇴장 명령 등 행정안전부장관이 정하는 필요한 조치를 할 수 있다. **[날먹행 186p]**

□□□□□ ★★

조 66-1. 행정청은 처분을 함에 있어서 공청회, 전자공청회 및 정보통신망 등을 통하여 제시된 사실 및 의견이 상당한 이유가 있다고 인정하는 경우에는 이를 반영하여야 한다. **(17경행)**

- **행정절차법 제39조의2(공청회 및 온라인공청회 결과의 반영)**
  행정청은 처분을 할 때에 공청회, 온라인공청회 및 정보통신망 등을 통하여 제시된 사실 및 의견이 상당한 이유가 있다고 인정하는 경우에는 이를 **반영하여야 한다. → 반드시** **[날먹행 186p]**

□□□□□

조 66-2. 행정청은 공청회를 마친 후 처분을 할 때까지 새로운 사정이 발견되어 공청회를 다시 개최할 필요가 있다고 인정할 때에는 공청회를 다시 개최할 수 있다. **(23경간,21국회8급)**

- **행정절차법 제39조의3(공청회의 재개최)** 행정청은 공청회를 마친 후 처분을 할 때까지 새로운 사정이 발견되어 공청회를 다시 개최할 필요가 있다고 인정할 때에는 공청회를 다시 개최할 수 있다. **[날먹행 186p]**

OX 정답

65-1. X 65-2. ○ 66-1. ○ 66-2. ○

□□□□□ ★★★

조 67-1. 행정청이 당사자에게 의무를 부과하거나 권익을 제한하는 처분을 함에 있어 청문이나 공청회를 거치지 않은 경우에는 당사자에게 의견제출의 기회를 주어야 한다. (20소방,19지방9급)

• **행정절차법 제2조(정의)**

7. "의견제출"이란 행정청이 어떠한 행정작용을 하기 전에 당사자등이 의견을 제시하는 절차로서 청문이나 공청회에 해당하지 아니하는 절차를 말한다. [날먹행 186p]

□□□□□ ★★

조 67-2. 이해관계가 있는 제3자는 자신의 신청 또는 행정청의 직권에 의하여 행정절차에 참여하여 처분 전에 그 처분의 관할 행정청에 서면이나 말로 또는 정보통신망을 이용하여 의견제출을 할 수 있다. (18지방9급)

□□□□□

조 67-3. 행정청은 당사자등이 말로 의견제출을 하였을 때에는 서면으로 그 진술의 요지와 진술자를 기록하여야 한다. (13지방7급)

□□□□□ ★★

조 67-4. 당사자 등이 정당한 이유 없이 의견제출기한까지 의견제출을 하지 아니한 경우에는 의견이 없는 것으로 본다. (15지방7급)

• **행정절차법 제27조(의견제출)** [날먹행 186p]

① 당사자등은 처분 전에 그 처분의 관할 행정청에 서면이나 말로 또는 정보통신망을 이용하여 의견제출을 할 수 있다.
→ 이해관계 있는 제3자도 의견제출 가능

② 당사자등은 제1항에 따라 의견제출을 하는 경우 그 주장을 입증하기 위한 증거자료 등을 첨부할 수 있다.

③ 행정청은 당사자등이 **말로 의견제출을 하였을 때**에는 **서면으로 그 진술의 요지와 진술자를 기록하여야** 한다.

④ 당사자등이 **정당한 이유 없이 의견제출기한까지 의견제출을 하지 아니한 경우에는 의견이 없는 것으로 본다.**

□□□□□

판 67-5. 해양 공유수면 매립지의 귀속 결정을 위한 지방자치단체중앙분쟁조정위원회의 심의 의결 과정에서 공고 및 의견제출 절차를 통해 이해관계인의 의견제출 기회가 부여되어 A도지사가 여러 차례 서면으로 의견을 제출하였다면, 단지 최종 심의 의결단계에서 A도 소속 공무원에게 구두로 의견을 진술할 기회를 부여하지 않았다는 사정만으로 위원회의 심의 의결에 절차적 정당성이 상실되었다고 볼 수는 없다. (21경행)

판례 이 사건 결정을 위한 위원회의 심의·의결 과정에서 공고 및 의견제출 절차를 통해 이해관계인의 의견제출 기회가 부여되었고 그에 따라 원고 충청 남도지사가 실제로 여러 차례 서면으로 의견을 제출하였으므로, 단지 최종 심의·의결 단계에서 위원회가 충청남도 소속 공무원에게 구두로 의견을 진술할 기회를 부여하지 않았다는 사정만으로 지방자치법 제4조 제7항을 위반하였다거나 그로 인하여 위원회의 심의·의결에 절차적 정당성이 상실되었다고 볼 수 없다(2015추528). [날먹행 186p]

OX 정답

67-1. ○ 67-2. ○ 67-3. ○ 67-4. ○ 67-5. ○

□□□□□ ★★

조 68. 행정청은 처분을 할 때에 당사자 등이 제출한 의견이 상당한 이유가 있다고 인정하는 경우에는 이를 반영할 수 있다. (17경행,15경행)

• **행정절차법 제27조의2(제출 의견의 반영 등)**
① 행정청은 처분을 할 때에 당사자등이 제출한 **의견이 상당한 이유**가 있다고 인정하는 경우에는 이를 **반영하여야 한다.**
② 행정청은 당사자등이 제출한 의견을 **반영하지 아니하고 처분을** 한 경우 당사자등이 **처분이 있음을 안 날부터 90일 이내에 그 이유의 설명을 요청하면 서면으로 그 이유를 알려야 한다.** 다만, 당사자등이 **동의하면 말, 정보통신망 또는 그 밖의 방법으로 알릴 수 있다.** [날먹행 187p]

□□□□□ ★★★

조 69-1. 행정청이 당사자에게 의무를 과하거나 권익을 제한하는 처분을 하는 경우라도 당사자가 명백히 의견진술의 기회를 포기한다는 뜻을 표시한 경우에는 의견청취를 하지 않을 수 있다. (22국가9급,18국가9급)

□□□□□ ★★★

조 69-2. 행정청이 공공의 안전 또는 복리를 위하여 긴급히 처분을 할 필요가 있는 경우에는 의견청취를 아니할 수 있다. (18서울9급)

□□□□□

조 69-3. 행정청은 해당 처분의 성질상 의견청취가 현저히 곤란하더라도 사전통지를 해야 한다. (22군무원7급)

• **행정절차법 제21조(처분의 사전통지)**
④ 다음 각 호의 어느 하나에 해당하는 경우에는 제1항에 따른 **통지를 하지 아니할 수 있다.**
1. 공공의 안전 또는 복리를 위하여 긴급히 처분을 할 필요가 있는 경우
2. 법령등에서 요구된 자격이 없거나 없어지게 되면 반드시 일정한 처분을 하여야 하는 경우에 그 자격이 없거나 없어지게 된 사실이 법원의 재판 등에 의하여 객관적으로 증명된 경우
3. 해당 처분의 성질상 의견청취가 현저히 곤란하거나 명백히 불필요하다고 인정될 만한 상당한 이유가 있는 경우
→ 사전통지는 의견청취의 전치절차로서, 사전통지의무가 면제되는 경우**에는** 의견청취의무도 면제됨

• **행정절차법 제22조(의견청취)** ① 행정청이 처분을 할 때 다음 각 호의 **어느 하나에 해당**하는 경우에는 청문을 한다.
② 행정청이 처분을 할 때 다음 각 호의 어느 하나에 해당하는 경우에는 공청회를 개최한다.
③ 행정청이 당사자에게 의무를 부과하거나 권익을 제한하는 처분을 할 때 **제1항 또는 제2항의 경우 외**에는 당사자등에게 의견제출의 기회를 주어야 한다.
④ 제1항부터 제3항까지의 규정에도 불구하고 **제21조제4항 각 호의 어느 하나**에 해당하는 경우와 당사자가 의견진술의 기회를 포기한다는 뜻을 명백히 표시한 경우에는 **의견청취를 하지 아니할 수 있다.** → 의견청취의 생략 [날먹행 187p]

□□□□□

판 69-4. 지방자치단체장이 구 '공유재산 및 물품관리법'에 근거하여 민간투자사업을 추진하던 중 우선협상대상자의 지위를 박탈하는 처분을 하기 위하여는 반드시 청문을 실시하여야 한다. (23경간)

판례 행정절차법의 규정 내용과 체계에 의하면, 행정청이 당사자에게 의무를 부과하거나 권익을 제한하는 처분을 하는 경우에는 **원칙적으로 행정절차법 제21조 제1항에 따른 사전통지를 하고, 제22조 제3항에 따른 의견제출 기회를 주는 것으로 족하며, 다른 법령 등에서 반드시 청문을 실시하도록 규정한 경우이거나 행정청이 필요하다고 인정하는 경우 등에 한하여 청문을 실시할 의무**가 있다. 따라서 **지방자치단체의 장이 공유재산 및 물품관리법에 근거하여 민간투자사업을 추진하던 중 우선협상대상자 지위를 박탈하는 처분을 하기 위하여 반드시 청문을 실시할 의무가 있다고 볼 수는 없다**(2017두31064). [날먹행 186p]

OX 정답

68. X 69-1. ○ 69-2. ○ 69-3. X 69-4. X

□□□□□ ★★★

판 70-1. 구 '공중위생법'상 유기장업허가취소처분을 함에 있어서 두 차례에 걸쳐 발송한 청문통지서가 모두 반송되어 온 경우, 처분의 상대방이 청문일시에 불출석하였다는 이유로 청문을 거치지 않고 한 침해적 행정처분은 적법하다. **(23지방9급,21소방간부,21서울7급,20국가7급,19지방9급,19서울7급 등)**

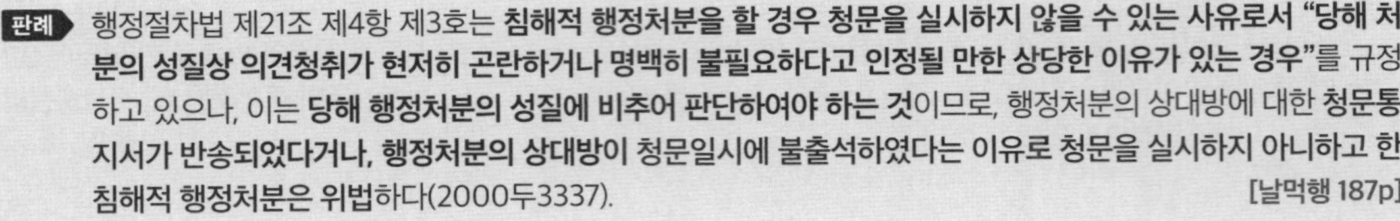

판례 행정절차법 제21조 제4항 제3호는 **침해적 행정처분을 할 경우 청문을 실시하지 않을 수 있는 사유로서 "당해 처분의 성질상 의견청취가 현저히 곤란하거나 명백히 불필요하다고 인정될 만한 상당한 이유가 있는 경우"**를 규정하고 있으나, 이는 **당해 행정처분의 성질에 비추어 판단하여야 하는 것**이므로, 행정처분의 상대방에 대한 **청문통지서가 반송되었다거나, 행정처분의 상대방이 청문일시에 불출석하였다는 이유로 청문을 실시하지 아니하고 한 침해적 행정처분은 위법**하다(2000두3337). **[날먹행 187p]**

□□□□□ ★★

판 70-2. 처분 상대방이 이미 행정청에 위반사실을 시인하였다는 사정은 사전통지의 예외가 되는 '의견청취가 현저히 곤란하거나 명백히 불필요하다고 인정될 만한 상당한 이유가 있는 경우'에 해당한다. **(23변시,22군무원7급)**

판례 '의견청취가 현저히 곤란하거나 명백히 불필요하다고 인정될 만한 상당한 이유가 있는 경우'에 해당하는지는 해당 행정처분의 성질에 비추어 판단하여야 하며, **처분상대방이 이미 행정청에 위반사실을 시인하였다거나 처분의 사전통지 이전에 의견을 진술할 기회가 있었다는 사정을 고려하여 판단할 것은 아니다**(2016두63224). **[날먹행 187p]**

□□□□□

판 70-3. 사회복지시설에 대하여 특별감사를 실시한 후 행한 감사결과 지적사항에 대한 시정지시는 그 성질상 당사자의 사전 의견청취가 불필요하다고 볼 상당한 이유가 인정되는 경우에 해당한다. **(22소방간부)**

판례 특별감사를 받은 사회복지시설은 감사과정을 거치면서 감사결과 및 그에 따른 감사기관의 의견표명이 있으리라는 점을 충분히 예상할 수 있어 별도로 사전에 통지를 한다거나 의견진술의 기회를 부여할 필요가 있다고 보기 어려운 점 등에 비추어 보면, 이 사건 시정지시에 대하여는 그 성질상 당사자의 사전 의견청취가 불필요하다고 볼 상당한 이유가 있는 것으로 명백히 인정되는 경우에 해당한다고 할 것이다(2008두14999). **[날먹행 187p]**

□□□□□ ★★★

판 71-1. '공무원연금법' 상 퇴직연금 지급정지 사유기간 중 수급자에게 지급된 퇴직연금의 환수결정은 당사자에게 의무를 과하는 처분으로, 퇴직연금의 환수결정에 앞서 당사자에게 의견진술의 기회를 주지 아니하면 행정절차법에 반한다. **(23경간,22변시,22국회8급,22소방간부,21소방간부,20국가9급,19서울7급)**

판례 퇴직연금의 환수결정은 당사자에게 의무를 과하는 처분이기는 하나, **관련 법령에 따라 당연히 환수금액이 정하여지는 것**이므로, 퇴직연금의 환수결정에 앞서 **당사자에게 의견진술의 기회를 주지 아니하여도 행정절차법 제22조 제3항이나 신의칙에 어긋나지 아니한다**(99두5443). **[날먹행 187p]**

OX 정답

70-1. X 70-2. X 70-3. ○ 71-1. X

□□□□□★★★

판 71-2. 행정청과 당사자 사이에 청문의 실시 등 의견청취절차를 배제하는 협약이 있었다 하더라도, 이와 같은 협약의 체결로 청문의 실시에 관한 규정의 적용을 배제할 수 있다고 볼 만한 법령상의 규정이 없는 한, 청문의 실시에 관한 규정의 적용이 배제되지 않으며 청문을 실시하지 않아도 되는 예외적인 경우에 해당하지 아니한다. **(23소방간부,22국가·지방7급,22변시,22국회8급,20국가9급,20지방9급,19서울7급 등)**

판례 행정청이 당사자와 사이에 도시계획사업의 시행과 관련한 협약을 체결하면서 관계 법령 및 행정절차법에 규정된 청문의 실시 등 의견청취절차를 배제하는 조항을 둔 경우, **청문의 실시에 관한 규정의 적용이 배제되거나 청문을 실시하지 않아도 되는 예외적인 경우에 해당한다고 할 수 없다**(2002두8350). **[날먹행 187p]**

□□□□□★

조 72. 행정청은 처분 후 2년 이내에 당사자등이 요청하는 경우에는 청문·공청회 또는 의견제출을 위하여 제출받은 서류나 그 밖의 물건을 반환하여야 한다. **(22국회8급)**

- **행정절차법 제22조(의견청취)** ⑥ 행정청은 처분 후 **1년 이내에** 당사자등이 요청하는 경우에는 청문·공청회 또는 의견제출을 위하여 제출받은 서류나 그 밖의 물건을 반환하여야 한다. **[날먹행 188p]**

□□□□□★★

조 73-1. 신고는 사인이 행하는 공법행위로 행정기관의 행위가 아니므로 행정절차법에는 신고에 관한 규정을 두고 있지 않다. **(18국가9급)**

□□□□□★★

조 73-2. 행정절차법은 수리를 요하는 신고를 규정하고 있다. **(11지방9급)**

□□□□□★★

조 73-3. 행정절차법상 신고요건으로는 신고서의 기재사항에 흠이 없고 필요한 구비서류가 첨부되어 있어야 하며, 신고의 기재사항은 그 진실함이 입증되어야 한다. **(20지방9급)**

□□□□□★★

조 73-4. 법령 등에서 행정청에 일정한 사항을 통지함으로써 의무가 끝나는 신고를 규정하고 있는 경우 신고가 본법 제40조 제2항 각 호의 요건을 갖춘 경우에는 신고서가 접수기간에 발송된 때에 신고 의무가 이행된 것으로 본다. **(18국가9급,17국가9급)**

OX 정답

71-2. ○ 72. X 73-1. X 73-2. X 73-3. X 73-4. X

□□□□□ ★★

조 73-5. 신고에 관하여 행정절차법은, 형식적인 흠이 있는 신고의 경우 지체없이 상당한 기간을 정하여 보완을 요구하여야 하며, 신고인이 상당한 기간 내에 보완을 하지 아니한 때에는 그 이유를 명시하여 신고서를 되돌려 보내야 한다고 규정한다. (22소방승진,18소방,17국가9급)

• **행정절차법 제40조(신고)**

① 법령등에서 행정청에 **일정한 사항을 통지함으로써 의무가 끝나는 신고를 규정하고 있는 경우** 신고를 관장하는 행정청은 신고에 필요한 구비서류, 접수기관, 그 밖에 법령등에 따른 신고에 필요한 사항을 게시(인터넷 등을 통한 게시를 포함한다)하거나 이에 대한 편람을 갖추어 두고 누구나 열람할 수 있도록 하여야 한다.

② 제1항에 따른 신고가 **다음 각 호의 요건을 갖춘 경우**에는 신고서가 접수기관에 **도달된 때에 신고 의무가 이행된 것**으로 본다.

1. 신고서의 **기재사항에 흠이 없을 것**
2. 필요한 구비서류가 첨부되어 있을 것
3. 그 밖에 법령등에 규정된 형식상의 요건에 적합할 것

③ 행정청은 제2항 **각 호의 요건을 갖추지 못한 신고서가 제출된 경우**에는 **지체 없이 상당한 기간을 정하여 신고인에게 보완을 요구하여야 한다.**

④ 행정청은 신고인이 제3항에 따른 기간 내에 **보완을 하지 아니하였을 때**에는 그 이유를 구체적으로 밝혀 해당 신고서를 되돌려 보내야 한다. **[날먹행 188p]**

□□□□□ ★★

조 73-6. 행정청은 행정청이 수립하는 계획 중 국민의 권리·의무에 직접 영향을 미치는 계획을 수립하거나 변경·폐지할 때에는 관련된 여러 이익을 정당하게 형량하여야 한다. (23국회8급)

• **행정절차법 제40조의4(행정계획)**

행정청은 행정청이 수립하는 계획 중 국민의 권리 · 의무에 직접 영향을 미치는 계획을 수립하거나 변경 · 폐지할 때에는 관련된 여러 이익을 정당하게 형량하여야 한다. **[날먹행 189p]**

□□□□□

조 74-1. 행정절차법은 법령 등을 제정 · 개정 또는 폐지하려는 경우에 해당 입법안을 마련한 행정이 예고하는 행정상 입법예고에 관한 규정을 두고 있다. (20소방)

□□□□□ ★★

조 74-2. 상위 법령 등의 단순한 집행을 위해 총리령을 제정하려는 경우, 행정상 입법예고를 하지 아니할 수 있다. (19국가9급,18소방)

• **행정절차법 제41조(행정상 입법예고)**

① **법령등을 제정 · 개정 또는 폐지**(이하 "입법"이라 한다)하려는 경우에는 해당 입법안을 마련한 행정청은 이를 예고하여야 한다. 다만, 다음 각 호의 어느 하나에 해당하는 경우에는 **예고를 하지 아니할 수 있다.**

1. 신속한 국민의 권리 보호 또는 예측 곤란한 특별한 사정의 발생 등으로 입법이 **긴급을 요하는 경우**
2. 상위 법령등의 단순한 집행을 위한 경우
3. 입법내용이 **국민의 권리 · 의무 또는 일상생활과 관련이 없는 경우**
4. **단순한 표현 · 자구를 변경**하는 경우 등 입법내용의 **성질상 예고의 필요가 없거나 곤란하다고 판단**되는 경우
5. 예고함이 **공공의 안전 또는 복리를 현저히 해칠 우려**가 있는 경우 **[날먹행 190p]**

OX 정답

73-5. ○ 73-6. ○ 74-1. ○ 74-2. ○

□□□□□ ★★

조 75. 법제처장은 입법예고를 하지 아니한 법령안의 심사요청을 받은 경우에 입법예고를 하는 것이 적당하다고 판단하는 때에는 해당 행정청에 입법예고를 권고하거나 직접 예고할 수 있다. (15국회8급)

- **행정절차법 제41조(행정상 입법예고)**
  ③ **법제처장은 입법예고를 하지 아니한 법령안의 심사 요청을 받은 경우**에 입법예고를 하는 것이 적당하다고 판단할 때에는 **해당 행정청에 입법예고를 권고하거나 직접 예고할 수 있다.** [날먹행 190p]

□□□□□ ★

조 76-1. 행정청은 대통령령을 입법예고할 경우에는 국회 소관 상임위원회에 이를 제출하여야 한다. (23경간,19서울7급,18국가9급,17지방9급)

□□□□□ ★★

조 76-2. 행정상 입법예고의 기간은 특별한 사정이 없는 한 40일(자치법규는 20일) 이상으로 하며, 누구든지 예고된 입법안에 대하여 의견을 제출할 수 있다. (18지방7급,17지방9급)

- **행정절차법 제42조(예고방법)**
  ① 행정청은 **입법안의 취지, 주요 내용 또는 전문(全文)을 다음 각 호의 구분**에 따른 방법으로 **공고하여야** 하며, **추가로 인터넷, 신문 또는 방송 등을 통하여 공고할 수 있다.**
  1. **법령의 입법안을 입법예고**하는 경우: **관보 및 법제처장이 구축 · 제공하는 정보시스템**을 통한 공고
  2. **자치법규의 입법안을 입법예고**하는 경우: **공보**를 통한 공고

  ② 행정청은 대통령령을 입법예고하는 경우 국회 소관 상임위원회에 이를 제출하여야 한다.
  ③ 행정청은 입법예고를 할 때에 입법안과 관련이 있다고 인정되는 중앙행정기관, 지방자치단체, 그 밖의 단체 등이 예고사항을 알 수 있도록 예고사항을 통지하거나 그 밖의 방법으로 알려야 한다.
- **제43조(예고기간)** 입법예고기간은 예고할 때 정하되, 특별한 사정이 없으면 40일(자치법규는 20일) 이상으로 한다.
- **제44조(의견제출 및 처리)**
  ① 누구든지 **예고된 입법안에 대하여 의견을** 제출할 수 있다.
  ② 행정청은 의견접수기관, 의견제출기간, 그 밖에 필요한 사항을 해당 입법안을 예고할 때 함께 공고하여야 한다.
  ③ 행정청은 해당 입법안에 대한 의견이 제출된 경우 특별한 사유가 없으면 이를 존중하여 처리하여야 한다.
  ④ 행정청은 **의견을 제출한 자에게 그 제출된** 의견의 처리결과를 통지하여야 **한다.** [날먹행 190, 191p]

□□□□□ ★★

조 77-1. 행정절차법은 행정청이 정책, 제도 및 계획을 수립 · 시행하거나 변경하려는 경우에는 이를 예고하도록 규정하고 있다. (17지방9급)

□□□□□ ★★

조 77-2. 행정청은 국민생활에 매우 큰 영향을 주는 사항, 많은 국민의 이해가 상충되는 사항, 많은 국민에게 불편이나 부담을 주는 사항, 그 밖에 널리 국민의 의견을 수렴할 필요가 있는 사항에 대한 정책, 제도 및 계획을 수립·시행하거나 변경하려는 경우에 이를 예고할 의무가 있다. (22소방간부,20군무원7급)

□□□□□ ★★

조 77-3. 행정예고를 입법예고로 갈음할 수는 없다. (07관세사)

OX 정답

75. ○ 76-1. ○ 76-2. ○ 77-1. ○ 77-2. X 77-3. X

□□□□□★★

조 77-4. 행정예고기간은 예고내용의 성격 등을 고려하여 정하되, 특별한 사정이 없으면 14일 이상으로 한다. (21지방·서울7급,17지방9급)

- **행정절차법 제46조(행정예고)**

  ① 행정청은 **정책, 제도 및 계획**(이하 "정책등"이라 한다)을 **수립 · 시행하거나 변경**하려는 경우에는 이를 **예고하여야** 한다. 다만, 다음 **각 호의 어느 하나**에 해당하는 경우에는 예고를 하지 **아니할 수 있다.** → 원칙적으로 예고할 의무를 규정하고, 예외적으로 예고하지 않을 수 있는 사항을 규정함.

  1. **신속하게 국민의 권리를 보호하여야 하거나 예측이 어려운 특별한 사정이 발생하는 등 긴급한 사유로 예고가 현저히 곤란한 경우**
  2. **법령등의 단순한 집행을 위한 경우**
  3. 정책등의 내용이 **국민의 권리 · 의무 또는 일상생활과 관련이 없는 경우**
  4. 정책등의 **예고가 공공의 안전 또는 복리를 현저히 해칠 우려가 상당한 경우**

  ② 제1항에도 불구하고 **법령등의 입법을 포함하는 행정예고는 입법예고로 갈음할 수 있다.**

  ③ 행정예고기간은 **예고 내용의 성격 등을 고려하여 정하되, 특별한 사정이 없으면** 20일 **이상으로** 한다. **[날먹행 191p]**

□□□□□

조 78. 행정청은 국민에게 영향을 미치는 주요 정책 등에 대하여 국민의 다양하고 창의적인 의견을 널리 수렴하기 위하여 정보통신망을 이용한 정책토론을 실시해야 한다. (21국회8급,20소방간부)

- **행정절차법 제53조 (온라인 정책토론)**

  ① 행정청은 국민에게 영향을 미치는 주요 정책 등에 대하여 국민의 다양하고 창의적인 의견을 널리 수렴하기 위하여 정보통신망을 이용한 정책토론(이하 이 조에서 "온라인 정책토론"이라 한다)을 실시할 수 있다.

  ② 행정청은 효율적인 온라인 정책토론을 위하여 과제별로 한시적인 토론 패널을 구성하여 해당 토론에 참여시킬 수 있다. 이 경우 패널의 구성에 있어서는 공정성 및 객관성이 확보될 수 있도록 노력하여야 한다.

  ③ 행정청은 온라인 정책토론이 공정하고 중립적으로 운영되도록 하기 위하여 필요한 조치를 할 수 있다.

  [날먹행 192p]

제 3 절 행정절차의 하자

□□□□□

이 1-1. 절차상의 하자를 독자적 취소의 사유로 인정하는 견해(적극설)에 따르면, 적법한 절차를 거쳐 다시 처분을 하는 경우 반드시 동일한 결정에 도달하는 것은 아니라는 점을 논거로 한다. (18교행9급,16지방9급)

□□□□□★★

이 1-2. 처분에 행정절차상 하자가 있을 경우 기속행위인지 재량행위인지를 불문하고 독자적 위법사유성이 인정되어 법원에 의한 취소의 대상이 된다. (16지방9급)

OX 정답

77-4. X 78. X / 3절 1-1. O 1-2. O

□□□□□★★★

판 1-3. 기속행위인 경우에는 절차상의 하자만으로 독립된 취소사유가 될 수 없으나, 재량행위인 경우에는 절차상의 하자만으로도 독립된 취소사유가 된다. (22변시,18교행9급)

- **절차 하자의 독자적 위법사유 여부**
  - **재량행위**: 행정청은 기존 처분과는 다른 처분을 할 수도 있으므로 독자적 위법사유가 인정됨.
  - **기속행위**:
    소극설 → 절차규정은 정정한 행정행위를 확보하기 위한 수단에 불과하고, **절차위반을 이유로 다시 처분해도, 전과 동일한 처분을 한 경우에는 행정경제 및 소송경제에 반함.**
    적극설 → 행정의 법률적합성 원칙에 따라, 절차적·실체적으로 행정행위는 적법해야 하고, **행정청이 다시 처분할 때 반드시 전과 동일한 처분을 한다고 단정할 수 없음.**
    이에 따라 실체적 하자는 없고, **절차상 중대한 하자만 있는 경우에도 행정청은 취소판결을 할 수 있음.**

판례 **행정처분이 기속행위인지 재량행위인지 불문하고, 처분이 실체적으로는 적법하더라도 절차법상의 하자만을 이유로 독립된 취소사유가 된다고 봄.** [날먹행 193p]

□□□□□★★

판 2. 군인사법령에 의하여 진급예정자명단에 포함된 자에 대하여 의견제출의 기회를 부여하지 아니한 채 진급선발을 취소하는 처분을 한 것은 절차상 하자가 있어 위법하다. (23군무원9급,22국회9급,19국회8급,18국가7급)

판례 군인사법령에 의하여 진급예정자명단에 포함된 자에 대하여 의견제출의 기회를 부여하지 아니한 채 진급선발을 취소하는 처분을 한 것이 절차상 하자가 있어 위법하다(2006두20631). [날먹행 193p]

□□□□□★★

판 3. 민원사무를 처리하는 행정기관이 민원조정위원회를 개최하면서 민원인에게 그 회의일정 등을 사전에 통지하여야 함에도 불구하고 그러하지 아니한 경우에 이러한 사정만으로 곧바로 그 민원사항에 대한 행정기관의 장의 거부처분이 위법하다고 볼 수는 없다. (19서울9급,18경행)

판례 민원사무를 처리하는 행정기관이 **민원 1회방문 처리제**를 시행하는 절차의 일환으로 민원사항의 심의·조정 등을 위한 민원조정위원회를 개최하면서 **민원인에게 회의일정 등을 사전에 통지하지 아니하였다 하더라도,** 이러한 사정만으로 **곧바로 민원사항에 대한 행정기관의 장의 거부처분에 취소사유에 이를 정도의 흠이 존재한다고 보기는 어렵다**(2013두1560). [날먹행 194p]

□□□□□★★

판 4. 예산의 편성에 절차적 하자가 있으면 그 예산을 집행하는 처분은 위법하게 된다. (23소방간부,16국회8급)

판례 예산의 편성에 절차상 하자가 있다는 사정만으로 예산을 집행하는 처분에 취소사유에 이를 정도의 하자가 존재한다고 보기 어렵다(2011두32515). [날먹행 194p]

OX 정답

1-3. X 2. O 3. O 4. X

□□□□□ ★★

판 5. 행정처분이 절차의 하자를 이유로 취소된 경우 적법한 절차를 갖추더라도 이전의 처분과 동일한 내용의 처분을 다시 하는 것은 기속력에 위반되어 허용되지 않는다. (22지방9급,21국회8급,20국가9급,18지방9급)

판례 어떤 행정처분에 위법한 하자가 있다는 이유로 그 행정처분을 취소하는 판결이 선고되어 확정된 경우에 처분행정청은 그 행정소송의 사실심 변론종결 이전의 사유를 내세워 다시 확정판결에 저촉되는 행정처분을 하는 것은 허용될 수 없는 것이지만, **그 확정판결의 취소사유가** 행정처분의 절차나 형식상의 하자**에 있었던 경우**에는 그 확정판결이 행정청을 기속하는 효력은 취소사유로 된 절차 내지 형식의 위법에 한하여 미친다 할 것이므로 **행정청은 적법한 절차나 형식을 갖추어 동일내용의 처분을 할 수 있다 할 것이다**(84누408). → **취소판결 이후의 행정처분은 취소된 종건의 처분과는 전혀 다른** 별개의 처분**이므로,** 기속력에 반하지 않음. [날먹행 194p]

□□□□□ ★★★

판 6. 판례는 절차하자의 치유는 행정쟁송제기 이후에도 가능하다고 본다. (11국가7급)

- **절차상 하자의 치유시기**
  - 쟁송제기 전까지 가능(통설,판례) [날먹행 194p]

제 4 절 민원처리에 관한 법률

□□□□□

조 1. '민원처리에 관한 법률'은 민원처리에 관한 기본적인 사항을 규정하여 민원의 공정하고 적법한 처리와 민원행정제도의 합리적 개선을 도모함으로써 국민의 권익을 보호함을 목적으로 한다. (06서울9급)

- **민원처리에 관한 법률 제1조(목적)** 이 법은 민원 처리에 관한 기본적인 사항을 규정하여 민원의 공정하고 적법한 처리와 민원행정제도의 합리적 개선을 도모함으로써 국민의 권익을 보호함을 목적으로 한다. [날먹행 195p]

□□□□□

조 2. 민원이란 민원인이 행정기관에 대하여 처분 등 특정한 행위를 요구하는 것을 말한다. (06서울9급)

- **민원처리에 관한 법률 제2조(정의)** 1. "민원"이란 민원인이 행정기관에 대하여 처분 등 특정한 행위를 요구하는 것을 말한다. [날먹행 195p]

OX 정답

5. X 6. X / 4절 1. ○ 2. ○

□□□□□

조 3. 민원인이란 행정기관에 민원을 제기하는 개인 법인 또는 단체를 말한다. (06서울9급)

- **민원처리에 관한 법률 제2조(정의)** 2. "민원인"이란 행정기관에 민원을 제기하는 개인 · 법인 또는 단체를 말한다. 다만, 행정기관(사경제의 주체로서 제기하는 경우는 제외한다), 행정기관과 사법(私法)상 계약관계(민원과 직접 관련된 계약관계만 해당한다)에 있는 자, 성명 · 주소 등이 불명확한 자 등 대통령령으로 정하는 자는 제외한다. **[날먹행 195p]**

□□□□□

조 4. 복합민원이란 하나의 민원 목적을 실현하기 위하여 관계법령 등에 따라 여러 관계기관 또는 관계부서의 인가 허가 승인 추천 협의 또는 확인 등을 거쳐 처리되는 법정민원을 말한다. (06서울9급)

- **민원처리에 관한 법률 제2조(정의)** 5. "복합민원"이란 하나의 민원 목적을 실현하기 위하여 관계법령등에 따라 여러 관계 기관(민원과 관련된 단체 · 협회 등을 포함한다. 이하 같다) 또는 관계 부서의 인가·허가·승인·추천·협의 또는 확인 등을 거쳐 처리되는 법정민원을 말한다. **[날먹행 195p]**

□□□□□

조 5. 행정기관의 장이 무인민원발급창구를 이용하여 민원사항을 처리한 결과를 교부할 수 있도록 하는 법적 근거가 있다. (12지방7급)

- **민원처리에 관한 법률 제2조(정의)** 8. "무인민원발급창구"란 행정기관의 장이 행정기관 또는 공공장소 등에 설치하여 민원인이 직접 민원문서를 발급받을 수 있도록 하는 전자장비를 말한다. **[날먹행 195p]**

□□□□□

조 6. 행정기관은 민원에 관해 관계법령 등에서 정한 처리기간이 남아 있는 경우 민원처리기간까 지 지연시킬 수 있다. (11국회8급)

- **민원처리에 관한 법률 제6조(민원 처리의 원칙)** ① 행정기관의 장은 관계법령등에서 정한 처리기간이 남아 있다거나 그 민원과 관련 없는 공과금 등을 미납하였다는 이유로 민원 처리를 지연시켜서는 아니 된다. 다만, 다른 법령에 특별한 규정이 있는 경우에는 그에 따른다. **[날먹행 196p]**

□□□□□

조 7. 건의민원의 신청은 구술 또는 전화로 할 수 있다. (23경간)

- **민원처리에 관한 법률 제8조(민원의 신청)** 민원의 신청은 문서(「전자정부법」 제2조제7호에 따른 전자문서를 포함한다. 이하 같다)로 하여야 한다. 다만, 기타민원은 구술(口述) 또는 전화로 할 수 있다.
  → 기타민원은 법정,질의,건의, 고충 민원 외의 민원을 의미함. **[날먹행 196p]**

OX 정답

3. ○ 4. ○ 5. ○ 6. X 7. X

□□□□□

조 8. 행정기관의 장은 민원을 접수·처리 할 때에 민원인에게 관계법령등에서 정한 구비서류 외의 서류를 추가로 요구하여서는 아니 된다. (23경간)

• **민원처리에 관한 법률 제10조(불필요한 서류 요구의 금지)** ① 행정기관의 장은 민원을 접수 · 처리할 때에 민원인에게 관계법령등에서 정한 구비서류 외의 서류를 추가로 요구하여서는 아니 된다. **[날먹행 196p]**

□□□□□ ★

조 9-1. 민원의 처리기간을 5일 이하로 정한 경우에는 민원의 접수시각부터 '시간'단위로 계산하되, 공휴일과 토요일은 산입하지 아니한다. (12경행)

□□□□□ ★

조 9-2. 민원의 처리기간을 5일 이하로 정한 경우 '일'단위로 계산하고 초일을 산입하지 않는다. (11국회8급)

• **민원처리에 관한 법률 제19조(처리기간의 계산)** ① 민원의 처리기간을 **5일 이하로 정한 경우에는 민원의 접수시각부터 "시간" 단위로 계산하되, 공휴일과 토요일은 산입(算入)하지 아니한다.** 이 경우 1일은 8시간의 근무시간을 기준으로 한다. **[날먹행 197p]**

□□□□□

조 10. 행정기관의 장은 민원인이 동일한 내용의 질의민원을 정당한 사유 없이 3회 이상 반복하여 제출한 경우에는 2회 이상 그 처리결과를 통지하고, 그 후에 접수되는 민원에 대하여는 종결처리할 수 있다. (23경간)

• **민원처리에 관한 법률 제23조(반복 및 중복 민원의 처리)** ① 행정기관의 장은 민원인이 **동일한 내용의 민원**(법정민원을 제외한다. 이하 이 조에서 같다)을 **정당한 사유 없이 3회 이상 반복**하여 제출한 경우에는 **2회 이상 그 처리결과를 통지하고, 그 후에 접수되는 민원에 대하여는 종결처리할 수 있다.** **[날먹행 198p]**

□□□□□

조 11. 행정기관의 장은 민원처리결과를 문서로 통지하여야 하나 신속을 요하는 경우 등에는 구술, 전화, 문자메세지, 팩시밀리 또는 전자우편 등으로 통지할 수 있다. (11국회8급)

• **민원처리에 관한 법률 제27조(처리결과의 통지)** ① 행정기관의 장은 접수된 민원에 대한 처리를 완료한 때에는 그 결과를 민원인에게 **문서로 통지하여야** 한다. 다만, **기타민원**의 경우와 **통지에 신속**을 요하거나 **민원인이 요청**하는 등 대통령령으로 정하는 경우에는 **구술, 전화, 문자메시지, 팩시밀리 또는 전자우편 등으로 통지할 수 있다.** **[날먹행 198p]**

□□□□□

조 12. 행정기관의 장이 무인민원발급창구를 이용하여 민원사항을 처리한 결과를 교부할 수 있도록 하는 법적 근거가 있다. (12지방7급)

• **민원처리에 관한 법률 제28조(무인민원발급창구를 이용한 민원문서의 발급)** ① 행정기관의 장은 무인민원발급창구를 통하여 민원문서(다른 행정기관 소관의 민원문서를 포함한다)를 발급할 수 있다. **[날먹행 198p]**

OX 정답

8. O 9-1. O 9-2. X 10. O 11. O 12. O

□□□□□ ★

판 13. 구 민원사무 처리에 관한 법률에서 정한 사전심사결과 통보는 항고소송의 대상이 되는 행정처분에 해당하지 않는다. (23변시,19지방9급)

판례 행정청은 사전심사결과 불가능하다고 통보하였더라도 사전심사결과에 구애되지 않고 민원사항을 처리할 수 있으므로 불가능하다는 통보가 민원인의 권리의무에 직접적 영향을 미친다고 볼 수 없으므로, 구 민원사무처리법이 규정하는 **사전심사결과 통보는 항고소송의 대상이 되는 행정처분에 해당하지 아니한다.**(2013두7834)

[날먹행 198p]

□□□□□

조 14. 법정민원에 대한 거부처분에 대하여 불복이 있는 경우 처분을 받은 날부터 180일 이내에 이의신청을 할 수 있다. (23경간)

- **민원처리에 관한 법률 제35조(거부처분에 대한 이의신청)** ① 법정민원에 대한 행정기관의 장의 거부처분에 불복하는 민원인은 **그 거부처분을 받은 날부터 60일 이내에** 그 행정기관의 장에게 **문서로 이의신청을 할 수 있다.** [날먹행 199p]

□□□□□

판 15. 관할 행정청이 전입신고수리를 거부한 경우 갑은 민원처리에 관한 법률에 따라 그 거부처분을 받은 날부터 소정의 기간 내에 문서로 이의신청을 할 수 있고, 이의신청 여부와 관계없이 행정심판법에 따른 행정심판 또는 행정소송법에 따른 행정소송을 제기할 수 있다. (18변시)

판례 민원사무처리법에서 정한 민원 이의신청의 대상인 거부처분에 대하여는 민원 이의신청과 상관없이 행정심판 또는 행정소송을 제기할 수 있으며, **민원 이의신청은** 행정심판법에서 정한 행정심판과는 성질을 달리하고 또한 사안의 전문성과 특수성을 살리기 위하여 특별한 필요에 따라 둔 **행정심판에 대한 특별 또는 특례 절차라 할 수도 없어 행정소송법에서 정한 행정심판을 거친 경우의 제소기간의 특례가 적용된다고 할 수도 없으므로, 민원 이의신청에 대한 결과를 통지받은 날부터 취소소송의 제소기간이 기산된다고 할 수 없다**(2010두8676).

[날먹행 199p]

OX 정답

13. O 14. X 15. O

02 행정정보공개와 개인정보보호제도

제1절 행정정보공개제도

□□□□□ ★★★

이 1-1. 정보에의 접근 · 수집 · 처리의 자유는 자유권적 성질과 청구권적 성질을 공유하는 것으로서 헌법 제21조에 의하여 직접 보장되는 권리이다. (22소방간부,21지방9급,20지방7급,17국가7급 등)

□□□□□ ★★★

판 1-2. 행정정보공개의 출발점은 국민의 알권리인데, 알권리 자체는 헌법상으로 명문화되어 있지 않음에도 불구하고, 우리 헌법재판소는 초기부터 국민의 알권리를 헌법상의 기본권으로 인정하여 왔다. (17서울9급)

□□□□□ ★★★

이 1-3. 국민의 알권리의 내용에는 일반국민 누구나 국가에 대하여 보유·관리하고 있는 정보의 공개를 청구할 수 있는 이른바 일반적인 정보공개청구권이 포함된다. (21국가9급)

- **정보공개청구권**은 헌법 제21조 **표현의 자유**에 포함되는 알권리의 한 요소에 의해 직접 보장되고, 법률의 제정 없이도 당연히 인정되는 헌법적 권리로(90마133), **자유권적 성질 · 청구권적 성질**을 모두 갖는다(2009두12895). **[날먹행 200p]**

□□□□□

조 2-1. "정보"란 공공기관이 직무상 작성 또는 취득하여 관리하고 있는 문서 및 전자매체를 비롯한 모든 형태의 매체 등에 기록된 사항을 말한다. (22소방간부,22군무원7급,21변시)

- **정보공개법 제2조(정의)** 이 법에서 사용하는 용어의 뜻은 다음과 같다.
  1. **"정보"**란 **공공기관이 직무상 작성 또는 취득하여 관리**하고 있는 문서(**전자문서를 포함**한다. 이하 같다) 및 전자매체를 비롯한 모든 형태의 매체 등에 기록된 사항을 말한다. <개정 2020. 12. 22.> **[날먹행 200p]**

□□□□□ ★

판 2-2. '정보공개법'에서 정한 공개대상정보는 정보 그 자체가 아닌 제2조 제1호에서 예시하고 있는 매체 등에 기록된 사항을 의미한다. (22소방간부)

판례 정보공개법에서 말하는 공개대상 정보는 정보 그 자체가 아닌 정보공개법 제2조 제1호에서 예시하고 있는 매체 등에 기록된 사항을 의미한다(2010두18918). **[날먹행 200p]**

OX 정답

1절 1-1. ○ 1-2. ○ 1-3. ○ 2-1. ○ 2-2. ○

☐☐☐☐☐

조 3. 공공기관이 보유 · 관리하는 정보는 '공공기관의 정보공개에 관한 법률'이 정하는 바에 따라 공개하여야 한다. (22국회9급,21군무원9급)

- **정보공개법 제3조(정보공개의 원칙)** 공공기관이 보유 · 관리하는 정보는 국민의 알권리 보장 등을 위하여 이 법에서 정하는 바에 따라 적극적으로 공개하여야 한다. [날먹행 201p]

☐☐☐☐☐★★

판 4. 알 권리에서 파생되는 정보의 공개의무는 특별한 사정이 없는 한, 특정의 정보에 대한 공개청구가 있는 경우에 비로소 존재한다. (12지방7급)

판례 알 권리에서 파생되는 정부의 공개의무는 특별한 사정이 없는 한 국민의 적극적인 정보수집행위, 특히 **특정의 정보에 대한 공개청구가 있는 경우에야 비로소 존재**하므로, **정보공개청구가 없었던 경우 공개할 정부의 의무는 인정되지 아니한다**(2002헌마579). [날먹행 201p]

☐☐☐☐☐★

조 5-1. 정보의 공개에 관하여 다른 법률에 특별한 규정이 있는 경우에도 '공공기관의 정보공개에 관한 법률'이 우선하여 적용된다. (22경간)

☐☐☐☐☐★

판 5-2. '공공기관의 정보공개에 관한 법률' 제 4조 제1항에서 '정보공개에 관하여 다른 법률에 특별한 규정이 있는 경우'에 해당한다고 하여 정보공개법의 적용을 배제하기 위해서는, 특별한 규정이 '법률'이어야 하고, 정보공개의 대상 및 범위, 정보공개의 절차 등의 내용에서 정보공개법과 달리 규정하고 있는 것이어야 한다. (22소방간부)

☐☐☐☐☐★★★

판 5-3. 형사재판확정기록의 공개에 관하여는 형사소송법의 규정이 적용되므로 '공공기관의 정보공개에 관한 법률'에 의한 공개청구는 허용되지 아니한다. (23군무원7급,22국가7급,21국회8급,19지방9급)

- **정보공개법 제4조(적용 범위)**

  ① 정보의 공개에 관하여는 다른 법률에 특별한 규정이 있는 경우를 제외하고는 이 법에서 정하는 바에 따른다.

판례 '공공기관의 정보공개에 관한 법률' 제 4조 제1항에서 '정보공개에 관하여 다른 법률에 특별한 규정이 있는 경우'에 해당한다고 하여 정보공개법의 적용을 배제하기 위해서는, **특별한 규정이 '법률'이어야 하고, 정보공개의 대상 및 범위, 정보공개의 절차 등의 내용에서 정보공개법과 달리 규정하고 있는 것이어야** 한다. 형사소송법 제59조의2는 정보공개법 제4조 제1항에서 정한 '정보의 공개에 관하여 다른 법률에 특별한 규정이 있는 경우'에 해당하므로, **형사재판확정기록의 공개에 관하여는 정보공개법에 의한 공개청구가 허용되지 아니한다**(2013두20882). [날먹행 201p]

OX 정답

3. ○ 4. ○ 5-1. X 5-2. ○ 5-3. ○

□□□□□ ★

조 6-1. 지방자치단체는 그 소관 사무에 관하여 법령의 범위에서 정보공개에 관한 조례를 정할 수 있다. (22경간,18소방)

- **정보공개법 제4조(적용 범위)**
  ② **지방자치단체**는 그 소관 사무에 관하여 법령의 범위에서 정보공개에 관한 **조례를 정할 수 있다.** [날먹행 201p]

□□□□□ ★★

판 6-2. 청주시의회에서 의결한 청주시 행정정보공개조례안은 행정에 대한 주민의 알 권리의 실현을 그 근본내용으로 하면서도 이로 인한 개인의 권익침해 가능성을 배제하고 있으므로, 이를 들어 주민의 권리를 제한하거나 의무를 부과하는 조례라고는 단정할 수 없고 따라서 그 제정에 있어서 반드시 법률의 개별적 위임이 따로 필요한 것은 아니다. (13 국가9급)

판례 지방자치단체는 그 내용이 주민의 권리의 제한 또는 의무의 부과에 관한 사항이거나 벌칙에 관한 사항이 아닌 한 법률의 위임이 없더라도 조례를 제정할 수 있다 할 것인데 **청주시의회에서 의결한 청주시행정정보공개조례안은 행정에 대한 주민의 알 권리의 실현을 그 근본내용으로 하면서도 이로 인한 개인의 권익침해 가능성을 배제하고 있으므로** 이를 들어 주민의 권리를 제한하거나 의무를 부과하는 조례라고는 단정할 수 없고 따라서 **그 제정에 있어서 반드시 법률의 개별적 위임이 따로 필요한 것은 아니다**(92추17). [날먹행 201p]

□□□□□ ★

조 7. '공공기관의 정보공개에 관한 법률'은 공공기관이 보유·관리하는 정보공개에 관한 일반법이지만, 국가안보에 관련되는 정보는 이 법의 적용대상이 아니다. (23군무원7급,22경간)

- **정보공개법 제4조(적용 범위)**
  ③ 국가안전보장에 관련되는 정보 및 보안 업무를 관장하는 기관에서 **국가안전보장과 관련된 정보의 분석을 목적으로 수집하거나 작성한 정보에 대해서는 이 법을 적용하지 아니한다.** 다만, 제8조제1항에 따른 정보목록의 작성 · 비치 및 공개에 대해서는 그러하지 아니한다. [날먹행 201p]

□□□□□ ★★★

조 8-1. 정보공개청구권은 해당 정보와 이해관계가 있는 자에 한해서만 인정된다. (21군무원9급,17서울9급)

□□□□□

조 8-2. 이해관계자인 당사자에게 문서열람권을 인정하는 행정절차법상의 정보공개와는 달리 '공공기관의 정보공개에 관한 법률'은 모든 국민에게 정보공개청구를 허용한다. (17서울9급)

OX 정답

6-1. ○ 6-2. ○ 7. ○ 8-1. X 8-2. ○

□□□□□ ★

판 8-3. 정보공개 청구권자의 권리구제 가능성은 정보의 공개 여부 결정에 아무런 영향을 미치지 못한다. (22국가7급,22지방9급,20국가9급,19지방9급)

- **정보공개법 제5조(정보공개 청구권자)** ① **모든 국민**은 정보의 공개를 청구할 권리를 가진다.(23지방9급)

판례 공공기관의 정보공개에 관한 법률은 정보공개 청구권자가 공개를 청구하는 정보와 어떤 관련성을 가질 것을 요구하거나 정보공개청구의 목적에 특별한 제한을 두고 있지 아니하므로 **정보공개 청구권자의 권리구제 가능성 등은 정보의 공개 여부 결정에 아무런 영향을 미치지 못한다**(2017두44558).

- **행정절차법 제37조(문서의 열람 및 비밀유지)**

① **당사자등은** 청문의 통지가 있는 날부터 청문이 끝날 때까지 행정청에 해당 사안의 조사결과에 관한 문서와 그 밖에 해당 처분과 관련되는 문서의 열람 또는 복사를 요청할 수 있다. 이 경우 행정청은 다른 법령에 따라 공개가 제한되는 경우를 제외하고는 그 요청을 거부할 수 없다. [날먹행 201p]

□□□□□ ★★★

판 9-1. 판례에 따르면 자연인과 법인은 정보공개를 청구할 권리를 갖지만 권리능력 없는 사단은 그러하지 아니하다. (22국가9급,21소방간부,21변시,20국가9급,20국가7급,19서울9급,18교행9급,17국가9급,17지방7급)

□□□□□ ★★★

판 9-2. 권리능력없는 사단·재단은 설립목적을 불문하고 정보공개청구권을 가진다. (23소방간부,23소방,22서울7급,22군무원7급,22국회9급)

판례 공공기관의정보공개에관한법률 제6조 제1항은 "모든 국민은 정보의 공개를 청구할 권리를 가진다."고 규정하고 있는데, 여기에서 말하는 국민에는 **자연인은 물론 법인, 권리능력 없는 사단·재단도 포함되고, 법인, 권리능력 없는 사단·재단** 등의 경우에는 설립목적을 불문한다(2003두8050). [날먹행 201p]

□□□□□ ★★

판 9-3. 정보공개청구권자인 '모든 국민'에는 자연인 외에 법인, 권리능력 없는 사단 재단은 물론이고 지방자치단체도 포함된다. (23군무원7급,22국회9급,19서울9급)

판례 지방자치단체에게는 알권리로서의 정보공개청구권이 인정된다고 보기는 어렵고, 나아가 공공기관의 정보공개에 관한 법률은 국민을 정보공개청구권자로, 지방자치단체를 국민에 대응하는 정보공개의무자로 상정하고 있다고 할 것이므로, **지방자치단체**는 공공기관의 정보공개에 관한 법률 제5조에서 정한 **정보공개청구권자인 '국민'에 해당되지 아니한다**(2005구합10484). [날먹행 201p]

□□□□□ ★★★

조 10-1. 외국인은 국내에 주소를 두고 거주하는 경우에도, 정보공개청구권이 인정되지 않는다. (22군무원7급,17교행9급,15지방9급)

□□□□□ ★★★

조 10-2. 학술·연구를 위하여 일시적으로 체류하는 외국인은 정보공개청구를 할 수 있다. (23국가9급,15지방9급)

OX 정답

8-3. ○ 9-1. X 9-2. ○ 9-3. X 10-1. X 10-2. ○

□□□□□

조 10-3. 국내에 사무소를 두고 있는 외국법인 또는 외국단체는 학술·연구를 위한 목적으로만 정보공개를 청구할 수 있다. (23군무원9급)

- **정보공개법 제5조(정보공개 청구권자)**

  ② 외국인의 정보공개 청구에 관하여는 대통령령으로 정한다.
- **시행령 제3조(외국인의 정보공개 청구)**

  법 제5조제2항에 따라 정보공개를 청구할 수 있는 외국인은 다음 각 호의 어느 하나에 해당하는 자로 한다.

  1. **국내에 일정한 주소를 두고 거주하거나 학술 · 연구를 위하여 일시적으로 체류**하는 사람
  2. **국내에 사무소를 두고 있는 법인 또는 단체** [날먹행 202p]

□□□□□ ★★

조 11-1. 정보공개법에 따르면 정보공개의무를 지는 공공기관에는 국가기관과 지방자치단체만이 해당한다. (14서울9급)

□□□□□ ★★

조 11-2. 국가 또는 지방자치단체로부터 보조금을 받는 사회복지법인과 사회복지사업을 하는 비영리법인도 공개대상이 되는 공공기관에 포함된다. (14사복9급 등)

□□□□□ ★★

조 11-3. 국 · 공립의 초등학교는 공공기관의 정보공개에 관한 법령상 공공기관에 해당하지만, 사립 초등학교는 이에 해당하지 않는다. (16국가9급)

- **정보공개법 제2조(정의)** 이 법에서 사용하는 용어의 뜻은 다음과 같다.

  3. **"공공기관"**이란 다음 각 목의 기관을 말한다.

     가. **국가기관**

       1) 국회, 법원, 헌법재판소, 중앙선거관리위원회
       2) 중앙행정기관(대통령 소속 기관과 국무총리 소속 기관을 포함한다) 및 그 소속 기관
       3) 「행정기관 소속 위원회의 설치 · 운영에 관한 법률」에 따른 위원회

     나. **지방자치단체**

     다. 「공공기관의 운영에 관한 법률」 제2조에 따른 공공기관

     라. 「지방공기업법」에 따른 지방공사 및 지방공단

     마. 그 밖에 대통령령으로 정하는 기관
- **시행령 제2조(공공기관의 범위)** 「공공기관의 정보공개에 관한 법률」(이하 "법"이라 한다) 제2조제3호라목에서 "대통령령으로 정하는 기관"이란 다음 각 호의 기관 또는 단체를 말한다.

  1. **「유아교육법」, 「초 · 중등교육법」, 「고등교육법」에 따른 각급 학교 또는 그 밖의 다른 법률에 따라 설치된 학교**
  2. **「지방공기업법」에 따른 지방공사 및 지방공단**
  3. **「지방자치단체 출자 · 출연 기관의 운영에 관한 법률」 제2조제1항에 따른 출자기관 및 출연기관**
  4. 특별법에 따라 설립된 특수법인
  5. 「사회복지사업법」 제42조제1항에 따라 국가나 지방자치단체로부터 보조금을 받는 사회복지법인과 사회복지사업을 하는 비영리법인
  6. 제5호 외에 「보조금 관리에 관한 법률」 제9조 또는 「지방재정법」 제17조제1항 각 호 외의 부분 단서에 따라 국가나 지방자치단체로부터 연간 5천만원 이상의 보조금을 받는 기관 또는 단체. 다만, **정보공개 대상 정보는 해당 연도에 보조를 받은 사업으로 한정한다.** [날먹행 202p]

OX 정답

10-3. X 11-1. X 11-2. O 11-3. X

□□□□□ ★★★

판 11-4. 사립대학교는 '공공기관의 정보공개에 관한 법률 시행령'에 따른 공공기관에 해당하나, 국비의 지원을 받는 범위 내에서만 공공기관의 성격을 가진다.
(23군무원9급,22국회8급,22소방간부,21변시,21국회8급,20지방·서울7급,17지방9급 등)

판례 정보공개법 시행령 제2조 제1호가 **정보공개의무를 지는 공공기관의 하나로 사립대학교를 들고 있는 것이 모법인 정보공개법의 위임 범위를 벗어났다거나 사립대학교가 국비의 지원을 받는 범위 내에서만 공공기관의 성격을 가진다고 볼 수 없다**(2004두2783). [날먹행 202p]

□□□□□ ★★★

판 11-5. 한국방송공사는 '공공기관의 정보공개에 관한 법률 시행령' 제2조 제4호에 규정된 '특별법에 따라 설립된 특수법인'에 해당한다. (23경간,17지방9급)

판례 방송법이라는 특별법에 의하여 설립 운영되는 **한국방송공사(KBS)**는 공공기관의 정보공개에 관한 법률 시행령 제2조 제4호의 **'특별법에 의하여 설립된 특수법인'**으로서 정보공개의무가 있는 공공기관의 정보공개에 관한 법률 제2조 제3호의 **'공공기관'에 해당**한다(2008두13101). [날먹행 202p]

□□□□□ ★★★

판 11-6. 한국증권협회는 '공공기관의 정보공개에 관한 법률 시행령' 제2조 제4호에 규정된 '특별법에 따라 설립된 특수법인'에 해당하지 아니한다. (17국가9급,17지방9급 등)

□□□□□ ★★

판 11-7. 판례는 '특별법에 의하여 설립된 특수법인'이라는 점만으로 정보공개의무를 인정하고 있으며, 다시금 해당 법인의 역할과 기능에서 정보공개의무를 지는 공공기관에 해당하는지 여부를 판단하지 않는다. (17서울9급)

판례 어느 법인이 공공기관의 정보공개에 관한 법률 제2조 제3호 등에 따라 정보를 공개할 의무가 있는 **'특별법에 의하여 설립된 특수법인'에 해당하는가는, 그 업무 수행으로써 추구하는 이익**이 당해 법인 내부의 이익에 그치지 **않고 공동체 전체의 이익에 해당하는 공익적 성격을 갖는지 여부를 중심으로 개별적으로 판단한다.**
'한국증권업협회'는 증권회사로 구성된 회원조직으로서, 그 업무가 국가기관 등에 준할 정도로 공동체 전체의 이익에 중요한 역할이나 기능에 해당하는 공공성을 갖는다고 볼 수 없는 점 등에 비추어, 공공기관의 정보공개에 관한 법률 시행령 제2조 제4호의 **'특별법에 의하여 설립된 특수법인'에 해당한다고 보기 어렵다**(2008두5643). [날먹행 202p]

□□□□□

조 12. 공공기관의 정보공개 담당자(정보공개 청구 대상 정보와 관련된 업무 담당자를 포함한다)는 정보공개 업무를 성실하게 수행하여야 하며, 공개 여부의 자의적인 결정, 고의적인 처리 지연 또는 위법한 공개 거부 및 회피 등 부당한 행위를 하여서는 아니 된다. (22국회9급,21군무원9급)

- **정보공개법 제6조의2(정보공개 담당자의 의무)** 공공기관의 정보공개 담당자(정보공개 청구 대상 정보와 관련된 업무 담당자를 포함한다)는 정보공개 업무를 성실하게 수행하여야 하며, 공개 여부의 자의적인 결정, 고의적인 처리 지연 또는 위법한 공개 거부 및 회피 등 부당한 행위를 하여서는 아니 된다. [날먹행 203p]

OX 정답

11-4. X 11-5. O 11-6. O 11-7. X 12. O

☐☐☐☐☐

조 13. 국가의 시책으로 시행하는 공사 등 대규모의 예산이 투입되는 사업에 관한 정보는 정기적으로 공개하여야 한다. (21지방9급,21군무원9급)

• **정보공개법 제7조(정보의 사전적 공개 등)** ① 공공기관은 다음 각 호의 어느 하나에 해당하는 정보에 대해서는 공개의 구체적 범위, 주기, 시기 및 방법 등을 미리 정하여 **정보통신망 등을 통하여 알리고**, 이에 따라 **정기적으로 공개하여야** 한다. 다만, 제9조제1항 각 호의 어느 하나에 해당하는 정보에 대해서는 그러하지 아니하다.
1. 국민생활에 매우 큰 영향을 미치는 정책에 관한 정보
2. 국가의 시책으로 시행하는 공사(工事) **등 대규모 예산이 투입되는 사업에 관한 정보**
3. **예산집행의 내용과 사업평가 결과 등 행정감시를 위하여 필요한 정보**
4. 그 밖에 공공기관의 장이 정하는 정보 [날먹행 203p]

☐☐☐☐☐ ★★

조 14. 공공기관은 국민이 알아야 할 필요가 있는 정보를 국민에게 공개하도록 적극적으로 노력하여야 하며, 정보의 공개에 관한 사무를 신속하고 원활하게 수행하기 위하여 정보공개 장소를 확보하고 공개에 필요한 시설을 갖추어야 한다. (10지방7급)

• **정보공개법 제8조(정보목록의 작성 · 비치 등)** ② 공공기관은 **정보의 공개에 관한 사무를 신속하고 원활하게 수행하기 위하여 정보공개 장소를 확보하고 공개에 필요한 시설을 갖추어야 한다.** [날먹행 203p]

☐☐☐☐☐

조 15. 공공기관 중 중앙행정기관 및 대통령령으로 정하는 기관은 전자적 형태로 보유·관리하는 정보 중 공개대상으로 분류된 정보를 국민의 정보 공개청구가 없더라도 정보통신망을 활용한 정보공개시스템 등을 통하여 공개하여야 한다. (22국회9급,21경행)

• **정보공개법 제8조의2(공개대상 정보의 원문공개)** 공공기관 중 **중앙행정기관 및 대통령령으로 정하는 기관**은 **전자적 형태로 보유 · 관리하는 정보 중 공개대상으로 분류된 정보를** 국민의 **정보공개 청구가 없더라도** 정보통신망을 활용한 정보공개시스템 등을 통하여 **공개하여야 한다.** [날먹행 204p]

☐☐☐☐☐ ★★★

판 16. 공개청구된 정보가 인터넷을 통하여 공개되어 인터넷 검색을 통하여 쉽게 알 수 있다는 사정만으로 비공개결정이 정당화 될 수는 없다.
(23경간,22국회8급,22군무원7급,21국가7급,20국가9급,20지방9급,19국가9급,19국가7급,19서울9급,18지방9급 등)

판례 공개청구의 대상이 되는 정보가 이미 다른 사람에게 공개하여 널리 알려져 있다거나 인터넷이나 관보 등을 통하여 공개하여 인터넷검색이나 도서관에서의 열람 등을 통하여 쉽게 알 수 있다는 사정만으로는 **소의 이익이 없다거나 비공개결정이 정당화될 수는 없다**(2005두15694). [날먹행 204p]

OX 정답

13. O 14. O 15. O 16. O

□□□□□★★★

판 17. '공공기관의 정보공개에 관한 법률'상 공개대상이 되는 정보는 공공기관이 직무상 작성 또는 취득하여 현재 보유, 관리하고 있는 문서에 한정되기는 하지만, 반드시 원본일 필요는 없다.
(23소방,21소방간부,21국가9급,18서울9급,17국가7급 등)

판례 공공기관의 정보공개에 관한 법률상 공개청구의 대상이 되는 정보란 공공기관이 직무상 작성 또는 취득하여 현재 보유·관리하고 있는 문서에 한정되는 것이기는 하나, **그 문서가 반드시 원본일 필요는 없다**(2006두3049).
[날먹행 204p]

□□□□□★★

조 18-1. 다른 법률 또는 법률에서 위임한 대통령령 및 부령에 따라 비밀이나 비공개사항으로 규정된 정보는 비공개의 대상이 된다. (22서울7급,18국회8급)

- **정보공개법 제9조(비공개 대상 정보)**
  1. 다른 법률 또는 **법률에서 위임한 명령(국회규칙 · 대법원규칙 · 헌법재판소규칙 · 중앙선거관리위원회규칙 · 대통령령 및 조례로 한정한다)**에 따라 비밀이나 비공개 사항으로 규정된 정보 → 총리령, 부령은 제외됨. **[날먹행 204p]**

□□□□□★★

판 18-2. 공공기관이 보유 · 관리하는 정보는 공개하는 것이 원칙이나, 다른 법률 또는 법률이 위임한 명령에 의하여 비밀 또는 비공개 사항으로 규정된 정보는 공개하지 아니할 수 있다. 여기서의 법률이 위임한 명령이란 법률의 위임에 의하여 제정된 대통령령, 총리령, 부령 전부를 의미하는 것이 아니라 정보의 공개에 관하여 법률의 구체적 위임에 의하여 제정된 법규명령을 의미한다. (20지방9급,18국회9급)

판례 공공기관의정보공개에관한법률 제7조 제1항 제1호 소정의 '법률에 의한 명령'은 법률의 위임규정에 의하여 제정된 **대통령령, 총리령, 부령 전부를 의미한다기보다는 정보의 공개에 관하여 법률의 구체적인 위임 아래 제정된 법규명령(위임명령)을 의미**한다(2003두8395).
[날먹행 204p]

□□□□□★★

판 19-1. 국가정보원이 직원에게 지급하는 현금급여 및 월초수당에 대한 정보는 비공개대상에 해당하지 아니한다.
(18서울7급,14지방9급)

판례 **국가정보원이 그 직원에게 지급하는 현금급여 및 월초수당에 관한 정보**는 국가정보원 예산집행내역의 일부를 구성하는 것이므로, 위 현금급여 및 월초수당에 관한 정보는 국가정보원법 제12조에 의하여 비공개 사항으로 규정된 정보로서 공공기관의 정보공개에 관한 법률 제9조 제1항 제1호의 비공개대상정보인 '다른 법률에 의하여 비공개 사항으로 규정된 정보'에 해당한다고 보아야 하고, **위 현금급여 및 월초수당이 근로의 대가로서의 성격을 가진다거나 정보공개청구인이 해당 직원의 배우자라고 하여 달리 볼 것은 아니다**(2010두14800).**[날먹행 204p]**

OX 정답

17. ○ 18-1. X 18-2. ○ 19-1. X

□□□□□

판 19-2. 감사원장의 감사결과가 군사2급비밀에 해당한다고 하여 공공기관의 정보공개에 관한 법률 제9조 제1항 제1호에 의하여 공개하지 아니할 수는 없다. (10지방9급)

> 판례 **헬기도입사업에 대한 감사결과보고서가 군사2급비밀에 해당하는 이상, 정보공개법 제9조 제1항 제1호에 의하여 공개하지 아니할 수 있는 것임이 분명**하다(2006두9351). [날먹행 204p]

□□□□□ ★★

판 19-3. 학교폭력대책 자치위원회가 피해학생의 보호를 위한 조치, 가해학생에 대한 조치, 학교폭력과 관련된 분쟁의 조정 등에 관하여 심의한 결과를 기재한 회의록은 '공공기관의 정보공개에 관한 법률'소정의 비공개대상 정보에 해당한다. (21행정사,19소방,19지방9급)

> 판례 자치위원회가 피해학생의 보호를 위한 조치, 가해학생에 대한 조치, 학교폭력과 관련된 분쟁의 조정 등에 관하여 심의한 결과를 기재한 회의록은 정보공개법 **제9조 제1항 제1호의 '다른 법률 또는 법률이 위임한 명령에 의하여 비밀 또는 비공개 사항으로 규정된 정보'에 해당한다**고 보아야 할 것이다(2010두2913). [날먹행 204p]

□□□□□ ★★

판 20-1. 검찰보존사무규칙에 정한 기록의 열람 · 등사의 제한은 '공공기관의 정보공개에 관한 법률'에 의한 비공개대상에 해당한다. (21변시,18서울7급)

> 판례 불기소사건기록 등의 열람 · 등사에 대하여 제한하고 있는 부분은 **위임 근거가 없어 행정기관 내부의 사무처리준칙으로서** 행정규칙에 불과하므로, 위 규칙에 의한 열람 · 등사의 제한을 구 정보공개법 제7조 제1항 제1호의 **'다른 법률 또는 법률에 의한 명령에 의하여 비공개사항으로 규정된 경우'에 해당한다고 볼 수 없다**(2003두1370). [날먹행 204p]

□□□□□ ★★

판 20-2. 교육공무원에 대한 근무성적평정의 결과는 비공개대상정보에 해당한다.
(21국가7급,20국가7급,17지방9급 등)

> 판례 교육공무원법 제13조, 제14조의 위임에 따라 제정된 **교육공무원승진규정은 정보공개에 관한 사항에 관하여 구체적인 법률의 위임에 따라 제정된 명령이라고 할 수 없고,** 따라서 교육공무원승진규정 제26조에서 근무성적평정의 결과를 공개하지 아니한다고 규정하고 있다고 하더라도 위 교육공무원승진규정은 공공기관의 정보공개에 관한 법률 제9조 제1항 제1호에서 말하는 법률이 위임한 명령에 해당하지 아니하므로 위 규정을 근거로 정보공개청구를 거부하는 것은 잘못이다(2006두11910). [날먹행 204p]

OX 정답

19-2. X 19-3. ○ 20-1. X 20-2. X

□□□□□

조 21. 통일에 관한 사항으로서 공개될 경우 국가의 중대한 이익을 현저치 해칠 우려가 있다고 인정되는 정보는 비공개대상정보에 해당한다. (18국가7급)

- **정보공개법 제9조(비공개 대상 정보)**
  2. 국가안전보장 · 국방 · 통일 · 외교관계 등에 관한 사항으로서 **공개될 경우 국가의 중대한 이익을 현저히 해칠 우려가 있다고 인정**되는 정보

[날먹행 205p]

□□□□□ ★★★

판 22. 보안관찰법 소정의 보안관찰 관련 통계자료는 '공공기관의 정보공개에 관한 법률' 소정의 비공개대상정보에 해당하지 않는다. (19지방·교행9급)

- **정보공개법 제9조(비공개 대상 정보)**
  3. **공개될 경우** 국민의 생명 · 신체 및 재산의 보호에 현저한 지장을 초래할 우려**가 있다고 인정되는 정보**

판례 보안관찰 관련 통계자료는 그 통계자료의 분석에 의하여 대남공작활동이 유리한 지역으로 보안관찰처분대상자가 많은 지역을 선택하는 등으로 **이 사건 정보가 북한정보기관에 의한 간첩의 파견, 포섭, 선전선동을 위한 교두보의 확보 등 북한의 대남전략에 있어 매우 유용한 자료로 악용될 우려가 없다고 할 수 없다.** 그러므로 이 사건 정보는 동법 제7조 제1항 제2호 소정의 공개될 경우 국가안전보장 · 국방 · 통일 · 외교관계 등 국가의 중대한 이익을 해할 우려가 있는 정보, 또는 제3호 소정의 공개될 경우 국민의 생명 · 신체 및 재산의 보호 기타 공공의 안전과 이익을 현저히 해할 우려가 있다고 인정되는 정보에 해당한다고 할 것이다(2001두8254). [날먹행 205p]

□□□□□ ★★★

조 23-1. 진행 중인 재판에 관한 정보로서 공개될 경우 형사피고인의 공정한 재판을 받을 권리를 침해한다고 인정할 만한 상당한 이유가 있는 정보는 비공개 대상 정보에 해당한다. (23소방간부,18교행9급)

- **정보공개법 제9조(비공개 대상 정보)**
  4. 진행 중인 재판에 관련된 정보와 범죄**의 예방, 수사, 공소의 제기 및 유지, 형의 집행,** 교정(矯正)**, 보안처분**에 관한 사항으로서 공개될 경우 그 직무수행을 현저히 **곤란하게 하거나 형사피고인의 공정한 재판을 받을 권리를 침해한다고 인정할 만한 상당한 이유가 있는 정보**

[날먹행 205p]

□□□□□ ★★★

판 23-2. '공공기관의 정보공개에 관한 법률'상 비공개대상정보인 '진행 중인 재판에 관련된 정보'라 함은 재판에 관련된 일체의 정보를 의미한다. (23소방,22국가9급,21지방·서울7급,20군무원9급,19지방7급,17국가7급 등)

□□□□□ ★★★

판 23-3. 법원 이외의 공공기관이 정보공개법 제9조 제1항 제4호에서 정한 '진행 중인 재판에 관련된 정보'에 해당한다는 사유로 정보공개를 거부하기 위하여는 원칙적으로 그 정보가 진행중인 재판의 소송기록 자체에 포함된 내용이어야 한다. (21국회8급,21행정사,17국가7급)

판례 '진행 중인 재판에 관련된 정보'에 해당한다는 사유로 정보공개를 거부하기 위하여는 반드시 그 정보가 진행중인 재판의 소송기록 자체에 포함된 내용일 필요는 없다. 재판에 관련된 일체의 정보가 그에 해당하는 것은 아니고 진행 중인 재판의 심리 또는 재판결과에 구체적으로 영향을 미칠 위험이 있는 정보에 한정된다고 보는 것이 타당하다(2009두19021).

[날먹행 205p]

OX 정답

21. ○ 22. X 23-1. ○ 23-2. X 23-3. X

☐☐☐☐☐ ★

판 23-4. 교도소에 수용 중이던 재소자가 담당 교도관들을 상대로 가혹행위를 이유로 형사고소 및 민사소송을 제기하면서 그 증명자료 확보를 위해 정보공개를 요청한 '근무보고서'는 공개대상정보에 해당한다. **(22소방승진)**

판례 재소자가 교도관의 가혹행위를 이유로 형사고소 및 민사소송을 제기하면서 그 증명자료 확보를 위해 '근무보고서'와 '징벌위원회 회의록' 등의 정보공개를 요청하였으나 교도소장이 이를 거부한 사안에서, **근무보고서는 비공개대상정보에 해당한다고 볼 수 없고, 징벌위원회 회의록 중 비공개 심사·의결 부분은 비공개사유에 해당**하지만 **징벌절차 진행 부분은 비공개사유에 해당하지 않는다고 보아 분리 공개가 허용된다**(2009두12785). **[날먹행 205p]**

☐☐☐☐☐

판 24-1. '공공기관의 정보공개에 관한 법률' 제9조 제1항 제5호의 '공개될 경우 업무의 공정한 수행에 현저한 지장을 초래한다고 인정할 만한 상당한 이유가 있는 경우'란 고액될 경우 업무의 공정한 수행이 객관적으로 현저하게 지장을 받을 것이라는 고도의 개연성이 존재하는 경우를 의미한다. **(23소방간부)**

☐☐☐☐☐ ★★

판 24-2. 학교환경위생구역 내 금지행위(숙박시설) 해제결정에 관한 학교환경위생정화위원회의 회의록에 기재된 발언내용에 대한 해당 발언자의 인적사항 부분에 관한 정보는 '공공기관의 정보공개에 관한 법률' 소정의 비공개대상정보에 해당하지 않는다. **(22지방9급,20군무원9급,19지방9급)**

- **정보공개법 제9조(비공개 대상 정보)**

  5\. 감사·감독·검사·시험·규제·입찰계약·기술개발·인사관리에 관한 사항이나 의사결정 과정 또는 내부검토 과정에 있는 사항 등으로서 **공개될 경우 업무의 공정한 수행이나 연구·개발에 현저한 지장을 초래한다고 인정할 만한 상당한 이유가 있는 정보**. 다만, **의사결정 과정 또는 내부검토 과정을 이유로 비공개할 경우**에는 제13조제5항에 따라 통지를 할 때 **의사결정 과정 또는 내부검토 과정의 단계 및 종료 예정일을 함께 안내**하여야 하며, **의사결정 과정 및 내부검토 과정이 종료되면 제10조에 따른 청구인에게 이를 통지하여야 한다.**

판례 **'공개될 경우 업무의 공정한 수행에 현저한 지장을 초래한다고 인정할 만한 상당한 이유가 있는 경우'**라 함은 같은 법 제1조의 정보공개제도의 목적 및 같은 법 제7조 제1항 제5호의 규정에 의한 비공개대상정보의 입법 취지에 비추어 볼 때 **공개될 경우 업무의 공정한 수행이 객관적으로 현저하게 지장을 받을 것이라는 고도의 개연성이 존재하는 경우**를 의미한다. 학교환경위생구역 내 금지행위(숙박시설) 해제결정에 관한 **학교환경위생정화위원회의 회의록에 기재된 발언내용에 대한 해당 발언자의 인적사항 부분에 관한 정보**는 공공기관의정보공개에관한법률 제7조 제1항 **제5호 소정의 비공개대상**에 해당한다 (2002두12946). **[날먹행 205, 206p]**

☐☐☐☐☐ ★★

판 24-3. 의사결정과정에 제공된 회의관련자료나 의사결정과정이 기록된 회의록 등은 의사가 결정되거나 의사가 집행된 경우에는 더 이상 의사결정과정에 있는 사항 그 자체라고는 할 수 없으나, 의사결정과정에 있는 사항에 준하는 사항으로서 비공개대상정보에 포함될 수 있다. **(22지방7급,21행정사,21국가7급,19지방·교행9급)**

판례 구 공공기관의정보공개에관한법률상 비공개대상정보의 입법 취지에 비추어 살펴보면, 같은 법 제7조 제1항 제5호에서의 '감사·감독·검사·시험·규제·입찰계약·기술개발·인사관리·의사결정과정 또는 내부검토과정에 있는 사항'은 비공개대상정보를 예시적으로 열거한 것이라고 할 것이므로 **의사결정과정에 제공된 회의관련자료나 의사결정과정이 기록된 회의록 등은 의사가 결정되거나 의사가 집행된 경우에**는 더 이상 의사결정과정에 있는 사항 그 자체라고는 할 수 없으나, **의사결정과정에 있는 사항에 준하는 사항으로서 비공개대상정보에 포함될** 수 있다(2002두12946). **[날먹행 206p]**

OX 정답

23-4. O 24-1. O 24-2. X 24-3. O

□□□□□ ★★★

판 25-1. 사법시험 응시자가 자신의 제2차시험 답안지에 대한 열람청구를 한 경우 그 답안지는 정보공개의 대상이 된다. **(23군무원7급,15사복9급)**

> **판례** **사법시험 제2차 시험의 답안지 열람**은 시험문항에 대한 채점위원별 채점 결과의 열람과 달리 **사법시험업무의 수행에 현저한 지장을 초래한다고 볼 수 없다**(2000두6114). **[날먹행 206p]**

□□□□□ ★★

판 25-2. 독립유공자서훈 공적심사위원회의 심의·의결과정 및 그 내용을 기재한 회의록은 독립유공자 등록에 관한 신청 당사자의 알권리 보장과 공정한 업무수행을 위해서 공개되어야 한다. **(23군무원7급,19국회8급)**

> **판례** 독립유공자서훈 공적심사위원회의 심의·의결과정 및 그 내용을 기재한 회의록은 정보공개법 제9조 제1항 제5호에서 정한 '공개될 경우 업무의 공정한 수행에 현저한 지장을 초래한다고 인정할 만한 상당한 이유가 있는 정보'에 해당한다(2013두20301). **[날먹행 206p]**

□□□□□ ★★

판 26-1. '2002학년도부터 2005학년도까지의 대학수학능력시험 원데이터'는 연구목적으로 그 정보의 공개를 청구하는 경우라도 공개로 인하여 초래될 부작용이 공개로 얻을 수 있는 이익보다 더 클 것이므로, 그 공개로 대학수학능력시험 업무의 공정한 수행이 객관적으로 현저하게 지장을 받을 것이라는 개연성이 있어 비공개대상정보에 해당한다. **(16사복9급)**

> **판례** '2002년도 및 2003년도 국가 수준 학업성취도평가 자료'는 공공기관의 정보공개에 관한 법률 제9조 제1항 제5호에서 정한 비공개대상정보에 해당하는 부분이 있으나, **'2002학년도부터 2005학년도까지의 대학수학능력시험 원데이터'는 연구목적으로 그 정보의 공개를 청구**하는 경우 위 조항의 **비공개대상정보에 해당하지 않는다**(2007두9877). **[날먹행 206p]**

□□□□□ ★★★

판 26-2. 외국 기관으로부터 비공개를 전제로 정보를 입수하였다는 이유만으로, 이를 공개할 경우 업무의 공정한 수행에 현저한 지장을 받을 것이라 단정할 수 없다. **(20지방7급,19서울7급)**

> **판례** 외국 또는 외국 기관으로부터 **비공개를 전제로 정보를 입수**하였다는 이유만으로 이를 **공개할 경우 업무의 공정한 수행에 현저한 지장을 받을 것이라고 단정할 수는 없다**(2017두69892). → **공개대상** **[날먹행 206p]**

OX 정답

25-1. ○ 25-2. X 26-1. X 26-2. ○

□□□□□ ★★

조 27-1. '공공기관의 정보공개에 관한 법률'상 공개하는 것이 공익을 위하여 필요한 경우로서 법령에 따라 국가가 업무의 일부를 위탁 또는 위촉한 개인의 성명, 직업은 공개되면 사생활의 비밀 또는 자유가 침해될 우려가 있다고 인정되더라도 공개대상정보에 해당한다. (23경간,20지방9급,19지방9급,19사복9급,18국가7급)

- **정보공개법 제9조(비공개 대상 정보)**

  6. 해당 정보에 포함되어 있는 **성명 · 주민등록번호 등 「개인정보 보호법」 제2조제1호에 따른 개인정보로서 공개될 경우 사생활의 비밀 또는 자유를 침해할 우려가 있다고 인정되는 정보**. 다만, 다음 각 목에 열거한 사항은 제외한다.

  가. **법령**에서 정하는 바에 따라 열람할 수 있는 정보

  나. 공공기관이 **공표를 목적으로 작성하거나 취득한 정보**로서 **사생활의 비밀 또는 자유를 부당하게 침해하지 아니하는 정보**

  다. **공공기관이 작성하거나 취득한 정보로서 공개하는 것이 공익이나 개인의 권리 구제를 위하여 필요하다고 인정되는 정보**

  라. 직무를 수행한 공무원의 성명 · 직위

  마. **공개하는 것이 공익을 위하여 필요한 경우**로서 법령에 따라 국가 또는 지방자치단체가 업무의 일부를 위탁 또는 위촉한 개인의 성명 · 직업 [날먹행 206p]

□□□□□ ★★★

판 27-2. 국민의 알권리를 두텁게 보호하기 위해 '공공기관의 정보공개에 관한 법률' 제9조 제1항 제6호 본문의 규정에 따라 비공개대상이 되는 정보는 이름, 주민등록번호 등 '개인식별정보'로 한정된다.
(23소방간부,20지방·서울9급,19경행)

판례 비공개대상이 되는 정보에는 구 공공기관의 정보공개에 관한 법률의 이름·주민등록번호 등 정보 형식이나 유형을 기준으로 비공개대상정보에 해당하는지를 판단하는 '개인식별정보'뿐만 아니라 그 외에 정보의 내용을 구체적으로 살펴 '개인에 관한 사항의 공개로 개인의 내밀한 내용의 비밀 등이 알려지게 되고, 그 결과 인격적·정신적 내면생활에 지장을 초래하거나 자유로운 사생활을 영위할 수 없게 될 위험성이 있는 정보'도 포함된다고 새겨야 한다(2011두2361). [날먹행 206p]

□□□□□ ★★

판 28-1. 공무원이 직무와 관련없이 개인적 자격으로 금품을 수령한 정보는 공개대상이 되는 정보이다. (15사복9급,13국회8급)

판례 공무원이 직무와 관련 없이 개인적인 자격으로 간담회 · 연찬회 등 행사에 참석하고 금품을 수령한 정보는 '공개하는 것이 공익을 위하여 필요하다고 인정되는 정보'에 해당하지 않는다(2003두8050). [날먹행 206p]

OX 정답

27-1. ○ 27-2. X 28-1. X

□□□□□ ★★

판 28-2. 불기소처분기록 중 피의자신문조서 등에 기재된 피의자 등의 인적사항 이외의 진술내용이 개인의 사생활의 비밀 또는 자유를 침해할 우려가 인정된다면 비공개대상에 해당한다. (20지방9급,19경행,18지방9급)

판례 비공개대상정보에는 성명 · 주민등록번호 등 '**개인식별정보**'뿐만 아니라 그 외에 정보의 내용에 따라 '개인에 관한 사항의 공개로 인하여 개인의 내밀한 내용의 비밀 등이 알려지게 되고, 그 결과 **인격적 · 정신적 내면생활에 지장을 초래하거나 자유로운 사생활을 영위할 수 없게 될 위험성이 있는 정보**'도 포함된다. 따라서 **불기소처분기록이나 내사기록 중 피의자신문조서 등** 조서에 기재된 피의자 등의 인적사항 이외의 진술내용 역시 **개인의 사생활의 비밀 또는 자유를 침해할 우려가 인정되는 경우에는 위** 비공개대상정보에 해당한다(2017두44558).

[날먹행 207p]

□□□□□ ★

판 28-3. '공직자윤리법'상의 등록의무자가 구 '공직자윤리법' 시행규칙 제12조에 따라 제출한 '자신의 재산등록사항의 고지를 거부한 직계존비속의 본인과의 관계, 성명, 고지거부사유, 서명'이 기재되어 있는 문서는 정보공개법상의 비공개대상정보에 해당한다. (17국회8급)

판례 고지거부자의 인적사항을 **공개할 경우 그 고지거부자의 인격권 내지 사생활 등이 심각하게 침해될 우려가 있는 점** 및 고지거부자의 지위, 고지거부제도의 취지 등에 비추어, 고지거부자의 인적사항의 비공개에 의하여 보호되는 이익보다 **공개에 의하여 보호되는 이익이 우월하다고 단정할 수 없으므로,** 결국 고지거부자의 인적사항은 공개하는 것이 공익을 위하여 필요하다고 인정되는 정보에 해당하지 않는다(2005두13117). → '고지를 거부한 자의 인적사항(성명, 서명) 및 직계존비속의 본인과의 관계 등'은 비공개 대상이나 '고지거부사유'는 공개대상에 해당하므로, 해당 지문에서는 이를 가리지 않고 모두 비공개대상으로 특정하였기 때문에 X 가 정답이 됨. [날먹행 207p]

□□□□□ ★

판 29. 공개청구된 정보가 수사의견서인 경우 수사의 방법 및 절차 등이 공개되더라도 수사기관의 직무수행을 현저히 곤란하게 하지 않는 때에는 비공개대상정보에 해당하지 않는다. (20국가7급)

판례 '정보공개법' 제9조 제1항 제4호는 '수사에 관한 사항으로서 공개될 경우 그 직무수행을 현저히 곤란하게 한다고 인정할 만한 상당한 이유가 있는 정보'를 비공개대상정보의 하나로 규정하고 있다. 수사기록 중의 의견서, 보고문서, 메모, 법률검토, 내사자료 등(이하 '의견서 등'이라고 한다)이 이에 해당하나, 공개청구대상인 정보가 의견서 등에 해당한다고 하여 곧바로 정보공개법 제9조 제1항 제4호에 규정된 비공개대상정보라고 볼 것은 아니고, 의견서 등의 실질적인 내용을 구체적으로 살펴 **수사의 방법 및 절차 등이 공개됨으로써 수사기관의 직무수행을 현저히 곤란하게 한다고 인정할 만한 상당한 이유가 있어야만 위 비공개대상정보에 해당한다**(2017두44558). [날먹행 207p]

□□□□□ ★★★

판 30. 지방자치단체의 업무추진비 세부항목별 집행내역 및 그에 관한 증빙서류에 포함된 개인에 관한 정보는 '공공기관의 정보공개에 관한 법률'소정의 '공개하는 것이 공익을 위하여 필요하다고 인정되는 정보'에 해당하여 공개대상이 된다. (19지방·교행9급,18서울9급)

판례 지방자치단체의 업무추진비 세부항목별 집행내역 및 그에 관한 증빙서류에 포함된 개인에 관한 정보는 '공개하는 것이 공익을 위하여 필요하다고 인정되는 정보'에 해당하지 않는다 (2001두6425). [날먹행 207p]

OX 정답

28-2. ○ 28-3. X 29. ○ 30. X

□□□□□ ★★★

판 31. 사면대상자들의 사면실시건의서와 그와 관련된 국무회의 안건자료는 공개대상이 되는 정보이다. (15사복9급)

판례 **사면대상자들의 사면실시건의서와 그와 관련된 국무회의 안건자료에 관한 정보**는 그 공개로 얻는 이익이 그로 인하여 침해되는 당사자들의 사생활의 비밀에 관한 이익보다 **크므로 비공개사유에 해당하지 않는다**(2005두241). [날먹행 207p]

□□□□□ ★

판 32. 법인 등의 경영 · 영업상 비밀은 사업활동에 관한 일체의 비밀사항을 의미한다. (18서울7급,14지방9급)

- **정보공개법 제9조(비공개 대상 정보)**

7. 법인 · 단체 또는 개인(이하 "법인등"이라 한다)의 **경영상 · 영업상 비밀에 관한 사항**으로서 공개될 경우 법인등의 정당한 이익을 현저히 해칠 우려가 있다고 인정되는 정보. 다만, 다음 각 목에 열거한 정보는 제외한다.

판례 정보공개법 제9조 제1항 제7호 소정의 **'법인 등의 경영 · 영업상 비밀'은 부정경쟁방지법 제2조 제2호 소정의 '영업비밀'에 한하지 않고,** '타인에게 알려지지 아니함이 유리한 사업활동에 관한 일체의 정보' 또는 '사업활동에 관한 일체의 비밀사항'으로 해석함이 상당하고, 공개를 거부할 만한 정당한 이익이 있는지의 여부**에 따라 그 공개 여부가 결정**되어야 하는데, 이는 엄격하게 해석하여야 할 뿐만 아니라 국민에 의한 감시의 필요성이 크고 이를 감수하여야 하는 면이 강한 공익법인에 대하여는 다른 법인 등에 대하여 보다 소극적으로 해석해야 한다(2007두1798). [날먹행 207p]

□□□□□ ★★

판 33. 법인 등이 거래하는 금융기관의 계좌번호에 관한 정보는 법인등의 영업상 비밀에 관한 사항으로서 공개될 경우 법인등의 정당한 이익을 현저히 해할 우려가 있다고 인정되는 정보에 해당한다. (17국가7급,16국가7급)

판례 법인등이 거래하는 금융기관의 계좌번호에 관한 정보는 **법인등의 영업상 비밀에 관한 사항으로서 법인등의 이름과 결합하여 공개될 경우 당해 법인등의 영업상 지위가 위협받을 우려가 있다**고 할 것이므로 위 정보는 공개될 경우 법인등의 정당한 이익을 현저히 해할 우려가 있다고 인정되는 정보에 해당한다(2003두8302). [날먹행 207p]

□□□□□ ★

판 34. 재건축사업계약에 의하여 조합원들에게 제공될 무상보상 평수 산출내역은 법인 등의 영업상 비밀에 관한 사항이 아니며 비공개대상정보에 해당되지 않는다. (17서울9급)

판례 공개될 경우 피고가 이 사건 재건축아파트의 분양 등 업무를 추진하는 것이 곤란해진다고 보기 어려울 뿐만 아니라, 이 사건 정보가 공개되면 조합원들의 알 권리를 충족시키고 이 사건 재건축사업의 투명성을 확보할 수 있게 되는 점 등 여러 사정들을 감안하여 보면, 아파트재건축주택조합의 조합원들에게 제공될 **무상보상평수의 사업수익성 등을 검토한 자료는 비공개대상정보에 해당하지 않는다**(2003두9459). [날먹행 207p]

OX 정답

31. ○ 32. ○ 33. ○ 34. ○

□□□□□ ★★★

조 35. 공개될 경우 부동산 투기로 특정인에게 이익 또는 불이익을 줄 우려가 있다고 인정되는 정보는 비공개대상에 해당한다. (19소방,18지방9급)

- **정보공개법 제9조(비공개 대상 정보)** [날먹행 207p]
  8. 공개될 경우 부동산 투기, 매점매석 등으로 특정인에게 이익 또는 불이익을 줄 우려가 있다고 인정되는 정보

 ★★★

판 36-1. 정보를 취득 또는 활용할 의사가 전혀 없이 사회통념상 용인될 수 없는 부당이득을 얻으려는 목적의 정보공개청구는 권리남용행위로서 허용되지 않는다. (21국가9급,21지방9급,19서울9급,18지방9급 등)

□□□□□ ★★★

판 36-2. 오로지 공공기관의 담당공무원을 괴롭힐 목적으로 정보공개청구를 하는 경우에도 정보공개청구권의 행사는 허용되어야 한다. (23지방9급,23소방,21지방·서울9급,19서울9급)

판례 실제로는 해당 정보를 취득 또는 활용할 의사가 전혀 없이 정보공개 제도를 이용하여 **사회통념상 용인될 수 없는 부당한 이득을 얻으려** 하거나, **오로지 공공기관의 담당공무원을 괴롭힐 목적으로** 정보공개청구를 하는 경우처럼 권리의 남용에 해당하는 것이 명백한 경우에는 **정보공개청구권의 행사를 허용하지 아니하는 것이 옳다**(2014두9349). [날먹행 208p]

□□□□□ ★★★

판 37. 정보공개를 청구한 목적이 손해배상소송에 제출할 증거자료를 획득하기 위한 것이었고 그 소송이 이미 종결되었다면, 그러한 정보공개청구는 권리남용에 해당한다. (19국가7급)

판례 이 사건 정보공개를 청구한 목적이 이 사건 손해배상소송에 제출할 증거자료를 획득하기 위한 것이었고 위 소송이 이미 종결되었다고 하더라도, 원고가 오로지 피고를 괴롭힐 목적으로 정보공개를 구하고 있다는 등의 특별한 사정이 없는 한, 위와 같은 사정만으로는 원고가 이 사건 소송을 계속하고 있는 것이 권리남용에 해당한다고 볼 수 없다(2003두1370). [날먹행 208p]

□□□□□ ★★

조 38. 정보의 공개를 청구하는 자는 당해 정보를 보유하거나 관리하고 있는 공공기관에 대하여 공개를 청구하는 정보의 내용 및 공개방법을 기재한 정보공개청구서를 제출하거나 구술로써 정보의 공개를 청구할 수 있으며, 정보공개청구권자의 인적사항은 익명을 원칙으로 한다. (20군무원9급,18경행 등)

- **정보공개법 10조(정보공개의 청구방법)**
  ① 정보의 공개를 청구하는 자(이하 "청구인"이라 한다)는 해당 정보를 보유하거나 관리하고 있는 공공기관에 다음 각 호의 사항을 적은 **정보공개 청구서를 제출하거나 말로써** 정보의 공개를 청구할 수 있다.
  1. **청구인의 성명 · 생년월일 · 주소 및 연락처**(전화번호 · 전자우편주소 등을 말한다. 이하 이 조에서 같다). 다만, 청구인이 법인 또는 단체인 경우에는 그 명칭, 대표자의 성명, 사업자등록번호 또는 이에 준하는 번호, 주된 사무소의 소재지 및 연락처를 말한다.
  2. **청구인의 주민등록번호**(본인임을 확인하고 공개 여부를 결정할 필요가 있는 정보를 청구하는 경우로 한정한다)
  3. **공개를 청구하는 정보의 내용 및 공개방법** [날먹행 208p]

OX 정답

35. ○ 36-1. ○ 36-2. X 37. X 38. X

□□□□□ ★★★

판 39. 정보의 공개를 청구하는 자가 청구대상정보를 기재함에 있어서는 사회일반인의 관점에서 청구대상정보의 내용과 범위를 확정할 수 있을 정도로 특정하여야 한다. (19지방7급,15국가9급 등)

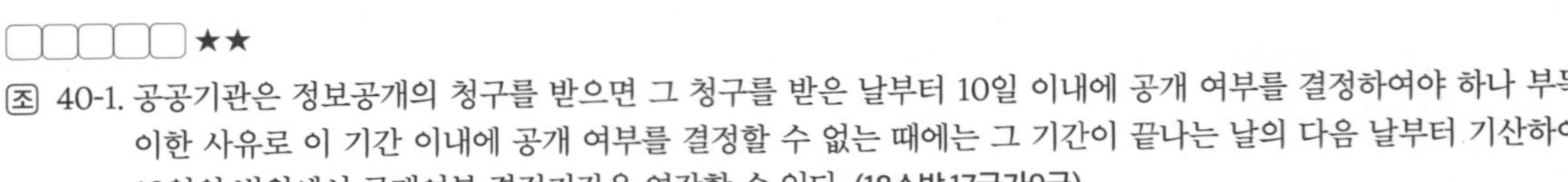

판례 공공기관의 정보공개에 관한 법률 제10조 제1항 제2호는 정보의 공개를 청구하는 자는 정보공개청구서에 '공개를 청구하는 정보의 내용' 등을 기재할 것을 규정하고 있는바, **청구대상정보를 기재함에 있어서는 사회일반인의 관점에서 청구대상정보의 내용과 범위를 확정할 수 있을 정도로 특정함을 요한다**(2007두2555). [날먹행 208p]

□□□□□ ★★

조 40-1. 공공기관은 정보공개의 청구를 받으면 그 청구를 받은 날부터 10일 이내에 공개 여부를 결정하여야 하나 부득이한 사유로 이 기간 이내에 공개 여부를 결정할 수 없는 때에는 그 기간이 끝나는 날의 다음 날부터 기산하여 10일의 범위에서 공개여부 결정기간을 연장할 수 있다. (18소방,17국가9급)

□□□□□ ★★★

조 40-2. 공개대상정보의 일부 또는 전부가 제3자와 관련이 있다고 인정하는 때에는 공공기관은 지체없이 관련된 제3자에게 통지하여야 한다. (23국회8급,22소방,22국회8급,20군무원9급,19서울9급,18서울7급 등)

□□□□□

조 40-3. 공공기관은 공개 청구된 정보가 공공기관이 보유·관리하지 아니하는 정보인 경우로서 「민원 처리에 관한 법률」에 따른 민원으로 처리할 수 있는 경우에는 민원으로 처리할 수 있다. (21지방9급)

- **정보공개법 제11조(정보공개 여부의 결정)**
  ① 공공기관은 제10조에 따라 정보공개의 청구를 받으면 그 청구를 받은 날부터 10일 이내에 **공개 여부를 결정하여야** 한다.
  ② 공공기관은 부득이한 사유로 제1항에 따른 기간 이내에 공개 여부를 결정할 수 없을 때에는 그 기간이 끝나는 날의 다음 날부터 기산(起算)하여 10일의 범위에서 **공개 여부 결정기간을 연장할 수 있다.** 이 경우 공공기관은 **연장된 사실과 연장 사유를 청구인에게 지체 없이 문서로 통지하여야** 한다.
  ③ 공공기관은 공개 청구된 공개 대상 정보의 전부 또는 일부가 **제3자와 관련**이 있다고 인정할 때에는 그 사실을 제3자에게 지체 없이 통지하여야 하며, 필요한 경우에는 그의 의견을 들을 수 있다.
  ⑤ 공공기관은 정보공개 청구가 다음 각 호의 어느 하나에 해당하는 경우로서 「민원 처리에 관한 법률」에 따른 민원으로 처리할 수 있는 경우에는 민원으로 처리할 수 있다.
  1. 공개 청구된 정보가 공공기관이 보유 · 관리하지 아니하는 정보인 경우
  2. 공개 청구의 내용이 진정 · 질의 등으로 이 법에 따른 정보공개 청구로 보기 어려운 경우 [날먹행 208, 209p]

OX 정답

39. ○ 40-1. ○ 40-2. ○ 40-3. ○

☐☐☐☐☐

조 41-1. 정당한 사유 없이 반복적으로 동일대상에 대한 정보를 청구하거나 '민원 처리에 관한 법률'에 따른 민원으로 처리된 정보를 다시 청구하는 공개청구의 남용이 있는 경우 '질서위반행위규제법'에 따른 과태료 부과처분의 대상이 된다. (21경행)

☐☐☐☐☐

조 41-2. 예산집행의 내용과 사업평가 결과 등 행정감시를 위하여 필요한 정보 등 공개를 목적으로 작성되고 이미 정보통신망 등을 통하여 공개된 정보는 해당 정보의 소재 안내의 방법으로 공개한다. (21국회8급)

☐☐☐☐☐

조 41-3. 정보공개를 청구하여 정보공개 여부에 대한 결정의 통지를 받은 자가 정당한 사유 없이 해당 정보의 공개를 다시 청구하는 경우, 공공기관은 정전 청구와의 내용적 유사성·관련성 등을 고려하여 해당 청구를 종결 처리할 수 있다. (23국회8급)

- **정보공개법 제11조의2(반복 청구 등의 처리)** ① 공공기관은 제11조에도 불구하고 제10조제1항 및 제2항에 따른 정보공개 청구가 다음 각 호의 어느 하나에 해당하는 경우에는 **정보공개 청구 대상 정보의 성격, 종전 청구와의 내용적 유사성 · 관련성, 종전 청구와 동일한 답변을 할 수밖에 없는 사정 등을 종합적으로 고려하여 해당 청구를 종결 처리할 수 있다.** 이 경우 종결 처리 사실을 청구인에게 알려야 한다. → 과태료 부과 X
  1. **정보공개를 청구하여 정보공개 여부에 대한 결정의 통지를 받은 자가 정당한 사유 없이 해당 정보의 공개를 다시 청구하는 경우**
  2. 정보공개 청구가 제11조제5항에 따라 민원으로 처리되었으나 다시 같은 청구를 하는 경우

  ② 공공기관은 제11조에도 불구하고 제10조제1항 및 제2항에 따른 정보공개 청구가 다음 각 호의 어느 하나에 해당하는 경우에는 다음 각 호의 구분에 따라 안내하고, 해당 청구를 종결 처리할 수 있다.
  1. 제7조제1항에 따른 정보 등 공개를 목적으로 작성되어 이미 정보통신망 등을 통하여 공개된 정보를 청구하는 경우: 해당 정보의 소재(所在)를 안내
  2. 다른 법령이나 사회통념상 청구인의 여건 등에 비추어 수령할 수 없는 방법으로 정보공개 청구를 하는 경우: 수령이 가능한 방법으로 청구하도록 안내
- **제7조(정보의 사전적 공개 등)** ① 공공기관은 다음 각 호의 어느 하나에 해당하는 정보에 대해서는 공개의 구체적 범위, 주기, 시기 및 방법 등을 미리 정하여 정보통신망 등을 통하여 알리고, 이에 따라 정기적으로 공개하여야 한다. 다만, 제9조제1항 각 호의 어느 하나에 해당하는 정보에 대해서는 그러하지 아니하다.
  1. 국민생활에 매우 큰 영향을 미치는 정책에 관한 정보
  2. 국가의 시책으로 시행하는 공사(工事) 등 대규모 예산이 투입되는 사업에 관한 정보
  3. 예산집행의 내용과 사업평가 결과 등 행정감시를 위하여 필요한 정보

[날먹행 203, 209p]

☐☐☐☐☐

판 42-1. 정보공개심의회는 공공기관의 장의 자문에 응하여 공개 청구된 정보의 공개 여부를 결정하는 법적인 의무와 권한을 가진 주체이다. (20군무원7급)

판례 공공기관의정보공개에관한법률 등의 취지를 종합할 때, 공개 청구된 정보의 공개 여부를 결정하는 법적인 의무와 권한을 가진 주체는 **공공기관의 장**이고, **정보공개심의회**는 공공기관의 장이 정보의 공개 여부를 결정하기 곤란하다고 보아 의견을 요청한 사항의 자문에 응하여 심의하는 것이다 (2001추95).

[날먹행 209p]

OX 정답

41-1. X 41-2. O 41-3. O 42-1. X

□□□□□

조 42-2. 국가 안전보장 · 국방 · 통일 · 외교관계 분야 업무를 주로 하는 국가기관의 정보공개심의회 구성시 최소한 3분의 1이상은 외부 전문가로 위촉하여야 한다. (18서울7급,15국회8급)

- **정보공개법 제12조(정보공개심의회)**
  ① 국가기관, 지방자치단체, 「공공기관의 운영에 관한 법률」 제5조에 따른 공기업 및 준정부기관, 「지방공기업법」에 따른 지방공사 및 지방공단(이하 "국가기관등"이라 한다)은 제11조에 따른 정보공개 여부 등을 심의하기 위하여 정보공개심의회(이하 "심의회"라 한다)를 설치 · 운영한다. 이 경우 국가기관등의 규모와 업무성격, 지리적 여건, 청구인의 편의 등을 고려하여 소속 상급기관(지방공사 · 지방공단의 경우에는 해당 지방공사 · 지방공단을 설립한 지방자치단체를 말한다)에서 협의를 거쳐 심의회를 통합하여 설치 · 운영할 수 있다.
  ② 심의회는 **위원장 1명을 포함하여 5명 이상 7명 이하의 위원으로 구성**한다.
  ③ 심의회의 위원은 소속 공무원, 임직원 또는 외부 전문가로 지명하거나 위촉하되, 그 중 3분의2은 해당 국가기관등의 업무 또는 정보공개의 업무에 관한 지식을 가진 외부 전문가로 위촉하여야 한다. 다만, **제9조 제1항 제2호 및 제4호에 해당하는 업무를 주로 하는 국가기관은 그 국가기관의 장이 외부 전문가의 위촉 비율을 따로 정하되, 최소한 3분의 1 이상은 외부 전문가로 위촉하여야 한다.** [날먹행 209p]

□□□□□ ★★

조 43. 공공기관은 정보의 공개를 결정한 경우에는 공개의 일시 및 장소 등을 분명히 밝혀 청구인에게 통지하여야 한다. (16경행)

- **정보공개법 제13조(정보공개 여부 결정의 통지)** ① 공공기관은 제11조에 따라 정보의 공개를 결정한 경우에는 **공개의 일시 및 장소 등을 분명히 밝혀 청구인에게 통지**하여야 한다. [날먹행 210p]

□□□□□ ★★★

판 44. 공개방법을 선택하여 정보공개를 청구하였더라도 공공기관은 정보공개청구자가 선택한 방법에 따라 정보를 공개하여야 하는 것은 아니며, 원칙적으로 그 공개방법을 선택할 재량권이 있다. (22소방,22국가9급,21변시,21국가9급,21지방9급,18국가9급,17국가9급)

판례 **정보공개를 청구하는 자가 공공기관에 대해 정보의 사본 또는 출력물의 교부의 방법으로 공개방법을 선택하여 정보공개청구를 한 경우**에 공개청구를 받은 공공기관으로서는 같은 법 제8조 제2항에서 규정한 정보의 사본 또는 복제물의 교부를 제한할 수 있는 사유에 해당하지 않는 한 **정보공개청구자가 선택한 공개방법에 따라 정보를 공개하여야 하므로 그 공개방법을 선택할 재량권이 없다**고 해석함이 상당하다(2003두8050). [날먹행 210p]

OX 정답

42-2. ○ 43. ○ 44. X

□□□□□ ★★★

판 45. 공공기관이 정보공개청구권자가 신청한 공개방법 이외의 방법으로 정보를 공개하기로 하는 결정을 하였다면, 이는 정보공개청구 중 정보공개방법에 관한 부분에 대하여 일부 거부처분을 한 것이므로 이에 대해 항고소송으로 다툴 수 있다. (23경간,22국가·지방7급,21경행,20지방9급,19국가7급,19서울7급,18국가7급)

> 판례 정보의 공개를 청구하는 이(이하 '청구인'이라고 한다)가 정보공개방법도 아울러 지정하여 정보공개를 청구할 수 있도록 하고 있고, 전자적 형태의 정보를 전자적으로 공개하여 줄 것을 요청한 경우에는 공공기관은 원칙적으로 요청에 응할 의무가 있으므로, **청구인에게는 특정한 공개방법을 지정하여 정보공개를 청구할 수 있는 법령상 신청권이 있다.**
> 따라서 공공기관이 공개청구의 대상이 된 정보를 공개는 하되, 청구인이 신청한 공개방법 이외의 방법으로 공개하기로 하는 결정을 하였다면, 이는 **정보공개청구 중 정보공개방법에 관한 부분에 대하여 일부 거부처분을 한 것이고, 청구인은 그에 대하여** 항고소송으로 다툴 수 있다(2016두44674). [날먹행 211p]

□□□□□ ★★

조 46. 공개대상의 양이 과다하여 정상적인 업무수행에 현저한 지장을 초래할 우려가 있는 경우에는 이를 기간별로 나누어 교부하거나 열람과 병행하여 교부할 수 있다. (18서울7급,15서울7급)

> - **정보공개법 제13조(정보공개 여부 결정의 통지)**
>   ② 공공기관은 **청구인이 사본 또는 복제물의 교부**를 원하는 경우에는 이를 **교부하여야 한다.**
>   ③ 공공기관은 **공개 대상 정보의 양이 너무 많아 정상적인 업무수행에 현저한 지장을 초래할 우려가 있는 경우**에는 해당 정보를 일정 기간별로 **나누어 제공**하거나 **사본 · 복제물의 교부 또는 열람과 병행하여 제공**할 수 있다.
>
> [날먹행 211p]

□□□□□ ★★

조 47. 공공기관은 정보의 비공개 결정을 한 경우 청구인에게 비공개 이유와 불복의 방법 및 절차를 구체적으로 밝혀 문서로 통지하여야 한다. (15교행9급,13서울9급)

> - **정보공개법 제13조(정보공개 여부 결정의 통지)**
>   ⑤ 공공기관은 제11조에 따라 **정보의 비공개 결정을 한 경우**에는 그 사실을 **청구인에게 지체 없이 문서로 통지하여야** 한다. 이 경우 제9조제1항 각 호 중 **어느 규정에 해당하는 비공개 대상 정보인지를 포함한 비공개 이유와 불복(不服)의 방법 및 절차를 구체적으로 밝혀야 한다.** [날먹행 211p]

□□□□□

판 48. 행정소송의 재판기록 일부의 정보공개청구에 대한 비공개결정은 전자문서로 통지할 수 없다. (19국가9급)

> 판례 '문서'에 '전자문서'를 포함한다는 규정과 정보의 비공개결정을 '문서'로 통지하도록 정한 정보공개법상 규정에 의하면 **정보의 비공개결정은 전자문서로 통지할 수 있고, 위 규정들은 행정절차법 제3조 제1항에서 행정절차법의 적용이 제외되는 것으로 정한 '다른 법률'에 특별한 규정이 있는 경우에 해당하므로, 비공개결정 당시 정보의 비공개결정**은 정보공개법 제13조 제4항에 의하여 **전자문서로 통지할 수 있다**(2012두17384). [날먹행 211p]

OX 정답

45. O 46. O 47. O 48. X

□□□□□ ★

조 49-1. 공개 청구한 정보가 비공개 대상에 해당하는 부분과 공개 가능한 부분이 혼합되어 있는 경우로서 공개 청구의 취지에 어긋나지 아니하는 범위에서 두 부분을 분리할 수 있는 경우라도 비공개 대상에 해당하는 부분을 제외하고 공개할 수 없다. (21행정사,16경행)

□□□□□ ★★★

조 49-2. 공개를 거부한 정보에 비공개대상정보에 해당하는 부분과 공개가 가능한 부분이 혼합되어 있는 경우라면 법원은 정보공개거부처분 전부를 취소해야 한다. (22국가9급,22국회8급,22소방간부,22서울7급,20경행,18지방9급)

- **정보공개법 제14조(부분 공개)** 공개 청구한 정보가 **제9조제1항 각 호의 어느 하나에 해당하는 부분과 공개 가능한 부분이 혼합되어 있는 경우**로서 **공개 청구의 취지에 어긋나지 아니하는 범위에서** 두 부분을 분리할 수 있는 경우에는 제9조제1항 각 호의 어느 하나에 해당하는 부분을 제외하고 공개하여야 한다. **[날먹행 211p]**

□□□□□

판 50. 한 · 일 군사정보보호협정 및 한 · 일 상호군수지원협정과 관련하여 각종 회의자료 및 회의록 등의 정보는 정보공개법상 공개가 가능한 부분과 공개가 불가능한 부분을 쉽게 분리하는 것이 불가능한 비공개정보에 해당하지 아니한다. (19서울7급)

판례 외교부장관에게 한 · 일 군사정보보호협정 및 한 · 일 상호군수지원협정과 관련하여 각종 회의자료 및 회의록 등의 정보에 대한 공개를 청구하였으나, 외교부장관이 공개 청구 정보 중 일부를 제외한 나머지 정보들에 대하여 **비공개 결정**을 한 사안에서, 위 정보는 **비공개대상정보에 해당하고**, 공개가 가능한 부분과 공개가 불가능한 부분을 쉽게 분리하는 것이 **불가능하여** 같은 법 제14조에 따른 **부분공개도 가능하지 않다**(2015두46512).
[날먹행 211p]

□□□□□ ★★

조 51-1. 공공기관은 전자적 형태로 보유 · 관리하는 정보에 대하여 청구인이 전자적 형태로 공개하여 줄 것을 요청하더라도 이를 출력한 형태로 공개하는 것이 원칙이다. (16경행,13지방9급 등)

□□□□□ ★★

조 51-2. 공공기관은 전자적 형태로 보유 · 관리하지 않는 정보에 대하여 청구인이 전자적 형태로 공개하여 줄 것을 요청한 경우 특별한 사정이 없으면 그 정보를 전자적 형태로 변환하여 공개할 수 있다. (11국가7급)

- **정보공개법 제15조(정보의 전자적 공개)**
  ① 공공기관은 **전자적 형태로 보유 · 관리하는 정보**에 대하여 **청구인이** 전자적 형태로 공개하여 줄 것을 요청하는 경우에는 그 정보의 성질상 현저히 곤란한 경우를 제외하고는 청구인의 **요청에 따라야** 한다.
  ② 공공기관은 **전자적 형태로 보유 · 관리하지 아니하는 정보**에 대하여 청구인이 **전자적 형태로 공개하여 줄 것을 요청한 경우**에는 정상적인 업무수행에 현저한 지장을 초래하거나 그 정보의 성질이 훼손될 우려가 없으면 그 정보를 전자적 형태로 변환하여 공개할 수 있다. **[날먹행 212p]**

OX 정답

49-1. X 49-2. X 50. X 51-1. X 51-2. O

□□□□□ ★★

판 52. 공개청구를 받은 공공기관이 공개청구대상정보의 기초자료를 전자적 형태로 보유·관리하고 있고,통상 사용되는 컴퓨터 하드웨어 및 소프트웨어와 기술적 전문지식을 사용하여 그 기초자료를 검색하여 청구인이 구하는 대로 편집할 수 있으며, 그러한 작업이 당해 기관의 컴퓨터 시스템 운용에 별다른 지장을 초래하지 아니한다면, 그 공공기관이 공개청구대상정보를 보유·관리하고 있는 것으로 볼 수 있다. (22경간,21경행,21국회8급)

판례 공개청구를 받은 공공기관이 공개청구대상정보의 기초자료를 전자적 형태로 보유·관리하고 있고,통상 사용되는 컴퓨터 하드웨어 및 소프트웨어와 기술적 전문지식을 사용하여 그 기초자료를 검색하여 청구인이 구하는 대로 편집할 수 있으며, 그러한 작업이 당해 기관의 컴퓨터 시스템 운용에 별다른 지장을 초래하지 아니한다면, 그 공공기관이 공개청구대상정보를 보유·관리하고 있는 것으로 볼 수 있다(2009두6001). [날먹행 212p]

□□□□□ ★★

조 53. 정보의 공개 및 우송 등에 소요되는 비용은 실비의 범위에서 청구인의 부담으로 한다. 다만, 그 액수가 너무 많아서 청구인에게 과중한 부담을 주는 경우에는 비용을 감면할 수 있다. (23군무원9급,21지방9급,19국가9급,18서울7급)

- **정보공개법 제17조(비용 부담)**
  ① 정보의 공개 및 우송 등에 드는 비용은 **실비(實費)의 범위**에서 청구인이 부담한다.
  ② 공개를 청구하는 정보의 사용 목적이 공공복리**의 유지·증진을 위하여 필요하다고 인정되는 경우**에는 제1항에 따른 비용을 감면할 수 있다. → 액수가 많은 경우는 규정하고 있지 않음. [날먹행 212p]

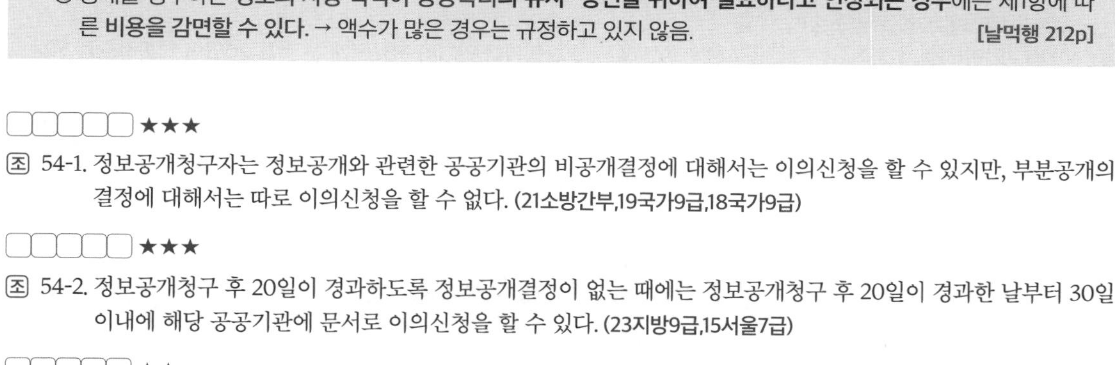

□□□□□ ★★★

조 54-1. 정보공개청구자는 정보공개와 관련한 공공기관의 비공개결정에 대해서는 이의신청을 할 수 있지만, 부분공개의 결정에 대해서는 따로 이의신청을 할 수 없다. (21소방간부,19국가9급,18국가9급)

□□□□□ ★★★

조 54-2. 정보공개청구 후 20일이 경과하도록 정보공개결정이 없는 때에는 정보공개청구 후 20일이 경과한 날부터 30일 이내에 해당 공공기관에 문서로 이의신청을 할 수 있다. (23지방9급,15서울7급)

□□□□□ ★★

조 54-3. 공공기관은 이의신청을 받은 날부터 7일 이내에 그 이의신청에 대하여 결정하고 그 결과를 청구인에게 지체없이 문서로 통지하여야 한다. (15서울7급,11지방9급)

- **정보공개법 제18조(이의신청)**
  ① 청구인이 정보공개와 관련한 공공기관의 **비공개 결정 또는** 부분 공개 결정**에 대하여 불복**이 있거나 **정보공개 청구 후 20일이 경과하도록 정보공개 결정이 없는 때**에는 공공기관으로부터 **정보공개 여부의 결정 통지를 받은 날 또는 정보공개 청구 후 20일이 경과한 날부터 30일 이내에 해당 공공기관에 문서로 이의신청**을 할 수 있다.
  ② 국가기관등은 제1항에 따른 **이의신청이 있는 경우에는 심의회를 개최하여야 한다.** 다만, 다음 각 호의 어느 하나에 해당하는 경우에는 심의회를 개최하지 아니할 수 있으며 **개최하지 아니하는 사유를 청구인에게 문서로 통지하여야 한다.**
  ③ 공공기관은 이의신청을 받은 날부터 7일 이내에 그 이의신청에 대하여 **결정**하고 **그 결과를 청구인에게 지체 없이 문서로 통지하여야** 한다. 다만, **부득이한 사유**로 정하여진 **기간 이내에 결정할 수 없을 때**에는 그 **기간이 끝나는 날의 다음 날부터 기산하여 7일의 범위에서 연장**할 수 있으며, **연장 사유를 청구인에게 통지하여야** 한다. [날먹행 212, 213p]

OX 정답

52. O 53. X 54-1. X 54-2. O 54-3. O

□□□□□ ★★★

조 55-1. 정보공개청구 후 20일이 경과하도록 정보공개 결정이 없는 경우, 이의신청은 허용되나 행정심판청구는 허용되지 않는다. (23지방9급,22국가9급,21소방간부,19국가9급)

□□□□□ ★★★

조 55-2. 정보공개 청구인은 공공기관의 비공개 결정에 대해 이의신청 절차를 거치지 아니하면 행정심판을 청구할 수 없다. (21행정사,19서울9급,19소방,18국가9급,17국가9급 등)

- **정보공개법 제19조(행정심판)**
  ① 청구인이 정보공개와 관련한 공공기관의 결정에 대하여 **불복**이 있거나 **정보공개 청구 후 20일이 경과하도록 정보공개 결정이 없는 때**에는 「행정심판법」에서 정하는 바에 따라 **행정심판을 청구**할 수 있다. 이 경우 국가기관 및 지방자치단체 외의 공공기관의 결정에 대한 감독행정기관은 관계 중앙행정기관의 장 또는 지방자치단체의 장으로 한다.
  ② 청구인은 제18조에 따른 **이의신청 절차를 거치지 아니하고 행정심판을 청구할 수 있다.** [날먹행 213p]

□□□□□ ★★

조 56. 정보공개 관련 결정에 대하여 행정소송이 제기된 경우에 재판장은 필요시 당사자 없이 비공개로 해당정보를 열람할 수 있다. (22국회9급,11국가9급)

- **정보공개법 제20조(행정소송)**
  ① 청구인이 정보공개와 관련한 공공기관의 결정에 대하여 **불복이 있거나** 정보공개 청구 후 20일이 경과**하도록 정보공개 결정이 없는 때**에는 「행정소송법」에서 정하는 바에 따라 **행정소송을 제기할 수 있다.**
  ② 재판장은 필요하다고 인정하면 당사자를 참여시키지 아니하고 **제출된 공개 청구 정보를 비공개로 열람 · 심사할 수 있다.** [날먹행 213p]

□□□□□ ★★★

판 57-1. 정보공개청구권은 법률상 보호되는 구체적인 권리이므로 청구인이 공공기관에 대하여 정보공개를 청구하였다가 거부처분을 받은 것 자체가 법률상 이익의 침해에 해당한다. (23변시,22국가9급,21국가9급,21지방9급,21지방7급,17국가9급 등)

판례 정보공개를 청구했다가 거부처분 받은 것 자체가 법률상 이익 침해에 해당함(2003두8050). [날먹행 213p]

□□□□□ ★

판 57-2. 견책처분을 받은 공무원이 징계위원회 참여 위원의 성명과 직위에 대한 정보공개청구를 하였으나 거부처분을 받았는데, 대상 징계처분에 대한 취소소송에서 해당 공무원의 취소청구가 기각된 경우에는 정보공개거부 처분의 취소를 구할 법률상 이익이 없다. (22서울7급)

판례 견책의 징계처분을 받은 갑이 사단장에게 징계위원회에 참여한 징계위원의 성명과 직위에 대한 정보공개청구를 하였으나 위 정보가 공공기관의 정보공개에 관한 법률 제9조 제1항 제1호, 제2호, 제5호, 제6호에 해당한다는 이유로 공개를 거부한 사안에서, 징계처분 취소사건에서 갑의 청구를 기각하는 판결이 확정되었더라도, 갑으로서는 여전히 정보공개거부처분의 취소를 구할 법률상 이익이 있다고 한 사례(2022두33439). [날먹행 213p]

OX 정답

55-1. X 55-2. X 56. O 57-1. O 57-2. X

□□□□□ ★★

판 58. 공공기관이 정보공개청구에 대해 이를 거부하는 행위는 취소소송의 대상이 되는 처분이다. (18교행9급)

> • **대상적격-정보공개의 거부는 항고소송의 대상**이 되는 처분임. [날먹행 214p]

 ★★★

판 59-1. 정보공개청구를 거부하는 처분이 있은 후 대상정보가 폐기되었다든가 하여 공공기관이 그 정보를 보유·관리하지 아니하게 된 경우에는 특별한 사정이 없는 한 정보공개거부처분의 취소를 구할 법률상의 이익이 없다.
(22지방9급,21국가9급,21국가7급,21소방간부,17국회8급,16국가7급)

> **판례** 공개청구자가 특정한 바와 같은 정보를 공공기관이 보유·관리하고 있지 않은 경우라면 특별한 사정이 없는 한 **해당 정보에 대한 공개거부처분에 대하여는 취소를 구할** 법률상 이익이 없다(2010두18918). → 이 경우 그 정보를 더이상 보유·관리하고 있지 않다는 점에 대한 증명책임은 공공기관에게 있음(20지방7급) [날먹행 214p]

□□□□□ ★★

판 59-2. 정보비공개결정 취소소송에서 공공기관이 청구정보를 증거로 법원에 제출하여 법원을 통하여 그 사본을 청구인에게 교부되게 하여 정보를 공개하게 된 경우에는 비공개결정의 취소를 구할 소의 이익이 소멸한다.
(23국회8급,22국가·지방7급,21소방간부,20국가9급,18국가7급)

> **판례** 청구인이 정보공개거부처분의 취소를 구하는 소송에서 공공기관이 청구정보를 증거 등으로 법원에 제출하여 법원을 통하여 그 사본을 청구인에게 교부 또는 송달되게 하여 결과적으로 청구인에게 정보를 공개하는 셈이 되었다고 하더라도, 이러한 우회적인 방법은 정보공개법이 예정하고 있지 아니한 방법으로서 **정보공개법에 의한 공개라고 볼 수는 없으므로,** 당해 정보의 비공개결정의 취소를 구할 소의 이익은 소멸되지 않는다(2012두11409). [날먹행 214p]

□□□□□ ★★

판 60. 공공기관은 정보공개청구를 거부할 경우에도 대상이 된 정보의 내용을 구체적으로 확인·검토하여 어느 부분이 어떠한 법익 또는 기본권과 충돌되어 정보공개법 제9조 제1항 몇 호에서 정하고 있는 비공개사유에 해당하는지를 주장·입증하여야 하며, 그에 이르지 아니한 채 개괄적인 사유만 들어 공개를 거부하는 것은 허용되지 아니한다.
(23소방간부,22지방9급,22국회8급,21소방간부,21지방7급)

> **판례** 국민으로부터 보유·관리하는 정보에 대한 공개를 요구받은 공공기관으로서는 정보공개법 제9조 제1항 각 호에서 정하고 있는 비공개사유에 해당하지 않는 한 이를 공개하여야 하고, 이를 거부하는 경우라 할지라도 대상이 된 정보의 내용을 구체적으로 확인·검토하여 어느 부분이 어떠한 법익 또는 기본권과 충돌되어 법 제9조 제1항 몇 호에서 정하고 있는 비공개사유에 해당하는지를 주장·입증하여야만 하며, 그에 이르지 아니한 채 개괄적인 사유만을 들어 공개를 거부하는 것은 허용되지 아니한다(2006두4899,2001두8827). [날먹행 214p]

OX 정답

58. ○ 59-1. ○ 59-2. X 60. ○

□□□□□ ★★★

판 61-1. 정보공개를 청구하는 자가 공개를 구하는 정보를 행정기관이 보유·관리하고 있을 상당한 개연성이 있다는 점을 입증하여야 한다. (23군무원9급,20지방·서울7급)

□□□□□ ★★★

판 61-2. 공개를 구하는 정보를 공공기관이 한때 보유·관리하였으나 그 후에 그 정보가 담긴 문서 등이 폐기되어 존재하지 않게 된 것이라면 그 정보를 더이상 보유·관리하고 있지 아니하다는 점에 대한 증명책임은 공공기관에 있다. (23국회8급,22지방7급,21변시,20지방7급)

판례 정보공개제도는 공공기관이 보유·관리하는 정보를 그 상태대로 공개하는 제도로서 공개를 구하는 **정보를 공공기관이 보유·관리하고 있을 상당한 개연성이 있다는 점에 대하여 원칙적으로 공개청구자에게 증명책임이 있다고 할 것**이지만, 공개를 구하는 정보를 공공기관이 한 때 보유·관리하였으나 후에 그 정보가 담긴 문서등이 폐기되어 존재하지 않게 된 것이라면 그 정보를 **더 이상 보유·관리하고 있지 아니하다는 점에 대한 증명책임은 공공기관**에게 있다(2003두12707). **[날먹행 214p]**

□□□□□

이 62. 정보공개거부결정의 취소를 구하는 소송에서는 각 행정청의 정보공개심의회가 피고가 된다. (13지방9급)

원고적격	정보공개를 청구했다가 거부처분을 받은 자
피고적격	공공기관의 장 O(예-사립대학교 총장(20지방7급)), **정보공개심의회 X**
대상적격	처분성 O - 공공기관의 비공개결정(거부처분) → **취소소송** - 정보공개청구 후 20일이 경과하도록 결정을 하지 않은 경우 → **부작위위법확인소송**
입증책임	㉠ **정보공개청구권자**: 정보가 해당 공공기관에 의해 보유 · 관리되고 있다는 사실 ㉡ **행정청**(피고): 비공개사유 **[날먹행 214p]**

□□□□□

조 63-1. 공개청구된 정보가 제3자와 관련이 있는 경우 행정청은 제3자에게 통지하여야 하고 의견을 들을 수 있으나, 제3자가 비공개를 요청할 권리를 갖지는 않는다. (19서울9급,13서울9급)

□□□□□ ★★

조 63-2. 공공기관은 공개청구된 공개대상정보의 전부 또는 일부가 제3자와 관련이 있다고 인정할 때에는 그 사실을 제3자에게 지체 없이 통지하여야 하며, 공개청구된 사실을 통지받은 제3자는 그 통지를 받은 날부터 3일 이내에 해당 공공기관에 대하여 자신과 관련된 정보를 공개하지 아니할 것을 요청할 수 있다. (22국회8급,22소방)

□□□□□ ★★

조 63-3. 제3자의 비공개 요청에도 불구하고 공공기관이 공개결정을 하는 때에는 공개결정이유와 공개실시일을 명시하여 지체없이 문서로 통지하여야 한다. (22소방,13서울9급)

□□□□□

조 63-4. 공공기관은 제3자의 비공개요청에도 불구하고 공개결정을 하는 때에는 공개결정일과 공개실시일 사이의 최소한 20일의 간격을 두어야 한다. (11사복9급)

OX 정답

61-1. O 61-2. O 62. X 63-1. X 63-2. O 63-3. O 63-4. X

□□□□□ ★★

조 63-5. 자신과 관련된 정보에 대한 제3자의 비공개 요청에도 불구하고 공공기관이 공개결정을 하는 때에는 제3자는 당해 공공기관에 문서 또는 구두로 이의신청을 하거나 행정심판 또는 행정소송을 제기할 수 있다. (23국회8급,22소방)

- **정보공개법 제21조(제3자의 비공개 요청 등)**
  - ① 제11조제3항에 따라 공개 청구된 사실을 통지받은 제3자는 그 **통지를 받은 날부터 3일 이내에** 해당 공공기관에 대하여 **자신과 관련된 정보를 공개하지 아니할 것을 요청할 수 있다.**
  - ② 제1항에 따른 비공개 요청에도 불구하고 **공공기관이 공개 결정**을 할 때에는 **공개 결정 이유와 공개 실시일을 분명히 밝혀 지체 없이 문서로 통지하여야** 하며, 제3자는 해당 공공기관에 문서로 이의신청을 하거나 행정심판 또는 행정소송을 제기할 수 있다. 이 경우 **이의신청은 통지를 받은 날부터 7일 이내**에 하여야 한다.
  - ③ 공공기관은 제2항에 따른 **공개 결정일과 공개 실시일 사이에 최소한** 30일의 **간격을 두어야** 한다.

*** 제3자 관련 정보의 비공개 요청과 불복 정리(정보공개법 제11조,21조)**

1. 공개청구된 정보가 제3자와 관련시, 공공기관은 제3자에게 지체없이 통지해야 함.
   → 의견을 들을 수 있음. 들어야 한다. X
2. 통지일로부터 3일이내 제3자는 비공개 요청 가능
3. 비공개요청에도 불구하고 공개결정시, 제3자에게 문서로 통지해야 함.
   → 이 때 공개결정일~공개실시일은 최소 30일의 간격을 두어야 함.
4. 제3자의 불복
   → 이의신청(공개결정 통지일부터 7일이내 문서로) 또는 이의신청없이 바로 행정심판이나 행정소송 제기 가능

[날먹행 215p]

□□□□□ ★★

조 64. 정보공개에 관한 정책 수립 및 제도개선에 관한 사항을 심의·조정하기 위하여 국무총리 소속으로 정보공개위원회를 둔다. (19국회8급)

- **정보공개법 제22조(정보공개위원회의 설치)**

다음 각 호의 사항을 심의 · 조정하기 위하여 **국무총리 소속**으로 정보공개위원회(이하 "위원회"라 한다)를 둔다.

1. 정보공개에 관한 정책 수립 및 제도 개선에 관한 사항
2. 정보공개에 관한 기준 수립에 관한 사항
3. 제12조에 따른 심의회 심의결과의 조사 · 분석 및 심의기준 개선 관련 의견제시에 관한 사항
4. 제24조제2항 및 제3항에 따른 공공기관의 정보공개 운영실태 평가 및 그 결과 처리에 관한 사항
5. 정보공개와 관련된 불합리한 제도 · 법령 및 그 운영에 대한 조사 및 개선권고에 관한 사항
6. 그 밖에 정보공개에 관하여 대통령령으로 정하는 사항

[날먹행 215p]

	정보공개심의회(§12)	정보공개위원회(§22)
업무	정보공개 여부를 심의	정보공개에 관한 정책 수립 및 제도 개선, 기준 마련, 정보공개운영실태 평가 등
소속기관	국가기관, 지방자치단체 등	**국무총리**
위원회 구성	**위원장 1명을 포함하여 5명 내지 7명**	**위원장과 부위원장 각 1명을 포함한 11명의 위원**

OX 정답

63-5. X 64. ○

□□□□□

조 65. '공공기관의 정보공개에 관한 법률'상 행정안전부장관은 전년도의 정보공개 운영에 관한 보고서를 매년 정기국회 개회 전까지 국회에 제출해야 한다. (18소방)

- **정보공개법 제26조(국회에의 보고)** ① 행정안전부장관은 전년도의 정보공개 운영에 관한 보고서를 매년 정기국회 개회 전까지 국회에 제출하여야 한다. **[날먹행 217p]**

제 2 절 개인정보보호법

□□□□□ ★★★

판 1-1. 헌법재판소는 개인정보자기결정권을 사생활의 비밀과 자유, 일반적 인격권 등을 이념적 기초로 하는 독자적 기본권으로서 헌법에 명시되지 않은 기본권으로 보고 있다. (23국회8급,21군무원7급,18국가9급,18국회8급)

판례 헌법재판소는 개인정보자기결정권을 **사생활의 비밀과 자유, 일반적 인격권 등을 이념적 기초로 하는 독자적 기본**으로서 **헌법에 명시되지 않은 기본권**으로 인정한다(99헌마513). **[날먹행 218p]**

□□□□□

조 1-2. 개인정보보호법은 민간 부분의 개인정보를 규율하고 있고, 공공부분에 관하여는 '공공기관의 개인정보보호에 관한 법률'에서 규율하고 있다. (21군무원7급.17서울9급)

- **개인정보보호**법은 공공기관에 의해 처리되는 정보 뿐만 아니라 **민간에 의해 처리되는 정보까지 보호대상**으로 하고 있다. **[날먹행 218p]**

□□□□□ ★★★

조 2-1. 개인정보는 살아 있는 개인에 관한 정보로서 성명, 주민등록번호 및 영상 등을 통하여 개인을 알아볼 수 있는 정보이며, 해당 정보만으로는 특정 개인을 알아볼 수 없다면, 다른 정보와 쉽게 결합하여 그 개인을 알아볼 수 있는 경우라도 개인정보라 할 수 없다. (21국회8급,21군무원7급,18서울7급)

□□□□□ ★★

조 2-2. 법인의 정보는 개인정보보호법의 보호대상이 아니다. (18지방7급)

□□□□□ ★★

조 2-3. 개인정보보호법상 '개인정보'란 살아있는 개인에 관한 정보로서 사자나 법인의 정보는 포함되지 않는다. (23국회8급)

OX 정답

65. ○ / 2절 1-1. ○ 1-2. X 2-1. X 2-2. ○ 2-3. ○

□□□□□ ★★

조 2-4. 살아있는 개인에 관하여 알아볼 수 있는 정보라도 가명처리함으로써 원래의 상태로 복원하기 위한 추가정보의 사용 결합 없이는 특정 개인을 알아볼 수 없게 된 정보는 이 법에 따른 개인정보에 해당하지 아니한다. (22소방,21국회8급,21소방간부)

- **개인정보보호법 제2조(정의)** 이 법에서 사용하는 용어의 뜻은 다음과 같다.
  1. "개인정보"란 살아 있는 개인에 관한 정보로서 다음 각 목의 어느 하나에 해당하는 정보를 말한다.
     가. **성명, 주민등록번호 및 영상 등을 통하여 개인을 알아볼 수 있는 정보**
     나. 해당 정보만으로는 특정 개인을 알아볼 수 없더라도 **다른 정보와 쉽게 결합하여 알아볼 수 있는 정보**. 이 경우 쉽게 결합할 수 있는지 여부는 다른 정보의 입수 가능성 등 개인을 알아보는 데 소요되는 시간, 비용, 기술 등을 합리적으로 고려하여야 한다.
     다. **가목 또는 나목을 제1호의2에 따라 가명처리함으로써 원래의 상태로 복원하기 위한 추가 정보의 사용 · 결합 없이는 특정 개인을 알아볼 수 없는 정보**(이하 **"가명정보"**라 한다)
  1의2. **"가명처리"란 개인정보의 일부를 삭제하거나 일부 또는 전부를 대체하는 등의 방법으로 추가 정보가 없이는 특정 개인을 알아볼 수 없도록 처리**하는 것을 말한다. [날먹행 218p]

□□□□□ ★★★

판 3-1. 개인정보자기결정권의 보호대상이 되는 개인정보는 반드시 개인의 내밀한 영역이나 사사(私事)의 영역에 속하는 정보에 국한되지 않고 공적 생활에서 형성되었거나 이미 공개된 개인정보까지 포함한다. (23경간,21국가9급,21지방9급,21군무원9급,19소방,18지방7급)

□□□□□ ★

판 3-2. 판례는 지문을 개인정보에 해당하지 않는 것으로 본다. (21지방9급,16교행9급)

□□□□□

판 3-3. 시장 군수 또는 구청장이 개인의 지문정보를 수집하고, 경찰청장이 이를 보관 전산화하여 범죄수사목적에 이용하는 것은 모두 개인정보자기결정권을 제한하는 것이다. (23경간)

판례 개인정보자기결정권의 보호대상이 되는 개인정보는 **개인의 신체, 신념, 사회적 지위, 신분 등과 같이 개인의 인격주체성을 특징짓는 사항으로서 그 개인의 동일성을 식별할 수 있게 하는 일체의 정보**라고 할 수 있고, 반드시 개인의 내밀한 영역이나 사사(私事)의 영역에 속하는 정보에 국한되지 않고 공적 생활에서 형성되었거나 이미 공개된 개인정보까지 포함한다. 또한 그러한 **개인정보를 대상으로 한 조사 · 수집 · 보관 · 처리 · 이용 등의 행위는 모두 원칙적으로 개인정보자기결정권에 대한 제한에 해당**한다. / 개인의 고유성, 동일성을 나타내는 지문은 그 **정보주체를 타인으로부터 식별가능하게 하는 개인정보**이므로, **시장 · 군수 또는 구청장이 개인의 지문정보를 수집하고, 경찰청장이 이를 보관 · 전산화하여 범죄수사목적에 이용하는 것은 모두 개인정보자기결정권을 제한하는 것**이라고 할 수 있다(99헌마513,2004헌마190). [날먹행 218p]

OX 정답

2-4. X 3-1. ○ 3-2. X 3-3. ○

□□□□□ ★★★

조 4. 개인정보처리자란 개인정보파일을 운용하기 위하여 스스로 개인정보를 처리하는 공공기관, 법인, 단체 및 개인 등을 말한다. (23소방간부,17사복9급,16지방7급,14국가9급)

- **개인정보보호법 제2조(정의)**
  5. "**개인정보처리자**"란 업무를 목적으로 **개인정보파일을 운용하기 위하여** 스스로 또는 다른 사람을 통하여 **개인정보를 처리하는 공공기관, 법인, 단체 및 개인 등**을 말한다. [날먹행 219p]

□□□□□ ★★

조 5-1. 개인정보처리자는 개인정보의 처리목적을 명확하게 하고 그 목적에 필요한 범위에서 최소한의 개인정보만을 수집하여야 한다. (13국회9급)

□□□□□

조 5-2. 개인정보 보호법에 따르면 개인정보처리자는 개인정보의 처리 목적에 필요한 범위에서 개인 정보의 정확성, 안정성 및 최신성이 보장되도록 하여야 한다. (23소방간부,23행정사)

□□□□□ ★

조 5-3. 개인정보처리자는 개인정보를 익명 또는 가명으로 처리하여도 개인정보 수집목적을 달성할 수 있는 경우 익명처리가 가능한 경우에는 익명에 의하여, 익명처리로 목적을 달성할 수 없는 경우에는 가명에 의하여 처리될 수 있도록 하여야 한다. (23군무원9급,23행정사)

- **개인정보보호법 제3조(개인정보 보호 원칙)** ① 개인정보처리자는 개인정보의 처리 **목적을 명확하게** 하여야 하고 그 목적에 필요한 범위에서 **최소한의 개인정보만을 적법하고 정당하게 수집**하여야 한다.
  ② 개인정보처리자는 개인정보의 처리 목적에 필요한 범위에서 적합하게 개인정보를 처리하여야 하며, 그 목적 외의 용도로 활용하여서는 아니 된다. (23행정사)
  ③ 개인정보처리자는 개인정보의 처리 목적에 필요한 범위에서 개인정보의 정확성, 완전성 및 최신성이 보장되도록 하여야 한다.
  ④ 개인정보처리자는 개인정보의 처리 방법 및 종류 등에 따라 정보주체의 권리가 침해받을 가능성과 그 위험 정도를 고려하여 개인정보를 안전하게 관리하여야 한다.
  ⑤ 개인정보처리자는 제30조에 따른 개인정보 처리방침 등 개인정보의 처리에 관한 사항을 공개하여야 하며, 열람청구권 등 정보주체의 권리를 보장하여야 한다. (23행정사)
  ⑥ 개인정보처리자는 정보주체의 사생활 침해를 최소화하는 방법으로 개인정보를 처리하여야 한다. (23행정사)
  ⑦ 개인정보처리자는 개인정보를 익명 또는 가명으로 처리하여도 개인정보 수집목적을 달성할 수 있는 경우 익명처리가 가능한 경우에는 익명에 의하여, 익명처리로 목적을 달성할 수 없는 경우에는 가명에 의하여 처리될 수 있도록 하여야 한다. [날먹행 219p]

OX 정답

4. X 5-1. O 5-2. X 5-3. O

□□□□□ ★★

조 5-4. 정보주체는 자신의 개인정보 처리와 관련하여 개인정보의 처리 정지, 정정 · 삭제 및 파기를 요구할 권리를 가진다. (12지방9급)

- **개인정보보호법 제4조(정보주체의 권리) 정보주체**는 자신의 개인정보 처리와 관련하여 **다음 각 호의 권리**를 가진다.
  1. 개인정보의 처리에 관한 정보를 제공받을 권리
  2. 개인정보의 처리에 관한 동의 여부, 동의 범위 등을 선택하고 결정할 권리
  3. 개인정보의 처리 여부를 확인하고 개인정보에 대한 열람(사본의 발급을 포함한다. 이하 같다) 및 전송을 요구할 권리
  4. 개인정보의 **처리 정지, 정정 · 삭제 및 파기를 요구할 권리**
  5. 개인정보의 처리로 인하여 발생한 피해를 신속하고 공정한 절차에 따라 구제받을 권리
  6. 완전히 자동화된 개인정보 처리에 따른 결정을 거부하거나 그에 대한 설명 등을 요구할 권리 **[날먹행 219p]**

□□□□□

조 6. 과학기술정보통신부장관은 개인정보의 처리에 관한 기준, 개인정보 침해의 유형 및 예방조치 등에 관한 표준 개인정보 보호지침을 정하여 개인정보처리자에게 그 준수를 권장할 수 있다. (18경행)

- **개인정보보호법 제12조(개인정보 보호지침)** ① 보호위원회는 개인정보의 처리에 관한 기준, 개인정보 침해의 유형 및 예방조치 등에 관한 표준 개인정보 보호지침(이하 "표준지침"이라 한다)을 정하여 개인정보처리자에게 그 준수를 권장할 수 있다. **[날먹행 추록 221p]**

□□□□□ ★★

조 7-1. 개인정보처리자는 법령상 의무를 준수하기 위하여 불가피한 경우에는 개인정보를 수집할 수 있으며 그 수집 목적의 범위 내에서 이용할 수 있다. (18서울7급,14경행)

□□□□□ ★★

조 7-2. 개인정보보호법상 개인정보처리자는 정보주체 또는 그 법정대리인이 의사표시를 할 수 없는 상태에 있거나 주소불명 등으로 사전 동의를 받을 수 없는 경우로서 명백히 정보주체 또는 제3자의 급박한 생명, 신체, 재산의 이익을 위하여 필요하다고 인정되는 경우 개인정보를 수집할 수 있으며, 그 수집목적의 범위에서 이용할 수 있다. (14경행)

□□□□□ ★★

조 7-3. 개인정보처리자는 개인정보처리자의 정당한 이익을 달성하기 위하여 필요한 경우로서 명백하게 정보주체의 권리보다 우선하는 경우에는 개인정보처리자의 정당한 이익과 상당한 관련이 있고 합리적인 범위를 초과하지 않는다면 정보주체의 동의가 없더라도 개인정보를 수집할 수 있다. (21국회8급,19경행)

□□□□□

조 7-4. 정보주체와의 계약의 체결 및 이행을 위하여 불가피하게 필요한 경우에도 정보주체의 별도 동의 없이 개인정보처리자가 개인정보를 수집할 수 있으며 그 수집 목적의 범위에서 이용할 수 있다. (21소방간부)

OX 정답

5-4. O 6. X 7-1. O 7-2. O 7-3. O 7-4. O

□□□□□

조 7-5. 개인정보처리자는 공공기관이 법령 등에서 정하는 소관 업무의 수행을 위하여 불가피한 경우에는 개인정보를 수집할 수 있으며 그 수집 목적의 범위에서 이용할 수 있다. (23군무원9급)

- **개인정보보호법 제15조(개인정보의 수집 · 이용)**
  ① 개인정보처리자는 다음 **각 호의 어느 하나**에 해당하는 경우에는 **개인정보를 수집할 수 있으며 그 수집 목적의 범위에서 이용할 수 있다.**
  1. **정보주체의 동의**를 받은 경우
  2. 법률에 특별한 규정이 있거나 법령상 의무를 준수하기 위하여 불가피한 경우
  3. **공공기관이 법령 등에서 정하는** 소관 업무의 수행을 위하여 불가피한 경우
  4. 정보주체와 체결한 계약을 이행하거나 계약을 체결하는 과정에서 정보주체의 요청에 따른 조치를 이행하기 위하여 필요한 경우
  5. 명백히 정보주체 또는 제3자의 급박한 생명, 신체, 재산의 이익을 위하여 필요하다고 인정되는 경우
  6. **개인정보처리자의 정당한 이익을 달성**하기 위하여 필요한 경우로서 명백하게 **정보주체의 권리보다 우선하는 경우**. 이 경우 개인정보처리자의 **정당한 이익과 상당한 관련이 있고 합리적인 범위를 초과하지 아니하는 경우에 한한다.**
  7. 공중위생 등 공공의 안전과 안녕을 위하여 긴급히 필요한 경우 [날먹행 추록 221,222p]

□□□□□ ★

판 7-6. 이미 공개된 개인정보를 정보주체의 동의가 있었다고 객관적으로 인정되는 범위내에서 처리를 할 때는 정보주체의 별도의 동의는 불필요하다고 보아야 하고, 별도의 동의를 받지 아니하였다고 하여 개인정보 보호법을 위반한 것으로 볼 수 없다. (23소방간부,21국가9급)

□□□□□

판 7-7. 법률정보 제공 사이트를 운영하는 甲 주식회사가 공립대학교인 乙 대학교 법과대학 법학과 교수로 재직 중인 丙의 개인정보를 위 법학과 홈페이지 등을 통해 수집하여 위 사이트 내 '법조인' 항목에서 유료로 제공하더라도 위법하다고 할 수 없다. (21소방간부)

판례 법률정보 제공 사이트를 운영하는 갑 주식회사가 공립대학교인 을 대학교 법과대학 법학과 교수로 재직 중인 병의 사진, 성명, 성별, 출생연도, 직업, 직장, 학력, 경력 등의 개인정보를 위 법학과 홈페이지 등을 통해 수집하여 위 사이트 내 '법조인' 항목에서 유료로 제공한 사안에서, 갑 회사의 행위를 병의 개인정보자기결정권을 침해하는 위법한 행위로 평가하거나, 갑 회사가 개인정보 보호법 제15조나 제17조를 위반하였다고 볼 수 없다(2014다2305080).
이미 공개된 개인정보를 정보주체의 동의가 있었다고 객관적으로 인정되는 범위 내에서 수집 · 이용 · 제공 등 처리를 할 때는 정보주체의 별도의 동의는 불필요하다고 보아야 하고, 별도의 동의를 받지 아니하였다고 하여 개인정보 보호법 제15조나 제17조를 위반한 것으로 볼 수 없다(2014다235080). [날먹행 추록 221p]

□□□□□ ★★★

조 8-1. 개인정보처리자가 '개인정보 보호법'상의 허용요건을 충족하여 개인정보를 수집하는 경우에는 그 목적에 필요한 최소한의 개인정보를 수집하여야 한다. 이 경우 개인정보처리자가 최소한의 개인정보 수집이라는 의무를 위반한 경우 그 입증책임은 이의를 제기하는 정보주체가 부담한다. (16지방·서울7급)

OX 정답

7-5. O 7-6. O 7-7. O 8-1. X

☐☐☐☐☐

조 8-2. 개인정보처리자는 정보주체가 필요한 최소한의 정보 외의 개인정보 수집에 동의하지 아니한다는 이유로 정보주체에게 재화 또는 서비스의 제공을 거부할 수 있다. (23군무원9급)

- **개인정보보호법 제16조(개인정보의 수집 제한)** ① 개인정보처리자는 제15조제1항 각 호의 어느 하나에 해당하여 개인정보를 수집하는 경우에는 그 목적에 필요한 **최소한의 개인정보를 수집하여야** 한다. 이 경우 최소한의 개인정보 수집이라는 입증책임은 개인정보처리자가 부담한다.
  ② 개인정보처리자는 정보주체의 동의를 받아 개인정보를 수집하는 경우 필요한 최소한의 정보 외의 개인정보 수집에는 동의하지 아니할 수 있다는 사실을 구체적으로 알리고 개인정보를 수집하여야 한다.
  ③ 개인정보처리자는 정보주체가 필요한 최소한의 정보 외의 개인정보 수집에 동의하지 아니한다는 이유로 정보주체에게 재화 또는 서비스의 제공을 거부하여서는 아니 된다. [날먹행 추록 222p]

☐☐☐☐☐

조 9-1. 개인정보처리자는 그의 정당한 이익을 달성하기 위하여 필요한 경우에 명백히 정보주체의 권리보다 우선하는 경우에는 정보주체의 동의 없이 정보주체의 개인정보를 제3자에게 제공할 수 있다. (13국회9급)

- **개인정보보호법 제17조(개인정보의 제공)**
  ① 개인정보처리자는 다음 각 호의 어느 하나에 해당되는 경우에는 정보주체의 **개인정보를 제3자에게 제공(공유를 포함**한다. 이하 같다)할 수 있다.
  1. **정보주체의 동의**를 받은 경우
  2. 제15조제1항제2호, 제3호 및 제5호부터 제7호까지에 따라 개인정보를 수집한 목적 범위에서 개인정보를 제공하는 경우
- **제15조(개인정보의 수집 · 이용)**
  ① 개인정보처리자는 다음 각 호의 **어느 하나에 해당**하는 경우에는 개인정보를 **수집할 수 있으며 그 수집 목적의 범위에서 이용할 수 있다.**
  6. **개인정보처리자의 정당한 이익을 달성하기 위하여 필요한 경우로서 명백하게 정보주체의 권리보다 우선하는 경우. 이 경우 개인정보처리자의 정당한 이익과 상당한 관련이 있고 합리적인 범위를 초과하지 아니하는 경우에 한한다.** [날먹행 추록 222p]

☐☐☐☐☐ ★★

조 9-2. 개인정보처리자는 당초 수집 목적과 합리적으로 관련된 범위에서 정보주체에게 불이익이 발생하는지 여부, 암호화 등 안전성 확보에 필요한 조치를 하였는지 여부 등을 고려하더라도 정보주체의 동의 없이는 개인정보를 제3자에게 제공할 수 없다. (22소방,21국회8급)

- **개인정보보호법 제17조(개인정보의 제공)** ④ 개인정보처리자는 당초 수집 목적과 합리적으로 관련된 범위에서 **정보주체에게 불이익이 발생하는지 여부, 암호화 등 안전성 확보에 필요한 조치를 하였는지 여부 등을 고려**하여 대통령령으로 정하는 바에 따라 **정보주체의 동의 없이 개인정보를 제공할 수 있다.** [날먹행 추록 222p]

OX 정답

8-2. X 9-1. X 9-2. X

□□□□□

판 9-3. 개인정보 처리위탁에 있어 수탁자는 정보제공자의 관리 · 감독 아래 위탁받은 범위 내에서만 개인정보를 처리하게 되지만, 위탁자로부터 위탁사무 처리에 따른 대가를 지급받는 이상 개인정보 처리에 관하여 독자적인 이익을 가지므로, 그러한 수탁자는 '개인정보 보호법' 제17조에 의해 개인정보처리자가 정보주체의 개인정보를 제공할 수 있는 '제3자'에 해당한다. **(21국가9급)**

판례 개인정보 보호법 제17조와 정보통신망법 제24조의2에서 말하는 개인정보의 '제3자 제공'은 본래의 개인정보 수집·이용 목적의 범위를 넘어 정보를 제공받는 자의 업무처리와 이익을 위하여 개인정보가 이전되는 경우인 반면, 개인정보 보호법 제26조와 정보통신망법 제25조에서 말하는 개인정보의 '처리위탁'은 본래의 개인정보 수집·이용 목적과 관련된 위탁자 본인의 업무 처리와 이익을 위하여 개인정보가 이전되는 경우를 의미한다. 개인정보 처리위탁에 있어 수탁자는 위탁자로부터 위탁사무 처리에 따른 대가를 지급받는 것 외에는 개인정보 처리에 관하여 독자적인 이익을 가지지 않고, 정보제공자의 관리·감독 아래 위탁받은 범위 내에서만 개인정보를 처리하게 되므로, 개인정보 보호법 제17조와 정보통신망법 제24조의2에 정한 '제3자'에 해당하지 않는다(2016도13263).
[날먹행 추록 223p]

□□□□□★★

조 10-1. 개인정보처리자로부터 개인정보를 제공받은 자는 정보주체로부터 별도의 동의를 받은 경우나 다른 법률에 특별한 규정이 있는 경우를 제외하고는 개인정보를 제공받은 목적 외의 용도로 이용하거나 이를 제3자에게 제공하여서는 아니된다. **(18서울7급)**

- **개인정보보호법 제19조(개인정보를 제공받은 자의 이용 · 제공 제한)**

개인정보처리자로부터 개인정보를 제공받은 자는 다음 각 호의 어느 하나에 해당하는 경우를 제외하고는 개인정보를 제공받은 **목적 외의 용도로 이용하거나 이를 제3자에게 제공하여서는 아니 된다.**

1. 정보주체로부터 **별도의 동의를 받은 경우**
2. **다른 법률에 특별한 규정**이 있는 경우 **[날먹행 추록 223p]**

□□□□□★

조 10-2. 개인정보처리자는 보유기간의 경과, 개인정보의 처리 목적 달성, 가명정보의 처리 기간 경과 등 그 개인정보가 불필요하게 되었을 때에는 지체 없이 그 개인정보를 파기하여야 한다. 다만, 다른 법령에 따라 보존하여야 하는 경우에는 그러하지 아니하다. **(23군무원9급)**

- **개인정보보호법 제21조(개인정보의 파기)**

① 개인정보처리자는 보유기간의 경과, 개인정보의 처리 목적 달성, 가명정보의 처리 기간 경과 등 그 **개인정보가 불필요하게 되었을 때에는 지체 없이 그 개인정보를 파기하여야 한다.** 다만, **다른 법령에 따라 보존하여야 하는 경우에는 그러하지 아니하다.** <개정 2023. 3. 14.>

② 개인정보처리자가 제1항에 따라 개인정보를 파기할 때에는 복구 또는 재생되지 아니하도록 조치하여야 한다.

③ 개인정보처리자가 제1항 단서에 따라 개인정보를 파기하지 아니하고 보존하여야 하는 경우에는 해당 개인정보 또는 개인정보파일을 다른 개인정보와 분리하여서 저장 · 관리하여야 한다. **[날먹행 추록 224p]**

OX 정답

9-3. X 10-1. O 10-2. O

□□□□□★

조 11-1. 개인정보처리자는 정보주체의 동의 없이 처리할 수 있는 개인정보에 대해서는 그 항목과 처리의 법적 근거를 정보주체의 동의를 받아 처리하는 개인정보와 구분하여 정보주체가 쉽게 확인할 수 있도록 대통령령으로 정하는 방법에 따라 공개하거나, 전자우편 등 대통령령으로 정하는 방법에 따라 정보주체에게 알려야 한다. 이 경우 동의 없이 처리할 수 있는 개인정보라는 입증책임은 개인정보처리자가 부담한다. **(16지방7급 변형)**

□□□□□★

조 11-2. 개인정보처리자는 만 14세 미만 아동의 개인정보를 처리하기 위하여 이 법에 따른 동의를 받아야 할 때에는 그 법정대리인의 동의를 받아야 한다. 이 경우 법정대리인의 동의를 받기 위하여 필요한 최소한의 정보로서 대통령령으로 정하는 정보는 법정대리인의 동의 없이 해당 아동으로부터 직접 수집할 수 있다. **(18경행 변형)**

- **개인정보보호법 제22조(동의를 받는 방법)**
  ③ 개인정보처리자는 정보주체의 동의 없이 처리할 수 있는 개인정보에 대해서는 그 항목과 처리의 법적 근거를 정보주체의 동의를 받아 처리하는 개인정보와 구분하여 제30조제2항에 따라 공개하거나 전자우편 등 대통령령으로 정하는 방법에 따라 정보주체에게 알려야 한다. 이 경우 **동의 없이 처리할 수 있는 개인정보라는 입증책임은 개인정보처리자가 부담**한다.
- **제30조(개인정보 처리방침의 수립 및 공개)**
  ② 개인정보처리자가 개인정보 처리방침을 수립하거나 변경하는 경우에는 정보주체가 쉽게 확인할 수 있도록 대통령령으로 정하는 방법에 따라 공개하여야 한다.
- **제22조의2(아동의 개인정보 보호)**
  ① 개인정보처리자는 **만 14세 미만 아동의 개인정보를 처리하기 위하여 이 법에 따른 동의를 받아야 할 때에는 그 법정대리인의 동의를 받아야** 하며, 법정대리인이 동의하였는지를 확인하여야 한다.
  ② 제1항에도 불구하고 법정대리인의 동의를 받기 위하여 **필요한 최소한의 정보로서 대통령령으로 정하는 정보는 법정대리인의 동의 없이 해당 아동으로부터 직접 수집할 수 있다.**
  ③ 개인정보처리자는 만 14세 미만의 아동에게 개인정보 처리와 관련한 사항의 고지 등을 할 때에는 이해하기 쉬운 양식과 명확하고 알기 쉬운 언어를 사용하여야 한다.

[날먹행 추록 225p]

□□□□□★★

조 12. 개인정보처리자는 법령에서 민감정보의 처리를 요구 또는 허용하는 경우에도 정보주체의 동의를 받지 못하면 민감정보를 처리할 수 없다. **(16서울7급,16교행9급)**

- **개인정보보호법 제23조(민감정보의 처리 제한)**
  ① 개인정보처리자는 사상 · 신념, 노동조합 · 정당의 가입 · 탈퇴, 정치적 견해, 건강, 성생활 등에 관한 정보, 그 밖에 정보주체의 사생활을 현저히 침해할 우려가 있는 개인정보로서 대통령령으로 정하는 정보(이하 "민감정보"라 한다)를 처리하여서는 아니 된다. 다만, **다음 각 호의 어느 하나에 해당하는 경우에는 그러하지 아니하다.**
  1. 정보주체에게 제15조제2항 각 호 또는 제17조제2항 각 호의 사항을 알리고 다른 개인정보의 처리에 대한 동의와 별도로 동의를 받은 경우
  2. 법령에서 민감정보의 처리를 요구하거나 허용하는 경우

[날먹행 추록 226p]

OX 정답

11-1. ○ 11-2. ○ 12. X

□□□□□

조 13-1. 고유식별정보를 처리하려면 정보주체에게 정보의 수집 · 이용 · 제공 등에 필요한 사항을 알리고 다른 개인정보의 처리에 대한 동의와 함께 일괄적으로 동의를 받아야 한다. (21국회8급,20군무원9급)

□□□□□

조 13-2. 여권법에 따른 여권번호나 출입국관리법에 따른 외국인등록번호는 고유식별정보이다. (20군무원9급)

□□□□□

조 13-3. 개인정보처리자가 개인정보보호법에 따라 고유식별정보를 처리하는 경우에는 그 고유식별정보가 분실·도난·유출·위조·변조 또는 훼손되지 아니하도록 대통령령으로 정하는 바에 따라 암호화 등 안전성 확보에 필요한 조치를 하여야 한다. (20군무원9급)

- **개인정보보호법 제24조(고유식별정보의 처리 제한)**

① 개인정보처리자는 다음 각 호의 경우를 제외하고는 법령에 따라 개인을 고유하게 구별하기 위하여 부여된 식별정보로서 대통령령으로 정하는 정보(이하 "고유식별정보"라 한다)를 처리할 수 없다.

1. 정보주체에게 제15조제2항 각 호 또는 제17조제2항 각 호의 사항을 알리고 다른 개인정보의 처리에 대한 동의와 별도로 동의를 받은 경우
2. 법령에서 구체적으로 고유식별정보의 처리를 요구하거나 허용하는 경우

③ 개인정보처리자가 제1항 각 호에 따라 고유식별정보를 처리하는 경우에는 그 고유식별정보가 분실 · 도난 · 유출 · 위조 · 변조 또는 훼손되지 아니하도록 대통령령으로 정하는 바에 따라 암호화 등 안전성 확보에 필요한 조치를 하여야 한다.

[날먹행 추록 226p]

□□□□□

조 14. 개인정보처리자는 다른 개인정보의 처리에 대한 동의와 별도로 동의를 받은 경우라 하더라도 주민등록번호는 법에서 정한 예외적 인정사유에 해당하지 않는 한 처리할 수 없다. (21국회8급,20군무원9급)

- **개인정보보호법 제24조의2(주민등록번호 처리의 제한)**

① 제24조제1항에도 불구하고 개인정보처리자는 다음 각 호의 어느 하나에 해당하는 경우를 제외하고는 주민등록번호를 처리할 수 없다.

1. 법률 · 대통령령 · 국회규칙 · 대법원규칙 · 헌법재판소규칙 · 중앙선거관리위원회규칙 및 감사원규칙에서 구체적으로 주민등록번호의 처리를 요구하거나 허용한 경우
2. 정보주체 또는 제3자의 급박한 생명, 신체, 재산의 이익을 위하여 명백히 필요하다고 인정되는 경우
3. 제1호 및 제2호에 준하여 주민등록번호 처리가 불가피한 경우로서 보호위원회가 고시로 정하는 경우

[날먹행 추록 226p]

□□□□□ ★★

조 15-1. 불특정 다수가 이용하는 목욕실, 화장실, 발한실, 탈의실 등의 영상정보처리기기 설치는 대통령령으로 정하는 바에 따라 안내판 설치 등 필요한 조치를 취하는 경우에만 허용된다. (16지방7급)

□□□□□

조 15-2. 시설안전 및 화재예방을 위하여 필요한 경우 공개된 장소에 영상정보기기를 설치·운영할 수 있다. (21소방간부)

OX 정답

13-1. X 13-2. O 13-3. O 14. O 15-1. X 15-2. O

☐☐☐☐☐

㉈ 15-3. 영상정보처리기기운영자는 영상정보처리기기의 설치 목적과 다른 목적으로 영상정보처리기기를 임의로 조작하거나 다른 곳을 비춰서는 아니 되며, 녹음기능을 사용할 수 없다. (22소방승진)

- **개인정보보호법 제25조(고정형 영상정보처리기기의 설치 · 운영 제한)**
  ① 누구든지 **다음 각 호의 경우를 제외하고는 공개된 장소에 고정형 영상정보처리기기를 설치 · 운영하여서는 아니 된다.**
  1. 법령에서 구체적으로 허용하고 있는 경우
  2. **범죄의 예방 및 수사**를 위하여 필요한 경우
  3. 시설의 안전 및 관리, 화재 예방을 위하여 정당한 권한을 가진 자가 설치 · 운영하는 경우
  4. 교통단속을 위하여 정당한 권한을 가진 자가 설치 · 운영하는 경우
  5. 교통정보의 수집 · 분석 및 제공을 위하여 정당한 권한을 가진 자가 설치 · 운영하는 경우
  6. 촬영된 영상정보를 저장하지 아니하는 경우로서 대통령령으로 정하는 경우

  ② 누구든지 불특정 다수가 이용하는 목욕실, 화장실, 발한실(發汗室), 탈의실 등 개인의 사생활을 현저히 침해할 우려가 있는 장소의 내부를 볼 수 있도록 고정형 영상정보처리기기를 설치 · 운영하여서는 아니 된다. 다만, 교도소, 정신보건 시설 등 **법령에 근거하여 사람을 구금하거나 보호하는 시설로서 대통령령으로 정하는 시설**에 대하여는 그러하지 아니하다.

  ④ 제1항 각 호**에 따라 고정형 영상정보처리기기를 설치 · 운영하는 자(이하 "고정형 영상정보처리기기운영자"라 한다)는 정보주체가 쉽게 인식할 수 있도록** 다음 각 호의 사항이 포함된 안내판을 설치하는 등 필요한 조치를 하여야 한다. 다만, 「군사기지 및 군사시설 보호법」 제2조제2호에 따른 군사시설, 「통합방위법」 제2조제13호에 따른 국가중요시설, 그 밖에 대통령령으로 정하는 시설의 경우에 그러하지 아니하다. → 즉, 2항의 경우에는 안내판 설치 X

  ⑤ 고정형 영상정보처리기기운영자는 고정형 영상정보처리기기의 **설치 목적과 다른 목적으로 고정형 영상정보처리기기를** 임의로 조작하거나 다른 곳을 비춰서는 아니 되며, 녹음기능은 사용할 수 없다. [날먹행 추록 227p]

☐☐☐☐☐

㉈ 16. 개인정보처리자는 통계작성, 과학적 연구, 공익적 기록보존 등을 위하여 정보주체의 동의 없이 가명정보를 처리할 수 있다. (21국회9급)

- **개인정보보호법 제28조의2(가명정보의 처리 등)** ① 개인정보처리자는 통계작성, 과학적 연구, 공익적 기록보존 등을 위하여 **정보주체의 동의 없이 가명정보를 처리할 수 있다.** [날먹행 추록 229p]

☐☐☐☐☐ ★★

㉈ 17. 공공기관의 장이 개인정보파일을 운용하는 경우에는 개인 정보파일의 명칭, 운용목적, 처리방법, 보유기간 등을 미래창조과학부장관에게 등록하여야 한다. (16서울7급)

- **개인정보보호법 제32조(개인정보파일의 등록 및 공개)** ① 공공기관의 장이 개인정보파일을 운용하는 경우에는 다음 각 호의 사항을 보호위원회에 등록하여야 한다. 등록한 사항이 변경된 경우에도 또한 같다.
  1. 개인정보파일의 명칭 2. 개인정보파일의 운영 근거 및 목적 3. 개인정보파일에 기록되는 개인정보의 항목
  4. 개인정보의 처리방법 5. 개인정보의 보유기간
  6. 개인정보를 통상적 또는 반복적으로 제공하는 경우에는 그 제공받는 자
  7. 그 밖에 대통령령으로 정하는 사항 [날먹행 추록 234p]

OX 정답

15-3. ○ 16. ○ 17. X

□□□□□ ★★

조 18. 공공기관의 장은 대통령령으로 정하는 기준에 해당하는 개인정보파일의 운용으로 인하여 정보주체의 개인정보 침해가 우려되는 경우에는 그 위험요인을 분석하고 개선사항을 도출하기 위하여 '개인정보 영향평가'를 하고 그 결과를 지식경제부장관을 거쳐 국무총리에게 보고하여야 한다. **(12국회9급)**

- **개인정보보호법 제33조(개인정보 영향평가)** ① 공공기관의 장은 대통령령으로 정하는 기준에 해당하는 개인정보파일의 운용으로 인하여 정보주체의 개인정보 침해가 우려되는 경우에는 그 위험요인의 분석과 개선 사항 도출을 위한 평가(이하 "영향평가"라 한다)를 하고 그 결과를 보호위원회에 제출하여야 한다. **[날먹행 추록 235p]**

□□□□□ ★★

조 19-1. 개인정보처리자는 개인정보가 유출되었음을 알게 되었을 때에는 지체 없이 해당 정보주체에게 유출로 인하여 발생할 수 있는 피해를 최소화하기 위하여 정보주체가 할 수 있는 방법 등에 관한 정보 등을 알려야 한다. **(18경행)**

□□□□□ ★★

조 19-2. 개인정보처리자는 개인정보가 유출되었음을 알게 되었을 때에는 지체 없이 방송통신위원회 위원장에게 신고하여야 한다. **(17사복9급)**

- **개인정보보호법 제34조(개인정보 유출 통지 등)** ① 개인정보처리자는 개인정보가 분실 · 도난 · 유출(이하 이 조에서 "유출등"이라 한다)되었음을 알게 되었을 때에는 지체 없이 해당 정보주체에게 다음 각 호의 사항을 알려야 한다. 다만, 정보주체의 연락처를 알 수 없는 경우 등 정당한 사유가 있는 경우에는 대통령령으로 정하는 바에 따라 통지를 갈음하는 조치를 취할 수 있다.

  1. 유출등이 된 개인정보의 항목
  2. 유출등이 된 시점과 그 경위
  3. 유출등으로 인하여 발생할 수 있는 피해를 최소화하기 위하여 정보주체가 할 수 있는 방법 등에 관한 정보
  4. 개인정보처리자의 대응조치 및 피해 구제절차
  5. 정보주체에게 피해가 발생한 경우 신고 등을 접수할 수 있는 담당부서 및 연락처

  ② 개인정보처리자는 개인정보가 유출등이 된 경우 그 피해를 최소화하기 위한 대책을 마련하고 필요한 조치를 하여야 한다.

  ③ 개인정보처리자는 개인정보의 유출등이 있음을 알게 되었을 때에는 개인정보의 유형, 유출등의 경로 및 규모 등을 고려하여 대통령령으로 정하는 바에 따라 제1항 각 호의 사항을 지체 없이 **보호위원회 또는 대통령령으로 정하는 전문기관에 신고하여야 한다.** 이 경우 보호위원회 또는 대통령령으로 정하는 전문기관은 피해 확산방지, 피해 복구 등을 위한 기술을 지원할 수 있다.

  → 대통령으로 정하는 기관: **한국인터넷진흥원** **[날먹행 추록 236p]**

□□□□□ ★★

조 20. 정보주체가 자신의 개인정보에 대한 열람을 공공기관에 요구하고자 할 때에는 공공기관에 직접 열람을 요구하거나 대통령령으로 정하는 바에 따라 개인정보보호위원회를 통하여 열람을 요구할 수 있다. **(23국가9급,22소방)**

개인정보보호법 제35조(개인정보의 열람) ① 정보주체는 개인정보처리자가 처리하는 **자신의 개인정보에 대한 열람을 해당 개인정보처리자에게 요구할 수 있다.**

② 제1항에도 불구하고 정보주체가 자신의 개인정보에 대한 열람을 공공기관에 요구하고자 할 때에는 공공기관에 직접 열람을 요구하거나 대통령령으로 정하는 바에 따라 보호위원회를 통하여 열람을 요구할 수 있다. **[날먹행 추록 237p]**

OX 정답

18. X 19-1. O 19-2. X 20. O

☐☐☐☐☐ ★

조 21-1. 자신의 개인정보를 열람한 정보주체는 개인정보처리자에게 그 개인정보의 정정 또는 삭제를 요구할 수 없으며 개인정보분쟁조정위원회를 통해서만 이를 요청할 수 있다. (21경행,18경행)

☐☐☐☐☐ ★

조 21-2. 자신의 개인정보를 열람한 정보주체는 개인정보처리자에게 그 개인정보의 정정 또는 삭제를 요구할 수 있지만 다른 법령에서 그 개인정보가 수집 대상으로 명시되어 있는 경우에는 그 삭제를 요구할 수 없다. (23경간)

• **개인정보보호법 제36조(개인정보의 정정 · 삭제)** ① 제35조에 따라 자신의 개인정보를 열람한 정보주체는 **개인정보처리자에게 그 개인정보의 정정 또는 삭제를 요구할 수 있다.** 다만, 다른 법령에서 그 개인정보가 수집 대상으로 명시되어 있는 경우에는 그 삭제를 요구할 수 없다. [날먹행 추록 239p]

☐☐☐☐☐ ★★

조 22. 개인정보의 열람청구와 삭제 또는 정정청구는 정보주체가 직접 하여야 하고 대리인에 의한 청구는 허용되지 않는다. (17국가7급)

• **개인정보보호법 제38조(권리행사의 방법 및 절차)** ① 정보주체는 제35조에 따른 열람, 제35조의2에 따른 전송, 제36조에 따른 정정 · 삭제, 제37조에 따른 처리정지 및 동의 철회, 제37조의2에 따른 거부 · 설명 등의 요구(이하 "열람등요구"라 한다)를 문서 등 대통령령으로 정하는 방법 · 절차에 따라 대리인에게 하게 할 수 있다. [날먹행 추록 241p]

☐☐☐☐☐ ★★★

조 23-1. 개인정보처리자의 '개인정보보호법' 위반행위로 손해를 입은 정보주체는 개인정보처리자에게 손해배상을 청구할 수 있고, 그 개인정보처리자는 고의 또는 과실이 없음을 입증하지 않으면 책임을 면할 수 없다. (23소방간부,23국회8급,22소방승진,18국가9급,18지방7급)

☐☐☐☐☐ ★★★

조 23-2. 개인정보처리자의 고의 또는 중대한 과실로 인하여 개인정보가 유출된 경우로서 정보주체에게 손해가 발생한 때에는 법원은 그 손해액의 3배를 넘지 아니하는 범위에서 손해배상액을 정할 수 있다. (19경행,18서울7급)

• **개인정보보호법 제39조(손해배상책임)**

① 정보주체는 개인정보처리자가 이 법을 위반한 행위로 손해를 입으면 **개인정보처리자에게 손해배상을 청구할 수 있다.** 이 경우 그 개인정보처리자는 **고의 또는 과실이 없음을 입증하지 아니하면 책임을 면할 수 없다.**

③ 개인정보처리자의 **고의 또는 중대한 과실로 인하여** 개인정보가 분실 · 도난 · 유출 · 위조 · 변조 또는 훼손된 경우로서 정보주체에게 손해가 발생한 때에는 법원은 **그 손해액의 5배를 넘지 아니하는 범위에서 손해배상액을 정할 수 있다.** 다만, 개인정보처리자가 고의 또는 중대한 과실이 없음을 증명한 경우에는 그러하지 아니하다.

[날먹행 추록 241,242p]

OX 정답

21-1. X 21-2. ○ 22. X 23-1. ○ 23-2. X

□□□□□

조 24. 개인정보보호법은 외국의 정보통신서비스 제공자 등에 대하여 개인정보보호규제에 대한 상호주의를 채택하고 있다. (21군무원9급)

- **제28조의10(상호주의)** 제28조의8에도 불구하고 개인정보의 국외 이전을 제한하는 국가의 개인정보처리자에 대해서는 해당 국가의 수준에 상응하는 제한을 할 수 있다. 다만, 조약 또는 그 밖의 국제협정의 이행에 필요한 경우에는 그러하지 아니하다. **[날먹행 추록 231p]**

□□□□□ ★★

조 25. 개인정보보호에 관한 사항을 심의 · 의결하기 위하여 대통령 소속으로 개인정보 보호위원회를 둔다. (22소방,21국회9급,17경행)

- **개인정보보호법 제7조(개인정보 보호위원회)** ① 개인정보 보호에 관한 사무를 독립적으로 수행하기 위하여 **국무총리 소속으로 개인정보 보호위원회**(이하 "보호위원회"라 한다)**를 둔다.** **[날먹행 추록 244p]**

□□□□□

조 26-1. 개인정보 보호위원회는 위원장 1명, 비상임위원 1명을 포함한 15명 이내의 위원으로 구성하되, 비상임위원은 정무직 공무원으로 임명한다. (17경행)

□□□□□

조 26-2. 개인정보 보호위원회 위원장과위원의 임기는 3년으로 하되, 1차에 한하여 연임할 수 있다. (17경행)

- **개인정보보호법 제7조의2(보호위원회의 구성 등)**
  ① 보호위원회는 상임위원 2명(위원장 1명, 부위원장 1명)을 포함한 9명의 위원으로 구성한다.
  ② **보호위원회의 위원**은 개인정보 보호에 관한 경력과 전문지식이 풍부한 다음 각 호의 사람 중에서 위원장과 부위원장은 국무총리의 제청으로, 그 외 위원 중 2명은 위원장의 제청으로, 2명은 대통령이 소속되거나 소속되었던 정당의 교섭단체 추천으로, 3명은 그 외의 교섭단체 추천으로 **대통령이 임명 또는 위촉**한다.
  1. 개인정보 보호 업무를 담당하는 3급 이상 공무원(고위공무원단에 속하는 공무원을 포함한다)의 직에 있거나 있었던 사람
  2. 판사 · 검사 · 변호사의 직에 10년 이상 있거나 있었던 사람
  3. 공공기관 또는 단체(개인정보처리자로 구성된 단체를 포함한다)에 3년 이상 임원으로 재직하였거나 이들 기관 또는 단체로부터 추천받은 사람으로서 개인정보 보호 업무를 3년 이상 담당하였던 사람
  4. 개인정보 관련 분야에 전문지식이 있고 「고등교육법」 제2조제1호에 따른 학교에서 부교수 이상으로 5년 이상 재직하고 있거나 재직하였던 사람

  ③ **위원장과 부위원장**은 **정무직 공무원으로 임명**한다.
  ④ 위원장, 부위원장, 제7조의13에 따른 사무처의 장은 「정부조직법」 제10조에도 불구하고 정부위원이 된다.
- **제7조의4(위원의 임기)**
  ① 위원의 임기는 3년으로 하되, 한 차례만 연임할 수 있다.
  ② 위원이 궐위된 때에는 지체 없이 새로운 위원을 임명 또는 위촉하여야 한다. 이 경우 후임으로 임명 또는 위촉된 위원의 임기는 새로이 개시된다. **[날먹행 추록 245p]**

OX 정답

24. ○ 25. X 26-1. X 26-2. ○

□□□□□

㉆ 27. 개인정보보호위원회는 개인정보 보호와 관련된 정책을 심의의결하기 위해 관계 공무원, 개인정보 보호에 관한 전문 지식이 있는 사람이나 시민사회단체 및 관련 사업자로부터 의견을 청취할 수 있다. (18경행)

- **개인정보보호법 제7조의9(보호위원회의 심의 · 의결 사항 등)** ② 보호위원회는 제1항 각 호의 사항을 심의 · 의결하기 위하여 필요한 경우 다음 각 호의 조치를 할 수 있다.
  1. 관계 공무원, 개인정보 보호에 관한 전문 지식이 있는 사람이나 시민사회단체 및 관련 사업자로부터의 의견 청취
  2. 관계 기관 등에 대한 자료제출이나 사실조회 요구 **[날먹행 추록 247p]**

□□□□□

㉆ 28-1. 개인정보보호위원회 회의는 위원장이 필요하다고 인정하거나 재적위원 5분의 1 이상의 요구가 있는 경우에 위원장이 소집한다. (17경행)

□□□□□

㉆ 28-2. 개인정보보호위원회는 재적위원 과반수의 출석과 출석위원 3분의2 이상의 찬성으로 의결한다. (17경행)

- **개인정보보호법 제7조의10(회의)** ① 보호위원회의 회의는 **위원장이 필요하다고 인정**하거나 **재적위원 4분의 1 이상의 요구가 있는 경우**에 위원장이 소집한다.
  ② 위원장 또는 2명 이상의 위원은 보호위원회에 의안을 제의할 수 있다.
  ③ 보호위원회의 회의는 재적위원 **과반수의 출석**으로 개의하고, 출석위원 **과반수의 찬성으로 의결**한다.
  [날먹행 추록 247p]

□□□□□

㉆ 29-1. 개인정보에 관한 분쟁의 조정을 위하여 위원장 1명을 포함한 20명 이내의 위원으로 구성된 개인정보보호심의위원회를 두고 있다. (12지방9급)

□□□□□★

㉆ 29-2. 개인정보분쟁조정위원회 위원장은 위원 중에서 공무원이 아닌 사람으로 개인정보보호위원회 위원장이 위촉한다. (19소방)

- **개인정보보호법 제40조(설치 및 구성)**
  ① 개인정보에 관한 분쟁의 조정(調停)을 위하여 개인정보 분쟁조정위원회(이하 "분쟁조정위원회"라 한다)를 둔다.
  ② 분쟁조정위원회는 **위원장 1명을 포함한 30명 이내의 위원으로 구성**하며, 위원은 당연직위원과 위촉위원으로 구성한다.
  ④ 위원장은 위원 중에서 공무원이 아닌 사람으로 보호위원회 위원장이 위촉한다. **[날먹행 추록 248p]**

□□□□□★★

㉆ 30. 개인정보와 관련한 분쟁의 조정을 원하는 자는 개인정보 분쟁조정위원회에 분쟁조정을 신청할 수 있다. (16교행9급)

- **개인정보보호법 제43조(조정의 신청 등)**
  ① 개인정보와 관련한 분쟁의 조정을 원하는 자는 분쟁조정위원회에 분쟁조정을 신청할 수 있다. **[날먹행 추록 249p]**

OX 정답

27. ○ 28-1. X 28-2. X 29-1. X 29-2. ○ 30. ○

□□□□□ ★★

조 31. 개인정보 분쟁조정위원회의 조정을 분쟁당사자가 수락하는 경우, 조정의 내용은 재판상 화해와 동일한 효력을 갖는다. (16서울7급)

- **개인정보보호법 제47조(분쟁의 조정)**
  ④ 당사자가 조정내용을 수락한 경우(제3항에 따라 수락한 것으로 보는 경우를 포함한다) 분쟁조정위원회는 조정서를 작성하고, 분쟁조정위원회의 위원장과 각 당사자가 기명날인 또는 서명을 한 후 조정서 정본을 지체 없이 각 당사자 또는 그 대리인에게 송달하여야 한다. 다만, 제3항에 따라 수락한 것으로 보는 경우에는 각 당사자의 기명날인 및 서명을 생략할 수 있다.
  ⑤ 제4항에 따른 조정의 내용은 **재판상 화해와 동일한 효력**을 갖는다. **[날먹행 추록 250p]**

□□□□□ ★★

조 32. 개인정보보호법은 집단분쟁조정제도에 대하여 규정하고 있다. (22소방승진,18국가9급)

□□□□□

조 33-1. 국가 및 지방자치단체, 개인정보 보호단체는 정보주체의 피해 또는 권리침해가 다수의 정보주체에게 같거나 비슷한 유형으로 발생하는 경우로서 대통령령으로 정하는 사건에 대하여는 분쟁조정위원회에 집단분쟁조정을 의뢰 또는 신청할 수 있다. (23국회8급)

□□□□□

조 33-2. 개인정보분쟁조정위원회는 집단분쟁조정의 당사자인 다수의 정보주체 중 일부의 정보주체가 법원에 소를 제기한 경우에는 그 절차를 중지하고, 이를 당사자에게 알려야 한다. (19소방)

□□□□□

조 33-3. 집단분쟁조정의 기간은 개인정보보호법 제49조 제2항에 따른 공고가 종료된 날의 다음 날부터 30일 이내로 하며, 부득이한 사정이 있는 경우에는 분쟁조정위원회의 의결로 처리기간을 연장할 수 있다. (23소방간부)

- **개인정보보호법 제49조(집단분쟁조정)**
  ① 국가 및 지방자치단체, 개인정보 보호단체 및 기관, 정보주체, 개인정보처리자는 **정보주체의 피해 또는 권리침해가 다수의 정보주체에게 같거나 비슷한 유형으로 발생하는 경우로서 대통령령으로 정하는 사건에 대하여는 분쟁조정위원회에 일괄적인 분쟁조정(이하 "집단분쟁조정"이라 한다)을 의뢰 또는 신청**할 수 있다.
  ⑥ 제48조제2항에도 불구하고 분쟁조정위원회는 집단분쟁조정의 당사자인 다수의 정보주체 중 일부의 정보주체가 법원에 소를 제기한 경우에는 그 절차를 중지하지 아니하고, 소를 제기한 일부의 정보주체를 그 절차에서 제외한다.
  ⑦ 집단분쟁조정의 기간은 제2항에 따른 공고가 종료된 날의 다음 날부터 60일 이내로 한다. 다만, 부득이한 사정이 있는 경우에는 분쟁조정위원회의 의결로 처리기간을 연장할 수 있다. **[날먹행 추록 250,251p]**

□□□□□ ★★

조 34-1. 개인정보 단체소송은 개인정보처리자가 개인정보보호법상의 집단분쟁조정을 거부하거나 집단분쟁조정의 결과를 수락하지 아니한 경우에 법원의 허가를 받아 제기할 수 있다. (16지방9급)

□□□□□ ★★

조 34-2. 개인정보보호법에는 개인정보 단체소송을 제기할 수 있는 단체에 대한 제한을 두고 있지 않으므로 법인격이 있는 단체라면 어느 단체든지 권리침해 행위의 금지·중지를 구하는 소송을 제기할 수 있다. (21군무원9급,21국회9급,20국회9급,18국가9급)

OX 정답

31. O 32. O 33-1. O 33-2. X 33-3. X 34-1. O 34-2. X

□□□□□ ★★

㉠ 34-3. 소비자기본법에 따라 공정거래위원회에 등록한 소비자단체가 개인정보 단체소송을 제기하려면 그 단체의 정회원수가 1백명 이상이어야 한다. **(16지방9급)**

□□□□□ ★★

㉠ 34-4. 개인정보처리자가 개인정보 보호법 제49조에 따른 집단분쟁 조정의 결과를 수락하지 아니한 경우, 소비자기본법 제29조에 따라 공정거래위원회에 등록한 후 1년이 경과한 소비자단체는 법원에 권리침해 행위의 중지를 구하는 단체소송을 제기할 수 있다. **(23국회8급)**

- **개인정보보호법 제51조 (단체소송의 대상 등)**
  다음 각 호의 어느 하나에 해당하는 단체는 개인정보처리자가 제49조에 따른 **집단분쟁조정을 거부하거나 집단분쟁조정의 결과를 수락하지 아니한 경우**에는 법원에 **권리침해 행위의 금지 · 중지를 구하는 소송**(이하 "**단체소송**"이라 한다)을 제기할 수 있다.
  1. 「소비자기본법」 제29조에 따라 공정거래위원회에 등록한 소비자단체로서 다음 각 목의 요건을 모두 갖춘 단체
     가. 정관에 따라 상시적으로 정보주체의 권익증진을 주된 목적으로 하는 단체일 것
     나. **단체의 정회원수가 1천명 이상일 것**
     다. 「소비자기본법」 제29조에 따른 등록 후 **3년이 경과**하였을 것
  2. 「비영리민간단체 지원법」 제2조에 따른 비영리민간단체로서 다음 각 목의 요건을 모두 갖춘 단체
     가. 법률상 또는 사실상 동일한 침해를 입은 100명 이상의 정보주체로부터 단체소송의 제기를 요청받을 것
     나. 정관에 개인정보 보호를 단체의 목적으로 명시한 후 최근 3년 이상 이를 위한 활동실적이 있을 것
     다. 단체의 상시 구성원수가 5천명 이상일 것
     라. 중앙행정기관에 등록되어 있을 것

[날먹행 추록 251p]

□□□□□

㉠ 35. 개인정보 침해 관련 단체소송의 소는 외국사업자를 제외하고 피고의 주된 사무소 또는 영업소가 있는 곳, 주된 사무소나 영업소가 없는 경우에는 주된 업무담당자의 주소가 있는 곳의 지방법원 본원 합의부의 관할에 전속한다. **(18경행)**

- **개인정보보호법 52조(전속관할)** ① 단체소송의 소는 피고의 주된 사무소 또는 영업소가 있는 곳, 주된 사무소나 영업소가 없는 경우에는 주된 업무담당자의 주소가 있는 곳의 지방법원 본원 합의부의 관할에 전속한다.

[날먹행 추록 251p]

□□□□□ ★

㉠ 36. 개인정보 단체소송의 원고는 변호사를 소송대리인으로 선임하여야 한다. **(21소방,18경행)**

- **개인정보보호법 제53조(소송대리인의 선임)** 단체소송의 원고는 변호사를 소송대리인으로 선임하여야 한다.

[날먹행 추록 252p]

OX 정답

34-3. X 34-4. X 35. ○ 36. ○

□□□□□

조 37. 개인정보 단체소송을 허가하거나 불허가하는 법원의 결정에 대하여는 불복할 수 없다. (21소방,16국가9급)

- **개인정보보호법 제55조(소송허가요건 등)**
  ① 법원은 다음 각 호의 요건을 모두 갖춘 경우에 한하여 결정으로 **단체소송을 허가한다.**
  1. **개인정보처리자가 분쟁조정위원회의 조정을 거부하거나 조정결과를 수락하지 아니하였을 것**
  2. 제54조에 따른 소송허가신청서의 기재사항에 흠결이 없을 것

  ② 단**체소송을 허가하거나 불허가하는 결정**에 대하여는 즉시항고할 수 있다. **[날먹행 추록 252p]**

□□□□□ ★★★

조 38-1. 개인소송 단체소송에 관하여 '개인정보보호법'에 특별한 규정이 없는 경우에는 행정소송법을 적용한다. (21소방,16지방9급)

□□□□□

조 38-2. 개인정보 단체소송의 절차에 관하여 필요한 사항은 대법원규칙으로 정한다. (21소방)

- **개인정보보호법 제57조(「민사소송법」의 적용 등)**
  ① 단체소송에 관하여 **이 법에 특별한 규정이 없는 경우**에는 「민사소송법」을 적용한다.
  ③ 단체소송의 절차에 관하여 필요한 사항은 대법원규칙으로 정한다. **[날먹행 추록 252p]**

□□□□□ ★★

판 39. '개인정보보호법'은 개인정보의 누설이나 권한 없는 처리 또는 다른 사람의 이용에 제공하는 등 부당한 목적으로 사용한 행위를 처벌하도록 규정하고 있다. 여기에서 '누설'이라 함은 아직 이를 알지 못하는 타인에게 알려주는 일체의 행위를 말한다. (18국회8급)

- **개인정보보호법 제59조(금지행위)**
  개인정보를 처리하거나 처리하였던 자는 다음 각 호의 어느 하나에 해당하는 행위를 하여서는 아니 된다.
  1. 거짓이나 그 밖의 부정한 수단이나 방법으로 개인정보를 취득하거나 처리에 관한 동의를 받는 행위
  2. 업무상 알게 된 개인정보를 누설하거나 권한 없이 다른 사람이 이용하도록 제공하는 행위
  3. 정당한 권한 없이 또는 허용된 권한을 초과하여 다른 사람의 개인정보를 이용, 훼손, 멸실, 변경, 위조 또는 유출하는 행위

  판례 구 개인정보보호법은 개인정보의 누설이나 권한 없는 처리 또는 타인의 이용에 제공하는 등 부당한 목적으로 사용한 행위를 처벌하도록 규정하고 있다(제23조 제2항, 제11조). 여기에서 '누설'이라 함은 **아직 이를 알지 못하는 타인에게 알려주는 일체의 행위**를 말한다(2013도13070). **[날먹행 추록 253p]**

OX 정답

37. X 38-1. X 38-2. O 39. O

OX 문제 풀이

04

행정상 의무이행 확보수단

01 개관

02 행정강제

제1절 행정상 강제집행

1. 일반론

☐☐☐☐☐ ★★★

01 1. 행정상 강제집행은 행정법상 개별 · 구체적인 의무의 불이행을 전제로 그 불이행한 의무를 장래에 향해 실현시키는 것을 목적으로 한다는 점에서 과거의 의무위반에 대한 제재로써 가하는 행정벌과 구별된다. (08국가7급)

• **행정상 강제집행**은 행정상 의무불이행시 의무자의 신체 또는 재산에 **직접적으로 실력을 가하여 장래를 향하여 의무 이행을 실현**시키는 행정작용을 의미하는 반면, **행정벌은 과거의 의무불이행 상태에 대해 제재**를 가함으로써 간접적으로 의무 이행을 확보시키는 행정상 의무이행 확보수단임. [날먹행 251p]

☐☐☐☐☐

01 2. 행정상 강제집행의 수단은 대집행, 집행벌, 직접강제, 행정상 강제징수 등이 있다. (13경행)

• 행정상 강제집행에는 **비금전적 의무**의 강제집행수단인 **대집행, 이행강제금, 직접강제와 금전적 의무의 강제집행수단인 강제징수가 있음.** [날먹행 251p]

☐☐☐☐☐ ★★★

01 3-1. 행정주체의 상대방이 계약상 이행하지 않는 경우라도 법률의 근거가 없으면 행정상 강제집행을 할 수 없다. (21국회9급,19서울7급,17국가7급)

☐☐☐☐☐

01 3-2. 대집행의 근거법으로는 대집행에 관한 일반법인 행정대집행법과 대집행에 관한 개별법 규정이 있다. (21소방)

• 행정상 강제집행을 위해서는 **별도의 법적 근거가 필요함(통설)**
행정기본법이 신설되면서, 행정상 강제에 대한 일반법이 만들어지게 됨(2023. 3. 24. 시행) [날먹행 251p]

OX 정답

1절 1 1. ○ 2. ○ 3-1. ○ 3-2. ○

2. 대집행

☐☐☐☐☐ ★★★

이 1. '행정대집행법' 제2조에 따른 대집행의 실시여부는 행정청의 재량에 속하지 않는다. (21소방,17국가9급)

- **대집행은** 대체적 작위의무를 의무자가 이행하지 않은 경우, 행정청이 스스로 의무자가 행해여야 할 행위를 하거나(**자기집행**), 제3자로 하여금 이를 행하게 한 후(**타자집행**), 이에 대한 비용을 의무자에게 징수하는 것으로, 이러한 행정청의 대집행 행사는 **재량행위에 해당**한다. [날먹행 251p]

☐☐☐☐☐ ★★★

이 2-1. 행정상 대집행의 주체는 당해 행정청이 되나, 대집행의 실행행위는 행정청에 의한 경우 이외에 제3자에 의해서도 가능하다. (18서울7급)

☐☐☐☐☐ ★

이 2-2. 타인이 대신하여 행할 수 있는 행위가 조례에 의하여 직접 명령된 경우에는 행정대집행의 대상이 될 수 있다. (23소방)

☐☐☐☐☐ ★★★

판 2-3. 법령에 의해 대집행권한을 위탁받은 한국토지공사는 국가배상법 제2조에서 말하는 공무원에 해당한다. (23군무원7급,22국회8급,15지방7급,15서울7급)

- **대집행의 주체**는 대집행의 대상이 되는 의무를 명한 **당해 행정청, 즉 처분청**을 의미함(**감독청X**) (행정대집행법§2)
  단, 대집행의 '실행'행위는 제3자에 의해서도 가능
- **법령에 의해 대집행권한을 위탁받은 경우 → 대집행의 주체 ○**

판례 법령에 의해 대집행권한을 위탁받은 **한국토지공사**(현 한국토지주택공사)는 **국가배상법상 제2조의 공무원이 아니라, 행정주체에 해당**한다.(2007다82950·82967)

- **행정대집행법 제2조(대집행과 그 비용징수)** 법률(법률의 위임에 의한 명령, 지방자치단체의 조례를 포함한다. 이하 같다)에 의하여 직접명령되었거나 또는 법률에 의거한 행정청의 명령에 의한 행위로서 타인이 대신하여 행할 수 있는 행위를 의무자가 이행하지 아니하는 경우 다른 수단으로써 그 이행을 확보하기 곤란하고 또한 그 불이행을 방치함이 심히 공익을 해할 것으로 인정될 때에는 당해 행정청은 스스로 의무자가 하여야 할 행위를 하거나 또는 제삼자로 하여금 이를 하게 하여 그 비용을 의무자로부터 징수할 수 있다. [날먹행 252p]

☐☐☐☐☐ ★★★

이 3-1. 대체적 작위의무가 법률의 위임을 받은 조례에 의해 직접 부과된 경우에는 대집행의 대상이 되지 아니한다. (20국가7급)

☐☐☐☐☐ ★★★

이 3-2. 대집행은 비금전적인 대체적 작위의무를 의무자가 이행하지 않는 경우 행정청이 스스로 의무자가 행하여야 할 행위를 하거나 제3자로 하여금 행하게 하는 것으로, 그 대집행의 대상은 공법상 의무에만 한정하지 않는다. (21소방)

OX 정답

2 1. X 2-1. ○ 2-2. ○ 2-3. X 3-1. X 3-2. X

□□□□□ ★★

이 3-3. 행정청의 명령에 의한 행위 뿐만 아니라 법률에 의하여 직접 명령된 행위도 행정대집행의 대상이 된다. (22국회8급,19경행)

□□□□□ ★★★

이 3-4. 행정주체와 사인 사이의 건축도급계약에 있어서, 사인이 의무불이행을 하였다고 하여도 행정대집행은 허용되지 않는다. (21소방,15지방9급)

- **대집행의 요건** - 공법상 의무의 불이행(21국가9급)
  ① 법령에서 직접 명령되었거나 또는 법령에 근거한 행정행위에 의한 의무, 조례에 의해 직접 부과된 의무도 포함(행정대집행법 §2)(20국가7급)
  ② 사법상 의무는 해당 X → 도급계약에 의한 공공시설물 공사의 불완전한 이행에 대하여 행정대집행을 할 수 없다.(21소방)
  단 행정대집행법을 규정하는 특별 규정이 있는 경우에는, 사법상 의무의 불이행도 대집행 집행이 될 수 있음.
  [날먹행 252p]

□□□□□ ★★★

판 3-5. 공익사업을 위해 토지를 협의 매도한 종전 토지소유자가 토지 위의 건물을 철거하겠다는 약정을 하였다고 하더라도 이러한 약정 불이행시 대집행의 대상이 되지 아니한다. (23변시,23소방간부,22경간,22국회8급,22소방간부,20국가9급,18서울9급)

판례 구 공공용지의 취득 및 손실보상에 관한 특례법에 따른 토지 등의 **협의취득은 공공사업에 필요한 토지 등을 그 소유자와의 협의에 의하여 취득하는 것으로서 공공기관이 사경제주체로서 행하는 사법상 매매 내지 사법상 계약의 실질**을 가지는 것이므로, 그 협의취득시 건물소유자가 매매대상 건물에 대한 철거의무를 부담하겠다는 취지의 약정을 하였다고 하더라도 이러한 **철거의무는 공법상의 의무가 될 수 없고**, 이 경우에도 행정대집행법을 준용하여 대집행을 허용하는 별도의 규정이 없는 한 위와 같은 철거의무는 **행정대집행법에 의한 대집행의 대상이 되지 않는다**(2006두7096). **[날먹행 252p]**

□□□□□ ★★★

이 4-1. 비대체적 작위의무의 위반은 그 자체로서 대집행의 대상이 될 수 없다. (21국가9급,20국가9급,18서울7급 등)

- 대집행의 요건- 대체적 작위의무의 불이행
  → 타인이 대신 행할 수 있는 '대체적'의무여야 함
  예) 공유수면에 설치한 건물을 철거하여 공유수면을 원상회복해야 할 의무(20국가9급)
  일신전속적 의무, 고도의 개인적 기술 · 지능을 요하는 작위의무는 부대체적 의무로서 대집행의 대상 X **[날먹행 253p]**

OX 정답

3-3. O 3-4. O 3-5. O 4-1. O

□□□□□ ★★★

판 4-2. 건물의 용도에 위반하여 장례식장으로 사용하는 것을 중지할 것을 명한 경우, 이 중지의무는 대집행의 대상이 아니다. (22지방9급,20국가7급,19서울9급,17국가9급,17국가7급,15지방7급,10국가9급 등)

> 판례 장례식장의 사용을 중지할 것과 이를 불이행할 경우 행정대집행법에 의하여 대집행하겠다는 내용의 이 사건 처분은, 이 사건 처분에 따른 **'장례식장 사용중지 의무'**가 원고 이외의 '타인이 대신'할 수도 없고, 타인이 대신하여 '행할 수 있는 행위'라고도 할 수 없는 **비대체적 부작위 의무**에 대한 것이므로, 그 자체로 위법함이 명백하다(2006두7464) **[날먹행 253p]**

□□□□□ ★★★

판 4-3. 퇴거의무 및 점유인도의무의 불이행은 행정대집행의 대상이 되지 않는다.
(22국가9급,22국회9급,23군무원7급,22서울7급,21국회9급,21지방9급,18국가9급)

> 판례 도시공원시설 점유자의 퇴거 및 명도의무는 그것을 강제적으로 실현함에 있어 직접적인 실력행사가 필요한 것이지 대체적 작위의무에 해당하는 것은 아니어서 행정대집행법에 의한 대집행의 대상이 되는 것은 아니다(97누157). **[날먹행 253p]**

□□□□□ ★★★

판 4-4. 구 '토지수용법'상 피수용자 등이 기업자에 대하여 부담하는 수용대상 토지의 인도의무는 특별한 사정이 없는 한 '행정대집행법'에 의한 대집행의 대상이 될 수 없다.
(23변시,23소방간부,21지방·서울9급,21소방간부,21군무원9급,19서울9급)

> 판례 구 토지수용법상 피수용자 등이 기업자에 대하여 부담하는 수용대상 토지의 인도의무는 그것을 강제적으로 실현하면서 직접적인 실력행사가 필요한 것이지 대체적 작위의무라고 볼 수 없으므로 특별한 사정이 없는 한 행정대집행법에 의한 대집행의 대상이 될 수 있는 것이 아니다(2004다2809). **[날먹행 253p]**

□□□□□

판 4-5. 하천유수인용 허가신청이 불허되었음을 이유로 한 하천 유수인용행위를 중단할 것과 이를 불이행할 경우 '행정대집행법'에 의하여 대집행하겠다는 내용의 계고처분은 적법하다. (22소방승진)

> 판례 하천유수인용(하천류수인용)허가신청이 불허되었음을 이유로 하천유수인용행위를 중단할 것과 이를 불이행할 경우 행정대집행법에 의하여 대집행하겠다는 내용의 계고처분은 대집행의 대상이 될 수 없는 부작위의무에 대한 것으로서 그 자체로 위법함이 명백하다(96누5445). **[날먹행 253p]**

□□□□□ ★★★

판 5-1. 영업정지기간 중 영업의 계속의 경우 행정대집행을 할 수 있다. (13서울7급)

□□□□□ ★★★

판 5-2. 부작위의무의 근거규정인 금지규정으로부터 그 의무를 위반함으로써 생긴 결과를 시정할 작위의무나 위반결과의 시정을 명할 행정청의 권한이 당연히 추론되는 것은 아니다.
(22지방7급,21국가7급,20지방9급,19서울7급,18국가9급 등)

OX 정답

4-2. O 4-3. O 4-4. O 4-5. X 5-1. X 5-2. O

□□□□□ ★★★

판 5-3. 부작위의무 위반행위에 대하여 대체적 작위의무로 전환하는 규정을 두고 있지 아니하더라도 그 금지규정으로부터 그 위반결과의 시정을 명하는 원상복구명령을 할 수 있는 권한이 도출될 수 있다.
(23소방간부,21국가7급,21국가9급,21국회9급20지방9급,19국가7급,18국가9급)

□□□□□ ★★

판 5-4. 부작위의무 위반행위에 대하여 대체적 작위의무로 전환하는 규정이 없는 경우, 부작위의무 위반결과의 시정을 명하는 원상복구명령은 무효이고, 원상복구명령의 실효성 확보를 위한 대집행의 계고처분 역시 무효로 봄이 타당하다. (22국회8급)

- 대집행의 요건- 대체적 작위의무의 불이행

'작위의무'여야 함 → 부작위 의무, 수인의무는 **대집행 대상 X** (예-영업정지기간 중 영업의 계속은 부작위의무의 불이행이므로, 대집행 대상 X)

단, 부작위의무의 경우여도 **전환규범**을 둔 경우, **대상○ (=부작위의무를 작위의무로 전환시킬 수 있는 법적 근거 요함).**

판례 단순한 부작위의무의 위반, 즉 관계 법령에 정하고 있는 절대적 금지나 허가를 유보한 상대적 금지를 위반한 경우에는 **당해 법령에서 그 위반자에 대하여 위반에 의하여 생긴 유형적 결과의 시정을 명하는 행정처분의 권한을 인정하는 규정을 두고 있지 아니한 이상, 부작위의무로부터 그 의무를 위반함으로써 생긴 결과를 시정하기 위한 작위의무를 당연히 끌어낼 수는 없으며, 또 위 금지규정**(특히 허가를 유보한 상대적 금지규정)**으로부터 작위의무, 즉 위반결과의 시정을 명하는 권한이 당연히 추론되는 것도 아니다.** 결국 행정청의 원고에 대한 원상복구명령은 권한 없는 자의 처분으로 무효라고 할 것이고, 위 원상복구명령이 당연무효인 이상 후행처분인 계고처분의 효력에 당연히 영향을 미쳐 그 계고처분 역시 무효로 된다(96누4374). [날먹행 253p]

□□□□□ ★★

이 6. 대집행이 행해지기 위해서는 대체적 작위의무의 불이행을 방치함이 심히 공익을 해할 것으로 인정될 때이어야 하나, 다른 수단으로써 그 이행을 확보하기 곤란할 필요까지는 요하지 않는다. (23군무원9급,20지방7급,18서울7급)

- **대집행의 요건- 보충성의 원칙**: 다른 수단으로는 이행확보가 곤란한 경우에만 대집행이 가능함. [날먹행 253p]

□□□□□ ★★★

이 7. 의무의 불이행을 방치하는 것이 심히 공익을 해한다고 인정되어야 한다. (20지방7급,14서울9급)

- **대집행의 요건- 상당성의 원칙**: 의무 불이행을 방치하는 것이 공익을 심히 해하는 것으로 인정될 때에만 대집행 가능 [날먹행 254p]

□□□□□ ★★★

이 8. 의무를 명하는 행정행위가 불가쟁력이 발생하지 않는 경우에는 그 행정행위에 따른 의무의 불이행에 대하여 대집행을 할 수 없다. (17국가9급,14서울9급)

- **불가쟁력의 발생은** 대집행 요건 아님 → 쟁송제기기간 내에도 대집행 가능 [날먹행 254p]

OX 정답

5-3. X 5-4. ○ 6. X 7. ○ 8. X

□□□□□ ★★★

이 9-1. 계고시 상당한 기간을 부여하지 않은 경우 대집행영장으로 대집행의 시기를 늦추었다 하더라도 대집행계고처분은 상당한 이행기간을 정하여 한 것이 아니므로 위법하다. (21군무원7급,17지방9급)

행정대집행법 제3조(대집행의 절차) ①전조의 규정에 의한 처분(이하 대집행이라 한다)을 하려함에 있어서는 상당한 이행기한을 정하여 **그 기한까지 이행되지 아니할 때에는 대집행을 한다는 뜻을 미리 문서로써 계고하여야 한다.** 이 경우 행정청은 상당한 이행기한을 정함에 있어 의무의 성질·내용 등을 고려하여 **사회통념상 해당 의무를 이행하는 데 필요한 기간이 확보되도록 하여야** 한다. [날먹행 254p]

□□□□□ ★★

판 9-2. 철거명령에서 주어진 일정기간이 자진철거에 필요한 상당한 기간이라고 하여도 그 기간 속에는 계고시에 필요한 '상당한 이행기간'이 포함되어 있다고 볼 수 없다.
(23소방,22소방간부,21군무원9급,20국가7급,19지방9급,19서울7급,17국가7급)

판례 철거명령에서 주어진 일정기간이 자진철거에 필요한 상당한 기간이라면 그 기간 속에는 계고시에 필요한 '상당한 이행기간'도 포함되어 있다고 보아야 할 것이다(91누13564). → **계고서 1장의 문서로 철거명령과 계고를 결합하여 동시에 가능** [날먹행 254p]

□□□□□ ★★★

이 10-1. 계고는 행정처분으로서 항고소송의 대상이 된다. (15국가9급,15지방7급 등)

- **계고의 성질: 준법률행위적 행정행위로서의 통지**로, 그 자체가 독립하여 **항고소송의 대상**이 됨 [날먹행 254p]

□□□□□ ★★★

판 10-2. 계고가 반복적으로 부과된 경우 제1차 계고가 행정처분이라면 같은 내용이 반복된 제2차 계고는 새로운 의무를 부과하는 것이 아니어서 행정처분이 아니다.
(23국가9급,23소방,22경간,22국회9급,22국회8급,21소방,21경행,21행정사,21변시,18국가9급)

판례 행정대집행법상의 건물철거의무는 제1차 철거명령 및 계고처분으로서 발생하였고 제2차, 제3차의 계고처분은 새로운 철거의무를 부과한 것이 아니고 다만 대집행기한의 연기통지에 불과하므로 행정처분이 아니다(94누5144). [날먹행 254p]

□□□□□ ★★★

판 11-1. 행정청이 대집행계고를 함에 있어서는 의무자가 스스로 이행하지 아니하는 경우에 대집행할 행위의 내용 및 범위가 구체적으로 특정되어야 하지만, 그 행위의 내용 및 범위는 반드시 대집행계고서에 의하여서만 특정되어야 하는 것은 아니다. (23변시,23소방간부,21소방,20지방9급,20국가7급,19국가9급,18국가9급)

판례 대집행계고를 함에 있어서는 의무자가 스스로 이행하지 아니하는 경우에 **대집행할 행위의 내용 및 범위가 구체적으로 특정되어야 하나, 그 행위의 내용 및 범위는 반드시 대집행계고서에 의하여서만 특정되어야 하는 것이 아니고, 대집행의무자가 그 이행의무의 범위를 알 수 있을 정도로 하면 족하다**(96누8086). [날먹행 254p]

OX 정답

9-1. ○ 9-2. X 10-1. ○ 10-2. ○ 11-1. ○

□□□□□ ★★

이 11-2. 대집행의 계고는 문서에 의한 것이어야 하고, 구두에 의한 계고는 무효가 된다. (20국회8급)

• 계고는 문서로 해야, 구술로 하는 경우는 무효 [날먹행 255p]

□□□□□ ★★★

조 12. 행정청은 비상시 또는 위험이 절박한 경우에 있어서 당해 행위의 급속한 실시를 요하여 계고절차를 취할 여유가 없더라도 계고절차를 생략할 수 없다. (22경간,21소방,20국가7급,19서울7급 등)

• **행정대집행법 제3조(대집행의 절차) ③ 비상시 또는 위험이 절박한 경우에 있어서 당해 행위의 급속한 실시**를 요하여 전 2항에 규정한 수속을 취할 여유가 없을 때에는 **그 수속을 거치지 아니하고 대집행을 할 수 있다.** → 즉, 계고 생략 가능 [날먹행 255p]

□□□□□ ★★★

판 13. 대집행의 계고는 대집행의 의무적 절차의 하나이므로 생략할 수 없지만, 철거명령과 계고처분을 1장의 문서로 동시에 행할 수는 있다. (21행정사,20국가7급,19지방·교행9급,18국회8급)

판례 계고서라는 명칭의 1장의 문서로서 일정기간 내에 위법건축물의 자진철거를 명함과 동시에 그 소정기한내에 자진철거를 하지 아니할 때에는 대집행할 뜻을 미리 계고한 경우라도 위 건축법에 의한 철거명령과 행정대집행법에 의한 계고처분은 독립하여 있는 것으로서 각 그 요건이 충족되었다고 볼것이다(91누13546). [날먹행 255p]

□□□□□ ★★★

이 14. 대집행영장의 통지는 대집행을 실행하겠다는 단순한 사실의 통지에 불과하여 행정처분이라고 보기 어려우므로 이에 대해서는 취소소송을 제기할 수 없다. (10국가9급,07국가9급)

• **대집행 통지의 성질** - 준법률행위적 행정행위로서의 통지로, 그 자체가 독립하여 항고소송의 대상이 됨 [날먹행 255p]

□□□□□ ★★★

이 15-1. 행정상 대집행의 실행행위는 권력적 사실행위로서의 성질을 갖는다. (23지방9급,21소방)

□□□□□ ★★★

판 15-2. 건물철거의무에 퇴거의무도 포함되어 있어 건물철거대집행과정에서 부수적으로 건물의 점유자들에 대한 퇴거조치를 할 수 있다.
(23국회8급,23군무원7급,22지방9급,22군무원7급,20소방,20국가9급,19국가9급,19지방·교행9급,18국회8급 등)

OX 정답

11-2. O 12. X 13. X 14. X 15-1. O 15-2. O

□□□□□ ★★

이 15-3. 해가 지기 전에 대집행에 착수한 경우라고 할지라도 해가 진 후에는 대집행을 할 수 없다.
(23변시,20지방7급,19서울9급)

• **대집행 절차 - 실행**
개념 - 행정청이 스스로, 또는 타인으로 하여금 **대체적 작위의무를 이행시키는 물리력의 행사**
실력행사 허용여부 - 학설이 대립하나, **판례**는 행정대집행시 **부수적으로 점유자들에게 퇴거 조치를 할 수 있고**, 점유자들이 대집행을 방해하는 경우 경찰 도움을 받을 수 있다고 판시(2016다213916).
제한 - **야간(해 뜨기 전, 해가 진 후)에는 대집행을 할 수 없음**. 그러나 **의무자가 동의하거나 해가 지기 전에 집행에 착수한 경우에는 가능.** [날먹행 256p]

□□□□□ ★★★

판 16-1. 철거대상건물의 점유자들이 적법한 행정대집행을 위력을 행사하여 방해하는 경우, 행정청은 필요하다면 경찰관 직무집행법에 근거한 위험발생 방지조치 차원에서 경찰의 도움을 받을 수도 있다.
(22국회8급,20국가9급,19국가7급)

판례 **행정청이 행정대집행의 방법으로 건물철거의무의 이행을 실현할 수 있는 경우**에는 건물철거 대집행 과정에서 **부수적으로 건물의 점유자들에 대한 퇴거 조치를 할 수 있고, 점유자들이 적법한 행정대집행을 위력을 행사하여 방해하는 경우 형법상 공무집행방해죄가 성립**하므로, 필요한 경우에는 '경찰관 직무집행법'에 근거한 위험발생 방지조치 또는 형법상 공무집행방해죄의 **범행방지 내지 현행범체포의 차원에서 경찰의 도움을 받을 수도 있다** (2016다213916). [날먹행 255p]

□□□□□ ★★★

판 16-2. 행정대집행법에 따른 행정대집행에서 건물의 점유자가 철거의무자일 때에는 건물철거의무에 퇴거의무도 포함되어 있는 것이어서 별도로 퇴거를 명하는 집행권원이 필요하지 않다.
(23군무원9급,22지방7급,22경간,22국회9급,22국회8급,20소방)

□□□□□ ★★★

판 16-3. 행정청이 건물철거의무를 행정대집행의 방법으로 실현하는 과정에서, 건물을 점유하고 있는 철거의무자들에 대하여 제기한 건물퇴거를 구하는 소송은 적법하다. (23지방9급,20국가9급)

□□□□□ ★★★

판 16-4. 관계 법령상 행정대집행의 절차가 인정되어 행정청이 행정대집행의 방법으로 건물의 철거 등 대체적 작위의무의 이행을 실현할 수 있는 경우에는 따로 민사소송의 방법으로 그 의무의 이행을 구할 수 없다. (22지방7급)

판례 관계 법령상 행정대집행의 절차가 인정되어 **행정청이 행정대집행의 방법으로 건물의 철거 등 대체적 작위의무의 이행을 실현할 수 있는 경우에는 따로 민사소송의 방법으로 그 의무의 이행을 구할 수 없다.** 한편 건물의 점유자가 철거의무자일 때에는 **건물철거의무에 퇴거의무도 포함되어 있는 것이어서 별도로 퇴거를 명하는 집행권원이 필요하지 않다.** 따라서 행정청이 건물소유자들을 상대로 건물철거대집행을 실시하기에 앞서, **건물소유자들을 건물에서 퇴거시키기 위해 별도로 퇴거를 구하는 민사소송은 부적법하다**(2016다213916). [날먹행 256p]

OX 정답

15-3. X 16-1. ○ 16-2. ○ 16-3. X 16-4. ○

□□□□□ ★★★

이 17-1. 대집행에 요한 비용의 징수에 있어서는 실제에 요한 비용액과 그 납기일을 정하여 의무자에게 문서로써 그 납부를 명하여야 한다. (20지방9급)

□□□□□ ★

이 17-2. 대집행비용의 납부명령은 독립하여 항고소송의 대상이 된다. (11국가7급)

□□□□□

이 17-3. 행정상 대집행의 소요비용은 행정청이 스스로 부담한다. (16지방9급)

□□□□□

조 17-4. 대집행에 소용된 비용을 납부하지 아니할 때에는 국세징수의 예에 의하여 징수할 수 있다. (23소방,22지방7급,21국회9급,19지방9급)

□□□□□

조 17-5. 대집행에 요한 비용을 징수하였을 때에는 그 징수금은 사무비의 소속에 따라 국고 또는 지방자치단체의 수입으로 한다. (21지방9급)

- **대집행 절차 - 비용의 징수**
  - 개념 및 성질: 대집행에 요한 비용의 징수에 있어서는 실제에 요한 비용액과 그 납기일을 정하여 의무자에게 **문서로써 그 납부를 명하여야 하며**(동법§5), 이는 **하명**으로서 **처분성 긍정**
- **행정대집행법 제6조(비용징수)**
  ① 대집행에 요한 비용은 **국세징수법의 예에** 의하여 징수할 수 있다.
  ② **대집행에 요한 비용**에 대하여서는 행정청은 사무비의 소속에 따라 **국세에 다음가는 순위의 선취득권을 가진다.**
  ③ 대집행에 요한 비용을 징수하였을 때에는 그 징수금은 사무비의 소속에 따라 **국고 또는 지방자치단체의 수입으로 한다.** [날먹행 256p]

□□□□□ ★★★

판 17-6. 공법인이 대집행 권한을 위탁받아 공무인 대집행 실시에 지출한 비용을 행정대집행법에 따라 강제징수 할 수 있음에도 민사소송절차에 의하여 상환을 청구하는 것은 허용되지 않는다. (23변시,22지방7급,22소방승진,21국가9급,21소방간부,21경행,19국가9급,19지방·교행9급,19서울7급)

판례 **대한주택공사가 대집행권한을 위탁받아 공무인 대집행**을 실시하기 위하여 지출한 비용은 **행정대집행법 절차에 따라 국세징수법의 예에 의하여 징수할 수 있으므로,** 민사소송으로 그 상환을 청구하는 것은 소의 이익이 없어 부적법하다(2010다48240). [날먹행 256p]

□□□□□ ★★★

이 18-1. 대집행절차상 계고, 대집행영장통지, 대집행비용납부명령 상호 간에는 선행행위의 하자가 후행행위에 승계된다. (16서울7급)

- **대집행의 계고, 대집행영장의 통지, 실행, 비용징수 모두 처분성이 인정 → 각 단계들마다 하자승계 긍정**
  단, 철거명령(의무를 명하는 행위)과 계고 사이는 철거명령이 무효가 아닌 한 하자가 승계되지 않음. [날먹행 256p]

OX 정답

17-1. O 17-2. O 17-3. X 17-4. O 17-5. O 17-6. O 18-1. O

□□□□□ ★★★

판 18-2. 대집행비용납부명령 자체에는 아무런 하자가 없다 하더라도, 후행처분인 대집행비용납부명령의 취소를 청구하는 소송에서 청구원인으로 선행처분인 계고처분이 위법한 것이기 때문에 그 계고처분을 전제로 행하여진 대집행비용납부명령도 위법한 것이라는 주장을 할 수 있다.
(22소방간부,21소방간부,21지방9급,21지방9급,20국가9급,20지방7급 등)

판례 대집행비용납부명령 자체에는 아무런 하자가 없다 하더라도, 후행처분인 대집행비용납부명령의 취소를 청구하는 소송에서 청구원인으로 선행처분인 계고처분이 위법한 것이기 때문에 그 계고처분을 전제로 행하여진 대집행비용납부명령도 위법한 것이라는 주장을 할 수 있다(93누14271). [날먹행 256p]

□□□□□

조 19-1. 대집행에 대하여는 행정심판을 제기할 수 있다. (21지방9급)

행정대집행법 제7조(행정심판) 대집행에 대하여는 행정심판을 제기할 수 있다. [날먹행 256p]

□□□□□ ★★★

판 19-2. 대집행의 실행이 완료된 후에는 소의 이익이 없으므로 행정쟁송으로 다툴 수 없음이 원칙이다.
(19지방교행9급,15국회8급)

판례 대부분 단기간에 집행이 종료되어 소의 이익이 없어 각하되므로, 동시에 집행정지신청을 하여 대집행 실행을 저지해야 함. [날먹행 256p]

□□□□□ ★★★

이 20. 판례는 대집행요건의 입증책임이 행정청에 있는 것은 아니라고 본다. (23군무원9급,22소방간부,20지방9급)

• 대집행요건의 구비에 대한 **주장 · 입증책임은 행정청**에. [날먹행 256p]

OX 정답

18-2. ○ 19-1. ○ 19-2. ○ 20. X

□□□□□ ★★★

판 21-1. 국유 일반재산인 대지에 대한 대부계약이 해지되어 국가가 원상회복으로 지상의 시설물을 철거하려는 경우, 행정대집행법에 따라 대집행을 하여야 하고 민사소송의 방법으로 시설물의 철거를 구하는 것은 허용되지 않는다. (23군무원9급,22서울7급,22국회8급,21경행,21소방간부,21국가9급,20국가9급 등)

□□□□□ ★★

판 21-2. 판례에 따르면 아무런 권원없이 국유재산에 설치한 시설물에 대하여 행정청이 행정대집행을 할 수 있고 따로 민사소송의 방법으로 그 시설물의 철거를 구하는 것이 허용되지는 않지만, 아무런 권원없이 국유재산에 설치한 시설물에 대하여 행정청이 행정대집행을 실시하지 않는 경우, 그 국유재산에 대한 사용청구권을 가지고 있는 자가 국가를 대위하여 민사소송으로 그 시설물의 철거를 구할 수 있다. (22지방9급,20국회8급,17지방7급)

판례 **행정대집행의 방법으로 이 사건 시설물을 철거할 수 있고, 이러한 행정대집행의 절차가 인정되는 경우에는 따로 민사소송의 방법으로 피고들에 대하여 이 사건 시설물의 철거를 구하는 것은 허용되지 않는다**고 할 것이다. 다만, 관리권자인 보령시장이 행정대집행을 실시하지 아니하는 경우 국가에 대하여 이 사건 토지 사용청구권을 가지는 **원고로서는 위 청구권을 보전하기 위하여 국가를 대위하여 피고들을 상대로 민사소송의 방법으로 이 사건 시설물의 철거를 구하는 이외에는 이를 실현할 수 있는 다른 절차와 방법이 없어 그 보전의 필요성이 인정되므로, 원고는 국가를 대위하여 피고들을 상대로 민사소송의 방법으로 이 사건 시설물의 철거를 구할 수 있다**(2009다1122). [날먹행 256p]

□□□□□ ★★★

이 22. 대집행이 완료되어 취소소송을 제기할 수 없는 경우에도 국가배상청구는 가능하다. (15국가9급)

대집행이 완료되어 취소소송을 제기할 수 없는 경우에도 국배법에 의거해 **손해배상청구도 가능**하고, 결과제거청구도 가능함. [날먹행 231p]

3. 이행강제금

□□□□□ ★★★

이 1-1. 이행강제금은 심리적 압박을 통하여 간접적으로 의무이행을 확보하는 수단인 행정벌과는 달리 의무이행의 강제를 직접적인 목적으로 하므로, 강학상 직접강제에 해당한다. (21국가9급,21지방7급,21국회9급,20경행,19국가9급)

□□□□□ ★★★

이 1-2. 이행강제금은 작위의무 또는 부작위의무를 불이행한 경우에 그 의무를 간접적으로 강제이행시키는 수단으로서 집행벌이라고도 한다. (15국가7급)

부작위의무 또는 작위의무를 이행하지 않은 경우에 일정한 기한까지 의무를 이행하지 않을 때에는 일정한 **금전적 부담을 과할 것을 미리 계고**하여 심리적 압박을 주어, **장래에 그 의무의 이행을 확보하려는** 간접적인 행정상 강제집행수단으로, 집행벌이라고도 함. ∴형사처벌과 이행강제금은 이중처벌 X [날먹행 257p]

OX 정답

21-1. O 21-2. O 22. O **3** 1-1. X 1-2. O

□□□□□ ★★★

판 1-3. 사용자가 이행하여야 할 행정법상 의무의 내용을 초과하는 것을 '불이행 내용'으로 기재한 이행강제금 부과예고서에 의하여 이행강제금 부과예고를 한 다음 이를 이행하지 않았다는 이유로 이행강제금을 부과하였다면, 초과한 정도가 근소하다는 등의 특별한 사정이 없는 한 이행강제금 부과예고는 위법하며, 이에 터잡은 이행강제금 부과처분 역시 위법하다. (21변시,19국가7급)

판례 사용자가 이행하여야 할 행정법상 의무의 내용을 초과하는 것을 '불이행 내용'으로 기재한 이행강제금 부과 예고서에 의하여 이행강제금 부과 예고를 한 다음 이를 이행하지 않았다는 이유로 이행강제금을 부과하였다면, 초과한 정도가 근소하다는 등의 특별한 사정이 없는 한 이행강제금 부과 예고는 이행강제금 제도의 취지에 반하는 것으로서 위법하고, 이에 터 잡은 이행강제금 부과처분 역시 위법하다(2011두2170). **[날먹행 257p]**

□□□□□

이 2. 이행강제금의 부과는 의무불이행에 대한 집행벌로 가하는 것이기 때문에 행정절차상 의견청취를 거치지 않아도 된다. (15국가7급)

□□□□□ ★★★

이 3-1. 건축법상 이행강제금 납부의무는 상속인 기타의 사람에게 승계될 수 없는 일신전속적인 성질을 갖는다. (23경간,22군무원9급,21국가9급,21지방7급,19지방9급,18지방9급)

- **이행강제금의 성질**
  ① 급부하명에 해당하며, 그 부과처분은 행정행위에 해당.
  ② 침익적 처분이므로, 행정절차법상 **의견청취 절차를 거쳐야 함**
  ③ 일신전속적이어서, 이미 사망한 사람에게 한 이행강제금 부과처분은 당연무효임. **[날먹행 257p]**

□□□□□ ★★★

이 3-2. 구 건축법상 이행강제금을 부과받은 자의 이의에 의해 비송사건절차법에 의한 재판절차가 개시된 후에 그 이의한 자가 사망했다면 그 재판절차는 종료된다. (17사복9급)

□□□□□ ★★★

이 3-3. 이미 사망한 사람에게 '건축법'상의 이행강제금을 부과하는 내용의 처분이나 결정은 당연무효이다. (23경간,21지방9급)

판례 구 건축법상의 **이행강제금 납부의무**는 상속인 기타의 사람에게 승계될 수 없는 **일신전속적인 성질**의 것이므로 **이미 사망한 사람에게 이행강제금을 부과하는 내용의 처분이나 결정은 당연무효**이다. 건축법상 이행강제금은 일신전속적인 성질의 것이므로 이행강제금을 부과받은 사람이 **재판절차가 개시된 이후에 사망한 경우, 재판절차는 종료**된다(2006마470). **[날먹행 257p]**

□□□□□ ★★★

판 4-1. 형사처벌과 이행강제금의 병과는 이중처벌에 해당하지 않는다. (22국회8급,21소방,20지방9급,18소방)

OX 정답

1-3. ○ 2. X 3-1. ○ 3-2. ○ 3-3. ○ 4-1. ○

□□□□□ ★★★

판 4-2. 개발제한구역 내의 건축물에 대하여 허가를 받지 않고 한 용도변경행위에 대한 형사처벌과 건축법 제83조 제1항에 의한 시정명령 위반에 대한 이행강제금 부과는 이중처벌에 해당하지 아니한다. (21소방,20소방)

판례 건축법 제78조에 의한 무허가 건축행위에 대한 형사처벌과 건축법 제83조 제1항에 의한 시정명령 위반에 대한 이행강제금의 부과는 그 처벌 내지 제재대상이 되는 기본적 사실관계로서의 행위를 달리하며, 또한 그 보호법익과 목적에서도 차이가 있으므로 헌법 제13조 제1항이 금지하는 이중처벌에 해당한다고 할 수 없다(2001헌바80 등). [날먹행 257p]

□□□□□ ★★★

이 5-1. 부작위의무나 비대체적 작위의무 뿐만 아니라 대체적 작위의무의 위반에 대하여도 이행강제금을 부과할 수 있다. (21지방9급,21군무원7급,21국회9급,20지방9급,19지방9급,18국가7급,17국가7급)

□□□□□ ★★★

이 5-2. 헌법재판소의 결정에 따르면, 행정청은 위법한 건축물에 대한 이행강제수단으로서의 대집행과 이행강제금을 합리적인 재량에 의하여 선택적으로 활용할 수 있다. (22군무원7급,22소방승진,21국가9급,21지방9급,21소방,21국회8급,21군무원7급,20국가9급,18국가7급 등)

- **이행강제금의 대상→ 비대체적 작위의무** ○ / 대체적 작위의무가 이행강제금의 대상이 되는지에 대해 학설이 대립하나, 헌재는 **대체적 작위의무**의 위반이 있는 경우 행정청은 대집행과 이행강제금을 합리적인 재량에 의해 **선택적으로 활용할 수 있다는 입장**임(헌바80등) 즉, **대체적 작위의무에 대해서도 부과될 수 있음** [날먹행 258p]

□□□□□ ★★★

판 6. 건축주 등이 장기간 시정명령을 이행하지 아니하였으나 그 기간 중에 시정명령의 이행 기회가 제공되지 아니하였다가 뒤늦게 이행 기회가 제공된 경우, 이행 기회가 제공되지 아니한 과거의 기간에 대한 이행강제금까지 한꺼번에 부과하였다면 그러한 이행강제금 부과처분은 하자가 중대 · 명백하여 당연무효이다. (19국가7급,18국가9급)

- **시정명령 불이행시: 1차 시정명령 → 상당한 이행기간 통지**
1차 시정명령에 대해 불이행할 경우, 이행에 필요한 **상당한 이행기간을 정하여 통지(2차시정명령)을 해야** 하고, 그럼에도 불구하고, 상당한 이행기한까지 시정명령을 이행하지 않았어야 함. → ∴ **행정청이 이를 위반하여 이행강제금 부과처분을 한 하자는 중대,명백한 하자임**(2015두46598). [날먹행 259p]

□□□□□ ★★

조 7-1. 건축법상 허가권자는 이행강제금을 부과하기 전에 이행강제금을 부과 · 징수한다는 뜻을 미리 문서로써 계고하여야 한다. (20국회8급,19지방9급)

- **시정명령 불이행시** 처분청은 이행강제금을 부과 · 징수한다는 뜻을 **미리 문서로 계고**해야 함(건축법§80③) [날먹행 259p]

OX 정답

4-2. ○ 5-1. ○ 5-2. ○ 6. ○ 7-1. ○

□□□□□

판 7-2. 농지법에 따른 이행강제금을 부과할 때에는 그때마다 이행강제금을 부과·징수한다는 뜻을 미리 문서로 알려야 하고, 이와 같은 절차를 거치지 아니한 채 이행강제금을 부과하는 것은 이행강제금제도의 취지에 반하는 것으로써 위법하다. (21지방·서울7급)

판례 농지법 제62조 제1항에 따른 이행강제금을 부과할 때에는 그때마다 이행강제금을 부과·징수한다는 뜻을 미리 문서로 알려야 하고, 이와 같은 절차를 거치지 아니한 채 이행강제금을 부과하는 것은 이행강제금 제도의 취지에 반하는 것으로서 위법하다(2018마5608). **[날먹행 260p]**

□□□□□ ★★

조 8-1. 건축법상 이행강제금은 의무자가 이를 시행하지 않는 경우 최초의 시정명령이 있었던 날을 기준으로 하여 1년에 2회 이내의 범위에서 그 시정명령이 이행될 때까지 반복하여 이행강제금을 부과 · 징수할 수 있음이 원칙이다. (20지방9급)

□□□□□

조 8-2. 건축법상 허가권자는 이행강제금 부과처분을 받은 자가 이행강제금을 납부기한까지 내지 아니하면 지방세 체납처분의 예에 따라 징수한다. (21경행)

- **시정명령 불이행시 이행강제금 부과**
  - 계고에도 불구하고 시정의무를 이행하지 않으면 이행강제금을 부과하고, 허가권자는 1년에 2회 이내의 범위내에서 시정 명령을 이행할 때까지 **반복 부과가 가능**함(건축법 §80⑤)
  - 허가권자 「지방행정제재 · 부과금의 징수등에 관한 법률」에 따라 징수함(동법 §80⑦). **[날먹행 260p]**

□□□□□ ★★

판 8-3. 시정명령을 받은 의무자가 그 시정명령의 취지에 부합하는 의무를 이행하기 위한 정당한 방법으로 행정청에 신청 또는 신고를 하였으나 행정청이 위법하게 이를 거부 또는 반려함으로써 결국 그 처분이 취소되기에 이르렀다면, 특별한 사정이 없는 한 그 시정명령의 불이행을 이유로 이행강제금을 부과할 수는 없다. (23국가9급,22변시,22경간)

판례 시정명령을 받은 의무자가 그 시정명령의 취지에 부합하는 의무를 이행하기 위한 정당한 방법으로 행정청에 신청 또는 신고를 하였으나 행정청이 위법하게 이를 거부 또는 반려함으로써 결국 그 처분이 취소되기에 이르렀다면, 특별한 사정이 없는 한 그 시정명령의 불이행을 이유로 이행강제금을 부과할 수는 없다고 보는 것이 위와 같은 이행강제금 제도의 취지에 부합한다(2015두35116). **[날먹행 260p]**

□□□□□ ★★

이 9-1. 건축법 제80조 제6항에 따르면 시정명령을 받은 자가 시정명령을 이행한 경우에는 더 이상 이행강제금을 부과하지 않지만, 이미 부과된 이행강제금은 징수한다. (23소방,22군무원9급,21지방7급,20국회8급)

OX 정답

7-2. ○ 8-1. ○ 8-2. ○ 8-3. ○ 9-1. ○

□□□□□ ★★

판 9-2. 이행강제금은 과거의 의무불이행에 대한 제재의 기능을 지니고 있으므로, 이행강제금이 부과되기 전에 의무를 이행한 경우에도 시정명령에서 정한 기간을 지나서 이행한 경우라면 이행강제금을 부과할 수 있다. (22군무원9급,22경간,22소방승진,21변시,21지방9급,20국가9급,19지방·교행9급,18국가7급)

- **허가권자는 시정명령을 받은 자가 이를 이행하면** 새로운 이행강제금의 **부과를 즉시 중지**하되, **이미 부과된 이행강제금은 징수하여야** 한다(동법 §80⑥) → 9-2 문제는 이행강제금 부과되기 전에 의무를 이행한 경우여서, 이행강제금을 부과할 수 없음.
- 부과가 중지되는 '새로운 이행강제금'에는 시정명령 불이행에 따른 최초**의 이행강제금, 이후** 반복 부과된 이행강제금을 모두 포함함. 이행명령을 받은 자가 명령을 이행한 경우에는 **이행명령에서 정한 기간을 지나서 이행한 경우라도 최초의 이행강제금을 부과할 수 없다**고 보아야 한다(2013두15750). [날먹행 260p]

□□□□□

판 9-3. '부동산 실권리자명의 등기에 관한 법률'상 장기미등기자가 이행강제금 부과 전에 등기신청의무를 이행하였더라도 동법에 규정된 기간이 지나서 등기신청의무를 이행하였다면 이행강제금을 부과할 수 있다. (22군무원9급,21지방9급)

판례 **부동산 실권리자명의 등기에 관한 법률상 장기미등기자에 대하여 부과되는 이행강제금은** ... 심리적 압박을 주어 그 의무의 이행을 간접적으로 강제하는 **행정상의 간접강제 수단에 해당**한다. 따라서 **장기미등기자가 이행강제금 부과 전에 등기신청의무를 이행**하였다면 이행강제금의 부과로써 이행을 확보하고자 하는 목적은 이미 실현된 것이므로 부동산실명법 제6조 제2항에 규정된 **기간이 지나서 등기신청의무를 이행한 경우라 하더라도 이행강제금을 부과할 수 없다고 보아야 한다**(2015두36454). [날먹행 260p]

□□□□□ ★

이 9-4. 행정기본법에 따르면, 행정청은 의무자가 행정상 의무를 이행할 때까지 이행강제금을 반복하여 부과할 수 있다. 다만, 의무자가 의무를 이행하면 새로운 이행강제금의 부과를 즉시 중지하되, 이미 부과한 이행강제금은 징수하여야 한다. (23국회8급)

- **행정기본법 제31조(이행강제금의 부과)** ⑤ 행정청은 **의무자가 행정상 의무를 이행할 때까지 이행강제금을 반복하여 부과할 수 있다.** 다만, **의무자가 의무를 이행하면 새로운 이행강제금의 부과를 즉시 중지**하되, **이미 부과한 이행강제금은 징수하여야 한다.** [날먹행 261p]

□□□□□

이 9-5. '독점규제 및 공정거래에 관한 법률'의 해당 조항에 따른 이행강제금의 경우 이행강제금이 부과되기 전에 시정조치를 이행하거나 부작위의무를 명하는 시정조치 불이행을 중단한 경우에는 과거의 시정조치 불이행 기간에 대하여 이행강제금을 부과할 수 없다. (22경간)

판례 공정거래법 제17조의3은 같은 법 제16조에 따른 시정조치를 그 정한 기간 내에 이행하지 아니하는 자에 대하여 이행강제금을 부과할 수 있는 근거 규정이고, 시정조치가 공정거래법 제16조 제1항 제7호에 따른 부작위 의무를 명하는 내용이더라도 마찬가지로 보아야 한다. 나아가 이러한 **이행강제금이 부과되기 전에 시정조치를 이행하거나 부작위 의무를 명하는 시정조치 불이행을 중단한 경우 과거의 시정조치 불이행기간에 대하여 이행강제금을 부과할 수 있다**고 봄이 타당하다(2018두63563). [날먹행 261p]

OX 정답

9-2. X 9-3. X 9-4. O 9-5. X

□□□□□ ★★★

OX 10-1. 건축법에 의한 이행강제금의 부과처분에 대한 불복방법에 관하여 아무런 규정을 두고 있지 않는 경우에는 이행강제금 부과처분은 행정행위이므로 행정심판 또는 행정소송을 제기할 수 있다.
(17지방9급,16서울9급,15국가7급)

- **이행강제금의 권리구제: 개별법에 특별규정 없는 경우, 과징금형 이행강제금** → 처분에 해당 → 항고소송 가능

판례 **건축법에 의한 이행강제금**에 대해 불복하고자 할 때에는 비송사건절차법에 의한 재판이 아닌, **항고소송**을 통하여야 한다(2010두13340). [날먹행 261p]

□□□□□ ★

OX 10-2. 관할청이 농지법상의 이행강제금 부과처분을 하면서 재결청에 행정심판을 청구하거나 관할 행정법원에 행정소송을 할 수 있다고 잘못 안내한 경우 행정법원의 항고소송 재판관할이 생긴다.
(23지방9급,22국가9급,21국가7급,20경행)

판례 **농지법의 경우, 비송사건절차법에 따른 재판절차가 적용된다고 규정**하고 있으므로, 설령 관할청이 잘못 안내하였다고 하더라도 **행정법원의 항고소송 재판관할이 생긴다고 할 수 없다**(2018두42955). [날먹행 261p]

4. 직접강제

□□□□□ ★★

OX 1. 사업장의 폐쇄, 외국인의 강제퇴거는 직접강제의 예에 해당한다. (22국가9급,21국가9급,19소방)

- **직접강제**는 **의무불이행한 자의 신체 · 재산에 직접 실력을 가함**으로써 **의무이행이 있었던 것과 같은 상태를 실현**하는 **가장 강력한 마지막 강제집행수단으로, 권력적 사실행위에 해당하여 처분성 긍정됨.**
예) 사업장 폐쇄, 강제 예방접종, 강제 집회해산, 외국인의 강제퇴거 등 [날먹행 261p]

□□□□□

OX 2. 행정기본법은 직접강제에 관한 일반적 근거를 규정하고 있다. (14국가9급 변형)

- 직접강제에 대한 별도의 법적 근거가 필요하며, **개별법에서 규정 및 행정기본법에 직접강제에 대한 조항 신설**
- **행정기본법 제32조(직접강제)** ① 직접강제는 **행정대집행이나 이행강제금 부과의 방법으로는 행정상 의무 이행을 확보할 수 없거나 그 실현이 불가능한 경우에 실시**하여야 한다.
② 직접강제를 실시하기 위하여 **현장에 파견되는 집행책임자는 그가 집행책임자임을 표시하는 증표를 보여 주어야 한다.**
③ 직접강제의 **계고 및 통지**에 관하여는 **제31조제3항 및 제4항을 준용**한다. [날먹행 261p]

OX 정답
10-1. ○ 10-2. X **4** 1. ○ 2. ○

5. 강제징수

□□□□□ ★★

이 1. 행정상 강제징수란 국민이 국가 등 행정주체에 대하여 부담하고 있는 공법상의 금전급부의무를 이행하지 않는 경우 행정청이 의무자의 재산에 실력을 가하여 의무가 이행된 것과 동일한 상태를 실현하는 행정상 강제집행 수단을 말한다. (20경행)

- **행정기본법 제30조(행정상 강제)** ① 4. **강제징수**: 의무자가 행정상 의무 중 **금전급부의무를 이행하지 아니하는 경우 행정청이 의무자의 재산에 실력을 행사하여 그 행정상 의무가 실현된 것과 같은 상태를 실현하는 것** [날먹행 262p]

□□□□□ ★★

이 2. 국세징수법은 행정상 강제징수에 관한 사실상 일반법의 지위를 갖는다. (18소방,15사복9급)

- **행정상 강제징수의 근거**: 행정기본법에 강제징수 일반조항 신설되었으나, 국세징수법은 행정상 강제징수에 관하여 실질적으로 일반법적 지위를 가짐. [날먹행 262p]

□□□□□ ★★

이 3-1. 독촉은 이후에 행해지는 압류의 적법요건이 되며 최고기간 동안 조세채권의 소멸시효를 중단시키는 법적 효과를 갖는다. (18소방)

□□□□□ ★★

이 3-2. 행정상 강제징수에 있어 독촉은 처분성이 인정되나 최초 독촉 후에 동일한 내용에 대해 반복한 독촉은 처분성이 인정되지 않는다. (22소방승진,22소방승진,18경행)

- **독촉은 준법률행위적 통지**로서, **최초의 독촉은 처분성이 인정**되나, **그 이후 동일 내용의 독촉을 한 경우 그 독촉은 처분성이 인정되지 않음.** [날먹행 262p]

□□□□□

조 3-3. 국세를 그 납부기한까지 완납하지 아니한 때에는 세무서장 · 시장 또는 군수는 납기 경과 후 30일 내에 독촉장을 발부하여야 한다. (10국가7급)

국세징수법 제23조(독촉과 최고) ① 국세를 그 납부기한까지 완납하지 아니하였을 때에는 세무서장은 납부기한이 지난 후 10일 내에 독촉장을 발급하여야 한다. 다만, 제14조에 따라 국세를 징수하거나 체납액이 대통령령으로 정하는 금액 미만이면 독촉장을 발급하지 아니한다. [날먹행 262p]

OX 정답

5 1. O 2. O 3-1. O 3-2. O 3-3. X

□□□□□

이 4. 압류대상 재산은 의무자 및 동거인의 소유인 재산적인 가치가 있는 모든 재산을 말하며, 생활필수품의 압류에는 의무자의 동의를 요한다. (10국가7급)

- **체납처분의 대상**

원칙: 금전적 가치가 있고 양도할 수 있는 모든 재산
예외: 압류금지: **의복, 침구, 가구등 최저 생활필수품**(동법§31)
압류제한: **급여채권 등의 총액의 2분의 1**에 해당하는 금액(동법§33)

[날먹행 263p]

□□□□□ ★★

판 5-1. 세무공무원이 국세의 징수를 위해 납세자의 재산을 압류하는 경우 그 재산의 가액이 징수할 국세액을 초과한다면 당해 압류처분은 무효이다. (17국가9급)

판례 세무공무원이 국세의 징수를 위해 납세자의 재산을 압류하는 경우 그 재산의 가액이 징수할 국세액을 초과한다 하여 위 **압류가 당연무효의 처분이라고는 할 수 없다**(86누479).

[날먹행 263p]

□□□□□ ★★★

판 5-2. 납세자가 아닌 제3자의 재산을 대상으로 한 압류처분은 당연무효이다. (18서울7급,15지방9급)

판례 체납처분으로서 압류의 요건을 규정한 국세징수법 제24조 각 항의 규정을 보면 어느 경우에나 압류의 대상을 납세자의 재산에 국한하고 있으므로, 납세자가 아닌 제3자의 재산을 대상으로 한 압류처분은 **그 처분의 내용이 법률상 실현될 수 없는 것이어서 당연무효**이다(2010두4612).

[날먹행 263p]

□□□□□ ★★★

판 5-3. 체납자에 대한 공매통지가 공매에서 체납자의 권리 내지 재산상의 이익을 보호하기 위하여 법률로 규정한 절차적 요건이라고 하더라도, 체납자는 자신에 대한 공매통지의 하자 뿐만 아니라 다른 권리자에 대한 공매통지의 하자를 공매처분의 위법사유로 주장할 수 있다. (23군무원7급,20변시,18지방9급,17국가7급)

판례 체납자 등에 대한 공매통지는 국가의 강제력에 의하여 진행되는 공매에서 체납자 등의 권리 내지 재산상의 이익을 보호하기 위하여 법률로 규정한 절차적 요건이라고 보아야 하며, 공매처분을 하면서 체납자 등에게 공매통지를 하지 않았거나 공매통지를 하였더라도 그것이 적법하지 아니한 경우에는 절차상의 흠이 있어 그 공매처분은 위법하다. 다만, 공매통지의 목적이나 취지 등에 비추어 보면, **체납자 등은 자신에 대한 공매통지의 하자만을 공매처분의 위법사유로 주장할 수 있을 뿐 다른 권리자에 대한 공매통지의 하자를 들어 공매처분의 위법사유로 주장하는 것은 허용되지 않는다**(2007두18154).

[날먹행 263p]

OX 정답

4. X 5-1. X 5-2. O 5-3. X

□□□□□ ★

조 6. 체납자가 사망한 후 체납자명의의 재산에 대하여 한 압류는 그 재산을 상속한 상속인에 대하여 한 것으로 본다. (10 국가7급)

국세징수법 제37조(상속 또는 합병의 경우의 체납처분의 효력) ② 체납자가 사망한 후 체납자 명의의 재산에 대하여 한 압류는 그 재산을 **상속한 상속인에 대하여 한 것**으로 본다. [날먹행 263p]

□□□□□

판 7. 압류 후 부과처분의 근거법률이 위헌으로 결정된 경우에 압류처분은 취소사유가 있는 것이 되므로 압류를 해제하여야 할 것이다. (20경행)

- **압류의 필요적 해제** (국세징수법 §53①)
  → 납부, 충당, 공매의 중지, 부과의 취소 또는 그 밖의 사유로 압류할 필요가 없게 된 경우에는 반드시 압류를 해제해야.

판례 압류 후 부과처분의 근거법률이 위헌으로 결정된 경우, 압류의 필요적 해제사유에 해당(2002두3317). [날먹행 263p]

□□□□□

이 8-1. 국세징수법상의 체납처분에서 압류재산의 매각은 공매를 통해서만 이루어지며 수의계약으로 해서는 안된다. (15국가9급)

- **압류재산 매각의 방법**
  원칙: 공매(입찰, 경매) 예외: 수의계약(상대방을 임의로 선택하여 맺는 계약) [날먹행 263p]

□□□□□ ★★★

판 8-2. 판례에 따르면 공매행위는 행정행위에 해당된다. (23군무원9급,17사복9급)

- **공매의 성질** - 판례는 **공매를 행정소송의 대상이 되는 처분**으로 본다(84누201).

□□□□□ ★★★

판 9-1. 한국자산관리공사가 인터넷을 통하여 재공매(입찰)하기로 한 결정 자체는 상대방의 법적 지위나 권리 · 의무에 직접 영향을 주는 것으로 행정처분에 해당한다. (23군무원7급,22경간,21군무원7급,17지방7급)

판례 한국자산공사가 당해 부동산을 인터넷을 통하여 재공매(입찰)하기로 한 결정 자체는 내부적인 의사결정에 불과하여 항고소송의 대상이 되는 행정처분이라고 볼 수 없고, 또한 한국자산공사가 공매통지는 공매의 요건이 아니라 **공매사실 자체를 체납자에게 알려주는 데 불과**한 것으로서, 통지의 상대방의 법적 지위나 권리 · 의무에 직접 영향을 주는 것이 아니라고 할 것이므로 이것 역시 **행정처분에 해당한다고 할 수 없다**(2006두8464). [날먹행 359p]

OX 정답

6. ○ 7. ○ 8-1. X 8-2. ○ 9-1. X

□□□□□ ★★★

판 9-2. 국세징수법상 체납자 등에 대한 공매통지는 체납자 등의 법적 지위나 권리·의무에 직접적인 영향을 주는 행정처분에 해당하지 아니하므로 공매통지가 적법하지 아니한 경우에도 그에 따른 공매처분이 위법하게 되는 것은 아니다. (23지방9급,23군무원7급,21국회8급,20국가9급,19국가7급,19지방7급,18지방9급)

> 판례 **공매통지를 하지 않았거나 공매통지를 하였더라도 그것이 적법하지 아니한 경우에는 절차상의 흠이 있어 그 공매처분이 위법하게 되는 것**이지만, 공매통지 자체가 행정처분에 해당한다고 할 것은 아니므로 체납자 등은 공매통지의 결여나 위법을 들어 공매처분의 취소 등을 구할 수 있는 것이지 공매통지 자체를 항고소송의 대상으로 삼아 그 취소 등을 구할 수는 없다(2010두25527). [날먹행 263p]

□□□□□ ★★★

판 10. 과세관청이 체납처분으로서 행하는 공매에 의하여 재산을 매수한 자는 그 공매처분이 취소된 경우에 그 취소처분의 위법을 주장하여 행정소송을 제기할 법률상 이익이 있다. (23군무원9급,21국회8급,17지방7급)

> 판례 과세관청이 체납처분으로서 행하는 공매는 우월한 공권력의 행사로서 행정소송의 대상이 되는 공법상의 행정처분이며 공매에 의하여 재산을 매수한 자는 그 공매처분이 취소된 경우에 그 취소처분의 위법을 주장하여 행정소송을 제기할 법률상 이익이 있다(84누201). [날먹행 263p]

□□□□□

조 11. 세무서장은 한국자산관리공사로 하여금 공매를 대행할 수 있으며, 이 경우 공매는 세무서장이 한 것으로 본다. (15국가9급)

> • **압류재산의 매각: 대행가능** → 세무서장은 한국자산관리공사로 하여금 공매를 대행하게 할 수 있는데, 이 경우 공매는 **세무서장이** 한 것으로 봄(국세징수법 제103조 제1항) [날먹행 263p]

□□□□□ ★★

판 12-1. 과세관청의 체납자 등에 대한 공매통지는 국가의 강제력에 의하여 진행되는 공매절차에서 체납자 등의 권리 내지 재산상 이익을 보호하기 위하여 법률로 규정한 절차적 요건에 해당하지만, 그 통지를 하지 아니한 채 공매처분을 하였다 하여도 그 공매처분이 당연무효로 되는 것은 아니다. (20경행,19지방9급,18지방7급)

> 판례 체납자 등에 대한 공매통지는 국가의 강제력에 의하여 진행되는 공매절차에서 체납자 등의 권리 내지 재산상 이익을 보호하기 위하여 법률로 규정한 절차적 요건에 해당하지만, 그 통지를 하지 아니한 채 공매처분을 하였다 하여도 그 공매처분이 당연무효로 되는 것은 아니다(2010다50625). [날먹행 264p]

OX 정답

9-2. X 10. O 11. O 12-1. O

□□□□□★

판 12-2. 공매에 있어서 공매재산에 대한 감정평가나 매각예정가격의 결정이 잘못되어 공매재산이 부당하게 저렴한 가격으로 공매된 경우 그 공매처분은 당연무효가 된다. (08지방7급)

판례 공매재산 평가가 잘못된 경우, 취소사유에 불과하여, 공매처분의 취소전까지 유효하므로, 매수인의 부당이득이 되는 것은 아니다(96다52915).

□□□□□

이 13. 청산 후 배분하거나 충당하고 남은 금액이 있으면 이를 체납자에게 지급하여야 한다. (16교행9급)

- **청산시 배분방법: 체납처분비, 국세 순**으로 배분하고(가산금은 법 개정으로 삭제), **잔액은 체납자에게 반환**

[날먹행 264p]

□□□□□★★★

이 14-1. 국세징수법상의 독촉, 압류, 압류해제거부 및 공매처분에 대하여는 이의신청을 제기할 수 있고, 심사청구와 심판청구의 결정을 모두 거친 후에 행정소송을 제기할 수 있다. (18소방,16교행9급)

□□□□□★★★

이 14-2. 조세부과처분에 취소사유인 하자가 있는 경우 그 하자는 후행 강제징수절차인 독촉·압류·매각·청산절차에 승계된다. (19국가9급,17지방9급)

- **강제징수의 권리구제**
  독촉, 압류, 매각, 청산은 모두 처분성 인정 → **행정소송 제기 가능**
  단, 예외적 행정심판전치: 국세기본법에 따라 **심사청구와 심판청구 중 하나를 반드시 거쳐야 함.**
- **하자의 승계**
  독촉과 체납처분은 모두 결합해서 하나의 법률효과를 가져오므로, **하자가 승계됨**. 단, **조세부과처분의 하자는 당연무효가 아닌 한 강제징수절차에 승계되지 않음**(87누383).

[날먹행 264, 265p]

제 2 절 행정상 즉시강제

□□□□□★★★

이 1-1. 즉시강제란 법령 또는 행정처분에 의한 선행의 구체적 의무의 불이행으로 인한 목전의 급박한 장해를 제거할 필요가 있는 경우에 행정기관이 즉시 국민의 신체 또는 재산에 실력을 행사하여 행정상의 필요한 상태를 실현하는 작용을 말한다. (21군무원7급,19국가9급)

OX 정답

12-2. X 13. ○ 14-1. X 14-2. X / 2절 1-1. X

□□□□□ ★★★

이 1-2. 즉시강제는 대체적 작위의무의 불이행이 있는 경우에 행정청이 스스로 의무자가 행할 행위를 대신 수행하는 조치이다. (18교행9급)

- **즉시강제**: 급박한 위험 · 장해를 제거하기 위해 **미리 의무를 명할 시간적 여유가 없거나 혹은 성질상 의무를 명해서는 목적을 달성할 수 없는 경우,** 직접 개인의 신체 · 재산에 실력을 가함으로써 필요한 상태를 실현하는 행정작용.
  → **직접강제는 의무불이행 전제로 하나, 즉시강제는 의무불이행을 전제로 하지 않음.** [날먹행 265p]

□□□□□ ★★★

이 2-1. 행정상 즉시강제는 긴급성을 고려할 때 법적 근거 없이도 가능하다. (22국가9급,21국가9급,21지방9급,19서울9급)

□□□□□

이 2-2. 화재진압작업을 위해서 화재발생현장에 불법주차차량을 제거하는 것은 급박성을 이유로 법적 근거가 없더라도 최후수단으로서 실행이 가능하다. (20소방)

- **즉시강제는 기본권 침해가 큰 권력작용이므로,** 엄격한 실정법적 근거 필요. [날먹행 265p]

□□□□□ ★★

이 3. 직접강제와 즉시강제는 권력적 사실행위로서의 성격을 가지고 있다. (23지방9급,22국가9급,19서울9급)

직접강제와 즉시강제 **모두** 권력적 사실행위로서, 항고소송의 대상이 되는 처분임. [날먹행 265p]

□□□□□ ★★★

조 4. 경찰관직무집행법에 의하여 행한 보호조치, 범죄의 예방과 제지, 마약중독자의 격리 및 치료를 위한 치료보호는 즉시강제이다. (23소방간부,19경행)

- **즉시강제의 대인적 강제**(경찰관직무집행법) → 보호조치(정신착란자, 미아, 만취자에 대한 보호조치), 범죄의 예방 및 제지, 장구 및 무기의 사용, 위험발생의 방지 등) [날먹행 265p]

□□□□□ ★★★

조 5-1. 소방기본법상의 소방활동에 방해가 되는 물건 등에 대한 강제처분, 식품위생법상의 위해식품에 대한 압류, 마약류관리에 관한 법률상의 승인을 받지 못한 마약류에 대한 폐기는 즉시강제이다. (23소방,19소방)

OX 정답

1-2. X 2-1. X 2-2. X 3. ○ 4. ○ 5-1. ○

□□□□□ ★★★

이 5-2. 수도법상의 단수처분, 국세체납자에 대한 체납처분, 감염병환자의 강제입원, 불법게임물 폐기는 행정상 직접강제의 예이다. (23지방9급,22국가9급,21군무원7급,21국가9급,19서울9급)

- **즉시강제의 대물적 강제** → '재난 및 안전관리 기본법'상 **응급조치**, '소방기본법'상 소방대상물의 **파괴**, '마약류 관리에 관한 법률'상 **마약류 폐기**, '감염병의 예방 및 관리에 관한 법률'상 감염병 유행에 대한 **방역조치(일시적 폐쇄)** 등, 구 '음반 · 비디오물 및 게임물에 관한 법률'상 **불법게임물의 수거 · 삭제 · 폐기**, '도로교통법'상 **교통장애물 제거** 등
→ 단수처분은 공급거부, 체납처분은 강제징수에 해당. [날먹행 266p]

□□□□□ ★★

이 6-1. 즉시강제의 목적과 침해되는 상대방의 권익 사이에는 비례관계가 유지되어야 한다. (23소방간부,21국가9급,19서울9급)

□□□□□ ★★★

이 6-2. 행정강제는 행정상 강제집행을 원칙으로 하고, 행정상 즉시강제는 예외적으로 인정되는 강제수단이다. (21국가9급,17국가9급)

- **즉시강제의 실체법적 한계** - 비례의 원칙: 행정목적 달성을 위해 적합해야 하며(**적합성**), 최소한의 침해를 가져와야 하며(**필요성**), 즉시강제를 통해 추구하는 공익보다 개인의 권익에 대한 침해가 커서는 안된다(**상당성**). [날먹행 266p]

□□□□□ ★★

이 7-1. 즉시강제에서 영장주의가 적용되는가의 여부에 대하여 판례는 국민의 권익보호를 위하여 예외없이 영장주의가 적용되어야 한다는 영장필요설의 입장을 취하고 있다. (23소방간부,21국가9급,19소방)

□□□□□ ★★★

판 7-2. 구 '음반 · 비디오물 및 게임물에 관한 법률'상 등급분류를 받지 아니한 게임물을 발견한 경우 관계행정청이 관계공무원으로 하여금 이를 수거 · 폐기하게 할 수 있도록 한 규정은 헌법상 영장주의와 피해 최소성의 요건을 위배하는 과도한 입법으로 헌법에 위반된다. (17국가9급)

- **즉시강제의 절차법적 한계** - 영장주의의 적용
  - 대법원은 원칙적으로 영장주의가 적용되어야 하나, **행정목적 달성을 위해 불가피한 경우에는 예외적으로 영장주의가 적용되지 않는다**고 하는 **절충설**의 입장
  - **헌법재판소**는 즉시강제는 급박성을 본질로 하므로, **원칙적으로 영장주의가 적용되지 않는다는** 영장불요설의 입장임.

판례 불법게임물을 발견한 경우 관계 공무원으로 하여금 영장 없이 이를 수거하여 폐기할 수 있도록 규정한 '음반 · 비디오물 및 게임물에 관한 법률'의 조항은 급박한 상황에 대처하기 위해 행정상 즉시강제를 행할 불가피성과 정당성이 인정되므로, 헌법상 영장주의에 위배되지 않는다(2000헌가12). [날먹행 266, 267p]

OX 정답

5-2. X 6-1. ○ 6-2. ○ 7-1. X 7-2. X

□□□□□ ★★★

OX 8-1. 행정상 즉시강제는 권력적 사실행위이므로, 항고소송의 대상이 되는 처분성이 인정된다. (22국가9급,19소방)

□□□□□ ★★

OX 8-2. '감염병의 예방 및 관리에 관한 법률' 제47조 제3호의 '입원 또는 격리'가 항고소송의 대상이 된다고 하더라도 입원 또는 격리가 이미 종료된 경우에는 권리보호의 필요성이 부정될 수 있다. (18국회8급)

□□□□□ ★★★

OX 8-3. 권력적 사실행위인 즉시강제는 그 조치가 계속 중인 상태에 있는 경우에도 취소소송의 대상이 될 수는 없다. (18교행9급)

- 즉시강제는 처분에 해당하나, **소의 이익이 부정되어 각하**되는 경우 많음.
  단, 조치가 계속적 성질을 가지는 경우에는 소의 이익 인정되어 불복 가능 [날먹행 267p]

□□□□□ ★★

OX 9. 손실발생의 원인에 대하여 책임이 없는 자가 경찰관의 적법한 직무집행에 자발적으로 협조하여 재산상의 손실을 입은 경우, 국가는 손실을 입은 자에 대하여 정당한 보상을 하여야 한다. (22국가9급)

- **위법한 즉시강제는 공무원의 직무상 불법행위에 해당하고,** 이로 인해 손해를 받게 된 자는 **국가배상법상 손해배상 가능**
- **경찰관직무집행법 제11조의2(손실보상)** ① 국가는 경찰관의 적법한 직무집행으로 인하여 다음 각 호의 어느 하나에 해당하는 손실을 입은 자에 대하여 정당한 보상을 하여야 한다.
  1. 손실발생의 원인에 대하여 책임이 없는 자가 생명 · 신체 또는 재산상의 손실을 입은 경우(손실발생의 원인에 대하여 책임이 없는 자가 경찰관의 직무집행에 자발적으로 협조하거나 물건을 제공하여 생명 · 신체 또는 재산상의 손실을 입은 경우를 포함한다) [날먹행 267p]

OX 정답

8-1. ○ 8-2. ○ 8-3. X 9. ○

03 행정조사

□□□□□ ★★★

조 1. 행정조사란 행정기관이 정책을 결정하거나 직무를 수행하는 데 필요한 정보나 자료를 수집하기 위하여 현장조사 · 문서열람 · 시료채취 등을 하거나 조사대상자에게 보고요구 · 자료제출요구 및 출석 · 진술요구를 행하는 활동을 말한다. (18경행,15경행 등)

행정조사기본법 제2조(정의) 이 법에서 사용하는 용어의 정의는 다음과 같다.
1. **"행정조사"**란 행정기관이 정책을 결정하거나 직무를 수행하는 데 필요한 정보나 자료를 수집하기 위하여 현장조사 · 문서열람 · 시료채취 등을 하거나 조사대상자에게 보고요구 · 자료제출요구 및 출석 · 진술요구를 행하는 활동을 말한다.

[날먹행 268p]

□□□□□ ★★★

조 2. 행정조사기본법에 따르면, 행정기관은 법령 등에서 행정조사를 규정하고 있는 경우에 한하여 행정조사를 실시할 수 있지만 조사대상자가 자발적으로 협조하는 경우에는 법령 등에서 행정조사를 규정하고 있지 않더라도 행정조사를 실시할 수 있다. (23국가9급,23소방간부,23변시,21군무원7급,21국회8급,20소방,18국가9급,18지방9급 등)

행정조사기본법 제5조(행정조사의 근거) 행정기관은 **법령등에서 행정조사를 규정하고 있는 경우에 한하**여 행정조사를 실시할 수 있다. 다만, **조사대상자의 자발적인 협조를 얻어 실시하는 행정조사의 경우에는 그러하지 아니**하다.

[날먹행 268p]

□□□□□

이 3. 행정절차법은 행정조사절차에 관한 명문의 규정을 두고 있다. (18소방)

- 행정조사에 관한 일반법은 **행정조사기본법**이고, 행정조사가 처분인 경우에만 행정절차법상 처분에 관한 규정 준수해야

[날먹행 268p]

□□□□□ ★★★

판 4-1. 우편물 통관검사절차에서 이루어지는 우편물의 개봉, 시료채취, 성분분석 등의 검사는 수출입물품에 대한 적정한 통관 등을 목적으로 한 행정조사의 성격을 가지는 것으로서 수사기관의 강제처분이라고 할 수 없다. (23경간,22소방간부,21소방,19소방,18국가7급)

- **영장주의 적용여부: 권력적 행정조사에 대해선, 영장주의가 적용**된다는 것이 다수설이나, 판례는 **행정조사의 성질을 유지하는 한** 영장이 필요하지 않다는 입장임.

판례 **우편물 통관검사절차에서 이루어지는 우편물의 개봉, 시료채취, 성분분석 등의 검사는 수출입물품에 대한 적정한 통관 등을 목적으로 한 행정조사의 성격을 가지는 것으로서 수사기관의 강제처분이라고 할 수 없으므로,** 압수·수색영장 없이 우편물의 개봉, 시료채취, 성분분석 등 검사가 진행되었다 하더라도 특별한 사정이 없는 한 위법하다고 볼 수 없다(2013도7718).

[날먹행 269p]

OX 정답

3절 1. ○ 2. ○ 3. X 4-1. ○

☐☐☐☐☐

판 4-2. 판례에 따르면 행정조사에서 나아가 범죄수사를 하면서 행하는 압수·수색에는 영장이 필요하지 않다고 한다. (22경간,22소방간부)

판례 **세관공무원이 수출입물품을 검사하는 과정에서 마약류가 감추어져 있다고 밝혀지거나 그러한 의심이 드는 경우,** '마약류 불법거래 방지에 관한 특례법' 제4조 제1항에 따라 검사의 요청으로 세관장이 행하는 조치에는 영장주의원칙이 적용된다. 위 조치의 일환으로 특정한 수출입물품을 개봉하여 검사하고 그 내용물의 점유를 취득한 행위는 **범죄수사인 압수 또는 수색에 해당하여 사전 또는 사후에 영장을 받아야 한다**(2014도8719). → **행정조사의 성질을 벗어난 것으로서 영장을 요함.** [날먹행 269p]

☐☐☐☐☐ ★★

이 5. 조사대상자가 행정조사의 실시를 거부하거나 방해하는 경우 조사원은 행정조사기본법상의 명문규정에 의하여 조사대상자의 신체와 재산에 대해 실력을 행사할 수 있다. (22경간,18국가7급)

- 조사대상자가 행정조사의 실시를 거부하거나 방해하는 경우 **실력행사의 가부:** 학설의 대립 有, 다수설은 조사대상자의 신체 · 재산에 대해 실력을 행사할 수 없다는 입장 [날먹행 269p]

☐☐☐☐☐ ★★

이 6. 위법한 행정조사로 손해를 입은 국민은 국가배상법에 따른 손해배상을 청구할 수 있다. (16국가9급)

- 위법한 행정조사가 국가배상법 §2의 요건을 충족하면(공무원의직무상 불법행위에 해당), 그로 인한 손해를 받은 개인은 **국가배상청구 가능** [날먹행 269p]

☐☐☐☐☐

이 7. 위법한 행정조사에 대해 예방적 금지소송이 효과적인 방어수단이나 현재는 인정되고 있지 않다. (21국회9급,18교행9급,15지방9급)

- 위법한 행정조사에 대해 예방적 금지(부작위)소송이 효과적인 방어수단이나, 이러한 예방적 금지소송은 행정소송법상 인정되지 않는 소송이다. [날먹행 269p]

☐☐☐☐☐

판 8-1. 세무조사가 과세자료의 수집 등의 본연의 목적이 아니라 부정한 목적을 위하여 행하여진 것이라면 세무조사에 중대한 위법사유가 있는 경우에 해당하고, 이러한 세무조사에 의하여 수집된 과세자료를 기초로 한 과세처분 역시 위법하다. (22소방,22국가7급,19국가7급)

판례 세무조사가 과세자료의 수집 또는 신고내용의 정확성 검증이라는 본연의 목적이 아니라 부정한 목적을 위하여 행하여진 것이라면 이는 세무조사에 중대한 위법사유가 있는 경우에 해당하고 이러한 세무조사에 의하여 수집된 과세자료를 기초로 한 과세처분 역시 위법하다(2016두47659). [날먹행 269p]

OX 정답

4-2. X 5. X 6. O 7. O 8-1. O

□□□□□ ★★★

판 8-2. 부가가치세부과처분이 종전의 부가가치세 경정조사와 같은 세목 및 같은 과세기간에 대하여 중복하여 실시한 위법한 세무조사에 기초하여 이루어진 경우 그 과세처분은 위법하다.
(21국회9급,21지방7급,19지방7급,16국가9급,15지방7급)

판례 납세자에 대한 부가가치세부과처분이, 종전의 부가가치세 경정조사와 같은 세목 및 같은 과세기간에 대하여 중복하여 실시된 위법한 세무조사에 기초하여 이루어진 것인 경우, 위법하다(2004두12070). [날먹행 269p]

□□□□□ ★★★

판 8-3. (구)국세기본법에 따른 금지되는 재조사에 기초한 과세처분은 특별한 사정이 없는 한 위법하다.
(22국회8급,21소방)

판례 금지되는 재조사에 기하여 과세처분을 하는 것은 단순히 당초 과세처분의 오류를 경정하는 경우에 불과하다는 등의 특별한 사정이 없는 한 그 자체로 위법하고, 이는 과세관청이 그러한 재조사로 얻은 과세자료를 과세처분의 근거로 삼지 않았다거나 이를 배제하고서도 동일한 과세처분이 가능한 경우라고 하여 달리 볼 것은 아니다(2015두745). [날먹행 269p]

□□□□□ ★★

판 8-4. 조사과정에서 운전자 본인의 동의를 받지 아니하고 또한 법원의 영장도 없이 채혈조사를 한 결과를 근거로 한 운전면허 정지·취소처분은 특별한 사정이 없는 한 위법한 처분에 해당한다. (23소방간부,23경간,22소방간부)

판례 음주운전 여부에 관한 조사방법 중 혈액 채취(이하 '채혈'이라고 한다)는 상대방의 신체에 대한 직접적인 침해를 수반하는 방법으로서, 이에 관하여 도로교통법은 호흡조사와 달리 운전자에게 조사에 응할 의무를 부과하는 규정을 두지 아니할 뿐만 아니라, 측정에 앞서 운전자의 동의를 받도록 규정하고 있으므로, 운전자의 동의 없이 임의로 채혈조사를 하는 것은 허용되지 아니한다. 따라서 음주운전 여부에 대한 조사 과정에서 운전자 본인의 동의를 받지 아니하고 또한 법원의 영장도 없이 채혈조사를 한 결과를 근거로 한 운전면허 정지·취소 처분은 도로교통법 제44조 제3항을 위반한 것으로서 특별한 사정이 없는 한 위법한 처분으로 볼 수밖에 없다(2014두46850). [날먹행 269p]

□□□□□

조 9-1. 근로기준법상 근로감독관의 직무에 관한 사항에 대하여는 행정조사기본법이 적용된다. (12지방9급)

□□□□□

조 9-2. 조세에 관한 사항은 행정조사의 대상에서 제외된다. (22국가7급)

□□□□□

조 9-3. 금융감독기관의 감독 · 검사 · 조사 및 감리에 관한 사항에 대하여는 행정조사기본법을 적용하지 아니한다.
(12지방9급)

OX 정답

8-2. O 8-3. O 8-4. O 9-1. X 9-2. O 9-3. O

□□□□□

조 9-4. 행정조사의 기본원칙은 군사시설·군사기밀보호 및 방위사업에 관한 사항에 대하여도 적용한다. (23국회8급)

행정조사기본법 제3조(적용범위)
① 행정조사에 관하여 다른 법률에 특별한 규정이 있는 경우를 제외하고는 이 법으로 정하는 바에 따른다.
② 다음 각 호의 어느 하나에 해당하는 사항에 대하여는 **이 법을 적용하지 아니한다.**
1. 행정조사를 한다는 사실이나 조사내용이 공개될 경우 국가의 존립을 위태롭게 하거나 국가의 중대한 이익을 현저히 해칠 우려가 있는 국가안전보장 · 통일 및 외교에 관한 사항
2. 국방 및 안전에 관한 사항 중 다음 각 목의 어느 하나에 해당하는 사항
가. 군사시설 · 군사기밀보호 또는 방위사업에 관한 사항
나. 「병역법」 · 「예비군법」 · 「민방위기본법」 · 「비상대비자원 관리법」 · 「재난관리자원의 관리 등에 관한 법률」에 따른 징집 · 소집 · 동원 및 훈련에 관한 사항
3. 「공공기관의 정보공개에 관한 법률」 제4조제3항의 정보에 관한 사항
4. 「근로기준법」 제101조에 따른 **근로감독관의 직무에 관한 사항**
5. **조세 · 형사 · 행형 및 보안처분에 관한 사항**
6. **금융감독기관의 감독 · 검사 · 조사 및 감리에 관한 사항**
7. 「독점규제 및 공정거래에 관한 법률」, 「표시 · 광고의 공정화에 관한 법률」, 「하도급거래 공정화에 관한 법률」, 「가맹사업거래의 공정화에 관한 법률」, 「방문판매 등에 관한 법률」, 「전자상거래 등에서의 소비자보호에 관한 법률」, 「약관의 규제에 관한 법률」 및 「할부거래에 관한 법률」에 따른 **공정거래위원회의 법률위반행위 조사에 관한 사항**
③ 제2항에도 불구하고 **제4조(행정조사의 기본원칙), 제5조(행정조사의 근거) 및 제28조(정보통신수단을 통한 행정조사)는 제2항 각 호의 사항에 대하여 적용**한다.
[날먹행 270p]

□□□□□★

조 10-1. 행정조사는 조사목적을 달성하는데 필요한 최소한의 범위에서 실시하여야 하며, 다른 목적 등을 위하여 조사권을 남용하여서는 아니 된다. (22소방간부,21군무원9급,21군무원7급)

□□□□□★★

조 10-2. 행정기관은 조사목적에 적합하도록 조사대상자를 선정하여 행정조사를 실시하여야 한다. (21국회8급)

□□□□□★

조 10-3. 행정기관이 유사하거나 동일한 사안이라고 하여 공동조사 등을 실시하는 것은 국민의 권익을 침해할 수 있으므로 허용되지 않는다. (23국회8급,21군무원9급)

□□□□□

조 10-4. 행정조사는 법령 등이 위반에 대한 처벌보다는 법령 등을 준수하도록 유도하는 데 중점을 두어야 한다. (21군무원9급,20소방)

□□□□□

조 10-5. 다른 법률에 따르지 아니하고는 행정조사의 대상자 또는 행정조사의 내용을 공표하거나 직무상 알게 된 비밀을 누설하여서는 아니된다. (16경행 등)

OX 정답

9-4. O 10-1. O 10-2. O 10-3. X 10-4. O 10-5. O

□□□□□ ★★★

조 10-6. 행정조사기본법에 의하면 행정기관은 행정조사를 통하여 알게 된 정보를 다른 법률에 따라 내부에서 이용하거나 다른 기관에 제공하는 경우를 제외하고는 원래의 조사목적 이외의 용도로 이용하거나 타인에게 제공하여서는 아니 된다. (21군무원9급,19지방7급)

행정조사기본법 제4조 (행정조사의 기본원칙)

① 행정조사는 조사목적을 달성하는데 필요한 최소한의 범위 안에서 실시하여야 하며, **다른 목적 등을 위하여 조사권을 남용하여서는 아니 된다.**

② 행정기관은 **조사목적에 적합하도록 조사대상자를 선정**하여 행정조사를 실시하여야 한다.

③ 행정기관은 **유사하거나 동일한 사안에 대하여는 공동조사 등을 실시**함으로써 행정조사가 중복되지 아니하도록 하여야 한다.

④ 행정조사는 **법령등의 위반에 대한 처벌보다는 법령등을 준수하도록 유도**하는 데 중점을 두어야 한다.

⑤ **다른 법률에 따르지 아니하고는** 행정조사의 대상자 또는 **행정조사의 내용을 공표하거나 직무상 알게 된 비밀을 누설하여서는 아니된다.**

⑥ 행정기관은 행정조사를 통하여 알게 된 정보를 **다른 법률에 따라 내부에서 이용하거나 다른 기관에 제공하는 경우를 제외**하고는 원래의 조사목적 이외의 용도로 이용하거나 타인에게 제공하여서는 아니 된다. [날먹행 270p]

□□□□□ ★

조 11-1. 행정기관의 장은 행정조사의 목적, 법령준수의 실적, 자율적인 준수를 위한 노력, 규모와 업종 등을 고려하여 명백하고 객관적인 기준에 따라 행정조사의 대상을 선정하여야 한다. (14국회8급)

□□□□□

조 11-2. 조사대상자는 법령 등에서 규정하고 있는 경우에 한하여 조사대상 선정기준에 대한 열람을 행정기관의 장에게 신청할 수 있다. (15지방9급)

□□□□□

조 11-3. 조사대상자가 조사대상 선정기준에 대한 열람을 신청한 경우에 행정기관은 그 열람이 당해 행정조사업무를 수행할 수 없을 정도로 조사활동에 지장을 초래한다는 이유로 열람을 거부할 수 없다. (18지방9급)

행정조사기본법 제8조(조사대상의 선정) ① 행정기관의 장은 **행정조사의 목적, 법령준수의 실적, 자율적인 준수를 위한 노력, 규모와 업종 등을 고려하여 명백하고 객관적인 기준에 따라 행정조사의 대상을 선정**하여야 한다.

② **조사대상자는 조사대상 선정기준에 대한 열람을 행정기관의 장에게 신청할 수 있다.**

③ 행정기관의 장이 제2항에 따라 열람신청을 받은 때에는 다음 각 호의 어느 하나에 해당하는 경우를 제외하고 **신청인이 조사대상 선정기준을 열람할 수 있도록** 하여야 한다.

1. **행정기관이 당해 행정조사업무를 수행할 수 없을 정도로 조사활동에 지장을 초래하는 경우**
2. **내부고발자 등 제3자에 대한 보호가 필요한 경우** [날먹행 271p]

OX 정답

10-6. O 11-1. O 11-2. X 11-3. X

□□□□□ ★★★

조 12. 행정조사는 수시로 실시함을 원칙으로 한다. (23국회8급,21소방)

행정조사기본법 제7조(조사의 주기) 행정조사는 법령등 또는 행정조사운영계획으로 정하는 바에 따라 **정기적으로 실시함을 원칙**으로 한다. 다만, 다음 각 호 중 어느 하나에 해당하는 경우에는 **수시조사**를 할 수 있다.
1. 법률에서 **수시조사를 규정**하고 있는 경우
2. **법령등의 위반에 대하여 혐의**가 있는 경우
3. **다른 행정기관으로부터 법령등의 위반에 관한 혐의를 통보 또는 이첩**받은 경우
4. **법령등의 위반에 대한 신고를 받거나 민원이 접수**된 경우
5. 그 밖에 행정조사의 필요성이 인정되는 사항으로서 **대통령령으로 정하는 경우** **[날먹행 271p]**

□□□□□

조 13-1. 출석 및 진술요구는 행정조사기본법 상의 행정조사의 방법에 해당한다. (13서울9급)

□□□□□

조 13-2. 조사대상자는 지정된 출석일시에 출석하는 경우 업무 또는 생활에 지장이 있는 때에는 행정기관의 장에게 출석일시를 변경하여 줄 것을 신청할 수 있으며, 변경신청을 받은 행정기관의 장은 행정조사의 목적을 달성할 수 있는 범위 안에서 출석일시를 변경하여야 한다. (22서울7급)

행정조사기본법 제9조(출석 · 진술 요구) ① 행정기관의 장이 조사대상자의 출석 · 진술을 요구하는 때에는 다음 각 호의 사항이 기재된 출석요구서를 발송하여야 한다.
② **조사대상자는 지정된 출석일시에 출석하는 경우 업무 또는 생활에 지장이 있는 때**에는 행정기관의 장에게 출석일시를 **변경하여 줄 것을 신청할 수 있으며, 변경신청을 받은 행정기관의 장**은 행정조사의 목적을 달성할 수 있는 범위 안에서 출석일시를 **변경할 수 있다.** **[날먹행 271p]**

□□□□□

조 14-1. 보고요구와 자료제출의 요구는 행정조사기본법상의 행정조사의 방법에 해당한다. (13서울9급)

□□□□□

조 14-2. 행정기관의 장은 조사대상자에게 장부·서류나 그 밖의 자료를 제출하도록 요구하는 때에는 자료제출요구서를 발송하여야 한다. (21군무원7급)

행정조사기본법 제10조(보고요구와 자료제출의 요구) ① 행정기관의 장은 조사대상자에게 조사사항에 대하여 보고를 요구하는 때에는 다음 각 호의 사항이 포함된 보고요구서를 발송하여야 한다.
② 행정기관의 장은 조사대상자에게 장부 · 서류나 그 밖의 자료를 제출하도록 요구하는 때에는 다음 각 호의 사항이 기재된 자료제출요구서를 발송하여야 한다. **[날먹행 271p]**

□□□□□

조 15-1. 현장조사는 행정조사기본법 상의 행정조사의 방법에 의한다. (13서울9급)

OX 정답

12. X 13-1. O 13-2. X 14-1. O 14-2. O 15-1. O

□□□□□ ★★★

조 15-2. 조사대상자의 동의가 있는 경우 해가 뜨기 전이나 해가 진 뒤에도 현장조사가 가능하다. (17서울9급)

□□□□□

조 15-3. 사무실 또는 사업장 등의 업무시간에 행정조사를 실시하는 경우에는 해가 뜨기 전이나 해가 진 뒤라 할지라도 현장조사를 할 수 있다. (22서울7급)

행정조사기본법 제11조(현장조사) ① 조사원이 가택 · 사무실 또는 사업장 등에 출입하여 현장조사를 실시하는 경우에는 행정기관의 장은 다음 각 호의 사항이 기재된 **현장출입조사서 또는 법령등에서 현장조사시 제시하도록 규정하고 있는 문서를 조사대상자에게 발송**하여야 한다.

② 제1항에 따른 현장조사는 **해가 뜨기 전이나 해가 진 뒤에는 할 수 없다.** 다만, 다음 각 호의 어느 하나에 해당하는 경우에는 그러하지 아니하다.

1. **조사대상자(대리인 및 관리책임이 있는 자를 포함한다)가 동의**한 경우
2. **사무실 또는 사업장 등의 업무시간**에 행정조사를 실시하는 경우
3. 해가 뜬 후부터 해가 지기 전까지 행정조사를 실시하는 경우에는 **조사목적의 달성이 불가능하거나 증거인멸로 인하여 조사대상자의 법령등의 위반 여부를 확인할 수 없는 경우** [날먹행 271p]

□□□□□ ★

조 16-1. 조사원이 조사목적을 달성하기 위하여 시료채취를 하는 경우에는 그 시료의 소유자 및 관리자의 정상적인 경제활동을 방해하지 아니하는 범위 안에서 최소한도로 하여야 한다. (20소방)

□□□□□ ★★

조 16-2. 조사원이 조사목적의 달성을 위하여 시료채취를 하는 경우 이로 인하여 조사대상자에게 손실을 입힌 때에는 법령이 정하는 절차와 방법에 따라 그 손실을 보상하여야 한다. (23국가9급,21국회9급,19소방)

행정조사기본법 제12조(시료채취) ① 조사원이 조사목적의 달성을 위하여 **시료채취를 하는 경우**에는 그 시료의 소유자 및 관리자의 **정상적인 경제활동을 방해하지 아니하는 범위 안에서 최소한도로** 하여야 한다.

② 행정기관의 장은 제1항에 따른 시료채취로 조사대상자에게 **손실을 입힌 때**에는 대통령령으로 정하는 절차와 방법에 따라 **그 손실을 보상하여야** 한다. [날먹행 272p]

□□□□□ ★★

조 17. 조사원이 현장조사 중에 자료 · 서류 · 물건 등을 영치하는 경우에 조사대상자의 생활이나 영업이 사실상 불가능하게 될 우려가 있는 때에는 조사원은 증거인멸의 우려가 있는 경우가 아니라면 사진촬영 등의 방법으로 영치에 갈음할 수 있다. (18국가7급)

행정조사기본법 제13조(자료등의 영치) ① 조사원이 현장조사 중에 자료 · 서류 · 물건 등(이하 이 조에서 "자료등"이라 한다)을 영치하는 때에는 **조사대상자 또는 그 대리인을 입회시켜야 한다.**

② 조사원이 제1항에 따라 자료등을 영치하는 경우에 조사대상자의 **생활이나 영업이 사실상 불가능하게 될 우려**가 있는 때에는 조사원은 **자료등을 사진으로 촬영하거나 사본을 작성하는 등의 방법으로 영치에 갈음**할 수 있다. **다만, 증거인멸의 우려가 있는 자료등을 영치하는 경우에는 그러하지 아니**하다. [날먹행 272p]

OX 정답

15-2. ○ 15-3. ○ 16-1. ○ 16-2. ○ 17. ○

□□□□□ ★★

조 18. 행정기관의 장은 당해 행정기관 내의 2 이상의 부서가 동일하거나 유사한 업무분야에 대하여 동일한 조사대상자에게 행정조사를 실시하는 경우에는 공동조사를 할 수 있다. (23국가9급,22서울7급,21국회8급,17경행)

행정조사기본법 제14조(공동조사) ① 행정기관의 장은 다음 각 호의 어느 하나에 해당하는 행정조사를 하는 경우에는 **공동조사를** 하여야 한다. → **강행규정**

1. **당해 행정기관 내의 2 이상의 부서가 동일하거나 유사한 업무분야에 대하여 동일한 조사대상자에게 행정조사**를 실시하는 경우
2. 서로 다른 행정기관이 대통령령으로 정하는 분야에 대하여 동일한 조사대상자에게 행정조사를 실시하는 경우

[날먹행 272p]

□□□□□ ★★

조 19. 정기조사 또는 수시조사를 실시한 행정기관의 장은 조사대상자의 자발적인 협조를 얻어 실시하는 경우가 아닌 한, 동일한 사안에 대하여 동일한 조사대상자를 재조사하여서는 아니 된다. (23국회8급,22서울7급,18지방9급,18서울7급)

행정조사기본법 제15조(중복조사의 제한) ① 제7조에 따라 정기조사 또는 수시조사를 실시한 행정기관의 장은 **동일한 사안에 대하여 동일한 조사대상자를 재조사 하여서는 아니 된다.** 다만, 당해 행정기관이 이미 조사를 받은 조사대상자에 대하여 위법행위가 의심되는 새로운 증거를 확보한 경우에는 그러하지 아니하다. **[날먹행 272p]**

□□□□□ ★★★

조 20-1. 행정조사를 실시하고자 하는 행정기관의 장은 출석요구서, 보고요구서·자료제출요구서 및 현장출입조사서를 조사개시 7일 전까지 조사대상자에게 구두로 통지하여야 한다. (20경행)

□□□□□ ★★

조 20-2. 조사대상자의 자발적인 협조를 얻어 실시하는 행정조사의 경우에는 행정조사의 목적 등을 구두로 통지할 수 있다. (21국회8급,20경행,18국가9급)

□□□□□

조 20-3. '행정조사기본법'에 따르면 '통계법'상 지정통계의 작성을 위하여 조사하는 경우 실시기관의 장은 조사개시 7일 전까지 조사대상자에게 서면으로 통지하여야 한다. (23소방간부,22경간)

행정조사기본법 제17조(조사의 사전통지) ① 행정조사를 실시하고자 하는 행정기관의 장은 제9조에 따른 출석요구서, 제10조에 따른 보고요구서 · 자료제출요구서 및 제11조에 따른 현장출입조사서(이하 "출석요구서등"라 한다)를 조사개시 7일 전까지 조사대상자에게 서면으로 통지하여야 한다. 다만, 다음 각 호의 어느 하나에 해당하는 경우에는 행정조사의 개시와 동시에 출석요구서등을 조사대상자에게 제시하거나 행정조사의 목적 등을 조사대상자에게 구두로 통지할 수 있다.

1. 행정조사를 **실시하기 전에 관련 사항을 미리 통지하는 때에는 증거인멸 등으로 행정조사의 목적을 달성할 수 없다고 판단**되는 경우
2. 「통계법」 제3조제2호에 따른 **지정통계의 작성을 위하여 조사**하는 경우
3. 제5조 단서에 따라 조사대상자의 자발적인 협조를 얻어 실시하는 행정조사의 경우

[날먹행 273p]

OX 정답

18. X 19. X 20-1. X 20-2. O 20-3. X

□□□□□

조 21. 행정기관은 조사목적에 적합하도록 조사대상자를 선정하여 행정조사를 실시하는 것을 원칙으로 하나 필요한 경우 제3자에 대하여도 조사할 수 있다. (21국회8급,20소방간부)

행정조사기본법 제19조(제3자에 대한 보충조사) ① 행정기관의 장은 조사대상자에 대한 조사만으로는 당해 **행정조사의 목적을 달성할 수 없거나 조사대상이 되는 행위에 대한 사실 여부 등을 입증하는 데 과도한 비용 등이 소요**되는 경우로서 다음 각 호의 어느 하나에 해당하는 경우에는 **제3자에 대하여 보충조사**를 할 수 있다.
1. **다른 법률에서 제3자에 대한 조사를 허용**하고 있는 경우
2. **제3자의 동의**가 있는 경우

② 행정기관의 장은 제1항에 따라 **제3자에 대한 보충조사를 실시하는 경우에는 조사개시 7일 전까지 보충조사의 일시 · 장소 및 보충조사의 취지 등을 제3자에게 서면으로 통지하여야 한다.**

③ 행정기관의 장은 제3자에 대한 보충조사를 하기 전에 **그 사실을 원래의 조사대상자에게 통지하여야 한다.** 다만, 제3자에 대한 보충조사를 사전에 통지하여서는 조사목적을 달성할 수 없거나 조사목적의 달성이 현저히 곤란한 경우에는 제3자에 대한 조사결과를 확정하기 전에 그 사실을 통지하여야 한다.

④ 원래의 조사대상자는 제3항에 따른 통지에 대하여 의견을 제출할 수 있다. **[날먹행 273p]**

□□□□□ ★★★

조 22-1. 행정기관의 장이 조사대상자의 자발적인 협조를 얻어 행정조사를 실시하고자 하는 경우 조사대상자는 문서 · 전화 · 구두 등의 방법으로 당해 행정조사를 거부할 수 있다. (23지방9급,23군무원7급,18국가7급)

□□□□□ ★★★

조 22-2. 조사대상자가 조사에 응할 것인지에 대한 응답을 하지 아니하는 경우에는 법령 등에 특별한 규정이 없는 한 그 조사를 거부한 것으로 본다. (19지방9급,17서울9급)

행정조사기본법 제20조(자발적인 협조에 따라 실시하는 행정조사) ① 행정기관의 장이 제5조 단서에 따라 조사대상자의 **자발적인 협조를 얻어 행정조사를 실시**하고자 하는 경우 **조사대상자는 문서 · 전화 · 구두 등의 방법으로 당해 행정조사를 거부할 수 있다.**

② 제1항에 따른 행정조사에 대하여 조사대상자가 조사에 응할 것인지에 대한 응답을 하지 아니하는 경우에는 법령등에 특별한 규정이 없는 한 그 **조사를 거부한 것으로 본다.** **[날먹행 273p]**

□□□□□ ★

조 23. 조사대상자는 조사원에게 공정한 행정조사를 기대하기 어려운 사정이 있다고 판단하는 경우에는 행정기관의 장에게 당해 조사원의 교체를 신청할 수 있다. (23경간,18경행급)

행정조사기본법 제22조(조사원 교체신청) ① 조사대상자는 **조사원에게 공정한 행정조사를 기대하기 어려운 사정이 있다고 판단되는 경우**에는 **행정기관의 장에게 당해 조사원의 교체를 신청**할 수 있다.

② 제1항에 따른 교체신청은 그 이유를 명시한 서면으로 행정기관의 장에게 하여야 한다. **[날먹행 274p]**

□□□□□ ★★

조 24-1. 조사대상자는 법률 · 회계 등에 대하여 전문지식이 있는 관계 전문가로 하여금 행정조사를 받는 과정에 입회하게 하거나 의견을 진술하게 할 수 있다. (15서울7급)

OX 정답

21. O 22-1. O 22-2. O 23. O 24-1. O

□□□□□ ★★

조 24-2. 조사대상자와 조사원은 조사과정을 방해하지 아니하는 범위 안에서 행정조사의 과정을 녹음하거나 녹화할 수 있다. (15서울7급)

행정조사기본법 제23조(조사권 행사의 제한) ① 조사원은 제9조부터 제11조까지에 따라 사전에 발송된 사항에 한하여 조사대상자를 조사하되, 사전통지한 사항과 관련된 추가적인 행정조사가 필요할 경우에는 조사대상자에게 추가조사의 필요성과 조사내용 등에 관한 사항을 서면이나 구두로 통보한 후 추가조사를 실시할 수 있다.
② 조사대상자는 **법률 · 회계 등에 대하여 전문지식이 있는 관계 전문가로 하여금 행정조사를 받는 과정에 입회하게 하거나 의견을 진술하게 할 수 있다.**
③ 조사대상자와 **조사원은 조사과정을 방해하지 아니하는 범위 안에서 행정조사의 과정을 녹음하거나 녹화할 수 있다. 이 경우 녹음 · 녹화의 범위 등은 상호 협의**하여 정하여야 한다. **[날먹행 274p]**

□□□□□ ★★★

조 25. 행정기관의 장은 법령 등에 특별한 규정이 있는 경우를 제외하고는 행정조사의 결과를 확정한 날로부터 7일 이내에 그 결과를 조사대상자에게 통지하여야 한다.
(23국회8급,22국회8급,22국가7급,21군무원7급,21국회8급,18서울7급)

행정조사기본법 제24조(조사결과의 통지) 행정기관의 장은 법령등에 특별한 규정이 있는 경우를 제외하고는 **행정조사의 결과를 확정한 날부터 7일 이내에 그 결과를 조사대상자에게 통지**하여야 한다. **[날먹행 274p]**

□□□□□ ★

조 26-1. 행정기관의 장은 법령 등에서 규정하고 있는 조사사항을 조사대상자로 하여금 스스로 신고하도록 하는 제도를 운영할 의무가 있다. (23경간,20소방,17국회8급)

□□□□□ ★★

조 26-2. 행정기관의 장은 조사대상자가 신고한 내용이 거짓의 신고라고 인정할 만한 근거가 있거나 신고내용을 신뢰할 수 없는 경우를 제외하고는 그 신고내용을 행정조사에 갈음하여야 한다. (12사복9급)

행정조사기본법 제25조(자율신고제도) ① 행정기관의 장은 법령등에서 규정하고 있는 **조사사항을 조사대상자로 하여금 스스로 신고하도록 하는 제도를 운영할 수 있다. → 임의규정, 의무 X**
② 행정기관의 장은 조사대상자가 제1항에 따라 **신고한 내용이 거짓의 신고라고 인정할 만한 근거가 있거나 신고내용을 신뢰할 수 없는 경우를 제외**하고는 **그 신고내용을 행정조사에 갈음할 수 있다. → 임의규정, 의무 X** **[날먹행 274p]**

□□□□□ ★

이 27. 행정기관의 장은 인터넷 등 정보통신망을 통하여 조사대상자로 하여금 자료의 제출 등을 하게 할 수 있다.
(23국가9급,15지방9급)

행정조사기본법 제28조(정보통신수단을 통한 행정조사) ① 행정기관의 장은 **인터넷 등 정보통신망을 통하여 조사대상자로 하여금 자료의 제출 등을 하게 할 수 있다.** **[날먹행 275p]**

OX 정답

24-2. O 25. O 26-1. X 26-2. X 27. O

04 행정벌

제1절 개관

□□□□□ ★★★

이 1. 행정벌과 이행강제금은 장래에 의무의 이행을 강제하기 위한 제재로서 직접적으로 행정작용의 실효성을 확보하기 위한 수단이라는 점에서는 동일하다. (22군무원9급,17국가9급)

행정벌: 행정법상의 과거의 의무 위반에 대한 제재
이행강제금: 의무불이행이 있는 경우 **장래의 방향**으로 이행을 강제 [날먹행 276p]

제2절 행정형벌

□□□□□ ★★

이 2-1. 죄형법정주의 원칙 등 형벌법규의 해석 원리는 행정형벌에 관한 규정을 해석할 때에도 적용되어야 한다. (19서울9급)

□□□□□ ★★★

이 2-2. 행정질서벌인 과태료는 죄형법정주의의 규율대상이다. (21국가7급,21소방,16국가9급)

- **행정형벌의 법적 근거**: 죄형법정주의가 적용되어 법률의 근거를 요하며, 원칙적으로 형법총칙이 적용됨
  행정형벌에 대한 **일반법은 없고 개별법률에 따름** [날먹행 276p]

□□□□□ ★★★

판 3. 어떤 행정법규 위반행위에 대해 과태료를 과할 것인지 행정형벌을 과할 것인지는 기본적으로 입법재량에 속한다. (23경간,14지방9급)

- **행정형벌**은 침익적 사항이므로 **작용법적 근거가 필요**함. 단, 어떤 행정법규 위반행위에 대해 과태료를 과할 것인지 행정형벌을 과할 것인지는 기본적으로 입법재량에 속한다(91헌마14). [날먹행 276p]

OX 정답

1절 1. X / 2절 2-1. ○ 2-2. X 3. ○

□□□□□ ★★★

이 4. 과실범을 처벌한다는 명문의 규정이 없더라도 행정형벌법규의 해석에 의하여 과실행위도 처벌한다는 뜻이 도출되는 경우에는 과실범도 처벌될 수 있다. (19국가9급,17국가7급,17서울7급)

- 행정범의 경우에도 원칙적으로 **고의가 있어야** 함.
  과실의 경우, 명문의 규정이 있는 경우에 처벌할 수 있음(형법§14).
  단, **판례는 명문 규정이 없더라도 과실행위도 벌한다는 취지가 명백한 경우에는 처벌할 수 있음** [날먹행 277p]

□□□□□

이 5-1. 양벌규정은 행위자에 대한 처벌규정임과 동시에 그 위반행위의 이익귀속주체인 영업주에 대한 처벌규정이다. (22국가9급)

□□□□□ ★★★

이 5-2. 종업원의 위반행위에 대해 사업주도 처벌하는 경우, 사업주가 지는 책임은 무과실책임이다. (22국가9급)

□□□□□ ★★★

이 5-3. 양벌규정에 의한 영업주의 처벌은 금지위반행위자인 종업원의 처벌에 종속되는 것이다. (22군무원7급,20소방)

□□□□□ ★★★

판 5-4. 양벌규정에 의해 영업주가 처벌되기 위해서는 종업원의 범죄가 성립하거나 처벌이 이루어져야 함이 전제조건이 되어야 한다. (23변시,22국가9급,22지방9급,21국가7급,20지방7급,19서울9급,17국가9급)

- **양벌규정**: 위법행위에 대하여 행위자를 처벌하는 외에 그 업무의 주체인 법인 또는 개인도 함께 처벌하는 규정으로, 행정법규 중에는 행위자 외에 법인까지 처벌하도록 규정하고 있는 경우가 있는데, 이를 **양벌규정**이라 함.
- **양벌규정의 법적성질**: 주의·감독의무를 태만히 한 것에 대한 **자기책임, 과실책임, 행위자 처벌되지 않아도 법정대리인, 사업주 처벌**

판례 양벌규정에 의한 영업주의 처벌은 금지위반행위자인 종업원의 처벌에 종속하는 것이 아니라 독립하여 그 자신의 종업원에 대한 선임감독상의 과실로 인하여 처벌되는 것이므로 **종업원의 범죄성립이나 처벌이 영업주 처벌의 전제조건이 될 필요는 없다**(2005도7673). [날먹행 277p]

□□□□□ ★★

판 5-5. 법인의 독자적인 책임에 관한 규정이 없이 단순히 종업원이 업무에 관한 범죄행위를 하였다는 이유만으로 법인에게 형사처벌을 과하는 것은 책임주의 원칙에 반한다. (22국가9급,21소방,19서울9급)

판례 법인이 고용한 종업원 등의 범죄행위에 관하여 비난할 근거가 되는 **법인의 의사결정 및 행위구조, 즉 종업원 등이 저지른 행위의 결과에 대한 법인의 독자적인 책임에 관하여 전혀 규정하지 않은 채,** 단순히 법인이 고용한 종업원 등이 업무에 관하여 범죄행위를 하였다는 이유만으로 법인에 대하여 형사처벌을 과하고 있는바, 이는 **법치국가의 원리 및 죄형법정주의로부터 도출되는 책임주의원칙에 반하여 헌법에 위반**된다(2010헌가10). [날먹행 277p]

OX 정답

4. ○ 5-1. ○ 5-2. X 5-3. X 5-4. X 5-5. ○

□□□□□ ★★★

판 5-6. 지방자치단체 소속 공무원이 지방자치단체 고유의 자치사무를 수행하던 중 도로법 규정에 의한 위반행위를 한 경우에는 지방자치단체는 도로법의 양벌규정에 따라 처벌대상이 되는 법인에 해당한다.
(23지방9급,22소방,21지방·서울7급,21소방,19국가7급,19서울9급,18변시 등)

> **판례** 지방자치단체 소속 공무원이 자치사무를 수행하던 중 위반행위를 한 경우 지방자치단체는 도로법 상의 양벌규정에 따라 처벌되는 법인에 해당한다(2004도2657). **[날먹행 277p]**

□□□□□ ★★★

판 5-7. 양벌규정의 대상이 되는 법인에 국가는 포함되지 않지만 기관위임사무를 행하는 지방자치단체는 포함된다.
(22소방간부,20국가7급,17서울7급)

> • **지방자치단체의 경우: 자치사무 → 지자체는 처벌대상 ○ / 기관위임사무 → 지자체는 처벌대상 X** **[날먹행 277p]**

□□□□□ ★★

이 6. 행정형벌은 일반적으로 형사소송법이 정하는 절차에 따라 과하는 것이 원칙이다. (09국가9급,07국회8급)

> • **행정형벌의 일반과벌절차: 원칙적으로 형사소송법이 정하는 절차**에 따라 법원이 과벌해야. **[날먹행 278p]**

□□□□□ ★★

이 7. 통고처분은 현행법상 조세범, 관세범, 출입국사범, 교통사범 등에 대하여 형사소송절차에 대신하여 벌금 또는 과료에 상당하는 금액의 납부를 명하는 것이다. (22소방승진,21국회9급)

> • **행정형벌의 특별과벌절차**: 정식형사소송절차에 대하여 상대방의 동의를 조건으로 벌금 또는 과료에 상당하는 금액의 납부 등을 통고하는 준사법적 행위로서, 행정형벌의 예외적인 과벌절차임. **[날먹행 278p]**

□□□□□ ★★★

판 8-1. 통고처분은 행정심판이나 행정소송의 대상으로서의 처분성을 가진다는 것이 판례의 입장이다.
(23지방9급,23소방,22국가7급,22지방9급,21국회9급,21지방·서울7급,20지방9급,19국가7급,17국가9급 등)

□□□□□ ★★★

판 8-2. 법률에 따라 통고처분을 할 수 있으면 행정청은 통고처분을 하여야 하며, 통고처분 이외의 조치를 취할 재량은 없다. (22소방,21지방·서울7급)

> • **통고처분의 성질**
> ① **상대방의 임의의 승복을 발효요건**으로 하기 때문에 **처분성이 부정**됨(95누4674).
> ② 통고처분 여부는 **행정청의 재량**에 속함(2006도1993). **[날먹행 278p]**

OX 정답

5-6. ○ 5-7. X 6. ○ 7. ○ 8-1. X 8-2. X

□□□□□ ★★★

판 9-1. 통고처분에 따른 범칙금을 납부한 후에 동일한 사건에 대하여 다시 형사처벌을 하는 것이 일사부재리의 원칙에 반하는 것은 아니다. **(22소방승진,21국회9급,19국가9급,18경행)**

□□□□□

판 9-2. 경찰서장이 범칙행위에 대하여 통고처분을 한 이상, 통고처분에서 정한 범칙금 납부 기간까지는 원칙적으로 경찰서장은 즉결심판을 청구할 수 없고, 검사도 동일한 범칙행위에 대하여 공소를 제기할 수 없다. **(23국회8급,21지방9급)**

□□□□□

판 9-3. 지방국세청장이 조세범칙행위에 대하여 고발을 한 후에 동일한 조세범칙행위에 대하여 통고처분을 하여 조세범칙행위자가 이를 이행하였다면 고발에 따른 형사절차의 이행은 일사부재리의 원칙에 반하여 위법하다. **(22소방,21서울7급,20군무원9급)**

- **통고처분에 따라 이행한 경우**
  ㉠ **과벌절차가 종료되며, 일사부재리의 원칙에 따라 형사소추가 불가능**해짐(확정판결과 동일한 효과).
  판례 **경찰서장이 범칙행위에 대하여 통고처분을 한 이상**, 범칙자의 위와 같은 절차적 지위를 보장하기 위하여 통고처분에서 정한 범칙금 납부기간까지는 **원칙적으로 경찰서장은 즉결심판을 청구할 수 없고, 검사도 동일한 범칙행위에 대하여 공소를 제기할 수 없다고 보아야 한다**(2017도13409).
  판례 **지방국세청장 또는 세무서장이 조세범칙행위에 대하여 고발을 한 후에 동일한 조세범칙행위에 대하여 통고처분을 하였더라도,** 이는 **법적 권한 소멸 후에 이루어진 것**으로서 특별한 사정이 없는 한 **효력이 없고**, 조세범칙행위자가 이러한 통고처분을 이행하였더라도 조세범 처벌절차법 제15조 제3항에서 정한 **일사부재리의 원칙이 적용될 수 없다**(2014도10748).
  ㉡ 통보권자는 이미 통고된 내용을 변경하지 못하고, 통고처분내용의 이행기간이 경과해도 고발하기 전이면 이행할 수 있음(조세범처벌법§17②)
  [날먹행 278, 279p]

□□□□□ ★★

이 10.통고처분이 행하여지더라도 공소시효의 진행은 중단되지 않는다. **(18경행,11지방7급)**

- 통고처분 행해지면 **공소시효진행 중단됨** **[날먹행 278p]**

□□□□□ ★★★

이 11. 통고처분을 받은 자가 통고처분의 내용을 이행하지 아니하면 권한행정청은 일정기간 내에 고발할 수 있고, 그에 따라 형사소송절차로 진행되게 된다. **(22소방승진,15지방9급)**

- **통고처분을 이행하지 않은 경우**
  통고처분은 자동적으로 효력을 상실하고, **통고처분권자의 고발 또는 즉결심판청구에 의해 정식 형사절차가 진행됨.**
  [날먹행 279p]

OX 정답

9-1. X 9-2. ○ 9-3. X 10. X 11. ○

□□□□□ ★★★

판 12-1. 통고처분은 행정소송법상 처분에 해당하며, 항고소송의 대상이 된다.
(22소방승진,21국회9급,21지방7급,19국가7급,18경행)

□□□□□ ★★

판 12-2. '도로교통법' 상 통고처분을 받은 자가 그 처분에 대하여 이의가 있는 경우에는 통고처분에 따른 범칙금의 납부를 이행하지 아니함으로써 경찰서장의 즉결심판청구에 의하여 법원의 심판을 받을 수 있게 된다.
(20지방·서울9급,19국회8급)

> **판례** 도로교통법 제118조에서 규정하는 **경찰서장의 통고처분은 행정소송의 대상이 되는 행정처분이 아니므로 그 처분의 취소를 구하는 소송은 부적법**하고, 도로교통법상의 통고처분을 받은 자가 그 **처분에 대하여 이의가 있는 경우에는 통고처분에 따른 범칙금의 납부를 이행하지 아니함으로써 경찰서장의 즉결심판청구에 의하여 법원의 심판을 받을 수 있게 될 뿐**이다(95누4674). [날먹행 279p]

제 3 절 행정질서벌

□□□□□ ★★★

이 1-1. 과태료는 행정질서벌에 해당할 뿐 형벌이라고 할 수 없어 죄형법정주의의 규율대상에 해당하지 아니한다.
(21국가7급,21소방,19국가9급 등)

□□□□□ ★★

이 1-2. 과태료는 행정벌의 일종으로 형벌과 마찬가지로 형법총칙이 적용된다. (21국가7급,21소방,20소방)

> **행정질서벌(과태료): 행정법상 의무위반에 대한 제재**로서 **과태료를 과하는 금전적 제재수단**을 말함.
> • **과태료**는 행정질서벌에 해당할 뿐 형벌은 아니기에, **죄형법정주의의 규율대상에 해당하지 않음.** [날먹행 280p]

□□□□□ ★★★

조 2-1. 지방자치단체의 조례도 과태료 부과의 근거가 될 수 있다. (16국가9급)

> **질서위반행위규제법 제2조(정의)** 이 법에서 사용하는 용어의 뜻은 다음과 같다.
> 1. "질서위반행위"란 **법률(지방자치단체의 조례를 포함**한다. 이하 같다)**상의 의무를 위반하여 과태료를 부과하는 행위**를 말한다. 다만, 다음 각 목의 어느 하나에 해당하는 행위를 제외한다. [날먹행 280p]

□□□□□ ★★★

조 2-2. 질서위반행위규제법에 따라 행정청이 부과한 과태료처분은 행정소송의 대상인 행정처분에 해당한다.
(23소방,17국가9급)

OX 정답

12-1. X 12-1. O / 3절 1-1. O 1-2. X 2-1. O 2-2. X

□□□□□ ★★

판 2-3. 법원이 질서위반행위규제법에 따라서 하는 과태료 재판은 원칙적으로 행정소송에서와 같은 신뢰보호의 원칙 위반 여부가 문제되지 아니한다. (22소방,22지방9급)

판례 법원이 비송사건절차법에 따라서 하는 과태료 재판은 관할 관청이 부과한 과태료처분에 대한 당부를 심판하는 행정소송절차가 아니라 법원이 직권으로 개시·결정하는 것이므로, **원칙적으로 과태료 재판에서는 행정소송에서와 같은 신뢰보호의 원칙 위반 여부가 문제로 되지 아니하고,** 다만 위반자가 그 의무를 알지 못하는 것이 무리가 아니었다고 할 수 있어 그것을 **정당시할 수 있는 사정이 있을 때 또는 그 의무의 이행을 그 당사자에게 기대하는 것이 무리라고 하는 사정이 있을 때 등 그 의무 해태를 탓할 수 없는 정당한 사유가 있는 때에는 이를 부과할 수 없다**(2003마715).
[날먹행 280p]

□□□□□ ★

판 3-1. 신규등록신청을 위한 임시운행허가를 받고 그 기간이 끝났음에도 자동차등록원부에 등록하지 않은 채 허가기간의 범위를 넘어 운행한 차량소유자가 관련 법조항에 의한 과태료를 부과받아 납부하였다 하더라도 그 차량소유자에 대해 형사처벌을 하는 것은 일사부재리원칙에 위반하는 것이 아니다. (18경행)

□□□□□ ★★★

판 3-2. 대법원은 과태료부과처분과 형사처벌은 그 성질이나 목적을 달리하는 별개의 것이므로 과태료를 납부한 후에 형사처벌을 한다고 하여 일사부재리의 원칙에 반한다고 볼 수 없다고 하고 있다.
(23국가9급,23소방,22국가7급,18지방9급)

과태료와 형사처벌의 병과가능성: 판례는 **과태료(행정질서벌)와 행정형벌**은 성질 · 목적을 달리하는 **별개**의 것이므로, 과태료 부과 후 형사처벌을 하더라도 일사부재리 원칙에 위배되지 않는다고 하여, 병과할 수 있다는 입장(88도1983).
[날먹행 280p]

□□□□□

이 4-1. 지방자치법 제139조 제2항 및 제3항에 따라 사기나 그 밖의 부정한 방법으로 사용료 · 수수료 또는 분담금의 징수를 면한 자, 그리고 공공시설을 부정 사용한 자에 대한 과태료 부과에는 질서위반행위규제법이 적용된다.
(16국회8급)

□□□□□ ★★

조 4-2. 지방자치단체의 조례상의 의무를 위반하여 과태료를 부과하는 행위는 질서위반행위에 해당하지 않는다.
(19지방9급,19서울9급,18서울7급)

□□□□□ ★★

조 4-3. 민법상의 의무를 위반하여 과태료를 부과하는 행위는 질서위반행위규제법상 질서위반행위에 해당한다. (19서울9급)

OX 정답

2-3. ○ 3-1. ○ 3-2. ○ 4-1. ○ 4-2. X 4-3. X

□□□□□ ★★★

조 4-4. 질서위반행위란 '법률(조례를 포함한다)상의 의무를 위반하여 과태료를 부과하는 행위'를 말하고, 이에는 대통령령으로 정하는 법률에 따른 징계사유에 해당하여 과태료를 부과하는 행위가 포함된다. (09국가7급)

질서위반행위규제법 제2조(정의) 이 법에서 사용하는 용어의 뜻은 다음과 같다.
1. **"질서위반행위"**란 **법률(지방자치단체의 조례를 포함**한다. 이하 같다)**상의 의무를 위반하여 과태료를 부과하는 행위**를 말한다. 다만, 다음 각 목의 어느 하나에 해당하는 행위를 제외한다.
   가. 대통령령으로 정하는 **사법(私法)상 · 소송법상 의무를 위반하여 과태료를 부과**하는 행위
   나. 대통령령으로 정하는 **법률에 따른 징계사유에 해당하여 과태료를 부과**하는 행위 [날먹행 280p]

□□□□□ ★★★

조 5-1. 과태료를 부과하는 근거 법령이 개정되어 행위시의 법률에 의하면 과태료 부과대상이었지만 재판시의 법률에 의하면 부과대상이 아니게 된 때에는 특별한 사정이 없는 한 과태료를 부과할 수 없다. (23지방9급,23소방,23군무원7급,22국회9급,21경행,19국가9급,19국가7급,18국가9급)

□□□□□ ★★★

조 5-2. 법원의 과태료 재판이 확정된 후 법률이 변경되어 그 행위가 질서위반행위에 해당하지 아니하게 된 때에는 변경된 법률에 특별한 규정이 없는 한 과태료의 집행을 면제한다. (22국가7급,22군무원7급,21경행,19지방9급,18서울7급 등)

질서위반행위규제법 제3조(법 적용의 시간적 범위) ① **질서위반행위의 성립과 과태료 처분은** 행위시의 **법률**에 따른다.
② 질서위반행위 후 법률이 변경되어 그 행위가 **질서위반행위에 해당하지 아니하게 되거나 과태료가 변경되기 전의 법률보다 가볍게 된 때**에는 법률에 특별한 규정이 없는 한 변경된 법률을 적용한다.
③ 행정청의 과태료 처분이나 법원의 과태료 **재판이 확정된 후 법률이 변경**되어 그 **행위가 질서위반행위에 해당하지 아니하게 된 때**에는 변경된 법률에 특별한 규정이 없는 한 **과태료의 징수 또는 집행을 면제**한다. [날먹행 281p]

□□□□□ ★★

조 6. 질서위반행위규제법은 대한민국 영역 밖에서 질서위반행위를 한 대한민국의 국민에게 적용한다. (15경행)

질서위반행위규제법 제4조(법 적용의 장소적 범위) ① 이 법은 **대한민국 영역 안에서** 질서위반행위를 한 자에게 적용한다.
② 이 법은 **대한민국 영역 밖에서** 질서위반행위를 한 **대한민국의 국민**에게 적용한다.
③ 이 법은 **대한민국 영역 밖에** 있는 **대한민국의 선박 또는 항공기 안**에서 질서위반행위를 한 **외국인**에게 적용한다.
[날먹행 281p]

□□□□□ ★

조 7. 과태료의 부과 징수, 재판 및 집행 등의 절차에 관하여 질서위반행위규제법과 타 법률이 달리 규정하고 있는 경우에는 후자를 따른다. (17서울9급,17국회8급,15서울7급 등)

질서위반행위규제법 제5조(다른 법률과의 관계) 과태료의 부과 · 징수, 재판 및 집행 등의 절차에 관한 다른 법률의 규정 중 이 법의 규정에 저촉되는 것은 이 법으로 정하는 바에 따른다. [날먹행 281p]

OX 정답

4-4. X 5-1. O 5-2. O 6. O 7. X

□□□□□ ★★

조 8. 법률에 따르지 아니하고는 어떤 행위도 질서위반행위로 과태료를 부과하지 아니한다.
(22군무원7급,21지방9급,19서울7급)

질서위반행위규제법 제6조(질서위반행위 법정주의) 법률에 따르지 아니하고는 어떤 행위도 질서위반행위로 과태료를 부과하지 아니한다. [날먹행 281p]

□□□□□ ★★★

조 9-1. 고의 또는 과실이 없는 질서위반행위는 과태료를 부과하지 아니한다.
(23지방9급,23경간,22국회9급,22국회8급,21국가7급,21국회9급,19서울7급,17서울9급)

질서위반행위규제법 제7조(고의 또는 과실) 고의 또는 과실이 없는 질서위반행위는 과태료를 부과하지 아니한다. [날먹행 281p]

□□□□□ ★★

판 9-2. 질서위반행위를 한 자가 자신의 책임 없는 사유로 위반행위에 이르렀다고 주장하는 경우, 법원은 그 내용을 살펴 행위자에게 고의나 과실이 있는 지를 따져보아야 한다. (18지방7급,16국가7급)

판례 질서위반행위를 한 자가 자신의 책임 없는 사유로 위반행위에 이르렀다고 주장하는 경우 **법원은 그 내용을 살펴 행위자에게 고의나 과실이 있는지 여부를 살펴보아야** 한다(2011마364). [날먹행 281p]

□□□□□ ★★★

조 10. 자신의 행위가 위법하지 아니한 것으로 오인하고 행한 질서위반행위는 그 오인에 정당한 이유가 있는 때에 한하여 과태료를 부과하지 아니한다. (23국가9급,23소방,19서울7급,18지방9급)

질서위반행위규제법 제8조(위법성의 착오) 자신의 행위가 **위법하지 아니한 것으로 오인**하고 행한 질서위반행위는 그 오인에 **정당한 이유가 있는 때에 한하여 과태료를 부과하지 아니한다.** [날먹행 281p]

□□□□□

조 11. 다른 법률에 특별한 규정이 없는 한, 14세가 되지 아니한 자의 질서위반행위는 과태료를 부과하지 아니한다.
(20국가9급)

질서위반행위규제법 제9조(책임연령) 14세가 되지 아니한 자의 질서위반행위는 과태료를 부과하지 아니한다. 다만, 다른 법률에 **특별한 규정이 있는 경우에는 그러하지 아니**하다. [날먹행 281p]

OX 정답

8. ○ 9-1. ○ 9-2. ○ 10. ○ 11. ○

□□□□□

조 12. 스스로 심신장애 상태를 일으켜 질서위반행위를 한 자에 대하여는 과태료를 감경한다. (19국가7급)

질서위반행위규제법 제10조(심신장애) ① 심신(心神)장애로 인하여 행위의 옳고 그름을 판단할 능력이 없거나 그 판단에 따른 행위를 할 능력이 없는 자의 질서위반행위는 **과태료를 부과하지 아니한다.**
② 심신장애로 인하여 제1항에 따른 **능력이 미약한 자**의 질서위반행위는 **과태료를 감경한다.**
③ **스스로 심신장애 상태를 일으켜** 질서위반행위를 한 자에 대하여는 제1항 및 제2항을 **적용하지 아니한다.**
[날먹행 281p]

□□□□□ ★★

조 13. '질서위반행위규제법'상 개인의 대리인이 업무에 관하여 그 개인에게 부과된 법률상의 의무를 위반한 때에는 행위자인 대리인에게 과태료를 부과한다. (23소방,22국회8급,17국가9급)

질서위반행위규제법 제11조(법인의 처리 등) ① 법인의 대표자, 법인 또는 개인의 대리인 · 사용인 및 그 밖의 종업원이 업무에 관하여 법인 또는 그 개인에게 부과된 법률상의 의무를 위반한 때에는 법인 또는 그 개인에게 과태료를 부과한다.
[날먹행 282p]

□□□□□ ★★★

조 14-1. 2인 이상이 질서위반행위에 가담한 때에는 각자가 질서위반행위를 한 것으로 본다. (17교행9급)

□□□□□ ★★★

조 14-2. 신분에 의하여 성립하는 질서위반행위에 신분이 없는 자가 가담한 때에는 신분이 없는 자에 대하여도 질서위반행위가 성립한다. (23국가9급,23경간,22국회8급,22군무원7급,21지방9급,16서울9급,15국가7급)

□□□□□ ★★★

조 14-3. 신분에 의하여 과태료를 감경 또는 가중하거나 과태료에 처하지 아니하는 때에는 그 신분의 효과는 신분이 없는 자에게는 미치지 아니한다. (22군무원7급,21국가7급,18소방)

질서위반행위규제법 제12조(다수인의 질서위반행위 가담) ① 2인 이상이 질서위반행위에 가담한 때에는 **각자가** 질서위반행위를 한 것으로 본다.
② **신분에 의하여 성립하는 질서위반행위에 신분이 없는 자가 가담**한 때에는 **신분이 없는 자에 대하여도 질서위반행위가 성립한다.**
③ **신분에 의하여 과태료를 감경 또는 가중하거나 과태료를 부과하지 아니**하는 때에는 그 **신분의 효과는 신분이 없는 자에게는 미치지 아니한다.**
[날먹행 282p]

□□□□□ ★★★

조 15. 하나의 행위가 2이상의 질서위반행위에 해당하는 경우에는 각 질서위반행위에 대하여 정한 과태료를 합산하여 부과한다. (23국가9급,22소방,19서울9급,17서울9급,16서울9급 등)

질서위반행위규제법 제13조(수개의 질서위반행위의 처리) ① 하나의 행위가 2 이상의 질서위반행위에 해당하는 경우에는 각 질서위반행위에 대하여 정한 과태료 중 **가장 중한 과태료**를 부과한다.
[날먹행 282p]

OX 정답

12. X 13. X 14-1. ○ 14-2. ○ 14-3. ○ 15. X

□□□□□ ★★★

㊅ 16-1. 과태료는 행정청의 과태료 부과처분이 있은 후 3년간 징수하지 아니하면 시효로 인하여 소멸한다. (22국회9급,21국회9급,20국가9급,20지방9급,19지방9급,17서울9급,15지방9급 등)

□□□□□ ★★

㊅ 16-2. 과태료처벌에 있어 공소시효나 형의 시효 및 국가재정법상의 국가의 금전채권에 관한 소멸시효의 규정이 적용된다. (17서울9급,17국회8급,15서울7급)

질서위반행위규제법 제15조(과태료의 시효) ① 과태료는 행정청의 과태료 부과처분이나 법원의 과태료 재판이 확정된 후 5년간 **징수하지 아니하거나 집행하지 아니**하면 **시효로 인하여 소멸한다.**
질서위반행위규제법 제5조(다른 법률과의 관계) 과태료의 부과 · 징수, 재판 및 집행 등의 절차에 관한 다른 법률의 규정 중 이 법의 규정에 저촉되는 것은 이 법으로 정하는 바에 따른다. [날먹행 282p]

□□□□□ ★★

㊅ 17. 행정청이 질서위반행위에 대하여 과태료를 부과하고자 하는 때에는 미리 당사자에게 대통령령으로 정하는 사항을 통지하고, 10일 이상의 기간을 정하여 의견을 제출할 기회를 주어야 한다. (21소방,20국가9급,15지방9급,13국가9급 등)

질서위반행위규제법 제16조(사전통지 및 의견 제출 등) ① 행정청이 질서위반행위에 대하여 과태료를 부과하고자 하는 때에는 미리 당사자(제11조제2항에 따른 고용주등을 포함한다. 이하 같다)에게 대통령령으로 정하는 사항을 통지하고, 10일 이상의 기간을 **정하여 의견을 제출할 기회를 주어야 한다.** 이 경우 **지정된 기일까지 의견 제출이 없는 경우에는 의견이 없는 것으로 본다.** [날먹행 282p]

□□□□□

㊅ 18-1. 과태료의 부과는 서면으로 하여야 한다. 이때 당사자가 동의하는 경우에는 전자문서도 여기서의 서면에 포함된다. (17국회8급)

□□□□□

㊅ 18-2. 행정청이 위반사실을 적발하면 과태료를 부과받을 자의 주소지를 관할하는 지방법원에 통보하여야 하고, 당해 법원은 '비송사건절차법'에 따라 결정으로써 과태료를 부과한다. (23국가9급)

질서위반행위규제법 제17조(과태료의 부과) ① 행정청은 제16조의 의견 제출 절차를 마친 후에 **서면**(당사자가 동의하는 경우에는 **전자문서를 포함**한다. 이하 이 조에서 같다)**으로 과태료를 부과하여야** 한다. → 과태료 부과는 법원이 아닌 행정청이 함. 단, 이에 대해 이의제기를 받은 경우, 행정청이 법원에 이에 대한 의견 및 증빙서류를 첨보하여 통보할 뿐임(동법21조). [날먹행 282p]

□□□□□ ★★

㊅ 19. 행정청은 당사자가 의견 제출 기한 이내에 과태료를 자진 납부하고자 하는 경우에는 과태료를 감경할 수 있다. (12국회9급)

질서위반행위규제법 제18조(자진납부자에 대한 과태료 감경) ① 행정청은 당사자가 제16조에 따른 **의견 제출 기한 이내**에 과태료를 **자진하여 납부**하고자 하는 경우에는 대통령령으로 정하는 바에 따라 과태료를 **감경할 수 있다.** [날먹행 283p]

OX 정답

16-1. X 16-2. X 17. ○ 18-1. ○ 18-2. X 19. ○

□□□□□ ★★

조 20. 질서위반행위규제법에 의하면 행정청은 질서위반행위가 종료된 날부터 5년이 경과한 경우에는 해당 질서위반행위에 대하여 과태료를 부과할 수 없다. (22국회8급,17국가7급)

질서위반행위규제법 제19조(과태료 부과의 제척기간) ① 행정청은 **질서위반행위가 종료된 날(다수인이 질서위반행위에 가담한 경우에는 최종행위가 종료된 날을 말한다)부터** 5년이 경과한 경우에는 해당 질서위반행위에 대하여 **과태료를 부과할 수 없다.** [날먹행 283p]

□□□□□ ★★★

조 21-1. 행정청의 과태료 부과에 대한 이의제기는 과태료 부과처분의 효력에 영향을 주지 아니한다. (21지방9급,21국가7급,20지방9급,19지방9급,19서울7급,18서울7급)

□□□□□ ★★★

조 21-2. 행정청의 과태료 부과에 대해 이의가 제기된 경우에는 행정청의 과태료 부과처분은 그 효력을 상실한다. (22지방9급,21국가9급,21국가7급,18지방7급)

□□□□□ ★★★

조 21-3. 행정청의 과태료 부과에 불복하는 당사자는 과태료 부과 통지를 받은 날부터 60일 이내에 해당 행정청에 서면으로 이의제기를 할 수 있다. (23지방9급,22국회9급)

질서위반행위규제법 제20조(이의제기) ① 행정청의 과태료 부과에 불복하는 당사자는 제17조제1항에 따른 과태료 부과 통지를 받은 날부터 **60일 이내에 해당 행정청에 서면으로 이의제기**를 할 수 있다.
② 제1항에 따른 이의제기가 있는 경우에는 행정청의 과태료 부과처분은 그 효력을 상실한다. [날먹행 283p]

□□□□□

조 22. 이의제기를 받은 행정청은 이의제기를 받은 날부터 14일 이내에 이에 대한 의견 및 증빙서류를 첨부하여 관할 법원에 통보하여야 하는 것이 원칙이다. (15서울7급)

질서위반행위규제법 제21조(법원에의 통보) ① 제20조제1항에 따른 이의제기를 받은 행정청은 **이의제기를 받은 날부터 14일 이내에 이에 대한 의견 및 증빙서류를 첨부하여 관할 법원에 통보**하여야 한다. 다만, 다음 각 호의 어느 하나에 해 당하는 경우에는 그러하지 아니하다.
1. 당사자가 **이의제기를 철회**한 경우
2. 당사자의 **이의제기에 이유가 있어 과태료를 부과할 필요가 없는 것으로 인정**되는 경우 [날먹행 283p]

□□□□□ ★★

조 23. 질서위반행위규제법에 따르면 행정청은 당사자가 납부기한까지 과태료를 납부하지 아니한 때에는 납부기한을 경과한 날부터 체납된 과태료에 대하여 100분의 3에 상당하는 가산금을 징수한다. (22국회8급,17경행)

질서위반행위규제법 제24조(가산금 징수 및 체납처분 등) ① 행정청은 당사자가 납부기한까지 과태료를 납부하지 아니한 때에는 납부기한을 경과한 날부터 체납된 과태료에 대하여 **100분의 3에 상당하는 가산금**을 징수한다. [날먹행 283p]

OX 정답

20. O 21-1. X 21-2. O 21-3. O 22. O 23. O

□□□□□ ★

조 24-1. 질서위반행위규제법상 과태료는 당사자가 과태료 부과처분에 대하여 이의를 제기하지 아니한 채 질서위반행위법에 따른 이의제기 기한이 종료한 후 사망한 경우에는 그 상속재산에 대하여 집행할 수 있다. (16지방7급)

질서위반행위규제법 제24조의2(상속재산 등에 대한 집행) ① 과태료는 당사자가 과태료 부과처분에 대하여 **이의를 제기하지 아니한 채 제20조제1항에 따른 기한이 종료한 후 사망한 경우**에는 그 **상속재산에 대하여 집행**할 수 있다.
[날먹행 284p]

□□□□□

조 24-2. 행정청은 불의의 재난으로 피해를 당한 사람에 대하여 과태료의 징수유예 등을 하는 경우 그 유예하는 금액에 상당하는 담보의 제공을 요구할 수 없다. (23경간)

질서위반행위규제법 제24조의3(과태료의 징수유예 등) ① 행정청은 당사자가 다음 각 호의 어느 하나에 해당하여 과태료(체납된 과태료와 가산금, 중가산금 및 체납처분비를 포함한다. 이하 이 조에서 같다)를 납부하기가 곤란하다고 인정되면 1년의 범위에서 대통령령으로 정하는 바에 따라 과태료의 분할납부나 납부기일의 연기(이하 "징수유예등"이라 한다)를 결정할 수 있다.

1. 「국민기초생활 보장법」에 따른 수급권자
2. 「국민기초생활 보장법」에 따른 차상위계층 중 다음 각 목의 대상자
   가. 「의료급여법」에 따른 수급권자
   나. 「한부모가족지원법」에 따른 지원대상자
   다. 자활사업 참여자
3. 「장애인복지법」 제2조제2항에 따른 장애인
4. 본인 외에는 가족을 부양할 사람이 없는 사람
5. 불의의 재난으로 피해를 당한 사람
6. 납부의무자 또는 그 동거 가족이 질병이나 중상해로 1개월 이상의 장기 치료를 받아야 하는 경우
7. 「채무자 회생 및 파산에 관한 법률」에 따른 개인회생절차개시결정자
8. 「고용보험법」에 따른 실업급여수급자
9. 그 밖에 제1호부터 제8호까지에 준하는 것으로서 대통령령으로 정하는 부득이한 사유가 있는 경우

③ 행정청은 제1항에 따라 징수유예등을 하는 경우 그 유예하는 금액에 상당하는 담보의 제공이나 제공된 담보의 변경을 요구할 수 있고, 그 밖에 담보보전에 필요한 명령을 할 수 있다.

④ 행정청은 제1항에 따른 징수유예등의 기간 중에는 그 유예한 과태료 징수금에 대하여 가산금, 중가산금의 징수 또는 체납처분(교부청구는 제외한다)을 할 수 없다.
[날먹행 284p]

□□□□□ ★★

조 25. 과태료 사건은 다른 법령에 특별한 규정이 있는 경우를 제외하고는 당사자의 주소지의 지방법원 또는 그 지원의 관할로 한다. (21국회9급,20국가9급,19서울9급)

질서위반행위규제법 제25조(관할 법원) 과태료 사건은 다른 법령에 특별한 규정이 있는 경우를 제외하고는 **당사자의 주소지의 지방법원 또는 그 지원의 관할**로 한다.
[날먹행 284p]

OX 정답

24-1. ○ 24-2. X 25. ○

□□□□□ ★

조 26. 과태료의 재판은 이를 붙인 결정으로써 한다. (21소방)

질서위반행위규제법 제36조(재판) ① 과태료 재판은 이유를 붙인 결정으로써 한다. [날먹행 285p]

□□□□□ ★★

조 27. 당사자는 과태료 재판에 대하여 즉시항고할 수 있으나 이 경우의 항고는 집행정지의 효력이 없다. (21소방,17교행9급,15사복9급,14국가9급)

질서위반행위규제법 제38조(항고) ① 당사자와 검사는 **과태료 재판에 대하여 즉시항고**를 할 수 있다. 이 경우 **항고는 집행정지의 효력**이 있다. [날먹행 285p]

□□□□□

조 28. 과태료재판은 검사의 명령으로써 집행하며, 이 경우 그 명령은 집행력 있는 집행권원과 동일한 효력이 있다. (15경행,12지방9급)

질서위반행위규제법 제42조(과태료 재판의 집행) ① 과태료 재판은 검사의 **명령으로써 집행**한다. 이 경우 그 명령은 집행력 있는 **집행권원과 동일한 효력**이 있다. [날먹행 285p]

□□□□□ ★

조 29. 질서위반행위규제법에 의하면 법원이 과태료 재판을 약식재판으로 진행하고자 하는 경우 당사자와 검사는 약식재판의 고지를 받은 날부터 7일 이내에 이의신청을 할 수 있다. (23지방9급,16국가7급)

질서위반행위규제법 제44조(약식재판) 법원은 **상당하다고 인정하는 때에**는 제31조 제1항에 따른 심문 없이 과태료 재판을 할 수 있다.
제45조(이의신청) ① 당사자와 검사는 제44조에 따른 **약식재판의 고지를 받은 날부터 7일 이내에 이의신청**을 할 수 있다. [날먹행 285p]

□□□□□ ★

조 30. 과태료의 고액 · 상습체납자는 검사의 청구에 따라 법원의 결정으로써 30일의 범위 내에서 납부가 있을 때까지 감치될 수 있다. (12국가7급,11지방9급)

질서위반행위규제법 제54조(고액 · 상습체납자에 대한 제재) ① 법원은 검사의 청구에 따라 결정으로 30일의 범위 이내에서 **과태료의 납부가 있을 때까지** 다음 각 호의 사유에 모두 해당하는 경우 체납자(법인인 경우에는 대표자를 말한다. 이하 이 조에서 같다)를 **감치(監置)에 처할 수 있다.** [날먹행 286p]

OX 정답

26. ○ 27. X 28. ○ 29. ○ 30. ○

05 새로운 의무이행 확보수단

제1절 과징금

□□□□□ ★★★

이 1-1. 이행강제금이란 행정법상 의무를 불이행하였거나 위반한 자에 대하여 당해 위반행위로 얻은 경제적 이익을 박탈하기 위하여 부과하거나 또는 사업의 취소 정지에 갈음하여 부과되는 금전상의 제재를 말한다. (23소방간부,15지방7급)

- **과징금의 의의, 근거: 행정법상의 의무를 위반한 자로부터 금전적 이익을 박탈함으로써 간접적으로 의무이행을 확보하기 위한 제재수단**임. 법률유보 원칙에 따라 **법률의 근거를 요함. 그동안 과징금에 대해** 식품위생법, 독점규제 및 공정거래에 관한 법률 등 **개별법에서 규정**하였으나, 2021년 **행정기본법에 과징금의 기준 및 납부에 대한 일반 규정이 신설됨.**
- **행정기본법 제28조(과징금의 기준)** ① 행정청은 **법령등에 따른 의무를 위반한 자에 대하여 법률로 정하는 바에 따라 그 위반행위에 대한 제재로서 과징금을 부과할 수 있다.**
  ② 과징금의 근거가 되는 법률에는 과징금에 관한 **다음 각 호의 사항을 명확하게 규정하여야 한다.**
  1. 부과 · 징수 주체 2. 부과 사유 3. 상한액 4. 가산금을 징수하려는 경우 그 사항 5. 과징금 또는 가산금 체납 시 강제징수를 하려는 경우 그 사항

제29조(과징금의 납부기한 연기 및 분할 납부) 과징금은 **한꺼번에 납부하는 것을 원칙**으로 한다. 다만, 행정청은 과징금을 부과받은 자가 다음 각 호의 어느 하나에 해당하는 사유로 과징금 전액을 한꺼번에 내기 어렵다고 인정될 때에는 그 납부기한을 **연기**하거나 **분할 납부**하게 할 수 있으며, 이 경우 필요하다고 인정하면 **담보를 제공하게 할 수 있다.**

1. 재해 등으로 재산에 현저한 손실을 입은 경우
2. 사업 여건의 악화로 사업이 중대한 위기에 처한 경우
3. 과징금을 한꺼번에 내면 자금 사정에 현저한 어려움이 예상되는 경우
4. 그 밖에 제1호부터 제3호까지에 준하는 경우로서 대통령령으로 정하는 사유가 있는 경우

[날먹행 288p]

□□□□□ ★★

이 1-2. 변형된 과징금은 인·허가 사업에 관한 법률상의 의무위반이 있음에도 불구하고 공익상 필요하여 그 인·허가사업을 취소·정지시키지 않고 사업을 계속하되, 이에 갈음하여 사업을 계속함으로써 얻은 이익을 박탈하는 행정제재금이다. (14국회8급)

□□□□□ ★

이 1-3. 과징금은 어떤 경우에도 영업정지에 갈음하여 부과할 수 없다. (20지방9급)

- **변형된 과징금**: 의무위반행위가 사업의 인 · 허가 등의 철회,정지 사유에 해당하나, 그 사업이 공중의 일상생활에 필요불가결한 사업인 경우, 그 사업을 계속하게 하고 그에 따른 이익을 박탈하여 의무이행을 확보시키는 금전적 제재 → 개별법에서 주로 인정됨.

[날먹행 288p]

OX 정답

1절 1-1. X 1-2. O 1-3. X

□□□□□ ★★★

판 2. 헌법재판소 결정에 따르면 과징금은 국가형벌권 행사로서의 처벌이 아니므로, 법에서 형사처벌과 아울러 과징금의 부과처분을 규정하고 있더라도 이중처벌금지원칙에 반하지 아니한다.
(23소방간부,22국가9급,21지방7급,20지방7급,18서울7급,18교행9급,17지방7급 등)

- 과징금에 **형사처벌, 행정벌의 병과가 가능함**(2006두4554).

판례 구 독점규제및공정거래에관한법률 제24조의2에 의한 부당내부거래에 대한 과징금은 부당내부거래 억지라는 행정목적을 실현하기 위하여 그 위반행위에 대하여 제재를 가하는 **행정상의 제재금으로서의 기본적 성격**에 부당이득환수적 요소도 부가되어 있는 것이라 할 것이고, 이를 두고 헌법 제13조 제1항에서 금지하는 국가형벌권 행사로서의 **'처벌'에 해당한다고는 할 수 없으므로, 공정거래법에서 형사처벌과 아울러 과징금의 병과를 예정하고 있더라도 이중처벌금지원칙에 위반된다고 볼 수 없다**(2001헌가25). [날먹행 288p]

□□□□□ ★★★

판 3-1. 영업정지에 갈음하여 부과되는 이른바 변형된 과징금의 부과 여부는 통상 행정청의 재량행위이다.
(22국가9급,22지방7급,19서울9급)

□□□□□ ★★

판 3-2. '부동산 실권리자명의 등기에 관한 법률' 및 시행령상 명의신탁자에 대한 과징금부과처분은 기속행위의 성질을 갖는다. (23소방간부,22국가9급)

- **과징금의 법적 성질**: 과징금부과행위는 **통상 재량행위**이나, 예외적으로 **부동산 실권리자명의 등기에 관한 법률에 따른 과징금부과처분은 기속행위**이다(2005두17287). [날먹행 288p]

□□□□□

판 3-3. '가맹사업거래의 공정화에 관한 법률'(이하 '가맹사업법'이라 함)에 따르면, 공정거래위원회는 가맹사업법 위반행위에 대하여 과징금을 부과할 것인지, 부과할 경우 과징금 액수를 구체적으로 얼마로 정할 것인지를 재량으로 판단할 수 있다. (23국회8급)

판례 과징금부과처분의 경우 원칙적으로 위반자의 고의·과실을 요하지 않으나, **위반자의 의무 해태를 탓할 수 없는 정당한 사유가 있는 등의 특별한 사정이 있는 경우에는 이를 부과할 수 없다**(2013두5005). [날먹행 289p]

□□□□□ ★★

판 4-1. '부동산 실권리자명의등기에 관한 법률'상 실권리자명의 등기의무에 위반하여 부과된 과징금채무는 대체적 급부가 가능한 의무이므로 과징금을 부과받은 자가 사망한 경우 그 상속인에게 포괄승계된다. (14사복9급)

□□□□□ ★★★

판 4-2. 과징금부과처분의 경우 원칙적으로 위반자의 고의 · 과실을 요하지 아니하나, 위반자의 의무 해태를 탓할 수 없는 정당한 사유가 있는 등의 특별한 사정이 있는 경우에는 이를 부과할 수 없다.
(22지방7급,22소방승진22소방간부,22지방9급,21국가7급,20국가9급,20국가7급,19서울9급,18국가7급,18지방9급 등)

판례 과징금부과처분의 경우 원칙적으로 위반자의 고의·과실을 요하지 않으나, **위반자의 의무 해태를 탓할 수 없는 정당한 사유가 있는 등의 특별한 사정이 있는 경우에는 이를 부과할 수 없다**(2013두5005). [날먹행 289p]

OX 정답

2. ○ 3-1. ○ 3-2. ○ 3-3. ○ 4-1. ○ 4-2. ○

☐☐☐☐☐

조 5-1. 과징금의 근거가 되는 법률에는 과징금의 상한액을 명확하게 규정하여야 한다. (22지방7급)

☐☐☐☐☐

조 5-2. '행정기본법' 제28조 제1항에 과징금 부과의 법적 근거를 마련하였으므로 행정청은 직접 이 규정에 근거하여 과징금을 부과할 수 있다. (22지방7급)

- **행정기본법 제28조(과징금의 기준)** ① 행정청은 법령등에 따른 의무를 위반한 자에 대하여 법률로 정하는 바에 따라 그 위반행위에 대한 제재로서 과징금을 부과할 수 있다. → 행정기본법만으로는 과징금 부과 불가, 개별 법률의 근거가 필요함.

  ② 과징금의 근거가 되는 법률에는 과징금에 관한 다음 각 호의 사항을 명확하게 규정하여야 한다.
  1. 부과 · 징수 주체
  2. 부과 사유
  3. 상한액
  4. 가산금을 징수하려는 경우 그 사항
  5. 과징금 또는 가산금 체납 시 강제징수를 하려는 경우 그 사항 [날먹행 289p]

☐☐☐☐☐

조 5-3. 과징금은 한꺼번에 납부하는 것이 원칙이나 행정청은 과징금을 부과받은 자가 재해 등으로 재산에 현저한 손실을 입어 전액을 한꺼번에 내기 어렵다고 인정될 때에는 그 납부기한을 연기하거나 분할 납부하게 할 수 있다. (23소방간부)

- **행정기본법 제29조(과징금의 납부기한 연기 및 분할 납부)** 과징금은 한꺼번에 납부하는 것을 원칙으로 한다. 다만, 행정청은 과징금을 부과받은 자가 다음 각 호의 어느 하나에 해당하는 사유로 **과징금 전액을 한꺼번에 내기 어렵다고 인정될 때에는 그 납부기한을 연기하거나 분할 납부하게 할 수 있으며, 이 경우 필요하다고 인정하면 담보를 제공하게 할 수 있다.**
  1. **재해 등으로 재산에 현저한 손실을 입은 경우**
  2. 사업 여건의 악화로 사업이 중대한 위기에 처한 경우
  3. 과징금을 한꺼번에 내면 자금 사정에 현저한 어려움이 예상되는 경우
  4. 그 밖에 제1호부터 제3호까지에 준하는 경우로서 대통령령으로 정하는 사유가 있는 경우 [날먹행 289p]

☐☐☐☐☐★★★

이 6. 위법한 과징금의 부과행위는 행정소송을 통하여 취소 등을 구할 수 있다. (12국가9급)

- **과징금의 권리구제: 처분에 해당하므로, 행정소송 제기 가능** [날먹행 290p]

OX 정답

5-1. ○ 5-2. X 5-3. ○ 6. ○

□□□□□ ★★

판 7-1. 대법원 판례는 과징금부과처분이 법이 정한 한도액을 초과하여 위법할 경우 법원은 그 초과된 부분을 취소할 수 있다고 보았다. (22군무원7급,22경간,22국회9급,20지방9급)

> **판례** 과징금부과는 재량행위이므로 법원으로서는 과징금부과처분이 위법할 경우 그 전부를 취소할 수 밖에 없다(98두2270).
>
> **판례** 공정거래위원회가 위반행위에 대한 과징금을 부과하면서 여러 개의 위반행위에 대해 외형상 하나의 과징금 납부명령을 하였으나 여러 개의 위반행위 중 일부 위반행위에 대한 과징금 부과만 위법하고 소송상 그 일부 위반행위를 기초로 한 과징금액을 산정할 수 있는 자료가 있는 경우, 그 일부 위반행위에 대한 과징금액에 해당하는 부분만 취소해야 한다(2013두14726). **[날먹행 290p]**

□□□□□ ★

판 7-2. '독점규제 및 공정거래에 관한 법률'상의 과징금은 법이 규정한 범위 내에서 그 부과처분 당시까지 부과관청이 확인한 사실을 기초로 일의적으로 확정되어야 할 것이지, 추후에 부과금 산정기준이 되는 새로운 자료가 나왔다고 하여 새로운 부과처분을 할 수 있는 것은 아니다. (23소방간부,22국가9급)

> **판례** **과징금은 같은 법이 규정한 범위 내에서 그 부과처분 당시까지 부과관청이 확인한 사실을 기초로 일의적으로 확정되어야 할 것**이고, 그렇지 아니하고 부과관청이 과징금을 부과하면서 추후에 부과금 산정 기준이 되는 새로운 자료가 나올 경우에는 과징금액이 변경될 수도 있다고 유보한다든지, 실제로 추후에 새로운 자료가 나왔다고 하여 새로운 부과처분을 할 수는 없다(99두1571). **[날먹행 290p]**

□□□□□

판 7-3. 관할 행정청이 여객자동차운송사업자가 범한 여러 가지 위반행위 중 일부만 인지하여 과징금 부과처분을 하였는데 그 후 과징금 부과처분 시점 이전에 이루어진 다른 위반행위를 인지하여 이에 대하여 별도의 과징금 부과처분을 하게 되는 경우에도 종전 과징금 부과처분의 대상이 된 위반행위와 추가 과징금 부과처분의 대상이 된 위반행위에 대하여 일괄하여 하나의 과징금 부과처분을 하는 경우와의 형평을 고려하여 추가 과징금 부과처분의 처분양정이 이루어져야 한다. (23국가9급)

> **판례** 관할 행정청이 여객자동차운송사업자가 범한 여러 가지 위반행위 중 일부만 인지하여 과징금 부과처분을 하였는데 그 후 과징금 부과처분 시점 이전에 이루어진 다른 위반행위를 인지하여 이에 대하여 별도의 과징금 부과처분을 하게 되는 경우에도 종전 과징금 부과처분의 대상이 된 위반행위와 추가 과징금 부과처분의 대상이 된 위반행위에 대하여 **일괄하여 하나의 과징금 부과처분을 하는 경우와의 형평을 고려하여 추가 과징금 부과처분의 처분양정이 이루어져야 한다**(2020두48390). **[날먹행 290p]**

OX 정답

7-1. X 7-2. ○ 7-3. ○

제 2 절 가산세

□□□□□ ★★

이 1. 가산세는 형벌이 아니므로 행위자의 고의 또는 과실 · 책임능력 · 책임조건 등을 고려하지 아니하며, 조세의 부과절차에 따라 과징할 수 있다. (21지방7급,20지방7급,18서울7급,18교행9급,14경행)

> 가산세는 세법상 의무의 **성실한 이행을 확보**하기 위해 세법에 따라 산출한 세액에 가산하여 징수하는 금액으로, 행위자의 고의 · 과실, 책임능력, 책임조건 등을 고려하지 않음 [날먹행 291p]

□□□□□ ★★★

판 2. 세법상 가산세를 부과할 때 납세자에게 조세납부를 거부 또는 지연하는데 고의 또는 과실이 있었는지는 원칙적으로 고려하지 않지만, 납세의무자의 의무해태를 탓할 수 없는 정당한 사유가 있는 경우에는 가산세를 부과할 수 없다. (22소방간부,21지방7급,21경행,20지방7급,18국가9급 등)

> • **가산세 부과시, 행위자의 고의 · 과실, 책임능력, 책임조건 등을 고려하지 않음**(2012헌바355).
> 단, 납부의무자의 **납부 의무 해태를 탓할 수 없는 정당한 사유가 있는 경우에는 부과할 수 없다**(2001두7886).
> [날먹행 291p]

□□□□□ ★★★

판 3. 세법상 가산세는 납세자가 정당한 이유 없이 법에 규정된 신고 · 납세의무 등을 위반한 경우에 부과되는 행정상 제재로서, 납세의무자가 세무공무원의 잘못된 설명을 믿고 그 신고납부의무를 이행하지 아니한 경우에는 그것이 관계 법령에 어긋나는 것임이 명백하다고 하더라도 정당한 사유가 있는 경우에 해당한다.
(19국가9급,18지방7급,17지방7급)

> **판례** 납세의무자가 세무공무원의 잘못된 설명을 믿고 그 신고납부의무를 이행하지 아니한 경우에도, 그것이 관계 법령에 어긋나는 것임이 명백한 때에는 정당한 사유가 있다고 볼 수 없다(96누15404). [날먹행 291p]

제 3 절 공급거부

□□□□□

이 1. 공급거부란 행정법상의 의무를 위반하거나 불이행한 자에 대해 일정한 재화나 서비스의 공급을 거부하는 행정작용을 말한다. (14경행,11국가9급 등)

> • **공급거부**: 행정법상의 의무를 위반한 자에 대해 **행정상의 급부나 재화의 공급을 거부**하여 **간접적으로 의무의 이행을 강제**하는 행위
> [날먹행 292p]

OX 정답

2절 1. O 2. O 3. X / 3절 1. O

□□□□□ ★★★

판 2. 전기 · 전화의 공급자에게 위법건축물에 대한 단전 또는 전화통화 단절조치의 요청행위는 항고소송의 대상인 처분이다. (23소방,23국회8급,21군무원9급,21국회8급,17서울9급)

> **판례** 행정청이 위법 건축물에 대한 시정명령을 하고 나서 위반자가 이를 이행하지 아니하여 전기 · 전화의 공급자에게 그 위법 건축물에 대한 전기 · 전화공급을 하지 말아 줄 것을 요청한 행위는 **권고적 성격의 행위에 불과한 것**으로서 처분에 해당하지 않는다(96누433) → **공급거부요청, 공급불가회신은 처분 X / 공급거부는 처분 O**
> [날먹행 292p]

□□□□□ ★★★

판 3. 행정상 공급거부에 대한 권리구제에 있어 단수처분은 항고소송의 대상이 되는 행정처분이므로 위법한 단수처분에 대해서는 행정소송을 제기하여 그 취소를 구할 수 있다. (19서울9급,18경행)

> **판례** 지방자치단체장에 의한 **수도의 공급거부**, 즉 **단수처분은 항고소송의 대상이 되는 처분이다**(79누218).
> [날먹행 292p]

제 4 절 명단의 공표

□□□□□ ★★

이 1. 명단의 공표란 행정법상의 의무 위반 또는 불이행이 있는 경우 그 위반자의 성명, 위반사실 등을 일반에게 공개하여 명예 또는 신용에 침해를 가함으로써 심리적인 압박을 가하여 행정법상 의무이행을 확보하는 수단을 말한다. (14경행,10지방9급)

> • **명단의 공표**: 행정법상의 의무를 위반한 자에 대해 행정청이 그 위반자의 **성명, 위반사실 등을 일반에게 공표**하여 상대방의 명예 · 신용을 자극함으로써 **간접적으로 의무이행을 확보**하는 행위
> 예) **병무청장의 병역의무기피자의 인적사항 등** 공개(2018두49130), **청소년 성매수자의 신상공개제도** 등
> [날먹행 293p]

□□□□□ ★★

조 2-1. 법령상 의무를 위반한 자의 명단을 공표하는 조치는 행정절차법상의 근거규정에 따라 행하여진다. (18교행9급)

□□□□□

조 2-2. 행정청은 위반사실 등의 공표를 할 때에는 특별한 사정이 없는 한 미리 당사자에게 그 사실을 통지하고 의견제출의 기회를 주어야 한다. (23국회8급)

OX 정답

2. X 3. O / 4절 1. O 2-1. O 2-2. O

□□□□□

조 2-3. '행정절차법'에 따르면 행정청은 위반사실등의 공표를 하기 전에 당사자가 공표와 관련된 의무의 이행 등의 조치를 마친 경우에는 위반사실등의 공표를 하지 않을 수 있다. (23경간)

□□□□□

조 2-4. '행정절차법'에 따르면 행정청은 공표된 내용이 사실과 다른 것으로 밝혀진 경우에도 당사자가 원하지 아니하면 정정한 내용을 공표하지 아니할 수 있다. (23경간)

- 일반법은 없었으나, 최근 **행정절차법의 개정으로 명단공표에 대한 일반법상 법적 근거가 마련됨**(동법 제40조의 3) 식품위생법, 국세징수법, 독점규제 및 공정거래에 관한 법률 등 **개별법에 규정**하고 있음
- **행정절차법 제40조의3(위반사실 등의 공표) ① 행정청은 법령에 따른 의무를 위반한 자의 성명 · 법인명, 위반사실, 의무 위반을 이유로 한 처분사실 등**(이하 "위반사실등"이라 한다)**을 법률로 정하는 바에 따라 일반에게 공표할 수 있다.**
  ② 행정청은 위반사실등의 공표를 하기 전에 사실과 다른 공표로 인하여 당사자의 명예 · 신용 등이 훼손되지 아니하도록 객관적이고 타당한 증거와 근거가 있는지를 확인하여야 한다.
  ③ 행정청은 위반사실등의 공표를 할 때에는 **미리 당사자에게 그 사실을 통지하고 의견제출의 기회를 주어야 한다.** 다만, 다음 각 호의 어느 하나에 해당하는 경우에는 그러하지 아니하다.
  1. 공공의 안전 또는 복리를 위하여 긴급히 공표를 할 필요가 있는 경우
  2. 해당 공표의 성질상 의견청취가 현저히 곤란하거나 명백히 불필요하다고 인정될 만한 타당한 이유가 있는 경우
  3. 당사자가 의견진술의 기회를 포기한다는 뜻을 명백히 밝힌 경우
  ④ 제3항에 따라 의견제출의 기회를 받은 당사자는 공표 전에 관할 행정청에 서면이나 말 또는 정보통신망을 이용하여 의견을 제출할 수 있다.
  ⑤ 제4항에 따른 의견제출의 방법과 제출 의견의 반영 등에 관하여는 제27조 및 제27조의2를 준용한다. 이 경우 "처분"은 "위반사실등의 공표"로 본다.
  ⑥ 위반사실등의 공표는 관보, 공보 또는 인터넷 홈페이지 등을 통하여 한다.
  ⑦ 행정청은 위반사실등의 공표를 하기 전에 당사자가 공표와 관련된 의무의 이행, 원상회복, 손해배상 등의 조치를 마친 경우에는 위반사실등의 공표를 하지 아니할 수 있다.
  ⑧ **행정청은 공표된 내용이 사실과 다른 것으로 밝혀지거나 공표에 포함된 처분이 취소된 경우**에는 **그 내용을 정정하여, 정정한 내용을 지체 없이 해당 공표와 같은 방법으로 공표된 기간 이상 공표하여야 한다.** 다만, **당사자가 원하지 아니하면 공표하지 아니할 수 있다.**

[날먹행 293p]

□□□□□

이 3. 행정상 공표는 사생활의 비밀과 자유, 국민의 알권리 등 다른 기본권과 충돌하는 경우에는 이익형량에 의하여 제한할 수 있다. (10지방9급)

- **명단의 공표 한계**: 법치행정의 원칙, 비례의 원칙 등 **행정법의 일반원칙 준수**해야 함.
  프라이버시권과 알 권리와의 이익형량

[날먹행 293p]

OX 정답

2-3. ○ 2-4. ○ 3. ○

☐☐☐☐☐

판 4-1. 판례에 따르면 위법한 공표에 의하여 명예 · 신용 등이 침해된 경우에는 행정상 손해배상청구소송을 제기하여 그 손해배상을 구할 수 없다. (10국회9급)

☐☐☐☐☐

판 4-2. 국가기관이 행정목적달성을 위하여 언론을 통해 행정상 공표의 방법으로 실명을 공개함으로써 타인의 명예를 훼손한 경우라면 사인의 행위에 의한 경우보다 훨씬 엄격한 기준이 요구되므로, 국가기관이 공표 당시 이를 진실이라고 믿었고 또 그렇게 믿을 만한 상당한 이유가 있더라도 위법성이 인정된다. (22소방간부)

• **명단의 공표 → 국가배상청구 가능**

판례 **국가기관이 행정목적달성을 위하여 언론에 보도자료를 제공하는 등 이른바 행정상 공표의 방법으로 실명을 공개함으로써 타인의 명예를 훼손한 경우,** 그 공표된 사람에 관하여 적시된 사실의 내용이 진실이라는 증명이 없더라도 국가기관이 공표 당시 이를 진실이라고 믿었고 또 그렇게 믿을 만한 상당한 이유가 있다면 위법성이 없는 것이고, 이 점은 언론을 포함한 사인에 의한 명예훼손의 경우에서와 마찬가지이다. 상당한 이유의 존부의 판단에 있어서는, 실명공표 자체가 매우 신중하게 이루어져야 한다는 요청에서 비롯되는 무거운 주의의무와 공권력의 광범한 사실조사능력, 공표된 사실이 진실하리라는 점에 대한 국민의 강한 기대와 신뢰, 공무원의 비밀엄수의무와 법령준수의무 등에 비추어, **사인의 행위에 의한 경우보다는 훨씬 더 엄격한 기준이 요구된다 할 것**이므로, 그 **사실이 의심의 여지 없이 확실히 진실이라고 믿을 만한 객관적이고도 타당한 확증과 근거가 있는 경우가 아니라면 그러한 상당한 이유가 있다고 할 수 없다**(93다18389). [날먹행 293p]

☐☐☐☐☐

이 5. 위반사실의 공표가 위법한 경우 상대방은 결과제거청구권의 한 내용으로서 민법 제764에 근거하여 정정공고를 구할 수 있다. (10국회9급)

• **명단의 공표 → 결과제거청구권**: 위법한 공표 내용의 **철회 · 정정 등의 요구 가능** [날먹행 293p]

제 5 절 관허사업의 제한

☐☐☐☐☐

이 1. 행정법상 의무를 위반하거나 불이행한 자에 대하여 각종 인 · 허가를 거부할 수 있게 함으로써 행정법상 의무의 준수 또는 이행을 확보하는 직접적 강제수단을 관허사업의 제한이라 한다. (10국가7급)

• **관허사업의 제한**: 행정법상의 의무를 위반한 자에 대해 인가 · 허가 등을 거부 · 정지 · 철회함으로써 위반자에게 의무의 이행을 간접적으로 강제하는 것 [날먹행 293p]

OX 정답

4-1. X 4-2. X 5. ○ / 5절 1. X

OX 문제 풀이

05

행정상의 손해전보

01 개관

제1절 개관

□□□□□

이 1-1. 행정상 손실보상은 원칙적으로 적법한 공권력 행사로 인한 손해의 전보제도로서 위법한 공권력행사로 인한 침해에 대한 보상인 국가배상제도와는 다르다. (14서울7급)

• **손실보상: 적법한** 행정작용에 대한 손해전보 / **국가배상: 위법한** 행정작용에 대한 손해전보 [날먹행 300p]

□□□□□

판 1-2. 손실보상과 손해배상은 근거규정 및 요건·효과를 달리하지만 손실보상청구권에 '손해전보'라는 요소가 포함되어 있어 실질적으로 같은 내용의 손해에 관하여 양자의 청구권이 동시에 성립한다면 청구권자는 어느 하나만을 선택적으로 행사할 수 있을 뿐이다. (22소방)

판례 **손실보상과 손해배상은 근거 규정과 요건·효과를 달리하는 것**으로서, 각 요건이 충족되면 성립하는 **별개의 청구권**이다. 다만 손실보상청구권에는 이미 '손해 전보'라는 요소가 포함되어 있어 실질적으로 같은 내용의 손해에 관하여 양자의 청구권을 동시에 행사할 수 있다고 본다면 이중배상의 문제가 발생하므로, 실질적으로 같은 내용의 손해에 관하여 양자의 청구권이 동시에 성립하더라도 **영업자는 어느 하나만을 선택적으로 행사할 수 있을 뿐이고, 양자의 청구권을 동시에 행사할 수는 없다**(2018두227). [날먹행 300p]

□□□□□

이 1-3. 헌법은 배상책임자를 '국가 또는 지방자치단체'로 규정하고 있으나, 국가배상법은 배상책임자를 '국가 또는 공공단체'로 규정하고 있다. (07국가7급)

• 헌법은 국가 또는 공공단체로, 국가배상법은 국가 또는 지방자치단체로 배상책임자를 규정하고 있음.
[날먹행 300p]

OX 정답

1절 1. O 1-2. O 1-3. X

02 국가배상

제1절 개설

제2절 공무원의 직무상 불법행위에 기한 손해배상

□□□□□ ★

이 1. 행정상 손해배상에 관하여는 국가배상법이 일반법적 지위를 갖는다고 본다. (15서울9급)

• 국가배상이란 공무원의 위법한 직무집행 또는 영조물의 하자로 인해 국민에게 손해가 발생한 경우, 국가 또는 지방자치단체가 그 손해를 배상하는 제도로 , **헌법상 인정되는 기본권**이고(헌법§29), **국가배상법**이 이에 대한 **일반법**에 해당 [날먹행 301p]

□□□□□ ★★★

이 2. 국가배상은 공행정작용을 대상으로 하므로 국가배상청구소송은 당사자소송이다. (20국가9급,17교행9급)

• 국가배상은 공행정작용을 대상으로 하나, 판례는 국가배상청구소송을 **민사소송**에 의한다. [날먹행 301p]

□□□□□ ★★★

이 3-1. 국가배상책임을 지는 공무원에는 조직법상 의미의 공무원 뿐만 아니라 기능적 의미의 공무원이 포함된다. (19서울9급)

□□□□□ ★★★

이 3-2. 공무를 위탁받은 사인도 국가배상법상 공무원이 될 수 있다. (23변시,19국회8급,19국가7급)

□□□□□ ★★★

이 3-3. 공무를 위탁받아 실질적으로 공무에 종사하고 있더라도 그 위탁이 일시적이고 한정적인 경우에는 국가배상법 제2조의 공무원에 해당하지 않는다. (22지방7급,22서울7급,19국가7급,17서울7급,17서울9급)

• **국가배상법상 공무원: 널리 공무를 위탁받아 실질적으로 공무에 종사하는 모든 자를 포함**(공무수탁사인 포함), 일시적, 한정적 공무위탁도 포함됨. 조직법상 의미의 공무원 뿐만 아니라 **기능적 의미의 공무원도 포함**됨. 일시적, 한정적 공무위탁도 포함됨. [날먹행 302p]

OX 정답

2절 1. O 2. X 3-1. O 3-2. O 3-3. X

□□□□□ ★★

판 4-1. 서울특별시 강서구 교통할아버지 사건과 같은 경우 공무를 위탁받아 수행하는 일반 사인은 국가배상법 제2조 제1항에 따른 공무원이 될 수 없다. (23서울7급,19소방)

> **판례** 지방자치단체가 '교통할아버지 봉사활동 계획'을 수립한 후 관할 동장으로 하여금 '교통할아버지'를 선정하게 하여 어린이 보호, 교통안내, 거리질서 확립 등의 공무를 위탁하여 집행하게 하던 중 '교통할아버지'로 선정된 노인이 위탁받은 업무 범위를 넘어 교차로 중앙에서 교통정리를 하다가 교통사고를 발생시킨 경우, 지방자치단체가 국가배상법 제2조 소정의 배상책임을 부담한다(98다39060). [날먹행 302p]

□□□□□ ★

판 4-2. 향토예비군도 그 동원기간 중에는 국가배상법 제2조 소정의 공무원 중에 포함된다. (16경행)

> **판례** 향토예비군도 그 동원기간 중에는 국가배상법 제2조 소정의 공무원 중에 포함된다고 보는 것이 상당하다(70다471). [날먹행 302p]

□□□□□ ★

판 4-3. 시 청소차 운전수나 전입신고서에 확인인을 찍는 통장은 국가배상법 제2조의 공무원에 해당한다. (19소방,11국회8급)

> **판례** 서울시 산하 구청소속의 청소차량 운전원이 지방잡급직원규정에 의하여 단순노무제공만을 행하는 기능직 잡급직원이라면 이는 지방공무원법 제2조 제2항 제7호 소정의 단순한 노무에 종사하는 별정직 공무원이다(80다2051).
>
> **판례** 통장이 전입신고서에 확인인을 찍는 행위는 공무를 위탁받아 실질적으로 공무를 수행하는 것이라고 보아야 하므로, 통장은 그 업무범위 내에서는 국가배상법 제2조 소정의 공무원에 해당한다(91다5570). [날먹행 302p]

□□□□□ ★★

이 5-1. 법관이나 헌법재판소 재판관은 국가배상법 제2조에서 말하는 공무원에 해당하지 않는다. (10국회9급,09국가9급)

> - **국가기관이 국가배상법상 공무원에 해당하는지 경우**
>   - **입법부, 사법부 소속의 공무원도 포함되고, 국회의원, 지방의회의원, 검사, 법관, 헌법재판소 재판관**도 공무원에 포함
>   - **기관 그 자체**도 공무원에 해당함(ex 국회, 지방의회 등) [날먹행 302p]

□□□□□

판 5-2. 구 수산청장으로부터 뱀장어에 대한 수출추천업무를 위탁받은 수산업협동조합은 국가배상법 제2조에 따른 공무원에 해당한다. (20소방간부)

> **판례** 구 수산청장으로부터 뱀장어에 대한 수출추천 업무를 위탁받은 수산업협동조합이 수출제한조치를 취할 당시 국내 뱀장어 양식용 종묘의 부족으로 종묘확보에 지장을 초래할 우려가 있다고 판단하여 추천업무를 행하지 않은 것이 공무원으로서 타인에게 손해를 가한 때에 해당한다(2002다55304). [날먹행 302p]

OX 정답

4-1. X 4-2. O 4-3. O 5-1. X 5-2. O

□□□□□ ★★

판 6-1. 구 소방법 제63조의 규정에 의하여, 시, 읍, 면이 소방서장의 소방업무를 보조하게 하기 위하여 설치한 의용소방대는 국가기관이라고 할 수 있다. (19소방,16경행)

판례 의용소방대는 국가기관이라 할 수 없음은 물론이고 군(郡)에 예속된 기관이라고 할 수도 없으니 의용소방대원이 소방호수를 교환받기 위하여 소방대장의 승인을 받고 위 의용소방대가 보관 사용하는 차량을 운전하고 가다가 운전사고가 발생하였다면 이를 군의 사무집행에 즈음한 행위라고 볼 수 없다(73다1896). [날먹행 302p]

□□□□□ ★★★

판 6-2. 법령에 의해 대집행권한을 위임받은 한국토지공사는 국가배상법 제2조에서 말하는 공무원에 해당하지 않는다. (21국회8급,20지방9급,19지방9급,19서울7급)

판례 **한국토지공사는 법령의 위탁에 의하여 대집행을 수권받은 자로서 공무인 대집행을 실시함에 따르는 권리 · 의무 및 책임이 귀속되는 행정주체의 지위에 있다**고 볼 것이지 지방자치단체 등의 기관으로서 국가배상법 제2조 소정의 공무원에 해당한다고 볼 것은 아니다(2007다82590). [날먹행 302p]

□□□□□ ★★

판 6-3. 대한변호사협회장은 '변호사등록에 관한 사무'를 수행하는 경우라고 할지라도 '국가배상법' 제2조에서 정한 공무원에 해당하지 않는다. (23경간,22소방승진,22경간)

판례 **한국토지공사는 법령의 위탁에 의하여 대집행을 수권받은 자로서 공무인 대집행을 실시함에 따르는 권리 · 의무 및 책임이 귀속되는 행정주체의 지위에 있다**고 볼 것이지 지방자치단체 등의 기관으로서 국가배상법 제2조 소정의 공무원에 해당한다고 볼 것은 아니다(2007다82590). [날먹행 302p]

□□□□□ ★★★

이 7-1. 국가배상법상 공무원의 직무행위는 객관적으로 직무행위로서의 외형을 갖추고 있어야 할 뿐만 아니라 주관적 공무집행의 의사도 있어야 한다. (23서울7급,22소방승진,20지방7급,18국가9급)

□□□□□

이 7-2. 공무원의 행위가 실질적으로 공무집행행위가 아니라는 사정을 피해자가 알았다면 그것만으로 국가배상책임을 부인할 수 있다. (20국회9급)

□□□□□ ★★★

이 7-3. 직무행위인지 여부는 당해 행위가 현실적으로 정당한 권한 내의 것인지를 묻지 않는다. (16사복9급)

- **공무원의 직무 집행성**

외형설: 객관적으로 보아 직무행위로서의 외형을 갖추고 있으면 된다는 견해로, 현실적으로 정당한 권한 내의 행위인지, 피해자가 실질적으로 공무집행행위가 아니라는 사정을 알았다는 사실등은 아무런 영향을 미치지 못함. [날먹행 302p]

OX 정답

6-1. X 6-2. ○ 6-3. X 7-1. X 7-2. X 7-3. ○

□□□□□ ★★

판 8-1. 상급자가 전입사병인 하급자에게 암기사항에 관하여 교육하던 중 훈계하다가 도가 지나쳐 폭행한 경우에 그 폭행은 국가배상법상의 직무집행에 해당한다. (11국회8급)

판례 상급자가 같은 소대에 새로 전입한 하급자에 대하여 암기사항에 관한 교육을 실시하던 중 암기상태가 불량하다는 이유로 그 하급자를 훈계하다가 도가 지나쳐 폭행을 하기에 이른 경우, 그 상급자의 교육 · 훈계행위는 적어도 외관상으로는 직무집행으로 보여지고 교육·훈계 중에 한 폭행도 그 직무집행과 밀접한 관련이 있는 것이므로 결국 그 폭행은 국가배상법 제2조 제1항 소정의 공무원이 직무를 집행함에 당하여 한 행위로 볼 수 있다(93다14240). [날먹행 303p]

□□□□□ ★★★

판 8-2. 인사업무담당 공무원이 다른 공무원의 공무원증 등을 위조한 행위는 실질적으로 직무행위에 속하지 아니한다 할지라도 외관상으로는 국가배상법상의 직무집행에 해당한다. (22소방승진,21국가7급,21소방,21소방간부,18지방7급)

판례 인사업무담당 공무원이 다른 공무원의 공무원증 등을 위조한 행위에 대하여 실질적으로는 직무행위에 속하지 아니한다 할지라도 외관상으로 국가배상법 제2조 제1항의 직무집행관련성을 인정한다(2004두26805). [날먹행 303p]

□□□□□ ★★★

판 8-3. 성폭력범죄의 수사를 담당하거나 수사에 관여하는 경찰관이 피해자의 인적사항 등을 공개 또는 누설함으로써 피해자가 손해를 입은 경우, 국가의 배상책임이 인정된다는 것이 판례의 태도이다. (20소방,14국가7급)

판례 성폭력범죄의 처벌 및 피해자보호 등에 관한 법률 제21조는 성폭력범죄의 수사 또는 재판을 담당하거나 이에 관여하는 공무원에 대하여 피해자의 인적사항과 사생활의 비밀을 엄수할 직무상 의무를 부과하고 있고, 이는 주로 성폭력범죄 피해자의 명예와 사생활의 평온을 보호하기 위한 것이므로, 성폭력범죄의 수사를 담당하거나 수사에 관여하는 경찰관이 위와 같은 직무상 의무에 반하여 피해자의 인적사항 등을 공개 또는 누설하였다면 국가는 그로 인하여 피해자가 입은 손해를 배상하여야 한다(2007다64365). [날먹행 303p]

□□□□□ ★

판 8-4. 공무원이 통상 근무지로 자기소유 차량을 운전하여 출근하던 중 교통사고를 일으킨 경우, 특별한 사정이 없는 한 국가재상법 제2조 제1항에 따른 직무집행 관련성이 부정된다. (18경행)

판례 공무원이 통상적으로 근무하는 근무지로 출근하기 위하여 자기 소유의 자동차를 운행하다가 자신의 과실로 교통사고를 일으킨 경우에는 특별한 사정이 없는 한 국가배상법상 공무원이 '직무를 집행함에 당하여' 타인에게 불법행위를 한 것이라고 할 수 없으므로 그 공무원이 소속된 국가나 지방공공단체가 국가배상법상의 손해배상책임을 부담하지 않는다(94다15271). [날먹행 303p]

OX 정답

8-1. ○ 8-2. ○ 8-3. ○ 8-4. ○

□□□□□ ★★★

판 9-1. 국가배상법이 정한 손해배상청구의 요건인 '공무원의 직무'에는 국가나 지방자치단체의 권력 · 비권력적 작용 뿐만 아니라 단순한 사경제의 주체로서 하는 작용도 포함된다.
(23소방,23군무원9급,23서울7급,22소방승진,22지방9급,21국가9급,19서울9급,18서울7급)

□□□□□ ★★★

판 9-2. 국가 또는 공공단체라 할지라도 사경제의 주체로 활동하였을 경우에는 그 손해배상의 책임에 국가배상법의 규정이 적용될 수 없고 민법이 적용된다. (12지방9급)

판례 국가배상청구의 요건인 '공무원의 직무'에는 권력적 작용만이 아니라 비권력적 작용도 포함되며 단지 행정주체가 사경제주체로서 하는 활동만 제외된다(98다39060). → 사경제주체로 활동시, 국배법상의 직무에 해당하지 않으므로, 민법이 적용됨.
[날먹행 303p]

□□□□□ ★★

판 9-3. 국가의 철도운행사업은 국가가 공권력의 행사로 하는 것이 아니고 사경제적 작용이라 하여도 그로 인한 사고에 공무원이 간여하였을 경우, 국가배상법에 따라 배상청구를 하는 배상절차를 거쳐야 한다.
(21국가7급,21국회8급,20경행)

판례 **국가의 철도운행사업**은 국가가 공권력의 행사로서 하는 것이 아니고 **사경제적 작용**이라 할 것이므로, 이로 인한 **사고에 공무원이 간여**하였다고 하더라도 **민법의 규정에 따라야** 하므로, **국가배상법상의 배상전치절차를 거칠 필요가 없으나, 공공의 영조물인 철도시설물의 설치 또는 관리의 하자로 인한 불법행위를 원인으로 하여 국가에 대하여 손해배상청구를 하는 경우에는 국가배상법이 적용되므로 배상전치절차를 거쳐야 한다**(99다7008).
[날먹행 303p]

□□□□□ ★★

이 10-1. 국가배상법의 요건으로서 직무행위에는 국회의 입법작용도 포함된다. (15교행9급)

□□□□□ ★★

이 10-2. 고시가 위법하게 제정된 경우라도 고시의 제정행위는 일반·추상적인 규범의 정립행위이므로 국가배상책임의 대상이 되는 직무행위에 해당된다고 볼 수 없다. (21국회8급)

• 직무행위에는 입법작용이 포함되며, 고시의 제정은 행정공무원의 직무행위이므로, 위법하게 고시를 제정한 경우 국가배상책임의 대상이 되는 공무원의 직무에 해당한다.
[날먹행 303p]

OX 정답

9-1. X 9-2. O 9-3. X 10-1. O 10-2. X

□□□□□ ★★

판 10-3. 국가배상법이 정하는 손해배상청구의 요건인 공무원의 직무에는 비권력작용인 행정지도는 포함되지 아니한다. **(19서울9급,17국가9급,17국회9급)**

> **판례** 국가배상법이 정한 배상청구의 요건인 '공무원의 직무'에는 **권력적 작용만이 아니라 행정지도와 같은 비권력적 작용도 포함**되며 **단지 행정주체가 사경제주체로서 하는 활동만 제외**된다. 피고 및 그 산하의 강남구청은 이 사건 **도시계획사업의 주무관청으로서 그 사업을 적극적으로 대행·지원하여 왔고 이 사건 공탁도 행정지도의 일환으로 직무수행으로서 행하였다고 할 것**이므로, 비권력적 작용인 공탁으로 인한 피고의 손해배상책임이 인정된다(96다38971). **[날먹행 304p]**

□□□□□ ★★★

판 11. 국가나 지방자치단체는 공무원이 직무를 집행하면서 고의 또는 과실로 위법하게 타인에게 손해를 가한 때에 국가배상법상 배상책임을 지고, 공무원의 선임 및 감독에 상당한 주의를 한 경우에도 그 배상책임을 면할 수 없다. **(18국가9급,17국가9급)**

> • **고의 · 과실의 판단기준 → 직무를 행하는 공무원을 기준**으로 판단함.
> 국가, **지방자치단체는 공무원의 선임 및 감독에 상당한 주의를 한 경우에도 배상책임**(=민법상 사용자의 면책제도 적용 X) **[날먹행 304p]**

□□□□□ ★

이 12-1. 과실개념을 객관화하려는 태도는 국가배상책임의 성립을 용이하게 하려는 의도를 지니고 있다. **(22경간,22경간,19사복9급)**

> • **과실의 객관화 경향** - 국민의 권익구제차원에서 고의 또는 과실의 개념을 완화하여 과실입증을 쉽게 하여 국가배상책임의 성립을 용이하게 하려는 것이다. **[날먹행 304p]**

□□□□□ ★★★

이 12-2. 국가배상법 제2조 제1항에서 규정하는 공무원의 과실은 당해 직무를 담당하는 평균적 공무원의 주의능력을 기준으로 판단한다. **(15서울9급,14서울9급,14경행 등)**

□□□□□ ★★★

이 12-3. 행정처분의 담당공무원이 주관적 주의의무를 결하여 그 행정처분이 주관적 정당성을 상실하였다고 인정될 정도에 이른 경우에 국가배상법 제2조의 요건을 충족하였다고 봄이 상당하다. **(22국회9급,20지방7급)**

> • 직무를 담당하는 **평균적 공무원**이 통상 갖추어야 할 **객관적 주의의무를 게을리한 경우의 과실**을 의미함 **[날먹행 305p]**

OX 정답

10-3. X 11. O 12-1. O 12-2. O 12-3. X

□□□□□

판 12-4. 음주운전으로 적발된 주취운전자가 도로 밖으로 차량을 이동하겠다며 단속경찰관으로부터 보관중이던 차량열쇠를 반환받아 몰래 차량을 운전하여 가던 중 사고를 일으킨 경우, 국가배상책임이 인정되지 않는다는 것이 판례의 태도이다. **(20소방)**

> **판례** 음주운전으로 적발된 주취운전자가 도로 밖으로 차량을 이동하겠다며 단속경찰관으로부터 보관중이던 차량열쇠를 반환받아 몰래 차량을 운전하여 가던 중 사고를 일으킨 경우, 국가배상책임이 인정된다(97다54482).
>
> **[날먹행 305p]**

□□□□□ ★★

판 12-5. 손해배상책임을 묻기 위해서는 가해 공무원을 특정하여야 한다. **(23경간,21국가9급)**

> **판례** 전투경찰들이 시위진압을 함에 있어 과도한 방법으로 시위진압을 한 잘못으로 시위 참가자를 사망하게 한 경우, 가해공무원인 전투경찰공무원을 특정하지 않더라도 손해배상책임 인정됨(95다23897). → 가해 공무원이 특정되지 않았어도 국가배상책임을 인정
>
> **[날먹행 305p]**

□□□□□ ★★★

판 12-6. 과실의 입증책임은 원고가 아니라 피고인 국가 또는 지방자치단체로 전환된다. **(22경간,15서울9급)**

> • **과실의 입증책임 - 피해자인 원고가 입증책임**을 진다(통설, 판례). 단 권한을 행사하지 않은 것이 위법하다고 인정되는 경우에는 과실이 추정됨.
>
> **[날먹행 305p]**

□□□□□

판 13-1. 행정소송에서 행정처분이 위법한 것으로 확정되었고 그 이유가 법령 해석의 잘못이었다면 그 행정처분을 한 공무원의 과실은 당연히 인정된다. **(15서울9급 등)**

□□□□□ ★★★

판 13-2. 일반적으로 공무원이 관계법규를 알지 못하거나 필요한 지식을 갖추지 못하고 법규의 해석을 그르쳐 행정처분을 하였다면, 그가 법률전문가가 아닌 행정직 공무원이라고 하여 과실이 없다고는 할 수 없다. **(22국회8급,21국가9급,18지방7급,16지방9급)**

> **판례** **법령에 대한 해석이 복잡, 미묘하여 워낙 어렵고, 이에 대한 학설, 판례조차 귀일되어 있지 않는 등의 특별한 사정이 없는 한** 일반적으로 공무원이 관계 법규를 알지 못하거나 필요한 지식을 갖추지 못하고 법규의 해석을 그르쳐 행정처분을 하였다면 그가 법률전문가가 아닌 행정직 공무원이라고 하여 과실이 없다고는 할 수 없다(98다52988).
>
> **[날먹행 305p]**

OX 정답

12-4. X 12-5. X 12-6. X 13-1. X 13-2. ○

□□□□□ ★★★

판 13-3. 법령의 해석이 복잡 · 미묘하여 어렵고 학설 · 판례가 통일되지 않을 때에 공무원이 신중을 기해 그 중 어느 한 설을 취하여 처리한 경우에는 그 해석이 결과적으로 위법한 것이었다 하더라도 국가배상법상 공무원의 과실을 인정할 수 없다. (22소방간부,22국가9급,15국회8급)

> **판례** 법령의 해석이 복잡 미묘하여 어렵고 학설, 판례가 통일되지 않을 때에 공무원이 신중을 기해 그 중 어느 한 설을 취하여 처리한 경우에는 그 해석이 결과적으로 위법한 것이었다 하더라도 국가배상법상 공무원의 과실을 인정할 수 없다(72다2583). [날먹행 305p]

□□□□□ ★

판 13-4. 행정입법에 관여한 공무원이 입법 당시의 상황에서 다양한 요소를 고려하여 나름대로 합리적 근거를 찾아 어느 하나의 견해에 따라 경과규정을 두는 등의 조치 없이 새 법령을 그대로 시행 하거나 적용하였더라도 이러한 경우에까지 국가배상법 제2조 제1항에서 정한 국가배상책임의 성립요건인 공무원의 과실이 있다고 할 수는 없다. (18국회8급)

> **판례** 행정입법에 관여한 공무원이 나름대로 합리적 근거를 찾아 어느 하나의 견해에 따라 경과규정을 두는 등의 조치 없이 새 법령을 그대로 시행 또는 적용하였으나 그 판단이 나중에 대법원이 내린 판단과 달라 결과적으로 신뢰보호 원칙 등을 위반하게 된 경우, 국가배상책임의 성립요건인 공무원의 과실이 있다고 볼 수 없다(2011다14428). [날먹행 305p]

□□□□□ ★★★

판 14. 영업허가취소처분이 행정심판에 의하여 재량권의 일탈을 이유로 취소되었다고 하더라도 그 처분이 당시 시행되던 '공중위생법 시행규칙'에 정해진 행정처분의 기준에 따른 것인 이상 그 영업허가취소처분을 한 행정청 공무원에게 그와 같은 위법한 처분을 한 데 있어 직무집행상의 과실이 있다고 할 수는 없다. (23국회8급,22경간,21국가7급,18경행)

> **판례** 영업허가취소처분이 당시 시행되던 공중위생법시행규칙에 정하여진 제재적 처분기준(재량준칙)에 따른 것인 이상 그 영업허가취소처분을 한 행정청 공무원에게 그와 같은 위법한 처분을 한 데 있어 어떤 직무집행상의 과실이 있다고 할 수 없다(94다26141). [날먹행 306p]

□□□□□ ★★★

판 15. 처분이 있은 후에 근거법률이 위헌으로 결정된 경우, 그 법률을 적용한 공무원에게 고의 또는 과실이 있었다고 단정할 수 있다. (22지방9급,20지방9급,19지방9급,19서울9급)

> **판례** 처분의 **근거법률이 사후적으로** 위헌**선언**되었더라도, 공무원들에게 고의·과실이 있다고 **할 수** 없다(2008헌바23). [날먹행 306p]

OX 정답

13-3. O 13-4. O 14. O 15. X

□□□□□ ★★★

판 16. 어떠한 행정처분이 항고소송에서 취소되었을지라도 그 기판력에 의하여 당해 행정처분이 곧바로 공무원의 고의 또는 과실로 인한 것으로서 국가배상책임이 성립한다고 단정할 수는 없다.
(23소방,22지방9급,22소방승진,22국가9급,22지방9급,20지방9급,19국가7급,19지방9급,19서울7급)

판례 처분이 항고소송에서 취소되었다 할지라도 곧바로 공무원에게 과실을 인정할 수 없다(97다7608 등). [날먹행 306p]

□□□□□ ★★★

판 17. 국가배상책임에서의 법령위반은 인권존중·권력남용금지·신의성실·공서양속 등의 위반도 포함해 널리 그 행위가 객관적인 정당성을 결여하고 있음을 의미한다. (21소방간부,20지방·서울9급,18서울9급 등)

판례 법령 위반이라 함은 엄격한 의미의 법령 위반 뿐만 아니라 인권존중, 권력남용금지, 신의성실, 공서양속 등의 위반도 포함하여 널리 그 행위가 객관적인 정당성을 결여하고 있음을 의미함(2007다64365). [날먹행 307p]

□□□□□ ★★★

판 18. 공무원의 직무집행이 법령이 정한 요건과 절차에 따라 이루어진 것이라면 특별한 사정이 없는 한 이는 법령에 적합한 것이고, 그 과정에서 개인의 권리가 침해되는 일이 생긴다고 하여 그 법령적합성이 곧바로 부정되는 것은 아니다. (23변시,18서울9급,18국가7급,18서울7급)

판례 공무원의 직무집행이 법령이 정한 요건과 절차에 따라 이루어진 것이라면 그 과정에서 개인의 권리가 침해되는 일이 생긴다고 하여 법령적합성이 곧바로 부정되는 것은 아니다(94다2480). [날먹행 307p]

□□□□□ ★

판 19. 시청 소속 공무원이 시장을 부패방지위원회에 부패혐의자로 신고한 후 동사무소로 하향 전보된 사안에서, 그 전보인사는 사회통념상 용인될 수 없을 정도로 객관적 상당성을 결여하였으므로 불법행위를 구성한다.
(22국가7급,20소방간부)

판례 시청 소속 공무원이 시장을 부패방지위원회에 부패혐의자로 신고한 후 동사무소로 전보된 사안에서, 그 인사조치가 사회통념상 용인될 수 없을 정도로 객관적 상당성을 결여했다고 단정할 수 없다(2006다16215).
[날먹행 307p]

□□□□□ ★★★

이 20. 국가배상책임에서 '법령을 위반하여'라고 함은 엄격하게 형식적 의미의 법령에서 명시적으로 공무원의 행위의무가 정하여져 있음에도 이를 위반하는 경우만을 의미한다. (21국회9급,21지방9급 등)

- '법령을 위반하여'에서 **'법령'**이란 성문법, 불문법을 포함한 모든 법규 외에 행정법상 일반원칙 등도 포함함.
[날먹행 307p]

OX 정답

16. O 17. O 18. O 19. X 20. X

□□□□□ ★★

판 21-1. 절박하고 중대한 위험상태가 발생하였거나 발생한 우려가 있는 경우가 아닌 한, 원칙적으로 공무원이 관련 법령대로만 직무를 수행하였다면 그와 같은 공무원의 부작위를 가지고 '고의 또는 과실로 법령에 위반'하였다고 할 수는 없다. **(13지방7급,13서울7급,12국가9급,12국가7급 등)**

□□□□□ ★★

판 21-2. 부작위에 대해 국가배상책임이 인정되기 위해서는 법령상 명문의 작위의무가 있어야 하며, 조리에 의한 작위의무는 인정되지 않는다. **(13지방7급,10국가9급)**

판례 **국민의 생명 · 신체 · 재산 등에 대하여 절박하고 중대한 위험상태가 발생하였거나 발생할 상당한 우려**가 있어서 국민의 생명 등을 보호하는 것을 본래적 사명으로 하는 국가가 초법규적·일차적으로 그 위험의 배제에 나서지 아니하면 국민의 생명 등을 보호할 수 없는 경우에는 **형식적 의미의 법령에 근거가 없더라도 국가나 관련 공무원에 대하여 그러한 위험을 배제할 작위의무를 인정할 수 있을 것이다.** 그러나 그와 같은 **절박하고 중대한 위험상태가 발생하였거나 발생할 상당한 우려가 있는 경우가 아닌 한, 원칙적으로 공무원이 관련 법령에서 정하여진 대로 직무를 수행하였다면 그와 같은 공무원의 부작위를 가지고 '고의 또는 과실로 법령에 위반'하였다고 할 수는 없다**(2003다69562). → 공무원의 부작위로 인한 국가배상책임이 인정되기 위해서 형식적 의미의 법률에 의한 공무원의 작위의무가 존재해야만 하는 것은 아님 **[날먹행 307p]**

□□□□□ ★★

판 21-3. 공무원의 부작위가 공무원으로서 마땅히 지켜야 할 준칙이나 규범을 위반한 경우를 포함하여 널리 객관적인 정당성이 없는 경우, 그 부작위는 '법령을 위반'하는 경우에 해당한다. **(22지방7급,21지방7급)**

판례 공무원의 부작위로 인한 국가배상책임을 인정하기 위하여는 공무원의 작위로 인한 국가배상책임을 인정하는 경우와 마찬가지로 "공무원이 그 직무를 집행함에 당하여 고의 또는 과실로 법령에 위반하여 타인에게 손해를 가한 때"라고 하는 국가배상법 제2조 제1항의 요건이 충족되어야 할 것이다. 여기서 **'법령에 위반하여'**라고 함은 엄격하게 형식적 의미의 법령에 명시적으로 공무원의 작위의무가 정하여져 있음에도 이를 위반하는 경우만을 의미하는 것은 아니고, **인권존중·권력남용금지·신의성실과 같이 공무원으로서 마땅히 지켜야 할 준칙이나 규범을 지키지 아니하고 위반한 경우를 포함하여 널리 그 행위가 객관적인 정당성을 결여하고 있는 경우도 포함**한다(2010다95666). **[날먹행 307p]**

□□□□□

판 21-4. 행정청이 그 권한을 행사하지 아니한 것이 현저하게 합리성을 잃어 사회적 타당성이 없는 경우에는 직무상 의무를 위반한 것이 되어 위법하다. **(22소방승진)**

판례 구 식품위생법 관련 규정이 식품의약품안전청장 및 관련 공무원에게 합리적인 재량에 따른 직무수행 권한을 부여한 것으로 해석된다고 하더라도, 식품의약품안전청장 등에게 그러한 권한을 부여한 취지와 목적에 비추어 볼 때 **구체적인 상황 아래에서 식품의약품안전청장 등이 그 권한을 행사하지 아니한 것이 현저하게 합리성을 잃어 사회적 타당성이 없는 경우에는 직무상 의무를 위반한 것이 되어 위법하게 된다.** 그리고 위와 같이 식약청장등이 그 권한을 행사하지 아니한 것이 직무상 의무를 위반하여 위법한 것으로 되는 경우에는 특별한 사정이 없는 한 **과실도 인정된다**(2008다77795). **[날먹행 308p]**

OX 정답

21-1. ○ 21-2. X 21-3. ○ 21-4. ○

□□□□□ ★★

판 22-1. 경찰관이 구체적 상황 하에서 그 인적 · 물적 능력의 범위 내의 적절한 조치라는 판단에 따라 범죄수사 직무를 수행한 경우, 그것이 객관적 정당성을 상실하여 현저하게 불합리하다고 인정되지 않는다면 그와 다른 조치를 취하지 아니한 부작위는 국가배상책임의 요건인 법령 위반에 해당하지 않는다. **(18국가7급)**

판례 경찰관이 구체적 상황하에서 그 인적·물적 능력의 범위 내에서의 적절한 조치라는 판단에 따라 범죄의 진압 및 수사에 관한 직무를 수행한 경우, 경찰관에게 그와 같은 권한을 부여한 취지와 목적, 경찰관이 다른 조치를 취하지 아니함으로 인하여 침해된 국민의 법익 또는 국민에게 발생한 손해의 심각성 내지 그 절박한 정도 등을 종합적으로 고려하여 볼 때, 그것이 객관적 정당성을 상실하여 현저하게 불합리하다고 인정되지 않는다면 그와 다른 조치를 취하지 아니한 부작위를 내세워 국가배상책임의 요건인 법령 위반에 해당한다고 할 수 없다(2006다32132). **[날먹행 308p]**

□□□□□ ★★

판 22-2. 경찰관이 교통법규 등을 위반하고 도주하는 차량을 순찰차로 추적하는 직무를 집행하는 중에 그 도주차량의 주행에 의하여 제3자가 손해를 입었다고 하더라도 그 추적이 당해 직무 목적을 수행하는 데에 불필요하다거나 추적의 개시·계속 혹은 추적의 방법이 상당하지 않다는 등의 특별한 사정이 없는 한 그 추적행위를 위법하다고 할 수는 없다. **(18국가7급)**

판례 경찰관이 교통법규 등을 위반하고 도주하는 차량을 순찰차로 추적하는 직무를 집행하는 중에 그 도주차량의 주행에 의하여 제3자가 손해를 입었다고 하더라도 그 추적이 당해 직무 목적을 수행하는 데에 불필요하다거나 또는 도주차량의 도주의 태양 및 도로교통상황 등으로부터 예측되는 피해발생의 구체적 위험성의 유무 및 내용에 비추어 추적의 개시·계속 혹은 추적의 방법이 상당하지 않다는 등의 특별한 사정이 없는 한 그 추적행위를 위법하다고 할 수는 없다(2000다26807). **[날먹행 308p]**

□□□□□ ★★

판 23. 등기신청의 첨부 서면으로 제출한 판결서의 일부 기재 사항 및 기재 형식이 일반적인 판결서의 작성 방식과 다른 경우에, 담당 등기관이 자세한 확인절차를 거치지 않았다면 국가배상책임이 인정된다. **(22국회9급)**

판례 등기관은 다른 한편으로 대량의 등기신청사건을 신속하고 적정하게 처리할 것을 요구받기도 하므로 **제출된 서면이 위조된 것임을 간과하고 등기신청을 수리한 모든 경우에 등기관의 과실이 있다고는 할 수 없고,** 등기업무를 담당하는 **평균적 등기관이 보통 갖추어야 할 통상의 주의의무만 기울였어도 제출 서면이 위조되었다는 것을 쉽게 알 수 있었음에도 이를 간과한 채 적법한 것으로 심사하여 등기신청을 각하하지 못한 경우에 그 과실을 인정할 수 있다.** / 등기관은 등기신청에 필요한 서면이 모두 제출되었는지, 서면 자체에 요구되는 형식적 사항이 구비되었는지, 확정된 판결서의 당사자 및 주문표시가 등기신청의 적법함을 뒷받침하는지 등을 제출서면과 등기부의 상호 대조 방법으로 모두 심사한 이상 형식상 심사의무를 다 하였다. / **등기신청에 첨부한 판결서가 위조되어 그 기재가 일반적 판결서와 다르다는 점 만으로, 판결서의 진정성립에 관해 자세한 확인절차를 하지 않은 등기관의 직무상 주의의무위반을 이유로 국가배상책임을 인정할 수는 없다**(2003다13048). **[날먹행 307p]**

□□□□□

판 24-1. 절차상의 위법도 국가배상법상 법령위반에 해당한다. **(15교행9급)**

- 절차상 위법도 법령위반에 포함됨

판례 경매 담당공무원이 이해관계인에 대한 기일통지를 잘못한 것이 원인이 되어 경락허가결정이 취소되었다면, 국가배상책임이 인정된다(2006다23664). **[날먹행 309p]**

OX 정답

22-1. O 22-2. O 23. X 24-1. O

□□□□□★★

판 24-2. 경매 담당 공무원이 이해관계인에 대한 기일통지를 잘못한 것이 원인이 되어 경락허가결정이 취소된 사안에서, 그 사이 경락대금을 완납하고 소유권이전등기를 마친 경락인에 대하여 국가는 배상책임을 진다. (09국회8급)

판례 경매 담당 공무원이 이해관계인에 대한 기일통지를 잘못한 것이 원인이 되어 경락허가결정이 취소된 사안에서, 그 사이 경락대금을 완납하고 소유권이전등기를 마친 경락인에 대하여 국가배상책임이 인정된다(2006다23664). [날먹행 309p]

□□□□□

판 24-3. 국가나 지방자치단체가 공익사업을 시행하는 과정에서 주민들이 일시적으로 행정절차에 참여할 권리를 침해받았다는 사정만으로 곧바로 국가나 지방자치단체가 주민들에게 정신적 손해에 대한 배상의무를 부담한다고 단정할 수 없다. (22소방승진)

판례 국가나 지방자치단체가 공익사업을 시행하는 과정에서 해당 사업부지 인근 주민들은 의견제출을 통한 행정절차 참여 등 법령에서 정하는 절차적 권리를 행사하여 환경권이나 재산권 등 사적 이익을 보호할 기회를 가질 수 있다. 그러나 **법령에서 주민들의 행정절차 참여에 관하여 정하는 것은 어디까지나 주민들에게 자신의 의사와 이익을 반영할 기회를 보장하고 행정의 공정성, 투명성과 신뢰성을 확보하며 국민의 권익을 보호하기 위한 것일 뿐,** 행정절차에 참여할 권리 그 자체가 사적 권리로서의 성질을 가지는 것은 아니다. 이와 같이 행정절차는 그 자체가 독립적으로 의미를 가지는 것이라기보다는 행정의 공정성과 적정성을 보장하는 공법적 수단으로서의 의미가 크므로, 관련 행정처분의 성립이나 무효 · 취소 여부 등을 따지지 않은 채 **주민들이 일시적으로 행정절차에 참여할 권리를 침해받았다는 사정만으로 곧바로 국가나 지방자치단체가 주민들에게 정신적 손해에 대한 배상의무를 부담한다고 단정할 수 없다**(2015다221668). [날먹행 309p]

□□□□□★

판 24-4. 수익적 행정처분이 신청인에 대한 관계에서 국가배상법 제2조 제1항의 위법성이 있는 것으로 평가되기 위하여는, 객관적으로 보아 그 행위로 인하여 신청인이 손해를 입게 될 것임이 분명하다고 할 수 있어 신청인을 위하여도 당해 행정처분을 거부할 것이 요구되는 경우여야 한다. (19일반승진5급)

판례 수익적 행정처분이 신청인에 대한 관계에서 국가배상법 제2조 제1항의 위법성이 있는 것으로 평가되기 위하여는 당해 행정처분에 관한 법령의 내용, 그 성질과 법률적 효과, 그로 인하여 신청인이 무익한 비용을 지출할 개연성에 관한 구체적 사정 등을 종합적으로 고려하여 객관적으로 보아 그 행위로 인하여 신청인이 손해를 입게 될 것임이 분명하다고 할 수 있어 신청인을 위하여도 당해 행정처분을 거부할 것이 요구되는 경우이어야 할 것이다(99다37047). [날먹행 309p]

□□□□□★★★

판 25-1. 국회의원이 제정한 법률규정이 헌법의 문언에 명백히 위반됨에도 불구하고 국회가 굳이 당해 입법을 한 것과 같은 특수한 경우가 아닌 한 국가배상법상의 위법행위에 해당하지 않는다. (23변시,22국회8급,21국회9급 등)

□□□□□★★★

판 25-2. 국가가 일정한 사항에 관하여 헌법에 의하여 부과되는 구체적인 입법의무를 부담하고 있음에도 불구하고 그 입법에 필요한 상당한 기간이 경과하도록 고의 · 과실로 입법의무를 이행하지 아니하는 경우, 국가배상책임이 인정될 수 있다. (22소방,19국가9급,19서울9급,17국가9급 등)

OX 정답

24-2. O 24-3. O 24-4. O 25-1. O 25-2. O

□□□□□★★

판 25-3. 헌법에 의하여 일반적으로 부과된 의무가 있음에도 불구하고 국회가 그 입법을 하지 않고 있다면 국가배상법상 배상책임이 인정된다. (19사복9급,17국가7급)

판례 국회의원이 제정한 법률규정이 헌법의 문언에 명백히 위반됨에도 불구하고 국회가 굳이 당해 입법을 한 것과 같은 특수한 경우가 아닌 한 국가배상법상의 위법행위에 해당하지 않는다. 국가가 일정한 사항에 관하여 **헌법에 의하여 부과되는 구체적인 입법의무를 부담하고 있음에도 불구하고 그 입법에 필요한 상당한 기간이 경과하도록** 고의 또는 과실로 이러한 입법의무를 이행하지 아니하는 등 극히 예외적인 사정이 인정되는 사안에 **한정**하여 **국가배상법 소정의 배상책임이** 인정될 수 있으며, 위와 같은 **구체적인 입법의무 자체가 인정되지 않는 경우**에는 애당초 부작위로 인한 불법행위가 성립할 여지가 없다(2004다33469).
→ '일반적'으로 부과된 의무라고 되어 있기 때문에, 틀린 지문임. [날먹행 310p]

□□□□□★★

판 25-4. 주무 부처인 중앙행정기관이 입법 예고를 통해 법령안의 내용을 국민에게 예고한 적이 있다면, 그것이 법령으로 확정되지 아니하였다고 하더라도 국가는 위 법령안에 관련된 사항에 대해 이해관계자들에게 어떠한 신뢰를 부여한 것으로 볼 수 있다. (22소방,22변시)

판례 **입법예고를 통해 법령안의 내용을 국민에게 예고한 적이 있다고 하더라도 그것이 법령으로 확정되지 아니한 이상 국가가 이해관계자들에게 위 법령안에 관련된 사항을 약속하였다고 볼 수 없으며,** 이러한 사정만으로 어떠한 신뢰를 부여하였다고 볼 수도 없으므로, 국가에게 이로 인한 **손해배상책임은 인정되지 않는다**(2017다249769). [날먹행 310p]

□□□□□★★

판 26-1. 법관의 재판행위가 위법행위로서 국가배상책임이 인정되려면 당해 법관이 위법 또는 부당한 목적을 가지고 재판하는 등 법관에게 부여된 권한의 취지에 명백히 어긋나게 이를 행사하였다고 인정할 특별한 사정이 있어야 한다. (17국가7급,16지방9급,12국가9급)

판례 사법작용에 대한 국가배상책임이 인정되려면 **법관이 위법 또는 부당한 목적을 가지고 재판**을 하는 등 법관에게 부여된 권한의 취지에 명백히 어긋나게 이를 행사하였다고 인정할 특별한 사정이 있어야 한다(2000다16114). [날먹행 310p]

□□□□□★★★

판 26-2. 재판에 대하여 불복절차 내지 시정절차 자체가 없는 경우, 부당한 재판으로 인하여 불이익 내지 손해를 입은 사람에게는 배상책임의 요건이 충족되는 한 국가배상책임이 인정될 수 있다.
(23지방9급,23변시,22소방간부,21국가7급,20지방9급,19국가9급,19지방7급 등)

판례 **재판에 대하여 불복절차 내지 시정절차 자체가 없는 경우**에는 **부당한 재판으로 인하여 불이익 내지 손해를 입은 사람은 국가배상 이외의 방법으로는 자신의 권리 내지 이익을 회복할 방법이 없으므로,** 이와 같은 경우에는 배상책임의 요건이 충족되는 한 **국가배상책임을 인정하지 않을 수 없다. / 헌법재판소 재판관이 청구기간 내에 제기된 헌법소원심판청구 사건에서 청구기간을 오인하여 각하**결정을 한 경우, **이에 대한 불복절차 내지 시정절차가 없는 때에는 국가배상책임(위법성)을 인정할 수 있다**(99다24218). [날먹행 310p]

OX 정답

25-3. X 25-4. X 26-1. ○ 26-2. ○

☐☐☐☐☐

판 26-3. 형벌에 관한 법령이 헌법재판소의 위헌결정으로 소급하여 효력을 상실하거나 법원에서 위헌·무효로 선언되었더라도, 그러한 사정만으로 국가의 손해배상책임이 발생한다고 볼 수 없다. **(19지방·교행9급)**

> **판례** 형벌에 관한 법령이 헌법재판소의 위헌결정으로 소급하여 효력을 상실하거나 법원에서 위헌·무효로 선언된 경우, 위헌 선언 전 위 법령에 기초하여 수사가 개시되어 공소가 제기되고 유죄판결이 선고되었다는 사정만으로 국가의 손해배상책임이 발생하는 것은 아니다(2013다217962). **[날먹행 310p]**

☐☐☐☐☐ ★★

판 27. 형사상 범죄행위를 구성하지 않는 침해행위라 하더라도 그것이 민사상 불법행위를 구성하는지 여부는 형사책임과 별개의 관점에서 검토하여야 한다. **(18경행,17국가7급)**

> **판례** 형사상 범죄를 구성하지 아니하는 침해행위라고 하더라도 그것이 민사상 불법행위를 구성하는지 여부는 형사책임과 별개의 관점에서 검토하여야 한다. 경찰관이 범인을 제압하는 과정에서 총기를 사용하여 범인을 사망에 이르게 한 사안에서, 경찰관이 총기사용에 이르게 된 동기나 목적, 경위 등을 고려하여 형사사건에서 무죄판결이 확정되었더라도 당해 경찰관의 과실의 내용과 그로 인하여 발생한 결과의 중대함에 비추어 민사상 불법행위책임이 인정된다(2006다6713).

☐☐☐☐☐ ★★

이 28. 국가배상책임의 대상이 되는 손해에는 재산상의 손해는 정신상의 손해도 포함된다. **(17사복9급)**

> • **손해는 가해행위로부터 발생한 일체의 손해를 의미**하며, 적극적 손해, 소극적 손해, 정신적 손해(위자료) 모두 인정 **[날먹행 311p]**

☐☐☐☐☐ ★

판 29-1. 소방공무원들이 다중이용업소인 주점의 비상구와 피난시설 등에 대한 점검을 소홀히 함으로써 주점의 피난통로 등에 중대한 피난 장애요인이 있음을 발견하지 못하여 업주들에 대한 적절한 지도, 감독을 하지 아니한 경우 직무상 의무 위반과 주점 손님들의 사망 사이에 상당인과관계가 인정된다. **(19서울9급,19국가7급)**

> **판례** 주점에서 발생한 화재로 사망한 갑 등의 유족들이 을 광역시를 상대로 손해배상을 구한 사안에서, 소방공무원들이 업주들에 대하여 적절한 지도·감독을 하지 않는 등 직무상 의무를 위반한 경우, 소방공무원들의 직무상 의무 위반과 갑 등의 사망 사이에 상당인과관계가 인정된다(2014다225083). **[날먹행 311p]**

☐☐☐☐☐ ★★

판 29-2. 유흥주점의 화재로 여종업원들이 사망한 경우, 담당 공무원의 유흥주점의 용도변경, 무허가 영업 및 시설기준에 위배된 개축에 대하여 시정명령 등 '식품위생법'상 취하여야 할 조치를 게을리 한 직무상 의무위반행위와 여종업원들 사망 사이에는 상당인과관계가 존재하지 아니한다. **(22국회9급,20소방간부)**

> **판례** 유흥주점에 감금된 채 윤락을 강요받으며 생활하던 여종업원들이 유흥주점에 화재가 났을 때 미처 피신하지 못하고 유독가스에 질식해 사망한 사안에서, 지방자치단체의 담당 공무원이 위 유흥주점의 용도변경, 무허가 영업 및 시설기준에 위배된 개축에 대하여 시정명령 등 식품위생법상 취하여야 할 조치를 게을리 한 직무상 의무위반 행위와 위 종업원들의 사망 사이에 상당인과관계가 존재하지 않는다(2005다48994). **[날먹행 312p]**

OX 정답

26-3. ○ 27. ○ 28. ○ 29-1. ○ 29-2. ○

□□□□□

판 29-3. 군교도소 수용자들이 탈주하여 일반국민에게 손해를 입혔다면 국가는 그로 인하여 피해자들이 입은 손해를 배상할 책임이 있다. (21소방)

판례 군행형법과 군행형법시행령이 군교도소나 미결수용실(이하 '교도소 등'이라 한다)에 대한 경계 감호를 위하여 관련 공무원에게 각종 직무상의 의무를 부과하고 있는 것은, 일차적으로는 그 수용자들을 격리보호하고 교정교화함으로써 공공 일반의 이익을 도모하고 교도소 등의 내부 질서를 유지하기 위한 것이라 할 것이지만, 부수적으로는 그 수용자들이 탈주한 경우에 그 도주과정에서 일어날 수 있는 2차적 범죄행위로부터 일반 국민의 인명과 재화를 보호하고자 하는 목적도 있다고 할 것이므로, **국가공무원들이 위와 같은 직무상의 의무를 위반한 결과 수용자들이 탈주함으로써 일반 국민에게 손해를 입히는 사건이 발생하였다면, 국가는 그로 인하여 피해자들이 입은 손해를 배상할 책임이 있다**(2002다62678).

□□□□□

판 29-4. 개별공시지가 산정업무 담당공무원이 직무상 의무에 위반하여 현저하게 불합리한 개별공시지가가 결정되도록 함으로써 국민 개개인의 재산권을 침해한 경우, 그 손해에 대하여 상당인과관계 있는 범위 내에서 그 담당공무원이 소속된 지방자치단체가 '국가배상법'상 배상책임을 진다. (23변시,19국가7급)

판례 개별공시지가 산정업무를 담당하는 공무원의 직무상 의무는 단순히 공공 일반의 이익을 위한 것이거나 행정기관 내부의 질서를 규율하기 위한 것이 아니고 전적으로 또는 부수적으로 국민 개개인의 재산권 보장을 목적으로 하여 규정된 것이라고 봄이 상당하다. 따라서 개별공시지가 산정업무 담당공무원 등이 그 직무상 의무에 위반하여 현저하게 불합리한 개별공시지가가 결정되도록 함으로써 국민 개개인의 재산권을 침해한 경우에는 그 손해에 대하여 상당인과관계 있는 범위 내에서 그 담당공무원 등이 소속된 지방자치단체가 배상책임을 지게 된다(2010다13527). **[날먹행 312p]**

□□□□□ ★★★

판 30. 공무원에게 부과된 직무상 의무의 내용이 순전히 행정기관 내부의 질서를 유지하기 위한 것이거나 전체적으로 공공 일반의 이익을 도모하기 위한 것인 경우, 국가 또는 지방자치단체가 배상책임을 부담하지 아니한다.
(23소방,22지방7급,22국가9급,22소방,22지방9급,21지방9급,20지방9급,19국가7급,19서울7급)

- 판례는 상당인과관계 판단시, 직무상 의무의 사익보호성을 요구함

판례 공무원에게 직무상 의무를 부과한 법령의 보호목적이 **사회 구성원 개인의 이익과 안전을 보호하기 위한 것**이 아니고 단순히 공공일반의 이익이나 행정기관 내부의 질서를 규율하기 위한 것이라면, 상당인과관계가 있다고 할 수 없다(2000다34891). **[날먹행 312p]**

OX 정답

29-3. ○ 29-4. ○ 30. ○

□□□□□ ★

판 31-1. 공직선거법이 후보자가 되고자 하는 자와 그 소속 정당에게 전과기록을 조회할 권리를 부여하고 수사기관에 회보의무를 부과한 것은 공공의 이익만을 위한 것이지 후보자가 되고자 하는 자나 그 소속 정당의 개별적 이익까지 보호하기 위한 것은 아니다. (19국가7급)

판례 공직선거법이 후보자가 되고자 하는 자와 그 소속정당에게 **전과기록 회보의무를 부여**한 것은 공공의 이익만을 위한 것이 아니라, **후보자가 되고자 하는 자와 그 소속정당의 개별적 이익까지 보호하기 위한 것**이다. / 공무원 甲이 내부전산망을 통해 乙에 대한 범죄경력자료를 조회하여 공직선거 및 선거부정방지법 위반죄로 실형을 선고받는 등 실효된 4건의 금고형 이상의 전과가 있음을 확인하고도 乙의 공직선거 후보자용 범죄경력조회 회보서에 이를 기재하지 않은 경우, 甲의 중과실을 인정하여 국가배상책임 외에 공무원 개인의 배상책임까지 인정된다(2011다34521). **[날먹행 312p]**

□□□□□ ★

판 31-2. 주민등록사무를 담당하는 공무원은 개명과 같은 사유로 주민등록상의 성명을 정정한 경우에는 반드시 본적지 관할관청에 그 변경사항을 통보하여 본적지의 호적관서로 하여금 그 정정사항의 진위를 재확인할 수 있도록 할 직무상의 의무가 있다. (23변시)

판례 **주민등록사무를 담당하는 공무원이 개명과 같은 사유로 주민등록상 성명을 정정한 경우 본적지 관할관청에 그 변경사항을 통보할 직무상 의무**가 있으며, 그 의무에는 **사익보호성이 인정**된다. /주민등록사무를 담당하는 공무원이 개명으로 인한 주민등록상 성명정정을 본적지 관할관청에 통보하지 아니한 직무상 의무위배행위와 甲과 같은 이름으로 개명허가를 받은 듯이 호적등본을 위조하여 주민등록상 성명을 위법하게 정정한 乙이 甲의 부동산에 관하여 불법적으로 근저당권설정등기를 경료함으로써 甲이 입은 손해 사이에는 상당인과관계가 있다(2001다59842). **[날먹행 313p]**

□□□□□ ★★

판 31-3. 국가 또는 지방자치단체가 법령이 정하는 상수원수 수질기준 유지의무를 다하지 못하고, 법령이 정하는 고도의 정수처리방법이 아닌 일반적 정수처리방법으로 수돗물을 생산 · 공급하였다는 사유만으로 그 수돗물을 마신 개인에 대하여 손해배상책임을 부담하지 않는다. (20지방7급,12국가7급)

판례 국가 등에게 일정한 기준에 따라 상수원수의 수질을 유지하여야 할 의무를 부과하고 있는 법령의 규정은 국민에게 양질의 수돗물이 공급되게 함으로써 국민 일반의 건강을 보호하여 공공 일반의 전체적인 이익을 도모하기 위한 것이지, 국민 개개인의 안전과 이익을 직접적으로 보호하기 위한 규정이 아니므로, 국민에게 공급된 수돗물의 상수원의 수질이 수질기준에 미달한 경우가 있고, 이로 말미암아 국민이 법령에 정하여진 수질기준에 미달한 상수원수로 생산된 수돗물을 마심으로써 건강상의 위해 발생에 대한 염려 등에 따른 정신적 고통을 받았다고 하더라도, 이러한 사정만으로는 국가 또는 지방자치단체가 국민에게 손해배상책임을 부담하지 아니한다(99다36280). **[날먹행 313p]**

OX 정답

31-1. X 31-2. ○ 31-3. ○

□□□□□

판 31-4. 지방자치단체가 구 산업기술혁신 촉진법령에 따른 인증신제품 구매의무를 위반하였다고 하더라도 이를 이유로 신제품 인증을 받은 자에 대하여 국가배상책임을 지는 것은 아니다. (23경간)

판례 공공기관에 부과한 신제품 인증을 받은 제품(이하 '인증신제품'이라 한다) 구매의무는 기업에 신기술개발제품의 판로를 확보하여 줌으로써 산업기술개발을 촉진하기 위한 국가적 지원책의 하나로 국민경제의 지속적인 발전과 국민의 삶의 질 향상이라는 공공 일반의 이익을 도모하기 위한 것이고, 공공기관이 구매의무를 이행한 결과 신제품 인증을 받은 자가 재산상 이익을 얻게 되더라도 이는 반사적 이익에 불과할 뿐 위 법령이 보호하고자 하는 이익으로 보기는 어렵다. 따라서 공공기관이 위 법령에서 정한 인증신제품 구매의무를 위반하였다고 하더라도, 이를 이유로 신제품 인증을 받은 자에 대하여 국가배상법 제2조가 정한 배상책임이나 불법행위를 이유로 한 손해배상책임을 지는 것은 아니다(2013다41431). **[날먹행 313p]**

□□□□□ ★★★

이 32-1. 판례에 의하면 국가나 지방자치단체가 배상책임을 지는 외에 공무원 개인도 고의 또는 중과실이 있는 경우에는 피해자에 대하여 불법행위로 인한 손해배상책임을 진다. (21지방9급,21국회9급,17국가9급)

- **국가배상책임의 성질**
  - **대위책임설**: 국가의 직접적인 책임이 아닌, **원래 공무원이 지는 책임을 국가가 대신**하여 지는 책임이라는 견해
  - **자기책임설: 실질적으로는 국가 자신의 행위**이기 때문에 **직접 국가가 책임**을 진다는 견해
  - **중간설**: 공무원의 **고의 · 중과실에 대한 국가의 배상책임은 대위책임**이나, **경과실에 대한 책임은 자기책임**이라는 견해
  - **절충설**: **중간설과 동일**하나, **공무원의 고의 · 중과실의 경우에도 공무원의 행위가 직무행위로서 외형**을 갖춘 경우 **국가의 책임은 자기책임**이라는 견해
  - **판례**: **중간설 내지 절충설**로, 공무원의 고의 · 중과실의 경우, 공무원 개인에게 손해배상책임을 부담시키되 **그** 외관이 직무행위**인 경우**에는 국가가 중첩적으로 배상책임을 부담하고, **공무원이** 경과실인 경우 국가가 전적으로 배상책임을 진다고 판시함(95다38677). **[날먹행 313p]**

□□□□□ ★★

판 32-2. 공무원의 중과실이란 공무원에게 통상 요구되는 정도의 상당한 주의를 하지 않더라도 약간의 주의를 한다면 손쉽게 위법 유해한 결과를 예견할 수 있는 경우임에도 만연히 이를 간과한 경우와 같이, 거의 고의에 가까운 현저한 주의를 결여한 상태를 의미한다. (23소방,22서울7급)

판례 **공무원의 중과실이란** 공무원에게 통상 요구되는 정도의 상당한 주의를 하지 않더라도 약간의 주의를 한다면 손쉽게 위법 · 유해한 결과를 예견할 수 있는 경우임에도 만연히 이를 간과한 경우와 같이, **거의 고의에 가까운 현저한 주의를 결여한 상태를 의미**한다(2019다260197). **[날먹행 313p]**

□□□□□ ★★

이 33-1. 국가 또는 지방자치단체가 공무원의 위법한 직무집행으로 발생한 손해에 대해 국가배상법에 따라 배상한 경우에 당해 공무원에게 구상권을 행할 수 있는지에 대해 국가배상법은 규정을 두고 있지 않으나, 판례에 따르면 당해 공무원에게 고의 또는 중과실이 인정될 경우 국가 또는 지방자치단체는 그 공무원에게 구상권을 행사할 수 있다. (21군무원9급,18서울7급,17국가9급,16서울9급 등)

OX 정답

31-4. ○ 32-1. ○ 32-2. ○ 33-1. X

□□□□□

판 33-2. 국가가 가해 공무원에 대하여 구상권을 행사하는 경우 국가가 배상한 배상액전액에 대하여 구상권을 행사하여야 한다. (21국가9급)

- **공무원의 내부적 책임(구상권)**

국가배상법 제2조 ② 제1항 본문의 경우에 공무원에게 **고의 또는 중대한 과실**이 있으면 국가나 지방자치단체는 **그 공무원에게 구상할 수 있다.**

구상의 범위: **판례**는, 국가 등은 당해 공무원의 직무내용, 당해 불법행위의 상황, 손해발생에 대한 당해 공무원의 기여 정도 등 제반사정을 참작하여 **손해의 공평한 분담이라는 견지에서 신의칙상 상당하다고 인정되는 한도내**에서만 당해 공무원에 대하여 구상권을 행사할 수 있다고 봄(91다6764). **[날먹행 314p]**

□□□□□ ★★★

판 34-1. 공무원의 불법행위에 고의 또는 중과실이 있는 경우 피해자는 국가 · 지방자치단체나 가해공무원 어느 쪽이든 선택적 청구가 가능하다. (22소방승진,22소방간부,18서울7급)

- **공무원 개인의 배상책임**

판례는, 공무원의 경과실의 경우, 피해자의 선택적 청구권을 부정하고 (공무원 개인의 배상책임 X), 고의 · 중과실의 경우 피해자의 선택적 청구권을 긍정함 (공무원의 개인의 배상책임 O) **[날먹행 314p]**

□□□□□ ★★★

판 34-2. 공무원 개인이 고의 또는 중과실이 있는 경우에는 불법행위로 인한 손해배상책임을 진다고 할 것이지만, 공무원의 위법행위가 경과실에 기한 경우에는 공무원은 손해배상책임을 부담하지 않는다. (23국회8급,21지방9급)

판례 공무원이 직무수행 중 불법행위로 타인에게 손해를 입힌 경우에 국가 등이 국가배상책임을 부담하는 외에 공무원 개인도 고의 또는 중과실이 있는 경우에는 불법행위로 인한 손해배상책임을 진다고 할 것이지만, 공무원에게 경과실 뿐인 경우에는 공무원 개인은 손해배상책임을 부담하지 아니한다(95다38677). **[날먹행 314p]**

□□□□□ ★

판 35-1. 경과실이 있는 공무원이 피해자에게 직접 손해를 배상하였다면 그것은 채무자 아닌 사람이 타인의 채무를 변제한 경우에 해당한다. (15서울7급)

□□□□□ ★★★

판 35-2. 피해자에게 손해를 직접 배상한 경과실이 있는 공무원은 특별한 사정이 없는 한, 국가의 피해자에 대한 손해배상책임의 범위 내에서 자신이 변제한 금액에 관하여 국가에 대한 구상권을 취득한다.
(22지방9급,22국회8급,21소방간부,21국회8급,21국회9급,19국가9급)

- **공무원의 구상권**

판례 **경과실이 있는 공무원**이 피해자에 대해 손해를 직접 배상하였다면, 그것은 채무자 아닌 사람이 타인의 채무를 변제한 경우에 해당하므로, 피해자에게 손해를 직접 배상한 경과실이 있는 공무원은 원칙적으로 변제한 금액에 대해 **국가에 대해 구상권을 취득**한다(2012다54478). **[날먹행 314p]**

OX 정답

33-2. X 34-1. O 34-2. O 35-1. O 35-2. O

☐☐☐☐☐

이 36. 자동차손해배상 보장법은 배상책임의 성립요건에 관하여 국가배상법에 우선하여 적용된다. **(21소방,15지방9급)**

> • **자동차손해배상 보장법은 국가배상법의 특별법으로, 국가배상법에 우선하여 적용됨.** [날먹행 315p]

☐☐☐☐☐

이 37. 공무원이 그 직무를 집행하기 위하여 국가 또는 지방자치단체 소유의 공용차를 운행하는 경우, 그 자동차에 대한 운행지배나 운행이익은 그 공무원이 소속한 국가 또는 지방자치단체에 귀속된다고 할 것이므로, 그 공무원이 자기를 위하여 공용차를 운행하는 자로서 자동차손해배상보장법 제3조 소정의 손해배상책임의 주체가 될 수는 없다. **(14경행)**

> **판례** 공무원이 **그 직무를 집행하기 위하여 국가 또는 지방자치단체 소유의 관용차**를 운행하는 경우, 그 자동차에 대한 운행지배나 운행이익은 그 공무원이 소속한 국가 또는 지방자치단체에 귀속된다고 할 것이므로, **그 공무원이 자기를 위하여 관용차를 운행하는 자로서 같은 법조 소정의 손해배상책임의 주체가 될 수는 없다**(91다12356).
> → **즉,** 공무원은 자배법상 책임 X, **민법상 불법행위책임만 가능함.** [날먹행 315p]

☐☐☐☐☐★★

판 38. 공무원이 자기 소유의 자동차로 공무수행 중 사고를 일으킨 경우 그 공무원은 '자기를 위하여 자동차를 운행하는 자'에 해당하는 한 '자동차손해배상보장법'에 따른 손해배상책임을 부담한다. **(23국회8급)**

> **판례** **공무원이 자기 소유의 자동차로 공무수행 중 사고를 일으킨 경우에는 그 손해배상책임은 자동차손해배상보장법이 정한 바에 의할 것**이어서 그 사고가 자동차를 운전한 **공무원의 경과실에 의한 것인지 중과실 또는 고의에 의한 것인지를 가리지 않고** 그 공무원이 자배법 제3조 소정의 '자기를 위하여 자동차를 운행하는 자'에 해당하는 한 손해배상책임을 부담한다(94다15271). [날먹행 315p]

제 3 절 영조물의 설치·하자로 인한 손해배상

☐☐☐☐☐★

이 1-1. 국가배상법 제5조의 영조물은 민법 제758조의 공작물의 개념보다 넓다. **(14서울7급)**

☐☐☐☐☐★★

이 1-2. 영조물의 설치·관리상 하자로 인한 국가배상에 관하여는 명문의 헌법상 근거가 없다. **(16교행9급)**

OX 정답

36. ○ 37. ○ 38. ○ / **3절** 1-1. ○ 1-2. ○

□□□□□ ★★★

이 1-3. 민법 제758조와 달리 국가배상법 제5조는 점유자의 면책규정을 두고 있지 않다. (14서울7급)

- **국가배상법 제5조 (공공시설 등의 하자로 인한 책임) ① 도로 · 하천, 그 밖의 공공의 영조물의 설치나 관리에 하자**가 있기 때문에 타인에게 손해를 발생하게 하였을 때에는 **국가나 지방자치단체**는 그 손해를 배상하여야 한다.
- 국가배상법은 자연공물까지 포함하여 민법의 공작물책임(**§758**)보다 **책임범위가 더 넓고**, 민법과 달리 점유자의 면책 규정도 없음.
- 헌법에는 공무원의 직무행위로 인한 손해배상에 대한 규정이 있으나, 영조물의 설치·관리상 하자로 인한 손해배상에 대한 규정은 없다. **[날먹행 316p]**

□□□□□ ★★

이 2-1. 일반 공중이 사용하는 공공용물 외에 행정주체가 직접 사용하는 공용물이나 하천과 같은 자연공물, 경찰견, 현금도 국가배상법 제5조의 공공의 영조물에 해당한다. (23소방간부,17지방9급 등)

□□□□□ ★★★

이 2-2. '공공의 영조물'이라 함은 강학상 공물을 뜻하므로 국가 또는 지방자치단체가 사실상의 관리를 하고 있는 유체물은 포함되지 않는다. (22지방9급,21지방9급,21지방7급,20국가9급,20지방7급)

□□□□□ ★★

이 2-3. '공공의 영조물'에는 철도시설물인 대합실과 승강장 및 도로상에 설치된 보행자 신호기와 차량 신호기도 포함된다. (20국가7급)

□□□□□ ★

이 2-4. 사실상 군민(郡民)의 통행에 제공되고 있던 도로라고 하여도 군(郡)에 의하여 노선인정 기타 공용개시가 없었던 이상 이 도로를 '공공의 영조물'이라 할 수 없다. (23군무원9급,20국가7급)

- **공공의 영조물**
  - **국유, 공유, 사유 불문하고 행정주체가 행정목적을 달성하기 위해** 제공한 물건 일체 즉, 강학상 공물. 국가 또는 지방자치단체가 사실상 관리를 **하는 것도 포함, 그러나** 공용개시없이 사실상 군민의 통행에 제공되고 있던 도로는 X(20국가7급)
  - **자연공물**(호수, 하천등), **인공공물**(도로, 관공서 등), **동산**(관용차 등), **부동산, 동물(경찰견 포함)**
  - **국유재산법상 일반재산(현금, 국유림, 국유광산 등)은 포함X** **[날먹행 316, 317p]**

□□□□□ ★★★

판 3. 지방자치단체가 옹벽시설공사를 업체에게 주어 공사를 시행하다가 사고가 일어난 경우, 옹벽이 공사중이고 아직 완성되지 아니하여 일반 공중의 이용에 제공되지 않았다면 국가배상법 제5조 소정의 영조물에 해당한다고 할 수 없다. (21지방·서울7급,21소방)

판례 **옹벽**은 소외 회사가 공사를 도급받아 공사 중에 있었을 뿐만 아니라 **아직 완성도 되지 아니하여 일반 공중의 이용에 제공되지 않고 있었던 이상** 국가배상법 제5조 제1항 소정의 **영조물에 해당한다고 할 수 없다**(98다17381). **[날먹행 317p]**

OX 정답

1-3. O 2-1. X 2-2. X 2-3. O 2-4. O 3. O

□□□□□ ★★★

이 4. '영조물의 설치 또는 관리의 하자'란 공공의 목적에 제공된 영조물이 그 용도에 따라 통상 갖추어야 할 안전성을 갖추지 못한 상태에 있음을 말한다. (20국가9급,17국가9급 등)

- **영조물의 설치 또는 관리의 하자**

하자 - 공물이 **통상적으로 갖추어야 할 안정성을** 결여한 상태를 의미. **완전 무결의 상태를 유지할 정도를 요구X (통설,판례)**

최근 영조물의 이용상태 및 정도가 **일정한 한도를 초과하여 제3자에게 사회통념상 참을 수 없는 피해를 입히고 있는 경우에도, 하자가 인정됨**

[날먹행 317p]

□□□□□ ★★★

판 5-1. 판례는 사격장에서 발생하는 소음 등으로 지역주민들이 입은 피해가 수인한도를 넘는 경우 사격장의 설치 또는 관리에 하자가 있다고 한다. (17국가9급,11지방9급)

판례 **안전성을 갖추지 못한 상태**, 즉 타인에게 위해를 끼칠 위험성이 있는 상태라 함은 당해 영조물을 구성하는 물적 시설 그 자체에 있는 물리적 · 외형적 흠결이나 불비로 인하여 그 이용자에게 위해를 끼칠 위험성이 있는 경우뿐만 아니라 그 **영조물이 공공의 목적에 이용됨에 있어 그 이용상태 및 정도가 일정한 한도를 초과하여 제3자에게 사회통념상 참을 수 없는 피해를 입히는 경우까지 포함된다**고 보아야 할 것인데(23군무원9급), 매향리 사격장에서 발생하는 **소음 등으로 지역 주민들이 입은 피해는 사회통념상 참을 수 있는 정도를 넘는 것**으로서 사격장의 설치 또는 관리에 하자가 있었다(2002다14242).

[날먹행 317p]

□□□□□

판 5-2. 김포공항을 설치 관리함에 있어 항공법령에 따른 항공기소음 기준 및 소음대책을 준수하려는 노력을 하였더라도, 공항이 항공기 운항이라는 넘는 공공의 목적에 이용됨에 있어 그와 관련하여 배출하는 소음 등의 침해가 인근 주민들에게 통상의 수인한도를 넘는 피해를 발생하게 하였다면 공항의 설치관리상에 하자가 있다고 보아야 한다. (21소방,21소방간부)

판례 설령 피고가 김포공항을 설치·관리함에 있어 항공법령에 따른 항공기 소음기준 및 소음대책을 준수하려는 노력을 경주하였다고 하더라도, **김포공항이 항공기 운항이라는 공공의 목적에 이용됨에 있어 그와 관련하여 배출하는 소음 등의 침해가 인근 주민인 선정자들에게 통상의 수인한도를 넘는 피해를 발생하게 하였다면 김포공항의 설치·관리상에 하자가 있다고 보아야** 할 것이다(2003다49566).

[날먹행 317p]

□□□□□ ★

이 6-1. 국가배상법 제5조에서 하자의 해석과 관련, 객관설이 주관설보다 피해자의 구제에 유리하다. (14서울7급)

□□□□□ ★★

판 6-2. 영조물의 설치 및 관리에 있어서 항상 완전무결한 상태를 유지할 정도의 고도의 안전성을 갖추지 아니하였다고 하여 영조물의 설치 또는 관리에 하자가 있다고 단정할 수 없다. (22군무원9급,17국가9급)

□□□□□ ★★★

판 6-3. 객관적으로 보아 시간적·장소적으로 영조물의 기능상 결함으로 인한 손해발생의 예견가능성과 회피가능성이 없는 경우에는 영조물의 설치·관리상의 하자를 인정할 수 없다. (18국회8급,17국가7급)

OX 정답

4. ○ 5-1. ○ 5-2. ○ 6-1. ○ 6-2. ○ 6-3. ○

□□□□□ ★

판 6-4. 주관적 요소를 고려하는 최근의 판례에 따르면 영조물의 결함이 영조물의 설치·관리자의 관리행위가 미칠 수 없는 상황 아래에 있는 것이 입증되는 경우 영조물의 설치·관리상의 하자를 인정할 수 있다. (16국회8급)

- **하자의 성격**
  - **객관설**: 설치 · 관리의 하자란 **영조물이** 통상 갖춰야 할 안정성의 결여를 말하며, 물적 상태를 기준으로 객관적으로 판단해야 한다는 입장으로, **하자의 입증이 용이하여 피해자 구제에 유리**함.
  - **주관설**: **하자의 발생**에 주관적 귀책사유가 있어야 한다는 입장으로, 물적 결함의 발생에 대해 아무런 귀책사유가 없다면 책임을 지울 수 없다는 견해로, §5의 책임은 **무과실책임이 아니**라고 함.
  - **판례**: 객관설이 전통적인 판례의 입장이나, 최근 주관설을 반영한 판례들이 나오고 있는 경향

  → 설치 · 관리자가 그 영조물의 위험성에 비례하여 **사회통념상 일반적으로 요구되는 정도의** 방호조치의무를 다하였는지 여부를 그 기준**으로 삼아야** 할 것이며, **객관적으로 보아 시간적 · 장소적으로 영조물의 기능상 결함으로 인한** 손해발생의 예견가능성과 회피가능성이 없는 경우 즉 그 영조물의 결함이 영조물의 설치 · 관리자의 **관리행위가 미칠 수 없는 상황 아래에 있는 경우**임이 입증되는 경우라면 영조물의 설치 · 관리상의 하자를 인정할 수 없다(2000다56822). **[날먹행 316, 317p]**

□□□□□ ★

판 7. 강설에 대처하기 위하여 완벽한 방법으로 도로 자체에 융설 설비를 갖추는 것이 현대의 과학기술 수준이나 재정사정에 비추어 사실상 불가능하다고 할 것이므로, 고속도로의 관리자에게 도로의 구조, 기상예보 등을 고려하여 사전에 충분한 인적·물적 설비를 갖추어 강설시 신속한 제설작업을 하고 나아가 필요한 경우 제때에 교통통제 조치를 취할 관리의무가 있다고 할 수 없다. (14국가7급)

판례 강설에 대처하기 위하여 완벽한 방법으로 도로 자체에 융설 설비를 갖추는 것이 현대의 과학기술 수준이나 재정사정에 비추어 사실상 불가능하다고 하더라도, 최저 속도의 제한이 있는 고속도로의 경우에 있어서는 도로관리자가 도로의 구조, 기상예보 등을 고려하여 사전에 충분한 인적·물적 설비를 갖추어 강설시 신속한 제설작업을 하고 나아가 필요한 경우 제때에 교통통제 조치를 취함으로써 고속도로로서의 기본적인 기능을 유지하거나 신속히 회복할 수 있도록 하는 관리의무가 있다(2007다29287). **[날먹행 319p]**

□□□□□

판 8. A가 운전하던 트럭의 앞바퀴가 고속도로상에 떨어져 있는 타이어에 걸려 중앙분리대를 넘어가 맞은편에서 오던 트럭과 충돌하여 부상을 입었다. 그런데 위 타이어가 사고지점 고속도로상에 떨어진 것은 사고가 발생하기 10분 내지 15분 전이었다면, A는 국가배상책임을 물을 수 없다. (11사복9급)

판례 트럭 앞바퀴가 고속도로상에 떨어져 있는 자동차 타이어에 걸려 중앙분리대를 넘어가 사고가 발생한 경우에 있어서 사고발생의 원인이 된 타이어가 사고지점 고속도로 상에 떨어진 것은 사고시로부터 10분 내지 15분 밖에 경과되지 아니하였다면 손해배상책임을 물을 수 없다(92다3243). **[날먹행 319p]**

OX 정답

6-4. X 7. X 8. ○

□□□□□ ★★

판 9. 하천정비기본계획 등에서 정한 계획홍수량 및 계획홍수위를 충족하여 하천이 관리되고 있다면 특별한 사정이 없는 한, 그 하천은 용도에 따라 통상 갖추어야 할 안정성을 갖추고 있다고 볼 수 있다. (22군무원9급,21경행)

판례 관리청이 하천법 등 관련 규정에 의해 책정한 하천정비기본계획 등에 따라 개수를 완료한 하천 또는 아직 개수 중이라 하더라도 개수를 완료한 부분에 있어서는, 위 하천정비기본계획 등에서 정한 계획홍수량 및 계획홍수위를 충족하여 하천이 관리되고 있다면 당초부터 계획홍수량 및 계획홍수위를 잘못 책정하였다거나 그 후 이를 시급히 변경해야 할 사정이 생겼음에도 불구하고 이를 해태하였다는 등의 특별한 사정이 없는 한, 그 하천은 용도에 따라 통상 갖추어야 할 안전성을 갖추고 있다고 봄이 상당하다(2005다65678). **[날먹행 319p]**

□□□□□ ★

판 10. 다른 자연적 사실이나 제3자의 행위 또는 피해자의 행위와 경합하여 손해가 발생하였더라도 영조물의 설치 또는 관리상의 하자가 공동원인의 하나가 되는 이상 그 손해는 영조물의 설치 또는 관리상의 하자에 의하여 발생한 것이라고 보아야 한다. (18지방9급)

판례 영조물의 설치 또는 관리상의 하자로 인한 사고라 함은 영조물의 설치 또는 관리상의 하자만이 손해발생의 원인이 되는 경우만을 말하는 것이 아니고, 다른 자연적 사실이나 제3자의 행위 또는 피해자의 행위와 경합하여 손해가 발생하더라도 영조물의 설치 또는 관리상의 하자가 공동원인의 하나가 되는 이상 그 손해는 영조물의 설치 또는 관리상의 하자에 의하여 발생한 것이라고 해석함이 상당하다(94다32924). **[날먹행 320p]**

□□□□□ ★★

판 11-1. 50년만의 최대강우량을 기록한 집중호우로 인한 제방도로 유실로 보행자가 익사한 경우라면 불가항력적 사고에 해당되어 국가배상은 인정되지 않는다. (21국가7급,15사복9급)

판례 50년만**의 최대강우량**에 해당한다는 사실만으로 **불가항력 주장할 수 없다**(99다5324).

주의 1,000년 **발생빈도의 강우량에 의한 하천의 범람은** 불가항력적 재해**로서 관리청에게** 책임 X **[날먹행 320p]**

□□□□□ ★★

판 11-2. 하천의 제방이 계획홍수위를 넘고 있더라도, 하천이 그 후 새로운 하천시설을 설치할 때 '하천시설기준'으로 정한 여유고(餘裕高)를 확보하지 못하고 있다면 그 사정만으로 안정성이 결여된 하자가 있다고 보아야 한다. (23소방간부,20국가7급)

판례 하천의 관리청이 관계 규정에 따라 설정한 계획홍수위를 변경시켜야 할 사정이 생기는 등 특별한 사정이 없는 한, 이미 존재하는 하천의 제방이 계획홍수위를 넘고 있다면 그 하천은 용도에 따라 통상 갖추어야 할 안전성을 갖추고 있다고 보아야 하고, 그와 같은 하천이 그 후 새로운 하천시설을 설치할 때 기준으로 삼기 위하여 제정한 '하천시설기준'이 정한 여유고를 확보하지 못하고 있다는 사정만으로 바로 안전성이 결여된 하자가 있다고 볼 수는 없다(2001다48057). **[날먹행 320p]**

OX 정답

9. ○ 10. ○ 11-1. X 11-2. X

□□□□□ ★

판 12. 학생이 담배를 피우기 위하여 3층 건물 화장실 밖의 난간을 지나다가 실족하여 사망한 경우, 학교관리자에게 그와 같은 이례적인 사고가 있을 것을 예상하여 화장실 창문에 난간으로의 출입을 막기 위한 출입금지장치나 추락 위험을 알리는 경고표지판을 설치할 의무는 없으므로 학교시설의 설치 · 관리상의 하자는 인정되지 아니한다. **(14국가7급)**

판례 고등학교 3학년 학생이 교사의 단속을 피해 담배를 피우기 위해 3층 건물 화장실 밖의 학생들이 출입할 수 없는 난간을 지나다가 실족하여 사망한 경우, 학교시설의 설치 · 관리상의 하자 부정된다(96다54102). **[날먹행 320p]**

□□□□□ ★★

판 13-1. 소음 등을 포함한 공해 등의 위험지역으로 이주하여 거주하는 것이 피해자가 위험의 존재를 인식하고 그로 인한 피해를 용인하면서 접근한 것이라고 볼 수 있는 경우 가해자의 면책이 인정될 수 있다. **(21서울7급,21국회8급,21소방간부,21경행)**

판례 소음 등을 포함한 공해 등의 위험지역 이주하여 거주하는 것이 **피해자가 위험의 존재를 인식하고 그로 인한 피해를 용인하면서 접근**한 것이라고 볼 수 있는 경우에는 손해배상액의 산정에 있어 형평의 원칙상 **과실상계에 준하여 감경 또는 면책이 인정**될 수 있다(2002다14242,2008다57975). **[날먹행 321p]**

□□□□□

판 13-2. 공군에 속한 군인이나 군무원의 경우 일반인에 비하여 공군비행장 주변의 항공기 소음 피해에 관하여 잘 인식하거나 인식할 수 있는 지위에 있다는 이유만으로 가해자가 면책되거나 손해배상액이 감액되지는 않는다. **(22군무원9급)**

판례 위험지역에 이주하게 된 경위와 동기 등 여러 사정에 비추어 위험의 존재를 인식하고 그로 인한 피해를 용인하면서 접근한 것으로 볼 수 없는 경우에는 가해자의 면책을 인정할 수 없고 손해배상액의 산정에 있어 형평의 원칙상 이와 같은 사정을 과실상계에 준하여 감액사유로 고려할 수 있을 뿐이다. 그리고 공군비행장 주변의 항공기 소음 피해로 인한 손해배상 사건에서 공군에 속한 군인이나 군무원의 경우 일반인에 비하여 그 피해에 관하여 잘 인식하거나 인식할 수 있는 지위에 있다는 이유만으로 가해자의 면책이나 손해배상액의 감액에 있어 달리 볼 수는 없다(2013다23914). **[날먹행 321p]**

□□□□□ ★★★

판 14. 영조물의 하자 유무는 객관적 견지에서 본 안전성의 문제이며, 국가의 예산 부족으로 인해 영조물의 설치 · 관리에 하자가 생긴 경우에도 국가는 면책될 수 없다. **(23소방간부,21소방)**

판례 '하자' 유무는 객관적 견지에서 본 안전성의 문제이고 그 **설치자의 재정사정이나 영조물의 사용목적에 의한 사정**은 안전성을 요구하는데 대한 정도 문제로서 **참작사유에는 해당할지언정 안전성을 결정지을 절대적 요건에는 해당하지 아니한다 할 것이다**(66다1723). **[날먹행 321p]**

OX 정답

12. O 13-1. O 13-2. O 14. O

□□□□□ ★

이 15-1. 국가배상청구소송에서 공공의 영조물에 하자가 있다는 입증책임은 피해자가 지지만, 관리주체에게 손해발생의 예견가능성과 회피가능성이 없다는 입증책임은 관리주체가 진다. **(17국가9급)**

□□□□□

판 15-2. 고속도로의 관리상 하자가 인정되더라도 고속도로의 관리상 하자를 판단할 때 고속도로의 점유관리자가 손해의 방지에 필요한 주의의무를 해태하였다는 주장 · 입증책임은 피해자에게 있다. **(17지방9급,14국가7급 등)**

- **하자의 입증책임**
  하자의 존재 → 피해자 / 면책사유(예견가능성, 회피가능성 없었음) → 관리주체

판례 고속도로의 관리상 하자가 인정되는 이상 고속도로의 점유관리자는 그 하자가 불가항력에 의한 것이거나 손해의 방지에 필요한 주의를 해태하지 아니하였다는 점을 주장·입증하여야 비로소 그 책임을 면할 수 있다(2007다29287,29294). **[날먹행 321p]**

제 4 절 배상책임자

□□□□□ ★★★

조 1-1. 국가배상법의 규정에 의하면 영조물의 설치 · 관리를 맡은 자와 영조물의 설치 · 관리 비용을 부담하는 자가 동일하지 아니한 경우에는 영조물의 설치 · 관리 비용을 부담하는 자가 우선적으로 손해를 배상하여야 한다. **(23군무원9급,21지방9급,20국가7급)**

□□□□□ ★

이 1-2. 국가배상법 제5조와 관련하여, 영조물의 설치관리자와 비용부담자가 다른 경우 피해자는 선택하여 손해배상을 청구할 수 있다. **(23지방9급,23국회8급,21국회8급,20국가7급)**

□□□□□

판 1-3. 국가배상법 제6조(비용부담자 등의 책임)의 '공무원의 봉급 · 급여 그 밖의 비용'은 공무원의 인건비만이 아니라 당해 사무에 필요한 일체의 경비를 의미한다. **(20국회9급)**

국가배상법 제6조(비용부담자 등의 책임) ① 제2조 · 제3조 및 제5조에 따라 국가나 지방자치단체가 손해를 배상할 책임이 있는 경우에 **공무원의 선임 · 감독 또는 영조물의 설치 · 관리를 맡은 자와 공무원의 봉급 · 급여, 그 밖의 비용 또는 영조물의 설치 · 관리 비용을 부담하는 자**가 **동일하지 아니**하면 **그 비용을 부담하는 자도 손해를 배상**하여야 한다.
→ 사무귀속주체(실질적 비용부담자)와 대외적 · 형식적 비용부담자가 동일하지 않은 경우, 피해자는 선택적 청구 가능함

판례 국가배상법 제6조 제1항 소정의 '공무원의 봉급·급여 기타의 비용'이란 공무원의 인건비만을 가리키는 것이 아니라 당해사무에 필요한 일체의 경비를 의미한다(94다38137). **[날먹행 321p]**

OX 정답

15-1. ○ 15-2. X / **4절** 1-1. X 1-2. ○ 1-3. ○

☐☐☐☐☐ ★★★

판 2-1. 판례는 지방자치단체장 간의 기관위임이 있을 때 위임받은 하위 지방자치단체 소속 공무원이 위임사무를 처리하면서 고의로 타인에게 손해를 가한 경우에는 상위 지방자치단체는 손해배상책임을 지지 않는다고 본다. (20국가9급,11국가7급)

• **기관위임사무**의 경우(국가 또는 상급지방자치단체가 지방자치단체의 장 또는 기타의 기관에 위임한 사무)
국가, 상급지방자치단체가 사무귀속주체**로서 배상책임** ○
수임(위임받은) 지방자치단체는 비용부담자**로서 배상 책임** ○ **[날먹행 321p]**

☐☐☐☐☐ ★★

판 2-2. 지방자치단체의 장이 기관위임된 국가행정사무를 처리하는 경우 국가로부터 내부적으로 교부된 금원으로 그 사무에 필요한 경비를 대외적으로 기출하는 지방자치단체는 국가배상법 제6조 제1항 소정의 비용부담자로서 손해를 배상할 책임이 있다. (19경행)

판례 지방자치단체의 장이 기관위임된 국가행정사무를 처리하는 경우 그에 소요되는 경비의 실질적·궁극적 부담자는 국가라고 하더라도 당해 지방자치단체는 국가로부터 내부적으로 교부된 금원으로 그 사무에 필요한 경비를 대외적으로 지출하는 자이므로, 이러한 경우 지방자치단체는 국가배상법 제6조 제1항 소정의 비용부담자로서 공무원의 불법행위로 인한 같은 법에 의한 손해를 배상할 책임이 있다(94다38137). **[날먹행 322p]**

☐☐☐☐☐ ★★

판 2-3. 지방자치단체의 장인 시장이 국도의 관리청이 되었다 하더라도 국가는 도로관리상 하자로 인한 손해배상책임을 면할 수 없다. (20지방7급)

판례 이 사건 도로가 국도로서 도로법 제22조 제2항에 의하여 판시 무렵부터 서귀포시장이 관리청이 되었다 하더라도 이는 지방자치단체의 장인 서귀포시장이 피고 대한민국으로부터 그 관리업무를 위임받아 국가행정기관의 지위에서 집행하는 것이라 할 것이고 따라서 피고 대한민국은 이 사건 도로관리상의 하자로 인한 손해배상 책임을 면할 수 없다(92다2684). **[날먹행 322p]**

☐☐☐☐☐ ★★★

판 3. 지방자치단체장이 설치하여 관할 지방경찰청장에게 관리권한이 위임된 교통신호기의 고장으로 교통사고가 발생한 경우에는 국가는 배상책임을 지지 않는다. (23지방9급,23군무원9급,20국가7급,20지방7급,20소방)

판례 지방자치단체장이 교통신호기를 설치하여 그 관리권한이 도로교통법 제71조의2 제1항의 규정에 의하여 관할 지방경찰청장에게 위임되어 지방자치단체 소속 공무원과 지방경찰청 소속 공무원이 합동근무하는 교통종합관제센터에서 그 관리업무를 담당하던 중 위 신호기가 고장난 채 방치되어 교통사고가 발생한 경우, 국가배상법 제2조 또는 제5조에 의한 배상책임을 부담하는 것은 지방경찰청장이 소속된 국가가 아니라, 그 권한을 위임한 지방자치단체장이 소속된 지방자치단체라고 할 것이나, 한편 국가배상법 제6조 제1항은 같은 법 제2조, 제3조 및 제5조의 규정에 의하여 국가 또는 지방자치단체가 손해를 배상할 책임이 있는 경우에 공무원의 선임 · 감독 또는 영조물의 설치 · 관리를 맡은 자와 공무원의 봉급 · 급여 기타의 비용 또는 영조물의 설치 · 관리의 비용을 부담하는 자가 동일하지 아니한 경우에는 그 비용을 부담하는 자도 손해를 배상하여야 한다고 규정하고 있으므로 교통신호기를 관리하는 지방경찰청장 산하 경찰관들에 대한 봉급을 부담하는 국가도 국가배상법 제6조 제1항에 의한 배상책임을 부담한다(99다11120). **[날먹행 322p]**

OX 정답

2-1. X 2-2. ○ 2-3. ○ 3. X

□□□□□ ★★

조 4. 영조물의 설치 · 관리상의 하자로 인한 손해의 원인에 대하여 책임을 질 사람이 따로 있는 경우에는 국가 · 지방자치단체는 그 사람에게 구상할 수 있다. (17지방7급 등)

> **국가배상법 제5조(공공시설 등의 하자로 인한 책임)** ② **제1항을 적용할 때** 손해의 원인에 대하여 책임을 질 자가 따로 있으면 **국가나 지방자치단체는 그 자에게 구상**할 수 있다. **[날먹행 323p]**

제 5 절 손해배상청구권의 내용 및 청구절차

조 1-1. 국가배상법은 국가배상책임의 주체를 국가 또는 공공단체로 규정하고 있다. (23소방간부,15사복9급)

> **국가배상법 제2조(배상책임)** ① 국가나 지방자치단체는 공무원 또는 공무를 위탁받은 사인(이하 "공무원"이라 한다)이 직무를 집행하면서 고의 또는 과실로 법령을 위반하여 타인에게 손해를 입히거나, 「자동차손해배상 보장법」에 따라 손해배상의 책임이 있을 때에는 이 법에 따라 그 손해를 배상하여야 한다. **[날먹행 323p]**

□□□□□ ★★

조 1-2. 국가배상법은 외국인이 피해자인 경우에는 해당 국가와 상호 보증이있는 때에만 국가배상법이 적용된다고 규정하고 있다. (19서울9급,19소방)

□□□□□ ★★

이 1-3. '국가배상법' 제7조가 정하는 상호보증은 반드시 당사국과의 조약이 체결되어 있을 필요는 없지만, 당해 외국에서 구체적으로 우리나라 국민에게 국가배상청구를 인정한 사례가 있어 실제로 국가배상이 상호 인정될 수 있는 상태가 인정되어야 한다. (23군무원9급,23국회8급,23경간,22국가7급,20변시,19서울9급,18경행)

> - **국가배상책임의 청구권자**
>   - **국민**: 직접 피해자 및 생명 또는 신체의 해를 입은 피해자의 직계존속, 직계비속 및 배우자(국배법§3⑤)
>   - **외국인**: 국민이 피해자인 경우 해당국가와 상호보증이 있을 때만 적용됨(동법§7), **반드시 조약 체결되어 있을 필요X.**
>
> **판례** '상호보증'은 외국의 법령, 판례 및 관례 등에 의하여 발생요건을 비교하여 인정되면 충분하고 반드시 당사국과의 조약이 체결되어 있을 필요는 없으며, 당해 외국에서 구체적으로 우리나라 국민에게 국가배상청구를 인정한 사례가 없더라도 실제로 인정될 것이라고 기대할 수 있는 상태이면 충분하다(2013다208388). **[날먹행 323p]**

□□□□□

조 2. 국가배상과 관련하여, 피해자가 손해를 입은 동시에 이익을 얻은 경우에는 손해배상액에서 그 이익에 상당하는 금액을 빼야 한다. (15사복9급)

> **국가배상법 제3조의2(공제액)** ① 제2조제1항을 적용할 때 피해자가 손해를 입은 동시에 이익을 얻은 경우에는 손해배상액에서 그 이익에 상당하는 금액을 빼야 한다. **[날먹행 324p]**

OX 정답

4. ○ / 5절 1-1. X 1-2. ○ 1-3. X 2. ○

□□□□□ ★★

조 3. 생명 · 신체의 침해로 인한 국가배상을 받을 권리는 양도하거나 압류하지 못한다. (21소방,13국가9급)

국가배상법 제4조(양도 등 금지) 생명 · 신체의 침해로 인한 국가배상을 받을 권리는 양도하거나 압류하지 못한다.
[날먹행 324p]

□□□□□ ★★★

이 4. 국가배상청구권은 피해자나 그 법정대리인이 그 손해 및 가해자를 안 날로부터 3년간 이를 행사하지 아니하면 시효로 인하여 소멸한다. (18서울7급,15사복9급 등)

- **국가배상청구권의 소멸시효: 국배법에 규정 X**
  손해 및 가해자를 안 경우: 안 날로부터 3년(민법)
  손해 및 가해자를 알지 못한 경우: 불법행위 종료일로부터 5년(국가재정법 §96①) [날먹행 324p]

□□□□□ ★

판 5. 배상청구권의 시효와 관련하여 '가해자를 안다는 것'은 피해자나 그 법정대리인이 가해 공무원의 불법행위가 그 직무를 집행함에 있어서 행해진 것이라는 사실까지 인식함을 요구하지 않는다. (17국가7급)

판례 **'가해자를 안다는 것'**은 피해자가 **가해 공무원이 국가 또는 지방자치단체와의 간에 공법상 근무관계가 있다는 사실**을 알고, 또한 **일반인이 당해 공무원의 불법행위가 국가 또는 지방자치단체의 직무를 집행함에 있어서 행해진 것이라고 판단하기에 족한 사실까지도 인식하는 것을 의미**한다(88다카32500). [날먹행 324p]

□□□□□ ★★

조 6-1. 국가배상소송은 배상심의회에 배상신청을 하지 아니하고도 제기할 수 있다. (23군무원9급,22경간,19소방)

국가배상법 제9조(소송과 배상신청의 관계) 이 법에 따른 손해배상의 소송은 **배상심의회에 배상신청을 하지 아니하고도 제기할 수 있다.** → 배상심의회는 특별행정심판절차가 아닌 임의절차임. [날먹행 325p]

□□□□□

조 6-2. 특별심의회는 군인 군무원이 타인에게 가하는 사건의 배상 결정을 위하여 국방부에 두며, 본부심의회 아래에 있는 하급심의회이다. (22경간)

제10조(배상심의회) ① 국가나 지방자치단체에 대한 배상신청사건을 심의하기 위하여 **법무부에 본부심의회를 둔다.** 다만, **군인이나 군무원**이 타인에게 입힌 손해에 대한 배상신청사건을 심의하기 위하여 **국방부에 특별심의회를 둔다.**
② 본부심의회와 특별심의회는 대통령령으로 정하는 바에 따라 지구심의회(地區審議會)를 둔다.
③ 본부심의회와 특별심의회와 지구심의회는 법무부장관의 지휘를 받아야 한다. [날먹행 325p]

OX 정답

3. ○ 4. ○ 5. X 6-1. ○ 6-2. X

□□□□□

이 7-1. 배상심의회의 결정은 대외적인 법적 구속력을 가지므로 배상 신청인과 상대방은 그 결정에 항상 구속된다. **(22소방승진,20지방9급)**

- **배상심의회의 결정은 법적 구속력을 가지지 않으며, 신청인은 그 결정에 대한 동의여부를 결정할 수 있음.**

[날먹행 325p]

□□□□□★★

판 7-2. 판례에 따르면 국가배상법상 배상심의회에 의한 배상결정은 행정처분이 아니다. **(08선관위9급)**

판례 국가배상법상 배상심의회에 의한 배상결정은 행정처분이 아니므로, 행정소송의 대상이 아니다(80누317).

[날먹행 324p]

□□□□□

판 7-3. 판례는 구 국가배상법 제3조의 배상액 기준은 배상심의회 배상액 결정의 기준이 될 뿐 배상 범위를 법적으로 제한하는 규정이 아니므로 법원을 기속하지 않는다고 보았다. **(20지방9급)**

판례 구 국가배상법 제3조 제1항과 제3항의 **손해배상의 기준은 배상심의회의 배상금지급기준을 정함에 있어서의 하나의 기준을 정한 것에 지나지 아니하는 것이고 이로써 배상액의 상한을 제한한 것으로 볼 수 없다 할 것**이며 따라서 **법원이 국가배상법에 의한 손해배상액을 산정함에 있어서 그 기준에 구애되는 것이 아니라 할 것**이니 이 규정은 국가 또는 공공단체에 대한 손해배상청구권을 규정한 구 헌법(62.12.26. 개정헌법) 제26조에 위반된다고 볼 수 없다(69다1203).

[날먹행 325p]

□□□□□★★★

이 8. 국가배상책임을 공법적 책임으로 보는 견해는 국가배상청구소송은 당사자소송으로 제기되어야 한다고 보나, 재판실무에서는 민사소송으로 다루고 있다. **(15서울9급)**

- **국가배상청구의 사법절차**

다수설은 공법상 당사자 소송에 의한다고 하나, 판례는 민사소송에 의함.

[날먹행 325p]

□□□□□★★

이 9-1. 국가배상법 제2조 제1항 단서는 "군인 · 군무원 · 경찰공무원 또는 향토예비군대원이 전투 · 훈련 등 직무집행과 관련하여 전사 · 순직하거나 공상을 입은 경우에 본인이나 그 유족이 다른 법령에 따라 재해보상금 · 유족연금 · 상이연금 등의 보상을 지급받을 수 있을 때에는 이 법 및 민법에 따른 손해배상을 청구할 수 없다."고 규정하고 있다. 국가배상법 제2조 제1항 단서에 대해서는 위헌성 시비가 있으나, 헌법재판소와 대법원은 헌법에 위반되지 않는 것을 보고 있다. **(21소방,11지방7급)**

□□□□□★★

이 9-2. 군인·군무원·경찰공무원 또는 예비군대원이 전투·훈련 등 직무 집행과 관련하여 전사·순직하거나 공상을 입은 경우에 본인이나 그 유족이 다른 법령에 따라 재해보상금·유족연금·상이연금 등의 보상을 지급받을 수 있을 때에는 이 법 및 「민법」에 따른 손해배상을 청구할 수 없다. **(21군무원9급)**

OX 정답

7-1. X 7-2. O 7-3. O 8. O 9-1. O 9-2. O

□□□□□

조 9-3. 도로·하천, 그 밖의 공공의 영조물(營造物)의 설치나 관리에 하자(瑕疵)가 있기 때문에 타인에게 손해를 발생하게 하였을 때에는 국가나 지방자치단체는 그 손해를 배상하여야 한다. 이 경우 군인·군무원의 이중배상금지에 관한 규정은 적용되지 않는다. (21군무원9급)

- **이중배상금지제도는 재해보상금 등과 국가배상금이 이중으로 배상됨으로 인해 발생될 과다한 재정지출을 방지하기 위한 제도로서**, 헌법재판소와 대법원은 동 제도가 헌법에 규정되어 있는 이상, **합헌이라고 봄.**
- **국가배상법 제2조(배상책임)** ① 국가나 지방자치단체는 공무원 또는 공무를 위탁받은 사인(이하 "공무원"이라 한다)이 직무를 집행하면서 고의 또는 과실로 법령을 위반하여 타인에게 손해를 입히거나, 「자동차손해배상 보장법」에 따라 손해배상의 책임이 있을 때에는 이 법에 따라 그 손해를 배상하여야 한다. 다만, 군인 · 군무원 · 경찰공무원 또는 예비군대원이 전투 · 훈련 등 직무 집행과 관련하여 전사(戰死) · 순직(殉職)하거나 공상(公傷)을 입은 경우에 본인이나 그 유족이 다른 법령에 따라 재해보상금 · 유족연금 · 상이연금 등의 보상을 지급받을 수 있을 때에는 이 법 및 「민법」에 따른 손해배상을 청구할 수 없다.
  제5조(공공시설 등의 하자로 인한 책임) ① 도로 · 하천, 그 밖의 공공의 영조물(營造物)의 설치나 관리에 하자(瑕疵)가 있기 때문에 타인에게 손해를 발생하게 하였을 때에는 국가나 지방자치단체는 그 손해를 배상하여야 한다. 이 경우 제2조제1항 단서, 제3조 및 제3조의2를 준용한다. → **영조물 책임의 경우에도 이중배상금지제도 적용됨.** [날먹행 325p]

□□□□□ ★★

판 10-1. 공익근무요원, 현역병으로 입영한 후 군사교육을 마치고 경비교도로 전임되어 근무하는 자, 경비교도는 국가배상법 제2조 1항 단서의 적용대상에 해당하지 않으므로, 이중배상청구가 제한되지 않는다. (22국가7급,21행정사,19서울7급)

□□□□□ ★★

판 10-2. 전투경찰순경은 국가배상법 제2조 제1항 단서에 따라 손해배상청구가 제한되는 군인·군무원·경찰공무원 또는 향토예비군대원에 해당된다고 보아야 한다. (19경행)

- **국가배상법 제2조 단서의 '군인 · 군무원 · 경찰공무원 또는 예비군대원'**
  - **향토예비군대원, 의무경찰대원, 전투경찰순경은 포함 ○ (이중배상금지)**
  - 경비교도, 공익근무요원은 포함 X **(이중배상금지규정 적용 X = 국가배상청구 가능)**

판례 **현역병으로 입영하여 소정의 군사교육을 마치고 전임되어 경비교도로 임용된 자**는, 군인의 신분을 상실하고 군인과는 다른 경비교도로서의 신분을 취득하게 되었다고 할 것이어서 **국가배상법 제2조 제1항 단서가 정하는 군인 등에 해당하지 아니한다.** [날먹행 326p]

□□□□□ ★★

판 11-1. 경찰서 숙직실에서 순직한 경찰공무원의 유족들은 국가배상법에 의한 손해배상을 청구할 권리가 있다. (23군무원9급)

- **'전투 · 훈련 등 직무집행과 관련해 전사 순직하거나 공상을 입은 경우'의 의미**
  → 군인 등이 받은 모든 손해에 대해 국가의 손해배상책임을 배제하는 것이 아니라, **전투 · 훈련 등 직무집행과 관련하여 손해를 입은 경우에 적용됨.**

판례 **경찰서 숙직실에서 순직한 경찰공무원의 유족은 '국가배상법' 및 '민법'에 의한 국가배상을 청구할 권리가 있다** (= 이중배상금지 적용 X)(77다2389). [날먹행 326p]

OX 정답

9-3. X 10-1. ○ 10-2. ○ 11-1. ○

□□□□□ ★★★

판 11-2. 경찰공무원이 낙석사고 현장 주변 교통정리를 위하여 사고현장 부근으로 순찰차를 운전하고 가다가 산에서 떨어진 대형 낙석이 순찰차를 덮쳐 사망한 사안에서 국가배상법의 이중배상금지 규정에 따른 면책조항은 전투·훈련 또는 이에 준하는 직무집행뿐만 아니라 일반 직무집행에 관하여도 국가나 지방자치단체의 배상책임을 제한하는 것으로 해석하여야 한다. (23군무원9급,21국회9급,19국회8급,19경행)

판례 경찰공무원이 낙석사고 현장 주변 교통정리를 위하여 사고현장 부근으로 순찰차를 운전하고 가다가 산에서 떨어진 대형 낙석이 순찰차를 덮쳐 사망한 사안에서, 국가배상법 제2조 제1항 단서의 면책조항은 구 국가배상법 제2조 제1항 단서의 면책조항과 마찬가지로 전투 · 훈련 또는 이에 준하는 직무집행뿐만 아니라 **'일반 직무집행'에 관하여도 국가나 지방자치단체의 배상책임을 제한하는 것**이라고 해석하는 것이 타당하다(2010다85942). → 최근 판례는 일반 직무집행에 관해서도 국가배상책임 제한함. [날먹행 326p]

□□□□□ ★★★

판 12-1. 직무집행과 관련하여 공상을 입은 군인이 먼저 국가배상법 상 손해배상을 받은 다음 구 '국가유공자 등 예우 및 지원에 관한 법률'상 보훈급여금을 지급청구하는 경우, 국가배상을 받았다는 이유로 그 지급을 거부할 수 없다. (22국가7급,22소방승진,20지방7급,19국가9급,19서울9급)

- **'본인이나 그 유족이 다른 법령에 따라 보상받을 수 있어야'의 의미**
  → **다른 법령에 따라 보상금을 지급받을 수 없을 때** 국가배상 청구가 가능함.

판례 **먼저 국가배상법상 손해배상을 받은 다음** 구 국가유공자 등 예우 및 지원에 관한 법률상 **보훈급여를 청구하는 것은** 가능하다(2015두60075). [날먹행 326p]

□□□□□ ★

판 12-2. 국가배상청구에 있어서 채권자가 동일한 목적을 달성하기 위하여 복수의 채권을 갖고 있는 경우 어느 하나의 청구권을 행사하는 것이 다른 채권에 대한 소멸시효 중단의 효력이 있다고 할 수 없다. (23국가9급,22소방간부)

판례 이미 다른 법률에 의한 보상에 대한 권리가 발생한 이상, **실제로 이를 행사하지 않아서 시효로 소멸한 경우, 국가배상을 청구할 수 없다**(2000다39735). [날먹행 326p]

OX 정답

11-2. ○ 12-1. ○ 12-2. ○

☐☐☐☐☐ ★

판 12-3. 군 복무 중 사망한 군인 등의 유족이 '국가배상법'에 따른 손해배상금을 지급받은 경우 그 손해배상금 상당 금액에 대해서는 '군인연금법'에서 정한 사망보상금을 지급받을 수 없다. **(23지방9급)**

판례 다른 법령에 따라 지급받은 급여와의 조정에 관한 조항을 두고 있지 아니한 보훈보상대상자 지원에 관한 법률과 달리, 군인연금법 제41조 제1항은 "다른 법령에 따라 국가나 지방자치단체의 부담으로 이 법에 따른 급여와 같은 종류의 급여를 받은 사람에게는 그 급여금에 상당하는 금액에 대하여는 이 법에 따른 급여를 지급하지 아니한다."라고 명시적으로 규정하고 있다. 나아가 군인연금법이 정하고 있는 급여 중 사망보상금(군인연금법 제31조)은 일실손해의 보전을 위한 것으로 불법행위로 인한 소극적 손해배상과 같은 종류의 급여라고 봄이 타당하다(97다36873 전원합의체 판결 참조). 따라서 **피고에게 군인연금법 제41조 제1항에 따라 원고가 받은 손해배상금 상당 금액에 대하여는 사망보상금을 지급할 의무가 존재하지 아니한다**(2018두36691). [날먹행 326p]

☐☐☐☐☐ ★

판 12-4. 경찰공무원인 피해자가 '공무원연금법'에 따라 공무상 요양비를 지급받는 것은 '국가배상법' 제2조 제1항 단서에서 정한 '다른 법령의 규정'에 따라 보상을 지급받는 것에 해당하지 않는다. **(23국가9급,23경간)**

판례 구 공무원연금법에 따라 각종 급여를 지급하는 제도는 공무원의 생활안정과 복리향상에 이바지하기 위한 것이라는 점에서 국가배상법 제2조 제1항 단서에 따라 손해배상금을 지급하는 제도와 그 취지 및 목적을 달리하므로, **경찰공무원인 피해자가 구 공무원연금법의 규정에 따라 공무상 요양비를 지급받는 것은 국가배상법 제2조 제1항 단서에서 정한 '다른 법령의 규정'에 따라 보상을 지급받는 것에 해당하지 않는다**(2017다16174). [날먹행 326p]

☐☐☐☐☐ ★

판 12-5. 훈련으로 공상을 입은 군인이 '국가배상법'에 따라 손해배상금을 지급받은 다음 '보훈보상대상자 지원에 관한 법률'이 정한 보훈급여금의 지급을 청구하는 경우, 국가는 '국가배상법' 제2조 제1항 단서에 따라 그 지급을 거부할 수 있다. **(23국가9급)**

판례 전투·훈련 등 직무집행과 관련하여 공상을 입은 군인·군무원·경찰공무원 또는 향토예비군대원이 먼저 국가배상법에 따라 손해배상금을 지급받은 다음 보훈보상대상자 지원에 관한 법률(이하 '보훈보상자법'이라 한다)이 정한 보상금 등 보훈급여금의 지급을 청구하는 경우, **보훈보상자법은 국가배상법에 따른 손해배상금을 지급받은 자를 보상금 등 보훈급여금의 지급대상에서 제외하는 규정을 두고 있지 않은 점** 등을 고려하면 국가배상법 제2조 제1항 단서가 보훈보상자법 등에 의한 보상을 받을 수 있는 경우 국가배상법에 따른 손해배상청구를 하지 못한다는 것을 넘어 국가배상법상 손해배상금을 받은 경우 보훈보상자법상 보상금 등 보훈급여금의 지급을 금지하는 것으로 해석하기는 어려운 점 등에 비추어, **국가보훈처장은 국가배상법에 따라 손해배상을 받았다는 사정을 들어 보상금 등 보훈급여금의 지급을 거부할 수 없다**(2015두60075). [날먹행 326p]

OX 정답

12-3. ○ 12-4. ○ 12-5. X

□□□□□ ★

판 12-6. 군인이 교육훈련으로 공상을 입은 경우라도 '국가유공자예우등에관한법률'에 의하여 재해보상금 유족연금 상이연금 등 별도의 보상을 받을 수 없는 경우에는 '국가배상법' 제2조 제1항 단서의 적용 대상에서 제외하여야 한다. (23국가9급)

판례 군인, 군무원 등 국가배상법 제2조 제1항 단서에 열거된 자가 전투·훈련 기타 직무집행과 관련하는 등으로 공상을 입은 경우라고 하더라도 **군인연금법 또는 국가유공자예우등에관한법률에 의하여 재해보상금, 유족연금, 상이연금 등 별도의 보상을 받을 수 없는 경우에는 국가배상법 제2조 제1항 단서의 적용 대상에서 제외**된다(96다42178). → 즉, 다른 법령에 의하여 보상금을 지급받을 수 없을 때에는 국가배상청구 가능함. [날먹행 326p]

□□□□□ ★★★

판 13-1. 민간인과 직무집행 중인 군인의 공동불법행위로 인하여 직무집행 중인 다른 군인이 피해를 입은 경우 민간인이 피해 군인에게 자신의 과실비율에 따라 내부적으로 부담할 부분을 초과하여 피해금액 전부를 배상한 경우에 대법원 판례에 따르면 민간인은 국가에 대해 가해 군인의 과실비율에 대한 구상권을 행사할 수 있다. (22소방,21소방,18국가7급)

- 군인 등이나 그 유족에 대해 손해배상책임이 있는 **공동불법행위자인 일반 국민이 그 군인 등이나 유족에게 손해배상을 하고 나서 국가에 대해 구상권을 행사할 수 있는지 여부**
  - **대법원**: 민간인은 **자신의 부담부분에 한해서 손해를 배상하**면 되고, **그 부분을 넘어 배상한 금액에 대해 국가에게 구상권을 행사할 수 없다**(96다42420).
  - **헌재**: 일반국민이 다른 공동불법행위자인 국가의 부담부담에 관해 국가의 구상권을 행사할 수 없다고 하는 것은 헌법상 국가배상청구권 규정과 평등의 원칙, 비례의 원칙을 위배하여 재산권을 침해하는 것이다(93바21).

[날먹행 326p]

□□□□□ ★★

판 13-2. 헌법재판소는 일반국민이 직무집행 중인 군인과의 공동불법행위로 직무집행 중인 다른 군인에게 공상을 입혀 그 피해자에게 손해전부를 배상했을지라도, 공동불법행위자인 군인의 부담부분에 관하여 국가에 대하여 구상권은 허용되지 않는다고 본다. (11지방7급)

판례 국가배상사법 제2조 제1항 단서 중 군인에 관련된 부분을, 일반국민이 직무집행 중인 군인과의 공동불법행위로 직무집행 중인 다른 군인에게 공상을 입혀 그 피해자에게 공동의 불법행위로 인한 손해를 배상한 다음 공동불법행위자인 군인의 부담부분에 관하여 국가에 대하여 구상권을 행사하는 것을 허용하지 않는다고 해석한다면, 이는 헌법 제 23조 1항 및 제37조 2항에 위반된다(93헌바21). [날먹행 326p]

OX 정답

12-6. ○ 13-1. X 13-2. X

03 손실보상

제1절 개설

□□□□□

이 1-1. 분리이론과 경계이론은 재산권의 내용 · 한계 설정과 공용침해를 보다 합리적으로 구분하려는 이론이다. (18교행9급)

□□□□□ ★★

이 1-2. 분리이론은 재산권의 존속보장보다는 가치보장을 강화하려는 입장에서 접근하는 견해이다. (15국회8급)

□□□□□ ★★

이 1-3. 사회적 제약을 벗어나는 무보상의 공용침해에 대하여, 분리이론은 당해 침해행위의 폐지를 주장함으로써 위헌적 침해의 억제에 중점을 두고 있음에 비하여 경계이론은 보상을 통한 가치의 보장에 중점을 두고 있다. (08국가7급)

	경계이론	분리이론(헌법재판소)
보장	가치보장	존속보장
내용	헌법§23①②과 ③은 별개의 제도가 아니며, **재산권 제한의 정도에 따른 구별**에 불과함.	**침해의 형태나 입법목적을 기준**으로 구별되는 별개의 규정임. → **헌법§23①,②은 재산권의 내용 · 한계, §23③은 공용제한과 손실보상**에 대한 규정
헌법 §23①, ②	재산권 규제 정도가 **약하면**, 재산권의 **내용규정**(사회적제약)	재산권 제한에 대한 **일반 · 추상적 규제는 재산권의 내용규정**(사회적제약)이고, 이 규정이 헌법적 한계를 넘는 경우, 비례의 원칙 등 위반으로 **위헌 · 위법**이 됨.
헌법 §23③	재산권 규제 정도가 **강하여** 특별희생을 벗어나면, 보상의무가 있는 **공용침해로 전환**됨	재산권 제한에 대해 **개별 · 구체적 규제**는 보상의무가 있는 **공용침해**임.
보상규정 없는경우	법원이 손실보상을 결정(유추적용설) → 위헌성 치유	헌재의 위헌결정에 의해 국회입법으로 해결 **(보상입법부작위 위헌설)**

[날먹행 327p]

□□□□□

판 1-4. 도축장 사용정지·제한명령은 공익목적을 위하여 이미 형성된 구체적 재산권을 박탈하거나 제한하는 헌법 제23조 제3항의 수용·사용 또는 제한에 해당하는 것이 아니라, 도축장 소유자들이 수인하여야 할 사회적 제약으로서 헌법 제23조 제1항의 재산권의 내용과 한계에 해당한다. (23군무원9급)

판례 도축장 사용정지·제한명령은 구제역과 같은 가축전염병의 발생과 확산을 막기 위한 것이고, 도축장 사용정지·제한명령이 내려지면 국가가 도축장 영업권을 강제로 취득하여 공익 목적으로 사용하는 것이 아니라 소유자들이 일정기간 동안 도축장을 사용하지 못하게 되는 효과가 발생할 뿐이다. 이와 같은 재산권에 대한 제약의 목적과 형태에 비추어 볼 때, 도축장 사용정지·제한명령은 공익목적을 위하여 이미 형성된 구체적 재산권을 박탈하거나 제한하는 헌법 제23조 제3항의 수용·사용 또는 제한에 해당하는 것이 아니라, 도축장 소유자들이 수인하여야 할 사회적 제약으로서 헌법 제23조 제1항의 재산권의 내용과 한계에 해당한다(2012헌바367). **[날먹행 328p]**

OX 정답

1절 1-1. O 1-2. X 1-3. O 1-4. O

조 2. 헌법은 보상청구권의 근거 뿐만 아니라 보상의 기준과 방법에 관해서도 법률에 유보하고 있다. (12국가7급)

헌법 제23조 ①모든 국민의 재산권은 보장된다. 그 내용과 한계는 법률로 정한다.
② 재산권의 행사는 공공복리에 적합하도록 하여야 한다.
③ **공공필요에 의한 재산권의 수용·사용 또는 제한 및 그에 대한 보상은 법률로써** 하되, 정당한 보상을 지급하여야 한다.
[날먹행 328p]

□□□□□

이 3-1. 판례는 손실보상의 원인이 공법적이라면 손실의 내용이 사권이라도, 손실보상은 공법적인 것이라고 보고 있다. (14서울7급)

□□□□□ ★★★

이 3-2. 손실보상청구권의 성질에 관하여 대법원은 전통적으로 사권설의 입장에서 민사소송으로 다루어 왔으나, 최근에는 당사자소송으로 보는 판례도 나타나고 있다. (14서울9급)

- **손실보상청구권의 성격**
  - **공권설(통설)**: 손실보상의 원인행위가 공법적이므로, 손실보상청구권은 **공권**이고, 이에 대한 소송은 공법상 당사자소송임.
  - **사권설(판례)**: 손실보상은 사법상 채권·채무관계이므로 손실보상청구권은 사권이고, 이에 대한 소송은 민사소송임.
  - **판례: 전통적으로 사권설**을 따라 **민사소송**으로 다뤄왔음. **최근에는 당사자소송**으로 보는 판례도 나타남. [날먹행 329p]

□□□□□ ★★★

판 3-3. 대법원은 구 '하천법'상 하천구역 편입토지에 대한 손실보상청구를 공법상의 권리로 보아 당사자소송에 의하여야 한다고 보고 있다. (18서울9급,17지방9급,16지방9급)

판례 개정 하천법 규정들에 의한 손실보상청구권은 모두 종전의 하천법 규정 자체에 의하여 하천구역으로 편입되어 국유로 되었으나 그에 대한 보상규정이 없었거나 보상청구권이 시효로 소멸되어 보상을 받지 못한 토지들에 대하여, 국가가 반성적 고려와 국민의 권리구제 차원에서 그 손실을 보상하기 위하여 규정한 것으로서, 그 법적 성질은 **공법상의 권리**임이 분명하므로 그에 관한 **쟁송도 행정소송절차에 의하여야** 할 것이다(2004다6207).
[날먹행 329p]

OX 정답

2. O 3-1. X 3-2. O 3-3. O

□□□□□

이 4-1. 헌법 제23조 제3항을 불가분조항으로 볼 경우, 보상규정을 두지 아니한 수용법률은 헌법위반이 된다. **(17지방9급)**

□□□□□

이 4-2. 헌법재판소는 공용침해로 인한 특별한 손해에 대한 보상규정이 없는 경우에 관련 보상규정을 유추적용하여 보상하려는 경향이 있다. **(18국회8급)**

- **보상규정흠결시**
  - **위헌무효설: 보상규정을 두지 않으면 위헌, 무효의 법률**이므로, 사인은 위법한 행정처분에 대해 취소소송을 제기한 후 국가배상을 청구할 수 있다는 견해로, 헌법 §23③을 **불가분조항**으로 봄
  - **직접무효설: 헌법 §23③이 국민에게 직접 효력**이 있으므로, 보상 규정이 없는 경우에는 직접 헌법상 보상규정에 근거해 보상을 청구할 수 있다는 견해로, **헌법 §23③을 불가분조항으로 보지 않음**
  - **유추적용설: 헌법 제23조 제3항 및 관계 규정을 유추적용**해서 손실보상을 청구할 수 있다는 견해
  - **보상입법부작위위헌설: 보상 규정을 두지 않은 부작위가 위헌**이므로, **입법부작위에 대한 헌법소원을 통해 해결**
  - 대법원: **불법행위**로 처리한 경우도 있으나, **최근**에는 **개별법상의 관련 보상규정을 유추적용하여 보상하는 입장**(유추적용설)이다
  - 헌재: **법률에 보상규정을 두지 않는 것은 위헌이라는 입장**으로, **입법자에게 입법의무를 부과**하고, 토지소유자 등은 **보상입법을 기다려 권리행사**를 할 수 있을 뿐이라는 입장(**보상입법부작위위헌설**) **[날먹행 328, 329p]**

□□□□□

판 4-3. 정당한 어업허가를 받고 공유수면매립사업지구 내에서 허가어업에 종사하고 있던 어민들에 대하여 손실보상을 할 의무가 있는 사업시행자가 손실보상의무를 이행하지 아니한 채 공유수면매립공사를 시행함으로써 실질적이고 현실적인 침해를 가한 때에는 불법행위를 구성하는 것이고, 이 경우 허가어업자들이 입게되는 손해는 그 손실보상금 상당액이다. **(18국회8급)**

판례 정당한 어업허가를 받고 공유수면매립사업지구 내에서 허가어업에 종사하고 있던 어민들에 대하여 손실보상을 할 의무가 있는 사업시행자가 손실보상의무를 이행하지 아니한 채 공유수면매립공사를 시행함으로써 실질적이고 현실적인 침해를 가한 때는 불법행위를 구성하는 것이고, 이 경우 허가어업자들이 입게 되는 손해는 그 손실보상금 상당액이다(98다11529). → **불법행위로 본 판례** **[날먹행 329p]**

□□□□□

판 4-4. 대법원은 헌법 제23조 제2항의 규정에도 불구하고 보상에 관한 구체적 사항이 법률로써 정해져 있지 아니한 때에는 손실보상을 인정할 수 없다고 한다. **(22소방,18국회8급)**

판례 행정주체의 행정행위를 신뢰하여 그에 따라 재산출연이나 비용지출 등의 행위를 한 자가 그 후에 공공필요에 의하여 수립된 적법한 행정계획으로 인하여 재산권행사가 제한되고 이로 인한 공공사업의 시행 결과 공공사업시행지구 밖에서 발생한 간접손실에 관하여 그 피해자와 사업시행자 사이에 협의가 이루어지지 아니하고, **그 보상에 관한 명문의 근거 법령이 없는 경우라고 하더라도,** 헌법 제23조 제3항 및 구 토지수용법 등의 개별 법률의 규정 등의 규정 취지에 비추어 보면, 공공사업의 시행으로 인하여 그러한 손실이 발생하리라는 것을 쉽게 예견할 수 있고, 그 손실의 범위도 구체적으로 이를 특정할 수 있는 경우에는 **그 손실의 보상에 관하여 구 공공용지의취득및손실보상에관한특례법시행규칙의 관련 규정 등을 유추적용할 수 있다**(2004다25581).
→ 유추적용설을 따른 판례 **[날먹행 329p]**

OX 정답

4-1. O 4-2. X 4-3. O 4-4. X

☐☐☐☐☐

판 4-5. 국립공원구역지정 후 토지를 종래의 목적으로도 사용할 수 없거나 토지를 사적으로 사용할 수 있는 방법이 없이 공원구역 내 일부 토지소유자에 대하여 가혹한 부담을 부과하면서 아무런 보상 규정을 두지 않은 경우에는 비례의 원칙에 위반되어 당해 토지소유자의 재산권을 과도하게 침해하는 것이라고 할 수 있다. **(23소방간부)**

> **판례** 국립공원구역지정 후 토지를 종래의 목적으로 사용할 수 있는 원칙적인 경우의 토지소유자에게 부과하는 현상태의 유지의무나 변경금지의무는, 토지재산권의 제한을 통하여 실현하고자 하는 공익의 비중과 토지재산권의 침해의 정도를 비교해 볼 때, 토지소유자가 자신의 토지를 원칙적으로 종래 용도대로 사용할 수 있는 한 재산권의 내용과 한계를 비례의 원칙에 부합하게 합헌적으로 규율한 규정이라고 보아야 한다. 그러나 입법자가, 국립공원구역지정 후 토지를 종래의 목적으로도 사용할 수 없거나 토지를 사적으로 사용할 수 있는 방법이 없이 공원구역내 일부 토지소유자에 대하여 가혹한 부담을 부과하면서 아무런 보상규정을 두지 않은 경우에는 비례의 원칙에 위반되어 당해 토지소유자의 재산권을 과도하게 침해하는 것이라고 할 수 있다(99헌바110). **[날먹행 329p]**

제 2 절 손실보상청구권의 요건

☐☐☐☐☐

이 1-1. 헌법재판소는 헌법 제23조 제3항의 '공공필요'는 '국민의 재산권을 그 의사에 반하여 강제적으로라도 취득해야 할 공익적 필요성'을 의미하고, 이 요건 중 공익성은 기본권 일반의 제한사유인 '공공복리'보다 좁은 것으로 보고 있다. **(22경간,17국가9급)**

> • **손실보상청구권의 요건- '공공의 필요'**
> - **공익사업 시행 또는 공공복리를 달성하기 위해 국민의 재산권 제한이 불가피한 경우**를 뜻함.
> - **국고목적**이나 영리목적을 위한 수용 등은 공공필요에 **해당 X**
> - **헌재는 헌법 제23조 제3항의 공공필요를 기본권 일반의 제한사유인 공공복리보다 좁게 본다**(2011헌바172).
>
> **[날먹행 330p]**

☐☐☐☐☐ ★★★

판 1-2. 우리 헌법상 수용의 주체를 국가로 한정하고 있지 않으므로 민간기업도 수용의 주체가 될 수 있다.
(23경간,22경간,21국가7급,21군무원7급,20국가7급,19사복9급)

> **판례** '산업입지 및 개발에 관한 법률'에서 **민간기업에게 산업단지개발사업에 필요한 토지 등을 수용할 수 있도록 규정한 것이 헌법 제23조 제3항에 반한다고 할 수 없다**(2007헌바114). **[날먹행 330p]**

OX 정답

4-5. ○ / **2절** 1-1. ○ 1-2. ○

□□□□□

판 1-3. '국토의 계획 및 이용에 관한 법률'에서 규정하는 도시계획시설사업은 도로·철도·항만·공항·주차장 등 교통시설, 수도·전기·가스공급설비 등 공급시설과 같은 도시계획시설을 설치·정비 또는 개량하여 공공복리를 증진시키고 국민의 삶의 질을 향상시키는 것을 목적으로 하고있으므로, 그 자체로 공공필요성의 요건이 충족된다. **(23소방)**

> **판례** 도시계획시설사업은 명시적으로 도로 등 교통시설, 학교·운동장·문화시설 등 공공·문화체육시설과 같은 도시계획시설을 설치·정비 또는 개량하여 공공복리의 증진과 국민의 삶의 질을 향상하게 함을 목적으로 하고 있으므로, 도시계획시설사업 자체에 있어서 공공필요성의 요건은 충족된다 할 것이다(2006헌바79). **[날먹행 330p]**

□□□□□

판 1-4. 공용수용은 공익사업을 위한 필요가 있어야 하고, 그 필요가 있는지에 대하여는 수용에 따른 상대방의 재산권침해를 정당화할 만한 공익의 존재가 쌍방의 이익의 비교형량의 결과로 입증되어야 하며, 그 입증책임은 사업시행자에게 있다. **(22경간)**

> **판례** 공용수용은 공익사업을 위하여 특정의 재산권을 법률에 의하여 강제적으로 취득하는 것을 내용으로 하므로 그 공익사업을 위한 필요가 있어야 하고, 그 필요가 있는지에 대하여는 수용에 따른 상대방의 재산권침해를 정당화할 만한 공익의 존재가 쌍방의 이익의 비교형량의 결과로 입증되어야 하며, 그 입증책임은 사업시행자에게 있다(2003두7507). **[날먹행 330p]**

□□□□□★★

이 2-1. 손실보상청구권을 공권으로 보게 되면 손실보상청구권을 발생시키는 침해의 대상이 되는 재산권에는 공법상의 권리만이 포함될 뿐 사법상의 권리는 포함되지 않는다. **(17국가9급)**

□□□□□★★

이 2-2. 문화적, 학술적 가치는 특별한 사정이 없는 한 그 토지의 부동산으로서의 경제적, 재산적 가치를 높여 주는 것이므로 토지수용법 제51조 소정의 손실보상의 대상이 된다. **(16경행,12국가9급)**

□□□□□★★

이 2-3. 손실보상이 이루어지는 재산권에는 지가상승에 대한 기대이익이나 영업이익의 가능성이 포함되지 아니한다. **(11지방9급)**

> • **손실보상청구권의 요건- '재산권' 침해**
> - 일체의 재산적 가치가 있는 권리로, **공법상 권리**, 사법상 권리 **모두 포함**
> - 단순한 기대이익이나 자연적 · 문화적 학술가치는 **재산권 보장의 대상** X (88누11216) **[날먹행 330p]**

OX 정답

1-3. ○ 1-4. ○ 2-1. X 2-2. X 2-3. ○

□□□□□ ★★

판 2-4. 지장물인 건물은 그 건물이 적법한 건축허가를 받아 건축된 것인지 여부에 관계없이 토지수용법상의 사업인정의 고시 이전에 건축된 건물이기만 하면 손실보상이 된다. (16경행)

판례 토지수용법상의 사업인정 고시 이전에 건축되고 공공사업용지 내의 토지에 정착한 지장물인 건물은 통상 적법한 건축허가를 받았는지 여부에 관계없이 손실보상의 대상이 되나, 주거용 건물이 아닌 위법 건축물의 경우에는 관계 법령의 입법 취지와 그 법령에 위반된 행위에 대한 비난가능성과 위법성의 정도, 합법화될 가능성, 사회통념상 거래 객체가 되는지 여부 등을 종합하여 판단한 결과 그 위법의 정도가 관계 법령의 규정이나 사회통념상 용인할 수 없을 정도로 크고 객관적으로도 합법화될 가능성이 거의 없어 거래의 객체도 되지 아니하는 경우에는 예외적으로 수용보상 대상이 되지 아니한다(2000두6411). **[날먹행 330p]**

□□□□□

판 2-5. 개성공단 전면 중단조치에 의한 영업중단으로 인해 발생하는 영업상 손실이나 주식 등 권리의 가치하락으로 인한 손실은 헌법 제23조의 재산권보장의 범위에 속한다. (23변시)

판례 이 사건 중단조치에 의한 영업중단으로 영업상 손실이나 주식 등 권리의 가치하락이 발생하였더라도 이는 영리획득의 기회나 기업활동의 여건 변화에 따른 재산적 손실일 뿐이므로, 헌법 제23조의 재산권보장의 범위에 속한다고 보기 어렵다(2016헌마364). **[날먹행 330p]**

□□□□□ ★

판 3-1. 재산물의 수용·사용·제한은 법률로써 해야 하고, 이 '법률'에 법률종속명령이나 조례는 포함되지 아니한다. (11사복9급)

□□□□□ ★★

판 3-2. 손실보상이 인정되기 위해서는 재산권에 대한 침해가 현실적으로 발생하여야 하는 것은 아니다. (15경행)

□□□□□ ★★★

판 3-3. 공유수면 매립면허의 고시가 있는 경우 그 사업이 시행되고 그로 인하여 직접 손실이 발생한다고 할 수 있으므로, 관행어업권자는 공유수면매립면허의 고시를 이유로 손실보상을 청구할 수 있다. (23소방간부,21국가7급,21소방간부,20경행,20지방9급,19지방9급)

- **손실보상청구권의 요건- 재산권 '침해'**
  - **재산권의 가치를 하락시키는 일체의 작용**으로서, 헌법 제23조 3항에서 수용, 사용, 제한을 규정함.
  - 침해의 방식은 법률에 의한 직접적인 침해(여기서 법률은 국회제정의 형식적 의미의 법률이어야 하며, 법률의 근거 없이 명령 또는 조례로 수용할 수 없다)와 행정작용에 의하는 경우(행정수용)가 있음.
  - 침해는 **공권력주체에 의해** 직접적으로 의도된 것이어야 하고, 재산권에 대한 침해가 현실적으로 발생해야 함.

판례 공유수면 매립면허의 고시가 있다고 하여 반드시 그 사업이 시행되고 그로 인하여 손실이 발생한다고 할 수 없으므로, **매립면허 고시 이후 매립공사가 실행되어 관행어업권자에게** 실질적이고 현실적인 피해가 발생한 경우에만 **공유수면매립법에서 정하는** 손실보상청구권이 발생**하였다**고 할 것이다(2007두6571). **[날먹행 330p]**

OX 정답

2-4. ○ 2-5. X 3-1. ○ 3-2. X 3-3. X

□□□□□

판 3-4. 공익사업의 시행으로 토석채취허가를 연장받지 못한 경우 그로 인한 손실은 적법한 공권력의 행사로 가하여진 재산상의 특별한 희생으로서 손실보상의 대상이 된다. (18서울9급)

> **판례** 공익사업이 시행되어 토석채취허가를 연장받지 못하게 되었다고 하더라도 토석채취허가가 연장되지 않게 됨으로 인한 손실과 공익사업 사이에 상당인과관계가 있다고 할 수 없을 뿐 아니라, 특별한 사정이 없는 한 그러한 손실이 적법한 공권력의 행사로 가하여진 재산상의 특별한 희생으로서 손실보상의 대상이 된다고 볼 수도 없다(20009두2672). [날먹행 331p]

□□□□□

이 4-1. 손실보상은 공공필요에 의한 행정작용에 의하여 사인에게 발생한 특별한 희생에 대한 전보이므로 재산권침해로 인한 손실이 특별한 희생에 해당하여야 한다. (17국가9급)

□□□□□ ★

이 4-2. 재산권의 사회적 제약에 해당하는 공용제한에 대해서는 보상규정을 두지 않아도 된다. (18국회8급)

□□□□□ ★★

판 4-3. 공공용물에 관하여 적법한 개발행위 등이 이루어짐으로 말미암아 이에 대한 일정범위의 사람들의 일반사용이 종전에 비하여 제한받게 되었다면, 특별한 사정이 없는 한 그로 인한 불이익은 손실보상의 대상이 되는 특별한 손실에 해당한다. (18서울9급,12국가9급,11국가9급)

> - **손실보상청구권의 요건 - '특별한 희생'**: 재산권의 침해가 **사회적 제약을 넘어서는 특별한 희생**이 되는 손실을 의미함. 사회적 제약과 특별한 희생의 기준에 대해 학설의 대립이 있으나, **통설**은 절충설에 따라 **형식적(재산권 침해를 받는 자가 특정되어 있는지), 실질적(보호가치 있는 재산권에 대한 침해인지) 기준 모두 고려**함.
>
> **판례** **공공용물에 관하여 적법한 개발행위** 등이 이루어짐으로 말미암아 이에 대한 일정 범위의 사람들의 **일반 사용이** 종전에 비하여 제한받게 되었다 하더라도 **특별한 사정이 없는 한 그로 인한 불이익은 손실보상의 대상이 되는 특별한 손실에 해당한다고 할 수 없다**(99다35300). [날먹행 331p]

□□□□□ ★★

판 4-4. 헌법재판소는 구 도시계획법상 개발제한구역의 지정으로 일부 토지소유자에게 사회적 제약의 범위를 넘는 가혹한 부담이 발생하는 경우에 보상규정을 두지 않은 것은 위헌성이 있는 것이고, 보상의 구체적 기준과 방법은 입법자가 입법정책적으로 정할 사항이라고 결정하였다. (14지방9급,14국회8급,13서울7급)

> **판례** 보상의 구체적 기준과 방법은 헌법재판소가 결정할 성질의 것이 아니라 광범위한 입법형성권을 가진 입법자가 입법정책적으로 정할 사항이므로, 입법자가 보상입법을 마련함으로써 위헌적인 상태를 제거할 때까지 위 조항을 형식적으로 존속케 하기 위하여 헌법불합치결정을 한다(89헌마214,90헌바16,97헌바78병합). [날먹행 331p]

OX 정답

3-4. X 4-1. O 4-2. O 4-3. X 4-4. O

□□□□□ ★★

판 4-5. 개발제한구역의 지정으로 인한 지가의 하락은 원칙적으로 토지소유자가 감수해야하는 사회적 제약의 범주에 속하나, 지가 하락이 20%이상으로 과도한 경우에는 특별한 희생에 해당한다. **(23변시,19서울9급,18서울9급)**

판례 개발제한구역의 지정으로 인한 **지가하락이나 지가상승률의 상대적 감소**는 토지소유자가 감수해야 하는 **사회적 제약의 범주에 속한다.**(89헌마214) **[날먹행 331p]**

□□□□□ ★

판 4-6. 토지를 종래의 목적으로 사용할 수 없는 경우에는 토지소유자가 수인해야 할 사회적 제약의 한계를 넘는 것으로 보아야 한다. **(19사복9급,14지방9급)**

판례 개발제한구역지정으로 **토지를 종래 용법에 따라 사용할 수 없거나 실질적으로 사용 · 수익을 전혀 할 수 없는 예외적인 경우에도 보상없이 이를 감수**하도록 하고 있는 것은 **헌법에 위반**된다(89헌마214). **[날먹행 331p]**

□□□□□

판 4-7. 일반 공중의 이용에 제공되는 해수욕장의 백사장 일부를 관할 시의 특별한 허락 없이 어선을 양육·정박시켜 이용해 온 어선어업자들이 적법한 백사장 개발행위로 인해 백사장 이용을 제한받는 불이익은 손실보상의 대상이 되는 특별한 손실에 해당하지 않는다. **(23변시)**

판례 일반 공중의 이용에 제공되는 공공용물에 대하여 특허 또는 허가를 받지 않고 하는 일반사용은 다른 개인의 자유이용과 국가 또는 지방자치단체 등의 공공목적을 위한 개발 또는 관리·보존행위를 방해하지 않는 범위 내에서만 허용된다 할 것이므로, 공공용물에 관하여 적법한 개발행위 등이 이루어짐으로 말미암아 이에 대한 일정범위의 사람들의 일반사용이 종전에 비하여 제한받게 되었다 하더라도 특별한 사정이 없는 한 그로 인한 불이익은 손실보상의 대상이 되는 특별한 손실에 해당한다고 할 수 없다(99다35300). **[날먹행 331p]**

□□□□□

판 4-8. 제방부지 및 제외지가 유수지와 더불어 하천구역이 되어 국유로 되는 이상 그로 인하여 소유자가 입은 손실은 특별한 희생에 해당하고, 보상방법을 유수지에 대한 것과 달리할 아무런 합리적인 이유가 없으므로 소유자에게 손실을 보상하여야 한다. **(23소방)**

판례 제방부지 및 제외지가 유수지와 더불어 하천구역이 되어 국유로 되는 이상 그로 인하여 소유자가 입은 손실은 보상되어야 하고 보상방법을 유수지에 관한 것과 달리할 아무런 합리적인 이유가 없으므로, 법률 제2292호 하천법 개정법률 시행일부터 법률 제3782호 하천법 중 개정법률 시행일 전에 국유로 된 제방부지 및 제외지에 대하여도 특별조치법 제2조를 유추적용하여 소유자에게 손실을 보상하여야 한다고 보는 것이 타당하다(2011두2743). **[날먹행 331p]**

OX 정답

4-5. X 4-6. O 4-7. O 4-8. O

제 3 절 손실보상의 내용

□□□□□ ★★★

판 1-1. 헌법 제23조 제3항의 정당한 보상이란 원칙적으로 피수용재산의 객관적인 재산가치를 완전하게 보상하는 것이어야 한다는 완전보상을 뜻한다. (19서울9급,17경행 등)

□□□□□ ★★★

판 1-2. 손실보상에서 헌법 제 23조 제3항에 규정된 '정당한 보상'은 상당보상을 의미한다는 것이 헌법재판소의 입장이다. (23경간,19소방)

판례 보상의 기준에 대해 헌법은 '**정당한 보상**'이라 규정하고 있는데, 이는 피수용재산의 객관적 재산가치를 완전보상하는 것을 의미함(2005두2426). 개발이익은 완전보상의 범위에 포함되지 않음 **[날먹행 332p]**

□□□□□ ★★★

조 2-1. 보상액의 산정은 협의에 의한 경우에는 협의 성립 당시의 가격을, 재결에 의한 경우에는 수용 또는 사용의 재결 당시의 가격을 기준으로 한다. (22국회8급,20국회8급 등)

□□□□□ ★★★

조 2-2. 보상액을 산정에 있어서 해당 공익사업으로 인해 토지등의 가격이 변동되었을 때에는 이를 반영하여 산정해야 한다. (22국회9급)

토지보상법 제67조(보상액의 가격시점 등) ① 보상액의 산정은 협의에 의한 경우에는 **협의 성립 당시의 가격**을, 재결에 의한 경우에는 **수용 또는 사용의 재결 당시의 가격을 기준**으로 한다.
② 보상액을 산정할 경우에 해당 공익사업으로 인하여 토지등의 가격이 변동되었을 때에는 이를 고려하지 아니한다.
[날먹행 332p]

□□□□□ ★★★

판 3-1. 수용대상 토지의 보상가격이 당해 토지의 개별공시지가를 기준으로 하여 산정한 것보다 저렴하게 되었다는 사정만으로 그 보상액 산정이 위법한 것은 아니다. (19경행,17서울9급)

판례 수용대상 토지의 보상가격이 당해 토지의 개별공시지가를 기준으로 하여 산정한 것보다 저렴하게 되었다는 사정만으로 그 보상액 산정이 위법한 것은 아니다(2000헌바31). **[날먹행 332p]**

□□□□□

조 3-2. 토지에 대한 보상액은 가격시점에서의 현실적인 이용상황과 일반적인 이용방법에 의한 객관적 상황, 일시적인 이용상황과 토지소유자나 관계인이 갖는 주관적 가치 및 특별한 용도에 사용할 것을 전제로 한 경우 등을 고려한다. (20국회8급)

토지보상법 제70조(취득하는 토지의 보상) ② 토지에 대한 보상액은 가격시점에서의 현실적인 이용상황과 일반적인 이용방법에 의한 객관적 상황을 고려하여 산정하되, 일시적인 이용상황과 토지소유자나 관계인이 갖는 주관적 가치 및 특별한 용도에 사용할 것을 전제로 한 경우 등은 고려하지 아니한다. **[날먹행 332p]**

OX 정답

3절 1-1. ○ 1-2. X 2-1. ○ 2-2. X 3-1. ○ 3-2. X

☐☐☐☐☐ ★★★

판 4-1. 당해 공익사업으로 인한 개발이익을 손실보상액 산정에서 배제하는 것은 헌법상 정당보상의 원칙에 위배되지 아니한다. (21국가7급,17국가9급,16서울9급)

☐☐☐☐☐ ★★★

판 4-2. 토지수용으로 인한 손실보상액은 당해 공공사업의 시행을 직접 목적으로 하는 계획의 승인 · 고시로 인한 가격변동을 고려함이 없이 수용재결 당시의 가격을 기준으로 하여 정하여야 한다. (17서울9급,16국가7급)

• **개발이익의 배제** (토지보상법§67②).

판례 토지수용법이 토지수용으로 인한 손실보상액의 산정을 공시지가를 기준으로 하되, **개발이익을 배제하는 것은 헌법 제23조 제3항에 규정한 정당보상의 원리에 위배되는 것이 아니다**(93헌바20).
단, 해당 공공사업과 무관한 **다른 사업의 시행으로 인한 개발이익은 배제하지 않는다**(91누7774). [날먹행 332p]

☐☐☐☐☐ ★

판 4-3. 문화재보호구역의 확대지정이 공공사업인 택지개발사업의 시행을 직접 목적으로 하여 가하여진 것이 아님이 명백한 이상, 문화재보호구역의 확대지정이 당해 공공사업의 시행 이후에 행해진 경우라 하더라도, 공공사업지구에 포함된 토지에 대한 수용보상액은 문화재보호구역의 확대지정에 의한 공법상 제한을 받지 아니한 것으로 보고 평가하여야 한다. (22소방간부,20경행,18지방7급)

• **사업시행으로 인한 공법상 제한과 보상가액산정**
- 당해 공익사업으로 인한 제한→ 공법상 제한 없는 상태에서 토지가액 평가
- 다른 목적의 공익사업으로 인한 제한→ 공법상 제한을 받은 상태에서의 토지가액 평가

판례 공법상의 제한을 받는 토지의 수용보상액을 산정함에 있어서는 그 공법상의 제한이 당해 공공사업의 시행을 직접 목적으로 하여 가하여진 경우에는 그 제한을 받지 아니하는 상태대로 평가하여야 할 것이지만, 공법상 제한이 당해 공공사업의 시행을 직접 목적으로 하여 가하여진 경우가 아니라면 그러한 제한을 받는 상태 그대로 평가하여야 하고, 그와 같은 제한이 당해 공공사업의 시행 이후에 가하여진 경우라고 하여 달리 볼 것은 아니다. 문화재보호구역의 확대 지정이 당해 공공사업인 택지개발사업의 시행을 직접 목적으로 하여 가하여진 것이 아님이 명백하므로 토지의 수용보상액은 그러한 공법상 제한을 받는 상태대로 평가하여야 한다(2003두14222).

[날먹행 332p]

☐☐☐☐☐

조 5-1. 광업권 · 어업권 및 물 등의 사용에 관한 권리에 대하여는 투자비용, 예상수익 및 거래 가격 등을 고려하여 평가한 적정가격으로 보상하여야 한다. (21국가7급)

토지보상법 제76조(권리의 보상) 광업권 · 어업권 · 양식업권 및 물(용수시설을 포함한다) 등의 사용에 관한 권리에 대하여는 **투자비용, 예상 수익 및 거래가격 등을 고려하여 평가한 적정가격**으로 보상하여야 한다. [날먹행 333p]

OX 정답

4-1. ○ 4-2. ○ 4-3. X 5-1. ○

□□□□□

판 5-2. 구 '하천법'에 의한 하천수 사용권은 '공익사업을 위한 토지 등의 취득 및 보상에 관한 법률'이 손실보상의 대상으로 규정하고 있는 '물의 사용에 관한 권리'에 해당한다. **(23지방9급)**

> **판례** 하천법 제50조에 의한 하천수 사용권은 공익사업을 위한 토지 등의 취득 및 보상에 관한 법률 제76조 제1항이 손실보상의 대상으로 규정하고 있는 '물의 사용에 관한 권리'에 해당한다(2014두11601). **[날먹행 330p]**

□□□□□ ★

조 6-1. 영업을 폐업하거나 휴업함에 다른 영업손실에 대하여는 영업이익과 시설의 이전비용 등을 고려하여 보상하여야 한다. **(22국회8급)**

□□□□□ ★

판 6-2. 토지수용법 제51조가 규정하고 있는 '영업상의 손실'이란 수용의 대상이 된 토지 · 건물 등을 이용하여 영업을 하다가 그 토지 건물 등이 수용됨으로 인하여 영업을 할 수 없거나 제한을 받게 됨으로 인하여 생기는 직접적인 손실을 말한다. **(15경행)**

> **토지보상법 제77조(영업의 손실 등에 대한 보상)** ① 영업을 폐업하거나 휴업함에 따른 영업손실에 대하여는 **영업이익과 시설의 이전비용 등을 고려하여 보상**하여야 한다.
>
> **판례** **영업상의 손실이란 수용의 대상이 된 토지 · 건물 등을 이용하여 영업을 하다가** 그 토지 · 건물 등이 수용됨으로 인하여 **영업을 할 수 없거나 제한을 받게 됨으로 인하여 생기는 직접적인 손실**을 의미함(2003두2311). **[날먹행 333p]**

□□□□□ ★

판 6-3. 구 토지수용법 제51조는 영업을 하기 위하여 투자한 비용이나 그 영업을 통하여 얻을 것으로 기대되는 이익에 대한 손실보상의 근거 규정이 될 수 없고, 그 보상의 기준과 방법 등에 관한 규정이 없어도 이러한 손실은 그 보상의 대상이 된다. **(11경행)**

> **판례** **영업을 하기 위하여 투자한 비용이나 그 영업을 통하여 얻을 것으로 기대되는 이익에 대한 손실보상의 근거규정이 될 수 없고,** 그 외 관계 법령에도 영업을 하기 위하여 투자한 비용이나 그 영업을 통하여 얻을 것으로 기대되는 이익에 대한 손실보상의 근거규정이나 그 보상의 기준과 방법 등에 관한 규정이 없으므로, **이러한 손실은 그 보상의 대상이 된다고 할 수 없다**(2003두13016). **[날먹행 333p]**

□□□□□ ★

판 6-4. 영업손실에 관한 보상에 있어서 영업의 휴업과 폐지를 구별하는 기준은 당해 영업을 다른 장소로 실제로 이전하였는지의 여부에 달려있다. **(08지방7급)**

> **판례** 영업손실에 관한 보상에서 영업의 폐지와 휴업의 구별기준은 **실제로 이전하였는지가 아니라 영업을 다른 장소로 이전하는 것이 가능한지**에 달려 있다(2000두1003). **[날먹행 333p]**

OX 정답

5-2. O 6-1. O 6-2. O 6-3. X 6-4. X

☐☐☐☐☐

판 6-5. 사업인정고시는 수용재결절차로 나아가 강제적인 방식으로 토지소유자나 관계인의 권리를 취득·보상하기 위한 요건으로서 영업손실보상청구를 위해서는 반드시 사업인정이나 수용이 전제되어야 한다. **(23소방간부)**

> **판례** 사업인정고시는 수용재결절차로 나아가 강제적인 방식으로 토지소유자나 관계인의 권리를 취득·보상하기 위한 절차적 요건에 지나지 않고 영업손실보상의 요건이 아니다. 토지보상법령도 반드시 사업인정이나 수용이 전제되어야 영업손실 보상의무가 발생한다고 규정하고 있지 않다. 따라서 피고가 시행하는 사업이 토지보상법상 공익사업에 해당하고 원고들의 영업이 해당 공익사업으로 폐업하거나 휴업하게 된 것이어서 토지보상법령에서 정한 영업손실 보상대상에 해당하면, 사업인정고시가 없더라도 피고는 원고들에게 영업손실을 보상할 의무가 있다(2018다204022).
> **[날먹행 333p]**

☐☐☐☐☐

조 7-1. 농업의 손실에 대하여는 농지의 단위면적당 소득 등을 고려하여 실제 경작자에게 보상하여야 하지만, 농지소유자가 해당 지역에 거주하는 농민인 경우에는 농지소유자와 실제 경작자가 협의하는 바에 따라 보상할 수 있다. **(11지방7급)**

> **토지보상법 77조(영업의 손실 등에 대한 보상)** ② 농업의 손실에 대하여는 **농지의 단위면적당 소득 등을 고려**하여 **실제 경작자에게 보상**하여야 한다. 다만, 농지소유자가 **해당 지역에 거주하는 농민**인 경우에는 **농지소유자와 실제 경작자가 협의하는 바에 따라 보상**할 수 있다.
> **[날먹행 334p]**

☐☐☐☐☐★

조 7-2. 영업을 폐업하거나 휴업함에 따라 휴직하거나 실직하는 근로자의 임금손실에 대하여는 근로기준법에 따른 평균임금 등을 고려하여 보상하여야 한다. **(20국회8급)**

> **토지보상법 제77조(영업의 손실 등에 대한 보상)** ③ 휴직하거나 실직하는 근로자의 임금손실에 대하여는 「근로기준법」에 따른 평균임금 등을 고려하여 보상하여야 한다.
> **[날먹행 334p]**

☐☐☐☐☐★

판 8-1. 동일한 토지소유자에 속하는 일단의 토지의 일부가 취득됨으로써 잔여지의 가격이 감소한 때에는 잔여지를 종래의 목적으로 사용하는 것이 가능한 경우라도 그 잔여지는 손실보상의 대상이 된다. **(22지방7급,22군무원7급,19지방7급)**

> **판례** 동일한 토지소유자에 속하는 일단의 토지의 일부가 취득됨으로써 **잔여지의 가격이 감소한 경우** 잔여지를 **종래의 목적으로 사용하는 것이 가능한 경우라도 손실보상의 대상**이 된다(2015두4044). **[날먹행 334p]**

☐☐☐☐☐★

판 8-2. 잔여지에 현실적 이용상황 변경 또는 사용가치 및 교환가치의 하락 등이 발생하였더라도 그 손실이 토지가 공익사업에 취득 · 사용됨으로써 발생한 것이 아닌 경우에는 손실보상의 대상이 되지 않는다. **(19서울7급)**

> **판례** **손실**이 토지 일부가 공익사업에 취득 · 사용됨으로 인해 **발생해야** 잔여지 손실보상의 대상(2017두40860).
> **[날먹행 334p]**

OX 정답

6-5. X 7-1. O 7-2. O 8-1. O 8-2. O

□□□□□ ★★

이 9-1. 간접적 영업손실은 특별한 희생이 될 수 없다. (19사복9급)

□□□□□ ★★

판 9-2. 공유수면매립으로 인하여 위탁판매수수료 수입을 상실한 수산업협동조합에 대해서는 법률의 보상규정이 없더라도 손실보상이 된다. (23경간,21군무원7급)

□□□□□ ★★

판 9-3. 공공사업의 시행으로 인하여 사업지구 밖에서 수산제조업에 대한 간접손실이 발생하리라는 것을 쉽게 예견할 수 있고 그 손실의 범위도 구체적으로 특정할 수 있는 경우라면, 그 손실의 보상에 관하여 구 '공공용지의취득및손실보상에관한특례법시행규칙'의 간접보상에 관한 규정을 유추적용할 수 있다. (19국가7급,15국회8급)

- **간접손실**
  - 의의: **공공사업의 시행 또는 완성 후의 시설이 간접적으로 사업지 밖의 재산권에 손실이 가해지는 경우, 그에 대한 보상**
  - 요건: **간접손실이 발생**하고, 그 **손실이 특별한 희생이 되어야** 함.

판례 수산업협동조합이 수산물 위탁판매장을 운영하면서 위탁판매 수수료를 지급받아 왔고, 그 운영에 대하여는 관계법령에 의하여 그 대상지역에서의 독점적 지위가 부여되어 있었는데, 공유수면매립사업의 시행으로 그 판매사업을 중단하게 된 경우, 공공사업의 시행 결과 공공사업의 기업지 밖에서 발생한 간접손실에 대하여 사업시행자와 협의가 이루어지지 아니하고, 그 보상에 관한 명문의 법령이 없는 경우, 피해자는 공공용지의취득및손실보상에관한특례법시행규칙상의 손실보상에 관한 규정을 유추적용하여 사업시행자에게 보상을 청구할 수 있다(99다27231). [날먹행 334,335p]

□□□□□

조 10-1. 잔여지수용의 청구는 잔여지매수에 관한 협의가 성립되지 않은 경우에 한하되, 해당 사업의 공사완료일까지 하여야 한다. (22경간)

□□□□□

조 10-2. 잔여지 수용의 청구가 있으면 그 잔여지에 관하여 권리를 가진 자는 사업시행자에게 그 권리의 존속을 청구할 수 없다. (19서울7급)

□□□□□

조 10-3. '공익사업을 위한 토지 등 취득 및 보상에 관한 법률'에 따라 사업인정고시가 된 후 토지의 사용으로 인하여 토지의 형질이 변경되는 경우에 토지소유자는 중앙토지수용위원회에 그 토지의 매수청구권을 행사할 수 있다. (23국가9급)

토지보상법 제74조(잔여지 등의 매수 및 수용 청구) ① 동일한 소유자에게 속하는 일단의 토지의 일부가 **협의에 의하여 매수되거나 수용됨으로 인하여 잔여지를 종래의 목적에 사용하는 것이 현저히 곤란**할 때에는 해당 토지소유자는 사업시행자에게 **잔여지를 매수하여 줄 것을 청구할** 수 있으며, 사업인정 이후에는 관할 토지수용위원회에 수용을 청구할 수 있다. **이 경우 수용의 청구는** 매수에 관한 협의가 성립되지 아니한 경우에만 할 수 있으며, 그 사업의 공사완료일까지 하여야 한다.
② 제1항에 따라 매수 또는 수용의 청구가 있는 잔여지 및 잔여지에 있는 물건에 관하여 권리를 가진 자는 사업시행자나 관할 토지수용위원회에 그 권리의 존속을 청구할 수 있다. [날먹행 336p]

OX 정답

9-1. X 9-2. ○ 9-3. ○ 10-1. ○ 10-2. X 10-3. X

□□□□□

판 11-1. 구 토지수용법에 의한 잔여지수용청구권은 그 요건을 구비한 때에는 청구에 의해 수용의 효과가 발생하는 형성권적 성질을 가진다. (20국가7급,16국회8급)

□□□□□ ★★

판 11-2. 잔여지 수용청구를 받아들이지 않은 토지수용위원회의 재결에 불복하여 제기하는 소송은 행정소송으로 청구할 수 있다. (20지방9급,19지방·교행9급,17지방9급,17국가7급)

□□□□□

판 11-3. 사업인정 후에 잔여지 수용청구는 사업시행자에게도 할 수 있으므로 토지수용위원회가 사업시행자에게 수용청구의 의사표시를 수령할 권한을 부여하였다고 인정할 만한 사정이 없더라도, 사업시행자에게 한 잔여지 매수청구의 의사표시는 관할 토지수용위원회에 한 잔여지 수용청구로 볼 수 있다. (22경간)

판례 잔여지 수용청구권은 손실보상의 일환으로 토지소유자에게 부여되는 권리로서 그 요건을 구비한 때에는 잔여지를 수용하는 **토지수용위원회의 재결이 없더라도 그 청구에 의하여 수용의 효과가 발생하는 형성권적 성질**을 가지므로, **잔여지 수용청구를 받아들이지 않은 토지수용위원회의 재결에 대하여 토지소유자가 불복하여 제기하는 소송**은 **'보상금의 증감에 관한 소송'**에 해당하여 **사업시행자를 피고로** 하여야 한다. 잔여지 수용청구의 의사표시는 관할 토지수용위원회에 하여야 하는 것으로서, 관할 토지수용위원회가 사업시행자에게 잔여지 수용청구의 의사표시를 수령할 권한을 부여하였다고 인정할 만한 사정이 없는 한, 사업시행자에게 한 잔여지 매수청구의 의사표시를 관할 토지수용위원회에 한 잔여지 수용청구의 의사표시로 볼 수는 없다(2008두822). [날먹행 336p]

□□□□□ ★★★

이 12-1. 손실보상과 관련하여 최근에는 재산권보장 뿐만 아니라 생활보상의 개념도 등장하였다. (14서울9급)

- **생활보상은 새로운 생활 기반을 재건할 수 있게 해주는 보상으로, 원상회복적 성격**을 띠고 있다. [날먹행 336p]

□□□□□ ★★★

판 12-2. 이주대책은 이주자들에게 종전의 생활상태를 회복시키기 위한 생활보상의 일환으로서 국가의 정책적인 배려에 의하여 마련된 제도이므로, 이주대책의 실시 여부는 입법자의 입법정책적 재량의 영역에 속한다. (23경간,20국회8급,17국가9급)

판례 **이주대책 수립 · 실시의무는 법적 의무**이나, 이주대책의 **실시여부는 입법자의 입법정책적 재량의 영역**에 속한다(2004헌마19). [날먹행 337p]

□□□□□ ★★

판 12-3. 이주대책의 수립의무자는 사업시행자이며, 법령에서 정한 일정한 경우 이주대책을 수립할 의무가 있다. (23경간,20국가7급,20국회8급,19소방)

판례 이주대책은 이주대책대상자들에게 종전 생활상태를 원상으로 회복시키면서 동시에 인간다운 생활을 보장하여 주기 위하여 마련된 제도이므로, **사업시행자의 이주대책 수립 · 실시의무**를 정하고 있는 구 공익사업법 제78조 제1항은 물론 **이주대책의 내용에 관하여 규정하고 있는 같은 조 제4항 본문 역시 당사자의 합의 또는 사업시행자의 재량에 의하여 적용을 배제할 수 없는 강행법규**이다(2007다63096). [날먹행 337p]

OX 정답

11-1. O 11-2. O 12-1. O 12-2. O 12-3. O

□□□□□ ★★

판 12-4. 사업시행자 스스로 생활대책을 수립·실시하는 경우, 이는 내부적인 기준에 불과하므로 생활대책대상자 선정기준에 해당하는 자는 사업시행자에게 생활대책대상자 선정 여부의 확인·결정을 신청할 수 있는 권리를 갖지 못한다. **(15국회8급)**

□□□□□ ★★

판 12-5. 생활대책대상자 선정기준에 해당하는 자는 자신을 생활대책대상자에서 제외하거나 선정을 거부한 사업시행자를 상대로 항고소송을 제기할 수 있다. **(22군무원9급,15국회8급)**

판례 사업시행자 스스로 공익사업의 원활한 시행을 위하여 생활대책을 수립·실시할 수 있도록 하는 내부규정을 두고 이에 따라 생활대책대상자 선정기준을 마련하여 생활대책을 수립·실시하는 경우, 생활대책대상자 선정기준에 해당하는 자는 사업시행자에게 생활대책대상자 선정 여부의 확인·결정을 신청할 수 있는 권리를 가지는 것이어서 생활대책대상자 선정기준에 해당하는 자가 자신을 생활대책대상자에서 제외하거나 선정을 거부한 사업시행자를 상대로 항고소송을 제기할 수 있다(2008두17905). **[날먹행 336p]**

□□□□□ ★★

판 12-6. 헌법재판소는 생업의 근거를 상실하게 된 자에 대하여 일정 규모의 상업용지 또는 상가분양권 등을 공급하는 생활대책이 헌법 제23조 제3항이 규정하는 정당한 보상에 포함된다고 결정하였다. **(14지방9급)**

판례 '생업의 근거를 상실하게 된 자에 대하여 일정 규모의 상업용지 또는 상가분양권 등을 공급하는' 생활대책은 헌법 제23조 제3항에 규정된 정당한 보상에 포함되는 것이라기보다는 생활보상의 일환으로서 국가의 정책적인 배려에 의하여 마련된 제도이므로, 그 실시 여부는 입법자의 입법정책적 재량의 영역에 속한다. 생활대책은 헌법 제23조 제3항에 규정된 정당한 보상에 포함되는 것이라기보다는 생활보상의 일환으로서 국가의 정책적인 배려에 의하여 마련된 제도이다(2012헌바71). **[날먹행 336p]**

□□□□□ ★★★

판 13-1. 이주대책은 이른바 생활보상에 해당하는 것으로서 헌법 제23조 제3항이 규정하는 손실보상의 한 형태로 보아야 하므로, 법률이 사업시행자에게 이주대책의 수립 · 실시의무를 부과하였다면 이로부터 사업시행자가 수립한 이주대책상의 택지분양권 등의 구체적 권리가 이주자에게 직접 발생한다. **(23경간,21국회8급,19국가7급)**

판례 같은 법 제8조 제1항이 사업시행자에게 이주대책의 수립 · 실시의무를 부과하고 있다고 하여 **그 규정 자체만에 의하여 이주자에게** 사업시행자가 수립한 이주대책상의 택지분양권이나 아파트 입주권 등을 받을 수 있는 구체적인 **권리(수분양권)가 직접 발생하는 것이라고는 도저히 볼 수 없으며, 사업시행자가 이주대책에 관한 구체적인 계획을 수립하여 이를 해당자에게 통지 내지 공고한 후, 이주자가 수분양권을 취득하기를 희망하여 이주대책에 정한 절차에 따라 사업시행자에게 이주대책대상자 선정신청을 하고 사업시행자가 이를 받아들여 이주대책대상자로 확인 · 결정하여야만 비로소 구체적인 수분양권이 발생하게 된다**(92다35783). **[날먹행 337p]**

OX 정답

12-4. X 12-5. ○ 12-6. X 13-1. X

□□□□□ ★★★

판 13-2. '공익사업을 위한 토지 등의 취득 및 보상에 관한 법률'상 공익사업시행자가 하는 이주대책대상자 확인 · 결정은 행정소송의 대상인 행정처분에 해당한다. (21국회8급,17국가9급)

> **판례** 수분양권의 취득을 희망하는 이주자가 소정의 절차에 따라 이주대책대상자 선정신청을 한 데 대하여 **사업시행자가 이주대책대상자가 아니라고 하여 위 확인 · 결정 등의 처분을 하지 않고 이를 제외시키거나 거부조치**한 경우에는, 이주자로서는 **사업시행자를 상대로 항고소송에 의하여 제외처분이나 거부처분의 취소를 구할 수 있다.** 나아가 이주대책의 종류가 달라 각 그 보장하는 내용에 차등이 있는 경우 이주자의 희망에도 불구하고 사업시행자가 요건 미달 등을 이유로 그중 더 이익이 되는 내용의 이주대책대상자로 선정하지 않았다면 이 또한 이주자의 권리의무에 직접적 변동을 초래하는 행위로서 항고소송의 대상이 된다(2013두10885). [날먹행 337p]

□□□□□ ★★

판 13-3. 세입자를 이주대책대상자에서 제외하는 것은 세입자의 평등권과 재산권을 침해한다. (22군무원9급,18교행9급)

> **판례** 토지보상법 시행령에서 세입자를 이주대책의 대상자에서 제외하는 것은 세입자의 재산권을 침해하는 것이 아니다(2004헌마19). [날먹행 337p]

□□□□□

조 14-1. '공익사업을 위한 토지 등의 취득 및 보상에 관한 법률' 상 행정청이 아닌 사업시행자가 이주대책을 수립 · 실시하는 경우에 이주정착지에 대한 도로 등 통상적인 생활기본시설에 필요한 비용은 지방자치단체가 부담하여야 한다. (15지방9급)

□□□□□

조 14-2. 이주대책과 관련하여 주거용 건물의 거주자에 대하여는 주거 이전에 필요한 비용과 가재도구 등 동산의 운반에 필요한 비용을 보상하여야 한다. (16국가7급)

> **토지보상법 제78조(이주대책의 수립 등)** ④ 이주대책의 내용에는 이주정착지(이주대책의 실시로 건설하는 주택단지를 포함한다)에 대한 도로, 급수시설, 배수시설, 그 밖의 공공시설 등 통상적인 수준의 생활기본시설이 포함되어야 하며, 이에 필요한 비용은 **사업시행자가 부담**한다. 다만, **행정청이 아닌 사업시행자가 이주대책을 수립 · 실시하는 경우에 지방자치단체는 비용의 일부를 보조**할 수 있다.
> **⑤ 주거용 건물의 거주자에 대하여는 주거 이전에 필요한 비용과 가재도구 등 동산의 운반에 필요한 비용을 산정하여 보상**하여야 한다. [날먹행 337p]

□□□□□ ★

조 14-3. 사업시행자는 이주대책을 수립·실시하지 아니하는 경우 또는 이주대책대상자가 이주정착지가 아닌 다른 지역으로 이주하고자 하는 경우에는 이주대책대상자에게 이주정착금을 지급하여야 한다. (10지방7급)

> • **토지보상법 시행령 제41조(이주정착금의 지급)** 사업시행자는 법 제78조제1항에 따라 다음 각 호의 어느 하나에 해당하는 경우에는 이주대책대상자에게 국토교통부령으로 정하는 바에 따라 이주정착금을 지급해야 한다.
> 1. 이주대책을 수립 · 실시하지 아니하는 경우
> 2. 이주대책대상자가 이주정착지가 아닌 다른 지역으로 이주하려는 경우 [날먹행 337p]

OX 정답

13-2. ○ 13-3. X 14-1. X 14-2. ○ 14-3. ○

□□□□□ ★★★

판 15. '공익사업을 위한 토지등의 취득 및 보상에 관한 법률'상 주거용 건축물 세입자의 주거이전비 보상청구권은 사법상의 권리이고, 주거이전비 보상청구소송은 민사소송에 의해야 한다. (19국가7급)

> **판례** 적법하게 시행된 공익사업으로 인하여 이주하게 된 주거용 건축물 세입자의 주거이전비 보상청구권은 공법상의 권리이고, 따라서 그 보상을 둘러싼 쟁송은 민사소송이 아니라 공법상의 법률관계를 대상으로 하는 행정소송에 의하여야 한다(2007다8129). **[날먹행 337p]**

제 4 절 손실보상의 유형과 방법

□□□□□ ★★

이 1. 손실보상은 현금보상이 원칙이나 일정한 경우에는 채권이나 현물로 보상할 수 있다. (17국가9급,14국가7급)

> • 현금보상이 원칙이나, 그 밖에도 채권보상, 현물보상, 매수보상 등이 인정되고 있다(§63,72). **[날먹행 338p]**

□□□□□ ★★

조 2. 공익사업에 필요한 토지 등의 취득 또는 사용으로 인하여 토지소유자나 관계인이 입은 손실은 사업시행자가 보상하여야 한다. (22서울7급,20국회8급,17서울9급)

> **토지보상법 제61조(사업시행자 보상)** 공익사업에 필요한 토지등의 취득 또는 사용으로 인하여 토지소유자나 관계인이 입은 손실은 사업시행자가 보상하여야 한다. **[날먹행 338p]**

□□□□□ ★★

조 3. 공익사업을 시행하는 경우에는 사전보상이 원칙이나, 천재·지변시의 토지사용의 경우에는 사업시행자가 후급할 수 있고 이때의 지연이자는 부담하지 않는다. (23국회8급,22서울7급)

> **토지보상법 제62조(사전보상)** 사업시행자는 해당 공익사업을 위한 공사에 착수하기 이전에 토지소유자와 관계인에게 보상액 전액(全額)을 지급하여야 한다. 다만, 제38조에 따른 **천재지변 시의 토지 사용과 제39조에 따른 시급한 토지 사용의 경우 또는 토지소유자 및 관계인의 승낙이 있는 경우에는 그러하지 아니하다.**
> **→ 선급이 원칙, 후급으로 인한 불이익은 사업시행자가 부담** **[날먹행 338p]**

□□□□□ ★

조 4. '공익사업을 위한 토지등의 취득 및 보상에 관한 법률'에 따른 보상은 토지소유자나 관계인 개인별로 하는 것이 아니라 수용 또는 사용의 대상이 되는 물건별로 행해지는 것이다. (21국가7급,20국회8급)

> **토지보상법 제64조(개인별 보상)** 손실보상은 토지소유자나 관계인에게 개인별로 하여야 한다. 다만, 개인별로 보상액을 산정할 수 없을 때에는 그러하지 아니하다. **[날먹행 338p]**

OX 정답

15. X / 4절 1. ○ 2. ○ 3. X 4. X

□□□□□★★

㉆ 5. 동일한 사업지역에 보상시기를 달리하는 동일인 소유의 토지 등이 여러 개 있는 경우 토지소유자나 관계인이 요구할 때에는 한꺼번에 보상금을 지급하도록 하여야 한다. (23국가9급,22서울7급,22국회8급,17서울9급)

토지보상법 제65조(일괄보상) 사업시행자는 동일한 사업지역에 보상시기를 달리하는 동일인 소유의 토지등이 여러 개 있는 경우 **토지소유자나 관계인이 요구할 때에는 한꺼번에 보상금을 지급하도록 하여야** 한다. [날먹행 338p]

□□□□□★★

㉆ 6. 사업시행자는 동일한 소유자에게 속하는 일단의 토지의 일부를 취득하거나 사용하는 경우 해당 공익사업의 시행으로 인하여 잔여지의 가격이 증가하거나 그 밖의 이익이 발생한 경우에도 그 이익을 취득 또는 사용으로 인한 손실과 상계할 수 없다. (22서울7급,22국회8급,20국회8급)

토지보상법 제66조(사업시행 이익과의 상계금지) 사업시행자는 동일한 소유자에게 속하는 일단(一團)의 토지의 일부를 취득하거나 사용하는 경우 해당 공익사업의 시행으로 인하여 잔여지의 가격이 증가하거나 그 밖의 이익이 발생한 경우에도 그 이익을 그 취득 또는 사용으로 인한 손실과 상계할 수 없다. [날먹행 338p]

□□□□□

㉆ 7. '공익사업을 위한 토지 등의 취득 및 보상에 관한 법률'상 보상액의 산정에 있어 재결에 의한 경우에는 수용 또는 사용의 재결 당시의 가격을 기준으로 하고, 해당 공익사업으로 인하여 토지 등의 가격이 변동되었을 때에는 이를 고려하지 아니한다. (23소방간부)

토지보상법 제67조(보상액의 가격시점 등) ① 보상액의 산정은 협의에 의한 경우에는 협의 성립 당시의 가격을, 재결에 의한 경우에는 수용 또는 사용의 재결 당시의 가격을 기준으로 한다.
② 보상액을 산정할 경우에 해당 공익사업으로 인하여 토지등의 가격이 변동되었을 때에는 이를 고려하지 아니한다.
[날먹행 338p]

제 5 절 손실보상의 절차와 불복

□□□□□★★

판 1-1. '공익사업을 위한 토지등의 취득 및 보상에 관한 법률'에 의한 보상합의는 공공기관이 사경제주체로서 행하는 사법상 계약의 실질을 가진다. (21군무원7급,21국회8급,19지방교행9급,18국가7급)

OX 정답

5. ○ 6. ○ 7. ○ / 5절 1-1. ○

□□□□□ ★★

판 1-2. 토지보상법에 의한 보상을 하면서 손실보상금에 관한 당사자 간의 합의가 성립하면 그 합의 내용이 토지보상법에서 정하는 손실보상 기준에 맞지 않는다고 하더라도 합의가 적법하게 취소되는 등의 특별한 사정이 없는 한 추가로 공익사업법상 기준에 따른 손실보상금 청구를 할 수는 없다. **(21국회8급,21소방간부)**

판례 공익사업을 위한 토지 등의 취득 및 보상에 관한 법률에 의한 보상합의는 공공기관이 사경제주체로서 행하는 사법상 계약의 실질을 가지는 것으로서, 당사자 간의 합의로 같은 법 소정의 손실보상의 기준에 의하지 아니한 손실보상금을 정할 수 있으며, 이와 같이 같은 법이 정하는 기준에 따르지 아니하고 손실보상액에 관한 합의를 하였다고 하더라도 그 합의가 착오 등을 이유로 적법하게 취소되지 않는 한 유효하다. 따라서 공익사업법에 의한 보상을 하면서 손실보상금에 관한 당사자 간의 합의가 성립하면 그 합의 내용대로 구속력이 있고, 손실보상금에 관한 합의 내용이 공익사업법에서 정하는 손실보상 기준에 맞지 않는다고 하더라도 합의가 적법하게 취소되는 등의 특별한 사정이 없는 한 추가로 공익사업법상 기준에 따른 손실보상금 청구를 할 수는 없다.(2012다3517). **[날먹행 340p]**

□□□□□

조 1-3. 협의취득으로 인한 사업시행자의 토지에 대한 소유권 취득은 승계취득이므로 관할 토지수용위원회에 의한 협의 성립의 확인이 있었더라도 사업시행자는 수용재결의 경우와 동일하게 그 토지에 대한 원시취득의 효과를 누릴 수 없다. **(20국가7급)**

토지보상법 제29조(협의 성립의 확인) ① 사업시행자와 토지소유자 및 관계인 간에 제26조에 따른 절차를 거쳐 협의가 성립되었을 때에는 사업시행자는 제28조제1항에 따른 재결 신청기간 이내에 해당 토지소유자 및 관계인의 동의를 받아 대통령령으로 정하는 바에 따라 관할 토지수용위원회에 협의 성립의 확인을 신청할 수 있다.
④ 제1항 및 제3항에 따른 **확인은 이 법에 따른 재결로 보며, 사업시행자, 토지소유자 및 관계인은 그 확인된 협의의 성립이나 내용을 다툴 수 없다. → 원시취득의 효과** [날먹행 340p]

□□□□□

조 2-1. '공익사업을 위한 토지 등의 취득 및 손실보상에 관한 법률'에 따를 경우, 피수용자는 수용재결을 신청할 수 없고 사업인정고시가 있은 후 협의가 성립되지 아니한 때에는 토지소유자 및 관계인은 서면으로 사업시행자에게 재결을 신청할 것을 청구할 수 있다. **(22지방7급,19국회8급)**

토지보상법 제28조(재결의 신청) ① 제26조에 따른 **협의가 성립되지 아니하거나 협의를 할 수 없을 때**(제26조제2항 단서에 따른 협의 요구가 없을 때를 포함한다)에는 사업시행자는 사업인정고시가 된 날부터 1년 이내에 대통령령으로 정하는 바에 따라 관할 토지수용위원회에 재결을 신청할 수 있다.
제30조(재결 신청의 청구) ① **사업인정고시가 된 후** 협의가 성립되지 아니하였을 때에는 **토지소유자와 관계인**은 대통령령으로 정하는 바에 따라 **서면으로 사업시행자에게 재결을 신청할 것을 청구**할 수 있다. [날먹행 340p]

□□□□□ ★

조 2-2. 토지수용위원회는 손실보상의 신청범위와 관계없이 손실보상의 증액재결을 할 수 없다. **(11국가9급)**

토지보상법 제50조(재결사항) ② 토지수용위원회는 **사업시행자, 토지소유자 또는 관계인이 신청한 범위에서** 재결하여야 한다. 다만, 제1항제2호의 **손실보상**의 경우에는 **증액재결(增額裁決)을 할 수 있다.** [날먹행 340p]

OX 정답

1-2. O 1-3. X 2-1. O 2-2. X

□□□□□ ★

판 3. 토지수용위원회의 수용재결이 있은 후라고 하더라도 토지소유자와 사업시행자가 다시 협의하여 토지 등의 취득·사용 및 그에 대한 보상에 관하여 임의로 계약을 체결할 수 있다. (22지방7급,22군무원7급,18국가7급)

판례 토지수용위원회의 수용재결이 있은 후라고 하더라도 토지소유자와 사업시행자가 다시 협의하여 토지 등의 취득·사용 및 그에 대한 보상에 관하여 임의로 계약을 체결할 수 있다(2016두64241). [날먹행 340p]

□□□□□ ★★

조 4-1. 중앙토지수용위원회의 재결에 이의가 있는 자는 중앙토지수용위원회에, 지방토지수용위원회의 재결에 이의가 있는 자는 해당 지방토지수용위원회를 거쳐 중앙토지수용위원회에 이의를 신청할 수 있다. (22국가7급,21지방7급)

□□□□□

조 4-2. 수용재결에 대해 항고소송으로 다투려면 우선적으로 이의재결을 거쳐야 한다. (22국가9급,22국가7급,21국가7급)

- 이의신청은 **특별행정심판**이며, 임의적 절차임(임의적 **전치주의**)
- **토지보상법 제83조(이의의 신청)** ① 중앙토지수용위원회의 제34조에 따른 재결에 이의가 있는 자는 중앙토지수용위원회에 이의를 신청할 수 있다.
  ② 지방토지수용위원회의 제34조에 따른 재결에 이의가 있는 자는 해당 지방토지수용위원회를 거쳐 중앙토지수용위원회에 이의를 신청할 수 있다. [날먹행 341p]

□□□□□ ★★

조 4-3. 이의신청을 받은 중앙토지수용위원회는 수용재결이 위법 또는 부당한 때에는 그 재결의 전부 또는 일부를 취소하거나 보상액을 변경할 수 있다. (23군무원7급)

□□□□□

조 4-4. 이의재결에서 보상금이 늘어난 경우 사업시행자는 재결의 취소 또는 변경의 재결서 정본을 받은 날부터 60일 이내에 보상금을 받을 자에게 그 늘어난 보상금을 지급해야 한다. (23군무원7급)

- **토지보상법 제84조(이의신청에 대한 재결)** ① 중앙토지수용위원회는 제83조에 따른 이의신청을 받은 경우 제34조에 따른 **재결이 위법하거나 부당하다고 인정할 때에는 그 재결의 전부 또는 일부를 취소하거나 보상액을 변경할 수 있다.**
  ② 제1항에 따라 **보상금이 늘어난 경우 사업시행자는 재결의 취소 또는 변경의 재결서 정본을 받은 날부터 30일 이내에 보상금을 받을 자에게 그 늘어난 보상금을 지급하여야 한다.** 다만, 제40조제2항제1호·제2호 또는 제4호에 해당할 때에는 그 금액을 공탁할 수 있다. [날먹행 341p]

□□□□□

조 5. 이의신청에 대한 재결에 대하여 기한 내에 행정소송이 제기되지 않거나 그 밖의 사유로 이의신청에 대한 재결이 확정된 때에는 민사소송법상의 확정판결이 있는 것으로 본다. (16국가7급)

토지보상법 제86조(이의신청에 대한 재결의 효력) ① 제85조제1항에 따른 기간 이내에 소송이 제기되지 아니하거나 그 밖의 사유로 이의신청에 대한 재결이 확정된 때에는 **「민사소송법」상의 확정판결**이 있은 것으로 보며, 재결서 정본은 집행력 있는 판결의 정본과 동일한 효력을 가진다. [날먹행 341p]

OX 정답

3. O 4-1. O 4-2. X 4-3. O 4-4. X 5. O

□□□□□★★★

조 6-1. 사업시행자, 토지소유자 또는 관계인은 토지수용위원회의 재결에 불복할 때에는 재결서를 받은 날부터 90일 이내에 행정소송을 제기할 수 있다. (23군무원9급,23국회8급,22국가7급,22국회9급)

□□□□□★★

조 6-2. 토지수용에 관한 행정소송에 있어서 토지소유자는 중앙토지수용위원회의 이의재결에 대하여 불복이 있을 때 제기할 수 있고 수용재결은 행정소송의 대상이 될 수 없다. (21국가7급)

- **토지보상법 제85조(행정소송의 제기)** ① 사업시행자, 토지소유자 또는 관계인은 제34조에 따른 **재결에 불복할 때에는 재결서를 받은 날부터 90일 이내에,** 이의신청을 거쳤을 때에는 이의신청에 대한 재결서를 받은 날부터 60일 이내에 각각 행정소송을 제기할 수 있다.
- **이의재결에 대한 불복**: 원처분주의에 따라 원처분인 수용재결이 소송대상임. 단, 이의재결 자체에 고유한 위법이 있는 경우 이의재결이 소송대상임. [날먹행 341p]

□□□□□★★

판 6-3. 공익사업으로 인하여 영업을 폐지하거나 휴업하는 자가 구 '공익사업을 위한 토지 등의 취득 및 보상에 관한 법률'에 규정된 재결 절차를 거치지 않은 채 사업시행자를 상대로 영업손실보상을 청구할 수 없다. (23국회8급,22군무원9급)

판례 공익사업으로 인하여 영업을 폐지하거나 휴업하는 자가 사업시행자에게서 구 공익사업법 제77조 제1항에 따라 영업손실에 대한 보상을 받기 위해서는 구 공익사업법 제34조, 제50조 등에 규정된 재결절차를 거친 다음 재결에 대하여 불복이 있는 때에 비로소 구 공익사업법 제83조 내지 제85조에 따라 권리구제를 받을 수 있을 뿐, 이러한 재결절차를 거치지 않은 채 곧바로 사업시행자를 상대로 손실보상을 청구하는 것은 허용되지 않는다고 보는 것이 타당하다(2009두10963). [날먹행 341p]

□□□□□★★

조 7. 수용재결에 대한 취소소송의 제기는 사업의 진행 및 토지의 수용 또는 사용을 정지시키지 아니한다. (23지방9급,22국가9급,17지방9급)

토지보상법 제88조(처분효력의 부정지) 제83조에 따른 이의의 신청이나 제85조에 따른 행정소송의 제기는 사업의 진행 및 토지의 수용 또는 사용을 정지시키지 아니한다. [날먹행 341p]

□□□□□★★★

이 8-1. 토지수용위원회의 수용재결에 불복하여 취소소송을 제기하는 때에는 이의신청을 거친 경우에도 원칙적으로 수용재결을 한 지방토지수용위원회 또는 중앙토지수용위원회를 피고로 하여 수용재결의 취소를 구하여야 한다. (23군무원9급,23군무원7급,23국회8급,22국가7급,22국가9급,22소방)

- **항고소송의 피고적격**: 수용재결을 한 **토지수용위원회** [날먹행 341p]

OX 정답

6-1. O 6-2. X 6-3. O 7. O 8-1. O

□□□□□ ★★★

이 8-2. 토지소유자 등이 수용재결에 대해 이의신청을 거친 후 취소소송을 제기하는 경우에 그 대상은 이의신청에 대한 재결 자체에 고유한 위법이 없는 한 수용재결이다. (22국가9급,22소방간부,22소방,22국회9급,19국회8급)

- **항고소송의 대상적격: 원처분주의에 따라 수용재결임. 이의재결에 고유한 하자가 있는 경우에는 이의재결이 대상.**

[날먹행 341p]

□□□□□ ★★★

조 9-1. 공익사업을 위한 토지 등의 취득 및 보상에 관한 법률 제85조 제2항에 의하면, 동법 제1항에 따라 제기하려는 행정소송이 보상금의 증감에 관한 소송인 경우 그 소송을 제기하는 자가 토지소유자 또는 관계인일 때에는 사업시행자를, 사업시행자일 때에는 토지소유자 또는 관계인을 각각 피고로 한다. (23군무원9급,22국가7급,20지방7급,18국가7급,17경행)

토지보상법 제85조(행정소송의 제기) ② 제1항에 따라 제기하려는 행정소송이 **보상금의 증감에 관한 소송**인 경우 그 소송을 제기하는 자가 **토지소유자 또는 관계인일 때에는 사업시행자를, 사업시행자일 때에는 토지소유자 또는 관계인**을 각각 피고로 한다.

[날먹행 342p]

□□□□□ ★★★

이 9-2. 수용재결에서 결정된 손실보상금의 증액을 위해 제기하는 보상금증감청구소송은 항고소송의 일종이다. (22국가9급,16서울7급)

- **보상금증감청구소송의 성질 - 형식적 당사자 소송** [날먹행 342p]

□□□□□ ★★★

판 9-3. 어떤 보상항목이 손실보상대상에 해당함에도 관할 토지수용위원회가 사실이나 법리를 오해하여 손실보상대상에 해당하지 않는다고 잘못된 내용의 재결을 한 경우, 피보상자는 관할 토지수용위원회를 상대로 그 재결에 대한 취소소송을 제기하여야 한다. (23지방9급,23국회8급,20지방7급)

판례 어떤 보상항목이 공익사업을 위한 토지 등의 취득 및 보상에 관한 법령상 손실보상대상에 해당함에도 관할 토지수용위원회가 사실을 오인하거나 법리를 오해함으로써 손실보상대상에 해당하지 않는다고 잘못된 내용의 재결을 한 경우에는, 피보상자는 관할 토지수용위원회를 상대로 그 재결에 대한 취소소송을 제기할 것이 아니라, 사업시행자를 상대로 구 공익사업을 위한 토지 등의 취득 및 보상에 관한 법률 제85조 제2항에 따른 보상금증감소송을 제기하여야 한다(2015두4044).

[날먹행 342p]

□□□□□ ★★

이 10. 하나의 수용재결에서 여러가지의 토지, 물건, 권리 또는 영업의 손실의 보상에 관하여 심리·판단이 이루어졌을 때, 피보상자는 재결 전부에 관하여 불복하여야 하고 여러 보상항목들 중 일부에 관해서만 개별적으로 불복할 수는 없다. (23경간,21국회8급,21변시,18국가7급)

- **보상금증감소송에서의 심리**

여러 보상항목을 하나의 재결로 심리한 경우에는 **일부에 관하여 불복**할 수 있다(2017두41221) [날먹행 342p]

OX 정답

8-2. ○ 9-1. ○ 9-2. X 9-3. X 10. X

제 6 절 손해전보를 위한 그 밖의 제도

□□□□□ ★★

이 1-1. 공법상 결과제거청구권은 공행정작용으로 인하여 야기된 위법한 상태를 제거하여 그 원상회복을 목적으로 하는 권리이다. (10지방7급)

□□□□□

이 1-2. 공법상 결과제거청구의 요건으로서 '위법한 상태의 존재'는 위법한 행정작용에 의해 발생한 것을 의미한다. (22경간)

□□□□□

이 1-3. 결과제거청구는 권력작용 뿐만 아니라 관리작용에 의한 침해의 경우에도 인정되나 법적 행위에 의한 침해에 한하며, 사실행위에 의한 침해의 경우에는 인정되지 않는다. (22경간)

□□□□□ ★★

이 2. 공법상 결과제거청구는 가해행위의 위법 및 가해자의 고의 또는 과실을 요건으로 한다. (10지방7급)

□□□□□ ★★

이 3. 공법상 결과제거청구권은 공행정작용의 직접적인 결과만을 그 대상으로 한다. (22경간,21군무원9급)

□□□□□ ★

이 4. 공법상 결과제거청구에 있어서 위법한 상태는 적법한 행정작용의 효력의 상실에 의해 사후적으로 발생할 수도 있다. (10지방7급)

□□□□□

이 5. 공법상 결과제거청구권은 원상회복이 행정주체에게 기대가능한 것이어야 한다. (21군무원9급)

□□□□□

이 6. 피해자의 과실이 위법상태의 발생에 기여한 경우에는 그 과실에 비례하여 결과제거청구권이 제한되거나 상실된다. (21군무원9급)

□□□□□

이 7. 민법상의 과실상계 규정은 공법상 결과제거청구권에 유추적용될 수 없다. (22경간)

- **공법상 결과제거청구권**
  - **의의**: 공행정작용의 위법한 상태로 인해 법률상 이익을 침해받고 있는 자가, 행정주체에 대하여 **그 위법한 상태를 제거하여 침해 이전의 상태로 회복**시켜줄 것을 청구하는 권리
  - **성질**: **다수설은 공권**으로 보나, **판례는 사권**으로 봄.
  - **요건**: **① 공행정작용으로 인한 위법상태 발생 - 행위자의 고의·과실 불문 / 결과를 야기한 공행정작용이 위법행위이든 적법행위든 상관없음. 위법한 결과만 존재하면 됨. /권력작용 뿐만 아니라 비권력작용(관리작용), 사실행위에 의한 침해의 경우에도 인정**됨.
    ② 법률상 이익의 침해 - 재산, 비재산적 이익 포함
    ③ 위법상태의 존재(계속) ④ 결과제거의 사실상·법적 가능성
  - **대상**: 결과를 제거함으로써 종전 원래 상태로 회복 / 위법한 공행정작용에 의해 **직접적으로 발생**한 결과만이 대상이 됨.
  - **실현수단**: **결과제거청구소송** - 통설은 공법상 당사자소송이라 하나, **판례는 민사소송**으로 봄. ∴ **민사상 과실상계 규정 유추적용 됨. 민사소송(판례)** [날먹행 343p]

OX 정답

6절 1-1. ○ 1-2. X 1-3. X 2. X 3. ○ 4. ○ 5. ○ 6. ○ 7. X

OX 문제 풀이

06

행정쟁송

제1장 개관

제2장 행정소송

제3장 행정심판

01 개관

02 행정소송

제1절 행정소송의 개관

□□□□□

조 1. 행정소송은 행정청의 위법한 처분 등으로 인한 국민의 권리 또는 이익의 침해를 구제하고 공법상 권리관계 또는 법률 적용에 관한 다툼을 적정하게 해결함을 목적으로 한다. (17서울7급)

- **행정소송**은 행정청의 위법한 처분 등을 취소·변경하거나 그 효력 유무 또는 존재 여부를 확인함으로써 국민의 권리 또는 이익의 침해를 구제하고 공법상의 권리관계 또는 법적용에 관한 다툼을 적정하게 해결함을 목적으로 하는 권리구제절차이다(행정소송법 제1조) [날먹행 349p]

□□□□□ ★★★

조 2-1. 당사자소송이란 행정청의 처분 등을 원인으로 하는 법률관계에 관한 소송 그 밖에 공법상의 법률관계에 관한 소송으로서 그 법률관계의 한쪽 당사자를 피고로 하는 소송이다. (20지방9급,17경행,16경행,13지방9급,12지방9급)

□□□□□ ★★

조 2-2. 민중소송이란 국가 또는 공공단체의 기관이 법률에 위반되는 행위를 한 때에 직접 자기의 법률상 이익과 관계없이 그 시정을 구하기 위하여 제기하는 소송이다. (21소방,17경행)

□□□□□ ★★

조 2-3. 기관소송이란 국가 또는 공공단체의 기관상호간에 있어서의 권한의 존부 또는 그 행사에 관한 다툼이 있는 때에 이에 대하여 제기하는 소송이다. 다만 헌법재판소법 제2조의 규정에 의하여 헌법재판소의 관장사항으로 되는 소송은 제외한다. (20지방9급,19경행,12지방9급)

□□□□□ ★★★

조 2-4. 행정소송법상 항고소송은 취소소송·무효등확인소송·부작위확인소송·당사자소송으로 구분한다. (21소방,20지방9급,12지방9급)

- **행정소송법 제3조(행정소송의 종류)** 행정소송은 다음의 네가지로 구분한다.
  1. **항고소송**: 행정청의 처분등이나 부작위에 대하여 제기하는 소송
  2. **당사자소송**: 행정청의 처분등을 원인으로 하는 법률관계에 관한 소송 그 밖에 공법상의 법률관계에 관한 소송으로서 그 법률관계의 한쪽 당사자를 피고로 하는 소송
  3. **민중소송**: 국가 또는 공공단체의 기관이 법률에 위반되는 행위를 한 때에 직접 자기의 법률상 이익과 관계없이 그 시정을 구하기 위하여 제기하는 소송
  4. **기관소송**: 국가 또는 공공단체의 기관상호간에 있어서의 권한의 존부 또는 그 행사에 관한 다툼이 있을 때에 이에 대하여 제기하는 소송. 다만, 헌법재판소법 제2조의 규정에 의하여 헌법재판소의 관장사항으로 되는 소송은 제외한다. [날먹행 349, 350p]

OX 정답

1절 1. O 2-1. O 2-2. O 2-3. O 2-4. X

□□□□□ ★★

이 3-1. 일반적, 추상적인 법령 그 자체로서 국민의 구체적인 권리 의무에 직접적인 변동을 초래하는 것이 아닌 것은 취소소송의 대상이 될 수 없다. **(15지방9급)**

□□□□□

이 3-2. 단순한 사실관계의 존부 등의 문제는 행정소송의 대상이 되지 아니한다. **(09지방9급)**

- **행정소송의 한계: 구체적인 법적 분쟁 아닌 사건**
  - **추상적 법령의 효력과 해석:**
    원칙: 법의 일반적 · 추상적 효력 내지 해석에 관한 분쟁은 **행정소송의 대상 X**
    예외: ① 법령 그 자체가 **직접 국민의 권리 · 의무에 영향을 주는 경우(처분적 법규명령)**
    ② **조례가 직접 국민의 구체적 권리 · 의무에 영향**을 미치는 경우
  - **사실행위**: 단순 사실관계 존부 등은 X / 권력적 사실행위는 대상 O
  - **반사적 이익에 관한 분쟁**: 인정 X
  - **객관적소송** - 원칙: X / 예외: **법령의 규정**이 있는 경우 - **민중소송, 기관소송**

[날먹행 350p]

□□□□□ ★★

이 4-1. 통치행위는 행정소송의 대상에서 제외된다는 것이 우리의 학설과 대법원 판례의 경향이다. **(09지방9급)**

□□□□□ ★★

이 4-2. 행정청의 재량행위에 속하는 처분은 취소소송의 대상이 되지 않는다. **(16국가9급)**

□□□□□ ★★

이 4-3. 특별권력관계에서의 행위가 행정처분의 성질을 갖더라도 전면적으로 사법심사의 대상이 되지 않는다. **(09세무사)**

- **행정소송의 한계: 법령의 적용으로 해결하는 것이 적절하지 않은 분쟁**
  - **통치행위: 통치행위는 행정소송의 대상에서 제외**
    단, **헌재는 국민의 기본권침해와 관련된 경우에는 헌법소원의 대상**이 된다고 봄.
  - **재량행위**: 재량행위가 **일탈 · 남용의 정도가 되어야 취소가 가능**하므로, 일탈 · 남용의 정도를 본안판단을 통해 기각 또는 인용판결을 해야 하고, 이 경우 법원은 독자의 결론을 도출함이 없이 당해 행위에 재량권의 일탈 · 남용이 있는지 여부만을 심사한다
  - **특별권력관계 내에서의 행위**: 종래사법심사 부정, 오늘날 **처분성을 가지는 한 사법심사의 대상이 된다**고 봄
  - **내부행위: X**

[날먹행 350p]

□□□□□

이 5-1. 행정심판법에서는 의무이행심판제도를 두고 있지만, 행정소송법에서는 의무이행소송제도를 두고 있지 않다. **(21소방,21국회8급)**

OX 정답

3-1. O 3-2. O 4-1. O 4-2. X 4-3. X 5-1. O

□□□□□ ★★★

이 5-2. 행정소송법에서 행정청이 일정한 처분을 하지 못하도록 그 부작위를 구하는 청구는 허용되지 않는다. (18교행9급,15지방9급)

- **행정소송의 한계: 권력분립상 한계 → 법정외항고소송(무명항고소송) 인정여부**
  - **의무이행소송**: 행정청의 거부처분 또는 부작위에 대하여 **일정한 행정행위를 해 줄 것을 청구**하는 소송을 말하며, 판례는 의무이행소송을 인정 X
  - **예방적 부작위소송**(금지소송): 행정청의 공권력 행사에 의해 국민의 권익이 침해될 것이 예상되는 경우, **미리 행정청이 일정한 처분을 하지 못하도록 그 부작위를 청구하는 소송** → 판례는 인정 X

[날먹행 351p]

제 2 절 항고소송

1. 취소소송의 개관

□□□□□ ★★

이 1-1. 판례는 취소소송의 소송물을 처분의 위법성과 그로 인해 원고의 권리가 침해되었다는 원고의 법적 주장이라고 보고 있다. (16국회8급,11지방9급,10국가9급)

- **소송물**이란, **심판의 대상이 되는 객체로, 기판력이 미치는 범위**인데, 취소소송의 소송물에 대하여 **통설과 판례는 취소소송의 소송물을** 처분의 위법성 일반으로 보고 있다. [날먹행 351p]

□□□□□ ★★★

이 1-2. 행정처분의 존부 및 원고적격은 법원의 직권조사사항이다. (06국가7급)

□□□□□ ★★★

이 1-3. 제소기간의 도과여부는 법원의 직권조사사항이다. (12국회9급)

□□□□□ ★★★

이 1-4. 필요적 행정심판전치주의가 적용되는 경우 그 요건을 구비하였는지 여부는 법원의 직권조사사항이다. (14사복9급)

□□□□□ ★★★

이 1-5. 기각판결은 소송요건의 불비를 이유로 본안의 심리를 거부하는 판결이다. (13서울7급)

□□□□□ ★★★

이 1-6. 어떠한 처분이 법령상 근거가 있는지, '행정절차법'에서 정한 처분 절차를 준수하였는지는 소송요건 심사단계에서 고려하여야 한다. (23국가9급,23군무원7급)

OX 정답

5-2. ○ / 2절 1 1-1. X 1-2. ○ 1-3. ○ 1-4. ○ 1-5. X 1-6. X

□□□□□★★

이 1-7. 당사자적격, 권리보호이익 등 소송요건은 직권조사사항으로서 당사자가 주장하지 아니하더라도 법원이 직권으로 조사하여 판단하여야 하고, 사실심 변론종결 이후에 소송요건이 흠결되거나 그 흠결이 치유된 경우 상고심에서도 이를 참작하여야 한다. (23군무원9급)

- **취소소송의 소송요건-원고적격, 협의의 소의 이익, 대상적격, 피고적격, 제소기간, 행정심판, 관할** 및 일정한 형식을 갖추어 소송을 제기해야 함. 이는 **법원의 직권조사**사항임. → **흠결시 부적법한 소로 각하**됨. [날먹행 351p]

□□□□□★★

판 1-8. 항고소송의 대상이 되는 행정처분이라 함은 원칙적으로 행정청의 공법상 행위로서 특정 사항에 대하여 법규에 의한 권리의 설정 또는 의무의 부담을 명하거나 기타 법률상 효과를 발생하게 하는 등으로 일반국민의 권리 · 의무에 직접 영향을 미치는 행위를 가리킨다. (13국가9급,13국회9급)

판례 항고소송의 대상이 되는 행정처분이라 함은 원칙적으로 행정청의 공법상 행위로서 특정 사항에 대하여 법규에 의한 권리의 설정 또는 의무의 부담을 명하거나 기타 법률상 효과를 발생하게 하는 등으로 일반국민의 권리·의무에 직접 영향을 미치는 행위를 가리킨다(2016두41279). [날먹행 352p]

□□□□□★★

판 1-9. 행정청의 행위가 '처분'에 해당하는지 불분명한 경우에는 그에 대한 불복방법 선택에 중대한 이해관계를 가지는 상대방의 인식가능성과 예측가능성을 중요하게 고려하여 규범적으로 판단하여야 한다 (23국가9급,23소방)

판례 행정청의 행위가 '처분'에 해당하는지 불분명한 경우에는 그에 대한 불복방법 선택에 중대한 이해관계를 가지는 상대방의 인식가능성과 예측가능성을 중요하게 고려하여 규범적으로 판단하여야 한다(2020두50324). [날먹행 352p]

2. 취소소송의 적법요건

가. 대상적격

□□□□□★★★

이 2-1. 공무수탁사인의 공무를 수행하는 공권력행사도 처분에 해당한다. (23군무원7급,18소방)

□□□□□★★★

이 2-2. 어떤 행위가 상대방의 권리를 제한하는 행위라 하더라도 행정청 또는 그 소속기관이나 권한을 위임받은 공공단체 등의 행위가 아닌 한 이를 행정처분이라고 할 수 없다. (22지방7급,17서울7급)

□□□□□★★

판 2-3. 지방의회 의장에 대한 지방의회의 불심의의결은 처분성이 인정된다. (15국가9급)

OX 정답

1-7. ○ 1-8. ○ 1-9. ○ 2 가. 2-1. ○ 2-2. ○ 2-3. ○

□□□□□ ★★★

판 2-4. 한국마사회의 기수에 대한 징계처분은 항고소송의 대상이 되는 행정처분이다. **(22국가7급,22군무원9급,21소방간부,21지방7급,17서울7급)**

- **처분의 개념요소- 행정청의 행위**

: **'행정청'은 기능상 개념**으로, 국가 및 지방자치단체의 기관 이외에 **행정권한의 위임 또는 위탁을 받은 공공단체 또는 사인도 포함됨.** → 공무수탁사인의 공무를 수행하는 공권력 행사도 처분에 해당하며, **법령에 의하여 행정권한을 위탁 받은 사인**도 처분을 행할 수 있다 할 것이다

판례 **지방의회 의장의 불신임의결과 지방의회 의원의 징계는 취소소송 등의 대상**이 되며, 이때 소송의 피고는 지방의회가 된다(94두23).

판례 **한국마사회의 기수면허 부여 및 그 취소결정**은 **처분성이 인정되지 않고, 공법상의 법률관계에 해당하지 않는다**(2005두8269). **[날먹행 352, 353p]**

□□□□□ ★★

판 2-5. '국가를 당사자로 하는 계약에 관한 법률'상 국가기관에 의한 입찰참가자격제한행위는 사법상 관념의 통지에 해당한다. **(23소방,21국회8급)**

판례 '국가를 당사자로 하는 계약에 관한 법률'에 따라 각 중앙관서의 장이 행하는입찰참가자격제한행위는 처분성이 인정됨(83누127). **[날먹행 353p]**

□□□□□ ★★★

이 3. 취소소송의 대상인 처분은 행정청이 행하는 구체적 사실에 관한 법집행행위이므로 불특정 다수인을 대상으로 하여 반복적으로 적용되는 일반적 · 추상적 규율은 원칙적으로 처분이 아니다. **(17국가7급)**

- **처분의 개념요소 - 구체적 사실에 대한 행위**

취소소송의 대상인 처분은 행정처분은 행정청이 행하는 **구체적 사실에 관한 법집행행위**이므로 **불특정 다수인**을 대상으로 하여 반복적으로 적용되는 **일반적 · 추상적 규율은 원칙적으로 처분이 아니다.** **[날먹행 353p]**

□□□□□ ★★

판 4-1. 의료기관의 명칭표시판에 진료과목을 함께 표시하는 경우 진료과목의 글자 크기를 제한하고 있는 구 '의료법 시행규칙' 제31조는 그 자체로서 국민의 구체적인 권리의무나 법률관계에 직접적인 변동을 초래하므로 항고소송의 대상이 되는 행정처분이라 할 수 있다. **(22국회9급,20지방7급,15국가9급)**

판례 의료기관의 명칭표시판에 진료과목을 함께 표시하는 경우 글자 크기를 제한하고 있는 구 의료법 시행규칙 제31조가 **그 자체로서 국민의 구체적인 권리의무나 법률관계에 직접적인 변동을 초래하지 아니하므로 항고소송의 대상이 되는 행정처분이라고 할 수 없다**(2005두15168). **[날먹행 354p]**

OX 정답

2-4. X 2-5. X 3. ○ 4-1. X

□□□□□ ★★

판 4-2. 청소년유해매체물 결정 및 고시처분은 항고소송의 대상이 되는 행정처분이다.
(23변시,21국가7급,20국가9급,18소방 등)

> 판례 **청소년유해매체물 결정 및 고시처분**은 당해 유해매체물의 소유자 등 특정인만을 대상으로 한 행정처분이 아니라 일반 불특정 다수인을 상대방으로 하여 일률적으로 표시의무, 포장의무, 청소년에 대한 판매·대여 등의 금지의무 등 각종 의무를 발생시키는 **행정처분**이다(2004두619). **[날먹행 354p]**

□□□□□ ★★★

판 4-3. 보건복지부 고시가 다른 집행행위의 매개 없이 그 자체로서 요양기관, 국민건강보험공단, 국민건강보험 가입자 등의 법률관계를 직접 규율하고 있었다면 항고소송의 대상이 된다.
(23경간,22서울7급,22군무원9급,22국회9급,21국가7급,21서울7급,19지방9급,18국가9급)

> 판례 **보건복지부 고시인 약제급여·비급여목록 및 급여상한금액표**는 다른 집행행위의 매개 없이 그 자체로서 국민건강보험가입자, 국민건강보험공단, 요양기관 등의 법률관계를 직접 규율하는 성격을 가지므로 **항고소송의 대상이 되는 행정처분**에 해당한다(2005두2506). **[날먹행 354p]**

□□□□□ ★★★

판 4-4. 어떠한 처분의 근거나 법적인 효과가 행정규칙에 규정되어 있다면, 그 처분이 행정규칙의 내부적 구속력에 의하여 상대방의 권리·의무에 직접 영향을 미치는 행위라도 항고소송의 대상이 되는 행정처분이라 볼 수 없다.
(23변시,20국가7급,19서울7급 등)

> 판례 어떠한 처분의 근거가 행정규칙에 규정되어 있다고 하더라도, 그 처분이 상대방에게 권리의 설정 또는 의무의 부담을 명하거나 기타 법적인 효과를 발생하게 하는 등으로 그 상대방의 권리의무에 직접 영향을 미치는 행위라면, 이 경우에도 항고소송의 대상이 되는 행정처분에 해당한다(2003두10251·10268). **[날먹행 354p]**

□□□□□ ★

판 4-5. 건설교통부 내부지침에 의한 항공노선에 대한 운수권배분처분은 행정처분에 해당한다. (12지방9급)

> 판례 정부 간 항공노선의 개설에 관한 잠정협정 및 비밀양해각서와 건설교통부 내부지침에 의한 항공노선에 대한 운수권배분처분은 항고소송의 대상이 되는 행정처분에 해당한다(2003두10251). **[날먹행 354p]**

□□□□□

판 4-6. 구 '산업집적활성화 및 공장설립에 관한 법률'에 따른 산업단지 입주계약의 해지통보는 행정청인 관리권자로부터 관리업무를 위탁받은 한국산업단지공단이 우월적 지위에서 그 상대방에게 일정한 법률상 효과를 발생하게 하는 것으로서 항고소송의 대상이 되는 행정처분에 해당한다. (17지방7급)

> 판례 입주변경계약 취소는 행정청인 관리권자로부터 관리업무를 위탁받은 산업단지관리공단이 우월적 지위에서 입주기업체들에게 일정한 법률상 효과를 발생하게 하는 것으로서 항고소송의 대상이 되는 행정처분에 해당한다(2014두46843). **[날먹행 354p]**

OX 정답

4-2. ○ 4-3. ○ 4-4. X 4-5. ○ 4-6. ○

□□□□□ ★★★

판 5-1. 공정거래위원회의 고발조치는 행정소송법상 처분에 해당한다. (19서울7급,12국가7급)

> 판례 **공정거래위원회의 고발조치**는 사직 당국에 대하여 형벌권 행사를 요구하는 행정기관 상호간의 행위에 불과하여 항고소송의 대상이 되는 **행정처분이라 할 수 없다**(94누13794). [날먹행 354p]

□□□□□ ★★★

판 5-2. '국세기본법'에 따른 과세관청의 국세환급금결정은 항고소송의 대상이 되는 처분에 해당한다. (20지방7급,19서울9급,19서울7급 등)

> 판례 **세무서장의 국세환급금**(국세환급가산금 포함)**에 대한 결정**은 이미 납세의무자의 환급청구권이 확정된 국세환급금에 대하여 **내부적인 사무처리절차**로서 과세관청의 환급절차를 규정한 것에 지나지 않고 그 규정에 의한 국세환급금의 결정에 의하여 비로소 환급청구권이 확정되는 것이 아니므로, **국세환급금결정이나 그 결정을 구하는 신청에 대한 환급거부결정** 등은 **항고소송의 대상이 되는 처분이라고 볼 수 없다**(92누14250). [날먹행 354p]

□□□□□ ★★★

판 5-3. 군의관이 수행하는 병역법상의 신체등위판정은 항고소송의 대상인 처분이다. (23소방간부,23군무원7급,22경간,22소방간부,19소방,17서울9급)

> 판례 **병역법상 신체등위판정**은 행정청이라고 볼 수 없는 군의관이 하도록 되어 있으며, 그 자체만으로 바로 병역법상의 권리의무가 정하여지는 것이 아니라 그에 따라 **지방병무청장이 병역처분을 함으로써 비로소 병역의무의 종류가 정하여지는 것이므로 항고소송의 대상이 되는 행정처분이라 보기 어렵다**(93누3356). [날먹행 354p]

□□□□□ ★★★

판 5-4. 교육부장관이 대학입시기본계획의 내용에서 내신성적 산정기준에 관한 시행지침을 정한 경우, 각 고등학교는 이에 따라 내신성적을 산정할 수 밖에 없어 이는 행정처분에 해당된다. (20소방간부,19국가9급,17서울9급 등)

> 판례 교육부장관이 내신성적 산정기준의 통일을 기하기 위해 대학입시기본계획의 내용에서 내신성적 산정기준에 관한 시행지침을 마련하여 시·도 교육감에서 통보한 것은 **행정조직 내부에서 내신성적 평가에 관한 내부적 심사기준을 시달한 것에 불과**하므로, **항고소송의 대상이 되는 행정처분으로 볼 수 없다**(94두33). [날먹행 354p]

□□□□□ ★★

판 5-5. 상급행정기관의 하급행정기관에 대한 승인·동의·지시 등은 행정기관 상호 간의 내부행위로서 항고소송의 대상이 되는 행정처분이라 볼 수 없다. (17사복9급)

> 판례 상급행정기관의 하급행정기관에 대한 승인·동의·지시 등은 행정기관 상호 간의 내부행위로서 국민의 권리·의무에 직접 영향을 미치는 것이 아니므로 항고소송의 대상이 되는 행정처분이라 볼 수 없다(97누8540). [날먹행 354p]

OX 정답

5-1. X 5-2. X 5-3. X 5-4. X 5-5. O

□□□□□ ★

판 5-6. 각 군 참모총장이 군인명예전역수당 지급대상자 결정절차에서 국방부장관에게 수당지급대상자를 추천하는 행위는 항고소송의 대상이 되는 행정처분에 해당한다. (19국회8급)

판례 각 군 참모총장이 군인명예전역수당 지급대상자 결정절차에서 국방부장관에게 수당지급대상자를 추천하거나 신청자 중 일부를 추천하지 않는 행위는 항고소송의 대상이 되는 처분이 아니다(2009두14231). [날먹행 354p]

□□□□□ ★★

판 5-7. 공무원시험승진후보자 명부에 등재된 자에 대하여 이전의 징계처분을 이유로 시험승진후보자명부에서 삭제하는 행위는 행정소소의 대상인 처분에 해당한다. (17국가9급)

판례 경찰공무원시험승진후보자 명부에 등재된 자가 승진임용되기 전에 감봉 이상의 징계처분을 받은 경우, 임용권자가 당해인을 시험승진후보자명부에서 삭제하는 행위는 행정처분이 아니다(97누7325). [날먹행 354p]

□□□□□

판 5-8. 상호저축은행법상 금융감독위원회의 파산신청은 행정처분이 아니다. (13지방9급)

판례 금융감독위원회는 부실금융기관에 대하여 파산을 신청할 수 있는 권한을 보유하고 있는바, 위 **파산신청은 그 성격이 법원에 대한 재판상 청구**로서, **파산법원이 관할하는 파산절차 내에서 그 신청의 적법 여부 등을 다투어야** 할 것이므로, 금융감독위원회의 파산신청은 취소소송의 대상이 되는 행정처분이라 할 수 없다(2004두13219). [날먹행 355p]

□□□□□ ★★★

판 5-9. 병무청장의 병역의무 기피자의 인적사항 공개결정은 취소소송의 대상이 되는 처분에 해당한다. (22소방,22국회8급,20군무원7급)

판례 병무청장이 하는 병역의무 기피자의 인적사항 등 공개는, 특정인을 병역의무 기피자로 판단하여 그 사실을 일반 대중에게 공표함으로써 그의 명예를 훼손하고 그에게 수치심을 느끼게 하여 병역의무 이행을 간접적으로 강제하려는 조치로서 병역법에 근거하여 이루어지는 공권력의 행사에 해당하므로, 병무청장의 공개결정을 항고소송의 대상이 되는 행정처분으로 보아야 한다(2018두49130). [날먹행 355p]

□□□□□ ★★★

판 6-1. 신청에 대한 거부행위가 항고소송의 대상인 처분이 되기 위해서는 단순히 신청권의 존재 여부를 넘어서 구체적으로 그 신청이 인용될 수 있는 정도에 이르러야 한다. (23소방간부,21지방9급,21군무원9급,20변시, 19서울9급)

□□□□□ ★★★

이 6-2. 신청권이 없는 신청에 대한 거부행위에 대하여 제기된 거부처분 취소소송은 각하된다. (17국가7급,15교행9급,14국가9급,14지방9급,13변시 등)

OX 정답

5-6. X 5-7. X 5-8. ○ 5-9. ○ 6-1. X 6-2. ○

□□□□□ ★★

이 6-3. 거부처분의 처분성을 인정하기 위한 전제요건이 되는 신청권의 존부는 구체적 사건에서 신청인이 누구인지를 고려하여 관계 법규의 해석에 의하여 그러한 신청권을 인정하고 있는가를 살펴 구체적으로 결정한다. **(21국회9급,19사복9급,17사복9급)**

□□□□□ ★

이 6-4. 거부행위가 항고소송의 대상인 처분이 되기 위해서는 그 거부행위가 신청인의 실체상의 권리관계에 직접적인 변동을 일으키는 것이어야 하며, 신청인이 실체상의 권리자로서 권리를 행사함에 중대한 지장을 초래하는 것만으로는 부족하다. **(22지방9급)**

□□□□□ ★★

이 6-5. 국민의 적극적 행위신청에 대한 행정청의 거부행위가 항고소송의 대상이 되는 행정처분에 해당하기 위하여는 국민이 행정청에 대하여 그 행위발동을 요구할 법규상 또는 조리상의 신청권이 있어야 한다. **(23군무원7급)**

- **거부가 처분이 되기 위한 요건**: ① **신청한 행위가 공권력 행사 또는 이에 준하는 행정작용일 것,** ② **거부행위가 신청인의 법률관계에 변동을 일으킬 것,** (신청인이 실체상의 권리자로서 권리를 행사함에 중대한 지장을 초래하는 것도 포함됨) ③ **신청인에게 법규상 또는 조리상의 신청권이 있을 것**

판례 거부행위가 거부처분이 되려면 **국민에게 법규상 또는 조리상 신청권이 있어야** 하며(2004두4031), 그 신청권의 존부는 구체적 사건에서 신청인이 누구인가를 고려하지 말고 관계 법규에서 일반 국민에게 그러한 신청권을 인정하고 있는 가를 살펴 **추상적으로 결정**하여야 한다. 따라서 국민이 어떤 신청을 한 경우에 그 신청의 근거가 된 조항의 해석상 행정발동에 대한 개인의 신청권을 인정하고 있다고 보여지면 그 거부행위는 항고소송의 대상이 되는 처분으로 보아야 할 것이고, 구체적으로 그 신청이 인용될 수 있는가 하는 점은 본안에서 판단하여야 할 사항인 것이다(95누12460). **[날먹행 355, 356p]**

□□□□□ ★★★

판 7-1. 기간제로 임용되어 임용기간이 만료된 공립대학의 교원은 재임용 여부에 관하여 심사를 요구할 법규상 또는 조리상의 신청권을 가진다. **(14서울7급,13지방9급,12국가7급)**

판례 구 교육공무원법에 의하여 기간제로 임용되어 임용기간이 만료된 국·공립대학의 교원은 재임용 여부에 관하여 심사를 요구할 신청권을 갖는다(2009다30946). **[날먹행 356p]**

□□□□□ ★★★

판 7-2. 임용기간이 만료된 국 · 공립대학의 조교수에 대하여 재임용을 거부하는 취지로 한 임용기간만료의 통지는 행정처분에 해당한다. **(21지방7급,19국가9급,18지방7급)**

판례 **기간제로 임용되어 임용기간이 만료된 국 · 공립대학의 조교수**는 재임용 여부에 관하여 합리적인 기준에 의한 공정한 심사를 요구할 법규상 또는 조리상 신청권을 가진다고 할 것이니, 임용권자가 임용기간이 만료된 조교수에 대하여 재임용을 거부하는 취지로 한 **임용기간만료의 통지**는 **행정소송의 대상이 되는 처분에 해당**한다(2000두7735). **[날먹행 356p]**

OX 정답

6-3. X 6-4. X 6-5. O 7-1. O 7-2. O

☐☐☐☐☐★

판 7-3. 국·공립대학 교원 임용지원자가 임용권자로부터 임용거부를 당하였다면 이는 거부처분으로서 항고소송의 대상이 된다. **(16국회8급)**

> **판례** 국·공립대학 교원 임용지원자는 임용권자에게 임용 여부에 대한 응답을 신청할 법규상 또는 조리상 권리가 없다(2002두12489). **[날먹행 356p]**

☐☐☐☐☐★★★

판 7-4. 인터넷 포털사이트의 개인정보 유출사고로 주민등록번호가 불법 유출되었음을 이유로 주민등록번호 변경신청을 하였으나 관할 구청장이 이를 거부한 경우, 그 거부행위는 처분에 해당하지 않는다.
(22국가9급,21국가9급,19국가9급,19사복9급)

> **판례** 피해자의 의사와 무관하게 주민등록번호가 유출된 경우에는 **조리상 주민등록번호의 변경을 요구할 신청권을 인정**함이 타당하고, **구청장의 주민등록번호 변경신청 거부행위는 항고소송의 대상이 되는 행정처분에 해당**한다(2013두2945). **[날먹행 356p]**

☐☐☐☐☐★★★

판 7-5. 건축계획심의신청에 대한 반려처분은 항고소송의 대상이 되는 행정처분이다. **(15지방9급 등)**

> **판례** 원고로서는 피고의 이 사건 반려처분으로 인하여 적법한 건축허가를 받기 어려운 불안한 법적 지위에 놓이게 된 점, 나아가 건축허가를 신청하려는 사람으로 하여금 건축허가 신청 이전에 먼저 건축위원회의 심의를 신청하도록 규정하고 있는 일부 지방자치단체의 조례 등을 더하여 보면, 법규상 내지 조리상으로 원고에게 건축계획심의를 신청할 권리도 있다고 할 것이므로, **건축계획심의신청에 대한 반려처분은 항고소송의 대상이 된다** 할 것이다(2007두1316). **[날먹행 357p]**

☐☐☐☐☐★

판 7-6. 공사중지명령의 원인사유가 해소되었다면 중지명령의 상대방은 공사중지명령의 해제를 신청할 수 있고, 이에 대한 거부는 처분성이 인정된다. **(22군무원7급,21국가9급)**

> **판례** 공사중지명령에 있어서는 그 명령의 내용 자체로 또는 그 성질상으로 명령 이후에 그 원인사유가 해소되는 경우에는 잠정적으로 내린 당해 공사중지명령의 해제를 요구할 수 있는 권리를 위 명령의 상대방에게 인정하고 있다고 할 것이므로, 위 회사에게는 조리상으로 그 해제를 요구할 수 있는 권리가 인정된다(96누17745). **[날먹행 357p]**

OX 정답

7-3. X 7-4. X 7-5. O 7-6. O

□□□□□

판 7-7. 방위사업법령 및 '국방전력발전업무훈령'에 따른 연구개발확인서발급은 사업관리기관이 개발업체에게 해당 품목의 양산과 관련하여 수의계약의 방식으로 국방조달계약을 체결할 수 있는 지위가 있음을 인정해 주는 확인적 행정행위로서 처분에 해당한다. (22소방,21국회8급)

판례 국방전력발전업무훈령 제113조의5 제1항에 의한 연구개발확인서 발급은 사업관리기관이 개발업체에게 해당 품목의 양산과 관련하여 경쟁입찰에 부치지 않고 수의계약의 방식으로 국방조달계약을 체결할 수 있는 지위(경쟁입찰의 예외사유)가 있음을 인정해 주는 '확인적 행정행위'로서 공권력의 행사인 '처분'에 해당하고, 연구개발확인서 발급 거부는 신청에 따른 처분 발급을 거부하는 '거부처분'에 해당한다(2019다264700). **[날먹행 357p]**

□□□□□ ★★

판 7-8. 지적공부 소관청이 토지대장상의 소유자명의변경신청을 거부한 행위는 항고소송의 대상이 되는 처분에 해당한다. (23경간,21국가9급,20지방9급,19서울9급,19서울7급,19지방7급)

판례 **토지대장에 기재된 일정한 사항을 변경**하는 행위는 **행정사무집행의 편의와 사실증명의 자료로 삼기 위한 것일 뿐**이어서, 그 소유자 명의가 변경된다고 하여도 이로 인하여 당해 토지에 대한 실체상의 권리관계에 변동을 가져올 수 없으므로, 소관청이 토지대장상의 소유자명의변경신청을 거부한 행위는 이를 **항고소송의 대상이 되는 행정처분이라고 할 수 없다**(2010두12354). **[날먹행 357p]**

□□□□□ ★★★

판 8-1. 법률에 의하여 당연퇴직된 공무원의 복직 또는 재임용신청에 대한 행정청의 거부행위는 항고소송의 대상이 되는 행정처분에 해당한다. (22군무원9급)

판례 당연퇴직된 공무원이 자신을 복직 또는 재임용시켜 줄 것을 요구하는 신청에 대하여 그와 같은 조치가 불가능하다는 행정청의 거부행위는 **당연퇴직의 효과가 계속하여 존재한다는 것을 알려주는 일종의 안내에 불과**하므로, 행정청의 복직 또는 재임용거부행위는 **항고소송의 대상이 되는 행정처분에 해당한다고 할 수 없다**(2004두12489). **[날먹행 356p]**

□□□□□ ★★★

판 8-2. 교육부장관이 대학에서 추천한 복수의 총장 후보자들 전부 또는 일부를 임용제청에서 제외하는 행위는 제외된 후보자들에 대한 불이익처분으로서 항고소송의 대상이 되는 처분에 해당한다. (23군무원9급,20소방간부,19국가9급)

판례 교육부장관이 대학에서 추천한 복수의 총장 후보자들 전부 또는 일부를 임용제청에서 제외하는 행위는 제외된 후보자들에 대한 불이익처분으로서 항고소송의 대상이 되는 처분에 해당한다고 보아야 한다(2016두57564). **[날먹행 356p]**

OX 정답

7-7. O 7-8. X 8-1. X 8-2. O

☐☐☐☐☐ ★

판 8-3. 임용지원자가 특별채용 대상자로서 자격을 갖추고 있고 유사한 지위에 있는 자에 대하여 정규교사로 특별채용한 전례가 있다 하더라도, 교사로의 특별채용을 요구할 법규상 또는 조리상의 권리가 있다고 할 수 없다. **(22국가9급)**

> **판례** 원고 등이 특별채용 대상자로서의 자격을 갖추고 있고, 원고 등과 유사한 지위에 있는 전임강사에 대하여는 피고가 정규교사로 특별채용한 전례가 있다 하더라도 그러한 사정만으로 임용지원자에 불과한 원고 등에게 피고에 대하여 교사로의 특별채용을 요구할 법규상 또는 조리상의 권리가 있다고 할 수는 없으므로, 피고가 원고 등의 특별채용 신청을 거부하였다고 하여도 그 거부행위가 항고소송의 대상이 되는 행정처분에 해당한다고 할 수 없다(2004두11626).
>
> **[날먹행 356p]**

☐☐☐☐☐ ★

판 8-4. 국가보훈처장이 서훈추천 신청자에 대한 서훈추천을 거부한 것은 항고소송의 대상으로 볼 수는 없어 항고소송을 제기할 수 없으나 행정권력의 부작위에 대한 헌법소원으로서 다툴 수 있다. **(23국가9급)**

> **판례** 서훈추천권의 행사, 불행사가 당연무효임의 확인, 또는 그 불작위가 위법함의 확인을 구하는 청구는 과거의 역사적 사실관계의 존부나 공법상의 구체적인 법률관계가 아닌 사실관계에 관한 것들을 확인의 대상으로 하는 것이거나 행정청의 단순한 부작위를 대상으로 하는 것으로서 항고소송의 대상이 되지 아니하는 것이다(90누3553).
>
> **판례** 국가보훈처장이 서훈추천 신청자에 대한 서훈추천을 하여 주어야 할 헌법적 작위의무가 있다고 할 수는 없으므로, 서훈추천을 거부한 것에 대하여 행정권력의 부작위에 대한 헌법소원으로서 다툴 수 없다(2004헌마859).
>
> **[날먹행 356p]**

☐☐☐☐☐ ★★★

판 9-1. 반복된 거부는 각각 항고소송의 대상이 되는 행정처분이다. **(21서울7급,21소방간부,20지방7급)**

☐☐☐☐☐

판 9-2. 수익적 행정행위 신청에 대한 거부처분은 당사자의 신청에 대하여 관할 행정청이 거절하는 의사를 대외적으로 명백히 표시함으로써 성립되고, 거부처분이 있은 후 당사자가 다시 신청을 한 경우에는 신청의 제목 여하에도 불구하고 그 내용이 새로운 신청을 하는 취지라면 관할 행정청이 이를 다시 거절하는 것은 새로운 거부처분으로 봄이 원칙이다. **(22소방승진)**

> • 판례는 **거부처분 이후 동일한 내용의 새로운 신청에 대하여 다시 거부한 경우, 새로운 거부처분이 있는 것으로 볼 수 있다**고 판시하여, **반복된 거부처분의 처분성**을 긍정함.
>
> **[날먹행 358p]**

☐☐☐☐☐ ★

판 10. 항정신병 치료제의 요양급여 인정기준에 관한 보건복지부 고시가 다른 집행행위의 매개 없이 그 자체로서 직접 국민의 구체적인 권리·의무와 법률관계를 규율하는 성격을 가질 때에는 항고소송의 대상이 되는 행정처분에 해당한다. **(22국가9급)**

> **판례** 항정신병 치료제의 요양급여에 관한 보건복지부 고시가 다른 집행행위의 매개 없이 그 자체로서 제약회사, 요양기관, 환자 및 국민건강보험공단 사이의 법률관계를 직접 규율하는 성격을 가진다는 이유로 항고소송의 대상이 되는 행정처분에 해당한다(2002무23).
>
> **[날먹행 358p]**

OX 정답

8-3. ○ 8-4. X 9-1. ○ 9-2. ○ 10. ○

□□□□□ ★

판 11-1. 국토의 계획 및 이용에 관한 법률에 따른 토지거래계약에 관한 허가구역의 지정은 행정처분이다. **(09국회8급)**

> **판례** 허가를 받지 아니하고 체결한 토지거래계약은 그 효력이 발생하지 아니하게 되므로, 토지거래계약에 관한 허가구역의 지정은 개인의 권리 내지 법률상의 이익을 구체적으로 규제하는 효과를 가져오게 하는 행정청의 처분에 해당하고, 따라서 이에 대하여는 원칙적으로 항고소송을 제기할 수 있다(2006두12883). **[날먹행 358p]**

□□□□□ ★★★

판 11-2. 도지사가 도 내 특정시를 공공기관이 이전할 혁신도시 최종입지로 선정한 행위는 항고소송의 대상이 되는 행정처분이다. **(19서울9급,15서울7급 등)**

> **판례** 정부의 수도권 소재 공공기관의 지방이전시책을 추진하는 과정에서 도지사가 도 내 특정시를 공공기관이 이전할 혁신도시 최종입지로 선정한 행위는 항고소송의 대상이 되는 행정처분이 아니다(2007두10198). **[날먹행 358p]**

□□□□□

판 11-3. 하수도법상 하수도정비기본계획은 항고소송의 대상이 되는 행정처분이다. **(15지방9급)**

> **판례** 구 하수도법 제5조의2에 의하여 기존의 하수도정비기본계획을 변경하여 광역하수종말처리시설을 설치하는 등의 내용으로 수립한 **하수도정비기본계획은 항고소송의 대상이 되는 행정처분에 해당하지 아니한다.** **[날먹행 358p]**

□□□□□ ★★★

판 11-4. 횡단보도를 설치하여 보행자 통행방법 등을 규재하는 것은 특정사항에 대하여 의무의 부담을 명하는 행위이고, 이는 국민의 권리·의무에 직접 관계가 있는 행위로서 행정처분이다. **(21경행,20서울·지방9급)**

> **판례** 지방경찰청장이 횡단보도를 설치하여 보행자의 통행방법 등을 규제하는 것은, 행정청이 특정사항에 대하여 의무의 부담을 명하는 행위이고 이는 국민의 권리의무에 직접 관계가 있는 행위로서 행정처분이라고 보아야 할 것이다(98두8964). **[날먹행 358p]**

□□□□□ ★★★

판 12. 교도소장이 특정 수형자를 '접견내용 녹음 · 녹화 및 접견시 교도관 참여대상자'로 지정한 행위는 수형자의 구체적 권리의무에 직접적 변동을 가져오는 행위로서 항고소송의 대상이 되는 행정처분에 해당한다. **(22지방7급,20서울 · 지방9급)**

> **판례** 교도소장이 수형자 甲을 '접견내용 녹음 · 녹화 및 접견 시 교도관 참여대상자'로 지정한 사안에서, 위 지정행위는 수형자의 구체적 권리의무에 직접적 변동을 가져오는 행정청의 공법상 행위로서 항고소송의 대상이 되는 '처분'에 해당한다(2013두20889). **[날먹행 359p]**

OX 정답

11-1. ○ 11-2. X 11-3. X 11-4. ○ 12. ○

□□□□□ ★★

판 13-1. 법인세법령에 따른 과세관청의 원천징수의무자인 법인에 대한 소득금액변동통지 및 소득세법 시행령에 따른 소득의 귀속자에 대한 소득금액변동통지는 항고소송의 대상이다. **(21지방9급,20국회8급,17서울7급,17국가7급)**

판례 과세관청의 원천징수의무자인 법인에 대한 소득금액변동통지는 항고소송의 대상이 되는 행정처분이나(2002두1878), 소득의 귀속자에 대한 소득금액변동통지는 원천납세의무자인 소득 귀속자의 법률상 지위에 직접적인 법률적 변동을 가져오는 것이 아니므로, 항고소송의 대상이 되는 행정처분이라고 볼 수 없다(2013두9267). **[날먹행 359p]**

□□□□□ ★★

판 13-2. 부당한 공동행위의 자진신고자가 한 감면신청에 대해 공정거래위원회가 감면불인정 통지를 한 것은 항고소송의 대상인 행정처분으로 볼 수 없다. **(14국가9급)**

판례 구 부당한 공동행위 자진신고자 등에 대한 시정조치 등 감면제도 운영고시 제14조 제1항에 따른 시정조치 등 감면신청에 대한 감면불인정 통지가 항고소송의 대상이 되는 행정처분에 해당한다(2010두3541). **[날먹행 359p]**

□□□□□ ★★★

판 13-3. 공정거래위원회의 '표준약관 사용권장행위'는 항고소송의 대상이 되는 행정처분이 아니다. **(19서울9급,17국회8급 등)**

판례 공정거래위원회의 '표준약관 사용권장행위'는 그 통지를 받은 해당 사업자 등에게 표준약관과 다른 약관을 사용할 경우 표준약관과 다르게 정한 주요내용을 고객이 알기 쉽게 표시하여야 할 의무를 부과하고, 그 불이행에 대해서는 과태료에 처하도록 되어 있으므로, 항고소송의 대상이 된다(2008두23184). **[날먹행 359p]**

□□□□□ ★

판 13-4. 국민건강보험공단에 의한 '직장가입자 자격상실 및 자격변동 안내' 통보 및 '사업장 직권탈퇴에 따른 가입자 자격상실 안내'통보는 가입자 자격이 변동되는 효력을 가져오므로 항고소송의 대상이 되는 처분에 해당한다. **(23국가9급,20지방7급)**

판례 국민건강보험공단이 갑 등에게 '직장가입자 자격상실 및 자격변동 안내' 통보 및 '사업장 직권탈퇴에 따른 가입자 자격상실 안내' 통보를 한 것은 갑 등의 가입자 자격의 변동 여부 및 시기를 확인하는 의미에서 한 사실상 통지행위에 불과할 뿐이므로, 위 각 통보의 처분성이 인정되지 않는다(2016두41729). **[날먹행 360p]**

□□□□□

판 13-5. 농지처분의무통지는 단순한 관념의 통지에 불과하다고 볼 수 없고, 상대방인 농지소유자의 의무에 직접 관계되는 독립한 행정처분으로서 항고소송의 대상이 된다. **(21소방)**

판례 농지의 소유자가 위 농업경영계획서의 내용을 이행하였는지 여부 및 그 불이행에 정당한 사유가 있는지 여부를 판단하여 그 사유를 인정한 때에는 반드시 농지처분의무통지를 하여야 하는 점, 위 통지를 전제로 농지처분명령, 같은 법 제65조에 의한 이행강제금부과 등의 일련의 절차가 진행되는 점 등을 종합하여 보면, 농지처분의무통지는 단순한 관념의 통지에 불과하다고 볼 수는 없고, 상대방인 농지소유자의 의무에 직접 관계되는 독립한 행정처분으로서 항고소송의 대상이 된다(2001두8742). **[날먹행 360p]**

OX 정답

13-1. X 13-2. X 13-3. X 13-4. X 13-5. ○

□□□□□

판 13-6. 이행통지는 납골당 설치신고에 대하여 납골당 설치 요건을 구비하였음을 확인하고, 구 장사법령상의 납골당 설치 기준, 관계법령상의 허가 또는 신고 내용을 고지하면서 신고한 대로 납골당 시설을 설치하도록 한 것이므로, 이 사건 이행통지를 함으로써 납골당 설치 신고에 대한 수리를 하였다고 봄이 타당하다. **(17지방9급,12지방7급)**

판례 파주시장이 종교단체 납골당설치 신고를 한 甲 교회에, '구 장사 등에 관한 법률에 따라 필요한 시설을 설치하고 유골을 안전하게 보관할 수 있는 설비를 갖추어야 하며 관계 법령에 따른 허가 및 준수 사항을 이행하여야 한다'는 취지의 납골당설치 신고사항 이행통지를 한 사안에서, 파주시장이 甲 교회에 이행통지를 함으로써 납골당설치 신고수리를 하였다고 보는 것이 타당하고, 이를 수리처분과 별도로 항고소송 대상이 되는 다른 처분으로 볼 수 없다(2009두6766). **[날먹행 360p]**

□□□□□ ★

판 13-7. 구 '민원사무처리에 관한 법률'에서 정한 사전심사결과 통보는 항고소송의 대상이 되는 행정처분에 해당하지 않는다. **(19지방·교행9급,17지방9급)**

판례 구 '민원사무처리에 관한 법률'에서 정한 사전심사결과 통보는 민원인이 희망하는 특정한 견해의 표명까지 요구할 수 있는 권리를 부여한 것으로 보기는 어려운 점, 행정청은 사전심사결과 불가능하다고 통보하였더라도 사전심사결과에 구애되지 않고 민원사항을 처리할 수 있으므로 불가능하다는 통보가 민원인의 권리의무에 직접적 영향을 미친다고 볼 수 없고, 통보로 인하여 민원인에게 어떠한 법적 불이익이 발생할 가능성도 없는 점 등을 종합해 보면, 구 민원사무처리법이 규정하는 사전심사결과 통보는 항고소송의 대상이 되는 행정처분에 해당하지 아니한다(2013두7834). **[날먹행 360p]**

□□□□□

판 13-8. 국가계약법상 감점조치는 계약사무를 처리함에 있어 내부규정인 세부기준에 의하여 종합취득점수의 일부를 감점하게 된다는 뜻의 사법상의 효력을 가지는 통지행위에 불과하므로 항고소송의 대상이 되지 않는다. **(23군무원9급)**

판례 피고가 원고에 대하여 한 이 사건 감점조치는 행정청이나 그 소속 기관 또는 그 위임을 받은 공공단체의 공법상의 행위가 아니라 장차 그 대상자인 원고가 피고가 시행하는 입찰에 참가하는 경우에 그 낙찰적격자 심사 등 계약 사무를 처리함에 있어 피고 내부규정인 이 사건 세부기준에 의하여 종합취득점수의 10/100을 감점하게 된다는 뜻의 사법상의 효력을 가지는 통지행위에 불과하다 할 것이고, 또한 피고의 이와 같은 통지행위가 있다고 하여 원고에게 공공기관의 운영에 관한 법률 제39조 제2항, 제3항, 구 공기업·준정부기관 계약사무규칙 제15조에 의한 국가, 지방자치단체 또는 다른 공공기관에서 시행하는 모든 입찰에의 참가자격을 제한하는 효력이 발생한다고 볼 수도 없으므로, 피고의 이 사건 감점조치는 행정소송의 대상이 되는 행정처분이라고 할 수 없다.(2010두6700) **[날먹행 360p]**

□□□□□

판 14-1. 구 '표시 · 광고의 공정화에 관한 법률' 위반을 이유로 한 공정거래위원회의 경고의결은 당해 표시 · 광고의 위법을 확인하되 구체적인 조치까지는 명하지 않은 것이므로 행정처분에 해당하지 않는다. **(16국회8급)**

판례 경고를 받은 경우에는 벌점을 부과받게 되고 이후 과징금의 부과 및 가중사유에 반영됨으로써 경고의 침익적 성격이 분명한 점 등을 종합하여 볼 때, 이 사건 경고는 행정소송의 대상이 된다(2010헌마508). **[날먹행 360p]**

OX 정답

13-6. ○ 13-7. ○ 13-8. ○ 14-1. X

□□□□□ ★★★

판 14-2. 행정규칙에 의거한 불문경고조치도 항고소송의 대상이 된다. (22국가7급,22지방7급,22소방,20국가9급,18서울7급)

판례 행정규칙에 의한 '불문경고조치'가 비록 법률상의 징계처분은 아니지만 위 처분을 받지 아니하였다면 차후 다른 징계처분이나 경고를 받게 될 경우 징계감경사유로 사용될 수 있었던 표창공적의 사용가능성을 소멸시키는 효과와 1년 동안 인사기록카드에 등재됨으로써 그 동안은 장관표창이나 도지사표창 대상자에서 제외시키는 효과 등이 있다는 이유로 항고소송의 대상이 되는 행정처분에 해당한다(2001두3532). [날먹행 360p]

□□□□□ ★★★

판 14-3. 금융기관 임원에 대한 금융감독원장의 문책경고는 상대방의 권리의무에 직접 영향을 미치지 않으므로 행정소송의 대상이 되는 처분에 해당하지 않는다. (22경간,18지방9급 등)

판례 금융기관의 임원에 대한 금융감독원장의 문책경고는 그 상대방에 대한 직업선택의 자유를 직접 제한하는 효과를 발생하게 하는 등 상대방의 권리의무에 직접 영향을 미치는 행위로서 항고소송의 대상이 되는 행정처분에 해당한다(2003두14765). [날먹행 360p]

□□□□□ ★

판 14-4. 주택건설사업이 양도되었으나 그 변경승인을 받기 이전에 행정청이 양수인에 대하여 양도인에 대한 사업계획승인을 취소하였다는 사실을 통지한 경우, 이러한 통지는 양수인의 법률상 지위에 변동을 일으키므로 행정처분이다. (22국가7급,17서울7급)

판례 주택건설사업이 양도되었으나 그 변경승인을 받기 이전에 행정청이 양수인에 대하여 양도인에 대한 사업계획승인을 취소하였다는 사실을 통지한 경우, 위 통지는 항고소송의 대상이 되는 행정처분이 아니다(99두646). [날먹행 360p]

□□□□□

판 15-1. 상표권의 말소등록이 이루어져도 법령에 따라 회복등록이 가능하고 회복신청이 거부된 경우에는 그에 대한 항고소송이 가능하므로 상표권의 말소등록행위 자체는 항고소송의 대상이 될 수 없다. (20지방9급)

판례 상표원부에 상표권자인 법인에 대한 청산종결등기가 되었음을 이유로 상표권의 말소등록이 이루어졌다고 해도 이는 **상표권이 소멸하였음을 확인하는 사실적 · 확인적 행위**에 지나지 않고, 말소등록으로 비로소 상표권 소멸의 효력이 발생하는 것이 아니어서, **상표권의 말소등록은 국민의 권리의무에 직접적으로 영향을 미치는 행위라고 할 수 없다. / 상표권 설정등록이 말소된 경우에도 등록령 제27조에 따른 회복등록의 신청이 가능하고, 회복신청이 거부된 경우에는 거부처분에 대한 항고소송이 가능**하다(2014두2362). [날먹행 360p]

OX 정답

14-2. ○ 14-3. X 14-4. X 15-1. ○

□□□□□ ★★

판 15-2. 사업시행자인 한국도로공사가 구 지적법에 따라 고속도로건설공사에 편입되는 토지소유자들을 대위하여 토지면적등록 정정신청을 하였으나 관할행정청이 이를 반려하였다면, 이러한 반려행위는 항고소송 대상이 되는 행정처분에 해당한다. (19지방·교행9급)

> 판례 평택~시흥 간 고속도로 건설공사 사업시행자인 한국도로공사가 구 지적법 제24조 제1항, 제28조 제1호에 따라 고속도로 건설공사에 편입되는 토지소유자들을 대위하여 토지면적등록 정정신청을 하였으나 화성시장이 이를 반려한 사안에서, 반려처분은 항고소송 대상이 되는 행정처분에 해당한한다(2011두3371). [날먹행 360p]

□□□□□ ★

판 15-3. 자동차운전면허대장상 등재행위는 처분성이 인정된다. (22경간,22국가7급,18서울7급)

> 판례 **자동차운전면허대장상 일정한 사항의 등재행위**는 **운전면허행정사무집행의 편의와 사실증명의 자료로 삼기 위한 것일 뿐** 그 등재행위로 인하여 당해 운전면허 취득자에게 새로이 어떠한 권리가 부여되거나 변동 또는 상실되는 효력이 발생하는 것은 아니므로 이는 **행정소송의 대상이 되는 독립한 행정처분으로 볼 수 없다**(91누1400). [날먹행 360p]

□□□□□ ★

판 15-4. 상표권자인 법인에 대한 청산종결등기가 되었음을 이유로 특허청장이 행한 상표권 말소등록행위는 항고소송의 대상적격이 인정된다. (20지방·서울9급,16국회8급)

> 판례 상표권자인 법인에 대한 청산종결등기가 되었음을 이유로 한 상표권의 말소등록행위는 항고소송의 대상이 될 수 없다(2014두2362). [날먹행 360p]

□□□□□ ★

판 15-5. 행정청이 한 행위가 단지 사인 간 법률관계의 존부를 공적으로 증명하는 공증행위에 불과하더라도 그 효력을 둘러싼 분쟁의 해결이 사법원리에 맡겨져 있는 경우에는 항고소송의 대상이 된다. (21국회9급,17서울7급)

> 판례 행정소송 제도의 목적 및 기능 등에 비추어 볼 때, 행정청이 한 행위가 단지 사인 간 법률관계의 존부를 공적으로 증명하는 공증행위에 불과하여 그 효력을 둘러싼 분쟁의 해결이 사법원리에 맡겨져 있거나 행위의 근거 법률에서 행정소송 이외의 다른 절차에 의하여 불복할 것을 예정하고 있는 경우에는 항고소송의 대상이 될 수 없다고 보는 것이 타당하다(2010두19720). [날먹행 360p]

OX 정답

15-2. ○ 15-3. X 15-4. X 15-5. X

□□□□□

판 15-6. '신문 등의 진흥에 관한 법률'상 신문의 등록은 단순히 명칭 등을 공적 장부에 등재하여 일반에 공시하는 것에 그치는 것이 아니라 신문사업자에게 등록한 특정 명칭으로 신문을 발행할 수 있도록 하는 것이고, 이처럼 신문법상 등록에 따라 인정되는 신문사업자의 지위는 사법상 권리인 '특정 명칭의 사용권'자체와는 구별된다. **(22소방승진)**

> **판례** **등록관청이 하는 신문의 등록은 신문을 적법하게 발행할 수 있도록 하는 행정처분에 해당**한다.
> 신문의 등록은 단순히 명칭 등을 공적 장부에 등재하여 일반에 공시(공시)하는 것**에 그치는 것이 아니라 신문사업자에게 등록한 특정 명칭으로 신문을 발행할 수 있도록 하는 것이고, 이처럼 신문법상 등록에 따라 인정되는 신문사업자의 지위는 사법상 권리인 '특정 명칭의 사용권' 자체와는 구별**된다(2018두47189). **[날먹행 360p]**

□□□□□ ★★★

판 16. 개발부담금 산정을 위한 개별공시지가 결정은 행정소송법상 처분에 해당한다. **(19서울7급)**

> **판례** 시장·군수 또는 구청장의 개별토지가격결정은 개발부담금 산정의 기준이 되어 국민의 권리나 의무 또는 법률상 이익에 직접적으로 관계되는 것으로서 항고소송의 대상이 되는 행정처분에 해당한다(93누111). **[날먹행 361p]**

□□□□□ ★★★

판 17-1. 검사의 공소제기가 적법절차에 따라 정당하게 이루어진 것인지 여부에 관계없이 검사의 공소에 대하여는 형사소송절차에 의하여서만 다툼이 있고, 행정소송의 방법으로 공소의 취소를 구할 수 없다. **(20국가9급,20지방9급,19국가9급,19서울7급)**

> **판례** 검사의 불기소결정에 대해서는 검찰청법에 의한 항고와 재항고, 형사소송법에 의한 재정신청에 의해서만 불복할 수 있는 것이므로, 이에 대해서는 행정소송법상 항고소송을 제기할 수 없다(2017두47465). **[날먹행 361p]**

□□□□□ ★★★

판 17-2. 판례는 통고처분을 행정소송의 대상이 되는 행정처분이 아니라고 보고 있다. **(18소방)**

> **판례** 조세범처벌절차법에 의하여 범칙자에 대한 세무관서의 통고처분은 행정소송의 대상이 아니다(80누380). **[날먹행 361p]**

□□□□□ ★★★

판 18-1. 행정청이 금전부과처분을 한 후 감액처분을 한 경우에 감액되고 남은 부분이 위법하다고 다투고자 할 때에는 감액처분 자체를 항고소송의 대상으로 삼아야 한다. **(22경간,21국회9급,17국가9급,17지방7급 등)**

> - **감액경정처분: 감액되고 남은 원처분**
> **판례는 감액경정처분은 당초처분의 일부취소에 불과**하므로, **소송의 대상은 경정처분으로 인해 감액되고 남은 당초처분이 되며,** 제소기간의 준수여부, 적법한 전심절차를 거쳤는지 여부도 **당초 처분을 기준으로** 판단해야 한다고 판시. **[날먹행 362p]**

OX 정답

15-6. O 16. O 17-1. O 17-2. O 18-1. X

□□□□□ ★★★

이 18-2. 산업재해보상보험법에 의한 보험급여 수급자에 대하여 부당이득 징수결정을 한 후 징수결정의 하자를 이유로 징수금 액수를 감액하는 경우 감액처분으로도 아직 취소되지 않고 남아 있는 부분이 위법하다 하여 다툴 때에는, 제소기간의 준수 여부는 감액 처분을 기준으로 판단해야 한다. **(17지방9급)**

판례 산업재해보상보험법에 의한 보험급여 수급자에 대하여 부당이득 징수결정을 한 후 징수결정의 하자를 이유로 징수금 액수를 감액하는 경우, 감액처분으로도 아직 취소되지 않고 남아 있는 부분이 위법하다 하여 다툴 때에는,항고소송의 대상은 감액처분이 아니라 감액처분이 아니라 감액되고 남아 있는 당초처분이다(2011두27247).

[날먹행 362p]

□□□□□ ★★★

판 19. 증액경정처분이 있는 경우, 원칙적으로는 당초 신고나 결정에 대한 불복기간의 경과 여부 등에 관계없이 증액경정처분만이 항고소송의 대상이 되고 납세의무자는 그 항고소송에서 당초 신고나 결정에 대한 위법사유를 주장할 수 없다. **(22경간,19지방7급,18지방9급)**

- 증액경정처분: 증액처분

판례 증액경정처분의 경우 당초의 처분은 증액처분에 흡수되어 소멸되므로, **소송의 대상은 증액처분**이 되며, **제소기간의 준수여부도 증액경정처분을 기준으로** 하며 소멸한 **당초처분의 위법사유도 함께 주장 가능**하다고 함.

[날먹행 362p]

□□□□□ ★

판 20. 진실 · 화해를 위한 과거사정리위원회의 진실규명결정은 항고소송의 대상이 되는 행정처분이다. **(18경행,15지방9급)**

판례 진실 · 화해를 위한 과거사정리위원회의 진실규명결정에 따라 국가가 피해자 등에 대하여 피해 및 명예회복 조치를 취할 법률상 의무를 부담하게 되므로, 진실규명결정은 국민의 권리의무에 직접적으로 영향을 미치는 행위로서 항고소송의 대상이 되는 행정처분이라고 보는 것이 타당하다(2010두22856). **[날먹행 362p]**

□□□□□ ★★★

판 21-1. 국가인권위원회의 성희롱결정 및 시정조치권고는 행정소송법상 처분에 해당한다.
(22소방승진,19서울7급,17국가9급)

판례 국가인권위원회의 이러한 결정과 시정조치의 권고는 성희롱 행위자로 결정된 자의 인격권에 영향을 미침과 동시에 공공기관의 장 또는 사용자에게 일정한 법률상의 의무를 부담시키는 것이므로 **국가인권위원회의 성희롱결정 및 시정조치권고는 행정소송의 대상이 되는 행정처분에 해당한다**고 보지 않을 수 없다(2005두487).

[날먹행 362p]

OX 정답

18-2. X 19. X 20. ○ 21-1. ○

□□□□□ ★★

판 21-2. 국가인권위원회가 진정에 대하여 각하 및 기각결정을 할 경우 피해자인 진정인은 인권침해 등에 대한 구제조치를 받을 권리를 박탈당하게 되므로, 국가인권위원회의 진정에 대한 각하 및 기각결정은 처분에 해당한다. (19국가9급)

판례 국가인권위원회가 진정을 각하 및 기각결정을 할 경우 피해자인 진정인으로서는 구제조치를 받을 권리를 박탈당하게 되므로, **진정에 대한 국가인권위원회의 각하 및 기각결정은 피해자인 진정인의 권리행사에 중대한 지장을 초래하는 것으로서 항고소송의 대상이 되는 행정처분에 해당**한다(2013헌마214). [날먹행 362p]

□□□□□

판 22. '공익사업을 위한 토지 등의 취득 및 보상에 관한 법률'상 사업인정은 공익사업의 시행자에게 그 후 일정한 절차를 거칠 것을 조건으로 일정한 내용의 수용권을 설정하여 주는 형성행위이다. (23지방9급)

판례 **사업인정이란 공익사업을 토지 등을 수용 또는 사용할 사업으로 결정하는 것으로서 공익사업의 시행자에게 그 후 일정한 절차를 거칠 것을 조건으로 일정한 내용의 수용권을 설정하여 주는 형성행위**이므로, 해당 사업이 외형상 토지 등을 수용 또는 사용할 수 있는 사업에 해당한다고 하더라도 사업인정기관으로서는 그 사업이 공용수용을 할 만한 공익성이 있는지의 여부와 공익성이 있는 경우에도 그 사업의 내용과 방법에 관하여 사업인정에 관련된 자들의 이익을 공익과 사익 사이에서는 물론, 공익 상호간 및 사익 상호간에도 정당하게 비교·교량하여야 하고, 그 비교·교량은 비례의 원칙에 적합하도록 하여야 한다(2009두1051). [날먹행 362p]

□□□□□ ★★★

판 23-1. 조세부과처분을 위한 과세관청의 세무조사 결정은 사실행위로서 납세의무자의 권리 · 의무에 직접 영향을 미치는 것은 아니므로 항고소송의 대상이 되지 아니한다.
(22국가7급,22경간,21군무원9급,20국가7급,19지방7급,18국가9급,18서울7급)

판례 부과처분을 위한 과세관청의 질문조사권이 행해지는 세무조사결정이 있는 경우 납세의무자는 세무공무원의 과세자료 수집을 위한 질문에 대답하고 검사를 수인하여야 할 법적 의무를 부담하게 되므로(22소방간부), **세무조사 결정은 납세의무자의 권리 · 의무에 직접 영향을 미치는 공권력의 행사에 따른 행정작용으로서 항고소송의 대상**이 된다(2009두23617). [날먹행 362p]

□□□□□ ★★

판 23-2. 구 '국세징수법'상 가산금 또는 중가산금의 고지는 항고소송의 대상이 되는 처분이 아니다. (23지방9급,19국가9급)

판례 국세징수법 제21조, 제22조가 규정하는 가산금 또는 중가산금은 국세를 납부기한까지 납부하지 아니하면 과세청의 확정절차 없이도 법률 규정에 의하여 당연히 발생하는 것이므로 **가산금 또는 중가산금의 고지가 항고소송의 대상이 되는 처분이라고 볼 수 없다**(2005다15482). [날먹행 362p]

OX 정답

21-2. O 22. O 23-1. X 23-2. O

□□□□□ ★★

판 24. 행정청이 내인가를 한 후 이를 취소하는 행위는 별다른 사정이 없는 한 인가신청을 거부하는 처분으로 보아야 한다. (23군무원7급,23변시,22국가9급,21소방간부,19서울7급)

> 판례 자동차운송사업양도양수계약에 기한 양도양수인가신청에 대하여 피고 시장이 내인가를 한 후 내인가를 취소한 경우, 내인가취소는 인가신청을 거부하는 처분으로 보아야 할 것이다(90누4402). [날먹행 362p]

□□□□□ ★

판 25. 택지개발예정지구의 지정 · 고시는 항고소송의 대상이 될 수 있다. (14국회8급)

> 판례 택지개발촉진법 제3조에 **의한 건설부장관의 택지개발예정지구의 지정**과 같은 법 제8조에 의한 건설부장관의 택지**개발사업시행자에 대한 택지개발계획의 승인**은 그 처분의 고시에 의하여 개발할 토지의 위치, 면적, 권리내용 등이 특정되어 그 후 사업시행자에게 택지개발사업을 실시할 수 있는 권한이 설정되고, 나아가 일정한 절차를 거칠 것을 조건으로 하여 일정한 내용의 수용권이 주어지며 고시된 바에 따라 특정 개인의 권리나 법률상 이익이 개별적이고 구체적으로 규제받게 되므로 **건설부장관의 위 각 처분은 행정처분의 성격을 갖는 것**이다(91누11582). [날먹행 363p]

□□□□□

판 26. 택시회사의 자발적 감차와 그에 따른 감차보상금의 지급 및 자발적 감차 조치의 불이행에 따른 행정청의 직권 감차명령을 내용으로 하는 택시회사들과 행정청 간의 합의는 대등한 당사자 사이에서 체결한 공법상 계약에 해당하므로, 그에 따른 감차명령은 행정청이 우월한 지위에서 행하는 공권력의 행사로 볼 수 없다. (17국가7급)

> 판례 관할 행정청은 면허 발급 이후에도 운송사업자의 동의하에 여객자동차운송사업의 질서 확립을 위하여 운송사업자가 준수할 의무를 정하고 이를 위반할 경우 감차명령을 할 수 있다는 내용의 면허 조건을 붙일 수 있고, 운송사업자가 조건을 위반하였다면 여객자동차법 제85조 제1항 제38호에 따라 감차명령을 할 수 있으며, **감차명령은 행정소송법 제2조 제1항 제1호가 정한 처분으로서 항고소송의 대상**이 된다(2016두45028). [날먹행 363p]

□□□□□ ★★★

판 27. 교육공무원법상 승진후보자 명부에 의한 승진심사 방식으로 행해지는 승진임용에서 승진후보자 명부에 포함되어 있던 후보자를 승진임용인사발령에서 제외하는 행위는 항고소송의 대상인 처분에 해당하지 않는다. (22소방간부,21국회8급,20지방9급,19지방·교행9급,19지방7급)

> 판례 교육공무원법상 승진후보자 명부에 의한 승진심사 방식으로 행해지는 승진임용에서 승진후보자 명부에 포함되어 있던 후보자를 승진임용인사발령에서 제외하는 행위는 불이익처분으로서 항고소송의 대상인 처분에 해당한다고 보아야 한다(2015두47492). [날먹행 363p]

OX 정답

24. O 25. O 26. X 27. X

□□□□□ ★

판 28. 조달청이 국가종합전자조달시스템인 나라장터 종합쇼핑몰에 거래정지조치를 하는 것은 처분으로서 공법관계에 속한다. (21국회8급,20국회8급)

판례 거래정지 조치는 비록 추가특수조건이라는 사법상 계약에 근거한 것이지만 행정청인 조달청이 행하는 구체적 사실에 관한 법집행으로서의 공권력의 행사로서 그 상대방인 갑 회사의 권리 · 의무에 직접 영향을 미치므로 항고소송의 대상이 되는 행정처분에 해당한다(2015두52395). [날먹행 363p]

□□□□□ ★

판 29. 지방계약직 공무원의 보수삭감행위는 대등한 당사자 간의 계약관계와 관련된 것이므로 처분성은 인정되지 아니하며, 공법상 당사자소송의 대상이 된다. (17국회8급,16서울9급)

판례 지방계약직 공무원의 보수삭감행위는 징계처분의 일종인 감봉처분으로 행정처분에 해당한다(2006두16328). [날먹행 362p]

□□□□□ ★★

판 30. 구 '사회간접자본시설에 대한 민간투자법'에 근거한 서울-춘천간 고속도로 민간투자시설사업의 사업시행자 지정은 공법상 계약에 해당한다. (20지방·서울7급,16국가9급)

판례 '사회간접자본시설에 대한 민간투자법'에 근거한 서울-춘천간 고속도로 민간투자시설사업의 사업시행자 지정처분은 행정처분에 해당한다(2007두13159). [날먹행 362p]

□□□□□ ★★

판 31. 구 '산업집적활성화 및 공장설립에 관한 법률'에 따른 산업단지 입주계약의 해지통보는 행정청인 관리권자로부터 관리업무를 위탁받은 산업단지관리공단이 우월적 지위에서 입주기업체들에게 일정한 법률상 효과를 발생하게 하는 것으로서 항고소송의 대상이 되는 행정처분에 해당한다. (20국회8급,17지방7급)

판례 구 산업집적활성화 및 공장설립에 관한 법률 제38조 제2항에 따른 입주변경계약 취소는 행정청인 관리권자로부터 관리업무를 위탁받은 산업단지관리공단이 우월적 지위에서 입주기업체들에게 일정한 법률상 효과를 발생하게 하는 것으로서 항고소송의 대상이 되는 행정처분에 해당한다(2014두46843). [날먹행 363p]

□□□□□ ★★

판 32. 한국환경산업기술원장이 환경기술개발사업 협약을 체결한 甲 주식회사 등에게 연차평가 실시 결과 절대평가 60점 미만으로 평가되었다는 이유로 연구개발중단 조치 및 연구비 집행중지 조치를 한 사안에서, 연구개발중단 조치 및 연구비 집행중지조치는 항고소송의 대상이 되는 행정처분에 해당한다. (20국회8급,17지방7급)

판례 한국환경산업기술원장이 환경기술개발사업 협약을 체결한 甲 주식회사 등에게 연차평가 실시 결과 절대평가 60점 미만으로 평가되었다는 이유로 연구개발중단 조치 및 연구비 집행중지 조치를 한 사안에서, 각 조치가 항고소송의 대상이 되는 행정처분에 해당한다(2015두264). [날먹행 363p]

OX 정답

28. O 29. X 30. X 31. O 32. O

□□□□□ ★

판 33. 병역처분의 자료로 군의관이 하는 병역법상의 신체등급판정은 처분이나, 산업재해보상보험법상 장해보상금결정의 기준이 되는 장해등급결정은 처분이 아니다. (17지방9급)

판례 산업재해보상보험법상 **장해보상금결정의 기준이 되는 장해등급결정은 처분**이다(2001두8155). [날먹행 362p]

□□□□□ ★★

판 34-1. '공유재산 및 물품관리법'에 근거하여 공모제안을 받아 이루어지는 민간투자사업 '우선협상대상자 선정행위'나 '우선협상대상자 지위배제행위'에서 '우선협상대상자 지위배제행위'만이 항고소송의 대상인 처분에 해당한다. (23변시,22국가9급,21국회8급)

판례 지방자치단체의 장이 공유재산 및 물품관리법에 근거하여 기부채납 및 사용·수익허가 방식으로 민간투자사업을 추진하는 과정에서 사업시행자를 지정하기 위한 전 단계에서 공모제안을 받아 일정한 심사를 거쳐 **우선협상대상자를 선정하는 행위와 이미 선정된 우선협상대상자를 그 지위에서 배제하는 행위는 항고소송의 대상이 되는 행정처분**이다(2017두31064). [날먹행 363p]

□□□□□

판 34-2. 근로복지공단이 사업주에 대하여 하는 '개별 사업장의 사업종류 변경결정'만으로는 사업주의 권리의무에 직접적인 변동이나 불이익이 발생한다고 볼 수 없고, 국민건강보험공단이 보험료 부과처분을 함으로써 비로소 사업주에게 현실적인 불이익이 발생하게 되므로, 위 사업종류 변경결정은 항고소송의 대상이 되는 처분에 해당하지 않는다. (23변시)

판례 험 및 산업재해보상보험의 보험료징수 등에 관한 법률 및 시행령, 고용보험 및 산업재해보상보험의 보험료징수 등에 관한 법률 시행규칙 제12조 및 근로복지공단이 고용산재보험료징수법령 등에서 위임된 사항과 그 시행을 위하여 필요한 사항을 규정할 목적으로 제정한 '적용 및 부과업무 처리 규정' 등 관련 규정들의 내용과 체계 등을 살펴보면, **근로복지공단이 사업주에 대하여 하는 '개별 사업장의 사업종류 변경결정'은 행정청이 행하는 구체적 사실에 관한 법집행으로서의 공권력의 행사인 '처분'에 해당**한다(2019두61137). [날먹행 363p]

□□□□□

판 35. 운전면허 행정처분처리대장상의 벌점의 배점은 항고소송의 대상이 되는 행정처분이다. (22소방승진)

판례 **운전면허 행정처분처리대장상 벌점의 배점**은 도로교통법규 위반행위를 단속하는 기관이 도로교통법시행규칙 별표 16의 정하는 바에 의하여 도로교통법규 위반의 경중, 피해의 정도 등에 따라 배정하는 점수를 말하는 것으로 자동차운전면허의 취소, 정지처분의 기초자료로 제공하기 위한 것이고 그 배점 자체만으로는 아직 국민에 대하여 구체적으로 어떤 권리를 제한하거나 의무를 명하는 등 법률적 규제를 하는 효과를 발생하는 요건을 갖춘 것이 아니어서 **그 무효확인 또는 취소를 구하는 소송의 대상이 되는 행정처분이라고 할 수 없다**(94누2190). [날먹행 363p]

OX 정답

33. X 34-1. X 34-2. X 35. X

□□□□□ ★★

판 36-1. 재단법인 한국연구재단이 A 대학교 총장에게 연구개발비의 부당집행을 이유로 과학기술기본법령에 따라 '두뇌한국(BK)21 사업' 협약의 해지를 통보한 것은 공법상계약을 계약당사자의 지위에서 종료시키는 의사표시에 해당한다. (23국회8급,20지방7급,19국가7급)

판례 재단법인 한국연구재단이 甲 대학교 총장에게 연구개발비의 부당집행을 이유로 '두뇌한국(BK)21 사업' 협약의 해지하고 연구팀장 乙에 대한 대학자체 징계 요구 등을 통보한 사안에서, **乙에 대한 대학자체 징계 요구는 항고소송의 대상이 되는 행정처분에 해당하지 않으나, 과학기술기본법령상 사업 협약의 해지 통보**는 단순히 대등 당사자의 지위에서 형성된 공법상계약을 계약당사자의 지위에서 종료시키는 의사표시에 불과한 것이 아니라 **행정청이 우월적 지위에서 연구개발비의 회수 및 관련자에 대한 국가연구개발사업 참여제한 등의 법률상 효과를 발생시키는 행정처분에 해당**한다(2012두28704). [날먹행 363p]

□□□□□

판 36-2. '총포·도검·화약류 등의 안전관리에 관한 법률'에 다른 총포·화약안전기술협회가 회비납부의무자에 대하여 한 회비납부통지는 항고소송의 대상이 되는 처분에 해당하지 않는다. (23소방)

판례 총포·도검·화약류 등의 안전관리에 관한 법률 시행령 제78조 제1항 제3호, 제79조 및 총포·화약안전기술협회(이하 '협회'라 한다) 정관의 관련 규정의 내용을 위 법리에 비추어 살펴보면, 공법인인 협회가 자신의 공행정활동에 필요한 재원을 마련하기 위하여 **회비납부의무자에 대하여 한 '회비납부통지'**는 납부의무자의 구체적인 부담금액을 산정·고지하는 '부담금 부과처분'으로서 **항고소송의 대상이 된다**고 보아야 한다(2018다241458). [날먹행 363p]

□□□□□ ★

판 37. 행정청이 한 행위가 단지 사인 간 법률관계의 존부를 공적으로 증명하는 공증행위에 불과하더라도 그 효력을 둘러싼 분쟁의 해결이 사법원리에 맡겨져 있는 경우에는 항고소송의 대상이 된다. (21국회9급,17서울7급)

판례 **행정청이 한 행위가 단지 사인 간 법률관계의 존부를 공적으로 증명하는 공증행위에 불과**하여 그 효력을 둘러싼 분쟁의 해결이 사법원리에 맡겨져 있거나 행위의 근거 법률에서 행정소송 이외의 다른 절차에 의하여 불복할 것을 예정하고 있는 경우에는 **항고소송의 대상이 될 수 없다**고 보는 것이 타당하다(2010두19720). [날먹행 362p]

□□□□□ ★★

판 38. 갑 시장이 감사원으로부터 소속 공무원 을에 대하여 징계의 종류를 정직으로 정한 징계 요구를 받게 되자 감사원에 징계요구에 대한 재심의를 청구하였고 감사원이 재심의 청구를 기각한 경우, 감사원의 징계요구와 재심의 결정은 항고소송의 대상이 되는 행정처분에 해당하지 않는다. (22소방,21국회9급,21국회8급,17지방9급)

판례 징계 요구 자체만으로는 징계 요구 대상 공무원의 권리 · 의무에 직접적인 변동을 초래하지도 아니하므로, 행정청 사이의 내부적인 의사결정의 경로로서 '징계 요구, 징계 절차 회부, 징계'로 이어지는 과정에서의 중간처분에 불과하여, **감사원의 징계 요구와 재심의결정이 항고소송의 대상이 되는 행정처분이라고 할 수 없다**(2014두5637). [날먹행 363p]

OX 정답

36-1. X 36-2. X 37. X 38. ○

□□□□□ ★★

판 39. 신고사항이 아닌 신고를 수리한 경우, 그 신고는 항고소의 대상이 되는 행정처분에 해당하지 않는다. (14경행)

> **판례** 신고사항이 아닌 사항을 신고한 것에 대해 행정청이 신고를 수리하였다 하더라도 그러한 수리는 항고소송의 대상이 되는 행정처분이 아니다(2004두431). [날먹행 363p]

□□□□□

판 40. 지방자치단체의 장이 그 지방자치단체 소유의 밭에 측백나무 300주를 식재하는 행위는 항고소송의 대상이다. (18국회8급)

> **판례** 피고의 행위 즉 부산시 서구청장이 원고 소유의 밭에 측백나무 300주를 식재한 것은 공법상의 법률행위가 아니라 사실행위에 불과하므로 행정소송의 대상이 아니다(79누173). [날먹행 363p]

□□□□□ ★★★

조 41-1. 취소소송은 처분 등을 대상으로 하나, 재결취소소송은 처분 및 재결 자체에 고유한 위법이 있음을 이유로 하는 경우에 한한다. (20소방)

□□□□□

조 41-2. 원처분의 위법을 이유로 행정심판재결에 대한 취소소송을 제기할 수 없다. (13국가9급)

> • **원칙: 원처분주의 예외: 재결주의**
> **행정소송법은 원처분주의를 채택**하고 있어, 항고소송의 대상을 **원칙적으로 원처분**으로 하고, **재결에 대해서는 그 '재결 자체에 고유한 위법이 있는 경우'에 한하여 소제기를** 허용하고 있다(행정소송법 제19조 단서). [날먹행 364p]

□□□□□ ★

이 41-3. 서면에 의하지 않은 재결의 경우 형식상 하자가 있으므로 재결에 대해서 항고소송을 제기할 수 있다. (15서울7급)

□□□□□ ★★★

이 41-4. 행정소송법 제19조에서 말하는 '재결 자체에 고유한 위법'이란 원처분에는 없고 재결에만 있는 재결청의 권한 또는 구성의 위법, 재결의 절차나 형식의 위법, 내용의 위법 등을 뜻한다. (23군무원7급,22국가9급)

> • **재결 자체에 고유한 위법- 재결 자체에 고유한 주체, 절차, 형식, 내용상의 위법이 있는 경우를 의미함.** 서면에 의하지 않은 경우 형식상 하자에 해당하며, 재결에 이유모순 위법이 있다는 사유도 재결 자체에 고유한 형식상 하자에 해당함. [날먹행 364p]

OX 정답

39. ○ 40. X 41-1. X 41-2. ○ 41-3. ○ 41-4. ○

□□□□□ ★★★

이 42-1. 행정심판청구가 부적법하지 않음에도 각하한 재결은 원처분주의에 의해서 취소소송의 대상이 되지 않는다. (23군무원7급,15지방9급 등)

• 행정심판청구요건을 모두 갖추어서 적법함에도 실체적 판단을 하지 않고 **부적법 각하 재결**을 한 경우
→ 재결 자체에 고유한 하자가 있는 경우에 해당하므로, **재결이 소송의 대상 ○** [날먹행 365p]

□□□□□ ★★★

판 42-2. 행정심판을 청구하여 기각재결을 받은 후 재결 자체에 고유한 위법이 있음을 주장하며 그 기각재결에 대하여 취소소송을 제기한 경우, 수소법원은 심리 결과 재결 자체에 고유한 위법이 없다면 각하판결을 하여야 한다. (22국가9급,15서울7급)

판례 재결 자체에 고유한 위법이 없는 경우, 원처분의 당부와는 상관없이 재결소송은 기각됨(93누16901). [날먹행 365p]

□□□□□ ★

판 42-3. 제3자효를 수반하는 행정행위에 대한 행정심판 청구에 있어서, 그 청구를 인용하는 내용의 재결로 인해 비로소 권리이익을 침해받게 되는 자라도 인용재결에 대해서는 항고소송을 제기하지 못한다. (21국가7급,15서울7급,12서울9급)

• **제3자효 행정행위에 대한 인용재결**
원칙적으로 인용재결에 대해서는 취소를 구할 소의 이익이 없으나, 제3자효 행정행위에 대한 심판의 인용재결로 인하여 비로소 권리이익을 침해받게 되는 자는 그 **인용재결을 대상**으로 **항고소송을 제기**할 수 있다(99두10292). [날먹행 365p]

□□□□□ ★★

판 42-4. 3월의 영업정지처분을 2월의 영업정지처분에 갈음하는 과징금부과처분으로 변경하는 재결의 경우 취소소송의 대상이 되는 것은 변경된 내용의 당초처분이지 변경처분은 아니다. (19경행,17국회8급)

□□□□□ ★★★

판 42-5. 영업자에 대한 행정제재처분에 대하여 행정심판위원회가 영업자에게 유리한 적극적 변경명령재결을 하고 이에 따라 처분청이 변경처분을 한 경우, 그 변경처분에 의해 유리하게 변경된 행정제재가 위법하다는 이유로 그 취소를 구하려면 변경된 내용의 당초처분을 취소소송의 대상으로 하여야 한다. (23소방간부,19경행)

판례 변경처분에 의하여 유리하게 변경된 내용의 행정제재가 위법하다 하여 그 취소를 구하는 경우 **그 취소소송의 대상은 변경된 내용의 당초 처분이지 변경처분은 아니고, 제소기간의 준수 여부**도 변경처분이 아닌 **변경된 내용의 당초 처분을 기준**으로 판단하여야 한다(2004두9302). [날먹행 365p]

OX 정답

42-1. X 42-2. X 42-3. X 42-4. ○ 42-5. ○

□□□□□ ★★

OX 43-1. 사립학교 교원의 경우 교원소청심사위원회의 결정에 불복하는 경우에 교원소청심사위원회를 피고로 하여 항고소송을 제기할 수 있다. (23경간,20경행,18서울9급)

□□□□□ ★★

OX 43-2. 공립학교 교원에 대한 징계에 있어 교원소청심사위원회의 결정에 불복이 있는 경우에 취소소송을 할 수 있고, 이 때 원처분을 소송의 대상으로, 원처분청을 상대로 하는 것이 원칙이다. (21국회9급,18서울9급)

- **교원소청심사위원회의 결정: 원처분주의**
  - **국공립학교 교원**: 징계처분이 원처분으로서 **항고소송의 대상**이 되고, 교원소청심사를 반드시 거쳐야 하므로 교원소청심사결정 자체에 고유한 하자가 있는 경우에만 **소송의 대상**이 됨.
  - **사립학교 교원**: 사립학교 교원에 대한 징계처분은 **사법(私法)행위의 성질**을 띠고, 이에 대한 불복으로 ① **민사소송**을 제기하거나, ② **소청심사청구**를 할 수 있는데, 이 경우 **피고를 교원소청심사위원회**로 하여 **소청심사결정**에 대해 **항고소송을 할 수 있음**. → ①, ② 선택 가능 [날먹행 365p]

□□□□□ ★★

OX 43-3. 감사원의 변상판정처분에 대해서는 행정소송을 제기할 수 없고, 재결에 해당하는 재심의판정에 대해서만 감사원을 피고로 하여 행정소송을 제기할 수 있다. (21국회9급,20지방7급,20경행)

- **감사원의 재심판정**: 재결주의 - 감사원의 변상판정처분에 대하여서는 행정소송을 제기할 수 없고, **재결에 해당하는 재심의 판정에 대하여서만 감사원을 피고로** 하여 행정소송 제기가능 [날먹행 366p]

□□□□□

OX 43-4. 지방노동위원회의 구제명령에 대해서는 중앙노동위원회에 재심을 신청한 후 그 재심판정에 대하여 중앙노동위원회를 피고로 하여 재심판정 취소의 소를 제기하여야 한다. (21국회9급,20국가7급)

- **중앙노동위원회의 재심판정**: 지방노동위원회의 처분에 대하여 불복이 있는 경우에 중앙노동위원회에 재심을 신청할 수 있고, 중앙노동위원회의 재심에 불복하는 경우의 취소소송은 **중앙노동위원회의 재심**에 대해서만 **중앙노동위원회 위원장**을 피고로 행정소송을 제기할 수 있다. [날먹행 366p]

□□□□□

OX 43-5. 특허출원에 대한 심사관의 거절사정에 대하여 행정소송을 제기할 수 없고, 특허심판원에 심판청구를 한 후 그 심결을 소송대상으로 하여 특허법원에 심결취소를 요구하는 소를 제기하여야 한다. (13서울7급)

- **특허심판원의 심결**: 특허출원에 대한 심사관의 거절결정에 대하여는 행정소송을 제기할 수 없고, 특허심판원에 심판청구를 한 후 **그 심결(재결)에 대해서만** 특허법원에 취소소송 제기 가능 [날먹행 366p]

OX 정답

43-1. O 43-2. O 43-3. O 43-4. X 43-5. O

나. 원고적격

☐☐☐☐☐ ★

이 1-1. 자연물인 도롱뇽 또는 그를 포함한 자연 그 자체로서는 소송을 수행할 당사자능력을 인정할 수 없다. (15국가9급)

☐☐☐☐☐ ★

이 1-2. 자연물의 일부인 동 · 식물에게는 행정소송을 청구할 법률상 이익이 인정되지 않는다. (08국회8급)

- **당사자능력: 소송의 주체가 될 수 있는 능력**
  - 자연물인 도롱뇽 또는 그를 포함한 자연 그 자체로서는 소송을 수행할 당사자능력을 인정할 수 없다.
  - 자연물의 일부인 동 · 식물에게는 행정소송을 청구할 법률상 이익이 인정되지 않는다. [날먹행 366p]

☐☐☐☐☐ ★

판 1-3. 국가는 국토이용계획과 관련된 기관위임사무의 처리에 관하여 지방자치단체의 장을 상대로 취소소송을 제기할 수 있다. (22지방7급,20국회8급)

판례 국가가 국토이용계획과 관련한 지방자치단체의 장의 기관위임사무의 처리에 관하여 지방자치단체의 장을 상대로 취소소송을 제기하는 것은 허용되지 않는다(20005두6935). [날먹행 366p]

☐☐☐☐☐ ★★★

이 2. 취소소송의 원고적격은 소송요건의 하나이므로 사실심 변론종결시는 물론 상고심에서도 존속하여야 하고 이를 흠결하면 부적법한 소가 된다. (19국가9급,18지방7급,17국가7급)

- **원고적격: 구체적 소송에서 원고가 될 수 있는 정당한 자격을 의미하며, 우리 행정소송법 §12는 '처분 등의 취소를 구할 법률상 이익이 있는 자'로 정의하고 있는데, 이러한** 원고적격은 **사실심변론종결시는 물론 상고심에까지** 존속해야하고, **흠결시 부적법** 각하된다. [날먹행 366p]

☐☐☐☐☐ ★★★

판 3. 판례는 행정소송법 제12조의 법률상 이익은 직접적이고 구체적 · 개인적 이익을 말하고 간접적이거나 사실적 · 경제적 이해관계를 가지는 데 불과한 경우 및 공익은 포함되지 않는다고 보고 있다. (23소방간부,22서울7급,18국회8급,13국회9급)

- **'법률상 이익'의 의미**: 법률상 이익구제설(보호이익설) [날먹행 366p]
  통설 및 판례는 법률상 이익구제설을 취하는데, 판례는 **'법률상 이익'**은 당해 처분의 **근거법률에 의하여 보호되는 개별적 · 직접적 · 구체적인 이익이 있는 경우**를 말하고, 다만 공익 보호의 결과로 국민일반이 공통적으로 가지는 추상적 · 평균적 · 일반적인 이익과 같이 **간접적이거나 사실적, 경제적 이해관계를 가지는 데 불과한 경우**는 포함되지 않는다.

OX 정답

나. 1-1. ○ 1-2. ○ 1-3. X 2. ○ 3. ○

□□□□□

판 4-1. 절대보전지역 변경처분에 대해 지역주민회와 주민들이 항고소송을 제기한 경우에는 절대보전지역 유지로 지역주민회, 주민들이 가지는 주거 및 생활환경상 이익은 지역의 경관 등이 보호됨으로써 누리는 법률상 이익이다. (19서울7급)

판례 절대보존지역의 유지로 지역주민회와 주민들이 가지는 주거 및 생활환경상 이익은 지역의 경관 등이 보호됨으로써 반사적으로 누리는 것일 뿐 근거 법규 또는 관련 법규에 의하여 보호되는 개별적·직접적·구체적 이익이라고 할 수 없다는 이유로, 지역주민회 등은 위 처분을 다툴 원고적격이 없다(2011두13187). [날먹행 368p]

□□□□□★★

판 4-2. 생태·자연도 1등급으로 지정되었던 지역을 2등급 또는 3등급으로 변경하는 내용의 환경부장관의 결정에 대해 해당 1등급 권역의 인근 주민은 취소소송을 제기할 원고적격이 인정된다. (23국가9급,23군무원9급,22국회9급)

판례 1등급 권역의 인근 주민들이 가지는 이익은 환경보호라는 공공의 이익이 달성됨에 따라 반사적으로 얻게 되는 이익에 불과하므로, 인근 주민에 불과한 甲은 생태·자연도 등급권역을 1등급에서 일부는 2등급으로, 일부는 3등급으로 변경한 결정의 무효확인을 구할 원고적격이 없다(2011두29052). [날먹행 368p]

□□□□□★

판 4-3. 하자있는 건축물에 대한 사용검사처분의 무효확인 및 취소를 구하는 구 '주택법'상 입주자나 입주예정자는 행정소송의 원고적격을 갖는다. (23국가9급,19국회8급,18지방9급)

판례 사용검사처분이 이루어졌다고 하더라도 그 사정만으로는 건축물에 있는 하자나 건축법 등 관계 법령에 위반되는 사실이 정당화되지는 않고, 건축물에 대한 사용검사처분이 취소된다고 하더라도 곧바로 건축물의 하자 상태 등이 제거되거나 보완되는 것도 아니므로, 주택법상 입주자나 입주예정자는 사용검사처분 취소를 구할 법률상 이익이 없다(2011두30454). [날먹행 368p]

□□□□□★★★

판 4-4. 외국인이라고 하더라도 대한민국과의 실질적 관련성 내지 법적으로 보호가치가 있는 이해관계를 형성한 경우에는 사증발급 거부처분의 취소를 구할 원고적격이 인정된다. (21국회8급)

□□□□□★★★

판 4-5. 출입국관리법상의 체류자격 및 사증발급의 기준과 절차에 관한 규정들은 대한민국의 출입국 질서와 국경관리라는 공익을 보호하려는 취지로 해석될 뿐이므로, 동법상 체류자격변경 불허가처분, 강제퇴거명령 등을 다투는 외국인에게는 해당처분의 취소를 구할 법률상 이익이 인정되지 않는다. (23군무원9급,23군무원7급,23경간,19국가7급)

판례 사증발급 거부처분을 다투는 외국인은, 아직 대한민국에 입국하지 않은 상태에서 대한민국에 입국하게 해달라고 주장하는 것으로, 대한민국과의 실질적 관련성 내지 대한 민국에서 법적으로 보호가치 있는 이해관계를 형성한 경우는 아니어서, 해당 처분의 취소를 구할 법률상 이익을 인정하여야 할 법정책적 필요성도 크지 않다. 반면, 국적법상 귀화불허가처분이나 출입국관리법상 체류자격변경 불허가처분, 강제퇴거명령 등을 다투는 외국인은 대한민국에 적법하게 입국하여 상당한 기간을 체류한 사람이므로, 이미 대한민국과의 실질적 관련성 내지 대한민국에서 법적으로 보호가치 있는 이해관계를 형성한 경우이어서, 해당 처분의 취소를 구할 법률상 이익이 인정된다고 보아야 한다(2014두42506). [날먹행 368p]

OX 정답

4-1. X 4-2. X 4-3. X 4-4. O 4-5. X

□□□□□ ★★★

판 4-6. 중국 국적자인 외국인이 사증발급 거부처분의 취소를 구하는 경우 원고적격이 부정된다. (22국회9급,21국가9급,20군무원7급,19국가7급)

판례 사증발급은 외국인에게 대한민국에 입국할 권리를 부여하거나 입국을 보장하는 완전한 의미에서의 입국허가결정이 아니라, 외국인이 대한민국에 입국하기 위한 예비조건 내지 입국허가의 추천으로서의 성질을 가진다고 봄이 타당하다. **사증발급 거부처분을 다투는 외국인은, 아직 대한민국에 입국하지 않은 상태에서 대한민국에 입국하게 해달라고 주장하는 것으로, 대한민국과의 실질적 관련성 내지 대한 민국에서 법적으로 보호가치 있는 이해관계를 형성한 경우는 아니어서,** 해당 처분의 취소를 구할 법률상 이익을 인정하여야 할 법정책적 필요성도 크지 않다. 이를 고려하면, **우리 출입국관리법의 해석상 외국인에게는 사증발급 거부처분의 취소를 구할 법률상 이익이 인정되지 않는다**(2014두42506). [날먹행 368p]

□□□□□ ★★★

판 4-7. 대한민국에서 출생하여 오랜 기간 대한민국 국적을 보유하면서 거주한 재외동포는 사증발급 거부처분의 취소를 구할 법률상 이익이 있다. (22국가9급,21국회8급)

판례 **원고는 대한민국에서 출생하여 오랜 기간 대한민국 국적을 보유하면서 거주한 사람이므로 이미 대한민국과 실질적 관련성이 있거나 대한민국에서 법적으로 보호가치 있는 이해관계를 형성**하였다고 볼 수 있다. 또한 재외동포의 대한민국 출입국과 대한민국 안에서의 법적 지위를 보장함을 목적으로 「재외동포의 출입국과 법적 지위에 관한 법률」(이하 '재외동포법'이라 한다)이 특별히 제정되어 시행 중이다. 따라서 **원고는 이 사건 사증발급 거부처분의 취소를 구할 법률상 이익이 인정**되므로, 원고적격 또는 소의 이익이 없어 이 사건 소가 부적법하다는 피고의 주장은 이유 없다(2017두38874). [날먹행 368p]

□□□□□

판 4-8. 아파트관리사무소 소장으로 근무하면서 관리사무소를 위하여 종합소득세의 신고·납부, 경정청구 등의 업무를 처리하였다는 사실만으로도, 위 소장에게 경정청구를 거부한 과세관청의 처분에 대해 취소를 구할 법률상의 이익이 있다고 보아야 한다. (22소방승진)

판례 아파트관리사무소 소장으로 근무하면서 관리사무소를 위하여 종합소득세의 신고·납부, 경정청구 등의 업무를 처리하였다는 것만으로는, 위 소장에게 경정청구를 거부한 과세관청의 처분에 대해 취소를 구할 법률상의 이익이 있다고 보기 어렵다(2002두1267). [날먹행 368p]

□□□□□ ★★

이 5. 행정처분에 있어서 불이익처분의 상대방은 직접 개인적 이익의 침해를 받은 자로서 취소소송의 원고적격이 인정되지만 수익처분의 상대방은 그의 권리나 법률상 보호되는 이익이 침해되었다고 볼 수 없으므로 달리 특별한 사정이 없는 한 취소를 구할 이익이 없다. (23경간,17국가9급)

- **수익적 처분의 상대방**은 그의 권리나 법률상 보호되는 이익이 침해되었다고 볼 수 없으므로 달리 특별한 사정이 없는 한 취소를 구할 이익이 없다. [날먹행 368p]

OX 정답

4-6. ○ 4-7. ○ 4-8. X 5. ○

□□□□□

판 6. 면허받은 장의자동차운송사업구역을 위반하였음을 이유로 한 행정청의 과징금부과처분에 의하여 동종업자의 영업이 보호되는 결과는 사업구역제도의 반사적 이익에 불과하기 때문에 그 과징금부과처분을 취소한 재결에 대하여 처분의 상대방이 아닌 제3자는 그 취소를 구할 법률상 이익이 없다. (12서울9급)

판례 면허받은 장의자동차운송사업구역에 위반하였음을 이유로 한 행정청의 과징금부과처분에 의하여 동종업자의 영업이 보호되는 결과는 사업구역제도의 반사적 이익에 불과하기 때문에 그 과징금부과처분을 취소한 재결에 대하여 처분의 상대방 아닌 제3자는 그 취소를 구할 법률상 이익이 없다(91누13700). [날먹행 369p]

□□□□□ ★★★

판 7-1. 채석허가를 받은 자로부터 영업양수 후 명의변경신고 이전에 양도인의 법위반사유를 이유로 채석허가가 취소된 경우, 양수인은 수허가자의 지위를 사실상 양수받았다고 하더라도 그 처분의 취소를 구할 법률상 이익을 가지지 않는다. (19서울9급,18지방9급,17국가7급,15국가7급)

판례 채석허가가 일반적 · 상대적 금지를 해제하여 자유를 회복시켜 주는 것일 뿐 권리를 설정하는 것이 아니어서 행정청과의 관계에서 수허가자의 지위의 승계를 직접 주장할 수는 없다 하더라도, 채석허가가 대물적 허가의 성질을 아울러 가지고 있고 **수허가자의 지위를 사실상 양수한 양수인의 이익을 보호하고자 하는 데 있는 것**으로 해석되므로, **수허가자의 지위를 양수받아 명의변경신고를 할 수 있는 양수인의 지위는 반사적 이익이나 사실상의 이익이 아니라 산림법령에 의하여 보호되는 직접적이고 구체적인 이익으로서 법률상 이익이라고 할 것**이고, 채석허가가 유효하게 존속하고 있다는 것이 양수인의 명의변경신고의 전제가 된다는 의미에서 관할 행정청이 양도인에 대하여 채석허가를 취소하는 처분을 하였다면 이는 양수인의 지위에 대한 직접적 침해가 된다고 할 것이므로 양수인은 채석허가를 취소하는 처분의 취소를 구할 법률상 이익을 가진다(2001두6289). [날먹행 369p]

□□□□□ ★★★

판 7-2. 공매 등의 절차로 영업시설의 전부를 인수함으로써 영업자의 지위를 승계한 자가 관계행정청에 이를 신고하여 관계행정청이 그 신고를 수리하는 처분에 대해 종전 영업자는 제3자로서 그 처분의 취소를 구할 법률상 이익이 인정되지 않는다. (19국가9급,14지방9급)

판례 구 체육시설의 설치 · 이용에 관한 법률 제20조, 제27조의 각 규정 등에 의하면 체육시설업자로부터 영업을 양수하거나 문화체육관광부령으로 정하는 체육시설업의 시설 기준에 따른 필수시설을 인수한 자가 관계 행정청에 이를 신고하여 행정청이 수리하는 경우에는 **종전 체육시설업자는 적법한 신고를 마친 체육시설업자의 지위를 부인당할 불안정한 상태에 놓이게 되므로,** 그로 하여금 이러한 수리행위의 적법성을 다투어 법적 불안을 해소할 수 있도록 하는 것이 법치행정의 원리에 맞는다(2011두29144). [날먹행 369p]

OX 정답

6. ○ 7-1. X 7-2. X

□□□□□ ★★

판 7-3. 예탁금회원제 골프장에 가입되어 있는 기존 회원은 그 골프장 운영자가 당초 승인을 받을 때 정한 예정인원을 초과하여 회원을 모집하는 내용의 회원모집계획서에 대한 시 · 도지사의 검토결과통보의 취소를 구할 법률상 이익이 있다. (22군무원7급,16지방9급)

판례 예탁금회원제 골프장에 있어서, 체육시설업자 또는 그 사업계획의 승인을 얻은 자가 회원모집계획서를 제출하면서 예정인원을 초과하여 회원을 모집하는 내용의 회원모집계획서를 제출하여 그에 대한 시 · 도지사 등의 검토결과 통보를 받는다면 이는 기존회원의 골프장에 대한 법률상의 지위에 영향을 미치게 되므로, **기존회원**은 위와 **같은 회원모집계획서에 대한 시 · 도지사의 검토결과 통보의 취소를 구할 법률상의 이익이 있다**고 보아야 한다(2006두16243). [날먹행 369p]

□□□□□ ★★

판 7-4. 지방법무사회가 법무사의 사무원 채용승인 신청을 거부하여 사무원이 될 수 없게 된 자가 지방법무사회를 상대로 거부처분의 취소를 구하는 경우, 원고적격이 인정된다. (23변시,22소방승진.22국가9급,21국가9급,21국가7급)

판례 지방법무사회가 법무사의 사무원 채용승인 신청을 거부하거나 채용승인을 얻어 채용 중인 사람에 대한 채용승인을 취소하면, **상대방인 법무사로서도 그 사람을 사무원으로 채용할 수 없게 되는 불이익을 입게 될 뿐만 아니라, 그 사람도 법무사 사무원으로 채용되어 근무할 수 없게 되는 불이익을 입게 된다.** 따라서 지방법무사회의 사무원 채용승인 거부처분 또는 채용승인 취소처분에 대해서는 **처분 상대방인 법무사뿐만 아니라 그 때문에 사무원이 될 수 없게 된 사람도 이를 다툴 원고적격이 인정되어야** 한다(2015다34444). [날먹행 369p]

□□□□□ ★

판 8. 법인의 주주가 그 처분으로 인하여 궁극적으로 주식이 소각되거나 주주의 법인에 대한 권리가 소멸하는 등 주주의 지위에 중대한 영향을 초래하게 되는데도 그 처분의 성질상 당해 법인이 이를 다툴 것을 기대할 수 없고 달리 주주의 지위를 보전할 구제방법이 없는 경우에는 주주도 그 처분에 관하여 직접적이고 구체적인 법률상 이해관계를 가진다고 보이므로 그 취소를 구할 원고적격이 있다. (22국회9급,21군무원9급)

판례 일반적으로 법인의 주주는 당해 법인에 대한 행정처분에 관하여 사실상이나 간접적인 이해관계를 가질 뿐이어서 스스로 그 처분의 취소를 구할 원고적격이 없는 것이 원칙이라고 할 것이지만, **그 처분으로 인하여 궁극적으로 주식이 소각되거나 주주의 법인에 대한 권리가 소멸하는 등 주주의 지위에 중대한 영향을 초래하게 되는데도 그 처분의 성질상 당해 법인이 이를 다툴 것을 기대할 수 없고 달리 주주의 지위를 보전할 구제방법이 없는 경우**에는 주주도 그 처분에 관하여 직접적이고 구체적인 법률상 이해관계를 가진다고 보이므로 그 취소를 구할 **원고적격이 있다**(2000두2648). [날먹행 370p]

OX 정답

7-3. ○ 7-4. ○ 8. ○

□□□□□ ★★★

판 9. 지방자치단체가 건축물 소재지 관할 허가권자인 지방자치단체의 장을 상대로 건축협의취소의 취소를 구하는 사안에서의 지방자치단체는 행정소송의 원고적격을 갖는다. (23경간,22지방7급,19국회8급,17지방9급)

판례▶ 건축협의의 실질은 지방자치단체 등에 대한 건축허가와 다르지 않으므로, 지방자치단체 등이 건축물을 건축하려는 경우 미리 허가권자인 지방자치단체의 장과 건축협의를 하지 않으면, 지방자치단체라 하더라도 건축물을 건축할 수 없다. 따라서 **건축협의취소는 상대방이 다른 지방자치단체 등 행정주체라 하더라도 '행정청이 행하는 구체적 사실에 관한 법집행으로서의 공권력 행사'로서 처분에 해당한다고 볼 수 있고, 지방자치단체인 원고가 이를 다툴 실효적 해결 수단이 없는 이상, 원고는** 건축물 소재지 관할 허가권자인 지방자치단체의 장을 상대로 항고소송을 통해 **건축협의취소의 취소를 구할 수 있다**(2012두22980).
→ 지자체는 공법인으로서 법주체에 해당하므로, 원고적격 인정 ○ [날먹행 369p]

□□□□□ ★★★

판 10-1. 법령이 특정한 행정기관 등으로 하여금 다른 행정기관을 상대로 제재적 조치를 취할 수 있도록 하면서, 그에 따르지 않으면 그 행정기관에 대하여 과태료를 부과하거나 형사처벌을 할 수 있도록 정하는 경우, 권리구제나 권리보호의 필요성이 인정된다면 예외적으로 그 제재적 조치의 상대방인 행정기관 등에게 항고소송 원고로서의 당사자능력과 원고적격을 인정할 수 있다. (23군무원9급,19국가7급)

판례▶ 법령이 특정한 행정기관 등으로 하여금 다른 행정기관을 상대로 제재적 조치를 취할 수 있도록 하면서, 그에 따르지 않으면 그 행정기관에 대하여 과태료를 부과하거나 형사처벌을 할 수 있도록 정하는 경우가 있다. 이 경우 항고소송을 통한 구제의 길을 열어주는 것이 법치국가 원리에도 부합한다. 따라서 이러한 권리구제나 권리보호의 필요성이 인정된다면 예외적으로 그 제재적 조치의 상대방인 행정기관 등에게 항고소송 원고로서의 당사자능력과 원고적격을 인정할 수 있다. (2014두35379). [날먹행 369p]

□□□□□ ★★★

판 10-2. 국가기관인 시 · 도 선거관리위원회 위원장은 국민권익위원회가 그에게 소속직원에 대한 중징계요구를 취소하라는 등의 조치요구를 한 것에 대해서 취소소송을 제기할 원고적격을 가진다고 볼 수 없다. (22국회8급,16국가9급)

□□□□□ ★★★

판 10-3. 소방청장이 처분성이 인정되는 국민권익위원회의 조치요구에 불복하여 조치요구의 취소를 구하는 경우, 소방청장에게 원고적격이 인정된다. (23군무원7급,23경간,22국가9급,21국가9급,20소방,19국회8급)

- **국가기관의 원고적격**

원칙: 독립된 법인격이 없는 국가기관은 원고적격 인정 ×

예외: 판례는 ① 다툴 별다른 방법이 없는 경우, ② 법령이 특정한 행정기관으로 하여금 다른 행정기관에 제재적 조치를 취할 수 있도록 하면서 그에 따르지 않으면 그 행정기관에 과태료 등을 과할 수 있도록 정하는 경우, 권리구제나 권리보호의 필요성이 인정된다면 예외적**으로 그 제재적 조치의 상대방인 행정기관의 항고소송의 원고적격을** 인정할 수 있다.

판례▶ 국민권익위원회가 소방청장에게 인사와 관련하여 부당한 지시를 한 사실이 인정된다며 이를 취소할 것을 요구하기로 의결하고 그 내용을 통지하자 소방청장이 국민권익위원회 조치요구의 취소를 구하는 소송을 제기한 사안에서, **처분성이 인정되는 국민권익위원회의 조치요구에 불복하고자 하는 소방청장으로서는 조치요구의 취소를 구하는 항고소송을 제기하는 것이 유효·적절한 수단으로 볼 수 있으므로 소방청장이 예외적으로 당사자능력과 원고적격을 가진다**(2014두35379). [날먹행 370p]

OX 정답

9. ○ 10-1. ○ 10-2. X 10-3. ○

☐☐☐☐☐ ★★

판 10-4. 국가는 허가권자인 지방자치단체의 장이 한 건축협의 거부행위에 대하여 법적 분쟁을 해결할 실효적인 다른 법적 수단이 없는 경우 허가권자를 상대로 항고소송을 통해 그 거부처분의 취소를 구할 수 있다. (22국회9급,21군무원9급)

- 국가는 감독권을 행사하여 자신의 의사를 관철시킬 수 있으므로, **원칙적으로 원고적격 인정X** ,그러나 **예외적으로 인정된 사례도 있음**(아래 판례) .

판례 허가권자인 지방자치단체의 장이 한 건축협의 거부행위는 비록 그 상대방이 국가 등 행정주체라 하더라도, 행정청이 행하는 구체적 사실에 관한 법집행으로서의 공권력 행사의 거부 내지 이에 준하는 행정작용으로서 행정소송법 제2조 제1항 제1호에서 정한 처분에 해당한다고 볼 수 있고, 이에 대한 **법적 분쟁을 해결할 실효적인 다른 법적 수단이 없는 이상 국가 등은 허가권자를 상대로 항고소송을 통해 그 거부처분의 취소를 구할 수 있다**고 해석된다(2013두15934).

[날먹행 370p]

☐☐☐☐☐ ★★★

이 11-1. 기존업자가 특허기업인 경우에는 그 특허로 인하여 받은 영업상 이익은 반사적 이익 내지 사실상 이익에 불과한 것으로 보는 것이 일반적이나, 허가기업인 경우에는 기존업자가 그 허가로 인하여 받은 영업상 이익은 법률상 이익으로 본다. (21군무원9급,20지방9급,17국회8급,15국가9급 등)

☐☐☐☐☐ ★★★

이 11-2. 일반적으로 면허 등의 수익적 행정처분의 근거가 되는 법률이 해당 업자들 사이의 과당경쟁으로 인한 경영의 불합리를 방지하는 것도 목적으로 하는 경우 이미 같은 종류의 면허 등을 받아 영업을 하고 있는 기존의 업자는 경업자에 대하여 이루어진 면허 등 행정처분의 상대방이 아니라 하더라도 당해 행정처분의 취소를 구할 법률상 이익이 있다. (23국회8급,22서울7급)

☐☐☐☐☐ ★★

이 11-3. 경업자에 대한 행정처분이 경업자에게 불리한 내용이라면 그와 경쟁관계에 있는 기존의 업자에게는 특별한 사정이 없는 한 유리할 것이지만 기존의 업자는 그 행정처분의 무효확인 또는 취소를 구할 법률상 이익이 있다. (23국회8급,22소방승진)

- **경업자소송과 원고적격**
  - **특허:** 기존업자가 특허기업인 경우에는 그 특허로 인하여 받는 영업상 이익은 **법률상 이익으로 보아,** 원고적격 인정 (22국회9급)
  - **허가: 원칙 -** 기존업자가 허가를 받아 영업하는 경우에 기존 업자가 허가로 인하여 받는 이익은 반사적 이익에 불과한 것으로서, 원고적격 부정

    예외 - 면허나 인·허가 등의 수익적 행정처분의 근거가 되는 법률이 해당업자들 사이의 과당경쟁으로 인한 경영의 불합리를 방지하는 것도 그 목적으로 하고 있는 경우, 기존의 업자는 경업자에 대하여 이루어진 면허나 인·허가 등 행정처분의 상대방이 아니라 하더라도 **당해 행정처분의 취소를 구할** 원고적격이 있다.

[날먹행 371p]

OX 정답

10-4. ○ 11-1. X 11-2. ○ 11-3. X

□□□□□ ★★★

판 12-1. 일반면허를 받은 시외버스운송사업자에 대한 사업계획변경 인가처분으로 인하여 노선 및 운행계통의 일부 중복으로 기존에 한정면허를 받은 시외버스운송사업자의 수익감소가 예상된다면, 기존의 한정면허를 받은 시외버스운송사업자는 일반면허 시외버스운송사업자에 대한 사업계획변경 인가처분의 취소를 구할 법률상의 이익이 있다. (23국회8급,21국회8급,19국가7급)

판례 일반면허를 받은 시외버스운송사업자에 대한 사업계획변경 인가처분으로 인하여 **기존에 한정면허를 받은 시외버스운송사업자의 노선 및 운행계통과 일반면허를 받은 시외버스운송사업자의 그것이 일부 중복되게 되고 기존업자의 수익감소가 예상**된다면, **기존의 한정면허를 받은 시외버스운송사업자와 일반면허를 받은 시외버스운송사업자는 경업관계**에 있는 것으로 보는 것이 타당하므로, **기존의 한정면허를 받은 시외버스운송사업자는 일반면허 시외버스운송사업자에 대한 사업계획변경인가처분의 취소를 구할 법률상의 이익이 있다**(2015두53824). [날먹행 371p]

□□□□□ ★★★

판 12-2. 기존의 고속형 시외버스운송사업자 A는 경업관계에 있는 직행형 시외버스운송사업자에 대한 사업계획변경인가처분의 취소를 구할 법률상 이익이 있다. (22소방간부,21국회8급)

판례 **고속형 시외버스운송사업과 직행형 시외버스운송사업은 본질적인 차이가 있다고 할 수 없으며, 직행형 시외버스운송사업자에 대한 사업계획변경인가처분으로 인하여 기존의 고속형 시외버스운송사업자의 노선 및 운행계통과 직행형 시외버스운송사업자들의 그것들이 일부 중복되게 되고 기존업자의 수익감소가 예상**된다면, **기존의 고속형 시외버스운송사업자와 직행형 시외버스운송사업자들은 경업관계에 있는 것으로 봄이 상당**하므로, 기존의 고속형 시외버스운송사업자에게 직행형 시외버스운송사업자에 대한 사업계획변경인가처분의 **취소를 구할 법률상의 이익이 있다**고 할 것이다(2010두4179). [날먹행 371p]

□□□□□ ★★★

판 13-1. 한약조제시험을 통하여 약사에게 한약조제권을 인정함으로써 한의사들의 영업상 이익이 감소되었다고 하더라도 이러한 이익은 사실상의 이익에 불과하다. (22군무원9급,21군무원9급,19소방,19서울9급)

판례 한의사 면허는 경찰금지를 해제하는 명령적 행위(강학상 허가)에 해당하고, **한약조제시험을 통하여 약사에게 한약조제권을 인정함으로써 한의사들의 영업상 이익이 감소되었다고 하더라도 이러한 이익은 사실상의 이익에 불과하고 약사법이나 의료법 등의 법률에 의하여 보호되는 이익이라고는 볼 수 없으므로,** 당해 소는 **원고적격이 없는 자들이 제기한 소로서 부적법**하다(92누4289). [날먹행 372p]

□□□□□ ★

판 13-2. 구 '석탄수급조정에 관한 임시조치법' 소정의 석탄가공업에 관한 허가는 사업경영의 권리를 설정하는 형성적 행정행위이므로 기존에 허가를 받은 원고들이 신규허가로 인하여 영업상 이익이 감소될 수 있다는 이유로 기존의 업자에 대해 처분의 취소를 구할 법률상 이익이 있다. (19지방9급,13국회8급)

판례 석탄수급조정에 관한 임시조치법 소정의 **석탄가공업에 관한 허가는 질서유지와 공공복리를 위한 금지를 해제하는 명령적 행정행위여서 그 허가를 받은 자는 영업자유를 회복하는데 불과**하고 독점적 영업권을 부여받은 것이 아니기 때문에 기존허가를 받은 원고들이 신규허가로 인하여 영업상 이익이 감소된다 하더라도 이는 **원고들의 반사적 이익을 침해하는 것에 지나지 아니하므로 원고들은 신규허가 처분에 대하여 행정소송을 제기할 법률상 이익이 없다**(80누33034). [날먹행 372p]

OX 정답

12-1. O 12-2. O 13-1. O 13-2. X

□□□□□ ★

판 13-3. 담배소매인 중에서 구내소매인 지정 처분의 취소를 구하는 일반소매인은 원고적격이 인정되지 않는다. (23군무원7급,14서울9급,12서울9급)

판례 구내소매인과 일반소매인 사이에서는 구내소매인의 영업소와 일반소매인의 영업소 간에 거리제한을 두지 아니할 뿐 아니라 건축물 또는 시설물의 구조·상주인원 및 이용인원 등을 고려하여 동일 시설물 내 2개소 이상의 장소에 구내소매인을 지정할 수 있으며, 이 경우 일반소매인이 지정된 장소가 구내소매인 지정대상이 된 때에는 동일 건축물 또는 시설물 안에 지정된 일반소매인은 구내소매인으로 보고, 구내소매인이 지정된 건축물 등에는 일반소매인을 지정할 수 없으며, 구내소매인은 담배진열장 및 담배소매점 표시판을 건물 또는 시설물의 외부에 설치하여서는 아니 된다고 규정하는 등 일반소매인의 입장에서 구내소매인과의 과당경쟁으로 인한 경영의 불합리를 방지하는 것을 그 목적으로 할 수 있다고 보기 어려우므로, **일반소매인으로 지정되어 영업을 하고 있는 기존업자의 신규 구내소매인에 대한 이익은 법률상 보호되는 이익이 아니라 단순한 사실상의 반사적 이익이라고 해석함이 상당하므로, 기존 일반소매인은 신규 구내소매인 지정처분의 취소를 구할 원고적격이 없다**(2008두402).

비교 - **담배소매업 영업소 간에 일정거리 제한이 있는 경우, 기존 일반담배소매인은 신규 일반담배소매인의 지정처분의 취소를 구할 원고적격이 있다**(2007두23811). [날먹행 372p]

□□□□□ ★★★

판 14-1. 인 · 허가 등 수익적 처분을 신청한 여러 사람이 상호 경쟁관계에 있다면, 그 처분이 타방에 대한 불허가 등으로 될 수 밖에 없는 때에도 수익적 처분을 받지 못한 사람은 처분의 직접 상대방이 아니므로 원칙적으로 당해 수익적 처분의 취소를 구할 수 없다. (22국회9급,17지방9급,17국회8급)

- **경원자소송: 수인의 신청을 받아, 그 중 일부에 대해서만 인 · 허가 등의 수익적 행정처분을 한 경우, 그 인 · 허가를 받지 못한 자가 타인이 받은 인 · 허가처분에 대해 제기하는 항고소송**

판례 인 · 허가 등의 수익적 행정처분을 신청한 수인이 서로 경쟁관계에 있어서 일방에 대한 허가 등의 처분이 타방에 대한 불허가 등으로 귀결될 수밖에 없는 때 **허가 등의 처분을 받지 못한 자**는 비록 **경원자에 대하여 이루어진 허가 등 처분의 상대방이 아니라 하더라도 당해 처분의 취소를 구할 원고 적격이 있다. 다만, 명백한 법적 장애로 인하여 원고 자신의 신청이 인용될 가능성이 처음부터 배제되어 있는 경우에는 당해 처분의 취소를 구할 정당한 이익이 없다**(2009두8359). [날먹행 372p]

□□□□□ ★★★

판 14-2. 경원관계에서 허가처분을 받지 못한 사람은 자신에 대한 거부처분이 취소되더라도, 그 판결의 직접적 효과로 경원자에 대한 허가처분이 취소되거나 효력이 소멸하는 것은 아니므로 자신에 대한 거부처분의 취소를 구할 소의 이익이 없다. (23변시,23국회8급,22군무원7급,21소방간부,21경행,18국회8급)

판례 인가 · 허가 등 수익적 행정처분을 신청한 여러 사람이 **서로 경원관계에 있어서 한 사람에 대한 허가 등 처분이 다른 사람에 대한 불허가 등으로 귀결될 수밖에 없을 때 허가 등 처분을 받지 못한 사람**은 신청에 대한 거부처분의 직접 상대방으로서 **원칙적으로 자신에 대한 거부처분의 취소를 구할 원고적격과 소의 이익이 있다**(2013두27517). [날먹행 372p]

OX 정답

13-3. X 14-1. X 14-2. X

□□□□□ ★★★

판 15-1. 원자로 시설부지 인근 주민들이 방사성물질 등에 의한 생명 · 신체의 안전침해를 이유로 부지 사전승처분의 취소를 구할 때, 원고적격이 인정된다. (22국가9급,15경행)

> **판례** 환경영향평가법 제7조에 정한 환경영향평가대상지역 안의 주민들이 방사성물질 이외의 원인에 의한 환경침해를 받지 아니하고 생활할 수 있는 이익도 직접적 · 구체적 이익으로서 그 보호대상으로 삼고 있다고 보이므로, 이러한 지역 안의 주민에게는 방사성물질에 의한 안전침해를 이유로 부지사전승인처분의 취소를 구할 원고적격이 있다(97누19588). **[날먹행 373p]**

□□□□□

판 15-2. 납골당 설치장소로부터 500m내에 20호 이상의 인가가 밀집하는 지역에 거주하는 주민들의 경우, 납골당이 누구에 의하여 설치되는지와 관계없이 납골당 설치에 대하여 환경 이익 침해 또는 침해 우려가 있는 것으로 사실상 추정되어 원고적격이 인정된다. (12지방7급)

> **판례** **납골시설 설치장소에서 500m 내에 20호 이상의 인가가 밀집한 지역에 거주하는 주민들은 납골당 설치에 대하여 환경상 이익 침해를 받거나 받을 우려가 있는 것으로 사실상 추정된다.** 따라서 납골당 설치장소에서 500m 내에 20호 이상의 인가가 밀집한 지역에 거주하는 주민들에게는 납골당이 **누구에 의하여 설치되는지를 따질 필요 없이 납골당 설치에 대하여 환경 이익 침해 또는 침해 우려가 있는 것으로 사실상 추정되어 원고적격이 인정된다**고 보는 것이 타당하다(2009두6766). **[날먹행 373p]**

□□□□□ ★★

판 15-3. 토사채취로 인하여 생활환경의 피해를 입으리라고 예상되는 인근 지역 주민들의 주거생활환경상의 이익은 토사채취허가의 근거법률에 의하여 보호되는 직접적이고 구체적인 법률상 이익이라고 할 수 있다. (23군무원9급,22소방간부)

> **판례** 구 산림법 및 그 시행령, 시행규칙들의 규정 취지는 산림의 보호 · 육성, 임업생산력의 향상 및 산림의 공익기능의 증진을 도모함으로써 그와 관련된 공익을 보호하려는 데에 그치는 것이 아니라 그로 인하여 직접적이고 중대한 생활환경의 피해를 입으리라고 예상되는 토사채취 허가 등 인근 지역의 주민들이 주거 · 생활환경을 유지할 수 있는 개별적 이익까지도 보호하고 있다고 할 것이므로, 인근 주민들이 토사채취허가와 관련하여 가지게 되는 이익은 처분의 근거법규 등에 의하여 보호되는 직접적·구체적인 법률상 이익이라고 할 것이다(2005두9736). **[날먹행 373p]**

□□□□□ ★★

판 15-4. 김해시장이 낙동강에 합류하는 하천수 주변의 토지에 구 산업집적활성화 및 공장설립에 관한 법률 제13조에 따라 공장설립을 승인하는 처분을 한 경우, 공장설립으로 수질오염 등이 발생할 우려가 있는 취수장에서 물을 공급받는 부산광역시 또는 양산시에 거주하는 주민들도 원고적격이 인정된다. (21소방간부)

> **판례** 김해시장이 낙동강에 합류하는 하천수 주변의 토지에 구 산업집적활성화 및 공장설립에 관한 법률 제13조에 따라 공장설립을 승인하는 처분을 한 사안에서, 공장설립으로 수질오염 등이 발생할 우려가 있는 취수장에서 물을 공급받는 부산광역시 또는 양산시에 거주하는 주민들은 위 처분의 근거 법규 및 관련 법규에 의하여 법률상 보호되는 이익이 침해되거나 침해될 우려가 있는 주민으로서 원고적격이 인정된다(2007두16127). **[날먹행 373p]**

OX 정답

15-1. ○ 15-2. ○ 15-3. ○ 15-4. ○

□□□□□ ★★★

판 15-5. 상수원보호구역 설정의 근거가 되는 규정은 상수원의 확보와 수질보전일 뿐이고, 그 상수원에서 급수를 받고 있는 지역주민들이 가지는 이익은 상수원의 확보와 수질보호라는 공공의 이익이 달성됨에 따라 반사적으로 얻게 되는 이익에 불과하다. (23경간,23소방간부,23국회8급,21소방간부,18경행,17국가9급)

> **판례** 상수원보호구역 설정의 근거가 되는 수도법 제5조 제1항 및 동 시행령 제7조 제1항이 보호하고자 하는 것은 상수원의 확보와 수질보전일 뿐이고, **그 상수원에서 급수를 받고 있는 지역주민들이 가지는 상수원의 오염을 막아 양질의 급수를 받을 이익은 직접적이고 구체적으로는 보호하고 있지 않음이 명백하여 위 지역주민들이 가지는 이익은 상수원의 확보와 수질보호라는 공공의 이익이 달성됨에 따라 반사적으로 얻게 되는 이익에 불과**하므로 지역주민들에 불과한 원고들에게는 위 상수원보호구역변경처분의 취소를 구할 법률상의 이익이 없다(94누14544). [날먹행 373p]

□□□□□ ★★

판 15-6. 재단법인인 수녀원은 소속된 수녀 등이 쾌적한 환경에서 생활할 수 있는 환경상 이익을 침해받는다면 매립목적을 택지조성에서 조선시설용지로 변경하는 내용의 공유수면매립목적 변경 승인처분의 무효확인을 구할 원고적격이 있다. (23군무원9급,23군무원7급,22국회8급,21변시)

> **판례** 공유수면매립목적 변경 승인처분으로 甲 수녀원에 소속된 수녀 등이 쾌적한 환경에서 생활할 수 있는 환경상 이익을 침해받는다고 하더라도 이를 가리켜 곧바로 甲 수녀원의 법률상 이익이 침해된다고 볼 수 없고, 자연인이 아닌 甲 수녀원은 쾌적한 환경에서 생활할 수 있는 이익을 향수할 수 있는 주체가 아니므로 위 처분으로 위와 같은 생활상의 이익이 직접적으로 침해되는 관계에 있다고 볼 수도 없으므로, 甲 수녀원에 처분의 무효확인을 구할 원고적격이 없다(2010두2005). [날먹행 373p]

□□□□□ ★

판 16-1. 대법원은 속리산국립공원 용화집단시설지구의 개발을 위한 공원사업시행허가에 대한 취소소송사건에서 자연공원법령 뿐만 아니라 허가와 불가분적으로 관계가 있는 환경영향평가법령도 공원사업시행허가처분의 근거법령이 된다고 판시하여 근거법률의 범위를 확대하였다. (11국가9급)

> **판례** 피고가 이 사건 처분 등을 함에 있어서는 반드시 자연공원법령 및 환경영향평가법령 소정의 환경영향평가를 거쳐서 그 환경영향평가의 협의내용을 사업계획에 반영시키도록 하여야 하므로, 환경영향평가법령도 이 사건 변경처분 등에 직접적인 영향을 미치는 근거 법령이 된다고 볼 수밖에 없고, 환경영향평가대상사업에 해당하는 국립공원 집단시설지구개발사업에 있어 그 시설물기본설계 변경승인처분 등과 관련하여 환경영향평가대상지역 안의 주민들이 갖고 있는 환경상의 이익은 법률상 이익으로서 대상지역 안의 주민은 소송을 제기할 원고적격이 있다(99두2970). [날먹행 373p]

□□□□□ ★★★

판 16-2. 처분의 근거 법규 또는 관련 법규에 그 처분으로써 이루어지는 행위 등 사업으로 인하여 환경상 침해를 받으리라고 예상되는 영향권의 범위가 구체적으로 규정되어 있는 경우, 그 영향권 내의 주민들에 대하여는 특단의 사정이 없는 한 환경상 이익에 대한 침해 또는 침해 우려가 있는 것으로 사실상 추정된다.
(23변시,23군무원9급,19국가7급)

OX 정답

15-5. O 15-6. X 16-1. O 16-2. O

□□□□□ ★★★

판 16-3. 환경상 이익에 대한 침해 또는 침해 우려가 있는 것으로 사실상 추정되어 원고적격이 인정되는 사람에는 환경상 침해를 받으리라고 예상되는 영향권 내의 주민들을 비롯하여 단지 그 영향권 내의 건물 · 토지를 소유하거나 환경상 이익을 일시적으로 향유하는데 그치는 사람도 포함된다. **(12지방9급)**

□□□□□ ★★★

판 16-4. 판례에 따르면 환경영향평가대상지역 밖의 주민이라 할지라도 수인한도를 넘는 환경피해를 받거나 받을 우려가 있는 경우에는 환경상 이익에 대한 침해나 우려를 입증함으로써 처분을 다툴 수 있다. **(22소방,21변시,21소방간부,17국회8급)**

판례 행정처분의 근거 법규 또는 관련 법규에 그 처분으로써 이루어지는 행위 등 사업으로 인하여 **환경상 침해를 받으리라고 예상되는 영향권의 범위가 구체적으로 규정되어 있는 경우**에는, 그 영향권 내의 주민들**에 대하여는 당해 처분으로 인하여 직접적이고 중대한 환경피해를 입으리라고 예상할 수 있고, 이와 같은 환경상의 이익은 주민 개개인에 대하여 개별적으로 보호되는 직접적 · 구체적 이익**으로서 그들에 대하여는 특단의 사정이 없는 한 환경상 이익에 대한 침해 또는 침해 우려가 있는 것으로 사실상 추정되어 **법률상 보호되는 이익으로 인정됨으로써 원고적격이 인정된다. /** 환경상 이익에 대한 침해 또는 침해 우려가 있는 것으로 **사실상 추정되어 원고적격이 인정되는 사람**에는 환경상 침해를 받으리라고 예상되는 영향권 내의 주민들을 비롯하여 그 영향권 내에서 농작물을 경작하는 등 **현실적으로 환경상 이익을 향유하는 사람도 포함**된다. 그러나 **단지 그 영향권 내의 건물 · 토지를 소유하거나 환경상 이익을 일시적으로 향유하는 데 그치는 사람은 포함되지 않는다. /** 영향권 밖의 주민들은 당해 처분으로 인하여 수인한도를 넘는 환경피해를 받거나 받을 우려가 있다는 **자신의 환경상 이익에 대한 침해 또는 침해 우려가 있음을 입증하여야만 법률상 보호되는 이익으로 인정되어 원고적격이 인정된다**(2010두2005). **[날먹행 374p]**

□□□□□ ★

판 17-1. 개발제한구역 안에서의 공장설립을 승인한 처분이 위법하다는 이유로 쟁송취소되었다면, 설령 그 승인처분에 기초한 공장건축허가처분이 잔존하는 경우에도 인근 주민들에게는 공장건축허가처분의 취소를 구할 법률상 이익이 없다. **(22소방간부,20지방9급,19지방·교행9급)**

판례 **개발제한구역 안에서의 공장설립을 승인한 처분이 위법하다는 이유로 쟁송취소되었다고 하더라도 그 승인처분에 기초한 공장건축허가처분이 잔존하는 이상,** 공장설립승인처분이 취소되었다는 사정만으로 **인근 주민들의 환경상 이익이 침해되는 상태나 침해될 위험이 종료되었다거나 이를 시정할 수 있는 단계가 지나버렸다고 단정할 수는 없고,** 인근 주민들은 여전히 공장건축허가처분의 취소를 구할 법률상 이익이 있다고 보아야 한다(2015두3485). **[날먹행 375p]**

□□□□□ ★★

판 17-2. 학교법인에 의하여 임원으로 선임된 자는 자신에 대한 관할청의 임원취임승인신청 반려처분 취소소송의 원고적격이 있다. **(19서울9급,17서울7급,16지방9급)**

판례 관할청이 학교법인의 임원취임승인신청에 대하여 이를 반려하거나 거부하는 경우 **학교법인에 의하여 임원으로 선임된 사람**은 학교법인의 임원으로 취임할 수 없게 되는 불이익을 입게 되는바, 이와 같은 **불이익은 간접적이거나 사실상의 불이익이 아니라 직접적이고도 구체적인 법률상의 불이익이라 할 것**이므로 학교법인에 의하여 임원으로 선임된 사람에게는 관할청의 임원취임승인신청 반려처분을 다툴 수 있는 **원고적격이 있다**(2005두9651). **[날먹행 375p]**

OX 정답

16-3. X 16-4. O 17-1. X 17-2. O

□□□□□ ★★

판 17-3. 미얀마 국적의 갑이 위명인 을 명의의 여권으로 대한민국에 입국한 뒤 을 명의로 난민신청을 하였으나 법무부장관이 을 명의를 사용한 갑을 직접 면담하여 조사한 후 갑에 대하여 난민불인정 처분을 한 사안에서의 그 처분의 취소를 구하는 갑은 행정소송의 원고적격을 갖는다. **(20국회8급,19국회8급)**

판례 미얀마 국적의 '갑'이 위명인 '을' 명의의 여권으로 대한민국에 입국한 뒤 을 명의로 난민 신청을 하였으나 법무부장관이 을 명의를 사용한 갑을 직접 면담하여 조사한 후 갑에 대하여 난민불인정 처분을 한 경우, **처분의 상대방은 허무인이 아니라 '을'이라는 위명을 사용한 갑이므로, 갑에게는 처분의 취소를 구할 법률상 이익**이 있다(2013두16852).
[날먹행 375p]

□□□□□ ★

판 17-4. 제3자의 접견허가신청에 대한 교도소장의 거부처분에 있어서 접견권이 침해되었다고 주장하는 구속된 피고인은 행정소송의 원고적격을 가지는 자에 해당한다. **(19국회8급,18소방)**

판례 교도소에 미결수용된 자는 소장의 허가를 받아 타인과 접견할 수 있으므로 구속된 피고인이 사전에 접견신청한 자와의 접견을 원하지 않는다는 의사표시를 하였다는 등의 특별한 사정이 없는 한 구속된 피고인은 교도소장의 접견허가거부처분으로 인하여 자신의 접견권이 침해되었음을 주장하여 위 거부처분의 취소를 구할 원고적격을 가진다(91누7552).
[날먹행 375p]

□□□□□ ★★

판 17-5. 대학에 대한 국가연구개발사업의 협약해지통보에 불복하여 협약해지통보의 효력을 다투는 그 연구개발사업의 연구팀장인 교수는 항고소송의 원고적격이 인정된다. **(22국회8급,22경간)**

판례 재단법인 한국연구재단이 甲 대학교 총장에게 연구개발비의 부당집행을 이유로 '해양생물유래 고부가식품·향장·한약 기초소재 개발 인력양성사업에 대한 2단계 **두뇌한국(BK)21 사업' 협약을 해지하고 연구팀장 乙에 대한 국가연구개발사업의 3년간 참여제한 등을 명하는 통보를 하자 乙이 통보 취소를 청구한 사안**에서, 연구개발비를 출연하는 것은 대학에 소속된 연구인력의 역량 강화에도 목적이 있다고 보이는 점, 기본적으로 국가연구개발사업에 대한 연구개발비의 지원은 대학에 소속된 일정한 연구단위별로 신청한 연구개발과제에 대한 것인 점 등에 비추어 보면, **乙은 위 사업에 관한 협약의 해지 통보의 효력을 다툴 법률상 이익이 있다**(2012두28704).
[날먹행 375p]

□□□□□ ★★

판 18-1. 개발제한구역 중 일부 취락을 개발제한구역에서 해제하는 내용의 도시관리계획변경결정에 대하여 개발제한구역 해제대상에서 누락된 토지의 소유자는 그 결정의 취소를 구할 법률상 이익이 있다. **(21국가9급,18지방9급)**

판례 개발제한구역 중 일부 취락을 개발제한구역에서 해제하는 내용의 도시관리계획변경결정에 대하여, 개발제한구역 해제대상에서 누락된 토지의 소유자는 위 결정의 취소를 구할 법률상 이익이 없다(2007두10242).
[날먹행 375p]

OX 정답

17-3. ○ 17-4. ○ 17-5. ○ 18-1. X

□□□□□ ★★

판 18-2. 헌법재판소에 의하면 도시계획사업의 시행으로 토지를 수용당한 사람은 도시계획결정과 토지수용이 당연무효가 아닌 한 도시계획결정 자체의 취소를 청구할 청구할 법률상의 이익이 없다. (12지방9급,11지방7급)

판례 도시계획시설결정은 광범위한 지역과 상당한 기간에 걸쳐 다수의 이해관계인에게 다양한 법률적, 경제적 영향을 미치는 것이므로, **도시계획사업의 시행으로 인한 토지수용에 의하여 이미 소유권을 상실한 청구인**은 도시계획결정과 토지의 수용이 법률에 위반되어 당연무효라고 볼만한 특별한 사정이 보이지 않는 이상 이 사건 토지에 대한 도시계획결정의 취소를 청구할 **법률상의 이익을 흠결**하여 당해소송은 적법한 것이 될 수 없다(2000헌바58). [날먹행 375p]

□□□□□ ★★★

판 18-3. 교육부장관이 사학분쟁조정위원회의 심의를 거쳐 학교법인의 이사와 임시이사를 선임한 데 대하여 대학 교수협의회와 총학생회는 제3자로서 취소소송을 제기할 자격이 있다. (22국회9급,17국가7급,17지방9급)

판례 교육부장관이 사학분쟁조정위원회의 심의를 거쳐 갑 대학교를 설치 · 운영하는 을 학교법인의 이사 8인과 임시이사 1인을 선임한 데 대하여 갑 대학교 교수협의회와 총학생회 등이 이사선임처분의 취소를 구하는 소송을 제기한 사안에서, **甲 대학교 교수협의회와 총학생회는 이사선임처분을 다툴 법률상 이익을 가지지만,** 학교의 직원으로 구성된 노동조합은 교육받을 권리나 학문의 자유를 실현하는 수단으로서 직접 기능한다고 볼 수는 없으므로, **학교직원들로 구성된 전국대학노동조합 乙 대학교지부**는 동 처분을 다툴 법률상 이익이 없다(2012두19496). [날먹행 375p]

□□□□□ ★★

판 18-4. 원천납세의무자는 원천징수의무자에 대한 납세고지를 다툴 수 있는 원고적격이 없다. (17국가7급,15국가9급)

판례 **원천징수에 있어서 원천납세의무자는** 과세권자가 직접 그에게 원천세액을부과한 경우가 아닌 한 과세권자의 원천징수의무자에 대한 납세고지로 인하여 자기의 원천세납세의무의 존부나 범위에 아무런 영향을 받지 아니하므로 이에 대하여 **항고소송을 제기할 수 없다**(93누22234). [날먹행 375p]

□□□□□ ★★

판 18-5. 체납자는 자신이 점유하는 제3자 소유의 동산에 대한 압류처분의 취소나 무효확인을 구할 원고적격이 있다. (22국가7급,20국회8급)

판례 동산의 압류는 세무공무원이 점유함으로써 행하되, 다만 일정한 경우 체납자로 하여금 보관하게 하고 그 사용 또는 수익을 허가할 수 있을 뿐이며, 여기서의 점유는 목적물에 대한 체납자의 점유를 전면적으로 배제하고 세무공무원이 이를 직접 지배, 보관하는 것을 뜻하므로, 과세관청이 조세의 징수를 위하여 체납자가 점유하고 있는 제3자의 소유 동산을 압류한 경우, 그 **체납자는 그 압류처분에 의하여 당해 동산에 대한 점유권의 침해를 받은 자로서 그 압류처분에 대하여 법률상 직접적이고 구체적인 이익을 가지는 것이어서 그 압류처분의 취소나 무효확인을 구할 원고적격이 있다**(2005두15151). [날먹행 375p]

OX 정답

18-2. ○ 18-3. ○ 18-4. ○ 18-5. ○

☐☐☐☐☐★

판 18-6. 운수회사에 대한 과징금부과처분에 대한 취소소송에서 그 부과처분이 자신의 잘못으로 인한 것으로 사후 사실상 변상하여 줄 관계에 있는 운전기사는 원고적격이 있다. (22소방승진)

> **판례** 운전기사의 합승행위를 이유로 회사에 대하여 한 과징금부과처분으로 말미암아 당해 운전기사의 상여금지급이 제한되었다고 하더라도, 과징금부과처분의 직접 당사자 아닌 당해 운전기사로서는 그 처분의 취소를 구할 직접적이고 구체적인 이익이 있다고 볼 수 없다(93누24247).
> [날먹행 376p]

☐☐☐☐☐★

판 18-7. 학과에 재학 중인 대학생들이 전공이 다른 교수의 임용으로 인해 학습권을 침해당하였다는 이유를 들어 교수임용처분의 취소를 구할 때에는 원고적격이 인정된다. (15경행)

> **판례** 대학생들이 전공이 다른 교수를 임용함으로써 학습권을 침해당하였다는 이유를 들어 교수임용처분의 취소를 구할 소의 이익은 없다(93누8139).
> [날먹행 376p]

☐☐☐☐☐

판 18-8. 부교수임용처분에 대하여 같은 학과의 기존교수는 항고소송에서 원고적격이 인정되지 않는다. (18소방)

> **판례** 국립대학 교수에게는 타인을 같은 학과 부교수로 임용한 처분의 취소를 구할 법률상 이익이 없다(95누11856).
> [날먹행 376p]

다. 협의의 소의 이익

☐☐☐☐☐★★★

판 1. 협의의 소익은 상고심 계속 중에도 존속해야 한다. (14서울7급)

> • 협의의 소의 이익은 소송요건으로서, 소의 이익이 없으면 법원은 각하판결을 해야하고, 이러한 소의 이익은 상고심에서도 존속해야 한다.
> [날먹행 376p]

☐☐☐☐☐★★★

판 2. 행정청이 영업허가신청 반려처분의 취소를 구하는 소의 계속 중 사정변경을 이유로 위 반려처분을 직권취소함과 동시에 위 신청을 재반려하는 내용의 재처분을 한 경우 당초의 반려처분의 취소를 구하는 경우, 협의의 소의 이익(권리보호의 필요)이 인정된다. (23소방,22군무원9급,17서울9급)

> **판례** 행정청이 당초의 분뇨 등 관련영업 허가신청 반려처분의 취소를 구하는 소의 계속중, 사정변경을 이유로 위 반려처분을 직권취소함과 동시에 위 신청을 재반려하는 내용의 재처분을 한 경우, 당초의 반려처분의 취소를 구하는 소는 더 이상 소의 이익이 없게 되었다고 한 사례(2004두5317).: **소송 중 처분이 취소·철회 → 소의 이익 없음**
> [날먹행 377p]

OX 정답

18-6. X 18-7. X 18-8. ○ 다 1. ○ 2. X

□□□□□ ★★★

판 3. 행정청이 직위해제 상태에 있는 공무원에 대하여 새로운 직위해체사유에 기한 직위해체처분을 한 경우 그 이전에 한 직위해제처분의 취소를 구할 소의 이익이 없다. **(22소방승진,16지방7급)**

> **판례** 행정청이 공무원에 대하여 새로운 직위해제사유에 기한 직위해제처분을 한 경우 그 이전에 한 직위해제처분은 이를 묵시적으로 철회하였다고 봄이 상당하므로, 그 이전 처분의 취소를 구하는 부분은 존재하지 않는 행정처분을 대상으로 한 것으로서 그 소의 이익이 없어 부적법하다(2003두5945). **[날먹행 377p]**

□□□□□ ★★★

판 4-1. 구 '도시 및 주거환경정비법'상 조합설립추진위원회 구성승인처분을 다투는 소송 계속 중에 조합설립인가처분이 이루어졌다면 조합설립추진위원회 구성승인처분에 대한 취소를 구할 법률상 이익은 없다. **(23소방,21국가9급,18지방9급,17서울7급)**

> **판례** 조합설립추진위원회(이하 '추진위원회'라고 한다) **구성승인처분**은 조합의 설립을 위한 주체인 추진위원회의 구성행위를 보충하여 그 효력을 부여하는 처분으로서 **조합설립이라는 종국적 목적을 달성하기 위한 중간단계의 처분**에 해당하나, **추진위원회 구성승인처분을 다투는 소송 계속 중에 조합설립인가처분이 이루어진 경우**에는, 추진위원회 구성승인처분에 위법이 존재하여 조합설립인가 신청행위가 무효라는 점 등을 들어 직접 조합설립인가처분을 다툼으로써 정비사업의 진행을 저지하여야 하고, 이와는 **별도로 추진위원회 구성승인처분에 대하여 취소 또는 무효확인을 구할 법률상의 이익은 없다**고 보아야 한다(2011두11112).
> **: 다른 처분으로 대체되어 처분이 소멸 → 소의 이익 없음** **[날먹행 377p]**

□□□□□

판 4-2. 거부처분이 재결에서 취소된 경우 재결에 따른 후속 처분이 아니라 그 재결의 취소를 구하는 것은 실효적이고 직접적인 권리구제수단이 될 수 없어 분쟁해결의 유효적절한 수단이라고 할 수 없으므로 법률상 이익이 없다. **(22서울7급)**

> **판례** 거부처분을 취소하는 재결이 있더라도 그에 따른 후속처분이 있기까지는 제3자의 권리나 이익에 변동이 있다고 볼 수 없고 후속처분 시에 비로소 제3자의 권리나 이익에 변동이 발생하며, 재결에 대한 항고소송을 제기하여 재결을 취소하는 판결이 확정되더라도 그와 별도로 후속처분이 취소되지 않는 이상 후속처분으로 인한 제3자의 권리나 이익에 대한 침해 상태는 여전히 유지된다. 이러한 점들을 종합하면, 거부처분이 재결에서 취소된 경우 재결에 따른 후속처분이 아니라 그 재결의 취소를 구하는 것은 실효적이고 직접적인 권리구제수단이 될 수 없어 분쟁해결의 유효적절한 수단이라고 할 수 없으므로 법률상 이익이 없다(2015두45045). **[날먹행 377p]**

□□□□□ ★

판 5-1. 행정청의 감액처분에 의하여 감액된 부분에 대한 부과처분 취소청구는 이미 소멸하고 없는 부분에 대한 것이라 하여도 소의 이익은 존재한다. **(18경행)**

> **판례** 행정청이 과징금 부과처분을 한 후 부과처분의 하자를 이유로 감액처분을 한 경우, 감액된 부분에 대한 부과처분 취소청구는 이미 소멸하고 없는 부분에 대한 것으로서 소의 이익이 없어 부적법하다.(2015두2352). **[날먹행 377p]**

OX 정답

3. ○ 4-1. ○ 4-2. ○ 5-1. X

□□□□□ ★★

판 5-2. 행정처분의 효력기간이 경과한 후에는 그 처분이 외형상 잔존함으로 인하여 어떠한 법률상 이익이 침해되고 있다고 볼 사정이 없는 한 그 처분의 취소를 구할 법률상 이익이 없다. **(16국가9급,14사복9급)**

판례 행정처분에 그 효력기간이 정하여져 있는 경우, 그 처분의 효력 또는 집행이 정지된 바 없다면 위 기간의 경과로 그 행정처분의 효력은 상실되므로 그 기간 경과 후에는 그 처분이 외형상 잔존함으로 인하여 어떠한 법률상 이익이 침해되고 있다고 볼 만한 별다른 사정이 없는 한 그 처분의 취소를 구할 법률상의 이익이 없다(2000두7254).: **처분의 기간이 경과되어 실효된 경우 → 소의 이익 없음** **[날먹행 378p]**

□□□□□ ★★

판 5-3. 가중요건이 법령에 규정되어 있는 경우, 업무정지처분을 받은 후 새로운 제재처분을 받음이 없이 법률이 정한 기간이 경과하여 실제로 가중된 제재처분을 받을 우려가 없어졌다면 특별한 사정이 없는 한 업무정지처분의 취소를 구할 법률상 이익이 인정되지 않는다. **(23군무원7급,19국가9급)**

□□□□□ ★★

판 5-4. 건축사 업무정지처분을 받은 후 새로운 업무정지처분을 받음이 없이 1년이 경과하여 실제로 가중된 제재처분을 받을 우려가 없게 된 경우, 그 처분에서 정한 정지기간이 경과한 이상 특별한 사정이 없는 한 업무정지처분의 취소를 구할 법률상 이익이 없다. **(17지방9급)**

판례 건축사법 제28조 제1항이 건축사 업무정지처분을 연 2회 이상 받고 그 정지기간이 통산하여 12월 이상이 될 경우에는 가중된 제재처분인 건축사사무소 등록취소처분을 받게 되도록 규정하고 있으나, 업무정지처분을 받은 후 새로운 업무정지처분을 받음이 없이 1년이 경과하여 실제로 가중된 제재처분을 받을 우려가 없어졌다면 위 처분에서 정한 정지기간이 경과한 이상 특별한 사정이 없는 한 그 처분의 취소를 구할 법률상 이익이 없다(98두10080). **[날먹행 378p]**

□□□□□

판 5-5. 과세처분이 있은 후 증액경정처분이 있었는데, 당초의 과세처분의 취소를 구하는 경우 소의 이익이 없다. **(22국회9급)**

판례 국세기본법 제22조의2의 시행 이후에도 증액경정처분이 있는 경우, 당초 신고나 결정은 증액경정처분에 흡수됨으로써 독립한 존재가치를 잃게 된다고 보아야 하므로, 원칙적으로는 당초 신고나 결정에 대한 불복기간의 경과 여부 등에 관계없이 증액경정처분만이 항고소송의 심판대상이 되고, 납세의무자는 그 항고소송에서 당초 신고나 결정에 대한 위법사유도 함께 주장할 수 있다고 해석함이 타당하다. (2006두17390) **[날먹행 378p]**

OX 정답

5-2. ○ 5-3. ○ 5-4. ○ 5-5. ○

□□□□□ ★★★

판 6-1. 제재적 행정처분의 가중요건이 부령인 시행규칙상 처분기준으로 규정되어 있는 경우, 처분에서 정한 제재기간이 경과하였다면 그에 따라 선행처분을 받은 상대방은 그 처분의 취소를 구할 법률상 이익이 없다. **(22국회9급,22군무원9급,21소방간부,21군무원7급,17지방9급)**

판례 **규칙이 정한 바에 따라** 선행처분을 가중사유 또는 전제요건으로 하는 후행처분을 받을 우려가 현실적으로 존재하는 경우에는, **선행처분을 받은 상대방은 비록 그 처분에서 정한 제재기간이 경과하였다 하더라도 그 처분의 취소소송을 통하여 그러한 불이익을 제거할 권리보호의 필요성이 충분히 인정된다고 할 것**이므로, 선행처분의 취소를 구할 법률상 이익이 있다고 보아야 한다(2003두1684). **[날먹행 378p]**

□□□□□

판 6-2. 어떤 사유에 기하여 공무원을 직위해제한 후 그 직위해제 사유와 동일한 사유를 이유로 징계처분을 하였다면 뒤에 이루어진 징계처분에 의하여 그 전에 있었던 직위해제처분은 그 효력을 상실하지 않는다. **(17국가7급,15지방7급)**

판례 직위해제처분은 근로자로서의 지위를 그대로 존속시키면서 그 직위만을 부여하지 아니하는 처분이므로 그 직위해제 사유와 동일한 사유를 이유로 징계처분을 하였다면 뒤에 이루어진 징계처분에 의하여 그 전에 있었던 직위해제처분은 그 효력을 상실한다. 즉 **직위해제처분이 소급적으로 소멸하여 처음부터 직위해제처분이 없었던 것과 같은 상태로 되는 것이 아니라 사후적으로 그 효력이 소멸한다는 의미**이다. 따라서 **인사규정 등에서 직위해제처분에 따른 효과로 승진·승급에 제한을 가하는 등의 법률상 불이익을 규정하고 있는 경우에는 직위해제처분을 받은 근로자는 이러한 법률상 불이익을 제거하기 위하여 그 실효된 직위해제처분에 대한 구제를 신청할 이익이 있다**(2007두18406). **[날먹행 378p]**

□□□□□ ★★

판 7-1. 학교법인 임원취임승인의 취소처분 후 그 임원의 임기가 만료되고 구 '사립학교법' 소정의 임원결격사유기간마저 경과한 경우에 취임승인이 취소된 임원은 취임승인취소처분의 취소를 구할 소의 이익이 없다. **(18지방9급,17지방9급)**

- **소의 이익이 여전히 남아있는 경우 → 예외적으로 소의 이익 인정**

판례 취임승인이 취소된 학교법인의 정식이사들에 대하여, 원래 정해져 있던 임기가 만료되고, 구 사립학교법 제22조 제2호 소정의 임원결격사유기간마저 경과하였다 하더라도, (중략) 그 정식이사들은 후임이사 선임시까지 민법 제691조의 유추적용에 의하여 직무 수행에 관한 긴급처리권을 가지게 되고 이에 터잡아 후임 정식이사들을 선임할 수 있게 되는바, 임원취임승인취소처분의 취소를 구할 소의 이익이 있다(2006두19297). **[날먹행 378p]**

□□□□□ ★★

판 7-2. 파면처분 취소소송의 사실심 변론종결 전에 금고 이상의 형을 선고받아 당연퇴직된 경우에도 해당 공무원은 파면처분의 취소를 구할 이익이 있다. **(21지방9급)**

판례 파면처분취소소송의 사실심변론종결전에 동원고가 허위공문서등작성죄로 징역 8월에 2년간 집행유예의 형을 선고받아 확정되었다면 원고는 지방공무원법의 규정에 따라 위 판결이 확정된 날 당연퇴직되어 그 공무원의 신분을 상실하고, 최소한도 이 사건 파면처분이 있은 때부터 위 법규정에 의한 당연퇴직일자까지의 기간에 있어서는 파면처분의 취소를 구하여 그로 인해 박탈당한 이익의 회복을 구할 소의 이익이 있다 할 것이다(85누39). **[날먹행 380p]**

OX 정답

6-1. X 6-2. X 7-1. X 7-2. O

□□□□□ ★★

판 7-3. 처분의 취소로 원상회복이 불가능하게 보이지만, 동일한 사유로 위법한 처분이 반복될 위험성이 있어 행정처분의 위법성 확인 내지 불분명한 법률문제에 대한 해명이 필요하여 취소를 구하는 경우, 또는 예외적으로 취소를 통해 회복되는 권리나 이익이 남아있는 경우에는 그 처분의 취소를 구할 소의 이익이 있다. (23소방간부,22서울7급22국회9급,21소방간부)

판례 처분청의 직권취소에도 완전한 원상회복이 이루어지지 않아 **무효확인 또는 취소로써 회복할 수 있는 다른 권리나 이익이 남아 있거나** 또는 동일한 소송 당사자 사이에서 그 행정처분과 **동일한 사유로 위법한 처분이 반복될 위험성이 있어 행정처분의 위법성 확인 내지 불분명한 법률문제에 대한 해명이 필요한 경우** 행정의 적법성 확보와 그에 대한 사법통제, 국민의 권리구제의 확대 등의 측면에서 예외적으로 그 처분의 취소를 구할 소의 이익을 인정할 수 있다(2006두19297). [날먹행 378p]

□□□□□ ★★★

판 8-1. 행정처분의 취소를 구하는 소에서, 비록 행정처분의 위법을 이유로 무효확인 또는 취소 판결을 받더라도 처분에 의하여 발생한 위법상태를 원상회복시키는 것이 불가능한 경우에는 원칙적으로 취소를 구할 법률상 이익이 없으므로, 수소법원은 소를 각하하여야 한다. (23소방,22국가9급)

판례 행정처분의 무효확인 또는 취소를 구하는 소에서, 비록 행정처분의 위법을 이유로 무효확인 또는 취소 판결을 받더라도 처분에 의하여 발생한 위법상태를 원상으로 회복시키는 것이 불가능한 경우에는 원칙적으로 무효확인 또는 취소를 구할 법률상 이익이 없다(2013두1638). [날먹행 380p]

□□□□□ ★★

판 8-2. 건축허가처분의 취소를 구하는 소를 제기하기 전에 건축공사가 완료된 경우에는 소의 이익이 없으나, 소를 제기한 후 사실심변론종결일 전에 건축공사가 완료된 경우에는 소의 이익이 있다. (22국가9급,21군무원7급,18서울7급 등)

판례 건축허가가 건축법 소정의 이격거리를 두지 아니하고 건축물을 건축하도록 되어 있어 위법하다 하더라도 그 건축허가에 기하여 건축공사가 완료되었다면 위 처분의 취소가 필요한 것이 아니므로 원고로서는 위 처분의 취소를 구할 법률상의 이익이 없다(91누111131).: **원상회복이 불가능한 경우 → 원칙적으로 소의 이익 부정**

- **소의 이익은 상고심까지 유지되어야** 하므로, **사실심 변론종결일 전에 건축공사가 완료된 경우, 소의 이익 없어짐.**

[날먹행 379p]

□□□□□ ★★

판 8-3. 건축공사 완료 후에는 건물준공처분의 취소를 구할 협의의 소익이 없다. (14서울7급)

판례 인접건물이 건축공사 완료 후준공검사를 받은 경우 인접건물 소유자가 건물중공처분의 무효확인이나 취소를 구할 법률상 이익은 없다(93누13988). [날먹행 379p]

OX 정답

7-3. O 8-1. O 8-2. X 8-3. O

□□□□□

판 8-4. 대집행계고처분 취소소송의 변론종결 전에 대집행영장에 의한 통지절차를 거쳐 사실행위로서 대집행의 실행이 완료된 경우에는 행위가 위법한 것이라는 이유로 손해배상이나 원상회복 등을 청구하는 것은 별론으로 하고 처분의 취소를 구할 법률상 이익은 없다. **(23군무원7급,22소방승진)**

> **판례** 대집행계고처분 취소소송의 변론종결 전에 대집행영장에 의한 통지절차를 거쳐 사실행위로서 대집행의 실행이 완료된 경우에는 행위가 위법한 것이라는 이유로 손해배상이나 원상회복 등을 청구하는 것은 별론으로 하고 처분의 취소를 구할 법률상 이익은 없다(93누6164). **[날먹행 379p]**

□□□□□ ★★★

판 9-1. 서울대학교 불합격처분의 취소를 구하는 소송계속 중 당해연도의 입학시기가 지난 경우에도 불합격처분의취소를 구할 법률상의 이익이 있다. **(14지방7급)**

> **판례** 당해년도의 입학시기가 지났더라도 당해 년도의 합격자로 인정되면 **다음년도의 입학시기에 입학할 수도 있다**고 할 것이므로 원고들로서는 피고의 불합격처분의 적법여부를 다툴만한 법률상의 이익이 있다고 할 것이다(89누8255). **[날먹행 379p]**

□□□□□ ★★

판 9-2. 한국방송공사 사장은 해임처분 무효확인 또는 취소소송 계속 중 임기가 만료되어 해임처분의 무효확인 또는 취소로 지위를 회복할 수 없다고 할지라도, 그 무효확인 또는 취소로 해임처분일부터 임기만료일까지의 기간에 대한 보수지급을 구할 수 있는 경우에는 해임처분의 무효확인 또는 취소를 구할 법률상 이익이 있다. **(22국가9급,16지방9급)**

> **판례** 해임처분 무효확인 또는 취소소송 계속 중 임기가 만료되어 해임처분의 무효확인 또는 취소로 지위를 회복할 수는 없다고 할지라도, **그 무효확인 또는 취소로 해임처분일부터 임기만료일까지 기간에 대한 보수 지급을 구할 수 있는 경우**에는 해임처분의 무효확인 또는 취소를 구할 **법률상 이익이 있다**. 해임권자와 보수지급의무자가 다른 경우에도 마찬가지이다(2011두5001). **[날먹행 379p]**

□□□□□ ★★★

판 9-3. 지방의회의원에 대한 제명의결 취소소송 계속 중 의원의 임기가 만료된 경우에도 여전히 제명의결의 취소를 구할 법률상 이익이 인정된다. **(23국가9급,23소방,21지방9급,21소방간부,19국가9급 등)**

> **판례** 지방의회 의원에 대한 제명의결 취소소송 계속중 의원의 임기가 만료된 경우, 제명의결의 취소로 의원의 지위를 회복할 수는 없다 하더라도 **제명의결시부터 임기만료일까지의 기간에 대한 월정수당의 지급을 구할 수 있는 등** 여전히 그 제명의결의 취소를 구할 **법률상 이익이 있다**(2007두13487). **[날먹행 379p]**

OX 정답

8-4. ○ 9-1. ○ 9-2. ○ 9-3. ○

□□□□□ ★

판 9-4. 도시개발사업의 공사 등이 완료되고 원상회복이 사회통념상 불가능하게 된 경우 도시개발사업의 시행에 따른 도시계획변경결정처분과 도시개발구역지정처분 및 도시 개발사업 실시계획인가처분의 취소를 구하는 경우, 협의의 소의 이익(권리보호의 필요)이 인정된다. **(17서울9급)**

판례 도시개발사업의 시행에 따른 **도시계획변경결정처분과 도시개발구역지정처분 및 도시개발사업실시계획인가처분은 도시개발사업을 시행할 수 있는 권한을 설정하여 주는 처분**으로서 위 각 처분 자체로 그 처분의 목적이 종료되는 것이 아니고 위 **각 처분이 유효하게 존재하는 것을 전제로 하여 당해 도시개발사업에 따른 일련의 절차 및 처분이 행해지기 때문에** 위 각 처분이 취소된다면 토지수용이나 환지 등에 따른 각종의 처분이나 공공시설의 귀속 등에 관한 법적 효력은 영향을 받게 되므로, 도시개발사업의 공사 등이 완료되고 원상회복이 사회통념상 불가능하게 되었더라도 위 각 처분의 취소를 구할 **법률상 이익은 소멸한다고 할 수 없다**(2003두5402).

[날먹행 379p]

□□□□□ ★★★

판 9-5. 현역입영대상자가 현역병입영통지처분에 따라 현실적으로 입영을 한 후에는 처분의 집행이 종료되었고 입영으로 처분의 목적이 달성되어 실효되었으므로 입영통지처분을 다툴 법률상 이익이 인정되지 않는다. **(21소방,19국가9급,17서울9급)**

판례 입영으로 그 처분의 목적이 달성되어 실효되었다는 이유로 다툴 수 없도록 한다면, 병역법상 현역입영대상자로서는 현역병입영통지처분이 위법하다 하더라도 법원에 의하여 그 처분의 집행이 정지되지 아니하는 이상 현실적으로 입영을 할 수밖에 없으므로 **현역병입영통지처분에 대하여는 불복을 사실상 원천적으로 봉쇄하는 것이 되고**, 현역입영대상자가 입영하여 현역으로 복무하는 과정에서 현역병입영통지처분 외에는 별도의 다른 처분이 없으므로 **입영한 이후에는 불복할 아무런 처분마저 없게 되는 결과가 되므로** 현역입영대상자로서는 현역병입영통지처분 등을 한 관할지방병무청장을 상대로 위법을 주장하여 그 취소를 구할 소송상의 이익이 있다(2003두1875).

[날먹행 379p]

□□□□□

판 9-6. 공장등록이 취소된 후 그 공장 시설물이 철거되었고 다시 복구 등을 통하여 공장을 운영할 수 없는 상태라 하더라도 대도시 안의 공장을 지방으로 이전할 경우 조세감면 및 우선입주 등의 혜택이 관계법률에 보장되어 있다면, 공장등록취소처분의 취소를 구할 법률상 이익이 인정된다. **(19국가9급)**

판례 공장등록이 취소된 후 그 공장시설물이 철거되었다 하더라도 대도시 안의 공장을 지방으로 이전할 경우 조세특례제한법상의 세액공제 및 소득세 등의 감면혜택이 있고, 공업배치및공장설립에관한법률상의 간이한 이전절차 및 우선 입주의 혜택이 있는 경우, 그 공장등록취소처분의 취소를 구할 법률상의 이익이 있다(2000두3306).

[날먹행 379p]

OX 정답

9-4. ○ 9-5. X 9-6. ○

□□□□□ ★★

판 9-7. 인사규정 등에서 직위해제처분에 따른 효과로 승진·승급에 제한을 가하는 등의 법률상 불이익을 규정하고 있는 경우에는 직위해제처분을 받은 근로자는 이러한 법률상 불이익을 제거하기 위하여 그 실효된 직위해제처분에 대한 구제를 신청할 이익이 있다. (15지방7급)

판례 근로자를 직위해제한 후 동일한 사유를 이유로 징계처분을 한 경우, 직위해제처분이 효력을 상실한다. 다만 인사규정 등에서 직위해제처분에 따른 효과로 승진·승급에 제한을 가하는 등의 법률상 불이익을 규정하고 있는 경우에는 직위해제처분을 받은 근로자는 이러한 법률상 불이익을 제거하기 위하여 그 실효된 직위해제처분에 대한 구제를 신청할 이익이 있다. (2007두18406). [날먹행 379p]

□□□□□ ★★

판 9-8. 건축허가취소처분을 받은 건축물 소유자는 그 건축물이 완공된 후에도 여전히 취소를 구할 법률상 익을 가진다. (22서울7급)

판례 건축허가를 받아 건축물을 완공하였더라도 건축허가가 취소되면 그 건축물은 철거 등 시정명령의 대상이 되고 이를 이행하지 않은 건축주 등은 건축법 제80조에 따른 이행강제금 부과처분이나 행정대집행법 제2조에 따른 행정대집행을 받게 되며, 나아가 건축법 제79조 제2항에 의하여 다른 법령상의 인·허가 등을 받지 못하게 되는 등의 불이익을 입게 된다. 따라서 건축허가취소처분을 받은 건축물 소유자는 그 건축물이 완공된 후에도 여전히 위 취소처분의 취소를 구할 법률상 이익을 가진다고 보아야 한다(2015두47195). [날먹행 380p]

□□□□□ ★★

판 10-1. 사법시험 제2차 시험 불합격처분 이후 새로 실시된 제2차 및 제3차 시험에 합격한 자는 불합격처분의 취소를 구할 협의의 소의 이익이 없다. (15국가9급)

판례 사법시험 제2차 시험에 관한 불합격처분 이후에 새로이 실시된 제2차 및 제3차 시험에 합격하였을 경우에는 더 이상 위 불합격처분의 취소를 구할 법률상 이익이 없다고 보아야 할 것이다(2007두12057).
: **권리침해의 상태가 해소된 경우 → 원칙: 소의 이익 없음** [날먹행 380p]

□□□□□ ★★★

판 10-2. 현역병 입영대상으로 병역처분을 받은 자가 그 취소소송 중 모병에 응하여 현역병으로 자진 입대한 경우 현역병 입영처분의 취소를 구하는 소송은 소의 이익이 없다. (22소방승진,18경행)

판례 원고가 당초에 이 사건 소를 제기한 현실적인 필요는 현역병으로서의 복무가 강제되는 징집을 면하기 위한 데에 있었다고 할 것이나, 소송 도중 원고가 지원에 의하여 현역병으로 채용되었을 뿐만 아니라 이 사건 처분이 취소된다고 하더라도 **현역병으로 채용된 효력이 상실되지 아니하여 계속 현역병으로 복무할 수밖에 없으므로 더 이상 재판으로 이 사건 처분의 위법을 다툴 실제적인 효용 내지 실익이 사라졌다고 할 것**이어서 이 사건 소는 결국 소의 이익이 없는 부적법한 소라고 할 것이다(98두9165). 주의 앞 9-5.과 비교 [날먹행 380p]

OX 정답

9-7. ○ 9-8. ○ 10-1. ○ 10-2. ○

□□□□□ ★★

판 10-3. 공익근무요원 소집해제신청을 거부한 후 원고가 계속 공익근무요원으로 복무함에 따라 복무기간 만료를 이유로 소집해제처분을 한 경우, 거부처분의 취소를 구할 소의 이익이 없다. (21지방9급,13지방7급)

판례 공익근무요원 소집해제신청을 거부한 후에 원고가 계속하여 공익근무요원으로 복무함에 따라 복무기간 만료를 이유로 소집해제처분을 한 경우, 원고가 입게 되는 권리와 이익의 침해는 소집해제처분으로 해소되었으므로 위 거부처분의 취소를 구할 소의 이익이 없다(2004두4369). [날먹행 380p]

□□□□□

이 10-4. 행정심판과 행정소송이 동시에 제기되어 진행 중 행정심판의 인용재결이 행해지면 동일한 처분 등을 다투는 행정소송에 영향이 없지만, 기각재결이 있으면 행정소송은 소의 이익을 상실한다. (15서울9급)

• 행정심판과 행정소송이 동시에 제기되어 진행 중 행정심판의 **인용재결**이 행해지면 동일한 처분 등을 다투는 행정소송은 **소의 이익이 없어 각하**되지만, **기각재결**이 있으면 소의 이익이 상실되는 것이 아니라 **행정소송에서 본안심사**를 하여야 한다. [날먹행 380p]

□□□□□ ★

판 10-5. 법인세 과세표준과 관련하여 과세관청이 법인의 소득처분 상대방에 대한 소득처분을 경정하면서 증액과 감액을 동시에 한 결과 전체로서 소득처분금액이 감소된 경우, 법인이 소득금액변동통지의 취소를 구할 소의 이익이 없다. (17지방9급)

판례 법인세 과세표준과 관련하여 과세관청이 법인의 소득처분 상대방에 대한 소득처분을 경정하면서 증액과 감액을 동시에 한 결과 전체로서 소득처분금액이 감소된 경우, 법인이 소득금액변동통지의 취소를 구할 소의 이익이 없다(2009두5510). [날먹행 380p]

□□□□□ ★

판 10-6. 의사국가시험에 불합격한 자가 새로 실시한 의사국가시험에 합격한 후 그 불합격처분의 취소를 구하는 경우에는 협의의 소익이 없다. (07세무사)

판례 불합격처분 이후 새로 실시된 치과의사국가시험에 합격한 경우 불합격처분의 취소를 구할 법률상 이익이 없다(93누6867). [날먹행 380p]

□□□□□

판 11-1. 수형자의 영치품에 대한 사용신청 불허처분 후 수형자가 다른 교도소로 이송된 경우 원래 교도소로의 재이송 가능성이 소멸되었으므로 그 불허처분의 취소를 구할 소의 이익이 없다. (17지방9급)

판례 수형자의 영치품에 대한 사용신청 불허처분 후 수형자가 다른 교도소로 이송되었다 하더라도 수형자의 권리와 이익의 침해 등이 해소되지 않은 점 등에 비추어, 위 영치품 사용신청 불허처분의 취소를 구할 이익이 있다(2007두13203). [날먹행 380p]

OX 정답

10-3. O 10-4. X 10-5. O 10-6. O 11-1. X

□□□□□ ★★★

판 11-2. 고등학교졸업이 대학입학자격이나 학력인정으로서의 의미 밖에 없다고 할 수는 없으므로, 퇴학처분을 받은 자가 고등학교 졸업학력 검정고시에 합격하였다 하여 퇴학처분의 취소를 구할 소송상의 이익이 없다고 볼 수는 없다. **(22군무원9급,22소방승진,16지방7급 등)**

> **판례** 고등학교졸업이 대학입학자격이나 학력인정으로서의 의미밖에 없다고 할 수 없으므로 **고등학교졸업학력검정고시에 합격하였다 하여 고등학교 학생으로서의 신분과 명예가 회복될 수 없는 것이니 퇴학처분을 받은 자로서는 퇴학처분의 위법을 주장하여 그 취소를 구할 소송상의 이익이 있다**(91누4737). **[날먹행 380p]**

□□□□□ ★★

판 12. 배출시설에 대한 설치허가가 취소된 후 그 배출시설이 철거되어 다시 가동할 수 없는 상태라도 그 취소처분이 위법하다는 판결을 받아 손해배상청구소송에서 이를 원용할 수 있다면 배출시설의 소유자는 당해 처분의 취소를 구할 법률상 이익이 있다. **(18지방9급)**

> **판례** 소음 · 진동배출시설에 대한 설치허가가 취소된 후 그 배출시설이 어떠한 경위로든 철거되어 다시 복구 등을 통하여 배출시설을 가동할 수 없는 상태라면 이는 배출시설 설치허가의 대상이 되지 아니하므로 외형상 설치허가 취소행위가 잔존하고 있다고 하여도 특단의 사정이 없는 한 이제 와서 굳이 위 처분의 취소를 구할 법률상의 이익이 없다(2000두2457). **[날먹행 381p]**

□□□□□ ★★

판 13. '도시 및 주거환경정비법'상 이전고시가 효력을 발생하게 된 이후에는 조합원 등이 관리처분계획의 취소 또는 무효확인을 구할 법률상 이익이 없다. **(16국가7급)**

> **판례** 도시 및 주거환경정비법상 이전고시가 효력을 발생한 후 조합원 등이 관리처분계획에 대한 인가처분의 취소 또는 무효확인을 구할 법률상 이익은 없다(2009두22140). **[날먹행 381p]**

□□□□□ ★★

판 14. '도시 및 주거환경정비법'상 주택재건축조합에 대해 조합설립인가처분이 행하여진 후에는, 조합설립결의의 하자를 이유로 조합설립의 무효를 주장하려면 조합설립 인가처분의 취소 또는 무효확인을 구하는 소송으로 다투어야 하며, 따로 조합설립결의의 하자를 다투는 확인의 소를 제기할 수 없다. **(23국가9급,23소방,21국가9급,17서울7급)**

> **판례** 조합설립결의는 조합설립인가처분이라는 행정처분을 하는 데 필요한 요건 중 하나에 불과한 것이어서, 조합설립결의에 하자가 있다면 그 하자를 이유로 직접 항고소송의 방법으로 조합설립인가처분의 취소 또는 무효확인을 구하여야 하고, 이와는 별도로 조합설립결의 부분만을 따로 떼어내어 그 효력 유무를 다투는 확인의 소를 제기하는 것은 원고의 권리 또는 법률상의 지위에 현존하는 불안·위험을 제거하는 데 가장 유효·적절한 수단이라 할 수 없어 특별한 사정이 없는 한 확인의 이익은 인정되지 아니한다(2008다60568). **[날먹행 381p]**

OX 정답

11-2. O 12. X 13. O 14. O

□□□□□

판 15. 인감증명행위는 출원자의 현재 사용하는 인감에 대하여 구체적인 사실을 증명하는 것일 뿐이므로 무효확인을 구할 법률상 이익이 없다. **(23소방)**

> **판례** 인감증명행위는 인감증명청이 적법한 신청이 있는 경우에 인감대장에 이미 신고된 인감을 기준으로 출원자의 현재 사용하는 인감을 증명하는 것으로서 구체적인 사실을 증명하는 것일 뿐, 나아가 출원자에게 어떠한 권리가 부여되거나 변동 또는 상실되는 효력을 발생하는 것이 아니고, 인감증명의 무효확인을 받아들인다 하더라도 이로써 이미 침해된 원고의 위 보상금에 대한 권리가 회복되거나 또는 곧바로 이와 관련된 새로운 권리가 발생하는 것도 아니므로 무효확인을 구할 법률상 이익이 없어 부적법하다고 할 것이다(2000두2136). **[날먹행 381p]**

□□□□□★

판 16. 구 '주택법'상 건축물의 입주예정자는 그 건축물에 대한 사용검사처분의 무효확인이나 취소를 통해 건축물의 하자 상태 등을 제거하거나 법률적 지위가 달라진다 할 것이므로 사용검사처분의 취소를 구할 법률상 이익이 인정된다. **(23소방간부,18지방9급)**

> **판례** 건물의 사용검사처분은 건축허가를 받아 건축된 건물이 건축허가 사항 대로 건축행정 목적에 적합한지 여부를 확인하고 사용검사필증을 교부하여 줌으로써 허가받은 사람으로 하여금 건축한 건물을 사용·수익할 수 있게 하는 법률효과를 발생시키는 것이다. 이러한 사용검사처분은 건축물을 사용·수익할 수 있게 하는 데 그치므로 건축물에 대하여 사용검사처분이 이루어졌다고 하더라도 그 사정만으로는 건축물에 있는 하자나 건축법 등 관계 법령에 위배되는 사실이 정당화되지는 아니하며, 또한 건축물에 대한 사용검사처분의 무효확인을 받거나 처분이 취소된다고 하더라도 사용검사 전의 상태로 돌아가 건축물을 사용할 수 없게 되는 것에 그칠 뿐 곧바로 건축물의 하자 상태 등이 제거되거나 보완되는 것도 아니다. 위와 같은 사정들을 종합하여 볼 때, 구 주택법상 입주자나 입주예정자는 사용검사처분의 무효확인 또는 취소를 구할 법률상 이익이 없다(2013두24976). **[날먹행 381p]**

□□□□□★

판 17. 절차상 또는 형식상 하자로 무효인 행정처분에 대하여 행정청이 적법한 절차 또는 형식을 갖추어 다시 동일한 행정처분을 하였다면, 종전의 무효인 행정처분에 대한 무효확인 청구는 과거의 법률관계의 효력을 다투는 것에 불과하므로 무효확인을 구할 법률상 이익이 없다. **(23군무원9급)**

> **판례** 행정처분이 취소되면 그 처분은 효력을 상실하여 더 이상 존재하지 않는 것이고, 존재하지 않는 행정처분을 대상으로 한 취소소송은 소의 이익이 없어 부적법하다. 절차상 또는 형식상 하자로 무효인 행정처분에 대하여 행정청이 적법한 절차 또는 형식을 갖추어 다시 동일한 행정처분을 하였다면, 종전의 무효인 행정처분에 대한 무효확인 청구는 과거의 법률관계의 효력을 다투는 것에 불과하므로 무효확인을 구할 법률상 이익이 없다(2009두16879). **[날먹행 381p]**

□□□□□★

판 18. 행정청이 한 처분등의 취소를 구하는 것보다 실효적이고 직접적인 구제수단이 있음에도 처분등의 취소를 구하는 것은 특별한 사정이 없는 한 분쟁해결의 유효적절한 수단이라고 할 수 없어 법률상 이익이 없다. **(23소방)**

> **판례** 행정청이 한 처분등의 취소를 구하는 것보다 실효적이고 직접적인 구제수단이 있음에도 처분등의 취소를 구하는 것은 특별한 사정이 없는 한 분쟁해결의 유효적절한 수단이라고 할 수 없어 법률상 이익이 없다(2015두45045). **[날먹행 381p]**

OX 정답

15. ○ 16. X 17. ○ 18. ○

라. 피고적격

□□□□□ ★★★

OX 1-1. 취소소송의 피고는 원칙적으로 당해 처분을 한 행정청이 소속하는 국가 또는 공공단체이다. (23소방,22국회8급,17국가9급 등)

□□□□□

OX 1-2. 취소소송에서 피고가 될 수 있는 행정청에는 대외적으로 의사를 표시할 수 있는 기관이 아니더라도 국가나 공공단체의 의사를 실질적으로 결정하는 기관이 포함된다. (20국가9급)

- **피고적격: 처분 등을 행한 행정청, 즉 처분청이 원칙임**
  처분청은 **국가 또는 공공단체 등의 의사를 결정하여 외부적으로 표시할 수 있는 기관을 의미**하므로, 대외적으로 의사를 표시할 수 없는 내부기관은 실질적인 의사가 그 기관에 의해 결정되더라도 피고적격 X. [날먹행 381p]

□□□□□ ★★

OX 2. 처분등이 있은 뒤에 그 처분 등에 관계되는 권한이 다른 행정청에 승계된 때에는 이를 승계한 행정청을 피고로 한다. (15국가9급,14지방7급)

- **승계의 경우 피고적격**: 승계한 행정청이 피고 [날먹행 381p]

□□□□□ ★★★

OX 3-1. 국가공무원법에 따른 처분, 그 밖에 본인의 의사에 반한 불리한 처분이나 부작위에 관한 행정소송을 제기할 때에 대통령의 처분 또는 부작위의 경우에는 소속 장관을 피고로 한다. (20지방9급,19지방9급)

□□□□□ ★★★

OX 3-2. 대통령의 검사임용처분에 대한 취소소송의 피고적격은 법무부장관이 갖는다. (19지방·교행9급,18지방9급)

□□□□□

OX 3-3. 헌법재판소장이 소속직원에게 내린 징계처분에 대한 취소소송의 피고적격은 헌법재판소 사무처장이 갖는다. (18지방9급,17경행)

□□□□□

OX 3-4. 대법원장이 한 처분에 대한 행정소송의 피고는 대법원장이다. (17경행)

□□□□□ ★★★

OX 3-5. 국회의장이 행한 처분에 대한 행정소송의 피고는 국회부의장이 된다. (17경행,14지방7급)

- **피고적격에 관한 특별규정**
  - **대통령의 공무원에 대한 불이익처분**: 소속 장관
  - **중앙선거관리위원장의 공무원에 대한 불이익처분: 중앙선관위사무총장**
  - **국회의장의 처분**: 국회사무총장
  - **대법원장의 처분**: 법원행정처장
  - **헌법재판소장의 처분**: 헌법재판소사무처장 [날먹행 382p]

OX 정답

라. 1-1. X 1-2. X 2. ○ 3-1. ○ 3-2. ○ 3-3. ○ 3-4. X 3-5. X

□□□□□ ★

조 4. 처분 후 처분을 한 행정청이 폐지된 경우에는 당해 처분청의 직근 상급행정청이 피고가 된다. (23소방)

- **행정소송법 제13조(피고적격)** ② 제1항의 규정에 의한 행정청이 없게 된 때에는 그 처분등에 관한 사무가 귀속되는 국가 또는 공공단체를 피고로 한다. [날먹행 382p]

□□□□□ ★★

이 5-1. 개별법령에 합의체 행정청의 장을 피고로 한다는 명문규저잉 없는 한 합의제 행정청 명의로 한 행정처분의 취소소송의 피고적격자는 당해 합의제 행정청이 아닌 합의제 행정청의 장이다. (21군무원9급)

□□□□□ ★★

이 5-2. 공정거래위원회의 처분에 대한 소는 공정거래위원회를 피고로 하여 제기하여야 한다. (21군무원9급)

- **합의제 행정청**: 각종 위원회로서 의사를 결정하여 그 **결정된 의사를 자기 이름으로 대외적으로 표시할 수 있는 권한**을 가진 위원회
  - **원칙: 당해 합의제행정기관**
  - **예외:** 노동위원회, 중앙해양안전심판원, 시 · 도 인사위원회**의 경우,** 그 기관장이 피고가 됨. [날먹행 340p]

□□□□□ ★★★

이 5-3. 중앙노동위원회의 처분에 대한 행정소송은 중앙노동위원회 위원장을 피고로 한다. (22국회8급,17경행,16서울7급,15국가9급 등)

- **합의제 행정청**: 각종 위원회로서 의사를 결정하여 그 **결정된 의사를 자기 이름으로 대외적으로 표시할 수 있는 권한**을 가진 위원회
  - **원칙: 당해 합의제행정기관** 예) 공정거래위원회, 토지수용위원회
  - **예외:** 노동위원회, 중앙해양안전심판원, 시 · 도 인사위원회**의 경우,** 그 기관장이 피고가 됨. [날먹행 382p]

□□□□□ ★★

이 6-1. 권한의 위임과 위탁은 법률의 명시적 근거를 필요로 하며, 법률의 근거가 없는 권한의 위임은 무효이다. (22국회8급,18서울7급)

□□□□□ ★★★

이 6-2. 권한이 위임된 경우는 위임청이 아닌 권한을 위임받은 수임청을 피고로 하여야 한다. (20국가9급,19서울7급)

□□□□□

이 6-3. 환경부장관의 권한을 위임받은 서울특별시장이 내린 처분에 대한 취소소송의 피고적격은 서울특별시장이 갖는다. (18지방9급)

- **권한의 위임 · 위탁:** 위임 · 위탁을 받은 권한을 받은 수임청 · 수탁청이 피고
  - 권한의 위임과 위탁은 법률의 명시적 근거가 있어야 하며, 법률의 근거가 없는 권한의 위임은 무효 [날먹행 382p]

OX 정답

4. X 5-1. X 5-2. O 5-3. O 6-1. O 6-2. O 6-3. O

▢▢▢▢▢

판 6-4. 한국자산관리공사가 체납압류한 재산의 공매처분에 대한 소송에서 피고는 세무서장이 아니라 한국자산관리공사이다. (08지방9급)

> **판례** 성업공사(현 자산관리공사)가 세무서장으로부터 공매권한을 위임받았다면 처분에 대한 취소소송의 피고적격은 위임청인 세무서장이 아니라 **수임청인 성업공사**가 된다(96누1757). [날먹행 382p]

▢▢▢▢▢ ★★

판 7-1. 행정처분을 행할 적법한 권한 있는 상급행정청으로부터 내부위임을 받은 데 불과한 하급행정청이 권한 없이 자기의 명의로 행정처분을 한 경우 그 취소소송에서는 실제로 그 처분을 행한 하급행정청이 아니라 그 처분을 행한 적법한 권한 있는 상급행정청을 피고로 하여야 한다. (20국가9급,17국가9급 등)

▢▢▢▢▢

이 7-2. 국토교통부장관으로부터 권한을 내부위임받은 국토교통부차관이 처분을 한 경우에 그에 대한 취소소송의 피고적격은 국토교통부차관이 갖는다. (18지방9급)

▢▢▢▢▢ ★

판 7-3. 내부위임을 받은 경찰서장의 권한 없는 자동차운전면허정지처분에 대한 항고소송에서 지방경찰청이 피고적격을 갖는다. (20국가7급,15국가9급)

> • **내부위임: 조직 내부에서 수임자가 위임자의 권한을 위임자의 명의와 책임으로 행사**하는 것을 의미.
> 권한의 이전이 없으므로, 처분도 위임청 명의로 해야 → **위임청**이 **피고**
> **단, 수임청이 자기 명의로 처분하면, 명의자인 수임청이 피고**
>
> **판례** 행정처분을 행할 적법한 권한 있는 상급행정청으로부터 **내부위임을 받은데 불과한 하급행정청이 권한 없이 행정처분을 한 경우**에도 **실제로 그 처분을 행한 하급행정청을 피고로 하여야 할 것**이지 그 처분을 행할 적법한 권한 있는 상급행정청을 피고로 할 것이 아니다(90누5641). [날먹행 383p]

▢▢▢▢▢ ★★★

이 8-1. 대리기관이 대리관계를 표시하고 피대리 행정청을 대리하여 행정처분을 한 때에는 피대리 행정청이 피고로 되어야 한다. (23소방,22소방간부,20지방9급,19지방·교행9급)

▢▢▢▢▢ ★★

판 8-2. 대리권을 수여받은 데 불과하여 그 자신의 명의로는 행정처분을 할 권한이 없는 행정청이 대리관계를 밝힘이 없이 그 자신의 명의로 행정처분을 하였다면, 원칙적으로 처분명의자인 당해 행정청이 그에 대한 항고소송의 피고가 되어야 한다. (21국회8급,19서울7급,18서울9급 등)

> • **대리관계**(대리관계를 표시했는지(현명)에 따라 나누어 판단)
> **현명 ○**: 피대리행정청
> **현명 X: 원칙 - 대리기관**
> **예외** - 대리관계를 밝히지 않았더라도 처분의 상대방이 피대리행정청을 대리하여 내려진 처분임을 알고 있었다면 **피대리행정청이 피고** [날먹행 383p]

OX 정답

6-4. ○ 7-1. X 7-2. X 7-3. X 8-1. ○ 8-2. ○

□□□□□ ★★★

판 8-3. 대리관계를 명시적으로 밝히지는 아니하였다 하더라도 처분명의자가 피대리 행정청 산하의 행정기관으로서 실제로 피대리 행정청으로부터 대리권한을 수여받아 피대리 행정청을 대리한다는 의사로 행정처분을 하였고 처분명의자는 물론 그 상대방도 그 행정처분이 피대리 행정청을 대리하여 한 것임을 알고서 이를 받아들인 예외적인 경우에는 피대리 행정청이 피고가 된다. **(22지방7급,22국회8급,18서울9급)**

판례 대리권을 수여받은 데 불과하여 그 자신의 명의로는 행정처분을 할 권한이 없는 행정청의 경우 대리관계를 밝힘이 없이 그 자신의 명의로 행정처분을 하였다면 그에 대하여는 처분명의자인 당해 행정청이 항고소송의 피고가 되어야 하는 것이 원칙이지만, 비록 대리관계를 명시적으로 밝히지는 아니하였다 하더라도 처분명의자가 피대리 행정청 산하의 행정기관으로서 실제로 피대리 행정청으로부터 대리권한을 수여받아 피대리 행정청을 대리한다는 의사로 행정처분을 하였고 처분명의자는 물론 그 상대방도 그 행정처분이 피대리 행정청을 대리하여 한 것임을 알고서 이를 받아들인 예외적인 경우에는 피대리 행정청이 피고가 되어야 한다(2005부4). **[날먹행 383p]**

□□□□□ ★★★

이 9. 지방의회의 지방의회의원에 대한 징계의결은 처분이고, 이에 대한 항고소송의 피고는 지방의회의장이다. **(23국가9급,23변시,15국가9급)**

- **지방의회: 원칙** - 지방의회는 행정청이 아니므로 **피고가 될 수 없음.**
  예외 - 의원에 대한 징계의결, 불심의의결, 의장선거의 경우, 지방의회가 피고. **[날먹행 383p]**

□□□□□

이 10-1. 지방의회가 의결한 조례가 그 자체로서 직접 주민의 권리의무에 영향을 미쳐 항고소송의 대상이 되는 경우에도 그 피고는 조례를 공포한 지방자치단체의 장이 된다. **(20지방7급,18서울9급)**

□□□□□

이 10-2. 교육 · 학예에 관한 도의회의 조례가 처분일 경우, 이에 대한 항고소송의 피고는 도의회이다. **(15국가9급)**

- **처분적 조례**의 경우
  - **조례가 항고소송의 대상**이 되는 경우 피고는 지방의회가 아니라 **공포권자인 지방자치단체의 장**이 됨
  - 조례가 **교육 · 학예**에 관한 경우, **공포권자인 교육감**이 피고 **[날먹행 383p]**

□□□□□ ★★

이 11. 행정권한을 위탁받은 공공단체 또는 사인이 자신의 이름으로 처분을 한 경우에는 그 공공단체 또는 사인이 항고소송의 피고가 된다. **(17국가9급)**

- **공법인 등과 피고적격**
  국가나 지방자치단체의 사무가 공법인 등에게 위임된 경우, 위임받은 공법인이나 공무수탁사인 자체가 행정주체이면서 행정청이 되어 피고가 됨. **[날먹행 383p]**

OX 정답

8-3. ○ 9. X 10-1. ○ 10-2. X 11. ○

□□□□□ ★★

판 12. 건국훈장 독립장이 수여된 망인에 대하여 사후적으로 친일행적이 확인되었다는 이유로 대통령에 의하여 망인에 대한 독립유공자서훈취소가 결정되고, 그 서훈취소에 따라 훈장 등을 환수조치하여 달라는 당시 행정안전부장관의 요청에 의하여 국가보훈처장이 망인의 유족에게 독립유공자서훈취소결정을 통보한 사안에서, 독립유공자서훈취소결정에 대한 취소소송에서의 피고적격이 있는 자는 국가보훈처장이다. (23국가9급,16지방9급)

- **처분청과 통지한 행정청이 다른 경우: 처분청이 피고**

판례 건국훈장 독립장이 수여된 망인에 대하여 사후적으로 친일행적이 확인되었다는 이유로 **대통령에 의하여 망인에 대한 독립유공자서훈취소가 결정**되고, 그 서훈취소에 따라 훈장 등을 환수조치하여 달라는 당시 행정안전부장관의 요청에 의하여 국가보훈처장이 망인의 유족에게 독립유공자서훈취소결정을 통보한 사안에서, 독립유공자서훈취소결정에 대한 취소소송에서의 피고적격이 있는 자는 **대통령**이다(2013두2518). [날먹행 384p]

□□□□□ ★★

판 13-1. 원고가 피고를 잘못 지정한 때에는 법원은 직권으로 피고를 경정하여야 한다. (09세무사)

□□□□□

조 13-2. 피고경정의 신청을 각하한 결정에 대하여는 불복할 수 없다. (08지방7급)

□□□□□ ★★

조 13-3. 피고경정의 결정이 있은 때에는 새로운 피고에 대한 소송은 처음에 소를 제기한 때에 제기된 것으로 본다. (17지방9급,08지방9급)

□□□□□ ★★★

판 13-4. 원고가 피고를 잘못 지정한 경우 피고경정은 취소소송과 당사자소송 모두에서 사실심변론종결에 이르기까지 허용된다. (23소방,21군무원9급)

□□□□□ ★★★

판 13-5. 항고소송에서 원고가 피고를 잘못 지정하였다면 법원은 석명권을 행사하여 피고를 경정하게 하여 소송을 진행하여야 한다. (20국가9급,16서울7급)

- **피고경정 : 소송 계속 중**에 피고로 지정된 자를 **다른 자로 변경**하는 것
  1. **피고경정의 유형**
     1) **원고가 피고 잘못 지정**: ① **원고의 신청**에 의해 법원이 결정으로 피고 경정 허가함(**법원의 직권X**), ② 피고를 잘못 지 정한 원고의 **고의·과실유무는 불문,** ③ 피고를 잘못 지정한 때의 판단은 **제소시를 기준**으로 함. ④ 항고소송에서 원고가 피고를 잘못 지정하였다면, 법원은 석명권을 행사하여 **피고를 경정하게 하여 소송을 진행하여야 하며,** 그렇지 않고 바로 소를 각하한 것은 위법하다(2000두7852).
     2) **권한승계 등의 경우**: ① 소를 제기한 후 다른 행정청에게 승계된 경우 → **승계청** / 행정청이 **폐지**된 경우 → **사무가 귀속되는 국가 또는 공공단체,** ② 원고의 신청 또는 **법원의 직권**에 의해서 가능
     3) **소변경**: 원고의 신청 또는 **법원의 직권**에 의해서 가능
     4) **시기**: 사실심변론종결시까지 허용됨(2005부4).
  2. **경정의 효과**: ① 새로운 피고에 대한 소송의 제소기간의 준수여부는 처음 소를 제기한 때를 기준으로 본다
     ② 종전의 피고에 대한 소송을 **취하**된 것으로 본다(§14⑤)
     ③ **피고경정신청을 각하하는 결정**에 대해서는 **즉시항고** 할 수 있다. 인용결정에는 불복 불가

[날먹행 384p]

OX 정답

12. X 13-1. X 13-2. X 13-3. O 13-4. O 13-5. O

□□□□□

판 13-6. 소의 종류의 변경에 따른 피고의 변경은 교환적 변경에 한다고 봄이 상당하므로 예비적 청구만이 있는 피고의 추가경정신청은 예외적 규정이 있는 경우를 제외하고는 원칙적으로 허용되지 않는다. (20국가9급)

> **판례** 소위 주관적, 예비적 병합은 행정소송법 제28조 제3항과 같은 예외적 규정이 있는 경우를 제외하고는 원칙적으로 허용되지 않는 것이고, 또 행정소송법상 소의 종류의 변경에 따른 당사자(피고)의 변경은 교환적 변경에 한 한다고 봄이 상당하므로 예비적 청구만이 있는 피고의 추가경정신청은 허용되지 않는다(89두1). [날먹행 384p]

마. 제소기간

□□□□□ ★★★

이 1-1. 제소기간 도과여부는 법원의 직권조사사항이다. (21국회9급,17교행9급)

□□□□□

이 1-2. 제소기간은 불변기간이므로 소송행위의 보완은 허용되지 않는다. (17교행9급)

□□□□□

이 1-3. 법원은 취소소송의 제소기간을 확장하거나 단축할 수 없으나 주소 또는 거소가 멀리 떨어진 곳에 있는 자를 위하여 부가기간을 정할 수 있다. (13지방9급)

> • **제소기간: 소송을 제기할 수 있는 기간**을 의미하며, 그 준수 여부는 원칙상 **소제기시를 기준**으로 함.
> - 제소기간 도과 여부는 **법원의 직권조사사항**에 해당하며, 도과시 제기된 소송은 **부적법 각하**된다.
> - **제소기간은 불변기간**인데, 이는 법원이 늘리거나 줄일 수 없는 기간을 의미한다. 다만, 주소 또는 거소가 멀리 떨어진 곳에 있는 사람을 위하여 부가기간을 정할 수 있고, 당사자가 그 책임을 질 수 없는 사유로 말미암아 불변기간을 지킬 수 없었던 경우에는 그 사유가 없어진 날부터 2주 내에 게을리한 소송행위를 추완(추후에 보완)할 수 있다(행정소송법§8, 민사소송법§172,173).
>
> [날먹행 385p]

□□□□□ ★★★

이 2-1. 취소소송은 처분이 있음을 안 날부터 90일, 처분 등이 있은 날부터 180일이 경과하면 이를 제기하지 못한다. (20지방9급)

□□□□□ ★★

이 2-2. 처분이 있음을 안 날 기준과 처분이 있은 날 기준이 모두 경과하여야 제소기간이 종료된다. (18지방7급)

	행정심판을 거치지 않은 경우	행정심판을 거친 경우	관계
주관적 제소기간 90일(불변기간 ○)	처분이 있음을 안 날	재결서 송달일	두 기간 중 어느 하나의 기간이라도 먼저 경과하면 취소소송을 제기할 수 없다. [날먹행 385p]
객관적 제소기간 1년(불변기간 X)	처분이 있은 날	재결이 있은 날	

OX 정답

13-6. ○ 마. 1-1. ○ 1-2. X 1-3. ○ 2-1. X 2-2. X

□□□□□ ★★

이 3-1. 취소소송의 제소기간의 적용에 있어 '처분이 있음을 안 날'이란 처분의 존재를 현실적으로 안 날을 의미하는 것이 아니라 처분의 위법 여부를 인식한 날을 말한다. (23변시,21국회9급,19국가7급,17국가7급)

□□□□□ ★★★

판 3-2. '처분이 있음을 안 날'은 처분이 있었다는 사실을 현실적으로 안 날을 의미하므로, 처분서를 송달받기 전 정보공개청구를 통하여 처분을 하는 내용의 일체의 서류를 교부받았다면 그 서류를 교부받은 날부터 제소기간이 기산된다. (21국가9급)

- **처분이 있음을 안 날:** 통지, 기타의 방법에 의해 당해 **처분이 있었음을 현실적으로 안 날**을 의미, 처분의 **위법이 있음을 안 날까지 의미하는 것은 아님**

판례 지방보훈청장이 허혈성심장질환이 있는 甲에게 재심 서면판정 신체검사를 실시한 다음 종전과 동일하게 전(공)상군경 7급 국가유공자로 판정하는 '고엽제후유증전환 재심신체검사 무변동처분' 통보서를 송달하자 甲이 위 처분의 취소를 구한 사안에서, 위 **처분이 甲에게 고지되어 처분이 있다는 사실을 현실적으로 알았을 때 행정소송법 제20조 제1항에서 정한 제소기간이 진행한다**고 보아야 함에도, 甲이 통보서를 송달받기 전에 자신의 의무기록에 관한 정보공개를 청구하여 **위 처분을 하는 내용의 통보서를 비롯한 일체의 서류를 교부받은 날부터 제소기간을 기산하여 위 소는 90일이 지난 후 제기한 것으로서 부적법하다고 본 원심판결에 법리를 오해한 위법이 있다** (2014두8254). [날먹행 385p]

□□□□□ ★★

이 4-1. 행정심판에서는 행정청이 상대방에게 심판청구기간을 법정심판청구기간보다 긴 기간으로 잘못 알린 경우에 그 잘못 알린 기간 내에 심판청구가 있으면 그 심판청구는 법정심판청구기간 내에 제기된 것으로 보나 행정소송에서는 그렇지 않다. (18국가9급)

□□□□□

이 4-2. 처분시에 행정청으로부터 행정심판 제기기간에 관하여 법정 심판청구기간보다 긴 기간으로 잘못 통지받은 경우에 보호할 신뢰 이익은 그 통지받은 기간 내에 행정소송을 제기한 경우에까지 확대되지 않는다. (22지방9급)

- **행정심판법상 오고지에 관한 규정은 행정소송에 적용되지 않음.** → 행정심판에서는 행정청이 상대방에게 심판청구기간을 법정심판청구기간보다 긴 기간으로 잘못 알린 경우에 그 잘못 알린 기간 내에 심판청구가 있으면 그 심판청구는 법정심판청구기간 내에 제기된 것으로 보나 행정소송에서는 그렇지 않다. [날먹행 385p]

□□□□□ ★★

판 5. 고시에 의한 행정처분의 상대방이 불특정 다수인인 경우, 그 행정처분에 이해관계를 갖는 자는 고시가 있었다는 사실을 현실적으로 알았는지 여부에 관계없이 고시가 효력을 발생하는 날부터 90일 이내에 취소소송을 제기하여야 한다. (21국회9급,20국가9급,20지방9급,18서울7급)

- **불특정에 대한 고시 · 공고**: 이해관계를 가진 자가 현실적으로 고시 또는 공고 사실을 알았는 지와 관계없이 **고시 또는 공고가 효력을 발생하는 날에 처분이 있음을 알았다고 보아 그 날로부터 90일 이내 제소**해야 함.

판례 구 청소년 보호법에 따라 정보통신윤리위원회가 특정 웹사이트를 청소년 유해매체물로 결정하고 청소년 보호위원회가 효력발생시기를 명시하여 고시하였으나 정보통신윤리위원회와 청소년보호위원회가 웹사이트 운영자에게는 위 처분이 있었음을 통지하지 않았다 하더라도, 그 **고시가 효력을 발생하는 날에 처분이 있음을 알았다**고 보아야 한다(2004두619). [날먹행 385, 386p]

OX 정답

3-1. X 3-2. X 4-1. O 4-2. O 5. O

□□□□□ ★

판 6. 특정인에 대한 처분을 주소불명 등의 이유로 송달할 수 없어 관보 · 공보 · 게시판 · 일간신문 등에 공고(공시송달)한 경우에는 당해 공고가 효력을 발생하는 날이 제소기간의 기산일이 된다. (23변시,10국회9급)

• **특정인에 대한 송달불능**: 공고 · 고시의 효력발생일이 아닌 **처분이 있음을 현실적으로 안 날**(2005두14851) **[날먹행 386p]**

□□□□□

이 7. 행정처분이 있은 날이라 함은 그 행정처분의 효력이 발생한 날을 의미한다. (18서울9급)

• **처분이 있은 날**: 행정처분이 상대방에게 도달되어 효력이 발생한 날을 의미함(**통설, 판례**) **[날먹행 386p]**

□□□□□ ★★★

이 8-1. 행정심판을 거친 경우의 제소기간은 행정심판재결서 정본을 송달받은 날로부터 90일 이내이다. (22국가9급,21국가9급,18지방7급,17교행9급)

□□□□□ ★★★

판 8-2. 처분의 불가쟁력이 발생하였고 그 이후에 행정청이 당해 처분에 대해 행정심판청구를 할 수 있다고 잘못 알렸다면, 그 처분의 취소소송의 제소기간은 행정심판의 재결서를 받은 날부터 기산한다. (21국가9급,21경행,20지방9급,17지방9급)

• **재결서 정본을 송달받은 경우**: 송달받는 날로부터 90일 이내에 제기해야
원칙: 행정심판은 필요적이든 임의적이지 가리지 않으나, **적법한 행정심판**을 거쳐야 함
예외: 행정심판청구를 할 수 있다고 **잘못 알려 청구**한 경우 재결서 정본 송달일**로부터 기산**해야 함. (20지방9급)
예외의 예외: **이미 처분의 불가쟁력이 발생한 후**에 행정청이 당해 처분에 대해 행정심판 청구를 할 수 있다고 잘못 알렸다 하더라도, **재결서 정본을 송달받은 날로부터 다시 취소소송의 제소기간이 기산되는 것은 아니다**(2011두27247). **[날먹행 386p]**

□□□□□ ★★

판 8-3. 행정처분이 있음을 안 날부터 90일을 넘겨 행정심판을 청구하였다가 각하재결을 받은 후 그 재결서를 송달받은 날부터 90일 내에 원래의 처분에 대하여 취소소송을 제기한 경우, 수소법원은 각하판결을 하여야 한다. (21국가9급,21국회9급,19국가9급)

판례 처분이 있음을 안 날부터 90일을 넘겨 청구한 **부적법한 행정심판청구에 대한 재결**이 있은 후 재결서를 송달받은 날부터 90일 이내에 원래의 처분에 대하여 취소소송을 제기하였다고 하여 **취소소송이 다시 제소기간을 준수한 것으로 되는 것은 아니다**(2011두18786). **[날먹행 386p]**

OX 정답

6. X 7. ○ 8-1. ○ 8-2. X 8-3. ○

□□□□□ ★★

판 9. 제3자가 어떠한 방법에 의하든지 행정처분이 있었음을 안 경우에는 안 날로부터 90일 이내에 행정심판이나 행정소송을 제기하여야 한다. (19서울9급)

- **제3자효 행정행위에도 취소소송 제소기간 요건 적용**
  단, 제3자는 일반적으로 처분이 있음을 바로 알 수 없으므로, **정당한 사유가 있는 경우에 해당하여, 1년이 경과하더라도 소송 제기 가능.** 그러나 제3자가 **어떠한 경위로든 행정처분이 있음을 안 이상 그 처분이 있음을 안 날로부터 90일 이내에 취소소송을 제기해야 한다**(95누16233). [날먹행 387p]

□□□□□ ★★

판 10. 처분 당시에는 취소소송의 제기가 법제상 허용되지 않아 소송을 제기할 수 없다가 위헌결정으로 인하여 비로소 취소소송을 제기할 수 있게 된 경우 객관적으로는 위헌결정이 있은 날, 주관적으로는 위헌결정이 있음을 안 날을 제소기간의 기산점으로 삼아야 한다. (20경행,15국회8급)

판례 위헌결정으로 인하여 비로소 취소소송을 제기할 수 있게 된 경우 객관적으로는 '위헌결정이 있은 날', 주관적으로는 '위헌결정이 있음을 안 날'이 제소기간의 기산점이다(2009두20997). [날먹행 387p]

□□□□□

이 11-1. 청구취지를 변경하여 종전의 소가 취하되고 새로운 소가 제기된 것으로 변경되었다면 새로운 소에 대한 제소기간 준수여부는 원칙적으로 소의 변경이 있은 때를 기준으로 한다. (17지방9급)

□□□□□

이 11-2. 공정거래위원회의 처분에 대하여 불복의 소를 제기하였다가 청구취지를 추가하는 경우, 추가된 청구취지에 대한 제소기간의 준수 등은 원칙적으로 청구취지의 추가·변경 신청이 있는 때를 기준으로 판단하여야 한다. (20국회8급)

- **소 종류의 변경: 처음 소가 제기**된 때 기준
- **청구취지의 변경**: 청구취지의 변경으로 종전 소가 취하되고 새로운 소가 제기된 것으로 변경되었을 때에는, 소의 변경이 있은 때가 기준 [날먹행 387p]

□□□□□ ★★

판 12-1. 동일한 처분에 대하여 무효확인의 소를 제기하다가 그 처분의 취소를 구하는 소를 추가적으로 병합한 경우, 주된 청구인 무효확인의 소가 적법한 제소기간 내에 제기되었다면 추가로 병합된 취소청구의 소도 적법하게 제기된 것으로 볼 수 있다. (21국가9급)

판례 동일한 행정처분에 대하여 무효확인의 소를 제기하였다가 그 후 그 처분의 취소를 구하는 소를 추가적으로 병합한 경우, 주된 청구인 무효확인의 소가 적법한 제소기간 내에 제기되었다면 추가로 병합된 취소청구의 소도 적법하게 제기된 것으로 봄이 상당하다(2005두3554). [날먹행 388p]

OX 정답

9. ○ 10. ○ 11-1. ○ 11-2. ○ 12-1. ○

□□□□□

판 12-2. 어느 하나의 처분의 취소를 구하는 소에 당해 처분과 관련되는 처분의 취소를 구하는 청구를 추가적으로 병합한 경우, 추가적으로 병합된 소의 소제기 기간의 준수 여부는 그 청구취지의 추가신청이 있은 때를 기준으로 한다. (22지방7급)

판례 이 사건 공익근무요원복무중단처분, 현역병입영대상편입처분 및 현역병입영통지처분은 보충역편입처분취소처분을 전제로 한 것이기는 하나 각각 단계적으로 별개의 법률효과를 발생시키는 독립된 행정처분으로서 하나의 소송물로 평가할 수 없고, 보충역편입처분취소처분의 효력을 다투는 소에 공익근무요원복무중단처분, 현역병입영대상편입처분 및 현역병입영통지처분을 다투는 소도 포함되어 있다고 볼 수는 없다고 할 것이므로, 공익근무요원복무중단처분, 현역병입영대상편입처분 및 현역병입영통지처분의 취소를 구하는 소의 제소기간의 준수 여부는 각 그 청구취지의 추가 · 변경신청이 있은 때를 기준으로 개별적으로 살펴야 할 것이지, 최초에 보충역편입처분취소처분의 취소를 구하는 소가 제기된 때를 기준으로 할 것은 아니라고 할 것이다(2003두12257).

[날먹행 388p]

□□□□□ ★★

판 13. 조세심판에서 재결청의 재조사결정에 따른 행정소송의 기산점은 후속처분의 통지를 받은 날이다. (17지방9급,16국가7급 등)

판례 재결청(행정심판위원회)의 **'재조사결정'**에 따른 심사청구기간이나 심판청구기간 또는 행정소송의 제소기간의 기산점은 후속처분의 통지를 받은 날이다(2007두12514). **[날먹행 388p]**

바. 전심절차

□□□□□ ★★★

조 1. 취소소송은 원칙적으로 임의적 행정심판전치주의를 취하고 있다. (21국가9급,16교행9급)

- **행정소송법 제18조(행정심판과의 관계)** ① 취소소송은 법령의 규정에 의하여 **당해 처분에 대한 행정심판을 제기할 수 있는 경우에도 이를 거치지 아니하고 제기할 수 있다.** 다만, 다른 법률에 당해 처분에 대한 행정심판의 재결을 거치지 아니하면 취소소송을 제기할 수 없다는 규정이 있는 때에는 그러하지 아니하다. **[날먹행 389p]**

□□□□□ ★★★

이 2-1. 국세부과처분 취소소송에는 임의적 행정심판전치주의가 적용된다. (22국가7급,17교행9급)

□□□□□ ★★★

이 2-2. 도로교통법에 따른 처분에 대해서는 행정심판의 재결을 거치지 아니하면 취소소송을 제기할 수 없다. (22국가7급,21경행)

OX 정답

12-2. ○ 13. ○ 바. 1. ○ 2-1. X 2-2. ○

□□□□□ ★★★

이 2-3. 과세관청의 압류처분에 대해서는 심사청구 또는 심판청구 중 하나에 대한 결정을 거친 후 행정소송을 제기하여야 한다. (15국가9급)

> • **예외 → 필요적 행정심판 전치주의**
> ① 국세(관세) 심사 · 심판청구, ② 공무원에 대한 소청심사, ③ 도로교통법상 처분,
> ④ **감사원의 변상판정에 대한 재심의판정**, ⑤ **노동위원회의 처분에 대한 중앙노동위원회의 재심**, ⑥ **특허심판원의 심결**,
> ⑦ **과세관청의 압류처분에 대한 심사청구 또는 심판청구** 등의 경우, **행정심판을 거친 후 행정소송을 제기해야 함.**
> [날먹행 389p]

□□□□□ ★★

조 3. 행정소송법 이외의 법률에 당해 처분에 대한 행정심판의 재결을 거치지 아니하면 취소소송을 제기할 수 없다는 규정이 있는 경우에도, 처분의 집행 또는 절차의 속행으로 생길 중대한 손해를 예방하여야 할 긴급한 필요가 있는 때에는 행정심판의 재결을 거치지 아니하고 취소소송을 제기할 수 있다. (16서울9급,15국가7급,14국회8급 등)

> **행정소송법 제18조(행정심판과의 관계)** ② 제1항 단서의 경우에도 다음 각호의 1에 해당하는 사유가 있는 때에는 **행정심판의 재결을 거치지 아니하고 취소소송을 제기할 수 있다.**
> 1. 행정심판청구가 있은 날로부터 60일이 지나도 재결이 없는 때
> 2. 처분의 **집행 또는 절차의 속행으로 생길 중대한 손해를 예방하여야 할 긴급한 필요가 있는 때**
> 3. 법령의 규정에 의한 행정심판기관이 의결 또는 재결을 하지 못할 사유가 있는 때 4. 그 밖의 정당한 사유가 있는 때
> [날먹행 389p]

□□□□□ ★★

조 4. 행정소송법 이외의 법률에 당해 처분에 대한 행정심판의 재결을 거치지 아니하면 취소소송을 제기할 수 없다는 규정이 있는 경우에도, 동종사건에 관하여 이미 행정심판의 기각재결이 있은 때에는 행정심판을 제기함이 없이 취소소송을 제기할 수 있다. (16서울9급,15국가7급 등)

> **행정소송법 제18조(행정심판과의 관계)** ③ 제1항 단서의 경우에 다음 각호의 1에 해당하는 사유가 있는 때에는 **행정심판을 제기함이 없이 취소소송을 제기할 수 있다.**
> 1. 동종사건에 관하여 **이미 행정심판의 기각재결**이 있은 때
> 2. **서로 내용상 관련되는 처분 또는 같은 목적을 위하여 단계적으로 진행되는 처분중 어느 하나가 이미 행정심판의 재결을 거친 때**
> 3. **행정청이 사실심의 변론종결후 소송의 대상인 처분을 변경하여 당해 변경된 처분에 관하여 소를 제기**하는 때
> 4. **처분을 행한 행정청이 행정심판을 거칠 필요가 없다고 잘못 알린 때**
> [날먹행 389p]

□□□□□ ★★★

이 5-1. 필요적 행정심판전치주의가 적용되는 경우 그 요건을 구비하였는지 여부는 법원의 직권조사사항이다. (15국회8급)

□□□□□ ★★★

이 5-2. 필요적 행정심판전치주의가 적용되는 경우 행정심판전치 요건은 사실심 변론종결시까지 충족하면 된다. (18경행,15국회8급)

OX 정답

2-3. ○ 3. ○ 4. ○ 5-1. ○ 5-2. ○

□□□□□ ★★

이 5-3. 행정심판전치주의가 적용되는 경우에 행정심판을 거치지 않고 소제기를 하였더라도 사실심변론종결 전까지 행정심판을 거친 경우 하자가 치유된 것으로 볼 수 있다. (15국회8급)

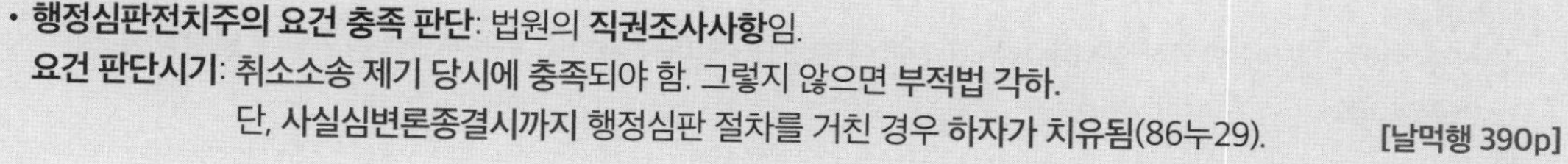

- **행정심판전치주의 요건 충족 판단**: 법원의 **직권조사사항**임.
  요건 판단시기: 취소소송 제기 당시에 충족되야 함. 그렇지 않으면 **부적법 각하**.
  단, 사실심변론종결시까지 행정심판 절차를 거친 경우 **하자가 치유됨**(86누29). [날먹행 390p]

□□□□□ ★★★

이 6. 행정심판의 필요적 전치주의가 적용되는 경우, 부적법한 취소심판의 청구가 있었음에도 행정심판위원회가 각하하지 않고 기각재결을 한 경우, 심판전치의 요건이 구비된 것으로 볼 수 있다. (18경행,17국가7급)

- **적법한 심판청구를 부적법한 것으로 각하**한 경우 → 행정심판전치 요건 충족 O
  부적법한 심판청구를 각하하지 않고 본안에 대한 재결을 한 경우 → 행정심판전치 요건 충족 X [날먹행 390p]

□□□□□ ★★★

이 7-1. 압류처분에 대해 무효확인소송을 제기하려면 무효확인심판을 거쳐야 한다. (20군무원9급,19국가7급,16국회8급)

□□□□□

이 7-2. 무효선언을 구하는 의미의 취소소송에서는 행정심판전치주의는 적용되지 않는다는 것이 판례의 입장이다. (20군무원9급,19국가7급)

취소소송	부작위위법 확인소송	무효확인소송	당사자소송
적용	적용 (§38②)	**적용 X(§38①)** 단, **당연무효를 선언하는 의미에서 그 취소를 구하는 행정소송을 제기**하는 경우에는 취소소송의 제소요건을 갖추어야 함(87누219).	적용 X

[날먹행 390p]

사. 관할

□□□□□ ★★★

조 1-1. 취소소송의 제1심 관할법원은 피고의 소재지를 관할하는 행정법원으로 함을 원칙으로 한다. (15서울7급)

□□□□□

이 1-2. 식품위생법에 따른 서울특별시 서초구청장의 음식점영업허가취소처분에 대한 취소소송은 서울행정법원에 제기한다. (16지방7급)

행정소송법 제9조(재판관할) ①취소소송의 제1심관할법원은 피고의 소재지를 관할하는 **행정법원으로** 한다. [날먹행 390p]

OX 정답

5-3. ○ 6. X 7-1. X 7-2. X 사. 1-1. ○ 1-2. ○

□□□□□ ★★

조 2-1. 중앙행정기관의 부속기관과 합의제행정기관 또는 그 장에 대하여 취소소송을 제기하는 경우에는 대법원소재지를 관할하는 행정법원에 제기할 수 있다. (22경간,18경행)

□□□□□

이 2-2. 세종특별자치시에 위치한 해양수산부의 장관이 한 처분에 대한 취소소송은 서울행정법원에 제기할 수 있다. (16지방7급)

행정소송법 제9조(재판관할) ② 제1항에도 불구하고 다음 각 호의 어느 하나에 해당하는 피고에 대하여 취소소송을 제기하는 경우에는 대법원소재지를 관할하는 행정법원에 제기할 수 있다. → **주의** 반드시는 아님!
1. 중앙행정기관, 중앙행정기관의 부속기관과 합의제행정기관 또는 그 장 **[날먹행 390p]**

□□□□□ ★★

조 2-3. 국가의 사무를 위임 또는 위탁 받은 공공단체 또는 그 장에 대하여 취소소송을 제기하는 경우에는 대법원소재지를 관할하는 행정법원에 제기할 수 있다. (15서울7급)

□□□□□

이 2-4. 경상북도 김천시에 위치한 한국도로공사가 국토교통부장관의 국가사무의 위임을 받아 한 처분에 대한 취소소송은 서울행정법원에 제기할 수 없다. (16지방7급)

행정소송법 제9조(재판관할) ② 제1항에도 불구하고 다음 각 호의 어느 하나에 해당하는 피고에 대하여 취소소송을 제기하는 경우에는 대법원소재지를 관할하는 행정법원에 제기할 수 있다.
2. 국가의 사무를 위임 또는 위탁받은 공공단체 또는 그 장 **[날먹행 391p]**

□□□□□ ★★★

조 3-1. 토지의 수용 기타 부동산 또는 특정의 장소에 관계되는 처분 등에 대한 취소소송은 그 부동산 또는 장소의 소재지를 관할하는 행정법원에 이를 제기할 수 있다. (23군무원7급,15서울7급)

□□□□□

조 3-2. 경기도 토지수용위원회가 수원시 소재 부동산을 수용하는 재결처분을 한 경우 이에 대한 취소소송은 수원지방법원 본원에 제기할 수 있다. (16지방7급)

행정소송법 제9조(재판관할) ③ 토지의 수용 기타 부동산 또는 특정의 장소에 **관계되는 처분**등에 대한 취소소송은 그 부동산 또는 장소의 **소재지를 관할하는 행정법원**에 이를 제기할 수 있다. **[날먹행 391p]**

□□□□□ ★★

이 4-1. 토지의 수용 및 기타 부동산 또는 특정의 장소에 관계되는 처분 등에 대한 취소소송은 그 부동산 또는 장소의 소재지를 관할하는 행정법원에 제기해야 하므로, 민사소송법상의 합의관할 및 변론관할에 관한 규정은 적용하지 않는다. (10국가7급)

- **토지관할은 임의관할**이므로, **민사소송법상 합의관할과 변론관할에 관한 규정이 적용될 수 있음.** **[날먹행 391p]**

OX 정답

2-1. ○ 2-2. ○ 2-3. ○ 2-4. X 3-1. ○ 3-2. ○ 4-1. X

☐☐☐☐☐

판 4-2. 민사소송인 소가 서울행정법원에 제기되었는데도 피고가 제1심 법원에서 관할위반이라고 항변하지 않고 본안에 서 변론을 한 경우에는 1심법원에 변론관할이 생긴다. (23국가9급)

판례 민사소송인 이 사건 소가 서울행정법원에 제기되었는데도 피고는 제1심법원에서 관할위반이라고 항변하지 아니하고 본안에 대하여 변론을 한 사실을 알 수 있는바, 공법상의 당사자소송 사건인지 민사사건인지 여부는 이를 구별하기가 어려운 경우가 많고 행정사건의 심리절차에 있어서는 행정소송의 특수성을 감안하여 행정소송법이 정하고 있는 특칙이 적용될 수 있는 점을 제외하면 심리절차면에서 민사소송절차와 큰 차이가 없는 점 등에 비추어 보면, 행정소송법 제8조 제2항, 민사소송법 제30조에 의하여 제1심법원에 변론관할이 생겼다고 봄이 상당하다(2010두22368). [날먹행 391p]

☐☐☐☐☐

판 5-1. 원고가 고의 또는 중대한 과실 없이 행정소송으로 제기하여야 할 사건을 민사소송으로 잘못 제기한 경우, 수소법원으로서는 만약 그 행정소송에 대한 관할도 동시에 가지고 있다면 이를 행정소송으로 심리·판단하여야 하고, 그 행정소송에 대한 관할을 가지고 있지 아니하다면 관할 법원에 이송하여야 한다. (22지방7급,21군무원9급)

판례 행정소송법 제7조는 원고의 고의 또는 중대한 과실 없이 행정소송이 심급을 달리하는 법원에 잘못 제기된 경우에 민사소송법 제31조 제1항을 적용하여 이를 관할 법원에 이송하도록 규정하고 있을 뿐 아니라, 관할 위반의 소를 부적법하다고 하여 각하하는 것보다 관할 법원에 이송하는 것이 당사자의 권리구제나 소송경제의 측면에서 바람직하므로, 원고가 고의 또는 중대한 과실 없이 행정소송으로 제기하여야 할 사건을 민사소송으로 잘못 제기한 경우, 수소법원으로서는 만약 그 행정소송에 대한 관할도 동시에 가지고 있다면 이를 행정소송으로 심리·판단하여야 하고, 그 행정소송에 대한 관할을 가지고 있지 아니하다면 관할 법원에 이송하여야 한다(95다28960). [날먹행 391p]

☐☐☐☐☐

조 5-2. 원고의 고의 또는 중대한 과실 없이 행정소송이 심급을 달리하는 법원에 잘못 제기된 경우에는 관할 위반을 이유로 관할법원에 이송한다. (23군무원7급)

- **행정소송법 제7조(사건의 이송)** 민사소송법 제34조제1항의 규정은 원고의 고의 또는 중대한 과실없이 행정소송이 심급을 달리하는 법원에 잘못 제기된 경우에도 적용한다.
- **민사소송법 제34조(관할위반 또는 재량에 따른 이송)** ①법원은 소송의 전부 또는 일부에 대하여 관할권이 없다고 인정하는 경우에는 결정으로 이를 관할법원에 이송한다. [날먹행 391p]

☐☐☐☐☐

판 5-3. 당사자소송으로 서울행정법원에 제기할 것을 민사소송으로 지방법원에 제기하여 판결이 내려진 경우, 그 판결은 관할 위반에 해당한다. (23국가9급)

판례 도시 및 주거환경정비법상 주택재건축정비사업조합에 대한 행정청의 조합설립인가처분이 있은 후에 조합설립 결의의 하자를 이유로 민사소송으로 그 결의의 무효 등 확인을 구한 사안에서, 그 소는 행정소송의 일종인 당사자소송으로 제기된 것으로 봄이 상당하고, 이송 후 관할법원의 허가를 얻어 조합설립인가처분에 대한 항고소송으로 변경될 수 있어 관할법원인 행정법원으로 이송함이 마땅하다(2008다60568). [날먹행 391p]

OX 정답

4-2. ○ 5-1. ○ 5-2. ○ 5-3. ○

□□□□□ ★★

조 6-1. 관련청구소송의 이송은 그 소송이 계속되어 있는 법원이 당해 소송을 취소소송이 계속되어 있는 법원에 이송하는 것이 상당하다고 인정하는 때에 당사자의 신청 또는 직권에 의하여 할 수 있다. (09지방7급)

□□□□□

조 6-2. 당해 처분의 취소를 선결문제로 하는 부당이득반환청구소송이 다른 법원에 계속되고 있는 경우에, 이를 당해 처분의 취소소송이 계속된 법원으로 이송할 수 있다. (09지방7급)

□□□□□

조 6-3. 당해 처분의 취소소송을 당해 처분이 원인이 되어 발생한 손해배상청구소송이 계속된 법원으로 이송할 수 있다. (09지방7급)

행정소송법 제10조(관련청구소송의 이송 및 병합) ①**취소소송**과 다음 각호의 1에 해당하는 소송(이하 **"관련청구소송"**이라 한다)이 **각각 다른 법원에 계속되고 있는 경우에 관련청구소송이 계속된 법원이 상당하다고 인정하는 때에는 당사자의 신청 또는 직권에 의하여 이를 취소소송이 계속된 법원으로 이송할 수 있다.**

1. 당해 **처분등과 관련되는 손해배상 · 부당이득반환 · 원상회복등 청구소송**
   예) 취소소송으로 인한 손해에 대해 국가배상청구소송을 병합,
   조세부과처분취소소송에 조세과오납금환급청구소송을 병합
2. **당해 처분등과 관련되는 취소소송** [날먹행 391, 392p]

□□□□□

조 6-4. 관련청구소송은 이송결정이 확정된 때부터 이송받은 법원에 계속된 것으로 본다. (09세무사)

□□□□□

조 6-5. 이송결정은 이송받은 법원을 기속하며 이송받은 법원은 다른 법원으로 다시 이송하지 못한다. (09세무사)

- **관련청구 이송의 효과**
  1) 관련청구소송을 주된 청구인 행정소송이 계속된 법원으로 이송함.
  2) 이송결정이 확정되면, 이송받은 법원은 이송결정에 따라야 하고, 사건을 다시 다른 법원에 이송하지 못함.
  3) 소송은 처음부터 이송받은 법원에 계속된 것으로 봄. [날먹행 392p]

□□□□□ ★★★

판 7. 행정처분에 대한 무효확인과 취소청구는 서로 양립할 수 없는 청구로서 선택적 청구로서의 병합만이 가능하고 단순 병합은 허용되지 아니한다. (23경간,22경간,22군무원9급,21변시,21국회8급,19서울7급)

판례 행정처분에 대한 무효확인과 취소청구는 서로 양립할 수 없는 청구로서 주위적 · 예비적 청구로서만 병합이 가능하고 선택적 청구로서의 병합이나 단순 병합은 허용되지 아니한다(97누6889). [날먹행 393p]

OX 정답

6-1. ○ 6-2. ○ 6-3. X 6-4. X 6-5. ○ 7. X

☐☐☐☐☐ ★★

판 8. 원고는 취소소송이 계속된 법원에 당해 행정청에 대한 손해배상청구 등을 병합하여 제기할 수 없으므로, 손해배상청구를 담당하는 민사법원의 판결이 먼저 내려진 경우라 할지라도 이 판결의 내용은 취소소송에 영향을 미치지 아니한다. (20소방,17국회8급)

• **관련청구의 범위** - 취소소송의 대상인 처분가 관련되는 국가배상청구소송, 조세부과처분취소송에 처분의 취소를 전제로 하는 조세과오납금환급청구소송(부당이득반환소송), 압류처분취소송에 압류등기말소청구소송을 병합하는 것 등
[날먹행 393p]

☐☐☐☐☐ ★

이 9. 관련청구소송의 병합에 있어서는 취소소송의 적법성이 전제되어야 하며, 사실심변론종결 전에 관련청구가 병합되어야 한다. (19지방7급,15국회8급 등)

• **병합의 요건**
① **각 청구가 적법** ② **주된 청구인 행정소송에** 관련청구를 병합 ③ **사실심변론종결 전**에 해야 [날먹행 393p]

☐☐☐☐☐ ★★

판 10. 취소소송에 당해 처분과 관련되는 부당이득반환청구소송이 병합되어 제기된 경우, 부당이득반환청구가 인용되기 위해서는 그 소송절차에서 판결에 의해 당해 처분이 취소되면 충분하고 그 처분의 취소가 확정되어야 하는 것은 아니다. (22지방7급,20소방,18국가7급 등)

• **병합의 효과: 주된 청구가 부적법 각하된 경우, 병합청구도 각하**됨(2000두697).
판례 병합된 부당이득반환청구가 인용되기 위해선 그 소송절차에서 판결에 의해 **당해 처분이 취소되면 충분**하고, 처분의 취소가 **확정될 필요 X** (2008두23153)
[날먹행 393p]

3. 소송참가와 소의 변경

가. 소송참가

☐☐☐☐☐ ★

이 1. 취소소송의 제3자 소송참가에 관한 규정은 무효등확인소송, 부작위위법확인소송, 당사자소송에도 준용된다. (12국가9급)

• **소송참가**란 **소송의 계속 중 자신의 법률상 지위를 보호하기 위하여 제3자 또는 행정청이 그 소송절차에 참가하는 것**을 의미하고, 행정소송법은 소송참가제도를 항고소송, 당사자소송, 민중소송 및 기관소송에 준용하고 있다.
[날먹행 394p]

☐☐☐☐☐

이 2-1. 제3자의 소송참가에서 제3자는 판결의 형성력에 의해 권리 또는 이익의 침해를 받을 자를 말하며, 판결의 기속력에 의해 권리 또는 이익의 침해를 받는 경우는 포함되지 않는다. (12국가9급)

OX 정답

8. X 9. ○ 10. ○ 3 가. 1. ○ 2-1. X

□□□□□ ★★

이 2-2. 특정 소송사건에서 당사자 일방을 보조하기 위하여 보조참가를 하려면 당해 소송의 결과에 대하여 사실상, 경제상, 감정상 이해관계가 있으면 충분하며 법률상의 이해관계가 요구되는 것은 아니다. (15국가9급)

- **제3자 소송참가의 요건**
  ① 타인의 취소소송이 계속 중 → 심급 불문, 상고심에서도 가능
  ② 소송의 결과에 따라 권리 또는 이익의 침해를 받을 제3자일 것
  → 판결의 기속력에 의해 권리, 이익의 침해를 받는 것 포함 / 법률상의 이익을 의미 / 사실상 · 경제상 · 감정상 이해관계 X **[날먹행 394p]**

□□□□□ ★★

조 3-1. 법원은 다른 행정청을 취소소송에 참가시킬 필요가 있다고 인정할 때에는 당사자 또는 당해 행정청의 신청 또는 직권에 의하여 결정으로써 그 행정청을 소송에 참가시킬 수 있다. (22군무원9급,18국가7급)

□□□□□

조 3-2. 법원이 제3자의 소송참가와 행정청의 소송참가에 관한 결정을 하는 경우에는 각각 당사자 및 제3자의 의견, 당사자와 및 당해 행정청의 의견을 들어야 한다. (22군무원9급)

- **제3자 소송참가의 절차**
  ① 당사자, 제3자의 신청 또는 직권
  ② 미리 당사자 또는 당해 행정청 의견을 들어야 **[날먹행 394p]**

□□□□□

이 4. 소송참가인의 지위의 성질에 대해서는 공동소송적 보조참가와 비슷하다는 것이 통설이다. (10국회8급)

- **참가인지위**: 공동소송적 보조참가인의 지위(통설) **[날먹행 394p]**

□□□□□

이 5-1. 행정소송의 결과에 따라 권리 또는 이익의 침해 우려가 있는 제3자는 당해 행정소송에 참가할 수 있으며, 이때 참가인인 제3자는 실제로 소송에 참가하여 소송행위를 하였는지 여부를 불문하고 판결의 효력을 받는다. (19지방9급,18지방9급)

□□□□□

이 5-2. 행정소송법상 제3자 소송참가의 경우 참가인이 상소를 하였더라도, 소송당사자 본인인 피참가인은 참가인의 의사에 반하여 상소취하나 상소포기를 할 수 있다. (20지방·서울9급)

- **제3자 소송참가의 효과**
  - **참가인은 판결의 효력 받음**
  - **참가인은 일체의 소송행위가능** → 피참가인의 행위와 저촉되는 행위 가능, 단 **불리한 행위는 효력 X**
  상소는 유리한 행위이므로, 참가인의 상소는 피참가인에게 효력 미침 ∴ 피참가인은 상소취하, 상소포기 불가. **[날먹행 394p]**

OX 정답

2-2. X 3-1. O 3-2. O 4. O 5-1. O 5-2. X

☐☐☐☐☐ ★

이 6. 행정소송 사건에서 민사소송법상 보조참가가 허용된다. (19지방9급,17사복9급)

> • **민사소송법에 의한 소송참가**
> - 보조참가 허용됨 (2011두13729),
> - 공동소송참가 허용됨(다수설),
> - 독립당사자 참가는 허용되지 않음(70누71)
>
> [날먹행 395p]

나. 소의 변경

☐☐☐☐☐ ★★★

이 1-1. 소의 종류의 변경은 직권으로도 가능하다. (22군무원9급,18서울9급)

☐☐☐☐☐ ★★★

이 1-2. 당사자소송을 항고소송으로 변경하는 것은 허용되지 않는다. (18서울9급,17교행9급)

☐☐☐☐☐ ★★★

이 1-3. 항소심에서도 소의 종류의 변경은 가능하다. (18서울9급,14서울9급)

☐☐☐☐☐ ★★

이 1-4. 소변경의 허가결정이 있으면 신소는 구소가 제기된 때에 제기된 것으로 보며, 구소는 취하된 것으로 본다. (09국회8급)

> • **소 종류의 변경**
> - **의의**: 소송계속 중 청구의 기초에 변경이 없는 한 **당사자소송 또는 취소소송 외의 항고소송으로 변경**하는 것.
> - **적용범위**: 무효확인소송, 부작위위법확인소송을 **다른 항고소송이나 당사자소송으로 변경**하거나, (22군무원9급) 당사자소송을 **항고소송으로 변경**하는 것도 가능
> - **요건**: ① 변경의 대상이 되는 **소가** 사실심 계속 중이고, 변론종결 전**일 것** → 항소심에선 가능, **상고심에서 소변경 불가**
>   ② 소의 변경이 상당하다고 인정
>   ③ 원고의 신청이 있을 것 → 직권으로 불가
>   ④ 청구기초에 변경이 없을 것
> - **효과**: 새로운 소는 종전 소를 제기한 때 제기된 것으로 보며, 구소는 취하된 것으로 본다(§21④)
> - **불복**: ① 허가 결정에 대한 불복 → 새 피고나 종래의 피고는 즉시항고 가능(§21③)
>   ② 불허가 결정에 대한 불복 → 행정소송법에 규정 X, 원고는 **새 피고를 상대로 별소 제기**하면 됨.
>
> [날먹행 395, 396p]

☐☐☐☐☐ ★★★

조 2-1. 법원은 행정청이 소송의 대상인 처분을 소가 제기된 후 변경한 때에는 원고의 신청에 의하여 결정으로써 청구의 취지 또는 원인의 변경을 허가할 수 있다. (18경행,14국회8급)

☐☐☐☐☐ ★★

조 2-2. 처분변경으로 인한 소변경의 경우 원고가 당해 처분의 변경이 있음을 안 날로부터 60일 이내에 소변경 신청을 하여야 한다. (06세무사)

OX 정답

6. ○ 나. 1-1. X 1-2. X 1-3. ○ 1-4. ○ 2-1. ○ 2-2. ○

□□□□□ ★★

조 2-3. 행정청의 처분의 변경으로 인한 소의 변경의 경우 변경된 처분이 필요적 행정심판전치의 대상이더라도 행정심판을 거칠 필요가 없다. (08국회8급)

행정소송법 제22조(처분변경으로 인한 소의 변경) ① 법원은 행정청이 소송의 대상인 처분을 소가 제기된 후 변경한 때에는 원고의 신청에 의하여 결정으로써 청구의 취지 또는 원인의 변경을 허가할 수 있다.
② 제1항의 규정에 의한 신청은 처분의 변경이 있음을 안 날로부터 60일 이내에 하여야 한다.
→ **새로운 소는 종전 소를 제기한 때 제기된 것**으로 보며, **구소는 취하된 것으로 봄, 새로운 소는 행정심판 전치주의 요건을 갖춘 것으로 간주됨**(동조③항). [날먹행 395, 396p]

4. 소제기의 효과 (취소소송의 가구제)

□□□□□ ★★★

이 1-1. 행정심판청구와 취소소송의 제기는 모두 처분의 효력이나 그 집행 또는 절차의 속행에 영향을 주지 아니한다. (19서울9급,17국회8급 등)

□□□□□ ★★★

이 1-2. 행정소송법은 집행부정지원칙을 택하면서도 집행정지의 길을 열어 개인의 권리보호를 목적으로 하고 있다. (11국가9급)

- **집행정지제도**: 취소소송이 제기되더라도 **원칙적으로 대상 처분의 효력은 판결의 확정시까지 정지되지 않으며,** 그 집행 또는 절차의 속행 역시 정지되지 않는 것이 원칙이고, 이를 '집행부정지원칙'이라 한다.
  단, 개인의 권리 보호를 위해, 취소소송이 제기된 경우에 처분 등이나 그 집행 또는 절차의 속행으로 인하여 생길 **회복하기 어려운 손해를 예방하기 위하여 긴급한 필요가 있다고 인정할 때 법원이 당사자의 신청이나 직권에 의하여 집행정지결정을 하는 것**을 '집행정지제도'라 한다(§23②). [날먹행 396, 397p]

□□□□□ ★★★

이 2-1. 본안문제인 행정처분 자체의 적법 여부는 집행정지신청의 요건이 되지 아니하는 것이 원칙이지만, 본안소송의제기 자체는 적법한 것이어야 한다. (23변시,21지방9급,18경행)

□□□□□ ★★★

이 2-2. 적법한 본안소송이 법원에 계속되어 있을 것을 요하지만, 본안소송의 제기와 집행정지신청이 동시에 행하여지는 경우도 허용된다. (15사복9급)

□□□□□ ★★★

이 2-3. 집행정지결정을 한 후에 본안소송이 취하되더라도 그 집행정지결정의 효력이 당연히 소멸하는 것은 아니고, 별도의 취소조치를 필요로 한다. (22소방간부,21군무원7급,21지방9급,18경행)

- **집행정지제도의 요건** ① 적법한 본안소송의 계속
  - **적법한 본안소송**이 **법원에 계속**중이어야, **처분이 적법할 것은 요하지 않음**
  - **본안소송이 취하되면 집행정지결정은 당연히 소멸** [날먹행 397p]

OX 정답

2-3. O **4** 1-1. O 1-2. O 2-1. O 2-2. O 2-3. X

☐☐☐☐☐ ★★★

이 3-1. 거부처분에 대해서도 그 효력정지를 구할 이익이 인정된다.
(23국가9급,22서울7급,21지방9급,21국가9급,20소방,18서울7급,16국가9급)

☐☐☐☐☐

이 3-2. 행정소송법은 처분의 일부에 대한 집행정지도 가능하다고 규정하고 있다. (12국가9급,12지방9급)

> • **집행정지제도의 요건** ② 처분 등의 존재
> ㉠ 처분이 **가분적**인 경우, 일부에 **대해서도 집행정지** 가능(§23②)
> ㉡ **거부처분의 효력을 정지하더라도 거부처분이 없었던 것과 같은 상태, 즉 거부처분이 있기 전의 신청시의 상태로 되돌아가는데 불과하므로,** 거부처분에 대한 집행정지 허용 X
> **단,** 공권력 행사**이면서** 사인의 법률상 이익에 직접 영향**을 미치는 경우** 예외적으로 집행정지 가능 [날먹행 397p]

☐☐☐☐☐ ★★

이 4-1. '회복하기 어려운 손해'란 금전보상이 불가능한 경우 뿐만 아니라 금전보상으로는 사회관념상 행정처분을 받은 당사자가 참고 견딜 수 없거나 또는 참고 견디기가 현저히 곤란한 경우의 유형 · 무형의 손해를 말한다.
(17국회8급,15사복9급)

☐☐☐☐☐

이 4-2. 행정소송법 제23조 제2항 소정의 행정처분 등의 효력이나 집행을 정지하기 위한 요건으로서의 '회복하기 어려운 손해'라 함은 특별한 사정이 없는 한 금전적 보상을 과도하게 요하는 경우, 금전보상이 불가능한 경우, 그 밖에 금전보상으로는 사회관념상 행정처분을 받은 당사자가 참고 견딜 수 없거나 또는 참고 견디기가 현저히 곤란한 경우의 유형, 무형의 손해를 일컫는다. (20소방,18서울7급)

> • **집행정지제도의 요건** ③ 회복하기 어려운 손해예방의 필요
> **'회복하기 어려운 손해'(중대한 손해X)**란 금전으로 보상할 수 없는 손해로서, 금전보상이 불가능한 경우 뿐만 아니라 금전보상으로는 **사회관념상 행정처분을 받은 당사자가 참고 견딜 수 없거나 참고 견디기가 현저히 곤란한 경우의 유형 · 무형의 손해를 의미**함(86두18). [날먹행 398p]

☐☐☐☐☐ ★

판 4-3. 유흥접객영업허가의 취소처분으로 5,000여만 원의 시설비를 회수하지 못하게 된다면 생계까지 위협받을 수 있다는 등의 사정이 집행정지를 인정하기 위한 회복하기 어려운 손해가 생길 우려가 있는 경우에 해당하지 아니한다. (14국가9급)

> **판례** 유흥접객영업허가의 취소처분으로 5,000여 만원의 시설비를 회수하지 못하게 된다면 생계까지 위협받을 수 있다는 등의 사정은 집행정지를 인정하기 위한 회복하기 어려운 손해가 생길 우려가 있는 경우에 해당하지 않는다(91두1). [날먹행 398p]

OX 정답

3-1. X 3-2. O 4-1. O 4-2. X 4-3. O

□□□□□ ★★

판 4-4. 외부자금의 신규 차입이 사실상 중단된 상태에서 고액의 과징금 납부로 인하여 사업자가 중대한 경영상의 위기를 맞게 될 것으로 보이는 경우도 회복하기 어려운 손해에 해당한다. (22소방간부,12국회9급)

판례 외부자금의 신규차입이 사실상 중단된 상태에서 고액의 과징금 납부로 인하여 사업자가 중대한 경영상의 위기를 맞게 될 것으로 보이는 경우, 회복하기 어려운 손해에 해당한다(2001무29). **[날먹행 398p]**

□□□□□ ★★★

이 5-1. 집행정지는 공공복리에 중대한 영향을 미칠 우려가 있을 때에는 허용되지 아니한다. (19사복9급,18변시,17국회8급,12국가9급)

• **집행정지의 소극적 요건:** ① 공공복리에 중대한 영향을 미칠 우려가 없을 것 **[날먹행 399p]**

□□□□□ ★★★

이 5-2. 집행정지의 요건으로 규정하고 있는 '공공복리에 중대한 영향을 미칠 우려'가 없을 것이라고 할 때의 '공공복리'는 그 처분의 집행과 관련된 구체적이고 개별적인 공익을 말하는 것으로서 이러한 집행정지의 소극적 요건에 대한 주장 소명책임은 행정청에게 있다. (23국가9급,18경행)

• **공공복리란 처분의 집행과 관련된 구체적이고, 개별적인 공익**을 말하며, 그 **주장·소명책임은 행정청에게 있음.** **[날먹행 399p]**

□□□□□ ★★★

판 6. 처분의 취소가능성이 없음에도 처분의 효력이나 집행의 정지를 인정한다는 것은 집행정지제도의 취지에 반하므로 집행정지 사건 자체에 의하여도 신청인의 본안청구가 이유 없음이 명백하지 않아야 한다는 것도 집행정지의 요건이다. (21지방9급,18서울7급)

• **집행정지의 소극적 요건: ② 본안청구가 이유 없음이 명백하지 않을 것**
행정처분 자체의 적법 여부는 집행정지의 판단대상이 되지 않는 것이 원칙이나, 처분의 취소가능성이 없음에도 집행정지를 인정하는 것은 집행정지제도의 취지에 반하므로 본안청구가 이유 없음이 명백하지 아니할 것을 **집행정지의 소극적 요건에 포함해야** 한다(92두30). **[날먹행 399p]**

□□□□□ ★★★

이 7. 집행정지결정은 당사자의 신청이 있는 경우는 물론, 법원의 직권에 의해서도 행해질 수 있다. (21소방간부,18서울7급)

• **집행정지결정의 절차:** 당사자의 신청 또는 직권 **[날먹행 399p]**

OX 정답

4-4. O 5-1. O 5-2. O 6. O 7. O

□□□□□

이 8-1. 행정처분에 대한 효력정지를 신청함에 있어서는 그 효력정지를 구할 법률상 이익을 요하지 아니한다. (18경행)

□□□□□

이 8-2. 행정소송법은 제3자효 행정행위에 있어서 제3자도 집행정지를 신청할 수 있는지에 대해서는 규정하고 있지 않다. (15국회8급)

□□□□□

이 8-3. 제3자효 행정행위에 의해 법률상 이익을 침해받은 제3자는 취소소송의 제기와 동시에 행정행위의 집행정지를 신청할 수 있다. (14국가7급)

- **집행정지의 신청인 적격**
  ① 본안소송의 당사자로서 **법률상 이익이 있는 자**
  → 신청의 이익은 집행정지결정의 **현실적 필요성이 있어야** 하므로, **이미 집행이 완료되어 효력이 상실하였거나 처분의 목적이 달성되어 효력이 상실된 경우에는 집행정지가 인정되지 않음**(92두30).
  ② **제3자효 행정행위에 의해 법률상 이익을 침해받은 제3자**는 취소소송 제기와 동시에 행정행위의 집행정지를 신청 가능, 그러나 행정소송법에는 이에 대한 규정 X
  [날먹행 399p]

□□□□□ ★★

이 9-1. 집행정지의 소극적 요건에 대한 주장 · 소명책임은 행정청에 있다. (22소방간부,21군무원7급)

- **집행정지 요건의 주장 · 소명책임: 적극적 요건은 신청인, 소극적 요건은 행정청**이 주장 · 소명책임 [날먹행 399p]

□□□□□ ★

조 9-2. 집행정지의 결정을 신청함에 있어서는 그 이유에 대한 소명을 반드시 필요로 하는 것은 아니므로 정당한 사유 등 특별한 사정이 있다면 재판부는 그 소명 없이 직권으로 집행정지에 대한 결정을 하여야 한다.
(21군무원7급,20소방)

행정소송법 제23조(집행정지) ④ 제2항의 규정에 의한 집행정지의 결정을 신청함에 있어서는 **그 이유에 대한 소명이 있어야 한다.**
[날먹행 399p]

□□□□□ ★

이 10-1. 집행정지의 대상은 처분 등의 효력, 그 집행 또는 절차의 속행이다. (22서울7급)

□□□□□ ★★★

이 10-2. 처분의 효력정지는 처분 등의 집행 또는 절차의 속행을 정지함으로써 목적을 달성할 수 있는 경우에는 허용되지 아니한다. (21지방9급,19사복9급 등)

- **집행정지의 내용: 처분의** 효력정지, **처분의** 집행정지, **절차의** 속행정지 [날먹행 399p]
  각 내용간 관계: 처분의 집행정지, 절차의 속행정지만으로 목적을 달성할 수 있는 경우**에는 처분의** 효력정지 허용 X

OX 정답

8-1. X 8-2. ○ 8-3. ○ 9-1. ○ 9-2. X 10-1. ○ 10-2. ○

□□□□□ ★★

조 11-1. 집행정지결정은 판결이 아니므로 기속력은 인정되지 않는다. (16국가9급,15교행9급)

□□□□□ ★★

조 11-2. 판례상 집행정지결정이 있게 되면 당해 처분이 효력 있음을 전제로 한 후속행위는 무효가 된다. (08세무사)

- **집행정지결정의 기속력**: 취소판결의 기속력에 관한 규정은 집행정지결정에 준용되므로, **당사자인 행정청과 그밖의 관계 행정청을 기속함.** → ∴ 집행정지결정을 위배한 행정처분은 **무효**이다. [날먹행 400p]

□□□□□

조 11-3. 행정소송법상 집행정지결정의 경우 취소판결의 기속력에 관한 원칙규정과 재처분의무의 규정을 준용하고 있다. (14국회8급)

행정소송법 제23조(집행정지) ⑥ 제30조제1항의 규정은 제2항의 규정에 의한 **집행정지의 결정에 이를 준용**한다.
제30조(취소판결등의 기속력) ① 처분등을 취소하는 확정판결은 그 사건에 관하여 당사자인 행정청과 그 밖의 관계행정청을 기속한다. → 재처분의무는 집행정지의 성질상 준용 X [날먹행 400p]

□□□□□ ★★

이 12. 집행정지결정은 장래에 향하여서만 효력이 발생하며, 당사자와 관계행정청 그리고 제3자에게도 효력을 미친다. (18서울7급,11국가9급)

- **집행정지결정의 장래효: 별도의 통지 없이도** 당해 처분이 없었던 것과 같은 상태를 **실현**함.
  단, 장래에 향해서만 효력이 인정됨
- **집행정지결정의 장래효, 기속력: 당사자와 관계행정청은 기속력**에 의해, **제3자는 형성력**에 의해 효력이 미침. [날먹행 400p]

□□□□□ ★★

이 13-1. 집행정지결정의 효력은 결정 주문에서 정한 시기까지 존속하며 그 시기의 도래와 동시에 효력이 당연히 소멸한다. (16사복9급)

□□□□□ ★★

판 13-2. 보조금 교부결정 취소처분에 대하여 법원이 효력정지결정을 하면서 주문에서 그 법원에 계속 중인 본안소송의 판결 선고시까지 처분의 효력을 정지한다고 선언하였을 경우, 본안소송의 판결 선고에 의하여 정지결정의 효력은 소멸하고 이와 동시에 당초의 보조금 교부결정 취소처분의 효력이 당연히 되살아난다. (22소방간부,18국가7급)

- **집행정지결정의 시간적 효력**: 집행정지결정의 **주문에 정해진 시기까지 존속**하며, **그 시기의 도래와 동시에 효력이 당연 소멸**하며, 특별히 정하지 않은 경우에는 **본안판결시까지 존속**한다.

판례 보조금 교부결정 취소처분에 대하여 법원이 효력정지결정을 하면서 주문에서 그 법원에 계속 중인 본안소송의 판결선고시까지 처분의 효력을 정지한다고 선언하였을 경우, 본안소송의 판결선고에 의하여 정지결정의 효력은 소멸하고 이와 동시에 당초의 보조금 교부결정 취소처분의 효력이 당연히 되살아난다(2013두25498). [날먹행 400p]

OX 정답

11-1. X 11-2. O 11-3. X 12. O 13-1. O 13-2. O

□□□□□

판 13-3. 일정한 납부기한을 정한 과징금부과처분에 대하여 집행정지결정이 내려졌다면 과징금부과처분에서 정한 과징금의 납부기간은 더 이상 진행되지 아니하고 집행정지결정의 주문에 표시된 종기의 도래로 인하여 집행정지가 실효된 때부터 다시 진행된다. (22지방7급)

판례 일정한 납부기한을 정한 과징금부과처분에 대하여 '회복하기 어려운 손해'를 예방하기 위하여 긴급한 필요가 있고 달리 공공복리에 중대한 영향을 미치지 아니한다는 이유로 집행정지결정이 내려졌다면 그 집행정지기간 동안은 과징금부과처분에서 정한 과징금의 납부기간은 더 이상 진행되지 아니하고 집행정지결정이 당해 결정의 주문에 표시된 시기의 도래로 인하여 실효되면 그 때부터 당초의 과징금부과처분에서 정한 기간(집행정지결정 당시 이미 일부 진행되었다면 그 나머지 기간)이 다시 진행하는 것으로 보아야 한다(2002다48023).

[날먹행 400p]

□□□□□ ★★

조 14. 집행정지의 결정이 확정된 후라도 집행정지가 공공복리에 중대한 영향을 미치는 경우 당사자의 신청 또는 직권에 의해 집행정지결정을 취소할 수 있다. (18국가7급)

- **집행정지결정의 취소**
  집행정지결정이 확정된 후 집행정지가 **공공복리에 중대한 영향**을 미치거나 **그 정지사유가 없어진 때**에는 법원은 **당사자의 신청 또는 직권**에 의하여 결정으로써 집행정지의 결정을 취소할 수 있다(§24①)
  → 정지결정이 취소되면 처분이 **다시 효력을 발생**

[날먹행 400p]

□□□□□ ★★

조 15. 집행정지의 결정 또는 기각의 결정에 대하여는 즉시항고할 수 있으며, 집행정지의 결정에 대한 즉시항고에는 결정의 집행을 정지하는 효력이 없다. (19서울9급,18서울7급)

- **집행정지결정에 대한 불복**
  - 법원의 **집행정지의 결정 또는 기각의 결정**에 대하여는 **즉시항고 할 수 있음 → 결정의 집행을 정지하는 효력X**(§23⑤)
  - 행정소송법 §23②에서 정한 요건을 결여하였다는 이유로 효력정지 신청을 기각한 결정에 대해, 행정처분 자체의 적법 여부를 가지고 불복사유로 삼을 수 없다(2010무111).

[날먹행 400, 401p]

□□□□□ ★★★

조 16. 민사집행법에 따른 가처분은 항고소송에서도 인정된다. (22소방간부,18교행9급)

- 행정소송법에서는 **민사집행법상 가처분 규정 X → 항고소송에는 가처분 준용 X**, 단, **당사자소송에는 준용○** [날먹행 401p]

OX 정답

13-3. ○ 14. ○ 15. ○ 16. X

5. 취소소송의 심리

□□□□□ ★★★

이 1-1. 행정소송의 대상이 되는 행정처분의 존부는 소송요건으로서 직권조사사항이고, 자백의 대상이 될 수 없는 것이므로, 설사 그 존재를 당사자들이 다투지 아니한다 하더라도 그 존부에 관하여 의심이 있는 경우에는 이를 직권으로 밝혀 보아야 할 것이다. (19서울7급,15지방9급)

□□□□□ ★★

이 1-2. 소송요건의 존부는 사실심 변론종결시를 기준으로 판단한다. (14국가9급)

□□□□□ ★★

이 1-3. 제기된 소가 소송요건을 갖추지 못한 경우에는 각하판결의 대상이 된다. (07세무사)

- **행정소송에서의 소송요건(적법요건) 심리**
  - **① 당 소송이 소송을 요건을 갖추었는지 심리하는 절차로,**
    법원의 직권조사사항(당사자들이 다투지 아니하여도, 법원이 직권으로 밝혀볼 수 있음)이며, 이를 갖추지 못하면 부적법 각하
  - ② 제소시에 소송요건을 구비해야 하나, **사실심변론종결시까지 구비하면 하자가 치유됨** [날먹행 401p]

□□□□□ ★★★

판 1-4. 행정청이 처분절차를 준수하였는지는 취소소송의 본안에서 고려할 요소이지, 소송요건 심사단계에서 고려할 요소가 아니다. (21국회8급,20국가7급)

판례 행정절차법에서 정한 처분 절차를 준수하였는지는 본안에서 당해 처분이 적법한가를 판단하는 단계에서 고려할 요소이지, 소송요건 심사단계에서 고려할 요소가 아니다(2015두60617). [날먹행 401p]

□□□□□ ★★

판 1-5. 행정소송에서 쟁송의 대상이 되는 행정처분의 존부에 관한 사항이 상고심에서 비로소 주장된 경우에 행정처분의 존부에 관한 사항은 상고심의 심판범위에 해당한다. (23국회8급,21군무원7급,21서울7급,20국가9급,17국가7급)

판례 행정소송에서 쟁송의 대상이 되는 행정처분의 존부는 소송요건으로서 직권조사사항이고, 자백의 대상이 될 수 없는 것이므로, 설사 그 존재를 당사자들이 다투지 아니한다 하더라도 그 존부에 관하여 의심이 있는 경우에는 이를 직권으로 밝혀 보아야 할 것이고, 사실심에서 변론종결시까지 당사자가 주장하지 않던 직권조사사항에 해당하는 사항을 상고심에서 비로소 주장하는 경우 그 직권조사사항에 해당하는 사항은 상고심의 심판범위에 해당한다(2003두15195). [날먹행 402p]

OX 정답

5 1-1. ○ 1-2. ○ 1-3. ○ 1-4. ○ 1-5. ○

□□□□□ ★★

이 2. 취소소송에서 처분의 위법성은 소송요건이 아니다. (17서울7급,16사복9급)

- **본안심리**
  ① 본안심리란 청구를 인용할 것인지 기각할 것인지 판단하기 위하여 **사건의 본안을 심리하는 과정**을 의미함.
  ∴ 본안심리의 대상은 처분의 위법성 여부가 대상이 되므로, **처분의 위법성 여부는 소송요건 X, 법원의 직권조사 사항도 X**
  ② 본안심리를 통해 법원은 청구가 이유가 있으면 청구인용판결, 청구가 이유 없으면 청구기각판결을 내림.

[날먹행 401p]

□□□□□ ★★

조 3. 취소소송의 직권심리주의를 규정하고 있는 행정소송법 제26조의 규정을 고려할 때, 행정소송에 있어서 법원은 당사자의 청구범위를 초월하여 그 이상의 청구를 인용할 수 있다. (23국회8급,15지방7급)

- **불고불리의 원칙: 소제기가 없으면, 심리할 수 없고, 소제기가 있더라도 당사자의 청구범위를 넘어 심리 · 재판할 수 없음**(행정소송법 §8②, 민사소송법 §203) **[날먹행 402p]**

□□□□□ ★★

이 4. 소송에 있어서 처분권주의는 사적자치에 근거를 둔 법질서에 뿌리를 두고 있으므로 취소소송에는 적용되지 않는다. (23국회8급,18지방9급)

- 우리 행정소송법은 **당사자주의(처분권주의+변론주의)에 직권심리주의를 가미**하고 있음. **[날먹행 402p]**

□□□□□ ★

이 5. 취소소송의 특성상 구술심리주의는 적용되지 않는다. (10세무사)

- **구술심리주의**: 심리과정에서 변론 및 증거조사는 구술에 의해야 한다는 것으로, 행정소송에 적용됨. **[날먹행 402p]**

□□□□□ ★★

판 6-1. 행정소송법 제26조는 행정소송에서 직권심리주의가 적용되도록 하고 있지만, 행정소송에서도 당사자주의나 변론주의의 기본 구도는 여전히 유지된다. (17국가9급)

판례 행정소송법 제26조는 **행정소송의 특수성에 연유하는 당사자주의, 변론주의에 대한 예외 규정**일 뿐, 법원이 아무런 제한 없이 당사자가 주장하지 아니한 사실을 판단할 수 있는 것은 아니고, **일견 기록에 현출되어 있는 사항에 관하여서도 직권으로 증거조사를 하고 이를 기초로 하여 판단할 수 있다**(94누4820). **[날먹행 401p]**

OX 정답

2. ○ 3. X 4. X 5. X 6-1. ○

□□□□□ ★★

판 6-2. 행정소송에서 기록상 자료가 나타나 있다 하더라도 당사자가 주장하지 않았다면 행정소송의 특수성에 비추어 법원은 이를 판단할 수 없다. (15지방7급,14국가9급)

판례 행정소송에서 기록상 자료가 나타나 있다면 당사자가 주장하지 않았더라도 판단할 수 있고, 당사자가 제출한 소송자료에 의하여 법원이 처분의 적법 여부에 관한 합리적인 의심을 품을 수 있음에도 단지 구체적 사실에 관한 주장을 하지 아니하였다는 이유만으로 당사자에게 석명을 하거나 직권으로 심리·판단하지 아니함으로써 구체적 타당성이 없는 판결을 하는 것은 행정소송법 제26조의 규정과 행정소송의 특수성에 반하므로 허용될 수 없다 (94누4820). [날먹행 402p]

□□□□□

조 6-3. '행정소송법'에 따르면 법원은 필요하다고 인정할 때에는 직권으로 증거조사를 할 수 있으나, 당사자가 주장하지 아니한 사실에 대하여는 판단할 수 없다. (23지방9급)

행정소송법 제26조(직권심리) 법원은 필요하다고 인정할 때에는 직권으로 증거조사를 할 수 있고, 당사자가 주장하지 아니한 사실에 대하여도 판단할 수 있다. [날먹행 402p]

□□□□□ ★★

조 7-1. 행정소송법은 법원이 직권으로 관계행정청에 자료제출을 요구할 수 있음을 규정하고 있다. (23지방9급,14국가9급)

□□□□□

조 7-2. 법원으로부터 행정심판기록의 제출명령을 받은 행정청은 지체 없이 당해 행정심판에 관한 기록을 법원에 제출하여야 한다. (23지방9급,23국회8급)

행정소송법 제25조(행정심판기록의 제출명령) ① 법원은 당사자의 신청이 있는 때에는 **결정으로써** 재결을 행한 행정청에 대하여 **행정심판에 관한 기록의 제출을 명**할 수 있다.
② 제1항의 규정에 의한 **제출명령을 받은 행정청은 지체없이 당해 행정심판에 관한 기록을 법원에 제출하여야 한다**.
[날먹행 403p]

□□□□□ ★

이 8. 취소소송의 심리에 있어서 주장책임은 직권탐지주의를 보통적으로 인정하고 있는 한도 내에서 그 의미가 완화된다. (18지방9급)

- **주장책임**: 변론주의 하에서 당사자가 분쟁의 중요한 사실을 주장하지 않아, 일방 당사자가 받는 일체의 불이익을 의미 행정소송에서도 변론주의 적용되므로 당사자는 주장책임이 있으나, 제26조와의 관계에서 그 의미가 완화됨. [날먹행 403p]

OX 정답

6-2. X 6-3. X 7-1. X 7-2. O 8. O

□□□□□ ★★

판 9-1. 민사소송법의 규정이 준용되는 행정소송에 있어서 입증책임은 원칙적으로 민사소송의 일반원칙에 따라 당사자 간에 분배되고, 항고소송의 경우에는 그 특성에 따라 처분의 적법성을 주장하는 피고에게 그 적법사유에 대한 증명책임이 있다. (18지방7급)

> **판례** 민사소송법의 규정이 준용되는 행정소송에 있어서 입증책임은 원칙적으로 민사소송의 일반원칙에 따라 당사자 간에 분배되고 항고소송의 경우에는 그 특성에 따라 당해 처분의 적법을 주장하는 피고에게 그 적법사유에 대한 입증책임이 있다 할 것인바,이와 상반되는 주장과 입증은 그 상대방인 원고에게 그 책임이 돌아간다고 할것이다 (84누124).
>
> [날먹행 403p]

□□□□□ ★

이 9-2. 처분의 존재, 제소기간의 준수 등 소송요건은 취소소송에서의 직권조사사항이므로 원고가 입증책임을 지지 않는다. (06국가7급)

□□□□□ ★★

이 9-3. 수익적 행정처분의 경우 상대방의 신뢰보호와 관련하여 직권취소가 제한되나 그 필요성에 대한 입증책임은 기존 이익과 권리를 침해하는 처분을 한 행정청에 있다. (18서울7급)

□□□□□ ★★

이 9-4. 일정한 행정처분으로 국민이 일정한 이익과 권리를 취득하였을 경우에 종전 행정처분에 하자가 있음을 전제로 직권으로 이를 취소하는 행정처분은 이미 취득한 국민의 기존 이익과 권리를 박탈하는 별개의 행정처분으로, 취소될 행정처분의 하자나 취소해야 할 필요성에 관한 증명책임은 기존 이익과 권리를 침해하는 처분을 한 행정청에 있다. (22변시,16경행)

□□□□□ ★

이 9-5. 과세처분의 적법성 및 과세요건사실의 존재에 관하여는 원칙적으로 과세관청인 피고가 그 입증책임을 부담한다. (06국가9급)

□□□□□

이 9-6. 과세대상인 토지가 비과세대상이라는 주장은 원고인 납세의무자가 입증책임을 진다. (06세무사)

□□□□□ ★★★

이 9-7. 재량권의 일탈 · 남용 여부에 대한 입증책임은 처분청인 행정청에게 있다.
(22소방,22경간,21군무원7급,20지방9급,20소방,15서울7급)

> • **입증책임**: 소송상 증명이 필요한 사실의 존부가 확정되지 않은 경우, 그러한 **사실이 존재하지 않은 것으로 되어 불리한 법적 판단을 받게 되는 것**
>
> - **소송요건: 직권조사사항**이나, 그 **구비가 불명확한 경우 원고**에게 입증책임
> - **처분의 적법 사유: 처분청**에게 입증책임.
> - **재량행위의 일탈 · 남용: 원고**가 입증책임
> - **절차요건: 행정청**이 입증책임.
>
> [날먹행 403, 404p]

OX 정답

9-1. O 9-2. X 9-3. O 9-4. O 9-5. O 9-6. O 9-7. X

판 9-8. 징계사유인 성희롱 관련 형사재판에서 성희롱 행위가 있었다는 점을 합리적 의심을 배제할 정도로 확신하기 어렵다는 이유로 공소사실에 관하여 무죄가 선고되었다고 하여 그러한 사정만으로 행정소송에서 징계사유의 존재를 부정할 것은 아니다. (22국회8급)

판례 성희롱을 사유로 한 징계처분의 당부를 다투는 행정소송에서 징계사유에 대한 증명책임은 그 처분의 적법성을 주장하는 피고에게 있다. 다만 민사소송이나 행정소송에서 사실의 증명은 추호의 의혹도 없어야 한다는 자연과학적 증명이 아니고, 특별한 사정이 없는 한 경험칙에 비추어 모든 증거를 종합적으로 검토하여 볼 때 어떤 사실이 있었다는 점을 시인할 수 있는 고도의 개연성을 증명하는 것이면 충분하다. 민사책임과 형사책임은 지도이념과 증명책임, 증명의 정도 등에서 서로 다른 원리가 적용되므로, 징계사유인 성희롱 관련 형사재판에서 성희롱 행위가 있었다는 점을 합리적 의심을 배제할 정도로 확신하기 어렵다는 이유로 공소사실에 관하여 무죄가 선고되었다고 하여 그러한 사정만으로 행정소송에서 징계사유의 존재를 부정할 것은 아니다(2017두74702).
[날먹행 404p]

판 9-9. 결혼이민[F-6 (다)목] 체류자격을 신청한 외국인에 대하여 행정청이 그 요건을 충족하지 못하였다는 이유로 거부처분을 하는 경우, '그 요건을 갖추지 못하였다는 판단', 즉 '혼인파탄의 주된 귀책사유가 국민인 배우자에게 있지 않다는 판단'자체가 처분사유가 되는 바, 결혼이민[F-6 (다)목] 체류자격 거부처분 취소소송에서 그 처분사유에 관한 증명책임은 피고 행정청에게 있다. (23지방9급)

판례 결혼이민[F-6 (다)목] 체류자격을 신청한 외국인에 대하여 행정청이 그 요건을 충족하지 못하였다는 이유로 거부처분을 하는 경우, 결혼이민[F-6 (다)목] 체류자격 거부처분 취소소송에서 위 처분사유에 관한 증명책임의 소재는 행정청에게 있다(2018두66869).
[날먹행 404p]

★★

판 10. 행정심판절차에서 주장하지 아니한 사항에 대해서도 원고는 취소소송에서 주장할 수 있다. (13국가9급,13국가7급)

- 증거제출시한-사실심변론종결시까지 주장과 증거를 제출할 수 있음. [날먹행 404p]

★★

판 11-1. 취소소송에서 행정처분의 위법여부는 판결 선고 당시의 법령과 사실상태를 기준으로 판단한다. (19사복9급,17교행9급)

- **위법판단의 기준시**
  - 처분시와 판결시 사이에 **사실관계나 관계 법령이 변경**되는 경우, 처분시를 기준**으로 위법성을 판단(통설 · 판례(처분시설))**
  - 처분의 위법여부는 **사실심변론종결 당시까지 제출된 모든 자료를 종합하여 판단** [날먹행 404p]

OX 정답

9-8. ○ 9-9. ○ 10. ○ 11-1. X

□□□□□ ★★★

판 11-2. 행정소송에서 행정처분의 위법 여부는 행정처분이 있을 때의 법령과 사실상태를 기준으로 하여 판단하여야 하고 처분 후 법령의 개폐나 사실상태의 변동이 있다면 그러한 법령의 개폐나 사실상태의 변동에 의하여 처분의 위법성이 치유될 수 있다. (21국회8급,20소방)

판례 행정소송에서 행정처분의 위법 여부는 행정처분이 행하여졌을 때의 법령과 사실상태를 기준으로 하여 판단하여야 하고, 처분 후 법령의 개폐나 사실상태의 변동에 의하여 영향을 받지는 않는다(2007두1811). **[날먹행 404p]**

□□□□□ ★★★

판 11-3. 법원은 행정처분 당시 행정청이 알고 있었던 자료 뿐만 아니라 사실심변론종결 당시까지 제출된 모든 자료를 종합하여 처분 당시 존재하였던 객관적 사실을 확정하고 그 사실에 기초하여 처분의 위법 여부를 판단할 수 있다. (23지방9급,23군무원7급,22국회8급,21국회8급)

판례 항고소송에서 행정처분의 위법 여부는 행정처분이 있을 때의 법령과 사실 상태를 기준으로 판단하여야 한다. 이는 처분 후에 생긴 법령의 개폐나 사실 상태의 변동에 영향을 받지 않는다는 뜻이지, **처분 당시 존재하였던 자료나 행정청에 제출되었던 자료만으로 위법 여부를 판단한다는 의미는 아니다.** 따라서 법원은 행정처분 당시 행정청이 알고 있었던 자료뿐만 아니라 **사실심 변론종결 당시까지 제출된 모든 자료를 종합하여 처분 당시 존재하였던 객관적 사실을 확정하고 그 사실에 기초하여 처분의 위법 여부를 판단할 수 있다**(2015두58195). **[날먹행 404p]**

□□□□□

판 12. 행정처분에 있어 여러 개의 처분사유 중 일부가 적법하지 않으면 다른 처분사유로써 그 처분의 정당성이 인정된다고 하더라도, 그 처분은 위법하게 된다. (20국가9급,18국가7급)

판례 행정처분에 있어 수개의 처분사유 중 일부가 적법하지 않다고 하더라도 다른 처분사유로써 그 처분의 정당성이 인정되는 경우에는 그 처분을 위법하다고 할 수 없다(2013두963). **[날먹행 405p]**

□□□□□ ★★★

이 13. 행정처분의 취소를 구하는 항고소송에서 처분청은 당초 처분의 근거로 삼은 사유와 기본적 사실관계가 동일성이 있다고 인정되는 한도 내에서만 다른 사유를 추가하거나 변경할 수 있다. (22국가9급,22소방,17국가9급,17국가7급)

- **처분사유의 추가·변경**: 처분당시에는 존재했으나, **행정청이 행정쟁송의 단계에서 처분의 근거로 삼지 않았던 사유를 추가하거나 그 내용을 변경**하는 것으로, **판례**는 **'처분시'에 존재하였던 처분사유**로서 당초 처분의 근거로 삼은 사유와 기본적 사실관계에 있어서 동일성이 인정되는 한도 **내에서** 새로운 처분사유를 추가하거나 변경할 수 있다는 입장 **[날먹행 405p]**

□□□□□ ★★★

이 14-1. 처분사유의 추가·변경이 인정되기 위한 요건으로서의 기본적 사실관계의 동일성 유무는, 처분사유를 법률적으로 평가하기 이전의 구체적인 사실에 착안하여 그 기초적인 사회적 사실관계가 기본적인 점에서 동일한지 여부에 따라 결정된다. (17국가9급,17국가7급)

OX 정답

11-2. X 11-3. O 12. X 13. O 14-1. O

□□□□□ ★★★

이 14-2. 추가 또는 변경된 사유가 처분 당시 이미 존재하고 있었거나 당사자가 그 사실을 알고 있었던 경우, 이러한 사정만으로도 당초의 처분사유와 동일성이 인정된다. (19서울7급,17국가9급)

• **처분사유의 추가·변경 요건: 기본적 사실관계의 동일성**

① 기본적 사실관계의 동일성 유무는 처분사유를 법률적으로 평가하기 이전의 구체적인 사실에 착안하여 **그 기초가 되는 사회적 사실관계가 기본적인 점에서 동일한지의 여부에 따라 결정됨.**

② 추가 또는 변경된 사유가 당초의 처분시 그 사유를 명기하지 않았을 뿐 **처분시에 이미 존재하고 있었고 당사자도 그 사실을 알고 있었다는 사실만으로는 인정 X** **[날먹행 405p]**

□□□□□ ★★★

판 14-3. 처분청이 처분 당시에 적시한 구체적 사실을 변경하지 아니하는 범위 내에서 단지 그 처분의 근거법령만을 추가·변경하거나 당초의 처분사유를 구체적으로 표시하는 것에 불과한 경우에는 새로운 처분사유를 추가하거나 변경하는 것이라고 볼 수 없다. (20군무원9급,17국가7급)

판례 행정처분의 취소를 구하는 항고소송에 있어 처분청은 당초 처분의 근거로 삼은 사유와 기본적 사실관계가 동일성이 있다고 인정되는 한도 내에서는 다른 사유를 추가하거나 변경할 수도 있으나 기본적 사실관계가 동일하다는 것은 처분사유를 법률적으로 평가하기 이전의 구체적인 사실에 착안하여 그 기초인 사회적 사실관계가 기본적인 점에서 동일한 것을 말하며, 처분청이 처분 당시에 적시한 구체적 사실을 변경하지 아니하는 범위 내에서 단지 그 처분의 근거법령만을 추가·변경하거나 당초의 처분사유를 구체적으로 표시하는 것에 불과한 경우에는 새로운 처분사유를 추가하거나 변경하는 것이라고 볼 수 없다(2006두4899). **[날먹행 405p]**

□□□□□ ★★

판 14-4. 당초 행정처분의 근거로 제시한 이유가 실질적인 내용이 없는 경우에도 행정소송의 단계에서 행정처분의 사유를 추가할 수 있다. (18지방9급)

판례 피고가 당초 처분의 근거로 제시한 사유가 실질적인 내용이 없다고 보는 이상, 위 추가 사유는 그와 기본적 사실관계가 동일한지 여부를 판단할 대상조차 없는 것이므로, 결국 소송단계에서 처분사유를 추가하여 주장할 수 없다(2016두44186).

□□□□□ ★★

이 15. 위법판단의 기준시점을 처분시로 볼 경우, 처분 이후에 발생한 새로운 사실적·법적사유를 추가·변경하고자 하는 것은 허용될 수 없고 이러한 경우에는 계쟁처분을 직권취소하고 이를 대체하는 새로운 처분을 할 수 있다. (17국가7급)

• **처분사유의 추가·변경 요건-처분시에 객관적으로 존재하였던 사유일 것**

→ 처분 후에 발생한 사실관계나 법률관계는 대상 X, 기존 처분을 직권취소하고 새로운 사유를 들어 새로운 처분을 할 수 있을 뿐임. **[날먹행 406p]**

OX 정답

14-2. X 14-3. ○ 14-4. X 15. ○

□□□□□ ★★★

이 16. 처분사유의 추가 · 변경은 사실심의 확정판결시까지만 허용된다. (19서울7급,17국가9급)

• **처분사유의 추가 · 변경** - 사실심변론종결시까지 가능 [날먹행 406p]

□□□□□

판 17-1. 외국인 甲이 법무부장관에게 귀화신청을 하였으나 법무부장관이 '품행 미단정'을 불허사유로 국적법 상의 요건을 갖추지 못하였다며 신청을 받아들이지 않는 처분을 하였는데, 법무부장관이 갑을 '품행 미단정'이라고 판단한 이유에 대하여 제1심 변론절차에서 자동차관리법 위반죄로 기소유예를 받은 전력 등을 고려하였다고 주장한 후, 제2심 변론절차에서 불법 체류전력 등의 제반사정을 추가로 주장할 수 있다. (19서울7급)

판례 외국인 갑이 법무부장관에게 귀화신청을 하였으나 법무부장관이 심사를 거쳐 '품행 미단정'을 불허사유로 국적법상의 요건을 갖추지 못하였다며 신청을 받아들이지 않는 처분을 하였는데, **법무부장관이 갑을 '품행 미단정'이라고 판단한 이유에 대하여 제1심 변론절차에서 자동차관리법위반죄로 기소유예를 받은 전력 등을 고려하였다고 주장**하였다가 원심 변론절차에서 **불법 체류한 전력이 있다는 추가적인 사정까지 고려하였다고 주장**한 사안에서, 법무부장관이 원심에서 추가로 제시한 불법 체류 전력 등의 제반 사정은 **처분사유의 근거가 되는 기초 사실 내지 평가요소에 지나지 않으므로, 추가로 주장할 수 있다**(2016두31616). [날먹행 406p]

□□□□□ ★★

판 17-2. 토지형질변경 불허가처분의 당초의 처분사유인 국립공원에 인접한 미개발지의 합리적인 이용대책 수립시까지 그 허가를 유보한다는 사유와 그 처분의 취소소송에서 추가하여 주장한 처분사유인 국립공원 주변의 환경·풍치·미관 등을 크게 손상시킬 우려가 있으므로 공공목적상 원형유지의 필요가 있는 곳으로서 형질변경허가 금지 대상이라는 사유는 기본적 사실관계에 있어서 동일성이 인정된다. (11사복9급)

판례 토지형질변경 불허가처분의 당초의 처분사유인 국립공원에 인접한 미개발지의 합리적인 이용대책 수립시까지 그 허가를 유보한다는 사유와 그 처분의 취소소송에서 추가하여 주장한 처분사유인 국립공원 주변의 환경·풍치·미관 등을 크게 손상시킬 우려가 있으므로 공공목적상 원형유지의 필요가 있는 곳으로서 형질변경허가 금지 대상이라는 사유는 기본적 사실관계에 있어서 동일성이 인정된다(2000두8684). [날먹행 406p]

□□□□□ ★★

판 17-3. 주택신축을 위한 산림형질변경허가신청에 대한 거부처분의 근거로 제시된 준농림지역에서의 행위제한이라는 사유와 나중에 거부처분의 근거로 추가한 자연경관 및 생태계의 교란, 국토 및 자연의 유지와 환경보전 등 중대한 공익상의 필요라는 사유는 기본적 사실관계의 동일성이 없다. (13국가7급)

판례 주택신축을 위한 산림형질변경허가신청에 대하여 행정청이 거부처분을 하면서 **당초 거부처분의 근거로 삼은 준농림지역에서의 행위제한이라는 사유**와 나중에 거부처분의 근거로 추가한 **자연경관 및 생태계의 교란, 국토 및 자연의 유지와 환경보전 등 중대한 공익상의 필요라는 사유**는 **기본적 사실관계에 있어서 동일성이 인정**된다(2004두4482). [날먹행 406p]

OX 정답

16. X 17-1. O 17-2. O 17-3. X

□□□□□ ★★

판 18-1. 주류면허 지정조건 중 제6호 무자료 주류판매 및 위장거래 항목을 근거로 한 면허취소 처분에 대한 항고소송에서, 지정조건 제2호 무면허판매업자에 대한 주류판매를 새로이 그 취소사유로 주장하는 것은 기본적 사실관계의 동일성이 인정된다. (17서울9급,15경행)

> 판례 주류면허 지정조건 중 제6호 무자료 주류판매 및 위장거래 항목을 근거로 한 면허취소처분에 대한 항고소송에서, **지정조건 제2호 무면허판매업자에 대한 주류판매를 새로이 그 취소사유로 주장하는 것은 기본적 사실관계가 다른 사유를 내세우는 것으로서 허용될 수 없다**(96누7427). [날먹행 406p]

□□□□□

판 18-2. 甲은 행정청 A가 보유 · 관리하는 정보 중 乙과 관련이 있는 정보를 사본 교부의 방법으로 공개하여 줄 것을 청구하였다. A가 내부적인 의사결정 과정임을 이유로 정보공개를 거부하였다가 정보공개거부처분 취소소송의 계속 중에 개인의 사생활침해 우려를 공개거부사유로 추가하는 것은 허용되지 않는다. (17국가9급)

> 판례 당초의 정보공개거부처분사유인 '공공기관의 정보공개에 관한 법률' 제7조 제1항 제4호(의사결정과정) 및 제6호(사생활보호)의 사유와 새로이 추가된 같은 항 제5호(…의사결정 과정 또는 내부검토 과정에 있는 사항 등으로서 공개될 경우 업무의 공정한 수행이나 연구 · 개발에 현저한 지장을 초래한다고 인정할 만한 상당한 이유가 있는 정보)의 사유와 기본적 사실관계의 동일성이 없다(2001두8827). [날먹행 406p]

□□□□□ ★★

판 18-3. 당초의 처분사유인 중기취득세의 체납과 그 후 추가된 처분 사유인 자동차세의 체납은 기본적 사실관계의 동일성이 부정된다. (17서울9급,15경행)

> 판례 **당초의 처분사유인 중기취득세의 체납**과 그 후 추가된 처분사유인 **자동차세의 체납**은 각 세목, 과세년도, 납세의무자의 지위(연대납세의무자와 직접의 납세의무자) 및 체납액 등을 달리하고 있어 **기본적 사실관계의 동일성을 인정하기에 미흡하다**(88누6160). [날먹행 407p]

□□□□□ ★

판 18-4. 군사시설보호구역 밖의 토지에 주유소를 설치 · 경영하도록 하기 위한 석유판매업 허가를 함에 있어서 관할 군부대장의 동의를 얻어야 할 법령상의 근거가 없음에도 그 동의가 없다는 이유로 한 불허가처분에 대한 소송에서, 당해 토지가 탄약창에 근접한 지점에 위치하고 있다는 사실을 불허가사유로 추가하는 것은 허용되지 않는다. (22군무원9급,13국가7급)

> 판례 피고는 석유판매업허가신청에 대하여 당초 사업장소인 토지가 **군사보호시설구역 내에 위치하고 있는 관할 군부대장의 동의를 얻지 못하였다는 이유로 이를 불허가**하였다가, 소송에서 위 토지는 **탄약창에 근접한 지점에 위치하고 있어 공공의 안전과 군사시설의 보호라는 공익적인 측면에서 보아 허가신청을 불허한 것**은 적법하다는 것을 불허가사유로 추가한 경우, 양자는 **기본적 사실관계에 있어서의 동일성이 인정되지 아니하는 별개의 사유라고 할 것이므로 이와 같은 사유를 불허가처분의 근거로 추가할 수 없다**(91누70). [날먹행 407p]

OX 정답

18-1. X 18-2. O 18-3. O 18-4. O

□□□□□ ★

판 18-5. 석유판매업허가신청에 대하여, 주유소 건축 예정 토지에 관하여 도시계획법령에 의거하여 행위제한을 추진하고 있다는 당초의 불허가 처분 사유와, 항고소송에서 주장한 위 신청이 토지형질변경허가의 요건 불비 및 도심의 환경보전의 공익상 필요라는 사유는 기본적 사실관계의 동일성이 인정된다. (22군무원9급)

판례 석유판매업허가신청에 대하여 "주유소 건축 예정 토지에 관하여 도시계획법 제4조 및 구 토지의형질변경등행위허가기준등에관한규칙에 의거하여 행위제한을 추진하고 있다."는 당초의 불허가처분사유와 항고소송에서 주장한 위 신청이 토지형질변경허가의 요건을 갖추지 못하였다는 사유 및 도심의 환경보전의 공익상 필요라는 사유는 기본적 사실관계의 동일성이 있다(97누14378). **[날먹행 407p]**

□□□□□ ★

판 18-6. 행정청의 당초 처분사유인 기존 공동사업장과의 거리제한규정에 저촉된다는 사실과 피고 주장의 최소 주차용지에 미달한다는 사실은 기본적 사실관계에 있어서 동일성이 인정된다. (11사복9급)

판례 피고의 이 사건 처분사유인 **기존 공동사업장과의 거리제한규정에 저촉된다는 사실**과 **피고 주장의 최소 주차용지에 미달한다는 사실**은 **기본적 사실관계를 달리하는 것임이 명백**하여 피고가 이를 새롭게 처분사유로서 주장할 수는 없다(95누10952). **[날먹행 407p]**

□□□□□ ★

판 18-7. 의료보험요양기관 지정취소처분의 당초의 처분사유인 구 '의료보험법' 제33조 제1항이 정하는 본인부담금 수납대장을 비치하지 아니한 사실과 항고소송에서 새로 주장한 처분사유인 같은 법 제33조 제2항이 정하는 보건복지부장관의 관계서류 제출명령에 위반하였다는 사실은 기본적 사실관계에 있어서 동일성이 인정되지 않는다. (11사복9급)

판례 의료보험요양기관 지정취소처분의 당초의 처분사유인 구 의료보험법 제33조 제1항이 정하는 본인부담금 수납대장을 비치하지 아니한 사실과 항고소송에서 새로 주장한 처분사유인 같은 법 제33조 제2항이 정하는 보건복지부장관의 관계서류 제출명령에 위반하였다는 사실은 기본적 사실관계의 동일성이 없다(99두6392). **[날먹행 407p]**

6. 취소소송의 판결, 종료

□□□□□ ★★

이 1. 원고의 청구가 이유가 있다고 인정하는 경우에도 처분 등을 취소하는 것이 현저히 공공복리에 적합하지 아니하다고 인정하는 때에는 법원은 원고의 청구를 각하할 수 있다. (23지방9급,23군무원7급,22서울7급,22지방9급,21지방9급 등)

- **각하판결**: 소송요건을 갖추지 못한 부적법한 소에 대해 본안심리를 거절하는 판결로, 처분이 적법한 것으로 확정된 것 X
- **기각판결**: 법원이 원고의 청구가 이유없다고 인정하여, 행정청의 처분이 적법하다고 판단하는 판결. **[날먹행 407,408p]**

OX 정답

18-5. ○ 18-6. X 18-7. ○ 6 1. X

□□□□□ ★★★

이 2-1. 무효인 행정행위에 대하여는 사정판결이 인정되지 않는다. (21지방9급,20국가7급 등)

□□□□□

이 2-2. 당사자의 명백한 주장이 없는 경우에도 직권으로 사정판결을 할 수 있다. (23경간,15국가9급)

□□□□□ ★★★

이 2-3. 사정판결을 하는 경우 처분의 위법성은 변론종결시를 기준으로 판단하고, 공공복리를 위한 사정판결의 필요성은 처분시를 기준으로 판단하여야 한다. (23국가9급,23경간,22서울7급)

□□□□□

이 2-4. 사정판결의 필요성에 대한 주장 · 입증의 책임은 피고인 행정청이 부담한다. (09국회9급)

□□□□□ ★★★

이 2-5. 사정판결을 할 사정에 관한 주장 · 입증책임은 피고 처분청에 있지만 처분청의 명백한 주장이 없는 경우에도 사건기록에 나타난 사실을 기초로 법원이 직권으로 석명권을 행사하거나 증거조사를 통해 사정판결을 할 수도 있다. (17국회8급,17경행)

□□□□□ ★★★

이 2-6. 사정판결은 처분이 위법함에도 청구가 기각되는 것으로, 이로 인하여 당해 처분은 위법성이 치유되어 적법하게 된다. (13서울7급)

□□□□□ ★★★

이 2-7. 사정판결을 하는 경우 법원은 처분의 위법함을 판결의 주문에 표기할 수 없으므로 판결의 내용에서 그 처분 등이 위법함을 명시함으로써 원고에 대한 실질적 구제가 이루어지도록 하여야 한다. (22서울7급,20소방)

□□□□□ ★★

이 2-8. 사정판결의 경우에는 처분의 적법성이 아닌 처분의 위법성에 대하여 기판력이 발생한다. (23경간,20소방,19서울9급)

□□□□□ ★★★

이 2-9. 사정판결을 하는 경우 법원은 원고의 청구를 기각하는 판결을 하게 되나, 소송비용은 피고의 부담으로 한다. (23경간,16국가7급)

□□□□□ ★★★

이 2-10. 법원이 사정판결을 함에 있어서는 미리 원고가 그로 인하여 입게 될 손해의 정도와 배상방법 그 밖의 사정을 조사하여야 한다. (22서울7급,21지방9급,20소방)

□□□□□ ★★★

이 2-11. 원고는 처분을 한 행정청을 상대로 손해배상, 재해시설의 설치 그 밖에 적당한 구제방법의 청구를 당해 취소소송이 계속된 법원에 병합하여 제기할 수 있다. (21지방9급,16서울9급)

OX 정답

2-1. ○ 2-2. ○ 2-3. X 2-4. ○ 2-5. ○ 2-6. X 2-7. X 2-8. ○ 2-9. ○ 2-10. ○ 2-11. X

- **사정판결**
  - **의의**: 원고의 청구가 이유있다고 인정하는 경우에도 처분등을 취소하는 것이 현저히 공공복리에 적합하지 아니하다고 인정하는 때에 법원이 원고의 청구를 기각하는 판결 (21지방9급)
  - **적용**: 취소소송에만 인정(무효확인소송, 부작위위법확인소송, 당사자소송은 인정 X),
    단, 당연무효의 처분은 존치시킬 효력이 있는 행정행위가 없기 때문에 사정판결 불가
  - **피고의 신청**: 피고의 신청 뿐만 아니라, 법원은 직권**으로 사정판결 가능**
  - **요건**: ① **원고의 청구가 이유 있을 것(처분의 위법성)**
    ② 처분 등의 취소가 현저히 공공공복리에 적합하지 않을 것(필요성): 엄격한 이익형량 요함
  - **필요성판단시기: 판단시**(변론종결시)
  - **주장 · 입증책임**: 행정청이 부담
  - **원고를 위한 사전조사**: 법원이 사정판결을 함에 있어서는 미리 **원고가 그로 인하여 입게 될 손해의 정도와 배상방법 그 밖의 사정을 조사하여야**(§28②)
  - **효과**: ① 법원은 청구기각판결을 함
    ② 판결주문에는 위법성 명시해야하고, 이에 따라 **처분의 위법성에 기판력이 발생함**.(처분의 적법성에 발생X)
    ③ **소송비용은** 피고가 부담(§32)
  - **원고의 권리구제**: 사정판결로 인해 처분이 적법해진 것은 아니므로, 동법 §28③에 따라 **원고는 피고인 행정청이 속하는 국가 또는 공공단체를 상대로** 손해배상, 제해시설의 설치 그 밖에 적당한 구제방법의 청구를 **당해 취소 소송 등이 계속된 법원에 병합하여 제기**할 수 있다. **[날먹행 408p]**

□□□□□

판 3-1. 법학전문대학원 설치예비인가 취소소송이 인용될 경우 이미 입학한 재학생의 불이익이 예상되고 총정원제로 운영되는 법학전문대학원의 시행에 중대한 지장을 초래할 우려가 있는 경우 사정판결이 허용된다. (12국회8급)

판례 전남대 법학전문대학원도 120명의 입학생을 받아들여 교육을 하고 있는데 인가처분이 취소되면 그 입학생들이 피해를 입을 수 있는 점, 법학전문대학원의 인가 취소가 이어지면 우수한 법조인의 양성을 목적으로 하는 법학전문대학원 제도 자체의 운영에 큰 차질을 빚을 수 있는 점 등을 종합하여, 전남대에 대한 이 사건 인가처분이 법 제13조에 위배되었음을 이유로 취소하는 것은 현저히 공공복리에 적합하지 아니하다(2009두8359).
[날먹행 409p]

□□□□□

판 3-2. 위법한 관리처분계획의 수정을 위한 조합원총회의 재결의를 위하여 시간과 비용이 많이 소요된다는 등의 사정이 있는 경우 사정판결이 허용된다. (12국회8급)

판례 **관리처분계획의 수정을 위한 조합원총회의 재결의를 위하여 시간과 비용이 많이 소요된다는 등의 사정만**으로는 재결의를 거치지 않음으로써 위법한 관리처분계획을 취소하는 것이 현저히 공공복리에 적합하지 아니하다고 볼 수 없으므로, 사정판결의 필요성이 인정되지 않는다(2000두4279). **[날먹행 366p]**

OX 정답

3-1. ○ 3-2. X

□□□□□

판 3-3. 위법하게 징계면직된 검사의 복직이 상명하복의 검찰조직의 안정과 인화를 저해할 우려가 있는 경우 사정판결이 허용된다. (12국회8급)

> **판례** 징계면직된 검사의 복직이 검찰조직의 안정과 인화를 저해할 우려가 있다는 등의 사정은 검찰 내부에서 조정·극복하여야 할 문제일 뿐이고 준사법기관인 검사에 대한 위법한 면직처분의 취소 필요성을 부정할 만큼 현저히 공공복리에 반하는 사유라고 볼 수 없다는 이유로, 사정판결을 할 경우에 해당하지 않는다(2000두7704).
> **[날먹행 409p]**

□□□□□ ★★

판 4-1. 외형상 하나의 행정처분이라 하더라도 가분성이 있거나 그 처분대상의 일부가 특정될 수 있다면 그 일부만의 취소도 가능하고 그 일부의 취소는 당해 취소부분에 관하여 효력이 생긴다. (18지방9급)

> **판례** 외형상 하나의 행정처분이라 하더라도 가분성이 있거나 그 처분대상의 일부가 특정될 수 있다면 그 일부만의 취소도 가능하고 그 일부의 취소는 당해 취소부분에 관하여 효력이 생긴다(2011두9263). **[날먹행 409p]**

□□□□□ ★★★

판 4-2. 공개를 거부한 정보에 비공개대상정보에 해당하는 부분과 공개가 가능한 부분이 혼합되어 있고, 공개청구의 취지에 어긋나지 아니하는 범위 안에서 두 부분을 분리할 수 있을 때에는 청구취지의 변경이 없더라도 공개가 가능한 부분만의 일부취소를 명할 수 있다. (22국가9급,19서울9급)

> - **일부인용판결**: 청구 중 일부에 대해서만 이유가 있는 경우 법원은 그 **일부만을 인용**하는 판결로,
>   ① 외형상 하나의 처분이여도 가분성이 있거나, 일부를 특정할 수 있어야하며, ② 남은 부분만으로도 의미가 있어야 함.
>
> **판례** 법원이 행정청의 정보공개거부처분의 위법 여부를 심리한 결과 **공개를 거부한 정보에 비공개대상정보에 해당하는 부분과 공개가 가능한 부분이 혼합되어 있고 공개청구의 취지에 어긋나지 아니하는 범위 안에서 두 부분을 분리할 수 있음을 인정할 수 있을 때**에는, 위 **정보 중 공개가 가능한 부분을 특정하고 판결의 주문에 행정청의 위 거부처분 중 공개가 가능한 정보에 관한 부분만을 취소한다고 표시하여야** 한다(2003두7767). **[날먹행 409p]**

□□□□□ ★

판 4-3. '국가유공자 등 예우 및 지원에 관한 법률'에 따른 여러 개의 상이에 대한 국가유공자 요건 비해당처분에 대한 취소소송에서 그 중 일부 상이가 국가유공자요건이 인정되는 상이에 해당하는 경우, 국가유공자 요건 비해당처분 중 그 요건이 인정되는 상이에 대한 부분만을 취소하여야 한다. (18지방9급)

> **판례** 여러 개의 상이에 대한 국가유공자요건비해당처분에 대한 취소소송에서 그 중 일부 상이가 국가유공자요건이 인정되는 상이에 해당하더라도 나머지 상이에 대하여 위 요건이 인정되지 아니하는 경우에는 국가유공자요건비해당처분 중 위 요건이 인정되는 상이에 대한 부분만을 취소하여야 할 것이고, 그 비해당처분 전부를 취소할 수는 없다고 할 것이다(2011두9263).
> **[날먹행 409p]**

OX 정답

3-3. X 4-1. O 4-2. O 4-3. O

□□□□□

판 4-4. 공정거래위원회가 위반행위에 대한 과징금을 부과하면서 여러 개의 위반행위에 대하여 외형상 하나의 과징금납부명령을 하였으나 여러 개의 위반행위 중 일부의 위반행위에 대한 과징금부과만이 위법하고 소송상 그 일부의 위반행위를 기초로 한 과징금액을 산정할 수 있는 자료가 있는 경우에는, 하나의 과징금납부명령일지라도 그 일부의 위반행위에 대한 과징금액에 해당하는 부분만을 취소하여야 한다. **(22소방간부)**

판례 공정거래위원회가 사업자에 대하여 행한 법위반사실공표명령은 비록 하나의 조항으로 이루어진 것이라고 하여도 그 대상이 된 사업자의 광고행위와 표시행위로 인한 각 법위반사실은 별개로 특정될 수 있어 위 각 법위반사실에 대한 독립적인 공표명령이 경합된 것으로 보아야 할 것이므로, 이 중 표시행위에 대한 법위반사실이 인정되지 아니하는 경우에 그 부분에 대한 공표명령의 효력만을 취소할 수 있을 뿐, 공표명령 전부를 취소할 수 있는 것은 아니다(99두12243). **[날먹행 409p]**

□□□□□★★★

판 4-5. 행정청이 행정제재수단으로 사업정지 또는 과징금을 부과할 것인지, 과징금의 경우 얼마로 할 것인지의 재량이 부여된 경우 과징금 부과처분이 법이 정한 한도액을 초과하여 위법한 경우 법원은 그 초과된 부분만을 취소할 수 있다. **(23소방간부,22소방간부,17국가9급)**

판례 처분을 할 것인지 여부와 처분의 정도에 관하여 재량이 인정되는 과징금 납부명령에 대하여 그 명령이 재량권을 일탈하였을 경우 법원으로서는 재량권의 일탈 여부만 판단할 수 있을 뿐이지 재량권의 범위 내에서 어느 정도가 적정한 것인지에 관하여는 판단할 수 없어 그 전부를 취소할 수밖에 없고, 법원이 적정하다고 인정되는 부분을 초과한 부분만 취소할 수는 없다(2007두18062). **[날먹행 410p]**

□□□□□

판 4-6. 행정청이 여러 개의 위반행위에 대하여 하나의 제재처분을 하였으나, 위반행위별로 제재처분의 내용을 구분하는 것이 가능하고 여러 개의 위반행위 중 일부의 위반행위에 대한 제재처분 부분만이 위법하다면, 법원은 제재처분 전부를 취소하여서는 아니된다. **(22국가7급)**

판례 행정청이 여러 개의 위반행위에 대하여 하나의 제재처분을 하였으나, 위반행위별로 제재처분의 내용을 구분하는 것이 가능하고 여러 개의 위반행위 중 일부의 위반행위에 대한 제재처분 부분만이 위법하다면, 법원은 제재처분 중 위법성이 인정되는 부분만 취소하여야 하고 제재처분 전부를 취소하여서는 아니 된다(2019두63515). **[날먹행 410p]**

□□□□□★★

이 5-1. 행정소송법은 기판력에 관한 명문의 규정을 두고 있다는 것이 통설, 판례의 입장이다. **(11지방9급,10국가9급)**

- **기판력**: 판단내용(소송물)이 확정되면 이후 **동일사항에 대하여는 당사자는 그에 반하는 주장을 하여 다투는 것이 허용되지 않으며**(반복 금지), **법원도 그와 모순·저촉되는 판결을 해서는 안된다**(모순금지)**는 구속력**
  - **행정소송법상 명시적 규정은 없으나**, 법적 안정성의 요청에 의해 인정됨. **[날먹행 410p]**

OX 정답

4-4. ○ 4-5. X 4-6. ○ 5-1. X

□□□□□

판 5-2. 공사중지명령의 상대방이 제기한 공사중지명령취소소송에서 기각판결이 확정된 경우 특별한 사정변경이 없더라도 그 후 상대방이 제기한 공사중지명령해제신청 거부처분취소소송에서는 그 공사중지명령의 적법성을 다시 다툴 수 있다. (22지방9급,21국가9급)

판례 공사중지명령의 상대방이 명령의 취소를 구한 소송에서 패소해 명령의 적법함이 확정된 경우, 상대방은 그 명령의 해제신청을 거부한 처분의 취소를 구하는 소송에서 그 명령의 적법성을 다툴 수 없고, 그 공사중지명령의 해제를 구하려면 명령 자체로 또는 성질상 명령 후에 원인사유가 해소되었음이 인정되야 한다(2014두37665). [날먹행 410p]

□□□□□ ★★★

이 6. 취소소송의 피고는 처분청이므로 행정청을 피고로 하는 취소소송에 있어서의 기판력은 당해 처분이 귀속하는 국가 또는 공공단체에 미친다. (19서울9급,10국가9급)

- **기판력의 주관적 범위**: ① 당해 소송의 당사자(원 · 피고) 및 그 승계인에게만 미치고, **제3자에게는 미치지 않음.**
  ② 당해 처분이 귀속하는 국가나 공공단체도 미침. [날먹행 410p]

□□□□□ ★★★

판 7-1. 판례는 기판력의 객관적 범위가 판결의 주문 이외에 판결이유에 설시된 그 전제가 되는 법률관계의 존부에도 미친다고 판시하고 있다. (15경행,11지방9급)

□□□□□ ★★★

이 7-2. 취소소송의 기판력은 소송의 대상이 된 처분의 위법성존부에 관한 판단 그 자체에만 미치기 때문에 기각판결의 원고는 당해 소송에서 주장하지 아니한 다른 위법사유를 들어 다시 처분의 효력을 다툴 수 있다. (18지방9급,16국가7급)

□□□□□ ★★

이 7-3. 취소소송에서 전소와 후소가 그 소송물을 달리하는 경우에는 전소 확정판결의 기판력이 후소에 미치지 아니한다. (23경간)

□□□□□

판 7-4. 세무서장을 피고로 하는 과세처분취소소송에서 패소하여 그 판결이 확정된 자가 국가를 피고로 하여 과세처분의 무효를 주장하여 과오납금반환청구소송을 제기하더라도 취소소송의 기판력에 반하는 것은 아니다. (18서울9급,15경행)

- **기판력의 객관적 범위**
  ① 확정판결의 기판력은 판결의 주문에 포함된 판단에만 미침
  → 어떤 처분에 대해 청구기각의 확정판결이 있는 경우, 당사자는 후소에서 그 처분의 위법성을 주장할 수 없음.
  ② 판결이유 **중에 적시된 구체적인 위법사유에 관한 판단에는** X
  ③ 전소와 후소의 **소송물이 다른 경우, 기판력 미치지 않음.**
  단, **전소의 주문에 포함된 법률관계가 후소의 선결적 법률관계가 되는 때에는 기판력 미침**(2000다41349).
  [날먹행 411p]

OX 정답

5-2. X 6. ○ 7-1. X 7-2. X 7-3. ○ 7-4. X

□□□□□ ★★★

이 8. 기판력은 사실심변론종결시를 기준으로 하여 발생한다. (08세무사)

• **기판력의 시간적 범위** - 사실심변론종결시를 기준으로, 사실심변론종결시까지 제출하지 않은 공격·방어방법은 후에 다시 소송을 제기하여 주장할 수 없고, 법원도 이를 판단할 수 없음.(실권효 또는 차단효) **[날먹행 411p]**

□□□□□ ★★★

이 9. 취소소송에서 청구기각판결이 확정되면 처분의 적법함에 관하여 기판력이 발생하므로 무효확인청구도 할 수 없다. (22군무원9급,21변시,21국회8급,18지방9급)

• 취소소송의 기각판결의 기판력은 무효확인소송에도 미침. **[날먹행 411p]**

□□□□□

이 10. 국가배상법상 위법을 항고소송의 위법보다 넓은 개념으로 보는 견해에 의하면 취소소송의 판결 중에서 인용판결의 기판력은 국가배상소송에 영향을 미치지 않지만, 기각판결의 기판력은 국가배상소송에 영향을 미친다. (13서울7급)

• **국가배상과 기판력**: 제한적 긍정설(통설 · 판례)
- **위법의 개념: 국가배상청구소송의 위법개념을 취소소송의 위법보다 넓게** 봄.
- **인용판결**의 기판력: **제한적으로 미침**
  → 항고소송에서 취소되었어도 그 기판력에 의해 당해 처분이 곧바로 공무원의 불법행위를 구성한다고 할 수 없음.
- **기각판결**의 기판력: **미치지 않음** **[날먹행 412p]**

□□□□□ ★★★

이 11-1. 제3자효 행정행위를 취소하거나 무효를 확인하는 확정판결은 제3자에 대해서 효력을 미치지 않는다. (23지방9급,20국가9급,19서울9급)

□□□□□ ★★★

이 11-2. 형성력은 원고승소판결과 원고패소판결 모두에 인정한다. (08세무사)

□□□□□ ★★★

이 11-3. 행정처분을 취소한다는 확정판결이 있으면 그 취소판결의 형성력에 의하여 당해 행정처분의 취소나 취소통지 등의 별도의 절차를 요하지 아니하고 당연히 취소의 효과가 발생한다. (22지방9급,15경행)

□□□□□ ★★★

이 11-4. 취소판결이 확정된 과세처분을 과세관청이 경정하는 처분을 하였다면 당연무효의 처분이라고 할 수 없고 단순 위법인 취소사유를 가진 처분이 될 뿐이다. (21군무원7급)

□□□□□ ★★★

이 11-5. '도시 및 주거환경정비법'상 주택재개발사업조합의 조합설립인가처분이 법원의 재판에 의하여 취소된 경우 그 조합설립인가처분은 소급하여 효력을 상실한다. (15경행,15국회8급)

OX 정답

8. ○ 9. ○ 10. X 11-1. X 11-2. X 11-3. ○ 11-4. X 11-5. ○

☐☐☐☐☐

이 11-6. 행정처분의 무효확인판결은 확인판결이라고 하여도 행정처분의 취소판결과 같이 소송당사자는 물론 제3자에게도 미치는 것이다. (21군무원7급)

- **형성력: 판결의 취지에 따라, 처분의 효력은 바로 처분시에 소급하여 소멸되고, 이에 기해 법률관계가 발생·변경·소멸되는 효력**으로, 인용판결에만 인정됨.
  - **형성효**: 처분을 **취소한다는 확정판결**이 있으면, 처분청의 별도 행위를 기다릴 것 없이 당연히 처분이 없었던 것과 같은 효과가 발생.

    판례 과세처분을 취소하는 판결이 확정되면 그 과세처분은 처분시에 소급하여 소멸하므로 그 뒤에 과세관청에서 그 과세처분을 갱정하는 갱정처분을 하였다면 이는 존재하지 않는 과세처분을 갱정한 것으로서 그 하자가 중대하고 명백한 당연무효의 처분이다(88다카16096).
  - **소급효**: 취소판결의 취소의 효과는 **처분시로 소급**함.

    판례 '도시 및 주거환경정비법'상 주택재개발사업조합의 조합설립인가처분이 법원의 재판에 의하여 취소된 경우 그 조합설립인가처분은 소급하여 효력을 상실한다(2008다95885).
  - **제3자효(대세효)**: 취소의 형성효, 소급효가 소송에 관여하지 않은 **제3자에게도 미치는 것**

    취소판결 외에 집행정지결정, 그 취소결정도 인정(§29①),

    무효등확인소송, 부작위위법확인소송도 인정(§38①,②) 당사자소송은 인정 X(§44)

[날먹행 412, 413p]

☐☐☐☐☐ ★★★

이 12. 기속력은 청구인용판결 뿐만 아니라 청구기각판결에도 미친다. (19서울9급,16국가9급,15국가7급 등)

- **기속력**: 당사자인 **행정청과 그 밖의 관계행정청이 판결 내용에 기속**되게 하는 효력
  → 청구인용판결의 경우에만 인정됨. ∴**청구**기각**판결 후** 처분청은 직권으로 취소 가능**함.** [날먹행 413p]

☐☐☐☐☐ ★

이 13. 처분 등을 취소하는 확정판결의 기속력 및 행정청의 재처분의무에 관한 행정소송법 제30조가 무효확인소송에도 준용되므로 무효확인판결 자체만으로도 실효성이 확보될 수 있다. (21군무원7급,17국회8급,10국가9급)

- **기속력의 적용: 무효등확인소송, 부작위위법확인소송, 당사자소송에 준용** [날먹행 413p]

☐☐☐☐☐ ★★★

이 14. 기속력은 당해 취소소송의 당사자인 행정청에 대해서만 효력을 미치며, 그 밖의 다른 행정청은 기속하지 않는다. (21서울7급,20국회8급 등)

- **기속력의 주관적 범위 - 당사자인** 행정청과 그 밖의 관계행정청 **기속함.** [날먹행 413p]

OX 정답

11-6. ○ 12. X 13. ○ 14. X

□□□□□ ★★★

판 15-1. 기속력은 판결의 취지에 따라 행정청을 구속하는 바, 여기에는 판결의 주문과 판결이유 중에 설시된 개개의 위법사유가 포함된다. (21국가7급,21변시,20국가9급,20국회8급,18지방9급 등)

□□□□□ ★

판 15-2. 처분청이 재조사결정의 주문 및 그 전제가 된 요건사실의 인정과 판단, 즉 처분의 구체적 위법사유에 관한 판단에 반하여 당초처분을 그대로 유지하는 것은 재조사결정의 기속력에 저촉되지 않는다. (18경행)

□□□□□ ★★

판 15-3. 새로운 처분의 처분사유가 종전 처분의 처분사유와 기본적 사실관계에서 동일하지 않은 다른 사유에 해당하는 이상, 처분사유가 종전 처분 당시 이미 존재하고 있었고 당사자가 이를 알고 있었더라도 이를 내세워 새로이 처분을 하는 것은 확정판결의 기속력에 저촉되지 않는다. (23지방9급,22지방9급,22군무원9급,21경행,21변시,20국가9급)

□□□□□ ★★

판 15-4. 징계처분의 취소를 구하는 소에서 징계사유가 될 수 없다고 취소확정판결을 한 사유와 동일한 사유를 내세워 다시 징계처분을 하는 것은 확정판결에 저촉되는 행정처분으로 허용될 수 없다. (17국회8급)

- **기속력의 객관적 범위**
  ① 판결의 주문 및 그 전제가 되는 처분 등의 **구체적 위법사유에 관한 이유 중의 판단**에 대해서도 인정된다(99두5238).
  ② 기본적 사실관계가 동일한 사건에 기속력이 미치므로, 취소된 처분의 사유와 기본적 사실관계가 동일하지 않으면 종전 처분 당시에 존재하였던 사유일지라도 그를 이유로 하여 동일한 재처분을 할 수 있다(2015두48235).

[날먹행 413p]

□□□□□ ★★

판 16. 위법성 판단기준시점인 처분시 이후에 생긴 새로운 사실관계나 개정된 법령과 같이 새로운 처분사유를 들어 동일한 내용의 처분을 하는 것은 가능하다. (14국회8급 등)

- **기속력- 시간적 범위**
  ① 처분시까지 존재했던 처분사유에 대해서만 미침.
  ② **처분 이후에 생긴 새로운 처분사유를 이유로 동일한 내용의 처분을 하는 것은 기속력에 반하지 않음**
  ③ 단, 개정법령에서 종전의 규정에 따른다는 경과규정을 두고 있는 경우라면 종전의 규정에 따른 재처분이 이루어져야 하므로, 개정 법령에 따른 재처분은 기속력에 반한다(2002무22). **[날먹행 413p]**

□□□□□

이 17. 취소판결의 기속력에 위반하여 한 행정청의 행위는 당연무효이다. (23경간,21군무원7급)

- **기속력 위반 시** 하자가 중대 · 명백하여 당연무효 **[날먹행 413p]**

OX 정답

15-1. ○ 15-2. X 15-3. ○ 15-4. ○ 16. ○ 17. ○

□□□□□ ★★★

이 18-1. 취소판결이 확정된 후에 그 기속력에 위반하여 같은 사유에 대한 동일한 내용의 처분은 그 하자가 중대하고도 명백하여 당연무효이다. (20국가9급,16서울9급 등)

• **기속력의 내용:** 반복금지 - 취소판결이 확정되면 처분청 및 관계행정청은 **판결에 모순 · 저촉되는 처분을 하면 안됨. 동일처분 및 판결이유에 지시된 위법사유의 반복 금지 → 위반시 하자가 중대 · 명백하여 무효**가 됨. [날먹행 414p]

□□□□□ ★★★

판 18-2. 행정절차의 하자를 이유로 한 취소판결이 확정된 경우, 판결의 취지에 따라 절차를 보완한 후 종전의 처분과 동일한 내용의 처분을 다시 하더라도 기속력에 위반되지 아니한다. (23지방9급,23변시,21국회8급,20국가9급,17변시)

판례 절차 또는 형식 위법을 이유로 처분이 취소된 경우, 행정청이 적법한 절차 또는 형식을 갖추어 행한 동일한 내용의 처분(즉 취소 사유를 보완한 경우)은 취소된 처분과 동리한 처분이 아니므로 기속력에 반하지 않는다(86누91). [날먹행 414p]

□□□□□ ★★★

이 19. 행정청의 재처분 내용은 판결의 취지를 존중하는 것이면 되고 반드시 원고가 신청한 내용대로 처분해야 하는 것은 아니다. (21군무원7급,21경행,19서울9급)

• **기속력의 내용**: 재처분의무 - **행정청이 판결의 취지에 따른 처분을 해야** 함. 이 경우 행정청은 **반드시 판결이 신청한 내용대로 처분을 해야 하는 것은 아니며,** 판결의 취지를 존중하면 된다. [날먹행 414p]

□□□□□ ★★

판 20-1. 거부처분의 취소판결이 확정된 경우에 그 처분을 행한 행정청은 종전 처분 후에 발생한 새로운 사유를 내세워 다시 거부처분을 할 수 있다. (23군무원9급,22군무원9급,19서울9급)

□□□□□

판 20-2. 종전 확정판결의 행정소송과정에서 한 주장 중 처분사유가 되지 아니하여 판결의 판단대상에서 제외된 부분을 행정청이 그 후 새로이 행한 처분의 적법성과 관련하여 새로운 소송에서 다시 주장하는 것은 확정판결의 기판력에 저촉된다. (17서울9급)

□□□□□ ★

판 20-3. 취소소송에서 소송의 대상이 된 거부처분을 실체법상의 위법사유에 기하여 취소하는 판결이 확정된 경우에는 당해 거부처분을 한 행정청은 원칙적으로 신청을 인용하는 처분을 하여야 한다. (21서울7급,17서울7급)

• **기속력의 내용: 재처분의무 - 거부처분취소**

① 거부처분이 **형식상 위법을 이유로 취소**된 경우, **행정청 위법사유를 보완하여 다시 재처분을 할 수 있음**

② 거부처분이 실체상 위법을 **이유로 취소**된 경우, **새로운 사유가 없다면 거부처분을 한 행정청은 신청을 인용하는 처분을 해야 함.** 단, 행정청은 ㉠ **거부처분 이후의 새로운 사유**(기본적 사실관계의 동일성이 없는)를 이유로 하거나, ㉡ **사실심변론종결이후 발생한 새로운 사유를 내세워** 다시 거부처분할 수 있다(98두1895).

③ 거부처분 이전에 존재하였으나 처분시에 제기하지 않았던 다른 사유가 처분시에 제시했던 사유와 기본적 사실관계의 동일성이 없다면, 행정청이 이를 근거로 새로운 거부처분을 한 것은 기속력에 저촉되지 않는다(90누7326). [날먹행414p]

OX 정답

18-1. ○ 18-2. ○ 19. ○ 20-1. ○ 20-2. X 20-3. ○

□□□□□ ★★

이 21. 행정처분이 절차의 하자를 이유로 취소된 경우, 적법한 절차를 갖추더라도 이전의 처분과 동일한 내용의 처분을 다시 하는 것은 기속력에 위반되어 허용되지 않는다. (18지방9급,15서울7급)

· **기속력의 내용: 재처분의무 - 절차위법을 이유로 한 취소** [날먹행 414p]
신청에 따른 처분이 절차상 하자를 이유로 취소된 경우, **행정청은 판결 취지에 따라** 적법한 절차에 의해 다시 처분해야.

□□□□□ ★★

판 22. 거부처분의 취소판결이 확정되었더라도 그 거부처분 후에 법령이 개정 · 시행되었다면 처분청은 그 개정된 법령 및 허가기준을 새로운 사유로 들어 다시 이전 신청에 대하여 거부처분을 할 수 있다. (20국회8급,19사복9급,18국회8급)

· **기속력의 내용: 재처분의무- 법령 등 개정**
판례 거부처분 후 법령이 개정되어 개정법을 근거로 거부한 경우 기속력에 반하지 않음(97두22).
단, **개정법령에서 종전의 규정에 따른다는 경과규정을 두고 있는 경우**라면 종전의 규정에 따른 재처분이 이루어져야하므로, 개정 법령에 따른 재처분은 기속력에 **반한다**(2002무22). [날먹행 414p]

□□□□□ ★★

판 23. 행정처분의 취소판결이 확정되면 그 판결에서 확인된 위법사유를 배제한 상태에서 다시 처분을 하거나 그 밖에 위법한 결과를 제거하는 조치를 할 의무가 있다. (22국회8급,21군무원7급,21경행)

· **기속력의 내용: 원상회복의무**
취소판결 확정시 행정청은 위법상태를 제거해 원상회복시킬 의무(결과제거의무)를 짐. [날먹행 415p]

□□□□□ ★★★

판 24. 거부처분에 대한 취소의 확정판결이 있음에도 행정청이 아무런 재처분을 하지 않은 경우 뿐만 아니라 재처분을 하였더라도 그 재처분이 취소판결의 기속력에 반하는 경우에는 간접강제의 대상이 된다. (21국가7급,16서울9급,15국가7급)

· **간접강제의 요건** ① 거부처분에 대한 취소판결이 확정 ② 처분청이 상당한 기간 내에 재처분의무를 불이행할 것
판례 거부처분에 대한 취소의 확정판결이 있음에도 행정청이 아무런 재처분을 하지 아니하거나, 재처분을 하였다 하더라도 그것이 종전 거부처분에 대한 취소의 확정판결의 기속력에 반하는 등으로 당연무효라면 이는 **아무런 재처분을 하지 아니한 때와 마찬가지라 할 것이므로** 이러한 경우에는 간접강제신청에 필요한 요건을 갖춘 것으로 보아야 한다(2002무22). [날먹행 415p]

OX 정답

21. X 22. O 23. O 24. O

□□□□□ ★★

판 25-1. 간접강제결정에 기한 배상금은 확정판결에 따른 재처분의 지연에 대한 제재 또는 손해배상이라는 것이 판례의 입장이다. (13국가7급)

□□□□□ ★★

판 25-2. 대법원은 확정판결의 취지에 따른 재처분이 간접강제결정에서 정한 의무이행기간이 경과한 후에 이루어진 경우에도 배상금의 추심은 허용되지 않는다고 보았다. (21국가7급,11지방7급)

판례 배상금은 확정판결의 취지에 따른 재처분의 지연에 대한 제재나 손해배상이 아니고, 재처분의 이행확보를 위한 심리적 강제수단임 → **법원에서 정한 기한이 경과하더라도 행정청이 재처분의무를 이행했다면 더 이상 배상금을 추심할 수 없음**(2002두2444). [날먹행 415p]

□□□□□ ★★

이 26. 거부처분취소소송에서 재처분의무의 실효성을 확보하기 위한 간접강제제도는 부작위위법확인소송에도 준용된다. (20국회8급)

- **간접강제**는 **부작위위법확인 소송에 준용됨**(§38②). **무효등확인소송, 당사자소송에는 준용 안됨.** [날먹행 415p]

□□□□□

이 27. 원고가 사망하거나 소송물인 권리관계의 성질상 이를 승계할 자가 없는 경우와 피고인 행정청이 없게 된 경우에 소송은 종료된다. (08지방9급)

- **소송의 종료**
  - **종국판결의 확정** - 심리가 종료하여 종국판결을 내림으로써 소송이 종료되고, **종국판결은 상고권의 포기, 상고기간 경과, 상고기각, 상고법원의 판결에 의해 확정됨.**
  - **판결에 의하지 않은 소송행위의 종료: 소취하, 청구의 포기 · 인낙, 소송상 화해, 당사자의 소멸**(원고가 사망하고, 소송의 승계가 허용되지 않는 경우, 소송이 종료되나, 피고인 행정청이 없게 된 때에는 사무가 귀속되는 국가, 공공단체가 피고가 되므로 소송이 종료되지 않음). [날먹행 415, 416p]

□□□□□ ★★

조 28-1. 행정청이 처분 등을 취소 또는 변경함으로 인하여 취소청구가 각하 또는 기각된 경우, 소송비용은 피고의 부담이 된다. (13국가7급)

□□□□□ ★★

조 28-2. 행정처분에 대한 취소청구가 사정판결에 의하여 기각된 경우에 소송비용은 피고가 부담한다. (08지방9급)

- **행정소송법 제32조(소송비용의 부담)** 취소청구가 제28조(사정판결)의 규정에 의하여 기각되거나 행정청이 처분등을 취소 또는 변경함으로 인하여 청구가 각하 또는 기각된 경우에는 소송비용은 피고의 부담으로 한다. [날먹행 416p]

OX 정답

25-1. X 25-2. O 26. O 27. X 28-1. O 28-2. O

☐☐☐☐☐

이 29. 행정소송에 있어서도 소송절차에 관한 신청을 기각한 결정이나 명령에 대하여 불복이 있으면 항소할 수 있다. (08지방9급)

- **상소(항소와 상고)**: 1심법원의 **판결** - 상급법원에 항소 / 항소심(2심법원)의 판결 - **대법원에 상고**할 수 있음.
- **항고와 재항고**: 소송절차에 관한 **신청**을 기각한 결정 · 명령에 대해 불복시, **항고**할 수 있고, 항고법원 또는 항소법원의 결정 · 명령에 대하여는 재판에 영향을 미친 헌법 · 법률 · 명령 · 규칙의 위반이 있음을 이유로 **재항고** 가능 **[날먹행 416p]**

☐☐☐☐☐

조 30-1. 행정소송법은 제3자 보호를 위하여 제3자의 소송참가 외에 제3자의 재심청구를 인정하고 있다. (12국가9급)

☐☐☐☐☐ ★★★

조 30-2. 처분을 취소하는 판결에 의하여 권리의 침해를 받은 제3자는 자기에게 책임 없는 사유로 인하여 소송에 참가하지 못함으로써 판결의 결과에 영향을 미칠 공격 또는 방어방법을 제출하지 못한 때에는 이를 이유로 확정된 종국판결에 대하여 재심의 청구를 할 수 있다. (18국가7급,18지방9급)

☐☐☐☐☐ ★

조 30-3. 행정소송법상 제3자에 의한 재심청구는 확정판결이 있음을 안 날로부터 30일 이내에 제기하여야 한다. (11지방7급)

- **행정소송법 제31조(제3자에 의한 재심청구) ① 처분등을 취소하는 판결에 의하여 권리 또는 이익의 침해를 받은 제3자는 자기에게 책임없는 사유로 소송에 참가하지 못함으로써 판결의 결과에 영향을 미칠 공격 또는 방어방법을 제출하지 못한 때**에는 이를 이유로 **확정된 종국판결에 대하여 재심의 청구**를 할 수 있다.
  ② 제1항의 규정에 의한 청구는 확정판결이 있음을 안 날로부터 30일 이내, 판결이 확정된 날로부터 1년 이내에 제기하여야 한다.
  ③ 제2항의 규정에 의한 기간은 불변기간으로 한다. **[날먹행 416p]**

제 3 절 기타 항고소송

1. 무효등확인소송

☐☐☐☐☐ ★★

이 1-1. 무효등확인소송은 처분 등의 효력 유무 또는 존재 여부의 확인을 구할 법률상 이익이 있는 자가 제기할 수 있다. (19서울9급,14경행)

☐☐☐☐☐ ★★★

이 1-2. 행정처분의 근거법률에 의하여 보호되는 직접적 · 구체적인 이익이 있는 경우에는 행정소송법 제35조에 규정된 '무효확인을 구할 법률상 이익'이 있다고 보아야 하며, 이와 별도로 무효확인소송의 보충성이 요구되는 것은 아니므로 행정처분의 무효를 전제로 한 이행소송 등과 같은 직접적인 구제수단이 있는지 여부를 따질 필요가 없다. (22국회9급,20국가7급,20지방9급,18교행9급)

OX 정답

29. X 30-1. O 30-2. O 30-3. O / 3절 1 1-1. O 1-2. O

□□□□□ ★★

이 1-3. 무효등확인소송은 다른 법률에 특별한 규정이 없는 한 그 처분 등을 행한 행정청을 피고로 한다. (14경행)

- **무효등확인소송의 원고적격 및 협의의 소의 이익, 피고적격**
  - **원고적격**: 준용 X / **'처분 등의 효력 유무 또는 존재 여부의 확인을 구할 법률상 이익이 있는 자'**가 제기(§35)
    법률상 이익이 있는 자의 의미는 취소소송과 같음
  - **협의의 소의 이익**: 준용 X / 무효등확인소송도 확인의 이익(보충성)이 요구되는지에 대해 종래 판례는 필요설의 입장, 그러나 전원합의체 판결을 통해 **불요설로 입장을 변경함**
  - **피고적격**: 준용 ○ / **처분을 한 행정청**이 피고가 됨

[날먹행 417p]

□□□□□ ★★★

판 2-1. 무효인 과세처분에 근거하여 세금을 납부한 경우 부당이득반환청구의 소로써 직접 위법상태의 제거를 구할 수 있는지 여부와 관계없이 '행정소송법' 제35조에 규정된 '무효확인을 구할 법률상 이익'을 가진다.
(23경간,21변시,20국가7급,20지방9급,19서울9급)

□□□□□

판 2-2. 무효인 행정처분의 집행이 종료된 경우에 부당이득반환청구소송을 제기하여 직접 위법상태를 제거할 수 있는 경우에도 무효확인소송은 소의 이익이 있다. (22경간)

판례 행정소송법 제4조에서는 무효확인소송을 항고소송의 일종으로 규정하고 있고, 행정소송법 제38조 제1항에서는 처분 등을 취소하는 확정판결의 기속력 및 행정청의 재처분 의무에 관한 행정소송법 제30조를 무효확인소송에도 준용하고 있으므로 **무효확인판결 자체만으로도 실효성을 확보할 수 있다.** 이와 같은 사정을 비롯하여 행정에 대한 사법통제, 권익구제의 확대와 같은 행정소송의 기능 등을 종합하여 보면, **행정처분의 근거 법률에 의하여 보호되는 직접적이고 구체적인 이익이 있는 경우에는 행정소송법 제35조에 규정된 '무효확인을 구할 법률상 이익'이 있다고 보아야** 하고, 이와 별도로 무효확인소송의 보충성이 요구되는 것은 아니므로 행정처분의 무효를 전제로 한 이행소송 등과 같은 직접적인 구제수단이 있는지 여부를 따질 필요가 없다고 해석함이 상당하다. 따라서 **부당이득반환청구의 소로써 직접 위와 같은 위법상태의 제거를 구할 수 있는지 여부에 관계없이 원고는 이 사건 처분의 근거 법률에 의하여 보호되는 직접적이고 구체적인 이익을 가지고 있어 행정소송법 제35조에 규정된 '무효확인을 구할 법률상 이익'을 가지는 자에 해당한다**(2007두6342). [날먹행 417p]

□□□□□ ★★★

판 2-3. 기본행위인 사업의 양도·양수계약이 무효인 경우, 기본행위의 무효를 구함이 없이 곧바로 영업자지위승계신고수리처분에 대한 무효확인소송을 제기할 법률상 이익이 없다. (23소방간부,22국회8급,18지방9급)

판례 사업의 양도행위가 무효라고 주장하는 양도자는 민사쟁송으로 양도·양수행위의 무효를 구함이 없이 막바로 허가관청을 상대로 하여 행정소송으로 위 신고수리처분의 무효확인을 구할 법률상 이익이 있다(2005두3554).
[날먹행 417p]

□□□□□ ★★★

이 3-1. 취소할 수 있는 행정행위는 제소기간의 제한을 받지만 무효인 행정행위는 제소기간의 제한을 받지 않는다.
(21국회8급,13국가7급,12국가9급 등)

OX 정답

1-3. ○ 2-1. ○ 2-2. ○ 2-3. X 3-1. ○

□□□□□ ★★★

이 3-2. 무효선언을 취소소송의 형식으로 주장하는 경우에는 제소기간 등 취소소송의 요건을 갖추어야 한다는 것이 판례의 입장이다. (22지방9급,22군무원9급,22군무원7급,21국회9급,20국가7급 등)

> • **무효등확인소송의 제소기간: 취소소송 준용 X** → 제소기간의 제한이 없음
> 단, 무효선언적 의미의 취소판결의 **경우 취소소송의 소송요건을 준수해야(통 · 판)하므로, 제소기간의** 제한 적용
> [날먹행 417p]

□□□□□ ★★★

이 4-1. 행정심판전치주의는 무효등확인소송에는 적용되지만 취소소송에는 적용되지 않는다. (19국가7급)

□□□□□ ★★★

이 4-2. 행정심판전치주의가 적용되도록 하는 규정이 있는 경우일지라도 처분의 무효를 구하는 소송에는 행정심판전치주의가 적용되지 않으므로 무효사유의 하자를 취소소송으로 다투는 경우에도 행정심판을 거칠 필요가 없다. (22경간,14국회8급)

> • **무효등확인소송의 행정심판 전치주의**
> 행정심판전치주의 적용 X, 개별법에서 예외적 행정심판전치주의를 규정하고 있더라도 무효등확인소송에 적용 X
> 단, 무효선언을 구하는 취소소송에는 예외적 행정심판전치주의가 적용됨.
> [날먹행 373p]

□□□□□ ★★★

판 5. 갑이 압류처분에 대해 무효확인소송을 제기하였다가 압류처분에 대한 취소소송을 추가로 병합하는 경우, 무효확인의 소가 취소소송 제소기간 내에 제기됐더라도 취소청구의 소의 추가 병합이 제소기간을 도과했다면 병합된 취소청구의 소는 부적법하다. (22국회8급,21변시,21국가9급,19국가7급,19지방7급)

> • **무효등확인소송의 소의 변경: 취소소송 준용 ○**
> **판례** 행정처분의 무효확인을 구하는 소에는 특단의 사정이 없는 한 그 취소를 구하는 취지도 포함되어 있다고 보아야 하는 점 등에 비추어 볼 때, 동일한 행정처분에 대하여 무효확인의 소를 제기하였다가 그 후 그 처분의 취소를 구하는 소를 추가적으로 병합한 경우, 주된 청구인 무효확인의 소가 적법한 제소기간 내에 제기되었다면 추가로 병합된 취소청구의 소도 적법하게 제기된 것으로 봄이 상당하다(2005두3554).
> [날먹행 418p]

□□□□□ ★

이 6-1. 본안소송이 무효확인소송인 경우에도 집행정지가 가능하다. (21군무원7급,18서울7급,17지방7급)

□□□□□ ★★

이 6-2. 무효등확인소송에서는 집행정지가 준용되지 않으므로 민사집행법의 가처분이 적용된다. (18서울7급)

> • **무효등확인소송의 집행정지: 취소소송 준용 ○**
> 무효등확인소송의 제기는 **처분 등의 효력이나 집행, 절차의 속행에 영향을 주지 않음 ∴ 민사집행법상 가처분 적용 X**
> [날먹행 418p]

OX 정답

3-2. ○ 4-1. X 4-2. X 5. X 6-1. ○ 6-2. X

□□□□□ ★★★

이 7. 행정처분의 당연무효를 주장하여 그 무효확인을 구하는 행정소송에 있어서는 원고에게 그 행정처분이 무효인 사유를 주장 · 입증할 책임이 있다. (23경간,17지방7급,16지방9급)

- **무효등확인소송의 입증책임: 취소소송과** 다름
  원고에게 그 행정처분에 존재하는 **하자가 중대 · 명백**하다는 것을 주장 · 입증할 책임이 있음 [날먹행 418p]

□□□□□ ★★★

이 8-1. 거부처분에 대하여 무효확인판결이 확정된 경우, 행정청에 대해 판결의 취지에 따른 재처분의무가 인정될 뿐 그에 대하여 간접강제까지 허용되는 것은 아니다. (21국가7급,20지방9급,20국가7급,19지방9급)

□□□□□ ★★★

이 8-2. 당연무효의 행정처분을 대상으로 하는 행정소송에서도 사정판결을 할 수 있다. (23경간,22서울7급,22경간,22국회9급,21지방9급,20국가7급,19서울9급,17지방7급,17서울7급)

- **무효등확인소송의 판결 등**
  - **판결의 효력: 취소판결의 효력(기판력,기속력 등) 준용 ○ → 제3자에 대해 효력이 미침.** (22국회9급)
    제3자의 소송참가, 재심청구 ○
  - **간접강제:** 준용 X
  - **사정판결:** 준용 X → **존치시킬 효력이 있는 행정행위가 없어 사정판결 불가** [날먹행 418p]

□□□□□ ★★★

이 9-1. 무효인 처분에 대하여 취소소송이 제기된 경우 소송제기요건이 구비되었다면 법원은 당해 소를 각하하여서는 아니 되며, 무효를 선언하는 의미의 취소판결을 하여야 한다. (21국회8급,18교행9급)

□□□□□ ★★★

이 9-2. 무효인 행정행위에 대해서 무효선언을 구하는 의미의 취소소송을 제기하는 경우 취소소송의 제소요건을 구비하여야 한다. (23국회8급,22국가7급,21국회9급,20국가7급)

□□□□□ ★★

이 9-3. 부가가치세법상 과세처분의 무효선언을 구하는 의미에서 그 취소를 구하는 소송은 전심절차를 거칠 필요가 없다. (14사복9급)

- **무효사유인 처분에 대해 취소소송 제기: 무효선언적 의미의 취소판결 가능**, 단 **취소소송의 소송요건을 준수**해야 함.
  ∴과세처분에 대해 무효선언을 구하는 의미에서 취소소송을 제기하는 경우, 전심절차를 거쳐야 함. [날먹행 419p]

OX 정답

7. ○ 8-1. ○ 8-2. X 9-1. ○ 9-2. ○ 9-3. X

□□□□□ ★★★

이 10-1. 무효확인소송을 제기하였는데 해당 사건에서의 위법이 취소사유에 불과한 때, 법원은 취소소송의 요건을 충족한 경우 취소판결을 내린다. (17국가7급)

□□□□□ ★★★

판 10-2. 행정처분의 무효확인을 구하는 소에는 특단의 사정이 없는 한 그 취소를 구하는 취지도 포함되어 있다고 보아야 한다. (23소방간부,19지방7급,19서울7급,17국가7급)

> **판례** 일반적으로 행정처분의 **무효확인을 구하는 소에는** 원고가 그 처분의 취소를 구하지 아니한다고 밝히지 아니한 이상 그 처분이 만약 당연무효가 아니라면 그 **취소를 구하는 취지도 포함되어 있는 것으로 보아야 한다.**
> → **취소사유가 있는 처분에 대해 무효확인소송을 제기한 경우, 취소소송의 제기요건을 갖추었다면, 판례는 소변경없이 취소판결을 할 수 있다고 판시**함(66누108등). **[날먹행 418p]**

□□□□□

조 11 . 무효등확인소송에는 직권증거조사주의가 적용되지 않는다. (22경간)

> - **행정소송법 제26조(직권심리)** 법원은 필요하다고 인정할 때에는 직권으로 증거조사를 할 수 있고, 당사자가 주장하지 아니한 사실에 대하여도 판단할 수 있다.
> - **제38조(준용규정)** ①제9조, 제10조, 제13조 내지 제17조, 제19조, 제22조 내지 제26조, 제29조 내지 제31조 및 제33조의 규정은 무효등 확인소송의 경우에 준용한다. **[날먹행 419p]**

2. 부작위위법확인소송

□□□□□ ★★★

이 1-1. 부작위위법확인소송의 대상이 되는 부작위는 당사자의 신청이 없더라도 성립할 수 있다. (15교행9급)

□□□□□

이 1-2. 부작위위법확인소송에서 '부작위'는 행정청이 당사자의 신청에 대하여 상당한 기간 내에 일정한 처분을 하여야 할 법률상 의무가 있음에도 불구하고 처분을 하지 않는다는 의사를 통지하는 것을 말한다. (13서울9급)

□□□□□

이 1-3. 행정청에게 일정한 처분을 하여야 할 법률상 의무가 있어야 하는데, 이 때 법률상 의무란 명문 규정에 의해 인정되는 경우만을 뜻한다. (10국회9급)

□□□□□ ★★★

이 1-4. 법률의 집행을 위해 시행규칙을 제정할 의무가 있음에도 불구하고 행정청이 시행규칙을 제정하지 않고 있는 경우, 부작위위법확인소송을 통하여 다툴 수 있다. (22군무원9급,22소방,22지방7급,18지방7급)

□□□□□ ★★

이 1-5. 당사자의 신청에 대한 행정청의 거부처분이 있는 경우에는 행정청이 당사자의 신청에 대하여 일정한 처분을 이행하지 아니함으로써 위법상태가 야기된 것이므로 이를 제거하기 위하여 부작위위법확인소송도 허용된다. (23소방간부,22소방간부)

OX 정답

10-1. ○ 10-2. ○ 11. X **2** 1-1. X 1-2. X 1-3. X 1-4. X 1-5. X

□□□□□ ★

이 1-6. 행정청의 아무런 처분이 없는 경우에도 이를 거부처분으로 간주하는 법규정이 있는 때에는 부작위에 해당하지 않는다. (16서울7급)

- **부작위위법확인소송의 대상적격** [날먹행 419, 420p]
  ① **당사자의 신청이 존재**: '신청'이란 법규상 또는 조리상 신청권의 행사로서 신청을 말함
  ② **상당한 기간 경과**: 당사자의 신청 후 상당한 기간이 경과했는 데도, 행정청이 아무런 의무를 행하지 않아야 함.
  이 경우 '상당한 기간'은 사회통념상 그 신청에 따르는 처분을 하는데 필요한 것으로 인정되는 기간임.
  ③ **일정한 처분을 해야 할 법률상 의무** :행정청에게 일정한 처분의무가 있어야 함.
  법률상 의무 뿐만 아니라 조리상 인정되는 의무도 포함함.
  ④ **처분의 부작위**: '처분'이 아닌 행정입법에 대한 부작위는 **부작위위법확인소송의** 대상 X
  처분이 '존재'하는 경우, 취소소송을 제기해야.
  법령상 행정청의 아무런 처분이 없는 것을 **거부처분으로 간주하는 규정을 둔 때에는** 거부처분취소소송을 **제기**

□□□□□ ★★

판 1-7. 4급 공무원이 당해 지방자치단체 인사위원회의 심의를 거쳐 3급 승진대상자로 결정되고 임용권자가 그 사실을 대내외에 공표한 경우 그 공무원에 승진임용신청권이 있다. (14서울7급)

판례 4급 공무원이 당해 지방자치단체 인사위원회의 심의를 거쳐 3급 승진대상자로 결정되고 임용권자가 그 사실을 대내외에 공표한 경우, 그 공무원에게 승진임용 신청권이 있다(2007두18611). [날먹행 419p]

□□□□□ ★★

판 1-8. 행정청이 행한 공사중지명령의 상대방이 그 명령 이후에 그 원인사유가 소멸하였음을 들어 공사중지명령의 철회를 신청하였으나 행정청이 아무런 응답을 하지 않고 있는 경우 행정청의 부작위는 그 자체로 위법하다. (21국가9급,20지방9급,20국가9급)

판례 행정청이 행한 공사중지명령의 상대방은 그 명령 이후에 **그 원인사유가 소멸하였음을 들어 행정청에게 공사중지명령의 철회를 요구할 수 있는 조리상의 신청권이 있다** 할 것이고, 상대방으로부터 그 신청을 받은 행정청으로서는 **상당한 기간 내에 그 신청을 인용하는 적극적 처분을 하거나 각하 또는 기각하는 등의 소극적 처분을 하여야 할 법률상의 응답의무가 있다**고 할 것이며, 행정청이 상대방의 신청에 대하여 아무런 적극적 또는 소극적 처분을 하지 않고 있는 이상 행정청의 부작위는 그 자체로 위법하다(2003두7590). [날먹행 420p]

□□□□□

판 1-9. 압수가 해제된 것으로 간주한 물건에 대한 피압수자의 환부신청에 대하여 검사가 아무런 결정이나 통지를 하지 않았다고 하더라도 그와 같은 부작위는 부작위위법확인소송의 대상이 되지 않는다. (23경간)

판례 형사본안사건에서 무죄가 선고되어 확정되었다면 **형사소송법 제332조 규정에 따라 검사가 압수물을 제출자나 소유자 기타 권리자에게 환부하여야 할 의무가 당연히 발생**한 것이고, 권리자의 환부신청에 대한 검사의 환부결정 등 **어떤 처분에 의하여 비로소 환부의무가 발생하는 것은 아니므로** 그와 같은 부작위는 현행 행정소송법상의 **부작위위법확인소송의 대상이 되지 아니한다**(94누14018). [날먹행 420p]

OX 정답

1-6. ○ 1-7. ○ 1-8. ○ 1-9. ○

□□□□□ ★★

판 2-1. 부작위위법확인소송은 처분의 신청을 한 자로서 부작위위법의 확인을 구할 법률상 이익이 있는 자만이 제기할 수 있다. (22국회9급,22국가7급,20국가9급,18경행)

□□□□□ ★★

이 2-2. 부작위의 직접 상대방이 아닌 제3자는 당해 행정처분의 부작위위법확인을 구할 법률상의 이익이 있는 경우 원고적격이 인정된다. (18국회8급)

- **부작위위법확인소송의 원고적격** 준용 X
  - 처분의 신청을 한 자로서 부작위의 위법의 확인을 구할 법률상 이익이 있는 자만이 제기할 수 있다(행정소송법§36)
  - **처분의 신청을 한 자: 다수설 · 판례**는 신청권을 부작위의 개념요소이자, 원고적격의 **요소로** 보고 있음(97누17568), 이에 따라 **부작위가 있으면 원고적격 인정**됨.
  - **제3자**: 부작위의 직접 상대방이 아닌 제3자라도 법률상 이익이 있는 한, 원고적격이 있음. [날먹행 420p]

□□□□□ ★★★

판 3-1. 소제기의 전후를 통하여 판결시까지 행정청이 그 신청에 대하여 적극 또는 소극의 처분을 함으로써 부작위상태가 해소된 때에는 소의 이익을 상실하게 되어 당해 소는 각하를 면할 수 없다. (23경간,22국회9급,18국회8급)

□□□□□ ★★★

판 3-2. 허가처분 신청에 대한 부작위를 다투는 부작위위법확인소송을 제기하여 제1심에서 승소판결을 받았는데 제2심 단계에서 피고 행정청이 허가처분을 한 경우, 제2심 수소법원은 각하판결을 하여야 한다. (19국가9급)

□□□□□ ★★★

판 3-3. 처분의 신청 후에 원고에게 생긴 사정의 변화로 인하여, 그 처분에 대한 부작위가 위법하다는 확인을 받아도 종국적으로 침해되거나 방해받은 원고의 권리, 이익을 보호 · 구제받는 것이 불가능하게 되었다면, 법원은 각하판결을 내려야 한다. (20국가9급)

- 확인의 이익이 필요하므로, 소송 중 부작위상태가 해소되거나, 부작위위법확인판결을 받는다 하더라도 원고의 권리 · 이익이 보호되기 불가능해진 경우, 확인의 이익이 없어 각하됨.(20국가9급)

판례 부작위위법확인의 소에서 **소제기의 전후를 통하여 판결시까지 행정청이 그 신청에 대하여 적극 또는 소극의 처분을 함으로써 부작위상태가 해소된 때에는 소의 이익을 상실하게 되어 당해 소는 각하를 면할 수가 없는 것**이다 (89누4758). [날먹행 420p]

□□□□□ ★★★

판 4-1. 취소소송의 제소기간에 관한 규정은 무효등확인소송과 부작위위법확인소송에서는 준용되지 않는다. (13서울9급)

□□□□□ ★★★

판 4-2. 행정청의 부작위에 대하여 행정심판을 거치지 않고 부작위위법소송을 제기하는 경우에는 제소기한의 제한을 받지 않는다. (23경간,22국가7급,22국회9급,20국가9급,19지방9급,17지방7급)

- **부작위위법확인소송의 제소기간**: 취소소송의 제소기간에 관한규정은 준용되나, 원칙적으로 부작위상태가 계속되는 한 제소기한 제한 X
  그럼에도 행정소송법에서 준용규정을 두는 의미에 대해서, 판례는 **'행정심판 등 전심절차를 거친 경우'에 재결서의 정본을 송달받은 날부터 90일 이내에 소를 제기해야 한다는 의미라고 함.**(20국가9급) [날먹행 421p]

OX 정답

2-1. O 2-2. O 3-1. O 3-2. O 3-3. O 4-1. X 4-2. O

□□□□□ ★★

이 5-1. 부작위위법확인소송에 대해서는 행정심판과 취소소송의 관계를 준용하여 임의적 전치가 원칙이며, 다른 법률이 정한 경우에만 예외적으로 행정심판전치주의가 적용된다. (22소방간부,13국가9급)

□□□□□ ★★

이 5-2. 부작위위법확인소송에서 예외적으로 행정심판전치가 인정될 경우 그 전치되는 행정심판은 의무이행심판이다. (16서울7급)

- **부작위위법확인소송의 행정심판전치주의** [날먹행 421p]
  - **원칙: 임의적** 전치절차
  - **예외**: 개별법에 규정되어 있는 경우에만 행정심판 전치주의 적용, 단 이 경우 행정심판은 **의무이행심판**임

□□□□□ ★★

이 6. 부작위위법확인소송에서의 위법판단의 기준시는 처분시이다. (22국가7급,13서울9급,13국회8급)

- **부작위위법확인소송에서 위법판단 기준시**: 취소소송과 다름
  처분이 존재하지 않으므로, 판결시(사실심변론종결시)를 기준으로 판단함(통설) [날먹행 421p]

□□□□□ ★★

이 7. 부작위위법확인소송에 대해서는 행정소송법상 처분변경으로 인한 소의 변경에 관한 규정이 준용된다. (14서울7급,13국회8급)

- **부작위위법확인소송의 소 변경**
  취소소송의 소 종류 변경에 관한 규정은 부작위위법확인소송에 준용되나, 처분변경으로 인한 소 변경에 관한 규정은 준용되지 않는다. [날먹행 421p]

□□□□□ ★★

이 8-1. 법원은 부작위위법확인소송에서 단순히 행정청의 방치행위의 적부에 관한 절차적 심리만 하는 게 아니라, 신청의 실체적 내용이 이유 있는지도 심리하며 그에 대한 적정한 처리방향에 관한 법률적 판단을 해야 한다. (18국회8급)

□□□□□ ★★

이 8-2. 실체적 심리설에 의하면, 부작위위법확인소송의 인용판결에 실질적 기속력이 부인되게 된다. (15국가7급)

OX 정답

5-1. ○ 5-2. ○ 6. X 7. X 8-1. X 8-2. X

□□□□□ ★★

이 8-3. 부작위위법확인소송은 부작위의 위법함을 확인함으로써 행정청의 응답을 신속하게 하여 부작위 내지 무응답이라고 하는 소극적인 위법상태를 제거하는 것을 목적으로 한다. (16서울7급)

- **부작위위법확인소송의 심리범위**
  - **적극설(실체적심리설)**: 부작위의 위법 여부 + **신청에 따른 특정 처분 의무가 있는지도 심리가능**
    → 부작위위법확인소송의 **인용판결에 실질적 기속력이 인정**되게 됨.
  - 소극설(판례): 부작위의 위법 여부만 판단.
    부작위법확인소송은 부작위의 위법함을 확인함으로써 행정청의 응답을 신속하게 하여 부작위 내지 무응답이라고 하는 소극적인 위법상태를 제거하는 것을 목적으로 함.
    ∴ 신청의 대상이 **기속행위인 경우 행정청이 거부처분을 하여도 재처분의무를 이행한 것이 됨.**

[날먹행 422p]

□□□□□

이 9. 부작위위법확인소송의 확정판결은 제3자에 대하여도 효력이 있다. (20군무원7급)

- **부작위위법확인소송의 판결의 효력**
  - **제3자효: 취소소송 규정 준용O**
  - **기속력: 적극적 처분의무-판례는 재처분의무가 행정청의 응답의무**라고 봄(소극설)-인용판결에 실질적 기속력 부인.

[날먹행 422p]

□□□□□ ★★

이 10-1. 부작위위법확인판결에는 취소판결의 기속력에 관한 규정과 거부처분취소판결의 간접강제에 관한 규정이 준용된다. (20국회8급,15국가9급)

- **부작위위법확인소송의 판결**
  - **간접강제**: 취소소송 규정 준용 O
  - **사정판결**: 취소소송 규정 준용 X, **존치시킬 효력이 있는 행정행위가 없어 사정판결 불가** [날먹행 422p]

□□□□□ ★★

이 10-2. 부작위위법확인소송에는 취소판결의 사정판결, 집행정지결정은 준용되지 않지만, 제3자효, 기속력, 간접강제에 관한 규정은 준용된다. (22국회9급,20국가8급,18국회8급)

□□□□□

이 10-3. 취소소송의 재판관할 규정은 부작위위법확인소송의 경우에 준용되지 않는다. (23경간)

- **취소소송에 관한 규정에 대부분 준용**되나, 집행정지결정, 사정판결, 처분변경으로 인한 소의 변경은 준용 X [날먹행 422p]

OX 정답

8-3. O 9. O 10-1. O 10-2. O 10-3. X

제 4 절 당사자소송

□□□□□ ★★

이 1-1. 형식적 당사자소송이란 실질적으로 행정청의 처분 등을 다투는 것이나 형식적으로는 처분 등의 효력을 다투지도 않고, 또한 처분청을 피고로 하지도 않고, 그 대신 처분 등으로 인해 형성된 법률관계를 다투기 위해 관련 법률관계의 일방 당사자를 피고로 하여 제기하는 소송을 말한다. (17서울7급)

□□□□□ ★★★

이 1-2. 소송형태는 당사자소송의 형식에 취하지만 실질적으로는 처분 등의 효력을 다투는 항고소송의 성질을 가지는 소송은 현행법상 인정되지 않는다. (20지방·서울7급)

- **형식적 당사자소송: 실질적으로는 행정청청의 처분 또는 재결의 효력을 다투는 것**이 되어 **항고소송의 성격**을 가지나, 처분청이나 재결청을 피고로 하는 것이 아니라 **그 법률관계의 한쪽 당사자를 피고로 한다는 점**에서 당사자소송임. 명문규정이 없으면 인정하지 않음.**(통설 · 판례)** (20지방7급)
- **실질적 당사자소송: 공법상 법률관계에 관한 다툼**을 대상으로 하여, 법률관계의 한쪽 당사자를 직접 피고로 하는 소송 (행정소송법상 당사자소송) [날먹행 423p]

□□□□□ ★★★

판 2-1. 법관이 이미 수령한 명예퇴직수당액이 구 '법관 및 법원 공무원 명예퇴직수당 등 지급규칙'에서 정한 정당한 명예퇴직수당액에 미치지 못한다고 주장하며 차액의 지급을 신청한 것에 대하여 법원행정처장이 행한 거부의 의사표시는 행정처분에 해당한다. (22지방9급,21변시,19지방7급,18국가9급,18서울7급)

판례 명예퇴직수당은 명예퇴직수당 지급신청자 중에서 일정한 심사를 거쳐 피고가 명예퇴직수당 지급대상자로 결정한 경우에 비로소 지급될 수 있지만, 명예퇴직수당 지급대상자로 결정된 법관에 대하여 지급할 수당액은 명예퇴직수당규칙에 산정 기준이 정해져 있으므로, **위 법관은 위 규정에서 정한 정당한 산정 기준에 따라 산정된 명예퇴직수당액을 수령할 구체적인 권리를 가진다.** 따라서 **위 법관이 이미 수령한 수당액이 위 규정에서 정한 정당한 명예퇴직수당액에 미치지 못한다고 주장하며 차액의 지급을 신청함에 대하여 법원행정처장이 거부하는 의사를 표시**했더라도, 그 의사표시는 **공법상의 법률관계의 한쪽 당사자로서 지급의무의 존부 및 범위에 관하여 자신의 의견을 밝힌 것에 불과**하므로 행정처분으로 볼 수 없다. 결국 명예퇴직한 법관이 미지급 명예퇴직수당액에 대하여 가지는 권리는 **명예퇴직수당 지급대상자 결정 절차를 거쳐 명예퇴직수당규칙에 의하여 확정된 공법상 법률관계에 관한 권리로서, 그 지급을 구하는 소송은 행정소송법의 당사자소송에 해당**하며, 그 법률관계의 당사자인 국가를 상대로 제기하여야 한다(2013두14863). [날먹행 424p]

OX 정답

4절 1-1. O 1-2. X 2-1. X

□□□□□ ★★★

판 2-2. 부가가치세법령상 납세의무자에 대한 국가의 부가가치세 환급세액 지급의무는 부당이득 반환의무이므로 그 지급청구는 당사자소송이 아니라 민사소송의 절차에 따라야 한다. (21국가7급,19서울7급,18국가7급)

판례 납세의무자에 대한 국가의 **부가가치세 환급세액 지급의무**는 그 납세의무자로부터 어느 과세기간에 과다하게 거래징수된 세액 상당을 국가가 실제로 납부받았는지와 관계없이 **부가가치세법령의 규정에 의하여 직접 발생**하는 것으로서, 그 법적 성질은 정의와 공평의 관념에서 수익자와 손실자 사이의 재산상태 조정을 위해 인정되는 **부당이득 반환의무가 아니라 부가가치세법령에 의하여 그 존부나 범위가 구체적으로 확정되고 조세 정책적 관점에서 특별히 인정되는 공법상 의무**라고 봄이 타당하다. 그렇다면 부가가치세 환급세액 지급청구는 당사자소송의 절차에 따라야 한다(2011다95564). [날먹행 424p]

□□□□□ ★★★

판 2-3. 법령상 이미 존재와 범위가 확정되어 있는 조세과오납부액의 반환을 구하는 소송은 행정소송법상 당사자소송의 절차에 따라야 한다. (22경간,21국가7급)

판례 조세부과처분이 당연무효임을 전제로 하여 이미 납부한 세금의 반환을 청구하는 것은 민사상의 부당이득반환청구로서 민사소송절차에 따라야 한다(94다55019).
→ **과오납액, 환급세액 반환청구소송, 공법상 부당이득반환(조세과오납금환급)청구소송은 민사소송.** [날먹행 424p]

□□□□□ ★★★

판 2-4. '광주민주화운동관련자 보상 등에 관한 법률'에 의거한 손실보상청구소송은 당사자소송에 해당한다. (21국회9급,15서울9급)

판례 광주민주화운동관련자보상등에관한법률 제15조 본문의 규정에서 말하는 광주민주화운동관련자보상심의위원회의 결정을 거치는 것은 보상금 지급에 관한 소송을 제기하기 위한 전치요건에 불과하다고 할 것이므로 위 보상심의위원회의 결정은 취소소송의 대상이 되는 행정처분이라고 할 수 없다(92누3335). [날먹행 424p]

□□□□□ ★★★

판 2-5. '공익사업을 위한 토지 등의 취득 및 보상에 관한 법률' 상 주거용 건축물 세입자의 주거이전비 보상청구권은 사법상의 권리이고, 주거이전비 보상청구소송은 민사소송에 의해야 한다. (19국가7급,19서울7급 등)

판례 적법하게 시행된 공익사업으로 인하여 이주하게 된 주거용 건축물 세입자의 **주거이전비 보상청구권은 공법상의 권리**이고, 따라서 그 보상을 둘러싼 쟁송은 **공법상의 법률관계를 대상으로 하는 행정소송에 의하여야** 한다. / 주거이전비 보상청구권은 그 요건을 충족하는 경우에 당연히 발생되는 것이므로, **주거이전비 보상청구소송은 당사자소송에 의하여야** 할 것이다(2007다8129). [날먹행 424p]

OX 정답

2-2. X 2-3. X 2-4. ○ 2-5. X

□□□□□ ★★★

판 2-6. 지방소방공무원이 자신이 소속된 지방자치단체를 상대로 초과근무수당의 지급을 구하는 청구에 관한 소송은 당사자소송의 절차에 따라야 한다. (22소방승진,21소방,18경행)

> 판례 지방자치단체와 그 소속 경력직 공무원인 지방소방공무원 사이의 관계, 즉 **지방소방공무원의 근무관계는 사법상의 근로계약관계가 아닌 공법상의 근무관계에 해당**하고, 그 근무관계의 주요한 내용 중 하나인 지방소방공무원의 보수에 관한 법률관계는 **공법상의 법률관계**라고 보아야 한다. 나아가 지방소방공무원의 초과근무수당 지급청구권은 **법령에 규정된 수당의 지급요건에 해당하는 경우에는 곧바로 발생**한다고 할 것이므로, 지방소방공무원이 자신이 소속된 지방자치단체를 상대로 초과근무수당의 지급을 구하는 청구에 관한 소송은 **당사자소송**의 절차에 따라야 한다(2012다102629). **[날먹행 424p]**

□□□□□ ★★★

판 2-7. 대법원은 석탄가격안정지원금 지급청구권은 석탄산업법령에 의하여 정책적으로 당연히 부여되는 공법상 권리이므로, 지원금의 지급을 구하는 소송은 공법상 당사자소송의 대상이 된다고 본다. (20지방7급,20소방간부,17국회8급)

> 판례 석탄가격안정지원금 지급청구권은 **석탄사업법령에 의하여 정책적으로 당연히 부여되는 공법상의 권리**이므로, 지원금지급청구소송은 **공법상의 법률관계에 관한 소송인 공법상의 당사자소송에 해당**한다(98두12598). **[날먹행 424p]**

□□□□□ ★

판 2-8. 군인연금법령상 급여를 받으려고 하는 사람이 국방부장관에게 급여지급을 청구하였으나 거부된 경우, 곧바로 국가를 상대로 한 당사자소송으로 급여의 지급을 청구할 수 있다. (22국가9급,18국가9급)

> 판례 군인연금법에 의한 상이연금 등의 급여를 받을 권리는 법령의 규정에 의하여 직접 발생하는 것이 아니라 위와 같은 급여를 받으려고 하는 자가 소속하였던 군의 참모총장의 확인을 얻어 청구하는 바에 의하여 국방부장관이 인정함으로써 비로소 구체적인 권리가 발생하고, 위와 같은 급여를 받으려고 하는 자는 **우선 관계 법령에 따라 국방부장관에게 그 권리의 인정을 청구하여 국방부장관이 그 인정 청구를 거부하거나 청구 중의 일부만을 인정하는 처분을 하는 경우 그 처분을 대상으로 항고소송을 제기**하는 등으로 구체적 권리를 인정받은 다음 비로소 당사자소송으로 그 급여의 지급을 구하여야 할 것이고, 구체적인 권리가 발생하지 않은 상태에서 **곧바로 국가를 상대로 한 당사자소송으로 그 권리의 확인이나 급여의 지급을 소구하는 것은 허용되지 아니한다**(93누18532). **[날먹행 424p]**

OX 정답

2-6. ○ 2-7. ○ 2-8. X

□□□□□ ★★

판 2-9. 공무원연금관리공단이 퇴직연금의 수급자에 대하여 공무원연금법령의 개정으로 퇴직연금 중 일부금액의 지급정지대상자가 되었음을 통보하는 행위는 행정소송의 대상인 행정처분에 해당한다.
(22국가9급,21지방7급,20국가7급,19소방,18서울7급)

판례 구 공무원연금법 소정의 퇴직연금 등의 급여는 공무원연금관리공단이 그 지급결정을 함으로써 그 구체적인 권리가 발생하는 것이므로, **공무원연금관리공단의 급여에 관한 결정은 국민의 권리에 직접 영향을 미치는 것이어서 행정처분에 해당할 것**이지만, **공무원연금관리공단의 인정에 의하여 퇴직연금을 지급받아 오던 중 구 공무원연금법령의 개정 등으로 퇴직연금 중 일부 금액의 지급이 정지된 경우에는 당연히 개정된 법령에 따라 퇴직연금이 확정되는 것**이므로, 공무원연금관리공단이 퇴직연금 중 일부 금액에 대하여 지급거부의 의사표시를 하였다고 하더라도 그 의사표시는 공법상의 법률관계의 당사자로서 그 지급의무의 존부 및 범위에 관하여 나름대로의 사실상·법률상 의견을 밝힌 것일 뿐이어서, **미지급퇴직연금에 대한 지급청구소송은 공법상의 법률관계에 관한 소송인 공법상 당사자소송에 해당**한다(2004두244).
[날먹행 424p]

□□□□□ ★

판 2-10. 공무원연금법령상 급여를 받으려고 하는 자는 우선 급여지급을 신청하여 공무원연금공단이 이를 거부하거나 일부 금액만 인정하는 급여지급결정을 하는 경우 그 결정을 대상으로 항고소송을 제기하는 등으로 구체적 권리를 인정받아야 한다. **(19지방9급,18서울7급,15서울9급)**

판례 공무원연금법령상 급여를 받으려고 하는 자는 **우선 관계 법령에 따라 공무원연금공단에 급여지급을 신청**하여 공무원연금공단이 이를 거부하거나 일부 금액만 인정하는 **급여지급결정을 하는 경우 그 결정을 대상으로 항고소송을 제기하는 등으로 구체적 권리를 인정받아야** 하고, 구체적인 권리가 발생하지 않은 상태에서 **곧바로 공무원연금공단을 상대로 한 당사자소송으로 권리의 확인이나 급여의 지급을 소구하는 것은 허용되지 아니한다**(2014두43264).
[날먹행 425p]

□□□□□ ★★

판 2-11. '민주화운동 관련자 명예회복 및 보상 등에 관한 법률'에 따른 보상심의위원회의 결정을 다투는 소송은 공법상 당사자소송에 해당한다. **(15서울9급,14지방7급)**

판례 '민주화운동관련자 명예회복 및 보상 심의위원회'에서 심의·결정을 받아야만 비로소 보상금 등의 지급 대상자로 확정될 수 있다. 따라서 그와 같은 심의위원회의 결정은 국민의 권리의무에 직접 영향을 미치는 행정처분에 해당하므로, 신청인이 심의위원회를 상대로 그 결정의 취소를 구하는 소송(항고소송)을 제기해야 한다(2005두16185).
[날먹행 425p]

OX 정답

2-9. X 2-10. O 2-11. X

□□□□□ ★

판 2-12. 군인연금법상 급여를 받으려고 하는 사람이 국방부 장관 등에게 급여지급을 청구하였으나 이를 거부한 경우, 곧바로 국가를 상대로 한 당사자소송으로 급여의 지급을 청구할 수 있다. **(22국가9급,22소방승진)**

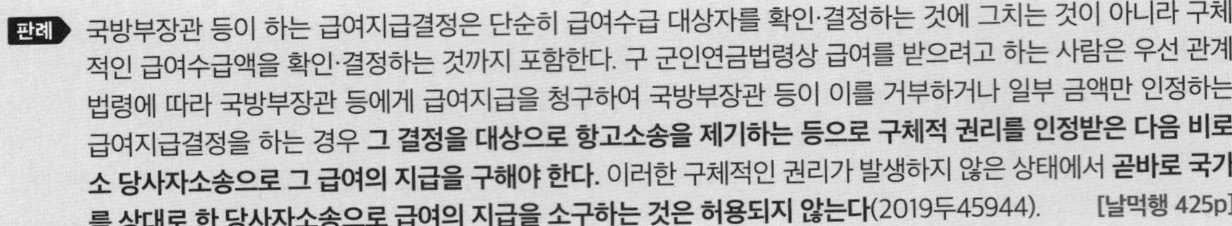

판례 국방부장관 등이 하는 급여지급결정은 단순히 급여수급 대상자를 확인·결정하는 것에 그치는 것이 아니라 구체적인 급여수급액을 확인·결정하는 것까지 포함한다. 구 군인연금법령상 급여를 받으려고 하는 사람은 우선 관계 법령에 따라 국방부장관 등에게 급여지급을 청구하여 국방부장관 등이 이를 거부하거나 일부 금액만 인정하는 급여지급결정을 하는 경우 **그 결정을 대상으로 항고소송을 제기하는 등으로 구체적 권리를 인정받은 다음 비로소 당사자소송으로 그 급여의 지급을 구해야 한다.** 이러한 구체적인 권리가 발생하지 않은 상태에서 **곧바로 국가를 상대로 한 당사자소송으로 급여의 지급을 소구하는 것은 허용되지 않는다**(2019두45944). **[날먹행 425p]**

□□□□□ ★

판 2-13. 사업주가 당연가입자가 되는 고용보험 및 산재보험에서 보험료 납부의무 부존재확인의 소는 당사자소송으로 다투어야 한다. **(23국회8급,22서울7급)**

판례 고용보험 및 산업재해보상보험의 보험료징수 등에 관한 법률 제4조, 제16조의2, 제17조, 제19조, 제23조의 각 규정에 의하면, 사업주가 당연가입자가 되는 고용보험 및 산재보험에서 보험료 납부의무 부존재확인의 소는 공법상의 법률관계 자체를 다투는 소송으로서 공법상 당사자소송이다(2016다221658). **[날먹행 424p]**

□□□□□

판 2-14. 판례는 '공익사업을 위한 토지 등의 취득 및 보상에 관한 법률'에 따른 농업손실에 대한 보상청구권은 공권으로 보고 공익사업 주체를 상대로 한 행정소송에 의해 행사해야 한다고 하였다. **(22경간)**

판례 구 공익사업을 위한 토지 등의 취득 및 보상에 관한 법률 제77조 제2항은 "농업의 손실에 대하여는 농지의 단위면적당 소득 등을 참작하여 보상하여야 한다."고 규정하고, 같은 조 제4항은 "제1항 내지 제3항의 규정에 의한 보상액의 구체적인 산정 및 평가방법과 보상기준은 건설교통부령으로 정한다."고 규정하고 있으며, 이에 따라 구 공익사업을 위한 토지 등의 취득 및 보상에 관한 법률 시행규칙은 농업의 손실에 대한 보상(제48조), 축산업의 손실에 대한 평가(제49조), 잠업의 손실에 대한 평가(제50조)에 관하여 규정하고 있다. 위 규정들에 따른 농업손실보상청구권은 공익사업의 시행 등 적법한 공권력의 행사에 의한 재산상의 특별한 희생에 대하여 전체적인 공평부담의 견지에서 공익사업의 주체가 그 손해를 보상하여 주는 손실보상의 일종으로 공법상의 권리임이 분명하므로 그에 관한 쟁송은 민사소송이 아닌 행정소송절차에 의하여야 할 것이다(2009다43461) **[날먹행 424p]**

□□□□□ ★★★

판 3-1. 서울특별시립무용단원의 해촉은 공법상 당사자소송의 대상이다. **(21소방간부,20지방7급,19소방)**

판례 서울특별시립무용단 단원의 위촉은 공법상의 계약이라고 할 것이고, 따라서 그 단원의 해촉에 대하여는 공법상의 당사자소송으로 그 무효확인을 청구할 수 있다(95누4636). **[날먹행 425p]**

OX 정답

2-12. X 2-13. O 2-14. O 3-1. O

□□□□□ ★★★

판 3-2. 지방전문직 공무원(공중보건의) 채용계약 해지의 의사표시에 대하여는 공법상 당사자소송으로 그 의사표시의 무효확인을 청구할 수 있다. **(19국가7급,14서울7급)**

판례 현행 실정법이 지방전문직공무원 채용계약 해지의 의사표시를 일반공무원에 대한 징계처분과는 달리 항고소송의 대상이 되는 처분 등의 성격을 가진 것으로 인정하지 아니하므로, 지방전문직공무원 채용계약 해지의 의사표시에 대하여는 대등한 당사자간의 소송형식인 공법상 당사자소송으로 그 의사표시의 무효확인을 청구할 수 있다(92누4611). **[날먹행 425p]**

□□□□□ ★★

판 3-3. '국토의 계획 및 이용에 관한 법률'상 토지소유자 등이 도시 군 · 계획시설 사업시행자의 토지의 일시 사용에 대하여 정당한 사유 없이 동의를 거부한 경우, 사업시행자가 토지소유자를 상대로 동의의 의사표시를 구하는 소송은 당사자소송으로 보아야 한다. **(23경간,20국가7급)**

판례 국토의 계획 및 이용에 관한 법률 제130조 제3항에서 정한 토지의 소유자·점유자 또는 관리인(이하 '소유자 등'이라 한다)이 사업시행자의 일시 사용에 대하여 정당한 사유 없이 동의를 거부하는 경우, 사업시행자는 해당 토지의 소유자 등을 상대로 동의의 의사표시를 구하는 소를 제기할 수 있다. 이와 같은 토지의 일시 사용에 대한 동의의 의사표시를 할 의무는 '국토의 계획 및 이용에 관한 법률'에서 특별히 인정한 공법상의 의무이므로, 그 의무의 존부를 다투는 소송은 '공법상의 법률관계에 관한 소송으로서 그 법률관계의 한쪽 당사자를 피고로 하는 소송', 즉 당사자소송이라고 보아야 한다(2016다262550). **[날먹행 425p]**

□□□□□ ★

판 4-1. 공무원이나 공립학교 학생의 신분 확인을 구하는 공법상 신분 · 지위확인소송은 당사자소송으로 다루어야 한다. **(19서울9급)**

- **공법상 신분, 지위 확인소송**
  원칙 - 공법상 당사자소송(판례)
  예외 - 민사소송 (예 - 재개발조합과 조합장 또는 조합임원 사이의 선임 · 해임 등 조합장, 조합임원의 지위를 다투는 소송) **[날먹행 425p]**

□□□□□ ★★★

판 4-2. 도시 및 주거환경정비법상 주택재건축정비사업조합을 상대로 관리처분계획안에 대한 조합 총회결의의 효력 등을 다투는 소송은 행정소송법상 당사자소송에 해당한다.
(23소방,22소방승진,21소방,21소방간부,21변시,20국회8급,20지방9급,20지방7급,19국가9급,19지방7급,18서울9급)

판례 도시 및 주거환경정비법상 행정주체인 주택재건축정비사업조합을 상대로 관리처분계획안에 대한 조합 총회결의의 효력 등을 다투는 소송은 행정처분에 이르는 절차적 요건의 존부나 효력 유무에 관한 소송으로서 그 소송결과에 따라 행정처분의 위법 여부에 직접 영향을 미치는 공법상 법률관계에 관한 것이므로, 이는 행정소송법상의 당사자소송에 해당한다(2007다2428). **[날먹행 425p]**

OX 정답

3-2. ○ 3-3. ○ 4-1. ○ 4-2. ○

☐☐☐☐☐ ★★★

판 4-3. 재개발조합 조합원의 자격 인정 여부에 관한 다툼은 당사자소송의 대상이다. (22지방9급,22군무원9급,22경간,19서울7급,19서울7급)

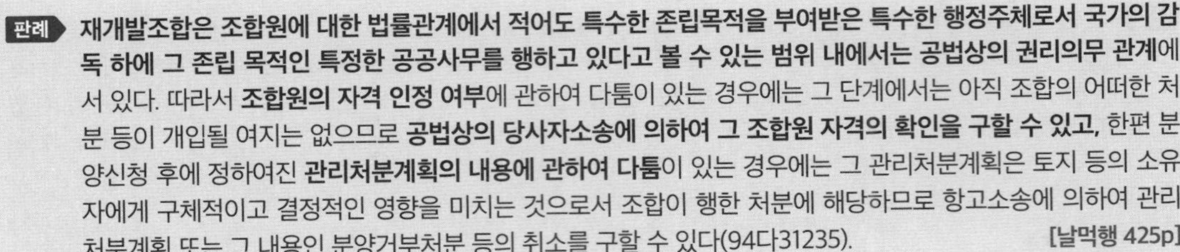

판례 **재개발조합은 조합원에 대한 법률관계에서 적어도 특수한 존립목적을 부여받은 특수한 행정주체로서 국가의 감독 하에 그 존립 목적인 특정한 공공사무를 행하고 있다고 볼 수 있는 범위 내에서는 공법상의 권리의무 관계**에서 있다. 따라서 **조합원의 자격 인정 여부**에 관하여 다툼이 있는 경우에는 그 단계에서는 아직 조합의 어떠한 처분 등이 개입될 여지는 없으므로 **공법상의 당사자소송에 의하여 그 조합원 자격의 확인을 구할 수 있고,** 한편 분양신청 후에 정하여진 **관리처분계획의 내용에 관하여 다툼**이 있는 경우에는 그 관리처분계획은 토지 등의 소유자에게 구체적이고 결정적인 영향을 미치는 것으로서 조합이 행한 처분에 해당하므로 항고소송에 의하여 관리처분계획 또는 그 내용인 분양거부처분 등의 취소를 구할 수 있다(94다31235). [날먹행 425p]

☐☐☐☐☐ ★★

판 4-4. TV 방송수신료 통합징수권한의 부존재확인은 당사자소송으로 다툴 수 있다. (22군무원9급,16교행9급)

판례 **수신료 부과행위는 공권력의 행사에 해당**하므로, 수신료의 징수업무를 위탁받아 자신의 고유업무와 관련된 고지행위와 결합하여 수신료를 징수할 권한이 있는지 여부를 다투는 이 사건 쟁송은 공법상의 법률관계를 대상으로 하는 것으로서 **당사자소송에 의하여야 한다**고 봄이 상당하다(2007다25261). [날먹행 425p]

☐☐☐☐☐ ★★

판 4-5. 공립유치원 전임강사에 대한 해임처분의 시정 및 수령지체된 보수의 지급을 구하는 소송은 행정소송의 대상이 아니라 민사소송의 대상이다. (18서울9급,16경행)

판례 **공립유치원 전임강사**는 교육공무원에 준하여 신분보장을 받는 정원 외의 **임시직 공무원**으로 봄이 상당하므로 그에 대한 해임처분의 시정 및 수령지체된 보수의 지급을 구하는 소송은 **행정소송의 대상**이다(90다10766). [날먹행 425p]

☐☐☐☐☐ ★★

판 4-6. 지방자치단체가 보조금 지급결정을 하면서 일정 기한 내에 보조금을 반환하도록 하는 교부조건을 부가한 경우, 보조금을 교부받은 사업자에 대한 지방자치단체의 보조금반환청구소송은 당사자소송에 해당한다. (23국회8급,21지방7급)

판례 지방자치단체가 보조금 지급결정을 하면서 일정 기한 내에 보조금을 반환하도록 하는 교부조건을 부가한 경우, **보조금 반환의무는 행정처분인 위 보조금 지급결정에 부가된 부관상 의무로서 공법상 의무**이므로, **보조사업자에 대한 지방자치단체의 보조금반환청구는 당사자소송의 대상**이다(2011다2951). [날먹행 425p]

OX 정답

4-3. ○ 4-4. ○ 4-5. X 4-6. ○

□□□□□ ★★★

판 4-7. 재개발조합은 공법인이므로 재개발조합과 조합장 사이의 선임 · 해임 등을 둘러싼 법률관계는 공법상 법률관계이고 그 조합장의 지위를 다투는 소송은 공법상 당사자소송이다. (19서울7급,13지방9급)

> **판례** **재개발조합과 조합장 또는 조합임원 사이의 선임 · 해임 등을 둘러싼 법률관계가 공법상의 법률관계에 해당한다거나 그 조합장 또는 조합임원의 지위를 다투는 소송이 당연히 공법상 당사자소송에 해당한다고 볼 수는 없으므로,** 재개발조합과 조합장 또는 조합임원 사이의 선임 · 해임 등을 둘러싼 법률관계는 사법상의 법률관계로서 그 조합장 또는 조합임원의 지위를 다투는 소송은 **민사소송**에 의하여야 할 것이다(2009마168). → **법률관계의 한쪽 당사자가 행정주체인 경우라도 반드시 공법관계라고 할 수 없다**(20지방9급). [날먹행 425p]

□□□□□ ★★★

판 4-8. 지방자치단체가 사인과 체결한 자원회수시설에 대한 위탁운영협약은 사법상 계약에 해당하므로, 그에 관한 다툼은 민사소송의 대상이 된다. (23국회8급,21경행,21소방간부,21군무원7급,20지방7급)

> **판례** 이 사건 협약은 지방자치단체인 피고가 사인인 원고 등에게 이 사건 시설의 운영을 위탁하고 그 위탁운영비용을 지급하는 것을 내용으로 하는 용역계약으로서, 상호 대등한 입장에서 당사자의 합의에 따라 체결한 사법상 계약에 해당한다(2018두60588). [날먹행 425p]

□□□□□ ★

이 5-1. 행정소송법은 당사자소송의 원고적격을 당사자소송을 제기할 법률상 이익이 있는 자로 규정하고 있다. (16교행9급)

> • **당사자소송의 원고적격: 취소소송 준용X, 행정소송법에 규정 X,** 민사소송법이 준용됨. [날먹행 426p]

□□□□□

이 5-2. 공법상 계약의 무효확인을 구하는 당사자소송의 청구는 당해 소송에서 추구하는 권리구제를 위한 다른 직접적인 구제방법이 있는 이상 소송요건을 구비하지 못한 위법한 청구이다. (17국가7급)

> • **당사자소송의 소의 이익: 취소소송 준용 X, 판례는** 당사자소송으로서 확인청구소송을 제기하는 경우, **확인의 이익이 요구된다고 판시함.** [날먹행 426p]

□□□□□ ★★★

이 6-1. 취소소송은 다른 법률에 특별한 규정이 없는 한 그 처분 등을 행한 행정청을 피고로 하며, 당사자소송은 국가 · 공공단체 그 밖의 권리주체를 피고로 한다.
(21국회9급,20서울9급,20지방9급,19지방 · 교행9급,18서울9급)

□□□□□ ★

이 6-2. 국가를 당사자 또는 참가인으로 하는 소송에서는 법무부장관이 국가를 대표하고, 지방자치단체를 당사자로 하는 소송에서는 지방자치단체의 장이 해당 지방자치단체를 대표한다. (17서울7급)

OX 정답

4-7. X 4-8. O 5-1. X 5-2. O 6-1. O 6-2. O

□□□□□

이 6-3. 원고가 피고를 잘못 지정한 경우 피고경정은 취소소송과 당사자소송 모두에서 사실심변론종결시에 이르기까지 허용된다. **(22경간,21군무원9급)**

- **당사자소송의 피고적격: 취소소송 준용 X → 국가 · 공공단체 그 밖의 권리주체가 피고**
  국가가 당사자 → **법무부장관**이 국가를 대표 / **지방자치단체**가 당사자 → **지방자치단체의 장**이 지자체를 대표함.
- **피고경정은 취소소송 준용 O ∴ 사실심변론종결시까지 허용** **[날먹행 426p]**

□□□□□ ★★★

판 6-4. 공법상 당사자소송으로서 납세의무부존재확인의 소는 과세처분을 한 과세관청이 아니라 행정소송법 제3조 제2호, 제39조에 의하여 그 법률관계의 한쪽 당사자인 국가 · 공공단체, 그 밖의 권리주체가 피고적격을 가진다. **(20지방9급,19지방·교행9급)**

판례 납세의무부존재확인의 소는 공법상의 법률관계 그 자체를 다투는 소송으로서 당사자소송이라 할 것이므로 행정소송법 제3조 제2호, 제39조에 의하여 그 법률관계의 한쪽 당사자인 국가·공공단체 그 밖의 권리주체가 피고적격을 가진다(99두2765). **[날먹행 426p]**

□□□□□ ★

이 7. 국가 또는 공공단체가 당사자소송의 피고인 경우에는 관계행정청의 소재지를 피고의 소재지로 본다. **(20변시,18교행9급)**

- **당사자소송의 관할: 취소소송 준용 O**
  원칙- 소재지 관할 행정법원 / 단, **국가** 또는 **공공단체가 피고인 경우 - 관계행정청의 소재지**(§40) **[날먹행 426p]**

□□□□□ ★★

이 8. 당사자소송은 취소소송의 제소기간이 적용되지 않으나, 법령에 제소기간이 정해져 있는 경우에 그 기간은 불변기간이다. **(21국회9급,19소방)**

- **당사자소송의 제소기한: 준용 X**
  제소기한에 제한이 없으므로, 공법상 권리가 소멸되지 않는 한 당사자소송 제기 할 수 있다.
  단 개별법에 제소기간 규정 있는 경우, 그 기간은 불변기간임. **[날먹행 426p]**

□□□□□ ★★★

판 9-1. 당사자소송에는 항고소송에서의 집행정지규정은 적용되지 않고 민사집행법상의 가처분규정은 준용된다. **(22지방9급,22지방7급,22경간,22국회9급,21국가7급,21지방7급,21국회9급,18지방9급)**

- **당사자소송과 가처분**

판례 당사자소송에 대하여는 행정소송법 제23조 제2항의 집행정지에 관한 규정이 준용되지 아니하므로, 이를 본안으로 하는 가처분에 대하여는 행정소송법 제8조 제2항에 따라 민사집행법상 가처분에 관한 규정이 준용되어야 한다(2015무26). **[날먹행 426p]**

OX 정답

6-3. O 6-4. O 7. O 8. O 9-1. O

□□□□□

이 9-2. 행정소송법상 취소소송에 관한 행정심판기록의 제출명령규정은 당사자소송에 준용된다. (23경간,17변시)

□□□□□

이 9-3. 행정청의 소송참가는 당사자소송에서도 허용된다. (22경간,18국가7급)

□□□□□

이 9-4. 취소소송의 규정 중 공동소송에 관한 규정은 당사자소송에 준용된다. (22경간)

> **· 소송참가, 공동소송, 소의 변경, 행정심판기록 제출명령 등: 취소소송 규정 준용 ○**
> **집행정지, 행정심판전치: 준용 X**
> **[날먹행 426p]**

□□□□□ ★★

판 10-1. 행정소송법상 당사자소송을 항고소송으로 변경하는 것은 허용되지 않는다. (21변시,16교행9급)

□□□□□ ★★

판 10-2. 법원은 당사자소송을 취소소송으로 변경하는 것이 상당하다고 인정할 때에는 청구의 기초에 변경이 없는 한 사실심의 변론종결시까지 원고의 신청에 의하여 결정으로써 소의 변경을 허가할 수 있다. (21군무원9급)

> **· 당사자소송에는 취소소송의 소 변경 규정 준용됨.**
> **판례** 원고가 고의 또는 중대한 과실 없이 당사자소송으로 제기하여야 할 것을 항고소송으로 잘못 제기한 경우에, 당사자소송으로서의 소송요건을 결하고 있음이 명백하여 당사자소송으로 제기되었더라도 어차피 부적법하게 되는 경우가 아닌 이상, 법원으로서는 원고가 당사자소송으로 소 변경을 하도록 하여 심리·판단하여야 한다(2013두14863).
> **[날먹행 426p]**

□□□□□ ★★

판 11. 당사자소송이 부적법하여 각하되는 경우 그에 병합된 관련청구소송 역시 부적법 각하되어야 하는 것은 아니다. (23경간,13지방9급)

> **· 당사자소송과 관련청구의 이송·병합**
> 당사자소송과 이와 관련된 소송이 각각 다른 법원에 계속되어 있는 경우 법원은 당사자의 신청 또는 직권에 의하여 이를 취소소송이 계속된 법원으로 이송할 수 있다. 단, 본래의 당사자소송이 부적법 각하되면, 관련청구소송도 각하되어야 함(2009두10963).

OX 정답

9-2. ○ 9-3. ○ 9-4. ○ 10-1. X 10-2. ○ 11. X

☐☐☐☐☐

이 12-1. 당사자소송에는 취소소송의 직권심리에 관한 규정이 준용된다. (20군무원7급)

☐☐☐☐☐ ★

이 12-2. 당사자소송의 경우 법원은 필요하다고 인정할 때에는 직권으로 증거조사를 할 수 있으나, 당사자가 주장하지 아니한 사실에 대하여는 판단하여서는 안 된다. (21국회9급,21군무원9급)

- **당사자소송에 취소소송의 심리에 관한 규정 준용됨. → 법원은 직권으로 증거조사, 심리 가능** [날먹행 383p]

☐☐☐☐☐ ★★★

이 13-1. 당사자소송에는 취소소송과 달리 사정판결의 제도가 없다. (19국가7급)

- **당사자소송**의 판결의 종류는 취소소송과 동일하나, **사정판결의 제도는 없음.** [날먹행 427p]

☐☐☐☐☐

이 13-2. 취소소송에는 대세효가 있으나 당사자소송에는 인정되지 않는다. (17교행9급)

- **확정판결의 자박력, 확정력, 기속력**: 취소소송 규정 **준용** ○
  취소판결의 제3자효, 재처분의무, 간접강제 등: 준용 X [날먹행 427p]

☐☐☐☐☐ ★★★

판 14. 행정소송법 제8조 제2항에 의하면 행정소송에도 민사소송법의 규정이 일반적으로 준용되므로 법원으로서는 공법상 당사자소송에서 재산권의 청구를 인용하는 판결을 하는 경우 가집행선고를 할 수 있다. (23경간,20소방간부,20지방7급,18지방7급)

- **당사자소송의 가집행선고 허용여부**
  대법원은 행정소송법 제8조 제2항에 의하면 행정소송에도 민사소송법의 규정이 일반적으로 준용되므로 법원으로서는 **공법상 당사자소송에서 재산권의 청구를 인용하는 판결을 하는 경우 가집행선고를 할 수 있다고 판시**함(99두3416) [날먹행 383p]

제 5 절 객관적 소송

☐☐☐☐☐ ★★

이 1. 민중소송은 특별히 법률의 규정이 있을 때에 한하여 예외적으로 인정된다. (16국회8급,10국회9급)

- **민중소송**: 국가 또는 공공단체의 기관이 법률에 위반되는 행위를 한 때에 **직접 자기의 법률상 이익과 관계없이 그 시정을 구하기 위하여 제기하는 소송**으로, 법률이 정한 경우에 법률이 정한 자에 한해 제기할 수 있다(§45). [날먹행 428p]

OX 정답

12-1. ○ 12-2. X 13-1. ○ 13-2. ○ 14. ○ / 5절 1. ○

☐☐☐☐☐

이 2-1. 공직선거법상의 선거소송은 민중소송에 해당한다. (20군무원7급)

☐☐☐☐☐ ★★

이 2-2. 지방차지법에 따른 주민소송의 유형으로서 중지청구소송, 부당이득반환청구소송은 민중소송에 해당한다. (13국가7급,11국가9급)

☐☐☐☐☐ ★★

이 2-3. 주민투표법에 따른 주민투표의 효력에 관한 소송은 개관적 소송에 해당한다. (12사복9급)

- **민중소송의 예**
  ① 공직선거법상 선거무효 · 당선무효 소송, ② 국민투표법상 국민투표무효소송, ③ 주민투표법상 주민투표소송, ④ 주민소환에 관한 법률에 의한 주민소환투표소송, ⑤ 지방자치법상 주민소송(중지청구, 부당이득반환청구 등)

  [날먹행 429p]

☐☐☐☐☐ ★★

이 3-1. 국가 또는 공공단체의 행정기관 상호간에 권한의 존부 또는 권한행사에 관한 분쟁이 있는 이에 관한 소송을 기관소송이라고 한다. (09국가7급)

☐☐☐☐☐ ★★

이 3-2. 행정소송법상 기관소송은 국가 또는 공공단체의 기관 상호간에 있어서의 권한의 존부 또는 그 행사에 관한 다툼이 있을 때에 이에 대하여 제기하는 소송을 말한다. (19경행,17경행)

☐☐☐☐☐ ★★

이 3-3. 행정소송법상 기관소송은 헌법 또는 법률에 의하여 부여받은 권한이 침해되었거나 침해될 현저한 위험이 있는 자가 제기할 수 있다. (19경행)

☐☐☐☐☐

이 3-4. 지방자치단체의 장이 지방의회의 재의결에 대하여 제기하는 무효확인소송은 기관소송이다. (20군무원7급,18교행9급)

☐☐☐☐☐

이 3-5. 지방교육자치에 관한 제28조 제3항에 따라 교육감이 시 · 도 의회 또는 교육위원회를 상대로 대법원에 제기하는 소송은 객관소송이다. (10국회9급)

- **기관소송**
  국가 또는 공공단체의 기관 상호간에 있어서의 권한의 존부 또는 그 행사에 관한 다툼이 있을 때에 이에 대하여 제기하는 소송으로, **헌법재판소법 제2조의 규정에 의하여 헌법재판소의 관장사항으로 되는 소송은 제외**한다(제3조 4호).
  기관소송은 법률이 특별히 규정한 자에 한해 제기할 수 있다(§45).
- **기관소송의 예**
  ① 지방자치단체장이 지방의회의 재의결에 대해 대법원에 제소(지방자치법§107③)
  ② 주무부장관 · 시도지사의 취소정지 · 이행명령에 대해 지방자치단체장이 제소(동법 §169②,§170③)
  ③ 지방자치단체장이 재의요구지시에 불응하는 경우 감독기관이 직접 제소하는 경우(동법 §172⑦)
  ④ 재의요구된 조례안이 확정된 경우 감독기관이 직접 제소하는 경우(동법 §172④)
  ⑤교육위원회와 시 · 도의회의 월권을 이유로 교육감이 대법원에 제소

  [날먹행 429p]

OX 정답

2-1. ○ 2-2. ○ 2-3. ○ 3-1. ○ 3-2. ○ 3-3. X 3-4. ○ 3-5. ○

03 행정심판

제1절 행정심판의 개관

□□□□□ ★

이 1-1. 이의신청은 그것이 준사법적 절차의 성격을 띠어 실질적으로 행정심판의 성질을 가지더라도 이를 행정심판으로 볼 수 없다. (16국회8급)

□□□□□ ★★

이 1-2. '공익사업을 위한 토지 등의 취득 및 보상에 관한 법률'상 토지수용위원회의 수용재결에 대한 이의절차는 실질적으로 행정심판의 성질을 갖는 것이므로 동법에 특별한 규정이 있는 것을 제외하고는 행정심판법의 규정이 적용된다. (23군무원9급,222국가7급,17지방9급)

- **이의신청** - 위법 부당한 행정작용으로 인해 권리나 이익이 침해된 자가 처분청에 대해 시정을 구하는 절차로, 단순 진정의 성격을 가짐. 예) 민원사무처리에 관한 법률상 이의신청
  그런데 개별법률에서 정하고 있는 이의신청 중, 실질은 행정심판에 해당하는 경우도 있음.
  예) 공익사업을 위한 토지 등의 취득 및 보상에 관한 법률상 토지수용위원회의 수용재결에 대한 이의절차

  [날먹행 431p]

□□□□□

조 1-3. 난민법상 난민불인정결정에 대해 법무부장관에게 이의신청을 한 경우, 행정심판에 따른 행정심판을 제기할 수 없다. (22국가9급)

- **난민법 제21조(이의신청)** ① 제18조제2항 또는 제19조에 따라 난민불인정결정을 받은 사람 또는 제22조에 따라 난민인정이 취소 또는 철회된 사람은 그 통지를 받은 날부터 30일 이내에 법무부장관에게 이의신청을 할 수 있다.
  ② 제1항에 따른 **이의신청을 한 경우에는 「행정심판법」에 따른 행정심판을 청구할 수 없다.**

OX 정답

1절 1-1. X 1-2. ○ 1-3. ○

제 2 절 행정심판법

□□□□□ ★★★

OX 1-1. 행정심판법상 행정심판의 종류로는 취소심판, 무효등확인심판, 부작위위법확인심판이 있다. (20지방9급,20지방7급,17국가9급,10지방9급)

□□□□□ ★★★

OX 1-2. 당사자의 신청에 대한 행정청의 위법한 부작위에 대하여 행정청의 부작위가 위법하다는 것을 확인하는 행정심판은 현행법상 허용되지 않는다. (20지방·서울9급)

□□□□□ ★★★

OX 1-3. 행정심판법은 당사자심판을 규정하여 당사자소송과 연동시키고 있다. (20지방·서울7급,17국가9급)

- **행정심판법상 심판의 종류 - 취소심판, 무효등확인심판, 의무이행심판(부작위위법확인심판, 당사자심판 X)**

[날먹행 432p]

□□□□□ ★★★

OX 2. 취소심판의 재결로서 처분취소재결, 처분변경재결, 처분변경명령재결을 할 수 있으며, 처분취소명령재결은 할 수 없다. (21국가7급,19서울7급,17서울9급)

- **취소심판의 재결-취소재결, 변경재결, 변경명령재결 ○ / 처분취소명령재결 X** **[날먹행 432p]**

□□□□□ ★★★

OX 3-1. 당사자의 신청에 대한 행정청의 부당한 거부처분에 대하여 일정한 처분을 하도록 하는 행정심판의 청구는 현행법상 허용되고 있다. (20지방9급,19국가9급,19서울7급)

□□□□□ ★★★

OX 3-2. 거부처분에 대하여서는 의무이행심판을 제기하여야 하며, 취소심판을 제기할 수 없다. (23국회8급,20지방9급)

- **거부처분에 대한 취소심판, 무효등확인심판, 의무이행심판 모두 가능.** **[날먹행 432p]**

□□□□□ ★★★

OX 4-1. 무효등확인심판의 경우에는 사정재결이 인정되지 않는다. (21지방9급,16국회8급)

□□□□□ ★★★

OX 4-2. 의무이행심판에도 사정재결은 인정되나, 청구기간의 제한은 적용되지 않는다. (21지방9급)

- **무효등확인심판**: 사정재결 인정 X / 심판청구기간의 제한 X
- **의무이행심판**: 사정재결 인정 ○ / 청구기간의 제한- 거부처분은 제한 ○, 부작위처분은 제한 X **[날먹행 432p]**

OX 정답

2절 1-1. X 1-2. ○ 1-3. X 2. ○ 3-1. ○ 3-2. X 4-1. ○ 4-2. X

□□□□□ ★★

조 5-1. 행정심판법상 다른 법률에서 특별행정심판이나 이 법에 따른 행정심판절차에 대한 특례를 정한 경우에도 그 법률에서 규정하지 아니한 사항에 관하여는 이 법에서 정하는 바에 따른다. (17경행)

□□□□□ ★

조 5-2. 관계행정기관의 장이 특별행정심판 또는 행정심판법에 따른 행정심판절차에 대한 특례를 신설하거나 변경하는 법령을 제정·개정할 때에는 미리 법무부장관과 협의하여야 한다. (20군무원9급)

□□□□□

조 5-3. '공무원연금법'상 공무원연금급여 재심위원회에 대한 심사청구제도는 사안의 전문성과 특수성을 살리기 위하여 특히 필요하여 행정심판법에 따른 일반행정심판을 갈음하는 특별한 행정 불복절차, 즉 특별행정심판에 해당한다. (23군무원9급)

- **행정심판법 제4조(특별행정심판 등)** ① 사안의 전문성과 특수성을 살리기 위하여 특히 필요한 경우 외에는 이 법에 따른 행정심판을 갈음하는 특별한 행정불복절차(이하 "특별행정심판"이라 한다)나 이 법에 따른 행정심판 절차에 대한 특례를 다른 법률로 정할 수 없다.
  ② 다른 법률에서 특별행정심판이나 이 법에 따른 행정심판 절차에 대한 특례를 정한 경우에도 그 법률에서 규정하지 아니한 사항에 관하여는 이 법에서 정하는 바에 따른다.
  ③ 관계 행정기관의 장이 특별행정심판 또는 이 법에 따른 행정심판 절차에 대한 특례를 신설하거나 변경하는 법령을 제정·개정할 때에는 미리 중앙행정심판위원회와 협의하여야 한다.
  예) 중앙(지방)토지수용위원회의 재결에 대한 이의재결, 난민불인정결정에 대한 이의신청, 특허심판·조세심판·해양안전심판, 공무원징계에 대한 소청심사, 교원소청심사 등, '공무원연금법'상 공무원연금급여 재심위원회에 대한 심사청구제도 [날먹행 433p]

□□□□□

조 6-1. 행정청의 처분 또는 부작위에 대하여는 다른 법률에 특별한 규정이 있는 경우 외에는 행정심판법에 따라 행정심판을 청구할 수 있다. (20군무원9급,18경행)

□□□□□ ★★★

조 6-2. 행정심판법상 위법한 처분 · 부작위 뿐만 아니라 부당한 처분 · 부작위에 대해서도 다툴 수 있다. (23소방간부,20지방9급,19소방,12지방7급)

□□□□□ ★★★

조 6-3. 대통령의 처분 또는 부작위에 대하여는 다른 법률에서 행정심판을 청구할 수 있도록 정한 경우 외에는 행정심판을 청구할 수 없다. (20군무원9급,19국가9급,19서울7급,17경행,14사복9급,13국회8급 등)

- **행정심판의 대상: 처분 또는 부작위(개괄주의)**
  취소심판, 무효등확인심판 → 위법 또는 부당한 처분 / 의무이행심판 → 위법 또는 부당한 거부처분이나 부작위
  행정심판법 제3조(행정심판의 대상) ① 행정청의 **처분 또는 부작위**에 대하여는 다른 법률에 특별한 규정이 있는 경우 외에는 이 법에 따라 행정심판을 청구할 수 있다.
  ② 대통령의 처분 또는 부작위에 대하여는 **다른 법률에서 행정심판을 청구할 수 있도록 정한 경우 외**에는 **행정심판을 청구할 수 없다.** [날먹행 433p]

OX 정답

5-1. O 5-2. X 5-3. O 6-1. O 6-2. O 6-3. O

□□□□□ ★★★

조 7. 행정심판청구에 대한 재결이 있으면 그 재결 및 같은 처분 또는 부작위에 대하여 다시 행정심판을 청구할 수 없다. (21지방9급,21소방간부,19서울7급,17국가9급,17지방7급,16국가9급)

행정심판법 제51조(행정심판 재청구의 금지) 심판청구에 대한 재결이 있으면 그 재결 및 같은 처분 또는 부작위에 대하여 다시 행정심판을 청구할 수 없다. [날먹행 448p]

□□□□□ ★★

이 8. 행정심판위원회가 행정심판사건을 심리하여 직접 재결을 내린다. (09국가9급,08지방9급)

- **행정심판위원회: 심리 · 재결을 모두 담당하는 일원화된 합의제 행정청임.** [날먹행 432p]

□□□□□ ★★

조 9-1. 국가인권위원회의 처분 또는 부작위에 대한 행정심판의 청구는 국민권익위원회에 두는 중앙행정심판위원회에서 심리 · 재결한다. (18국회8급,15서울7급 등)

□□□□□ ★★

조 9-2. 법원행정처장의 부당한 처분에 대해서는 중앙행정심판위원회에 행정심판을 제기할 수 있다. (15서울7급)

□□□□□

조 9-3. 국회사무총장의 처분에 대한 행정심판의 청구에 대해서는 국민권익위원회에 두는 중앙행정심판위원회에서 심리·재결한다. (21국회8급,15서울7급)

□□□□□

조 9-4. 감사원의 처분 또는 부작위에 대한 심판청구에 대하여는 중앙행정심판위원회에서 심리·재결한다. (23경간)

- **처분청에 설치된 행정심판위원회** (행정심판법 §6①)
  1. 감사원, 국가정보원장, 그 밖에 대통령령으로 정하는 **대통령 소속기관의 장**
  2. **국회사무총장 · 법원행정처장 · 헌법재판소사무처장 및 중앙선거관리위원회사무총장**
  3. **국가인권위원회**, 그 밖에 지위 · 성격의 독립성과 특수성 등이 인정되어 대통령령으로 정하는 행정청 [날먹행 434p]

□□□□□ ★

조 10. 서울특별시장의 처분에 대한 행정심판은 중앙행정심판위원회에서 심리 · 재결한다. (15서울7급)

- **국민권익위에 설치된** 중앙행정심판위원회 (행정심판법 §6②)
  1. 제1항에 따른 행정청 외의 국가행정기관의 장 또는 그 소속 행정청
  2. **특별시장 · 광역시장 · 특별자치시장 · 도지사 · 특별자치도지사**(특별시 · 광역시 · 특별자치시 · 도 또는 특별자치도의 교육감을 포함한다.) **또는 특별시 · 광역시 · 특별자치시 · 도 · 특별자치도의 의회**(의장, 위원회의 위원장, 사무처장 등 의회 소속 모든 행정청을 포함한다)
  3. 「지방자치법」에 따른 지방자치단체조합 등 관계 법률에 따라 국가 · 지방자치단체 · 공공법인 등이 공동으로 설립한 행정청. 다만, 제3항제3호에 해당하는 행정청은 제외한다. [날먹행 434p]

OX 정답

7. ○ 8. ○ 9-1. X 9-2. X 9-3. X 9-4. X 10. ○

□□□□□ ★★★

조 11-1. 종로구청장의 처분이나 부작위에 대한 행정심판청구는 서울특별시 행정심판위원회에서 심리 · 재결하여야 한다. (19서울9급)

□□□□□ ★★★

조 11-2. 시 · 도의 관할구역에 있는 둘 이상의 시 · 군 · 자치구 등이 공동으로 설립한 행정청의 처분에 대하여는 시 · 도지사 소속 행정심판위원회에서 심리 · 재결한다. (21지방9급,15지방9급)

□□□□□ ★★★

조 11-3. 서울특별시 소속 행정청의 처분에 대한 행정심판을 관할하는 기관은 서울특별시 행정심판위원회이다. (23소방,14서울9급)

- **시 · 도지사 소속으로 두는 행정심판위원회** (행정심판법 §6③)(21국가9급)
  1. 시 · 도 소속 행정청
  2. 시 · 도의 관할구역에 있는 시 · 군 · 자치구의 장, 소속 행정청 또는 시 · 군 · 자치구의 의회(의장, 위원회의 위원장, 사무국장, 사무과장 등 의회 소속 모든 행정청을 포함한다)
  3. **시 · 도의 관할구역에 있는 둘 이상의 지방자치단체 · 공공법인 등이 공동으로 설립한 행정청** [날먹행 434p]

□□□□□ ★★

조 12-1. 중앙행정심판위원회는 위원장 1명을 포함하여 50명 이내의 위원으로 구성하되 위원 중 상임위원은 5명 이내로 한다. (21소방,19소방,19국회8급)

□□□□□ ★★★

조 12-2. 중앙행정심판위원회의 위원장은 그 행정심판위원회가 소속된 행정청이 되며, 위원장이 부득이한 사유로 직무를 수행할 수 없거나 위원장이 필요하다고 인정하는 경우에는 위원장이 사전에 지명한 위원이 있는 경우 그 위원이 위원장의 직무를 대행한다. (21국회8급,19국회8급,11지방9급 등)

□□□□□ ★

조 12-3. 중앙행정심판위원회의 상임위원은 별정직 국가공무원으로 임명하며, 중앙행정심판위원회 위원장의 제청으로 국무총리를 거쳐 대통령이 임명한다. (19국회8급,16국회8급)

□□□□□ ★

조 12-4. 중앙행정심판위원회의 회의는 소위원회 회의를 제외하고 위원장, 상임위원 및 위원장이 회의마다 지정하는 비상임위원을 포함하여 총 7명으로 구성한다. (21소방,19국회8급)

□□□□□

조 12-5. 중앙행정심판위원회의 비상임위원은 변호사 자격을 취득한 후 3년 이상의 실무 경험이 있는 사람 중에서 중앙행정심판위원회 위원장의 제청으로 국무총리가 성별을 고려하여 위촉할 수 있다. (21소방,19국회8급)

□□□□□ ★

조 12-6. 예외적으로 당해 지방자치단체의 조례에서 시·도행정심판위원회의 위원장을 공무원이 아닌 위원으로 정한 경우에 그는 상임으로 직무를 수행한다. (18교행9급)

OX 정답

11-1. O 11-2. O 11-3. O 12-1. X 12-2. X 12-3. X 12-4. X 12-5. X 12-6. X

- **행정심판법 제8조(중앙행정심판위원회의 구성)** ① 중앙행정심판위원회는 **위원장 1명을 포함하여 70명 이내의 위원**으로 구성하되, **위원 중 상임위원은 4명 이내**로 한다.
  ② 중앙행정심판위원회의 위원장은 **국민권익위원회의 부위원장 중 1명**이 되며, 위원장이 없거나 부득이한 사유로 직무를 수행할 수 없거나 위원장이 필요하다고 인정하는 경우에는 **상임위원(상임으로 재직한 기간이 긴 위원 순서로, 재직기간이 같은 경우에는 연장자 순서로 한다)이 위원장의 직무를 대행**한다.
  ③ 중앙행정심판위원회의 **상임위원은 일반직공무원**으로서 「국가공무원법」 제26조의5에 따른 임기제공무원으로 임명하되, 3급 이상 공무원 또는 고위공무원단에 속하는 일반직공무원으로 3년 이상 근무한 사람이나 그 밖에 행정심판에 관한 지식과 경험이 풍부한 사람 중에서 중앙행정심판위원회 위원장의 제청으로 국무총리를 거쳐 대통령이 임명한다.
  ④ 중앙행정심판위원회의 **비상임위원은 제7조제4항 각 호의 어느 하나에 해당하는 사람** 중에서 **중앙행정심판위원회 위원장의 제청으로 국무총리가 성별을 고려하여 위촉**한다.
  ⑤ 중앙행정심판위원회의 회의(제6항에 따른 소위원회 회의는 제외한다)는 **위원장, 상임위원 및 위원장이 회의마다 지정하는 비상임위원을 포함하여 총 9명으로 구성**한다.
  ⑦ 중앙행정심판위원회 및 소위원회는 각각 제5항 및 제6항에 따른 **구성원 과반수의 출석과 출석위원 과반수의 찬성**으로 의결한다.
- **제7조(행정심판위원회의 구성)** ① 행정심판위원회(중앙행정심판위원회는 제외한다. 이하 이 조에서 같다)는 위원장 1명을 포함하여 50명 이내의 위원으로 구성한다.
  ② 행정심판위원회의 위원장은 그 행정심판위원회가 소속된 행정청이 되며, 위원장이 없거나 부득이한 사유로 직무를 수행할 수 없거나 위원장이 필요하다고 인정하는 경우에는 다음 각 호의 순서에 따라 위원이 위원장의 직무를 대행한다.
  ③ 제2항에도 불구하고 제6조제3항에 따라 시·도지사 소속으로 두는 행정심판위원회의 경우에는 해당 지방자치단체의 조례로 정하는 바에 따라 공무원이 아닌 위원을 위원장으로 정할 수 있다. 이 경우 위원장은 비상임으로 한다.
  ④ 행정심판위원회의 위원은 해당 행정심판위원회가 소속된 행정청이 다음 각 호의 어느 하나에 해당하는 사람 중에서 성별을 고려하여 위촉하거나 그 소속 공무원 중에서 지명한다.
  1. **변호사 자격을 취득한 후 5년 이상의 실무 경험**이 있는 사람 **[날먹행 434, 435p]**

□□□□□

조 12-7. 행정심판법상 불합리한 법령 등의 개선을 위한 시정조치요청권은 중앙행정심판위원에만 인정되는 고유한 권한이다. (21국회8급,20국회8급)

□□□□□ ★

조 12-8. 중앙행정심판위원회는 심판청구를 심리·재결할 때에 처분 또는 부작위의 근거가 되는 명령 등이 법령에 근거가 없거나 상위법령에 위배되거나 국민에게 과도한 부담을 주는 등 크게 불합리하면 관계행정기관에 그 명령 등의 개정·폐지 등 적절한 시정조치를 요청할 수 있다. (22소방,14경행)

- **행정심판법 제59조(불합리한 법령 등의 개선)** ① **중앙행정심판위원회**는 심판청구를 심리 · 재결할 때에 처분 또는 부작위의 근거가 되는 명령 등(대통령령 · 총리령 · 부령 · 훈령 · 예규 · 고시 · 조례 · 규칙 등을 말한다. 이하 같다)이 법령에 근거가 없거나 상위 법령에 위배되거나 국민에게 과도한 부담을 주는 등 크게 불합리하면 관계 행정기관에 그 명령 등의 **개정 · 폐지 등 적절한 시정조치를 요청할 수 있다.** 이 경우 중앙행정심판위원회는 시정조치를 요청한 사실을 법제처장에게 통보하여야 한다.
  ② 제1항에 따른 요청을 받은 관계 행정기관은 정당한 사유가 없으면 이에 따라야 한다.

OX 정답

12-7. ○ 12-8. ○

☐☐☐☐☐

조 13-1. 행정심판에 있어서 사건의 심리 · 의결에 관한 사무에 관여하는 직원에게는 행정심판법 제10조의 위원의 제척 · 기피 · 회피가 적용되지 않는다. (15지방9급)

☐☐☐☐☐ ★

조 13-2. 행정심판위원회의 위원에 대한 기피신청은 그 사유를 소명한 문서로 하여야 한다. (15서울7급)

☐☐☐☐☐

조 13-3. 행정심판법 제10조에 의하면, 위원장은 제척신청이나 기피신청을 받으면 제척 또는 기피 여부에 대한 결정을 한다. (21소방)

제10조(위원의 제척 · 기피 · 회피) ① 위원회의 위원은 다음 각 호의 어느 하나에 해당하는 경우에는 그 사건의 심리 · 의결에서 제척된다. 이 경우 제척결정은 위원회의 위원장이 **직권으로 또는 당사자의 신청에 의하여 한다.**

1. 위원 또는 그 배우자나 배우자이었던 사람이 사건의 당사자이거나 사건에 관하여 공동 권리자 또는 의무자인 경우
2. 위원이 사건의 당사자와 친족이거나 친족이었던 경우
3. 위원이 사건에 관하여 증언이나 감정(鑑定)을 한 경우
4. 위원이 당사자의 대리인으로서 사건에 관여하거나 관여하였던 경우
5. 위원이 사건의 대상이 된 처분 또는 부작위에 관여한 경우

② 당사자는 위원에게 공정한 심리 · 의결을 기대하기 어려운 사정이 있으면 위원장에게 기피신청을 할 수 있다.

③ 위원에 대한 **제척신청이나 기피신청은 그 사유를 소명(疏明)한 문서로 하여야** 한다. 다만, 불가피한 경우에는 신청한 날부터 3일 이내에 신청 사유를 소명할 수 있는 자료를 제출하여야 한다.

⑥ 위원장은 제척신청이나 기피신청을 받으면 제척 또는 기피 여부에 대한 결정을 하고, 지체 없이 신청인에게 결정서 정본(正本)을 송달하여야 한다.

⑦ 위원회의 회의에 참석하는 위원이 제척사유 또는 기피사유에 해당되는 것을 알게 되었을 때에는 스스로 그 사건의 심리 · 의결에서 회피할 수 있다. 이 경우 회피하고자 하는 위원은 위원장에게 그 사유를 소명하여야 한다.

⑧ **사건의 심리 · 의결에 관한 사무에 관여하는 위원 아닌 직원에게도 제1항부터 제7항까지의 규정을 준용**한다.

[날먹행 436, 437p]

☐☐☐☐☐ ★

조 14-1. 종중이나 교회와 같은 비법인사단은 사단 자체의 명의로 행정심판을 청구할 수 없고 대표자가 청구인이 되어 행정심판을 청구하여야 한다. (23국회8급,18국가9급)

- **행정심판의 청구인: 처분의 상대방 아닌 제3자도 될 수 있고, 자연인 · 법인도 불문함**
  주의 대표자, 관리인 이름으로 청구하는 것 아님!
- **행정심판법 제14조(법인이 아닌 사단 또는 재단의 청구인 능력)** 법인이 아닌 사단 또는 재단으로서 대표자나 관리인이 정하여져 있는 경우에는 그 사단이나 재단의 이름으로 심판청구를 할 수 있다. **[날먹행 437p]**

☐☐☐☐☐ ★

조 14-2. 행정심판법상 처분의 효과가 기간의 경과, 처분의 집행, 그 밖의 사유로 소멸된 뒤에도 그 처분의 취소로 회복되는 법률상 이익이 있는 자는 취소심판을 청구할 수 있다. (19서울7급)

OX 정답

13-1. X 13-2. O 13-3. O 14-1. X 14-2. O

□□□□□ ★

조 14-3. 의무이행심판은 처분을 신청한 자로서 행정청의 거부처분 또는 부작위에 대하여 일정한 처분을 구할 법률상 이익이 있는 자가 청구할 수 있다. (23군무원7급)

행정심판법 제13조(청구인 적격) ① 취소심판은 처분의 취소 또는 변경을 구할 법률상 이익이 있는 자가 청구할 수 있다. 처분의 효과가 기간의 경과, 처분의 집행, 그 밖의 사유로 소멸된 뒤에도 그 처분의 취소로 회복되는 법률상 이익이 있는 자의 경우에도 또한 같다.

③ 의무이행심판은 처분을 신청한 자로서 행정청의 거부처분 또는 부작위에 대하여 일정한 처분을 구할 법률상 이익이 있는 자가 청구할 수 있다.

[날먹행 437p]

□□□□□ ★

조 15-1. 행정심판의 경우 여러 명의 청구인이 공동으로 심판청구를 할 때에는 청구인들 중에서 3명 이하의 선정대표자를 선정할 수 있다. (18국회8급)

□□□□□ ★

판 15-2. 행정심판절차에서 청구인들이 '당사자 아닌 자'를 선정대표자로 선정한 행위는 무효이다. (08국회8급)

행정심판법 제15조(선정대표자) ① **여러 명의 청구인이 공동으로 심판청구를 할 때에는 청구인들 중에서** 3명 이하의 선정대표자를 선정할 수 있다.

판례 행정심판절차에서 청구인들이 당사자가 아닌 자를 선정대표자로 선정하였다면 행정심판법 제15조에 위반되어 그 선정행위는 무효이다(90누7791).

[날먹행 437p]

□□□□□ ★★

조 16-1. 행정심판의 대상과 관련되는 권리나 이익을 양수한 특정승계인은 행정심판위원회의 허가를 받아 청구인의 지위를 승계할 수 있다. (19서울9급,18국가9급,18국회8급)

□□□□□

조 16-2. 심판청구의 대상과 관계되는 권리나 이익을 양수한 자는 행정심판위원회의 허가를 받아 청구인의 지위를 승계할 수 있고, 위원회가 이를 허가하지 않으면 이의신청을 할 수 있다. (12변시)

행정심판법 제16조(청구인의 지위 승계)

⑤ 심판청구의 대상과 관계되는 **권리나 이익을 양수한 자**는 **위원회의 허가를 받아 청구인의 지위를 승계할 수 있다.**

⑧ 신청인은 위원회가 제5항의 지위 승계를 허가하지 아니하면 **결정서 정본을 받은 날부터 7일 이내에 위원회에 이의신청**을 할 수 있다.

[날먹행 438p]

□□□□□ ★★

조 17. 행정심판 청구인이 경제적 능력으로 인해 대리인을 선임할 수 없는 경우에는 행정심판위원회에 국선대리인을 선임하여 줄 것을 신청할 수 있다. (22소방승진,19국가9급)

행정심판법 제18조의2(국선대리인) ① 청구인이 **경제적 능력으로 인해 대리인을 선임**할 수 없는 경우에는 위원회에 **국선대리인을 선임하여 줄 것을 신청할 수 있다.**

[날먹행 438p]

OX 정답

14-3. O 15-1. O 15-2. O 16-1. O 16-2. O 17. O

□□□□□ ★★

조 18-1. 의무이행심판의 경우에는 청구인의 신청을 받은 행정청을 피청구인으로 하여 행정심판을 청구하여야 한다. (15경행)

□□□□□ ★★

조 18-2. 심판청구의 대상과 관계되는 권한이 다른 행정청에 승계된 경우에는 권한을 승계한 행정청을 피청구인으로 하여야 한다. (14경행)

□□□□□ ★★

조 18-3. 피청구인의 경정은 행정심판위원회에서 결정하며 언제나 당사자의 신청을 전제로 한다. (20지방·서울7급)

□□□□□ ★★

조 18-4. 행정심판의 제기에 있어서 청구인이 피청구인을 잘못 지정한 경우에 행정심판위원회는 직권으로 또는 당사자의 신청에 의하여 결정으로써 피청구인을 경정할 수 있다. (22국회9급,20지방7급,18국회8급)

□□□□□

조 18-5. 행정심판위원회는 피청구인을 경정하는 결정을 하면 결정서 부본을 당사자(종전의 피청구인과 새로운 피청구인을 포함한다)에게 송달하여야 한다. (15경행)

□□□□□ ★★★

조 18-6. 행정심판에서 피청구인의 경정이 있으면 심판청구는 피청구인의 경정시에 제기된 것으로 본다. (23경간,18서울7급)

행정심판법 제17조(피청구인의 적격 및 경정) ① 행정심판은 처분을 한 행정청(의무이행심판의 경우에는 청구인의 신청을 받은 행정청)을 피청구인으로 하여 청구하여야 한다. 다만, **심판청구의 대상과 관계되는 권한이 다른 행정청에 승계된 경우에는 권한을 승계한 행정청을 피청구인으로 하여야 한다.**
② 청구인이 **피청구인을 잘못 지정**한 경우에는 **위원회는 직권으로 또는 당사자의 신청**에 의하여 결정으로써 **피청구인을 경정(更正)할 수 있다.**
③ 위원회는 제2항에 따라 피청구인을 경정하는 결정을 하면 **결정서 정본**을 당사자(종전의 피청구인과 새로운 피청구인을 포함한다. 이하 제6항에서 같다)에게 **송달하여야 한다.**
④ 제2항에 따른 결정이 있으면 **종전의 피청구인에 대한 심판청구는 취하**되고 종전의 피청구인에 대한 **행정심판이 청구된 때에 새로운 피청구인에 대한 행정심판이 청구된 것으로 본다.**
⑤ 위원회는 행정심판이 청구된 후에 제1항 단서의 사유가 발생하면 직권으로 또는 당사자의 신청에 의하여 결정으로써 피청구인을 경정한다. 이 경우에는 제3항과 제4항을 준용한다. **[날먹행 438p]**

□□□□□ ★

조 19. 행정심판의 결과에 이해관계가 있는 제3자나 행정청은 해당심판청구에 대한 위원회나 소위원회의 의결이 있기 전까지 그 사건에 대하여 심판참가를 할 수 있다. (23국회8급)

행정심판법 제20조(심판참가) ① 행정심판의 결과에 **이해관계가 있는 제3자나 행정청**은 해당 심판청구에 대한 제7조제6항 또는 제8조제7항에 따른 **위원회나 소위원회의 의결이 있기 전까지 그 사건에 대하여 심판참가를 할 수 있다.**
[날먹행 439p]

OX 정답

18-1. ○ 18-2. ○ 18-3. X 18-4. ○ 18-5. X 18-6. X 19. ○

□□□□□ ★

조 20. 행정심판위원회는 필요하다고 인정하면 그 심판결과에 이해관계가 있는 제3자에게 그 사건 심판에 참가할 것을 요구할 수 있으며, 이 요구를 받은 제3자는 지체없이 참가여부를 위원회에 통지하여야 한다. (18국회8급)

행정심판법 제21조(심판참가의 요구) ① 위원회는 필요하다고 인정하면 그 행정심판 결과에 이해관계가 있는 제3자나 행정청에 그 사건 심판에 참가할 것을 **요구할 수 있다.**
② 제1항의 요구를 받은 제3자나 행정청은 **지체 없이 그 사건 심판에 참가할 것인지 여부를 위원회에 통지하여야 한다.**
[날먹행 439p]

□□□□□ ★

조 21. 행정심판의 참가인은 행정심판 절차에서 당사자가 할 수 있는 심판절차상의 행위를 할 수 있다. (18국회8급)

행정심판법 제22조(참가인의 지위) ① 참가인은 행정심판 절차에서 당사자가 할 수 있는 심판절차상의 행위를 할 수 있다.
[날먹행 439p]

□□□□□ ★★★

조 22-1. 행정심판청구는 엄격한 형식을 요하지 않는 서면행위로 해석된다. (22경간,18서울9급)

행정심판법 제28조(심판청구의 방식) ① 심판청구는 서면으로 하여야 한다.
→ **엄격한 형식을 요하지 않는 서면행위로 해석됨** [날먹행 439p]

□□□□□ ★★

판 22-2. 행정심판청구서의 형식을 다 갖추지 않았다면 비록 그 문서 내용이 행정심판의 청구를 구하는 것을 내용으로 하더라도 부적법하다. (12사복9급)

판례 그 밖의 청구인의 주소, 대리인의 이름과 주소, 재결청, 처분이 있는 것을 안 날, 처분을 한 행정청의 고지의 유무 및 그 내용, 대리인의 날인과 대리인의 자격을 소명하는 서면 등의 불비한 점은 어느 것이나 그 보정이 가능한 것이므로 결국 이 사건 위 학사제명취소신청서는 행정소송의 전치요건인 행정심판청구서로서 원고는 적법한 행정심판청구를 한 것으로 보아야 할 것이다(90누851). [날먹행 439p]

□□□□□ ★★

판 22-3. 진정이라는 표현을 사용하면 그것이 실제로 행정심판의 실체를 가지더라도 행정심판으로 다룰 수 없다. (16국회8급)

판례 비록 제목이 '진정서'로 되어 있고, 재결청의 표시, 심판청구의 취지 및 이유, 처분을 한 행정청의 고지의 유무 및 그 내용 등 행정심판법 제19조 제2항 소정의 사항들을 구분하여 기재하고 있지 아니하여 행정심판청구서로서의 형식을 다 갖추고 있다고 볼 수는 없으나, 피청구인인 처분청과 청구인의 이름과 주소가 기재되어 있고, 청구인의 기명이 되어 있으며, 문서의 기재 내용에 의하여 심판청구의 대상이 되는 행정처분의 내용과 심판청구의 취지 및 이유, 처분이 있은 것을 안 날을 알 수 있는 경우, 위 문서에 기재되어 있지 않은 재결청, 처분을 한 행정청의 고지의 유무 등의 내용과 날인 등의 불비한 점은 보정이 가능하므로 위 문서를 행정처분에 대한 행정심판청구로 보는 것이 옳다(98두2621). [날먹행 439p]

OX 정답

20. ○ 21. ○ 22-1. ○ 22-2. X 22-3. X

□□□□□ ★★

조 23-1. 행정심판을 청구하려는 자는 심판청구서를 작성하여 피청구인이나 위원회에 제출하여야 하며 피청구인의 수만큼 심판청구서 부본을 함께 제출하여야 한다. (19서울7급,18국가9급,17국회8급)

□□□□□ ★★

조 23-2. 행정심판을 청구하려는 자는 행정심판위원회 뿐만 아니라 피청구인인 행정청에도 행정심판청구서를 제출할 수 있으나 행정소송을 제기하려는 자는 법원에 소장을 제출하여야 한다. (18국가9급)

행정심판법 제23조(심판청구서의 제출) ① 행정심판을 청구하려는 자는 제28조에 따라 심판청구서를 작성하여 **피청구인이나 위원회에 제출하여야** 한다. 이 경우 **피청구인의 수만큼 심판청구서 부본을 함께 제출하여야 한다.**
→ 선택적 경유절차 [날먹행 439p]

□□□□□ ★

조 24-1. 심판청구서를 받은 행정청은 그 심판청구가 이유 있다고 인정할 때에는 심판청구의 취지에 따라 처분을 취소·변경 또는 확인을 하거나 신청에 따른 처분을 할 수 있고, 이를 청구인에게 알리고 행정심판위원회에 그 증명서류를 제출하여야 한다. (22군무원9급)

행정심판법 제25조(피청구인의 직권취소등) ① 제23조제1항·제2항 또는 제26조제1항에 따라 심판청구서를 받은 피청구인은 **그 심판청구가 이유 있다고 인정**하면 **심판청구의 취지에 따라 직권으로 처분을 취소·변경하거나 확인을 하거나 신청에 따른 처분**(이하 이 조에서 "직권취소등"이라 한다)을 할 수 있다. 이 경우 **서면으로 청구인에게 알려야 한다.**
② **피청구인은** 제1항에 따라 직권취소등을 하였을 때에는 **청구인이 심판청구를 취하한 경우가 아니면** 제24조제1항 본문에 따라 **심판청구서·답변서를 보내거나 같은 조 제3항에 따라 답변서를 보낼 때 직권취소등의 사실을 증명하는 서류를 위원회에 함께 제출하여야 한다.** [날먹행 440p]

□□□□□

조 24-2. 행정심판이 청구된 후에 피청구인이 새로운 처분을 하거나 심판청구의 대상인 처분을 변경한 경우에는 청구인은 새로운 처분이나 변경된 처분에 맞추어 청구의 취지나 이유를 변경할 수 있다. (22소방승진)

행정심판법 제29조(청구의 변경) ① 청구인은 청구의 기초에 변경이 없는 범위에서 청구의 취지나 이유를 변경할 수 있다.
② 행정심판이 청구된 후에 피청구인이 새로운 처분을 하거나 심판청구의 대상인 처분을 변경한 경우에는 청구인은 새로운 처분이나 변경된 처분에 맞추어 청구의 취지나 이유를 변경할 수 있다. [날먹행 440p]

□□□□□ ★★★

이 25-1. 무효등확인심판에는 심판청구기간의 제한이 없다. (21국회9급,19경행)

□□□□□ ★★★

이 25-2. 부작위에 대한 의무이행심판에는 심판청구에 기간상의 제한이 있다. (23군무원7급,22국회9급,21지방9급,19소방,19국회8급)

OX 정답

23-1. O 23-2. O 24-1. O 24-2. O 25-1. O 25-2. X

□□□□□ ★★★

이 25-3. 거부처분에 대한 의무이행심판에는 심판청구에 기간상의 제한이 없다. **(23군무원7급,19소방)**

□□□□□ ★★★

판 25-4. 심판청구기간의 기산점인 '처분이 있음을 안 날'이라 함은 당사자가 통지· 공고 기타의 방법에 의하여 당해 처분이 있었다는 사실을 현실적으로 안 날을 의미한다. **(21지방9급)**

- **행정심판청구의 기간 (§27)**
  - 안 날로부터 90일, 있은 날로부터 180일 이내에 청구해야 하고, **둘 중 하나라도 경과되면 심판 청구는 부적법 각하**됨. 기간 준수여부는 **직권조사사항**임.

    판례 심판청구기간의 기산점인 행정심판법 제27조 제1항 소정의 '처분이 있음을 안 날'이라 함은 당사자가 통지·공고 기타의 방법에 의하여 당해 처분이 있었다는 사실을 현실적으로 안 날을 의미하고, 추상적으로 알 수 있었던 날을 의미하는 것은 아니다(2002두3850).
  - **부작위에 대한 의무이행심판청구, 무효등확인심판에는 심판 청구기간의 제한 X**

  ∴ 청구기간과 관련된 논의는 취소심판과 거부처분에 대한 의무이행심판에만 해당됨. **[날먹행 440p]**

□□□□□

판 25-5. 부재시 등기우편물을 수령하여 전달해 온 주거지 아파트 경비원은 수령권한을 위임받은 것으로 볼 수 있으므로, 경비원이 처분서를 수령하였다면 적법한 송달이 있는 것으로 보게 된다. **(10국회8급)**

판례 아파트 경비원이 관례에 따라 부재중인 납부의무자에게 배달되는 과징금부과처분의 납부고지서를 수령한 경우, 납부의무자가 아파트 경비원에게 우편물 등의 수령권한을 위임한 것으로 볼 수는 있을지언정, 과징금부과처분의 대상으로 된 사항에 관하여 납부의무자를 대신하여 처리할 권한까지 위임한 것으로 볼 수는 없다(2002두3850). **[날먹행 440p]**

□□□□□ ★★★

판 25-6. 고시 또는 공고에 의하여 행정처분을 하는 경우에는 고시 또는 공고의 효력발생일을 처분이 있는 날로 보아 그 날로부터 180일 이내에 행정심판을 청구할 수 있다. **(20지방9급,18서울7급)**

판례 불특정인에 대해 고시·공고에 의해 처분을 하는 경우, 고시·공고의 효력발생일에 처분이 있음을 알았다고 본다(94누5694). **[날먹행 440p]**

□□□□□ ★

조 26-1. 청구인이 천재지변, 전쟁, 사변, 그 밖의 불가항력으로 인하여 행정심판법 제27조 제1항의 기간에 심판청구를 할 수 없었을 때에는 그 사유가 소멸한 날부터 14일 이내에 행정심판을 청구할 수 있다. 다만, 국외에서 행정심판을 청구하는 경우에는 그 기간을 30일로 한다. **(16경행)**

□□□□□ ★★

조 26-2. 행정심판은 처분이 있었던 날부터 180일이 지나면 청구하지 못한다. 다만, 정당한 사유가 있는 경우에는 그러하지 아니하다. **(14경행)**

OX 정답

25-3. X 25-4. O 25-5. X 25-6. X 26-1. O 26-2. O

□□□□□ ★★

조 26-3. 행정처분의 직접대상이 아닌 제3자는 행정심판법 제27조 제3항 소정의 심판청구의 제척기간 내에 처분이 있었음을 알았다는 특별한 사정이 없는 한 그 제척기간의 적용을 배제할 같은 조항 단서 소정의 정당한 사유가 있는 때에 해당한다. (16서울7급,10국회8급)

- **행정심판청구의 기간의 예외 (§27)**
  - **90일에 대한 예외**: 청구인이 **천재지변, 전쟁, 사변, 그 밖의 불가항력으로 인해 90일 이내**에 심판청구를 할 수 없었을 때에는 그 사유가 **소멸한 날부터 14일 이내에 심판 청구 가능**. 단, **국외에서 청구하는 경우, 30일** 이내(§27②)
  - **180일에 대한 예외**: 정당한 사유가 있는 경우에는 180일 넘어서도 제기할 수 있음(§27③단서)
  - **제3자효 행정행위**: **처분이 있었음을 알지 못한다는 사유는 §27③단서의 '정당한 사유'에 해당하므로** 180일 지나서도 심판청구가 가능. 단, 제3자가 **어떤 경위로든 처분이 있었음을 알았다면, 90일 이내에 청구해야** [날먹행 441p]

□□□□□ ★★★

이 27-1. 행정심판위원회는 심판청구의 대상이 되는 처분보다 청구인에게 불리한 재결을 하지 못한다. (23군무원7급,21군무원9급,18교행9급)

□□□□□ ★★★

이 27-2. 행정심판위원회는 심판청구의 대상이 되는 처분 외의 다른 처분 또는 부작위에 대하여도 재결할 수 있다. (21군무원9급,16국회8급)

□□□□□ ★★★

조 27-3. 행정심판위원회는 필요하면 당사자가 주장하지 아니한 사실에 대하여도 심리할 수 있다. (23국회8급,19지방9급,19사복9급)

- **행정심판의 심리 범위**
  - **불고불리의 원칙**: 위원회는 당사자가 청구한 범위 내에서만 심리 · 판단함(행정소송과 동일)
- **행정심판법 제39조(직권심리)**
  위원회는 **필요하면 당사자가 주장하지 아니한 사실에 대하여도 심리할 수 있다.**
- **불이익변경금지의 원칙**: 위원회는 심판청구의 대상이 되는 처분보다 청구인에게 불리한 재결을 하지 못함 [날먹행 441, 442p]

□□□□□

이 28. 행정심판의 심리는 원칙적으로 행정심판위원회가 주도하며, 당사자의 처분권주의는 예외적으로 인정된다. (19지방9급,16지방9급)

- 행정심판법은 심판의 개시, 결정, 종료를 당사자에게 맡기는 **처분권주의** 취하고 있음. [날먹행 442p]

□□□□□ ★★★

이 29. 행정심판의 심리는 당사자가 구술심리를 신청한 경우를 제외하고는 서면심리주의를 원칙으로 하고 있다. (16서울7급,13지방7급 등)

- **행정심판의 심리는 심판위원회의 재량**에 따라 **구술 또는 서면 심리**로 함. [날먹행 442p]

OX 정답

26-3. ○ 27-1. ○ 27-2. X 27-3. ○ 28. X 29. X

□□□□□

이 30. 행정심판법은 원칙적으로 공개심리주의를 채택하고 있다. (13지방7급)

• **비공개주의**: 명문 규정 없으나, **비공개주의** 택하고 있음(위원회는 심의 · 재결과정을 일반에게 공개 X). [날먹행 442p]

□□□□□★★

판 31. 행정심판에 있어서 행정처분의 위법 · 부당 여부는 원칙적으로 처분시를 기준으로 판단하여야 할 것이나, 재결 당시까지 제출된 모든 자료를 종합하여 처분 당시 존재하였던 객관적 사실을 확정하고 그 사실에 기초하여 처분의 위법 · 부당 여부를 판단할 수 있다. (15지방9급)

판례 원칙적으로 **처분시를 기준으로 판단**하여야 할 것이나, **재결당시까지 제출된 모든 자료를 종합**하여 처분 당시 존재하였던 객관적 사실을 확정하고 그 사실에 기초하여 **처분의 위법 · 부당 여부를 판단할 수 있다**(99두5092).
[날먹행 442p]

□□□□□★★★

판 32. 행정심판에서는 항고소송에서와 달리 처분청이 당초 처분의 근거로 삼은 사유와 기본적 사실관계가 동일성이 인정되지 않는 다른 사유를 처분사유로 추가하거나 변경할 수 있다.
(23군무원7급,23소방간부,18국가9급,18지방7급)

판례 행정처분의 취소를 구하는 항고소송에서 처분청은 **당초 처분의 근거로 삼은 사유와 기본적 사실관계가 동일성이 있다고 인정되는 한도 내에서만 다른 사유를 추가 또는 변경할 수 있고**, 이러한 기본적 사실관계의 동일성 유무는 처분사유를 법률적으로 평가하기 이전의 구체적 사실에 착안하여 그 기초인 사회적 사실관계가 기본적인 점에서 동일한지에 따라 결정된다. 그리고 이러한 법리는 **행정심판 단계에서도 그대로 적용**된다(2013두26118).
[날먹행 442p]

□□□□□★★★

조 33-1. 행정심판청구는 처분의 효력이나 그 집행 또는 절차의 속행에 영향을 주지 않는다.
(21서울7급,20군무원7급,19국가9급)

□□□□□★★★

조 33-2. 행정심판법은 집행부정지원칙을 취하면서도 예외적으로 일정한 요건 하에 집행정지를 인정한다. (21서울7급)

□□□□□★★★

조 33-3. 행정소송법이 집행정지의 요건 중 하나로 '중대한 손해'가 생기는 것을 예방할 필요성에 관하여 규정하고 있는 반면, 행정심판법은 집행정지의 요건 중 하나로 '회복하기 어려운 손해'를 예방할 필요성에 관하여 규정하고 있다. (22서울7급,17국회8급)

OX 정답

30. X 31. ○ 32. X 33-1. ○ 33-2. ○ 33-3. X

□□□□□ ★★★

조 33-4. 행정심판위원회는 당사자의 신청 또는 직권에 의하여 집행정지결정을 할 수 있다. (22소방승진,13국회9급)

행정심판법 제30조(집행정지) ① **심판청구는 처분의 효력이나 그 집행 또는 절차의 속행(續行)에 영향을 주지 아니한다.**
② 위원회는 처분, 처분의 집행 또는 절차의 속행 때문에 중대한 손해가 **생기는 것을 예방할 필요성이 긴급하다고 인정** 할 때에는 직권으로 또는 당사자의 신청에 의하여 처분의 효력, 처분의 집행 또는 절차의 속행의 전부 또는 일부의 정지(이하 "집행정지"라 한다)를 결정할 수 있다. 다만, 처분의 효력정지는 처분의 집행 또는 절차의 속행을 정지함으로써 그 목적을 달성할 수 있을 때에는 허용되지 아니한다.
→ 행정소송보다 요건 완화(행정소송법은 '회복하기 어려운 손해'로 규정)
③ 집행정지는 공공복리에 중대한 영향을 미칠 우려가 있을 때에는 허용되지 아니한다. **[날먹행 442p]**

□□□□□ ★★★

이 34-1. 수익적 처분의 거부처분이나 부작위에 대해서 임시적 지위를 인정할 필요가 있어서 인정한 제도는 임시처분으로, 행정심판법은 행정소송법과는 달리 집행정지 뿐만 아니라 임시처분도 규정하고 있다. (22서울7급,22국회8급,19국가9급,18국가9급,18국가7급)

□□□□□ ★★

조 34-2. 임시처분은 의무이행심판을 인정하면서도 가처분제도를 인정하지 않아 제한된 재결의 실효성을 제고하기 위한 것이므로 집행정지로 그 목적을 달성할 수 있는 경우에도 허용된다. (23소방간부,22국회8급,22국회9급,21소방간부,21행정사,19지방9급,18국가7급,18서울9급)

□□□□□ ★★★

조 34-3. 행정심판위원회는 임시처분을 결정한 후에 임시처분이 공공복리에 중대한 영향을 미치는 경우에는 직권으로 또는 당사자의 신청에 의하여 이 결정을 취소할 수 있다. (22소방승진,21국회8급,21서울7급,19지방9급)

행정심판법 제31조(임시처분) ① 위원회는 처분 또는 부작위가 위법 · 부당하다고 상당히 의심되는 경우로서 처분 또는 부작위 때문에 **당사자가 받을 우려가 있는 중대한 불이익이나 당사자에게 생길 급박한 위험을 막기 위하여 임시지위를 정하여야 할 필요가 있는 경우에는 직권으로 또는 당사자의 신청**에 의하여 임시처분을 결정할 수 있다.
② 제1항에 따른 임시처분에 관하여는 제30조제3항부터 제7항까지를 준용한다. 이 경우 같은 조 제6항 전단 중 "중대한 손해가 생길 우려"는 **"중대한 불이익이나 급박한 위험이 생길 우려"**로 본다.
③ 제1항에 따른 임시처분은 제30조제2항에 따른 집행정지로 목적을 달성할 수 있는 경우에는 허용되지 아니한다.
행정심판법 제30조(집행정지) ④ 위원회는 집행정지를 결정한 후에 **집행정지가 공공복리에 중대한 영향을 미치거나 그 정지사유가 없어진 경우에는 직권으로 또는 당사자의 신청에 의하여 집행정지 결정을 취소할 수 있다.** [날먹행 443p]

□□□□□

이 35. 행정심판의 재결은 행정심판 및 행정소송의 대상이 될 수 없다. (15교행9급)

- 행정심판청구에 대한 행정심판위원회의 판단으로, **준법률행위적 행정행위(확인행위+재판작용)의 성질**을 가지므로, **처분성 인정되어 재결 자체에 고유한 위법이 있는 경우 행정소송의 대상**이 됨(행정소송법 §19단서). [날먹행 443p]

OX 정답

33-4. O 34-1. O 34-2. X 34-3. O 35. X

□□□□□ ★★

조 36-1. 재결은 피청구인 또는 위원회가 심판청구서를 받은 날부터 60일 이내에 하여야 한다. 다만, 부득이한 사정이 있는 경우에는 위원장이 직권으로 30일을 연장할 수 있다. (19사복9급)

행정심판법 제45조(재결 기간) ① 재결은 제23조에 따라 피청구인 또는 위원회가 **심판청구서**를 받은 날부터 60일 이내에 하여야 한다. 다만, **부득이한 사정이 있는 경우에는 위원장이** 직권으로 30일을 연장할 수 있다. → 훈시규정
② 위원장은 제1항 단서에 따라 재결 기간을 연장할 경우에는 재결 기간이 끝나기 7일 전까지 당사자에게 알려야 한다.
[날먹행 443p]

□□□□□

조 36-2. 행정심판위원회는 심판청구의 대상이 되는 처분 또는 부작위 외의 사항에 대하여 재결할 수 있다. (22경간)

제47조(재결의 범위) ① 위원회는 심판청구의 대상이 되는 처분 또는 부작위 외의 사항에 대하여는 재결하지 못한다.
② 위원회는 심판청구의 대상이 되는 처분보다 청구인에게 불리한 재결을 하지 못한다. **[날먹행 443p]**

□□□□□

조 37. 처분의 상대방이 아닌 제3자가 심판청구를 한 경우 위원회는 재결서의 등본을 지체없이 피청구인을 거쳐 처분의 상대방에게 송달하여야 한다. (19국회8급)

행정심판법 제48조(재결의 송달과 효력 발생) ① **위원회는 지체 없이 당사자에게 재결서의 정본을 송달하여야** 한다. 이 경우 중앙행정심판위원회는 재결 결과를 소관 중앙행정기관의 장에게도 알려야 한다.
② 재결은 청구인에게 제1항 전단에 따라 **송달되었을 때에 그 효력이 생긴다.**
③ **위원회는 재결서의 등본을 지체 없이 참가인에게 송달하여야 한다.**
④ **처분의 상대방이 아닌 제3자**가 심판청구를 한 경우 **위원회는 재결서의 등본을 지체 없이 피청구인을 거쳐 처분의 상대방에게 송달하여야 한다.**
[날먹행 444p]

□□□□□

조 38. 요건심리의 결과 심판청구의 제기요건을 갖추고 있지 못한 것으로 판단되는 경우에는 기각재결을 한다. (09지방9급)

행정심판법 제43조(재결의 구분) ① 위원회는 **심판청구가 적법하지 아니하면 그 심판청구를 각하(却下)한다.**
② 위원회는 **심판청구가 이유가 없다고 인정하면 그 심판청구를 기각(棄却)한다.** **[날먹행 444p]**

OX 정답

36-1. ○ 36-2. X 37. ○ 38. X

☐☐☐☐☐ ★★★

조 39-1. 행정심판위원회는 취소심판청구가 이유 있다고 인정하는 경우에도 이를 인용하는 것이 공공복리에 크게 위배된다고 인정하면 그 심판청구를 기각하는 재결을 할 수 있다. (23국회8급,17국가9급)

☐☐☐☐☐ ★★

조 39-2. 행정심판위원회는 사정재결을 함에 있어서 청구인에 대하여 상당한 구제방법을 취하거나 피청구인에게 상당한 구제방법을 취할 것을 명할 수 있으나, 재결주문에 그 처분 등이 위법 또는 부당함을 명시할 필요는 없다. (21행정사,17국가9급)

☐☐☐☐☐ ★★★

조 39-3. 무효등확인심판에서는 사정재결이 허용되지 아니한다. (21군무원7급,21지방9급,19소방,19서울9급)

☐☐☐☐☐ ★★★

조 39-4. 행정청의 부작위에 대한 의무이행심판은 사정재결이 인정되지 아니한다. (21지방9급,21군무원7급,19소방)

행정심판법 제44조(사정재결) ① 위원회는 심판청구가 이유가 있다고 인정하는 경우에도 이를 **인용(認容)하는 것이 공공복리에 크게 위배된다고 인정하면 그 심판청구를 기각하는 재결을** 할 수 있다. 이 경우 **위원회는 재결의 주문(主文)에서 그 처분 또는 부작위가 위법하거나 부당하다는 것을 구체적으로 밝혀야 한다.**
② 위원회는 제1항에 따른 재결을 할 때에는 청구인에 대하여 상당한 구제방법을 취하거나 상당한 구제방법을 취할 것을 피청구인에게 명할 수 있다.
③ 제1항과 제2항은 무효등확인심판에는 적용하지 아니한다. [날먹행 444p]

☐☐☐☐☐ ★★★

이 40-1. 처분의 취소 또는 변경을 구하는 취소심판의 경우에 변경의 의미는 소극적 변경 뿐만 아니라 적극적 변경까지 포함한다. (21군무원7급,19사복9급)

☐☐☐☐☐ ★★★

이 40-2. 현행법상 취소명령재결은 인정되지 않는다. (22경간,21국가9급,21국가7급,19서울7급)

- **행정심판법 제43조(재결의 구분)** ③ 위원회는 취소심판의 청구가 이유가 있다고 인정하면 처분을 취소 또는 다른 처분으로 변경하거나 처분을 다른 처분으로 변경할 것을 피청구인에게 명한다.
- **취소심판의 인용재결: 취소재결, 처분변경재결, 처분변경명령재결**
  - **취소는 전부취소, 일부취소 모두 가능**
  - **변경은 당 처분의 내용을 적극적으로 유리하게 변경하는 것을 의미** [날먹행 444p]

☐☐☐☐☐ ★★

이 41. 위원회는 의무이행심판의 청구가 이유가 있다고 인정하면 지체없이 신청에 따른 처분을 하거나 처분을 할 것을 피청구인에게 명한다. (23군무원7급,21국가9급,21군무원7급)

- **의무이행심판의 인용재결: 처분재결, 처분명령재결**
- **행정심판법 제43조(재결의 구분)** ⑤ 위원회는 **의무이행심판의 청구가 이유가 있다고 인정하면 지체 없이 신청에 따른 처분을 하거나 처분을 할 것을 피청구인에게 명한다.** [날먹행 444p]

OX 정답

39-1. O 39-2. X 39-3. O 39-4. X 40-1. O 40-2. O 41. O

□□□□□ ★★★

조 42-1. 재결에 의하여 취소되는 처분이 당사자의 신청을 거부하는 것을 내용하는 경우에는 그 처분을 한 행정청은 재결의 취지에 따라 다시 이전의 신청에 대한 처분을 하여야 한다.
(23군무원7급,21지방9급,21국회9급,21소방간부,21국회8급,19국가7급,19경행,19지방9급)

□□□□□ ★★

조 42-2. 법령의 규정에 따라 공고하거나 고시한 처분이 재결로써 취소되거나 변경되면 처분을 한 행정청은 지체없이 그 취소 또는 변경되었다는 것을 공고하거나 고시하여야 한다. (22소방,20지방7급)

□□□□□ ★★

조 42-3. 당사자의 신청을 거부하는 처분에 대한 취소심판에서 인용재결이 내려진 경우, 의무이행심판과 달리 행정청은 재처분의무를 지지 않는다. (21경행,19지방9급)

행정심판법 제49조(재결의 기속력 등)
② 재결에 의하여 **취소되거나 무효 또는 부존재로 확인되는 처분이 당사자의 신청을 거부하는 것을 내용**으로 하는 경우에는 그 처분을 한 행정청은 재결의 취지에 따라 **다시 이전의 신청에 대한 처분을 하여야** 한다.
③ 당사자의 신청을 **거부하거나 부작위로 방치한 처분의 이행을 명하는 재결**이 있으면 행정청은 지체 없이 이전의 신청에 대하여 재결의 취지에 따라 처분을 하여야 한다. → 거부처분에 대한 취소재결에 따른 재처분의무
⑤ 법령의 규정에 따라 공고하거나 고시한 처분이 **재결로써 취소되거나 변경되면 처분을 한 행정청**은 **지체 없이 그 처분이 취소 또는 변경되었다는 것을 공고하거나 고시하여야 한다.** [날먹행 445p]

□□□□□ ★★

판 42-4. 거부처분취소재결이 있는 경우에는 행정청은 그 재결의 취지에 따라 이전의 신청에 대한 처분을 하여야 하는 것이므로 행정청이 그 재결의 취지에 따른 처분을 하지 아니하고 그 처분과는 양립할 수 없는 다른 처분을 하는 것은 재결의 기속력에 반하여 위법하다. (19지방·교행9급,17서울9급)

판례 당사자의 신청을 거부하는 처분을 취소하는 재결이 있는 경우에는 행정청은 그 재결의 취지에 따라 이전의 신청에 대한 처분을 하여야 하는 것이므로 행정청이 그 재결의 취지에 따른 처분을 하지 아니하고 그 처분과는 양립할 수 없는 다른 처분을 하는 것은 위법하다(88누7880). [날먹행 445p]

□□□□□ ★★★

이 43-1. 행정심판재결의 기속력은 인용재결 뿐만 아니라 각하재결과 기각재결에도 인정되는 효력이다.
(23군무원9급,21지방9급,19국회8급,18서울9급)

- **행정심판재결의 기속력**: 피청구인인 행정정이나 관계 행정청이 인용재결의 취지에 구속되는 효력으로, 이에 위반한 처분은 무효임. 각하, 기각 재결에는 인정 X [날먹행 445p]

OX 정답

42-1. ○ 42-2. ○ 42-3. X 42-4. ○ 43-1. X

□□□□□

판 43-2. 당해 처분에 관하여 위법한 것으로 재결에서 판단된 사유와 기본적 사실관계에 있어 동일성이 인정되는 사유를 내세워 다시 동일한 내용의 처분을 하는 것은 허용되지 않는다. (23군무원9급)

판례 행정심판법 제37조가 정하고 있는 재결은 당해 처분에 관하여 재결주문 및 그 전제가 된 요건사실의 인정과 판단에 대하여 처분청을 기속하므로, 당해 처분에 관하여 위법한 것으로 재결에서 판단된 사유와 기본적 사실관계에 있어 동일성이 인정되는 사유를 내세워 다시 동일한 내용의 처분을 하는 것은 허용되지 않는다(2002두3201). [날먹행 445p]

□□□□□ ★★★

이 44. 재결의 기속력은 재결의 주문 및 그 전제가 된 요건사실의 인정과 판단, 즉 처분 등의 구체적 위법사유에 관한 판단에만 미친다. (23소방간부,21지방9급,19국가7급)

- **기속력의 객관적 범위**: 재결의 주문 및 그 전제가 된 요건사실의 인정과 효력의 판단(기본적 사실관계가 동일한 경우)에 대해서만 미침 [날먹행 445p]

□□□□□ ★★★

조 45-1. 당사자의 신청을 거부한 처분의 이행을 명하는 재결의 경우, 행정청이 행정심판위원회의 재결의 취지에 따라 재처분을 할 의무가 있음에도 그 의무를 이행하지 않은 경우, 행정심판위원회는 당사자의 신청여부를 불문하고 직접 처분을 할 수 있다. (22군무원9급,21경행,20국가9급,19서울7급,19경행)

□□□□□ ★★

조 45-2. 행정심판위원회가 직접 처분을 한 경우에는 그 사실을 해당 행정청에 통보하여야 하며, 통보를 받은 행정청은 행정심판위원회가 한 처분을 자기가 한 처분으로 보아 관계 법령에 따라 관리 · 감독 등 필요한 조치를 하여야 한다. (15국회8급,14지방9급)

행정심판법 제49조(재결의 기속력 등) ③ 당사자의 신청을 거부하거나 부작위로 방치한 처분의 이행을 명하는 재결이 있으면 행정청은 지체 없이 이전의 신청에 대하여 재결의 취지에 따라 처분을 하여야 한다.
제50조(위원회의 직접 처분) ① 위원회는 피청구인이 제49조제3항에도 불구하고 **처분을 하지 아니하는 경우**에는 당사자가 신청하면 **기간을 정하여 서면으로 시정을 명하고 그 기간에 이행하지 아니하면 직접 처분을 할 수 있다.** 다만, **그 처분의 성질이나 그 밖의 불가피한 사유로 위원회가 직접 처분을 할 수 없는 경우에는 그러하지 아니하다.**
② 위원회는 제1항 본문에 따라 **직접 처분을 하였을 때에는 그 사실을 해당 행정청에 통보하여야** 하며, 그 통보를 받은 행정청은 **위원회가 한 처분을 자기가 한 처분으로 보아 관계 법령에 따라 관리 · 감독 등 필요한 조치를 하여야** 한다.
[날먹행 446p]

□□□□□ ★★

이 45-3. 행정심판법에서는 거부처분에 대한 이행명령재결에 따르지 않을 경우 직접처분에 관한 규정을 두고 있으나, 행정소송법에서는 이에 관한 규정을 두지 않고 있다. (21국회8급)

- 행정심판에는 위원회의 직접처분이 인정되나, 행정소송에서는 법원의 직접처분이 인정되지 않는다. [날먹행 446p]

OX 정답

43-2. O 44. O 45-1. X 45-2. O 45-3. O

☐☐☐☐☐

이 45-4. 정보공개명령재결은 행정심판위원회에 의한 직접처분의 대상이 된다. (21국가7급)

• **위원회의 직접처분 한계- 처분의 성질이나 불가피한 사유로 위원회가 직접 처분을 할 수 없는 경우**, 직접처분이 불가함.
예) 재량행위, 자치사무, 정보비공개결정에 대한 정보공개명령재결, 의무이행재결 이후의 사정변경 등 **[날먹행 446p]**

☐☐☐☐☐ ★★

이 46-1. 청구인은 행정심판위원회의 간접강제 결정에 불복하는 경우 그 결정에 대하여 행정소송을 제기할 수 있다. (22국회8급,20지방9급,19지방9급,18국가7급,18서울7급)

☐☐☐☐☐ ★★

㉦ 46-2. 행정심판 인용재결에 따른 행정청의 재처분 의무에도 불구하고 행정청이 인용재결에 따른 처분을 하지 아니하는 경우에, 행정심판위원회는 청구인의 신청이 없어도 결정으로 일정한 배상을 하도록 명할 수 있다. (21지방9급)

☐☐☐☐☐ ★★

조 46-3. 행정심판위원회는 피청구인이 처분명령재결의 취지에 따라 이전의 신청에 대한 처분을 하지 않는 경우 직접처분을 할 수 있지만 간접강제를 할 수는 없다. (21지방9급,20국회9급)

☐☐☐☐☐ ★★

조 46-4. 행정심판위원회는 사정의 변경이 있는 경우에는 당사자의 신청에 의하여 간접강제결정의 내용을 변경할 수 있으며, 변경결정을 하기 전에 신청 상대방의 의견을 들어야 한다. (22국회8급,21소방간부,21경행,19경행,18국가7급,18서울7급)

☐☐☐☐☐

조 46-5. 인용재결의 기속력은 피청구인과 그 밖의 관계행정청에 미치고, 행정심판위원회의 간접강제결정의 효력은 피청구인인 행정청이 소속된 국가·지방자치단체 또는 공공단체에 미친다. (21국가7급)

행정심판법 제50조의2(위원회의 간접강제) ① **위원회는** 피청구인이 제49조제2항(제49조제4항에서 준용하는 경우를 포함한다) 또는 제3항에 따른 처분을 하지 아니하면 **청구인의 신청에 의하여 결정**으로 **상당한 기간을 정하고** 피청구인이 그 기간 내에 이행하지 아니하는 경우에는 **그 지연기간에 따라 일정한 배상을 하도록 명하거나 즉시 배상을 할 것을 명할 수 있다.**
② 위원회는 사정의 변경이 있는 경우에는 당사자의 신청에 의하여 제1항에 따른 결정의 내용을 변경할 수 있다.
③ 위원회는 제1항 또는 제2항에 따른 결정을 하기 전에 신청 상대방의 의견을 들어야 한다.
④ 청구인은 제1항 또는 제2항에 따른 결정에 **불복하는 경우 그 결정에 대하여** 행정소송을 **제기할 수 있다.**
⑤ 제1항 또는 제2항에 따른 결정의 효력은 피청구인인 행정청이 소속된 국가 · 지방자치단체 또는 공공단체에 미치며, 결정서 정본은 제4항에 따른 소송제기와 관계없이 「민사집행법」에 따른 강제집행에 관하여는 집행권원과 같은 효력을 가진다. 이 경우 집행문은 위원장의 명에 따라 위원회가 소속된 행정청 소속 공무원이 부여한다.
[날먹행 446p]

OX 정답

45-4. X 46-1. ○ 46-2. X 46-3. X 46-4. ○ 46-5. ○

□□□□□ ★

이 47-1. 재결의 효력으로서 행정청에 대한 불가변력이 인정되나, 불가쟁력은 인정되지 않는다. (13서울9급,08지방9급)

□□□□□ ★★★

이 47-2. 의무이행심판에 관한 재결이 있게 되면 재결기관은 그것이 위법·부당하다고 생각되는 경우에도 스스로 이를 취소 또는 변경할 수 없다. (08국회8급)

- **불가쟁력**: 심판 당사자에 대한 구속력으로, 심판당사자들은 **위원회의 재결에 대해 불복하여 다시 행정심판을 청구할 수 없으나, 재결 자체에 고유한 위법**이 있다면 행정소송법 §19단서에 따라 **행정소송제기가 가능**함(단, 제소기간은 지켜야함)
- **불가변력**: 심판 기관에 대한 구속력으로, **일단 재결이 있은 후에는 그것이 위법, 부당하여도 위원회 스스로 그 재결을 취소·재결을 할 수 없다.** 단, 기각재결의 경우, 처분청은 정당한 이유가 있는 경우 직권으로 처분을 취소·변경할 수 있음 **[날먹행 447p]**

□□□□□ ★★★

이 48-1. 행정심판위원회가 처분을 취소하거나 변경하는 재결을 하면, 행정청은 재결의 기속력에 따라 처분을 취소 또는 변경하는 처분을 하여야 하고, 이를 통하여 당해 처분은 처분시에 소급하여 소멸되거나 변경된다. (18경행,17서울9급)

□□□□□

이 48-2. 형성력이 인정되는 재결로는 취소재결, 변경재결, 처분재결이 있다. (23군무원9급)

- **형성력**: 형성적 성질을 갖는 취소, 변경 , 처분재결에서만 발생하는 효력으로, **재결의 내용에 따라 새로운 법률관계의 발생이나 기존의 법률관계에 변경·소멸을 가져오며, 대세효 역시 인정**된다.
  → 지문에서 '재결의 기속력에 따라' 이 부분이 틀림! 형성력에 의해 처분은 당연히 취소, 변경됨 **[날먹행 447p]**

□□□□□ ★★★

판 49. 재결이 확정된 경우에는 처분의 기초가 된 사실관계나 법률적 판단이 확정되고 당사자들이나 법원은 이에 기속되어 모순되는 주장이나 판단을 할 수 없게 된다. (23군무원9급,23소방간부,22지방9급,22군무원9급,22국회9급,21지방9급,21경행,19국가7급,18서울7급)

판례 **행정심판의 재결은 판결에서와 같은 기판력이 인정되는 것은 아니어서** 재결이 확정된 경우에도 **처분의 기초가 된 사실관계나 법률적 판단이 확정되고 당사자들이나 법원이 이에 기속되어 모순되는 주장이나 판단을 할 수 없게 되는 것은 아니다**(2013다6759). **[날먹행 447p]**

OX 정답

47-1. X 47-2. O 48-1. X 48-2. O 49. X

□□□□□ ★★★

조 50-1. 행정심판위원회는 당사자의 권리 및 권한의 범위에서 직권으로 심판청구의 신속하고 공정한 해결을 위하여 조정을 할 수 있지만, 그 조정이 공공복리에 적합하지 아니하거나 해당 처분의 성질에 반하는 경우에는 그러하지 아니하다. (21국회8급,21행정사,18국가7급)

□□□□□ ★

조 50-2. 행정심판에서 조정은 당사자가 합의한 사항을 조정서에 기재한 후 당사자가 서명 또는 날인함으로써 완성된다. (21경행,20지방7급)

□□□□□

조 50-3. 조정이 성립되면 재결의 기속력 규정 뿐만 아니라 행정심판 위원회의 간접강제 규정도 준용된다. (23경간)

행정심판법 제43조의 2(조정) ① 위원회는 당사자의 권리 및 권한의 범위에서 당사자의 동의를 받아 심판청구의 신속하고 공정한 해결을 위하여 조정을 할 수 있다. 다만, 그 조정이 공공복리에 적합하지 아니하거나 해당 처분의 성질에 반하는 경우에는 그러하지 아니하다.
② 위원회는 제1항의 조정을 함에 있어서 심판청구된 사건의 법적 · 사실적 상태와 당사자 및 이해관계자의 이익 등 모든 사정을 참작하고, 조정의 이유와 취지를 설명하여야 한다.
③ 조정은 당사자가 합의한 사항을 조정서에 기재한 후 **당사자가 서명 또는 날인하고 위원회가 이를 확인함으로서 성립**한다.
④ 제3항에 따른 조정에 대하여는 제48조부터 제50조까지, 제50조의2, 제51조의 규정을 준용한다. → 재결의 기속력(§49), 위원회의 간접강제(§50의2) 규정은 조정에 준용됨. **[날먹행 447p]**

□□□□□ ★

조 51. 행정심판위원회는 재결을 한 후 증거서류 등의 반환 신청을 받으면 청구인이 제출한 문서·장부 ·물건이나 그 밖의 증거자료의 원본을 지체 없이 제출자에게 반환하여야 한다. (12지방7급)

행정심판법 제55조(증거서류 등의 반환) 위원회는 재결을 한 후 증거서류 등의 반환 신청을 받으면 신청인이 제출한 문서 · 장부 · 물건이나 그 밖의 증거자료의 원본(原本)을 지체 없이 제출자에게 반환하여야 한다. **[날먹행 448p]**

□□□□□ ★

조 52-1. 행정절차법은 행정청이 처분을 하는 때에는 당사자에게 제소기간을 알려야 한다고 규정하고 있으나 제소기간을 알리지 아니하거나, 알렸지만 잘못 알린 경우에 관하여는 아무런 규정이 없다. (10국회9급)

□□□□□

조 52-2. 행정심판법상의 고지제도와 관련하여, 신청에 의하여 고지하는 경우 해당 처분이 행정심판의 대상이 되는 처분인지에 대하여 고지하여야 한다. (11국회8급)

□□□□□ ★★

이 52-3. 행정심판법상의 고지는 불복제기의 가능성 여부 및 불복청구의 요건 등 불복청구에 필요한 사항을 알려주는 권력적 사실행위로서 처분성이 인정된다. (11국회8급)

OX 정답

50-1. X 50-2. X 50-3. O 51. O 52-1. O 52-2. O 52-3. X

□□□□□

조 52-4. 행정청이 처분을 서면으로 하는 경우 상대방과 제3자에게 행정심판을 제기할 수 있는지 여부와 제기하는 경우의 행정심판절차 및 청구기간을 직접 알려야 한다. **(18지방9급)**

- **고지는 비권력적 사실행위, 처분성 인정 X** **[날먹행 448p]**
- **행정심판법 제58조(행정심판의 고지)**

① 행정청이 처분을 할 때에는 **처분의 상대방에게** 다음 각 호의 사항을 알려야 한다. → **직권고지: 고지방법에 제한 X,** 고지의 상대방은 처분의 상대방임. (52-4번 문제)

1. 해당 처분에 대하여 행정심판을 청구할 수 있는지 2. 행정심판을 청구하는 경우의 심판청구 절차 및 심판청구 기간

② 행정청은 **이해관계인이 요구하면** 다음 각 호의 사항을 **지체 없이** 알려 주어야 한다. 이 경우 **서면으로 알려 줄 것을 요구받으면** 서면으로 알려 주어야 한다. → **신청고지**

1. **해당 처분이 행정심판의 대상이 되는 처분인지** 2. 행정심판의 대상이 되는 경우 소관 위원회 및 심판청구 기간

□□□□□ ★

조 53-1. 행정청이 심판청구 기간을 알리지 아니한 경우에는 청구인은 언제든지 심판청구를 할 수 있다. **(19서울7급,16지방9급)**

□□□□□ ★★

조 53-2. 행정청이 처분을 할 때에 처분의 상대방에게 심판청구 기간을 알리지 아니한 경우에는 처분이 있었던 날부터 180일까지가 취소심판이나 의무이행심판의 청구기간이 된다. **(20국회8급,19서울9급)**

□□□□□

조 53-3. 행정심판에서는 행정청이 상대방에게 심판청구기간을 법정심판청구기간보다 긴 기간으로 잘못 알린 경우에 그 잘못 알린 기간 내에 심판청구가 있으면 그 심판청구는 법정심판청구기간 내에 제기된 것으로 보나 행정소소송에서는 그렇지 않다. **(18국가9급)**

□□□□□ ★

조 53-4. 행정심판법은 행정심판은 처분이 있음을 알게 된 날부터 90일 이내에, 처분이 있었던 날부터 1년이 지나면 청구하지 못한다는 규정을 두고 있으며, 이 기간은 불변기간으로 한다. **(22국회9급)**

행정심판법 제27조(심판청구의 기간) ① 행정심판은 처분이 있음을 **알게 된 날부터 90일** 이내에 청구하여야 한다.

③ 행정심판은 **처분이 있었던 날부터 180일**이 지나면 청구하지 못한다. 다만, 정당한 사유가 있는 경우에는 그러하지 아니하다.

④ 제1항과 제2항의 기간은 불변기간(不變期間)으로 한다. → **'처분이 있음을 알게 된 날부터 90일 이내'**의 경우만 불변기간임

⑤ 행정청이 심판청구 기간을 **제1항에 규정된 기간보다 긴 기간으로 잘못 알린 경우 그 잘못 알린 기간에 심판청구가 있으면 그 행정심판은 제1항에 규정된 기간에 청구된 것으로 본다. → 행정소송에 적용 X**

⑥ **행정청이 심판청구 기간을** 알리지 아니한 경우에는 **제3항에 규정된 기간에 심판청구**를 할 수 있다.

[날먹행 449p]

OX 정답

52-4. X 53-1. X 53-2. O 53-3. O 53-4. X

□□□□□ ★★★

판 53-5. 행정청이 처분을 하면서 고지의무를 이행하지 않은 경우 또는 잘못 고지한 경우 당해 처분은 위법하다. **(22지방9급,22군무원9급)**

판례 고지절차에 관한 규정은 행정처분의 상대방이 그 처분에 대한 행정심판의 절차를 밟는데 있어 편의를 제공하려는데 있으며 처분청이 위 규정에 따른 고지의무를 이행하지 아니하였다고 하더라도 경우에 따라서는 행정심판의 제기기간이 연장될 수 있는 것에 그치고 이로 인하여 심판의 대상이 되는 행정처분에 어떤 하자가 수반된다고 할 수 없다(87누529). **[날먹행 403p]**

제 3 절 이의신청과 처분의 재심사

□□□□□ ★

조 1-1. 이의신청에 대한 결과를 통지받은 후 행정심판 또는 행정소송을 제기하려는 자는 그 결과를 통지받은 날부터 90일 이내에 행정심판 또는 행정소송을 제기할 수 있다. **(23군무원7급)**

□□□□□ ★

조 1-2. 공무원 인사관계 법령에 의한 징계 등 처분에 관한 사항에 대하여도 '행정기본법'상의 이의신청 규정이 적용된다. **(23군무원7급,22경간)**

- **행정기본법 제36조(처분에 대한 이의신청)** ① 행정청의 처분(「행정심판법」 제3조에 따라 같은 법에 따른 행정심판의 대상이 되는 처분을 말한다. 이하 이 조에서 같다)에 **이의가 있는 당사자는 처분을 받은 날부터 30일 이내에 해당 행정청에 이의신청을 할 수 있다.**

  ④ 이의신청에 대한 결과를 통지받은 후 행정심판 또는 행정소송을 제기하려는 자는 그 결과를 통지받은 날(제2항에 따른 통지기간 내에 결과를 통지받지 못한 경우에는 같은 항에 따른 통지기간이 만료되는 날의 다음 날을 말한다)부터 90일 이내에 행정심판 또는 행정소송을 제기할 수 있다.

  ⑦ 다음 각 호의 어느 하나에 해당하는 사항에 관하여는 **이 조를 적용하지 아니한다.**

  1. 공무원 인사 관계 법령에 따른 징계 등 처분에 관한 사항

  2. 「국가인권위원회법」 제30조에 따른 진정에 대한 국가인권위원회의 결정

  3. 「노동위원회법」 제2조의2에 따라 노동위원회의 의결을 거쳐 행하는 사항

  4. 형사, 행형 및 보안처분 관계 법령에 따라 행하는 사항

  5. 외국인의 출입국 · 난민인정 · 귀화 · 국적회복에 관한 사항

  6. 과태료 부과 및 징수에 관한 사항

[날먹행 450p]

OX 정답

52-5. X / 3절 1-1. ○ 1-2. X

□□□□□ ★

조 2-1. 당사자는 처분에 대하여 법원의 확정판결이 있는 경우에는 처분의 근거가 된 사실관계 또는 법률관계가 추후에 당사자에게 유리하게 바뀐 경우에도 해당 처분을 한 행정청이 처분을 취소철회허가나 변경하여 줄 것을 신청할 수는 없다. (23군무원7급)

□□□□□ ★

조 2-2. 처분을 유지하는 재심사 결과에 대하여는 행정심판, 행정소송 및 그밖의 쟁송수단을 통하여 불복할 수 없다. (23군무원7급)

- **행정기본법 제37조(처분의 재심사)** ① **당사자는 처분**(제재처분 및 행정상 강제는 제외한다. 이하 이 조에서 같다)**이 행정심판, 행정소송 및 그 밖의 쟁송을 통하여 다툴 수 없게 된 경우**(법원의 확정판결이 있는 경우는 제외한다)**라도** 다음 각 호의 어느 하나에 해당하는 경우에는 해당 처분을 한 **행정청에 처분을 취소 · 철회하거나 변경하여 줄 것을 신청할 수 있다.**
  1. 처분의 근거가 된 **사실관계 또는 법률관계가 추후에 당사자에게 유리하게 바뀐 경우**
  2. 당사자에게 유리한 결정을 가져다주었을 **새로운 증거**가 있는 경우
  3. 「민사소송법」 제451조에 따른 **재심사유에 준하는 사유가 발생**한 경우 등 대통령령으로 정하는 경우

  ⑤ 제4항에 따른 **처분의 재심사 결과 중 처분을 유지하는 결과에 대해서는 행정심판, 행정소송 및 그 밖의 쟁송수단을 통하여 불복할 수 없다.**

  [날먹행 450,451p]

OX 정답

2-1. O 2-2. O

사례형 문제

01 ☐☐☐☐☐

다음 사례에서 법원이 피고 행정청의 처분이 재량을 남용하였다고 판단하면서 인용한 행정법의 일반원칙을 가장 잘 묶은 것은? 13서울7급

> 원판결이유에 의하면 원심은 원고가 원판시와 같이 부산시 영도구청의 당직 근무대기 중 약 25분간 같은 근무조원 3명과 함께 시민과장실에서 심심풀이로 돈을 걸지 않고 점수따기 화투놀이를 한 사실을 확정한 다음 이것이 「국가공무원법」 제78조 1,3호 규정의 징계사유에 해당한다 할지라도 당직근무시간이 아닌 그 대기중에 불과 약 25분간 심심풀이로 한 것이고 또 돈을 걸지 아니하고 점수따기를 한 데 불과하며 원고와 함께 화투놀이를 한 3명(지방공무원)은 부산시 소청심사위원회에서 견책에 처하기로 의결된 사실이 인정되는 점 등 제반 사정을 고려하면 피고가 원고에 대한 징계처분으로 파면을 택한 것은 재량의 범위를 벗어난 위법한 것이다.

① 평등의 원칙, 신뢰보호의 원칙
② 행정의 자기구속의 법리, 법률적합성의 원칙
③ 비례의 원칙, 평등의 원칙
④ 신뢰보호의 원칙, 부당결부금지의 원칙
⑤ 부당결부금지의 원칙, 비례의 원칙

해설

① (X) ② (X) ③ (O) ④ (X) ⑤ (X)

판례 국가공무원법 제78조 1,3호 규정의 징계사유에 해당한다 할지라도 **당직 근무시간이 아닌 그 대기중에 불과 약 25분간 심심풀이로 한것이고 또 돈을 걸지 아니하고 점수따기를 한데 불과**하며 **원고와 함께 화투놀이를 한 3명(지방공무원)은 부산시 소청심사위원회에서 견책에 처하기로 의결된 사실이 인정**되는 점 등 제반 사정을 고려하면 피고가 원고에 대한 징계처분으로 파면을 택한 것은 당직근무 대기자의 실정이나 **공평의 원칙상 그 재량의 범위를 벗어난 위법**한 것이다(72누194). [날먹행 34p]

- **비례의 원칙**은 국민의 기본권을 제한함에 있어 국가작용의 한계를 명시한 것으로서, **목적의 정당성, 수단의 적합성, 피해의 필요성, 상당성 어느 하나에라도 저촉이 되면 위헌이 되는 헌법상의 원칙**임.
  → 사안에서는 피고 행정청이 원고에게 파면 이외에도 견책이라는 더 낮은 징계처분을 내릴 수 있었으므로, 피고 행정청은 적합한 수단들 가운데 최소한의 침해를 주는 수단을 선택해야 하는 **필요성의 원칙(최소침해의 원칙)을 위반한** 것이며, 달성하려는 공익과 침해되는 원고의 사익을 비교형량해 보았을 때 **상당성의 원칙에도** 위배된 것이므로, 피고의 처분은 **비례의 원칙에 위반됨**. 또한 함께 화투놀이를 한 다른 공무원들은 견책을 받았으므로, **평등의 원칙에 위배됨**. [날먹행 35p]

정답 ③

02 ☐☐☐☐☐

신뢰보호원칙과 관련된 사안에 대한 검토의견으로 옳지 않은 것은? (다툼이 있는 경우 판례에 의함) **11국가9급**

① 사 안: 보건복지부 장관은 중앙일간지에 "의료취약지 병원설립운용자에게 5년간 지방세 중 재산세를 면제한다"는 취지의 공고를 하였다. 이에 甲은 의료취약 인 B군(郡)에서 병원을 설립 · 운용하였으나, B군수는 「지방세법」 규정에 근거하여 甲에 대해 군세(郡稅)인 재산세를 부과하였다.

검토의견: 보건복지부 장관은 권한분장관계상 재산세를 부과할 권한이 없으므로 보건복지부 장관의 공고는 신뢰보호원칙의 요건인 행정청의 공적 견해표명에 해당하지 않는다. 따라서 甲은 신뢰보호원칙의 적용을 주장할 수는 없다.

② 사 안: 甲은 폐기물처리업 사업계획에 대하여 적정통보를 받은 상태에서 사업부지 토지에 대한 국토이용계획변경신청을 승인하여 주겠다는 취지의 공적인 견해표명이 없었음에도 불구하고 승인 받을 것을 신뢰하고 그에 기해 일정한 처리를 하였다. 그러나 그 후 甲은 국토이용계획변경 승인을 거부당하였다.

검토의견: 폐기물관리법령에 의한 폐기물처리법 사업계획에 대한 적정통보와 국토이용관리법령에 의한 국토이용계획 변경은 각기 그 제도적 취지와 결정단계에서 고려해야 할 사항들이 다르다. 따라서 甲은 신뢰보호 원칙에 의해 보호받을 수 없다.

③ 사 안: 건축주 甲은 건축사 乙에게 건축설계와 신청행위를 의뢰하였는데 乙의 귀책사유로 건축한계선을 위반하였고 이로써 철거명령을 받게 되었다.

검토의견: 甲과 그로부터 신청행위를 위임받은 수임인 乙 등 관계자 모두를 기준으로 판단할 때 甲에게 귀책사유가 있다고 볼 수 있으므로 甲은 신뢰보호원칙에 의해 보호받을 수 없다.

④ 사 안: 甲은 폐기물처리업에 대하여 사전에 관할 관청으로부터 적정통보를 받고 막대한 비용을 들여 허가요건을 갖춘 다음, 허가신청을 하였으나 다수 청소업자의 난립으로 안정적이고 효율적인 청소업무의 수행에 지장이 있다는 이유로 불허가처분을 받았다.

검토의견: 甲은 위 불허가처분이 신뢰보호의 원칙에 위반되므로 위법한 처분이라고 주장할 수 있다.

해설

① (X)

판례 보건사회부장관(현 보건복지부장관)이 "의료취약지 병원설립운영자 신청공고"를 하면서 국세 및 지방세를 비과세하겠다고 발표하였고, 그 후 내무부장관(현 행정안전부장관)이나 시 · 도지사가 도 또는 시 · 군에 대하여 지방세감면조례 제정을 지시하여 그 조례에 대한 승인의 의사를 미리 표명하였다면, **보건사회부장관에 의하여 이루어진 위 비과세의견해표명은 당해 과세관청의 그것과 마찬가지로 볼 여지가 충분하다**고 할 것이고, 또한 **납세자로서는 위와 같은 정부의 일정한 절차를 거친 공고에 대하여서는 보다 고도의 신뢰를 갖는 것이 일반적**이다(95누13746). [날먹행 39p]

② (O)

판례 **폐기물관리법령에 의한 폐기물처리업 사업계획에 대한 적정통보와 국토이용관리법령에 의한 국토이용계획변경은 각기 그 제도적 취지와 결정단계에서 고려해야 할 사항들이 다르므로,** 폐기물처리업 사업계획에 대하여 적정통보를 한 것만으로 그 사업부지 토지에 대한 국토이용계획변경신청을 승인하여 주겠다는 취지의 **공적인 견해표명을 한 것으로 볼 수 없다**(2004두8828). [날먹행 39p]

③ (O)

판례 **귀책사유**라 함은 **행정청의 견해표명의 하자가 상대방 등 관계자의 사실은폐나 기타 사위의 방법에 의한 신청행위 등 부정행위에 기인한 것이거나 그러한 부정행위가 없다고 하더라도 하자가 있음을 알았거나 중대한 과실로 알지 못한 경우 등을 의미한다고 해석함이 상당**하고, 귀책사유의 유무는 상대방과 그로부터 신청행위를 위임받은 수임인 등 관계자 모두를 기준으로 판단하여야 한다. / **건축주와 그로부터 건축설계를 위임받은 건축사가 상세계획지침에 의한 건축한계선의 제한이 있다는 사실을 간과**한 채 건축설계를 하고 이를 토대로 건축물의 신축 및 증축허가를 받아 건축이 상당한 정도 진행된 후에 건축선을 위반한 부분을 철거하라는 처분에 대하여, 그 신축 및 증축허가가 **정당하다고 신뢰한 데에 귀책사유가 있으므로 보호가치 있는 신뢰라고 볼 수 없다.** (2001두1512)

[날먹행 41p]

④ (O)

판례 폐기물처리업**에 대하여 사전에 관할관청으로부터 적정통보**를 받고 막대한 비용을 들여 허가요건을 갖춘 다음 허가신청을 하였음에도 다수 청소업자의 난립으로 안정적이고 효율적인 청소업무의 수행에 지장이 있다는 이유로 한 **불허가처분은** 신뢰보호의 원칙 및 비례의 원칙에 반하는 것**으로서 재량권을 남용한 위법한 처분**이다(98두4061).

[날먹행 39p]

정답 ①

03

다음 각 사례에 대한 설명으로 옳은 것만을 모두 고르면? 23지방9급

- 행정청 甲은 국유 일반재산인 건물 1층을 5년간 대부하는 계약을 乙과 체결하면서 대부료는 1년에 1억으로 정하였고 6회에 걸쳐 분납하기로 하였다. 甲은 乙이 1년간 대부료를 납부하지 않자, 체납한 대부료를 납부할 것을 통지하였다. 「국유재산법」에 따르면 국유재산의 대부료 등이 납부기한까지 납부되지 아니한 경우에는 「국세징수법」상의 강제징수에 관한 규정을 준용하고 있다.
- 행정청 甲은 국가 소유의 땅을 무단점유하여 사용하고 있는 丙에게 변상금 100만 원 부과처분을 하였다.

ㄱ. 甲이 乙에게 대부하는 행위는 공권력의 주체로서 상대방의 의사 여하에 불구하고 일방적으로 행하는 행정처분이 아니다.
ㄴ. 甲은 대부료를 납부하지 않은 乙을 상대로 민사소송을 제기하여 대부료 지급을 구해야 한다.
ㄷ. 변상금 부과처분은 순전히 사경제 주체로서 행하는 사법상의 법률행위이므로, 丙은 그 처분에 대해 민사소송을 제기하여 다툴 수 있다.

① ㄱ ② ㄴ ③ ㄱ, ㄷ ④ ㄱ, ㄴ, ㄷ

해설

ㄱ. (O)

판례 산림청장이나 그로부터 권한을 위임받은 행정청이 산림법 등이 정하는 바에 따라 국유임야를 대부하거나 매각하는 행위는 사경제적 주체로서 상대방과 대등한 입장에서 하는 사법상 계약이지 행정청이 공권력의 주체로서 상대방의 의사 여하에 불구하고 일방적으로 행하는 행정처분이라고 볼 수 없으며 이 **대부계약에 의한 대부료부과 조치 역시 사법상 채무이행을 구하는 것으로 보아야지 이를 행정처분이라고 할 수 없다**(91누11612). [날먹행 49p]

ㄴ. (X)

판례 국유 일반재산의 관리·처분에 관한 사무를 위탁받은 자는 국유 일반재산의 대부료 등이 납부기한까지 납부되지 아니한 경우에는 국세징수법 제23조와 같은 법의 체납처분에 관한 규정을 준용하여 대부료 등을 징수할 수 있다. 이와 같이 **국유 일반재산의 대부료 등의 징수**에 관하여는 국세징수법 규정을 준용한 간이하고 경제적인 특별구제절차가 마련되어 있으므로, 특별한 사정이 없는 한 **민사소송의 방법으로 대부료 등의 지급을 구하는 것은 허용되지 아니한다**(2014다20358). [날먹행 49p]

ㄷ. (X)

판례 국유재산법 제51조 제1항은 국유재산의 무단점유자에 대하여는 대부 또는 사용, 수익허가 등을 받은 경우에 납부하여야 할 대부료 또는 사용료 상당액 외에도 그 징벌적 의미에서 국가측이 일방적으로 그 2할 상당액을 추가하여 변상금을 징수토록 하고 있으며 동조 제2항은 변상금의 체납시 국세징수법에 의하여 강제징수토록 하고 있는 점 등에 비추어 보면 **국유재산의 관리청이 그 무단점유자에 대하여 하는 변상금부과처분은 순전히 사경제 주체로서 행하는 사법상의 법률행위라 할 수 없고 이는 관리청이 공권력을 가진 우월적 지위에서 행한 것으로서 행정소송의 대상이 되는 행정처분이라고 보아야 한다**(87누1046). [날먹행 49p]

정답 ①

04 ☐☐☐☐☐

'대기환경보전법'상 개선명령에 관한 다음 조문에 대한 설명으로 옳지 않은 것은? (다툼이 있으면 판례에 의함) 22지방7급

> **제1조(목적)** 이 법은 대기오염으로 인한 국민건강이나 환경에 관한 위해(危害)를 예방하고 대기환경을 적정하고 지속가능하게 관리·보전하여 모든 국민이 건강하고 쾌적한 환경에서 생활할 수 있게 하는 것을 목적으로 한다.
>
> **제33조(개선명령)** 환경부장관 또는 시·도지사는 제30조에 따른 신고를 한 후 조업 중인 배출시설에서 나오는 오염물질의 정도가 제16조나 제29조제3항에 따른 배출허용기준을 초과한다고 인정하면 대통령령으로 정하는 바에 따라 기간을 정하여 사업자(제29조제2항에 따른 공동 방지시설의 대표자를 포함한다)에게 그 오염물질의 정도가 배출허용기준 이하로 내려가도록 필요한 조치를 취할 것(이하 "개선명령"이라 한다)을 명할 수 있다.

① 환경부장관은 위 법률 제33조에서 위임한 사항을 규정한 대통령령을 입법예고를 할 때와 개정하였을 때에는 10일 이내에 이를 국회 상임위원회에 제출하여야 한다.

② 환경부장관이 인근 주민의 개선명령 신청에 대해 거부한 행위가 항고소송의 대상이 되는 처분이 되기 위해서는 인근 주민에게 개선명령을 발할 것을 요구할 수 있는 신청권이 있어야 한다.

③ 인근 주민이 배출시설에서 나오는 대기오염물질로 인하여 생명과 건강에 심각한 위협을 받고 있다면, 환경부장관의 개선명령에 대한 재량권은 축소될 수 있다.

④ 환경부장관에게는 하자 없는 재량행사를 할 의무가 인정되므로, 위 개선명령의 근거 및 관련 조항의 사익보호성 여부를 따질 필요 없이 인근 주민에게는 소위 무하자재량행사청구권이 인정된다.

해설

① (O)

> • **국회법 제98조의2(대통령령 등의 제출 등)**
>
> ① 중앙행정기관의 장은 법률에서 위임한 사항이나 법률을 집행하기 위하여 필요한 사항을 규정한 대통령령 · 총리령 · 부령 · 훈령 · 예규 · 고시 등이 제정 · 개정 또는 폐지되었을 때에는 10일 이내에 이를 국회 소관 상임위원회에 제출하여야 한다. 다만, **대통령령의 경우에는 입법예고를 할 때**(입법예고를 생략하는 경우에는 법제처장에게 심사를 요청할 때를 말한다)에도 그 입법예고안을 10일 이내에 제출하여야 한다. [날먹행 81p]

② (O)

> **판례** 국민의 적극적 행위 신청에 대하여 **행정청이 그 신청에 따른 행위를 하지 않겠다고 거부한 행위가 항고소송의 대상이 되는 행정처분에 해당**하는 것이라고 하려면, 그 신청한 행위가 공권력의 행사 또는 이에 준하는 행정작용이어야 하고, 그 거부행위가 신청인의 법률관계에 어떤 변동을 일으키는 것이어야 하며, **그 국민에게 그 행위발동을 요구할 법규상 또는 조리상의 신청권이 있어야** 하는바, 여기에서 '신청인의 법률관계에 어떤 변동을 일으키는 것'이라는 의미는 신청인의 실체상의 권리관계에 직접적인 변동을 일으키는 것은 물론, 그렇지 않다 하더라도 신청인이 실체상의 권리자로서 권리를 행사함에 중대한 지장을 초래하는 것도 포함한다(2007두1316).
>
> [날먹행 356p]

③ (O)

- **재량행위의 경우 재량이 0으로 수축**하기 위해서는
  ① 생명·신체 등 **중대한 개인적 법익에 대한 위해가 존재**해야 하며,
  ② 그러한 위험이 **행정권의 발동에 의해 제거될 수 있어야** 하고,
  ③ **개인적인 노력만으로는 권익침해의 방지가 충분하게 이루어질 수 없어야** 한다. [날먹행 56p]

④ (X)

- **무하자재량행사청구권의 성립요건**
  ① 강행법규가 존재
  ② 재량법규가 **사익보호성**이 있어야 함. [날먹행 55p]

정답 ④

05 ☐☐☐☐☐

다음 사례에 대한 설명으로 가장 옳은 것은? 10국가9급

> 국립 ○○ 교육대학 교수회는 학칙에 의거해 징계권자인 학장(피고)의 요구에 따라 교내·외의 과격시위 등에 가담한 갑(원고)외 학생들에게 무기정학과 퇴학처분 등의 징계의결을 하였다. 피고가 위 징계의결의 내용이 미흡하다는 이유로 재심을 요청하여 다시 교수회가 개최되었는데, 그 자리에서 피고는 자신에게 위 징계의결내용을 직권으로 조정할 권한을 위임하여 줄 것을 요청하여 찬반토론은 거쳤으나 표결은 하지 않았다. 이에 피고는 같은 일자로 원고에 대한 위 교수회의 징계의결내용을 변경하여 원고에 대하여 퇴학처분을 하였다.

① 오늘날 특별권력관계의 특수성은 여전히 인정되므로, 특별권력관계의 목적달성을 위하여는 법률의 근거가 없는 경우에도 당연한 기본권이 제한된다.

② 학생에 대한 징계권의 발동이나 징계의 양정은 징계권자인 ○○교육대학 학장의 교육적 재량에 맡겨져 있지만, 교수회의 의결을 요건으로 하므로 위 징계처분은 기속행위로 보아야 한다.

③ 효과재량설의 입장에서 보면 징계처분은 재량행위라고 보게 되므로, 관계법령 또는 학칙상 징계사유가 존재하더라도 반드시 징계를 하여야 하는 것은 아니다.

④ ○○교육대학 학생에 대한 퇴학처분은 국립대학교의 내부질서유지를 위해 학칙 위반자인 재학생에 대한 구체적 법집행으로서 행정소송법상의 처분에 해당한다.

해설

① (X)

> 종래 특별권력관계론에 따르면 법적 근거 없이도 특별권력주체는 기본권을 제한할 수 있는 것으로 보았으나(법률유보원칙, 사법심사, 기본권이 모두 적용되지 않는 관계), 오늘날 통설·판례는 특별권력관계에 대해서도 사법심사가 제한없이 이루어져야 한다는 입장으로, 원칙적으로 법률에 의해서만 기본권제한이 가능하다고 함. [날먹행 58p]

② (X)

> **판례** **학생에 대한 징계권의 발동이나 징계의 양정이 징계권자의 교육적 재량에 맡겨져 있다 할지라도 법원이 심리한 결과 그 징계처분에 위법사유가 있다고 판단되는 경우에는 이를 취소할 수 있는 것이고**, 징계처분이 교육적 재량행위라는 이유만으로 사법심사의 대상에서 당연히 제외되는 것은 아니다(91누2144). → 징계권자에게 징계권의 발동이나 징계의 양정에 관한 재량이 부여되어 있고, 징계가 내려지기 위해서는 교수회의 의결이 필수적으로 필요하며, 이러한 의결 과정이 있다고 하더라도 징계에 관한 재량행위적 성격이 기속행위로 바뀌는 것은 아니므로 해당 지문이 틀린 것임. [날먹행 59p]

③ (X)

> - **재량행위와 기속행위의 구별기준** [날먹행 94p]
>   **효과재량설은 부담·침익적 행정행위는 기속행위, 수익적 행정행위는 재량행위**라고 봄
>   → 사안과 같은 **징계처분은 부담적 행정행위이어서, 효과재량설의 입장에서는 기속행위**이므로, **반드시 징계를 해야 한다.**

④ (O)

> **판례** **국립 교육대학 학생에 대한 퇴학처분**은, 학칙 위반자인 재학생에 대한 구체적 법집행으로서 국가공권력의 하나인 징계권을 발동하여 학생으로서의 신분을 일방적으로 박탈하는 국가의 교육행정에 관한 의사를 외부에 표시한 것이므로, 행정처분임이 명백하다.(91누2144). [날먹행 59p]

정답 ④

06 ☐☐☐☐☐

다음 사례에 대한 설명으로 옳지 않은 것은? (다툼이 있는 경우 판례에 의함) 21국회8급

> • 갑은 주택을 건축하기 위하여 관할 행정청에 「건축법」에 따라 건축신고를 하였다.
> • 갑의 건축행위는 「국토의 계획 및 이용에 관한 법률」에 따른 개발행위허가가 필요한 경우이다.
> • 「건축법」은 건축신고가 이루어진 경우 개발행위허가가 의제되는 것으로 규정하고 있다.

① 갑의 건축신고가 부적법한데도 행정청이 이를 수리하였다고 하여 신고에 어떠한 법적 효과가 발생하는 경우는 없다.

② 갑의 건축신고를 관할 행정청이 수리하지 않는 경우 그 거부행위에 대해 갑은 취소소송을 제기하여 다툴 수 있다.

③ 갑이 적법한 건축행위를 할 수 있는 시점은 적법한 신고서를 행정청에 제출한 시점이 아니고 행정청이 이를 수리한 시점이다.

④ 갑의 건축신고가 개발행위허가에 필요한 요건을 충족하지 못한 경우 행정청은 이를 이유로 갑의 건축신고수리를 거부할 수 있다.

⑤ 갑의 건축신고는 행정청이 그 실체적 요건에 관한 심사를 한 후 수리하여야 하는 이른바 '수리를 요하는 신고'에 해당한다.

해설

① (X), ④ (O)

> • **행위요건적 신고(수리를 요하는 신고)가 부적법하게 이루어진 경우**
> 1) **수리 거부** → 행정청은 수리 거부 가능(④)
> 2) **보완 없이 수리한 경우**
> → 하자있는 행정행위이므로, 하자가 중대·명백하면 수리는 무효, 하자가 취소사유에 불과하면 취소 전까지는 유효하므로 신고의 효력이 발생함(①) [날먹행 67p]

② (O)

> • **행위요건적 신고의 수리·거부의 처분성** 신고 수리·거부행위는 처분 O [날먹행 67p]

③ (O)

> • 수리를 요하는 신고의 경우, **형식적·실질적 요건까지 행정청이 심사하여 수리해야** 법적 효과가 발생. [날먹행 66p]

⑤ (O)

> **판례** 인허가의제 효과를 수반하는 건축신고는 일반적인 건축신고와는 달리, 특별한 사정이 없는 한 행정청이 그 실체적 요건에 고나한 심사를 한 후 수리하여야 하는 '수리를 요하는 신고'에 해당한다. [날먹행 373p]

정답 ①

01

甲은 청소년에게 주류를 제공하였다는 이유로 A구청장으로부터 6개월 이내에서 영업정지처분을 할 수 있다고 규정하는 식품위생법 제 75조, 총리령인 식품위생법시행규칙 제89조 및 별표[행정처분의 기준]에 근거하여 영업정지 2개월 처분을 받았다. 갑은 처음으로 단속된 사람이었다. 이에 대한 다음의 설명 중 가장 옳은 것은? (단, 다툼이 있는 경우 판례에 의함) 21군무원7급

① 위 영업정지처분은 기속행위이다.

② 위 별표는 법규명령이다.

③ A구청장은 2개월의 영업정지처분을 함에 있어서 가중 감경의 여지는 없다.

④ A구청장이 유사 사례와의 형평성을 고려하지 않고 3개월의 영업정지처분을 하였다면 甲은 행정의 자기구속원칙의 위반으로 위법함을 주장할 수 있다.

해설

① (X)

식품위생법 제75조는 "6개월 이내에서 영업정지처분을 할 수 있다"고 규정하고 있으므로, 재량행위에 해당함. [날먹행 95p]

② (X), ③ (X)

판례 구 식품위생법시행규칙 제53조에서 [별표 15]로 식품위생법 제58조에 따른 행정처분의 기준을 정하였다고 하더라도 이는 형식만 부령으로 되어 있을 뿐, 그 성질은 행정기관 내부의 사무처리준칙을 정한 것으로서 행정명령의 성질을 가지는 것이고, 대외적으로 국민이나 법원을 기속하는 힘이 있는 것은 아니므로 같은 법 제58조 제1항에 의한 처분의 적법 여부는 같은법시행규칙에 적합한 것인가의 여부에 따라 판단할 것이 아니라 같은 법의 규정 및 그 취지에 적합한 것인가의 여부에 따라 판단하여야 한다(94누6925). → **대외적으로 국민이나 법원을 기속하지 않으므로, 2개월의 영업정지처분을 함에 있어서 가중 감경하는 재량행사가 가능함.**(③) [날먹행 88p]

④ (O)

판례 상급행정기관이 하급행정기관에 대하여 업무처리지침이나 법령의 해석적용에 관한 기준을 정하여 발하는 이른바 '행정규칙이나 내부지침'은 일반적으로 행정조직 내부에서만 효력을 가질 뿐 대외적인 구속력을 갖는 것은 아니므로 행정처분이 그에 위반하였다고 하여 그러한 사정만으로 곧바로 위법하게 되는 것은 아니다. 다만, **재량권 행사의 준칙인 행정규칙이 그 정한 바에 따라 되풀이 시행되어 행정관행이 이루어지게 되면 평등의 원칙이나 신뢰보호의 원칙에 따라 행정기관은 그 상대방에 대한 관계에서 그 규칙에 따라야 할 자기구속을 받게 되므로, 이러한 경우에는 특별한 사정이 없는 한 그를 위반하는 처분은 평등의 원칙이나 신뢰보호의 원칙에 위배되어 재량권을 일탈·남용한 위법한 처분이 된다**(2009두7967). [날먹행 46p]

정답 ④

02 ☐☐☐☐☐

甲은 「폐기물관리법」에 따라 폐기물처리업의 허가를 받기 전에 행정청 乙에게 폐기물처리사업계획서를 작성하여 제출하였고, 乙은 그 사업계획서를 검토하여 적합통보를 하였다. 이에 대한 설명으로 옳지 않은 것은? (다툼이 있는 경우 판례에 의함)

18국가7급

① 甲이 폐기물처리업허가를 받기 위해서는 용도지역을 변경하는 국토이용계획변경이 선행되어야 할 경우, 甲에게 국토이용계획변경을 신청할 권리가 인정된다.

② 사업계획서 적합통보가 있는 경우 폐기물처리업의 허가단계에서는 나머지 허가요건만을 심사한다.

③ 사업계획의 적합 여부는 乙의 재량에 속하고, 사업계획 적합여부 통보를 위하여 필요한 기준을 정하는 것도 역시 乙의 재량에 속한다.

④ 적합통보를 받은 甲은 폐기물처리업의 허가를 받기 전이라도 부분적으로 폐기물처리를 적법하게 할 수 있다.

해설

① (O)

행정계획의 계획변경 · 폐지청구권 → 원칙적으로는 그 계획이 일단 확정된 후에 어떤 사정의 변동이 있다고 하여 그러한 사유만으로는 지역주민이나 일반 이해관계인에게 **일일이 그 계획의 변경을 신청할 권리를 인정하여 줄 수는 없을 것**이지만, 장래 일정한 기간 내에 관계 법령이 규정하는 시설 등을 갖추어 **일정한 행정처분을 구하는 신청을 할 수 있는 법률상 지위에 있는 자의 국토이용계획변경신청을 거부하는 것이 실질적으로 당해 행정처분 자체를 거부하는 결과가 되는 경우**에는 **예외적으로 그 신청인에게 국토이용계획변경을 신청할 권리가 인정된다**고 봄이 상당하므로, 이러한 **신청에 대한 거부행위는 항고소송의 대상이 되는 행정처분에 해당**한다(2001두10936). (21국가9급) **[날먹행 152p]**

② (O)

사전결정은 최종적인 행정결정을 내리기 전에 일부에 대해 심사해서 내린 결정이므로, 폐기물처리업의 허가단계에서는 나머지 허가요건만을 심사하면 됨. **[날먹행 100p]**

③ (O)

판례 **사업계획 적정 여부 통보를 위하여 필요한 기준을 정하는 것도 역시 행정청의 재량에 속하는 것**이므로, 그 설정된 기준이 객관적으로 합리적이 아니라거나 타당하지 않다고 볼 만한 다른 특별한 사정이 없는 이상 행정청의 의사는 가능한 한 존중되어야 한다(97누21086).

- 본행정행위의 법적성질에 따라 사전결정의 법적성질도 결정됨
  → 폐기물처리업의 허가가 특허이므로 재량행위 → 사업계획 적정여부 통보를 위해 기준을 정하는 것도 재량행위

[날먹행 100p]

④ (X)

사전결정의 기속력 X: 그 자체만으로는 상대방이 어떤 행위를 할 수 있는 것은 아님(부분허가와 차이). **[날먹행 100p]**

정답 ④

03

甲은 강학상 허가에 해당하는 '식품위생법' 상 영업허가를 신청하였다. 이에 대한 설명으로 옳은 것은? (다툼이 있는 경우 판례에 의함) 19지방9급

① 甲이 공무원인 경우 허가를 받으면 이는 '식품위생법' 상의 금지를 해제할 뿐만 아니라 '국가공무원법' 상의 영리업무 금지까지 해제하여 주는 효과가 있다.

② 甲이 허가를 신청한 이후 관계법령이 개정되어 허가요건을 충족하지 못하게 된 경우, 행정청이 허가신청을 수리하고도 정당한 이유 없이 그 처리를 늦추어 그 사이에 허가기준이 변경된 것이 아닌 이상 甲에게는 불허가처분을 하여야 한다.

③ 甲에게 허가가 부여된 이후 乙에게 또다른 신규허가가 행해진 경우, 甲에게는 특별한 규정이 없더라도 乙에 대한 신규허가를 다툴 수 있는 원고적격이 인정되는 것이 원칙이다.

④ 甲에 대해 허가가 거부되었음에도 불구하고 甲이 영업을 한 경우, 당해 영업행위는 사법(私法)상 효력이 없는 것이 원칙이다.

해설

① (X)

- **허가**: 원래 자유로운 행위를 행정 목적 달성을 위해 일반적 · 예방적 · 잠정적으로 금지하였다가 일정한 경우에 해제함으로써 자유를 회복시켜주는 행정행위를 의미함.
  → **허가는 상대적 금지의 해제**에 불과하여, **타법에 의한 금지까지 해제하는 효과가 있는 것은 아님** [날먹행 103p]

② (O)

- **허가의 기준**
  원칙적으로 처분시를 기준으로 허가여부를 결정함**(통설 · 판례)**
  ∴ **허가 신청 후 허가 기준이 변경되었더라도** 처분시를 **기준으로 위법 여부를 판단**함
  그러나 허가관청이 허가신청을 수리하고도 **정당한 이유없이 그 처리를 늦추어 그사이에 허가 기준이 변경된 경우에는 신청시를 기준**으로 함. [날먹행 103p]

③ (X)

판례 석탄수급조정에 관한 임시조치법 소정의 석탄가공업에 관한 **허가는 질서유지와 공공복리를 위한 금지를 해제하는 명령적 행정행위**여서 그 허가를 받은 자는 영업자유를 회복하는데 불과하고 독점적 영업권을 부여받은 것이 아니기 때문에 기존허가를 받은 원고들이 신규허가로 인하여 영업상 이익이 감소된다 하더라도 이는 원고들의 반사적 이익을 침해하는 것에 지나지 아니**하므로 원고들은 신규허가 처분에 대하여 행정소송을 제기할 법률상 이익이 없다**(80누33·34). [날먹행 372p]

④ (X)

- 허가 위반시 행정상 **강제집행과 행정벌의 대상**이 될 수 있음. 그러나 허가에 위반한 법률행위도 사법상 유효함. [날먹행 103p]

정답 ②

04 ☐☐☐☐☐

갑은 개발제한구역 내의 토지에 건축물을 건축하기 위하여 건축허가를 신청하였다. 이에 대한 설명으로 옳은 것(○)과 옳지 않은 것(X)을 바르게 연결한 것은? (다툼이 있는 경우 판례에 의함) 19국가7급

ㄱ. 갑의 허가신청이 관련 법령의 요건을 모두 충족한 경우에는 관할 행정청은 허가를 하여야 하며, 관련 법령상 제한사유 이외의 사유를 들어 허가를 거부할 수 없다.
ㄴ. 갑에게 허가를 하면서 일방적으로 부담을 부가할 수도 있지만, 부담을 부가하기 이전에 갑과 협의하여 부담의 내용을 협약의 형식으로 미리 정한 다음 허가를 하면서 이를 부가할 수도 있다.
ㄷ. 갑이 허가를 신청한 이후 관계 법령이 개정되어 허가기준이 변경되었다면, 허가 여부에 대해서는 신청 당시의 법령을 적용하여야 하며 허가 당시의 법령을 적용할 수 없다.
ㄹ. 허가가 거부되자 갑이 이에 대해 취소소송을 제기하여 승소하였고 판결이 확정되었다면, 관할 행정청은 갑에게 허가를 하여야 하며 이전 처분사유와 다른 사유를 들어 다시 허가를 거부할 수 없다.

	ㄱ	ㄴ	ㄷ	ㄹ
①	○	○	X	X
②	X	X	○	○
③	X	○	X	X
④	○	X	○	○

해설

㉠ (X)

판례 (구)도시계획법상의 개발제한구역 내의 건축물의 용도변경에 대한 예외적인 허가는 그 상대방에게 수익적이므로 재량행위 내지 자유재량행위에 속하는 것이다(98두17593). [날먹행 95p]

㉡ (○)

- **부담의 형식**
  일방적인 부담 부가도 가능, 상대방과 협의하여 부담의 내용을 협약의 형식으로 정한 다음 처분을 하면서 해당 부관을 붙이는 것도 가능함. [날먹행 118p]

㉢ (X)

- **허가의 기준**: 원칙적으로 처분시를 기준으로 허가여부를 결정함**(통설 · 판례)**
  ∴허가 신청 후 허가 기준이 변경되었더라도 처분시**를 기준으로 위법 여부를 판단**함. [날먹행 103p]

㉣ (X)

- **취소소송의 기속력의 내용: 재처분의무 - 거부처분취소의 경우**
  ① 거부처분이 **형식상 위법**을 이유로 취소된 경우, **행정청 위법사유를 보완하여 다시 재처분을 할 수 있음**
  ② 거부처분이 실체상 위법을 이유로 취소된 경우, **새로운 사유가 없다면 거부처분을 한 행정청은 신청을** 인용하는 처**분을 해야 함**. 단, 행정청은 ㉠ 거부처분 이후의 새로운 사유(기본적 사실관계의 동일성이 없는)를 이유로 하거나, ㉡ **사실심변론종결이후 발생한 새로운 사유를 내세워 다시 거부처분할 수 있다**(98두1895). [날먹행 414p]

정답 ③

05 ☐☐☐☐☐

다음 사례에 대한 설명으로 옳은 것은? (다툼이 있는 경우 판례에 의함) 11국가9급

> A는 허가청으로부터 B간판에 관하여 설치허가를 받았다. 설치기간은 2011. 3. 1.부터 2013. 2. 28.까지로 하기로 하였다. A는 2013. 4. 1.에 허가기간의 연장을 신청하였다. 그러나 허가청은 B간판이 2013. 4. 1. 현재의 관련 법령이 정하는 규격을 초과한다는 이유로 허가연장신청을 거부하였다.

① 허가의 갱신신청은 달리 정함이 없으면 원칙적으로 기한이 도래하기 전에 할 수도 있고 도래한 후에 할 수도 있다.

② 2013. 2. 28.이 지나면 종전 허가의 효과는 원칙적으로 소멸한다.

③ 종전의 허가기간 경과 후에 이루어진 신청에 따른 허가는 일반적으로 갱신허가에 해당한다.

④ 허가청이 허가연장신청을 거부한 것은 위법하다.

해설

① (X) ② (O)

> **판례** 허가기간이 연장되기 위하여는 그 종기가 도래하기 전에 그 허가기간의 연장에 관한 신청이 있어야 하며, 만일 그러한 **연장신청이 없는 상태에서 허가기간이 만료하였다면 그 허가의 효력은 상실**된다(2005두12404).
> [날먹행 104p]

③ (X)

> **기한 도래 후의 갱신신청에 따른 허가**는 별개의 새로운 행위가 됨. ∴갱신허가 X [날먹행 104p]

④ (X)

> **허가 신청 후 허가 기준이 변경되었더라도** 처분시**를 기준으로 위법 여부를 판단**함 **(통설 · 판례)**
> → 사안에서 처분시 법령에 위반된다는 이유로 처분을 거부한 것은 위법하지 않음. [날먹행 103p]

정답 ②

06 ☐☐☐☐☐

다음 사례에 대한 설명으로 옳지 않은 것을 고르시오. (다툼이 있는 경우 판례에 의함) 22국가9급

> 건축주 甲은 토지소유자 乙과 매매계약을 체결하고 乙로부터 토지사용승낙서를 받아 乙의 토지 위에 건축물을 건축하는 건축허가를 관할 행정청인 A시장으로부터 받았다. 매매계약서에 의하면 甲이 잔금을 기일 내에 지급하지 못하면 즉시 매매계약이 해제될 수 있고 이 경우 토지사용승낙서는 효력을 잃으며 甲은 건축허가를 포기·철회하기로 甲과 乙이 약정하였다. 乙은 甲이 잔금을 기일 내에 지급하지 않자 甲과의 매매계약을 해제하였다.

① 착공에 앞서 甲의 귀책사유로 해당 토지를 사용할 권리를 상실한 경우, 乙은 A시장에 대하여 건축허가의 철회를 신청할 수 있다.

② 건축허가는 대물적 성질을 갖는 것이어서 행정청으로서는 그 허가를 할 때에 건축주 또는 토지소유자가 누구인지 등 인적 요소에 관하여는 형식적 심사만 한다.

③ A시장은 건축허가 당시 별다른 하자가 없었고 철회의 법적근거가 없으므로 건축허가를 철회할 수 없다.

④ 철회권의 행사는 기득권의 침해를 정당화할 만한 중대한 공익상의 필요 또는 제3자의 이익을 보호할 필요가 있고, 공익상의 필요 등이 상대방이 입을 불이익을 정당화할 만큼 강한 경우에 한해 허용될 수 있다.

해설

① (O), ② (O)

판례 건축허가는 대물적 성질을 갖는 것이어서 행정청으로서는 허가를 할 때에 건축주 또는 토지 소유자가 누구인지 등 인적 요소에 관하여는 형식적 심사만 한다(②번지문) 건축주가 토지 소유자로부터 토지사용승낙서를 받아 그 토지 위에 건축물을 건축하는 대물적(대물적) 성질의 건축허가를 받았다가 **착공에 앞서 건축주의 귀책사유로 해당 토지를 사용할 권리를 상실한 경우,** 건축허가의 존재로 말미암아 토지에 대한 소유권 행사에 지장을 받을 수 있는 토지 소유자**로서는** 건축허가의 철회를 신청할 수 있다고 보아야 한다(①번지문). **따라서 토지 소유자의 위와 같은 신청을 거부한 행위는 항고소송의 대상이 된다**(2014두41190). [날먹행 102, 357, 375p]

③ (X), ④ (O)

판례 처분청은 처분 당시 하자가 없었고, 처분 후에 철회할 별도의 법적 근거가 없더라도 원래의 처분을 존속시킬 필요가 없게 된 사정변경이 생겼거나 중대한 공익상 필요가 발생한 경우 그 효력을 상실케 하는 별개의 행정행위로 이를 철회 가능하다. 단 **수익적 행정행위의 취소, 철회, 중지는** 기득권 침해를 정당화할 중대한 공익상 필요 또는 제3자의 이익을 보호할 필요가 있고, 이를 **상대방의 불이익과 비교교량**해 볼 때 공익상 필요 등이 상대방의 불이익을 정당화할 만큼 강한 경우에 한해 허용한다(2014두41190). [날먹행 144p]

정답 ③

07 □□□□□

다음 사례에 대한 설명으로 옳지 않은 것은?(다툼이 있는 경우 판례에 의함) 18지방9급

> 甲은 「식품위생법」 제37조 제1항에 따라 허가를 받아 식품조사처리업 영업을 하고 있던 중 乙과 영업양도계약을 체결하였다. 당해 계약은 하자있는 계약이었음에도 불구하고, 乙은 같은 법 제39조에 따라 식품의약품안전처장에게 영업자지위승계신고를 하였다.

① 식품의약품안전처장이 乙의 신고를 수리한다면, 이는 실질에 있어서 乙에게는 적법하게 사업을 할 수 있는 권리를 설정하여주는 행위이다.

② 식품의약품안전처장이 乙의 신고를 수리하는 경우에 甲과 乙의 영업양도계약이 무효라면 위 신고수리처분도 무효이다.

③ 식품의약품안전처장이 乙의 신고를 수리하기 전에 甲의 영업허가처분이 취소된 경우, 乙이 甲에 대한 영업허가처분의 취소를 구하는 소송을 제기할 법률상 이익은 없다.

④ 甲은 민사쟁송으로 양도·양수행위의 무효를 구함이 없이 막바로 식품의약품안전처장을 상대로 한 행정소송으로 위 신고수리처분의 무효확인을 구할 법률상 이익이 있다.

해설

① (O)

> **판례** (구)식품위생법 제25조 제1항·제3항에 의하여 영업양도에 따른 지위승계신고를 수리하는 허가관청의 행위는 단순히 양도·양수인 사이에 이미 발생한 사법상의 사업양도의 법률효과에 의하여 양수인이 그 영업을 승계하였다는 사실의 신고를 접수하는 행위에 그치는 것이 아니라, **실질에 있어서 양도자의 사업허가를 취소함과 아울러 양수자에게 적법히 사업을 할 수 있는 권리를 설정하여 주는 행위로서 사업허가자의 변경이라는 법률효과를 발생시키는 행위**라고 할 것이다(94누9146). (20지방9급) [날먹행 105p]

② (O), ④ (O)

> **판례** 사업양도·양수에 따른 허가관청의 지위승계신고의 수리는 적법한 사업의 양도·양수가 있었음을 전제로 하는 것이므로 그 수리대상인 사업양도·양수가 존재하지 아니하거나 무효인 때에는 수리를 하였다 하더라도 그 **수리는 유효한 대상이 없는 것으로서** 당연무효라 할 것이고, 사업의 양도행위가 무효라고 주장하는 양도자는 민사쟁송으로 양도·양수행위의 무효를 구함이 없이 막바로 허가관청을 상대로 하여 행정소송으로 위 신고수리처분의 무효확인을 구할 법률상 이익이 있다(2005두3554). [날먹행 114, 417p]

③ (X)

> **판례** 채석허가가 일반적·상대적 금지를 해제하여 자유를 회복시켜 주는 것일 뿐 권리를 설정하는 것이 아니어서 행정청과의 관계에서 수허가자의 지위의 승계를 직접 주장할 수는 없다 하더라도, 채석허가가 대물적 허가의 성질을 아울러 가지고 있고 **수허가자의 지위를 사실상 양수한 양수인의 이익을 보호하고자 하는 데 있는 것**으로 해석되므로, **수허가자의 지위를 양수받아 명의변경신고를 할 수 있는 양수인의 지위는 반사적 이익이나 사실상의 이익이 아니라 산림법령에 의하여 보호되는 직접적이고 구체적인 이익으로서 법률상 이익이라고 할 것**이고, 채석허가가 유효하게 존속하고 있다는 것이 양수인의 명의변경신고의 전제가 된다는 의미에서 관할 행정청이 양도인에 대하여 채석허가를 취소하는 처분을 하였다면 이는 양수인의 지위에 대한 직접적 침해가 된다고 할 것이므로 양수인은 채석허가를 취소하는 처분의 취소를 구할 법률상 이익을 가진다(2001두6289). [날먹행 369p]

정답 ③

08 ☐☐☐☐☐

甲은 여객자동차 운수사업법상 일반택시운송사업면허를 받아 사업을 운영하던 중, 자신의 사업을 乙에게 양도하고자 乙과 양도 · 양수계약을 체결하고 관련 법령에 따라 乙이 사업의 양도 · 양수신고를 하였다. 이와 관련한 설명으로 옳지 않은 것은? (다툼이 있는 경우 판례에 의함)

17지방7급

① 甲에 대한 일반택시운송사업면허는 원칙상 재량행위에 해당한다.

② 사업의 양도 · 양수에 대한 신고를 수리하는 행위는 행정절차법의 적용대상이 된다.

③ 甲과 乙사이의 사업양도 · 양수 계약이 무효이더라도 이에 대한 신고의 수리가 있게 되면 사업양도의 효과가 발생한다.

④ 사업의 양도 · 양수 신고가 수리된 경우, 甲은 민사쟁송으로 양도 · 양수행위의 무효를 구함이 없이 곧바로 항고 소송으로 신고 수리의 무효확인을 구할 법률상 이익이 있다.

해설

① (O)

판례 여객자동차 운수사업법에 의한 개인택시운송사업의 면허는 특정인에게 권리나 이익을 부여하는 행정청의 재량행위이고 위 법과 그 시행규칙의 범위 내에서 면허를 위하여 필요한 기준을 정하는 것 역시 행정청의 재량에 속하는 것이므로, 그 설정된 기준이 객관적으로 합리적이 아니라거나 타당하지 않다고 볼 만한 다른 특별한 사정이 없는 이상 행정청의 의사는 가능한 한 존중되어야 한다(2006두17987). **[날먹행 95p]**

② (O)

판례 구 식품위생법 규정에 의하여 영업자지위승계신고를 수리하는 처분은 종전의 영업자의 권익을 제한하는 처분이라 할 것이므로, 행정청으로서는 위 신고를 수리하는 처분을 함에 있어서 행정절차법 규정 소정의 당사자에 해당하는 종전의 영업자에 대하여 위 규정 소정의 행정절차를 실시하고 처분을 하여야 한다(2001두7015). **[날먹행 105, 178p]**

③ (X), ④ (O)

판례 사업양도 · 양수에 따른 허가관청의 지위승계신고의 수리는 적법한 사업의 양도 · 양수가 있었음을 전제로 하는 것이므로 그 수리대상인 사업양도 · 양수가 존재하지 아니하거나 무효인 때에는 수리를 하였다 하더라도 그 **수리는 유효한 대상이 없는 것으로서** 당연무효라 할 것이고, 사업의 양도행위가 무효라고 주장하는 양도자는 민사쟁송으로 양도 · 양수행위의 무효를 구함이 없이 막바로 허가관청을 상대로 하여 행정소송으로 위 신고수리처분의 무효확인을 구할 법률상 이익이 있다(2005두3554). **[날먹행 114, 417p]**

정답 ③

09 □□□□□

갑(甲)은 영업허가를 받아 영업을 하던 중 자신의 영업을 을(乙)에게 양도하고자 을과 사업 양도양수계약을 체결하고 관련법령에 따라 관할 행정청 A에게 지위승계신고를 하였다. 이에 대한 설명으로 가장 옳지 않은 것은? 19서울9급

① 갑과 을 사이의 사업양도양수계약이 무효이더라도 A가 지위승계신고를 수리하였다면 그 수리는 취소되기 전까지 유효하다.

② A가 지위승계신고의 수리를 거부한 경우 갑은 수리거부에 대해 취소소송으로 다툴 수 있다.

③ 갑과 을이 사업양도양수계약을 체결하였으나 지위승계신고 이전에 갑에 대해 영업허가가 취소되었다면, 을은 이를 다툴 법률상 이익이 있다.

④ 갑과 을이 관련법령상 요건을 갖춘 적법한 신고를 하였더라도 A가 이를 수리하지 않았다면 지위승계의 효력이 발생하지 않는다.

해설

① (X)

판례 사업양도·양수에 따른 허가관청의 지위승계신고의 수리는 적법한 사업의 양도·양수가 있었음을 전제로 하는 것이므로 그 수리대상인 사업양도·양수가 존재하지 아니하거나 무효인 때에는 수리를 하였다 하더라도 그 수리는 유효한 대상이 없는 것으로서 당연무효라 할 것이고, 사업의 양도행위가 무효라고 주장하는 양도자는 민사쟁송으로 양도·양수행위의 무효를 구함이 없이 막바로 허가관청을 상대로 하여 행정소송으로 위 신고수리처분의 무효확인을 구할 법률상 이익이 있다(2005두3554). **[날먹행 114, 417p]**

② (O)

지위승계신고는 수리를 요하는 신고 → **수리를 요하는 신고**는 신고의 수리가 있어야 법적효과가 발생하므로, **수리는 처분에 해당함** **[날먹행 66p]**

③ (O)

판례 채석허가가 유효하게 존속하고 있다는 것이 양수인의 명의변경신고의 전제가 된다는 의미에서 **관할 행정청이 양도인에 대하여 채석허가를 취소하는 처분을 하였다면 이는 양수인의 지위에 대한 직접적 침해가 된다고 할 것**이므로 **양수인은 채석허가를 취소하는 처분의 취소를 구할 법률상 이익을 가진다**(2001두6289). **[날먹행 369p]**

④ (O)

판례 영업양도에 따른 지위승계신고를 수리하는 허가관청의 행위는 실질에 있어서 양도자의 사업허가를 취소함과 아울러 양수자에게 적법히 사업을 할 수 있는 권리를 설정하여 주는 행위로서 사업허가자의 변경이라는 법률효과를 발생시키는 행위라고 할 것이다(94누9146). → 지위승계신고는 수리를 요하는 신고이므로, 행정청이 수리를 해야 효력이 발생함. **[날먹행 105p]**

정답 ①

10 ☐☐☐☐☐

갑은 공유수면매립법에 의거하여 관할 행정청으로부터 공유수면매립면허를 받으려고 한다. 공유수면매립면허와 관련된 설명으로 옳은 것은?

09지방9급

① 공유수면매립면허는 협력을 요하는 행정행위로 보는 것이 일반적 견해이다.

② 갑이 공유수면매립법에서 정한 소정의 요건을 갖춘 경우에 관할 행정청은 반드시 매립면허를 하여야 한다.

③ 갑의 공유수면매립면허 신청에 대한 면허거부처분이 재량권 일탈 남용에 해당하는 경우에도 법원은 이를 취소할 수 없다.

④ 관할 행정청은 갑에게 공유수면매립면허를 함에 있어서 부관을 붙일 수 없다.

해설

① (O), ② (X)

- **특허의 법적성질**
  ① 상대방에게 권리를 설정해주는 형성적행위
  ② 상대방의 신청을 필수요건으로 하는 협력을 요하는 행정행위 (①번 해설)
  ③ 공익과의 비교형량이 필수적이므로 재량행위 (②번 해설)

판례 공유수면매립면허는 설권행위인 특허의 성질을 갖는 것이므로 원칙적으로 **행정청의 자유재량**에 속하며, 일단 실효된 공유수면매립면허의 효력을 회복시키는 행위도 면허관청의 자유재량에 속하는 행위이다(88누9206).

[날먹행 107p]

③ (X)

행정소송법 제27조(재량처분의 취소) 행정청의 재량에 속하는 처분이라도 재량권의 한계를 넘거나 그 남용이 있는 때에는 법원은 이를 취소할 수 있다.

[날먹행 96p]

④ (X)

재량행위에는 법령에 근거가 없어도 부관 부가가 가능함.

판례 **공유수면매립준공인가를 함에 있어 매립대지의 일부에 대해 국가에 소유권을 귀속시킨 행위를 법률효과의 일부를 배제하는 부관**을 붙인 것으로 보아, **부관성을 인정한다**(90누8503).

[날먹행 119p]

정답 ①

11 ☐☐☐☐☐

갑은 관할 행정청에 「여객자동차 운수사업법」에 따른 개인택시운송사업면허를 신청하였다. 이에 대한 설명으로 옳은 것은? (다툼이 있는 경우 판례에 의함) 17지방9급

① 개인택시운송사업면허의 법적 성질은 강학상 허가에 해당한다.

② 관련 법령에 법적 근거가 없더라도 개인택시운송사업면허를 하면서 부관을 붙일 수 있다.

③ 개인택시운송사업면허가 거부된 경우, 거부처분에 대해 취소소송과 함께 제기한 갑의 집행정지 신청은 법원에 의해 허용된다.

④ 갑이 개인택시운송사업면허를 받았다가 이를 을에게 양도하였고 운송사업의 양도 · 양수에 대한 인가를 받은 이후에는 양도 · 양수 이전에 있었던 갑의 운송사업면허 취소사유를 이유로 을의 운송사업면허를 취소할 수 없다.

해설

① (X) ② (O)

• 개인택시운송사업면허 → 특허 → 재량행위 → **부관허용** [날먹행 107, 120p]

③ (X)

판례 신청에 대한 거부처분의 효력을 정지하더라도 **거부처분이 없었던 것과 같은 상태 즉 거부처분이 있기 전의 신청시의 상태로 되돌아가는 데에 불과하고** 행정청에게 신청에 따른 처분을 하여야 할 의무가 생기는 것이 아니므로, 거부처분의 효력정지는 그 거부처분으로 인하여 신청인에게 생길 손해를 방지하는 데에 아무런 소용이 없어 **그 효력정지를 구할 이익이 없다**(92두72). → **거부처분에 대한 집행정지 허용 X** 단, 공권력 행사이면서 사인의 법률상 이익에 직접 영향을 미치는 경우 예외적으로 집행정지 가능 [날먹행 397p]

④ (X)

판례 구 여객자동차 운수사업법 제14조 제4항에 의하면 개인택시운송사업을 양수한 사람은 양도인의 운송사업자로서의 지위를 승계하므로, 관할 관청은 개인택시 운송사업의 양도 · 양수에 대한 인가를 한 후에도 **그 양도 · 양수 이전에 있었던 양도인에 대한 운송사업면허 취소사유를 들어 양수인의 사업면허를 취소할 수 있다**(2009두14934). [날먹행 105p]

정답 ②

12 □□□□□

다음 사례에 대한 설명으로 옳지 않은 것만을 모두 고르면? (다툼이 있는 경우 판례에 의함) 22국회9급

> 甲은 개인택시운송사업자로 여객자동차 운수사업법령에 따라 차고지확보 의무규정을 충족하기 위하여 乙이 경영하는 주차장을 계약하여 자동차운수사업면허조건을 충족하여 택시운송사업면허를 취득하였다. 그러나 A시는 이후 사정이 변경되어 甲이 계약을 하였던 乙의 주차장이 폐쇄되었다는 사실을 알고, 이를 신고하지 않은 채 차고지 없이 개인택시운송사업을 계속하였던 甲에 대하여 과징금을 부과하였다.

> ㄱ. 개인택시사업운송사업 면허는 특정인에게 권리나 이익을 부여하는 재량행위이다.
> ㄴ. 과징금을 부과하는 경우 금액을 얼마로 할 것인지에 관하여 행정청에게 재량권이 부여되어 있다.
> ㄷ. 과징금부과처분이 법이 정한 한도액을 초과하여 위법한 경우, 법원은 그 한도액을 초과한 부분만을 취소할 수 있다.

① ㄱ ② ㄴ ③ ㄷ
④ ㄱ, ㄴ ⑤ ㄴ, ㄷ

해설

ㄱ. (O)

> **판례** 개인택시운송사업면허는 특정인에게 권리나 이익을 부여하는 행정행위로서 법령에 특별한 규정이 없는 한 **재량행위**이고 그 면허에 필요한 기준을 정하는 것 역시 법령에 규정이 없는 한 행정청의 재량에 속하나, 이 경우에도 이는 객관적으로 타당하여야 하며 그 설정된 우선순위 결정방법이나 기준이 객관적으로 합리성을 잃은 것이라면 이에 따라 면허 여부를 결정하는 것은 재량권의 한계를 일탈한 것이 되어 위법하다. [날먹행 95p]

ㄴ. (O), ㄷ. (X)

> **판례** 자동차운수사업면허조건 등을 위반한 사업자에 대하여 행정청이 행정제재수단으로 사업 정지를 명할 것인지, 과징금을 부과할 것인지, 과징금을 부과키로 한다면 그 금액은 얼마로 할 것인지에 관하여 재량권이 부여되었다 할 것이므로 과징금부과처분이 법이 정한 한도액을 초과하여 위법할 경우 법원으로서는 그 전부를 취소할 수밖에 없고, 그 한도액을 초과한 부분이나 법원이 적정하다고 인정되는 부분을 초과한 부분만을 취소할 수 없다(93누1077). [날먹행 290p]

정답 ③

13 ☐☐☐☐☐

사립학교법은 학교법인의 임원은 정관이 정하는 바에 의하여 학교법인의 이사회에서 선임하고, 관할청의 승인을 얻어 취임하는 것으로 규정하고 있다. A 사립 학교법인은 이사회를 소집하지 않은 채 B를 임원으로 선임하여 취임승인을 요청하였고, 이에 대하여 관할청은 취임을 승인하였다. 이에 대한 설명으로 옳은 것은? (다툼이 있는 경우 판례에 의함)
16국가9급

① 관할청의 임원 취임승인으로 선임절차상의 하자는 치유되고 B는 임원으로서의 지위를 취득한다.

② 임원 선임절차상의 하자를 이유로 관할청의 취임승인처분에 대한 취소를 구하는 소송은 허용되지 않는다.

③ A 학교법인의 임원선임행위에 대해서는 선임처분취소소송을 제기하여 그 효력을 다툴 수 있다.

④ 관할청의 임원취임승인은 B에 대해 학교법인의 임원으로서의 포괄적 지위를 설정하여 주는 특허에 해당한다.

해설

① (X), ④ (X)

> **판례** 사립학교법 제20조 제2항에 의한 학교법인의 임원에 대한 **감독청의 취임승인은 학교법인의 임원선임행위를 보충하여 그 법률상의 효력을 완성케하는 보충적 행정행위로서** 성질상 기본행위를 떠나 승인처분 그 자체만으로는 법률상 아무런 효력도 발생할 수 없으므로 **기본행위인 학교법인의 임원선임행위가 불성립 또는 무효인 경우에는 비록 그에 대한 감독청의 취임승인이 있었다 하여도** 이로써 무효인 그 선임행위가 유효한 것으로 될 수는 없다(86누152). [날먹행 109p]

② (O), ③ (X) 인가의 보충성에 비추어 기본행위에 하자가 있는 경우 기본행위를 다투어야 함.

> • **인가에서 기본행위에 하자**가 있는 경우
> → **인가가 있어도 기본행위는** 무효 = 인가는 기본행위의 하자를 치유하지 않음 → 기본행위를 다퉈야 함.
> **판례** 기본행위인 사법상의 임원선임행위에 하자가 있다 하여 그 선임행위의 효력에 관하여 다툼이 있는 경우에 **민사쟁송으로서 그 선임행위의 취소 또는 무효확인을 구하는 것**은 별론으로 하고 기본행위의 불성립 또는 무효를 내세워 바로 그에 대한 감독청의 취임승인처분의 취소 또는 무효확인을 구하는 것은 특단의 사정이 없는 한 소구할 법률상의 이익이 있다고 할 수 없다(86누152). [날먹행 109p]

정답 ②

14 ☐☐☐☐☐

甲은 관할 행정청에 토지의 형질변경행위가 수반되는 건축허가를 신청하였고, 관할 행정청은 甲에 대해 '건축기간동안 자재 등을 도로에 불법적치하지 말 것'이라는 부관을 붙여 건축허가를 하였다. 이에 대한 설명으로 옳은 것은? (다툼이 있는 경우 판례에 의함)

19지방9급

① 토지의 형질변경의 허용 여부에 대해 행정청의 재량이 인정되더라도 주된 행위인 건축허가가 기속행위인 경우에는 甲에 대한 건축허가는 기속행위로 보아야 한다.

② 위 건축허가에 대해 건축주를 乙로 변경하는 건축주명의변경신고가 관련 법령의 요건을 모두 갖추어 행해졌더라도 관할행정청이 신고의 수리를 거부한 경우, 그 수리거부행위는 乙의 권리의무에 직접 영향을 미치는 것으로서 취소소송의 대상이 되는 처분이다.

③ 甲이 위 부관을 위반하여 도로에 자재 등을 불법적치한 경우, 관할 행정청은 바로 행정대집행법에 따라 불법적치된 자재 등을 제거할 수 있다.

④ 甲이 위 부관에 위반하였음을 이유로 관할 행정청이 건축허가의 효력을 소멸시키려면 법령상의 근거가 있어야 한다.

해설

① (X) 인·허가의제에서 의제되는 인·허가가 재량행위인 경우에는 주된 인·허가가 기속행위인 경우에도 그 한도 내에서 재량행위로 보아야 한다.

> **판례** **국토계획법이 정한 용도지역 안에서 토지의 형질변경행위·농지전용행위를 수반하는 건축허가는 건축법 제11조 제1항에 의한 건축허가와 위와 같은 개발행위허가 및 농지전용허가의 성질을 아울러 갖게 되므로 이 역시 재량행위에 해당한다**(2017두48956). / 국토계획법 소정의 도시지역 안에서 **토지의 형질변경행위를 수반하는 건축허가는 토지의 형질변경허가의 성질을 아울러 갖는 것**으로 보아야 할 것이고, 국토계획법 제56조 제1항 제2호의 규정에 의한 **토지의 형질변경허가는 그 금지요건이 불확정개념으로 규정되어 있어 그 금지요건에 해당하는지 여부를 판단함에 있어서 행정청에게 재량권이 부여**되어 있다고 할 것이므로, 국토계획법에 의하여 지정된 도시지역 안에서 **토지의 형질변경행위를 수반하는 건축허가는 결국** 재량행위에 속한다(2004두6181). [날먹행 95, 103p]

② (O)

> **판례** 허가대상건축물의 양수인이 건축법시행규칙에 규정되어 있는 형식적 요건을 갖추어 시장군수에게 적법하게 건축주의 명의변경을 신고한 때에는 시장, 군수는 그 신고를 수리하여야지 **실체적인 이유를 내세워 그 신고의 수리를 거부할 수는 없다.** 건축주명의변경신고수리거부행위는 양수인의 권리의무에 직접 영향을 미치는 것으로서 취소소송의 대상**이 되는 처분**이라고 하지 않을 수 없다(91누4911). [날먹행 357p]

③ (X)

> • **대집행의 요건** – 대체적 '작위의무의' 불이행 → 부작위 의무, 수인의무는 대집행 대상 X [날먹행 253p]
> → '건축기간 동안 자재 등을 도로에 불법적치하지 말 것'이라는 부관은 부작위의무에 해당 → 대집행 불가.

④ (X)

> **판례** **처분청은 법적 근거 없이도** 사정변경 또는 중대한 공익상의 필요에 의해 **철회할 수 있다.**
> → **부담부 행정처분**에 있어서 처분의 **상대방이 부담(의무)을 이행하지 아니한 경우**에 처분행정청으로서는 이를 들어 당해 처분을 취소(철회)할 수 있는 것이다(89누2431). [날먹행 144p]

정답 ②

15 ☐☐☐☐☐

다음은 「건축법」 제11조의 일부이다. 이 법의 적용에 대한 설명으로 가장 옳은 것은? 16서울9급

> 제11조(건축허가) ① 건축물을 건축하거나 대수선하려는 자는 특별자치시장 · 특별자치도지사 또는 시장 · 군수 · 구청장의 허가를 받아야 한다. <이하 생략>
> ② 내지 ④ <생략>
> ⑤ 제1항에 따른 건축허가를 받으면 다음 각 호의 허가 등을 받거나 신고를 한 것으로 보며, 공장건축물의 경우에는 「산업 집적활성화 및 공장설립에 관한 법률」 제13조의2와 제14조에 따라 관련 법률의 인 · 허가등이나 허가 등을 받은 것으로 본다.
> 1. 내지 6. <생략>
> 7. 「농지법」 제34조, 제35조 및 제43조에 따른 농지전용허가 · 신고 및 협의
> 8. 내지 21. <생략>
> ⑥ 허가권자는 제5항 각 호의 어느 하나에 해당하는 사항이 다른 행정기관의 권한에 속하면 그 행정기관의 장과 미리 협의하여야 하며, <이하 생략>
> ⑦ 내지 ⑩ <생략>

① 서울시장은 건축허가를 하는 경우 「농지법」상 농지전용 허가에 대한 절차도 준수하여야 한다.

② 서울시장은 농림축산식품부장관이 제6항의 규정에 의한 협의에서 농지전용허가를 하지 않기로 결정한 경우 건축 허가를 할 수 없다.

③ 서울시장이 농지전용허가 요건 불비를 이유로 건축불허가를 한 때에는 농지전용허가 거부처분에 대한 취소소송을 제기 하여야 한다.

④ 판례는 주무행정기관에 신청되거나 의제되는 인 · 허가 요건의 판단방식에 관하여 실체집중설을 취하고 있다.

해설

① (X) 건축허가를 받으면 다른 허가를 받은 것으로 보는 인 · 허가 의제제도에서는 의제되는 허가에 대한 절차를 별도로 거칠 필요가 없다.

② (O) 행정청이 다른 행정기관과 미리 협의를 거쳐 행정처분을 하도록 법령에서 규정하고 있는 경우, 다른 행정청이 허가를 하지 않기로 결정하였다면, 허가를 할 수 없다.

③ (X)

- **주된 인 · 허가 신청에 대한 거부처분 불복방법**
  → 의제되는 행위의 요건 불비를 이유로 **주된 인 · 허가 신청에 대해 거부처분**이 내려진 경우, **판례**는 주된 인 · 허가의 거부처분에 대해 **행정쟁송을 제기하면서** 의제되는 인 · 허가의 거부사유를 다툴 수 있다고 함. **[날먹행 112p]**

④ (X)

- **절차의 집중 문제** (21국가9급)
  → 인 · 허가가 의제되는 법률에 일정한 절차가 규정되어 있는 경우, 그 절차까지 거쳐야 하는지 주된 허가에 규정된 절차만 거치면 되는지 문제되는데, **판례는 절차집중설**에 따라 주된 인 · 허가처분이 관계기관의 장과 협의를 거쳐 발령된 이상 **의제되는 인 · 허가에 법령상 요구되는 주민의 의견청취 등의 절차는 거칠 필요가 없다**고 함(92누1162). **[날먹행 110p]**

정답 ②

16 □□□□□

다음 사례에 관한 설명으로 옳지 않은 것을 모두 고른 것은?(다툼이 있으면 판례에 의함) 23변시

'주택법'상 주택건설사업계획의 승인이 있으면, 관계 행정기관의 장과 협의한 사항에 대하여 '국토의 계획 및 이용에 관한 법률'(이하 '국토계획법'이라 함)에 따른 도시·군관리계획의 결정을 비롯하여 '주택법' 제19조 제1항 각 호에서 열거하는 인·허가를 받은 것으로 의제된다. 甲은 관할 A행정청에 '주택법'에 따른 주택건설사업계획승인을 신청하였고, A행정청은 관계 행정기관의 장과 협의를 거쳐 주택건설사업계획을 승인·고시하였다.

ㄱ 주택건설사업계획의 승인이 있으면 '주택법' 제19조 제1항 각 호에서 열거하는 모든 인·허가가 의제되므로, 모든 인·허가 사항에 대해 사전에 관계 행정기관과 일괄하여 협의를 거쳐야 한다.
ㄴ A행정청은 도시·군관리계획 결정권자와 협의를 거쳐 주택건설사업계획을 승인하면서 이와는 별도로 국토계획법에서 정한 도시·군관리계획 입안을 위한 주민 의견청취 절차를 거칠 필요가 없다.
ㄷ 의제되는 국토계획법상 도시·군관리계획의 결정에 하자가 있다면, 주택건설사업계획 승인처분 자체가 위법하게 된다.
ㄹ 의제되는 인·허가는 주택건설사업계획 승인처분과 별도로 항고소송의 대상이 되는 처분에 해당하지 않는다.

① ㄱ, ㄷ ② ㄱ, ㄹ ③ ㄴ, ㄷ
④ ㄱ, ㄷ, ㄹ ⑤ ㄴ, ㄷ, ㄹ

해설

ㄱ, ㄷ, ㄹ (X)

판례 구 주택법 제17조 제1항에 따르면, 주택건설사업계획 승인권자가 관계 행정청의 장과 미리 협의한 사항에 한하여 승인처분을 할 때에 인허가 등이 의제될 뿐이고, 각호에 열거된 **모든 인허가 등에 관하여 일괄하여 사전협의를 거칠 것을 주택건설사업계획 승인처분의 요건으로 규정하고 있지 않다.(ㄱ) 따라서 인허가 의제 대상이 되는 처분에 어떤 하자가 있더라도, 그로써 해당 인허가 의제의 효과가 발생하지 않을 여지가 있게 될 뿐이고, 그러한 사정이 주택건설사업계획 승인처분 자체의 위법사유가 될 수는 없다.(ㄷ)** 또한 의제된 인허가는 통상적인 인허가와 동일한 효력을 가지므로, 적어도 '부분 인허가 의제'가 허용되는 경우에는 그 효력을 제거하기 위한 법적 수단으로 의제된 인허가의 취소나 철회가 허용될 수 있고, 이러한 직권 취소·철회가 가능한 이상 그 **의제된 인허가에 대한 쟁송취소 역시 허용된다.** 따라서 주택건설사업계획 승인처분에 따라 의제된 인허가가 위법함을 다투고자 하는 이해관계인은, 주택건설사업계획 승인처분의 취소를 구할 것이 아니라 **의제된 인허가의 취소를 구하여야 하며, 의제된 인허가는 주택건설사업계획 승인처분과 별도로 항고소송의 대상이 되는 처분에 해당**한다(ㄹ)(2016두38792). [날먹행 112p]

ㄴ. (O)

판례 건설부장관이 구 주택건설촉진법(1991.3.8. 법률 제4339호로 개정되기전의 것) 제33조에 따라 관계기관의 장과의 협의를 거쳐 사업계획승인을 한 이상 같은 조 제4항의 허가·인가·결정·승인 등이 있는 것으로 볼 것이고, **그 절차와 별도로 도시계획법 제12조 등 소정의 중앙도시계획위원회의 의결이나 주민의 의견청취 등 절차를 거칠 필요는 없다**(92누1162). [날먹행 110p]

정답 ④

17 ☐☐☐☐☐

건축법에는 건축허가를 받으면 '국토의 계획 및 이용에 관한 법률'에 의한 토지의 형질변경허가도 받은 것으로 보는 조항이 있다. 이 조항의 적용을 받는 甲이 토지의 형질을 변경하여 건축물을 건축하고자 건축허가신청을 하였다. 이에 대한 설명으로 옳은 것은? (다툼이 있는 경우 판례에 의함) 16국가9급

① 甲은 건축허가절차 외에 형질변경허가절차를 별도로 거쳐야 한다.

② 건축불허가처분을 하면서 건축불허가 사유 외에 형질변경 불허가 사유를 들고 있는경우, 甲은 건축불허가처분취소청구소송에서 형질변경불허가 사유에 대하여도 다툴수 있다.

③ 건축불허가처분을 하면서 건축불허가 사유 외에 형질변경 불허가 사유를 들고 있는 경우, 그 건축불허가처분 외에 별개로 형질변경불허가처분이 존재한다.

④ 甲이 건축불허가처분에 관한 쟁송과는 별개로 형질변경불허가 처분취소소송을 제기하지 아니한 경우 형질변경불허가 사유에 관하여 불가쟁력이 발생한다.

해설

① (X) ② (O) ③ (X) ④ (X)

판례 구 건축법 제8조 제1항, 제3항, 제5항에 의하면, **건축허가를 받은 경우에는** 구 도시계획법 제4조에 의한 토지의 형질변경허가나 농지법 제36조에 의한 **농지전용허가 등을 받은 것으로 보며**(①), 건축불허가처분을 하면서 그 처분사유로 건축불허가 사유뿐만 아니라 형질변경불허가 사유나 농지전용불허가 사유를 들고 있다고 하여 **그 건축불허가처분외에 별개로 형질변경불허가처분이나 농지전용불허가처분이 존재하는 것이 아니므로**(③), **건축불허가처분을 받은 사람**은 그 건축불허가처분에 관한 쟁송에서 **건축법상의 건축불허가 사유뿐만 아니라 도시계획법상의 형질변경불허가 사유나 농지법상의 농지전용불허가 사유에 관하여도 다툴 수 있는 것**이지, 그 건축불허가처분에 관한 쟁송과는 별개로 형질변경불허가처분이나 농지전용불허가처분에 관한 쟁송을 제기하여 이를 다투어야 하는 것은 아니며(②), 그러한 쟁송을 제기하지 아니하였어도 **형질변경불허가 사유나 농지전용불허가 사유에 관하여 불가쟁력이 생기지 아니한다**(④)(99두10988). [날먹행 111p]

정답 ②

18 ☐☐☐☐☐

구 식품위생법은 보건사회부장관(현 보건복지부장관)이 지정하여 고시(告示)하는 영업 또는 품목의 경우는 영업허가를 제한할 수 있다고 규정하였고, 이에 따라 보건사회부장관은 "그 전량을 수출하거나 주한 외국인에게만 판매한다는 요건을 갖춘 경우에만 보존음료수제조업의 허가를 할 수 있다."라는 고시를 발한 바 있었다. 이 고시에 대한 설명으로 옳은 것은?

10국가9급

① 위 고시의 법적 성질을 행정규칙이라고 보는 것이 대법원의 입장이다.

② 위 고시에 정한 허가기준에 따라 보존음료수제조업허가에 붙여진 전량수출 또는 주한 외국인에 대한 판매에 한한다는 내용의 조건에 대해서는 행정행위에 부관을 붙일 수 있는 한계에 관한 일반원칙이 적용되지 않는다.

③ 위 고시상의 조건을 위반한 행위에 대하여 행정청이 과징금을 부과한 제재적 행정처분은 위법하지 아니하다.

④ 대법원은 행정청이 갑에 대하여 보존음료수제조업허가를 하면서 붙인 위 허가조건이 갑의 영업의 자유의 본질적 내용을 침해한다고 볼수 없다고 하였다.

해설

① (X)

판례 **식품제조영업허가기준이라는 고시**는 공익상의 이유로 허가를 할 수 없는 영업의 종류를 지정할 권한을 부여한 구 식품위생법 제23조의3 제4호에 따라 보건사회부장관이 발한 것으로서, **실질적으로 법의 규정내용을 보충하는 기능을 지니면서 그것과 결합하여 대외적으로 구속력이 있는 법규명령의 성질**을 가진 것이다(92누1728).

[날먹행 90p]

② (O)

- **법정부관**
  ① 부관은 행정청 스스로 의사를 붙인 것이나, 법정부관은 법령 자체에서 조건, 기한 등을 붙인 것
  ② 부관의 한계에 대한 일반적인 원칙이 적용되지 않음 → 위헌법률심사 또는 명령규칙심사에 의해 통제함

판례 식품제조영업허가기준이라는 고시에 정한 허가기준에 따라 보존음료수 제조업의 허가에 붙여진 전량수출 또는 주한외국인에 대한 판매에 한한다는 내용의 조건은 이른바 **법정부관**으로서 **행정청의 의사에 기하여 붙여지는 본래의 의미에서의 행정행위의 부관은 아니므로**, 이와 같은 법정부관에 대하여는 **행정행위에 부관을 붙일 수 있는 한계에 관한 일반적인 원칙이 적용되지는 않는다**(92누1728).

[날먹행 116p]

③ (X) ④ (X)

판례 보존음료수의 국내판매를 금지하는 것은, 보존음료수제조업의 허가를 받은 자의 **헌법상 보장된 기본권인 직업의 자유를 침해하는 것으로서 헌법에 위반**될 뿐 아니라 **보존음료수제조업의 허가를 받는 자의 직업의 자유를 제한**하는 고시를 발한 것이, 질서유지나 공공복리를 위하여 꼭 필요하고 합리적인 것이라고 볼 수도 없으므로, 위 고시는 효력이 없다. 따라서 위 고시가 보존음료수제조업의 허가를 받은 원고들이 보존음료수를 국내판매하지 못하도록 금지하고 있는 것은, **헌법상 보장된 직업의 자유와 국민의 행복추구권을 침해하는 것으로서 헌법에 위반되어 효력이 없는 것**이라고 할 수밖에 없고, 따라서 **피고가 무효인 위 고시가 효력이 있는 것임을 전제로 원고들에 대하여 과징금을 부과한 이 사건 과징금부과처분은 위법하다고 할 것**이다(92누1728). [날먹행 90p]

정답 ②

19 □□□□□

다음 사례에 대한 판례의 입장으로 옳지 않은 것은? 17국가9급

> 고속국도 관리청이 고속도로 부지와 접도구역에 송유관 매설을 허가하면서 상대방인 甲과 체결한 협약에 따라 송유관 시설을 이전하게 될 경우 그 비용을 甲이 부담하도록 하였는데, 그 후 「도로법 시행규칙」이 개정되어 접도구역에는 관리청의 허가 없이도 송유관을 매설할 수 있게 되었다.

① 협약에 따라 송유관 시설을 이전하게 될 경우 그 비용을 甲이 부담하도록 한 것은 행정행위의 부관 중 부담에 해당한다.

② 甲과의 협약이 없더라도 고속국도 관리청은 송유관 매설허가를 하면서 일방적으로 송유관 이전 시 그 비용을 甲이 부담한다는 내용의 부관을 부가할 수 있다.

③ 「도로법 시행규칙」의 개정 이후에도 위 협약에 포함된 부관은 부당결부금지의 원칙에 반하지 않는다.

④ 「도로법 시행규칙」의 개정으로 접도구역에는 관리청의 허가 없이도 송유관을 매설할 수 있게 되었기 때문에 위 협약 중 접도구역에 대한 부분은 효력이 소멸된다.

해설

① (O)

- **부담** - 행정행위의 **주된 내용에 부가하여** 상대방에 작위 · 부작위 · 수인 · 급부 등의 **의무를 과하는 부관**
  → 주된 행정행위인 송유관 매설 허가에 부가하여 송유관 시설 이전 비용을 甲이 부담하도록 급부의무를 부과하는 부관으로 부담에 해당한다. **[날먹행 118p]**

② (O)

- **부담의 형식**

판례 수익적 행정처분에 있어서는 법령에 특별한 근거규정이 없다고 하더라도 그 부관으로서 부담을 붙일 수 있고, 그와 같은 부담은 행정청이 행정처분을 하면서 **일방적으로 부가할 수도 있지만** 부담을 부가하기 이전에 **상대방과 협의하여 부담의 내용을 협약의 형식으로 미리 정한 다음 행정처분을 하면서 이를 부가할 수도 있다**(2005다65500). **[날먹행 118p]**

③ (O)

판례 **고속국도 관리청이 고속도로 부지와 접도구역에 송유관 매설을 허가하면서 상대방과 체결한 협약에 따라 송유관 시설을 이전하게 될 경우 그 비용을 상대방에게 부담하도록 하였고,** 그 후 도로법 시행규칙이 개정되어 접도구역에는 관리청의 허가 없이도 송유관을 매설할 수 있게 된 사안에서, 위 협약이 효력을 상실하지 않을 뿐만 아니라 **위 협약에 포함된 부관이 부당결부금지의 원칙에도 반하지 않는다**고 한 사례(2005다65500). **[날먹행 44p]**

④ (X)

- **부담의 판단시기**

판례 행정청이 수익적 행정처분을 하면서 부가한 **부담의 위법 여부는 처분 당시 법령을 기준으로 판단**하여야 하고, 부담이 처분 당시 법령을 기준으로 적법하다면 처분 후 부담의 전제가 된 주된 행정처분의 **근거 법령이 개정**됨으로써 행정청이 더 이상 부관을 **붙일 수 없게 되었다 하더라도 곧바로 위법하게 되거나 그 효력이 소멸하게 되는 것은 아니다**(2005다66500). **[날먹행 118p]**

정답 ④

20 □□□□□

A 행정청은 甲에게 처분을 하면서 법령에 근거 없이 일정 토지를 기부채납하도록 하는 부담을 붙였다. 이에 대한 설명으로 옳지 않은 것은? (다툼이 있는 경우 판례에 의함) 21국회8급

① A 행정청이 처분 이전에 甲과 협의하여 기부채납에 관한 내용을 협약의 형식으로 미리 정한 다음에 부담을 붙이는 것도 허용된다.

② 처분이 기속행위임에도 甲이 부담의 이행으로 기부채납을 하였다면, 그 기부채납 행위는 당연무효인 행위가 된다.

③ 사정변경으로 인하여 당초에 부담을 부가한 목적을 달성할 수 없게 된 경우에는 A 행정청은 甲의 동의가 없더라도 그 목적달성에 필요한 범위 내에서 부담을 변경할 수 있다.

④ 甲은 기부채납을 하도록 하는 부담에 대해서만 취소소송을 제기하여 다툴 수 있다.

⑤ 처분이 기속행위라면 甲은 기부채납 부담을 이행할 의무가 없다.

해설

① (O)

- **부담의 형식** - 수익적 행정처분에 있어서는 법령에 특별한 근거규정이 없다고 하더라도 그 부관으로서 부담을 붙일 수 있고, 그와 같은 부담은 행정청이 행정처분을 하면서 **일방적으로 부가할 수도 있지만** 부담을 부가하기 이전에 **상대방과 협의하여 부담의 내용을 협약의 형식으로 미리 정한 다음 행정처분을 하면서 이를 부가할 수도 있다**(2005다65500). [날먹행 118p]

② (X)

- **부담의 위법효과**

판례 행정처분에 부담인 부관을 붙인 경우 **부관의 무효화**에 의하여 본체인 행정처분 자체의 효력에도 영향이 있게 될 수는 있지만, 그 처분을 받은 사람이 부담의 이행으로 사법상 매매 등의 법률행위를 한 경우에는 **그 부관은 법률행위를 하게 된 동기 내지 연유로 작용하였을 뿐**이므로 이는 **법률행위의 취소사유**가 될 수 있음은 별론으로 하고 그 **법률행위 자체를 당연히 무효화하는 것은 아니다**.(2006다18174) [날먹행 119p]

③ (O)

- **부담의 시간적 한계**

행정기본법 제17조(부관) ③ 행정청은 부관을 붙일 수 있는 처분이 다음 각 호의 어느 하나에 해당하는 경우에는 **그 처분을 한 후에도 부관을 새로 붙이거나 종전의 부관을 변경할 수 있다.**

1. **법률에 근거**가 있는 경우
2. **당사자의 동의**가 있는 경우
3. **사정이 변경되어 부관을 새로 붙이거나 종전의 부관을 변경하지 아니하면 해당 처분의 목적을 달성할 수 없다고 인정되는 경우**

- **통설 및 판례**는 ① **법령에 근거**가 있거나 ② **사후부관이 미리** 유보되어 있는 경우, 또는 ③ **상대방의 동의가 있는 경우** 등에는 특별한 사정이 없는 한 허용된다(2016두45028),
- 단, 사정변경**으로 인해 당초에 부담을 부가한 목적을 달성할 수 없게 된 경우에도 그 목적달성에 필요한 범위 내에서는** 예외적으로 허용된다(97누2677). [날먹행 121p]

④ (O)

- 기부채납 부관은 일반적으로 부담에 해당함.
- **부관의 독립쟁송가능성**
  - 부담만이 독립**하여** 항고소송의 대상 O → **부담만을 소송대상으로 하는** 일부취소소송 **가능**
  - 기타 부관**의 경우** 독립하여 항고소송의 대상 X

[날먹행 122p]

⑤ (O)

제17조(부관) ① 행정청은 **처분에 재량이 있는 경우**에는 **부관(조건, 기한, 부담, 철회권의 유보 등을** 말한다. 이하 이 조에서 같다)**을 붙일 수 있다.**

② 행정청은 처분에 재량이 없는 경우에는 법률에 근거가 있는 경우에 부관을 붙일 수 있다.

- **기속행위 :** 법령에 근거가 있으면 부관 부가 가능 → **법령에 근거가 없는데 부관을 붙인 경우** 무효
- **재량행위 :** 법령에 근거가 없어도 부관 부가 가능

[날먹행 120p]

정답 ②

21 ☐☐☐☐☐

甲은 관할 행정청 A에 도로점용허가를 신청하였고, 이에 대하여 행정청 A는 주민의 민원을 고려하여 甲에 대하여 공원부지를 기부채납할 것을 부관으로 하여 도로점용허가를 하였다. 이와 관련한 판례의 입장으로 옳지 않은 것은?

16국가9급

① 위 부관을 조건으로 본다면, 甲은 부관부 행정행위 전체를 취소소송의 대상으로 하여 부관만의 일부취소를 구하여야 한다.

② 위 부관을 부담으로 본다면, 부관만 독립하여 취소소송의 대상으로 할 수 있으며 부관만의 독립취소가 가능하다.

③ 위 부관을 부담으로 보는 경우, 甲이 정해진 기간 내에 공원부지를 기부채납하지 않은 경우에도 도로점용허가를 철회하지 않는 한 도로점용허가는 유효하다.

④ 부가된 부담이 무효임에도 불구하고 甲이 부관을 이행하여 기부채납을 완료한 경우, 甲의 기부채납 행위가 당연히 무효로 되는 것은 아니다.

해설

① (X)

- **부담 이외의 경우, 쟁송형태** [날먹행 122p]

  판례는 **부담을 제외한 부관만의 취소를 구하는 소송**은 각하함 → 부담 이외의 부관에 대한 부진정일부취소소송 인정 X

  ∴ ① 부관이 부가된 행정행위 전체에 대해 취소소송을 제기하거나 (하자 있는 **부관을 포함한 처분 전체를 대상**으로 하여 처분 전체의 취소를 구하는 것)

  ② **부관이 없는 행정행위로 변경해 줄 것을 청구한 다음** 그것이 거부된 경우에 거부처분취소소송을 제기해야.

② (O)

- **부관의 독립쟁송가능성**
  - 부담만이 독립하여 항고소송의 대상 O → 부담만을 소송대상으로 하는 일부취소소송 가능
  - 기타 부관의 경우 독립하여 항고소송의 대상 X [날먹행 122p]

③ (O)

- **부관의 철회**

  → 부담부 행정행위는 부담을 이행하지 않더라도 당연히 그 효력이 소멸되지는 않고, 행정청이 철회함으로써 효력이 소멸함. [날먹행 118p]

④ (O)

- **부담의 위법효과**

  판례 행정처분에 부담인 부관을 붙인 경우 **부관의 무효화**에 의하여 본체인 행정처분 자체의 효력에도 영향이 있게 될 수는 있지만, 그 처분을 받은 사람이 부담의 이행으로 사법상 매매 등의 법률행위를 한 경우에는 **그 부관은 법률행위를 하게 된 동기 내지 연유로 작용하였을 뿐**이므로 이는 **법률행위의 취소사유**가 될 수 있음은 별론으로 하고 그 **법률행위 자체를 당연히 무효화하는 것은** 아니다(2006다18174). [날먹행 119p]

정답 ①

22 ☐☐☐☐☐

식품위생법은 관할관청이 영업허가를 하는 때에는 필요한 조건을 붙일 수 있다고 규정하고 있다. 이에 군수 A는 유흥주점영업을 허가하면서 일정한 규모의 주차공간을 확보할 것을 조건으로 붙였다. 이에 대한 설명으로 옳은 것은?

10국가9급

① 식품위생법상의 영업허가는 재량행위이므로 이러한 조건을 붙일 수 있는 것이다.

② 여기에서 조건은 강학상 법률효과의 일부배제라고 부른다.

③ 식품위생법상의 근거규정이 있기 때문에 유흥주점영업허가에 조건을 붙일 수 있다.

④ 취소소송을 통하여 조건을 다투는 경우에 조건을 포함한 유흥주점영업허가를 취소소송의 대상으로 하면서 조건만을 취소해달라고 청구하는 경우는 진정일부취소소송이라 한다.

해설

① (X), ③ (O)

판례 식품위생법상 일반음식점영업허가는 성질상 일반적 금지의 해제에 불과하므로 허가권자는 허가신청이 법에서 정한 요건을 구비한 때에는 허가하여야 하고 **관계 법령에서 정하는 제한사유 외에 공공복리 등의 사유를 들어 허가신청을 거부할 수는 없다**(97누12532). → 기속행위 [날먹행 103p]

- 기속행위: 법령에 근거가 있으면 부관 부가 가능 → 법령에 근거가 없는데 부관을 붙인 경우 무효
- 재량행위: 법령에 근거가 없어도 부관 부가 가능 [날먹행 120p]

→ 사안의 경우, 식품위생법상 부관을 붙일 수 있다는 규정이 존재하므로, 기속행위인 경우에도 부관을 붙일 수 있다.

② (X)

- 부담부 행정행위는 처음부터 **행정행위의 효력이 발생**하고, 부담부행정행위는 상대방이 의무를 이행하지 않은 경우라도 **효력이 당연히 소멸하지 않으므로,** 부담과 조건의 구별이 애매한 경우 **부담으로 해석하는 것이 유리**함.

→ 사안의 경우, '주차공간을 확보할 것'이라는 부관은 조건 혹은 부담으로 해석할 수 있는데, 구별이 애매한 경우 부담으로 해석하는 것이 타당하다. 지문에서는 경우, 부담, 조건 어느쪽도 아니므로 틀린 지문. [날먹행 119p]

④ (X)

- 부진정일부취소소송은 하자 있는 부관을 포함한 **처분 전체를 대상으로, 그 부관만의 취소**를 구하는 것인데, **판례**는 **부담 이외의 부관에 대한 부진정일부취소송**을 인정 X [날먹행 122p]

정답 ③

23 □□□□□

A시장은 甲 소유 토지의 일부를 기부채납 하는 조건(강학상 부담으로 본다)으로 甲이 신청한 개발제한구역 내의 토지 형질변경행위허가를 한 후 甲과 기부채납 이행을 위한 증여계약을 체하였다. 이에 관한 설명으로 옳지 않은 것은? (다툼이 있으면 판례에 따름)

21행정사

① 甲이 기부채납을 불이행할 경우, A시장은 토지형질변경행위허가를 철회할 수 있다.

② 甲은 기부채납의 부관만을 대상으로 하여 취소소송을 제기할 수 있다.

③ 기부채납의 부관이 당연무효이거나 취소되지 아니한 이상 甲은 위 부관으로 인한 증여계약의 중요부분의 착오를 이유로 증여계약을 취소할 수 없다.

④ 토지형질변경행위허가를 함에 있어 부관을 붙일 필요가 있는지의 유무 등을 판단함에 있어서는 A시장에게 재량의 여지가 있다.

⑤ A시장은 토지형질 변경행위허가를 한 후에는 甲의 동의가 있는 경우라도 부관을 새로 붙일 수 없다.

해설

① (O)

- 부담의 불이행 → 철회가능
  행정청은 **부담 불이행을 이유로 주된 행정행위를 철회할 수 있고**, 이 경우 **이익형량에 따른 철회의 제한이 적용됨**.

[날먹행 118p]

② (O)

- 부관의 독립쟁송가능성
  - 부담만이 독립하여 항고소송의 대상 O → **부담만을 소송대상으로 하는** 일부취소소송 **가능**
  - 기타 부관**의 경우** 독립하여 항고소송의 대상 X

판례 **기부채납받는 행정재산에 대한 사용 · 수익 허가**에서 공유재산의 관리청이 정한 사용·수익허가의 기간에 대하여서는 **독립하여 행정소송을 제기할 수 없다**(99두509).

[날먹행 112p]

③ (O)

판례 토지소유자가 토지형질변경행위허가에 붙은 기부채납의 부관에 따라 토지를 국가나 지방자치단체에 기부채납(증여)한 경우, 기부채납의 부관이 당연무효이거나 취소되지 아니한 이상 토지소유자는 위 부관으로 인하여 증여계약의 중요부분에 착오가 있음을 이유로 증여계약을 취소할 수 없다(98다53134).

[날먹행 119p]

④ (O)

판례 형질변경의 허가가 신청된 당해 토지의 합리적인 이용이나 도시계획사업에 지장이 될 우려가 있는지 여부와 공익상 또는 이해관계인의 보호를 위하여 부관을 붙일 필요의 유무나 그 내용 등을 판단함에 있어서 행정청에 재량의 여지가 있으므로 그에 관한 판단 기준을 정하는 것 역시 행정청의 재량에 속하고, 그 설정된 기준이 객관적으로 합리적이 아니라거나 타당하지 않다고 볼 만한 특별한 사정이 없는 이상 행정청의 의사는 가능한 한 존중되어야 할 것이다(98두17845).

[날먹행 95p]

⑤ (X)

- **부관의 시간적 한계**

행정기본법 ③ 행정청은 부관을 붙일 수 있는 처분이 다음 각 호의 어느 하나에 해당하는 경우에는 그 **처분을 한 후에도 부관을 새로 붙이거나 종전의 부관을 변경할 수 있다.**

1. 법률에 근거가 있는 경우
2. **당사자의 동의가 있는 경우**
3. 사정이 변경되어 부관을 새로 붙이거나 종전의 부관을 변경하지 아니하면 해당 처분의 목적을 달성할 수 없다고 인정되는 경우

[날먹행 121p]

정답 ⑤

24 □□□□□

아래 사례의 밑줄 친 부분 중 위법하여 허용되지 않거나 옳지 않은 것을 모두 고른 것은? (다툼이 있는 경우 판례에 의함)

21변시

> A구청장은 ㉠ 미리 B재건축조합과 협의하여 '사업부지에 포함되어 있고 무상양도되지 않는 국·공유지에 대하여 관리처분계획의 수립 전까지 매매계약을 체결할 것'을 조건으로 하여 사업시행계획을 인가하기로 협약을 맺은 다음 위 내용을 부관으로 붙여 재건축사업시행계획을 인가하였다. 위 협약에 따른 부관의 성질이 정지조건인지 부담인지에 대한 ㉡ A구청장의 의사가 명확하지 않아 B재건축조합은 이를 부담으로 판단하였다. 사업의 진행과정에서 사업부지 내 국·공유지의 소유관계가 문제되자 A구청장은 ㉢ B재건축조합의 동의를 얻어 부관의 내용을 '착공신고 전까지 매매계약을 체결할 것'으로 변경하였고, 부관의 내용에 따라 B재건축조합은 사업부지 내 국·공유지에 대하여 매매계약을 체결하였다. 이후 재건축사업부지 내의 국·공유지는 전부 무상양도하도록 근거법령이 개정되어 행정청이 더 이상 위와 같은 부관을 붙일 수 없게 되자, ㉣ B재건축조합은 근거법령의 개정으로 위 협약에 따른 부관의 효력이 소멸하게 되었고, ㉤ 위 부관이 무효라면 이에 근거하여 행하여진 위 매매계약 또한 당연히 무효가 된다고 주장하면서, 위 ㉥ 부관만의 취소를 구하는 소를 제기하였다.

① ㄱ, ㄷ, ㅁ ② ㄱ, ㄷ, ㅂ ③ ㄱ, ㄹ, ㅁ ④ ㄴ, ㅂ ⑤ ㄹ, ㅁ

해설

ㄱ. (O)

- **부담의 형식** - 수익적 행정처분에 있어서는 법령에 특별한 근거규정이 없다고 하더라도 그 부관으로서 부담을 붙일 수 있고, 그와 같은 부담은 행정청이 행정처분을 하면서 **일방적으로 부가할 수도 있지만,** 부담을 부가하기 이전에 **상대방과 협의하여** 부담의 내용을 협약의 형식으로 **미리 정한 다음 행정처분을 하면서 이를 부가할 수도 있다**(2005다65500).

(날먹행 118p)

ㄴ. (O)

- 부담부 행정행위는 **처음부터 행정행위의 효력이 발생**하고, 부담부행정행위는 상대방이 의무를 이행하지 않은 경우라도 **효력이 당연히 소멸하지 않으므로,** 부담과 조건의 구별이 애매한 경우 부담으로 해석하는 것이 유리함.

(날먹행 119p)

ㄷ. (O)

- **부관의 시간적 한계**

  행정기본법 제17조(부관) ③ 행정청은 부관을 붙일 수 있는 처분이 다음 각 호의 어느 하나에 해당하는 경우에는 그 처분을 한 후에도 부관을 새로 붙이거나 종전의 부관을 변경할 수 있다.

  1. 법률에 근거가 있는 경우

  2. 당사자의 동의**가 있는 경우**

  3. 사정이 변경되어 부관을 새로 붙이거나 종전의 부관을 변경하지 아니하면 해당 처분의 목적을 달성할 수 없다고 인정되는 경우

(날먹행 121p)

ㄹ. (X)

• **부담의 판단시기** → **판례** 행정청이 수익적 행정처분을 하면서 부가한 부담의 위법 여부는 처분 당시 법령을 기준으로 판단하여야 하고, 부담이 처분 당시 법령을 기준으로 적법하다면 처분 후 부담의 전제가 된 주된 행정처분의 근거법령이 개정됨으로써 행정청이 더 이상 부관을 붙일 수 없게 되었다 하더라도 곧바로 위법하게 되거나 그 효력이 소멸하게 되는 것은 아니다(2005다65500). (날먹행 118p)

ㅁ. (X)

• **부담의 위법효과** → **판례** 행정처분에 부담인 부관을 붙인 경우 **부관의 무효화에 의하여 본체인 행정처분 자체의 효력에도 영향이 있게 될 수는 있지만,** 그 처분을 받은 사람이 부담의 이행으로 사법상 매매 등의 법률행위를 한 경우에는 **그 부관은 법률행위를 하게 된 동기 내지 연유로 작용하였을 뿐**이므로 이는 **법률행위의 취소사유**가 될 수 있음은 별론으로 하고 그 법률행위 자체를 당연히 무효화하는 것은 아니다(2006다18174). (날먹행 119p)

ㅂ. (O)

• **부관의 독립쟁송가능성**
  - 부담만이 독립**하여** 항고소송의 대상 O → **부담만을 소송대상으로 하는** 일부취소소송 **가능**
  - 기타 부관**의 경우** 독립하여 항고소송의 대상 X (날먹행 122p)

정답 ⑤

25 ▢▢▢▢▢

甲은 A시가 주민의 복리를 위하여 설치한 시립종합문화회관 내에 일반음식점을 운영하고자 '공유재산 및 물품관리법'에 따라 행정재산에 대한 사용허가를 신청하였다. A시의 시장 乙은 甲에게 사용허가를 하면서 일반음식점 이용고객으로 인한 주차문제를 우려하여 인근에 소재한 甲의 소유 토지에 차량 10대 규모의 주차장을 설치할 것을 내용으로 하는 부담을 부관으로 붙였다. 이에 관한 설명 중 옳은 것은? (다툼이 있으면 판례에 따름) 22변시

① 乙이 甲에게 한 사용허가의 법적 성질은 강학상 특허에 해당한다.

② 甲이 자신의 토지에 주차장을 설치하게 하는 부관이 재산권을 과도하게 침해하는 위법한 것임을 이유로 소송상 다투려는 경우, 부관부행정행위 전체에 대하여 취소를 구하여야 한다.

③ 사정변경으로 인하여 甲에게 부담을 부가한 목적을 달성할 수 없게 된 경우에도 법률에 명문의 규정이 있거나 그 변경이 미리 유보되어 있는 경우 또는 甲의 동의가 있는 경우가 아니라면 乙은 甲에게 부가된 부담을 사후적으로 변경할 수 없다.

④ 甲에 대한 사용허가 이후에 '공유재산 및 물품 관리법'이 개정되어 행정청이 더 이상 부관을 붙일 수 없게 되었다면, 甲에 대한 부관도 당연히 효력이 소멸한다.

⑤ 甲에 대한 부담이 재산권을 과도하게 침해하는 것이어서 부관으로 붙일 수 없는 경우라고 하더라도 乙이 甲과 사법상 계약의 형식을 통해 동일한 의무를 부과하는 것은 가능하다.

해설

① (O)

판례 공유재산의 관리청이 행정재산의 사용·수익에 대한 허가는 순전히 사경제주체로서 행하는 사법상의 행위가 아니라 관리청이 공권력을 가진 우월적 지위에서 행하는 행정처분으로서 특정인에게 행정재산을 사용할 수 있는 권리를 설정하여 주는 강학상 특허에 해당한다(97누1105). [날먹행 118p]

② (X)

- **주차장설치부관은 부담에 해당하고, 부담인 부관은 독립하여 행정쟁송의 대상이 됨.**
- **부관의 독립쟁송가능성**
  - 부담만이 독립**하여** 항고소송의 대상 O → **부담만을 소송대상으로 하는** 일부취소소송 **가능**
  - 기타 부관**의 경우** 독립하여 항고소송의 대상 X

[날먹행 112p]

③ (X)

- **부관의 시간적 한계**

  행정기본법 제17조 ③ 행정청은 부관을 붙일 수 있는 처분이 다음 각 호의 어느 하나에 해당하는 경우에는 그 처분을 한 후에도 부관을 새로 붙이거나 종전의 부관을 변경할 수 있다.
  1. 법률에 근거가 있는 경우
  2. 당사자의 동의가 있는 경우
  3. 사정이 변경되어 부관을 새로 붙이거나 종전의 부관을 변경하지 아니하면 해당 처분의 목적을 달성할 수 없다고 인정되는 경우
  - **통설 및 판례**는 ① **법령에 근거**가 있거나 ② **사후부관이 미리 유보**되어 있는 경우, 또는 ③ **상대방의 동의가 있는 경우** 등에는 특별한 사정이 없는 한 **부관의 변경**을 허용한다(2016두45028),
  - 단, 사정변경**으로 인해 당초에 부담을 부가한 목적을 달성할 수 없게 된 경우에도 그 목적달성에 필요한 범위 내에서는** 예외적으로 허용된다(97누2677).

[날먹행 119p]

④ (X)

- **부담의 판단시기** → 판례 행정청이 수익적 행정처분을 하면서 부가한 부담의 위법 여부는 처분 당시 법령을 기준으로 판단하여야 하고, 부담이 처분 당시 법령을 기준으로 적법하다면 처분 후 부담의 전제가 된 주된 행정처분의 근거 법령이 개정됨으로써 행정청이 더 이상 부관을 붙일 수 없게 되었다 하더라도 곧바로 위법하게 되거나 그 효력이 소멸하게 되는 것은 아니다(2005다65500). **[날먹행 118p]**

⑤ (X)

판례 행정처분과 부관 사이에 실제적 관련성이 있다고 볼 수 없는 경우 공무원이 위와 같은 공법상의 제한을 회피할 목적으로 행정처분의 상대방과 사이에 사법상 계약을 체결하는 형식을 취하였다면 이는 법치행정의 원리에 반하는 것으로서 위법하다(2007다63966). **[날먹행 121p]**

정답 ①

26 □□□□□

다음 사례에 관한 설명으로 옳지 않은 것은? (다툼이 있으면 판례에 의함) 23변시

> A광역시 B구 구청장 甲은 관할구역 내 지역주택조합 乙이 '주택법'에 따라 제출한 주택건설사업계획에 대해 사업승인을 하면서 교통난 해소에 필요한 진입도로 개설을 위해 乙에게 사업계획구역에 접하고 있는 B구 소유의 토지를 유상으로 매입하도록 하는 부관을 부가하였다.

① 법률에 명시적인 근거가 없는 한, 甲은 乙의 동의가 있더라도 유상으로 매입하도록 한 토지의 면적을 당초 면적보다 확대하는 내용으로 부관을 변경할 수 없다.

② 甲의 주택건설사업계획승인에 부수하여 乙에게 의무를 부과하는 甲의 의사표시인 토지의 유상 매입 부관에 대해 乙은 이 부관만을 독립적인 취소쟁송의 대상으로 하여 소를 제기할 수 있다.

③ 乙이 부관을 이행한다 하더라도 교통난 해소라는 공익에 비하여 乙이 토지의 유상매입으로 인해 입게 되는 불이익의 정도가 훨씬 심대한 경우 위 부관의 부가행위는 재량권을 일탈하거나 남용한 경우에 해당한다.

④ 甲의 주택건설사업계획승인은 행정청에 폭넓은 재량이 인정되는 행위이므로 甲은 관계법령에 명시적인 금지규정이 없는 한 행정목적을 달성하기 위하여 조건이나 기한, 부담 등의 부관을 붙일 수 있다.

⑤ 부관부 주택건설사업계획승인이 있는 상태에서 사정변경으로 인하여 당초에 붙인 부관의 목적을 달성할 수 없게 된 경우에는 명문의 규정이 없더라도 그 목적 달성에 필요한 범위 내에서 甲은 의무의 범위 또는 내용을 변경하는 부관을 사후에 붙이는 것이 예외적으로 허용된다.

해설

① (X), ⑤ (O)

판례 행정처분에 이미 부담이 부가되어 있는 상태에서 그 의무의 범위 또는 내용 등을 변경하는 **부관의 사후변경은, 법률에 명문의 규정이 있거나 그 변경이 미리 유보되어 있는 경우 또는 상대방의 동의가 있는 경우에 한하여 허용되는 것이 원칙**이지만, **사정변경으로 인하여 당초에 부담을 부가한 목적을 달성할 수 없게 된 경우에도 그 목적달성에 필요한 범위 내에서 예외적으로 허용**된다(97누2627).

행정기본법 제17조(부관) ③ 행정청은 부관을 붙일 수 있는 처분이 다음 각 호의 어느 하나에 해당하는 경우에는 그 처분을 한 후에도 부관을 새로 붙이거나 종전의 부관을 변경할 수 있다.
1. **법률에 근거가 있는 경우**
2. 당사자의 동의가 있는 경우
3. **사정이 변경되어 부관을 새로 붙이거나 종전의 부관을 변경하지 아니하면 해당 처분의 목적을 달성할 수 없다고 인정되는 경우**

[날먹행 121p]

② (O)

판례 행정행위의 부관은 행정행위의 일반적인 효력이나 효과를 제한하기 위하여 의사표시의 주된 내용에 부가되는 종된 의사표시이지 그 자체로서 직접 법적 효과를 발생하는 독립된 처분이 아니므로 현행 행정쟁송제도 아래서는 부관 그 자체만을 독립된 쟁송의 대상으로 할 수 없는 것이 원칙이나 **행정행위의 부관 중에서도 행정행위에 부수하여 그 행정행위의 상대방에게 일정한 의무를 부과하는 행정청의 의사표시인 부담의 경우에는 다른 부관과는 달리 행정행위의 불가분적인 요소가 아니고 그 존속이 본체인 행정행위의 존재를 전제로 하는 것일 뿐이므로 부담 그 자체로서 행정쟁송의 대상이 될 수 있다**(91누1264).

[날먹행 122p]

③ (O)

판례 주택건설사업계획승인처분에 부가한 부담이 그로써 달성하려는 **공익의 내용이나 정도에 비하여 그로 인해 입게 되는 사업자의 불이익의 내용 및 정도가 훨씬 심대하여 그 부담 부가행위가 재량권을 일탈하거나 남용**하였다(93누13537). [날먹행 121p]

④ (O)

판례 **재량행위에 있어서는 관계 법령에 명시적인 금지규정이 없는 한 행정목적을 달성하기 위하여 조건이나 기한, 부담 등의 부관을 붙일 수 있고,** 그 부관의 내용이 이행 가능하고 비례의 원칙 및 평등의 원칙에 적합하며 행정처분의 본질적 효력을 저해하지 아니하는 이상 위법하다고 할 수 없다(2008두9829).

행정기본법 제17조(부관) ① 행정청은 **처분에 재량이 있는 경우에는 부관(조건, 기한, 부담, 철회권의 유보 등을 말한다. 이하 이 조에서 같다)을 붙일 수 있다.** [날먹행 120p]

정답 ①

27 □□□□□

다음 중 사례에 대한 설명으로 옳지 않은 것은? (단, 다툼이 있는 경우 판례에 의함) 21군무원9급

> 병무청장이 법무부장관에게 '가수 甲이 공연을 위하여 국외여행허가를 받고 출국한 후 미국 시민권을 취득함으로써 사실상 병역의무를 면탈하였으므로 재외동포 자격으로 재입국하고자 하는 경우 국내에서 취업, 가수활동 등 영리활동을 할 수 없도록 하고, 불가능할 경우 입국 자체를 금지해 달라'고 요청함에 따라 법무부장관이 甲의 입국을 금지하는 결정을 하고, 그 정보를 내부 전산망인 '출입국관리정보시스템'에 입력하였으나, 甲에게는 통보하지 않았다.

① 일반적으로 처분이 주체·내용·절차와 형식의 요건을 모두 갖추고 외부에 표시된 경우에는 처분의 존재가 인정된다.

② 행정의사가 외부에 표시되어 행정청이 자유롭게 취소 · 철회할 수 없는 구속을 받게 되는 시점에 처분이 성립한다.

③ 그 성립 여부는 행정청이 행정의사를 공식적인 방법으로 외부에 표시하였는지를 기준으로 판단해야 한다.

④ 위 입국금지결정은 항고소송의 대상이 되는 '처분'에 해당한다.

해설

① (O), ② (O), ③ (O), ④ (X)

판례 일반적으로 처분이 주체·내용·절차와 형식의 요건을 모두 갖추고 외부에 표시된 경우에는 처분의 존재가 인정된다. 행정의사가 외부에 표시되어 행정청이 자유롭게 취소·철회할 수 없는 구속을 받게 되는 시점에 처분이 성립하고, 그 성립 여부는 행정청이 행정의사를 공식적인 방법으로 외부에 표시하였는지를 기준으로 판단해야 한다. 법무부장관이 출입국관리법 제11조 제1항 제3호 또는 제4호, 출입국관리법 시행령 제14조 제1항, 제2항에 따라 위 입국금지결정을 했다고 해서 '처분'이 성립한다고 볼 수는 없고, 위 입국금지결정은 법무부장관의 의사가 공식적인 방법으로 외부에 표시된 것이 아니라 단지 그 정보를 내부전산망인 '출입국관리정보시스템'에 입력하여 관리한 것에 지나지 않으므로, 위 입국금지결정은 항고소송의 대상이 될 수 있는 '처분'에 해당하지 않는다(2017두38874). [날먹행 123p]

정답 ④

28 ☐☐☐☐☐

다음 글에 대한 설명으로 옳지 않은 것은? (다툼이 있는 경우 판례에 의함) 11지방9급

> 甲이 국세를 체납하자 관할 세무서장은 甲 소유가옥에 대한 공매절차를 진행하여 낙찰자 乙에게 소유권이전등기가 경료되었다. 그런데 甲은 그로부터 1년이 지난 후에야 위 공매처분에 하자 있음을 발견하였다.
> (가) 甲이 공매처분의 하자를 이유로 乙을 상대로 하여 소유권이전등기의 말소등기절차의 이행을 구하는 민사소송을 제기하였다.
> (나) 甲이 가옥의 소유권을 상실하는 손해를 입었음을 이유로 바로 국가를 상대로 민사법원에 손해배상 청구소송을 제기하였다.

① (가)의 경우 공매처분의 하자가 무효사유라면 민사법원은 공매처분의 효력유무에 대해서 판단이 가능하며, 甲의 등기말소청구는 인용될 수 있다.

② (가)의 경우 공매처분의 하자가 취소사유라면 민사법원은 공매처분의 효력을 부인할 수 없으므로 甲의 등기말소청구는 기각될 것이다.

③ (나)의 경우 甲의 소송제기는 관할 위반의 위법이 없고, 민사법원은 공매처분의 하자에 대해 그 위법성을 심사하여 甲의 손해배상청구를 인용할 수 있다.

④ (나)의 경우 공매처분에 대한 취소소송의 제기기간인 1년이 지난 후에 제기한 손해배상청구소송이므로 민사법원은 甲의 청구를 각하해야 할 것이다.

해설

① (O) ② (O)

- **행정행위의 효력 유무가 민사소송의 선결문제**
  ① 행정행위의 하자가 취소사유에 불과한 경우: 법원은 행정처분의 효력을 부정할 수 없음 → 기각판결
  ② 행정행위 무효인 경우: 법원은 언제든지 무효여부를 판단할 수 있다 → 법원은 행정처분의 효력을 부정할 수 있고, 인용판결 내림 (단, 민사법원이 처분의 무효확인판결을 할 수는 없음) [날먹행 126p]

③ (O)

- **판례**는 국가배상청구청구소송은 **민사소송절차**에 의하여야 한다고 함 [날먹행 126p]
  → 甲이 민사법원에 손해배상청구소송을 제기한 것은 관할 위반의 위법이 없음.
- **행정행위의 위법 여부가 민사소송의 선결문제(국가배상청구소송)**
  행정행위의 위법을 이유로 국가배상청구를 한 경우, **민사법원**은 행정처분의 위법 여부를 스스로 판단 가능**(판례 · 통설)**

④ (X)

- **국가배상청구권의 소멸시효**: 손해 및 그 가해자를 **안 날로부터 3년**, 손해 및 가해자를 알지 못한 경우에는 **불법행위 종료일로부터 5년**
  → 사안에서 공매처분이 있은 날로부터 1년이 지난 후에 제기하였다면 아직 시효로 소멸한 것이 아니고, 민사법원은 행정처분의 위법 여부를 스스로 판단 가능하므로, 법원은 甲의 손해배상청구에 관하여 **본안심리**를 해야 한다(각하 불가). [날먹행 324p]

정답 ④

29 ☐☐☐☐☐

다음 사례에 대한 설명으로 옳은 것을 고르시오. (다툼이 있는 경우 판례에 의함) 22국가9급

> A시 시장은 식품접객업주 甲에게 청소년고용금지업소에 청소년을 고용하였다는 사유로 식품위생법령에 근거하여 영업정지 2개월 처분에 갈음하는 과징금부과처분을 하였고, 甲은 부과된 과징금을 납부하였다. 그러나 甲은 이후 과징금부과처분에 하자가 있음을 알게 되었다.

① 甲은 납부한 과징금을 돌려받기 위해 관할 행정법원에 과징금반환을 구하는 당사자소송을 제기할 수 있다.
② A시 시장이 과징금부과처분을 함에 있어 과징금부과통지서의 일부 기재가 누락되어 이를 이유로 甲이 관할 행정법원에 과징금부과처분의 취소를 구하는 소를 제기한 경우, A시 시장은 취소소송 절차가 종결되기 전까지 보정된 과징금부과처분 통지서를 송달하면 일부 기재 누락의 하자는 치유된다.
③ 「식품위생법」이 청소년을 고용한 행위에 대하여 영업허가를 취소하거나 6개월 이내의 기간을 정하여 그 영업의 전부 또는 일부를 정지하거나 영업소 폐쇄를 명할 수 있다고 하면서 행정처분의 세부기준은 총리령으로 위임한다고 정하고 있는 경우에, 총리령에서 정하고 있는 행정처분의 기준은 재판규범이 되지 못한다.
④ 甲이 자신은 청소년을 고용한 적이 없다고 주장하면서 제기한 과징금부과처분의 취소소송 계속 중에 A시 시장은 甲이 유통기한이 경과한 식품을 판매한 사실을 처분사유로 추가·변경할 수 있다.

해설

① (X)

과징금 부과처분(조세처분 등)은 공정력이 있는 행정행위이므로, 당연무효이거나 취소되기 전까지는 반환을 구할 수 없다. 또한 그 처분이 당연무효이거나 취소된 경우, 부당이득반환청구가 가능해지는데, 이 경우 판례는 민사소송에 의하여야 한다고 판시하고 있다. [날먹행 126p]

② (X)

- **하자의 치유** : 성립당시에 하자가 있는 행정행위가 이후 그 하자가 취소를 요하지 않을 정도로 경미해진 경우, **처음부터 적법한 행정행위**로 보는 것(소급효)
- **하자의 치유의 시간적 한계**
  판례는 불복 여부의 결정 및 불복신청에 편의를 줄 수 있는 상당한 기간 내에 해야 한다고 판시하여, 행정쟁송제기 이전에 치유가 가능하다고 봄(83누393)(쟁송제기전설). [날먹행 134p]

③ (O)

판례 **구 식품위생법시행규칙 제53조에서 [별표 15]**로 식품위생법 제58조에 따른 행정처분의 기준을 정하였다고 하더라도 이는 형식만 부령으로 되어 있을 뿐, 그 **성질은 행정기관 내부의 사무처리준칙을 정한 것으로서** 행정명령의 성질을 가지는 것이고, 대외적으로 국민이나 법원을 기속하는 힘이 있는 것은 아니므로 같은 법 제58조 제1항에 의한 **처분의 적법 여부**는 같은법 시행규칙에 적합한 것인가의 여부에 따라 판단할 것이 아니라 **같은 법의 규정 및 그 취지에 적합한 것인가의 여부에 따라 판단하여야 한다**(94누6925).
→ 법규명령 형식의 행정규칙 : 총리령, 부령 형식 → 행정규칙 (재판규범성X) (날먹행 87p)

④ (X)

- **처분사유의 추가·변경**: 처분당시에는 존재했으나, **행정청이 행정쟁송의 단계에서 처분의 근거로 삼지 않았던 사유를 추가하거나 그 내용을 변경**하는 것으로, **판례**는 **'처분시'에 존재하였던 처분사유**로서 당초 처분의 근거로 삼은 사유와 기본적 사실관계에 있어서 동일성이 인정되는 한도 내**에서** 새로운 처분사유를 추가하거나 변경할 수 있다는 입장
  → 청소년 고용 사실과 유통기한이 경과한 식품 판매 사실은 기본적 사실관계의 동일성 X [날먹행 405p]

정답 ③

30

갑은 재산세 부과의 근거가 되는 개별공시지가와 그 산정의 기초가 되는 표준지공시지가가 위법하게 산정되었다고 주장한다. 이에 대한 설명으로 옳은 것만을 모두 고르면? (다툼이 있는 경우 판례에 의함) 19국가7급

ㄱ. 취소사유에 해당하는 하자가 있는 표준지공시지가결정에 대한 취소소송의 제소기간이 지난 경우, 갑은 개별토지가격결정을 다투는 소송에서 그 개별토지가격 산정의 기초가 된 표준지공시지가의 위법성을 다툴 수 있다.
ㄴ. 갑은 개별공시지가결정에 대하여 곧바로 행정소송을 제기하거나 부동산 가격공시에 관한 법률에 따른 이의신청과 행정심판법에 따른 행정심판청구 중 어느 하나만을 거쳐 행정소송을 제기할 수 있을 뿐만 아니라, 이의신청을 하여 그 결과 통지를 받은 후 다시 행정심판을 거쳐 행정소송을 제기할 수도 있다.
ㄷ. 개별공시지가 산정업무 담당공무원 등이 그 직무상 의무에 위반하여 현저하게 불합리한 개별공시지가가 결정되도록 함으로써 갑의 재산권을 침해한 경우 상당인과관계가 인정되는 범위에서 그 손해에 대하여 그 담당공무원 등이 속한 지방자치단체가 배상책임을 지게 된다.
ㄹ. 갑이 개별공시지가결정에 따라 부과된 재산세를 납부한 후 이미 납부한 재산세에 대한 부당이득반환을 구하는 민사소송을 제기한 경우, 민사법원은 재산세부과처분에 취소사유의 하자가 있음을 이유로 재산세부과처분의 효력을 부인하고 그 납세액의 반환을 명하는 판결을 내릴 수 있다.

① ㄱ, ㄴ ② ㄱ, ㄹ ③ ㄴ, ㄷ ④ ㄷ, ㄹ

해설

ㄱ. (X) 표준공시지가결정의 하자는 개별공시지가결정에 승계되지 않음. [날먹행 137p]

ㄴ. (O)

판례 개별공시지가에 대하여 이의가 있는 자는 곧바로 행정소송을 제기하거나 부동산 가격공시 및 감정평가에 관한 법률에 따른 **이의신청과 행정심판법에 따른 행정심판청구 중 어느 하나만을 거쳐 행정소송을 제기**할 수 있을 뿐 아니라, **이의신청을 하여 그 결과 통지를 받은 후 다시 행정심판을 거쳐 행정소송을 제기**할 수도 있다(2008두19987). [날먹행 361p]

ㄷ. (O)

판례 개별공시지가 산정업무를 담당하는 공무원으로서는 당해 토지의 실제 이용상황 등 토지특성을 정확하게 조사하고 당해 토지와 토지이용상황이 유사한 비교표준지를 선정하여 그 특성을 비교하는 등 법령 및 '개별공시지가의 조사 산정 지침'에서 정한 기준과 방법에 의하여 개별공시지가를 산정할 직무상의 의무가 있고, 이러한 직무상 의무는 단순히 공공 일반의 이익을 위한 것이거나 행정기관 내부의 질서를 규율하기 위한 것이 아니고 전적으로 또는 부수적으로 국민 개개인의 재산권 보장을 목적으로 하여 규정된 것이라고 봄이 상당하다. 따라서 개별공시지가 산정업무 담당공무원 등이 그 직무상 의무에 위반하여 현저하게 불합리한 개별공시지가가 결정되도록 함으로써 국민 개개인의 재산권을 침해한 경우에는 그 손해에 대하여 상당인과관계 있는 범위 내에서 그 담당공무원 등이 소속된 지방자치단체가 배상책임을 지게 된다(2010다13527). [날먹행 312p]

ㄹ. (X)

판례 조세의 과오납이 부당이득이 되기 위하여는 납세 또는 조세의 징수가 실체법적으로나 절차법적으로 전혀 법률상의 근거가 없거나 과세처분의 하자가 중대하고 명백하여 당연무효이어야 하고, 과세처분의 하자가 단지 취소할 수 있는 정도에 불과할 때에는 과세관청이 이를 스스로 취소하거나 항고소송절차에 의하여 취소되지 않는 한 그로 인한 조세의 납부가 부당이득이 된다고 할 수 없다(94다28000). [날먹행 62, 126p]

정답 ③

31 ☐☐☐☐☐

다음 사례에 관한 설명으로 옳은 것은? 08국가9급

> A는 본인 소유의 토지를 을에게 매도하였고, 관할세무서장은 위 토지의 양도당시의 기준시가로서 이 토지의 개별 공시지가를 기준으로 양도소득세를 부과하였다. 그런데 양도소득세가 지나치게 많다고 생각한 A는 개별공시지가결정이 있은 지 1년 넘게 지나고 나서야 개별공시지가에 대하여 이의가 있으면 개별공시지가의 결정 · 공시일부터 30일 이내에 이의를 신청할 수 있었다는 사실과 이 개별공시지가가 자신의 토지에 대하여는 잘못된 사실판단으로 인하여 지나치게 높게 결정되었다는 사실을 알게 되었다.

① A는 개별공시지가결정을 대상으로 취소소송을 제기하여 이를 다투면 된다.

② 개별공시지가결정이 무효라 하더라도 A는 개별공시지가결정이 잘못되었음을 이유로 양도소득세부과처분의 위법을 주장할 수 없다.

③ 개별공시지가의 결정과 이를 기초로 한 과세처분로 연속하여 행하여지는 것으로서 양 행위는 서로 결합된 처분이라고 보는 것이 다수설의 입장이다.

④ 대법원은 관계인의 수인한도를 넘어 불이익을 강요하는 경우에는 과세처분의 위법사유로서 개별공시지가결정의 위법을 주장할 수 있다고 판시한 바 있다.

해설

① (X)

• 개별공시지가결정이 있은 지 1년이 지났기 때문에, 제소기간 경과하여**(안날로부터 90일, 있은 날로부터 1년)** 개별공시지가결정에 대해 불가쟁력 발생 ∴ 취소소송 제기 불가 [날먹행 386p]

② (X)

선행행위가 무효인 경우, 당연히 후행행위의 위법 주장 가능 [날먹행 136p]

③ (X) ④ (O)

판례 **개별공시지가결정**은 이를 기초로 한 **과세처분 등과는 별개의 독립된 처분으로서 서로 독립하여 별개의 법률효과를 목적으로 하는 것**이다 / 위법한 개별공시지가결정에 대하여 그 정해진 시정절차를 통하여 시정하도록 요구하지 아니하였다는 이유로 위법한 개별공시지가를 기초로 한 과세처분 등 후행 행정처분에서 개별공시지가결정의 위법을 주장할 수 없도록 하는 것은 **수인한도를 넘는 불이익을 강요하는 것으로서 국민의 재산권과 재판받을 권리를 보장한 헌법의 이념에도 부합하는 것이 아니라고 할 것**이므로, 개별공시지가결정에 위법이 있는 경우**에는 그 자체를 행정소송의 대상이 되는** 행정처분**으로 보아 그 위법 여부를** 다툴 수 있음은 **물론 이를 기초로 한** 과세처분 등 행정처분의 취소를 구하는 행정소송에서도 선행처분인 개별공시지가결정의 위법을 독립된 위법사유로 주장할 수 있다(93누8542). [날먹행 137p]

정답 ④

32 □□□□□

다음 사례에 관한 설명으로 옳은 것은? (다툼이 있는 경우 판례에 의함) 21국가9급

> • 甲은 자신의 토지에 대한 개별공시지가결정을 통지받은 후 90일이 넘어 과세처분을 받았는데, 과세처분이 위법한 개별공시지가결정에 기초하였다는 이유로 과세처분의 취소를 구하고자 한다.
> • 甲은 토지대장에 전(田)으로 기재되어 있는 지목을 대(垈)로 변경하고자 지목변경신청을 하였다.
> • 乙은 甲의 토지가 사실은 자신 소유라고 주장하면서 토지대장상의 소유자명의변경을 신청하였으나 거부되었다.

① 甲은 과세처분이 있기 전에는 개별공시지가결정에 대해서 취소소송을 제기할 수 없다.

② 甲은 과세처분의 위법성이 인정되지 않더라도 과세처분 취소소송에서 개별공시지가결정의 위법을 독립된 위법사유로 주장할 수 있다.

③ 토지대장에 등재된 사항을 변경하는 행위는 행정사무집행의 편의와 사실증명의자료로 삼기 위한 것이므로, 甲은 지목변경신청이 거부되더라도 이에 대하여 취소소송으로 다툴 수 없다.

④ 乙에 대한 토지대장상의 소유자명의변경신청 거부는 처분성이 인정된다.

해설

① (X) ② (O)

> **판례** 위법한 개별공시지가결정에 대하여 그 정해진 시정절차를 통하여 시정하도록 요구하지 아니하였다는 이유로 위법한 개별공시지가를 기초로 한 과세처분 등 후행 행정처분에서 개별공시지가결정의 위법을 주장할 수 없도록 하는 것은 **수인한도를 넘는 불이익을 강요하는 것으로서 국민의 재산권과 재판받을 권리를 보장한 헌법의 이념에도 부합하는 것이 아니라고 할 것**이므로, 개별공시지가결정에 위법이 있는 경우**에는 그 자체를** 행정소송**의 대상이 되는 행정처분으로 보아 그 위법 여부를** 다툴 수 있음은 **물론 이를 기초로 한** 과세처분 등 행정처분의 취소를 구하는 행정소송에서도 선행처분인 개별공시지가결정의 위법을 독립된 위법사유로 주장할 수 있다(93누8542).
> [날먹행 137, 360p]

③ (X)

> **판례** 지목은 토지소유권을 제대로 행사하기 위한 전제요건으로서 토지소유자의 실체적 권리관계에 밀접하게 관련되어 있으므로 지적공부 소관청의 지목변경신청 반려행위는 국민의 권리관계에 영향을 미치는 것으로서 항고소송의 대상이 되는 행정처분에 해당한다고 할 것이다(2003두9015).
> [날먹행 357p]

④ (X)

> **판례** 토지대장 기재사항 변경행위는 실체상 권리관계에 변동을 가져올 수 없어 토지대장상 소유자명의변경신청 거부**행위는** 항고소송의 대상이 되는 처분이 아니다(2010두12354).
> [날먹행 356p]

정답 ②

33 ☐☐☐☐☐

甲은 A법률에 근거하여 부담금 부과처분을 받았으나, 처분 이후에 처분의 근거가 되었던 A법률의 규정이 헌법재판소에 의해 위헌으로 결정되었다. 이에 대한 설명으로 가장 옳은 것은? 16서울7급

① 갑이 부담금을 납부하였고, 부담금 부과처분에 불가쟁력이 발생하였다면 이미 납부한 부담금의 반환청구는 인정되지 않는다.

② 갑에 대한 부담금 부과처분은 법적 근거가 없는 것이 되어 일반적으로 당연무효이다.

③ 갑이 아직 부담금을 납부하지 않은 상태에서 부담금 부과처분에 불가쟁력이 발생한 경우에는 부담금에 대한 강제집행이 허용된다.

④ 갑이 위헌결정을 이유로 부담금 부과처분에 대해 취소소송을 제기하는 경우에는 제소기간의 제한이 적용되지 않는다.

해설

① (O)

- **대법원의 위헌법률의 소급효에 대한 입장**
  - **원칙**: 위헌결정 이후 제소된 모든(일반) 사건에 대해서도 소급효가 미침
  - **예외**: ㉠ **기판력에 저촉**되거나 ㉡ 이미 행정처분의 확정력(불가쟁력)이 발생한 경우
    ㉢ **법적안정성 유지나 신뢰보호를 위해 불가피**한 경우 → **소급효가 제한**됨. [날먹행 138p]

② (X), ④ (X)

- **위헌결정 전에 이루어진 처분의 효력**
  - 대법원, 헌법재판소 모두, 법률이 헌법에 위반된다는 사정이 위헌 결정이 있기 전에는 **객관적으로 명백한 것이 아니므로**, 이러한 하자는 행정처분의 취소사유에 해당한다고 봄(92누9463). → **제소기간의 제한이 적용됨.** [날먹행 139p]

③ (X)

- **위헌결정 후에 그 법률을 적용하여 이루어진 처분의 효력**
  - 헌법재판소법 제 47조에 따라, 위헌결정된 법령을 적용하여 처분을 할 경우, **기속력에 반하므로**, 당연무효가 됨.
  - **위헌법률에 기한** 행정처분의 집행이나, 그 집행력을 유지하기 위한 행위도 당연무효임 [날먹행 139p]

정답 ①

34 □□□□□

다음 사례에 대한 설명으로 옳지 않은 것을 고르시오. (다툼이 있는 경우 판례에 의함) 22국가9급

> A시 시장은 「학교용지 확보 등에 관한 특례법」 관계 조항에 따라 공동주택을 분양받은 甲, 乙, 丙, 丁 등에게 각각 다른 시기에 학교용지 부담금을 부과하였다. 이후 해당 조항에 대하여 법원의 위헌법률심판제청에 따라 헌법재판소가 위헌결정을 하였다. (단, 甲, 乙, 丙, 丁은 모두 위헌법률심판제청신청을 하지 않은 것으로 가정함)

① 甲이 부담금을 납부하였고 부담금부과처분에 불가쟁력이 발생한 상태라면, 해당 조항이 위헌으로 결정되더라도 이미 납부한 부담금을 반환받을 수 없다.

② 乙은 부담금을 납부한 후 부담금부과처분에 대해 행정소송을 제기하였고 현재 소가 계속 중인 경우에도, 乙이 위헌법률심판제청신청을 하지 않았으므로 乙에게 위헌결정의 소급효는 미치지 않는다.

③ 丙이 부담금부과처분에 대한 행정심판청구를 하여 기각재결서를 송달받았으나, 재결서 송달일로부터 90일 이내에 취소소송을 제기하였다면 丙의 청구는 인용될 수 있다.

④ 부담금부과처분에 대한 제소기간이 경과하여 丁의 부담금 납부의무가 확정되었고 위헌결정 전에 丁의 재산에 대한 압류가 이루어진 상태라도, 丁에 대해 부담금 징수를 위한 체납처분을 속행할 수는 없다.

해설

① (O) ② (X)

- **대법원의 위헌법률의 소급효에 대한 입장**
  - **원칙**: 위헌결정 이후 제소된 **모든(일반) 사건에 대해서도 소급효**가 미침
  - **예외**: ㉠ **기판력에 저촉**되거나
    ㉡ 이미 행정처분의 확정력(불가쟁력)이 발생한 경우
    ㉢ **법적안정성 유지나 당사자의 신뢰보호를 위해 불가피**한 경우 → **소급효가 제한**됨. [날먹행 138p]

- **헌법재판소의 위헌법률의 소급효에 대한 입장** [날먹행 138p]
  - **원칙**: **위헌결정의 효력은 원칙적으로 장래효이므로, 위헌 결정 전에 이루어진 처분은 유효함.**
  - 예외: 소급효 (당·동·병·일)
    ㉠ **당해사건** - 위헌신청의 계기가 된 사건
    ㉡ **동종사건** - 위헌결정 전에 위헌제청을 한 사건
    ㉢ **병행사건** - **제청신청은 하지 않았지만 당해 법률이 재판의 전제가 되어 법원에 계속 중인 사건**
    ㉣ 위헌 결정 이후 제소한 일**반 사건** 중에서, 당사자의 권리구제를 위한 **구체적 타당성의 요청이 현저한 반면 소급효를 인정하여도 법적 안정성의 침해 우려가 없는 사건**
    → 을은 위헌법률심판제청신청은 하지 않았지만, 병행사건으로서 을에게도 위헌결정의 소급효가 미침.

③ (O)

행정심판을 거친 경우, 취소소송 **제소기간은 재결서 정본을 송달받은 날부터 90일, 재결이 있은 날부터 1년**(재결 있음을 안 날로부터 90일 X) [날먹행 386p]

④ (O)

위헌결정 후에 그 법률을 적용하여 이루어진 처분의 효력
- 헌법재판소법 제 47조에 따라, 위헌결정된 법령을 적용하여 처분을 할 경우, **기속력에 반하므로** 당연무효가 됨.
- **위헌법률에 기한** 행정처분의 집행이나, 그 집행력을 유지하기 위한 행위**도** 당연무효임.

판례 조세부과처분의 근거규정이 위헌으로 선언된 경우, 그에 기한 조세부과처분이 위헌결정에 이루어졌다 하더라도 위헌결정 이후에 조세채권의 집행을 위해 새로이 착수된 체납처분은 당연무효임(2010두10907). [날먹행 139p]

정답 ②

35 □□□□□

갑에 대한 과세처분 이후 조세부과의 근거가 되었던 법률에 대해 헌법재판소의 위헌결정이 있었고, 위헌결정 이후에 그 조세채권의 집행을 위해 갑의 재산에 대해 압류처분이 있었다. 이에 대한 설명으로 옳은 것은? (다툼이 있는 경우 판례에 의함) 19국가7급

① 갑은 압류처분에 대해 무효확인소송을 제기하려면 무효확인심판을 거쳐야 한다.

② 위헌결정 당시 이미 과세처분에 불가쟁력이 발생하여 조세채권이 확정된 경우에도 갑의 재산에 대한 압류처분은 무효이다.

③ 갑이 압류처분에 대해 무효확인소송을 제기하였다가 압류처분에 대한 취소소송을 추가로 병합하는 경우, 무효확인의 소가 취소소송 제소기간 내에 제기됐더라도 취소청구의 소의 추가 병합이 제소기간을 도과했다면 병합된 취소청구의 소는 부적법하다.

④ 갑이 압류처분에 대해 무효확인소송을 제기하였다가 취소소송으로 소의 종류를 변경하는 경우, 제소기간의 준수 여부는 취소소송으로 변경되는 때를 기준으로 한다.

해설

① (X)

- **예외적 행정심판전치** : 강제징수(독촉 · 체납)처분에 대한 행정소송은 국세기본법에 따라 심사청구(국세청장)와 심판청구(조세심판원) 중 하나를 반드시 거쳐야.
- **무효등확인소송의 행정심판 전치주의** → 취소소송의 행정심판 예외적 전치주의 준용 X
  따라서 개별법에서 행정심판전치주의를 규정하고 있는 경우에도, 무효등확인소송은 행정심판을 거치지 않고 바로 소송 제기 가능 [날먹행 417p]

② (O)

판례 조세부과처분의 근거규정이 위헌으로 선언된 경우, 그에 기한 조세부과처분이 위헌결정에 이루어졌다 하더라도 위헌결정 이후에 조세채권의 집행을 위해 새로이 착수된 체납처분은 당연무효임(2010두10907). [날먹행 139p]

③ (X)

판례 행정처분의 무효확인을 구하는 소에는 특단의 사정이 없는 한 그 취소를 구하는 취지도 포함되어 있다고 보아야 하는 점 등에 비추어 볼 때, 동일한 행정처분에 대하여 무효확인의 소를 제기하였다가 그 후 그 처분의 취소를 구하는 소를 추가적으로 병합한 경우, **주된 청구인 무효확인의 소가 적법한 제소기간 내에 제기되었다면 추가로 병합된 취소청구의 소도 적법하게 제기된 것으로 봄이 상당**하다(2005두3554). [날먹행 388p]

④ (X)

- 소 변경시, 새로운 소는 종전 소를 제기한 때 제기된 것으로 보므로, 소의 변경시 제소기간의 준수 여부는 **처음에 소를 제기한 때를 기준**으로 한다.(행정소송법 제14조 제4항, 제21조 제4항) [날먹행 387p]

정답 ②

36 ☐☐☐☐☐

甲은 '산업집적활성화 및 공장설립에 관한 법률'에 따른 공장설립승인을 받고자 관련 행정절차 일체를 행정사 乙에게 위임하였다. 乙은 관련 서류를 위조하여 공장설립승인을 신청하였고, 甲은 그러한 상황을 알지 못한 관할 A군수로부터 공장설립승인을 받았다. 공장이 설립된 이후 A군수는 관련 서류가 위조된 것을 발견하고 이를 이유로 공장설립승인을 취소하였다. 이에 관한 설명 중 옳은 것을 모두 고른 것은? (다툼이 있는 경우 판례에 의함) 21변시

ㄱ. A군수의 공장설립승인 취소처분에 대한 취소소송에서 공장설립승인의 하자나 취소하여야 할 필요성에 대한 증명책임은 A군수에게 있다.

ㄴ. 처분청은 행정처분에 하자가 있는 경우에 별도의 법적 근거가 없더라도 스스로 이를 취소할 수 있는데, 다만 수익적 행정처분의 경우에는 해당 법률에 취소에 관한 별도의 법적 근거가 요구된다.

ㄷ. A군수의 공장설립승인 취소처분에 대하여 불가쟁력이 발생한 이후에는 A군수가 공장설립승인 취소처분을 다시 직권취소할 수 없다.

① ㄱ ② ㄱ, ㄴ ③ ㄱ, ㄴ, ㄷ ④ ㄱ, ㄷ ⑤ ㄴ, ㄷ

해설

ㄱ. (O)

• **입증책임**: 소송상 증명이 필요한 사실의 존부가 확정되지 않은 경우, 그러한 **사실이 존재하지 않은 것으로 되어 불리한 법적 판단을 받게 되는 것**
- **소송요건: 직권조사사항**이나, 그 **구비가 불명확한 경우 원고**에게 입증책임
- 처분의 적법사유 : 처분청에게 입증책임.
- **재량행위의 일탈·남용 : 원고**가 입증책임
- **절차요건 : 행정청**이 입증책임.

[날먹행 403, 404p]

ㄴ. (X)

행정기본법 제18조(위법 또는 부당한 처분의 취소) ② 행정청은 제1항에 따라 당사자에게 권리나 이익을 부여하는 처분을 취소하려는 경우에는 취소로 인하여 당사자가 입게 될 불이익을 취소로 달성되는 공익과 비교·형량하여야 한다. 다만, 다음 각 호의 어느 하나에 해당하는 경우에는 그러하지 아니하다.
1. 거짓이나 그 밖의 부정한 방법으로 처분을 받은 경우
2. 당사자가 처분의 위법성을 알고 있었거나 중대한 과실로 알지 못한 경우

[날먹행 142p]

ㄷ. (X)

불가쟁력은 행정행위의 상대방 및 이해관계인에 대한 구속력인데 반해, **불가변력은 처분청 등 행정기관에 대한 구속력**이므로, 불가쟁력이 발생한 행정행위라도 불가변력이 발생하지 않는 한 취소권을 가진 행정청은 직권으로 취소, 철회 또는 변경할 수 있다.

[날먹행 128p]

정답 ①

37 ☐☐☐☐☐

다음 사례 상황에 대한 설명으로 옳은 것은? (다툼이 있는 경우 판례에 의함) 16국가9급

> 甲은 식품위생법상 유흥주점 영업허가를 받아 영업을 하던 중 경기부진을 이유로 2015. 8. 3. 자진폐업하고 관련 법령에 따라 폐업신고를 하였다. 이에 관할 시장은 자진폐업을 이유로 2015. 9. 10. 甲에 대한 위 영업허가를 취소하는 처분을 하였으나 이를 甲에게 통지하지 아니하였다. 이후 甲은 경기가 활성화되자 유흥주점 영업을 재개하려고 관할 시장에 2016. 2. 3. 재개업신고를 하였으나, 영업허가가 이미 취소되었다는 회신을 받았다. 허가취소 사실을 비로소 알게 된 甲은 2016. 3.10.에 위 2015. 9. 10.자 영업허가취소처분의 취소를 구하는 소송을 제기하였다.

① 甲에 대한 유흥주점 영업허가의 효력은 2015. 9. 10.자 영업허가취소처분에 의해서 소멸된다.
② 위 2015. 9. 10.자 영업허가취소처분은 甲에게 통지되지 않아 효력이 발생하지 아니하였으므로 甲의영업허가는 여전히 유효하다.
③ 甲이 2015. 9. 10.자 영업허가취소처분에 대하여 제기한 위 취소소송은 부적법한 소송으로서 각하된다.
④ 甲에 대한 유흥주점 영업허가는 2016. 2. 3. 행한 甲의 재개업신고를 통하여 다시 효력을 회복한다.

해설

① (X)

- **행정행위의 실효**: 하자없이 적법 · 유효하게 성립된 행정행위가 행정청의 의사표시 없이 일정한 사실의 발생에 의해 당연히 장래를 향하여 효력이 소멸되는 것으로, 행정청의 별도의 의사표시와 무관하게 당연 소멸 [날먹행 145p]
  → 사안의 경우, 폐업은 행정행위의 실효 사유에 해당하므로, 2015. 8. 3. 갑의 영업허가는 당연 실효되었음.

② (X)

폐업을 함으로써 영업허가의 효력은 당연 소멸하였으므로, 행정청의 통지유무는 영업허가의 효력에 영향없음.

③ (O)

판례 **신청에 의한** 허가는 신청에 의한 처분이고, 이와 같이 신청에 의한 허가처분을 받은 원고가 그 영업을 폐업한 경우에는 그 영업허가는 당연 실효되고, 이런 경우 허가행정청의 허가취소처분은 **허가의 실효됨을 확인하는 것에 불과**하므로 원고는 그 허가취소처분의 취소를 구할 소의 이익이 없다고 할 것이다(90누2284). [날먹행 145p]

④ (X)

판례 종전의 영업을 자진폐업한 이상 행정행위는 실효되었으므로 **이후에 다시 영업허가신청을 하는 것은 신규허가의 신청**이고, 재개업신고를 통해 **다시 효력을 회복하는 것은 아니다**(83누412). [날먹행 145p]

정답 ③

38 ☐☐☐☐☐

甲은 「영유아보육법」에 따라 보건복지부장관의 평가인증을 받아 어린이집을 설치 · 운영하고 있다. 甲은 어린이집을 운영하면서 부정한 방법으로 보조금을 교부받아 사용하였고, 보건복지부장관은 이를 근거로 관련 법령에 따라 평가인증을 취소하였다. 이에 대한 설명으로 옳은 것은? (다툼이 있는 경우 판례에 의함) 19국가9급

① 평가인증의 취소는 강학상 취소에 해당하며, 행정청이 평가인증취소처분을 하면서 별도의 법적 근거 없이도 평가인증의 효력을 취소사유 발생일로 소급하여 상실시킬 수 있다.

② 평가인증의 취소는 강학상 철회에 해당하며, 행정청이 평가인증취소처분을 하면서 별도의 법적 근거 없이는 평가인증의 효력을 취소사유 발생일로 소급하여 상실시킬 수 없다.

③ 평가인증의 취소는 강학상 취소에 해당하며, 행정청이 평가인증취소처분을 하면서 별도의 법적 근거 없이는 평가인증의 효력을 취소사유 발생일로 소급하여 상실시킬 수 없다.

④ 평가인증의 취소는 강학상 철회에 해당하며, 행정청이 평가인증취소처분을 하면서 별도의 법적 근거 없이도 평가인증의 효력을 취소사유 발생일로 소급하여 상실시킬 수 있다.

해설

① (X), ② (O), ③ (X), ④ (X)

판례 영유아보육법 제30조 제5항 제3호에 따른 **평가인증의 취소**는 평가인증 당시에 존재하였던 하자가 아니라 그 이후에 **새로이 발생한 사유로 평가인증의 효력을 소멸시키는 경우에 해당**하므로, 법적 성격은 평가인증의 '철회'에 해당한다. 그런데 **행정청이 평가인증을 철회하면서 그 효력을 철회의 효력발생일 이전으로 소급하게 하면, 철회 이전의 기간에 평가인증을 전제로 지급한 보조금 등의 지원이 그 근거를 상실하게 되어 이를 반환하여야 하는 법적 불이익이 발생한다**. 이처럼 행정청이 평가인증을 철회하는 처분을 하면서도, 평가인증의 효력을 과거로 소급하여 상실시키기 위해서는, 별도의 법적 근거가 필요하다(2015두58195). [날먹행 144p]

정답 ②

39 ☐☐☐☐☐

甲은 A구청장으로부터 「식품위생법」 관련규정에 따라 적법하게 유흥접객 영업허가를 받아 영업을 시작하였다. 영업을 시작한지 1년이 지난 후에 甲의 영업장을 포함한 일부지역이 새로이 적법한 절차에 따라 학교환경위생정화구역으로 설정되었다. A구청장은 甲의 영업이 관할 학교환경위생정화위원회의 심의에 따라 금지되는 행위로 결정되었다는 이유로 청문을 거친 후에 甲의 영업허가를 취소하였다. 甲은 A구청장의 취소처분이 위법하다고 주장하면서 영업허가취소처분에 대하여 취소소송을 제기하였다. 이에 대한 설명으로 옳지 않은 것은? (다툼이 있는 경우 판례에 의함)

11국가9급

① A구청장의 甲에 대한 영업허가 취소는 적법하게 성립한 행정행위를 후발적인 사유의 발생을 이유로 그 효력을 소멸시키는 강학상 철회에 해당한다.

② A구청장은 甲에 대한 영업허가의 허가권자로서 이에 대한 철회권도 갖고 있다.

③ A구청장은 甲의 영업허가를 철회함에 있어 그 근거가 되는 법령이나 취소권유보의 부관 등을 명시하여야 하나, 피처분자가 처분 당시 그 취지를 알고 있었다거나 그 후 알게 된 경우에는 생략할 수 있다.

④ 甲에 대한 영업허가를 철회하기 위해서는 중대한 공익상의 필요가 있어야 한다.

해설

① (O)

적법하게 성립한 허가를, 후에 학교환경위생정화구역으로 설정이라는 공익상 사유로 취소한 것이므로, 강학상 철회에 해당함.

② (O)

• **철회권자**: 처분청은 별도의 근거 없이도 철회가능, 감독청은 **법률에 근거없는 한** 철회 X [날먹행 131p]

③ (X)

판례 면허의 취소처분에는 **그 근거가 되는 법령이나 취소권 유보의 부관 등을 명시하여야 함은 물론 처분을 받은 자가 어떠한 위반사실에 대하여 당해 처분이 있었는지를 알 수 있을 정도로 사실을 적시할 것**을 요하며, 이와 같은 **취소처분의 근거와 위반사실의 적시를 빠뜨린 하자는 피처분자가 처분 당시 그 취지를 알고 있었다거나 그 후 알게 되었다 하여도 치유될 수 없다**(90누1786). [날먹행 134p]

④ (O)

판례 행정행위를 한 처분청은 비록 그 처분 당시에 별다른 하자가 없었고, 또 그 처분 후에 이를 철회할 별도의 법적 근거가 없다 하더라도 원래의 처분을 존속시킬 필요가 없게 된 사정변경이 생겼거나 또는 중대한 공익상의 필요가 발생한 경우에는 그 효력을 상실케 하는 별개의 행정행위로 이를 철회할 수 있다고 할 것이나, **수익적 행정처분을 취소 또는 철회하는 경우에는** 이미 부여된 그 국민의 기득권을 침해하는 것이 되므로, 비록 취소 등의 사유가 있다고 하더라도 그 취소권 등의 행사는 **기득권의 침해를 정당화할 만한 중대한 공익상의 필요 또는 제3자의 이익보호의 필요가 있는 때에 한하여 상대방이 받는 불이익과 비교·교량하여 결정하여야** 하고, 그 처분으로 인하여 공익상의 필요보다 상대방이 받게 되는 불이익 등이 막대한 경우에는 재량권의 한계를 일탈한 것으로서 그 자체가 위법하다(2003두10251). [날먹행 144p]

정답 ③

40 □□□□□

A세무서장 甲은 '주류 면허 등에 관한 법률'(이하 '주류면허법'이라 함)에 따라 乙에게 종합주류도매업면허(이하 '이 사건 면허'라 함)를 발급하면서 "무면허 주류판매업자에게 주류를 판매할 경우에는 면허를 취소할 수 있다."라는 취소권 유보의 조건을 부가하였다. 그 후 乙이 무면허 주류판매업자에게 주류를 판매한 사실이 확인되어 甲은 이 사건 면허를 취소하면서 乙에게 "상기 주류도매업사업장은 무면허 주류판매업자에게 주류를 판매하였으므로 주류면허법 제6조(주류 제조 및 판매업 면허의 조건) 및 제12조(주류 판매 정지 등)에 따라 이 사건 면허를 취소한다."라는 내용의 통지서를 발송하였다. 이에 관한 설명으로 옳지 않은 것은? (다툼이 있으면 판례에 의함) 23변시

① 甲의 이 사건 면허는 형성적 행위로서 乙에게 영업상의 권리 혹은 지위를 설정하여 주는 강학상의 특허이다.
② 乙이 자신과 주류를 거래한 상대방이 무면허 주류판매업자라는 사실을 모르고 상대방에게 주류를 판매하였다고 하더라도 乙의 의무 해태를 탓할 수 없는 정당한 사유가 있는 등 특별한 사정이 없는 한, 甲은 乙의 이 사건 면허를 취소할 수 있다.
③ 위 취소권유보의 실질은 철회권의 유보이고, 이 사건 면허 발급시 철회권이 유보되어 있다 하더라도 甲이 철회권을 행사함에 있어서 이익형령의 원칙에 의한 제한을 받는다.
④ 甲의 이 사건 면허 취소처분에 이유제시의 하자가 있다면 甲은 乙의 불복 여부 결정 및 불복신청에 편의를 줄 수 있는 상당한 기간까지 그 하자를 치유할 수 있다.
⑤ 甲의 이 사건 면허 취소에 대해 乙이 취소소송을 제기하여 당초의 이유제시에 하자가 있다는 이유로 승소확정판결을 받은 경우, 甲이 이유제시의 위법사유를 보완하여 다시 면허 취소를 하였다고 해도 이는 이전의 면허 취소와 다른 별개의 처분이라 할 것이다.

해설

① (X)

> **판례** **주류판매업 면허**는 설권적 행위가 아니라 주류판매의 질서유지, 주세 보전의 행정목적 등을 달성하기 위하여 개인의 자연적 자유에 속하는 영업행위를 일반적으로 제한하였다가 특정한 경우에 이를 회복하도록 그 제한을 해제하는 **강학상의 허가**로 해석되므로 주세법 제10조 제1호 내지 제11호에 열거된 면허제한사유에 해당하지 아니하는 한 면허관청으로서는 임의로 그 면허를 거부할 수 없다(95누5714). [날먹행 103p]

② (O)

> **판례** **행정법규 위반에 대하여 가하는 제재조치는 행정목적의 달성을 위하여 행정법규 위반이라는 객관적 사실에 착안하여 가하는 제재이므로, 위반자가 그 의무를 알지 못하는 것이 무리가 아니었다고 할 수 있어** 그것을 정당시 할 수 있는 사정이 있을 때 또는 의무의 이행을 당사자에게 기대하는 것이 무리라고 하는 사정이 있을 때 등 의무 해태를 탓할 수 없는 정당한 사유가 있는 경우 등의 특별한 사정이 없는 한 **위반자에게 고의나 과실이 없다고 하더라도 부과될 수 있다**(2010두24371). [날먹행 294p]

③ (O)

판례 행정행위를 한 처분청은 비록 그 처분 당시에 별다른 하자가 없었고, 또 그 처분 후에 이를 철회할 별도의 법적 근거가 없다 하더라도 원래의 처분을 존속시킬 필요가 없게 된 사정변경이 생겼거나 또는 중대한 공익상의 필요가 발생한 경우에는 그 효력을 상실케 하는 별개의 행정행위로 이를 철회할 수 있다고 할 것이나, 수익적 행정처분을 취소 또는 철회하는 경우에는 이미 부여된 그 국민의 기득권을 침해하는 것이 되므로, 비록 취소 등의 사유가 있다고 하더라도 그 취소권 등의 행사는 기득권의 침해를 정당화할 만한 중대한 공익상의 필요 또는 제3자의 이익보호의 필요가 있는 때에 한하여 상대방이 받는 불이익과 비교·교량하여 결정하여야 하고, **그 처분으로 인하여 공익상의 필요보다 상대방이 받게 되는 불이익 등이 막대한 경우에는 재량권의 한계를 일탈한 것으로서 그 자체가 위법하다.**

행정기본법 제19조(적법한 처분의 철회) ② 행정청은 제1항에 따라 처분을 철회하려는 경우에는 **철회로 인하여 당사자가 입게 될 불이익을 철회로 달성되는 공익과 비교·형량**하여야 한다. [날먹행 144p]

④ (O)

판례 과세처분시 납세고지서에 과세표준, 세율, 세액의 산출근거 등이 누락된 경우에는 늦어도 과세처분에 대한 불복여부의 결정 및 불복신청에 편의를 줄 수 있는 상당한 기간내에 보정행위를 하여야 그 하자가 치유된다 할 것이므로, **과세처분이 있은지 4년이 지나서 그 취소소송이 제기된 때에 보정된 납세고지서를 송달하였다는 사실이나 오랜 기간(4년)의 경과로써 과세처분의 하자가 치유되었다고 볼 수는 없다**(82누431). [날먹행 134p]

⑤ (O)

판례 과세의 절차 내지 형식에 위법이 있어 과세처분을 취소하는 판결이 확정되었을 때는 그 **확정판결의 기판력은 거기에 적시된 절차내지 형식의 위법사유에 한하여 미치는 것**이므로 과세관청은 그 위법사유를 보완하여 다시 새로운 과세처분을 할 수 있고 **그 새로운 과세처분은 확정판결에 의하여 취소된 종전의 과세처분과는 별개의 처분이라 할 것이어서 확정판결의 기판력에 저촉되는 것이 아니다**(86누91). [날먹행 414p]

정답 ①

41 ☐☐☐☐☐

A광역시장은 상습적인 교통체증을 해소하기 위하여 도심에 위치한 산을 관통하는 직선도로를 개설하는 도시관리계획을 입안하고 관계 행정기관의 장과 협의하여 도시관리계획을 결정하였다. 그 후 위 도로를 개설할 경우 자연환경훼손이 심각하다는 지적이 있어 A광역시장은 환경훼손이 적은 우회도로를 개설하는 것을 내용으로 하는 도시관리계획변경결정을 하였다. 이에 관한 설명으로 옳은 것은?

09국가9급

① 인근 주민들이 최초에 계획된 직선도로 개설계획을 존치시킬 것을 요구할 수 있는 계획존속청구권은 일반적으로 인정된다.

② 도시관리계획결정은 대외적 구속력을 갖지 않고, 행정내부에만 효력이 있는 행정규칙의 일종이다.

③ A광역시장이 도시관리계획변경결정을 함에 있어 교통체증의 해소와 자연환경의 보호 등 제반이익을 정당하게 비교형량하였다면 계획재량의 한계를 준수한 적법한 결정이라고 할 수 있다.

④ 도시관리계획결정은 고시가 있은 날부터 즉시 효력을 발생한다.

해설

① (X) 행정계획의 계획보장(존속)청구권 → 판례는 인정 X **[날먹행 151p]**

② (X)

판례 도시계획법 제12조 소정의 도시계획결정이 고시되면 도시계획구역안의 토지나 건물 소유자의 토지형질변경, 건축물의 신축, 개축 또는 증축 등 권리행사가 일정한 제한을 받게 되는바 이런 점에서 볼 때 고시된 **도시계획결정은 특정 개인의 권리 내지 법률상의 이익을 개별적이고 구체적으로 규제하는 효과를 가져오게 하는** 행정청의 처분이라 할 것이고, 이는 행정소송의 대상이 되는 것이라 할 것이다(80누105). [날먹행 148p]

③ (O)

판례 행정주체가 행정계획을 입안 · 결정함에 있어서 **이익형량을 전혀 행하지 아니하거나 이익형량의 고려 대상에 마땅히 포함시켜야 할 사항을 누락한 경우 또는 이익형량을 하였으나 정당성과 객관성이 결여된 경우에는 그 행정계획결정은 형량에 하자가 있어 위법하게 된다.** 이와 같은 법리는 도시계획시설구역 내 토지 등을 소유하고 있는 주민이 장기간 집행되지 아니한 **도시계획시설의 결정권자에 대하여 도시계획시설의 변경을 신청하고, 그 결정권자가 이러한 신청을 받아들여 도시계획시설을 변경할 것인지 여부를 결정함에 있어서도 동일하게 적용**된다고 보아야 한다(2010두5806). [날먹행 151p]

④ (X)

국토의 계획 및 이용에 관한 법률 제31조(도시 · 군관리계획 결정의 효력) ① 도시 · 군관리계획 결정의 효력은 제32조제4항에 따라 지형도면을 고시한 날부터 발생한다.

정답 ③

42 □□□□□

A시는 노외주차장 건물을 신축하기 위해 도시계획시설결정을 하였고, 이어 사업시행자를 지정하고 도시계획시설사업에 관한 실시계획인가를 하였다. 이에 관한 설명 중 옳은 것을 모두 고른 것은? (다툼이 있는 경우 판례에 의함) 21변시

ㄱ. 도시계획시설사업에 관한 실시계획인가처분은 해당 사업을 구체화하여 현실적으로 실현하기 위한 형성행위에 해당한다.

ㄴ. 노외주차장을 도시계획시설로 결정함에 있어 A시의 형성의 재량은 무제한적인 것이 아니고, A시는 관련되는 제반 공익과 사익을 비교 · 형량하여야 한다.

ㄷ. 도시계획시설결정의 하자가 중대하나 명백하지 않은 경우 그 하자는 실시계획인가에 승계된다.

① ㄱ ② ㄱ, ㄴ ③ ㄴ, ㄷ ④ ㄴ ⑤ ㄷ

해설

ㄱ. (O)

- **계획재량**: 행정계획의 주체가 행정계획을 세움에 있어서 가지는 광범위한 판단여지 내지는 형성의 자유

판례 도시계획시설사업에 관한 실시계획인가처분은 해당 사업을 구체화하여 현실적으로 실현하기 위한 형성행위로서 이에 따라 토지수용권 등이 구체적으로 발생하게 됨(2016두48416). [날먹행 150p]

ㄴ. (O)

- **형량명령의 원칙: 행정계획을 수립함에 있어 공익과 사익, 공익 상호간 및 사익 상호간 이익을 정당하게 형량해야 한다는 원칙으로, 계획재량의 통제법리임.**

판례 행정주체가 구체적인 행정계획을 입안·결정할 때에 가지는 비교적 광범위한 형성의 자유는 무제한적인 것이 아니라 행정계획에 관련되는 자들의 이익을 공익과 사익 사이에서는 물론이고 공익 상호 간과 사익 상호 간에도 정당하게 비교교량하여야 한다는 제한이 있는 것이다(2010두5806). [날먹행 151p]

ㄷ. (X)

판례 도시·군계획시설결정과 실시계획인가는 도시·군계획시설사업을 위하여 이루어지는 단계적 행정절차에서 별도의 요건과 절차에 따라 별개의 법률효과를 발생시키는 독립적인 행정처분이다. 그러므로 선행처분인 도시·군계획시설결정에 하자가 있더라도 그것이 당연무효가 아닌 한 원칙적으로 후행처분인 실시계획인가에 승계되지 않는다(2016두49938). [날먹행 137p]

정답 ②

43

다음 사례에 대한 설명으로 옳지 않은 것은? (다툼이 있는 경우 판례에 의함) 13 국가7급

> A는 B광역시 시립합창단의 단원으로 3년간 위촉되어 활동하는 내용의 계약을 B광역시 문화예술회관장 C와 체결하였다. 시립합창단원의 지위는 지방공무원의 지위와 거의 유사한 것으로 규정되어 있다. A는 위촉기간인 3년이 만료되면서 합창단원 재위촉신청을 하였으나, C는 A의 실기와 근무성적에 대한 평정을 실시한 후 재위촉을 하지 않았다.

① 위 사례의 위촉은 공법상의 근무관계의 설정을 목적으로 하여 B광역시와 A사이에 대등한 지위에서 의사가 합치되어 성립되는 공법상 근로계약이다.

② 공법상 계약에도 법률유보의 원칙이 적용된다.

③ 공법상 계약에는 공정력이 인정되지 않는다.

④ A가 재위촉거부에 대해서 불복할 경우 취소소송을 제기해야 한다.

해설

① (O) ④ (X)

> **판례** 광주광역시문화예술회관장의 단원위촉은 공법상의 근무관계의 설정을 목적으로 하여 광주광역시와 단원이 되고자 하는 자 사이에 대등한 지위에서 의사가 합치되어 성립하는 공법상 근로계약에 해당하므로, 시립합창단원에 대한 재위촉 거부는 항고소송의 대상인 처분에 해당하지 아니한다(2001두7794).
> → A는 재위촉거부에 대해서 불복할 경우 취소소송 제기 X. **당사자소송**으로 다퉈야 함. **[날먹행 156p]**

② (X) 공법상 계약은 법률의 근거 없이도 자유로이 체결 가능함**(통설) → 법률유보의 원칙 적용 X** **[날먹행 154p]**

③ (O) 공법상 계약은 공정력 인정 X (∵계약 당사자간 대등한 지위에 있음) **[날먹행 153p]**

정답 ②, ④ (정답 오류로 정답 2개 모두 인정)

44 □□□□□

폐기물처리업의 허가를 받은 甲은 A시 시장 乙과 '지방자치단체를 당사자로 하는 계약에 관한 법률'에 따라 재활용품의 수집·운반 업무를 대행하는 계약을 체결하였다. 이에 관한 설명으로 옳은 것을 모두 고른 것은? (다툼이 있으면 판례에 의함) 21변시

㉠ 갑과 을이 체결한 계약은 공법상 계약에 해당한다. ㉡ 갑이 을과 체결한 계약에 대해서는 법령에 특별한 규정이 없는 한 사적 자치와 계약자유의 원칙 등 사업의 원리가 그대로 적용된다. ㉢ 갑이 을과 체결한 계약은 '국가배상법'상 국가배상청구의 요건인 공무원의 '직무'에 포함되지 않는다. ㉣ 갑이 을과 체결한 계약의 효력에 대해 무효확인을 구하는 소송을 제기하는 경우에는 즉시확정의 이익 내지 확인의 이익이 요구되지 않는다.

① ㉠, ㉡　② ㉠, ㉢　③ ㉡, ㉢
④ ㉠, ㉡, ㉢　⑤ ㉡, ㉢, ㉣

해설

ㄱ. (X), ㄴ. (O)

판례 지방자치법 제104조 제3항은 "지방자치단체의 장은 조례나 규칙으로 정하는 바에 따라 그 권한에 속하는 사무 중 조사·검사·검정·관리업무 등 주민의 권리·의무와 직접 관련되지 아니하는 사무를 법인·단체 또는 그 기관이나 개인에게 위탁할 수 있다."라고 정하고 있다. 구 폐기물관리법(2010. 7. 23. 법률 제10389호로 개정되기 전의 것) 제14조 제1항과 제2항은 '특별자치도지사, 시장·군수·구청장은 해당 지방자치단체의 조례로 정하는 바에 따라 폐기물처리업의 허가를 받은 자에게 관할 구역에서 배출되는 생활폐기물의 처리를 대행하게 할 수 있다.'고 정하고 있다. 그리고 **지방자치단체가 일방 당사자가 되는 이른바 '공공계약'이 사경제의 주체로서 상대방과 대등한 위치에서 체결하는 사법상 계약에 해당하는 경우 그에 관한 법령에 특별한 정함이 있는 경우를 제외하고는 사적 자치와 계약자유의 원칙 등 사법의 원리가 그대로 적용**된다(2014두11328). [날먹행 50p]

ㄷ. (O)

판례 국가배상청구의 요건인 **'공무원의 직무'에는 권력적 작용만이 아니라 비권력적 작용도 포함**되며 단지 행정주체가 사경제주체로서 하는 활동만 제외된다(98두39060). [날먹행 303p]

ㄹ. (X)

갑과 을이 체결한 계약은 **사적 자치와 계약자유의 원칙 등 사법의 원리가 그대로 적용**
→ 따라서 무효등확인소송에서의 협의의 소의 이익 불요설의 법리가 적용되지 않음.

판례 확인소송은 즉시확정의 이익이 있는 경우, 즉 원고의 권리 또는 법률상 지위에 대한 위험 또는 불안을 제거하기 위하여 확인판결을 얻는 것이 법률상 유효적절한 경우에 한하여 허용되는 것이다(90다14058). → **민사의 경우이 판례 처럼 여전히 확인의 이익을 요구하고 있음.**

정답 ③

45 ☐☐☐☐☐

다음 글에 대한 설명으로 옳지 않은 것은? (다툼이 있는 경우 판례에 의함) 11지방9급

> 교도소장 X는 복역 중인 甲이 변호사에게 보내기 위하여 발송을 의뢰한 서신을 법령상 검열사유에 해당하지 않음에도 불구하고 발송 전에 이를 검열하였다. 이에 甲은 X의 위와 같은 서신검열행위로 말미암아 통신의 비밀이 침해되었다고 주장하며 다투고자 한다.

① 교도소장 X의 서신검열행위는 이른바 특별권력관계 내부에서의 행위이지만 그에 대한 사법심사는 가능하다.

② 교도소장 X의 서신검열행위는 법률에 근거함이 없이 행하여졌다면 위법하다.

③ 교도소장 X의 서신검열행위는 강학상 행정행위에 해당한다.

④ 甲이 교도소장 X의 서신검열행위에 대해 취소소송을 제기함이 없이 곧바로 국가배상청구소송을 제기한 경우, 수소법원은 그 위법성 여부를 심리 · 판단할 수 있다.

해설

① (O), ② (O)

> 종래 특별권력관계론에 따르면 법적 근거 없이도 특별권력주체는 기본권을 제한할 수 있는 것으로 보았으나(법률유보원칙, 사법심사, 기본권이 모두 적용되지 않는 관계), **오늘날 통설 · 판례는 특별권력관계에 대해서도 사법심사가 제한없이 이루어져야 한다는 입장으로, 원칙적으로 법률에 의해서만 기본권제한이 가능**하다고 함. [날먹행 57p]

③ (X)

> **판례** 서신검열행위는 행정행위가 아니라 권력적 사실행위이다. 우리 헌법재판소도 서신검열행위를 권력적 사실행위로 보고 있다(2003헌마402). [날먹행 56p]

④ (O) 행정행위의 위법을 이유로 국가배상청구를 한 경우, **민사법원은** 행정처분의 위법 여부를 스스로 판단 가능**(판례 · 통설)** [날먹행 126p]

정답 ③

46 □□□□□

여름철 식중독예방을 위해 A구의 보건행정담당 공무원 甲이 관내 일반 · 휴게 · 계절 음식점 업주에 대해 위생지도를 실시하고 있다. 이에 관한 설명 중 옳지 않은 것은? 15서울9급

① 판례에 따르면 법령의 수권(授權)없이 행정지도를 할 수 없다.

② 위생지도의 상대방인 일반 · 휴게 · 계절음식점 업주가 甲의 위생지도에 불응한 경우, 그 사유만으로 당해 업주에게 불이익한 조치를 해서는 아니 된다.

③ 甲의 위생지도는 구속력을 갖지 않는 행정지도에 속하지만 「행정절차법」상의 비례원칙이 적용된다.

④ 甲의 위생지도가 다수인을 대상으로 하는 것이라면 특별한 사정이 없는 한 위생지도에 관한 공통적인 내용과 사항을 공표해야 한다.

해설

① (X)

행정지도의 법적 성질: 상대방의 임의적 협력을 전제로 하는 비권력적 사실행위로 작용법적 근거는 필요 X
→ 즉, 행정기관은 법령의 수권(授權)없이도 행정지도를 할 수 있다. [날먹행 158p]

② (O)

행정절차법 제48조(행정지도의 원칙) ② 행정기관은 행정지도의 상대방이 행정지도에 따르지 아니하였다는 것을 이유로 불이익한 조치를 하여서는 아니 된다 → **불이익조치금지원칙** [날먹행 158p]

③ (O)

행정절차법 제48조(행정지도의 원칙) ① 행정지도는 그 **목적 달성에 필요한 최소한도**에 그쳐야 하며, 행정지도의 **상대방의 의사에 반하여 부당하게 강요하여서는 아니 된다 → 비례의 원칙, 임의성의 원칙** [날먹행 158p]

④ (O)

행정절차법 제51조(다수인을 대상으로 하는 행정지도) 행정기관이 같은 행정목적을 실현하기 위하여 **많은 상대방에게 행정지도**를 하려는 경우에는 특별한 사정이 없으면 행정지도에 **공통적인 내용이 되는 사항을 공표하여야** 한다. [날먹행 159p]

정답 ①

47 □□□□□

'식품위생법'상 영업허가를 받아 영업을 하는 식품접객영업자 甲은 영업시간 제한을 2차 위반하였음을 이유로 다음의 규정에 근거하여 영업정지 1개월의 처분을 받았다. 이에 관한 설명으로 옳은 것은? (다툼이 있으면 판례에 의함) 23변시

(※아래 조항은 현행 법령 중 필요한 부분만 발췌한 것임)

□ **'식품위생법'**

• 제43조(영업 제한)

① 특별자치시장·특별자치도지사·시장·군수·구청장은 영업 질서와 선량한 풍속을 유지하는 데에 필요한 경우에는 영업자 중 식품접객영업자와 그 종업원에 대하여 영업시간 및 영업행위를 제한할 수 있다.

② 제1항에 따른 제한 사항은 대통령령으로 정하는 범위에서 해당 특별자치시·특별자치도·시·군·구의 조례로 정한다.

• 제75조(허가취소 등) ① 구청장은 영업자가 다음 각 호의 어느 하나에 해당하는 경우에는 대통령령으로 정하는 바에 따라 영업허가 또는 등록을 취소하거나 6개월 이내의 기간을 정하여 그 영업의 전부 또는 일부를 정지할 수 있다.

12. 제43조에 따른 영업 제한을 위반한 경우

• 제95조(벌칙) 다음 각 호의 어느 하나에 해당하는 자는 5년 이하의 징역 또는 5천만원 이하의 벌금에 처하거나 이를 병과할 수 있다.

3. 제43조에 따른 영업 제한을 위반한 자

• 제100조(양벌규정) 개인의 종업원이 개인의 업무에 관하여 제95조에 해당하는 위반행위를 하면 행위자를 벌하는 외에도 개인에게도 5천만원 이하의 벌금에 처한다.

□ **'식품위생법 시행규칙' [별표 23] 행정처분기준(제89조 관련)**

3. 식품접객업

위반사항	근거 법령	행정처분기준		
		1차 위반	2차 위반	3차 위반
9. 법 제43조에 따른 영업시간 제한을 위반하여 영업한 경우	법 제71조 및 제75조	영업정지 15일	영업정지 1개월	영업정지 2개월

① 영업 제한에 관한 사항을 조례에 위임하고 있는 '식품위생법' 제43조 제2항은 포괄위임금지원칙에 위배된다.

② 甲에 대한 처분이 위 [별표 23]상 처분기준에 부합하는 것이라고 하더라도 위법한 처분이 될 수 있다.

③ '식품위생법'상 양벌규정에 따라 영업 제한 위반을 이유로 甲을 처벌하려는 경우, 위반행위자인 종업원을 처벌할 수 없다면 영업주 甲도 처벌할 수 없다.

④ 관할 구청장이 甲의 영업시간 준수 여부를 확인할 목적으로 甲의 영업장에 출입하여 현장조사를 하기 위해서는 '식품위생법'에 근거가 있어야 하며, 만일 이 법에 현장조사에 관한 근거가 없다면 甲의 자발적인 협조가 있더라도 현장조사를 할 수 없다.

⑤ 만일 甲에 대한 영업정지 1개월의 처분 후에 처분의 근거가 되는 법령이 쟁송절차를 통해 무효로 선언된다면, 甲에 대한 영업정지처분은 당연무효가 된다.

해설

① (X)

판례 헌법 제117조 제1항은 지방자치단체에 포괄적인 자치권을 보장하고 있다. 따라서 조례에 대한 법률의 위임은 법규명령에 대한 법률의 위임과 같이 반드시 구체적으로 범위를 정하여 할 필요가 없다. 법률이 주민의 권리의무에 관한 사항에 관하여 구체적으로 범위를 정하지 않은 채 **조례로 정하도록 포괄적으로 위임한 경우에도 지방자치단체는 법령에 위반되지 않는 범위 내에서 주민의 권리의무에 관한 사항을 조례로 제정할 수 있다**(2016추5162). [날먹행 78p]

② (O)

판례 **제재적 행정처분의 기준이 부령 형식으로 규정되어 있더라도 그것은 행정청 내부의 사무처리준칙을 규정한 것에 지나지 않아 대외적으로 국민이나 법원을 기속하는 효력이 없다.** 따라서 그 처분의 적법 여부는 처분기준만이 아니라 관계 법령의 규정 내용과 취지에 따라 판단하여야 한다. 그러므로 처분기준에 부합한다 하여 곧바로 처분이 적법한 것이라고 할 수는 없지만, **처분기준이 그 자체로 헌법 또는 법률에 합치되지 않거나 그 기준을 적용한 결과가 처분사유인 위반행위의 내용 및 관계 법령의 규정과 취지에 비추어 현저히 부당하다고 인정할 만한 합리적인 이유가 없는 한, 섣불리 그 기준에 따른 처분이 재량권의 범위를 일탈하였다거나 재량권을 남용한 것으로 판단해서는 안 된다**(2007두6946). [날먹행 87p]

③ (X)

판례 양벌규정에 의한 영업주의 처벌은 금지위반행위자인 종업원의 처벌에 종속하는 것이 아니라 독립하여 그 자신의 종업원에 대한 선임감독상의 과실로 인하여 처벌되는 것이므로 종업원의 범죄성립이나 처벌이 영업주 처벌의 전제조건이 될 필요는 없다(2005도7673). [날먹행 277p]

④ (X)

행정조사기본법 제5조(행정조사의 근거)
행정기관은 법령등에서 행정조사를 규정하고 있는 경우에 한하여 행정조사를 실시할 수 있다. 다만, 조사대상자의 자발적인 협조를 얻어 실시하는 행정조사의 경우에는 그러하지 아니하다. [날먹행 268p]

⑤ (X)

판례 법률에 근거하여 행정처분이 발하여진 후에 헌법재판소가 그 행정처분의 근거가 된 법률을 위헌으로 결정하였다면 결과적으로 행정처분은 법률의 근거가 없이 행하여진 것과 마찬가지가 되어 하자가 있는 것이 되나, 하자 있는 행정처분이 당연무효가 되기 위하여는 그 하자가 중대할 뿐만 아니라 명백한 것이어야 하는데, **일반적으로 법률이 헌법에 위반된다는 사정이 헌법재판소의 위헌결정이 있기 전에는 객관적으로 명백한 것이라고 할 수는 없으므로 헌법재판소의 위헌결정 전에 행정처분의 근거되는 당해 법률이 헌법에 위반된다는 사유는 특별한 사정이 없는 한 그 행정처분의 취소소송의 전제가 될 수 있을 뿐 당연무효사유는 아니라고 봄**이 상당하다(92누9463). [날먹행 139p]

정답 ②

48

다음 사례에 관한 설명으로 옳은 것(O)과 옳지 않은 것(X)을 올바르게 조합한 것은? (다툼이 있으면 판례에 의함) 23변시

A법률이 해당 법률의 집행에 관한 특정한 사항을 부령에 위임하고 있음에도 관계 행정기관은 그에 따른 B부령을 제정하고 있지 않다.

㉠ B부령의 제정이 없더라도 상위법령의 규정만으로 A법률의 집행이 이루어질 수 있는 경우라면 B부령을 제정하여야 할 작위의무는 인정되지 않는다.
㉡ B부령을 제정하여야 할 작위의무가 인정되는 경우에는 B부령을 제정하지 않은 입법부작위에 대해 '행정소송법'상 부작위위법확인소송으로 다툴 수 있다.
㉢ B부령을 제정하지 않은 입법부작위는 '국가배상법'상 국가배상청구의 요건인 공무원의 '직무'에 포함되지 않는다.
㉣ 만일 B부령이 A법률의 위임 범위를 벗어나 제정되었다고 하더라도 사후에 A법률의 개정으로 위임의 근거가 부여되면 그때부터 B부령은 유효하게 된다.

① ㉠ (O), ㉡ (X), ㉢ (X), ㉣ (O)
② ㉠ (O), ㉡ (X), ㉢ (O), ㉣ (O)
③ ㉠ (O), ㉡ (O), ㉢ (X), ㉣ (O)
④ ㉠ (X), ㉡ (O), ㉢ (O), ㉣ (O)
⑤ ㉠ (X), ㉡ (X), ㉢ (O), ㉣ (X)

해설

㉠ (O)

판례 삼권분립의 원칙, 법치행정의 원칙을 당연한 전제로 하고 있는 우리 헌법 하에서 행정권의 행정입법 등 법집행의무는 헌법적 의무라고 보아야 할 것이다. 그런데 이는 행정입법의 제정이 법률의 집행에 필수불가결한 경우로서 행정입법을 제정하지 아니하는 것이 곧 행정권에 의한 입법권 침해의 결과를 초래하는 경우를 말하는 것이므로, 만일 **하위 행정입법의 제정 없이 상위 법령의 규정만으로도 집행이 이루어질 수 있는 경우라면 하위 행정입법을 하여야 할 헌법적 작위의무는 인정되지 아니한다**(2004헌마66). [날먹행 83p]

㉡ (X)

판례 행정소송은 구체적 사건에 대한 법률상 분쟁을 법에 의하여 해결함으로써 법적 안정을 기하자는 것이므로 부작위위법확인소송의 대상이 될 수 있는 것은 구체적 권리의무에 관한 분쟁이어야 하고 **추상적인 법령에 관하여 제정의 여부 등은 그 자체로서 국민의 구체적인 권리의무에 직접적 변동을 초래하는 것이 아니어서 그 소송의 대상이 될 수 없다**(91누11261). [날먹행 420p]

㉢ (X)

판례 입법부가 법률로써 행정부에게 특정한 사항을 위임했음에도 불구하고 행정부가 정당한 이유 없이 이를 이행하지 않는다면 권력분립의 원칙과 법치국가 내지 법치행정의 원칙에 위배되는 것으로서 위법함과 동시에 위헌적인 것이 되는바, 구 군법무관임용법 제5조 제3항과 군법무관임용 등에 관한 법률 제6조가 군법무관의 보수를 법관 및 검사의 예에 준하도록 규정하면서 그 구체적 내용을 시행령에 위임하고 있는 이상, 위 법률의 규정들은 군법무관의 보수의 내용을 법률로써 일차적으로 형성한 것이고, 위 법률들에 의해 상당한 수준의 보수청구권이 인정되는 것이므로, 위 보수청구권은 단순한 기대이익을 넘어서는 것으로서 법률의 규정에 의해 인정된 재산권의 한 내용이 되는 것으로 봄이 상당하고, 따라서 **행정부가 정당한 이유 없이 시행령을 제정하지 않은 것은 위 보수청구권을 침해하는 불법행위에 해당**한다(2006다3561). [날먹행 84p]

㉣ (○)

판례 일반적으로 법률의 위임에 따라 효력을 갖는 법규명령의 경우에 위임의 근거가 없어 무효였더라도 **나중에 법 개정으로 위임의 근거가 부여되면 그때부터는 유효한 법규명령**으로 볼 수 있다. 그러나 법규명령이 개정된 법률에 규정된 내용을 함부로 유추·확장하는 내용의 해석규정이어서 위임의 한계를 벗어난 것으로 인정될 경우에는 법규명령은 여전히 무효이다(93추83). **[날먹행 77p]**

정답 ①

01

자영업에 종사하는 甲은 일정요건의 자영업자에게는 보조금을 지급하도록 한 법령에 근거하여 관할 행정청에 보조금 지급을 신청하였으나 1차 거부되었고, 이후 다시 동일한 보조금을 신청하였다. 이에 대한 설명으로 옳은 것은? (다툼이 있는 경우 판례에 의함)

20지방7급

① 관할 행정청이 다시 2차의 거부처분을 하더라도 甲은 2차 거부처분에 대해서는 취소소송으로 다툴 수 없다.

② 甲이 보조금을 우편으로 신청한 경우, 특별한 규정이 없다면 신청서를 발송한 때에 신청의 효력이 발생한다.

③ 명문으로 금지되거나 성질상 불가능한 경우가 아닌 한, 甲은 신청에 대한 관할 행정청의 처분이 있기 전까지 신청의 내용을 변경할 수 있다.

④ 甲의 신청에 형식적 요건의 하자가 있었다면 그 하자의 보완이 가능함에도 보완을 요구하지 않고 바로 거부하였다고 하여 그 거부가 위법한 것은 아니다.

해설

① (X)

판례는 거부처분 이후 동일한 내용의 새로운 신청에 대하여 다시 거부한 경우, 새로운 거부처분이 있는 것으로 볼 수 있다고 판시하여, 반복된 거부처분의 처분성을 긍정함 **[날먹행 358p]**

② (X) 행정행위는 원칙적으로 도달주의를 따르며(행정절차법§15①), 도달시 효력이 발생함. **[날먹행 123p]**

③ (O)

- **행정절차법 제17조(처분의 신청)**
  ⑧ 신청인은 **처분이 있기 전에는 그 신청의 내용을 보완·변경하거나 취하(取下)할 수 있다.** 다만, **다른 법령등에 특별한 규정**이 있거나 그 **신청의 성질**상 보완·변경하거나 취하할 수 없는 경우에는 그러하지 아니하다. **[날먹행 177p]**

④ (X)

- **행정절차법 제17조(처분의 신청)**
  ⑤ 행정청은 신청에 구비서류의 미비 등 흠이 있는 경우에는 보완에 필요한 상당한 기간을 정하여 지체 없이 신청인에게 보완을 요구하여야 한다.
  ⑥ 행정청은 신청인이 제5항에 따른 기간 내에 **보완을 하지 아니하였을 때**에는 그 **이유를 구체적으로 밝혀** 접수된 신청을 **되돌려 보낼 수 있다.** **[날먹행 177p]**

판례 건축불허가처분을 하면서 그 사유의 하나로 소방시설과 관련된 소방서장의 건축부동의 의견을 들고 있으나 그 보완이 가능한 경우, **보완을 요구하지 아니한 채 곧바로 건축허가신청을 거부한 것은 재량권의 범위를 벗어난 것으로 위법**하다(2003두6573).

정답 ③

02 ☐☐☐☐☐

다음 사례에 대한 설명으로 옳은 것은? (다툼이 있는 경우 판례에 의함) 20국가9급

- 2020. 1. 6. 인기 아이돌 가수인 甲의 노래가 수록된 음반이 청소년 유해 매체물로 결정 및 고시되었는데, 여성가족부장관은 이 고시를 하면서 그 효력발생 시기를 구체적으로 밝히지 않았다.
- A시의 시장이 식품위생법 위반을 이유로 乙에 대해 영업허가를 취소하는 처분을 하고자 하나, 송달이 불가능하다.

① 행정 효율과 협업 촉진에 관한 규정에 따르면 여성가족부장관의 고시의 효력은 2020. 1.20.부터 발생한다.

② 甲의 노래가 수록된 음반을 청소년 유해 매체물로 지정하는 결정 및 고시는 항고소송의 대상이 될 수 없다.

③ A시의 시장이 영업허가취소처분을 송달하려면 乙이 알기 쉽도록 관보, 공보, 게시판, 일간신문 중 하나 이상에 공고하고 인터넷에도 공고하여야 한다.

④ 乙의 영업허가취소처분이 공보에 공고된 경우, 乙이 자신에 대한 영업허가취소처분이 있음을 알고 있지 못하더라도 영업허가취소처분에 대한 취소소송을 제기하려면 공고가 효력을 발생한 날부터 90일 안에 제기해야 한다.

해설

① (X) 사안의 경우 고시에서 효력발생시기를 구체적으로 밝히고 있지 않으므로, 고시 또는 공고 등이 있은 날부터 5일이 경과한 날인 2020. 1. 12.부터 고시의 효력이 발생한다.

- **개별법상 고시 · 공고**
  ① **상대방이 불특정다수**일 때 하는 공고 → **고시가 효력을 발생하는 날 행정처분이 있음을 알았다**고 보아야(2004두619).
  ② 효력발생일에 관해 **명문규정이 없는 경우, 고시 공고 등이 있은 날부터 5일이 경과한 때에 효력이 발생** (행정 효율과협업과 협업 촉진에 관한 규정 §6) [날먹행 124p]

② (X)

판례 **청소년유해매체물 결정 및 고시처분**은 당해 유해매체물의 소유자 등 특정인만을 대상으로 한 행정처분이 아니라 **일반 불특정 다수인을 상대방으로 하여** 일률적으로 표시의무, 포장의무, 청소년에 대한 판매 · 대여 등의 금지의무 등 각종 의무를 발생시키는 **행정처분**이다(2004두619). [날먹행 354p]

③ (O)

행정절차법 제14조(송달) ④ 다음 각 호의 어느 하나에 해당하는 경우에는 **송달받을 자가 알기 쉽도록 관보, 공보, 게시판, 일간신문 중 하나 이상에 공고하고 인터넷에도 공고**하여야 한다.
1. 송달받을 자의 주소등을 통상적인 방법으로 확인할 수 없는 경우, 2. **송달이 불가능**한 경우 [날먹행 124p]

④ (X)

판례 특정인에 대한 행정처분을 주소불명 등의 이유로 송달할 수 없어 관보 · 공보 · 게시판 · 일간신문 등에 공고한 경우에는 공고가 효력을 발생하는 날에 상대방이 그 행정처분이 있음을 알았다고 볼 수는 없고, 상대방이 당해 처분이 있었다는 사실을 현실적으로 안 날에 그 처분이 있음을 알았다고 보아야 한다(2005두14851). [날먹행 386p]

정답 ③

03 ☐☐☐☐☐

다음 사례에 관한 설명으로 옳은 것을 모두 고른 것은?(다툼이 있으면 판례에 의함) 23변시

문화체육관광부장관 甲은 A국과의 관광 협상 결과에 따른 세부사항을 시행하기 위하여 '전담여행사 업무 시행지침'(이 '이 사건 지침'이라 함)을 제정하였다. 갑은 이 사건 지침에 근거하여 2013. 5. 경 재심사를 통해 전담여행사지위를 갱신하는 갱신기준('종전 처분기준')을 정하여 이를 공표하였다. 갑은 2016. 3. 23. 무자격 가이드 고용으로 감점을 받은 경우 전담여행사 지위를 갱신하지 않기로 하는 내용의 '변경된 처분기준'을 마련하였으나 이를 공표하지 않았다. 한편, 전담여행사 지정을 받은 乙은 2015. 1. 경 무자격 가이드를 고용하였고 이를 이유로 2016. 4. 2. '변경된 처분기준'에 따라 재지정 탈락기준을 상회하는 감점을 받았다. 이를 근거로 甲은 2016. 11. 4. 乙에 대한 전담여행사 지정을 취소하였다(이하 '이 사건 처분'이라 함).

㉠ 이미 공표된 '종전 처분기준'을 다시 변경하는 경우에도 공공의 안전 또는 복리를 현저히 해치는 등 예외적인 사유에 해당하지 않는 한, '변경된 처분기준'을 다시 공표하여야 한다.
㉡ '변경된 처분기준'은 근거 법령에서 구체적 위임을 받아 제정·공표되었다는 특별한 사정이 없는 한, 원칙적으로 대외적 구속력이 없는 행정규칙에 해당한다.
㉢ 甲이 '변경된 처분기준'을 미리 공표하지 않은 채 갱신심사에 적용하였다면 그 자체로 '이 사건 처분'에 취소사유에 해당하는 흠이 있다고 볼 수 있다.
㉣ 사전에 공표한 갱신기준을 심사대상기간이 이미 경과하였거나 이미 경과하였거나 상당부분 경과한 시점에서 처분상대방의 갱신여부를 좌우할 정도로 중대하게 변경하는 것은 특별한 사정이 없는 한 허용되지 않는다.

① ㉠ ② ㉠, ㉡ ③ ㉡, ㉣ ④ ㉢, ㉣ ⑤ ㉠, ㉡, ㉣

해설

㉠ (O)

행정절차법 제20조(처분기준의 설정·공표) ① 행정청은 필요한 처분기준을 해당 처분의 성질에 비추어 되도록 구체적으로 정하여 **공표하여야 한다. 처분기준을 변경하는 경우에도 또한 같다.**
③ 제1항에 따른 **처분기준을 공표하는 것이 해당 처분의 성질상 현저히 곤란하거나 공공의 안전 또는 복리를 현저히 해치는 것으로 인정될 만한 상당한 이유가 있는 경우에는 처분기준을 공표하지 아니할 수 있다.**

판례 행정청으로 하여금 처분기준을 구체적으로 정하여 공표하도록 한 것은 해당 처분이 가급적 미리 공표된 기준에 따라 이루어질 수 있도록 함으로써 해당 처분의 상대방으로 하여금 결과에 대한 예측가능성을 높이고 이를 통하여 행정의 공정성, 투명성, 신뢰성을 확보하며 행정청의 자의적인 권한행사를 방지하기 위한 것이다. 그러나 처분의 성질상 처분기준을 미리 공표하게 되면 행정목적을 달성할 수 없게 되거나 행정청에게 일정한 범위 내에서 재량권을 부여함으로써 구체적인 사안에서 개별적인 사정들을 고려하여 탄력적으로 처분이 이루어지도록 하는 것이 오히려 공공의 안전이나 복리에 더 적합한 경우가 있을 수 있으므로, 그와 같은 경우에는 행정절차법 제20조 제2항에 따라 처분기준을 따로 공표하지 아니하거나 개략적으로만 공표할 수도 있다. 행정청은 당초에 공표된 처분기준을 변경하는 경우에도 위 제2항이 정한 예외에 해당하지 않는 한 변경된 처분기준을 다시 공표하여야 한다(2018두45633).

[날먹행 173p]

㉡ (O)

판례 **행정청이 행정절차법 제20조 제1항에 따라 정하여 공표한 처분기준**은, 그것이 해당 처분의 근거법령에서 구체적 위임을 받아 제정·공포되었다는 특별한 사정이 없는 한, **원칙적으로 대외적 구속력이 없는 행정규칙**에 해당하는 것으로 보아야 한다. (2018두45633).

[날먹행 88p]

ⓒ (X)

판례 행정청이 행정절차법 제20조 제1항의 처분기준 사전공표 의무를 위반하여 미리 공표하지 아니한 기준을 적용하여 처분을 하였다고 하더라도, **그러한 사정만으로 곧바로 해당 처분에 취소사유에 이를 정도의 흠이 존재한다고 볼 수는 없다.** 다만 해당 처분에 적용한 기준이 상위법령의 규정이나 신뢰보호의 원칙 등과 같은 법의 일반원칙을 위반하였거나 객관적으로 합리성이 없다고 볼 수 있는 구체적인 사정이 있다면 해당 처분은 위법하다고 평가할 수 있다(2018두45633). **[날먹행 173p]**

ⓓ (O)

판례 행정청이 관계법령의 규정이나 또는 자체적인 판단에 따라 처분상대방에게 특정한 권리나 이익 또는 지위 등을 부여한 후 일정한 기간마다 심사하여 그 갱신 여부를 판단하는 이른바 '갱신제'를 채택하여 운용하는 경우에는, 처분상대방은 합리적인 기준에 의한 공정한 심사를 받아 그 기준에 부합되면 특별한 사정이 없는 한 갱신되리라는 기대를 가지고 갱신 여부에 관하여 합리적인 기준에 의한 공정한 심사를 요구할 권리를 가진다고 보아야 한다. **사전에 공표한 심사기준 중 경미한 사항을 변경하거나 다소 불명확하고 추상적이었던 부분을 명확하게 하거나 구체화하는 정도를 뛰어넘어, 심사대상기간이 이미 경과하였거나 또는 상당 부분 경과한 시점에서 처분상대방의 갱신 여부를 좌우할 정도로 중대하게 변경하는 것은** 갱신제의 본질과 사전에 공표된 심사기준에 따라 공정한 심사가 이루어져야 한다는 요청에 정면으로 위배되는 것이므로, 갱신제 자체를 폐지하거나 갱신상대방의 수를 종전보다 대폭 감축할 수밖에 없도록 만드는 중대한 공익상 필요가 인정되거나 관계 법령이 제·개정되었다는 등의 **특별한 사정이 없는 한, 허용되지 않는다**(2018두45633).

정답 ⑤

04 ☐☐☐☐☐

甲은 행정청 A가 보유 · 관리하는 정보 중 乙과 관련이 있는 정보를 사본 교부의 방법으로 공개하여 줄 것을 청구하였다. 이에 대한 설명으로 옳은 것은? (다툼이 있는 경우 판례에 의함) 17국가9급 추가

① A는 甲이 청구한 사본 교부의 방법이 아닌 열람의 방법으로 정보를 공개할 수 있는 재량을 가진다.

② A가 정보의 주체인 乙로부터 의견을 들은 결과, 乙이 정보의 비공개를 요청한 경우에는 A는 정보를 공개할 수 없다.

③ A가 내부적인 의사결정 과정임을 이유로 정보공개를 거부하였다가 정보공개거부처분 취소소송의 계속 중에 개인의 사생활침해 우려를 공개거부사유로 추가하는 것은 허용되지 않는다.

④ 甲이 공개청구한 정보가 甲과 아무런 이해관계가 없는 경우라면, 정보공개가 거부되더라도 甲은 이를 항고소송으로 다툴 수 있는 법률상 이익이 없다.

해설

① (X)

판례 **정보공개를 청구하는 자가 공공기관에 대해 정보의 사본 또는 출력물의 교부의 방법으로 공개방법을 선택하여 정보공개청구를 한 경우**에 공개청구를 받은 공공기관으로서는 같은 법 제8조 제2항에서 규정한 정보의 사본 또는 복제물의 교부를 제한할 수 있는 사유에 해당하지 않는 한 **정보공개청구자가 선택한 공개방법에 따라 정보를 공개하여야 하므로 그 공개방법을 선택할 재량권이 없다**고 해석함이 상당하다(2003두8050). [날먹행 210p]

② (X)

판례 제3자와 관련이 있는 정보라고 하더라도 해당 공공기관이 이를 보유 · 관리하고 있는 이상 정보공개법 제9조 제1항 단서 각 호의 비공개사유에 해당하지 아니하면 정보공개의 대상이 되는 정보에 해당한다. 따라서 정보공개법 제11조 제3항 및 제21조 제1항 규정은 공공기관이 보유 · 관리하고 있는 정보가 제3자와 관련이 있는 경우 그 정보공개 여부를 결정함에 있어 **공공기관이 제3자와의 관계에서 거쳐야 할 절차를 규정한 것에 불과**할 뿐, **제3자의 비공개요청이 있다는 사유만으로 정보공개법상 정보의 비공개사유에 해당한다고 볼 수 없다**(2008두8680). [날먹행 215p]

③ (O)

판례 당초의 정보공개거부처분사유인 '공공기관의 정보공개에 관한 법률' 제7조 제1항 **제5호(의사결정과정) 및 제6호(사생활보호)의 사유와 새로이 추가된 같은 항 제5호(…의사결정 과정 또는 내부검토 과정에 있는 사항 등으로서 공개될 경우 업무의 공정한 수행이나 연구 · 개발에 현저한 지장을 초래한다고 인정할 만한 상당한 이유가 있는 정보)**의 사유와 **기본적 사실관계의 동일성이 없다**(2001두8827).
→ **'내부적 의사결정 사유'와 '사생활침해 우려 사유' 역시 기본적 사실관계 동일성 인정 X** [날먹행 406p]

④ (X)

판례 정보공개청구권은 법률상 보호되는 구체적인 권리이므로 청구인이 **공공기관에 대하여 정보공개를 청구하였다가 거부처분을 받은 것 자체가 법률상 이익의 침해에 해당한다고 할 것**이고, **거부처분을 받은 것 이외에 추가로 어떤 법률상의 이익을 가질 것을 요구하는 것은 아니다**(2003두1370). [날먹행 201, 213p]
→ 비공개결정에 대한 불복은 정보공개를 청구했다가 거부처분을 받은 자라면 이해관계 여부와는 상관없이 청구 가능

정답 ③

05 ☐☐☐☐☐

甲은 A를 강간죄로 고소하였고, 관할 검찰청 검사는 사건을 수사한 후 「성폭력범죄의 처벌 등에 관한 특례법」 위반으로 A를 기소하였다. 그 후 甲은 관할 검찰청 검사장 乙에게 이 사건 공소장의 공개를 요구하는 정보공개청구서를 제출하였다. 이에 관한 설명 중 옳은 것을 모두 고른 것은? (다툼이 있는 경우 판례에 의함) 16변시

ㄱ. 甲이 청구한 공개대상정보가 공소장 원본일 필요는 없다.
ㄴ. 위 공소장의 내용을 인터넷 검색 등을 통하여 쉽게 알 수 있다면, 乙은 그 이유를 들어 甲의 정보공개청구를 거부할 수 있다.
ㄷ. 위 공소장이 폐기되어 존재하지 않게 되었다면, 공소장을 더 이상 보유 · 관리하고 있지 아니하다는 점에 대한 입증책임은 乙에게 있다.
ㄹ. 乙이 甲의 정보공개청구를 거부한 경우 甲은 「공공기관의 정보공개에 관한 법률」에 따른 이의신청 절차를 거치지 아니하고 행정심판을 청구할 수 있다.

① ㄱ ② ㄴ, ㄹ ③ ㄱ, ㄷ, ㄹ
④ ㄴ, ㄷ, ㄹ ⑤ ㄱ, ㄴ, ㄷ, ㄹ

해설

ㄱ. (O)

정보공개법 제13조 (정보공개 여부 결정의 통지)
③ 공공기관은 공개 대상 정보의 양이 너무 많아 정상적인 업무수행에 현저한 지장을 초래할 우려가 있는 경우에는 해당 정보를 일정 기간별로 나누어 제공하거나 **사본 · 복제물의 교부 또는 열람과 병행하여 제공할 수 있다.** <신설 2020. 12. 22.>
④ 공공기관은 제1항에 따라 정보를 공개하는 경우에 그 정보의 원본이 더럽혀지거나 파손될 우려가 있거나 그 밖에 상당한 이유가 있다고 인정할 때에는 그 정보의 **사본 · 복제물을 공개할 수 있다.** <개정 2020. 12. 22.> [날먹행 210, 211p]

ㄴ. (X)

판례 공개청구의 대상이 되는 정보가 이미 다른 사람에게 공개되어 널리 알려져 있다거나 인터넷 등을 통하여 공개되어 인터넷검색 등을 통하여 쉽게 알 수 있다는 사정만으로는 소의 이익이 없다거나 비공개결정이 정당화될 수 없다(2005두15694). [날먹행 204p]

ㄷ. (O)

판례 정보공개제도는 공공기관이 보유 · 관리하는 정보를 그 상태대로 공개하는 제도로서 **공개를 구하는 정보를 공공기관이 보유 · 관리하고 있을 상당한 개연성이 있다는 점에 대하여 원칙적으로 공개청구자에게 증명책임**이 있다고 할 것이지만, 공개를 구하는 정보를 공공기관이 한 때 보유 · 관리하였으나 후에 그 정보가 담긴 문서등이 폐기되어 존재하지 않게 된 것이라면 그 정보를 더이상 보유 · 관리하고 있지 아니하다는 점에 대한 증명책임은 공공기관에게 있다(2003두12707).
따라서 공소장을 더 이상 보유 관리하고 있지 아니하다는 점에 대한 입증책임은 검사장 乙에게 있다. [날먹행 214p]

ㄹ. (O) 이의신청절차는 임의적 절차이다.

정보공개법 제19조 ② 청구인은 제18조에 따른 **이의신청 절차를 거치지 아니하고 행정심판을 청구할 수 있다.** [날먹행 212p]

정답 ③

06 ☐☐☐☐☐

다음 사안에 대한 설명으로 옳지 않은 것은? 11지방7급

> 환경부는 전국에 유통 중인 생수 79개 제품을 분석한 결과 8.9%에 해당하는 7개 제품에서 국제기준치를 초과하는 발암우려물질(브롬산염)이 검출되었다고 발표했다. 그러나 환경부는 명예훼손 등을 이유로 제조사 丙 등의 명단은 발표하지 않았다. 이에 대하여 甲은 환경부장관 乙에게 제조사 명단과 제조사 명단 비공개 결정과정의 회의록 등에 대한 정보공개를 청구하였다. 甲의 정보공개청구에 대하여 환경부장관 乙은 명단의 공개가 「공공기관의 정보공개에 관한 법률」 제9조 제1항 제7호의 '법인 · 단체 또는 개인의 경영 · 영업상 비밀에 관한 사항으로서 공개될 경우 법인 등의 정당한 이익을 현저히 해할 우려가 있다고 인정되는 정보'에 해당하며, 문제가 된 제품이 100% 회수되었다는 이유로 공개를 거부하였다.

① 甲은 乙의 거부처분에 대하여 「공공기관의 정보공개에 관한 법률」상의 이의신청, 「행정심판법」에 의한 행정심판, 「행정소송법」에 의한 행정소송을 제기할 수 있다.

② 甲의 의무이행소송 제기가능성과 관련하여 대법원은 의무이행소송을 「행정소송법」상 허용되지 않는 부적합한 소송으로 보고 있다.

③ 乙은 甲에 의해 공개청구된 대상정보와 관련 있는 제3자인 丙에게 그 사실을 지체없이 통지하여야 하며, 필요한 경우에는 의견청취를 할 수 있다.

④ 「공공기관의 정보공개에 관한 법률」은 제3자인 丙의 권리구제수단에 대해서는 별도의 규정을 두고 있지 않다.

해설

① (O) 「공공기관의 정보공개에 관한 법률」에 따라 청구인은 비공개 결정에 대한 불복으로 이의신청, 행정심판, 행정소송을 제기할 수 있다(동법 제18조 제1항, 제19조 제1항 및 제20조 제1항). **[날먹행 212, 213p]**

② (O) 의무이행소송은 행정청의 거부처분 또는 부작위에 대하여 일정한 행정행위를 해 줄 것을 청구하는 소송을 말하며, 판례는 의무이행소송을 인정 X. **[날먹행 351p]**

③ (O)

> • **정보공개법 제11조(정보공개 여부의 결정)**
> ③ 공공기관은 공개 청구된 공개 대상 정보의 전부 또는 일부가 **제3자와 관련**이 있다고 인정할 때에는 그 사실을 제3자에게 지체 없이 통지하여야 하며, **필요한 경우**에는 그의 의견을 들을 수 있다. **[날먹행 208p]**

④ (X) 정보공개법에는 제3자의 불복절차에 관한 명시적 규정이 있음.

> • **정보공개법 제21조(제3자의 비공개 요청 등)** ① 제11조제3항에 따라 공개 청구된 사실을 통지받은 제3자는 그 통지를 받은 날부터 3일 이내에 해당 공공기관에 대하여 **자신과 관련된 정보를 공개하지 아니할 것을 요청할 수 있다.**
> ② 제1항에 따른 비공개 요청에도 불구하고 **공공기관이 공개 결정**을 할 때에는 **공개 결정 이유와 공개 실시일을 분명히 밝혀 지체 없이 문서로 통지하여야** 하며, 제3자는 해당 공공기관에 문서로 이의신청을 하거나 행정심판 또는 행정소송을 제기할 수 있다. 이 경우 **이의신청은 통지를 받은 날부터 7일 이내**에 하여야 한다. **[날먹행 215p]**

정답 ④

07 ☐☐☐☐☐

아래 사례에 관한 설명 중 옳지 않은 것은? (다툼이 있는 경우 판례에 의함) 21변시

> A대학교에 재학 중인 을은 2015학년도 2학기에 수강한 B과목에서 F학점을 받았다. 그러나 을은 해당 과목 시험에서 답안을 성실히 작성하였고 담당 시간강사가 요구하는 과제를 제출하였으며 해당학기에 결석이 1회에 그쳐 자신이 받은 F학점이 부당하다고 생각하였다. 이에 을은 해당 과목의 채점기준표와 채점이 완료된 자신의 답안지 그리고 자신과 비슷한 내용으로 답안을 작성하였다고 생각되는 병의 답안지의 공개(복제물의 교부)를 '공공기관의 정보공개에 관한 법률(이하 '정보공개법'이라 함)'에 따라 A대학교 총장인 갑에게 청구하였다. 그러나 갑은 을이 요청한 자료는 정보공개법상 비공개 대상 정보이고 시간강사가 채점기준표와 답안지를 보관하고 있어 대학이 보유하고 있지 않다는 이유로 자료의 공개를 거부하였다.

① 甲의 비공개결정은 거부처분에 해당하여 '행정절차법'상 특별한 사정이 없는 한 사전통지의 대상이 되지 아니한다.
② A대학교가 사립대학교라면 을이 요청한 자료는 정보공개법의 적용대상이 아니다.
③ B과목에 대한 성적통지가 성적통지서(문서) 교부가 아닌 인터넷으로 확인(전자문서)하는 방식으로 이루어진다고 하더라도 이 전자문서는 정보공개법상 '정보'에 해당한다.
④ 만약 사안과 달리 을의 공개청구가 받아들여진 경우, 복제물의 교부가 아닌 열람만을 허용하는 방식으로 공개방법을 선택할 재량권이 갑에게 인정되지 아니한다.
⑤ 만약 사안과는 달리 공개청구대상 답안지 및 채점기준표가 A대학교에 의해 일정기간동안 관리되었지만 문서보존 연한이 지나 폐기되었다면, 이들 답안지 및 채점기준표를 더 이상 보유·관리하고 있지 않다는 점에 대한 증명책임은 A대학교에 있다.

해설

① (O)

> **판례** 신청에 따른 처분이 이루어지지 아니한 경우에는 아직 당사자에게 권익이 부과되지 아니하였으므로 특별한 사정이 없는 한 신청에 대한 거부처분이라고 하더라도 직접 당사자의 권익을 제한하는 것은 아니어서 신청에 대한 거부처분을 여기에서 말하는 '당사자의 권익을 제한하는 처분'에 해당한다고 할 수 없는 것이어서 처분의 사전통지대상이 된다고 할 수 없다(2003두674). **[날먹행 179p]**

② (X)

> **판례** 정보공개법 시행령 제2조 제1호가 정보공개의무를 지는 공공기관의 하나로 사립대학교를 들고 있는 것이 모법인 정보공개법의 위임 범위를 벗어났다거나 사립대학교가 국비의 지원을 받는 범위 내에서만 공공기관의 성격을 가진다고 볼 수 없다(2004두2783). **[날먹행 202p]**

③ (O)

> • **정보공개법 제2조(정의)** 이 법에서 사용하는 용어의 뜻은 다음과 같다.
> 1. **"정보"**란 **공공기관이 직무상 작성 또는 취득하여 관리**하고 있는 문서(전자문서를 포함한다. 이하 같다) · **도면 · 사진 · 필름 · 테이프 · 슬라이드 및 그 밖에 이에 준하는 매체 등에 기록된 사항**을 말한다. [날먹행 200p]

④ (O)

판례 **정보공개를 청구하는 자가 공공기관에 대해 정보의 사본 또는 출력물의 교부의 방법으로 공개방법을 선택하여 정보공개청구를 한 경우**에 공개청구를 받은 공공기관으로서는 같은 법 제8조 제2항에서 규정한 정보의 사본 또는 복제물의 교부를 제한할 수 있는 사유에 해당하지 않는 한 정보공개청구자가 선택한 공개방법에 따라 정보를 공개하여야 하므로 그 공개방법을 선택할 재량권이 없다고 해석함이 상당하다(2003두8050). **[날먹행 210p]**

⑤ (O)

판례 정보공개제도는 공공기관이 보유 · 관리하는 정보를 그 상태대로 공개하는 제도로서 공개를 구하는 정보를 공공기관이 보유 · 관리하고 있을 상당한 개연성이 있다는 점에 대하여 원칙적으로 공개청구자에게 증명책임이 있다고 할 것이지만, **공개를 구하는 정보를 공공기관이 한 때 보유 · 관리하였으나 후에 그 정보가 담긴 문서등이 폐기되어 존재하지 않게 된 것이라면 그 정보를 더이상 보유 · 관리하고 있지 아니하다는 점에 대한 증명책임은** 공공기관에게 있다(2003두12707). **[날먹행 214p]**
∴ 공소장을 더 이상 보유 관리하고 있지 아니하다는 점에 대한 입증책임은 A대학교에 있다.

정답 ②

08 □□□□□

다음 사례에 대한 설명으로 옳은 것은? (다툼이 있는 경우 판례에 의함) 22국가9급

> 민간시민단체 A는 관할 행정청 B에게 개발사업의 승인과 관련한 정보공개를 청구하였으나 B는 현재 재판 진행 중인 사안이 포함되어 있다는 이유로 「공공기관의 정보공개에 관한 법률」 제9조제1항제4호의 사유를 들어 A의 정보공개청구를 거부하였다.

① A는 공개청구한 정보에 대해 개별 · 구체적 이익이 없는 경우에도 B의 정보공개거부에 대해 취소소송으로 다툴 수 있다.

② A가 공개청구한 정보에 대해 직접적인 이해관계가 있는 경우에는 B의 정보공개거부에 대해 정보공개의 이행을 구하는 당사자소송을 제기하여 다툴 수 있다.

③ A가 공개청구한 정보의 일부가 「공공기관의 정보공개에 관한 법률」상 비공개사유에 해당하는 때에는 그 나머지 정보만을 공개하는 것이 가능한 경우라 하더라도 법원은 공개가능한 정보에 관한 부분만의 일부취소를 명할 수는 없다.

④ B의 비공개사유가 정당화되기 위해서는 A가 공개청구한 정보가 진행 중인 재판의 소송기록 자체에 포함된 내용이어야 한다.

해설

① (O)

판례 정보공개법 제6조 제1항은 "모든 국민은 정보의 공개를 청구할 권리를 가진다."고 규정하고 있는데, 여기에서 말하는 국민에는 자연인은 물론 법인, 권리능력 없는 사단 · 재단도 포함되고, 법인, 권리능력 없는 사단 · 재단 등의 경우에는 설립목적을 불문한다(2003두8050). [날먹행 201p]

② (X)

• 정보공개청구에 대한 공공기관의 비공개결정(거부처분) → 취소소송 [날먹행 214p]

③ (X)

• **일부인용판결**: 청구 중 일부에 대해서만 이유가 있는 경우 법원은 그 **일부만을 인용**하는 판결로,
① 외형상 하나의 처분이어도 가분성이 있거나, 일부를 특정할 수 있어야하며, ② 남은 부분만으로도 의미가 있어야 함.

판례 법원이 행정청의 정보공개거부처분의 위법 여부를 심리한 결과 **공개를 거부한 정보에 비공개대상정보에 해당하는 부분과 공개가 가능한 부분이 혼합되어 있고 공개청구의 취지에 어긋나지 아니하는 범위 안에서 두 부분을 분리할 수 있음을 인정할 수 있을 때**에는, **위 정보 중 공개가 가능한 부분을 특정하고 판결의 주문에 행정청의 위 거부처분 중 공개가 가능한 정보에 관한 부분만을 취소한다고 표시하여야** 한다(2003두7767). [날먹행 211, 409p]

④ (X)

판례 **재판에 관련된 일체의 정보가 그에 해당하는 것은 아니고** 진행 중인 재판의 심리 또는 재판결과에 구체적으로 영향을 미칠 위험이 있는 정보에 한정된다고 보는 것이 타당하다(2009두19021). [날먹행 205p]

정답 ①

09 □□□□□

신문사 기자 갑(甲)은 A광역시가 보유·관리하고 있던 시의원 을(乙)과 관련이 있는 정보를 사본 교부의 방법으로 공개하여 줄 것을 청구하였다. 이에 대한 설명으로 옳지 않은 것은? (다툼이 있는 경우 판례에 의함) 22소방

① 정보공개청구권자가 선택한 공개방법에 따라 정보를 공개하여야 하므로, 원칙적으로 A광역시는 사본 교부가 아닌 열람의 방법으로는 공개할 수 없다.

② 을(乙)의 비공개 요청이 있는 경우 A광역시는 공개를 하여서는 아니 되고, 만일 공개하였다면 을(乙)에 대하여 손해배상책임을 지게 된다.

③ 을(乙)의 의견을 듣고 A광역시가 공개를 거부하였다면, 갑(甲)과 을(乙) 사이에 아무런 법률상 이해관계가 없다고 할지라도 갑(甲)은 A광역시의 거부에 대하여 항고소송으로 다툴 수 있다.

④ A광역시가 '공공기관의 정보공개에 관한 법률'상 비공개 대상 정보임을 이유로 비공개결정을 한 경우, A광역시는 당초 처분의 근거로 삼은 사유와 기본적 사실관계가 동일성이 있다고 인정되는 한도 내에서만 항고소송에서 다른 공개거부 사유를 추가하거나 변경할 수 있다.

해설

① (O)

판례 사본 또는 출력물의 교부의 방법으로 공개방법을 선택하여 정보공개청구를 한 경우에 사본 또는 복제물의 교부를 제한할 수 있는 사유에 해당하지 않는 한 **정보공개청구자가 선택한 공개방법에 따라 정보를 공개하여야 하므로 그 공개방법을 선택할 재량권이 없다**고 해석함이 상당하다(2003두8050). [날먹행 210p]

② (X)

정보공개법 제11조(정보공개 여부의 결정) ③ 공공기관은 공개 청구된 공개 대상 정보의 전부 또는 일부가 **제3자와 관련이 있다고 인정할 때에는 그 사실을 제3자에게 지체 없이 통지하여야 하며, 필요한 경우에는 그의 의견을 들을 수 있다.**

제21조(제3자의 비공개 요청 등) ① 제11조제3항에 따라 **공개 청구된 사실을 통지받은 제3자는** 그 통지를 받은 날부터 3일 이내에 해당 공공기관에 대하여 자신과 관련된 **정보를 공개하지 아니할 것을 요청할 수 있다.**

② 제1항에 따른 비공개 요청에도 불구하고 공공기관이 공개 결정을 할 때에는 공개 결정 이유와 공개 실시일을 분명히 밝혀 지체 없이 문서로 통지하여야 하며, **제3자는 해당 공공기관에 문서로 이의신청을 하거나 행정심판 또는 행정소송을 제기할 수 있다.** 이 경우 이의신청은 통지를 받은 날부터 7일 이내에 하여야 한다. [날먹행 208, 215p]

③ (O)

- **비공개결정에 대한 항고소송에서 원고적격: 정보공개청구를 했다가 거부처분을 받은 자,** 이해관계 여부는 불문 [날먹행 213p]

④ (O)

- **처분사유의 추가·변경** : 처분당시에는 존재했으나, **행정청이 행정쟁송의 단계에서 처분의 근거로 삼지 않았던 사유를 추가하거나 그 내용을 변경**하는 것으로, **판례는 '처분시'에 존재하였던 처분사유**로서 당초 처분의 근거로 삼은 사유와 기본적 사실관계에 있어서 동일성이 인정되는 한도 내**에서** 새로운 처분사유를 추가하거나 변경할 수 있다는 입장 [날먹행 405p]

정답 ②

10

공익신고자 丙은 甲이 「국민기초생활 보장법」상의 복지급여를 부정수급하고 있다고 관할 乙행정청에 신고하였다. 이에 대하여 甲은 乙에게 부정수급 신고를 한 자와 그 내용에 대해 정보공개청구를 하였다. 이후 甲은 乙의 비공개결정통지를 받았고(2022. 8. 26.) 이에 대해 국민권익위원회에 고충민원을 제기하였으나(2022. 9. 16.), 국민권익위원회로부터 乙의 결정은 문제가 없다는 안내를 받았다(2022. 10. 26.). 그리고 甲은 乙의 비공개결정의 취소를 구하는 행정심판을 제기하게 되었다(2022. 12. 27.). 이에 대한 설명으로 옳은 것만을 모두 고르면? 23국가9급

ㄱ. 「개인정보 보호법」상 정보주체에게 열람청구권이 보장되어 있더라도, 甲은 이에 근거하여 乙에게 신고자에 대한 정보공개를 요구하여 그 정보를 받을 수 없다.
ㄴ. 甲의 행정심판청구는 행정심판 제기기간 내에 이루어졌으므로 적법하다.
ㄷ. 甲의 국민권익위원회에 대한 고충민원 제기는 이의신청에 해당하므로, 고충민원에 대한 답변을 받은 날이 행정심판 제기기간의 기산점이 된다.
ㄹ. 학술·연구를 위하여 일시적으로 체류하는 외국인 丙은 「국민기초생활 보장법」상의 복지급여 지급기준에 대해 정보공개를 청구할 권리가 인정된다.

① ㄱ, ㄴ ② ㄱ, ㄹ ③ ㄴ, ㄷ ④ ㄱ, ㄷ, ㄹ

해설

㉠ (O)

개인정보보호법 제35조(개인정보의 열람) ① 정보주체는 개인정보처리자가 처리하는 **자신의 개인정보**에 대한 열람을 해당 개인정보처리자에게 요구할 수 있다 .→ 개인정보보호법에 따라 甲은 甲 자신의 정보를 요구할 수 있을 뿐임.
[날먹행 추록 237p]

㉡ (X)

- **행정기본법 제36조(처분에 대한 이의신청)** ① 행정청의 처분(「행정심판법」 제3조에 따라 같은 법에 따른 행정심판의 대상이 되는 처분을 말한다. 이하 이 조에서 같다)에 이의가 있는 당사자는 **처분을 받은 날부터 30일 이내에 해당 행정청에 이의신청을 할 수 있다.**
  ② 행정청은 제1항에 따른 이의신청을 받으면 **그 신청을 받은 날부터 14일 이내에** 그 이의신청에 대한 결과를 신청인에게 통지하여야 한다. 다만, 부득이한 사유로 14일 이내에 통지할 수 없는 경우에는 그 기간을 만료일 다음 날부터 기산하여 10일의 범위에서 한 차례 연장할 수 있으며, 연장 사유를 신청인에게 통지하여야 한다.
  ④ **이의신청에 대한 결과를 통지받은 후 행정심판 또는 행정소송을 제기하려는 자**는 그 결과를 통지받은 날(제2항에 따른 통지기간 내에 결과를 통지받지 못한 경우에는 같은 항에 따른 **통지기간이 만료되는 날의 다음 날을 말한다)부터 90일 이내에 행정심판 또는 행정소송을 제기할 수 있다.**
  동법 부칙 제6조(처분에 대한 이의신청에 관한 적용례) 제36조는 부칙 제1조 단서에 따른 시행일(23. 3. 24.) 이후에 하는 처분부터 적용한다.
- **행정심판법 제27조(심판청구의 기간)** ① 행정심판은 **처분이 있음을 알게 된 날부터 90일 이내에 청구하여야** 한다.
  [날먹행 440p]
  → **행정기본법 제36조는 23. 3. 24. 이후에 하는 처분부터 적용**하므로, **사안의 비공개결정은 23. 3. 24. 전에 이루어졌기 때문에 甲이 제기한 고충민원이 이의신청에 해당한다고 하더라도, 동법 제36조가 적용되지 않는다.**
  따라서 **甲은 행정심판법 제27조에 따라 안 날로부터 90일 이내에 행정심판을 청구해야** 하는데, 22. 8. 26.로부터 90일이 넘은 22. 12. 27.에 행정심판을 제기했으므로, **부적법한 청구에 해당**한다.

Ⓒ (X)

정보공개법 제18조(이의신청) ① 청구인이 정보공개와 관련한 공공기관의 비공개 결정 또는 부분 공개 결정에 대하여 불복이 있거나 정보공개 청구 후 20일이 경과하도록 정보공개 결정이 없는 때에는 공공기관으로부터 정보공개 여부의 결정 통지를 받은 날 또는 정보공개 청구 후 20일이 경과한 날부터 30일 이내에 **해당 공공기관에 문서로 이의신청을 할 수 있다.**

[날먹행 212p]

→ **사안의 경우, 국민권익위원회에 대한 고충민원 제기는 정보공개법 상 비공개결정을 한 乙 행정청에게 한 것이 아님. 따라서 비공개결정 통지를 받은 날인 22. 8. 26.이 행정심판 제기기간의 기산점이 됨. 또한, 판례는 아래 참고 판례와 같이 고충민원이 이의신청에 해당한다고 보지 않으므로, ㄷ은 틀린 지문임.**

참고 판례 국민고충처리제도는 국무총리 소속하에 설치된 국민고충처리위원회로 하여금 행정과 관련된 국민의 고충민원을 상담·조사하여 행정기관의 처분 등이 위법·부당하다고 인정할 만한 상당한 이유가 있는 경우에 관계 행정기관의 장에게 적절한 시정조치를 권고하도록 함으로써 **국민의 불편과 부담을 시정하기 위한 제도로서 행정심판법에 의한 행정심판 내지 다른 특별법에 따른 이의신청, 심사청구, 재결의 신청 등의 불복구제절차와는 제도의 취지나 성격을 달리하고 있으므로 국민고충처리위원회에 대한 고충민원의 신청이 행정소송의 전치절차로서 요구되는 행정심판청구에 해당하는 것으로 볼 수는 없다**(95누5332).

ⓔ (O)

정보공개법 제5조(정보공개 청구권자) ① 모든 국민은 정보의 공개를 청구할 권리를 가진다.
② 외국인의 정보공개 청구에 관하여는 대통령령으로 정한다.
동법 시행령 제3조(외국인의 정보공개 청구) 법 제5조제2항에 따라 정보공개를 청구할 수 있는 외국인은 다음 각 호의 어느 하나에 해당하는 자로 한다.
1. **국내에 일정한 주소를 두고 거주하거나 학술 · 연구를 위하여 일시적으로 체류**하는 사람 [날먹행 202p]

정답 ②

01 □□□□□

「행정대집행법」상 대집행과 이행강제금에 대한 甲과 乙의 대화 중 乙의 답변이 옳지 않은 것은? (다툼이 있는 경우 판례에 의함) 21국가9급

① 甲: 행정대집행의 절차가 인정되는 경우에도 행정청이 민사상 강제집행수단을 이용할 수 있나요?
乙: 행정대집행의 절차가 인정되어 실현할 수 있는 경우에는 따로 민사소송의 방법을 이용할 수 없습니다.

② 甲: 대집행의 적용대상은 무엇인가요?
乙: 대집행은 공법상 대체적 작위의무의 불이행이 있는 경우에 행할 수 있습니다.

③ 甲: 행정청은 대집행의 대상이 될 수 있는 것에 대하여 이행강제금을 부과할 수도 있나요?
乙: 행정청은 개별사건에 있어서 위법건축물에 대하여 대집행과 이행강제금을 선택적으로 활용할 수 있습니다.

④ 甲: 만약 이행강제금을 부과받은 사람이 사망하였다면 이행강제금의 납부의무는 상속인에게 승계되나요?
乙: 이행강제금의 납부의무는 상속의 대상이 되므로, 상속인이 납부의무를 승계합니다.

해설

① (O)

판례 **대한주택공사가 대집행권한을 위탁받아 공무인 대집행**을 실시하기 위하여 지출한 비용은 **행정대집행법 절차에 따라 국세징수법의 예에 의하여 징수할 수 있으므로**, 민사소송으로 그 상환을 청구하는 것은 소의 이익이 없어 부적법하다 (2010다48240). [날먹행 256p]

② (O)

- **대집행의 요건** - '공법상' 의무의 불이행
  - '대체적' 작위의무의 불이행 → 타인이 대신 행할 수 있는 '대체적'의무여야 함
  - '작위의무'**여야 함. → 부작위 의무**, 수인의무는 **대집행 대상 X** [날먹행 252, 253p]

③ (O)

- **이행강제금의 대상 → 비대체적 작위의무** ○ / 대체적 작위의무가 이행강제금의 대상이 되는지에 대해 학설이 대립하나, 헌재는 대체적 작위의무의 위반이 있는 경우 행정청은 대집행과 이행강제금을 합리적인 재량에 의해 선택적으로 활용**할** 수 있다는 입장임(헌바80등) 즉, 대체적 작위의무에 대해서도 부과될 수 있음 [날먹행 258p]

④ (X)

- **이행강제금의 성질** - 일신전속적이어서, **이미 사망한 사람에게 한 이행강제금 부과처분은 당연무효**이고(2006마470), 상속인에게 승계 X [날먹행 257p]

정답 ④

02

A시장은 새로 확장한 시청 청사 1층의 휴게공간을 갑(甲)에게 커피 전문점 공간으로 임대하였다. 임대기간이 만료되었으나 갑(甲)은 투자금보전 등을 요구하면서 휴게공간을 불법적으로 점유하고 있다. 이에 대한 설명으로 가장 옳은 것은?

18서울9급

① A시장은 휴게공간을 종합민원실로 사용하기 위해서는 즉시강제 형태로 공간을 확보할 수 있다.

② A시장은 갑(甲)에게 퇴거와 공간반환을 독촉한 후 강제징수절차를 밟을 수 있다.

③ A시장은 갑(甲)에게 퇴거를 명하고 갑(甲)이 불응하면 행정대집행법에 의한 대집행을 실시할 수 있다.

④ A시장은 갑(甲)에 대하여 변상금을 부과징수 할 수 있으며 원상회복명령을 하거나 갑(甲)을 상대로 점유의 이전을 구하는 민사소송을 제기할 수 있다.

해설

① (X) 본 사안은 의무불이행을 전제로 하므로, A시장은 이를 전제로 하지 않는 행정상 즉시강제를 할 수 없다.

- **즉시강제**: 급박한 위험 · 장해를 제거하기 위해 미리 **의무를 명할 시간적 여유가 없거나 혹은 성질상 의무를 명해서는 목적을 달성할 수 없는 경우**, 직접 개인의 신체 · 재산에 실력을 가함으로써 필요한 상태를 실현하는 행정작용. → **직접강제는 의무불이행 전제로 하나, 즉시강제는 의무불이행을 전제로 하지 않음.** [날먹행 265p]

② (X) 강제징수는 금전급부의무 불이행을 전제로 하므로, A시장은 강제징수절차를 밟을 수 없다.

③ (X) 대집행은 '대체적 작위의무의 불이행'을 그 요건으로 하므로, 비대체적 작위의무인 퇴거의무는 대집행의 대상 X.

판례 **점유자의 퇴거 및 명도의무는** 그것을 강제적으로 실현함에 있어 직접적인 실력행사가 필요한 것이지 **대체적 작위의무에 해당하는 것은 아니어서** 행정대집행법에 의한 **대집행의 대상이 되는 것은 아니다**(97누157). [날먹행 253p]

④ (O)

판례 국유재산의 무단점유자에 대한 변상금 부과는 공권력을 가진 우월적 지위에서 행하는 행정처분이고, 그 **부과처분에 의한** 변상금 징수권은 공법상의 권리인 반면, **민사상 부당이득반환청구권은 국유재산의 소유자로서 가지는 사법상의 채권**이다. 이처럼 구 국유재산법에 의한 변상금 부과 · 징수권은 민사상 부당이득반환청구권과 법적 성질을 달리하므로, 국가는 무단점유자를 상대로 **변상금 부과 · 징수권의 행사와 별도로 국유재산의 소유자로서** 민사상 부당이득반환청구의 소를 제기할 수 있다(2011다76402). [날먹행 63p]

정답 ④

03 □□□□□

사업주 甲에게 고용된 종업원 乙이 영업행위 중 행정법규를 위반한 경우 행정벌의 부과에 대한 설명으로 옳은 것은? (다툼이 있는 경우 판례에 의함) 18지방9급

① 위 위반행위에 대해 내려진 시정명령에 따르지 않았다는 이유로 乙이 과태료 부과처분을받고 이를 납부하였다면, 당초의 위반행위를 이유로 乙을 형사처벌할 수 없다.

② 행위자 외에 사업주를 처벌한다는 명문의 규정이 없더라도 관계규정의 해석에 의해 과실있는 사업주도 벌할 뜻이 명확한 경우에는 乙외에 甲도 처벌할 수 있다.

③ 甲의 처벌을 규정한 양벌규정이 있는 경우에도 乙이 처벌을 받지 않는 경우에는 甲만 처벌할 수 없다.

④ 乙의 위반행위가 과태료 부과대상인 경우에 乙이 자신의 행위가 위법하지 아니한 것으로 오인하였다면 乙에 대해서 과태료를 부과할 수 없다.

해설

① (X)

과태료와 형사처벌의 병과가능성: 판례는 **과태료(행정질서벌)와 행정형벌은** 성질 · 목적을 달리하는 **별개**의 것이므로, 과태료 부과 후 형사처벌을 하더라도 일사부재리 원칙에 위배되지 않는다**고 하여,** 병과할 수 있다는 입장(88도1983).
[날먹행 280p]

② (O)

- 행정범의 경우에도 원칙적으로 고의가 있어야 함. 과실의 경우, 명문의 규정이 있는 경우에 처벌할 수 있음(형법§14). 단, **판례는 명문 규정이 없더라도 과실행위도 벌한다는 취지가 명백한 경우에는 처벌할 수 있다고 판시함**(92도1136).
[날먹행 277p]

③ (X)

- **양벌규정 법적성질**: 주의 · 감독의무를 태만히 한 것에 대한 자기책임, 과실책임.
  → 행위자 처벌되지 않아도 법정대리인, 사업주 처벌

판례 양벌규정에 의한 영업주의 처벌은 금지위반행위자인 종업원의 처벌에 종속하는 것이 아니라 독립하여 그 자신의 종업원에 대한 선임감독상의 과실로 인하여 처벌되는 것이므로 **종업원의 범죄성립이나 처벌이 영업주 처벌의 전제조건이 될 필요는 없다**(2005도7673). **[날먹행 277p]**

④ (X)

질서위반행위규제법 제8조(위법성의 착오) 자신의 행위가 위법하지 아니한 것으로 오인하고 행한 질서위반행위는 그 오인에 정당한 이유가 있는 때에 한하여 과태료를 부과하지 아니한다. **[날먹행 281p]**

정답 ②

04 □□□□□

여객자동차운송사업을 하는 甲은 관련법규 위반을 이유로 사업정지 처분에 갈음하는 과징금부과처분을 받았다. 이에 대한 설명으로 옳지 않은 것은? (다툼이 있는 경우 판례에 의함)

22지방9급

① 甲이 현실적인 위반행위자가 아닌 법령상 책임자인 경우에도 甲에게 과징금을 부과할 수 있다.
② 甲에게 고의 · 과실이 없는 경우에는 과징금을 부과할 수 없다.
③ 과징금부과처분에 대해 甲은 취소소송을 제기하여 다툴 수 있다.
④ 甲에게 부과된 과징금이 법이 정한 한도액을 초과하여 위법한 경우, 법원은 그 초과부분에 대하여 일부 취소할 수 없고 그 전부를 취소하여야 한다.

해설

① (O), ② (X)

판례 구 여객자동차 운수사업법 제88조 제1항의 과징금부과처분은 제재적 행정처분으로서 여객자동차 운수사업에 관한 질서를 확립하고 여객의 원활한 운송과 여객자동차 운수사업의 종합적인 발달을 도모하여 공공복리를 증진한다는 행정목적의 달성을 위하여 행정법규 위반이라는 객관적 사실에 착안하여 가하는 제재이므로 반드시 현실적인 행위자가 아니라도 법령상 책임자로 규정된 자에게 부과되고 원칙적으로 위반자의 고의 · 과실을 요하지 아니하나, 위반자의 의무 해태를 탓할 수 없는 정당한 사유가 있는 등의 특별한 사정이 있는 경우에는 이를 부과할 수 없다(2013두5005). [날먹행 289p]

③ (O)

- **과징금부과에 대한 권리구제** - 과징금부과는 처분에 해당하므로, 행정소송 제기 가능함 [날먹행 290p]

④ (O)

판례 과징금부과는 재량행위이므로 법원으로서는 과징금부과처분이 위법한 경우 그 전부를 취소할 수 밖에 없다(98두2270). [날먹행 290p]

정답 ②

05 ☐☐☐☐☐

다음 사례에 대한 설명으로 옳지 않은 것은? (다툼이 있으면 판례에 의함) 22국회9급

> 수도용 자재를 생산하는 甲은 '수도법'에 따른 정기검사를 기피하여 관할 행정청으로부터 과태료 500만 원을 부과받았다.

① 甲이 과태료 부과에 불복하는 경우 과태료 부과통지를 받은 날부터 60일 이내에 해당 행정청에 서면으로 이의제기를 할 수 있다.

② 甲의 기피행위는 고의 또는 과실의 존재가 요구된다.

③ 甲의 기피시점과 과태료 부과시점 사이에 '수도법'이 개정되어 과태료 부과상한선이 300만 원으로 조정된 경우 과태료 500만 원의 부과는 적법하다.

④ 甲에 대한 과태료 부과시 甲의 연령·재산상태·환경이 고려되어야 한다.

⑤ 甲에 대한 과태료는 행정청의 과태료 부과처분이나 법원의 과태료 재판이 확정된 후 5년간 징수하지 아니하거나 집행하지 아니하면 시효로 인하여 소멸한다.

해설

① (O)

- **질서위반행위규제법 제20조(이의제기)** ① 행정청의 과태료 부과에 불복하는 당사자는 제17조제1항에 따른 **과태료 부과 통지를 받은 날부터 60일 이내에 해당 행정청에 서면으로 이의제기를 할 수 있다.** [날먹행 283p]

② (O)

- **질서위반행위규제법 제7조(고의 또는 과실) 고의 또는 과실이 없는 질서위반행위는 과태료를 부과하지 아니한다.** [날먹행 281p]

③ (X)

- **질서위반행위규제법 제3조(법 적용의 시간적 범위)** ① 질서위반행위의 성립과 과태료 처분은 행위 시의 법률에 따른다. **② 질서위반행위 후 법률이 변경되어 그 행위가 질서위반행위에 해당하지 아니하게 되거나 과태료가 변경되기 전의 법률보다 가볍게 된 때에는 법률에 특별한 규정이 없는 한 변경된 법률을 적용한다.** [날먹행 281p]

④ (O)

- **질서위반행위규제법 제14조(과태료의 산정)** 행정청 및 법원은 과태료를 정함에 있어서 다음 각 호의 사항을 고려하여야 한다.
  1. 질서위반행위의 동기 · 목적 · 방법 · 결과
  2. 질서위반행위 이후의 당사자의 태도와 정황
  3. **질서위반행위자의 연령 · 재산상태 · 환경**
  4. 그 밖에 과태료의 산정에 필요하다고 인정되는 사유 [날먹행 282p]

⑤ (O)

- **질서위반행위규제법 제15조(과태료의 시효)** ① 과태료는 **행정청의 과태료 부과처분이나 법원의 과태료 재판이 확정된 후 5년간 징수하지 아니하거나 집행하지 아니하면 시효로 인하여 소멸**한다. [날먹행 282p]

정답 ③

PART 05 행정상의 손해전보

01 □□□□□

제시문을 전제로 한 설명으로 옳지 않은 것은? (다툼이 있는 경우 판례에 의함) 18국가9급

> 甲이 A시에 공장을 설립하였는데 그 공장이 들어선 이후로 공장 인근에 거주하는 주민들에게 중한 피부질환과 호흡기질환이 발생하였다. 환경운동실천시민단체와 주민들은 역학조사를 실시하였고 그 결과에 따라 甲의 공장에서 배출되는 매연물질과 오염물질이 주민들에게 발생한 질환의 원인이라고 판단하고 있다. 주민들은 규제권한이 있는 A시장에게 甲의 공장에 대해 개선조치를 해줄 것을 요청하였으나, A시장은 상당한 기간이 지나도록 아무런 조치를 취하지 않고 있다.

① 관계법령에서 A시장에게 일정한 조치를 취하여야 할 작위의무를 규정하고 있지 않더라도 甲의 공장에서 나온 매연물질과 오염물질로 인해 질환을 앓게 된 주민들이 많고 그 정도가 심각하여 주민들의 생명, 신체에 가해지는 위험이 절박하고 중대하다고 인정된다면 A시장에게 그러한 위험을 배제하는 조치를 하여야 할 작위의무를 인정할 수 있다.

② 개선조치를 요청한 주민이 A시장을 상대로 개선조치를 해달라는 행정쟁송을 하고자 할 때 가능한 쟁송 유형으로 의무이행심판은 가능하나 의무이행소송은 허용되지 않는다.

③ 甲의 공장에서 배출된 물질 때문에 피해를 입은 주민이 A시장의 부작위를 원인으로 하여 국가배상을 청구한 경우에 국가배상책임이 인정되기 위해서는 A시장의 작위의무위반이 인정되면 충분하고, A시장이 그와 같은 결과를 예견하여 그 결과를 회피하기 위한 조치를 취할 수 있는 가능성까지 인정되어야 하는 것은 아니다.

④ 부작위위법확인소송에서 A시장의 부작위가 위법하다고 확인한 인용판결이 확정되어도 A시장의 부작위를 원인으로 한 국가배상소송에서 A시장의 부작위가 고의 또는 과실에 의한 불법행위를 구성한다는 점이 곧바로 인정되는 것은 아니다.

해설

① (O) ③ (X)

> **판례** **'법령에 위반하여'**라고 하는 것이 엄격하게 형식적 의미의 법령에 명시적으로 공무원의 작위의무가 규정되어 있는데도 이를 위반하는 경우만을 의미하는 것은 아니고, **국민의 생명, 신체, 재산 등에 대하여 절박하고 중대한 위험상태가 발생하였거나 발생할 우려가 있어서 국민의 생명, 신체, 재산 등을 보호하는 것을 본래적 사명으로 하는 국가가 초법규적, 일차적으로 그 위험 배제에 나서지 아니하면 국민의 생명, 신체, 재산 등을 보호할 수 없는 경우에는 형식적 의미의 법령에 근거가 없더라도 국가나 관련 공무원에 대하여 그러한 위험을 배제할 작위의무를 인정할 수 있을 것**이나, 그와 같은 절박하고 중대한 위험상태가 발생하였거나 발생할 우려가 있는 경우가 아닌 한, **원칙적으로 공무원이 관련 법령대로만 직무를 수행하였다면 그와 같은 공무원의 부작위를 가지고 '고의 또는 과실로 법령에 위반'하였다고 할 수는 없을 것**이므로, 공무원의 부작위로 인한 국가배상책임을 인정할 것인지 여부가 문제되는 경우에 관련 공무원에 대하여 작위의무를 명하는 법령의 규정이 없다면 공무원의 부작위로 인하여 침해된 국민의 법익 또는 국민에게 발생한 손해가 어느 정도 심각하고 절박한 것인지, 관련 공무원이 그와 같은 결과를 예견하여 그 결과를 회피하기 위한 조치를 취할 수 있는 가능성이 있는지 **등을 종합적으로 고려하여 판단하여야** 한다(2003다69562).
> [날먹행 307p]

② (O) **의무이행소송**은 행정청의 거부처분 또는 부작위에 대하여 **일정한 행정행위를 해 줄 것을 청구**하는 소송을 말하며, 판례는 의무이행소송을 인정 X
[날먹행 351p]

④ (O)

- **국가배상과 기판력**: 제한적 긍정설(통설 · 판례)
  - **위법의 개념**: **국가배상청구소송의 위법개념을 취소소송의 위법보다 넓게** 봄.
  - **인용판결**의 기판력: **제한적으로 미침**
    → 항고소송에서 취소되었어도 그 기판력에 의해 당해 처분이 곧바로 공무원의 불법행위를 구성한다고 할 수 없음.
  - **기각판결**의 기판력: **미치지 않음** [날먹행 412p]

정답 ③

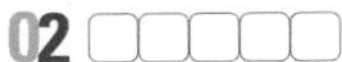

다음 사안에 관한 설명으로 가장 옳지 않은 것은? (다툼이 있는 경우 판례에 의함) 17서울9급

> 甲은 공중보건의로 근무하면서 乙을 치료하였는데 그 과정에서 乙은 폐혈증으로 사망하였다. 유족들은 甲을 상대로 손해배상청구의 소를 제기하였고, 甲의 의료상 경과실이 인정된다는 이유로 甲에게 손해배상책임을 인정한 판결이 확정되었다. 이에 甲은 乙의 유족들에게 판결금 채무를 지급하였고, 이후 국가에 대해 구상권을 행사하였다.

① 공중보건의 甲은 국가배상법상의 공무원에 해당한다.

② 공중보건의 甲이 직무수행 중 불법행위로 乙에게 손해를 입힌 경우 국가 등이 국가배상책임을 부담하는 외에 甲 개인도 고의 또는 중과실이 있다고 한다면 민사상 불법행위로 인한 손해배상책임을 진다.

③ 乙의 유족에게 손해를 직접 배상한 경과실이 있는 공중보건의 甲은 국가에 대하여 자신이 변제한 금액에 대하여 구상권을 취득할 수 없다.

④ 공무원의 직무수행 중 불법행위로 인한 배상과 관련하여, 피해자가 공무원에 대해 직접적으로 손해배상을 청구할 수 있는지 여부에 대한 명시적 규정은 국가배상법상으로 존재하지 않는다.

해설

① (O), ② (O), ③ (X)

판례 공무원이 직무수행 중 불법행위로 타인에게 손해를 입힌 경우에 국가 등이 국가배상책임을 부담하는 외에 공무원 개인도 **고의 또는 중과실이 있는 경우에는 불법행위로 인한 손해배상책임**을 지고, **공무원에게 경과실이 있을 뿐인 경우에는 공무원 개인은 손해배상책임을 부담하지 아니한다.** 이처럼 경과실이 있는 공무원이 피해자에 대하여 손해배상책임을 부담하지 아니함에도 피해자에게 손해를 배상하였다면 그것은 채무자 아닌 사람이 타인의 채무를 변제한 경우에 해당하고, 이는 **민법 제469조의 '제3자의 변제' 또는 민법 제744조의 '도의관념에 적합한 비채변제'에 해당하여 피해자에게 손해를 직접 배상한 경과실이 있는 공무원은 특별한 사정이 없는 한 국가에 대하여 국가의 피해자에 대한 손해배상책임의 범위 내에서** 공무원이 변제한 금액에 관하여 구상권을 취득한다고 봄이 타당하다(2012다54478). → 공중보건의인 甲에게 치료를 받던 乙이 사망하자 乙의 유족들이 甲 등을 상대로 손해배상청구의 소를 제기하였고, 甲의 의료과실이 인정된다는 이유로 甲 등의 손해배상책임을 인정한 판결이 확정되어 甲이 乙의 유족들에게 판결금 채무를 지급한 사안에서, 甲은 공무원으로서 직무 수행 중 경과실로 타인에게 손해를 입힌 것이어서 乙과 유족들에 대하여 손해배상책임을 부담하지 아니함에도 乙의 유족들에 대한 패소판결에 따라 그들에게 손해를 배상한 것이고, 이는 민법 제744조의 도의관념에 적합한 비채변제에 해당하여 乙과 유족들의 국가에 대한 손해배상청구권은 소멸하고 국가는 자신의 출연 없이 채무를 면하였으므로, 甲은 국가에 대하여 변제금액에 관하여 구상권을 취득한다고 한 사례. [날먹행 314p]

④ (O) 피해자가 직접 공무원에게 손해배상을 청구할 수 있는지에 대한 명문 규정 X

정답 ③

03

<보기 1>의 내용을 근거로 판단할 때 <보기 2> 설명의 옳고 그름이 바르게 나열 된 것은? (다툼이 있는 경우 판례에 의함)

14국가9급

<보기 1>

「건강기능식품에 관한 법률」 제20조에 따라 식품의약품안전처장은 위생적 관리 및 영업의 질서유지를 위해 필요하다고 인정하는 때에는 관계공무원으로 하여금 영업장소 등을 검사하게 할 수 있다. 식품의약품안전처 소속 공무원 갑은 식품회사 을의 영업시설 등을 검사하면서 심각한 주의의무 태만으로 영업시설 등의 일부를 손괴하였다. 갑의 행위에 대하여 정직 3개월의 징계처분이 내려졌다.

<보기 2>

ㄱ. 갑은 징계처분에 대하여 소청심사위원회의 심사 · 결정을 거치지 아니하고 행정소송을 바로 제기할 수 있다.
ㄴ. 국가가 을에 대한 손해배상책임을 부담한 경우, 국가는 갑에 대한 구상권을 행사할 수 있다.
ㄷ. 을이 갑에 대하여 불법행위에 기한 손해배상청구소송을 제기할 경우, 갑의 민사상 책임이 인정될 수 있다.

	ㄱ	ㄴ	ㄷ
①	○	○	○
②	X	○	○
③	○	X	X
④	X	X	X

해설

ㄱ. (X) **공무원(국가 · 지방공무원, 교원)에 대한 징계처분**에 대한 불복은 **소청심사위원회를 거쳐야 행정소송제기가 가능**함.
→ 필요적 전치주의

ㄴ. (O) 사안에서 甲은 심각한 주의의무태만을 하여 중과실이 인정되므로, 국가는 甲에게 구상할 수 있음.

- **공무원의 내부적 책임(구상권)**
  국가배상법 제2조 ② 제1항 본문의 경우에 공무원에게 **고의 또는 중대한 과실**이 있으면 국가나 지방자치단체는 그 공무원에게 구상할 수 있다. **[날먹행 314p]**

ㄷ. (O) 甲에게 중과실이 있어 개인의 배상책임이 인정되므로, 피해자 乙은 甲에게도 불법행위책임을 물을 수 있음.

- **공무원 개인의 배상책임**
  판례는, 공무원의 경과실의 경우, 피해자의 선택적 청구권을 부정하고 **(공무원 개인의 배상책임 X)**, 고의 · 중과실의 경우 피해자의 **선택적 청구권**을 긍정함 **(공무원의 개인의 배상책임 O)** **[날먹행 314p]**

정답 ②

04 □□□□□

甲은 A 지방자치단체가 관리하는 도로를 운행하던 중 도로에 방치된 낙하물로 인하여 손해를 입었고, 이를 이유로 '국가배상법' 상 손해배상을 청구하려고 한다. 이에 대한 설명으로 옳지 않은 것은? (다툼이 있는 경우 판례에 의함)

20국가9급

① A 지방자치단체가 위 도로를 권원 없이 사실상 관리하고 있는 경우에는 A 지방자치단체의 배상책임은 인정될 수 없다.

② 위 도로의 설치 · 관리상의 하자가 있는지 여부는 위 도로가 그 용도에 따라 통상 갖추어야 할 안정성을 갖추었는지 여부에 따라 결정된다.

③ 위 도로가 국도이며 그 관리권이 A 지방자치단체의 장에게 위임되었다면, A 지방자치단체가 도로의 관리에 필요한 일체의 경비를 대외적으로 지출하는 자에 불과하더라도 甲은 A지방자치단체에 대해 국가배상을 청구할 수 있다.

④ 甲이 배상을 받기 위하여 소송을 제기하는 경우에는 민사소송을 제기하여야 한다.

해설

① (X)

- **공공의 영조물**
  - **국유, 공유, 사유 불문**하고 **행정주체가 행정목적을 달성하기 위해** 제공한 물건 일체 즉, 강학상 공물을 뜻하므로, 국가 또는 지방자치단체가 사실상 관리를 **하는 것도 포함** [날먹행 316p]

② (O)

- **영조물의 설치 또는 관리의 하자**

  하자 - 공물이 통상적으로 갖추어야 할 안정성을 결여한 상태를 의미. **완전 무결의 상태를 유지할 정도를 요구 X (통설, 판례)** 최근 영조물의 이용상태 및 정도가 일정한 한도를 초과하여 제3자에게 사회통념상 참을 수 없는 피해를 입히고 있는 경우에도, 하자가 인정**됨** [날먹행 317p]

③ (O)

- **기관위임사무**의 경우(국가 또는 상급지방자치단체가 지방자치단체의 장 또는 기타의 기관에 위임한 사무)

  국가, 상급지방자치단체가 사무귀속주체**로서 배상책임 O**

  수임(위임받은) 지방자치단체는 비용부담자**로서 배상책임 O** [날먹행 322p]

④ (O)

- 국가배상은 공행정작용을 대상으로 하나, 판례는 국가배상청구소송을 민사소송에 의한다. [날먹행 325p]

정답 ①

05 ☐☐☐☐☐

다음 행정상 손해배상과 관련된 사례에 대한 설명으로 옳은 것은?(다툼이 있는 경우 판례에 의함) 18지방9급

> (가) 甲은 자동차로 좌로 굽은 내리막 국도 편도 1차로를 달리던 중 커브 길에서 앞선 차량을 무리하게 추월하기 위하여 중앙선을 침범하여 반대편 도로를 벗어나 도로 옆 계곡으로 떨어져 중상해를 입었다.
> (나) 乙은 자동차로 겨울철 눈이 내린 직후에 산간지역에 위치한 국도를 달리던 중 도로에 생긴 빙판길에 미끄러져 상해를 입었다.

① (가)와 (나) 사례에서 만약 도로의 관리상 하자가 인정된다면 비록 그 사고의 원인에 제3자의 행위가 개입되었더라도 甲과 乙은 국가에 대하여 손해배상책임을 물을 수 있다.

② (나) 사례에서 乙은 산악지역의 특성상 빙판길 위험 경고나 위험 표지판이 설치되었다면 주의를 기울여 운행하여 상해를 입지 않았을 것이므로 그 미설치만으로도 국가에 대한 손해배상책임을 묻기에 충분하다.

③ (가) 사례에서 만약 반대편 갓길에 차량용 방호울타리가 설치되었다면 甲이 상해를 입지 않았거나 경미한 상해를 입었을 것이므로 그 방호울타리 미설치만으로도 손해배상을 받기에 충분한 요건을 갖추었다고 볼 수 있다.

④ (가)와 (나) 사례에서 국가가 甲과 乙에게 손해배상책임을 부담할 것인지 여부는 위 도로들이 모든 가능한 경우를 예상하여 고도의 안전성을 갖추었는지 여부에 따라 결정될 것이다.

해설

① (O)

> **판례** 영조물의 하자 등 외에 **다른 자연적 사실**이나 제3자의 행위 또는 피해자의 행위와 경합하여 손해가 발생하였더라도 **영조물의 설치 또는 관리상의 하자가 손해발생**의 공동원인의 하나가 된 이상, 영조물의 설치·관리상의 하자에 의해 발생한 것이라고 보아야 한다(94다32924). **[날먹행 318p]**

② (X), ③ (X), ④ (X) 표지판이나 방호울타리 미설치만으로 하자가 인정된다고 볼 수 없음.

> **판례** 설치·관리자가 그 영조물의 위험성에 비례하여 **사회통념상 일반적으로 요구되는 정도**의 방호조치의무를 다하였는지 여부를 그 기준으로 삼아야 할 것이며, **객관적으로 보아 시간적·장소적으로 영조물의 기능상 결함으로 인한** 손해발생의 예견가능성과 회피가능성이 없는 경우 즉 그 영조물의 결함이 영조물의 설치·관리자의 **관리행위가 미칠 수 없는 상황 아래에 있는 경우임이 입증되는 경우**라면 **영조물의 설치·관리상의 하자를 인정할 수 없다**(2000다56822).
> **영조물의 설치 및 관리에 있어서 항상 완전무결한 상태를 유지할 정도의 고도의 안전성을 갖추지 아니하였다고 하여 영조물의 설치 또는 관리에 하자가 있는 것으로는 할 수 없는** 것으로서, 영조물의 설치자 또는 관리자에게 부과되는 방호조치의무의 정도는 영조물의 위험성에 비례하여 사회통념상 일반적으로 요구되는 정도의 것을 말하므로, 영조물인 도로의 경우도 다른 생활필수시설과의 관계나 그것을 설치하고 관리하는 주체의 재정적, 인적, 물적 제약 등을 고려하여 그것을 **이용하는 자의 상식적이고 질서 있는 이용 방법을 기대한 상대적인 안전성을 갖추는 것으로 족하다.** 적설지대에 속하는 지역의 도로라든가 최저속도의 제한이 있는 고속도로 등 특수 목적을 갖고 있는 도로가 아닌 일반 보통의 도로까지도 도로관리자에게 완전한 인적, 물적 설비를 갖추고 제설작업을 하여 도로통행상의 위험을 즉시 배제하여 그 안전성을 확보하도록 하는 관리의무를 부과하는 것은 도로의 안전성의 성질에 비추어 적당하지 않고, 오히려 그러한 경우의 도로통행의 안전성은 그와 같은 위험에 대면하여 도로를 이용하는 통행자 개개인의 책임으로 확보하여야 한다(99다54998). **[날먹행 318p]**

정답 ①

06 ☐☐☐☐☐

국토교통부장관이 관리하는 국가하천(이하 A)의 유지·보수 사무가 지방자치단체(이하 B)의 장에게 위임되고, B가 A의 유지·보수에 필요한 비용을 부담하며 이에 관한 국가의 보조금을 받아오던 중에, A의 관리상 하자로 인하여 그 이용자가 사망하는 사고가 발생하였다. 이에 관한 설명 중 가장 적절하지 않은 것은? (다툼이 있는 경우 판례에 의함) 21경행

① 국가는 A의 설치 · 관리 사무의 귀속주체로서 배상책임을 진다.
② 국가는 A의 설치 · 관리 비용을 부담하는 자로서 배상책임을 진다.
③ B는 A의 설치 · 관리 사무의 귀속주체로서 배상책임을 진다.
④ B는 A의 설치 · 관리 비용을 부담하는 자로서 배상책임을 진다.

해설

① (O), ③ (X)

판례 국가하천의 유지 · 보수 사무가 지방자치단체의 장에게 위임된 경우, 지방자치단체의 장은 국가기관의 지위에서 그 사무를 처리하는 것이므로, 국가는 국가배상법 제5조 제1항에 따라 영조물의 설치 · 관리 사무의 귀속주체로서 국가하천의 관리상 하자로 인한 손해를 배상하여야 한다(2013다211834). [날먹행 322p]

② (O), ④ (O)

판례 국가가 국가하천의 유지 · 보수비용의 일부를 해당 시 · 도에 보조금으로 지급하였다면, **국가와 해당 시 · 도는 각각 국가배상법 제6조 제1항에 규정된 영조물의 설치 · 관리 비용을 부담하는 자로서 손해를 배상할 책임이 있다.** 이와 같이 국가**가 사무의 귀속주체 및 보조금 지급을 통한** 실질적 비용부담자**로서,** 해당 시 · 도**가 구 하천법 제59조 단서에 따른** 법령상 비용부담자**로서 각각 책임을 중첩적으로 지는 경우에는 국가와 해당 시 · 도 모두가 국가배상법 제6조 제2항 소정의 궁극적으로 손해를 배상할 책임이 있는 자에 해당**한다(2013다211834).
[날먹행 87p]

정답 ③

07 ☐☐☐☐☐

갑(甲)은 개발제한구역 내 소재한, 지목은 대지이나 건축되지 아니한 토지(나대지)의 소유자이다. 갑(甲)은 당해 토지가 개발제한구역으로 지정됨으로써 건축을 할 수 없게 되어 사용 및 수익이 불가능하게 되었다. 이 사례에 대한 설명으로 옳지 않은 것은? 13서울7급

① 헌법재판소는 개발제한구역제도를 공용침해가 아니라 재산권의 내용과 한계에 관한 문제로 본다.

② 헌법재판소의 판례이론에 의할 경우 사례의 근거법률에 손실보상에 관한 규정이 없음에도 불구하고 행정청이 갑(甲)에게 손실보상을 하는 것은 국회 입법권의 침해이다.

③ 헌법재판소의 판례이론에 의할 경우 사례와 같은 경우 법률에 조정적 보상규정을 두지 않는 것은 비례의 원칙을 위반한 위헌이다.

④ 대법원의 판례이론에 의할 경우 법률에 손실보상에 관한 규정이 없는 때에도 관련 법률의 유추해석 등을 통하여 갑(甲)에게 손실보상이 주어질 수 있다.

⑤ 헌법재판소의 판례이론에 의할 경우 갑(甲)은 개발제한구역의 지정에 대한 취소소송과 손해배상청구소송을 통하여 재산권 침해의 구제를 받을 수 있다.

해설

① (O) 헌법재판소: 분리이론

> **판례** **개발제한구역을 지정**하여 그 안에서는 건축물의 건축 등을 할 수 없도록 하고 있는 도시계획법 제21조는 **헌법 제23조 제1항, 제2항에 따라 토지재산권에 관한 권리와 의무를 일반·추상적으로 확정하는 규정으로서 재산권을 형성하는 규정인 동시에 공익적 요청에 따른 재산권의 사회적 제약을 구체화하는 규정**인바, 토지재산권은 강한 사회성, 공공성을 지니고 있어 이에 대하여는 다른 재산권에 비하여 보다 강한 제한과 의무를 부과할 수 있으나, 그렇다고 하더라도 다른 기본권을 제한하는 입법과 마찬가지로 비례성원칙을 준수하여야 하고, 재산권의 본질적 내용인 사용·수익권과 처분권을 부인하여서는 아니된다(89헌마214). **[날먹행 327p]**

② (O) ⑤ (X)

> **판례** **보상의 구체적 기준과 방법**은 헌법재판소가 결정할 성질의 것이 아니라 **광범위한 입법형성권을 가진 입법자가 입법정책적으로 정할 사항**이므로, **입법자가 보상입법을 마련함으로써 위헌적인 상태를 제거할 때까지 위 조항을 형식적으로 존속케 하기 위하여 헌법불합치결정을 하는 것인바, 입법자는 되도록 빠른 시일내에 보상입법을 하여 위헌적 상태를 제거할 의무**가 있고, 행정청은 보상입법이 마련되기 전에는 새로 개발제한구역을 지정하여서는 아니되며(②), **토지소유자는 보상입법을 기다려 그에 따른 권리행사를 할 수 있을 뿐** 개발제한구역의 지정이나 그에 따른 토지재산권의 제한 그 자체의 효력을 다투거나 위 조항에 위반하여 행한 자신들의 행위의 정당성을 주장할 수는 없다(⑤)(89헌마214). **[날먹행 328p]**
>
> → 헌법재판소의 판례이론인 분리이론에 따를 때 재산권의 내용과 한계규정이 비례원칙에 위반되어 위헌인 경우 원칙적으로 취소소송으로 구제되어야 하며, 단 입법자가 보상규정을 두면 그 보상규정에 따라 보상이 가능할 뿐이라고 한다. 따라서 분리이론에 따르면 **손해배상청구소송을 제기할 수 없다.**

③ (O)

> **판례** 종래의 지목과 토지현황에 의한 이용방법에 따른 토지의 사용도 할 수 없거나 실질적으로 사용·수익을 전혀 할 수 없는 예외적인 경우에도 아무런 보상없이 이를 감수하도록 하고 있는 한, 비례의 원칙에 위반되어 당해 토지소유자의 재산권을 과도하게 침해하는 것으로서 헌법에 위반된다(89헌마214). **[날먹행 2328p]**

④ (O) 대법원의 입장인 경계이론에 따르면. 보상규정 흠결시, 헌법 제23조 제3항 및 관계 규정을 유추적용해서 손실보상을 청구할 수 있다고 함. **[날먹행 329p]**

정답 ⑤

08 □□□□□

갑(甲)의 토지는 공익사업의 대상지역으로 「공익사업을 위한 토지등의 취득 및 보상에 관한 법률」에 따라 사업인정절차를 거쳐 갑의 토지에 대한 수용재결이 있었다. 이에 대한 설명으로 가장 옳은 것은? 16서울7급

① 위 사업인정에 취소사유인 위법이 있는 경우 사업인정의 하자는 후행처분인 수용재결에 승계되지 않는다.

② 갑이 수용재결에서 정해진 보상금에 불복하여 보상금의 증액을 청구하려면 수용재결에 대한 취소소송을 제기하여야 한다.

③ 갑이 수용재결에 대해 항고소송으로 다투려면 우선적으로 이의재결을 거쳐야만 한다.

④ 갑이 수용재결에 대해 이의재결을 거친 경우 항고소송의 대상은 이의재결이 된다.

해설

① (O) 판례는 사업인정과 수용재결 간의 하자승계 부정.

> **판례** **사업인정단계에서의 하자를 다투지 아니하여 이미 쟁송기간이 도과한 수용재결단계에 있어서는** 위 사업인정처분에 중대하고 명백한 하자가 있어 당연무효라고 볼만한 특단의 사정이 없다면 그 처분의 **불가쟁력에 의하여 사업인정처분의 위법, 부당함을 이유로 수용재결처분의 취소를 구할 수 없다**(91누4324). **[날먹행 137p]**

② (X) 수용재결에서 정해진 보상금에 불복하여 보상금의 증액을 청구하려면 수용재결에 대한 취소소송이 아니라 보상액만의 증액을 구하는 당사자소송(형식적 당사자소송)을 제기하여야 한다. **[날먹행 342p]**

③ (X) 이의재결절차를 거치지 않고도 수용재결에 대해 항고소송을 제기할 수 있다.

> - 이의신청은 **특별행정심판**이며, 임의적 절차임(임의적 **전치주의**)
> - **토지보상법 제83조(이의의 신청)** ① 중앙토지수용위원회의 제34조에 따른 재결에 이의가 있는 자는 중앙토지수용위원회에 이의를 신청할 수 있다.
>   ② 지방토지수용위원회의 제34조에 따른 재결에 이의가 있는 자는 해당 지방토지수용위원회를 거쳐 중앙토지수용위원회에 이의를 신청할 수 있다. **[날먹행 341p]**

④ (X) 원처분주의에 따라, 수용재결에 대해 이의재결을 거친 경우에도 항고소송의 대상은 원칙적으로 수용재결임. **[날먹행 341p]**

정답 ①

09 ☐☐☐☐☐

다음 사례에 대한 설명으로 옳은 것을 고르시오. (다툼이 있는 경우 판례에 의함) 22국가9급

> 건설회사 A는 택지개발사업을 위해 관련 법령에 따른 절차를 거쳐 甲 소유의 토지 등을 취득하고자 甲과 보상에 관한 협의를 하였으나 협의가 성립되지 않았다. 이에 관할 지방토지수용위원회에 재결을 신청하여 토지의 수용 및 보상금에 대한 수용재결을 받았다.

① 甲이 수용재결에 대하여 이의신청을 제기하면 사업의 진행 및 토지의 수용 또는 사용을 정지시키는 효력이 있다.

② 甲이 수용 자체를 다투는 경우 관할 지방토지수용위원회를 상대로 수용재결에 대하여 취소소송을 제기할 수 있다.

③ 甲은 보상금 증액을 위해 A를 상대로 손실보상을 구하는 민사소송을 제기할 수 있다.

④ 甲이 계속 거주하고 있는 건물과 토지의 인도를 거부할 경우 행정대집행의 대상이 될 수 있다.

해설

① (X)

토지보상법 제88조(처분효력의 부정지) 제83조에 따른 이의의 신청이나 제85조에 따른 행정소송의 제기는 사업의 진행 및 토지의 수용 또는 사용을 정지시키지 아니한다. → 집행부정지의 원칙 [날먹행 341p]

② (O)

- **소송의 대상 : 원처분주의** → (재결을 한 수용위원회의) 수용재결 O, 이의재결 X
  이의 재결에 고유한 하자가 있는 경우에는 이의재결 O [날먹행 341p]

③ (X)

토지보상법 제85조(행정소송의 제기) ② 제1항에 따라 제기하려는 행정소송이 **보상금의 증감에 관한 소송인 경우 그 소송**을 제기하는 자가 **토지소유자 또는 관계인일 때에는 사업시행자를, 사업시행자일 때에는 토지소유자 또는 관계인**을 각각 피고로 한다. → 형식적 당사자소송 [날먹행 342p]

④ (X)

판례 도시공원시설 점유자의 **퇴거 및 명도의무**는 그것을 강제적으로 실현함에 있어 직접적인 실력행사가 필요한 것이지 **대체적 작위의무에 해당하는 것은 아니어서 행정대집행법에 의한 대집행의 대상이 되는 것은 아니다**(97누157). [날먹행 253p]

정답 ②

10 ☐☐☐☐☐

X시의 공무원 甲은 乙이 건축한 건물이 건축허가에 위반하였다는 이유로 철거명령과 행정대집행법상의 절차를 거쳐 대집행을 완료하였다. 乙은 행정대집행의 처분들이 하자가 있다는 이유로 행정소송 및 손해배상소송을 제기하려고 한다. 다음 중 설명으로 가장 옳지 않은 것은?(단, 다툼이 있는 경우 판례에 의함) 22군무원9급

① 乙이 취소소송을 제기하는 경우, 행정대집행이 이미 완료된 것이므로 소의 이익이 없어 각하판결을 받을 것이다.

② 乙이 손해배상소송을 제기하는 경우, 민사법원은 그 행정처분이 위법인지 여부는 심사할 수 없다.

③ 「행정소송법」은 처분 등의 효력 유무 또는 존재 여부가 민사소송의 선결문제로 되는 경우 당해 민사소송의 수소법원이 이를 심리·판단할 수 있는 것으로 규정하고 있다.

④ X시의 손해배상책임이 인정된다면 X시는 고의 또는 중대한 과실이 있는 甲에게 구상할 수 있다.

해설

① (O), ② (X)

> **판례** 위법한 행정대집행이 완료되면 그 처분의 무효확인 또는 취소를 구할 소의 이익은 없다 하더라도, 미리 그 행정처분이 위법함을 이유로 국가배상을 청구하기 위한 전제로서 그 처분이 취소되어야만 하는 것은 아니다(72다337). → 행정행위의 위법을 이유로 국가배상청구를 한 경우, 민사법원은 행정처분의 위법 여부를 스스로 판단 가능함. [날먹행 126p]

③ (O)

> **행정소송법 제11조(선결문제)** ①처분등의 효력 유무 또는 존재 여부가 민사소송의 선결문제로 되어 당해 민사소송의 수소법원이 이를 심리 · 판단하는 경우에는 제17조, 제25조, 제26조 및 제33조의 규정을 준용한다. [날먹행 126p]

④ (O)

> **국가배상법 제2조(배상책임)** ② 제1항 본문의 경우에 공무원에게 고의 또는 중대한 과실이 있으면 국가나 지방자치단체는 그 공무원에게 구상(求償)할 수 있다. [날먹행 314p]

정답 ②

11 ☐☐☐☐☐

다음 사례에 대한 설명으로 옳은 것은? (다툼이 있으면 판례에 의함) 22국가7급

> 경기도 A군수는 개발촉진지구에서 시행되는 지역개발사업의 시행자로 B를 지정·고시하고 실시계획을 승인·고시하였다. B는 개발사업구역에 편입된 甲 소유 토지에 관하여 '공익사업을 위한 토지 등의 취득 및 보상에 관한 법률'에 따라 甲과 협의를 하였으나 협의가 이루어지지 아니하자 경기도 지방토지수용위원회에 위 토지에 대한 수용재결 신청을 하여 수용재결서 정본을 송달받았다.

① 甲은 수용재결에 불복할 때에는 그 재결서를 받은 날부터 60일 이내에, 이의신청을 거쳤을 때에는 이의신청에 대한 재결서를 받은 날부터 30일 이내에 각각 행정소송을 제기하여야 한다.

② 甲이 수용재결에 이의가 있을 경우 경기도 지방토지수용위원회를 거쳐 중앙토지수용위원회에 이의를 신청할 수 있다.

③ 甲이 수용재결에 대하여 중앙토지수용위원회의 이의재결을 거친 후 취소소송을 제기할 경우, 이의재결에 고유한 위법이 없는 경우에도 중앙토지수용위원회를 피고로 하여 수용재결의 취소를 구하여야 한다.

④ 甲이 보상금의 증액청구를 하고자 하는 경우에는 경기도 지방토지수용위원회를 피고로 하여 당사자소송을 제기하여야 한다.

해설

① (X)

- **토지보상법 제85조(행정소송의 제기)** ① 사업시행자, 토지소유자 또는 관계인은 제34조에 따른 재결에 불복할 때에는 **재결서를 받은 날부터 90일 이내에, 이의신청을 거쳤을 때에는 이의신청에 대한 재결서를 받은 날부터 60일 이내에 각각 행정소송을 제기할 수 있다.** 이 경우 사업시행자는 행정소송을 제기하기 전에 제84조에 따라 늘어난 보상금을 공탁하여야 하며, 보상금을 받을 자는 공탁된 보상금을 소송이 종결될 때까지 수령할 수 없다. [날먹행 341p]

② (O)

- **토지보상법 제83조(이의의 신청)** ② 지방토지수용위원회의 제34조에 따른 재결에 이의가 있는 자는 **해당 지방토지수용위원회를 거쳐 중앙토지수용위원회에** 이의를 신청할 수 있다. [날먹행 341p]

③ (X)

판례 수용재결에 불복하여 취소소송을 제기하는 때에는 이의신청을 거친 경우에도 수용재결을 한 중앙토지수용위원회 또는 지방토지수용위원회를 피고로 하여 수용재결의 취소를 구하여야 하고, 다만 **이의신청에 대한 재결 자체에 고유한 위법이 있음을 이유로 하는 경우에는 그 이의재결을 한 중앙토지수용위원회를 피고로 하여 이의재결의 취소를 구할 수 있다**고 보아야 한다(2008두1504). → **수용재결을 한 경기도 지방토지수용위원회를 피고로 해야 함**. [날먹행 341p]

④ (X)

- **토지보상법 제85조(행정소송의 제기)** ② 제1항에 따라 제기하려는 행정소송이 보상금의 증감(增減)에 관한 소송인 경우 그 소송을 제기하는 자가 **토지소유자 또는 관계인일 때에는 사업시행자**를, 사업시행자일 때에는 토지소유자 또는 관계인을 각각 피고로 한다.
  → **보상금증감소송의 피고는 사업시행자 B임** [날먹행 342p]

정답 ②

01 ☐☐☐☐☐

다음 사례에 대한 설명으로 옳은 것은? (다툼이 있는 경우 판례에 의함) 17국가9급(추가)

> 국토교통부장관은 몰디브 직항 항공노선 1개의 면허를 국내 항공사에 발급하기로 결정하고, 이 사실을 공고하였다. 이에 따라 A항공사와 B항공사는 각각 노선면허취득을 위한 신청을 하였는데, 국토교통부장관은 심사를 거쳐 A항공사에게 노선면허를 발급(이하 '이 사건 노선면허발급처분'이라 한다)하였다.

① B항공사는 이 사건 노선면허발급처분에 대해 취소소송을 제기할 원고적격이 인정되지 않는다.

② B항공사가 자신에 대한 노선면허발급거부처분에 대해 취소소송을 제기하여 인용판결을 받더라도 이 사건 노선면허발급처분이 취소되지 않는 이상 자신이 노선면허를 발급받을 수는 없으므로 B항공사에게는 자신에 대한 노선면허발급거부처분의 취소를 구할 소의 이익이 인정되지 않는다.

③ 만약 B항공사가 이 사건 노선면허발급처분에 대한 행정심판을 청구하여 인용재결을 받는다면, A항공사는 그 인용재결의 취소를 구하는 소송을 제기할 수 있다.

④ 만약 위 사례와 달리 C항공사가 몰디브 직항 항공노선에 관하여 이미 노선면허를 가지고 있었는데, A항공사가 국토교통부장관에게 몰디브 직항 항공노선면허를 신청하였고 이에 대해 국토교통부장관이 A항공사에게도 신규로 노선면허를 발급한 것이라면, C항공사는 A항공사에 대한 노선면허발급처분에 대해 취소소송을 제기할 원고적격이 없다.

해설

① (X), ② (X)

> **판례** 인가·허가 등 수익적 행정처분을 신청한 여러 사람이 서로 경원관계에 있어서 **한 사람에 대한 허가 등 처분이 다른 사람에 대한 불허가 등으로 귀결될 수밖에 없을 때 허가 등 처분을 받지 못한 사람은 신청에 대한 거부처분의 직접 상대방으로서** 원칙적으로 자신에 대한 거부처분의 취소를 구할 원고적격과 소의 이익이 있다(2013두27517). [날먹행 372p]

③ (O)

> • **제3자효 행정행위에 대한 인용재결**
> **원칙적으로** 인용재결**에 대해서는 취소를 구할** 소의 이익이 없으나, **제3자효 행정행위에 대한 심판의 인용재결로 인하여 비로소 권리이익을 침해받게** 되는 자는 그 **인용재결을 대상으로 항고소송을 제기**할 수 있다(99두10292). [날먹행 365p]

④ (X)

> • **경업자소송과 원고적격**
> → 기존업자가 특허기업인 경우에는 그 특허로 인하여 받는 영업상 이익은 법률상 이익으로 보아, 원고적격 인정
> **판례** **항공법 제112조에 의한 노선면허는 특정 항공사로 하여금 당해 노선에 취항하여 항공운송사업을 영위할 수 있도록 하는 내용의 권리를 설정하는 행위로서 강학상 '특허'에 해당**한다. **운수권 배분 또는 노선면허 등을 받은 정기항공운송사업자**는 당해 노선에 관하여 경업관계에 있는 다른 항공사에 대한 운수권 배분 또는 노선면허 등에 대하여 그 처분의 상대방이 아닐지라도 **당해 행정처분의 취소를 구할 법률상의 이익이 있다**고 할 것이다(2004구합3562). [날먹행 371p]

정답 ③

02 □□□□□

甲 회사는 '토석채취허가지 진입도로와 관련 우회도로 개설 등은 인근 주민들과의 충분한 협의를 통해 민원발생에 따른 분쟁이 생기지 않도록 조치 후 사업을 추진할 것'이란 조건으로 토석채취허가를 받았다. 그러나 甲은 위 조건이 법령에 근거가 없다는 이유로 이행하지 아니하였고, 인근 주민이 민원을 제기하자 관할 행정청은 甲에게 공사중지명령을 하였다. 甲은 공사중지명령의 해제를 신청하였으나 거부되자 거부처분 취소소송을 제기하였다. 이에 대한 설명으로 옳지 않은 것은? (다툼이 있는 경우 판례에 의함)

21국가9급

① 일반적으로 기속행위의 경우 법령의 근거 없이 위와 같은 조건을 부가하는 것은 위법하다.

② 공사중지명령의 원인사유가 해소되었다면 甲은 공사중지명령의 해제를 신청할 수 있고, 이에 대한 거부는 처분성이 인정된다.

③ 甲에게는 공사중지명령 해제신청 거부처분에 대한 집행정지를 구할 이익이 인정되지 아니한다.

④ 甲이 앞서 공사중지명령 취소소송에서 패소하여 그 판결이 확정되었더라도, 甲은 그 후 공사중지명령의 해제를 신청한 후 해제신청 거부처분 취소소송에서 다시 그 공사중지명령의 적법성을 다툴 수 있다.

해설

① (O)

- **기속행위 :** 법령에 근거가 있으면 부관 부가 가능 → **법령에 근거가 없는데 부관을 붙인 경우** 무효
- **재량행위 :** 법령에 근거가 없어도 부관 부가 가능

[날먹행 120p]

② (O)

- **거부가 처분이 되기 위한 요건 :** ① 신청한 행위가 공권력 행사 또는 이에 준하는 행정작용**일 것,** ② **거부행위가 신청인의 법률관계에 변동을 일으킬 것,** ③ 신청인에게 법규상 또는 조리상의 신청권**이 있을 것**

판례 당해 **공사중지명령에 있어서는 그 명령의 내용 자체로 또는 그 성질상으로 명령 이후에 그 원인사유가 해소되는 경우에는 잠정적으로 내린 당해 공사중지명령의 해제를 요구할 수 있는 권리를 위 명령의 상대방에게 인정하고 있다고 할 것이므로, 위 회사에게는 조리상으로 그 해제를 요구할 수 있는 권리가 인정**된다(96누17745).

[날먹행 356p]

③ (O)

- **거부처분의 효력을 정지하더라도 거부처분이 없었던 것과 같은 상태 , 즉 거부처분이 있기 전의 신청시의 상태로 되돌아가는데 불과하므로,** 거부처분에 대한 집행정지 허용 X. 단, **공권력 행사이면서 사인의 법률상 이익에 직접 영향을 미치는 경우에만 예외적으로 집행정지 가능**

[날먹행 397p]

④ (X)

판례 **행정청이 관련 법령에 근거하여 행한 공사중지명령의 상대방이 명령의 취소를 구한 소송에서 패소함으로써 그 명령이 적법한 것으로 이미 확정**되었다면, 이후 **이러한 공사중지명령의 상대방은 그 명령의 해제신청을 거부한 처분의 취소를 구하는 소송에서 그 명령의 적법성을 다툴 수 없다.**(2014두37665). → **기판력:** 일단 재판이 확정되면 이후 동일 사항에 대하여 당사자는 그에 반하는 주장을 하면서 다투는 것이 허용되지 않으며(**반복금지**), 법원도 그와 모순·저촉되는 판결을 해서는 안됨(**모순금지**)

[날먹행 410p]

정답 ④

03 □□□□□

다음 사례에 관한 설명으로 옳은 것은? (다툼이 있는 경우 판례에 의함) 21국가9급

> • 甲은 자신의 토지에 대한 개별공시지가결정을 통지받은 후 90일이 넘어 과세처분을 받았는데, 과세처분이 위법한 개별공시지가결정에 기초하였다는 이유로 과세처분의 취소를 구하고자 한다.
> • 甲은 토지대장에 전(田)으로 기재되어 있는 지목을 대(垈)로 변경하고자 지목변경신청을 하였다.
> • 乙은 甲의 토지가 사실은 자신 소유라고 주장하면서 토지대장상의 소유자명의변경을 신청하였으나 거부되었다.

① 甲은 과세처분이 있기 전에는 개별공시지가결정에 대해서 취소소송을 제기할 수 없다.
② 甲은 과세처분의 위법성이 인정되지 않더라도 과세처분 취소소송에서 개별공시지가결정의 위법을 독립된 위법사유로 주장할 수 있다.
③ 토지대장에 등재된 사항을 변경하는 행위는 행정사무집행의 편의와 사실증명의 자료로 삼기 위한 것이므로, 甲은 지목변경신청이 거부되더라도 이에 대하여 취소소송으로 다툴 수 없다.
④ 乙에 대한 토지대장상의 소유자명의변경신청 거부는 처분성이 인정된다.

해설

① (X), ② (O)

판례 위법한 개별공시지가결정에 대하여 그 정해진 시정절차를 통하여 시정하도록 요구하지 아니하였다는 이유로 **위법한 개별공시지가를 기초로 한 과세처분 등 후행 행정처분에서 개별공시지가결정의 위법을 주장할 수 없도록 하는 것은 수인한도를 넘는 불이익을 강요**하는 것으로서 국민의 재산권과 재판받을 권리를 보장한 헌법의 이념에도 부합하는 것이 아니라고 할 것이므로, 개별공시지가결정에 위법이 있는 경우에는 그 자체를 행정소송의 대상이 되는 행정처분으로 보아 그 위법 여부를 다툴 수 있음은 **물론** 이를 기초로 한 과세처분 등 행정처분의 취소를 구하는 행정소송에서도 선행처분인 개별공시지가결정의 위법을 독립된 위법사유로 주장할 수 있다고 해석함이 타당하다(93누8542). [날먹행 137p]

③ (X)

판례 지목은 토지에 대한 공법상의 규제, 개발부담금의 부과대상, 지방세의 과세대상, 공시지가의 산정, 손실보상가액의 산정 등 토지행정의 기초로서 공법상의 법률관계에 영향을 미치고, 토지소유자는 지목을 토대로 토지의 사용·수익·처분에 일정한 제한을 받게 되는 점 등을 고려하면, **지목은 토지소유권을 제대로 행사하기 위한 전제요건으로서 토지소유자의 실체적 권리관계에 밀접하게 관련**되어 있으므로 지적공부 소관청의 지목변경신청 반려행위는 국민의 권리관계에 영향을 미치는 것으로서 항고소송의 대상이 되는 행정처분에 해당한다(2003두9015).. [날먹행 252, 253p]

④ (X)

판례 **토지대장에 기재된 일정한 사항을 변경하는 행위**는, 그것이 지목의 변경이나 정정 등과 같이 토지소유권 행사의 전제요건으로서 토지소유자의 실체적 권리관계에 영향을 미치는 사항에 관한 것이 아닌 한 **행정사무집행의 편의와 사실증명의 자료로 삼기 위한 것**일 뿐이어서, 그 소유자 명의가 변경된다고 하여도 이로 인하여 당해 토지에 대한 실체상의 권리관계에 변동을 가져올 수 없고 토지 소유권이 지적공부의 기재만에 의하여 증명되는 것도 아니다. 따라서 소관청이 토지대장상의 소유자명의변경신청을 거부한 행위는 이를 항고소송의 대상이 되는 행정처분이라고 할 수 없다(2010두12354). [날먹행 356,360p]

정답 ②

04

甲은 값싼 외국산 수입재료를 국내산 유기농 재료로 속여 상품을 제조 · 판매하였음을 이유로 식품위생법령에 따라 관할 행정청으로부터 영업정지 3개월 처분을 받았다. 한편, 위 영업정지의 처분기준에는 1차 위반의 경우 영업정지 3개월, 2차 위반의 경우 영업정지 6개월, 3차 위반의 경우 영업허가취소처분을 하도록 규정되어 있다. 甲은 영업정지 3개월 처분의 취소를 구하는 소송을 제기하였다. 이에 대한 설명으로 옳지 않은 것은? (다툼이 있는 경우 판례에 의함)

17국가9급(추가)

① 위와 같은 처분기준이 없는 경우라면, 영업정지 처분에 정하여진 기간이 경과되어 효력이 소멸한 경우에는 그 영업정지 처분의 취소를 구할 법률상 이익은 부정된다.

② 위 처분기준이 「식품위생법」이나 동법 시행령에 규정되어 있는 경우에는 대외적 구속력이 인정되나, 동법 시행규칙에 규정되어 있는 경우에는 대외적 구속력은 부정된다.

③ 甲에 대하여 법령상 임의적 감경사유가 있음에도, 관할 행정청이 이를 전혀 고려하지 않았거나 감경사유에 해당하지 않는다고 오인하여 영업정지 3개월 처분을 한 경우에는 재량권을 일탈 · 남용한 위법한 처분이 된다.

④ 甲에 대한 영업정지 3개월의 기간이 경과되어 효력이 소멸한 경우에 위 처분기준이 「식품위생법」이나 동법 시행령에 규정되어 있다면 甲은 영업정지 3개월 처분의 취소를 구할 소의 이익이 있지만, 동법 시행규칙에 규정되어 있다면 소의 이익이 인정되지 않는다.

해설

① (O) 처분기준(가중적 제재처분)이 없는 경우라면, 영업정지 3개월 처분의 효과는 기간의 경과로 소멸되어 처분의 취소로 인하여 회복되는 법률상 이익이 없게 된다.

② (O)

> • **법규명령 형식의 행정규칙 (대법원 입장)**
> 대통령령 형식 → 법규명령 (법규성 인정) / 부령 형식 → 행정규칙 (법규성 부정) [날먹행 87p]

③ (O)

> **판례** 감경사유가 있음에도 이를 전혀 고려하지 않았거나 감경사유에 해당하지 않는다고 오인한 나머지 과징금을 감경하지 않았다면 그 과징금 부과처분은 재량권을 일탈·남용한 위법한 처분이라고 할 수밖에 없다(2010두7031). [날먹행 96p]

④ (X)

> **판례** **규칙이 정한 바에 따라 선행처분을 가중사유 또는 전제요건으로 하는 후행처분을 받을 우려가 현실적으로 존재하는 경우**에는, **선행처분을 받은 상대방**은 비록 그 처분에서 정한 제재기간이 경과하였다 하더라도 그 처분의 취소소송을 통하여 그러한 불이익을 제거할 권리보호의 필요성이 충분히 인정**된다고 할 것**이므로, 선행처분의 **취소를 구할 법률상 이익이 있다**고 보아야 한다(2003두1684). [날먹행 378p]
> → 가중적 제재처분 규정이 시행규칙에 규정되어 있는 경우에도 소의 이익 인정 O

정답 ④

05 □□□□□

상급행정청 X로부터 권한을 내부 위임받은 하급행정청 Y는 2017. 1. 10. Y의 명의로 甲에 대하여 2,000만원의 부담금 부과처분을 하였다가, 같은 해 2. 3. 부과금액의 과다를 이유로 위 부담금을 1,000만원으로 감액하는 처분을 하였다. 甲이 이에 대해 취소소송을 제기하는 경우, ㉠ 소의 대상과 ㉡ 피고적격을 바르게 연결한 것은? (다툼이 있는 경우 판례에 의함) 17지방9급

㉠	㉡
① 1,000만원으로 감액된 1. 10.자 부담금부과처분	X
② 1,000만원으로 감액된 1. 10.자 부담금부과처분	Y
③ 2. 3.자 1,000만원의 부담금부과처분	X
④ 2. 3.자 1,000만원의 부담금부과처분	Y

해설

㉠ **1,000만원으로 감액된 1.10자 부과처분**이 소의 대상이 됨

- 감액경정처분: **판례는 감액경정처분은 당초처분의 일부취소에 불과**하므로, **소송의 대상은** 경정처분으로 인해 감액되고 남은 당초처분**이 되며**, 제소기간 준수여부, 적법한 전심절차를 거쳤는지 여부도 당초 처분을 기준으로 판단함. [날먹행 362p]

㉡ Y: 내부위임이더라도 수임청이 자신의 이름으로 처분을 한 경우, 처분의 명의자인 수임청이 피고가 된다.

판례 행정처분을 행할 적법한 권한 있는 상급행정청으로부터 **내부위임을 받은데 불과한 하급행정청이 권한 없이 행정처분을 한 경우**에도 실제로 그 처분을 행한 하급행정청을 피고로 하여야 할 것이지 그 처분을 행할 적법한 권한 있는 상급행정청을 피고로 할 것이 아니다(90누5641). [날먹행 383p]

정답 ②

06 □□□□□

A시 시장 甲은 '국토의 계획 및 이용에 관한 법률'(이하 '국토계획법'이라 함)에 의거하여 A시 중심부 B지역에 대해 도시관리계획으로서 기반시설(광장)의 설치에 관한 계획의 입안을 구상하고 있다. B지역에 토지 등을 소유한 주민 乙 등은 국토계획법 제 26조에 근거하여 광장이 아닌 다른 기반시설(녹지)의 설치에 관한 계획을 이 계획의 입안·결정권자인 甲에게 제안하였다. 甲은 乙 등의 계획입안 제안을 반려하고 자신이 입안한 계획을 국토계획법에 따라 결정·고시하였다. 그 후 甲은 이 기반시설의 설치계획을 시행하기 위해 丙을 사업시행자로 지정하고 丙의 실시계획을 인가하였다. 이에 관한 설명으로 옳지 않은 것은? (다툼이 있으면 판례에 의함) 23변시

① 乙 등이 기반시설(녹지)의 설치에 관한 계획에 대해 입안제안권을 행사하였음에도 불구하고 甲이 반려한 것은 취소소송의 대상인 거부처분이 될 수 있다.

② 乙 등이 입안제안에서 밝힌 녹지가 도시계획시설로 결정될 수 없는 시설에 해당한다 하더라도 이는 본안판단에서 고려할 사항이므로 입안제안반려에 대한 취소를 구할 소의 이익이 없다고 볼 수는 없다.

③ 甲이 위 기반시설설치계획의 입안·결정에서 이익형량을 전혀 하지 않거나 이익형량을 하였으나 정당성과 객관성이 결여된 경우에 계획결정은 형량에 하자가 있어 위법하게 되나, 이러한 법리는 甲이 乙 등의 계획입안제안을 받아들여 도시관리계획결정을 할 것인지 여부를 결정할 때에는 동일하게 적용되지 않는다.

④ 사업시행자 丙에게는 기반시설설치사업을 실시할 수 있는 권한과 사업에 필요한 토지 등을 수용할 수 있는 권한이 인정된다.

⑤ 위 도시관리계획(기반시설설치계획)의 결정에 형량의 하자 등이 있어 위법하다고 하여도 그 하자가 당연무효 사유가 아니라면 이미 불가쟁력이 발생한 도시관리계획결정의 하자는 후행처분인 실시계획인가처분에 승계되지 않는다.

해설

① (O)

판례 구 도시계획법은 도시계획의 수립 및 집행에 관하여 필요한 사항을 규정함으로써 공공의 안녕질서를 보장하고 공공복리를 증진하며 주민의 삶의 질을 향상하게 함을 목적으로 하면서도 도시계획시설결정으로 인한 개인의 재산권행사의 제한을 줄이기 위하여, 도시계획시설부지의 매수청구권, 도시계획시설결정의 실효에 관한 규정과 아울러 도시계획 입안권자인 특별시장·광역시장·시장 또는 군수로 하여금 5년마다 관할 도시계획구역 안의 도시계획에 대하여 그 타당성 여부를 전반적으로 재검토하여 정비하여야 할 의무를 지우고, 도시계획입안제안과 관련하여서는 주민이 입안권자에게 '1. 도시계획시설의 설치·정비 또는 개량에 관한 사항 2. 지구단위계획구역의 지정 및 변경과 지구단위계획의 수립 및 변경에 관한 사항'에 관하여 '도시계획도서와 계획설명서를 첨부'하여 도시계획의 입안을 제안할 수 있고, 위 입안제안을 받은 입안권자는 그 처리결과를 제안자에게 통보하도록 규정하고 있는 점 등과 헌법상 개인의 재산권 보장의 취지에 비추어 보면, **도시계획구역 내 토지 등을 소유하고 있는 주민으로서는 입안권자에게 도시계획입안을 요구할 수 있는 법규상 또는 조리상의 신청권이 있다고 할 것이고, 이러한 신청에 대한 거부행위는 항고소송의 대상이 되는 행정처분에 해당**한다(2003두1806). [날먹행 152p]

② (O)

판례 납골시설이 도시계획시설로 결정될 수 없는 시설에 해당한다 하더라도, 이는 **본안에 관한 판단에서 고려되어야 할 사항일 뿐**, 그로 인하여 피고의 이 사건 처분을 항고소송의 대상이 되는 행정처분으로 볼 수 없다거나 **이 사건 소의 이익이 없다고 볼 수는 없다**(2010두5745).

③ (X)

판례 행정계획은 특정한 행정목표를 달성하기 위하여 행정에 관한 전문적·기술적 판단을 기초로 관련되는 행정수단을 종합·조정함으로써 장래의 일정한 시점에 일정한 질서를 실현하기 위하여 설정한 활동기준이나 그 설정행위를 말한다. 행정주체는 구체적인 행정계획을 입안·결정할 때 비교적 광범위한 형성의 자유를 가진다. 다만 행정주체의 위와 같은 형성의 자유가 무제한적이라고 할 수는 없고, 행정계획에서는 그에 관련되는 자들의 이익을 공익과 사익 사이에서는 물론이고 공익 사이에서나 사익 사이에서도 정당하게 비교·교량하여야 한다는 제한이 있으므로, 행정주체가 행정계획을 입안·결정할 때 이익형량을 전혀 행하지 아니하거나 이익형량의 고려 대상에 마땅히 포함시켜야 할 사항을 누락한 경우 또는 이익형량을 하였으나 정당성과 객관성이 결여된 경우에는 그 행정계획 결정은 이익형량에 하자가 있어 위법하게 될 수 있다. 이러한 법리는 행정주체가 주민 등의 도시관리계획 입안제안을 받아들여 도시관리계획결정을 할 것인지를 결정하는 경우뿐만 아니라, 입안제안에 따라 결정된 기존의 도시관리계획결정을 변경·폐지할 것인지 여부를 결정할 때에도 마찬가지로 적용된다(2015두50382).

[날먹행 150p]

④, ⑤ (O)

판례 국토의 계획 및 이용에 관한 법률(이하 '국토계획법'이라 한다) 제43조 제1항에 따르면, 일정한 기반시설에 관해서는 그 종류·명칭·위치·규모 등을 미리 도시·군관리계획으로 결정해야 한다. 국토계획법 제2조 제7호, 제10호는 이와 같이 도시·군관리계획결정으로 결정된 기반시설을 '도시·군계획시설'로, 도시·군계획시설을 설치·정비 또는 개량하는 사업을 '도시·군계획시설사업'으로 지칭하고 있다. 도시·군계획시설은 도시·군관리계획결정에 따라 설치되는데, 도시·군계획시설결정은 국토계획법령에 따라 도시·군관리계획결정에 일반적으로 요구되는 기초조사, 주민과 지방의회의 의견 청취, 관계 행정기관장과의 협의나 도시계획위원회 심의 등의 절차를 밟아야 한다. 이러한 절차를 거쳐 도시·군계획시설결정이 이루어지면 도시·군계획시설의 종류에 따른 사업대상지의 위치와 면적이 확정되고, 그 사업대상지에서는 원칙적으로 도시·군계획시설이 아닌 건축물 등의 허가가 금지된다(제64조). 반면 실시계획인가는 도시·군계획시설결정에 따른 특정 사업을 구체화하여 이를 실현하는 것으로서, 시·도지사는 도시·군계획시설사업의 시행자가 작성한 실시계획이 도시·군계획시설의 결정·구조 및 설치의 기준 등에 적합하다고 인정하는 경우에는 이를 인가하여야 한다(제88조 제3항, 제43조 제2항). 이러한 **실시계획인가를 통해 사업시행자에게 도시·군계획시설사업을 실시할 수 있는 권한과 사업에 필요한 토지 등을 수용할 수 있는 권한이 부여**된다. 결국 **도시·군계획시설결정과 실시계획인가는 도시·군계획시설사업을 위하여 이루어지는 단계적 행정절차에서 별도의 요건과 절차에 따라 별개의 법률효과를 발생시키는 독립적인 행정처분**이다. 그러므로 **선행처분인 도시·군계획시설결정에 하자가 있더라도 그것이 당연무효가 아닌 한 원칙적으로 후행처분인 실시계획인가에 승계되지 않는다**(2016두49938).

[날먹행 137p]

정답 ③

07 ☐☐☐☐☐

다음 사례에 대한 설명으로 옳은 것은?

23국가9급

> A구 의회 의원인 甲은 공무원을 폭행하는 등 의원으로서 품위를 손상시키는 행위를 하였다. 이러한 사유를 들어 A구 의회는 甲을 의원직에서 제명하는 의결을 하였다. 이에 甲은 위 제명의결을 행정소송의 방법으로 다투고자 한다.

① 甲이 제명의결을 행정소송으로 다투는 경우 소송의 유형은 무효확인소송으로 하여야 하며 취소소송으로는 할 수 없다.

② A구 의회는 입법기관으로서 행정청의 지위를 가지지 못하므로 甲에 대한 제명의결을 다투는 행정소송에서는 A구 의회 사무총장이 피고가 되어야 한다.

③ 「행정소송법」 제12조의 '법률상 이익' 개념에 관하여 법률상 이익구제설에 따르는 판례에 의하면 甲은 제명의결을 다툴 원고적격을 갖지 못한다.

④ 법원이 甲이 제기한 행정소송을 받아들여 소송의 계속 중에 甲의 임기가 만료되었더라도 수소법원은 소의 이익을 인정할 수 있다.

해설

① (X), ④ (O)

판례 **지방의회 의원에 대한 제명의결 취소소송 계속중 의원의 임기가 만료된 사안**에서, 제명의결의 취소로 의원의 지위를 회복할 수는 없다 하더라도 제명의결시부터 임기만료일까지의 기간에 대한 월정수당의 지급을 구할 수 있는 등 여전히 그 제명의결의 취소를 구할 법률상 이익이 있다(2007두13487). → 즉, 판례는 지방의회의원의 징계의결에 대해 처분성을 인정하고 취소소송을 적법하다고 봄. [날먹행 379p]

② (X)

- **지방의회와 피고적격**

  원칙: 지방의회는 행정청이 아니므로 피고가 될 수 없음

  예외: 지방의회 의장에 대한 불신임의결, 지방의회의원의 징계 등의 경우 지방의회가 피고가 됨. [날먹행 383p]

③ (X)

- **원고적격의 '법률상 이익의 의미'**

  판례,통설: 법률상 이익구제설- 위법한 처분으로 인해 권리 뿐만 아니라 법률상 보호이익을 침해 받은 자도 원고적격을 가진다는 견해로, **판례**는 '법률상 이익'은 당해 처분의 근거 법률에 의해 보호되는 개별적·직접적·구체적인 이익이 있는 경우에 한한다고 하고, 다만 **간접적이거나 사실적, 경제적 이해관계를 가지는 데 불과한 경우는 법률상 이익에 포함되지 않는다**고 함(2003두2175).

  → 사안의 경우, 제명의결은 甲의 권리에 직접 효과를 미치는 불이익한 처분이므로, 그 처분의 상대방인 甲은 원고적격이 인정됨. [날먹행 367p]

정답 ④

08 ☐☐☐☐☐

다음 사례에 대한 설명을 옳지 않은 것은? (다툼이 있는 경우 판례에 의함) 22국가7급

> 甲은 구 '주택건설촉진법'상 아파트를 건설하기 위해 관할 행정청인 A시장으로부터 주택건설사업계획승인을 받았는데, 그 후 乙에게 위 주택건설사업에 관한 일체의 권리를 양도하였다. 乙은 A시장에 대하여 사업주체가 변경되었음을 이유로 사업계획변경승인신청서를 제출하였는데, A시장은 사업계획승인을 받은 날로부터 4년여 간 공사에 착수하지 않았다는 이유로 주택건설사업계획승인을 취소한다고 甲과 乙에게 통지하고, 乙의 사업계획변경승인신청을 반려하였다.

① A시장의 주택건설사업계획승인의 취소는 취소하여야 할 공익상의 필요와 그 취소로 인하여 당사자가 입게 될 기득권의 침해·신뢰보호 등을 비교·교량하였을 때 공익상의 필요가 당사자가 입을 불이익을 정당화할 만큼 강하지 않다면 적법성을 인정받을 수 있다.

② 사실상 내지 사법상으로 주택건설사업 등이 양도·양수되었을지라도 아직 변경승인을 받기 이전에는 그 사업계획의 피승인자는 여전히 종전의 사업주체인 甲이다.

③ 주택건설사업계획승인취소처분이 甲과 乙에게 같이 통지되었다 하더라도 아직 乙이 사업계획변경승인을 받지 못한 이상 乙로서는 자신에 대한 것이든 甲에 대한 것이든 사업계획승인취소를 다툴 원고적격이 인정되지 않는다.

④ A시장이 乙에 대하여 한 주택건설사업계획승인취소의 통지는 항고소송의 대상이 되는 행정처분이 아니다.

해설

① (O)

> **판례** 행정처분을 한 처분청은 그 처분에 하자가 있는 경우에는 별도의 법적근거가 없더라도 스스로 이를 취소할 수 있고, 다만 **수익적 행정처분을 취소할 때에는 이를 취소하여야 할 공익상의 필요와 그 취소로 인하여 당사자가 입게 될 기득권과 신뢰보호 및 법률생활 안정의 침해 등 불이익을 비교, 교량한 후 공익상의 필요가 당사자가 입을 불이익을 정당화할 만큼 강한 경우에 한하여 취소할 수 있다**(85누664). [날먹행 142p]

② (O), ④ (O)

> **판례** 주택건설촉진법 제33조 제1항, 구 같은법시행규칙(1996. 2. 13. 건설교통부령 제54호로 개정되기 전의 것) 제20조의 각 규정에 의한 주택건설사업계획에 있어서 사업주체변경의 승인은 그로 인하여 사업주체의 변경이라는 공법상의 효과가 발생하는 것이므로, 사실상 내지 사법상으로 주택건설사업 등이 양도·양수되었을지라도 **아직 변경승인을 받기 이전에는 그 사업계획의 피승인자는 여전히 종전의 사업주체인 양도인이고 양수인이 아니라 할 것**이어서, 사업계획승인취소처분 등의 사유가 있는지의 여부와 취소사유가 있다고 하여 행하는 취소처분은 피승인자인 양도인을 기준으로 판단하여 그 양도인에 대하여 행하여져야 할 것이므로 **행정청이 주택건설사업의 양수인에 대하여 양도인에 대한 사업계획승인을 취소하였다는 사실을 통지한 것만으로는 양수인의 법률상 지위에 어떠한 변동을 일으키는 것은 아니므로 위 통지는 항고소송의 대상이 되는 행정처분이라고 할 수는 없다**(99두646). [날먹행 359p]

③ (X)

> **판례** 주택건설촉진법 제33조 제1항, 구 같은법시행규칙(1996. 2. 13. 건설교통부령 제54호로 개정되기 전의 것) 제20조의 각 규정에 의하면 주택건설 사업주체의 변경승인신청은 양수인이 단독으로 할 수 있고 위 변경승인은 실질적으로 양수인에 대하여 종전에 승인된 사업계획과 동일한 사업계획을 새로이 승인해 주는 행위라 할 것이므로, **사업주체의 변경승인신청이 된 이후에** 행정청이 양도인에 대하여 그 사업계획변경승인의 전제로 되는 사업계획승인을 취소하는 처분을 하였다면 양수인은 그 처분 이전에 양도인으로부터 토지와 사업승인권을 사실상 **양수받아 사업주체의 변경승인신청을 한 자로서 그 취소를 구할 법률상의 이익을 가진다**(99두646). [날먹행 369p]

정답 ③

09 □□□□□

관할 행정청은 2023. 4. 20. 甲에게 단란주점 영업허가 취소처분을 하였고, 甲은 2023. 4. 27. 에 이 처분이 있음을 알았다. 甲이 이 처분에 대해 제소기간을 준수하여 취소소송을 제기할 수 있는 마지막 날은? (마지막 날은 토요일 또는 공휴일이 아님)

23경간

① 2023. 7. 20. ② 2023. 7. 26. ③ 2023. 7. 27. ④ 2023. 7. 28.

해설

처분이 있음을 안날부터 90일이내 또는 있는 날로부터 1년 이내에 취소소송을 제기할 수 있음.
사안의 경우 처분이 있음을 안 날이 2023. 4. 27. 이므로 이 날로부터토 90일이내에 제기해야 함. 따라서 2023. 4. 28. 기산하여 90일이 되는 날은 2023. 7. 26. 임.

[날먹행 383p]

정답 ②

10 □□□□□

판례에 따를 경우 甲이 제기하는 소송이 적법하게 되기 위한 설명으로 옳은 것은?

18국가9급

A시장은 2016. 12. 23. 식품위생법 위반을 이유로 甲에 대하여 3월의 영업정지처분을 하였고, 甲은 2016. 12. 26. 처분서를 송달받았다. 甲은 이에 대해 행정심판을 청구하였고, 행정심판 위원회는 2017. 3. 6. "A시장은 甲에 대하여 한 3월의 영업정지 처분을 2월의 영업정지에 갈음하는 과징금부과처분으로 변경하라."라는 일부인용의 재결을 하였으며, 그 재결서 정본은 2017. 3. 10. 甲에게 송달되었다. A시장은 재결취지에 따라 2017. 3. 13. 甲에 대하여 과징금부과처분을 하였다. 甲은 여전히 자신이 식품위생법 위반을 이유로 한 제재를 받을 이유가 없다고 생각하여 취소소송을 제기하려고 한다.

① 행정심판위원회를 피고로 하여 2016. 12. 23.자 영업정지처분을 대상으로 취소소송을 제기하여야 한다.
② 행정심판위원회를 피고로 하여 2017. 3. 13.자 과징금부과처분을 대상으로 취소소송을 제기하여야 한다.
③ 과징금부과처분으로 변경된 2016. 12. 23.자 원처분을 대상으로 2017. 3. 10.부터 90일 이내에 제기하여야 한다.
④ 2017. 3. 13. 자 과징금부과처분을 대상으로 2017. 3. 6.부터 90일 이내에 제기하여야 한다.

해설

① (X), ② (X), ③ (O), ④ (X)

- **소의 대상: 과징금부과처분으로 변경된 2016. 12. 23자 원처분이 소의 대상이 됨.**

판례 변경처분에 의하여 유리하게 변경된 내용의 행정제재가 위법하다 하여 그 취소를 구하는 경우 **그 취소소송의 대상은** 변경된 내용의 당초 처분이지 **변경처분은 아니고, 제소기간의 준수 여부**도 변경처분이 아닌 변경된 내용의 당초 처분을 기준으로 판단하여야 한다(2004두9302).

[날먹행 365p]

- **제소기간: 행정심판을 거친 경우**, 재결서를 송달받은 날로부터 90일 이내에 제기해야 하므로, 재결서 정본을 송달받은 **2017. 3. 10부터 90일 이내에 제기**하면 된다.

[날먹행 386p]

정답 ③

11 ☐☐☐☐☐

「담배사업법」은 일반소매인 사이에서는 그 영업소 간에 100m 이상의 거리를 유지하도록 하는 '일반소매인의 영업소 간에 거리제한' 규정을 두어 일반소매인 간의 과당경쟁으로 인한 불합리한 경영을 방지하고 있다. 한편 동법은 일반소매인과 구내소매인의 영업소 간에는 거리제한 규정을 두지 않고, 동일 시설물 내 2개소 이상의 장소에 구내소매인을 지정할 수 있도록 규정하고 있다. 甲은 A시 시장으로부터 「담배사업법」 상 담배 일반소매인으로서 지정을 받아 영업을 하고 있다. 이에 대한 설명으로 옳은 것만을 <보기>에서 모두 고른 것은? (주어진 조건 이외의 다른 조건은 고려하지 않으며, 다툼이 있는 경우 판례에 의함) 20국회8급

<보기>

ㄱ. 甲의 영업소에서 70m 떨어진 장소에 乙이 담배 일반소매인으로 지정을 받은 경우, 갑은 을의 일반소매인 지정의 취소를 구할 원고적격이 있다.

ㄴ. 甲의 영업소에서 30m 떨어진 장소에 丙이 담배 구내소매인으로 지정을 받은 경우 甲이 원고로서 제기한 丙의 구내소매인 지정에 대한 취소를 구하는 소는 적법하고, 甲은 수소법원에 丙의 구내소매인 지정에 대한 집행정지신청을 할 수 있다.

ㄷ. 丁이 담배 일반소매인으로 지정을 받은 장소가 甲의 영업소에서 120m 떨어진 곳이자 丙이 담배 구내소매인으로 지정을 받은 곳에서 50m 떨어져 있다면, 甲과 丙이 공동소송으로 제기한 丁의 일반소매인 지정에 대한 취소소송에서 甲과 丙은 각각 원고적격이 있다.

① ㄱ　② ㄴ　③ ㄷ　④ ㄱ,ㄴ　⑤ ㄱ,ㄷ

해설

ㄱ. (O)

판례 **담배 일반소매인의 지정기준으로서 일반소매인의 영업소 간에 일정한 거리제한을 두고 있는 것**은 일반소매인 간의 과당경쟁으로 인한 불합리한 경영을 방지함으로써 일반소매인의 경영상 이익을 보호하는 데에도 그 목적이 있다고 보이므로, **일반소매인으로 지정되어 영업을 하고 있는 기존업자의 신규 일반소매인에 대한 이익은 단순한 사실상의 반사적 이익이 아니라 법률상 보호되는 이익으로서, 기존 일반소매인이 신규 일반소매인 지정처분의 취소를 구할 원고적격이 있다고** 보아야 할 것이다(2007두23811). [날먹행 372p]

ㄴ. (X)

판례 **구내소매인과 일반소매인 사이에서는 구내소매인의 영업소와 일반소매인의 영업소 간에 거리제한을 두지 아니할 뿐 아니라** …일반소매인의 입장에서 구내소매인과의 과당경쟁으로 인한 경영의 불합리를 방지하는 것을 그 목적으로 할 수 있다고 보기 어려우므로, **일반소매인으로 지정되어 영업을 하고 있는 기존업자의 신규 구내소매인에 대한 이익은 법률상 보호되는 이익이 아니라 단순한 사실상의 반사적 이익이라고 해석함이 상당하므로, 기존 일반소매인은 신규 구내소매인 지정처분의 취소를 구할 원고적격이 없다**(2008두402). [날먹행 372p]

판례 집행정지는 행정처분의 집행부정지원칙의 예외로서 인정되는 것이고 또 본안에서 원고가 승소할 수 있는 가능성을 전제로 한 권리보호수단이라는 점에 비추어 보면 **집행정지사건 자체에 의하여도 신청인의 본안청구가 적법한 것이어야 한다는 것을 집행정지의 요건에 포함시켜야 한다**(99부3). [날먹행 397p]

ㄷ. (X)

甲은 제한거리 밖에 지정된 일반소매인이고, 丙은 거리제한 규정이 없는 구내소매인이므로, 丁의 일반소매인 지정에 대하여 甲과 丙은 원고적격이 인정되지 않는다.

정답 ①

12 □□□□□

서울지방국토관리청이 기획재정부장관으로부터 관할 행정재산 관리사무를 법률에 따라 위임받아 특정 행정재산의 사용허가를 한 경우, 이에 대한 설명으로 가장 옳은 것은? 16서울7급

① 서울지방국토관리청이 행하는 행정재산의 사용허가는 순전히 사경제주체로서 행하는 사법상의 행위가 아니라 국가행정기관이 공권력을 보유한 우월적 지위에서 행하는 행정처분이다.

② 서울지방국토관리청의 사용허가는 특정인에게 행정재산을 사용할 수 있는 권리를 설정해주는 강학상 특허에 해당하므로 그 취소나 철회에 대하여는 항고소송을 통해 다툴 수 있으며, 이때 피고는 해당 사무를 위임한 기획재정부장관이다.

③ 서울지방국토관리청의 행정재산 사용허가에 있어서 해당 행정청이 정한 사용허가 기간은 그 허가의 효력을 제한하기 위한 행정행위의 부관이므로 이는 독립하여 행정소송의 대상이 될 수 있다.

④ 서울지방국토관리청의 그 효력을 제한한 사용허가로 인하여 사용허가의 일부거부를 취소하는 소송을 제기할 때 그 소송의 제1심 관할법원은 피고의 소재지를 관할하는 행정법원이 아니라 해당 행정재산의 소재지를 관할하는 행정법원이다.

해설

① (O)

판례 **공유재산의 관리청이 하는 행정재산의 사용 · 수익에 대한 허가**는 순전히 사경제주체로서 행하는 사법상의 행위가 아니라 관리청이 공권력을 가진 우월적 지위에서 행하는 행정처분이라고 보아야 할 것이다(99두509).
[날먹행 50p]

② (X)

판례 국유 또는 공유의 행정재산에 대한 사용허가는 공법상 계약이 아니라 강학상 특허의 성질을 지니며 그에 의해 형성되는 이용관계는 공법관계이다(97누1105).

- **권한의 위임 · 위탁**: 위임 · 위탁을 받은 권한을 받은 수임청 · 수탁청이 피고
  → 피고는 위임청(기획재정부장관)이 아니라 수임청(서울지방국토관리청장)이 된다. **[날먹행 50, 382p]**

③ (X) 사용허가 기간은 부담이 아니므로, 독립하여 행정소송 제기 불가.

판례 **공유재산의 관리청이 정한 사용 · 수익허가의 기간은 이 사건 허가의 효력을 제한하기 위한 행정행위의 부관**으로서 이러한 사용 · 수익허가의 기간에 대해서는 **독립하여 행정소송을 제기할 수 없는 것이다**(99두509).
[날먹행 122p]

④ (X) 행정소송법 제9조 제3항의 특별관할은 임의관할이기 때문에, 당사자는 선택하여 제기할 수 있음.
∴ 피고의 소재지를 관할하는 행정법원에도 소 제기 가능함. O

행정소송법 제9조(재판관할) ①취소소송의 제1심관할법원은 피고의 소재지를 관할하는 행정법원으로 **한다.**
③ 토지의 수용 기타 부동산 또는 특정의 장소**에 관계되는 처분**등에 대한 취소소송은 그 부동산 또는 장소의 **소재지를 관할하는 행정법원**에 이를 제기할 수 있다. **[날먹행 391p]**

정답 ①

13 □□□□□

갑은 자신이 운영하는 사회복지시설의 재정이 어려워지자 관할 행정청에 보조금을 신청하였으나 거부되었다. 이와 관련한 법률관계에 대한 설명으로 옳은 것은? (다툼이 있는 경우 판례에 의함) 14국가9급

① 갑이 위 거부행위에 대해 취소소송으로 다투기 위해서는 갑에게 보조금을 신청할 수 있는 권리가 성문법령에 규정되어 있어야만 한다.

② 갑이 위 거부행위에 대하여 취소소송을 제기하여 다투는 경우에 집행정지를 통한 권리구제는 허용되지 않는다.

③ 위 거부행위는 불이익처분이므로 관할 행정청이 갑의 신청을 거부하는 경우에는 「행정절차법」상 사전통지절차를 거쳐야 한다.

④ 위 거부행위가 있은 후에 갑은 보조금지급을 요구하는 의무이행소송을 제기할 수 있다.

해설

① (X)

> **판례** 거부행위가 거부처분이 되려면 **국민에게 법규상 또는 조리상 신청권이 있어야** 하며(2004두4031), 그 신청권의 존부는 구체적 사건에서 신청인이 누구인가를 고려하지 말고 관계 법규에서 일반 국민에게 그러한 신청권을 인정하고 있는 가를 살펴 **추상적으로 결정**하여야 한다(95누12460). [날먹행 356p]

② (O) **거부처분의 효력을 정지하더라도 거부처분이 없었던 것과 같은 상태 , 즉 거부처분이 있기 전의 신청시의 상태로 되돌아가는데 불과하므로**, 거부처분에 대한 집행정지 허용 X [날먹행 397p]

③ (X)

> **판례** **신청에 따른 처분이 이루어지지 아니한 경우에는 아직 당사자에게 권익이 부과되지 아니**하였으므로 특별한 사정이 없는 한 **신청에 대한 거부처분이라고 하더라도 직접 당사자의 권익을 제한하는 것은** 아니어서 신청에 대한 거부처분을 여기에서 말하는 '당사자의 권익을 제한하는 처분'에 해당한다고 할 수 없는 것이어서 처분의 사전통지대상이 된다고 할 수 없다(2003두674). → 거부처분은 사전통지의 대상 X [날먹행 179p]

④ (X) **의무이행소송**은 행정청의 거부처분 또는 부작위에 대하여 **일정한 행정행위를 해 줄 것을 청구**하는 소송을 말하며, 판례는 의무이행소송을 인정 X [날먹행 56p]

정답 ②

14 ☐☐☐☐☐

다음 사례에 관한 설명으로 옳은 것은? (다툼이 있는 경우 판례에 의함) 21국가7급

> 관할 행정청은 2019. 4. 17. 「청소년보호법」의 규정에 따라 ㉠ A주식회사가 운영하는 인터넷 사이트를 청소년 유해매체물로 결정하는 내용, ㉡ 일반 불특정 다수인을 상대방으로 하여 일률적으로 표시의무, 포장의무, 청소년에 대한 판매 · 대여 등의 금지의무 등 각종 의무를 발생시키는 내용, ㉢ 그 결정 · 고시의 효력발생일을 2019. 4. 24.로 정하는 내용 등을 포함한 「청소년유해매체물 결정 · 고시」를 하였다.

① 위 결정 · 고시는 항고소송의 대상이 되는 행정처분에 해당하지 않는다.

② 관할 행정청이 위 결정 · 고시를 함에 있어서 A주식회사에게 이를 통지하지 않았다고 하여 결정 · 고시의 효력 자체가 발생하지 않는 것은 아니다.

③ A주식회사가 위 결정을 통지받지 못하였다는 것은 취소소송의 제소기간을 준수하지 못한 것에 대한 정당한 사유가 될 수 있다.

④ 위 결정 · 고시에 대한 취소소송의 제소기간을 계산함에 있어서는, A주식회사가 위 결정 · 고시가 있었다는 사실을 현실적으로 알았는지 여부에 관계없이 고시일인 2019. 4. 17.에 위 결정·고시가 있음을 알았다고 보아야 한다.

해설

① (X)

> **판례** **청소년유해매체물 결정 및 고시처분**은 당해 유해매체물의 소유자 등 특정인만을 대상으로 한 행정처분이 아니라 일반 불특정 다수인을 상대방으로 하여 일률적으로 표시의무, 포장의무, 청소년에 대한 판매 · 대여 등의 금지의무 등 각종 의무를 발생시키는 **행정처분**이다(2004두619). [날먹행 354p]

② (O), ③ (X), ④ (X)

> **판례** 구 청소년 보호법에 따라 정보통신윤리위원회가 특정 웹사이트를 청소년 유해매체물로 결정하고 청소년 보호위원회가 효력발생시기를 명시하여 고시하였으나 정보통신윤리위원회와 청소년보호위원회가 웹사이트 운영자에게는 위 처분이 있었음을 통지하지 않았다 하더라도, 그 **고시가 효력을 발생하는 날에 처분이 있음을 알았다**고 보아야 한다(2004두619). → 2019. 4. 24. 에 알았다고 보아야 함. [날먹행 386p]

정답 ②

15 □□□□□

구 '과징금부과 세부기준 등에 관한 고시'의 위반행위에 대한 시정조치 횟수를 근거로 공정거래위원회가 부과한 과징금 부과처분에 대한 취소소송의 계속 중 위반행위 자체가 존재하지 않는다는 이유로 시정조치의 취소판결이 확정되었다. 이에 대한 설명으로 옳지 않은 것은? (다툼이 있는 경우 판례에 의함) 22국회8급

① 과징금부과처분 취소소송의 수소법원은 행정처분의 위법 여부를 행정처분이 있을 때의 법령과 사실상태를 기준으로 판단하여야 하므로 처분 후 법령의 개폐나 사실상태의 변동에 영향을 받지 않는다.

② 위반행위에 대한 시정조치를 취소하는 확정판결은 과징금부과처분 후 사실상태의 변동에 해당하므로 과징금부과처분 취소소송의 수소법원의 위법 여부 판단에 영향을 주지 않는다.

③ 법원은 행정처분 당시 행정청이 알고 있었던 자료 뿐만 아니라 사실심 변론종결 당시까지 제출된 모든 자료를 종합하여 처분 당시 존재하였던 객관적 사실을 확정하고 그 사실에 기초하여 처분의 위법 여부를 판단할 수 있다.

④ 위반행위에 대한 시정조치의 취소판결이 확정되었다면 그 행정처분은 처분시에 소급하여 효력을 잃은 것으로 본다.

⑤ 시정조치에 대한 취소판결의 확정으로 해당 위반행위가 위반 횟수 가중을 위한 횟수 산정에서 제외되더라도 그 사유가 과징금부과처분에 영향을 미치지 아니하여 처분의 정당성이 인정되는 경우에는 그 처분을 위법하다고 할 수 없다.

해설

① (O), ③ (O)

판례 항고소송에 있어서 **행정처분의 위법 여부를 판단하는 기준 시점에 대하여 판결시가 아니라 처분시라고 하는 의미는 행정처분이 있을 때의 법령과 사실상태를 기준으로 하여 위법 여부를 판단할 것이며** 처분 후 법령의 개폐나 사실상태의 변동에 영향을 받지 않는다는 뜻이고 처분 당시 존재하였던 자료나 행정청에 제출되었던 자료만으로 위법 여부를 판단한다는 의미는 아니므로, 처분 당시의 사실상태 등에 대한 입증은 사실심 변론종결 당시까지 할 수 있고, **법원은 행정처분 당시 행정청이 알고 있었던 자료뿐만 아니라** 사실심 변론종결 당시까지 제출된 모든 자료를 종합하여 처분 당시 존재하였던 객관적 사실을 확정하고 그 사실에 기초하여 처분의 위법 여부를 판단할 수 있다(92누19033). [날먹행 404p]

② (X), ⑤ (O)

판례 '개정 전 과징금 고시' Ⅳ. 2. 나. (2)항은 과거 시정조치의 횟수 산정시 시정조치의 무효 또는 취소판결이 확정된 건을 제외하도록 규정하고 있다. **공정거래위원회가 과징금 산정시 위반 횟수 가중의 근거로 삼은 위반행위에 대한 시정조치가 그 후** '위반행위 자체가 존재하지 않는다는 이유로 취소판결이 확정된 경우' **과징금 부과처분의 상대방은 결과적으로 처분 당시 객관적으로 존재하지 않는 위반행위로 인하여 과징금이 가중될 것이므로,** 그 처분은 **비례·평등원칙 및 책임주의 원칙에 위배될 여지가 있다**(②번 지문). 다만, 공정거래위원회는 공정거래법령상의 과징금 상한의 범위 내에서 과징금 부과 여부 및 과징금 액수를 정할 재량을 가지고 있다. 또한 재량준칙인 '개정 전 과징금 고시' Ⅳ. 2. 나. (1)항은 위반 횟수와 벌점 누산점수에 따른 과징금 가중비율의 상한만을 규정하고 있다. 따라서 법 위반행위 자체가 존재하지 않아 위반행위에 대한 시정조치에 대하여 취소판결이 확정된 경우에 위반 횟수 가중을 위한 횟수 산정에서 제외한다고 하더라도, 그 사유가 과징금 부과처분에 영향을 미치지 아니하여 처분의 정당성이 인정되는 경우에는 그 처분을 위법하다고 할 수 없다(⑤번 지문)(2017두55077). [날먹행 290p]

④ (O)

- 행정청으로부터 행정처분을 받았으나 **나중에 그 행정처분이 행정쟁송절차에서 취소**되었다면, 그 행정처분은 그 처분시에 소급하여 효력을 잃게 된다. [날먹행 386p]

정답 ②

16 ☐☐☐☐☐

甲은 주유소를 운영하던 중 가짜 석유제품을 저장판매하여 '석유사업법'을 위반한 사실이 2차 적발되었고, '석유사업법 시행 규칙' [별표 1]로 정한 처분기준에 따라 행정청으로부터 6개월의 사업정지처분(이하 '이 사건 처분'이라 함)을 받았다. 이에 관한 설명 중 옳은 것은? (다툼이 있으면 판례에 의함) 22변시

[참고] 「석유사업법 시행규칙」 [별표 1] 행정처분기준

위반행위	근거 법조문	행정처분기준		
		1차 위반	2차 위반	3회 위반
가짜 석유제품을 제조·수입·저장·운송·보관 또는 판매한 경우	법 ○○조	사업 정지 3개월	사업 정지 6개월	등록취소 또는 영업장 폐쇄

① 이 사건 처분에서 정한 사업정지기간이 경과하여 그 효력이 소멸한 이후에는 甲은 이 사건 처분에 대한 취소소송을 제기할 법률상 이익이 없다.

② 甲이 청구한 행정심판에서 이 사건 처분을 3개월의 사업정지 처분에 갈음하는 과징금으로 변경하는 재결이 있었으나, 여전히 甲이 처분사유가 부존재함을 주장하여 다투고자 한다면 甲은 재결을 대상으로 하여 취소소송을 제기하여야 한다.

③ 甲의 위반사실이 명백하다면 이 사건 처분을 하면서 甲에게 법령상 사업정지기간의 감경에 관한 참작사유가 있음에도 이를 전혀 고려하지 않았다고 하여 그 자체로 재량권을 일탈·남용한 위법한 처분이 되는 것은 아니다.

④ 행정법규 위반에 대하여 甲에게 고의나 과실이 없는 경우에는 이 사건 처분을 할 수 없다.

⑤ 행정법규 위반에 대한 제재조치는 행정목적의 달성을 위하여 행정법규 위반이라는 객관적 사실에 착안하여 가하는 제재이므로, 甲이 고용한 직원이 위반행위를 한 경우라도 법령상 책임자인 甲에게 이 사건 처분을 할 수 있다.

해설

① (X)

판례 **제재적 행정처분이 그 처분에서 정한 제재기간의 경과로 인하여 그 효과가 소멸**되었으나, 부령인 시행규칙 또는 지방자치단체의 규칙의 형식으로 정한 처분기준에서 제재적 행정처분을 받은 것을 가중사유나 전제요건으로 삼아 장래의 제재적 행정처분을 하도록 정하고 있는 경우, 선행처분인 제재적 행정처분을 받은 상대방이 그 처분에서 정한 제재기간이 경과하였다 하더라도 그 처분의 취소를 구할 법률상 이익이 있다(2003두1684).

[날먹행 289p]

② (X)

• 판례는 감액경정처분의 경우, 소송 대상은 경정처분으로 인해 감액되고 남은 당초처분이 된다고 판시함 → 사안의 경우 6개월의 사업정지처분이 3개월의 사업정지처분에 갈음하는 과징금으로 유리하게 변경되었으므로, **소송대상은 감액되고 남은 당초처분인 3개월의 사업정지처분에 갈음하는 과징금처분**이 됨. [날먹행 386p]

③ (X)

판례 그 감경사유가 존재하더라도 과징금 부과관청이 감경사유까지 고려하고도 과징금을 감경하지 않은 채 과징금 전액을 부과하는 처분을 한 경우에는 이를 위법하다고 단정할 수는 없으나, 위 감경사유가 있음에도 이를 전혀 고려하지 않았거나 감경사유에 해당하지 않는다고 오인한 나머지 과징금을 감경하지 않았다면 그 과징금 부과처분은 재량권을 일탈·남용한 위법한 처분이라고 할 수밖에 없다(2010두7031). [날먹행 96p]

④ (X)

판례 구 여객자동차 운수사업법 제88조 제1항의 과징금부과처분은 제재적 행정처분으로서 여객자동차 운수사업에 관한 질서를 확립하고 여객의 원활한 운송과 여객자동차 운수사업의 종합적인 발달을 도모하여 공공복리를 증진한다는 행정목적의 달성을 위하여 행정법규 위반이라는 객관적 사실에 착안하여 가하는 제재이므로 반드시 현실적인 행위자가 아니라도 법령상 책임자로 규정된 자에게 부과되고 원칙적으로 위반자의 고의·과실을 요하지 아니하나, 위반자의 의무 해태를 탓할 수 없는 정당한 사유가 있는 등의 특별한 사정이 있는 경우에는 이를 부과할 수 없다(2013두5005). **[날먹행 269p]**

⑤ (O)

판례 **행정법규 위반에 대하여 가하는 제재조치는 행정목적의 달성을 위하여 행정법규 위반이라는 객관적 사실에 착안하여 가하는 제재이므로 특별한 규정이 없는 한 원칙적으로 위반자의 고의나 과실을 요하지 않는다**(79누251). **[날먹행 290p]**

정답 ⑤

17 ☐☐☐☐☐

甲은 乙을 명예훼손 등 혐의로 고소하였다. 검사 丙은 乙에 대하여 불기소결정을 하였으나, 甲에게 그 결과를 통지하지 않았다. 甲은 대검찰청에 丙이 자신의 고소사건 처리를 태만히 하고 있으니 징계하여 달라는 진정서를 제출하였다. 이에 검찰총장은 丙이 직무를 태만히 하여 甲에게 「형사소송법」에 의한 처분결과를 통지하지 아니한 잘못이 있으나 그 정도가 중하지 않으므로 「검사징계법」상 징계사유에는 해당하지 않는다고 판단하였다. 그러나 장래에 동일한 잘못을 되풀이하지 않도록 엄중히 경고할 필요가 있다고 판단하여, 丙에 대하여 대검찰청 내부규정에 근거하여 경고조치를 하였다. 이에 관한 설명 중 옳지 않은 것은? (다툼이 있으면 판례에 의함)

22변시

㉠ 丙의 불기소결정은 고소사건에 관하여 공권력의 행사인 공소 제기를 거부하는 거부처분에 해당하므로, 甲은 취소소송을 제기하는 방식으로 불복할 수 있다.

㉡ 丙이 불기소결정을 하면서 甲에게 「형사소송법」에 의한 처분 결과 통지를 하지 않음으로써 행정청의 의사가 외부에 표시되지 아니하여 아직 거부처분이 성립하였다고 볼 수 없으므로, 甲은 부작위위법확인소송을 제기하는 방식으로 불복할 수 있다.

㉢ 대검찰청 내부규정에서 검찰총장의 경고조치를 받은 검사에 대하여 직무성과급 지급이나 승진·전보인사에서 불이익을 주도록 규정하고 있다면, 丙은 검찰총장의 경고조치에 대하여 취소소송을 제기하는 방식으로 불복할 수 있다.

㉣ 丙의 직무상 의무 위반의 정도가 중하지 않아 '검사징계법'상 징계사유에 해당하지 않는데도 검찰총장이 대검찰청 내부규정에 근거하여 경고조치를 한 것은 법률유보원칙에 반하므로 허용될 수 없다.

① ㉠, ㉡　② ㉠, ㉣　③ ㉡, ㉢　④ ㉢, ㉣　⑤ ㉠, ㉡, ㉣

해설

㉠ (X), ㉡ (X)

판례 행정소송법상 거부처분 취소소송의 대상인 '거부처분'이란 '행정청이 행하는 구체적 사실에 관한 법집행으로서의 공권력의 행사 또는 이에 준하는 행정작용', 즉 적극적 처분의 발급을 구하는 신청에 대하여 그에 따른 행위를 하지 않았다고 거부하는 행위를 말하고, 부작위위법확인소송의 대상인 '부작위'란 '행정청이 당사자의 신청에 대하여 상당한 기간 내에 일정한 처분을 하여야 할 법률상 의무가 있음에도 불구하고 이를 하지 아니하는 것'을 말한다(제2조 제1항 제1호, 제2호). 여기에서 '처분'이란 행정소송법상 항고소송의 대상이 되는 처분을 의미하는 것으로서, 행정소송법 제2조의 처분의 개념 정의에는 해당한다고 하더라도 **그 처분의 근거 법률에서 행정소송 이외의 다른 절차에 의하여 불복할 것을 예정하고 있는 처분은 항고소송의 대상이 될 수 없다.** 검사의 불기소결정에 대해서는 검찰청법에 의한 항고와 재항고, 형사소송법에 의한 재정신청에 의해서만 불복할 수 있는 것이므로, 이에 대해서는 행정소송법상 항고소송을 제기할 수 없다(2017두47465). [날먹행 361p]

ⓒ (O)

판례 어떠한 처분의 근거나 법적인 효과가 행정규칙에 규정되어 있다고 하더라도, 그 처분이 행정규칙의 내부적 구속력에 의하여 상대방에게 권리의 설정 또는 의무의 부담을 명하거나 기타 법적인 효과를 발생하게 하는 등으로 그 상대방의 권리 의무에 직접 영향을 미치는 행위라면, 이 경우에도 항고소송의 대상이 되는 행정처분에 해당한다고 보아야 한다. 검사에 대한 경고조치 관련 규정을 위 법리에 비추어 살펴보면, 검찰총장이 사무검사 및 사건평정을 기초로 **대검찰청 자체감사규정 제23조 제3항, 검찰공무원의 범죄 및 비위 처리지침 제4조 제2항 제2호 등에 근거하여 검사에 대하여 하는 '경고조치'**는 일정한 서식에 따라 검사에게 개별 통지를 하고 이의신청을 할 수 있으며, 검사가 검찰총장의 경고를 받으면 1년 이상 감찰관리 대상자로 선정되어 특별관리를 받을 수 있고, **경고를 받은 사실이 인사자료로 활용되어 복무평정, 직무성과금 지급, 승진 · 전보인사에서도 불이익을 받게 될 가능성이 높아지며, 향후 다른 징계사유로 징계처분을 받게 될 경우에 징계양정에서 불이익을 받게 될 가능성이 높아지므로,** 검사의 권리 의무에 영향을 미치는 행위로서 항고소송의 대상이 되는 처분이라고 보아야 한다(2020두47564).

ⓔ (X)

판례 검찰청법 제7조 제1항, 제12조 제2항, 검사징계법 제2조, 제3조 제1항, 제7조 제1항, 대검찰청 자체감사규정 제23조 제2항, 제3항, 사건평정기준 제2조 제1항 제2호, 제5조, 검찰공무원의 범죄 및 비위 처리지침 제4조 제2항 제2호, 제3항 [별표 1] 징계양정기준, 제4항, 제5항 등 관련 규정들의 내용과 체계 등을 종합하여 보면, **검찰총장의 경고처분**은 검사징계법에 따른 징계처분이 아니라 검찰청법 제7조 제1항, 제12조 제2항에 근거하여 **검사에 대한 직무감독권을 행사하는 작용에 해당하므로, 검사의 직무상 의무 위반의 정도가 중하지 않아 검사징계법에 따른 '징계사유'에는 해당하지 않더라도 징계처분보다 낮은 수준의 감독조치로서 '경고처분'을 할 수 있고,** 법원은 그것이 직무감독권자에게 주어진 재량권을 일탈·남용한 것이라는 특별한 사정이 없는 한 이를 존중하는 것이 바람직하다2020두47564).
[날먹행 290p]

정답 ⑤

18 □□□□□

甲은 「산업집적활성화 및 공장설립에 관한 법률」(이하 '법'이라 함)에 따라 산업단지관리공단과 A시 소재 산업단지입주계약을 체결하였으나, 이후 산업단지관리공단은 甲의 계약위반을 이유로 입주계약을 해지하였다. 이에 관한 설명 중 옳은 것은?(다툼이 있으면 판례에 의함)

22변시

> [참고] 법(현행법을 사례에 맞게 단순화하였음)
>
> • 제42조(입주계약의 해지 등) ① 산업단지관리공단은 입주기업체가 입주계약을 위반한 경우에는 그 입주계약을 해지할 수 있다.
>
> • 제43조(입주계약 해지 후의 재산처분 등) ① 제42조 제1항에 따라 입주계약이 해지된 자는 그가 소유하는 산업용지 및 공장 등을 산업통상자원부령으로 정하는 기간에 처분하여야 한다.
>
> • 제55조(과태료) ① 시장 · 군수 · 구청장은 제43조 제1항에 따른 기간에 산업용지 또는 공장 등을 양도하지 아니한 자에게는 500만원 이하의 과태료를 부과한다.

① 甲이 산업단지관리공단을 상대로 입주계약의 해지를 다투려면 당사자소송에 의하여야 한다.

② 산업단지관리공단이 甲에 대하여 입주계약을 해지하는 경우, 법에 특별한 규정이 없다면 '행정절차법'의 적용을 받지 않는다.

③ 산업단지관리공단이 甲에 대하여 입주계약을 해지하는 경우, 해지하여야 할 공익상의 필요와 해지로 인한 甲의 기득권, 신뢰보호 및 법률생활 안정의 침해 등 불이익에 대한 이익 형량이 요구된다.

④ 甲이 입주계약의 해지에 대하여 행정소송으로 다투는 중에는 산업단지관리공단은 입주계약의 해지를 직권으로 취소할 수 없다.

⑤ 甲이 일정기간 산업용지를 양도하지 않자 관할 A시장이 甲에게 과태료를 부과한 경우, 甲은 과태료부과처분 취소소송을 통해 다툴 수 있다.

해설

① (X)

> **판례** 구 산업집적활성화 및 공장설립에 관한 법률 규정들에서 알 수 있는 산업단지관리공단의 지위, 입주계약 및 변경계약의 효과, 입주계약 및 변경계약 체결 의무와 그 의무를 불이행한 경우의 형사적 내지 행정적 제재, 입주계약 해지의 절차, 해지통보에 수반되는 법적 의무 및 그 의무를 불이행한 경우의 형사적 내지 행정적 제재 등을 종합적으로 고려하면, 입주변경계약 취소는 **행정청인 관리권자로부터 관리업무를 위탁받은 산업단지관리공단이 우월적 지위에서 입주기업체들에게 일정한 법률상 효과를 발생하게 하는 것으로서** 항고소송의 대상이 되는 행정처분에 해당한다(2014두46843). → 따라서 당사자소송이 아닌 항고소송에 의해야 함. **[날먹행 354p]**

② (X)

> 산업단지관리공단의 입주계약해지는 침익적 처분에 해당하므로, 원칙적으로 행정절차법이 적용됨.

③ (O)

판례 일정한 행정처분으로 국민이 일정한 이익과 권리를 취득하였을 경우에 종전 행정처분에 하자가 있음을 전제로 직권으로 이를 취소하는 행정처분은 이미 취득한 국민의 기존 이익과 권리를 박탈하는 별개의 행정처분으로, **취소될 행정처분에 하자가 있어야 하고, 나아가 행정처분에 하자가 있다고 하더라도 취소해야 할 공익상 필요와 취소로 당사자가 입게 될 기득권과 신뢰보호 및 법률생활 안정의 침해 등 불이익을 비교·교량한 후 공익상 필요가 당사자가 입을 불이익을 정당화할 만큼 강한 경우에 한하여 취소할 수 있는 것**이다. 이러한 신뢰보호와 이익형량의 취지는 구 산업집적활성화 및 공장설립에 관한 법률에 따른 입주계약 또는 변경계약을 취소하는 경우에도 마찬가지로 적용될 수 있다(2014두46843). **[날먹행 142p]**

④ (X)

- **처분청은 별도의 법적 근거 없이도 취소 가능함.**

판례 도로점용료 부과처분에 취소사유에 해당하는 흠이 있는 경우, 점용료 부과처분에 대한 취소소송이 제기된 이후에 도로관리청이 당초 처분 자체를 취소하고 흠을 보완하여 새로운 부과처분을 하거나 흠 있는 부분에 해당하는 점용료를 감액하는 처분을 할 수 있다(2016두56721,56738). **[날먹행 140p]**

⑤ (X)

- 과태료 부과처분은 행정소송의 대상이 되는 처분이 아님 **[날먹행 280p]**

정답 ③

19 ☐☐☐☐☐

다음 사례에 대한 설명으로 옳지 않은 것은? (다툼이 있는 경우 판례에 의함) 17국가9급(추가)

> 「식품위생법」에 따르면 식품접객업자가 청소년에게 주류를 제공하는 행위는 금지되고, 이를 위반할 경우 관할 행정청이 영업허가 또는 등록을 취소하거나 6개월 이내의 기간을 정하여 그 영업의 전부 또는 일부를 정지할 수 있으며, 관할 행정청이 영업허가 또는 등록의 취소를 하는 경우에는 청문을 실시하여야 한다. 식품접객업자인 甲은 영업장에서 청소년에게 술을 팔다 적발되었고, 관할 행정청인 乙은 청문절차를 거쳐 甲에게 영업허가취소처분을 하였다.

① 부령인 「식품위생법 시행규칙」에 위반행위의 종류 및 위반 횟수에 따른 행정처분의 기준을 구체적으로 정하고 있는 경우에 이 행정처분기준은 행정기관 내부의 사무처리준칙을 규정한 것에 불과하여 법적 구속력이 인정되지 않는다.

② 甲이 청소년에게 주류를 제공한 것이 인정되더라도 영업허가취소처분으로 인하여 甲이 입게 되는 불이익이 공익상 필요보다 막대한 경우에는 영업허가취소처분이 위법하다고 인정될 수 있다.

③ 乙이 청문을 실시할 때 청문서 도달기간을 준수하지 않았는데 甲이 이에 대하여 이의를 제기하지 않고 청문일에 출석하여 그 의견을 진술하고 변명함으로써 방어의 기회를 충분히 가졌다면 청문서 도달기간을 준수하지 아니한 영업허가취소처분의 하자는 치유되었다고 볼 수 있다.

④ 甲이 영업허가취소처분 취소소송을 제기하여 인용판결이 확정되어도 영업허가취소처분의 효력이 바로 소멸하는 것은 아니고 그 판결의 기속력에 따라 영업허가취소처분이 乙에 의해 취소되면 비로소 영업허가취소처분의 효력이 소멸한다.

해설

① (O), ② (O)

• 법규명령 형식의 행정규칙

판례 **구 식품위생법시행규칙 제53조에서 [별표 15]**로 식품위생법 제58조에 따른 행정처분의 기준을 정하였다고 하더라도 이는 형식만 부령으로 되어 있을 뿐, 그 **성질은** 행정기관 내부의 사무처리준칙**을 정한 것으로서 행정명령의 성질**을 가지는 것이고, 대외적으로 국민이나 법원을 기속하는 힘이 있는 것은 아니**므로 그 처분의 적법 여부**는 같은법 시행규칙에 적합한 것인가의 여부에 따라 판단할 것이 아니라 **같은 법의 규정 및 그 취지에 적합한 것인가의 여부에 따라 판단하여야 하는 것이고, 행정처분으로 인하여 달성하려는 공익상의 필요와 이로 인하여 상대방이 받는 불이익을 비교·형량하여 그 처분으로 인하여 공익상 필요보다 상대방이 받게 되는 불이익 등이 막대한 경우에는 재량권의 한계를 일탈한 것으로서 위법**하다(94누6925). [날먹행 87p]

③ (O)

판례 **행정청이 청문서 도달기간을 다소 어겼다하더라도** 영업자가 이에 대하여 이의하지 아니한 채 스스로 청문일에 출석하여 그 의견을 진술하고 변명하는 등 방어의 기회를 충분히 가졌다**면** 청문서 도달기간을 준수하지 아니한 하자는 치유되었다고 봄이 **상당**하다(92누2844). [날먹행 135p]

④ (X)

취소판결의 형성력: 판결의 취지에 따라, 처분의 효력은 바로 처분시에 소급하여 소멸되고, 이에 기해 법률관계가 발생·변경·소멸되는 효력으로, 인용판결에만 인정됨. → 형성력에 의해 처분은 당연히 취소, 변경됨 [날먹행 412p]

정답 ④

20 ☐☐☐☐☐

甲은 관할 A행정청에 토지형질변경허가를 신청하였으나 A행정청은 허가를 거부하였다. 이에 甲은 거부처분취소소송을 제기하여 재량의 일탈·남용을 이유로 취소판결을 받았고, 그 판결은 확정되었다. 이에 대한 설명으로 옳은 것은? (다툼이 있는 경우 판례에 의함) 19국가9급

① A행정청이 거부처분 이전에 이미 존재하였던 사유 중 거부처분 사유와 기본적 사실관계의 동일성이 없는 사유를 근거로 다시 거부처분을 하는 것은 허용되지 않는다.

② A행정청이 재처분을 하였더라도 취소판결의 기속력에 저촉되는 경우에는 甲은 간접강제를 신청할 수 있다.

③ A행정청의 재처분이 취소판결의 기속력에 저촉되더라도 당연무효는 아니고 취소사유가 될 뿐이다.

④ A행정청이 간접강제결정에서 정한 의무이행 기한 내에 재처분을 이행하지 않아 배상금이 이미 발생한 경우에는 그 이후에 재처분을 이행하더라도 甲은 배상금을 추심할 수 있다.

해설

① (X)

> 거부처분이 **취소**된 경우, **새로운 사유가 없다면 거부처분을 한 행정청은 신청을** 인용하는 처분**을 해야 함.** 단, 행정청은 ㉠ **거부처분 이후의 새로운 사유**(기본적 사실관계의 동일성이 없는)를 이유로 하거나, ㉡ **사실심변론종결 이후 발생한 새로운 사유를 내세워** 다시 거부처분할 수 있다. **[날먹행 414p]**

② (O)

> **판례** 거부처분에 대한 취소의 확정판결이 있음에도 행정청이 아무런 재처분을 하지 아니하거나, **재처분을 하였다 하더라도** 그것이 종전 거부처분에 대한 취소의 확정판결의 기속력에 반하는 등으로 당연무효라면 이는 **아무런 재처분을 하지 아니한 때와 마찬가지라 할 것이므로** 이러한 경우에는 **간접강제신청에 필요한 요건을 갖춘 것**으로 보아야 한다(2002무22). **[날먹행 415p]**

③ (X) **기속력 위반 시** 하자가 중대·명백하여 당연무효 **[날먹행 413p]**

④ (X)

> **판례** 배상금은 확정판결의 취지에 따른 재처분의 지연에 대한 제재나 손해배상이 아니고, 재처분의 이행확보를 위한 심리적 강제수단임 → **법원에서 정한 기한이 경과하더라도 행정청이 재처분의무를 이행했다면** 더 이상 **배상금을 추심할 수 없음**(2002두2444) **[날먹행 415p]**

정답 ②

21 □□□□□

다음 사례에 관한 설명으로 옳은 것을 모두 고른 것은?(다툼이 있으면 판례에 의함)

23변시

> A구 구청장은 관내에서 음식점을 운영하고 있는 甲이 청소년에게 주류를 판매하였다는 이유로, 甲에게 영업정지처분을 할 것을 고려하고 있다.

ㄱ 구청장이 영업정지처분을 하였고, 이에 대하여 甲이 취소소송을 제기하면서 집행정지를 신청한 경우, 甲이 제기한 취소소송이 적법하여야 한다는 것이 집행정지의 요건에 포함된다.

ㄴ 甲이 적발 당시 위반사실을 시인하였다면, 이는 '행정절차법' 소정의 '의견청취가 현저히 곤란하거나 명백히 불필요하다고 인정될 만한 상당한 이유가 있는 경우'에 해당한다.

ㄷ 구청장이 청소년 주류판매를 이유로 甲에게 영업정지 2개월의 처분을 하였고, 이에 대하여 甲이 취소소송을 제기하여 원고(甲) 승소판결이 확정되었는데, 그 후 구청장이 영업시간제한 위반을 이유로 재차 甲에게 영업정지 2개월의 처분을 한 경우, 후행 영업정지처분은 취소판결의 기속력에 반하지 아니한다.

ㄹ 甲은 영업정지처분을 받고 이에 대해 취소소송을 제기하였으나 집행정지 신청을 하지 아니하였다. 이 경우 甲이 영업정지기간동안 영업을 계속하였다면, 위 영업정지처분이 나중에 행정쟁송절차에 의해 취소되더라도 甲은 영업정지명령 위반을 이유로 한 형사처벌을 면할 수 없다.

① ㄱ, ㄴ　　② ㄱ, ㄷ　　③ ㄱ, ㄹ　　④ ㄴ, ㄷ　　⑤ ㄷ, ㄹ

해설

ㄱ (O)

판례 행정처분의 효력정지나 집행정지를 구하는 신청사건에 있어서는 행정처분 자체의 적법 여부는 궁극적으로 본안재판에서 심리를 거쳐 판단할 성질의 것이므로 원칙적으로 판단할 것이 아니고, 그 행정처분의 효력이나 집행을 정지할 것인가에 관한 행정소송법 제23조 제2항 소정의 요건의 존부만이 판단의 대상이 된다고 할 것이지만, 나아가 집행정지는 행정처분의 집행부정지원칙의 예외로서 인정되는 것이고 또 본안에서 원고가 승소할 수 있는 가능성을 전제로 한 권리보호수단이라는 점에 비추어 보면 **집행정지사건 자체에 의하여도 신청인의 본안청구가 적법한 것이어야 한다는 것을 집행정지의 요건에 포함시켜야** 한다(99부3). [날먹행 397p]

ㄴ (X)

판례 행정절차법 제21조 제1항, 제3항, 제4항, 제22조에 의하면, 행정청이 당사자에게 의무를 부과하거나 권익을 제한하는 처분을 하는 경우에는 미리 '처분의 제목', '처분하려는 원인이 되는 사실과 처분의 내용 및 법적 근거', '이에 대하여 의견을 제출할 수 있다는 뜻과 의견을 제출하지 아니하는 경우의 처리방법', '의견제출기관의 명칭과 주소', '의견제출기한' 등의 사항을 당사자 등에게 통지하여야 하고, 의견제출기한은 의견제출에 필요한 상당한 기간을 고려하여 정하여야 하며, 다른 법령 등에서 필수적으로 청문을 하거나 공청회를 개최하도록 규정하고 있지 아니한 경우에도 당사자 등에게 의견제출의 기회를 주어야 하며, 다만 '해당 처분의 성질상 의견청취가 현저히 곤란하거나 명백히 불필요하다고 인정될 만한 상당한 이유가 있는 경우' 등에 한하여 처분의 사전통지나 의견청취를 하지 아니할 수 있다. 따라서 행정청이 침해적 행정처분을 하면서 당사자에게 사전통지를 하거나 의견제출의 기회를 주지 아니하였다면, 사전통지나 의견제출의 예외적인 경우에 해당하지 아니하는 한, 처분은 위법하여 취소를 면할 수 없다. 그리고 여기에서 **'의견청취가 현저히 곤란하거나 명백히 불필요하다고 인정될 만한 상당한 이유가 있는 경우'에 해당하는지는 해당 행정처분의 성질에 비추어 판단하여야 하며, 처분상대방이 이미 행정청에 위반사실을 시인하였다거나 처분의 사전통지 이전에 의견을 진술할 기회가 있었다는 사정을 고려하여 판단할 것은 아니다**(2016두63234). [날먹행 187p]

Ⓒ (O)

- **취소판결의 기속력-반복금지의무**
  취소판결이 확정되면 동일처분 및 판결이유에 제시된 위법사유에 따른 처분 반복 금지
  사안의 경우 청소년 주류판매 사유와 영업시간제한 위반 사유는 **기본적 사실관계가 다른 사유이어서 기속력에 위반 되지 않음.** [날먹행 414p]

ⓔ (X)

판례 **영업의 금지를 명한 영업허가취소처분 자체가 나중에 행정쟁송절차에 의하여 취소되었다면 그 영업허가취소처분은 그 처분시에 소급하여 효력을 잃게 되며,** 그 영업허가취소처분에 복종할 의무가 원래부터 없었음이 확정되었다고 봄이 타당하고, 영업허가취소처분이 장래에 향하여서만 효력을 잃게 된다고 볼 것은 아니므로 **그 영업허가취소처분 이후의 영업행위를 무허가영업이라고 볼 수는 없다**(93도277). [날먹행 141p]

정답 ②

22 ☐☐☐☐☐

다음 사례에 대한 설명으로 옳지 않은 것은? 17국가9급

> 유흥주점영업허가를 받아 주점을 운영하는 甲은 A시장으로부터 연령을 확인하지 않고 청소년을 주점에 출입시켜 「청소년보호법」을 위반하였다는 사실을 이유로 한 영업 허가 취소처분을 받았다. 甲은 이에 불복하여 취소소송을 제기하였고 취소확정판결을 받았다.

① A시장은 甲이 청소년을 유흥접객원으로 고용하여 유흥행위를 하게 하였다는 이유로 다시 영업허가취소처분을 할 수는 있다.

② 영업허가취소처분은 지나치게 가혹하다는 이유로 취소확정판결이 내려졌다면, A시장은 甲에게 연령을 확인하지 않고 청소년을 출입시켰다는 이유로 영업허가정지처분을 할 수는 있다.

③ 청소년들을 주점에 출입시킨 사실이 없다는 이유로 취소확정판결이 내려졌다면, A시장은 甲에게 연령을 확인하지 않고 청소년을 출입시켰다는 이유로 영업허가취소처분을 할 수는 없다.

④ 청문절차를 거치지 않았다는 이유로 취소확정판결이 내려졌다면, A시장은 적법한 청문절차를 거치더라도 甲에게 연령을 확인하지 않고 청소년을 출입시켰다는 이유로 영업허가취소처분을 할 수는 없다.

해설

① (O)

- **기속력의 객관적 범위**
  ① 판결의 주문 및 그 전제가 되는 처분 등의 구체적 위법사유에 관한 이유 중의 판단에 대해서도 인정된다(99두5238).
  ② **기본적 사실관계가 동일한 사건에 기속력이 미치므로**, 취소된 처분의 사유와 **기본적 사실관계가 동일하지 않으면** 종전 처분 당시에 존재하였던 사유일지라도 그를 이유로 하여 **동일한 재처분을 할 수 있다**(2015두48235).
  → 청소년을 주점에 출입시켰다는 것과 고용한 사실은 기본적 사실관계 달라, 취소판결에 기속력이 미치지 않으므로, A시장은 甲이 청소년을 유흥접객원으로 고용한 사실을 이유로 다시 영업허가취소처분을 할 수 있다.
  [날먹행 413p]

② (O) ③ (O)

- **기속력의 내용**: 반복금지 – 취소판결이 확정되면 처분청 및 관계행정청은 **판결에 모순 · 저촉되는 처분을 하면 안됨. 동일처분 및 판결이유에 제시된 위법사유의 반복 금지 → 위반시 하자가 중대 · 명백하여 무효**가 됨. **[날먹행 414p]**
  → ②의 경우, 취소판결시 제시된 이유의 취지에 따라 영업허가취소가 아닌 영업허가정지처분을 내리는 것이므로, 기속력에 반하지 않음. ③의 경우, 청소년들을 주점에 출입시킨 사실이 없다는 이유에도 취소판결의 기속력이 발생하므로, A시장은 동일한 내용으로 영업허가취소처분을 할 수 없다.

④ (X)

- **기속력의 내용: 재처분의무 - 절차위법을 이유로 한 취소**
  신청에 따른 처분이 절차상 하자를 이유로 취소된 경우, **행정청은 판결 취지에 따라** 적법한 절차에 의해 다시 처분해야.
  → A시장은 적법한 청문절차를 거친 후 甲에게 연령을 확인하지 않고 청소년을 출입시켰다는 이유로 영업허가취소처분 할 수 있음.
  [날먹행 414p]

정답 ④

23 □□□□□

갑(甲)은 A행정청에 허가 신청을 하였으나 거부되었고, 이에 대해 거부처분 취소소송을 제기하여 인용판결이 확정 되었다. 이에 대한 설명으로 가장 옳지 않은 것은? 16서울9급

① 위 거부처분이 절차의 위법을 이유로 취소된 경우에는 A행정청은 적법한 절차를 거쳐 다시 거부처분을 할 수 있다.

② 위 거부처분이 실체적 위법을 이유로 취소된 경우에는 A행정청은 취소판결의 기속력에 의해 다시 거부처분을 할 수 없고, 갑에게 허가처분을 하여야 한다.

③ A행정청이 기속력에 반하는 재처분을 한 경우, 그 처분은 당연무효이다.

④ A행정청이 재처분을 하였더라도 기속력에 위반된 경우에는 간접강제의 대상이 된다.

해설

① (O), ② (X)

- **기속력의 내용: 재처분의무 - 거부처분취소**
  ① 거부처분이 **형식상 위법을 이유로 취소**된 경우, **행정청 위법사유를 보완하여 다시 재처분을 할 수 있음**
  ② 거부처분이 실체상 위법을 **이유로 취소**된 경우, **새로운 사유가 없다면 거부처분을 한 행정청은 신청을** 인용하는 처분을 **해야 함.** 단, 행정청은 ㉠ **거부처분 이후의 새로운 사유**(기본적 사실관계의 동일성이 없는)를 이유로 하거나, ㉡ **사실심변론종결이후 발생한 새로운 사유를 내세워** 다시 거부처분할 수 있다(98두1895). [날먹행 414p]
  ∴ ② 지문의 경우, 갑에게 허가처분을 '하여야 한다'가 틀림.

③ (O) **기속력 위반 시** 하자가 중대 · 명백하여 당연무효 [날먹행 413p]

④ (O)

판례 거부처분에 대한 취소의 확정판결이 있음에도 행정청이 아무런 재처분을 하지 아니하거나, 재처분을 하였다 하더라도 그것이 종전 거부처분에 대한 취소의 확정판결의 기속력에 반하는 등으로 당연무효라면 이는 **아무런 재처분을 하지 아니한 때와 마찬가지라 할 것이므로** 이러한 경우에는 간접강제신청에 필요한 요건을 갖춘 것으로 보아야 한다(2002무22). [날먹행 414p]

정답 ②

24 □□□□□

甲은 공동주택 및 근린생활시설을 건축하는 내용의 주택건설사업계획승인신청을 하였으나 행정청 乙은 거부처분을 행하였고, 당해 거부처분에 대해 甲은 행정소송을 제기하여 거부처분취소판결이 확정되었다. 이에 대한 설명으로 옳지 않은 것은? (다툼이 있는 경우 판례에 의함)

11지방7급

① 乙이 판결의 취지에 따른 재처분의무를 이행하지 않는 경우 甲은 제1심 수소법원에 간접강제결정을 신청할 수 있다.

② 대법원은 확정판결의 취지에 따른 재처분이 간접강제결정에서 정한 의무이행기간이 경과한 후에 이루어진 경우에도 배상금의 추심은 허용되지 않는다고 보았다.

③ 만약 甲이 乙의 거부처분에 대해 무효확인소송을 제기하여 무효확인판결이 행해진 경우, 취소판결에 있어 재처분의무에 관한 규정은 준용되나 간접강제에 대한 규정은 준용되지 않는다.

④ 乙이 취소판결의 기속력에 반하는 재처분을 하여 당연무효라고 하더라도 이는 아무런 재처분을 하지 않은 경우라 볼 수 없으므로 행정소송법상 간접강제신청요건을 갖추지 않은 것으로 본다.

해설

① (O)

행정소송법 제34조(거부처분취소판결의 간접강제) ① 행정청이 제30조제2항의 규정에 의한 처분을 하지 아니하는 때에는 제1심수소법원은 당사자의 신청에 의하여 결정으로써 상당한 기간을 정하고 행정청이 그 기간내에 이행하지 아니하는 때에는 그 지연기간에 따라 일정한 배상을 할 것을 명하거나 즉시 손해배상을 할 것을 명할 수 있다.

[날먹행 415p]

② (O)

판례 배상금은 확정판결의 취지에 따른 재처분의 지연에 대한 제재나 손해배상이 아니고, 재처분의 이행확보를 위한 심리적 강제수단임 → **법원에서 정한 기한이 경과하더라도 행정청이 재처분의무를 이행했다면 더 이상 배상금을 추심할 수 없음**(2002두2444).

[날먹행 415p]

③ (O) **무효등확인소송에 취소소송의** 간접강제는 준용 X **[날먹행 415p]**

④ (X)

판례 거부처분에 대한 취소의 확정판결이 있음에도 행정청이 아무런 재처분을 하지 아니하거나, 재처분을 하였다 하더라도 그것이 종전 거부처분에 대한 취소의 확정판결의 기속력에 반하는 등으로 당연무효라면 이는 **아무런 재처분을 하지 아니한 때와 마찬가지라 할 것이므로** 이러한 경우에는 간접강제신청에 필요한 요건을 갖춘 것으로 보아야 한다(2002무22).

[날먹행 415p]

정답 ④

25 ☐☐☐☐☐

'공유수면 관리 및 매립에 관한 법률'(이하, '공유수면법'이라 함)에 따라 A도지사는 甲에게 택지조성을 매립목적으로 하는 공유수면매립면허를 부여하였다. 甲은 당초 매립목적과 달리 조선시설용지지역으로 매립지를 이용하고자 A도지사에게 준공인가 전에 공유수면매립목적 변경신청을 하였고, 이에 A도지사는 甲의 변경신청을 승인하였다. 그런데 이 매립지의 인근에는 가공식품을 만들어 판매하고 있는 B재단법인이 있었다. 이에 관한 설명 중 옳은 것은? (다툼이 있는 경우 판례에 의함) 21변시

① A도지사의 甲에 대한 공유수면매립면허처분 및 공유수면매립목적 변경 승인처분은 각각 강학상 허가와 강학상 특허에 해당한다.

② B는 공유수면매립목적 변경 승인처분으로 자신의 직원들이 쾌적한 환경에서 생활할 수 있는 환경상 이익을 침해받았음을 이유로 B 자신의 이름으로 그 변경 승인처분에 대하여 항고소송을 제기할 수 있다.

③ 공유수면매립면허처분과 관련하여 법령상 요구되는 환경영향평가를 실시하지 않은 경우 환경영향평가지역 밖에 거주하는 주민들에 대해서도 환경상 이익에 대한 침해 또는 침해 우려가 있는 것으로 사실상 추정된다.

④ 공유수면매립면허처분 이후에 매립실시계획이 승인되면, 공유수면법에 의해 다른 법률상의 인가·허가가 의제될 수 있는데, 이 경우 의제된 인가·허가는 통상적인 인가·허가와 동일한 효력을 가진다.

해설

① (X)

판례 공유수면매립면허는 설권행위인 특허의 성질을 갖는 것이므로 원칙적으로 행정청의 자유재량에 속하며, 일단 실효된 공유수면매립면허의 효력을 회복시키는 행위도 특단의 사정이 없는 한 새로운 면허부여와 같이 면허관청의 자유재량에 속한다고 할 것이다(88누9206). → 공유수면매립목적 변경 승인처분도 당초 매립목적에 따른 공유수면매립면허를 취소하고 새로운 매립목적에 따른 공유수면매립면허를 부여하는 것이므로 강학상 특허에 해당함. [날먹행 98p]

② (X)

판례 공유수면매립목적 변경 승인처분으로 甲 수녀원에 소속된 수녀 등이 쾌적한 환경에서 생활할 수 있는 환경상 이익을 침해받는다고 하더라도 이를 가리켜 곧바로 甲 수녀원의 법률상 이익이 침해된다고 볼 수 없고, 자연인이 아닌 甲 수녀원은 쾌적한 환경에서 생활할 수 있는 이익을 향수할 수 있는 주체가 아니므로 위 처분으로 위와 같은 생활상의 이익이 직접적으로 침해되는 관계에 있다고 볼 수도 없으므로, **甲 수녀원에** 처분의 무효 확인을 구할 원고적격이 없다(2010두2005). → **B는 공유수면매립목적 변경 승인처분으로 자신의 직원들이 쾌적한 환경에서 생활할 수 있는 환경상 이익을 침해받았음을 이유로 B자신의 이름으로 그 변경 승인처분에 대해 항고소송을 제기할 수 없다.** [날먹행 373p]

③ (X)

판례 행정처분의 근거 법규 또는 관련 법규에 그 처분으로써 이루어지는 행위 등 사업으로 인하여 **환경상 침해를 받으리라고 예상되는 영향권의 범위가 구체적으로 규정되어 있는 경우**에는, 그 영향권 내의 주민들**에 대하여는 당해 처분으로 인하여 직접적이고 중대한 환경피해를 입으리라고 예상할 수 있고, 이와 같은 환경상의 이익은 주민 개개인에 대하여 개별적으로 보호되는 직접적 · 구체적 이익**으로서 그들에 대하여는 특단의 사정이 없는 한 환경상 이익에 대한 침해 또는 침해 우려가 있는 것으로 사실상 추정되어 **법률상 보호되는 이익으로 인정됨으로써 원고적격이 인정된다.**

한편, 영향권 밖의 주민들은 당해 처분으로 인하여 수인한도를 넘는 환경피해를 받거나 받을 우려가 있다는 자신의 환경상 이익에 대한 침해 또는 침해 우려가 있음을 입증하여야만 법률상 보호되는 이익으로 인정되어 원고적격이 인정된다(2010두2005). [날먹행 374p]

④ (○)

판례 의제된 인·허가는 통상적인 인 · 허가와 동일한 효력을 가진다(2016두38792). [날먹행 112p]

정답 ④

26 □□□□□

다음 각 사례에 대한 설명으로 옳은 것은? (다툼이 있는 경우 판례에 의함) 22지방9급

> • A 시장으로부터 3월의 영업정지처분을 받은 숙박업자 甲은 이에 불복하여 행정쟁송을 제기하고자 한다.
> • B 시장으로부터 건축허가거부처분을 받은 乙은 이에 불복하여 행정쟁송을 제기하고자 한다.

① 甲이 취소소송을 제기하면서 집행정지신청을 한 경우 법원이 집행정지결정을 하는 데 있어 甲의 본안청구의 적법 여부는 집행정지의 요건에 포함되지 않는다.

② 甲이 2022. 1. 5. 영업정지처분을 통지받았고, 행정심판을 제기하여 2022. 3. 29. 1월의 영업정지처분으로 변경하는 재결이 있었고 그 재결서 정본을 2022. 4. 2. 송달받은 경우 취소소송의 기산점은 2022. 1. 5.이다.

③ 乙이 의무이행심판을 제기하여 처분명령재결이 있었음에도 B 시장이 허가를 하지 않는 경우 행정심판위원회는 직권으로 시정을 명하고 이를 이행하지 아니하면 직접 건축허가처분을 할 수 있다.

④ 乙이 건축허가거부처분에 대해 제기한 취소소송에서 인용판결이 확정되었으나 B시장이 기속력에 위반하여 다시 거부처분을 한 경우 乙은 간접강제신청을 할 수 있다.

해설

① (X)

> **판례** 집행정지는 행정처분의 집행부정지원칙의 예외로서 인정되는 것이고 또 본안에서 원고가 승소할 수 있는 가능성을 전제로 한 권리보호수단이라는 점에 비추어 보면 집행정지사건 자체에 의하여도 **신청인의 본안청구가 적법한 것이어야 한다는 것을 집행정지의 요건에 포함시켜야** 한다(99부3). [날먹행 397p]

② (X)

> • 행정심판을 거쳐 재결서 정본을 송달받은 경우, 송달받은 날로부터 90일 이내, 재결이 있은 날부터 1년 이내에 취소소송을 제기해야 함.
> ∴ 사안의 경우, 22. 4. 2.부터 90일, 22. 3. 29.부터 1년, 이 중 더 짧은 22. 4. 2.이 기산점이 되어 90일이 지나면 취소소송을 못하게 됨. [날먹행 386p]

③ (X)

> **행정심판법 제50조(위원회의 직접 처분)** ① 위원회는 피청구인이 제49조제3항에도 불구하고 처분을 하지 아니하는 경우에는 **당사자가 신청하면** 기간을 정하여 서면으로 시정을 명하고 그 기간에 이행하지 아니하면 직접 처분을 할 수 있다. 다만, 그 처분의 성질이나 그 밖의 불가피한 사유로 위원회가 직접 처분을 할 수 없는 경우에는 그러하지 아니하다. → 행정심판위원회는 직권으로 직접 처분을 할 수 없음. [날먹행 446p]

④ (O)

> **행정소송법 제34조(거부처분취소판결의 간접강제)** ① 행정청이 제30조제2항의 규정에 의한 처분을 하지 아니하는 때에는 제1심수소법원은 당사자의 신청에 의하여 결정으로써 상당한 기간을 정하고 행정청이 그 기간내에 이행하지 아니하는 때에는 그 지연기간에 따라 일정한 배상을 할 것을 명하거나 즉시 손해배상을 할 것을 명할 수 있다. [날먹행 112p]

정답 ④

27 ☐☐☐☐☐

다음 사례에 대한 설명으로 옳은 것은? (다툼이 있는 경우 판례에 의함) 22지방9급

> 「도시 및 주거환경정비법」에 따라 설립된 A주택재건축정비사업조합은 관할 B구청장으로부터 ㉠ 조합설립인가를 받은 후, 조합총회에서 재건축 관련 ㉡ 관리처분계획에 대한 의결을 하였고, 관할 B구청장으로부터 위 ㉢ 관리처분계획에 대한 인가를 받았다. 이후 조합원 甲은 위 관리처분계획의 의결에는 조합원 전체의 4/5 이상의 결의가 있어야 함에도 불구하고, 이를 위반하여 위법한 것임을 이유로 ㉣ 관리처분계획의 무효를 주장하며 소송으로 다투려고 한다.

① ㉠과 ㉢의 인가의 강학상 법적 성격은 동일하다.

② 甲이 ㉡에 대해 소송으로 다투려면 A 주택재건축정비사업조합을 상대로 민사소송을 제기하여야 한다.

③ 甲이 ㉣에 대해 소송으로 다투려면 항고소송을 제기하여야 한다.

④ 甲이 ㉣에 대해 소송으로 다투려면 B 구청장을 피고로 하여야 한다.

해설

① (X)

판례 행정청이 도시 및 주거환경정비법 등 관련 법령에 근거하여 행하는 조합설립인가처분은 단순히 사인들의 조합설립행위에 대한 보충행위로서의 성질을 갖는 것에 그치는 것이 아니라 **법령상 요건을 갖출 경우 도시 및 주거환경정비법상 주택재건축사업을 시행할 수 있는 권한을 갖는 행정주체(공법인)로서의 지위를 부여하는 일종의** 설권적 처분의 성격을 갖는다고 보아야 한다(2008다60568). → ㉠

판례 「도시 및 주거환경정비법」(이하 '도시정비법'이라 한다)에 기초하여 주택재개발정비사업조합(이하 '조합'이라 한다)이 수립한 관리처분계획은 그것이 인가·고시를 통해 확정되면 이해관계인에 대한 구속적 행정계획으로서 독립적인 행정처분에 해당한다. 이러한 관리처분계획을 인가하는 행정청의 행위는 조합의 관리처분계획에 대한 법률상의 효력을 완성시키는 보충행위이다(2015두51537).→ ㉢ [날먹행 108p]

② (X)

판례 도시 및 주거환경정비법상 행정주체인 주택재건축정비사업조합을 상대로 관리처분계획안에 대한 조합 총회결의의 효력 등을 다투는 소송은 행정처분에 이르는 절차적 요건의 존부나 효력 유무에 관한 소송으로서 그 **소송결과에 따라 행정처분의 위법 여부에 직접 영향을 미치는 공법상 법률관계에 관한 것**이므로, 이는 행정소송법상의 당사자소송에 해당한다(2007다2428). [날먹행 425p]

③ (O), ④ (X)

판례 관리처분계획에 대한 관할 행정청의 인가·고시까지 있게 되면 관리처분계획은 행정처분으로서 효력이 발생하게 되므로, 총회결의의 하자를 이유로 하여 행정처분의 효력을 다투는 항고소송의 방법으로 관리처분계획의 취소 또는 무효확인을 구하여야 하고, 그와 별도로 행정처분에 이르는 절차적 요건 중 하나에 불과한 총회결의 부분만을 따로 떼어내어 효력 유무를 다투는 확인의 소를 제기하는 것은 특별한 사정이 없는 한 허용되지 않는다고 보아야 한다(2008다41383). → 항고소송의 피고는 A조합이 됨. [날먹행 148,381,425p]

정답 ③

28 ☐☐☐☐☐

다음 사례에 대한 설명으로 옳은 것은? (다툼이 있을 경우 판례에 의함) 13서울7급

> 서울시장은 甲에 대하여 부담금 부과처분을 하였다. 甲은 서울시장의 부담금 부과처분에 대하여 취소소송을 제기하고 나아가 위헌법률심판형 헌법소원을 청구하였으며, 헌법재판소는 서울시장의 부담금 부과처분의 근거법률을 위헌으로 결정하였다. 乙은 甲과 같은 이유로 서울시장으로부터 부담금 부과처분을 받았지만 부담금을 기간 내에 납부하지 않아 서울시장은 乙에 대한 부담금의 강제징수에 필요한 재산을 압류하였다. 丙은 甲과 같은 이유로 부담금 부과처분을 받았으나 이를 다투지 않고 서울시에 부담금을 이미 납부하였다. 그런데 乙과 丙에 대한 서울시장의 부담금 부과처분은 모두 취소소송의 제소기간을 이미 도과한 상태이다.

① 서울시장의 甲에 대한 부담금 부과처분은 원칙적으로 무효이다.

② 서울시장은 압류된 乙의 재산을 매각하여 부담금을 강제징수할 수 있다.

③ 乙은 부담금 부과처분의 위법성을 근거로 하여 부담금 체납처분의 취소를 구할 수 있다.

④ 서울시는 위헌판결의 소급효에 따라 丙이 납부한 부담금을 환급하여야 한다.

⑤ 丙이 서울시장의 부담금 부과처분 무효확인소송을 청구하면 丙의 청구는 기각될 것이다.

해설

① (X)

> **판례** 법률이 헌법에 위반된다는 사정이 위헌 결정이 있기 전에는 **객관적으로 명백한 것이 아니므로**, 이러한 하자는 행정처분의 취소사유에 해당한다(92누9463). **[날먹행 139p]**

② (X) 위헌법률에 기한 행정처분의 집행이나 집행을 유지하기 위한 행위는 위헌결정의 기속력에 위반되므로, 서울시장은 압류된 乙의 재산을 매각하여 부담금을 강제징수할 수 없음.

> • **위헌결정 후에 그 법률을 적용하여 이루어진 처분의 효력**
> - 헌법재판소법 제 47조에 따라, 위헌결정된 법령을 적용하여 처분을 할 경우, **기속력에 반하므로,** 당연무효가 됨.
> - **위헌법률에 기한** 행정처분의 집행이나, 그 집행력을 유지하기 위한 행위도 당연무효임 **[날먹행 139p]**

③ (X) 乙은 부담금 부과처분의 위법성을 근거로 체납처분의 취소를 구할 수 없음.

> **판례** 조세부과처분과 체납처분 사이에 하자의 승계를 인정하지 않는다(2010두10907). **[날먹행 139p]**

④ (X) 취소소송의 제기기간을 이미 도과하여 **불가쟁력이 발생 → 위헌결정의** 소급효 발생 X **[날먹행 138p]**

⑤ (O)

> **판례** 어느 행정처분에 대하여 그 **행정처분의 근거가 된 법률이 위헌이라는 이유로 무효확인청구의 소가 제기**된 경우에는 다른 특별한 사정이 없는 한 법원으로서는 그 법률이 위헌인지 여부에 대하여는 판단할 필요 없이 위 무효확인청구를 기각하여야 할 것이다(92누9463). **[날먹행 139p]**

정답 ⑤

29 ☐☐☐☐☐

甲은 중대명백한 하자가 있어 무효인 A 처분에 대해 소송을 제기하려고 한다. 이에 대한 설명으로 옳은 것은? (다툼이 있는 경우 판례에 의함)

21국회8급

① 甲은 A 처분에 대한 무효확인소송과 취소소송을 선택적 청구로서 병합하여 제기할 수 있다.

② 甲이 A 처분에 대해 취소소송을 제기하는 경우 제소기간의 제한을 받지 않는다.

③ 甲이 취소소송을 제기하였더라도 A 처분에 중대명백한 하자가 있다면 법원은 무효확인판결을 하여야 한다.

④ 甲이 A 처분에 대해 무효확인소송을 제기하려면 확인소송의 일반적 요건인 즉시확정의 이익이 있어야 한다.

⑤ 甲이 A 처분에 대해 무효확인소송을 제기하였다가 그 후 그 처분에 대한 취소소송을 추가적으로 병합한 경우, 주된 청구인 무효확인소송이 적법한 제소기간 내에 제기되었다면 추가로 병합된 취소소송도 제소기간을 준수한 것으로 보아야 한다.

해설

① (X)

판례 행정처분에 대한 **무효확인과 취소청구는 서로 양립할 수 없는 청구**로서 주위적 · 예비적 청구로서만 병합이 가능하고 **선택적 청구로서의 병합이나 단순 병합은 허용되지 아니한다**(97누6889). [날먹행 393p]

② (X)

- **무효등확인소송의 제소기간 : 취소소송 준용X** → 제소기간의 제한이 없음
  단, 무효선언적 의미의 취소판결의 경우 취소소송의 소송요건을 준수해야(통 · 판)하므로, **제소기간의 제한 적용**
  [날먹행 417p]

③ (X)

- 위법한 처분에 대하여 취소소송을 제기한 경우, 이 때 취소소송은 **무효선언을 구하는 것**이거나 **취소를 구하는 것**일 수 있음.
  전자의 경우, 법원은 본안심리결과 처분이 당연무효로 밝혀졌다면 **'무효를 선언하는 의미의 취소판결'**을 할 수 있고, **후자**의 경우 법원은 위법이 무효인지 취소사유인지 구분할 필요 없이 **취소판결**을 함. [날먹행 419p]

④ (X)

판례 행정소송법 제4조에서는 무효확인소송을 항고소송의 일종으로 규정하고 있고, 행정소송법 제38조 제1항에서는 처분 등을 취소하는 확정판결의 기속력 및 행정청의 재처분 의무에 관한 행정소송법 제30조를 무효확인소송에도 준용하고 있으므로 **무효확인판결 자체만으로도 실효성을 확보할 수 있다.** 이와 같은 사정을 비롯하여 행정에 대한 사법통제, 권익구제의 확대와 같은 행정소송의 기능 등을 종합하여 보면, **행정처분의 근거 법률에 의하여 보호되는 직접적이고 구체적인 이익이 있는 경우에는 행정소송법 제35조에 규정된 '무효확인을 구할 법률상 이익'이 있다고 보아야** 하고, 이와 별도로 무효확인소송의 보충성이 요구되는 것은 아니므로 행정처분의 무효를 전제로 한 이행소송 등과 같은 직접적인 구제수단이 있는지 여부를 따질 필요가 없다고 해석함이 상당하다. 따라서 **부당이득반환청구의 소로써 직접 위와 같은 위법상태의 제거를 구할 수 있는지 여부에 관계없이 원고는 이 사건 처분의 근거 법률에 의하여 보호되는 직접적이고 구체적인 이익을 가지고 있어 행정소송법 제35조에 규정된 '무효확인을 구할 법률상 이익'을 가지는 자에 해당한다.**(2007두6342) [날먹행 417p]

⑤ (O)

• **무효등확인소송의 소의 변경 : 취소소송 준용 O**

판례 행정처분의 무효확인을 구하는 소에는 특단의 사정이 없는 한 그 취소를 구하는 취지도 포함되어 있다고 보아야 하는 점 등에 비추어 볼 때, **동일한 행정처분에 대하여 무효확인의 소를 제기하였다가 그 후 그 처분의 취소를 구하는 소를 추가적으로 병합한 경우, 주된 청구인 무효확인의 소가 적법한 제소기간 내에 제기되었다면 추가로 병합된 취소청구의 소도 적법하게 제기된 것으로 봄**이 상당하다(2005두3554). [날먹행 418p]

정답 ⑤

30 □□□□□

A행정청은 미성년자에게 주류를 판매하였다는 이유로 甲에게 영업정지처분에 갈음하는 과징금부과처분을 하였다. 甲은 이에 대하여 행정소송을 제기할 것을 고려하고 있다. 이에 관한 설명 중 옳지 않은 것은? (다툼이 있는 경우 판례에 의함)

21변시

① 甲이 제기하는 무효확인과 취소청구의 소는 주위적·예비적 청구로서만 병합이 가능하고 선택적 청구로서의 병합이나 단순병합은 허용되지 아니한다.

② 甲이 과징금부과처분에 대하여 무효확인의 소를 제기하였다가 그 후 취소청구의 소를 추가적으로 병합한 경우, 무효확인의 소가 적법한 제소기간 내에 제기되었다면 추가로 병합된 취소청구의 소도 적법하게 제기된 것이다.

③ 甲이 과징금부과처분에 대하여 무효확인의 소를 제기하면서 위 처분의 취소를 구하지 아니한다고 밝히지 아니한 이상, 무효확인의 소에는 그 처분이 당연무효가 아니라면 그 취소를 구하는 취지도 포함되어 있는 것으로 보아야 한다.

④ 甲이 만일 부과된 과징금을 납부한 후 과징금부과처분에 대하여 무효확인의 소를 제기하였다면, 甲은 부당이득반환청구의 소로써 직접 위법상태를 제거할 수 있으므로 甲이 제기한 무효확인의 소는 법률상 이익이 없다.

해설

① (O)

판례 행정처분에 대한 무효확인과 취소청구는 서로 양립할 수 없는 청구로서 주위적 · 예비적 청구로서만 병합이 가능하고 **선택적 청구로서의 병합이나 단순 병합은 허용되지 아니한다**(97누6889). [날먹행 393p]

② (O)

판례 행정처분의 무효확인을 구하는 소에는 특단의 사정이 없는 한 그 취소를 구하는 취지도 포함되어 있다고 보아야 하는 점 등에 비추어 볼 때, **동일한 행정처분에 대하여 무효확인의 소를 제기하였다가 그 후 그 처분의 취소를 구하는 소를 추가적으로 병합**한 경우, 주된 청구인 무효확인의 소가 적법한 제소기간 내에 제기되었다면 추가로 병합된 취소청구의 소도 적법하게 제기된 것으로 봄이 상당하다(2005두3554). [날먹행 418p]

③ (O)

판례 일반적으로 행정처분의 **무효확인을 구하는 소에**는 원고가 그 처분의 취소를 구하지 아니한다고 밝히지 아니한 이상 그 처분이 만약 당연무효가 아니라면 **그 취소를 구하는 취지도 포함되어 있는 것으로 보아야 한다**(66누108등). [날먹행 418p]

④ (X)

판례 **행정처분의 근거 법률에 의하여 보호되는 직접적이고 구체적인 이익이 있는 경우에는 행정소송법 제35조에 규정된 '무효확인을 구할 법률상 이익'이 있다고 보아야** 하고, 이와 별도로 무효확인소송의 보충성이 요구되는 것은 아니므로 행정처분의 무효를 전제로 한 이행소송 등과 같은 직접적인 구제수단이 있는지 여부를 따질 필요가 없다고 해석함이 상당하다. 따라서 **부당이득반환청구의 소로써 직접 위와 같은 위법상태의 제거를 구할 수 있는지 여부에 관계없이 원고는 이 사건 처분의 근거 법률에 의하여 보호되는 직접적이고 구체적인 이익을 가지고 있어 행정소송법 제35조에 규정된 '무효확인을 구할 법률상 이익'을 가지는 자에 해당한다**(2007두6342). [날먹행 417p]

정답 ④

31 ☐☐☐☐☐

갑은 관할 행정청에 하천점용허가를 신청하였으나, 이에 대하여 관할 행정청은 상당한 기간이 경과하여도 아무런 응답이 없었다. 이 경우 갑의 현행 행정쟁송법상의 권리구제수단에 관한 설명으로 옳은 것은? 09국가9급

① 갑은 의무이행심판을 청구하거나 취소소송을 제기하여 권리구제를 받을 수 있다.

② 갑은 의무이행심판을 제기할 수 있으며, 의무이행심판의 인용재결이 내려질 경우 하천점용허가는 기속행위이므로 관할 행정청은 갑의 신청대로 처분을 하여야 한다.

③ 갑은 의무이행소송을 제기하여야 하며, 이 소송에서 법원은 행정청이 발급하여야 할 실체적 처분의 내용까지 심리할 수 있다는 것이 판례의 입장이다.

④ 갑은 의무이행심판을 청구하거나 부작위위법확인소송을 제기하여 권리구제를 받을 수 있다.

해설

① (X), ④ (O) 관할 행정청의 부작위에 대하여 갑은 의무이행심판을 청구하거나 부작위위법확인소송을 제기하여 권리구제를 받을 수 있다. **[날먹행 419, 420p]**

② (X) 하천점용허가는 강학상 특허이므로 재량행위이다. 의무이행심판의 인용재결이 내려진 경우, 행정청은 반드시 갑의 신청대로 처분을 할 필요는 없고, 하자 없는 재량권을 행사하면 족함. **[날먹행 107p]**

③ (X) 판례는 행정청의 거부처분 또는 부작위에 대하여 일정한 행정행위를 해 줄 것을 청구하는 소송인 의무이행소송 인정하지 않음. 현행 행정소송법에도 명시적인 규정 X **[날먹행 351p]**

정답 ④

32 ☐☐☐☐☐

도로법 제61조에서 "공작물 · 물건, 그 밖의 시설을 신설 · 개축 · 변경 또는 제거하거나 그 밖의 사유로 도로를 점용하려는 자는 도로관리청의 허가를 받아야 한다."고 규정하고 있다. 甲은 도로관리청 乙에게 도로점용허가를 신청하였으나, 상당한 기간이 지났음에도 아무런 응답이 없어 행정쟁송을 제기하여 권리구제를 강구하려고 한다. 다음 설명으로 옳은 것은? (다툼이 있는 경우 판례에 의함)

09국가9급

① 甲이 의무이행심판을 제기한 경우, 도로점용허가는 기속행위이므로 의무이행심판의 인용재결이 있으면 乙은 甲에 대하여 도로점용허가를 발급해 주어야 한다.

② 甲이 부작위위법확인소송을 제기한 경우, 법원은 乙이 도로점용허가를 발급해 주어야 하는지의 여부를 심리할 수 있다.

③ 甲이 제기한 부작위위법확인소송에서 법원의 인용판결이 있는 경우, 乙은 甲에 대하여 도로점용허가신청을 거부하는 처분을 할 수 있다.

④ 甲은 의무이행소송을 제기하여 권리구제가 가능하다.

해설

① (X) **도로점용허가는 강학상 특허**이므로 **재량행위**에 해당한다. → 乙 행정청은 의무이행심판의 인용재결이 있으면 재결의 취지에 따라 하자 없는 재량을 행사하면 됨. [날먹행 107p]

② (X) **부작위위법확인소송의 심리범위에 대해** 판례는 소극설의 입장(부작위의 위법 여부만 판단 O. **신청에 따른 특정 처분의무가 있는지는 판단 X)**

∴ 신청의 대상이 **기속행위인 경우 행정청이 거부처분을 하여도 재처분의무를 이행한 것이 됨**. [날먹행 422p]

→ 법원은 소극설에 따라, 乙이 도로점용허가를 발급해주어야 하는지 여부까지 심리하지 않음.

③ (O) 부작위위법확인소송에 대하여 **법원의 인용판결이 있게 되면 행정청은 판결의 취지에 따라 어떤 처분을 하기만 하면, 재처분의무를 이행한 것이 되므로**, 乙은 거부처분을 할 수 있다. [날먹행 422p]

④ (X) 현행 행정소송법상 의무이행소송은 허용되지 않는다. [날먹행 351p]

정답 ③

33 ☐☐☐☐☐

지방자치단체인 A광역시가 부과하는 지방세의 징수를 담당하는 소속 공무원인 B는 납세의무자인 D의 허위신고를 묵인하고 해당 지방세를 징수하지 않았다. 이에 감사청구를 한 주민 C가 60일이 경과해도 감사가 종료되지 않았을 때 제기할 수 있는 소송의 유형은? 11국가9급

① 민법상 손해배상청구소송

② 공법상 당사자소송

③ 항고소송

④ 민중소송으로서의 주민소송

해설

지방자치법 제17조【주민소송】 ① 제16조 제1항에 따라 **공금의 지출에 관한 사항, 재산의 취득 · 관리 · 처분에 관한 사항, 해당 지방자치단체를 당사자로 하는 매매 · 임차 · 도급 계약이나 그 밖의 계약의 체결 · 이행에 관한 사항 또는 지방세 · 사용료 · 수수료 · 과태료 등 공금의 부과 · 징수를 게을리한 사항을 감사청구한 주민**은 다음 각 호의 어느 하나에 해당하는 경우에 그 감사청구한 사항과 관련이 있는 위법한 행위나 업무를 게을리 한 사실에 대하여 **해당 지방자치단체의 장**(해당 사항의 사무처리에 관한 권한을 소속 기관의 장에게 위임한 경우에는 그 소속 기관의 장을 말한다. 이하 이 조에서 같다)**을 상대방으로 하여 소송을 제기할 수 있다.**

1. 주무부장관이나 시 · 도지사가 **감사청구를 수리한 날부터 60일**(제16조 제3항 단서에 따라 감사기간이 연장된 경우에는 연장기간이 끝난 날을 말한다)이 **지나도 감사를 끝내지 아니한 경우**
2. 제16조 제3항 및 제4항에 따른 감사결과 또는 제16조 제6항에 따른 조치요구에 불복하는 경우
3. 제16조 제6항에 따른 주무부장관이나 시 · 도지사의 조치요구를 지방자치단체의 장이 이행하지 아니한 경우
4. 제16조 제6항에 따른 지방자치단체의 장의 이행 조치에 불복하는 경우 **[날먹행 428, 429p]**

정답 ④

34 □□□□□

다음 사례에 관한 설명으로 옳지 않은 것은? (다툼이 있는 경우 판례에 의함) 21국가9급

A도(道) B군(郡)에서 식품접객업을 하는 甲은 청소년에게 술을 팔다가 적발되었다. 「식품위생법」은 위법하게 청소년에게 주류를 제공한 영업자에게 "6개월 이내의 기간을 정하여 그 영업의 전부 또는 일부를 정지할 수 있다."라고 규정하고, 「식품위생법 시행규칙」 [별표 23]은 청소년 주류제공(1차 위반)시 행정처분기준을 '영업정지 2개월'로 정하고 있다. B군수는 甲에게 2개월의 영업정지처분을 하였다.

① 甲은 영업정지처분에 불복하여 A도 행정심판위원회에 행정심판을 청구할 수 있다.

② 甲은 행정심판을 청구하지 않고 영업정지처분에 대한 취소소송을 제기할 수 있다.

③ 「식품위생법 시행규칙」의 행정처분기준은 행정규칙의 형식이나, 「식품위생법」의 내용을 보충하면서 「식품위생법」의 규정과 결합하여 위임의 범위 내에서 대외적인 구속력을 가진다.

④ 甲이 취소소송을 제기하는 경우 법원은 재량권의 일탈 · 남용이 인정되면 영업정지처분을 취소할 수 있다.

해설

① (O)

행정심판법 제6조(행정심판위원회의 설치)
③ 다음 각 호의 행정청의 처분 또는 부작위에 대한 심판청구에 대하여는 **시 · 도지사 소속으로 두는 행정심판위원회에서 심리 · 재결한다.**
2. 시 · 도의 관할구역에 있는 시 · 군 · 자치구의 장, 소속 행정청 또는 시 · 군 · 자치구의 의회(의장, 위원회의 위원장, 사무국장, 사무과장 등 의회 소속 모든 행정청을 포함한다) **[날먹행 434p]**

② (O)

- **행정심판전치주의**
  - 원칙 : 임의적 전치→행정심판을 거치거나 거치지 않고 취소소송을 제기할 수 있음이 원칙
  - 예외 : 필요적 행정심판 전치주의 → 다른 법률에 행정심판의 재결을 거치지 않으면 취소소송을 제기할 수 없다는 규정이 있는 때에는 재결을 거쳐야

  예) 국세기본법, 관세법 ,도로교통법(운전면허취소 · 정지), 국가 · 지방 · 교육공무원법 등 **[날먹행 389p]**

③ (X)

판례 **식품위생법시행규칙** [별표 15]로 행정처분기준을 정한 것은 **형식만 부령이고, 성질은 행정기관 내부 사무처리 준칙으로 행정명령**이며, 대외적으로 국민이나 법원을 기속하는 힘이 없어 처분의 적법여부는 시행규칙에 적합한가가 아니라 같은 법의 규정, 취지에 적합한가에 따라 판단한다(2009두22997). **[날먹행 88p]**

④ (O)

행정소송법 제27조(재량처분의 취소) 행정청의 재량에 속하는 처분이라도 재량권의 한계를 넘거나 그 남용이 있는 때에는 법원은 이를 취소할 수 있다. **[날먹행 96p]**

정답 ③

35 □□□□□

A도 내 B시에 거주하는 갑(甲)은 「학교폭력예방 및 대책에 관한 법률」에 의하여 교내에서 출석정지 5일의 처분을 받고 이에 대해서 행정심판을 제기하여 다투고자 한다. 이에 관한 설명으로 가장 옳지 않은 것은? 18서울7급

① 행정심판의 제기기간은 처분 통지서를 받은 날부터 90일 이내이다.
② 행정심판기관은 A도 교육청에 설치된 행정심판위원회이다.
③ 행정심판기관은 출석정지 처분을 피해학생에 대한 서면사과 처분으로 변경하는 재결을 할 수 있다.
④ 서면사과도 과중한 처벌이라고 하여 불복하는 경우에는 재결을 취소소송의 대상으로 한다.

해설

① (O)

행정심판법 제27조(심판청구의 기간) ① 행정심판은 처분이 있음을 알게 된 날부터 90일 이내에 청구하여야 한다. **[날먹행 440p]**

② (O)

- **시 · 도 소속 행정청의 처분 → 시 · 도지사 소속으로 두는 행정심판위원회가 피고** (행정심판법 §6③) **[날먹행 434p]**

③ (O)

행정심판법 제43조(재결의 구분) ③ 위원회는 취소심판의 **청구가 이유가 있다고 인정**하면 **처분을 취소 또는 다른 처분으로 변경**하거나 **처분을 다른 처분으로 변경할 것을 피청구인에게 명**한다. **[날먹행 444p]**

④ (X) 재결 자체에 고유한 위법이 아닌 과중한 처벌이라는 이유로 다툴 수는 없다.

행정소송법 제19조(취소소송의 대상) 취소소송은 처분등을 대상으로 한다. 다만, 재결취소소송의 경우에는 재결 자체에 고유한 위법이 있음을 이유로 하는 경우에 한한다. **[날먹행 364p]**

정답 ④

36 ▢▢▢▢▢

A 행정청이 甲에게 한 처분에 대하여 甲은 B 행정심판위원회에 행정심판을 청구하였다. 이에 대한 설명으로 옳은 것은? (다툼이 있는 경우 판례에 의함)

22지방9급

① B 행정심판위원회의 기각재결이 있은 후에는 A 행정청은 원처분을 직권으로 취소할 수 없다.

② 甲이 취소심판을 제기한 경우, B 행정심판위원회는 심판청구가 이유가 있다고 인정하면 처분변경명령재결을 할 수 있다.

③ 甲이 무효확인심판을 제기한 경우, B 행정심판위원회는 심판청구가 이유있다고 인정하면서도 이를 인용하는 것이 공공복리에 크게 위배된다고 인정하면 甲의 심판청구를 기각할 수 있다.

④ B 행정심판위원회의 재결에 고유한 위법이 있는 경우에는 甲은 다시 행정심판을 청구할 수 있다.

해설

① (X)

- **행정심판재결의 기속력**: 피청구인인 행정청이나 관계 행정청이 인용재결의 취지에 구속되는 효력으로, 이에 위반한 처분은 무효임. 각하, 기각재결에는 기속력 인정 X ∴청구기각재결 후 처분청은 직권으로 취소 가능함.

[날먹행 445p]

② (O)

- **취소심판의 재결** - 취소재결, 변경재결, 변경명령재결 O [날먹행 432p]

③ (X)

행정심판법 제44조(사정재결) ① 위원회는 심판청구가 이유가 있다고 인정하는 경우에도 이를 인용(認容)하는 것이 공공복리에 크게 위배된다고 인정하면 그 심판청구를 기각하는 재결을 할 수 있다. 이 경우 위원회는 재결의 주문(主文)에서 그 처분 또는 부작위가 위법하거나 부당하다는 것을 구체적으로 밝혀야 한다.
③ 제1항과 제2항은 무효등확인심판에는 적용하지 아니한다. → 무효등확인심판: 사정재결 인정 X [날먹행 432p]

④ (X)

행정심판법 제51조(행정심판 재청구의 금지) 심판청구에 대한 재결이 있으면 그 재결 및 같은 처분 또는 부작위에 대하여 다시 행정심판을 청구할 수 없다.

[날먹행 433p]

정답 ②

37 ☐☐☐☐☐

자신이 소유한 모텔에서 성인 乙과 청소년 丙을 투숙시켜 이성 혼숙하도록 한 사실이 적발되어 A도 관할 B군 군수 丁으로부터 '공중위생관리법'에 따라 영업정지 3개월의 처분을 받은 甲이 처분의 취소를 구하는 행정심판을 청구하려는 경우, 이에 관한 설명으로 옳지 않은 것은? 23소방

① 본 사안은 이른바 행정심판전치주의가 적용되지 않으므로, 甲은 행정심판을 거치지 아니하고도 곧바로 취소소송을 제기할 수 있다.

② 본 사안에서 丁의 영업정지처분에 대한 불복은 A도 행정심판위원회가 심리·재결한다.

③ 행정심판위원회가 甲의 청구를 기각하는 재결을 한 경우, 甲은 재결서의 정본을 송달받은 날부터 90일 이내에 행정소송을 제기할 수 있다.

④ 행정심판위원회가 甲의 청구를 인용하는 재결을 한 경우, 丁이 인용재결의 취소를 구하는 행정소송을 제기할 수 있다.

해설

① (O)

- **행정소송법 제18조(행정심판과의 관계)** ① 취소소송은 법령의 규정에 의하여 **당해 처분에 대한 행정심판을 제기할 수 있는 경우에도 이를 거치지 아니하고 제기할 수 있다.** 다만, 다른 법률에 당해 처분에 대한 행정심판의 재결을 거치지 아니하면 취소소송을 제기할 수 없다는 규정이 있는 때에는 그러하지 아니하다. **[날먹행 389p]**

② (O)

- **행정심판법 제6조(행정심판위원회의 설치)** ③ 다음 각 호의 행정청의 처분 또는 부작위에 대한 심판청구에 대하여는 **시·도지사 소속으로 두는 행정심판위원회에서 심리·재결한다.**
  2. 시·도의 관할구역에 있는 시·군·자치구의 장, 소속 행정청 또는 시·군·자치구의 의회(의장, 위원회의 위원장, 사무국장, 사무과장 등 의회 소속 모든 행정청을 포함한다) **[날먹행 434p]**

③ (O)

- **행정소송법 제20조(제소기간)** ① **취소소송은 처분등이 있음을 안 날부터 90일 이내에 제기하여야 한다.** 다만, 제18조제1항 단서에 규정한 경우와 그 밖에 행정심판청구를 할 수 있는 경우 또는 행정청이 행정심판청구를 할 수 있다고 잘못 알린 경우에 행정심판청구가 있은 때의 기간은 재결서의 정본을 송달받은 날부터 기산한다. **[날먹행 385p]**

④ (X)

- **행정심판법 제49조(재결의 기속력 등)** ① 심판청구를 인용하는 재결은 피청구인과 그 밖의 관계 행정청을 기속(羈束)한다. **[날먹행 445p]**

정답 ④

38 ☐☐☐☐☐

다음 사례에 대한 설명으로 옳은 것은? 23지방9급

> 식품접객업을 하는 甲은 청소년의 연령을 확인하지 않고 주류를 판매한 사실이 적발되어 관할 행정청 乙로부터 「식품위생법」 위반을 이유로 영업정지 2개월을 부과받자 관할 행정심판위원회 丙에 행정심판을 청구하였다.

① 丙은 영업정지 2개월에 갈음하여 「식품위생법」 소정의 과징금으로 변경할 수 없다.
② 甲이 丙의 기각재결을 받은 후 재결 자체에 고유한 하자가 있음을 주장하며 그 기각재결에 대하여 취소소송을 제기한 경우, 수소법원은 심리 결과 재결 자체에 고유한 위법이 없다면 각하판결을 하여야 한다.
③ 丙이 영업정지처분을 취소하는 재결을 할 경우, 乙은 이 인용재결의 취소를 구하는 행정소송을 제기할 수 없다.
④ 丙은 행정심판의 심리과정에서 甲의 「식품위생법」상의 또 다른 위반 사실을 인지한 경우, 乙의 2개월 영업정지와는 별도로 1개월 영업정지를 추가하여 부과하는 재결을 할 수 있다.

해설

① (X)

- 행정심판의 경우 **처분변경재결도 가능**함.
  행정심판법 제43조(재결의 구분) ③ 위원회는 취소심판의 청구가 이유가 있다고 인정하면 처분을 취소 또는 다른 처분으로 변경하거나 처분을 **다른 처분으로 변경할 것을 피청구인에게 명한다.** **[날먹행 444p]**

② (X)

판례 행정소송법 제19조는 취소소송은 행정청의 원처분을 대상으로 하되(원처분주의), 다만 "재결 자체에 고유한 위법이 있음을 이유로 하는 경우"에 한하여 행정심판의 재결도 취소소송의 대상으로 삼을 수 있도록 규정하고 있으므로 재결취소소송의 경우 재결 자체에 고유한 위법이 있는지 여부를 심리할 것이고, **재결 자체에 고유한 위법이 없는 경우에는 원처분의 당부와는 상관없이 당해 재결취소소송은 이를 기각하여야** 한다(93누16901).
[날먹행 364p]

③ (O)

- **재결의 기속력 - 피청구인인 행정청이나 관계 행정청이 인용재결의 취지에 구속되는 효력.**
  사안의 경우, 행정청인 乙은 인용재결의 취지에 구속되므로, 그 취소를 구하는 행정소송을 제기할 수 없음.
  [날먹행 445p]

④ (X)

- **행정심판법 제47조(재결의 범위)** ② 위원회는 심판청구의 대상이 되는 처분보다 청구인에게 불리한 재결을 하지 못한다. **[날먹행 445p]**

정답 ③

39 ☐☐☐☐☐

甲은 乙군수에게 '식품위생법'에 의한 일반음식점 영업신고를 하고 영업을 하던 중 청소년에게 주류를 판매하였다는 이유로 적발되었다. 관할 행정청인 乙군수는 '식품위생법시행규칙' [별표23] 행정처분기준에 따라 사전통지 등 적법절차를 거쳐 1회 위반으로 영업정지 2월의 제재처분을 하였다. 다음 설명 중 옳지 않은 것은?(다툼이 있는 경우 판례에 의함)

23군무원7급

① 영업정지 2월의 처분에 대하여 甲이 행정심판을 제기한 경우 행정심판위원회는 심리한 결과 처분청이 경미하게 처분하였다고 판단되면 영업정지 3월의 처분으로 처분을 변경하는 재결을 내릴 수 있다.

② 甲이 취소소송을 제기하기 전 영업정지 2월의 처분이 종료한 경우로서 처분이 발해진 후 1년이 경과하여 후행 처분의 가중사유가 되지 않는 경우라면 甲은 취소소송을 제기할 협의의 소의 이익이 인정되지 않는다.

③ 甲이 제기한 행정심판에서 심리한 결과 처분이 부당하다고 인정되면 행정심판위원회는 재량행위임에도 처분의 일부를 감경하는 재결을 할 수 있다.

④ 행정심판의 경우에도 행정소송과 마찬가지로 처분사유의 추가·변경은 기본적 사실관계의 동일성이 있는 범위 내에서만 허용된다.

해설

① (X)

- **행정심판법 제47조(재결의 범위)** ② 위원회는 **심판청구의 대상이 되는 처분보다 청구인에게 불리한 재결을 하지 못한다.** [날먹행 445p]

② (O)

판례 건축사법 제28조 제1항이 건축사 업무정지처분을 연 2회 이상 받고 그 정지기간이 통산하여 12월 이상이 될 경우에는 가중된 제재처분인 건축사사무소 등록취소처분을 받게 되도록 규정하여 건축사에 대한 제재적인 행정처분인 업무정지명령을 더 무거운 제재처분인 사무소등록취소처분의 기준요건으로 규정하고 있으므로, 건축사 업무정지처분을 받은 건축사로서는 위 처분에서 정한 기간이 경과하였다 하더라도 위 처분을 그대로 방치하여 둠으로써 장래 건축사사무소 등록취소라는 가중된 제재처분을 받을 우려가 있어 건축사로서 업무를 행할 수 있는 법률상 지위에 대한 위험이나 불안을 제거하기 위하여 건축사 업무정지처분의 취소를 구할 이익이 있으나, **업무정지처분을 받은 후 새로운 업무정지처분을 받음이 없이 1년이 경과하여 실제로 가중된 제재처분을 받을 우려가 없어졌다면 위 처분에서 정한 정지기간이 경과한 이상 특별한 사정이 없는 한 그 처분의 취소를 구할 법률상 이익이 없다**(98두10080). [날먹행 378p]

③ (O)

- **행정심판의 대상**: 취소심판 → 위법 또는 **부당**한 처분
- 행정심판의 경우 **처분변경재결도 가능**함.
  행정심판법 제43조(재결의 구분) ③ 위원회는 취소심판의 청구가 이유가 있다고 인정하면 처분을 취소 또는 **다른 처분으로 변경하거나 처분을 다른 처분으로 변경할 것을 피청구인에게 명한다.** [날먹행 433,444p]

④ (O)

판례 행정처분의 취소를 구하는 항고소송에서 **처분청은 당초 처분의 근거로 삼은 사유와 기본적 사실관계가 동일성이 있다고 인정되는 한도 내에서만 다른 사유를 추가 또는 변경할 수 있고**, 이러한 기본적 사실관계의 동일성 유무는 처분사유를 법률적으로 평가하기 이전의 구체적 사실에 착안하여 그 기초인 사회적 사실관계가 기본적인 점에서 동일한지에 따라 결정되므로, 추가 또는 변경된 사유가 처분 당시에 이미 존재하고 있었다거나 당사자가 그 사실을 알고 있었다고 하여 당초의 처분사유와 동일성이 있다고 할 수 없다. 그리고 이러한 법리는 **행정심판 단계에서도 그대로 적용**된다(2013두26118). [날먹행 442p]

정답 ①